黄河志

卷五

黄河科学研究志

黄河水利委员会水利科学研究院　编

河南人民出版社

图书在版编目（CIP）数据

黄河科学研究志 / 黄河水利委员会水利科学研究院编. —2版. —郑州 ：河南人民出版社，2017. 1
（黄河志；卷五）
ISBN 978-7-215-10558-4

Ⅰ. ①黄… Ⅱ. ①黄… Ⅲ. ①黄河-科学研究-概况 Ⅳ. ①K928.42

中国版本图书馆CIP数据核字（2016）第261990号

河南人民出版社出版发行
（地址：郑州市经五路66号　邮政编码：450002　电话：65788056）
新华书店经销　　河南新华印刷集团有限公司印刷
开本 787毫米×1092毫米　1/16　印张 57
字数 980千字
2017年1月第2版　　2017年1月第1次印刷

定价：340.00元

序

李　鹏

黄河，源远流长，历史悠久，是中华民族的衍源地。黄河与华夏几千年的文明史密切相关，共同闻名于世界。

黄河自古以来，洪水灾害频繁。历代治河专家和广大人民，在同黄河水患的长期斗争中，付出了巨大的代价，积累了丰富的经验。但是，由于受社会制度和科学技术条件的限制，一直未能改变黄河严重为害的历史，丰富的水资源也得不到应有的开发利用。

中华人民共和国成立后，党中央、国务院对治理黄河十分重视。1955年7月，一届全国人大二次会议通过了《关于根治黄河水害和开发黄河水利的综合规划的决议》。毛泽东、周恩来等老一代领导人心系人民的安危祸福，对治黄事业非常关怀，亲自处理了治理黄河中的许多重大问题。经过黄河流域亿万人民及水利专家、技术人员几十年坚持不懈的努力，防治黄河水害、开发黄河水利取得了伟大的成就。黄河流域的面貌发生了深刻变化。

治理和开发黄河，兴其利而除其害，是一项光荣伟大的事业，也是一个实践、认识、再实践、再认识的过程。治黄事业虽已取得令人鼓舞的成就，但今后的任务仍然十分艰巨。黄河的治理开发，直接关系到国民经济和社会的发展，我们需要继续作出艰苦的努力。黄河水利委员会主编的《黄河志》，较详尽地反映了黄河的基本状况，记载了治理黄河的斗争史，汇集了治黄的成果与经验，不仅对认识黄河、治理开发黄河将发挥重要作用，而且对我国其他大江大河的治理也有借鉴意义。

1991年8月20日

序

张含英

黄河是我国第二大河，也是世界闻名的巨川，在历史上一个相当长时期内，黄河流域是我国政治、经济、文化的中心，对于我国的繁荣和发展有过极大贡献。同时，黄河下游的泛滥灾害却十分严重，且常迁徙改道。所以，治理黄河成为历代关心的大事。迄至今日，黄河的改造和利用，仍然是我国社会主义建设的一个重大课题。

我国治河有着悠久的历史，在长期的治河实践中，后人继承了前人的经验和知识，逐渐提高了认识和改造黄河的能力。传说中的大禹治水，代表了我国古代早期治水的经验性科学水平和成就。禹之治水策略，从共工的“壅防百川”和“鲧障洪水”转变为“随山浚川”、“疏川导滞”，是总结了前人治水的经验教训，依据当时社会经济状况与自然条件得到的，对我国水利事业的发展起着巨大的推动作用。

封建社会的上升时期，由于社会经济的发展，对下游修建绵亘长堤提出了要求，并为之创造了条件。长堤的出现和完成，是主动治河的措施，较之听其自由泛滥前进了一步。此外，还进行了一系列旨在满足农业生产需要的巨大的水利工程，如上游后套地区灌溉渠系的开辟，中游泾、渭引水灌田的发展，引漳灌溉的创修，以及以黄河为总干的南北水运网的沟通等等，都表明治河经验性科学发展到一个新的阶段。然而，黄河携带大量泥沙进入下游，使下游河槽严重淤积抬高，逐渐形成“地上河”，且淤积与年俱增，洪水常常决溢甚至改道，于是“善淤、善决、善徙”便成为黄河下游的主要特点，因之对治黄的科学技术提出了更高的要求。针对这一特点，人们提出了许多宝贵的治河意见，西汉贾让的《治河策》便是其中最有影响的意见之一，反映了封建社会上升时期治河策略的变化和新出现的问题。东汉王景对贾让的《治河策》做了继承和发展，使下游河道经历了魏晋、南北朝和隋唐较长时期的相对稳定时期。至于宋代，由于长时期的泥沙淤积，河床抬高，堤防决溢渐多，甚至多股分流，虽然当时治河技术亦有所发展，但终因社会不安定，力量不足等原因，河患则十分严重。元代贾鲁治河也未能彻底改变这一局面。经过长期分流的惨痛教训，在总结前人经验的基础上，明代中叶潘季驯提出了“坚筑堤防，纳水归于一槽”的“束水攻沙”治河方针，并为后人所遵循；把筑堤视为治河的一项重要措施，对于筑堤的规划，以及堤的修守制度和防护措施等不断完善，且有滚水坝和减水坝的设置，说明明清时代在治河的技术和方法上均有发展。然而，当时治河的主要目的是保漕，严重地束缚着治河的发展，加以时值封建社会后期，经济发展停滞，于是治河原则便长期地陷入了概念化的“堤”与“疏”的争论之中，治河科学技术亦遂踏步不前。

总的说来，我国古代对于黄河这条举世闻名的高挟沙量大河的治理是有建树的。对于水流和挟沙特性早有所见，对下游堤防极为重视，防御工事有长期的修守实践，积累了丰富经验，修防制度有严密的规定。但在当时的社会历史条件下，科学技术水平受到限制，不可能根本控制黄河水害，更不能全面开展黄河水利。19世纪中期西方的科学技术知识传入我国，对于治河的策略和技术起到促进的作用，这一时期是我国治河由经验科学技术进入近代科学技术的过渡阶段。虽然在“中学为体，西学为用”的原则指导下，治河措施仍局限于经验科学技术的范畴，但对于黄河地理、水文、地质等基本资料的观测研究，黄河自然规律的探讨，模型和现场试验的创设，下游洪水防治和全流域综合开发的设想，则做了一定的准备工作。特别是以李仪祉为代表的中国现代水利科学先驱，把西方水利科学知识与中国丰富的传统治河经验相结合，提出了综合治理黄河的新见解，推动了传统的经验治河科学技术向现代科学技术的转变。

社会主义新中国的建立，给黄河的治理和开发创造了条件，推动着治黄科学技术的迅速发展。40多年来，针对治黄紧迫任务，按照规划、设计、工程建设、管理运用发展的需要，进行了大规模的科学研究。建立了专门的研究机构和大批实验研究基地，布设了全流域范围的观测站网，取得了系统完整的实测资料，为理论研究提供了丰富的资料，其观测项目内容之多，在世界各国中是少见的。有关治黄的重大科学研究项目，纳入了国家重点科技计划，组织了全国有关省区、部委、高等院校、科学研究单位的人员协同工作，融合了多种学科的先进科学知识，因而在不太长的时期内，使治黄科学技术得到了前所未有的发展。各个时期所提出的大量科技成果，既初步解决了治黄工作中的问题，也对世界水利科学技术的发展做出了有益的贡献，特别是研究黄河水沙运动与河床冲淤演变规律，以及整治黄河工程措施的泥沙科学得到了长足的发展，已跃居世界领先地位。这本《黄河科学研究志》如实地记述了治黄科学技术的发展过程，无疑将发挥其借鉴作用，对当前和今后的治河科学技术发展予以促进。

建国后治黄实践和科学技术的发展，使黄河面貌发生了巨大的变化，黄河下游已初步形成了“上拦下排，两岸分滞”的现代防洪工程体系，已连续40多年伏秋大汛没有决口，保障了黄淮海平原的安全；黄河水资源得到初步的开发利用；水土流失得到初步的治理，已经开始由害河变成造福于人民的利河。但是，黄河的治理与开发才是起步，摆在我们面前的任务还是极为艰巨的。随着我国社会主义现代化建设的发展，对黄河治理与开发的要求将愈来愈高，而黄河在发展过程中又会不断出现新情况与新问题，需要我们不断提高对黄河的认识和改造能力。总之，黄河的进一步开发治理为科学技术的发展开辟了广阔前景，科学技术的进一步发展必将使黄河的治理与开发提高到新的更高的水平，取得更大的成就。让我们在黄河新世纪的开端，奋勇前进吧！

1991年12月

前　言

黄河是我国第二条万里巨川，源远流长，历史悠久。黄河流域在100多万年以前，就有人类在这里生息活动，是我国文明的重要发祥地。黄河流域自然资源丰富，黄河上游草原辽阔，中下游有广阔的黄土高原和冲积大平原，是我国农业发展的基地。沿河又有丰富的煤炭、石油、铝、铁等矿藏。长期以来，黄河中下游一直是我国政治、经济和文化中心。黄河哺育了中华民族的成长，为我国的发展作出了巨大的贡献。在当今社会主义现代化建设中，黄河的治理开发仍占有重要的战略地位。

黄河是世界上闻名的多沙河流，善淤善徙，它既是我国华北大平原的塑造者，同时也给该地区人民造成巨大灾害。计自西汉以来的两千多年中，黄河下游有记载的决溢达一千余次，并有多次大改道。以孟津为顶点北到津沽，南至江淮约25万平方公里的广大地区，均有黄河洪水泛滥的痕迹，被称为“中国之忧患”。

自古以来，黄河的治理与国家的政治安定和经济盛衰紧密相关。为了驯服黄河，除害兴利，远在四千多年前，就有大禹治洪水、疏九河、平息水患的传说。随着社会生产力的发展，春秋战国时期，就开始修筑堤防、引水灌溉。历代治河名人、治河专家和广大人民在长期治河实践中积累了丰富的经验，并留下了许多治河典籍，为推动黄河的治理和治河技术的发展作出了重要贡献。1840年鸦片战争以后，我国由封建社会沦为半封建半殖民地的社会，随着内忧外患的加剧，黄河失治，决溢频繁，西方科学技术虽然逐步引进我国，许多著名水利专家也曾提出不少有创见的治河建议和主张，但由于受社会制度和科学技术的限制，一直未能改变黄河为害的历史。

中国共产党领导的人民治黄事业，是从1946年开始的，在解放战争年代渡过了艰难的岁月。中华人民共和国成立后，我国进入社会主义革命和社会主义建设的伟大时代，人民治黄工作也进入了新纪元。中国共产党和人民政府十分关怀治黄工作，1952年10月，毛泽东主席亲临黄河视察，发出“要把黄河的事情办好”的号召。周恩来总理亲自处理治黄工作的重大问题。为了根治黄河水害和开发黄河水利，从50年代初就有组织、有计划地对黄河进行了多次大规模的考察，积累了大量第一手资料，做了许多基础工作。1954年编制出《黄河综合利用规划技术经济报告》，1955年第一届全国人民代表大会第二次会议审议通过了《关于根治黄河水害和开发黄河水利的综合规划的决议》，人民治黄事业从此进入了一个全面治理、综合开发的历史新阶段。在国务院和黄河流域各级党委、政府的领导下，经过亿万群众和广大治黄职工的艰苦奋斗，黄河的治理开发取得了前所未有的巨大成就。在黄河下游基本建成防洪工程体系，并组建了强大的人防体系，已连续夺取40多年伏秋大汛不决口的伟大胜利，使社会主义建设事业得以顺利进行；在中上游建成了许多大中型水利水电工程，流域内灌溉面积和向城市、工矿企业供水有了很大发展，取得了巨大的经济效益和社会效益；在黄土高原地区开展了大规模的群众性的水土保持工作，取得了为当地兴利、为黄河减沙的明显成效；河口的治理为三角洲的开发创造了条件。如今，古老黄河发生了历史性的重大变化。这些成就被公认为社会主义制度优越性的重要体现。

治理和开发黄河，是一项光荣而伟大的事业，也是一个实践、认识、再实践、再认识的过程。治黄事业已经取得了重大胜利，但今后的任务还很艰巨，黄河本身未被认识的领域还很多，有待于人们的继续实践和认识。

编纂这部《黄河志》，主要是根据水利部关于编纂江河水利志的安排部署，翔实而系统地反映黄河流域自然和社会经济概况，古今治河事业的兴衰起伏、重大成就、技术水平和经济效益以及经验教训，从而探索规律，策励将来。由于黄河历史悠久，治河的典籍较多，这部志书本着“详今略古”的原则，既概要地介绍了古代的治河活动，又着重记述中华人民共和国成立以来黄河治理开发的历程。编志的指导思想，是以马列主义、毛泽东思想为理论基础，遵循中共十一届三中全会以来的路线、方针和政策，实事求是地记述黄河的历史和现状。

《黄河志》共分十一卷，各卷自成一册。卷一大事记；卷二流域综述；卷三水文志；卷四勘测志；卷五科学研究志；卷六规划志；卷七防洪志；卷八水土保持志；卷九水利水电工程志；卷十河政志；卷十一人文志。各卷分别由黄河水利委员会所属单位及组织的专志编纂委员会承编。全志以文为主，图、表、照片分别穿插各志之中。力求图文并茂，资料翔实，使它成为较详尽地反映黄河的河情，具体记载中国人民治理黄河的艰苦斗争史，能体现时代特点的新型志书。它将为今后治黄工作提供可以借鉴的历史经验，并使关心黄河的人士了解治黄事业的历史和现状，在伟大的治黄事业中发挥经世致用的功能。

新编《黄河志》工程浩大，规模空前，是治黄史上的一项盛举。在水利部的亲切关怀下，黄河水利委员会和黄河流域各省（区）水利（水保）厅（局）投入许多人力，进行了大量的工作，并得到流域内外编志部门、科研单位、大专院校和国内外专家、学者及广大热心治黄人士的大力支持和帮助。由于对大规模的、系统全面的编志工作缺乏经验，加之采取分卷逐步出版，增加了总纂的难度，难免还会有许多缺漏和不足之处，恳切希望各界人士多加指正。

黄河志编纂委员会

1991年1月20日

凡 例

一、《黄河志》是中国江河志的重要组成部分。本志编写以马列主义、毛泽东思想为指导，运用辩证唯物主义和历史唯物主义观点，准确地反映史实，力求达到思想性、科学性和资料性相统一。

二、本志按照中国地方志指导小组《新编地方志工作暂行规定》和中国江河水利志研究会《江河水利志编写工作试行规定》的要求编写，坚持"统合古今，详今略古"和"存真求实"的原则，突出黄河治理的特点，如实地记述事物的客观实际，充分反映当代治河的巨大成就。

三、本志以志为主体，辅以述、记、传、考、图、表、录、照片等。

篇目采取横排门类、纵述始末，兼有纵横结合的编排。一般设篇、章、节三级，以下层次用一、(一)、1、(1)序号表示。

四、本志除引文外，一律使用语体文、记述体，文风力求简洁、明快、严谨、朴实，做到言简意赅，文约事丰，述而不论，寓褒贬于事物的记叙之中。

五、本志的断限，上限不求一致，追溯事物起源，以阐明历史演变过程。下限一般至1987年，但根据各卷编志进程，有的下延至1989年或以后，个别重大事件下延至脱稿之日。

六、本志在编写过程中广采博取资料，并详加考订核实，力求做到去粗取精，去伪存真，准确完整，翔实可靠。重要的事实和数据均注明出处，以备核对。

七、本志文字采用简化字，以1964年国务院公布的简化字总表为准，古籍引文及古人名、地名简化后容易引起误解的仍用繁体字。标点符号以1990年3月国家语言文字工作委员会、国家新闻出版署修订发布的《标点符号用法》为准。

八、本志中机构名称在分卷志书中首次出现时用全称，并加括号注明简称，再次出现时可用简称。

人名一般不冠褒贬。古今地名不同的，首次出现时加注今名。译名首次出现时，一般加注外文，历史朝代称号除汪伪政权和伪满洲国外，均不加“伪”字。

外国的国名、人名、机构、政治团体、报刊等译名采用国内通用译名，或以现今新华通讯社译名为准，不常见或容易混淆的加注外文。

九、本志计量单位，以1984年2月27日国务院颁发的《中华人民共和国法定计量单位的规定》为准，其中千克、千米、平方千米仍采用现行报刊通用的公斤、公里、平方公里。历史上使用的旧计量单位，则照实记载。

十、本志纪年时间，民国元年(1912年)以前，一律用历代年号，用括号注明公元纪年(在同篇中出现较多、时间接近，便于推算的，则不必屡注)。1912年以后，一般用公元纪年。

公元前及公元1000年以内的纪年冠以“公元前”或“公元”字样，公元1000年以后者不加。

十一、为便于阅读，本志编写中一般不用引文，在确需引用时则直接引用原著，并用“注释”注明出处，以便查考。引文注释一般采用脚注(即页末注)或文末注方式。

黄河志编纂委员会

名誉主任　钮茂生

主任委员　綦连安

副主任委员　庄景林　杨庆安

委　　员　（按姓氏笔划排列）

马秉礼　王长路　王继尧　王福林　孔祥春　方润生
白永年　叶宗笠　仝琳琅　包锡成　庄景林　刘于礼
刘万铨　成　健　沈也民　陈耳东　陈先德　陈俊林
陈效国　陈赞廷　陈彰岑　李武伦　李俊哲　吴柏煊
吴致尧　宋建洲　杨庆安　张　实　张　荷　张学信
林观海　姚传江　徐复新　徐福龄　袁仲翔　席家治
夏邦杰　谢方五　綦连安　谭宗基

学术顾问　张含英　邵文杰　姚汉源　谢鉴衡　麦乔威　陈桥驿
邹逸麟　周魁一　黎沛虹　王文楷

总 编 辑　袁仲翔

黄河志总编辑室

主　　任　林观海

副 主 任　卢　旭

主任编辑　张汝翼

黄委会水利科学研究院
黄河科学研究志编纂委员会

主 任 委 员 黄自强

副主任委员 李文学　林斌文

委　　　员 （按姓氏笔划排列）
李文学　杨业奇　张红武　林斌文　赵文林　姚传江
高　航　钱意颖　黄自强

顾　　　问 仝允杲

黄河科学研究志编辑室

主　　　编 刘展翼

编　　　辑 何子淦　王基柱　孙可振　陈家汉　袁澄文　冯跃华

编辑说明

《黄河科学研究志》是全面系统记述黄河治理历史与现状的大型系列志书《黄河志》的第五卷。全书分流域环境研究、泥沙研究、水工水力学试验研究、土工试验研究、工程材料与水工结构试验研究、岩基试验研究、农田灌溉试验研究和科研机构与科技情报交流共8篇32章。卷首为概述，概括叙述黄河自然环境、治理渊源与现状的研究全貌，力求使读者对本卷内容获得全面概括的了解。

黄河的治理与开发，一向为世人所重视，国内外不少学者参与了这一研究，特别是建国以来，随着黄河的治理进展，不仅水利界学者，历史、地理、地质、气象、生物、工程力学、数学等学界的学者也都作了很多工作，对黄河自然规律的认识都有一定的贡献。但全部纳入本志，不仅容纳不下，也不符合志书“简而不遗，备而不泛”的要求。本志书以反映整个黄河治理历史与现状的研究为宗旨，凡有关黄河全面治理的研究，不论其成果在黄河治理过程中是否起到作用，都尽量录入。对于理论上的演绎、论证，局部治理的研究以及技术革新等不涉及治黄全局的研究，一般不予录入。

治黄科学研究与黄河治理的各方面密切联系在一起，为保持事物的系统性，《黄河志》中的其他专业卷志均列有科学研究内容。因此，本卷不可避免地与其他卷有少量重复，对于重复之处，本卷从研究的角度来叙述，尽量从简。如黄河实时水情信息处理与检索系统与黄河洪水预报与调度系统的建立，黄河水文志中已有叙述，本志不再重复。

治黄科学研究是在不断认识黄河、改造黄河的过程中，继承前人经验，运用现代科学技术与试验(实验)资料雕琢而成的结晶。然而，因研究者学科不同、运用理论不同、观察问题的角度以及使用的资料不一，对问题的认识各有差异，治黄科研总是在不断争论、切磋交流、反复研究的过程中发展的。本志对重大问题的不同认识作了最大限度的保留，以反映认识发展的真实。资料范围，以干流为主，一级支流以下除作重点试验者外，一般不记入本志。

本卷志以叙事为主，在叙事过程中阐明各家学者的主张，或重大科学研究活动的组织者，不分职务与级别，以事系人。但在60～70年代强调集体作用，许多成果只以单位署名，特别是几个单位协作完成的成果，参加者的贡献难以分清。本卷采取尊重历史的态度，有个人署名的尽量写明作者，以原成果封皮署名为准，把研究过程叙述清楚。

本志的编纂工作是由黄河志编纂委员会统一领导，黄河志总编辑室具体组织进行的。1983年8月成立由李保如、钱意颖、王涌泉三人组成的黄河科学研究志编纂领导小组，下设编辑室，王涌泉任主编。在编志工作初期，就编撰范围，编纂方法等问题走访了张含英、刘德润、汪胡桢、谢家泽、方宗岱、娄溥礼、朱鹏程、尹学良、孙玉科、郭敬辉、张光斗、钱宁、严恺、郑肇经、严镜海、张瑞谨、李赋都等人。在广泛听取意见的基础上，草拟了编纂大纲。1985年，改由刘振东任主编，对原拟大纲的指导思想及编纂范围作了较大修改，并开始搜集资料，作部分章节的试写。1987年，刘振东离休后改由钱意颖、刘展翼任正、副主编，鉴于前两次大纲过大过小的问题，同时考虑流域的特点，派员赴黄河上中游地区征求水利部西北水利科学研究所、甘肃电力试验中心及各省(区)水利科学研究所对编纂志书的意见，汇集诸说，重新修改大纲，开始试写。1989年改由刘展翼任主编，在黄河志总编室的具体指导下稿件几经修改，于1991年完成初稿，进行广泛征求意见后，由黄河志总编辑室与本卷编委会共同主持召开了评稿会。会后根据所提意见，对初稿进行了全面的调整和大量增补删改，经几年努力，于1996年完成送审稿。各篇撰写人：概述、泥沙研究，刘展翼；流域环境研究，刘展翼、王国安、张胜利；水工水力学试验研究，马增录；土工试验研究、工程材料与水工结构试验研究，何子淦；岩基试验研究，袁澄文；农田灌溉试验研究，孙可振、陈家汉、刘展翼、冯耀华；科研机构与科技情报交流，王基柱、何子淦、刘展翼。全允杲从初稿的调整、增删工作开始，对本志给予全面指导并作了系统的修改。在全面审修前由徐福龄、钱意颖、杨业奇、柴炳钦、屈孟浩、潘贤娣、蒋寿田、佟二勋作了分篇或分章审修。

编纂过程中参加过收集资料或试写的有：刘振东、钱意颖、华正本、涂启华、曾茂林、柴炳钦、韩少发、赵云枝、杨长怀、周俊科、李云、杨琼波。丁力作了一定的誊写校对工作。

送审稿完成后，承蒙水利部张含英、戴定忠、赵之蔺，中国科学院地质研究所刘东生和地理研究所景可、叶青超，中国水利水电科学研究院张启舜、尹学良，西北勘测设计院顾文书，西北水利科学研究所刘旭东，海河水利委员会马念刚，长江水利委员会席珍国、寥振廉，珠江水利委员会麦乔威、何国桢，清华大学王桂仙、张仁，西安理工学院刘祖典，武汉水利电力大学王明甫、黎沛虹，南京大学尹国康，河海大学殷宗泽以及黄委会徐福龄、龙毓骞、温存德、陈赞庭等60多位专家再次补充修改。1997年4月完成修改稿，经黄河志总编辑室审核定稿。

本志出版过程中，孙乐岭对志稿作了文字修饰、核对工作。李进敏在本志的制图，印刷、校对等方面作了一定工作。

本志是治黄史上第一部科学研究志，编者水平有限，缺乏经验，难免有不妥之处，敬希批评指正。

编　者

1997年4月

目　录

第一篇　流域环境研究

第二篇　泥沙研究

第三篇　水工水力学试验研究

第四篇　土工试验研究

第五篇　工程材料与水工结构试验研究

第六篇　岩基试验研究

第七篇　农田灌溉试验研究

第八篇　科研机构与科技情报交流

概　述

一

黄河是中国第二大河，干流全长5464公里，流域面积75.2万平方公里，多年平均天然径流量580亿立方米，多年平均输沙量16.0亿吨。黄河发源于青藏高原东北部，西有雅合拉达合泽山，南有巴颜喀拉山，北有布尔汗布达山，水流东入积石山的约古宗列盆地。按地理位置及河流特征划分，从河源到内蒙古自治区托克托县的河口镇为黄河上游，流域面积38.6万平方公里，占全流域面积的51%，河道长3472公里，落差3496米，平均比降1/1000左右，来水量占全河水量的54%，来沙量占9%，水多沙少，蕴藏着丰富的水力资源；从河口镇到河南省郑州附近的桃花峪为黄河中游，流域面积34.4万平方公里，占全流域面积的46%，河道长1206公里，落差890米，平均比降1/1400，来水量占全河水量的44%，而来沙量却占90%，水较少而沙特多，是黄河洪水泥沙的主要来源区，形成水沙异源的特点；桃花峪以下至河口为黄河下游，流域面积2.2万平方公里，仅有金堤河和大汶河汇入，占全流域面积的3%，河道长786公里，落差94米，平均比降1/8000，河床约束于两岸大堤之间，是黄河防洪的重点河段。

据地学家研究，由于中生代燕山运动和新生代喜马拉雅运动塑造出黄河流域自西向东三大阶梯的地貌格局，黄河的形成与发展即受制于这一地质、地貌条件。在第三纪和第四纪的早更新世，现在黄河所在的区域内，有着许多古湖盆，各自形成独立的水系，互不连通，在此期间大规模的黄土物质陆续堆积，覆盖在古地形之上，呈完整的湖盆式沉积；在距今115万年到10万年的中更新世，本区地壳产生明显的差异性构造运动，湖盆之间的隆起带上升强烈，引起河流急剧下切，湖盆连通，区域性水文网络开始出现，沉积以河湖相沉积较多，在距今10万至1万年间的晚更新世，水文网络有显著发育，大部分古湖盆已淤积消亡，古黄河遂贯通入海；同时高原古黄土沟谷切割很厉害，在切割的老黄土所形成的地形上又为后来的黄土所覆盖，并经多次加积与侵蚀轮回，塑造成现代黄土高原的塬、梁、峁地貌轮廓。至今地质构造活动仍在稳定的抬升，黄土的加积与侵蚀作用仍在继续，只是加积作用比地质时期缓慢得多，侵蚀作用则逐步加剧，但总的地貌形态改变不大。

据气象学家研究，黄河流域的气候受西伯利亚稳定冷高压和西太平洋副热带高压控制，形成东南部湿润，西北部干旱，中部半干旱的大陆性气候。冬季由于西伯利亚冷高压控制，雨量很少，气温低，盛行干冷的偏北风；春季西太平洋副热带高压开始北上西伸，气温回升，雨量增多，但由于高山环绕，饱含水分的海洋气团不能很快深入到流域内部，流域绝大部分仍为西伯利亚高压控制，盛行北风，平均风速 3 米每秒左右，往往出现春旱并伴随大风沙天气；夏季东南海洋性气流进入本区，偏南风带来大量水汽补给，是一年中降雨量最多的时期；秋季西太平洋副热带高压减退，暖湿的海洋气团到达的机会减少，会出现大面积秋旱，但也有秋雨连绵的天气。降雨量有自南向北和自东向西减少的规律：泰沂山地，秦岭山地及渭河流域为降雨量最多的地方，多年平均雨量约在 500 至 700 毫米之间，秦岭、泰山山顶最多，多年平均雨量达 1108.3 毫米。自中宁沿河至磴口一带为降雨量最少的地区，在 150 毫米以下。就降雨强度来说，黄河上游降雨历时长，强度小，暴雨很少。黄河中、下游降雨历时较短，强度大，多暴雨，暴雨出现时间一般发生在 7、8 两月，常一次暴雨就可占全年雨量的五分之一，渭河流域 9 月仍有暴雨可见。暴雨冲毁农田塘坝，使大量水土流失，也给下游带来洪水泛滥威胁。

黄土高原除少数地方保存有原始森林外，绝大部分地区植被稀疏，黄土裸露。黄土属壤土类土，孔隙大、抗蚀性弱、湿陷性高，遇大雨易冲刷、沉陷、沟坡坍塌，常形成直立陡壁，给黄河大量来沙提供了条件。由于高原黄土存在着由北向南、由西向东颗粒逐渐变细，粘粒逐渐增多的规律，流域内的一些粗颗粒支流相对产沙量尤为突出，每年第一、二场暴雨洪水，含沙量常达 1000 公斤每立方米以上，如窟野河温家川水文站最大含沙量曾达 1700 公斤每立方米。河口镇至潼关间两岸支流多属于此类粗泥沙支流，带来了高含沙水流的问题。

黄河从黄土高原携带大量泥沙，自西向东流出峡谷后，进入地壳下沉的华北坳陷盆地。在距今 26000 年前，华北平原还是一个大海湾，即北京湾，山东丘陵则是海湾中的岛屿。黄河出峡谷后，泥沙大量沉积，形成以孟津的宁嘴为顶点，北靠太行山南麓，南接伏牛山北麓，向东倾斜的扇形三角冲积带。在距今大约 7500～4250 年间，冲积扇的伸展已与山东岛相连，使之成为半岛。后因古冲积扇的构造抬升和南岸邙山的阻隔作用，迫使黄河向东北方向流动，这就是《禹贡》记载的“东过洛汭，至于大伾（山名，一说在今河南省荥阳县西北汜水镇），北过降水（今漳河），至于大陆（今河北省大陆泽及宁晋泊等沼泽），又北播为九河，同为逆河（因受海水顶托，故称逆河），入于海”的禹河故道。在泥沙长期的淤积作用下，河床不断抬高，河道又相继发生由北向南的溃决改道。在漫长的历史长河中，河道在冲积扇上往复滚动，塑造了华北大平原，也留下了古河床高地、岗地和古河床洼地等景观。现代冲积扇是距今大约3000年以来形成的，1194年，黄河原武决口改道后到1494年间，冲积扇顶点下移到兰考附近，向东延伸到鲁西的湖洼地带，东西长355公里，南北最宽处为410公里。

黄河下游的堤防始自春秋时代，地处下游的齐国因避水灾筑堤去河12.5公里，其他诸侯国亦相继筑堤，“壅防百川，各以自利”。筑堤缩小了漫流区的范围，加速了河床的淤积抬高，在过去完全依靠土堤埽坝抗洪的条件下，常因下游淤积，上游壅滞而决口。据统计，从先秦时期到民国间的2500多年中，发生决口泛滥1500余次，重大改道26次，在华北平原上留下了许多古堤防和故河道痕迹。

现行河道是清咸丰五年（1855年）兰阳铜瓦厢（现兰考县东坝头以西）决口夺大清河入海后形成的。从桃花峪至河口全长786公里，除南岸郑州黄河铁桥以上和山东梁山十里堡至济南田庄两段依傍山麓外，其余河段均束范于两岸大堤之间，上宽下窄，河道特性有明显差别：

铜瓦厢以上河段，堤距一般10公里左右，最宽处达20公里，决口初期，局部基准面降低，出现溯源冲刷，使河槽由决口处逐步下切至沁河口附近，形成高滩深槽。1875年东坝头以下筑堤后，东坝头至沁河口深槽回淤。由于河槽及滩地宽广，河槽蓄洪作用大，泥沙在此段落淤最多，且由于水流拣选作用，落淤泥沙自上向下由粗变细，本段河床在30～40米深度以内都是中沙和细沙。泥沙在宽阔的两岸堤距间自由堆积，使河床中心滩众多，变化迅速，河道极不稳定，是典型的游荡性河道。

东坝头至陶城铺河段，是1855年决口后新冲淤出来的河道，经过20年的漫流和群众局部筑埝，于清光绪年间开始在民埝基础上筑堤，堤距上宽下窄，高村以上为5～15公里，河床中心滩很多，两岸滩地串沟发育，河道也很不稳定，河道特性与上段基本相同。高村以下河道逐渐变窄，河床内细沙深仅数米，在沙层以下有连续的亚粘土层或细沙与粘质沙土相间，水流比较集中，两岸滩地较低平，滩唇高仰，滩上仍有串沟，是游荡性向弯曲性过渡的河段。

陶城铺至利津河段，原为大清河河道，两岸堤距 0.5～7 公里，水流集中，河道稳定，是弯曲性河道。其中陶城铺至泺口，南岸丘陵起伏，山前冲积扇、洪积扇发育。北岸有大堤约束，又有鱼山与姜沟山、艾山与位山夹峙，成为天然节点，河面宽仅 300～500 米。泺口以下，河道蜿蜒于两岸大堤之间，险工对峙，河道完全受两岸护滩护岸工程所控制。

利津以下河口三角洲，是河流与海洋交汇的地区，除受沿海地质构造控制外，主要与流域来水来沙及海洋动力有直接关系。据利津站统计，黄河多年平均径流量 442.8 亿立方米，平均输沙量 11.18 亿吨，每年约有 2/3 泥沙淤在三角洲及口外海滨，1/3 送往深海，100 多年来，大量的淤积使河床呈辐射状来回摆动，尾闾河段已改道 10 余次，三角洲岸线平均向外延伸约 60 公里，河口三角洲顶点原在垦利县宁海村，现已移至四段的渔洼。从海洋动力学看，现河口为典型的弱潮河口，从外海传播来的潮波受浅海大陆架的磨擦和消能，进入渤海的能量只有外海的 4%。钓口河与神仙沟之间为不正规全日潮，潮差小于 1 米，涨落潮历时相等，潮流速大于 1.5 米每秒，有利于黄河泥沙搬运入海，三角洲两侧为不正规半日潮，潮差大，潮流速小，不利于泥沙搬运入海。

黄河中、下游的黄土高原和冲积平原，土质疏松肥沃，易于耕殖，气候温和，适于作物生长，但水旱灾害频繁发生，据水利部门研究，仅 16 世纪以来，黄河流域大水大旱就有 129 次，其中大水 67 次，大旱 62 次，有些地方甚至连续几年很少降水，如潼关站 1944～1948 年，陕县站 1928～1930 年，济南站 1939～1942 年等。几千年来，劳动人民为摆脱灾害威胁进行了不懈的斗争；在黄土高原创造了坡地修梯田，沟壑筑坝淤地等保持水土措施；在平原地区为防避旱灾，利用黄河干支流引水淤灌农田亦有悠久的历史。战国时期，魏文侯二十五年（公元前 421 年），西门豹为邺令，在当时黄河的支流漳河上修筑引漳十二渠。秦王政元年（公元前 246 年）在泾河修建郑国渠。“用注填阏之水，溉泽卤之地四万余顷，收皆亩一钟，于是关中为沃野，无凶年，秦以富强，卒并诸侯”。汉代灌溉水利事业有更大发展：公元前 129 年开长安漕渠，公元前 128～117 年，穿渠引汾溉皮氏（河津）、汾阴（荣河），引河溉汾阴，蒲坂（永济）下；在北洛河下游陕西澄城西南开龙首渠，“井渠之生自此始”，并随着朔方郡的建立，开发甘肃永登至黄河河套以南沿河的大片土地，赢得了后人“塞上江南”的赞誉；公元前 111 年开六辅、成国、灵轵诸渠；公元前 95 年又开白渠等等，使大片荒漠变为绿洲，农田得以滋润，人民得以哺育。

在漫长的封建社会里，水利事业随历代王朝的盛衰而起伏，鸦片战争后，我国沦变为半封建半殖民地社会，水利事业进一步衰落，不少老灌区也逐渐荒芜了，如记者范长江1936年访问宁夏之后，在《中国的西北角》专访文章中写到："出宁夏灵武北门，有几里的小沙窝……由此向西北行三十里，所过皆为肥沃的荒地。原有的阡陌痕迹与村落废址，至今仍历历明现于大道两侧荒野之间。现有村舍，寥若晨星之落落，本来所谓'塞上江南，鱼米之乡'之宁夏，因变乱与征敛之结果，人民逃散，若干地方已渐荒芜了。"水利设置的荒废，更增加了旱灾的严重性：民国9年(1920年)陕西、山西、河北、河南、山东五省大旱，受灾人口2000万，死亡50万人；民国18年(1929年)大旱，灾民达3400多万；民国31～32年(1942～1943年)大旱，河南一省就死亡300万人。

在黄河流域的水灾中，黄河下游的决溢泛滥尤为举世所瞩目，为了防御洪水，历代曾涌现不少治河事迹和人物。早在原始社会末期，就出现了大禹治水的传说，相传他在共工、鲧治水经验的基础上，改用"疏川导滞，合通四海"之法，取得平治水患的成功，为后世所崇拜。春秋战国诸侯称霸，壅防百川，各以自利，秦统一六国后施行"决通川防，夷去险阻"，使河防管理得到统一。西汉时期，因河道已经历400年淤积，河床抬高，水患增多，从而提出各种治河建议：在排泄洪水方面有冯逡的开屯氏河故道"以助大河泄暴水，备非常"的大河分流建议；齐人延年的从内蒙古后套地区改道东流入海的"开大河上领，出之胡中，东注之海"大改道建议；孙禁的自平原改道笃马河入海；王横的把河改到太行山东麓山脚高地而东北入海等下游改道建议；有关并的"河决曹、卫之域，其南北不过百八十里者，可空此地，勿以为官亭民室而已"的滞洪建议；哀帝年间，贾让应诏上书，提出治河三策，成为中国最早一篇全面论述治河方略的文献。王莽时大司马史张戎注意到河水携带泥沙很多，上中游引水灌田，致春夏水少，干流淤浅，洪水时决溢，筑堤愈高如水行墙上，建议禁引水灌溉，导水刷沙。

东汉明帝时王景治河，"筑堤自荥阳东至千乘海口千余里。景乃商度地势，凿山阜，破砥绩，直截沟涧，防遏冲要，疏决壅积，十里立一水门，令更相洄注，无复溃漏之患"，使河、汴分流。自东汉至魏晋南北朝，下延至隋唐，黄河处于相对稳定时期，被一些史学家称为"千年无恙"和"长期安流"阶段。建国后一些专家据史料和水患资料分析，提出不同看法，曾成为水利史研究的一大课题。

北宋时期河患大大超过前代，京都汴梁又濒临黄河，利害所及，从皇帝到朝廷重臣，都非常重视治河，围绕东流与北流问题就有三次大争论，河工技术也有所发展。沈括(1031～1095)在《梦溪笔谈》中记述了高超的“合龙门”事迹。在王安石的主持下，作了以机械疏浚黄河的尝试，还进行了大规模引黄放淤。

金元时代，黄河夺淮入海，河患日益严重，“塞河之役，无岁无之”。元至正四年(1344年)又在白茅(今山东曹县境内)决口，至正十一年(1351年)由贾鲁主持采取塞口门、疏浚减水河、培修堤防、挽河归故道治河成功，被称为“能竭其心思智计之巧，乘其精神胆气之壮，不惜劬瘁，不畏讥评”的治河专家，河工技术亦多有创新。

明代黄河大部分时间多道分流，主流有时东北流经寿张穿运注入渤海，有时经涡河至怀远入淮，忽南忽北，极不稳定。明嘉靖四十四年(1565年)至万历八年(1580年)，潘季驯三任总理河道，在总结前人治河经验的基础上，提出“束水攻沙”的治河方策，以“塞决口以挽正河，筑堤防以杜溃决，复闸坝以防外河，创滚水坝以固堤岸，止浚海工程以省糜费，寝开老黄河之议以仍利涉”的治河原则，控制了当时黄河“靡有定向”的混乱局面，取得一定成就，受到后来治河者的推崇。

清初黄灾严重，加以黄、淮、运相互影响，情况更为混乱，康熙十六年(1677年)靳辅任河道总督，采用陈璜建议，基本上继承了潘季驯束水攻沙的治河方策，疏浚河道，堵塞决口，培修加固高家堰闸坝，整修黄、淮、运两岸千里长堤，疏浚云梯关以下淤沙，使漕运大通，泛滥灾害大为减轻，其后几十年维持相对安澜局面，成为一代治河名人。

二

鸦片战争后，中国沦为半封建半殖民地社会，西方列强相继来中国办厂修路、考察河流水道和航运，其目的是为了掠夺中国财富，但也有少数科学工作者是以学术目的来作考察的。清朝政府以“自强”和“求富”为标榜，兴起洋务运动，提出“中学为体，西学为用”的原则，把引用西方技术作为“富国强兵”之工具，派留学生到西方学习实用工程技术。20世纪初，这批学者相继学成回国，成为中国现代科学的播种人和奠基者。以李仪祉为代表的中国现代水利科学先驱，把西方科学技术与中国传统经验结合在一起，推动了从经验治河向现代科学治河的转变。

李协(字宜之,后改仪祉,1882～1938)1915 年自德国学成回国,一面在张謇创办的南京河海工程专门学校任教,培育水利人才,一面悉心研究黄河问题,探讨黄河致患的原因和根治途径。1931 年,李被任命为国民政府黄河水利委员会(简称国民政府黄委会))副委员长,当时该机构尚未正式成立,即发起冀、鲁、豫三省政府集资,委托德国特莱斯顿工业大学教授恩格斯(Hubert Engels)举办治导黄河试验。1933 年黄河大水前,国民政府黄委会正式成立,李仪祉任委员长,首先偕同张含英、许心武等组织查勘黄河下游河势,筹划紧急对策;继之推行测量、水文、气象、地质及中游土壤冲刷之观测研究,并申请政府拨款继续筹办治导黄河第二次试验,还亲自赴黄河上中游考察,深入探讨治黄途径。根据调查及试验结果,参酌历代治河的经验教训,撰写治黄论著《黄河治本的探讨》、《关于治导黄河之意见》、《治理黄河工作纲要》、《黄河流域之水库问题》等 40 多篇,阐述了黄河的治理方案及其具体措施:主张在下游固定中水河槽,整治河口,开辟减河;在中游干支流选择适当地点修建蓄洪水库。更重视倡导科学实验活动:设想"专为黄河计,最好在平汉铁路黄河铁桥北岸庙宫的地方,设一大规模试验场,可以仿照恩格斯在奥贝那赫(Obenach)所设试验场办理","对于黄河泥沙的研究,黄土的研究,都可以设在里面。若干年后,或者我们对于黄河认识得更清楚而能治导得法。"还设想"在济南设一大规模水工试验场,以作各项治河工程之实验。"在他的倡导下,以及沙玉清、汪胡桢等专家的多方奔走呼吁,于 1933 年先后成立了中国第一水工试验所和中央水工实验所。李仪祉对科学治河所做之努力,正如沈怡在《黄河治理研究之目的范围》一文中所说:"先生乃对黄河流域作整个考虑并欲于防洪以外谋利用河水之第一人。"但在政治腐败的年代里,他的理想未能付诸实施,只有他的研究论著,"改变了几千年来单纯着眼于黄河下游的治河思想,把我国的治黄理论和方略向前推进了一大步。"(钱正英 1982 年 2 月 20 日在纪念李仪祉先生诞辰一百周年大会上的讲话)。

张含英,1925 年由美国学成回国,1931 年发表《论治黄》。1933 年国民政府黄委会成立,任黄委会委员兼秘书长,协助李仪祉推行测量、水文、气象、地质、土壤冲刷等观测研究,做了大量基本工作。1936 年出版《治河论丛》与《黄河志·水文工程》,1938 年出版《黄河水患之控制》。1941 年出任国民政府黄委会委员长,亲自视察 1938 年郑州花园口掘堤后泛区西岸堤防。因战争期间治黄工作难以开展,1943 年改任中央设计局设计委员兼水利组长,赴美考察水利并继续研究治黄方略,于 1945 年出版《历代治河方略述要》、《土壤之冲刷与控制》等研究专著。1946年任国民政府黄河治本研究团团长，带队赴黄河上、中游考察。根据个人多年的研究以及考察所得，1947年写出了《黄河治理纲要》一文，系统全面地阐述了上、中、下游兼顾，本流与支流兼顾，兴利与除害并举，以整个流域为对象的治河主张。指出"黄河之患之主要原因为含沙过多，治河而不注意于泥沙之控制，则是不揣其本而齐其末，终将徒托空言。顾今日关于泥沙之资料，过于缺乏，较之水流情形尤叹弗如，因此，加紧收集，势不容缓。应一面在河道上择设观测段，以观测水流泥沙冲积及运行之现象，更进而根据实地情形作室内之试验，或实地之控制，以资研究。"又提出"河在陕县孟津间位于山谷之中，且临近下游，故为建筑拦洪水库之优良区域。其筑坝之地址，应为陕县之三门及新安之八里胡同。惟如何计划以防洪、发电、蓄水三者各得其当，如何分期兴建以使工事方面最为经济，应积极详细研究"等，为黄河的全面治理与开发作系统的准备。

民国期间，还有不少研究黄河治理的专家学者，国外的如费礼门(J·R·Freeman)1919年实地考察黄河下游，1922年在美国土木工程师协会汇刊上发表《中国洪水问题》，引起西方学术界对黄河的兴趣。恩格斯首创河工模型试验，1923年按费礼门设想作黄河丁坝试验，1924年发表《制驭黄河论》，1932年、1934两年又作治导黄河试验，所得结果对治黄有重大影响。方修斯(O. Franzius)德国汉诺佛水工试验所创办人，恩格斯的学生，1931年发表《黄河及其治理》，并作治导黄河试验，与恩格斯意见不同，曾进行激烈的争论。安立森(S·Eliassen)挪威工程师，黄委会成立初期受聘为工务处测绘组主任工程师，曾参加1933年洪水调查，在勘测方面作了大量工作，1934年发表《黄河流域土壤冲刷之制止》、《黄河口视察报告》等文章。塔德(O·J·Todd)美国工程师，1919年受北洋政府之邀来华，从事京杭大运河改善工程，1921年参加山东宫家坝堵口工程，1929年在绥远参加民生渠引黄灌溉工程，1930～1935年参加陕西引泾灌溉工程，抗日期间返美，1940年与安立森合作在美国土木工程师协会月刊上发表《黄河问题》。日本帝国主义投降后复来华，任联合国善后救济总署中国分署首席工程师兼黄河顾问，参加黄河花园口堵口工程工作。罗德民(Walter Clay Lowdermilk)1922年来我国金陵大学森林系任教，1933年任美国土壤保持局副局长，1942～1943年再次来华，主持西北水土保持考察团工作，此间写了《西北水土保持考察初步报告》，还帮助筹建我国第一个水土保持试验站——天水水土保持试验站。1946年，国民政府行政院公共工程委员会邀请美国专家组成黄河顾问团来华咨询，在进行刘家峡至河口的飞行视察后，提出了《治理黄河初步报告》。公共工程委员会顾问柯登(J. S. Cotton)编写了《开发黄河流域之基本工作纲要及预算》等。

国内研究黄河治理的专家更多,如沈怡,1926年前就曾发表《防洪与治河》、《黄河问题》等文章,1934年参加恩格斯第二次治导黄河试验。1935年与赵敦甫合编《黄河年表》一书,1946年主持接待美国专家组成的黄河顾问团,并组织谭葆泰、谢家泽、刘方烨等60多位国内专家搜集分析资料,整理成《黄河研究资料汇编》,去台湾后,又编撰了《黄河问题讨论集》。武同举,曾主编《再续行水金鉴》、《淮系年表》等书,1933年大水后致书李仪祉提出《治河意见》。李赋都,1932年参加恩格斯第一次治导黄河试验,1933年发表《黄河问题》,1934~1935年主持中国第一水工试验所工作,中华人民共和国成立后(以下简称建国后)曾任西北军政委员会水利部长和黄河水利委员会(以下简称黄委会)副主任兼黄委会水利科学研究所(以下简称黄委会水科所)所长,对治黄作了重要贡献,其主要著作编在《李赋都治水文集》中。任承统,抗日战争期间曾任黄委会林垦设计委员会总干事、陇南水土保持实验区主任,发表有《黄河问题及治理纲要》等文章。成甫隆,1948年发表《由沟谷筑坝淤田说到黄河治本》,著有《黄河治本论》一书。上述这些只是众多研究治理黄河的几个代表,其他专家这里不一一列举。这些学者的著作奠定了现代治黄科学的理论基础。但在旧中国,所有建议无一得到实施,正如张含英在《历代治黄方略探讨》一书中说:“清代贯彻中学为体,西学为用的原则,在治河上,对于近代科学的引用则完全置诸度外。直到国民党统治时期,虽然测量了河道地形,设立了一些水文站,进行了一些河道治理的模型试验,建立一些水土保持试验区,但是对于河流的治理与下游的堤防,以及其它除害兴利措施,则一概不准动。这时近代科学技术虽初步引入中国,但也仅限于研究而已。”沈怡在《黄河问题》中也说:“在这样一个军阀横行民不聊生的中国,我还来高谈什么黄河问题连自己也知道未免太不识时务了!可是我们生在二十世纪的中国,不能把中国的河工科学化,谁能说不是我们的耻辱!……现在河虽不能治,但是不可不使人知道河之当治。”

三

建国后,包括科学技术在内的社会生产力获得空前的解放,人民迫切希望发展生产,改善生活,防止黄河灾害,变害河为利河也成为紧迫任务。1949

年在原冀鲁豫区黄委会的基础上，组成华北、华东、中原三大解放区联合治黄机构——黄河水利委员会，战胜当年大洪水，在向华北人民政府报送的《治理黄河初步意见》中提出："大西北行将解放，整个黄河将为人民所掌握，我们治理黄河的目的，应该是变害河为利河；治理黄河的方针，应该是防灾和兴利并重，上中下三游统筹，本流和支流兼顾。"关于防洪问题"除了政治因素外，在自然方面有两点：一是洪水猛涨，高低水位变幅很大；二是泥沙量大，冲刷淤积的变化难测，因而需要节蓄洪水、平抑暴涨、保持土壤、减低冲刷，在下游规定适当的河槽，并且把它固定住。设若下游有分泄或暂储的适当地点，可作减轻水患的补救方法。"减少泥沙"是一件缓慢的工作，而且范围又极广大，可是要想黄河清就必须走这条路，不应该因为缓慢和困难而放松。"并提出选择坝址，兴修灌溉工程等建议。《治理黄河初步意见》反映了社会生产的需要，也获得中央的支持。

1950 年，随着大西北的解放，黄委会改为流域性机构，属中央人民政府水利部领导。同年 7 月，水利部部长傅作义，副部长张含英偕同苏联专家布可夫、中国专家张光斗等对潼关以下水库坝址进行对比性考察研究。事后除提出继续勘察、搜集基本资料外，还强调积极进行根治黄河的研究，明确科学研究在治黄中的地位和作用，采取有力措施，设置机构，购置设备。在研究方法上，应以野外为主，理论与实际结合。教育干部以辩证唯物主义的思想方法进行科学实验活动，自觉地为治黄服务，使黄河科学研究顺利发展。

建国后，治黄科学研究受到党和国家的重视，被列为治河的重要环节，也受到全国有关专家学者的关注和支持。40 多年来表现有三大特点：1.紧密联系治黄为社会主义建设服务；2.治黄事业为全国人民所关注，科学研究也得到有关单位和专家的参与，许多重大项目都是在大协作中完成的；3.随着治黄事业的发展，科学技术的进步，研究方法、研究手段得到不断改善，认识黄河和改造黄河的水平也不断有所提高。其进展情况根据治黄事业的发展，分段叙述如下：

(一)制订黄河治理规划准备阶段

建国后，为适应黄河流域以及大西北水利建设的要求，水利部于 1950 年 8 月将原武功水工实验室扩建成为西北水工试验所，由西北军政委员会水利部部长李赋都兼所长，重点研究西北黄土地区水利工程技术问题。同年 10 月，黄委会设立泥沙研究所，从事研究黄河开发治理中以泥沙问题为中心的科学技术问题。与此同时，黄委会聘请张含英、冯景兰、张光斗、张伯声、刘德润等专家为顾问，着手研究黄河治理的规划工作。1952年5月黄委会主任王化云在《关于黄河治理方略的意见》中提出“除害兴利，蓄水拦沙”的治河主张，并建议请苏联专家参加规划设计工作。后经水利部、燃料工业部向中央申请由两国政府协议将黄河综合利用规划列为苏联援助中国的156个重大项目之一。

1953年7月国家计划委员会(以下简称国家计委)为适应治黄规划工作的需要发出《关于成立黄河资料研究组的通知》，随即由燃料工业部和水利部抽调技术干部56人组成黄河研究组，具体研究黄河流域的综合开发问题，先是建国三年来黄委会已组织进行了黄河干支流河道和流域水土保持的全面查勘，加强水文测验工作和资料整编，以及建国前治黄资料的整理，取得大量成果。至此由黄河研究组统一部署，分工负责，将有关资料进行考订分类，编写成专题报告约50种，统计图表曲线等1000余幅，为规划工作做了必要的准备。此外，西北水工试验所对黄土高原的黄土分布及其特性进行广泛调查和大量试验，提出报告；黄委会泥沙所对黄河泥沙数量与来源进行分析，还开展了泥沙幺重、颗粒分析及若干坝址地基的土工试验等基本工作，以及配合1843年历史特大洪水的验证作了三门峡最大洪峰流量的水工模型试验，并提出了计算黄河挟沙能力公式的初步成果，为规划工作提供了重要参考依据。

1950～1952年黄委会在黄河北岸秦厂附近修建了人民胜利渠工程，引黄河水40立方米每秒，发展灌溉40万亩，并以部分水量供卫河航运，打破了历史上不准在黄河下游破堤引水的禁区；在实践过程中对引黄工程的建闸技术、灌溉制度和渠系泥沙等问题作了一系列的探索与实验，为黄河兴利开辟了广阔的新领域。

1954年1月，苏联专家组到达北京后组织了全河查勘，4月国家计委决定将黄河研究组改组为黄河规划委员会(以下简称黄规会)，下设办公室和11个专业组，在专家组的指导下开始黄河治理规划的制订工作，年底完成，提出了《黄河流域综合利用规划技术经济报告》(以下简称《技经报告》)。

(二)黄河综合利用规划第一期工程实施阶段

1955年7月全国人民代表大会一届二次会议通过了《关于根治黄河水害和开发黄河水利的综合规划的决议》，并批准第一期工程开始实施，黄河从此进入全面开发、综合治理的新阶段。第一期工程主要有：三门峡和刘家峡两座大型水库的兴建，黄河中游水土保持及支流水库的分期实施，青铜峡、渡口堂等大型灌溉工程的筹建。在这些工程建设中有许多技术问题需要试验研究加以解决，同时《技经报告》第七部分“关于今后设计勘测和科学研究工作方面的意见”也有待进一步研究实施。鉴于当时缺少这方面的经验，黄规会与苏联签订了技术合作协议采取以国内为主进行共同研究，成果互相交流，并请苏方派出专家来中国指导和讲学。在国内有明确的分工，黄河上游的开发由燃料工业部、西北勘测设计院、西北水工试验所(以后改为西北水利科学研究所，以下简称西北水科所)、中科院、水利部水利水电科学研究院(以下简称水科院)负责。黄河中游以下的治理开发由水利部、黄委会、水科院负责，并邀请有关单位参加研究。

三门峡水库是第一期工程的重点，委托苏联列宁格勒水电设计院进行设计，主要设计指标由双方共同审定，其中关于正常高水位和泄水孔底槛高程曾引起国内不同意见的争论，自 1957 年起经过一年多的研究论证，于 1958 年 4 月在三门峡现场会议上由周恩来总理总结定案，大坝按正常高水位 360 米高程设计，第一期工程先按 350 米高程的水位施工(坝顶高程 353 米)；1967 年前最高运用水位不超过 340 米高程，死水位降至 325 米高程(原设计 335 米)，泄水孔底槛降至 300 米高程(原设计 320 米)。配合设计所需水工、结构等试验由设计单位委托苏联有关科研单位进行，国内作一定补充。

水土保持是解决黄河泥沙问题的根本，在第一期工程中又担负着为保证三门峡水库正常运用、控制泥沙的迫切任务。规划要求近 15 年内实施大规模水土保持工作和支流拦泥水库，使在 1967 年进入三门峡水库的泥沙减少 50%以上。为配合这一大规模的群众性工程，需进行大量科学研究工作。其中有关水土流失的基本因素，诸如黄土高原的地质、地貌、土壤、气象、植被等学科的调查研究，以中国科学院(以下简称中科院)为主组织进行，自 1955 年开始由中科院副院长竺可桢主持，有关研究所 500 余人参加，邀请一些大专院校及事业单位协作，对黄土高原展开详细的综合考察，历经四年，提出各类专业报告和综合性的水土保持研究成果。并对某些领域在其后继续深入研究，撰写专著。水土流失规律和水土保持措施的定位试验研究主要由水利部门及各省(区)研究单位进行，在原有基础上也提出不少新的成果；其间苏联专家札斯拉夫斯基(М. Н. ЗасЛабский)根据协议曾数次到黄河流域考察、指导试验研究工作。中科院的考察队也邀请以 Д. Л 阿尔曼德为首的一批苏联科学家参加工作。根据上述的综合考察和定位试验研究，有关单位分别提出了关于黄土高原土地利用区划、水土保持规划及水土保持措施在不同地区的配置等建议，为推动这一时期水土保持工作的进展发挥了应有的作用。

《技经报告》“关于今后设计勘测和科学研究工作方向的意见”中提出“三门峡水库下泄清水，必须改变目前黄河下游由水力枢纽到海口段的河道情况，清水将河床上过去沉积的泥沙冲走后，将缓和目前下游全段的河底坡度，这种现象在质与量的方面应用黄河河道的立体模型试验加以阐明，这些研究工作应当确定河流情况的改变对河床稳定性及河床横断面的影响，同时还应估计出所有这些现象在时间上的发展速度。”为了解清水下泄后河道冲刷情况，作好河道整治工作，除与苏联签订《中苏水利科学技术合作协定书》，将此专题列为第122项合作项目外，1956年黄委会邀请水科院水工室钱宁、华东水利学院张书农、武汉水利电力学院谢鉴衡、水科院李保如等国内专家来黄河下游查勘，提出具体研究内容，并选定花园口、伟那里、土城子三河段作重点观测，为系统研究收集必要的资料。与此同时，黄委会泥沙所(1956年经水利部批准改名为黄委会水利科学研究所，简称黄委会水科所)先后与天津大学、武汉水利电力学院协作，进行黄河水流挟沙能力与挟沙模型律试验研究。

1958年2月，为执行中苏水利科学技术合作协议，成立了中国工作组，沟通双方研究工作，审定选送给苏联的有关资料，拟定专家来华计划等。先后来华进行黄河科学研究的有：布可夫、拉普图列夫、列维、札斯拉夫斯基、鲁布契可夫、龙仁、罗辛斯基、赫尔杜林等，专家们理论联系实际的作风，严谨的工作态度和热情的国际主义精神，给国内科学研究工作者以深刻的影响。1960年8月专家组奉召撤回苏联。

1958年4月，周恩来总理在三门峡现场会议上指出：“孤立地解决三门峡问题是不行的。……既然搞黄河流域规划，以三门峡枢纽作主体，那就应该要全面配合，应该搞三个规划。第一个是水土保持规划；第二个是整治河道规划；第三个是黄河干支流开发规划。”为研究三门峡水库淤积发展及水库下游河床的冲刷下切，并配合整治河道规划，于同年7月，由黄委会水科所与水科院河渠所协作成立黄河下游研究组，先后开展了黄河中游水土保持措施对黄河液固径流可能改变情况的估计；黄河三门峡水库淤积和渭河回水影响的试验研究；黄河下游河床演变与河道整治的试验研究。用分析资料、理论计算与模型试验相结合的方法预测了三门峡水库修建后库区的淤积，回水范围和水库下泄清水后，下游河道冲刷下切，平面摆动的情况，提出相应的整治意见，给治黄决策提供了有力的科学依据。

第一期工程中的青铜峡和三盛公(原定渡口堂)大型灌溉工程于1958～1959年相继开工,其工程规划、设计和施工中的试验研究工作由各分工负责单位及有关省(区)分别进行。早在1956～1957年西北水科所通过渭惠渠的改建进行有坝渠首引水防沙模型试验,获得成功;后又在山东打渔张灌区作无坝渠首引水防沙的研究,也获得预期的效果,对引黄灌溉工程中的引水防沙问题是一个重要突破。

1958年前后黄委会水科所配合中游支流水库工程和下游治理中的梯级开发与引黄灌溉工程进行了大量水力学、土力学、工程材料等方面的试验研究工作。黄河流域其他科学研究单位以及各省的水利科学研究机构都在实际工作中不断壮大,形成网络。1959年经水利部批准成立黄河流域水利科学技术情报站,设在黄委会水科所作为黄河流域水利科技情报的交流中心。

本阶段黄河的科学研究工作从无到有,从小到大,发展迅速,取得了相当丰硕的成果。但是在50年代末至60年代初由于受"大跃进"浮夸风影响,科学研究工作中也出现了一些不良后果,这是应该记取的教训。随着国家"调整、巩固、充实、提高"方针的贯彻执行和《科学研究工作十四条》的颁布实施,问题得到逐步解决。

(三)三门峡工程改建及修订规划阶段

1960年9月三门峡水库蓄水拦沙运用后,库区发生严重淤积,截至1962年2月,在一年半时间内最高蓄水位曾达332.58米高程,330米高程以下库容淤积15.3亿吨,占来沙量的93%以上,且大部分不是淤积在原设计的死库容内,却侵占了有效库容,使潼关高程抬高,淤积末端上延。下游河道在河床下切的同时,由于中水长期淘刷湾顶,严重塌滩,造成老险工失控,不断出现新险。所有这些都超出了原来的估计,引起有关方面的重视。1962年3月黄河防汛会议决定并报请国务院批准,水库改为防洪排沙(后改称滞洪排沙)方式运用,汛前泄空水库,汛期尽量降低水位敞泄排沙。

水库改为滞洪排沙运用后,有关单位对水库发展趋势及改建大坝泄流规模作了研究:陕西省三门峡库区管理局分析预测了三门峡库区1962年至1972年的淤积情况;水科院与黄委会水科所、黄委会三门峡水库管理局协作,分析了1958年11月至1962年6月淤积和冲刷的主要特征及其发展趋势;水科院与北京勘测设计院对增建三门峡大坝12个深孔泄流时的淤积发展趋势及增建泄流排沙设施效果进行了分析,水科院还对打开三门峡溢流坝段的3个底孔应力变形情况作了模型试验。各家根据研究成果提出了截然不同的意见。1962年8月水利电力部(以下简称水电部)召开了三门峡水利枢纽问题座谈会,会上着重研究了三门峡水利枢纽的任务、运用方式、改变运用方式给上、下游带来的问题,以及增建泄流排沙设施的工程技术问题。与会者畅述了各种意见,但由于问题的复杂性,认识未能取得一致,泄流排沙设施方案也没有定下来。会议认为需要进一步加强观测,深入开展理论研究,更多地掌握黄河泥沙淤积情况后,再召开第二次讨论会来研究这些问题。

会议之后,各单位都进行了补充试验研究工作,北京勘测设计院在进行增建设计的同时,根据水科院提供的计算方法,着重研究和计算了四种方案:(1)不增建,(2)增加溢流坝段3个底孔,(3)增加两条隧洞,(4)增加3个底孔和两条隧洞。水科院河渠所和黄委会水科所按照北京勘测设计院计算各种方案下的水库排沙量,进行了黄河下游河床演变预报计算。陕西省水利厅三门峡库区管理局分析了三门峡库区淤积、渭河拦门沙冲淤、水库周围(335米高程以上)浸没和盐碱化发展情况。水科院及清华大学分别进行了三门峡重力坝底孔应力光弹模型试验,水科院、陕西工业大学、清华大学还分别作了增建工程的水工模型试验,部属水文局、规划局、西北水科所等单位都作了大量工作。

1963年7月水电部召开了三门峡水利枢纽问题第二次技术讨论会,会上着重研究了三门峡水利枢纽上、下游水文泥沙冲淤变化,是否需要增建泄流排沙设施,增建规模及增建工程技术问题。水电部责成黄委会首先结合上、下游的治理要求,提出对三门峡水利枢纽改善的意见。黄委会首先分析了当前水库和下游存在的问题,不同改建方案所产生的影响,最后提出:把三门峡枢纽改建与在上游兴建拦泥库进行详细比较,然后选择有利于减少三门峡水库淤积的方案再做出结论,比较妥当。在这些问题没有详细研究前,最好是不改建,如怀疑干支流水库及水土保持的近期拦泥效果,也可适当改建,但改建规模不宜过大。经会议10多天的讨论,对于是否需要增建泄流排沙设施问题,除少数不主张增建外,一部分人同意上述黄委会的主张,即最好不增建或只可增建一条隧洞;另一部分人主张增建两条隧洞和部分底孔。但因底孔在自重和水压力(当库水位340~345米)作用下,底孔顶部及底部拉应力达20~40公斤每平方厘米,超过了混凝土的极限拉应力17.5公斤每平方厘米(法定单位$1kgf/cm^2=0.0980665MP_a\approx0.1MP_a$),如果把实际上存在的温度应力包括进去,拉应力还需要增加,在技术上是不安全的，因此，绝大多数主张放弃开底孔的考虑，只增建两条隧洞。也有人认为除两条隧洞外，还应加3个底孔，将底孔断面缩小以解决应力问题。最后张含英副部长在总结中说：泥沙问题是个极为复杂的问题，目前我们的水平和所作的试验研究工作也还不够，尚未很好地解决，这也是世界上不论在理论上和生产实践上都没有解决的问题，会后即将讨论情况及各方面意见报请部党组研究处理。

此间，长江流域规划办公室主任林一山偕同长江流域规划办公室的工程技术人员调查了西北黄土高原和东北、华北地区的水库，提出把流域的水量与泥沙作为财富充分利用的思想，把高原上沟壑中的水沙，集中用到农业上去，具体达到这一目的的途径是引黄放淤，而不是泥库工程，赵老峪分散引洪的经验，值得借鉴。还指出：“塬上的水土保持，平原河流、沟壑的水土回收以及采用水库长期使用办法对河流泥沙进行控制三大组成部分，已经全面形成了现阶段治理河流的上策。”

1964年12月国务院在北京召开治黄会议，有关单位及水利界知名专家学者共100多人参加，提出报告55篇。其不同意见大致分为四类：即北京水利水电学院院长汪胡桢为代表主张三门峡枢纽维持现状，在水库上游修拦泥库意见；以黄委会主任王化云为代表主张加快中游水土保持，增建两条隧洞，在中游干支流修建拦泥库，上拦下排意见；以长江流域规划办公室主任林一山为代表主张干支流沿程都应引洪放淤，灌溉农田，把黄河水沙送到需要的地方，吃光喝净的意见；河南省科学技术委员会副主任杜省吾主张炸掉大坝，恢复黄河水沙自然运行状态的意见。在广泛听取意见之后，周总理作了总结发言，指出：“对三门峡水利枢纽工程改建问题，要下决心，要开始动工，不然泥沙问题更不好解决。……这是燃眉之急，不能等。”决定在枢纽左岸增建两条隧洞，改建4条发电引水钢管为泄流排沙管。并鼓励大家“我们总要逐步摸索规律，认识规律，掌握规律，不断地解决矛盾，总有一天可以把黄河治理好，我们要有这样的雄心壮志。”并说“现在成熟的方案只有这一个，其他的事情还要继续做。”

根据治黄会议精神，水电部于1965年组织部水力发电总局、规划局、水科院、长江流域规划办公室、武汉水利电力学院等单位协助黄委会修订治黄规划。黄委会水科所一部分人员参加修订规划工作，一部分人员参加巴家嘴拦泥库试验，与华东水利学院协作探索黄河中游地区大型拦泥水库在坝前淤土上分期加高坝体的可能性。同年10月“四清运动”开始和接之而来的“文化大革命”，一切研究工作被迫停止。但值得庆幸的是，参加修订规划基本资料组的水科院河渠所，黄委会水科所、水文处等单位的同志，在研究黄河中游粗泥沙来源对黄河下游河道淤积影响课题中，已基本摸清了粗泥沙在西北地区的分布，为控制中游泥沙提供了依据。参加巴家嘴拦泥实验坝的工程人员，在现场进行深层排水，盖重挤淤加高等试验，为以后巴家嘴拦泥库在坝前淤土上加高坝体提供了一定的科学依据。1965 年以长江流域规划办公室人员为主进行黄河下游远距离输沙放淤的试验，取得一定的成果。同年，北京水利水电学院院长汪胡桢带领师生至碛口工地，按拦泥库要求对碛口工程进行现场设计，采用“拦粗排细，排而无害”的原则，于 1966 年 6 月提出《黄河碛口拦沙库设计方案》。

三门峡水利枢纽第一期改建工程于 1966 年 5 月到 1968 年 8 月先后完成投入运用，枢纽泄流规模增大一倍，缓解了水库的严重淤积，但仍有 20% 的来沙淤在库内，因潼关河底抬高而影响关中的威胁仍未完全解除，枢纽还需要进一步改建。1969 年，根据周总理指示召开陕、晋、豫、鲁四省会议，研究了三门峡工程进一步改建和黄河近期治理问题。重又提出打开 1～8 号导流底孔，并下卧 1～5 号发电引水管进口，要求当坝前水位在 315 米时，下泄流量达到 10000 立方米每秒，一般洪水回水不影响潼关。其中，关于打开导流底孔问题，自 1962 年以来，清华大学、水科院以及黄委会水科所都已进行多次室内重力坝底孔应力光弹模型试验，其结论都是孔顶及孔底部拉应力超过混凝土极限拉应力，打开底孔是不安全的。在这种生产需要与技术条件限制的矛盾情况下，黄委会水科所与水电部第十一工程局勘测设计大队、清华大学教学革改队合作进行三门峡枢纽溢流坝段 3 号底孔现场应力释放试验。通过试验发现，由于横缝均匀温升及孔壁内外温差的影响，底孔边墙中点应力基本接近于零，顶板中点为数值不大的压应力。这是室内试验条件所无法取得的，即夏季底孔不会出现拉应力，可以泄洪，冬季会有拉应力出现，但此时又不泄洪，问题得到了实质性的突破，建议在此段内运用底孔可不必加固。这一成果使人们得到通过室内试验无法获得的认识，对三门峡枢纽的改建起到了关键作用。伴随改建方案，黄委会水科所还进行了一系列水工模型试验及抗磨试验，保证了改建工程的顺利进行。

三门峡水利枢纽第二期改建工程于 1969 年 12 月开工，至 1971 年 8 个底孔已全部打开投入运用，至此，当库水位 315 米高程时，枢纽总泄量可达 9460 立方米每秒，接近四省会议确定的要求。1973 年三门峡水库开始按“蓄清排浑”方式运用，上、中游各大型工程相继建成，水土保持也取得一定成就，治黄科研工作进入一个新的时期。

（四）新形势下的深入研究阶段

三门峡工程改建后，扩大了枢纽的泄流规模，使潼关以上的淤积有所缓和，但也恢复了下游河道的淤积，地上河的防洪格局仍然是黄河治理中的重要问题，而且上、中游大型水库陆续建成发挥调节作用，不可避免地影响下游河道的水沙规律，引起一系列新的问题。1973年11月黄河下游治理工作会议在郑州召开，对黄河下游问题的严重性有了共同认识，提出应积极加强黄河泥沙研究工作。因当时正处于“文化大革命”中期，各研究单位原建制已被打乱，科研人员星散，会议决定成立一个协调组织，负责推动黄河泥沙研究工作。1974年经水电部指示，在黄委会成立“黄河泥沙研究协调小组”，由龚时旸任组长、仝允杲任副组长，黄委会、水科院、清华大学水利系、水电部第四及第十一工程局和流域各省（区）水利厅等单位参加，分别抽调干部按协调组商定的统一计划，开展各项泥沙研究工作。研究内容以下游河道演变、水库泥沙问题、干支流用洪用沙、高含沙水流灌溉等专题为重点依次分年进行。自1974～1980年共召开五次协调会议，并分别在郑州、太原、西安、兰州、银川召开专题成果交流座谈会，编辑出版《黄河泥沙研究报告选编》共五集，在这一时段内对黄河泥沙研究工作起到了组织与推动的作用。其中清华大学与黄委会水科所在继1965年黄河中游粗泥沙分布研究之后，就粗泥沙来源对下游河道冲淤影响作了研究，指出下游河道淤积物主要是粗泥沙来源区的来沙造成的，提出对中游粗泥沙产量最多的支流进行重点治理，就可减少下游河道的淤积。这一成果对黄河治理具有指导意义，1982年获国家自然科学二等奖。黄委会水科所、水电部第十一工程局与陕西省洛惠渠管理局协作，在洛惠渠进行引浑灌溉试验，将716公斤每立方米的高含沙浑水输送到远离渠首50公里的老盐碱窝，为西北地区农业增产和黄河减沙的研究，取得重要进展。1976年，西北农学院、陕西省农林科学院土肥研究所、农业勘测设计院、水电设计院、西北水科所相继参加，试验在泾、洛、渭三灌区普遍开展，西北水科所和黄委会水科所还分别进行了室内高含沙水流基本特性试验。嗣后，山西省水利科学研究所（以下简称山西省水科所）、清华大学、天津大学、华东水利学院、武汉水利电力学院都相继开展并取得许多重要成果。1982年，高含沙引水实验研究小组获得国家农委、国家科学技术委员会农业科学技术推广奖。1989年，清华大学水利系泥沙研究室编著出版了《高含沙水流运动》一书，这是20世纪高含沙水流研究的第一部理论著作。

黄河中游的水土保持工作在60年代初曾经过一次波动，到“文化大革命”开始后又陷入低潮，不仅水土保持建设停顿，而且有些地方毁林开荒日趋严重，亟待统一认识，纳入正轨。1973年4月在延安召开黄河中游地区水土保持工作会议，制定“以土为首，土水林综合治理，为农业服务”的方针，要求在开展工作的同时，加强科学试验，加速进程、减少浪费。提出总结陕北群众修筑水坠坝的经验，提高技术，解决存在的问题，以利推广。会后由黄委会、陕西省水利电力厅、山西省水利局共同组成陕晋两省水坠坝试验研究工作组，以后又扩大协作范围，清华大学、西北农学院、中国科学院西北水土保持科学研究所、中国科学院工程力学研究所、华东水利学院、北京大学汉中分校、郑州大学等先后参加，在现场和室内试验研究轻、中粉质壤土水坠法施工技术和坝体稳定分析方法；重粉质壤土水坠法施工技术及边坡稳定分析方法；坝体应力应变、抗震、稳定等新的设计理论，提出试验研究报告及论文50多篇，编写出版了《水坠坝施工须知》、《水坠坝设计要点》、《水坠坝》等书，对黄河中游群众性坝库群建设起到示范和理论指导作用，推动了群众筑坝热潮。国家为表彰这一成绩，1978年获全国科学大会奖。1977年5月水电部在延安召开了第二次黄河中游地区水土保持工作会议，重申前次会议制订的方针。1979年9月在甘肃西峰镇召开黄河中游地区水土保持科学研究工作座谈会，提出近期的基本任务是：研究水土流失规律，寻求水土保持新技术，探索农林牧综合发展的途径，培养人才，为加快治理建设，充分发挥水土资源的生产潜力和根治黄河提供依据。并制订了其后5年的研究计划。

中国共产党第十一届三中全会以后，国家工作重点转向经济建设，黄河治理工作也提到重要日程上来。1979年10月中国水利学会在郑州召开了黄河中、下游治理规划学术讨论会，参加的水利专家、从事治黄工作的领导干部和科技人员共220人，收到论文、资料140余篇。会上与会人员对黄河治理方针、措施畅所欲言，提出各种意见和建议：对于中游治理，大部分人肯定水土保持的作用，惟对成效估计存在较大差距，也有持怀疑态度的主张治黄不必考虑水土保持；对于下游的治理，主张治理河道为基础进行整治的占大多数，分别提出各种减少淤积的措施，但也有人认为现河道已进入老年期，与其决口改道不如有计划地人工改道为好。会议要求继续安排计划开展科研工作，为修订治黄规划提供依据。80年代以来主要在以下各方面取得较为深入的成果。

1. 流域的侵蚀产沙规律及水利、水土保持工程对黄河流域水沙变化影响黄河流域的水沙变化与自然因素和人类活动影响的关系是一个非常复杂的问题。尽管80年代初作了大量工作，研究成果也表明，人类活动对黄河水沙变化有明显影响，来水来沙都显著降低，但各家对人类活动影响的程度认识仍不一致，甚至有很大差异，特别是对水沙变化发展趋势存在着不同看法。为此，从1987年开始水利部安排的黄河水沙变化研究基金项目，以上、中游支流为重点，在暴雨产流产沙规律及水利水保措施减水减沙效益分析方面提出了一批新成果，汇集60篇研究报告，编印了5卷《黄河水沙变化研究论文集》。同年，黄委会黄河流域水土保持科研基金安排的黄河中游多沙粗沙区水土保持减沙效益及水沙变化趋势研究，以20多条多沙粗沙支流为重点进行分析，提出研究报告50余篇。从1988年开始，由中科院地理所与黄委会共同主持国家自然科学基金黄河流域环境演变与水沙运行规律研究，经众多单位研究人员的努力，提出研究报告并编辑出版了《黄河流域环境演变与水沙运行规律研究》、《黄河流域环境变迁与水沙变化关系》、《黄河流域的侵蚀与径流泥沙变化》、《黄河干流水沙变化与河床演变》等4本专著8册研究论文集。通过上述研究弄清了一些问题，正如全国人民政治协商会议副主席钱正英在《黄河水沙变化研究论文集》序言中所说："通过参与此项工作众多同志的努力，取得了相当丰富的成果，对于黄河水沙变化原因及其影响有了一定认识。"

2.黄河上、中游水库联合运用对下游水沙变化的影响

自60年代起，黄河上游修建了一系列水库，特别是龙羊峡、刘家峡两库联合运用，具有显著的综合利用效益，同时也改变了水沙过程，给下游带来了新的问题。为此，黄委会水科所自80年代中期开始，赴上游考察并研究水库联合运用对下游的影响，先后提出《黄河上游考察报告》、《黄河上游来水来沙特性及宁、蒙河道冲淤情况的初步分析》、《黄河流域修建水库对下游冲积河流防洪的影响》、《人类活动对黄河环境的改变及黄河下游河床演变的影响》、《龙羊峡水库初期蓄水运用对黄河中下游河道冲淤影响的初步分析》、《黄河上游龙羊峡、刘家峡水库联合运用对干流河道冲淤的影响》等10多篇报告，指出了龙羊峡、刘家峡水库自1986年10月联合运用后，基本是汛期蓄水，非汛期泄水，蓄水量的大小随上游来水量及下游国民经济的要求而定，在1986～1988年初期蓄水时段，汛期蓄水大于非汛期泄水，蓄水近61亿立方米。正常运用后，前两年汛期泄水，后两年蓄水大于非汛期泄水，整个运用期蓄水24.7亿立方米。两库调节径流的结果：在上游宁、蒙河段，河床在前期冲刷的条件下，主槽发生严重淤积，有的河段河势变化大，滩地

坍塌，平滩流量减少，排洪能力降低。龙门、华县、河津、洑头4水文站至潼关河段，在初期蓄水阶段，年均增淤0.41亿吨，正常运用前两年，年均减淤0.19亿吨，后两年，年均增淤0.21吨。潼关至三门峡库区，由于汛期水量减少和流量调平，降低水流输沙能力，加之三门峡水库采用蓄清排浑运用，使4站至潼关河段冲刷的泥沙几乎全部淤在该段，增加了该段的淤积量，不利于水库的冲刷和潼关高程的下降。在黄河下游，由于水沙来量的显著减少，黄河的断流时间逐年增加，断流河段向上延伸，本来水资源矛盾突出的下游，水沙变化加重了这种矛盾。另外，由于下游河道上宽下窄，排洪能力上大下小，龙羊峡、刘家峡两库调节后，艾山以上汛期多淤，非汛期多冲，冲淤可部分相抵。而艾山以下，汛期多淤，非汛期两库泄水流量仍不足以使河道发生冲刷，同时由于上段河道冲刷，来沙量增加，河道多淤，艾山以下河道的增淤量约占下游河道增淤量的一半。不论艾山以上或艾山以下，泥沙淤积主要在河槽内，使排洪能力进一步降低，需进行专门研究。

3.下游河道改道与否的论证

黄河下游河床的淤积抬高，给下游防洪带来潜在威胁，国内外不少专家学者从不同角度提出了许多治黄建议，中科院地理所叶青超等用地质地貌科学研究方法，分析了黄河下游决口改道的历史环境及下游河道现状和潜在危险，提出现行黄河下游河道处于衰亡阶段，已经远远不能适应防御特大洪水的要求。与其自然改道，不如因势利导，人工改道，摒弃旧河道，开辟新河道。这一建议提出后，专家学者们就黄河下游要不要改道，进行了大量研究论证工作。水利界专家有用现行黄河与明清故道相比的方法进行论证，说明以已知的现行河道淤积速度计，现行河道达到1855年黄河改道前夕的程度，还需50～70年，如把水土保持、放淤改土、开发小浪底工程调水调沙，河道整治等措施予以综合考虑，下游河道可以继续运用百年。考虑到下游改道带来的众多问题，不宜轻言改道。有的专家从三门峡水库调水调沙的经验进行论证，再修几十亿的滞洪水库进行调沙运用。配合其它措施，下游河道可以稳定过渡40～50年。有的专家从河道纵剖面平衡考虑，近期充分利用现河道及河口地区的容沙体积，通过河道整治适当调平河流纵剖面，远期以巩固发展水土保持，完全控制粗沙来量，再辅以引清刷黄，水库调沙拦沙，可以争取扭转下游河床继续抬升的局面。有的专家从黄河下游河道输沙特性考虑，论证了黄河下游河道淤积，特别是山东河段淤积是小水流量造成的，提出“在中游产沙区通过水土保持拦滞利用洪水泥沙，在下游调度小水流量，引走小水或将其调成大水，就可使河槽变得窄深、通畅、稳定，输沙能力加强，黄河也就可以得到根治”的结论。地质地理学界也有专家从区域环境及黄土高原动力地质作用，论证了黄河自发育之日起，就是一条多泥沙的浊河，侵蚀产沙强度也日益增大，这是人力难以遏制的。中、上游水土保持，干支流建库拦泥及两岸放淤引沙，囤沙等诸多办法，并不能为黄河泥沙治理找到一条永久性的出路，输沙入海就必然成为黄河泥沙的根本出路。下游长期维持悬河是在所难免的。河流一旦进入衰亡期，改道是它获得新生的必然出路。古悬河发育的规律如此，而今日黄河下游悬河河道的发展是否已进入或濒临衰亡期，目前尚无确据，有待研究论证。有的专家从下游地上河形成的因素即坳陷地质构造条件，多沙少水和筑堤束水来论证现行河道的寿命，指出：黄河下游所在的华北平原的地质构造单元是华北坳陷的一部分，地质构造条件决定黄河下游永远是一条堆积性河道，只要地质构造运动的性质不发生根本性的变化，河床纵剖面达到均衡剖面是不可能的，即使黄河中游来沙减少一半，只能是泥沙在下游河床的沉积速率减缓，下游全河段不淤积是达不到的。黄河下游要淤积，但并不认为黄河下游一定就要改道。现行河道能维持多长时间，不取决于河道长短或滩槽高差多少米，而取决于两岸大堤的抗洪能力和上游来洪量的大小、河道本身的形态、河道淤积速率。有人认为黄河下游是一条老年期河道，改道几乎是必然，须知这是一条人工控制的河道，不能套用侵蚀循环学说的剖面发育理论。现行河道处于所谓的老年期，不应是改道的理由，要更多地考虑现行河道边界条件下，能够通过多大的洪量，在遇到特大洪水时，在其他条件配合下，能否保持大堤安全。

4.黄河下游河道各种减淤措施的研究

黄河下游河床淤积可以通过各种减淤措施加以综合治理，每种减淤措施的作用有多大，成为研究的新课题。为此，黄委会就各种减淤措施对下游河道的减淤作用作了多次研究，估算了中、下游干流大型水库（主要是龙门、小浪底、桃花峪水库）对下游的影响；黄河中、下游大规模放淤对下游冲淤影响；黄河中游汛期减水减沙对龙门以下各河段的影响；黄河汛期增水对下游的减淤作用；调水调沙对下游的减淤作用等。计算结果：龙门高坝方案不如小浪底高坝方案对下游减淤作用大，但龙门水库可解决小北干流和三门峡库区的淤积。桃花峪水库由于建在堆积性河段上，除特大洪水时控制运用外，一般敞泄，对下游无减淤作用，若利用桃花峪水库制造人造洪峰，虽对下游减淤作用大，但与发展灌溉有矛盾。黄河中、下游大规模放淤可以使下游减淤，但淤区受引水条件限制，每年减淤量相对较小，使用年限较长，各年效果不明显。中、下游增水刷黄的减淤效果与调入水量和入黄位置有关，如调入水量100亿立方米，全下游可减淤3亿吨左右，其中山东河段减淤0.4亿吨，以从花园口入黄效果最好。中游拦沙对下游减淤的作用潜力很大，中游拦沙1亿吨，下游减淤0.4亿吨，只要加快建设速度，减淤作用必然显著。利用南水北调刷黄，每年减淤（山东段）0.18亿吨左右，减淤绝对量虽不大，但在山东河段每年淤积0.54～0.64亿吨的情况下减淤约1/3，效果还是不错的。

5.小浪底水库规划设计中的试验研究

解决黄河下游防洪减淤的各种措施已如上述，水土保持与引清刷黄虽有显著的减淤作用，但非短期可以实现。龙门水库有防洪减淤灌溉等效益，但因其位置偏上，对黄河下游减淤作用不及小浪底水库，大放淤和桃花峪水库与地方生产矛盾较大，因此，修建小浪底水库成为黄河下游防洪减淤的最优措施。随着小浪底水库规划设计工作的开始，黄委会水科所，水科院，清华大学等单位作了大量试验研究工作。在水库泥沙方面，研究了各种枢纽布置方案，坝前区的河势流态；坝前漏斗区的地形；含沙量分布；坝前淤积形态；电站、排沙洞、泄洪洞的合理布置；不同泄流方式的排沙效果；产生高含沙异重流的可能性；防止淤堵措施等。在水力学试验方面主要进行了4条坝线主要坝型的选择试验，观测了坝上、下游的河势流态，下游消能和局部冲刷，建筑物泄流能力和电站尾水情况。在设计阶段，主要围绕建筑物泄洪消能方案作了小圆塔、龙抬头、多级孔板泄洪洞等试验研究工作。土力学方面，在规划阶段进行了黄土地基湿陷性，坝基覆盖层渗透变形及大坝反滤料，防渗土料高压三轴，土料分散性能及抗冲蚀能力等试验，设计阶段进行了土石坝应变分析，土坝（坝型Ⅱ）地震应力与坝型Ⅰ方案比较，坝下冲刷段河床细沙层液化和抗震稳定等试验。结构方面作了宽缝重力坝变弹模量光弹试验应力分析，混凝土重力坝基础应力及抗滑稳定试验，水电站调压室阻抗系数及水位振荡电算分析，混凝土溢流坝段孔口光弹结构应力试验，泄洪导流底孔阻尼孔板结构应力分析等。岩土力学方面主要作了坝址区岩基物理力学试验，地层岩性试验，岩体初应力等试验研究，通过上述试验研究工作，保证了小浪底水库工程规划设计顺利完成。

黄河的治理与开发是一项长期而复杂的任务，在过去40多年里，由于对黄河自然规律的研究，使人们在认识上有了一定进展，对黄河治理起了一定作用。与此相应，治黄研究工作也有了长足的进步。但必须承认，由于对一些规律还未被认识，或存在着较大差异，导致了治黄的教训，正如恩格斯所说：“我们只能在我们时代的条件下进行认识，而且这些条件达到什么程度，我们便认识到什么程度。”(《马克思恩格斯全集》第20卷，第585页。)随着时代的发展，科学技术的不断进步，经过长期努力，黄河变害为利，长治久安的局面是会实现的。

第一篇

流域环境研究

第一课

黄河流域作为一个区域环境进行研究，对于黄河的治理开发至关重要，因为所有的工程建设和人类活动都离不开流域环境这个整体背景。但是流域环境涉及的因素很多，如岩石圈、大气、水、土、生物群落等等，它们既属于环境的统一体，又具有各自的独立性，研究门类纷繁，几乎每一项目都是一门学科，不可能在本志中罗列俱全，因此只好选择最能代表黄河特征的有关因素，进行重点研究。

黄河最突出的特征在于地质、地貌复杂，黄土高原的不断被侵蚀，河水含沙量大，影响沿河人们的生产生活，也给黄河治理与开发带来不利因素。早在20世纪初，地质、地理学界就已开始对黄河、黄土高原的形成与发育进行研究，取得了一定成绩。尤其建国后，随着研究的不断深入，使人们认识到：由于第三纪印度板块向北俯冲的影响及以后多次的地壳构造运动和多种地质营力条件是黄河、黄河流域地貌形成发育的原动力。从而，纠正了人们过去认为黄河源区的沼泽湖泊是由冰川作用形成的；建立了黄土高原黄土堆积的各种（风成，洪积，冲积，多成因）学说以及黄河下游存在"安定比降，泛滥比降"和"黄河下游改道迁徙范围基本上未超过近代强烈下沉的断陷盆地"等学说。

黄土高原在各种侵蚀营力作用下，土壤侵蚀严重，使黄土高原自然环境遭到破坏。为探求防治措施，除主管黄河治理单位与流域各省（区）先后建立水土保持实验站，此外，流域以外的许多专业部门和专家，也都不同程度地参加了这一工作。通过50～60年代现场径流场、站的定位观测和小流域侵蚀规律研究，到80年代已取得大面积、大流域产沙规律的研究成果，特别是取得了人类活动对加剧和控制土壤侵蚀的共识。

黄河上中游暴雨，挟带泥沙，汇集于黄河，形成黄河的洪水泥沙，使黄河下游河床堆积抬高，洪水肆虐，威胁沿河人民的安全。要防患于未然，必需了解暴雨、洪水、泥沙的数量与来源。民国期间虽已开始布设水文站研究洪水泥沙来源，但因缺乏足够的资料，研究成果多偏重于理论推算。建国后，除陆续布设雨量及水文站网，调查分析洪水、泥沙来源外，积极进行水土保持，推动群众筑坝，修建水平梯田，合理安排大、中型除害兴利工程，使黄河水沙来量发生了变化。针对水沙变化的情况作了研究，各家分析计算的减沙效果虽不尽相同，但都认为黄河治理的效果是明显的。

流域地貌、土壤侵蚀与黄河的洪水泥沙是黄河治理与开发研究的前提条件，用地貌、土壤侵蚀、洪水、泥沙作为揭示黄河特征的研究对象，并为黄河治理开发中其他科学研究提供背景条件。

第一章　地　　貌

黄河流域地貌与第三纪印度板块向北俯冲及以后的多次地壳构造运动和各地所受的地质营力有密切关系。本章在叙述地貌研究的同时，把黄土高原的形成，黄河河系的形成与发育及黄河下游河道变迁的研究夹叙在各章中，以加深对各地地貌的了解。

第一节　河　　源

一、探源

黄河上游以玛多县城(黄河沿)以东约 30 公里的峡谷为界，以上部分称黄河源区。见图 1—1—1。

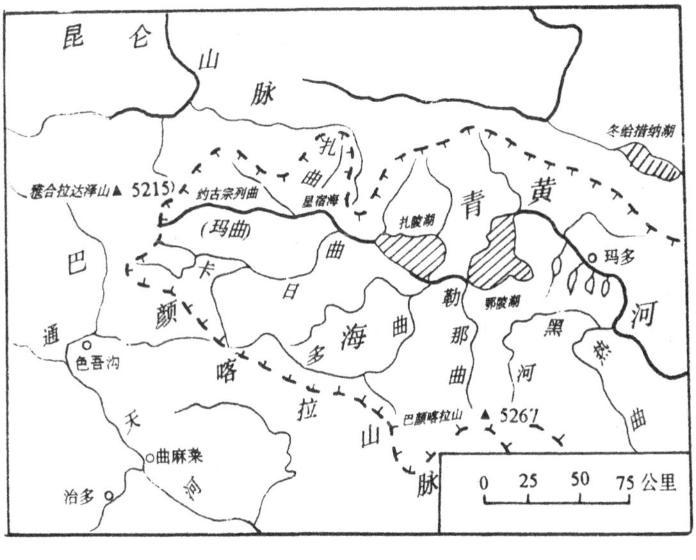

图 1—1—1　黄河河源地区

黄河河源的实地考察始于元代，至元十七年(1280 年)元世祖忽必烈命荣禄公都实往求河源，历时 4 个月，制图还报。后由翰林学士潘昂霄根据考察资料编成《河源志》。书中说："河源在朵甘思西鄙，有泉百余泓，或泉或潦，水沮洳散涣，方可七八十里，且泥淖弱，不胜人迹，逼观弗克。旁履高山下瞰，灿若列星，以故名火敦脑儿。火敦译言星宿也。群流奔凑，近五七(七恐为十之误)里，汇二巨泽名阿剌脑儿(即扎陵、鄂陵二湖)。"第一次记载了黄河源从星宿海汇进二大湖。清康熙四十三年(1704 年)派侍卫拉锡往求河源，回京后有《星宿河源图》及文字上奏，除肯定星宿海及扎陵、鄂陵二湖外，并列举星宿海周围群山及山下泉水之名称，指出："(南)古尔班吐尔哈山下诸泉西番名噶尔马塘，(西)巴尔布哈山下诸泉名为噶尔马春穆郎，(北)阿克塔因七奇山下诸泉名噶尔马沁尼。三山之泉流出三支河，即古尔班索罗谟也。三河东流入扎陵泽，自扎陵一支流入鄂陵泽，自鄂陵泽流出则黄河也。"清乾隆四十七年(1782 年)，复遣阿弥达探求河源，进呈《黄河源图》，在图中他把所到之地加上"噶达素齐老"名称，并在拉锡的《星宿河源图》上加贴注记"新图内此处改为噶达素齐老山"。以后皇帝在第一次入藏程站上谕中加注"噶达素齐老黄河源见此一带"。相沿下来人们遂认为黄河发源于噶达素齐老山。根据中科院地理所黄盛璋 1978 年考证，"噶达素齐老山"的名称，实为虚构。

民国期间，1937 年四川陆地测量局在川、青、甘、康四省交界地方测量时，写有《黄河上游流域考察记》，但他们只到鄂陵湖一带，把鄂陵湖记为"错甲让"，源区地貌形势仍保持旧说。1948 年徐近之在《地理学报》上发表《黄河最上游》一文，认为："星宿海之成因为冰蚀作用，高纬度冰被消失，地面小潭星罗棋布乃寻常现象，是区地高，更新世必有小冰被存在，其他解释难以明之。"

建国后黄委会于 1952 年 8 月派出以项立志、董在华为首的河源查勘队，历时两个月，按 1/25000 地图勘测了河源地区和通天河支流色吾曲入口处，访问了当地一些藏民，编写了《黄河河源及通天河引水入黄查勘报告》。报告指出"黄河不是发源于噶达素齐老峰山下的星宿海，而是雅合拉达合泽山以东的约古宗列渠"，"鄂陵湖在上，扎陵湖在下"，认为过去史料中西扎东鄂的记载应予更改。50 年代以后出版的地图，亦按此标志。

1953 年黄河资料研究组为给苏联黄河规划专家组提供参考编写了《黄河概况》。书内由中国科学研究院地理研究所(以下简称中科院地理所)编写的《黄河流域地形概述》一章中说：积石山与巴颜喀拉山间的纵谷，宽约数公里，各地颇多砾石。黄河上游称为玛楚河，发源于巴山北麓，海拔 4371 米处，在宽谷之内向东流。流经沼泽地及扎陵湖、鄂陵湖，很可能是过去冰川蚀成的。

1954 年，北京地质学院冯景兰在《黄河的特点和问题》中认为：黄河在青海境内，有星宿海、扎陵湖、鄂陵湖和积石山以上其他许多不知名的小湖，可能因为这段是黄河最新的部分，是原始草地上的冰川壅塞湖，是尚未充分流通的湿沼地带。以支流的反常现象，就得到有力的旁证：黄河在青海共和县以上的许多支流，象戛戛尔赤河、胡鲁木鲁河、多拉昆都仑河等，与黄河相交所成的锐角，并不按一般规律将其尖端指向下游，而将锐角指向上游。这就是说，这一段黄河河道以前是向着和现在正相反的方向流动，后经黄河水系强有力的向源（溯源）侵蚀，才逐渐把这些支流都拉拢过来，成为较新加入黄河水系的部分，但时间还不够长，改造尚未完成，所以旧时流向尚未完全改正，以致造成现在不合规律的畸形。

1978 年，青海省人民政府与青海省军区联合邀请国家测绘总局、中科院地理所、中国社会科学研究院历史研究所、北京大学地理系、北京师范大学地理系、中国人民解放军总参谋部测绘局、新华通讯社、人民画报社等单位与青海省测绘局、青海民族学院协作进行河源考察。与此同时，黄委会派出以董坚峰为队长的南水北调查勘队，与南京地理研究所、南京大学地理系协作同时到达河源。经半月时间的考察，于同年 8 月回到青海省西宁市，在西宁市召开了扎陵湖、鄂陵湖两湖名称位置及黄河源问题科学讨论会。会议一致认为应将现行地图上扎陵湖在东，鄂陵湖在西之误纠正过来，恢复历史上西扎东鄂的正确位置。会议之后，青海省人民出版社出版了《黄河源头考察文集》。文集中由中科院地理所景可、尤联元撰写的《黄河源湖区地理考察》文中对河源河谷地貌作了如下叙述：河源及其附近地区的地貌发育严格地受到地质构造和新构造运动的控制，区内主要构造方向为北西——南东至北西西——南东东向大的断裂。上新世末青藏高原有一次大规模的隆起，隆起过程中由于差别运动沿断裂带出现湖盆区的相对下沉，逐渐奠定了湖泊的基础。第四纪早期湖盆的范围比今天大一倍多，西起星宿海，东至星星海是一个统一连续的宽谷湖带，水面范围约略相当于海拔 4330～4340 米的高度，当然彼此间隔有一些低的丘陵，更西的约古宗列盆地可能也是连通的。前人所说的：‘冰川作用’值得商榷。整个河源地区无现代冰川，至少在星宿海周围及黄河谷地中均未见有任何由于冰川作用形成的地貌形态和冰碛物，至于冰盖的存在更是难以想象。扎陵湖、鄂陵湖湖群盆地形成的时代似乎应在早更新世末至中更新世初期即已存在，这个情况与邻近的藏北高原的情况是一致的。整个盆地内不存在形成的河床,不大可能有黄河河道的发育。中更新世至晚更新世初,宽谷湖盆继续保持相对沉降,沉降中心在鄂陵湖,沉降量西小东大,由此而增大了东西之间的地面坡降。这时黄河开始逐渐发育,先是在茫尕峡谷段,与其两侧的约古宗列盆地和星宿海盆地相比是一个局部的相对隆起段,原来两盆地之间的狭长通道开始下切,以致完全成为河道的形状,而茫尕峡谷以下的其他地区,扎鄂两湖仍是统一的水体。

进入晚更新世后,一方面东西有差异的沉降运动继续保持,一方面气候变干,所以统一的湖泊逐渐开始解体,大湖边缘分出许多孤立的小湖,由于沉降量小,星宿海全部退出水域,东端几个南北向的小湖与大湖也只是狭窄的水道联系。到更新世末全新世初,随着青藏高原的再一次隆起,宽谷盆地中差异性运动再一次加强以及气候不断变干,两湖间地带完全分离,由湖变为河道联系。进入全新世以来,地壳继续相对下沉,气候继续变干,湖盆水体收缩,全面脱离片状的漫流状态,黄河完全成为成型的河道,黄河上游的扎曲、玛曲、卡日曲各自东流于星宿海汇合成为今天的样子。

总的来说,黄河河源段是一条发育于盆地内的年轻河流,发育更晚于湖泊,河谷形态、阶地发育均不明显,河床宽浅,水流散乱,各段之间有不同差异,约古宗列盆地和星宿海盆地段,全系湖盆宽谷,纵比降不及1‰,基本上无河谷形态。茫尕峡谷全长约11公里,两侧为不很陡峻的低山,河床为单一的弯曲型,峡谷段内有断裂通过,是一个断裂峡谷。扎陵湖与鄂陵湖之间的峡谷,是一条东西向的断裂谷,谷宽50米左右,谷长300米,河床也呈单一弯曲型,较为窄深。鄂陵湖出口至玛多宽谷冲积平原段,全系近代黄河冲积平原,河谷形态不明显,阶地也不发育,只有二级河漫滩,河道沿北西西向断裂发育,左岸靠低山丘陵较近,河床受一定程度的约束,呈单一的微弯型。

历史上曾多次探索黄河源头,结果仍是众说纷纭。1952年黄河河源查勘队,纠正了以前黄河发源于噶达素齐老峰下星宿海的说法,确定了黄河发源于雅合拉达合泽山,正源是约古宗列渠。这次考察发现,黄河正源在雅合拉达合泽山下的约古宗列渠之说并不确切,黄河应该有约古宗列渠和卡日曲南北两源,其中卡日曲又是主要的正源,而雅合拉达合泽山与黄河河源则根本没有丝毫关系。

1979年2月2日国务院批复,同意根据历史记载和实地考察情况恢复两湖的历史名称,即西扎东鄂。至于黄河源头问题,因各家说法不一,尚无定论。1983～1984年《光明日报》、《人民黄河》曾先后开辟专栏“黄河河源究竟在哪里?”进行讨论,1985年黄委会根据历史传统和各家意见确认玛曲为黄河正源,卡日曲是约古宗列曲(玛曲)的支流并在玛曲曲果树立了河源标志。

二、河源河谷地貌

过去关于河源地区地貌研究的资料较少,除散见于本节其他部分之外。1952年黄委会河源查勘队在《黄河河源及通天河引水入黄查勘报告》中对黄河源的自然地理状况有所反映:黄河源地区海拔在4000米以上,黄河沿至鄂陵湖一段,河道比较整齐,右岸多沿山脚,山上覆盖着黄土与砂砾的混合土,出露岩石多系青灰色砂岩间或夹杂青灰色页岩,风化厉害。左岸为黄土砂砾混合土,靠近河床及低洼地带多为沮濡(泥沼)草地,含碱成分很大。鄂陵湖沿岸有为风浪所形成的天然湖堤,系砂岩及页岩的片石或卵石,大者8厘米,小者1厘米。湖外滩地上多系黄土及黄色微红的粘土,或含有砾石的沙子。山上被覆黄土厚0.1～1米,生长牧草。鄂陵湖至扎陵湖及扎陵湖沿岸,多为青灰色砂岩或页岩,山上黄土厚0.1～1米,滩中牧草生长很好或为沮濡地。扎陵湖以上至星宿海,河形宽浅,两岸的山麓相隔甚远,广大的黄河滩中有许多大大小小的水池和沮濡草地。再经一段山河,又是草滩地带,约古宗列盆地上水池很多,土壤含碱量很大,多为黄红色粘土或与砂砾相混合的沮濡草地,盆地边缘为青灰色砂岩,黄红色粘土被覆甚厚。约古宗列渠经过的山峡中,两岸多系青灰色砂岩页岩,倾角很大,山上为黄红色粘土、砂土的混合土。两岸的支流多在两山间流下,坡度甚大。

河源多西风或西北风,每天中午过后最易起风,一般可扬起地上的沙土。每年农历一二月风力最大,能将地上1毫米的砂子吹起。农历二月至六月降雨,以四月雨水最多,降雨时多夹有冰雹,其他时间多降雪,以八月至九月降雪最大。河源气温较低,四至十月中午最暖气温约在零上几度,早晨和黄昏零下10℃上下,夜半多在零下20℃以下。最冷可至零下36℃。无霜期很短,只有几天,甚至全年冰霜不断,牧草一般在农历二月发绿,四月开花,五月下霜后枯黄。

1978年景可、尤联元在《黄河源湖区地理考察》中说:河源地区地貌发育过程十分活跃,新构造运动主要表现为大面积隆起,但隆起不均匀,有强烈隆起区,成为山岭。也有隆起区中的相对凹陷区,相对沉降区(有的是断裂沉降,有的是坳陷沉降)成为盆地。横亘河源两侧的布青山和巴颜喀拉山就是受断裂构造控制的长期隆起带,黄河河源段谷地和以扎陵、鄂陵湖为主体的湖群宽谷盆地则是第四纪相对沉降带。中更新世以来,河流开始发育,谷地和山岭的较低部分，流水的侵蚀和堆积作用又逐渐占优势。此外，还有湖泊作用和风力作用，在它们的长期作用下，造成区内各地貌单元之间差异：在谷地北侧的布青山和南侧的巴颜喀拉山（主要指南坡）海拔在 4500 米以上，大部分由中生代砂页岩和板岩组成。由于隆起强烈和长期遭受侵蚀剥蚀，地形比较破碎，据测巴颜喀拉山一带沟谷切割密度达 1.19 公里每平方公里，地面坡度较陡，一般达 20～30 度，称强烈侵蚀剥蚀的中山带。分布在谷地两侧，扎陵、鄂陵湖周围及巴颜喀拉山北坡，海拔高程在 4500 米以下的部分，由于隆起量较小，遭受侵蚀剥蚀的强度也小，虽岩状和上述相同，但地面坡度较平缓，一般小于 15 度，在湖的周围还可见到第三纪的夷平面。沟谷切割密度为 0.81 公里每平方公里，称弱侵蚀剥蚀的低山丘陵带，分布于黄河谷地、扎陵、鄂陵湖盆地周围及山区内的一些沉积盆地，是相对沉降带，两侧山地上侵蚀剥蚀下来的物质在这里大量堆积，成为各种堆积平原。湖滨周围有三级阶地，一级阶地高出湖面 6～8 米，分布在湖岸凹入的湖湾部分，由灰黄色的湖相粉砂至细粉砂层组成，结构松散，呈水平层理。二级阶地为高出湖面 22～25 米的基座阶地，基座为板岩，基座上堆积了厚 5～6 米的黄色细粉砂，有轻微胶结，分布在两湖周围，常呈湖滨陡崖。三级阶地为高出湖面 30～40 米的基座阶地，分布在扎陵湖、鄂陵湖周围及一些小湖如星星海、尤日阿涌错等地，上覆 6～10 米的湖相细粉砂沉积层，棕黄至棕红色堆积层已普遍胶结，表层胶结坚硬。由于受侵蚀和风力改造，阶面形态很不完整。扎陵湖面积 542 平方公里，平均水深 8 米左右，最大水深 13.1 米，水下地形不对称，最深点在北岸。鄂陵湖面积 608 平方公里，平均水深 20 米左右，北侧最大水深 30.7 米。湖盆与湖岸主要以陡坡过渡，特别是基岩丘陵阶地直接濒临的地方，几乎都是垂直的陡壁，湖盆盆底则很平坦，基本上没有起伏的槽形盆地。玛曲汇入扎陵湖，汇入鄂陵湖的有多曲、勒拿曲等。河流带来的泥沙在汇口外沉积形成水下三角洲，扎陵湖黄河水下三角洲水深不足 2 米，鄂陵湖的水下三角洲也在 2～5 米之间。

第二节 黄土高原

一、黄土高原的形成

贺兰山以东，太行山以西，阴山以南，秦岭以北以及青藏高原东缘的广大地区，在地质构造和新构造运动的控制下，地壳强烈地隆起和下降，加上风蚀和流水等外力作用，塑造了并继续塑造着黄土高原的地貌。

形成黄土高原的某些现象，早已见诸于古籍，如《前汉书 · 五行志》中记有成帝建始元年(公元前 32 年)"四月壬寅晨，大风从西北起，云气赤黄，四塞天下，终日夜下著地者黄土尘也"。说明黄土是由西北风带来的，这和后来国内外学者所说的风成黄土的概念是类似的。其后历代还有不少记载，但都停留在观察思辨的水平上，未能深入研究。到 19 世纪末，一些欧洲学者来中国进行地质考察，对黄土形成问题的讨论才逐渐开展起来。

1866 年，美国人庞培利(R. Pumpelly)考察后提出中国黄土为淡水沉积，后因证据不足，1879 年又改称黄土物质的形成与岩石风化有关。1868～1872 年德国人李希霍芬(F. V. Richthofen)考察中国北方的黄土后提出风成沉积的假说。1892～1894 年，俄国人奥勃鲁契夫(B. A. Обручев)考察后指出，黄土的所有性质及其沉积条件证明这种沉积物是风成的，是从亚洲中部的砂质和石质沙漠中借空气带来的外来尘土。

20 世纪初中国地质、土壤和水利等科学工作者对黄土的研究逐渐多了起来。1925 年李仪祉在他写的《沟洫》一文中，根据李希霍芬的著作，对中国黄土的形成有以下描述：那时(指新生代中期以后)气候又变成大陆性质，由中亚细亚到中国北部成了一个广大的沙漠，因为有强烈的风化力，充满了干细的岩质，经风扬起，沙尘弥天向东吹去，到很远的地方才落下来。这样经过几万年，沙尘落地，生长植物，又被沙尘掩盖，又生新的，又被掩盖循环不已。于是在中国北部长成了新的地面，一切年代较老的山形都一律被厚的土层所埋覆了，有的地方竟厚到六百公尺，干涸的河沟也被填高了，称之为沙漠时代。后来又由于地质和气候的变化，演变成今日中国北部的地形和气候，进入了黄壤时代。1928 年李学清发表《黄土矿物及化学成分的初步研究》等文章，把黄土的矿物成分和当地基岩的矿物成分比较，提出黄土物质来源和化学元素的分布特征。杨钟健对黄土中古脊椎动物化石进行的研究，特别是对鼢鼠化石的研究，为黄土地层的划分奠定了基础。1930 年他和德日进(T. Dechardin)根据这些研究成果及野外的观察将黄土地层划分为黄土(马兰黄土)、红色土，又将红色土分为 A、B、C 三层，明确其所属的时代，进一步肯定了黄土地层的划分。桑志华，德日进在 30 年代对今内蒙古自治区乌审旗南部的萨拉乌苏河(无定河上游红柳河的蒙语名称)河谷两岸的水流相沉积物进行考察研究，确定其形成时代为晚更新世，称谓萨拉乌苏组，认为与黄土是同时异相的产物。此后，中国学者关于黄土高原形成的研究成果相继发表，如1944年马溶之所写《中国黄土之生成》，1947年陈梦熊写的《甘肃中部之地文》等等，都倾向于风成说并在学术上作出了一定贡献。1946年，张瑞瑾在《黄河概况》中说：晋陕黄土高原悉为黄土掩盖，黄土之主要来源为马兰期吹自西伯利亚之沙漠。

建国后，苏联科学院И.Л格拉西莫夫院士于1955年4～6月考察了黄土高原，并发表《中国的黄土及其成因》一文。认为从亚洲中部吹来的风成物能够而且应该在沉积过程中起着十分显著的作用，但不应该象某些风成说者那样，把所有这些现象机械地解释为风成尘土，在沉积过程中起着唯一的作用。水的因素(地表径流)显然在黄土层的形成中起着极重要的作用，并在一定地形条件下，决定着黄土的堆积。但不能否认风的因素在黄土形成过程中所起的作用，它可以把大量的矿物质搬运到黄土堆积区来。

1956年，西北大学地质系张伯声在《从黄土线说明黄河河道的发育》一文中认为：黄河还没有形成目前河道的时候，在西北就有很多大大小小的盆地，在这些盆地四周进行着风化剥蚀，在盆地内部则有很多河川进行河漫淤积，并有很小部分进行沼泽淤积，剥蚀与淤积的矛盾结合，使盆地底部越填越高，盆地四周越削越低，直到盆地中的水土找到最低坳口向下游盆地流失。……原始盆地的黄土沉积在后期的剥蚀中形成后来的黄土原。同年，北京大学地质地理系王乃梁在《对于张伯声先生"从黄土线说明黄河河道的发育"一文的意见》中说：张先生多年来在黄土高原的调查研究工作中，屡次注意到黄土分布的最高界限问题，他称为"黄土线"，并指出它的分布规律。根据这一规律，得出黄土是水流冲积的并且完全是水流冲积的结论。我们认为黄土的成因是风与水流错综交错的。风带来黄土物质，把它堆积在各种地形部位上，随着水流作用又把它搬运堆积到较低凹的，更稳定的地形部位上去，只有在那些极平坦的分水高地上的风积黄土才几乎没有受到水流的影响。对于黄土来源问题，张先生以为黄土是从流域盆地边缘高地上的残积层冲刷而来的，我们的看法是黄土物质主要是外来的由风带来的。1956年杨杰在《中国北方黄土沉积的成因》中也认为黄土是冲积形成的。1958年，地质矿产部水文地质工程地质研究所张宗祐在《西北陇东地区黄土形成问题》中提出黄土成因为洪积的。

1964年中科院地质研究所第四纪研究室刘东生等根据1955年以来对黄河中游地区的黄土进行广泛野外调查和室内试验研究的资料，编著了《黄河中游黄土》一书，详细阐述了这一地区黄土的基本地质特征，是关于我国黄土研究的第一本系统专著。该书前言提到："对于黄土物质来源的问题，虽在此未作专门的讨论，但读者不难自己从提供的实际材料中寻出答案。”据书中有关形成黄土高原的论述，约可归纳为以下几点：

1. 黄河中游黄土是开始于第四纪初延续到全新世的沉积物，覆盖于古地形之上，分布于整个地区，形如一个连续的黄土盖层。

2. 早、中更新世的沉积称老黄土(也称红色土)；晚更新世及以后的沉积物称新黄土或砂质新黄土(也称马兰黄土)，覆盖于老黄土之上。

3. 根据黄土呈现的岩性及结构剖面的一致性，分布的连续性，多层重复的埋藏土壤，以及粒度由西北向东南逐渐变细的方向性(见图 1—1—2 新黄土颗粒变化图)等可以推断形成黄土高原的地质营力应该是：不受地形条件的制约，源于同一区域，具有相同方向的作用，就是中国北方常见的西北风为其主导、将远处的黄土物质搬运而来。又从另一方面看，黄土的矿物成分具有显著的类似性，说明源于同一补给区；而与当地基岩的矿物成分比较，

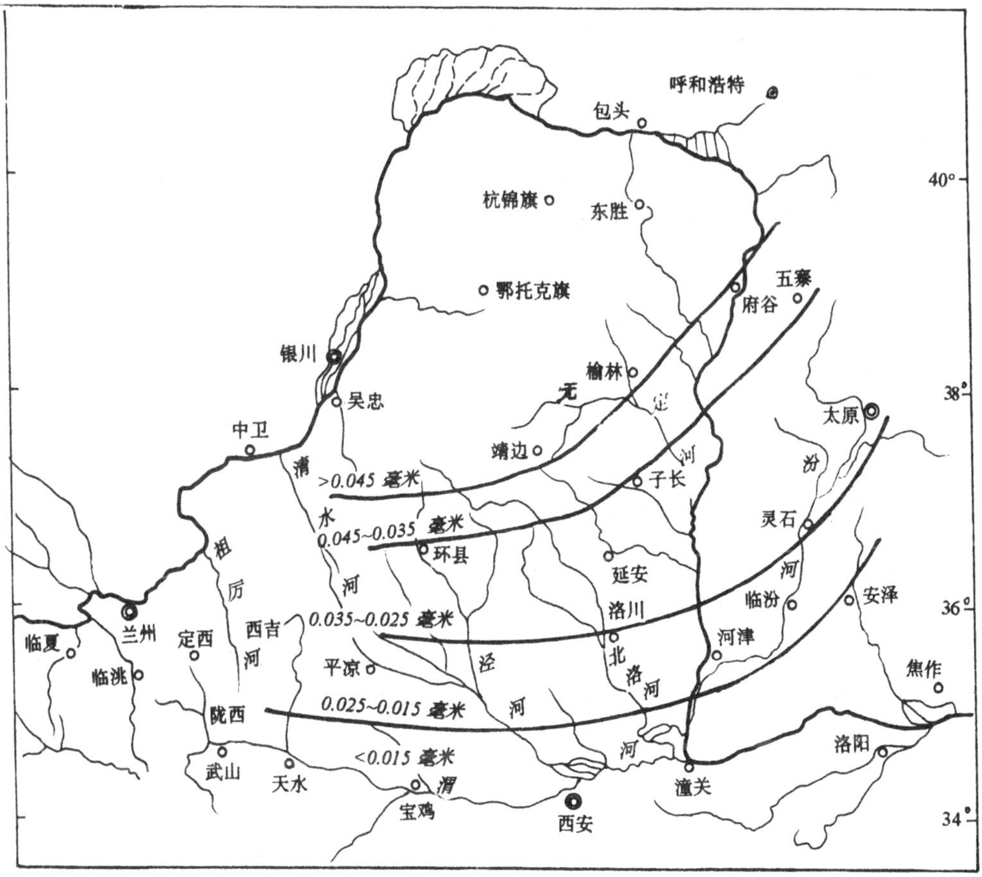

图 1—1—2 黄河中游新黄土颗粒变化图(平均值)

存在较大差异，表明不是当地基岩的风化残积物。

4.黄河中游地区以第四纪黄土沉积为主，但不排除其他第四纪的沉积。就目前所知，早更新世时期河湖相沉积发育，并多呈完整的湖盆式沉积，中更新世时期以河流相沉积较多，晚更新世时期水文网有显著发育，切割了老黄土所形成的地形，并在其上有小水体的沉积，又为后来的黄土所覆盖，鄂尔多斯萨拉乌苏组，为其典型代表。以上情况说明第四纪以来气候有干冷与温湿交替的变化，以及沉积物的堆积和侵蚀（剥蚀）的过程。进入全新世以后，经由多种不同地质营力改造了原来的黄土地面，使一部分黄土通过不同方式（冲积、坡积、洪积、重力堆积等）沉积下来，形成多种类型的黄土状岩石（过去称次生黄土）。大量黄土状岩石的形成，标志着新黄土沉积速度的减缓，开始一个侵蚀剥蚀的新阶段。

1975年，中科院副院长李四光在《中国第四纪冰川》一书中说：中国黄土，特别是有冰川遗迹的地区的黄土，其成因可能与冰川作用有关，属于冰前沉积或冰缘沉积物。1980年，陕西地质局第二水文地质队戴英生在《从黄河中游的古气候环境探讨黄土高原的水土流失问题》一文中分析了黄土堆积时期的古气候环境，指出黄河中游黄土的堆积模式，主要受黄土基底古地形及晚近区域地质构造活动特性的控制。地处晚近拗陷沉降带，如陇西会宁白草塬、陇东西峰董志塬、陕北洛川塬等，黄土堆积厚度大，且地势平坦，这样就形成塬。塬之间为隆起带，黄土较薄，因侵蚀割切而成梁峁。见黄河中游黄土等厚线图（图1—1—3）。

至于黄土成因及物质来源，作者在分析了黄土物质组成及微结构特征后指出：黄土矿物成分主要是石英，含量约为50%～60%，也有多达70%的。其形态多呈棱角或半棱角状，表面裂纹及破劈理很发育，具有贝壳状断口。这些石英颗粒的微结构特征说明，黄土物质的形成与冰川作用有密切关系，即冰川移动时将其所携带的岩石或土块，碾磨成粉末状和微粒，至间冰期，气候干燥，风化作用强烈，冰碛层及冻融层风化成松散的土状，经大风吹扬，特别是区域性季节旋风的吹扬，使尘土卷入高空，停积而成黄土。所以黄土的形成多半是就地取材，而非远处吹扬而来。至于毛乌素、腾格里等沙漠，系近代砂化而成，远比更新世黄土形成为晚，故不可能成为黄土物质的补给源。

1980年，中科院《中国自然地理》编辑委员会出版《中国自然地理——地貌》一书。书中从黄土中埋藏有多层次的古土壤层，说明在黄土堆积的间歇时期气候比较温暖湿润，生长有茂密的植被，才能发育成相应的土壤；当

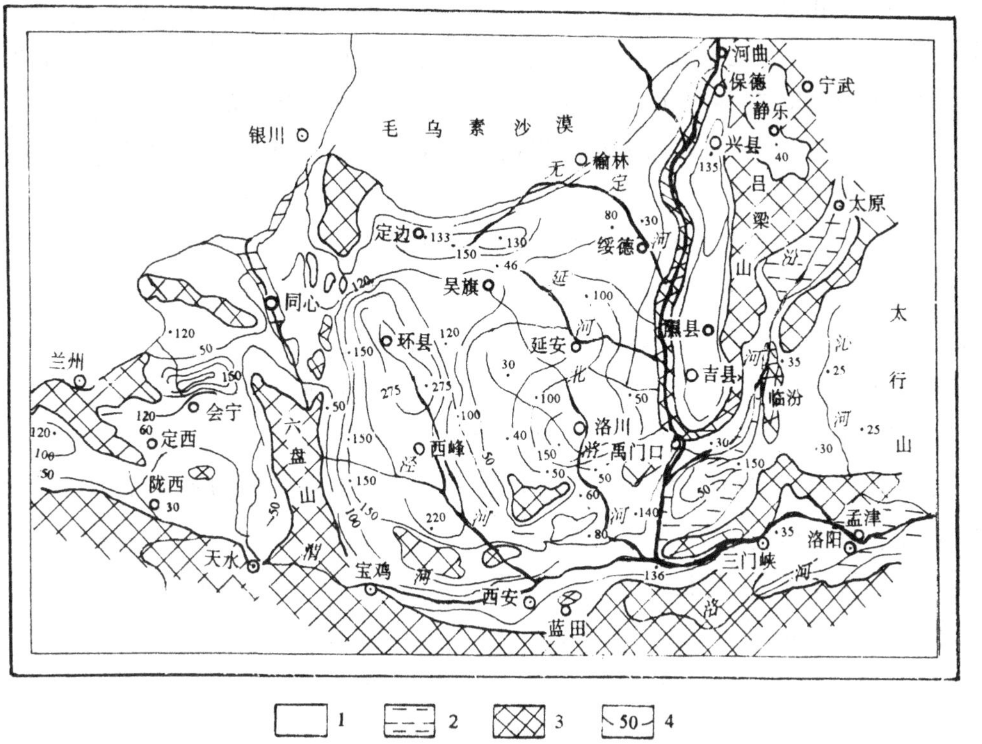

图 1—1—3 黄河中游地区黄土等厚线图

1.黄土 2.非黄土冲湖积层 3.基岩 4.黄土等厚线(米)

气候转为干燥寒冷时,又进入黄土的堆积时期。从更新世早期到晚期,这种温湿与干冷气候交替在时间上的隔距,有愈来愈长的趋势。黄土中埋藏的古土壤层代表黄土堆积间歇时期的古地面,在广大的塬、梁、峁地区,这些古地面的起伏与今天地面形态大致相似,基本上形成了与现代相符合的主要水路网,奠定了分水岭与河谷的排列。其后虽经黄土多次的堆积,只能和缓岭谷之间的地势高差,填满一些较小的沟谷,较大水系并未因此而遭到严重的扰乱。每次黄土堆积间歇时期的塬、梁、峁地面,有起有伏,排水情况良好,并无大面积的经常性积水区,而每次加积大致等厚的黄土,其条件必须是黄土物质从空中降落,这样可以停积在任何地形部位上。黄土物质只能是从外面搬运而来的,不可能是原地的产物,而最初把黄土物质搬运来的营力是风,而不是河流。这并不反对黄土每次在塬、梁、峁古地面上堆积时期或以后时期当地水流的参与。相反,正是当地有时强时弱的水流作用,以及各种块体运动,又把部分黄土从高处搬运到低处。华中师范学院地理系景才瑞在《中国黄土形成的气候条件、时代与成因》中也说:中国的黄土是第四纪冰期的气候条件下，由风力从黄土高原的西北方和北方吹扬、搬运而堆积下来的。间冰期时虽有雨水现象，堆积少量黄土，但这时大面积的黄土则是受到剥蚀——侵蚀的破坏，在各层黄土之间形成剥蚀面与河湖相的黄土状岩石层。

1985 年中科院兰州沙漠研究所董光荣在《鄂尔多斯高原晚更新世以来的古冰缘现象及其气候地层学意义》一文中说：对第四纪地层中遗存的古气候记录表明，冰期、间冰期气候波动既是控制冰川进退、冻土生消、海面升降的主要因素，也是控制沙漠扩缩、黄土沉积及其间断的主要因素。鄂尔多斯的风成沉积至少在第四纪初就已存在，从第四纪初至现在，交替经历了 11 次极干冷的流动沙丘，7 次干冷的固定、半固定沙丘，8 次干冷的风尘沉积和 15 次暖湿、3 次温湿气候条件下的成壤作用阶段。

1987 年，中科院地质研究所袁宝印，科技大学殷强等以洛川黄土塬为例，探讨了黄土区沟谷发育与气候变化的关系。指出洛川黄土塬自 240 万年以来，连续接受了厚约 130 多米的黄土堆积，其间至少经历了 24 个气候回旋。当气候干冷时，黄土堆积迅速，成土作用微弱，形成黄土层及其地貌形态比较稳定。当气候转为暖和湿润时，黄土堆积迅速减缓，成土作用加剧，且由于降雨量增多，在条件适宜的地貌部位就发生侵蚀，形成冲沟。自第五层古土壤发育以来，共出现 5 次比较明显的侵蚀（距今约 56 万年，20 万年，12.5 万年，1 万年，6000 年—现在），以第二侵蚀期为分界，沟谷纵横的地貌景观开始出现，且沟谷侵蚀明显加剧，有一次比一次加剧的趋势。

1989 年，地质矿产部水文地质工程地质研究所张宗祐、张之一等在其编著出版的《中国黄土》一书中说：黄土的成因在概念上，应是从黄土物质的堆积到形成黄土的全部过程的地质过程，它包括了物质来源、搬运沉积方式以及黄土化（即成土作用）的三个地质过程的统一体，其中任何一个单独的过程，都不能完全、真实地反映黄土的成因。我国黄土形成过程中，物质的搬运堆积的方式是复杂的，在不同的古地理环境中，以不同的主导地质营力进行物质的搬运和堆积。这些不同的地质营力，概括起来，就是风积作用、坡积作用、洪积作用、冲积作用以及风化残积作用。风积作用起到明显影响的是黄土高原的北部地区，特别是高原与毛乌素沙漠毗连地带。坡积作用主要发生在基岩斜坡下部，或河谷阶地之间的衔接地带。洪积作用形成的黄土堆积分布面积常常很广，尤其山间盆地周边地带，山前地带以及一些较大河流自山区进入盆地或河谷平原时。冲积作用常形成黄土阶地，多沿较大河流河谷分布。风化强烈的基岩风化残积作用，常在一些高分水岭地带。总之，中国黄土的堆积不像风成说那样，是由单一的地质作用形成的。中国黄土的堆积是多种地质营力的产物，是在不同的地质环境中，由于不同的主导地质作用形成的，是多成因的。

上述黄土高原形成问题的研究，从19世纪末首创淡水沉积说以来，陆续提出风成说、冲积说、洪积说、冰川说、多成因等，显然取得很大进展，但到目前仍未取得统一的认识，有待更深入的研究。

二、河系及其形成与发育

黄河以其特殊的地理环境，下游水灾严重，受到历代治河者的重视。因此在中国古籍中关于下游河道变迁的文献很多，而有关上、中游河系的记述则较少，其中汉代桑钦所著《水经》以及后魏郦道元为之增补而作的《水经注》无疑是最重要的著作，书中对黄河干流和部分支流的河道流路作了简要而较为系统的描述。到了近代，治河目标逐渐扩及全河，20世纪20年代开始已经有人进行干支流河道及河谷地貌的勘察研究。1925年王竹泉在《黄河河道成因考》中曾提出："黄河流域曾发生过几次周期性的升降运动，晋陕间黄河发育的历史经历了蓬蒂纪* 前的侵蚀，蓬蒂纪砾石层与红土的堆积，三门期前的侵蚀，三门系砾石层与红色土的堆积，黄土期前的侵蚀，黄土期黄土底砾石层与黄土的堆积，黄土后期的侵蚀与堆积，说明晋陕间的黄河在蓬蒂纪以前已经存在了。"1930年德日进、杨钟健在《山西西部与陕西北部蓬蒂纪后与黄土期前之地层观察》一文中也说"山陕间的黄河河道远自上新统以前就已存在了，无定河、洛河、泾河以及它们的第一级支流也都具有至少自上新统开始的寿命。"

1934年李仪祉考察了大通河口以下的黄河上中游河段；1943年中央水利实验处组队查勘了贵德至兰州段河道，均写有报告。1946年夏，国民政府经济委员会聘请美籍专家雷巴德(E. Reybold)葛罗同(J. P. Growden)萨凡奇(J. L. Savage)等为顾问，设立治黄顾问团进行黄河勘察，为向该团提供参考资料，由张瑞瑾编写的《黄河概况》，对黄河河系作了系统的整理。

建国后，黄委会拟订了《关于治理黄河的初步意见》，根据这一文件于1950年6月开始，相继派出大规模的查勘队进行干流各河段及主要支流的查勘，于1953年完成全部任务。与此同时还多次组织有中外专家和领导同

* 蓬蒂纪：为过去曾用的地质时代名，现称晚中新世，这里引文所指为上新世，距今300万年以前。

志参加的考察团，对黄河各河段的治理方针及水库坝址的选择分别作了研讨，为制定黄河的全面治理规划准备条件。

在进行上述查勘考察中曾涉及有关黄河的形成与发育的问题，在其后的治黄实践中，特别是三门峡水库建成后遇到的一些问题，都要求有关科技部门对黄河形成和发育过程进行探讨，从而展开了这方面的考察和研究。

1953年黄河资料研究组在前数年全面查勘的基础上，重新编写了一本《黄河概况》，书中关于黄河河系形成的叙述称：青藏高原是一群弧形山脉构成的高地，其间是大小不等的纵谷与盆地，黄河穿过这些山脊与纵谷，因底岩软硬不同，谷宽常有变化，遇红色岩系，侵蚀较易，谷盆就扩大成盆地，遇到硬岩，河道就缩窄成峡，如贵德盆地西缘的龙羊峡，盆地以东的松巴峡和李家峡等。黄河由中卫县黑山峡下口的沙坡头至河口镇，多行于宽广冲积平原中，由黑山峡至青铜峡为卫宁平原，青铜峡至石嘴山为宁夏平原，三盛公以下为后套平原，是第四纪逐渐下沉的地带。峡谷与平原相间，反映出河道与河系形成的新近性。最醒目的象征，黄河在兰州至潼关2100余公里之间，形成了一个大河套，兰州以下向北，托克托以下的向南，后段与黄土高原的倾向相同，前段则相反。青藏高原也接连出现两个小河套，一个绕着积石山，一个绕着西倾山，在小河套相对的两边中，一边的流向与地面倾向相同，一边相反。在同一河流而接连出现相邻而相反的流向，表示河道发育的现阶段还不能与地体构造相适应。尽管黄河某些段落（或其支流）的河道相当成熟，而现实河道的形成尤其河系的形成都是新近的。古河道与新河道连接起来表示全河的河道是若干河道拼凑而成的。

1955年，北京地质学院冯景兰发表《黄河流域的地貌、现代动力地质作用及其对于坝库址选择的影响》，文中说：从中卫到托克托窄长的冲积平原，是第四纪逐渐下沉地带。从托克托到龙门，黄河在晋、陕交界峡谷中奔流，逐渐斜过祁吕大山字型构造的东翼——吕梁山脉，亦即穿过汾渭地堑西北面的断层崖，及由寒武奥陶纪灰岩，石炭二迭纪煤系及二迭三迭纪红色砂、页岩等所构成的缓和褶皱。此区新生代地层黄土、红黄土及红土的发育，虽不及陕甘黄土高原深厚，但因雨量较大，又为泾、渭、洛、延诸水及清涧河、无定河等红土、黄土或红黄土所分布的地区，被完善的枝状水系所割切，成为岭壑纷繁的崎岖地形。以下呈东西向的黄河与走向东北西南的燕山褶皱带相交，河道主要沿着某些断层破碎带以横过震旦纪、古生代和中生代各岩层的区域走向。如遇较坚岩层，像震旦纪石英岩、寒武奥陶纪灰岩、三迭纪红砂岩及第三纪闪长岩等，就构成大小不一的峡谷，如三门峡、王家滩、任家堆、八里胡同、小浪底等均为较好的比较坝址。文章最后还说,以前研究者,看见晋、陕交界的峡谷急流,即认为此段河道是幼年河道,并进而推论这段河道系由黄河新近奔流所造成的,这不一定是正确的。如果观察一下此段河道唐县老期谷的存在,汾河谷、清水谷的深刻和下切河曲的存在,就知道这段也是很老很久的河道,其悠久的程度绝不亚于潼关以下或银川以上的河道。从黄河及其支流沿河阶地来看,从黄河及其支流的深切蜒曲现象看来,黄河流域的侵蚀轮回决不只一次,黄河流域是在不断的间歇的上升之中,近代有些地区仍然是一个上升的时代,所以有板桥切割的进行和地震的时常发生。

1956年,西北大学地质系张伯声在所写《从黄土线说明黄河河道的发育》一文中,对黄河流域地形是由地盘辗转升降关系的说法提出不同意见。认为黄河流域大大小小的盆地内部,由于河漫淤积结合盆地边缘剥蚀,当盆地积水找到最低坳口流出,然后对本盆地进行加深剥蚀,由于出口坚软岩层的控制形成了本盆地的河谷阶地。在上游盆地剥蚀的同时,邻近的下游盆地加速河漫淤积,淤满后又同样地向更下游盆地顺流发展。在上游则是溯源发展,从上游加长黄河。同年,北京大学地质地理系王乃梁发表《对张伯声先生"从黄土线说明黄河河道发育"一文的意见》中说:远在黄土甚至红土堆积以前,黄河及其支流的水系即已形成,以后只有因构造运动或其他原因的局部改变(如缩短流路,局部断流等)而无主要变动。红色黄土,黄土的加积又使各河道淤高,河谷变得宽浅,但并未失其谷形,所以每次加积以后的下切都能重新找到原来的老河道。

1957年,中科院黄汲清在《中国新构造运动的几个类型》中也指出,此区(黄河中游)为大面积上升运动,其中几条较大河谷(如黄河、汾河等)中的阶地地形,虽然有些是在第三纪以前形成的,但大部分也是在第三纪以后第四纪初受新构造运动的影响所致。

60年代初,由于三门峡水库蓄水运用后渭河下游排水排沙受到影响,引起国内学者的普遍注意,除西北水科所及陕西省有关单位对渭河河道进行研究外,中科院地理所与清华大学水利系协作组成渭河地貌研究小组,黄委会水科所、水科院河渠所等都先后开展渭河河道的研究。从1962年开始到70年代初,提出不少关于渭河的报告。如张伯声提出《新构造运动对于陕西水系发展的控制》中认为:陕北树枝状水系的形成同鄂尔多斯台向斜曾作整块的向西北翘起,向东南倾俯的新构造运动有关。秦岭的羽毛型水系的形成则与秦岭的条带状断块有关。渭河干流两侧则为过渡型水系,受南北不同形式的新构造运动的影响。渭河地貌研究小组提出《渭河下游河道平面变形及其发展趋势》,认为:渭河河谷为一地堑,形成时代在白垩纪末第三纪初。在地堑范围内,还具有次一级的小地堑、小地垒的断裂构造。渭河谷地,第四纪以来堆积了巨厚的沉积物,目前河道摆动范围内的物质大多为全新世的较为松散之沉积物。渭河下游西安至潼关,谷地十分宽广,地势平坦,沿河两岸发育有高低河漫滩及三级阶地。赤水以下河漫滩与阶地之间相对高差明显(5~10 米),河道摆动受岸高的限制。赤水以下,谷地平坦,河漫滩与阶地高差不大(5 米以下),有些地方尚成缓坡过渡。自古以来,渭河下游河道变迁频繁,摆幅不大,虽 1915 年以来曲流带宽度有所增大,但没有超过 1915 年以前最宽的范围。渭河下游比降 1.25‰左右,最适于曲流的发育。今后若三门峡回水不超过潼关,潼关河床不抬高,渭河下游保持或近于冲淤平衡,则曲流保持现状或稍有发展的可能。夏开儒在《渭河下游阶地成因类型分析》中从河床第一二级阶地纵剖面比降推得它们彼此并不是平行的关系,并推断出三门峡水库在渭河上的淤积纵剖面与河床和阶地的纵剖面也不可能是平行的。黄立强在《对渭河阶地成因类型分析的一点意见》中认为:同一级阶地在宝鸡一带属基座阶地,向下游逐渐变为内叠阶地,至西安渭南一带则为上叠阶地。1974 年,中科院地理所在《渭河下游河流地貌的几个问题》中指出:渭河下游纵剖面呈阶梯状,受渭河凹陷次一级横向断裂构造的控制。建库前咸阳——泾河口是均衡河段,泾河口——交口是微冲近于均衡的河段,交口——赤水是淤积河段,黄、渭、洛三河汇流处,历史上即存在古拦门沙。建库后曲流型河床已达到新的相对均衡。在此期间黄委会水科所和水科院河渠所提出了《渭河下游河道冲淤情况》等报告,对渭河下游淤积发展同三门峡水库淤积的关系作了论证。

1977 年,中科院地理所林振鸿根据三次考察写了《黄河中游(吴堡——风陵渡)河流阶地的研究》一文,文中叙述了从中生代的白垩纪末期,受燕山运动影响,地层经受挤压作用,发育龙门山地。第三纪时期又受喜马拉雅运动影响,地壳构造运动缓慢上升过程中,原始古地面形成波状夷平面,即唐县期夷平面。第四纪地壳构造运动,破坏了原来古黄河的河流纵剖面,高原峡谷地区的地壳运动强烈上升,使黄河沿着老河谷重新侵蚀下切。黄河流经不同的地质构造和岩性的河谷地段,发育各种形态类型的河谷地貌。禹门口以北是黄土高原峡谷,在构造地质单元上属华北陆台的吕梁台背斜和鄂尔多斯台向斜之间的挠折带,黄河沿着这个挠折带发育。吴堡到壶口间是深切曲流峡谷,河流阶地发育在凸岸,凹岸则是陡坡,河流流路弯曲,纵比降 0.38‰,河床发育有河漫滩和心滩。壶口至禹门口间是深切的顺直峡谷,在谷坡上残留有多级河流阶地，河流纵比降 0.54‰，水流湍急，险滩栉比，壶口瀑布就发育在这段峡谷。禹门口以南，河谷宽达 2000～3500 米，河流纵比降减缓至 0.3‰，流速减缓，淤积迅速，边滩、心滩发育，水流分散，河床冲淤和摆动变化剧烈。

1979 年，地质部水文地质工程地质局姜达权发表《黄河的工程地质特性及其开发治理的途径》一文，文中说：黄河基本上发育在秦岭和阴山之间。中生代末期，秦岭和阴山开始隆起，一些大大小小的构造盆地和山间盆地开始形成。至新生代第三纪，已经形成的地貌雏形继续发展，山脉不断隆起，盆地持续下沉，进入第四纪时期，在陕甘宁盆地及其邻近的一些构造盆地和山间盆地中，堆积了厚达 100～200 多米的黄土及黄土类土。以后地壳抬升，陕甘宁盆地成为黄土高原（长城以北，贺兰山以东为鄂尔多斯高原），河流下切，遭受侵蚀。由于长期的侵蚀作用，先后沟通相邻盆地，逐渐串连贯通，切过自西而东、由高及低地质上的三个阶梯，注入渤海，成为黄河。

1980 年，中科院《中国自然地理》编辑委员会编著出版的《中国自然地理——地貌》一书中说：黄河自唐乃亥以下至兰州，流路大致向东，兰州以下又转东北，直至青铜峡，沿途是峡谷与盆地相间分布。所有的峡谷多是由坚硬的变质岩、火成岩、间有石灰岩或砂页岩等所构成。所有的盆地多堆积了松软的新第三纪的红色岩系。在盆地的宽谷段中，具有明显的多级阶地，其中最高级阶地，不少是以新第三纪红层为基础，上覆第四纪黄土，两者之间常见河成的砾石层。黄河出青铜峡后，进入大致南北向的银川平原和东西向的五原——呼和浩特平原。银川平原南起青铜峡，北至石嘴山，是贺兰山东麓的断陷盆地，堆积了深厚的新生界河湖相沉积。黄河进入银川平原后，水流分歧，河底均系松沙。在石嘴山以下，黄河傍桌子山西麓，河底基岩裸露，俗称石河，水流急湍，至磴口附近切桌子山的西北角，形成一个狭窄的水口。河出磴口后，进入后套平原，水流又开始分叉，主要有两支，北支称乌加河，南支即今黄河。1850 年西山嘴以北乌加河下游淤塞断流，成为后套灌区退水渠，乌梁素海逐年扩大遂成黄河故道的遗迹湖。黄河沿大青山南麓东流，左岸有大青山麓冲积——洪积扇带，右岸为鄂尔多斯台地，沿河有三级阶地，黄河在大青山与鄂尔多斯台地之间的地堑式冲积平原内发育了蜿蜒河形，广大的河漫滩上遗留的有牛轭湖，上游来的泥沙大部分淤在磴口与西山嘴之间，过西山嘴之后，河水归槽，淤积不显，有利于曲流发育。

黄河在河口镇突然折向南流，从喇嘛湾开始进入峡谷，直到龙门 700 多公里，除很少地段谷形较宽外，其余两岸大部崖壁陡立，河道一般宽 200～

400 米，峡谷两岸支流密集，大体上可分为三种类型：①具有阶地平原的曲流宽谷型，河流中游具有较宽广的冲积阶地，临近黄河峡谷的河流下游，和黄河一样切入岩层之中，两岸尽是岩崖，有时可以看到岩石面与土状堆积物之间夹有砾石层，说明在土状堆积物堆积以前这种支流就已形成了，后与黄河干流一齐下切而成今日的河谷。这类支流在陕西境内有窟野河、无定河、清涧河、延水等，在山西境内有偏关河、县川河、朱家川、岚漪河、蔚汾河、湫水河、三川河、昕水河等。这些河流都是从黄土高原或丘陵流出，携带大量泥沙，成为黄河泥沙的最大来源。②切割在岩石面上的，短小的岩石沟谷，黄河两岸十分密集，把峡谷两壁切成许多缺口，多呈 V 字型，构成破碎的三角岩石面。③尚未切入岩层中的黄土沟，是最年轻的一种。

黄河从禹门口出峡后，进入汾渭地堑平原，从禹门口到汾河口，河床宽度超过 15 公里，左右摆动，水无定槽。汾河口至潼关，由于土层坚实，河床缩窄到 2～3 公里，淤积大为减弱。潼关之后，河由南北转向东西，行于中条山与秦岭之间，河面除阌乡等两处较宽外，其余均为 1～2 公里。陕县至孟津，黄河进入山地，两岸山势陡峻，由于流向多与岩层走向斜交，遇坚硬岩层，就形成大小不一的峡谷，如三门峡、王家滩、八里胡同、小浪底等。

1983 年，陕西省地质局第二水文地质队戴英生在《黄河的形成与发育简史》一文中说：第三纪时，本区湖泊众多，至第四纪早、中更新世尚保存有共和、银川、河套、汾渭及华北等湖盆。湖泊的存亡对黄河水系的发育有着极重要的影响。当湖泊存在时，地表水汇集其中，且盆地不断下沉，使侵蚀基准面不断变化，成为当地区域性地表径流的侵蚀中心，控制该区水系发育。随着河流的溯源侵蚀袭夺，各河段渐渐连通，湖水通过出口排泄而干涸，终于形成统一的大河——黄河。关于黄河的形成年代，根据其对黄土的侵蚀切割状况及阶地堆积层的时代确定，晋、陕峡谷段黄河形成最早，始于早更新世末至中更新世初(距今约 120 万年)，盆地段的形成时代较晚，最早不超过晚中更新世(距今不超过 50 万年)。流域内的近代构造应力场大体以六盘山西侧的深断裂为界，其西为压应力场，其东为张应力场。此两种不同性质的构造应力场对黄河的发育起着极其重要的控制作用。黄河上游流域为强烈上升区，岩层褶皱强烈，冲断层发育，河流多沿构造线发育，山高谷深，纵比降大，多峡谷，支流多沿次级构造线侵蚀而成，河流短促，支系不发育，以直角状水系为主。黄河中下游流域，沉降带与抬升区相同，沉降者为盆地，谷宽，纵比降小，属淤积型；抬升者为峡谷，河谷窄狭深邃，纵比降大，系侵蚀型；盆地区因下降为主，水流深向侵蚀能力弱，支流短小且不发育，多呈羽毛状。抬升隆起区因系大面积间歇性的缓慢垂直上升，水流不但进行深向侵蚀，而且侧蚀也很强烈，故支流水系发育，多呈树枝状。

同年，中科院地理所景可，陈永宗研究黄土高原侵蚀环境，指出：上新世末黄河中游地区是以盆地为中心的各个独立水系，喜马拉雅运动末期的新构造运动，使鄂尔多斯台地抬升，其周围盆地继续下沉，至早更新世末，各盆地水系相互沟通形成统一的黄河水系。第四纪以来的新构造运动，使黄土高原大部分地区一直表现为整体的间歇性抬升，黄河及支流发育3～4级阶地，使侵蚀基准面下降，为强烈侵蚀奠定了基础。

1985年，中科院地理所陆中臣，杨毅芬对宁夏清水河流域进行考察，写有《宁夏清水河中上游河床演变初步分析》报告。陕西地质局第二水文地质队对无定河流域的地质条件进行了调查；黄委会水科所对黄甫川进行调查均写有报告。

1987年，北京师范大学地理系李容全、张振春在参加黄土高原地区综合科学考察队，对青、甘、宁黄土高原考察之后，写了《共和至宁夏段黄河发育历史初探》一文。文中说：喜马拉雅期构造运动对新生代地貌发生、发展演化所造成的影响是极其深刻的。在早第三纪，受印度板块向北俯冲的影响，我国西部一些地区呈现出以挤压褶皱和隆起为主，形成山系与山间盆地相间排列的地貌特征。随着山地与山间盆地断块的肢解与合并，以及水系的不断相应调整，到晚第三纪本区存在共和至贵德盆地、西宁至兰州盆地，同时存在的还有走廊盆地和银川盆地。到上新世晚期乃至早更新世初期，喜马拉雅运动再次强烈活跃起来，欧亚大陆板块与印度板块碰撞所造成的挤压加大，以致使大部地区（银川平原除外）以整体上升为主，原内陆湖盆水系开始相互袭夺、归并，由内流水系变为外流水系，古黄河就是在这种地貌发育历史背景里，在上新世晚期采取追踪盆地的形式串通各相邻盆地而成的。黄河两岸保存有磨圆度很高的球形砾石，呈现出上部宽谷下部峡谷，谷中谷的横剖面形态，最上层古谷底的海拔高度龙羊峡为3000米左右，黑山峡为2000米上下，大通河口附近为2300米左右，青铜峡东之黄河右岸牛首山西坡砾石层海拔1288米，存在着古黄河与现代黄河较为一致的比降，说明最初黄河是贯通共和、兰州、中卫和银川四个盆地的。砾石属第四纪早期的共和级堆积物，故龙羊峡附近古黄河出现的年代不会晚于早更新世。长期以来，黄河强烈下切的累积深度，龙羊峡为500～530米，刘家峡500米，红山峡400～420米，黑山峡500米，大通河口400～440米，青铜峡260米左右，若把第四纪的时间尺度定为240万年，则平均下切侵蚀速度为：17.5～20.83厘米每千年。黄河下切速度各时并不是均匀的，总的下切趋势中有五个停滞阶段，在下切停滞阶段内，河流稳定拓宽，当河流下切再度复活时，便形成河流阶地。兰州地区五级阶地形成时代与侵蚀下切速度如表1—1—1。

表1—1—1 **兰州地区阶地形成时代与侵蚀下切速度表**

阶地级别	高出河面(米)	形成时代	下切速度(厘米每千年)
古侵蚀面	440～500	$N_2^2—Q_1^1$	82.26～104.84
T_5	145～175	Q_1	12.16～17.56
T_4	100～110	Q_2	45.4～59.09
T_3	50	Q_3^1	37.5
T_2	20	Q_3^3	127.3
T_1	6	Q_4	75.0
现今河水面	0		

由表可知中更新世晚期以来的大约22万年侵蚀下切加速期达4期，它恰恰与黄土高原区沟蚀出现与增强时期相当，反映出黄河下切侵蚀的增强，牵动了黄土高原水土流失的加剧。

1991年兰州大学地理科学系潘保田在《黄河发育与青藏高原隆起问题》一文中，对黄河水系的形成与发育作了系统阐述，将黄河的形成发育过程划分为五个阶段：

1.新第三纪(240万年以前)黄河水系的奠定阶段

中新世早中期，由于欧亚板块、印度板块与西太平洋板块的相互作用造成的强大挤压应力，太行山以西的黄河中上游地区发生强烈的地壳差异升降运动，形成了众多的内陆盆地，各主要盆地周围的河流以盆地内的湖泊为归宿，自成水系，互不相通。

2.240～130万年，黄河水系的孕育阶段

大约在240万年前后，印度板块向东北运动造成的强大挤压力，使六盘山以西黄河上游地区的陇西盆地、化隆盆地、西宁——民和盆地、黄源区诸新第三纪断陷盆地纷纷抬升，鄂尔多斯地区开始较强抬升，汾渭断陷范围缩小，三门古湖开始收缩。大约180万年前后，地壳的又一次强烈构造运动，卫宁盆地西部的河流强烈溯源侵蚀将陇西盆地的水系贯通，黄河于150万年

前在陇西盆地诞生。与此同时，晋陕峡谷成了联系河套平原和汾渭盆地的水系通道。130万年时，黄河在陇西盆地至汾渭盆地段已经出现，不过黄河的归宿是汾渭盆地中的三门古湖残余。当时湟水是黄河的正源，积石峡以西的黄河还没有诞生。

3.130～110万年，黄河水系的形成阶段

黄河中游河段形成以后，进入一个拓宽河谷时期，其中兰州附近最高一级阶地宽达10公里。大约在130万年前后，构造运动和气候变化迭加使河流强烈下切，河漫滩高出洪水位之上成为最高级阶地。黄河中游段一方面向外延伸，另一方面又转入侧蚀为主的时期，再次拓宽河谷。大约在110万年前后，又一次强烈的构造运动席卷青藏和黄河流域，山地的剧烈上升使河流比降加大，河流的溯源侵蚀活跃，三门峡东西两侧的河流急剧延伸，导致三门峡形成三门古湖外泄，出现了黄河东出太行的格局。在黄河的上游，由于青藏高原东北边缘断裂的极度活动，把化隆盆地的水系纳入黄河流域，黄河水系的基本面貌已呈现出来。

4.110～14万年，黄河水系的发展阶段

110～14万年间，黄河形成了两级阶地。大约在78万年前后，青藏高原的隆起使化隆盆地由相对下沉转为抬升。在约59万年前后，受构造运动控制，自西宁至三门峡黄河中、上游普遍形成第四级阶地。大约从14万年开始青藏高原新的一次隆起，使化隆盆地的原黄河支流迅速向西延伸，将贵德以上的共和古湖水系尽收黄河流域之内，这时化隆盆地的东西向河流除若尔盖盆地水系外才真正成了黄河的干流。

5.8～1万年，黄河水系的定型阶段

进入晚更新世后，中国北方气候变得干燥、寒冷，构造相对稳定，黄河及其支流转入以侧蚀为主的时期。大约在5～3万年间，构造运动再次活跃，形成以兰州地区石峡口阶地为代表的二级阶地。大约在1万年前后，青藏高原的最新一次抬升，造成黄河源头溯源侵蚀加剧，延入若尔盖盆地，若尔盖古湖外泄，使黄河最终延伸到青海的玛多地区，整个水系定型。

三、黄土高原地貌

地质时期，黄土高原古地面为黄土所覆盖，并经地壳运动以及气候变化引起多次水流侵蚀割切，形成了黄土高原地区塬、梁、峁自然景观。历史时期，随着生产的发展，人们对这一景观逐渐有所观察，如北宋沈括在《梦溪笔

谈》中所说："予观雁荡诸峰，皆峭拔险怪，上耸千尺，穹崖巨谷，不类他山……今成皋陕西大涧中，立土动及百尺，回然耸立，亦雁荡具体而微者，但此土彼石耳。"形象地展现出黄土高原的地貌形态。20世纪初，随着黄土研究的深入和治理黄河的需要，对黄土高原地貌的考察研究，渐为人们所重视。1925年李仪祉在《沟洫》一文中，综合当时对黄土的研究成果，探讨以沟洫治黄的可能和必要，论述了由新生世纪到现代，中国北方经历不同阶段的地质变化，黄土堆积和水流侵蚀，演化成今日的地形和气候称之为"黄壤时代。"他还引用铁森（D. F. Tiessen）对黄土高原地貌的描述："沟壑复曲，有如迷境，崖土矗立，如壁如柱"，慨叹"这真能令看见的人惊奇不置，全世界上再莫有同样的了。"1933年，安立森在《黄河流域土壤冲刷之制止》一文中对黄土高原有以下描述："黄土地带之特殊现状维何？广漠之高原而有溪流深陷其间，又有拔出地面500～700公尺之山岭为其分水之脉，经雨水冲刷，均现牛山濯濯。……流经崖谷之河道约低于两岸高原150～200公尺，其宽1000～2000公尺，支流则较狭。……黄土高原顶为微有起伏之平面，村落散布其间，与钻穴而处者迥然不同，土人名之曰'塬'。……崖谷间高原其斜坡恒倾向两边的河道，且其坡度较纵向为陡峻。大雨下降水即分滚两旁，循深沟辗转以达于河。在其未抵谷边之先，饱挟泥沙，故河水挟有充分之泥沙，无待言矣。如此年复一年，沟益宽而深，甚至两旁自相衔接，截高原为数部……此种情状，若不设法制止，则刷土将益加剧，不特高原为然，即耕种之区，亦同罹斯厄，是诚国家一大问题也。"

1943年，国民政府行政院聘请美籍顾问罗德明考察西北水土保持，在《西北水土保持考察初步报告》中对黄河上中游概况分河西走廊、青海草原和黄土高原三部分进行叙述，重点为水土流失及其成因，除黄土性质、土地利用、气象变化等情况外，关于地貌特征亦颇为注意。

1946年，张瑞瑾在《黄河概况》中，根据当时掌握的资料较系统的叙述黄河中上游地貌：六盘山以西之甘青高原，主要为山岭区，以东系因屡经断层及褶皱作用所致，为较著之地震区，绥远境内，黄河向北迂回，河道之南部为鄂尔多斯高原，有甚多之小河流注入黄河，并有不少草原及盐水湖散布中间，鄂尔多斯高原东部沙丘起伏、西部大都为沙质黄土所覆盖。黄河以北，其地形与鄂尔多斯迥异，河套灌渠位于迂回河道之西北角，与宁夏之带形灌区一样为冲积地带。晋陕黄土高原悉为黄土掩盖，陕北之地形为高1000～2000米之台地，经数代之冲蚀，形成各种深浅之沟壑。渭河沿岸之关中平原，由宝鸡至潼关之300公里间，为一A字形，由宝鸡向东逐渐伸展，最宽

50 公里。渭河南岸，秦岭间有小河流来汇，水清无浊。渭河北岸之宝鸡、武功间，地形分头道塬、二道塬、三道塬而抵河边。渐东无显著之原地区别。山西之地形为河流分成数个高原，河流沿岸为冲积土壤与陕北地形相似。在涑水流入黄河之附近，为一带形之冲积盆地，长 95 公里，宽 20 公里，接近该盆地区域为一包括多数盐水湖之洼地。

建国后，为制订黄河综合规划的需要，1953 年春，水利部会同农业部、中科院、黄委会、西北行政委员会等单位的领导人和竺可桢、冯景兰、萧前椿、崔友文等专家，组成 36 人的西北水土保持考察团，对榆林、绥德、延安、庆阳、平凉、兰州、天水等重点区的水土流失，沙漠南移，社会经济状况等进行考察，结束后，由水利部副部长张含英撰写了《报告西北水土保持工作》。嗣后，水利部、黄委会邀请中科院、农业部、林业部及所属科学研究院所的技术干部和工人，组成 9 个查勘队，分赴泾河、渭河、北洛河、无定河、清涧河、延河等 20 多条支流进行查勘，搜集了各流域的地形、地质、土壤、植被、水文、气象、水土流失、社会经济和群众治理的经验等大量资料，编写了各流域的查勘报告。

1954 年，随着黄河流域综合规划的开始，黄秉维根据查勘报告及过去的有关文献，首次编制了《黄河中游流域土壤侵蚀分区图》，图中把水力侵蚀和风力侵蚀强度，各分区有无植被都包括在内，然后再根据其它自然因素特点划分出次级区。这一成果为当时规划确定水土保持重点和治理方式提供了科学依据，也为后来研究黄土高原侵蚀和水土保持奠定了基础。见黄河中游流域土壤侵蚀分区图(图 1—1—4)。

中科院副院长竺可桢在 1954 年《参加黄河勘察队考察西北水土保持工作纪要》中说：到军渡附近，可以看到晋西、陕北黄土丘陵已经切割得很破碎，一般耕地坡度在 20 度以上，也有达到 30 度左右的。陕北绥德一带，黄土丘陵大都一个一个的圆顶山，多不相连，丘顶大略同高，而微有起伏，当地人民叫“峁”。从延安开始，就可看到顶部大致相连的一条一条山梁的地形，叫做“梁”。再向南到了北洛河流域、泾河流域，一条一条的梁又连接成一片一片的黄土平台，叫做“塬”。但在地形侵蚀过程中，一般是先有塬，然后被切蚀成狭长状的梁，最后又被割切成峁的形状。这说明了陕北黄土高原的侵蚀情况特别严重。造成这种严重情况的原因是陕北土壤抗蚀力低，虽雨量分布是由南向北减少，但南面有植物覆盖的地方较多，而陕北很多地方则近于赤裸。

1955 年，冯景兰在《黄河流域地形分区的特点》一文中说：包括积石山及西倾山脉以东和以北甘肃的陇西、陇东及陇南三区，和陕西秦岭山脉以北的泾、渭、洛、延诸水及清涧河、无定河等流域，红土、黄土或红黄土所分布的地区，一般海拔约1000～2000米。本区被完善的枝状水系所割切，成为岭壑纷繁的崎岖地形；又因侵蚀程度发展阶段的不同，而成为塬、梁、峁三种不同地形。（塬为原始黄土高原被侵蚀割切尚在幼年期的地形；梁为黄土高原被侵蚀割切已过壮年期的地形）。塬顶、梁脊和峁尖与附近谷底的高差，可自数十米以至数百米，视当地情况而异。一般在黄土高原的西部海拔较高的地区，陵谷的相对高差比较大，在黄土高原的东南边沿海拔较低的地区，陵谷相对高差较小。黄土高原的中部，塬的地形发育比较完善，在黄土高原的边沿，则峁的地形发育比较完善。由于黄土高原地区在新近地质时期，有间歇性的上升，河流有不同速度的下切和旁切，以致不论黄河的干流或支流的两

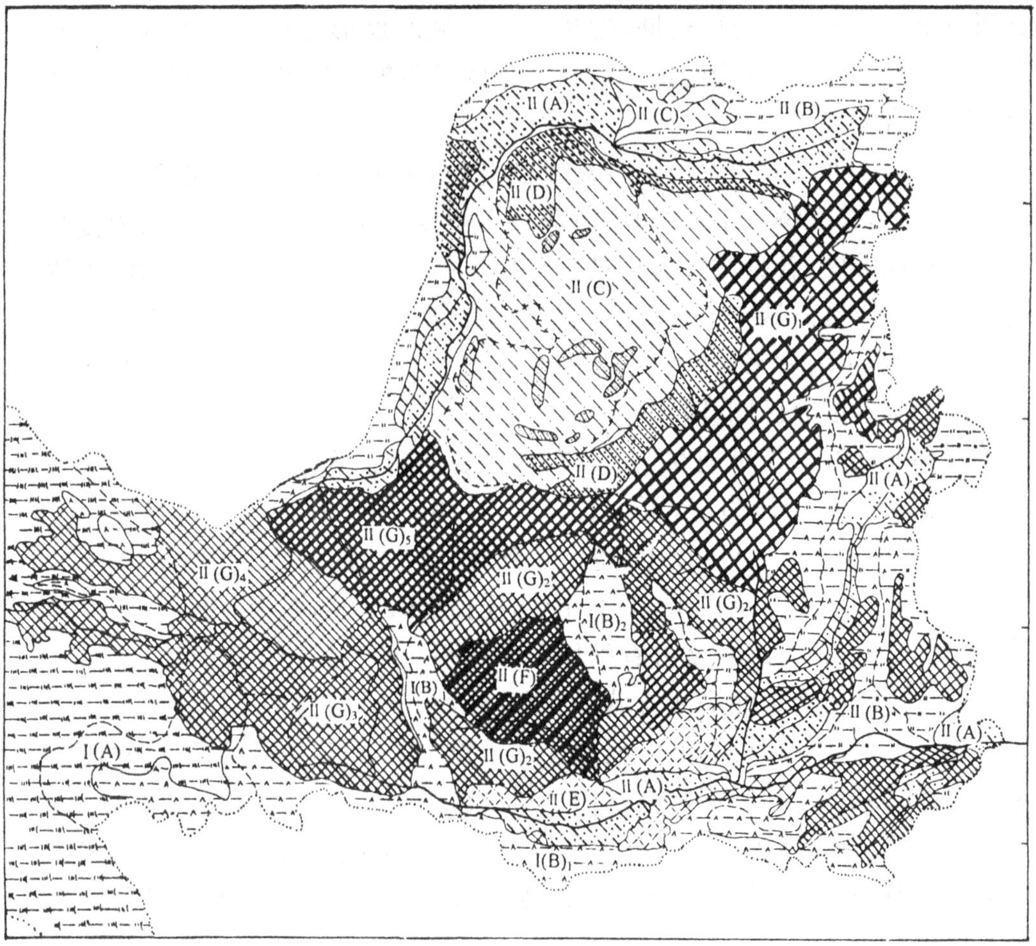

图1—1—4 黄河中游流域土壤侵蚀分区图

黄河中游流域土壤侵蚀区域图图例及简要说明

区域名称			图例	水蚀程度	风蚀程度	侵蚀情况简述
I 有完密植被区域	高地草原		I(A)	5(3)	5	水风侵蚀均微弱　少数地区水蚀强烈。
	林区(在石质山岭中)		$I(B)_1$	5(3)	5	水风侵蚀均微弱　少数地区水蚀强烈。
	林区(在黄土丘陵中)		$I(B)_2$	5(3)	5	水风侵蚀均微弱，少数地区水蚀强烈。
II 缺乏完密植被区域	冲积平原		II(A)	5	4(2)	水力面蚀及沟蚀均微弱，泻流侧蚀在有些地区很剧烈，风蚀可能对农业自然生产力有相当影响，在风力强烈地区，风蚀甚剧烈。
	石质山岭		II(B)	5(3)	5	水蚀产生大量砂砾，对河流含沙量虽影响不大，但在有些地方可能使农田成为瘠土，甚致不能耕种，同时也是河流推移质的一种重要来源；风蚀微弱。
	干旱草原		II(C)		4(2)	水蚀较小，风蚀也小，但其中有一部分因过渡放牧，开垦及采取燃料，植被破坏，土壤侵蚀情况与风砂区同。
	风砂区		II(D)	5	2	水蚀微小，风蚀甚强烈，不但使耕地自然耕作恶化，浮砂向南移动，并且破坏原来自然生产力较高的农田，大大增加河流侵蚀。
	黄土阶地		II(E)	3	4	水蚀强烈，风蚀可能对农业自然生产力有相当影响。
	黄土高塬		II(F)	2(1)	3	水蚀甚强烈，其中破碎高原异常强烈；风蚀对农业自然生产力有很大影响。
	黄土丘陵	第一副区	$II(G)_1$	1	2(3)	陡坡地最多，耕垦指数亦最高，水蚀非常强烈，风蚀甚强烈，一部分地区较弱，但也可能对农业自然生产力有很大影响。
		第二副区	$II(G)_2$	2	3	比之 $II(G)_1$ 陡坡地较少，耕垦指数较低，坡田一部分为梯田，水蚀甚强烈；风蚀可能对农业自然生产力有很大影响。
		第三副区	$II(G)_3$	2	3	陡坡地比 $II(G)_2$ 少，坡田多为梯田，耕垦指数在 $II(G)_1$ 与 $II(G)_2$ 之间水风侵蚀程度大致与 $II(G)_3$ 同。
		第四副区	$II(G)_4$	4	2(3)	降水量在300毫米以下，陡坡地约与 $II(G)_3$ 相同，农地多未耕垦，耕垦指数低，水蚀中度，风蚀甚强烈。
		第五副区	$II(G)_5$	2 (4)	2	耕垦指数较低，畜牧有相当比重，水力侵蚀强烈，西北部水力侵蚀中度，风力侵蚀强烈。

水蚀风蚀程度　1.异常强烈　2.甚强烈　3.强烈　4.中度　5.微弱

内流区界限　主要支流流域界限

旁，都有完善的河阶地形和谷中谷地形。在地形发展上富有意义的河道深切蜒曲，在黄土高原地带，尤其是陕北特别多。

1955年，中科院在竺可桢副院长的带领下，组织了院内各研究所以及林业部林业研究所、北京大学、南京大学、北京农业大学、河北农学院、东北地质学院等单位，组成黄河中游水土保持综合考察队，对黄土高原地质、地貌、气候、土壤、植被、农、林以及社会经济状况进行全面考察，通过考察，各研究所都提出了各自的报告。如气象方面的《黄河流域的降水》(赵九章主编)、《黄河中上游流域的气温和季节》、《黄河中上游流域的降雨》(韩成浚编写)；植物方面的《试论黄河中游植物分区对水土保持措施选用树种草种的关系》(崔友文编写)；林业方面的《黄河流域的林业》(高尚武编写)及其他。其中中科院地质研究所在此次综合考察的基础上，于1958年又在刘东生、彭会的领导下，进行系统地补充调查，1964年刘东生等编著出版《黄河中游黄土》一书，书中指出：长城以南，秦岭以北，太行山以西的绝大部分面积都为黄土所覆盖，构成了表面坡度不大，切割程度不一的黄土高原。海拔超过2000米的地面只占10%左右，主要分布在西部，包括陇西盆地之黄土丘陵及六盘山、乌鞘岭、西秦岭等石质山地；在东部只有五台山、吕梁山等山岭之峰顶才超过2000米。海拔在1000米以下的地面不及20%，且多分布于东南部，构成了山西中部和东部的一些河谷盆地和陕西中部的渭河平原。70%以上的地面海拔为1000～2000米，绝大部分为黄土所覆盖，只有少数基岩(黄龙山、子午岭等)才突出于黄土之上，实如黄土大海中的孤岛。黄土堆积主要形成塬和梁、峁(丘陵)，黄土塬是地形起伏不大的高原地面，表面坡度有时还不到几度，只有在边缘才稍有明显的倾斜。主要分布在泾河、北洛河的中下游以及祖厉河下游和吕梁山西南的隰县、大宁、蒲县一带，其中著名的有董志塬及洛川塬。黄土丘陵是地形起伏显著的地面，一般有两种状态，长条的称为梁，圆形的或馒头形的称为峁，其顶部均呈穹形，坡度约8～10度，个别可达20度以上。丘陵的坡面多为凸形的，但也有凹形和直形者。

《黄河中游黄土》还指出：根据黄土厚度分布的研究，黄土沉积虽然缓和了古地形的外貌，但基本上仍反映了基岩的起伏形态。作为黄土的基本单元“塬”“梁”“峁”的形成与此有关。塬区的基岩地形下伏较深，形态较平坦；梁区基岩较高，多在较大基岩基础上发展起来，形态常呈梁状；丘陵峁区则多在较小基岩基础上发展起来。因此，塬、梁、峁的发育过程，并非从塬破坏而成梁，再破坏而成峁的渐变过程，主要是受基岩古地形的影响。

60年代，黄河流域各省(区)依据治黄综合规划开展多项实施工作，要求科技部门配合水土保持、农业区划及地下水利用等方面进行地貌研究。1964年中科院地理所罗来兴、朱震达等根据多年来野外调查资料和1:5万、1:10万的航测地形图，依据各地区土壤侵蚀程度及其对三门峡水库来沙的影响，编制出《黄土高原水土流失与水土保持图》，从水土保持的角度划分了急需治理的地区和比较不急需治理的地区。在急需治理区中又划分为可以沟谷治理为主，坡面治理为辅的类型和必须沟谷与坡面兼治的类型，提供地方水土保持工作参考。

1965年，兰州大学地质地理系王德基在《甘肃省农业地貌区划》中指出：甘肃省西部为青藏高原东北边缘地带，地面分割微弱，地势起伏和缓。地貌类型有海拔3500米以上的高山，占全区面积的20%～30%，海拔在3500米以下的山前丘陵，占总面积的40%以上，相对高度在200米以下的山间盆地和宽谷不到30%，再下为浅洼地，最低处为河谷或沼泽湖泊。六盘山以西的黄土高原，海拔在2000～2200米左右，地面都很破碎，没有完整的黄土塬。六盘山、关山、崆峒山及太统山等主要山地及介于这些山地之间的丘陵，黄土分布稀少，大部分为风化碎屑和残积土层，保存着一些次生森林。泾河东川上游破碎黄土塬区的外围黄土梁峁丘陵发育，庆阳以北，包括西川两岸直至分水岭附近和东川中下游一部，地面破碎，水土流失严重。东西川汇合口以南之地，为黄土塬区，其中以董志塬最大，地面平整，由于沟谷切割，沟道发育。1961～1964年中科院与内蒙古、宁夏协作进行两省(区)的综合考察，分别出有报告。

1980年，中科院编辑出版《中国自然地理——地貌》，其中有关黄土高原地貌指出：目前广大黄土塬、梁、峁地区的地貌特征是：地面非常破碎；地势起伏频率很大；地面斜度很大；流水直接、间接地破坏地面组成物质，造成水和土的流动或移动。从旧社会直到建国初期，已经发展到平均每年地面蚀去黄土厚度约1厘米。就目前侵蚀发展阶段而论，整个黄土高原可划分两类地区，一类是自然侵蚀区，今后土地利用采取合理方式，不会招致很大危害性的水土流失。另一类是现代加速侵蚀区，只有采取治理措施，才能恢复自然侵蚀的面貌。现代加速侵蚀区也可分为以沟谷治理为主，谷间地治理为辅的割切台状地和以沟谷治理与谷间地治理并重的割切丘状地。

同年，陕西师范大学地理系甘枝茂在《黄土地貌的垂直变化与水土保持措施的布设》一文中根据对梁、峁、塬垂直微地貌的分析，说明产生不同土壤侵蚀类型的特点及应采取的水土保持措施。1981年，戴英生在《黄河中游黄土地貌对黄土地下水的控制作用》中，对陇东、陇西、陕北等梁、峁地区由于水流侵蚀发展形成的掌地、涧地、杖地、崾嶮、碟地等微地形作了描述，并分析了黄土地貌对黄土地下水的控制作用。

同黄土高原北部毗连的沙漠和沙地，西起卫宁平原的沙坡头，东到晋陕峡谷北端的河曲县全长约 1201.2 公里，两岸分布有腾格里、河东、乌兰布和及库布齐，毛乌素沙地，是黄河中游流域地貌形态的重要组成部分，受到研究地理、沙漠等学者的重视。1976 年中科院兰州沙漠研究所邸醒民、刘阳宣等以宁夏盐池地区为例分析了干旱草原地带土地沙漠化发生发展及其防治原则，指出：15 世纪（明代）以前这一地区还未出现沙漠化现象，《宁夏新志》载："其域，幅员四周，皆沃壤可耕之地……置兵千五兼幕土人守之"（铁柱泉碑）。本区出现沙漠化土地主要是人类活动的结果。沙漠化发展过程有三个阶段，即沙黄土向片状覆沙发展阶段；沙丘出现阶段及流沙群的形成阶段。近 30 年内，因人口的增长，开垦面积的扩大及草原载畜量急剧增大等原因，现在已形成沙漠化土地。

1982 年中科院兰州沙漠研究所黄兆华在《鄂尔多斯地区草场的利用和改良》一文说：鄂尔多斯地区为一波状起伏的剥蚀高原，有不少固定、半固定沙地断续分布，沙地内有湖盆滩地，流沙呈斑块状散布。年平均气温 5～8 C，年雨量 250～450 毫米，集中在 7～9 月，多以暴雨的形式出现。春季干旱多风，年平均风速 2～3.5 米每秒，易造成沙害。本区土壤母质为淡栗钙土、棕钙土和风沙土，棕钙土分布在鄂尔多斯高原西部的荒漠草原带，高原东部为淡栗钙土所占据，在受地下水影响的地势相对较低洼的滩地，则分布着不同盐碱化的水或半水成土壤，如沼泽土、草甸土、草甸淡栗钙土等。陕西师范大学地理系甘枝茂在研究陕北黄土高原的土壤侵蚀类型时，考察了陕北地区风沙地貌，于 1983 年与陈渭南共同撰写《陕北的风沙地貌及其改造利用问题》一文。文中说：陕北的风沙区东濒黄河、西连宁夏、北临内蒙古、南接黄土高原，包括定边、靖边、横山、榆林、神木、府谷等县的长城以北和以南部分地区。对本区流沙的来源，有人认为是西北风长期吹扬下，沙粒由北部不断向东南运移而形成的。我们从当地第四纪河湖相沉积层，风蚀遗留下的残墩、丘间低地以及风蚀槽凹、流沙颜色、物质组成等证明流沙源于当地。本区河湖相沉积沙层如何变成流沙？除气候干旱，风力强劲，松散沉积物易被风化风蚀自然因素外，人类活动的影响是重要的。新旧石器时代这里是一片广阔的草原，在洼地和坡地上分布着相当数量的沼泽丛林。后来因战争和掠夺性的生产方式，植被遭到严重破坏，风蚀越来越强烈，流沙不断扩大。近 150 年来，沙漠竟越过长城向南推进了 70 多公里。根据地貌形态特征分为四个亚区，如图 1—1—5。

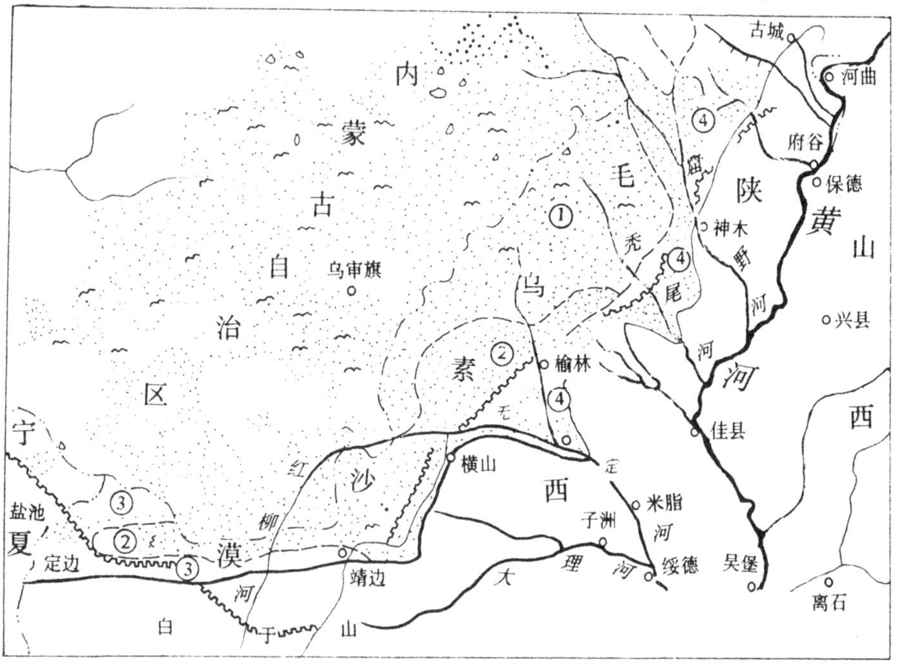

图 1—1—5 陕北风沙地貌分区

①北部沙丘沙地草滩亚区 ②中部沙丘沙地亚区

③三边(定边、安边、靖边)草滩盆地亚区 ④东部片沙黄土梁亚区

①北部沙丘沙地草滩亚区：地表形态以沙丘沙地、湖盆、草滩相间，沙丘一般高 3～5 米，多已固定或半固定。草滩地由冲积沙、粘土组成，地面较平坦，地下水丰富，大小不一，多逶迤相连，低洼处常积水成湖，最大者为红碱淖。

②中部沙丘沙地亚区：各种流动、固定、半固定的新月形沙丘链、长条形沙垄和滩地，平缓沙地交错分布，连续不断，占据了地面的主要部分。沙丘、沙垄一般长数十米至百米，底宽数十米，高 10～30 米，受主风向西北风吹蚀，不断向东南移动。

③三边(定边、安边、靖边)草滩盆地亚区：地面由低缓的内陆盆地、滩地相间组成，地面开阔平坦，盆地或滩地中心低洼，有积水成湖，因气候干旱，长期盐分积累，形成许多盐湖。

④东部片沙黄土梁亚区：主要为黄土梁峁丘陵，以梁为主，梁峁坡较平缓，一般 5～15 度，有片沙或沙丘沿河谷连续分布，是风沙不断扩展的前沿

地带,梁峁坡面向东南不断推移。

1984年,陕西省地质矿产局第二水文地质队闫永定分析了黄河中游萨拉乌苏组和马兰黄土沉积环境及水土流失问题,指出:萨拉乌苏湖区范围基本上与毛乌素沙漠范围相吻合,它在整体上升中,周围地区相对上升较烈。因剥蚀侵蚀作用及局部相对缓慢沉降而成低平洼地,湖区的基底是一个发育有多条基岩沟槽的波状起伏地形。因基底起伏不平,上覆厚度自数十米至百余米,沉积物即原始命名的萨拉乌苏组。据C^{14}测定年龄为3.75±0.19万年。马兰黄土覆盖在萨拉乌苏组地层之上,经历了一个强烈侵蚀过程,形成地形起伏不平,河谷、沟谷纵横,表面支离破碎的景观。

1986年中国地质科学院水文地质工程地质研究所张宗祜等根据地貌含义的新概念,认为一个地区的地貌应包括该地区地形形态特点和发展历史(过程、时间)以及形态的成因。如果仅仅是地形形态,而且是不能反映其发展历史的形态,那就只能是“地形”而不是“地貌”。并编制出版了《中国黄土高原地貌类型图》(1/50万)。对于地貌类型的划分,采取四个层次:(1)按地貌主要成因分为:侵蚀构造、剥蚀构造、剥蚀堆积、侵蚀冲积、堆积构造和风成堆积共六种成因类型;(2)以上每种类型又按地貌组合划分为:诸如基岩山地、梁峁塬沟谷、以及阶地、沙丘等26种地貌组合类型;(3)每种地貌组合类型再按其正负形态组合划分为:诸如宽狭、深浅平沟谷、残塬、宽塬沟谷、各级阶地、新老冲积扇等共63种形态组合类型;(4)各形态组合又含有现代土壤侵蚀特征如面蚀、冲蚀、潜蚀、重力侵蚀等不同组合,并分别赋予一定的数量概念。又根据黄土分布高程的差异,将全区自西向东以六盘山、子午岭为界划分为三个区域:六盘山以西黄土分布高程一般在1800～2000米左右,六盘山与子午岭之间一般在1400～1600米左右,子午岭与吕梁山之间一般在1200～1400米左右。还可分为由于第三纪以来地理环境的变化形成的亚区。这是在总结过去黄土地貌研究成果基础上编制的比较完整、系统的黄土高原地貌类型图。1989年,陕西师范大学地理系黄土高原环境研究室,根据多年来对黄土高原地貌及土壤侵蚀的研究成果由甘枝茂主编出版《黄土高原地貌与土壤侵蚀研究》一书,书中分析了黄土高原地貌与环境变迁;黄土的侵蚀方式、类型以及黄土地貌发展的动力。阐明了黄土地貌从第四纪初期黄土堆积开始至今200～300万年的历史发展变化,而且目前仍处在冰后期强烈的流水侵蚀阶段,继续促进侵蚀地貌的形成和发展。

第三节 黄河下游

一、华北平原的形成

关于华北平原的形成,北宋时期沈括在他所著的《梦溪笔谈》中曾说过:“予奉使河北,遵太行山西北,山崖之间,往往衔螺蚌壳及石子如鸟卵者,横亘石壁如带,此乃昔之海滨,今东距海已近千里。所谓大陆者,皆浊泥所淹耳。尧殛鲧于羽山,旧说在东海中,今乃在平陆。凡大河(指黄河)、漳水、滹沱、涿水、桑乾之类,悉是浊流。今关、陕以西,水行地中,不减百余尺,其泥岁东流,皆为大陆之土,此理必然。”这一段文字说明了中国学者在11世纪已注意到这个问题并作出解释。17世纪末到20世纪初,德国人李希霍芬和美国地质学家维理士(Baily willis)等曾先后来华考察,研究中国海岸线的变化,其中也涉及华北平原。

1925年,李仪祉在其所著《沟洫》一文中说:中国北部大平原是中生纪由中国北部的山地陷落下去的。后来在剥蚀时代,又为山上冲下来的碎石、河里带来的泥沙填满。到了黄壤时代,这块大平原地形的变更,大要全是黄河和它的支流的功绩。黄河的水,南北奔走,滚来滚去,所带的泥沙掩埋了大平原的大半,所以它的地面上都覆盖着一层黄壤泥。只有山脚跟下和稍高的地势,他的面层仍是原来的黄壤层,莫有经过翻动的。在大平原之内除过最北端绕着北京的一小段地方和西南一部分而外,莫有一大段地方从来莫有被河水涨漫的或受过祸害的,北部受害更甚。南部因为地方有稍高起来的,所以至今还能保守他的黄壤盖。黄河两条最外的旧道(永平府和淮安府)恰合成一个三角形,他的尖儿就是大平原最西一端,怀庆府地方,离海有500公里远,他的底边有六个纬度宽(33度至40度)或700公里。这个大三角形面积有20万平方公里,以地质学讲起,就是黄河的冲积丘,黄河流衍其上,经过几千年成了现今的样子。1934年,在《黄河水文之研究》中还说:“若平汉桥下按每年平均流量为1320秒立方公尺,含沙量为流量3.4%,即每秒输沙量为30立方公尺,日计2.59兆* 立方公尺,年计946兆立方公尺。试观平汉路桥以东及泰岱南北之广漠平原,莫非黄河所创造,计其积沙至海平

* 此处兆代表百万。

面下十公尺止，将为 7000000 兆立方公尺，若过去之流量含沙较今日无甚轩轾，则造此广漠平原历时七千四百年之久，即在大禹治水三千年前，海岸线或犹在平汉路左近。尔时泰岱诸山，不过海上之群岛耳。顾有足使上项计算不能精确之二因：一过去流量含沙不同于今；二当地壳之皱陷，积沙愈深，下降愈烈，吾人今日可证者，但见其海岸线向前推进之速。”

1936 年，张含英在其所著《治河论丛》一书中更进一步解释说：“欲明黄河下游平原之所以为患，当先考此大平原之所由生成。高原土壤，山岭岩石，被风化以后，经雨水之冲刷，奔注于河，顺流而下，迨至流速稍缓，遂以沉淀，逐年淤积，历时既久，而平原成矣。……据黄河水利委员会之估计，此大平原为 7400 年所积成，在此以前，泰山不过为海中之一孤岛。然所估此数，或嫌太短。按翁文灏之估计，每 205 年河水可淤高 1 英尺，则 1 万年后，可淤高 50 英尺。翁氏又云：2 万年后，上游之黄壤可尽被冲去。惟翁氏所假定之平均含沙量较之陕县所计算者为低，故以上所有之估数，不过供吾人以参考。然无论如何，而大平原之造成，乃黄河之功绩。”又说：“有史以来，黄河曾六移其道，纵横于河北、河南、山东、江苏四省，故所成冲积层之大平原，其地日渐高，而海亦必日渐退，按泺口之携沙，年可填高 6 公尺者，约 60 公里见方，然泺口以下速率较大，且距河口只 400 余里，今姑定其沙之流入于海者为全数 75%，则每年入海者约 255000000 立方公尺，设其为潮溜之冲刷而漂流于海岸各处者为 30%，则淤积于河口者，每年为 178500000 立方公尺，若海岸之水平均深度为 6 公尺，黄河三角洲长 65 公里，则海岸每年平均可前进 403 公尺，即两年又六个月可使长 65 公里之海岸进海中 1 公里。然海退之迅速，‘独流千乘’等名词久已载诸典籍，天津、盐山、蒲台等地汉时已有之，若海岸之进展，又似有矛盾。”

1947 年，中央大学地质系丁骕在《华北平原的生成》一文中说：“距今 26000～8000 年(武木冰期)，海面高于今日 30 米，华北平原还是一个大海湾，即所谓北京湾。此间黄土沉积并正在加积。距今 8000～7500 年，相当于冰后期的极期阶段，亦即中石器时期的末了。黄河在开封始建筑一冲积扇，向东倾斜，受阻于山东地块(当时为一海岛)，扇形的顶端当时在平汉铁桥以西，拔出当时海面 15 米。距今 7500～4260 年(大西洋期)，海水一度退却到了低于今日 10 米的地位，又上升高出今日 3 米，以后又逐渐增高到 6～8 米。扇形地已大致形成，前端已接连山东使之成为半岛。山东地块下的河水为扇形所限，而分道南北流。黄河向北方流，距今 4260 年前(殷商时期)，海岸在开封的东北约 350 公里，文安西 60 公里，在黄河上的泺口，碣石山成一陆繁岛，扇形地上有洪流作用。扇形地两侧为沼泽，当时气候属热带，有森林、象类。距今4250～2150年(秦朝前后)海岸推进到距利津30～40公里的地方，海面高出今日约3～4米，气候变寒，夏暖冬冷而干。秦朝时黄河三角洲推进到沧县，大致沿滹沱河流。距今960年(宋朝)海岸线在利津附近，天津以西、文安洼以东及碣石山以南。扇形地南面发生平行辐射水系流入南面的东海，北面则为黄河本身的流路。距今960年到现在(1947年)，黄河及泺河各完成了一个三角洲，华北平原生成今日的样子，黄河不断南迁。”见华北大平原的形成(图1—1—6)。

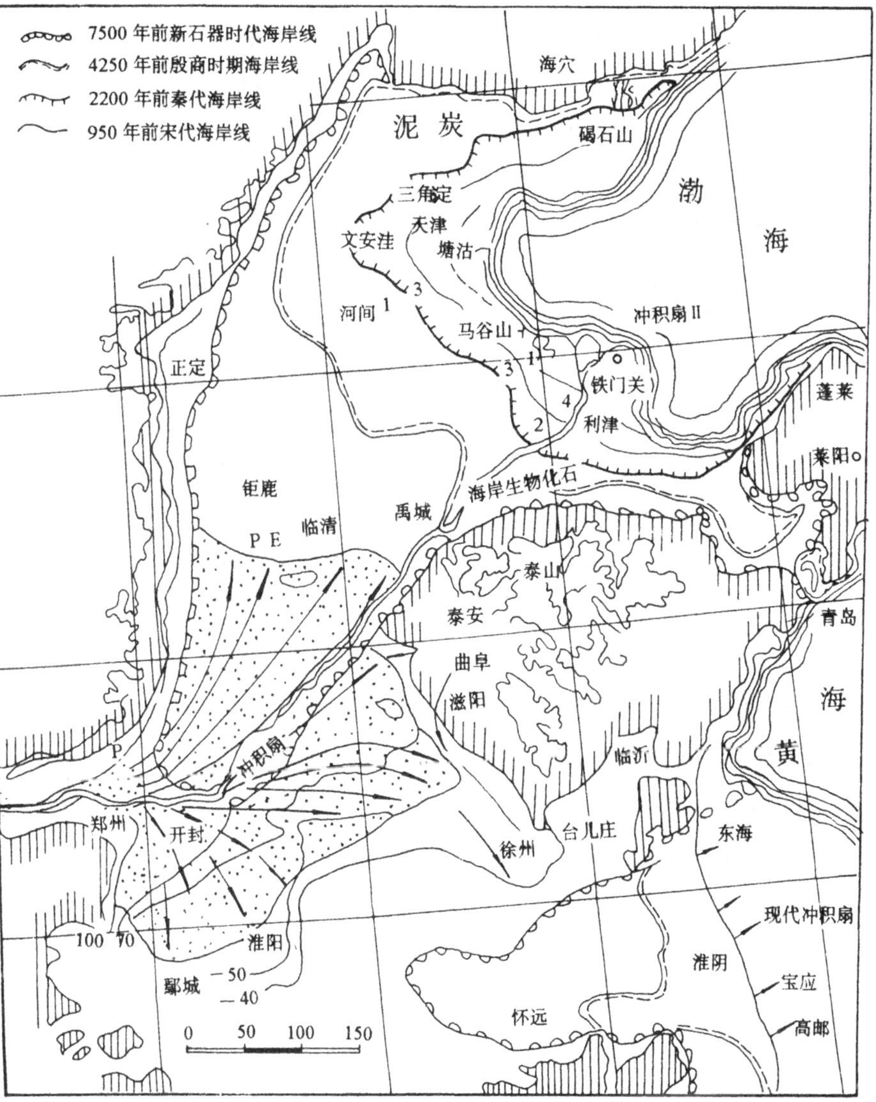

图1—1—6 华北大平原的形成

1953年，黄河研究组在其所写的《黄河概况，黄河流域地形概述》中称：华北平原与淮河平原相连，两者都与黄河有密切关系，两者之间也没有明确的界线。华北平原全部是近代冲积物质所成的，积成的速度各处不同，中部有黄河带来巨量的流沙，地面的积高较快，沿河筑堤后，泥沙不能淤积于平原，而积于河床，结果，河床高出两旁地面5～6米，成为海河水系与淮河水系的分水岭。黄河不论向北迁或向南迁，开封(中牟、阳武、封丘、兰封)都首当其冲，开封附近就有点像冲积扇的顶端，扇的北坡向着海河，南坡向着淮河，中轴正对着山东半岛。淮河左岸的各支流，很象流行在扇的坡面上，如涡河、颍河各长300多公里，河道坡降始终是二三千分之一，匀整而稳定，扇的北坡，没有相同的水系，只在黄河最下游100多公里间，有几道平行的小河。扇的中轴既然正对着山东半岛。半岛的山地不但阻挡着扇形地面向海的水流，而且山地西坡流下来的水是相反的方向，两种水流在互相阻截，积潴而成山地西麓一系列的湖泊，由黄河南岸至徐州，接连200公里大运河的一部分是利用湖泊的。从1954年开始，北京地质学院冯景兰写了《黄河流域的地貌。现代动力地质作用及其对于坝库址选择的影响》、《黄河的特点和问题》(1954年)、《黄河流域地形分区的特点》(1955年)等多篇文章，文中说：构成华北平原和江淮平原的主要部分在豫东、鲁西、冀南、皖北、苏北一带，面积共约50万平方公里，西起孟津，东达连云，宽约700公里，南界桐柏、大别，北接燕山，长约1000公里，平均海拔在100米以下，为亚洲东部最广大最肥沃的冲积平原，这主要是第四纪下沉及其沉积物广泛发育的地区。从地形观点看来，河北水系如漳、卫、子牙等河，淮北水系如汝、颍、淝、涡、浍等河，主要是黄河的支流，即与黄河三角洲冲积平原同时发展，逐渐向渤海、黄海延展的延长顺向河流。黄河下游河道的迁徙不定，或北走津沽，或南入淮泗乃按照自然规律而发展的自然趋势。山东省东部的古老地块，受燕山运动的褶曲及喜马拉雅运动的断层隆起的影响形成地垒，原为东西两大岛：东岛可称为蓬莱岛，西岛可称为泰岱岛。由于第四纪沉积物的广泛发育，主要是黄河三角洲的发展，和汶、胶、淮、泗、永定、滹沱等河流冲积扇的不断增长，不仅与太行、嵩岳、伏牛、方城、桐柏、大别诸山相连属，而且由于胶河冲积平原的开展，使此海中两岛也联合在一起。黄河孟津以下的广大冲积平原，因面积太大，形状太特殊，有人不敢直认为三角洲；有人估计造成这个三角洲只有六七千年的历史时间；有人将这个三角洲不列入黄河流域的面积内，这都是不妥当的。黄河下游冲积平原具有三角洲的正当地位。在洪荒初辟的黄河流域，人类罕至，农垦未兴以前，黄河的冲刷可能不如现在的严重，因之黄河所挟带的泥沙可能不如现在的多量，黄河上游、中游的湖泊——暂时的拦沙池，如银川盆地、河套盆地、汾渭盆地等，可能将黄河泥沙大部截住，黄河三角洲的展延速度，无法证明其和现在是一样的，因之造成的时间估计为七千余年一定失之太小。

1957 年，岑仲勉编著出版《黄河变迁史》一书，书中追述了距今 2340 年的河道变迁实况，得出了："试划一个三角形，孟津作为顶点，淮阴、天津作为两底角，那就是黄河汇合其他诸流淤淀而成的三角洲，是中国最广大的平原，鲁省山岭本来只系小岛，因冲积间留有罅隙之故，江跟淮的下游，淮跟河的下游，上古时都可以相通。同时，黄河本着就下的水性，右流便浸入淮系，左流便侵入冀省，实际上是不停地酝酿着迁徙，等到突变时期，才得到一般人们的注意。"并论证了古籍中中国四渎之一的"济水为东周前的黄河故道。"

1964 年北京地质学院刘光亚在《华北地台新构造运动》一文中说：第三纪以来，以西藏高原为中心的欧亚大陆的隆起，使中国西部不断上升，造成由西藏高原向太平洋方面逐渐低落的阶梯状构造地形，华北地台正处在这种构造地形中。见华北地台新构造略图(图 1—1—7)。

新构造运动对华北地台地貌的形成和演化有决定性的影响。地台西部的高原和高原山地均由面状上升运动所造成；华北平原由面状沉降运动和第四纪沉积补偿作用所造成；河淮台向斜自第三纪喜马拉雅运动开始大幅度下沉，造成几个宽阔的沉积盆地，沧县地区当时为北东方向的隆起。第四纪继续大区域沉降，成为华北平原，平原中部和滨海地区沉降幅度为最大，达 800～1300 米，周围山前地区较小，一般在 200 米以内，其余地区多在 400～600 米，沉降不断为沉积所补偿。

60 年代前期，有关科研单位结合河南省的农业地貌调查，对黄淮平原现代地貌及其形成进行了一些研究，如 1964 年中科院地理所沈玉昌、方永等在新乡地区的调查；1965 年河南师范学院张光业、周华山的《河南省农业分区及其评价》；1965 年广州地理所河南分所管述奎对豫东风沙地貌的调查研究等。

1965 年钱宁、周文浩发表了《黄河下游河床演变》一书，书中从水利科学的角度，根据河流水沙运动理论对黄河下游冲淤变化及其造成这些变化的原因作了较详细的论述，指出：华北大平原是黄河泥沙的产物，这个大平原的形成还是近 26000 年中的事，在地质史上比较年青。黄河两岸筑堤以后，河床的堆积速度加大，从有限的历史资料及文物遗迹来看，河南境内河

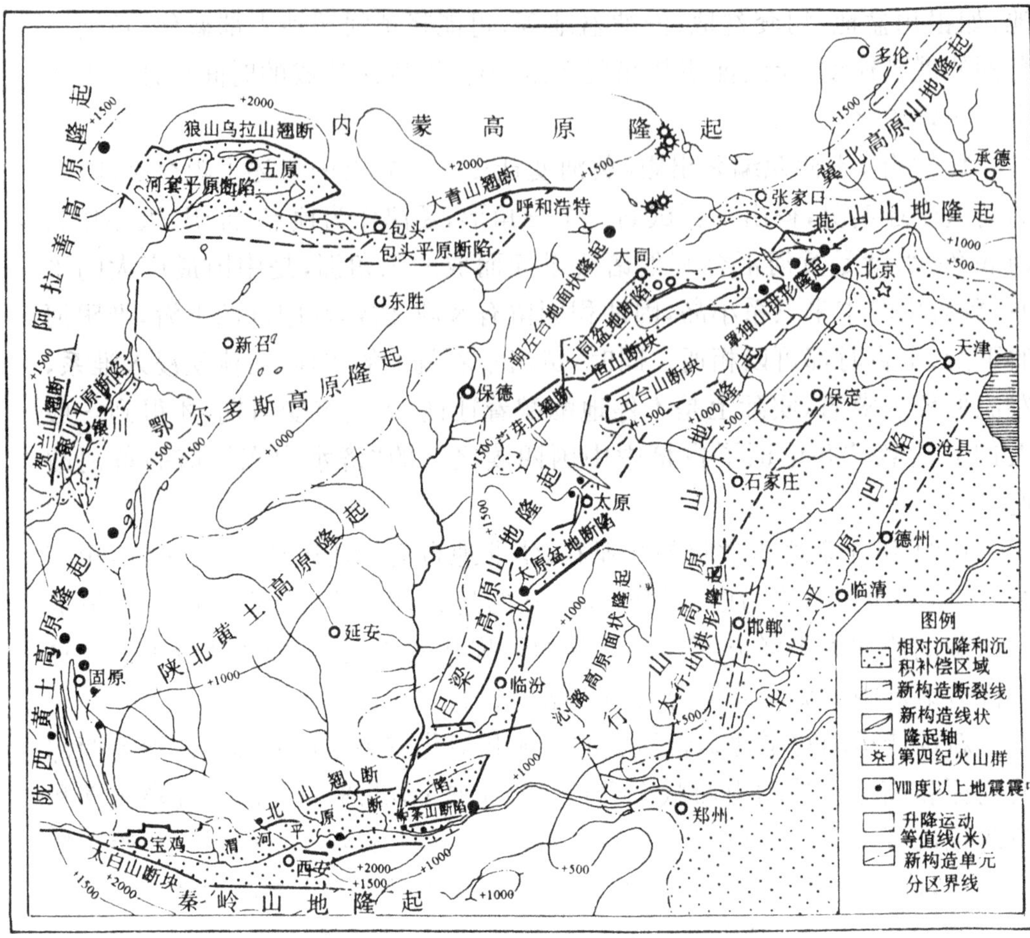

图 1—1—7 华北地台新构造略图

床平均每年升高 1.3～2.6 厘米。铜瓦厢决口以后，黄河夺大清河入渤海，河漫滩平均每年淤高 6～9 厘米。在另一方面，每次决口改道以后，大量泥沙被带至堤外，减缓了河床的上升速度，使黄河河道临背河差不致无限制地增加。从河道摆动的形势来看，虽然有时也往北滚，但总的趋势是从左边股逐渐向右边股南移的。整个三角洲有如一把扇子，扇轴在孟津一带，左边的边股是禹河故道，右边的边股是 1938 年花园口决堤后，沿贾鲁河汇淮入江的故道。

70 年代，陕西师范大学史念海在《祖国锦秀河山的历史变迁》一文中对华北平原同黄河泛滥的关系作了论述。

1982 年，中科院地理所叶青超、杨毅芬等在《黄河冲积扇形成模式和下游河道演变》一文中说：黄河冲积扇西起孟津，西北沿太行山麓与漳河冲积扇交错，西南沿嵩山东部与淮河上游相接，东临南四湖，呈放射状向平原展布，冲积扇形成模式比较复杂。郑州以西的古黄河冲积扇，形成于晚更新世末期，是由于地壳上升而抬高的冲积扇；黄河北岸沁河冲积扇倾向东南，迫使黄河河道向南移动。郑州到东明附近为全新世早期由地壳下沉而埋藏的冲积扇，全新世中期，埋藏范围由郑州延至东平湖附近，北区由西南向东北可达冠县、阳谷一带，南区从西北向东南延到徐州一带。郑州以东黄河冲积扇复合体是全新世晚期建造的，桃花峪冲积扇是1194年以前的黄河冲积扇，1494年以后沉积建造的兰考冲积扇超覆于桃花峪冲积扇的前坡地区。1938年人为扒口迫使黄河东南流的花园口冲积扇是最近形成超覆的冲积扇体。总之，靠近山地的古冲积扇体，随着太行山和嵩山山地上升的带动而抬升；平原冲积扇随着华北拗陷而缓慢沉降，老冲积扇体被新冲积体所埋藏。现代冲积扇的形成是先从拗陷较深的开封拗陷开始，在河流加积旺盛，频繁决口改道的作用下，扇面不断抬高，逐渐向南区拗陷较浅的太康隆起和周口拗陷发展；以后当南区扇面加积作用完成后，河流又向北区摆动，形成一个互相叠复的冲积扇体。在此过程中，冲积扇顶点随着构造运动和河流决口位置的下移而移动。促使冲积扇不断向前发展。同年，黄委会工务处徐福龄在《黄河下游河道历史变迁概述》一文中阐述了河道变迁之后说：黄河下游河道历代变迁，不仅在平面上影响华北平原，而且使平原逐渐淤高。考古工作者曾多次发现，过去有些沿河城镇下面还有古代的老城镇，如1919年在河北巨鹿县发现地下还有一座古城，系宋大观二年（1108年）河决冀州时，巨鹿城为河所陷，有碑可证；最近在开封龙亭东侧潘湖湖底以下1米（距地面约4米）挖出明代周王府的房舍，据说是明崇桢十五年（1642年）黄河在开封决口所淤埋。历史上有记载的许多大湖泊，如巨野泽、圃田泽、菏泽等也均淤成平陆。凡是过去行经的故道，如延津以北汉代的故黄河道和兰考以南的明清故道，都成了一条高出地面的沙带。

1983年，华南师范大学地理系曾昭璇在《从历史地貌看黄河下游扇形平原形成的模式》一文中说：黄河下游扇形平原大致以郑州为顶点，海拔100米左右，向南、北、东三面开展，以山东丘陵为界，成一扇形平原，平均比降1/5000～1/8000，由顶部向下游变缓，地形剖面呈一上凹型曲线，从整个平原鸟瞰，犹如一个锥形面，平原上伸向各方向比降大致是相等的。并提出"安定比降"和"泛滥比降"的概念，认为整个平原是经过安定比降和泛滥比降的相互转化，由向前伸展状态变成完美的扇形平原，并在平原上形成分汊多道的放射河系。同年,陕西省地质局第二水文地质队戴英生在《黄河的形成与发育简史》一文中认为:华北平原虽为下沉性盆地,但基底却隐伏一系列的呈北东向展布的活动性隆起与断陷。所传禹河,系沿天津隆起东缘北流而入渤海,因受隆起抬升的影响,迫使河道向东迁移,故南宋之前的古黄河,频繁改道于黄河断陷中。由于黄河泛滥,其携带的大量泥沙倾泻于盆地北部,使地势增高。而南部相对低洼,加之南宋之际,战祸连年,河防不力,黄河决口而入淮。元、明、清诸朝代,黄河频繁迁移于淮河断陷中,在盆地东西部隐伏隆起抬升的影响下,河道又不断北迁,终于复迁归原来的断陷而再入渤海。总之,黄河下游改道迁徙的范围,基本上未超越近代强烈下沉的断陷盆地,故其改道迁徙的控制基因,主要为盆地基底隐伏块断裂构造的继续活动。80年代,中科院地理所高善明、李元芳等在渤海湾沿岸和苏北平原从事三角洲沉积,海岸变迁和海平面变化等研究工作,于1989年7月系统总结了黄河三角洲形成、发育和沉积环境,编辑出版了《黄河三角洲形成和沉积环境》一书。1986年,中科院地理所沈玉昌在其所著《河流地貌学概论》中阐述黄河入海口与海浸的关系认为:第四纪以来黄河三角洲与华北平原一样,曾发生过三次较大的海侵(沧县海侵、献县海侵和黄骅海侵)。其中,以冰后期黄骅海侵为最大,以致现在的黄河三角洲和惠民、桓台、昌邑一带均被海水淹没,黄河入海口内移。其后随着黄河泥沙的大量淤积,河口又逐渐向外延伸。

叶青超、陆中臣等根据多年来研究黄河下游河流地貌演变的环境、特性及其发展规律等成果,于1990年编辑出版了《黄河下游河流地貌》一书,认为:河流地貌的形成和演变在自然界的表现是流域环境和水文状况共同作用的结果。因此应遵循流域系统的概念进行研究。书中通过对黄河流域的地质、气候、植被、水文等因素的历史考察,探讨了黄河下游平原的形成原因和发展规律,进而为本区地貌前景作出预测。

书中说:自第四纪以来,黄河中游地区黄土堆积与侵蚀交替进行,大量泥沙及其他物质被送入黄河下游。当时下游地区属于华北拗陷盆地,地壳呈继续下沉趋势,由于黄河及相邻其他河流以河湖相冲积——洪积形式不断堆积,形成了广大的华北冲积平原,其中黄河的沉积无疑起着主要作用。进入全新世后,黄河流域的气候,在距今11000～7500年、7500～3000年、3000年以来,曾有三次显著变暖湿时期,黄河中游黄土侵蚀加剧,而下游地壳下沉趋势却相对减弱,以致大大加快了泥沙在下游平原的沉积速率,逐渐形成了现代平原地貌景观。黄河下游平原的演变过程是以黄河冲积扇的加积形式发展的。黄河出峡谷进入平原后，其流路因受华北新构造运动的影响，以及它本身独特的水文条件而时有改变，使黄河冲积扇的发育呈现不同的模式：有因地壳上升而抬高，有因地壳下沉而埋藏，特别是现代冲积扇的多种复合体，连成为目前以郑州地区为顶点，向东、东北、东南等方向放射的大面积冲积扇，扇面坡度由顶点向外逐渐变缓，与近海平原相接，黄河河道就在这扇面上往复滚动。河道的变迁与冲积扇的发育是相辅相成的。它们的演变都是大量泥沙沉积作用造成的，当河道沉积抬高与来水来沙不相适应时，河道流路摆动，冲积扇面抬高，并遗留下古河床高地、岗地和洼地等景观。随着沉积速率加快，填平了下游原来的拗陷地质构造格局，黄河纵剖面的塑造不再受构造的约束，进入自由发展的阶段，也就是由地下河过渡到地上河。从这个意义上说，黄河下游河道已进入了老年期阶段。

二、河道变迁

(一)河道变迁历史

如前所述，黄河的洪水泥沙塑造了华北大平原。中国最早文字史料就有黄河洪水的记载，到了战国时期，封建诸侯号召人们在平原上修筑堤防“壅防百川，各以自利”。洪水泥沙不能在平原上任意漫溢，逐渐形成了河身高出两岸地面的“地上悬河”，汉代已有“河高出民屋”的记载。河床淤积日高，遇洪水则发生溃决改道，北流经冀、鲁省入渤海，南流汇淮后入黄海，大平原中任何地方都有成为黄河河道之可能，给人们造成极大灾害。因此，自古以来，关于黄河下游河道变迁的记述史不绝书。其决溢统计已见《黄河水利史述要》及《黄河防洪志》。历代根据河道变迁提出的治河方略见《黄河规划志》。关于河道变迁史的系统研究则始于近代，惟自明代以来，已有学者试图进行总结，如明末顾一柔在《山居赘论》中所写：“大河之流，自汉至今，迁移变异，不可胜纪，然孟津以西则禹迹具存，以海为壑则千古不易也。自孟津而东，由北道以趋于海，则澶、滑必出之途；由南道以趋于海，则曹、单其必经之地。冲澶、滑必由阳武之北而出汲县，胙城之间；冲曹、单必由阳武之南而出封丘、兰阳之下，此河变之始也。由澶、滑而极之，或出大名、历邢、冀、通沧、瀛以入海；或历濮、范、趋博、济、从滨、棣以入海。由曹、单而极之，或溢钜野、浮济、郓(谓济宁、东平)挟汶、济以入海；或经丰、沛、出徐、邳夺淮、泗以入海，此其究竟也。要以北不出漳、卫，南不出长、淮，中间数百千里，皆其纵横糜烂之区矣。”清代康熙年间，胡渭著《禹贡锥指》一书，列出了周定王五年(公元前

602年),王莽始建国三年(公元11年),宋庆历八年(1048年),金章宗明昌五年(1194年),明弘治八年(1495年)五次大徙,首先用河徙的概念来表述黄河河道的变迁。与胡渭同一时期的阎若璩,在《四书释地续》里列举了黄河四大河变,除周定王五年一次外,其他几次与胡渭的说法不尽相同,但用河徙表示河道变迁则是一致的。后人把胡渭的五次大徙接受下来,再加上咸丰五年铜瓦厢之决,便成了六次大变迁。如30年代张含英、郑肇经在他们的著作中都采用了六次大徙的说法。1935年沈怡等编制《黄河年表》,除第五次与胡渭说法略有不同外,则更将1933年河决兰阳漫流到山东,列为第七次。

1952年,中山大学岑仲勉发表《关于黄河迁徙的研究——历史教学上应怎样掌握黄河的材料》一文,1957年又出版了《黄河变迁史》,对黄河变迁旧说多有考证,认为徙和大徙缺乏明确的界定,黄河可称大徙的并不止六七次那么少,自有史以来确已见过二三十次,因而也不能用第一次、第二次……的编号来排定黄河的变动。他举周定王五年的一次改道为例,说胡渭、阎若璩和焦循对这一次的流路不仅说法不同,焦循甚至怀疑周定王五年未必有河徙之事,这三说的是非如果未经肯定,我们不应随便采用胡渭的解释。岑又考订周定王五年实为贞定王五年(公元前464年),可称为第一次改道,王莽始建国三年(公元11年)决不应称作再迁。并说:黄河变迁的经过异常复杂,现在还未踏上讨论整个黄河真相的轨道。

50年代熊毅、席承藩等在进行华北土壤调查的同时,编制了华北平原1∶150万比例尺的水系变迁图,查考黄河的六次大徙是:①公元前2278～602年,②公元前602～公元11年,③公元11～1048年,④1048～1194年,⑤1194～1494年,⑥1494～1855年。

1959年黄委会编辑出版《人民黄河》一书,界定黄河较大改道是指黄河决口后河段变动较长,时间较久,影响国计民生较严重的河道变迁而言。并据此将有史记载以来的26次较大改道列表加以说明,较完整地表述了黄河的变迁历史,脱开了胡渭五次大徙的旧说。

1962年复旦大学谭其骧发表《何以黄河在汉以后会出现一个长期安流的局面》一文,提出黄河下游的水灾以至河道变迁与中游黄土高原经济开发利用有密切关系。举出历史事实说明在牧业为主的时期,水土流失轻微,下游水灾较少;在农业垦殖的时期则水灾较多。此文曾引起不少争论,虽未得到一致的认定,却启发了中下游统一考虑的思路。

1962～1966年李世瑜、韩嘉康和天津市文化局考古发掘队等分别通过对渤海湾贝壳堤及其他海岸遗迹的发掘与调查,考证黄河不同时期在天津一带的入海流路，肯定了禹河的存在，以及商周、两汉和宋代黄河入海前淤积成陆的大致范围。

1965年，钱宁、周文浩在其所著《黄河下游河床演变》一书中说：从周定王五年至解放前的二千五百多年中，黄河决口泛滥1593次，较大的改道有26次，其中秦汉时期平均每26年发生决溢一次，三国至五代10年一次，及至北宋则迅速增至1年一次，元、明、清三代增为四个月到七个月一次，北洋军阀和民国时期竟达三个多月一次。如果把26次改道所形成的泛道概括起来，大体上可分为漳卫、漯川、笃马、清济、泗水、汴水、濉水、涡水、颍河等九条泛道。其中前四条是北流入渤海的，后面五条则是南流入淮然后进入黄海的。从各条泛道行水的累积时间来看，以漯川泛道（大体流经滑县、浚县、濮阳、清丰、观城、朝城、阳谷、聊城、高唐、平原、临邑、德平、东陵、惠民、蒲台、高苑、博兴等县而入海）和汴水泛道（由阳武东流，经延津、封丘、长垣、兰考、东明、曹县、单县、砀山、萧县至彭城而汇泗入淮）的行水时间最长，其余各泛道不仅过水时间较短，而且又都是从上面两个主干岔分出去的。黄河下游的广大平原为山东地垒地带分成两部分，使黄河有东北入渤海的可能，也有东南入黄海的可能，而漯川泛道和汴水泛道恰好是这两大入海通路中距离最短，坡度最陡，河道最顺的流路，这一总的地理形势使它们成了各泛道的主干。

1978年复旦大学谭其骧在《〈山海经〉河水下游及其支流考》一文中根据《山海经》的《北山经·北次三经》所载入河诸水，用《汉志》、《水经》和《水经注》所载河北水道，考证出一条河道流路，称山经河。“山经河在大陆泽以上行经与禹河同，出大陆泽后，流经一段里程，与徒骇河分而北上，又东折入于海”。谭的这一发现进一步证实禹河的存在，在许商所说的九河范围之外，最北边的徒骇河之北，还有一条禹河下播入海的河道。同年，水科院水利史研究室周魁一写出《先秦传说中的大禹治水及其含义的初步解释》一文。文中说：有人怀疑大禹治水是否真有其事，还有人把禹治水的传说和西欧的洪水神话相提并论，这是不恰当的。他根据史籍论证大禹治水的活动是确有历史事实为基础的历史传说，在文字发明之后经后人记录下来的。既不能否定，也不能与西欧的洪水神话相提并论。

1979年10月陕西师范大学史念海发表《由历史时期黄河的变迁探讨今后治河的方略》一文。文中说：以前曾经有人侈谈黄河六次大徙，所谓河之初徙即在周代，也就是周定王五年那一次，据西汉时人说，这次河徙见于《周谱》，由于史文简略，难知其详细过程，周定王五年早已进入春秋时期。《春秋》虽为鲁史，实兼记载列国有关史事，其所涉及的方面至为广泛，除政治、军事等社会现象外，天象灾异等自然变化亦在收罗之列，就连久雨伤稼等琐事皆一一笔之简册，不使遗漏。黄河若是决口改道，自是一时大事，奈何反不见于《春秋》的记载，这就不能不引人滋疑。当是所涉及的地区不广，影响不大，故未引起时人注意，而史官也不屑于记载。后世一些学人不察究竟，以之列为黄河一次大徙，宁非孟浪？因此认为"禹河"就是春秋时代的黄河、根本不存在周定王五年河徙之事。

1982 年，韩嘉谷在《中国史研究》上发表《论第一次到天津入海的古黄河》一文。文中认为：大约距今 3800～3000 年，西周时期，是第三道贝壳堤建堤时期，第三道贝壳堤外侧，自黄骅县至天津，并列有三块陆地，在天津、南北大港之间、黄骅这三块地块位置，分别是古黄河和它的主要支流漳河和滹沱河入海的地方。天津和宁河之间的狭长洼地，且有古黄河入海口的特征。洼地沿线许多高大的黄土台，极似河口沙丘，是河口冲积扇的常见特征。从台上发现的古文化遗址，表明土台是战国以前形成的。能造成此早期黄土堆积的，只能是黄河堆积物。

1981～1982 年，中科院地理所高善明等对天津东郊、西郊岭地成因，贝壳堤结构，贝壳堤与平原的关系作了调查，并以沧洲、黄骅、苗庄子、武帝台由西向东作了大致与海岸线相交的实测剖面，发表了《历史时期古黄河在渤海湾入海口初探》一文中写道：全新世中期海侵沉积层以上，覆盖一层河流冲积物，沉积厚度由沧州向东逐渐变薄。从沉积的粉细沙特征来看，是条以搬运悬移质泥沙为主的河流，这在本区只能是黄河的泥沙。就是说，黄河第一次到黄骅——海兴一带入海大约在距今 5000～3800 年这段时间，沉积的泥沙覆盖了第四道贝壳堤和堆积堤东的淤积平原，这个平原长期是个低而湿的荒碱地；黄河第二次入海地点，可能在黄骅偏北，约在距今 3000～2600 年，河口泥沙覆盖了武帝台——阎家房子一线第三道贝壳堤，堆积堤东淤积平原，这时的黄河在时代上相当于"禹黄河"时期；周定王五年以后，海岸线已退到第二道贝壳堤附近，若按目前情况，汉武帝在高 4 米的武帝台上是看不到大海的，而在西汉晚期，海面曾发生上升的波动，海水再次西侵，可能距第三道贝壳堤不远，所以有可能见到沧海。

1982 年黄委会编辑出版《黄河水利史述要》，对黄河变迁历史分朝代逐一进行了详细的叙述，并分析变迁的原因。

同年，张含英著《历代治河方略探讨》一书出版，书中所附"历代黄河大变迁示意图"列举了周定王五年、王莽始建国三年、宋仁宗庆历八年、金昌宗明昌五年，明孝宗弘治七年和清文宗咸丰五年等六次大改道流路。

同年，黄委会工务处徐福龄发表《黄河下游河道历史变迁概述》一文。文中说：所谓河道变迁，是指黄河大改道，或称大徙。即大河在某处决河改道之后，不回归原河道，全河另由他道入海，其流经的时间较长，影响国计民生比较严重。在历史上，黄河下游也有局部改道或两河并行的情况，这都不属于变迁的范畴。研究黄河变迁，皆以“禹王故道”作为原始河道。周定王五年（公元前602年）河徙，古人多以此作为有史以来第一次大变迁，但近年来史学界对此有争论，有待今后进一步研究。徐在文中根据西汉以后历代河道大变迁情况，分了三大阶段：即公元前602年～1127年，黄河变迁范围大都在现行河道以北如：

汉武帝元光三年（公元前132年）河决濮阳瓠子堤，行河23年之久。

元封二年后，在馆陶北决口，分出一条屯氏河，两河并流70多年。

鸿嘉四年（公元前17年）河溢信都，馆陶以下河道泛滥纵横20余年。

王莽始建国三年（公元11年）魏郡（濮阳）商口，河走聊城以东大清河以北，濮阳以下无固定河槽，水流自由泛滥近60年。

宋庆历八年（1048年）濮阳商胡决口，河走聊城以西与大名之间，称为北流。

嘉祐五年（1060年）在大名府魏郡（今南乐西）决口，分出一支岔流，称东流，此后北流，东流相互交替，一直到北宋灭亡。

南宋建炎二年（1128年），东京留守杜充企图阻止金兵南下而决河，大河南徙，东注钜野，由泗入淮，数十年内或决或塞，迁徙无定。

1128年～1855年，黄河变迁范围在现行河道以南如：

金章宗明昌五年（1194年）河决阳武，经封丘、长垣、砀山、丰县至徐州入泗会淮入黄海一直延续到元代。

元至正三年（1343年）决曹县白茅堤，八年才堵合，史称贾鲁故道。

明河道原在南岸分四路入淮，弘治八年（1495年）刘大夏在黄河北岸（河南胙城今延津县到苏北丰县）修遥堤，使淮受黄河全河之水。

清咸丰五年（1855年）河自铜瓦厢改道，铜瓦厢以下无一定河槽，任其泛滥达20余年。

1855年～现在。

民国期间，1938年国民政府走杜充老路，妄想以水代兵，阻止日军进攻，扒开郑州花园口，溃水由颍水、涡河入淮，造成又一次人为决河，到1947年才堵合回归故道。

同年，中科院地理所叶青超、杨毅芬等在《黄河冲积扇模式和下游河道演变》一文中说：关于黄河下游近五千年来迁徙的次数，各家的意见不一致。我们按照一次河流改道要出现夺大溜或二流并行，决口点发生改变和入海地点有改变等三个原则，认为下游河道发生了 7 次大的迁徙，即公元前 602 年；公元 11 年；1048 年；1194 年；1494 年；1855 年；1938 年。1990 年由他们编著出版的《黄河下游河流地貌》一书，书中保持上述 7 次重大改道之说，并总结了河道变迁的特点及其原因。

1987 年，徐福龄在《黄河下游河道的历史演变》一文中提出：黄河大改道，又称大徙，是指大河在某一河段发生决口之后，不再回归原河道，另找一条新的流路入海。但既是大改道，其影响范围较大，最后要形成一个固定的河道，并具有完备的堤防工程，这才算真正改了道。属于下列情况之一者，不能算是大改道：①在一段河道发生决口后，经过堵塞，又回归原河道。②原河道分出一道支河，流一段距离，又回入正河。③两河并行入海。若依上述分析，历史上只有 5 次大改道：①公元前 602(周定王五年)河决宿胥口。②公元 11 年(王莽始建国三年)决魏郡。③1048 年(宋仁宗庆历八年)河决濮阳商胡。④1128 年(南宋建炎二年)杜充决河。⑤1855 年(清文宗咸丰五年)河决铜瓦厢。同年，中国水利学会水利史研究会编《黄河水利史论丛》出版，书中姚汉源所写《二千七百年来黄河下游真相的概略分析》一文中说：清人叙述下游河道变迁以 6 次大改道为纲；今人统计下游决溢改道达一千五六百次。如实而论，一次决溢就是一次改道，之所以改而复回者，由于人力之挽堵。因而，这种河道与其说是一条线，不如说是一个面。决溢统计苦于记载不全，而堤防失败之漫流期，亦只可说有泛滥，而无法记载其决溢。就实际情况说，可以按河道行经区域分为三区及四个时期，即北流期、东流期、南流期和再回东流期。

1990 年出版的《黄河防洪志》中说：黄河在历史上决溢改道频繁，从战国时期演变到现代河道近 2500 多年中，有多次大的改道，其中重大改道 9 次，详见《黄河防洪志》。

(二)现行河道

上述各家关于黄河下游河道变迁的研究，尽管说法不一，但都认为 1855 年铜瓦厢决口改道，是黄河下游近三百年来有较大影响的一次变迁，与现行河道的形成有直接关系。

咸丰五年(1855 年)六月，兰阳铜瓦厢堤工生险，19 日漫溢过水，20 日全河夺溜，刷宽口门七八十丈，迤下正河断流。洪水先向西北斜注，淹及封丘、祥符二县村庄，复折转东北，漫注兰仪、考城、长垣等县村，复分三股：一股由赵王河经曹州以南下注，两股由东明县南北二门分注，经濮州、范县，至张秋镇三股汇流穿运，归入大清河入海。十二月间，长垣、东明、开州一带，漫水业已归槽，群众为其生计，在涸退处所，就水立堤，随湾就曲，荷锸携筐，自筑小埝，以卫田庐。

早在乾隆年间，吏部尚书孙嘉淦就有请开减河，使河北趋由大清河入海疏，铜瓦厢决口后，清廷内围绕堵铜瓦厢以复徐淮故道与沿新河筑堤由利津入海之争更为激烈。由于当时太平军起义，国库支绌，清廷有"暂缓堵筑"之议，故争论长达20余年。在这20余年中，河床不断淤积抬高，河道再次摆动，同治二年(1863年)决兰阳，不久即淤。同治七年(1868年)河决郓城赵王河东岸红川口，同治十年(1871年)决郓城沮河东岸侯家林，遍淹钜野、金乡、鱼台、铜山、沛县等，于次年二月将口门堵塞，逼河北行；同治十二年(1873年)河又决东明的岳新庄、石庄户，溜分三股，钜野、济宁、嘉祥、鱼台、金乡等悉被淹没，滕泽滨湖地带与微山、独山、南阳诸湖连成一片，水面宽至数百里，大河由六塘河入海，旧河淤成平陆。光绪元年(1875年)在石庄户下游菏泽贾庄堵口后，黄河大溜合并为一，仍归大清河故道，并在原有民埝的基础上普筑两岸大堤。因多就民埝改堤，上段泛滥范围大，张秋以下入大清河，水面缩窄，故上段堤距宽，下段堤距窄，形成弯弯曲曲今日黄河下游的格局。

1936年，张含英在其所著《杜串沟说》中也说：自咸丰五年铜瓦厢决口以后，兰封以下，河槽骤降，故豫省流畅，槽亦刷深，漫滩之时少，且两岸多有土坝甚长，虽有微溜，因土坝之间阻，不至为患。鲁省则民埝之间，距离较近，横串沟既难冲溜成势，故为患亦轻。独兰封以下，地势平衍，改道之初，任水漫流，而无正轨，故自封丘、祥符漫注兰仪、考城、长垣等县，复分三股东流，如能及早施以引导，或着手堵塞，必不致河槽纵横，如是紊乱，乃当时军事未定，南北之议相争，历二十年之久，始决定使就北道，至光绪元年(1875年)菏泽贾庄大工合龙之后，始引筑堤导溜，注大清河入海。

1958年，黄委会水科所在《黄河下游河道演变初步分析》报告中指出：黄河下游现河道，含有三个不同的历史年代，自孟津至秦厂，长约89公里，系禹河故道，有3000多年的历史；秦厂至东坝头，长约117公里，约600年的历史；自东坝头至河口，长约584公里，系1855年铜瓦厢决口后的河道，距今已有102年，由于河段流经的时间长短不一，因而造床结果就互有差别。在平面形态上是上宽下窄，河道比降是上陡下缓，河湾的曲率是上小下大，河道摆动的变化是上大下小。从河性上总的分析，大致分两大类：从孟津至高村，长约 277 公里，河身宽浅，沙滩众多，支岔稠密，河身总趋向顺直，基本属于游荡性河道。从高村至前左，长约 464 公里，河槽比较窄深，河身趋向较弯曲，基本属于弯曲性河道，致所以形成上述现象，东坝头以上系 1855 年铜瓦厢决口前的旧河道，铜瓦厢决口后，引起河道向上延展的冲刷，因而比降变大，两岸的老滩，一般出水 2～3 米，在秦厂流量 20000 立方米每秒时，尚不漫滩，这段河道河面宽阔，枯水溜势变化不定，北岸除有古城、曹岗、贯台三处险工外，其余皆为高滩，无控制性工程控制溜势，每遇洪水涨落，滩岸随之消长，发生斜流及横流，造成南岸险工的上提下挫。东坝头至陶城铺，系 1855 年决口后的新河道，滩岸较低，沙滩串沟很多，北岸险工少于南岸，秦厂流量 7000～8000 立方米每秒时，均将漫滩偎堤，河势多陡湾，一旦河湾有变，易生新险。陶城铺以下之河道，由于河床较窄，又有两岸险工的控制，水流集中，河势一般变化不大。

1960 年，钱宁写了《1855 年铜瓦厢决口以后黄河下游历史演变过程中的若干问题》。文中论述了决口前这一地区临背河差达到二三丈，水流通过这样大的跌差进入下游，必然会在下游形成一个冲积扇，正对着冲积扇顶点下游 180 公里的地方，有泰岱山脉耸立，组成了三角洲的三边，北起沂蒙之西，南迄淮海一带，所有到达这一地区的水流均沿运河南北分流，或则在东平湖附近大清河流向渤海，或则经过微山湖东行入黄海。钱宁根据史料画出的黄河下游改道区域及 1855 年铜瓦厢决口以后下游冲积扇范围图，见图 1—1—8。

从这一阶段河床演变的资料看，铜瓦厢决口以后的 20 年内，水流在冲积扇上自由漫流，从冲积扇的左侧逐渐摆到右侧，黄水所到之处，遇水即夺，将濮阳东南诸水（濮水、洎沙河、马颊河、赵王河等大小 15 条河流）联成一片，大部分都已填平，剩下的断河残流，在南北大堤建成以后，都成了汇入黄河的串沟和堤河，造成这一地区堤河窄深，串沟纵横交错的情况。东坝头以上河段已有 600 多年的历史，河流长期限制在两岸大堤之间，流速一般都比较大，粘土颗粒只在局部地区才有落淤的可能，而沙土对水流几乎没有抗冲能力，主流在大堤之间可以自由来回摆动，给游荡性河道创造了必要条件。东坝头以下泛区，在铜瓦厢决口后的 20 年内，有大量粘土沉积在三角洲上，只有在东明以上的冲积扇顶点地区，流速较高，粘土落淤的范围才不是那样普遍。高村以下属于冲积扇的下游部分，毋论深层及表面均有亚粘土及粘土

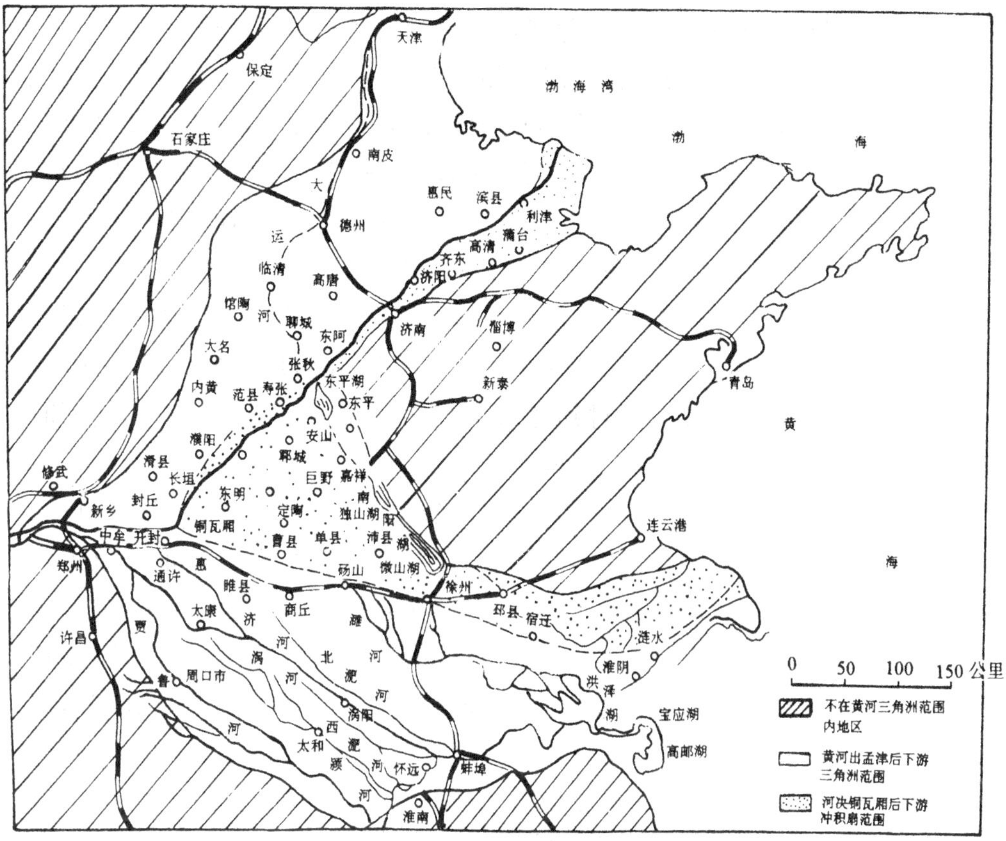

图 1—1—8 黄河下游改道区域及 1855 年铜瓦厢决口以后下游冲积扇范围图

的分布，限制了大溜自由摆动的范围。从 1855 年铜瓦厢决口以后下游泛区的变化来看，高村以上属于游荡性河道，高村以下至陶城铺属于过渡性河段，决不是偶然的。

黄河夺大清河之前，大清河系东路运盐故道，是一条深窄多弯的地下河流。铜瓦厢决口以后，黄水大至，河身不能容纳，水流漫溢两岸，处处成灾。但黄河所挟带的泥沙绝大部分都沉积在张秋镇以上的冲积扇上，下泄入大清河的水较清，河道淤积问题还不突出。随着河身的展宽和行洪能力的增加，河道逐渐稳定下来。光绪年间上游泛区开始修建南北大堤，进入大清河的洪峰流量及沙量均有增加，使大清河陷于无岁不决的局面，一直到二十世纪，河床的堆积已渐渐发展到陶城铺以上，决口的位置也由下而上的发展，山东河道才有一定的改善。铜瓦厢决口之初，口门附近临背河高差悬殊，水流通过口门时，水面有相当大的跌落，由此造成的溯源冲刷估计应超过 100 公里以上，黄河下游自沁河口至曹岗100多公里的距离内，北岸都是高滩，到现在还不上水，滩槽高差的增加，上游河道的游荡强度有所减弱。

1979年，黄委会徐福龄在《黄河下游明清河道和现行河道演变的对比研究》一文中说：沁河口到东坝头河段，经武陟、郑州、开封、兰考，河道长130余公里，已行河500年左右。在明、清时代，该河段两岸滩槽高差较小，尤其清嘉庆年间以后洪水漫滩的机会很多。1855年铜瓦厢改道东流以后，东坝头以上由于河道的溯源冲刷，河槽下切，滩槽高差增大，低滩成了高滩，一般洪水多不出槽。近百年来，北岸除1933年大水在武陟詹店曾一度漫溢外，其余堤段均未决口。南岸除荥泽决口一次、郑州决口两次（包括1938年扒口），其余堤段亦未决口。开封到兰考交界长约40公里的老滩，为明清时代决口较多的河段，近百年来洪水未上过滩。

1855年以前，山东大清河原宽不过10余丈，为地下河，铜瓦厢决口后，黄河初入山东境，大清河河身宽30余丈，到1871年，大清河自东阿鱼山到利津河道，已刷宽半里余，冬春水涸尚深二三丈，岸高水面又二三丈，大汛时河槽能容五六丈。1875年开始创修东平以上至兰考南岸大堤，于1877年初步建成。北岸于1877年以后开始在北金堤以南筑民埝，自东阿西至濮县，南岸西起濮县李升屯，东到梁山黄花寺，两端均与大堤相接，类似缕堤，原有北金堤和南岸大堤，类似遥堤（过去这一河段的民埝，即现在的临黄大堤）。1857年在位山以下两岸，民间已开始修筑民埝，到1893年东阿至利津兴修大堤，北岸计长249公里，南岸东阿、平阴、肥城三县界，依傍山麓地势高亢未设堤防，自长清至利津修堤长165公里，两岸大堤各距水四五百丈，当地群众仍守临河民埝，以后逐步把民埝变为大堤。1875年以后，东坝头以下两岸堤防已初步建成，河道有一定约束，进入大清河的洪水泥沙增大，大清河才逐步由地下河变为地上河。

1981年，黄委会设计院陆俭益在《黄河下游河道纵剖面的演变》一文中说：1855年河道北迁以后，东坝头以上河道处于溯源冲刷，而以下的三角地带经过20年的自由泛滥沉积，到1875年水流归槽后，包括大清河在内的整个下游河道开始沉积恢复时期，从1875～1890年的15年内，东坝头沉积了厚约2米的泥沙，年平均沉积率13.3厘米，河道继续成为堆积性的地上河。

1989年，中科院地理所叶青超、陆中臣等在《黄河下游河流地貌》一书中也说：铁谢至东坝头属于600多年前遗留并延续下来的河道，两岸高滩为铜瓦厢决口溯源冲刷所形成，北岸宽于南岸，一般洪水情况下，很难有漫滩落淤的机会。东坝头至陶城铺，是1855年决口后新冲淤出来的河道，河漫滩的平面分布，在高村以上南岸宽于北岸。这与当时决口方向向北有关，高村以下北岸宽于南岸，滩面上串沟很发育。陶城铺至利津，是1855年黄河夺大清河的河道。

第二章　土壤侵蚀

土壤侵蚀系指地表物质(包括成土母质)在侵蚀营力作用下所发生的分散和移动,移动的总量称为土壤侵蚀量。黄河流域不同地区的侵蚀营力和侵蚀规律有很大不同,侵蚀程度也不一样。为探求不同类区的土壤侵蚀规律和防治措施,黄委会及各省(区)都先后建立了实验站、所,流域外(包括国外)的水土保持、土壤、农业、林业、水利、地理等学科的专家也以不同方式,不同程度地参加了实验研究工作。几十年来,通过50～60年代现场径流实验场、站点定位观测,摸清了小流域的侵蚀规律,对坡面、沟道的治理研究,给群众性治坡、治沟起了示范作用。80年代以来,对较大流域降雨与产沙规律的研究,小流域综合治理研究,均取得十分丰富的成果,对黄河流域的水土保持工作有很大推动,特别是人类活动对土壤侵蚀加剧作用和控制作用的研究,给国家制定法律、法规提供了依据,不少小流域的生态环境已逐步恢复,有的已步入良性循环发展阶段。

第一节　侵蚀规律

一、水力侵蚀

(一)水力侵蚀因素

水力侵蚀指降雨和径流对地表的侵蚀,因此,影响水力侵蚀的因素主要是降雨、径流和下垫面。

1. 降雨

降雨是发生水力侵蚀的主要营力。降雨特性,包括降雨量、降雨强度、降雨分布、雨滴组成、雨型、前期影响雨量等,都直接影响侵蚀量的大小。

(1)降雨量对土壤侵蚀的影响。降雨量是影响侵蚀的主要因素之一,在同一地区,不同年份,年降雨量越大,侵蚀量也越大。一般情况下,多雨年的土壤侵蚀量往往是少雨年的2～3倍，甚至4～5倍。但在不同地区，由于年降雨量较多时，其自然植被也较好，可能出现年降雨量增加侵蚀反而并不严重的情况。中科院地理研究所许炯心引用美国学者 W. B. Langbein 和 S. A. Chumm 的研究结果，结合中国情况，研究气候因子与流域侵蚀产沙关系时认为：当降雨量较小时，随着降雨量的增加，侵蚀模数也增加，但当有效降雨量大于300毫米以后，侵蚀模数反而随降雨量的增多而减小，这是由于当有效降雨量小于300毫米时，该地区植被类型为荒漠灌丛，降雨量的增加即意味着侵蚀力的增强，故侵蚀模数增大；当有效降雨超过300毫米的地区，随着降雨量的增加，虽然侵蚀力也增强，但由于植被类型渐次变为茂密的森林，使地表受到有效的保护作用，因而流域侵蚀强度出现减弱的趋势。有效降雨300毫米可视为气候、植被与侵蚀相互关系中的临界点。黄土高原水力侵蚀最活跃的年降雨量多在400～500毫米之间，其中产生侵蚀的降雨量主要是汛期的暴雨，降雨量约300毫米左右。不同土地利用下引起土壤侵蚀的雨量是：农地8.1毫米，人工草地10.9毫米，林地14.2毫米（坡度为15度左右）；坡耕地上产生不同侵蚀程度的雨量是：弱度侵蚀（每平方公里100～500吨）9毫米，轻度侵蚀（每平方公里501～1000吨）11.5毫米，中度侵蚀（每平方公里1001～5000吨）14.2毫米，强度侵蚀（每平方公里大于5000吨）25毫米。

（2）降雨强度对土壤侵蚀的影响。降雨强度对土壤侵蚀的影响最大，降雨强度越大，土壤侵蚀越严重。黄河中游地区决定年侵蚀量大小的是年内少数几场暴雨。

天水水保站观测，1947年6月5日一次降雨21毫米，历时37分，平均雨强为每分钟0.57毫米；1948年7月28日一次降雨也是21毫米，历时15小时40分，平均雨强每分钟0.02毫米。前者产生每公顷147.8立方米径流量和63.3吨冲刷量，而后者未产生水土流失。

绥德水保站辛店沟试验场径流小区试验，1956年7月22日降雨44.7毫米，平均降雨强度每分钟0.15毫米，产生的径流量每公顷116.2立方米，冲刷量每公顷34.8吨；同年8月8日降雨45.0毫米，平均雨强每分钟0.3毫米，在同一小区中产生的径流量为每公顷231.7立方米，冲刷量每公顷141.8吨。两者降雨量相近，两强度相差一倍，而径流量后者比前者大1倍，冲刷量大3倍。

西峰水保站观测，1960年8月1～2日，南小河沟一次降雨116.1毫米，径流模数为每平方公里1.12万立方米，占该年汛期总径流模数的79.6%，冲刷模数为每平方公里 0.54 万吨。占该年汛期总冲刷模数的 98.9%。

山西省临汾地区水保站 1976～1985 年对唐户沟观测，10 年暴雨量仅占产流雨量的 17.4%，而暴雨产流、产沙量却分别占年产流、产沙量的 64.4%和 70.8%。

山东省水保所在泰安市风化花岗片麻岩 15 度坡耕地小区观测，1986 年同一小区三次降雨量相近，但降雨强度不同，水土流失差别很大。7 月 24 日降雨量 47.2 毫米，降雨强度每小时 33.7 毫米，产生的径流量每平方公里 30000 立方米，冲刷量 3690 吨，8 月 25 日降雨量 48.5 毫米，降雨强度每小时 8 毫米，产生的径流量每平方公里 15000 立方米，冲刷量 237 吨。前者产生的径流量是后者的 2 倍，冲刷量为 15.6 倍。同一小区的观测还表明，雨强相同，降雨量越大，水土流失越严重。1984 年 8 月 6 日降雨量 97.8 毫米，雨强每小时 12.5 毫米，1986 年 7 月 30 日降雨量 49.2 毫米，雨强每小时 12.0 毫米，前者产生的径流是后者的 1.7 倍，冲刷量为 9.1 倍。

中科院西北水保所郑世清、周佩华利用人工模拟降雨试验方法，在同一土壤容重下试验结果表明，降雨强度为每分钟 3.8 毫米的土壤侵蚀量是雨强为每分钟 1.2 毫米的土壤侵蚀量的 28 倍，其中 10～30 分钟最大降雨强度是产生土壤侵蚀最重要的指标。王万忠等人研究，造成黄土高原土壤侵蚀的降雨主要是短历时(1～4 小时)、中雨量(20～50 毫米)和高强度(平均强度每小时 5～20 毫米和 5 分钟最大雨量超过 7 毫米)的暴雨。10～30 分钟最大降雨强度是引起土壤侵蚀最重要的因素。黄土地区引起侵蚀的降雨次数平均每年为 6 次，仅占年降雨次数的 6%，占汛期降雨次数的 14%，引起侵蚀的年平均降雨量为 140 毫米，占年降雨量的 26.4%，占汛期降雨量的 38.6%。

山西省水保所根据羊道沟小流域 1957～1970 年产流降雨资料分析，年平均产流 8 次，雨量 177.5 毫米，降雨特征是：历时短(4～6 小时)、中到大雨(40～100 毫米)、强度大(每小时 5～25 毫米)。临界侵蚀雨量标准为 8.1 毫米，暴雨产生的土壤侵蚀占总侵蚀量的 90%。

(3)降雨动能与土壤侵蚀的关系。凡裸露的地面受较大雨滴打击时，雨滴以很大的动能冲击地表，把土粒从大的土块中分离出来，溅向空中，落向下坡，随水流走，产生击溅侵蚀。据中科院西北水保所测定，雨滴溅起土粒最高可达 60 厘米，水平移动距离可达 1.5 米。溅蚀除搬运土粒外，对土壤的物理性状也有破坏作用，使土壤丧失抗蚀能力，并在土壤表面形成泥浆薄膜、堵塞土壤孔隙、降低土壤透水性和保水能力，阻止雨水下渗，增强地表径流强度，加速侵蚀作用的发展。当雨滴降落在薄层水中，会产生附加紊动，使土粒更易于悬浮，加大径流输移泥沙的能力。据清华大学王兴奎、钱宁的研究，雨滴击溅侵蚀可使刚产流一分钟的水流含沙量高达600公斤每立方米。黄委会水科院姚文艺通过室内人工降雨模拟试验认为，降雨动能与溅蚀能力有较好的相关性；中科院西北水保所周佩华等利用人工降雨装置进行降雨动能试验，建立了降雨强度与降雨动能的计算模型；该所江忠善等根据天水、西峰、绥德、离石等地的天然降雨资料，建立了黄土地区天然降雨强度与降雨动能的关系。

(4)前期降雨对土壤侵蚀的影响。黄土地区的土壤侵蚀不但与降雨量有关，还受前期降雨影响。中科院地理所陈永宗等根据子洲团山沟径流小区观测资料，认为前期降雨强度较小，后期降雨强度较大的暴雨，即延后型暴雨，加重土壤侵蚀且影响很大。1977年7、8月间连降暴雨，8月份暴雨比7月份暴雨土壤侵蚀严重的多，证实了前期降雨对土壤侵蚀的影响。天水水保站对休闲小区观测，1949年8月4日一次降雨56毫米，强度每分钟0.05毫米，由于前期有3次连续降雨，雨量50.4毫米，土壤已经饱和，因而每公顷产生径流量136.94立方米，冲刷量0.78吨。同年8月16日一次降雨54.2毫米，强度每分钟0.06毫米，因雨前半月未下雨，土壤渗透量较大，每公顷产生径流8.72立方米，冲刷0.01吨。两者雨量相近。虽降雨强度前者略小于后者，但由于前期降雨影响不同，前者比后者径流量大15倍，冲刷量大77倍。但是，黄土地区属典型超渗产流区，前期降雨虽有影响，但降雨强度是影响产流产沙的关键。陕西省子洲县驼耳巷沟，流域面积5.74平方公里，1963年8月26日，1小时降雨57.8毫米，降雨强度大，虽然前期土壤含水量仅1毫米，但径流系数却高达0.65，产生了较大的水土流失；而同年另一次降雨，虽然前期土壤含水量26.1毫米，降雨量达86.2毫米，但历时较长，平均降雨强度为每小时4.1毫米，径流系数仅0.023，水上流失很轻微。

2.径流

当降雨强度超过土壤入渗率时，便产生地表径流。地表径流冲刷表土，输移侵蚀物质，是加剧侵蚀的主要动力。坡面径流具有的能量与径流深(降雨强度乘径流系数)和坡度、坡长成正比，因此，其作用大小取决于土壤被雨滴击碎程度，坡长、坡度以及坡面水流的流速水深等因素。泥沙来源于地表土壤侵蚀，径流在时程上越集中，强度越大，则侵蚀所挟带的泥沙越多。降雨和径流的共同作用，是导致各种侵蚀方式的主要原因。中科院西北水保所周佩华等在研究坡耕地细沟侵蚀时，得到径流位能对细沟侵蚀的影响远大于降雨动能。清华大学钱宁研究认为，当坡面水流的切应力等于泥沙起动拖曳力时，坡面就发生冲刷，其大小取决于当地水流的挟沙能力与上游来沙量的对比关系。在坡面径流对沟蚀影响的研究中，山西省水保所根据1963～1968年观测资料分析认为，坡面径流下沟与不下沟对比，沟中径流模数增加2.4倍，侵蚀模数增加4.5倍；黄委会西峰水保站1964～1965年在南小河沟支沟董庄沟进行试验和观测认为，塬面径流下沟与不下沟对比，沟中土壤侵蚀模数增加1.26～1.4倍。

3.地形

地形反映侵蚀产沙的边界条件，包括坡度和坡长两要素。坡度的作用一是改变坡面土壤颗粒的稳定条件，二是改变坡面水流的动力条件。随着坡度的增大，土壤颗粒本身的阻力（即抗滑力）减小，而水流的动能增大，加强了水流的冲刷能力。绥德水保站辛店沟径流试验场的观测资料和野外实测资料都表明，各类侵蚀作用（包括面蚀、沟蚀、潜蚀和滑坡）过程所出现的频率主要集中于10～70度之间。最初发生的侵蚀类型是面蚀，随着坡度增大，冲刷作用逐渐加强，当坡度达到15度左右，侵蚀急剧增加，大约在26度左右时，冲刷作用达到极值，超过30度，冲刷作用反趋减小，代之而来的是潜蚀、沟蚀和重力侵蚀，但总的侵蚀作用并没有减少，而是更趋严重。中科院西北水保所1984年利用人工降雨研究坡地侵蚀量，得到0～25度冲刷随坡度增大而增加，当坡度超过25度以后，冲刷量呈下降趋势。总的情况是，坡度越陡，冲刷量越大，30度左右为其临界坡角，各地水保试验站观测，都得到相似的结果。土壤侵蚀与坡长的关系，由于土壤的抗蚀性能、地面坡度、降雨特征等的差异，比较复杂。一般情况下，在较长坡面上径流有较大的累积，增加了径流的侵蚀能力和输移能力。单位面积上的土壤流失量基本上是随坡长的增加而增加；但在坡度较缓的坡面上，坡长增加，土壤流失增加不大，因为坡长增加会少量地影响径流的速度，而径流深度的较大累积反过来将对雨滴打击起缓冲作用。天水水保站1954～1957年观测，当坡长分别为10米、20米、40米时，土壤冲刷量的比值为1.00∶1.05∶1.42，即当坡长由10米增加到20米时土壤流失增加5%，增加到40米时，土壤流失增加42%；中科院地理所陈永宗根据黄委会子洲径流站资料分析得出，团山沟40米和60米坡长的侵蚀模数分别为每平方公里16909.3吨和16766.3吨，即超过40米坡长后，在坡度和降雨量相同情况下，坡长增加，侵蚀量并不增加，也就是说，当坡长大于60米以后，侵蚀量并不随坡长的增加而增加，这一转折点是值得注意的。绥德水保站1956年8月8日暴雨后，在韭园沟、辛店沟

26～31度坡耕地上，观测、计算了不同坡长细沟侵蚀模数，在坡长12～25米，40～50米，37～75米的情况下，每平方公里产沙量分别为15330吨，21765吨，24225吨。因此，当径流小区(坡长较小)观测资料移用到大面积(坡长较大)时，因坡长增加而增加的侵蚀量大约为30%～40%。但各家认识不同。

4.植被

50年代后期至60年代初期，黄委会水科所蒋德麒等在绥德水保站试验的结果表明，草木栖在同一降雨情况下比谷子地减少径流14%～17%，减少冲刷60%～88%；在天水水保站的试验结果为，作柴收籽用草木栖比一般作物轮作减少径流69%，减少冲刷67%，作绿肥用减少径流60%，减少冲刷65%。该所汪培林在研究森林保护水土作用时，得到洋槐沟壑造林平均可承接降水量的13.9%，在30度陡坡上造林比农作物减少径流24%，减少冲刷82%，乔灌混交林比乔木纯林减少冲刷30%。

黄河中游地区的人工种草，多种在坡耕地和天然荒坡上。坡耕地上种草，其蓄水保土效益不仅与牧草生长情况有关，而且也与农作物的生长情况有关。牧草地与农耕地相比，牧草较农作物的覆盖度越高，减水减沙效益越好；牧草的覆盖度低于农作物的覆盖度，或因牧草地中耕次数少，地面易产生结皮，在减少暴雨径流方面也会产生负效益。表1—2—1是一些水保科研单位在径流小区上观测的资料，多年平均减少径流29.7%～66.0%，减少冲刷30.9%～88.7%。

表1—2—1 **坡耕地种草减水减沙效益**

牧草名称	试验单位	资料年限	径流量(立方米每平方公里)			冲刷量(吨每平方公里)		
			牧草区	对照区	减少(%)	牧草区	对照区	减少(%)
苜蓿	天水站	1945～1957	5562	16272	66.0	976	4877	80.0
草木栖	绥德站	1955～1960	23230	30640	24.2	2240	7340	69.5
苜蓿	绥德站	1959～1963	12240	29760	58.9	3380	9660	65.0
草木栖	西北水保所	1983～1986	22686	20468	—10.8	3384	4897	30.9
苜蓿	西北水保所	1983～1986	26549	20468	—29.7	2824	4897	42.3
沙打旺	西北水保所	1983～1986	15519	20468	24.2	775	4897	84.2
沙打旺	准旗水保站	1983～1984	19300	32700	41.0	150	1320	88.7
平均			17869	24397	26.8	1961	5413	63.8

中科院西北水保所1983～1986年在安塞荒坡试验小区上观测的资料，荒坡种草4年平均减少径流55.7%，减少冲刷65.0%。人工造林的减水减沙效益，一些水保科研单位也进行了长期的观测研究，表1—2—2是在试验小区上观测的结果，多年平均减水效益－5%～70%，减沙效益－65%～79%。

表1—2—2 **人工造林减水减沙效益表**

树种	林龄(年)	试验单位	资料年限	径流量(立方米每平方公里)			冲刷量(吨每平方公里)		
				林区	对照区	减少(%)	林区	对照区	减少(%)
刺槐	1～5	绥德站	1958～1963	17079	农地 18792	9.1	5097	5213	2.2
刺槐、榆树	6～14	绥德站	1958～1963	14338	农地 23726	40	3489	5695	39.0
刺槐、杨树	1～2	西峰站	1955～1957	2547	荒坡 2428	－5.0	43.5	26.3	－65.0
刺槐、杏树	22～26	西峰站	1976～1980	372	荒坡 1259	70	2.6	4.9	46.0
刺槐	7～9	天水站	1954～1956	11566	农地 14819	22	621	3034	79.0
刺槐	7～9	天水站	1954～1956	11566	苜蓿地 12205	5	621	955	35.0
平均				9578	12205	21.5	1646	2488	33.8

天然林的减水减沙作用是很大的，中科院西北水保所1970年在六盘山、黄龙山、子午岭等地观测，森林植被的树冠截留降水占降水量的10%～40%；灌丛植被可截留降水0.07～1.61毫米；草地可截留0.55～2.65毫米。枯枝落叶层的保水作用，森林每公顷枯枝落叶层一次最大吸水量为19.74～37.09立方米。灌丛为0.28～18.8立方米，草地为0.37～6.51立

方米。西峰水保站60年代在甘肃合水县子午岭林区观测林区的王家河流域(流域面积47.1平方公里,森林覆盖度90%)和非林区的党家川流域(流域面积45.7平方公里)对比,在一次降雨量为11.0~106.8毫米的多次降雨中,平均减少径流37.1%~89.1%,减少泥沙99.98%~100%。黄委会水科所张胜利等在分析北洛河流域黄土丘陵沟壑区、林区的水文站水文泥沙资料时得到,当森林覆盖度小于30%时拦沙作用很小,森林对一般性降雨拦沙作用大,对大暴雨拦沙作用小。内蒙古水科所金争平等根据小区观测资料,得到当植被覆盖度达30%时,土壤侵蚀显著降低。南京大学尹国康根据国内外一些资料分析认为,当植被覆盖度低于8%时,植物在控制侵蚀方面的作用很小,当植被覆盖度超过60%以上时,继续增加植被,对减少侵蚀作用意义也不大,植被与侵蚀之间存在植被覆盖度界限,对水土流失严重地区进行绿化时,要经济合理,应考虑植被对侵蚀控制效应的界限。

5.土壤

黄土高原大部分地面为黄土覆盖,黄土的主要成分为粉沙壤土(粒径0.05~0.002毫米一般达50%~70%),遇水极易分散,抗蚀、抗冲性很弱,暴雨中极易遭受侵蚀。土力学家认为,水膜楔入作用所引起的黄土结构的物理破坏,以及黄土中粘土矿物吸水后的膨胀,是导致土体崩解分散的主要原因,所以黄土的抗剪强度随含水量的增高而降低;地质学家认为,黄土抗蚀力由南向北逐渐降低,与黄土的岩石学特征具有水平分带密切相关;地理学家认为,黄土高原北部侵蚀模数大于南部,其原因虽然十分复杂,但在很大程度上和黄土可蚀性的区域变化有关;土壤学家认为,土壤组成对水土流失的影响主要取决于土壤吸水速度与保水能力,而这两种性能又极大的取决于土壤的团粒结构和有机质含量,土壤团粒结构的丧失和有机质的减少将大大降低土壤的抗蚀能力,助长水土流失的发展。黄土高原一般农田土壤团粒结构含量在5%~10%以下,因团粒结构的形成主要靠碳酸钙的胶结作用,降雨期间,碳酸钙被水溶解,表层土壤迅速变成液体状态,堵塞底层土壤的孔隙,使渗透能力大为降低,从而产生大量地表径流和土壤冲刷。因此,采用一些改良土壤团粒结构的方法,如草田轮作措施,可提高土壤抗蚀性。山西省水保所与中科院地理所、加拿大多伦多大学地理系合作,运用1985~1987年人工降雨资料和野外调查,揭示了犁底层对土壤入渗阻隔作用和打破犁底层增加入渗的影响,证实了打破犁底层的深耕可提高入渗率,减轻水土流失。

(二)水力侵蚀方式

在黄河流域各地,水力侵蚀是分布最广、最主要的侵蚀方式。水土流失地区的主要地形部位一是坡面,二是沟壑,又因产生侵蚀的部位不同,分为面蚀和沟蚀。此外,还有发生在沟头、沟边的陷穴、穿洞等潜蚀。

1.面蚀

包括雨滴击溅侵蚀、片状侵蚀和细沟侵蚀等。

(1)雨滴击溅侵蚀。降雨开始至未产流之前,雨滴的溅蚀作用表现为雨滴对土壤的打击,破坏土壤结构并使部分土粒溅起向周围运移。1989年,中科院地理所蔡强国等研究表土结皮在溅蚀和皮面侵蚀过程中的作用时指出,溅蚀的开始不是破坏土壤的结构,而是土壤表面结皮,形成结皮后再继续降雨的径流量和产沙量比前期没有表土结皮的情况增加6～50倍。雨滴击溅开始直接击溅地面,尔后当地表形成薄层水面(即产流),雨滴的击溅仅仅表现在对地表水层的扰动,使地表由层流变为紊流,加大水流对地表的侵蚀作用。根据1986年中科院地理所陈浩等研究,溅蚀产沙量的大小是地面坡度的函数,土壤颗粒移动的平均距离随着坡度的增加而增大。

(2)片状侵蚀。片状侵蚀是指薄而散,不固定的微小股流联合体冲刷地表疏松物质的侵蚀现象。片状侵蚀主要发生在坡耕地,随着降雨时间的持续,地表形成薄层水流,当径流深大于3倍雨滴直径时,溅蚀作用消失,雨滴的作用转为对水流的扰动,片流侵蚀代替了雨滴溅蚀。片状侵蚀通常在坡地上留下细小沟纹及鳞片状浅凹地,使土壤质地变粗,熟化层变薄,肥力减退,农业产量降低。

(3)细沟侵蚀。细沟侵蚀是指坡面上的薄层水流及微小众多的股流充满较小的凹地并溢出与相近的凹地相连,进一步转化为明显的股流,在地表低处流动,使不规则的线形小凹地加深加宽,以溯源侵蚀形式延伸,把同一流路上的线形小凹地逐步连接起来,形成宽、深变化在1～20厘米的细沟形态,这一侵蚀过程即为细沟侵蚀。1988年,中科院兰州沙漠研究所陈渭南调查,细沟侵蚀可以发生在任何坡面,但更多的是发生在5度至25度的裸露坡耕地上。细沟长度不大,一般10～30米,其长度有随坡度增大而增大趋势。细沟侵蚀是坡耕地上的主要侵蚀方式之一,产沙量也较大。据在府谷县黄甫镇和延河下游调查,细沟侵蚀量可达每年每平方公里1000～10000吨。陕西省水保局石丁等1988年研究认为,细沟侵蚀量占坡面总侵蚀量的45.3%;中科院地理所黄秉维认为,有些地方细沟侵蚀量可占坡面总侵蚀量的70%。细沟侵蚀量随坡度的增加而增加，在同一降雨情况下，坡度的增加促使细沟侵蚀发展，但细沟间侵蚀变化不大，据中科院西北水保所唐克丽等1992年关于林地与开垦地人工降雨试验，在30度坡情况下，细沟侵蚀量占总侵蚀量的57.7%，在20度情况下，仅占17.73%（见表1—2—3）。

表1—2—3 **坡面细沟侵蚀量与总侵蚀量关系**

坡度（度）	总侵蚀量（公斤）	细沟侵蚀量（公斤）	细沟间侵蚀量（公斤）	细沟侵蚀量占总量（%）	细沟平均宽（厘米）	细沟平均深（厘米）
20	16.83	2.88	13.95	17.13	4.40	2.08
30	36.20	20.89	15.13	57.70	6.31	3.38

2.沟蚀

沟蚀主要指不同类型沟谷在暂时性水流作用下的侵蚀产沙过程。根据黄土高原各地观测资料，在黄土高原沟壑区，沟蚀一般都占总侵蚀量的70%以上，有的高达90%；黄土丘陵沟壑区，沟蚀占60%～80%。因此，沟蚀是黄土高原主要侵蚀产沙方式。沟蚀按其大小和分布位置有沟间地上的沟蚀（主要包括浅沟侵蚀和切沟侵蚀）、沟谷陡坡上的沟蚀（主要是悬沟侵蚀）和沟谷侵蚀（主要是冲沟侵蚀）三种情况。

(1)浅沟侵蚀。在土层较厚的坡面上，随着坡面水流由片流转变为线流之后，水流的能量相对集中，使侵蚀能力显著增加。水流集中的初期，首先在坡面上形成宽浅的U字型横断面，没有明显的沟沿，其宽深大致相等。浅沟的纵剖面呈大小不等的跌水陡坎所组成的阶梯状，其平均比降与所在坡面的坡度大体一致。坡面上的浅沟一般与等高线垂直，平行状分布，各条浅沟间的距离不等，比较密集的浅沟间距一般15～20米。由于浅沟是由面蚀向沟蚀过渡的侵蚀方式，它的产生只能在一定的环境条件下，即发生在峁边线与沟边线之间的荒坡或坡耕地上。浅沟侵蚀产沙量在坡面侵蚀产沙量中的地位，不同研究者有不同的认识，陕西师范大学甘枝茂认为浅沟侵蚀产沙量占坡面侵蚀的35%；中科院西北水保所唐克丽等认为，浅沟侵蚀量占坡面侵蚀量的50%；该所张科利研究，在陕北丘陵地区，浅沟侵蚀量占坡面侵蚀量的10%～70%。

(2)切沟和悬沟侵蚀。坡面上的浅沟发展到一定程度后，往往在地形坡度转折处侵蚀形态发生变化，转化为切沟或悬沟侵蚀。当转折线上下坡度的差异不是特别明显，物质结构又比较均一，一般是浅沟转化为切沟；当转折线上下坡度特别明显，如下坡大于45度，或上下坡的物质性质差异很大，一般是由浅沟转化为悬沟。黄土高原侵蚀产沙最强的区域，如窟野河中下游、黄甫川等切沟和悬沟侵蚀都比较突出，而在无定河以南地区则以切沟侵蚀为主。切沟侵蚀的特点是，其分布与斜坡方向一致，表现为下切、侧蚀及沟头溯源侵蚀均较活跃，是蚕食、分割地面的“尖兵”，是沟间地、沟坡侵蚀最强烈方式。悬沟侵蚀的发展决定于上部径流的汇集量、沟床坡度及黄土、岩石性质。

(3)冲沟侵蚀。冲沟一般由切沟和悬沟发展而来，沟身断面较大，水流更集中，一般深度和宽度可达20～70米，长度可达数百米至数公里以上，其侵蚀特点与切沟有所不同，处于幼年期的冲沟侵蚀，溯源侵蚀特别强烈；处于中年期的冲沟侵蚀、下切、侧蚀、溯源侵蚀及边坡重力侵蚀均活跃；处于老年期的冲沟侵蚀主要是侧蚀。由于黄土高原各地自然环境及地貌发育的差异，冲沟侵蚀所处发展阶段及侵蚀特点亦有所不同。陕北、晋西梁峁丘陵区的冲沟多处于沟间地之间，中年期、老年期冲沟占比例较大；陇中、宁南的冲沟除发育在沟间地之间者外，在许多较长的坡面上也有冲沟侵蚀，处于幼年期冲沟居多，其侵蚀有逐渐增强的趋势，见表1—2—4。

表1—2—4 **不同地区冲沟发育阶段比较**

地　区	幼年期冲沟		中年期冲沟		老年期冲沟		冲　沟	
	条数	%	条数	%	条数	%	合计(条)	%
绥　德	71	54.6	40	30.8	19	14.6	130	100
米　脂	139	57.2	62	25.5	42	17.3	243	100
秦　安	70	83.3	11	13.1	3	3.6	84	100
定　西	321	84.0	48	12.6	13	3.4	382	100

3.潜蚀

潜蚀主要指地表径流沿黄土中的裂缝渗入地下，进行地下浸蚀或淘蚀，黄土自重湿陷所形成的陷穴、穿洞等的侵蚀产沙。除潜蚀外，地下通道内的水流机械侵蚀占有重要地位，如浅沟底部的串球状陷穴的发展，可促使浅沟向切沟发展，位于沟头、沟边的陷穴漏斗往往加速沟头上溯，蚕食塬边。因此，潜蚀也是重要的侵蚀方式之一。陷穴、穿洞的侵蚀发展，使大量土壤流失，破坏土地资源，天水水保站60年代调查，秦安关新庄、武山邓家堡、甘谷涝巴沿等地黄土梯田发生的陷穴，每1500亩中有陷穴255个，平均口径1.7米，年均总侵蚀量198.8吨。绥德水保站1994年8月调查，辛店沟试验场发生梯田地埂滑坍、陷穴426处，冲走土方1613.9立方米。

(三)水力侵蚀量

50年代到80年代，黄河流域一些水保科研站、所，地方科研部门和有关大专院校，运用小区径流观测资料和人工降雨试验资料以及大、中、小流域的水文观测资料，除采用典型与调查相结合的方法推算大面积的侵蚀量外，还先后提出了一些水土流失方程式和降雨产沙模型，计算侵蚀产沙量以满足水保工程规划设计和流域规划治理及估算水土保持拦蓄效益的需要。

1.坡面侵蚀及产沙经验估算公式

1953年，黄委会规划设计处刘善建根据天水水保站坡耕地径流小区观测资料，提出了计算土壤冲刷量的公式；60年代初期，黄委会水科所水保室运用天水水保站径流小区观测资料分析，得到的土壤流失公式为 $A=RKLSCP=0.64\times l^{0.2}\times\theta^{1.3}.C.P$，其中R为降雨因子(根据天水1962年平水年资料计算结果为40.4)；K为土壤可蚀性因子(对于当地土壤情况求得 $K=0.24$)；L为坡长因子($L=0.56l^{0.2}$，l为坡长)；S为坡度因子($S=0.12\theta^{1.3}$，θ为坡度)；C为植被及经营管理因子(在0.24—0.8之间)；P为水土保持措施因子(在0.05～0.18之间)。1980年，黄委会水科所根据黄河中游黄土地区小流域实测资料，提出了一次暴雨产沙量估算公式 $W_S=9.35/C^{0.09}\cdot I^{1.4}\cdot S^{0.93}\cdot R^{0.76}$，式中，$W_S$为产沙量(吨每公顷)，C为植被度(%)，S为地面坡度(%)，R为一次暴雨径流深(毫米)，I为径流期平均雨强(毫米每分)。1990年中科院西北水保所江忠善等根据西峰水保站的资料分析，得到黄土地区无植被农闲地单位面积产沙量 W_S(公斤每平方米)与降雨侵蚀力R(公斤·米每平方米每毫米每分钟)地面坡度S(度)之间关系 $W_S=3.27\times10^{-5}R^{1.57}\cdot S^{1.06}$。类似的研究成果颇多，如山西省水保所和北京林业大学合作，利用淤地坝资料，建立了晋西黄土丘陵沟壑区土壤侵蚀预报模型；南京大学尹国康根据黄土区58条小流域资料，建立了年产沙模量与年径流模量之比与流域下垫面特性之间的关系，预报小流域产沙等。

2.降雨产沙数学模型

1987年以来，为研究黄河水沙变化，众多研究者极力探寻大中流域降雨产沙关系，进而建立经验性或概念性模型，在此基础上，黄委会水科所张胜利等合著的《水土保持减水减沙效益计算方法》一书，把降雨产沙数学模型大致概括为四种类型：

(1)以汛期有效雨量和汛期有效雨强为指标与年产沙量建立关系。这类模型最早由清华大学张仁和王孟楼提出，此后黄委会水科所焦恩泽和赵文林等进行了发展应用。

(2)以特征降雨模比系数为雨强指标的降雨产沙关系。这类模型最早由山西省水文总站周明衍等提出，此后黄委会水科所张胜利等进行了改进发展。

(3)以不同雨强累积雨量为指标与产沙量建立关系。这类模型刻画了年降雨过程的特点与产沙的关系，突出了汛期高雨强降雨对产沙的重要性，黄委会水文局熊贵枢等提出应用。

(4)流域暴雨产沙模型。其中有代表性的为清华大学谢树楠等提出的黄土丘陵沟壑区暴雨产沙模型：$W_s=(\sum Evi \cdot \triangle ti)A$

其中：$E_{vi}=(0.873C_A \cdot C_E/D_{50}) \cdot (F.I)^{15/3} \cdot L^{3/8} \cdot J^{3/2} \cdot$

式中：$W_S \cdot E_{vi} \cdot \triangle_{ti} \cdot A$ 分别为一次暴雨流域总产沙量(立方米)、坡面产沙模量(立方米每平方公里每小时)、时段(小时)及流域面积(平方公里)；C_A、C_E、D_{50}、F、I、L、J 依次为地表裸露率、侵蚀因子、流域地表中数粒径、径流系数、降雨强度(毫米每小时)、流域平均长度及流域坡面平均比降(‰)。此外，1988 年，西安工业大学樊尔兰提出了悬移质瞬时输沙单位线，由流域侵蚀量推求流域出口的输沙过程；1992 年河海大学陈国祥等建立了模拟黄土丘陵沟壑区小流域产沙过程的分散性数学模型；兰州大学艾南山等从地质演化动力学机制出发，探讨了土壤侵蚀过程的产沙机制，导出了人类活动对土壤流失影响的数学模型。随着对降雨产沙机制研究的不断深入，概念性数学模型仍在发展之中。

二、重力侵蚀

(一)重力侵蚀营力

现代重力侵蚀受自然因素和人为因素的综合影响。

1. 地震及其他振动力

地质构造控制了地表出露岩土的形成、分布和地形的发育。地表出露的岩土和地形是重力侵蚀赖以发生的物质和空间基础。因此,地质构造对黄土高原重力侵蚀的分布具有重要的控制意义。黄土高原地区的西部和东部的汾渭裂谷盆地是著名的地震区,历史上发生多次大地震,据统计自公元前1177年到1976年,黄土高原地区5级以上地震共发生180次,其中7～8级地震发生17次,大于8级地震发生5次,如1920年海原8.5级地震,使西吉县境内发生650多个黄土崩坍体,面积达1000多平方公里,产生了41个"堰塞湖",至今仍存27个。地震不仅直接触发滑坡、崩塌等重力侵蚀现象的发生,而且地震的松动作用,使岩层裂隙发育,力学强度降低,破坏岩土整体稳定,加剧侵蚀发展。除地震外,附近放炮开石,坡顶坡脚处的载重汽车或火车经过等的其它振动力,也将改变某些下挖上填工程的受力条件,使之失去原有的稳定和平衡,产生重力侵蚀。

2.风化作用

暴露于地表的岩石,由于物理、化学环境的变化,在温度、气体、水溶液和生物因素的影响下,岩石在结构、构造甚至成分上发生变化,使岩土疏松破碎,以至形成土层,这种变化称为风化。风化可分为物理风化、化学风化和生物风化三种:物理风化指岩石机械破坏作用,如热胀冷缩、孔隙水的冻结和融化等,造成岩石破裂,剥落或崩解。化学风化作用包括氧化、水化、水解、溶解作用。生物风化作用是指生物在其生命活动中对矿物岩产生的破坏作用。岩石经风化作用后,裂隙增多,块体变小,易溶物质随地表水流流失,大部分物理风化碎屑和化学风化残积物残留坡脚,被暴雨落水冲入河流,成为重力侵蚀的一部分。

3.降雨

黄土高原地区降雨对重力侵蚀的影响很大,往往直接诱发滑坡与崩塌。滑坡一般是土体上部为透水层,下部为不(或弱)透水层,中间有一滑动区。大量滑坡多发生在黄土与红粘土(隔水层)接触面以上地层中,红粘土是本区的主要滑坡床面。这是由于黄土结构比较疏松、渗透力强,当降雨渗透到红土层后,红土结构比较坚实,透水性差,成为隔水层,使地下水排泄不畅,而粘土遇水软化,在其表面形成软弱的结构面,上覆黄土层在重力作用下产生滑动,形成滑坡。据甘肃省统计,由降雨诱发的滑坡占滑坡总数的50%以上,而且降雨滑坡的高峰出现在暴雨期,据甘肃省120次暴雨和地震滑坡统计,各月出现的频率峰值在6～9月,有明显的季节性。暴雨引起洪水陡涨,又往往淘冲沟岸坡脚,发生崩塌。

4.人类活动

人类活动对重力侵蚀的影响有消极和积极两方面。消极作用会降低斜坡的稳定性,促进重力侵蚀发生;积极作用能增加斜坡稳定性,抑制重力侵蚀发生。几千年来的土地开发对天然植被的破坏是很主要的消极作用,考察表明,优良植被既可保护斜坡表面的土壤层,防止泻溜侵蚀,又可调节地下水活动,防止滑坡等重力侵蚀。消极作用有农田、渠道和城镇、工矿给、排水设施渗水,增加斜坡岩土含水量和地下水压力;工程建设削坡过陡,不合理地开挖坡脚和在坡顶推土、修建筑物等,降低斜坡的稳定性,致使斜坡压力增加,甚至发生滑坍,矿山地下采空区的坍陷往往引起上伏地层的差异沉陷,松动岩土,降低岩土强度,从而导致斜坡滑坡、崩坍、滑坍等重力侵蚀。陕西省铜川煤矿的矿区,原有许多老滑坡,因受采矿和其他建设影响,接连不断重新活动。人类活动对控制重力侵蚀的积极作用见本章第二节。

(二)重力侵蚀方式

根据斜坡岩土的运动特征,黄土高原的重力侵蚀主要有滑坡、滑塌与崩塌、泻溜等侵蚀方式。

1. 滑坡

斜坡上的土体(或岩体)在重力作用下沿着一定的软弱面整体向下滑移,滑移土体内部的相对位置不发生明显错乱,这种自然现象称为滑坡。根据甘肃省科学院地质灾害中心靳泽先、韩庆宪等80年代中期调查,在黄土高原,滑坡的分布具有区域上的分带性,空间上的群体性和顺流线状展布性。区域分带性的基本规律是西强东弱,南密北稀;空间群体性指滑坡是成群地连片分布,在空间组合上具有明显的群体性;顺流展布性指沟壑与河流两岸边坡受地表径流强烈冲刷,洪水还严重地对岸边进行侧蚀和对沟(河)床进行底蚀,因此沟道和河道两岸滑坡发生比较普遍。黄土高原地区一些著名的大型滑坡列于表1—2—5。

滑坡是黄土高原重要的侵蚀产沙方式之一。但滑坡与侵蚀产沙并无直接比例关系,有些大型滑坡的产沙数量反而较小,如同渭大滑坡体虽然历经300年,但滑坡体仍清晰可见;西吉1920年海原大地震产生的滑坡形成的堰塞湖和滑坡体仍然存在;延河支流杏子河中上游的滑坡体已成为当地的重要农地,无定河流域因滑坡造成的塌地也广泛分布,稳定的湾塌地经改造利用已变为基本农田。据调查,陕西省子洲县和米脂县有些村庄塌地占总耕地的1/4~1/3,多者可达1/2左右。如果滑坡发生在宽谷两侧,滑坡体的前缘受季节性水流冲刷产生高浓度泥流,往往是该河段重要的泥沙来源,因

表1—2—5　　**黄土高原大型滑坡实例(不包括地震滑坡)**

滑坡名称	地点	体积(万立方米)	发生时间	危害简况
石窑沟滑坡	陕西靖边	941	1823年农历8月3日	形成天然聚湫
田家畦滑坡	陕西子洲	600	1962年农历7月16日	形成天然聚湫
井沟滑坡	陕西延川与清涧交界	300	1939年农历2月	形成天然聚湫
卧龙寺滑坡	陕西宝鸡	3350	1955年8月18日	毁坏村庄和铁路
周湾滑坡	陕西吴旗	1300	1965年农历2月	形成天然聚湫
敬家村滑坡	陕西西安	100	1978年6月11日	44户住户被掩埋
蒋刘滑坡	陕西泾阳	100	1984年12月2日	毁坏房屋159间死亡20人
古刘滑坡	陕西长安	500	1985年1月	毁坏房屋144间
刘家沟滑坡	甘肃庄浪	525	1968年8月	损失房屋285间
杨局滑坡	甘肃庄浪	343	1968年8月	损坏农田
长渗滑坡	甘肃兰州	2000	1979年11月7日	毁坏两个村庄
洒勒滑坡	甘肃东乡	6000	1983年3月7日	毁坏四个村庄死亡220人
查纳林滑坡	青海共和	12700	1943年农历正月初三	两个村庄被埋死亡114人
大浪沟滑坡	青海互助	1500	1960年	村庄埋没200余人丧生

此,大型滑坡的间接产沙不可低估。不宽的沟谷两侧的小型滑坡,如陕北涧地破涧后两侧形成的滑坡,在较短时间即不复存在,说明滑坡体已直接参加侵蚀产沙。

2.滑塌与崩塌

由于沟岸陡峻,土体的剪切力大于抗剪力,沿剪切面下滑,同时垮坍的现象称为滑坍;崩坍指沟岸或沟头下部遭水流淘空,土体失去平衡而下坠现象。滑塌和崩坍也是黄土高原常见的重力侵蚀方式。这种现象通常发生在干沟和支毛沟的中上段,斜坡坡度多大于35度,滑坍体的体积大小不等,少者数方,多者数万方,洪水期间,成为洪水冲刷对象。据天水水保站观测,天水罗玉沟年重力侵蚀产沙量44.6万吨,其中滑坍、崩坍约占70%;1961年吕二沟一次洪水滑坍体10万吨,占当年水土流失量的42.6%。

3.泻溜

裸露陡坡上的土(岩)体受风化作用分离破碎，在重力作用下呈小块向下滚落称为泻溜。全年连续发生，但主要发生在冬春季。据山西省水保所在王家沟定位观测，4月份的泻溜量占全年的22.5%，而12月至翌年的2月占全年的36.8%，9～11月占全年的7.2%，6～8月占全年的13%，3月与5月合占全年的20.4%。泻溜产沙的临界坡度约为37度，相当于红土的休止角，随着坡度的增加泻溜量也增加，发生最频繁的坡度介于45～55度，大于60度泻溜逐渐趋于减弱。泻溜物首先堆积在坡脚，至汛期在径流作用下，经水流的浸泡与冲刷，分离成细颗粒被洪水挟走。据天水水保站观测，天水市吕二沟流域产沙总量中有4.5%的泥沙来自泻溜侵蚀；据西峰水保站1957年在南小河沟支沟杨家沟观测，由泻溜而送入沟中的泥沙占年输沙量的14.8%；据山西省水保所观测，晋西王家沟泻溜侵蚀产沙占流域输沙量的14%。

(三)重力侵蚀产沙量

重力侵蚀的产沙作用已越来越受到人们的重视，但重力侵蚀产沙量的测算工作，还是一个尚待解决的问题。主要原因是长期以来，黄土高原水土流失的观测研究多着重于水力侵蚀，有关重力侵蚀的观测研究很少。滑坡、崩坍产出泥沙往往只有部分被流水带走，部分仍堆积于斜坡或沟谷内，输移比因时因地变化很大。重力侵蚀又往往是沟蚀的伴生物，两者产出的泥沙很难区分。因此，有关重力侵蚀产沙量的资料较少，可信度也较低。

重力侵蚀产沙量，多采用直接量测法和调查法求得。黄委会水科所蒋德麒等1966年对黄土高原小流域重力侵蚀产沙分析认为，在丘陵沟壑区，重力侵蚀产沙占流域的20～25%；在高塬沟壑区占58%左右。黄委会天水水保站1986年在黄土丘陵沟壑区第三副区的罗玉沟，设置了地形观测断面，结合径流小区和测针法观测，对该流域的坡面侵蚀、沟谷侵蚀和重力侵蚀进行了研究。该流域面积72.79平方公里，沟间地和沟谷地面积分别占86.8%和13.2%。年降水量531毫米，悬移质侵蚀模数每平方公里7500吨。于1987年(平水年)进行了一年观测，结果列于表1—2—6。可知，重力侵蚀占流域总沙量的12.1%。

综合黄委会西峰、天水、绥德三个水保站在典型小流域的调查中，重力侵蚀面积占总面积%(A值)和重力侵蚀产沙量占总产沙量%(Q值)分别如下：黄土高塬沟壑区的西峰南小河沟，A值为9.1%，Q值为57.5%；黄土

表 1—2—6 **罗玉沟 1987 年不同侵蚀类型输沙量**

侵蚀类型	坡面侵蚀	沟谷侵蚀	重力侵蚀	合计
输沙量(万吨)	32.5	29.2	8.5	70.22
相对输沙量(%)	46.28	41.62	12.1	100

丘陵沟壑区第三副区的天水吕二沟,A 值为 30.7%,Q 值为 68.0%;黄土丘陵沟壑区第一副区的绥德韭园沟,A 值为 12.9%,Q 值为 20.2%。

1986 年中科院自然资源综合考察委员会、遥感研究所和全国高校联合遥感技术应用研究中心共同主持,以陕西安塞县作为黄土高原的遥感试验区,组织 40 多个单位参加进行多学科的遥感调查试验,1988 年完成,分别总结汇编成《黄土高原遥感调查试验文集》。其中王长耀、陈光伟等在《黄土高原遥感调查试验研究综述》一文的地学应用分析中提出:黄河泥沙主要来源在于沟谷侵蚀,而重力侵蚀在沟谷发育中起重要作用。利用遥感技术共发现试验区滑坡达 1280 处,总面积 126.1 平方公里,总滑坡量为 56 亿吨。并发现在安塞县中部有一条北东—南西向和一条南北向的重力侵蚀带以及不太稳定的小滑坡,对水土保持和农业规划都有重要参考意义。关于地质构造对侵蚀的影响,前人认为黄土高原地层平缓没有大的断裂,但从遥感分析该区可能存在不等量构造抬升运动,其大型滑坡呈带状分布,除与黄土和基岩之间水分条件有关外,很可能受基底构造控制和影响。此外,随着人口的增加,滥伐乱垦、人工建筑的发展也严重加剧该区水土流失。据本次调查分析结果,安塞县一万年来人为影响加速的侵蚀量占总产沙量的 31.5%。

三、风力侵蚀

风力侵蚀是指由风力破坏、搬运地表侵蚀物质的侵蚀现象。风力侵蚀的主要方式是片状吹蚀、磨蚀及局部的沙体移动。

风吹过地表时产生紊流,当气流对土壤的打击力超过土粒间的胶结力或某细小土粒、小土块自身重量和惯性重力时,土壤就可从原来的位置向别处移动,这种现象称为吹蚀;磨蚀指风沙流接近地面迁移时,沙粒对地表物质的冲击磨擦作用。强大风沙流呈舌状前进,即产生局部沙丘移动,活动沙丘移动速度取决于风力大小和移动前方的地貌条件。

黄土高原地区北部干旱、少雨、多风,风力侵蚀占有重要地位。据观测,3 级以上的风力(风速大于 4~5 米每秒),小于 0.1 毫米粒径的沙粒就可以吹扬至空中，产生物质流，形成土壤侵蚀，而黄土颗粒粒径多在0.05～0.005毫米，因此极易发生风蚀。内蒙古伊旗是风蚀严重地区，据观测年平均风速3米每秒以上，最大风速可达24米每秒，5米每秒以上风速每年95天。黄土高原受风力侵蚀和风沙危害的面积约20万平方公里，主要分布在长城沿线以北、阴山以南、贺兰山以东、大同到呼和浩特一线以西，包括风沙区、干旱草原区和黄土丘陵第五副区和第一副区的一部分。

风力侵蚀与产沙的关系，近年来不少学者进行了大量观测研究。中科院地理所景可等认为，风力侵蚀量和风力侵蚀产沙量是两个不同的概念，凡经风力吹扬的沙都可称为风力侵蚀量，但并不是被风力侵蚀的沙都能进入黄河，只有进入黄河的那部分才能称之为产沙，风力侵蚀产沙量只是风力侵蚀量中的很少一部分，他研究认为，风力侵蚀产沙量约占黄河年平均输沙量的3%～4%。黄委会农水局冯国安研究认为，黄河中游粗泥沙的来源主要是风沙，河龙（河口镇至龙门）区间主要多沙粗沙支流，如窟野河、黄甫川、秃尾河、无定河等，上游风沙区面积大，而且与沙漠相连，风沙通过风力吹扬和水力冲刷搬运进入河道，形成枯水期和少水年河道淤积，汛期和丰水年河道冲刷。他分析认为，无定河上游每年淤积在河床的风沙约4000万吨，占无定河治理前多年平均输沙量的16%。据调查，在榆林、神木、定边、横山等风沙区，年风蚀模数达每平方公里2700～6750吨。

四、侵蚀、产沙与输移

侵蚀、产沙与输移的研究，反映流域土壤侵蚀与河流泥沙之间的关系，对黄河治理的规划和实践具有重要的意义。侵蚀与产沙的研究表明，土壤侵蚀是产沙的必要条件，产沙则是某一集水区内侵蚀物质向其出口断面有效输移的一种运动过程，其输移到出口断面的数量称为产沙量。这里的关键是："有效输移"，而不包括诸如雨滴使土壤的击溅和分散等，也就是说，有侵蚀发生，不一定伴有产沙，产沙往往滞后于侵蚀。但是流域产沙归根结底是来自流域内的土壤侵蚀，所以，产沙是以侵蚀为前提的，在其他条件相同情况下，侵蚀量越大，产沙量越多。在流域水文过程中，侵蚀与产沙是两个子过程，由于产沙过程中包含着沉积，因此，在一般情况下，侵蚀量与产沙量是不相等的，产沙量只是侵蚀量的一部分，这一部分占侵蚀量的比例，通常用泥沙输移比表示，其大小主要取决于侵蚀环境和泥沙输移环境，但无论如何，产沙量不会大于同时段的侵蚀量，只有当泥沙输移比接近于1时，产沙量才可能等于侵蚀量。在黄土高原,特别是重点产沙区,具有特殊的侵蚀环境和特殊的产沙环境,产沙量与侵蚀量比较接近。流域产沙量,在河道中经过水流多次转运之后,在测流断面观测到的泥沙数量称为输沙量。如果将该测流断面作为其以上流域的出口断面,当河道基本冲淤平衡时,所观测到的输沙量即为该断面以上的流域产沙量。因此,在泥沙输移比接近于1的地区,侵蚀量、产沙量与输沙量的含义是相同的。

泥沙输移比的研究也经历了一个过程。50～60年代,中国一些学者根据国外一般河流的经验,认为黄土高原侵蚀量是河道输沙量的2～3倍,后来又认为当地产沙1立方米,河道输沙1吨,即侵蚀量较输沙量大30%～40%。70年代中期,黄委会龚时旸、熊贵枢等进行了黄土高原泥沙输移比的研究,他们研究认为,在河口镇至龙门区间黄河泥沙主要来源区的黄土丘陵沟壑区,尤其是无定河流域,泥沙输移比接近于1,即土壤侵蚀1吨,进入黄河的泥沙也大致是1吨,因此认为,在此区的小流域水土保持减少土壤侵蚀1吨,可以使进入黄河的泥沙也减少1吨,对黄土高原水土保持起到了重要的指导和积极的推动作用。80年代初,黄委会水科所牟金泽、孟庆枚运用B.A拜格诺—王尚毅"自动悬浮"理论,分析了无定河支流大理河的泥沙输移特点,进一步论证了泥沙输移比接近于1。80年代后期,中科院地理所景可、陈永宗等在更大范围内对泥沙输移比进行了研究,首先提出了确定泥沙输移比的先决条件。他们认为,泥沙输移比的大小,因时段和空间而异,同一流域在不同时段其值是不同的,这是因为在不同时段,流域内的水文、水力及下垫面条件是变化的,其土壤侵蚀量与产沙量的比值也就不可能固定不变。对于一定的流域,从多年平均情况看,泥沙输移比是一个比较稳定值,但系列较短时,其值是不稳定的,即使同一流域同一河道,观测断面不同,输移比的大小也是不同的。例如,窟野河流域神木以上河道泥沙输移比接近于1,神木以下河道泥沙输移比小于1。一般来说,流域越小,侵蚀、产沙环境因子的区域差异性越小,泥沙输移比较稳定;流域越大,侵蚀、产沙环境因子差异越大,流域内不同区域的泥沙输移比就相差越大。因此,不能笼统地不分时段、流域及观测断面将泥沙输移比视为一个近似固定值,而简单地用输沙模数代替侵蚀模数。90年代初,黄委会水科院张胜利在分析人类活动对泥沙输移比影响时认为,泥沙输移比是土壤侵蚀和产沙双重因子的函数,人类活动对其中任何一个因子的改变都会引起输移比的变化,即使两个因子都受到人类活动影响,但这种影响也不可能是平衡的,输移比也会发生变化。通过对窟野河流域神府东胜煤田开发对泥沙输移比影响的研究表明,因煤田开发使土壤侵蚀量增大,颗粒变粗,泥沙输移比将会变小。

第二节　人类活动与土壤侵蚀

一、人类活动加剧侵蚀的作用

(一)自然侵蚀到加速侵蚀的演变

黄河流域的侵蚀演变,经历了由自然侵蚀到加速侵蚀的发展过程。

自然侵蚀是指没有人类活动参与的地质过程的侵蚀。1983年,中科院地理所景可、叶青超等研究认为,先秦至西汉时期,黄河中游自然环境受人类活动干扰甚小,其侵蚀量可视为自然侵蚀量,他们根据黄河冲积扇形成模式,下游河道淤积特性及河口泥沙沉积比等资料,对不同时期冲积扇面积、沉积物平均厚度、泥沙比重和河道迁徙的时间等参数进行分析,得出黄土高原全新世中期(距今6000～3000年)年侵蚀量约为9.75亿吨;1992年,李元芳根据史书记载,沉积物特性和^{14}C测年值等资料,在查清西汉古黄河主河口位置、三角洲范围及沉积厚度的基础上,估算了三角洲堆积量及黄土高原土壤侵蚀量,他认为当时黄土高原土壤侵蚀量为6.5亿吨。因此,可以认为在历史上人类活动影响较小情况下,黄土高原自然土壤侵蚀量为6.5～9.75亿吨。

加速侵蚀是指受人类活动影响而增加的土壤侵蚀。在土壤侵蚀发育地区,当人类生产及经营活动违背了自然规律和社会经济规律,对资源进行掠夺式开发利用时,就会加剧土壤侵蚀过程。中科院、国家计委自然资源综合考察委员会张天曾根据华北平原第四纪沉积厚度和黄、淮、海诸河输沙量推算,自更新世以来到现代的大约100万年时间内,沉积速度越来越快:在初期每沉积1米土层约需六七千年的时间,而在近代每沉积1米只需二三百年的时间(见表1—2—7)。

表1—2—7　　**更新世以来华北平原的沉积速度**

时　代	每沉积1米土层所需的年数
更新世	6700
全新世	330
近代(黄、淮、海诸河)	270

注　根据张天曾《黄土高原论纲》中国环境科学出版社,1993

中科院、水利部西北水保所唐克丽等根据景可、叶青超等人的资料，对比了自然侵蚀和加速侵蚀的速率（表1—2—8），可以看出，人为加速侵蚀随人类活动的加剧而增加，到1949～1980年，人为加速侵蚀速率为全新世中期自然侵蚀速率的500多倍。

表1—2—8　**黄土高原自然侵蚀和人为加速侵蚀速率比较**

年代	年侵蚀（堆积）总量（亿吨）	两个时段间隔年数（年）	两个时段间新增侵蚀量（亿吨）	年增侵蚀量（亿吨）	侵蚀速率比值
全新世中期（距今6000～3000年）	9.75	3000	1.85	0.00032	1
公元前1020～公元1194年	11.60	661（1194～1855）	1.70	0.00257	8.03
1494～1855年	13.30	94（1855～1949）	3.50	0.03723	116.34
1919～1949年	16.80				
1949～1980年	22.30	31（1949～1980）	5.53	0.17839	557.47

（二）加速侵蚀主要类型和对侵蚀的影响

人为加速侵蚀主要表现为农业生产活动中毁林、毁草、陡坡开荒及工矿、交通、水利等基本建设造成的新增侵蚀。

根据对毁林、毁草、陡坡开荒的调查研究，山西省吕梁山以西8县，在明万历年间耕地总和为154万亩，到1985年已开垦到619万亩，增加了3倍，其中兴县、保德、河曲已达明朝时的10倍以上（见表1—2—9）。

甘肃省秦安县，据《秦安县志》记载，清道光初年（1821年）全县仅有1.9万人，到1949年时达24万人，100年的时间内增加了12.8倍，到1984年达到44万人，解放后35年增加的人口几乎和解放前100年增加的数量相当。随着人口的增加，开荒面积也随之增大，到建国前夕，开荒面积达80万亩，到1984年，耕地达107万亩，几乎所有的土地全被开垦。据陕西省资料，民国时期陕北毁林、毁草开荒也很严重。陕北解放区在皖南事变以后，针对国民党对解放区实行经济封锁，开展了大生产运动；蒋管区则由于抗日战争的影响，沦陷区难民相继入陕，先后建立了黄龙垦区、千山垦区、黎坪垦区。建国后，随着农村人口的不断增加和某些政策失误，也出现了几次大开荒。

表 1—2—9　**晋西 8 县耕地历史变化情况**　单位:万亩

县　名	明万历年间	清光绪年间	1985 年
偏关县	24.8	31.6	65.2
河曲县	6.1	6.4	68.6
保德县	3.8	3.1	62.1
五寨县	19.4	31.0	65.2
神池县	32.7	44.9	61.2
岢　岚	19.3	19.3	77.1
岚　县	32.3	28.7	68.1
兴　县	15.7	14.7	151.6
合　计	154.1	179.7	619.1

黄河水利学校和黄委会绥德水保站 1986 年对无定河流域开荒面积调查表明,1950～1985 年全流域开荒 1631.6 平方公里,增加土壤流失量 1.71 亿吨(见表 1—2—10),其间经历了 3 次大的开荒:第一次是 1959～1962 年自然灾害期间,由于当时国家处于暂时困难时期,粮食问题非常突出,把开荒扩种作为增加粮食生产的一种手段,出现了第一次群众性大规模开荒;第二次在"文化大革命"期间,当时片面强调"以粮为纲",结果又一次出现毁林、毁草、过度开荒的现象;第三次是 80 年代以来,农村实行生产责任制后,荒山、荒坡承包给个人,土地使用权由个人掌握,同时缺乏相应的管理措施,结果原来一些陡坡又被垦为农地,甚至一些人工草地和灌木林带也被开垦。

表 1—2—10　**无定河流域开荒面积、增沙量调查计算表**

类型区	年　代	开荒面积(平方公里)	占全区土地面积(%)	占全区耕地面积(%)	增加土壤流失总量(亿吨)
河源河涧区	1952～1982	343.67	9.95	34.7	0.196
	1983～1985	32.70	0.95	3.20	0.056
黄土丘陵沟壑区	1950～1982	1172.30	11.35	31.14	1.218
	1983～1985	82.88	0.8	2.15	0.238
合　计	1950～1982	1515.97	11.0	31.90	1.414
	1983～1985	115.58	0.84	2.43	0.294
	1950～1985	1631.55	11.84	34.33	1.708

建国以来，天然林区人为破坏也很严重。据陕西省水土保持局（简称陕西水保局）调查，延安地区天然林面积80年代初比50年代初减少46.4%。位于北洛河上游的志丹县，1949年前有天然林317.6万亩，覆盖率为56%，1970年普查，森林面积为127万亩，覆盖率为22.3%，1980年森林保存面积为95.7万亩，覆盖率为16.8%，30多年来，森林面积减少221.9万亩，占原有森林面积的70%，甘泉、富县在50年代，森林遍布山沟及北洛河沿岸，60年代初林线开始后退，到80年代，北洛河沿岸及其主要支流两侧，西（安）包（头）公路沿线几乎无森林。据黄委会上中游管理局调查，位于子午岭林区的甘肃省华池县林线平均后移20多公里，宁县境内的湘乐到北桂花一带林线后移达40多公里，正宁、宁县的林线已退至子午岭主脉。森林内的树种也由原来的油松、侧柏、青桐等为主的针叶阔叶混交林变为现在以山杨、白桦等为主的残败阔叶次生林和灌木林，部分地区出现了乔、灌林地减少，疏林地增多的现象。据林业部门调查，子午岭林区曾遭受3次大的破坏：第一次是1958年大炼钢铁，各地进入林区，伐木烧炭，“大战子午岭，开发万宝山”；第二次是1959～1962年，当时正值国民经济困难时期，在“向林山要粮”的口号下，陕甘两省相继成立了农垦局，仅甘肃省就有1万多人，进入子午岭林区兴办农场10处；第三次是“文化大革命”期间，贯彻“以粮为纲”的生产方针，西北林业建设兵团第一师、第二师在子午岭发动群众开荒种地，地方部门也组织“选耕队”进入林区垦种，最严重的1974年“白天满山是人，晚上满天是火”，在此期间，仅泾河流域部分森林面积就减少917.4平方公里。

造成毁林、毁草、陡坡开荒的原因是多方面的。就子午岭林区而言，主要是人口急剧增长，导致毁林开荒；森林经营不合理，无计划地超采超伐；林界不清，造成相互乱砍；更重要的是政策失误，造成大面积森林被毁。在陕北黄土丘陵地区，除农林政策因素外，人口增长率高，人地矛盾尖锐，缺乏基本农田，只有扩大耕地面积；科学文化落后，产业结构不够合理，对种植业依赖性太强；非生产用地增加，特别是基建用地具有永久性，且多为平缓耕地，据统计，占用一亩耕地促使开垦4～5亩荒地；此外，还与当时社会经济条件有很大关系，例如随着果品价格的提高，一些农地梯田改为果园，也促进了开荒扩种。总之，开荒的发展与政策性因素密切相关，不利的环境背景是其潜在条件，人口的过快增长是直接动力，而政策性失误则是触发因素。

开荒对加速侵蚀的影响，主要是破坏了能够改良土壤的性状及防止土壤侵蚀的植被覆盖。尤其是近期开荒逐渐向侵蚀敏感部位集中，如薄土裸岩区，陡坡及沟沿陡壁，从而加剧了各种侵蚀方式的侵蚀强度。据中科院西北水保所王斌科等1991年调查，开荒幅度和垦殖率大小与侵蚀产沙有密切关系，植被覆盖较好，开荒与垦殖率较低的新庄沟，水库淤积量明显偏小，而刘桥沟不仅垦殖率高，而且陡坡开垦较强，因而淤积量最大，见表1—2—11。

表1—2—11　**典型小流域开荒与水库淤积关系**

流域名称	流域面积（平方公里）	人口密度（人每平方公里）	垦殖率（%）	开荒增加幅度（%）		开荒模数（公顷每平方公里·年）		水库淤积量（吨每平方公里·年）	资料年限
				沟谷	沟间	沟谷	沟间		
韩家沟	13.01	65	55.0	67.1	80.8	0.31	0.63	12238	1976～1981
刘桥沟	22.36	83	64.6	118.6	20.6	0.26	0.29	14000	1983
新庄沟	52.80	18	35.0	11.9	60.6	0.01	0.42	1665	1957～1979
山王沟	57.95	23	54.0	66.7	33.6	0.01	0.46	11500	1961～1966

注　唐克丽《黄土高原人为开荒及对加速侵蚀的影响》，水土保持通报1991年。

中科院西北水保所对子午岭林区不同利用情况下径流量和土壤流失量径流小区（坡度15～20度）观测资料分析结果见表1—2—12，在其他条件相同情况下，林地开垦为农地，土壤流失增大为原林地的69.3倍，当林地变为裸地时，土壤流失增大500多倍。

表1—2—12　**子午岭林区不同土地利用情况下径流量与土壤流失量比值**

观测项目	土地利用						
	林地	草地	农荒	农地	林农	林草	裸地
径流量比值	1	4.2	1.04	1.4	1.8	1.8	1.8
土壤流失量比值	1	3.8	4.6	69.3	113.5	173.1	521

现代人类活动对土壤侵蚀的影响，除了由于陡坡开荒毁林毁草，破坏天然植被外，还由于开矿、修路、建房（窑）等移动岩石土体等活动，不仅破坏植被，而且破坏地质和土层，新增了水土流失。据黄河上中游管理局统计，建国以来，黄河上中游地区新增水土流失面积5万平方公里；在晋陕蒙接壤地区，由于开发建设引起的人为破坏植被26.6万亩，弃土弃碴达3.3亿吨，每

年向黄河输送泥沙3000万吨。据陕西省减灾协会编著的“陕西省重大自然灾害综合研究与防治对策”(陕西科学技术出版社,1993年11月)提供的资料,建国以来,陕西省全省新增水土流失面积1.45万平方公里,其中黄河流域新增水土流失面积0.85万平方公里。每年新增土壤流失量0.82亿吨,其中黄河流域为0.68亿吨(见表1—2—13)。除此之外,据不完全统计,截至1988年全省各类煤矿造成的土壤流失量1165万吨,其他各种矿石开采造成每年土壤流失量200万吨,修建公路平均每年流失量2110万吨,各类水利工程平均每年流失量3612万吨,陕北新建窑洞每年流失1000万吨,以上共计8087万吨(神府煤田如不采取有效措施,2000年前每年可增加水土流失1300多万吨,尚未计入)。以上两方面合计每年新增土壤流失量达1.63亿吨,约占全省年输沙总量的18%。据山西省水利厅水保局调查,全省人类活动新增固体废物每年约6000万吨,约占全省年输沙总量的13.2%。据黄委会水科所张胜利等对黄河中游大型煤田开发对侵蚀和产沙影响的分析研究,煤田开发后增加土壤侵蚀1.3～12.7倍,而且泥沙颗粒变粗,推移质泥沙增多,高含沙水流出现机遇增加,泥沙幺重增大。据黄河上中游管理局和有关单位调查,1989年晋陕蒙接壤地区现有煤矿1300多个,其他厂矿900多个;晋陕豫接壤地区,现有金、铜、铁等有色金属矿点近3000处。大规模

表1—2—13　**陕西省各地市建国以来新增水土流失面积及流失量**

地、市	新增水土流失面积(平方公里)	侵蚀模数(吨每平方公里·年)	土壤流失量(万吨)
西安市	595.6	1875	111.675
宝鸡市	1566.0	2359.5	369.498
咸阳市	403.3	2346.0	94.614
铜川市	32.0	1484.4	4.75
渭南地区	43.33	1541.7	6.68
榆林地区	4062.5	12200.0	4956.25
延安地区	1770.28	6968.0	1233.531
汉中地区	2224.0	3434.0	763.722
安康地区	731.55	3866.0	282.82
商洛地区	3107.0	1240.0	385.268
合　计	14535.56		8208.808

掠夺式开采，剥离表土，破坏植被，移动岩石土体，人为水土流失日益加剧，引发多种自然灾害，会造成人民群众生命财产的重大损失，增加了治理难度和治理任务。

（三）监测、监督和立法

黄河流域水土流失边治理、边破坏的问题已引起社会各界的关注和国家的高度重视。1957 年国务院颁发《中国水土保持纲要》提出修水利、修路、开矿要做好水土保持、防止水土流失的规定。1962 年 2 月、6 月、8 月国务院又多次颁发关于开岩、挖矿……注意水土保持的通知，1982 年又颁发《水土保持工作条例》。为加强山西、陕西、内蒙古接壤地区开发建设中的水土保持工作，促进该地区经济建设的发展，保护生态环境，1988 年 10 月经国务院批准，国家计委和水利部联合颁布了《开发建设晋陕蒙接壤地区水土保持规定》，各有关省（区）也相继制定了《关于开发建设晋陕蒙接壤地区水土保持规定的实施办法》。1991 年 6 月，经第七届全国人民代表大会常务委员会第二十次会议通过颁布了我国第一部《水土保持法》（以下简称水保法），明确指出："国家对水土保持实行预防为主，全面规划，综合防治，因地制宜，注意效益"的方针，水保法第 29 条规定："国务院水行政主管部门建立水土保持监测网络，对全国水土流失动态进行监测，并予以公告"。黄河流域内的水土保持预防监督工作，在《水保法》颁布后正着手进行监督执法试点，流域内各省（区）分别颁布了水保法实施办法及配套法规，建立水保监督机构，已成立各级水保监督机构 241 个，开展执法，利用法律手段，查处违法案件，收缴防治费和补偿费，审批建设项目水土保持方案等，进一步增强了全民和全社会的水土保持预防保护意识和法制观念，使水土保持预防监督工作出现了新的局面，黄委会根据水利部编制全国水土保持监测和信息网络规划的精神，编制了《黄河流域水土保持监测与信息网络规划》，建议把黄河流域列入全国重点监测示范区，抓紧搞好监测工作。作为重点监督区的晋陕蒙接壤区，1991 年 11 月，华能精煤公司委托黄委会黄河上中游管理局进行了《神府东胜矿区水土保持、河道整治及综合监测规划》，1993 年 12 月，国务院环境保护委员会在榆林召开现场检查办公会，解决晋陕蒙接壤区开发环保问题，强调运用经济和法律手段，强化生态环境监督管理。1994 年 9 月，以国家环保局为组长单位，林业部、农业部为副组长单位，成员包括地矿部、煤炭部、水利部、国家土地管理局、中国科学院和华能精煤公司组成的规划组，初步完成了《晋陕蒙接壤地区生态环境恢复治理规划（审议稿）》，经国家计委、财政部和各参加单位审定，原则通过了该规划，使资源开发逐步走向经济发展与环境保护相协调的道路。

二、人类活动控制侵蚀的作用

面对黄土高原严重的水土流失，人民群众在长期的生产实践中，创造了许多行之有效的治理措施，起到了控制侵蚀的重要作用。建国后，各水土保持试验站、所，对群众经验进行了系统总结，并进一步深入试验研究，使这些措施对控制侵蚀发挥了更为巨大的作用。

（一）单项措施的试验研究

水土保持单项措施主要有农业耕作措施、梯田、造林、种草、淤地坝和治沟骨干工程等。

1. 农业耕作措施

在古代，黄河流域的群众为抗旱保墒、肥地增产，先后创造了圳田、轮作、复种、深耕等措施；建国后，在继承古代传统农业耕作措施基础上，不断扩大、改进，并创造了许多新的保土耕作法。50年代共推广10多种，1958年水平梯田广为修建后，保土耕作措施逐渐减少。70年代中期以后，仍有沟垄种植，抗旱丰产沟和草田轮作等措施在部分地区继续推广，这些措施都不同程度的表现出保水保土和增产效果。50年代，黄委会绥德水保站在辛店试验场进行水土保持耕作法试验，其试验成果列于表1—2—14。

但由于表1—2—14所列措施随当年耕作而有效，又随当年作物收获而消失，很难统计出推广措施的单位面积的水土流失量和有关数据。70年代中期以后，仅在部分地区推广以下几项措施，取得了一定的保水保土，减少径流、泥沙，增加农业生产的作用。

(1)沟垄种植。70年代中期，延安地区把沟垄种植作为农业增产的重要措施，推广100多万亩，连同轮作、套种等措施共达264万亩，每年增产粮食5000万公斤左右。90年代以来，又推广大垄沟种植，大面积连片治理，栽种苹果树，出现了山变绿、水变清、村变美、人变富的美好前景。据延安地区30处小区观测，当降雨使坡面产生20毫米径流深时，垄沟不发生径流，当降雨使坡面产生30毫米径流深时，垄沟可拦蓄27～29毫米雨水，同时还可促进作物增产。

(2)抗旱丰产沟。80年代在山西、山东、内蒙古等地推广。据山西省中阳

表 1—2—14　　不同耕作法水土流失量和产量比较

年份	坡度	作　物	耕作法	径流量		冲刷量		产　量	
				公升每亩	比例(%)	公斤每亩	比例(%)	公斤每亩	比例(%)
1954	27°22′	黑　豆	群众手作	13637.5	100	5280.4	100	46.6	100
	28°52′	黑　豆	套犁沟播	6429.5	47	768.4	15	60.0	129
1955	17°19′	高粱＋豇豆	群众手作	769.7	100	183.9	100	141.4	100
	17°45′	高粱＋豇豆	套犁沟播	156.3	19	5.2	2.8	123.2	87
	16°34′	高粱＋豇豆	套犁换垄	192.5	24	7.1	3.8	145.0	102
1956	28°53′	谷　子	群众手作	63521.1	100	26974.9	100	57.3	100
	27°22′	谷　子	套犁沟播	50230.5	79	20999.7	78	90.6	158
	28°38′	谷　子	套犁换垄	65324.1	102.8	18516.1	69	70.6	123
	17°45′	高　粱	群众手作	20362.1	100	15673.0	100	70.0	100
	17°19′	高　粱	套犁沟播	43653.1	62	4890.6	31	123.3	176
	16°34′	高　粱	套犁换垄	18041.4	25	1616.5	10	134.0	191

县胡家岭村 1981～1982 年观测，在坡度 21 度、坡长 20 米的耕地修丰产沟，比坡度 16 度，坡长 10 米的耕地减少径流 91.6%，减少冲刷 97.4%。中阳县 1982 年发展到 3030 亩，亩产稳定在 250～350 公斤。

(3)草田轮作。主要在甘肃、陕西、山西等省部分地区推广，不少地方将粮食作物、经济作物与豆科作物、牧草进行轮作倒茬种植，既保持了水土，又增加了作物产量，效果良好。陕西省绥德县定仙堰乡，土地瘠薄，一般亩产粮食只有 25 公斤左右，1974 年采用草木樨、苜蓿、沙打旺与粮食作物进行轮作，草田轮作面积由过去的 1000 亩增至 6500 亩，1975 年粮食总产达 210 万公斤，比 1973 年的 100 万公斤增长 1 倍多。

2. 梯田

梯田是黄土高原一项面积较大的水土保持措施，主要作用是蓄水保土，减轻土壤侵蚀，改善农作物生长条件，提高作物产量，从而促进土地利用结构的调整。早在 400 多年前，黄土高原地区就有在缓坡地上修筑梯田的文字记载。建国后，特别是 50 年代末期以后，黄河流域水平梯田得到大量发展，据黄委会农水局统计，截至 1991 年，全流域累计完成梯田(包括条田、埝地)5081.95 万亩，其中青海 157.02 万亩，甘肃 1786.11 万亩，宁夏 166.9 万亩，内蒙古 93.05 万亩，陕西 1207.62 万亩，山西 1124.18 万亩，河南 344.67 万亩，山东 152.4 万亩。

黄土高原各地对水平梯田的试验研究表明，将坡地修成水平梯田后，其增产拦泥效益是很显著的。天水水保站 1958 年将梁家坪试验场 50 亩坡地和坡式梯田修成水平梯田后，粮食产量比原坡式梯田和原坡地分别提高 1 倍和 2.1 倍。将坡地修成水平梯田后，改变了微地形，提高了土壤的入渗能力，减少了地表径流及其冲刷力，起到显著的蓄水、保土、保肥作用。甘肃省定西县安家坡村，1963 年 6 月 14 日，一次降雨 101 毫米，不同坡度的坡耕地实测每亩径流量 24～45 立方米，土壤冲刷量 3.8～8.3 吨，而水平梯田则全部就地入渗；1959 年天水水保站在武山东梁山水平梯田人工降雨试验表明，梯田可纳蓄 90～120 毫米的暴雨。山西省水保所 1957 年进行水平梯田试验，田面宽 10 米，在 10 度、15 度、20 度、25 度不同坡度上，减少径流 92.4%，减少冲刷 91%。但是，大面积梯田的减水减沙作用影响因素较多，其减水减沙作用不仅与暴雨大小有关，而且与梯田的管理养护有关。一般降雨年份，梯田减水减沙作用明显，丰水年又遇大暴雨情况，因梯田遭受不同程度的破坏，减水减沙效益大为降低。据绥德水保站 1985 年对米脂县梯田的调查，50 年代修的梯田损坏率占 77%，60 年代占 14.7%，70 年代占 5.4%，80 年代初期占 1.8%；1994 年 8 月，一次降雨 150 毫米左右，据对子洲、绥德等地调查，梯田损坏率达 13%，可见随着时间的推移，梯田损坏率明显上升。有些梯田在规划、设计、施工、管理等技术环节上有缺陷，其拦蓄能力与梯田的质量也很密切。1985 年绥德水保站对绥德、米脂等地梯田调查后认为，暴雨后梯田质量可分为四类：一类好的，田坎基本完整，约占 21%；二类田坎有少量破坏，但田面仍然平整，约占 43%；三类梯田田坎损失比较严重，约占 19%；四类梯田田坎损坏严重，约占 17%。总的来看，现阶段梯田减沙效益不会超过 70%。

3. 造林、种草

造林、种草是黄土高原治理荒坡的主要措施，它不仅是群众解决“三料”（燃料、饲料、肥料），增加经济收入的主要途径，而且还有一定的减水减沙作用。远在春秋战国时期，黄土高原就有人工造林的记载，人工种草则始于西汉时期。民国时期，造林种草已作为水土保持措施，并进行了试验示范和小面积推广。建国后，经过试验、示范、推广，造林种草得到了很大发展，特别是 80 年代以来，造林种草发展更快，已成为流域治理的主要措施。据黄委会农水局统计，截至 1991 年，黄河流域人工造林 15437.6 万亩，其中青海 388.15 万亩，甘肃 1990.16 万亩，宁夏 3888.99 万亩，内蒙古 1900.43 万亩，陕西 3978.67 万亩，山西 2531.64 万亩，河南 609.73 万亩，山东 149.8

万亩;人工种草全流域共计 3161.09 万亩,其中青海 108.61 万亩,甘肃 1105.51 万亩,宁夏 265.65 万亩,内蒙古 457.80 万亩,陕西 981.98 万亩,山西 227.89 万亩,河南 12.95 万亩,山东 0.7 万亩。但是,造林的保存率是比较低的,保存率指治理保存面积与实施面积的比值,是反映治理措施质量的一个重要指标。据有关部门调查统计,黄河流域现有造林保存率为 30%(见表 1—2—15)。

表 1—2—15　　**黄河流域不同区域造林保存率统计**

区　　域	造林保存率(%)	资料来源	资料年限
黄河流域	30	林业部《黄河流域林业发展规划意见》	1949～1986年
陕　　西	25.4	《陕西省林业区划》	1949～1975年
山　　西	25.8	《山西省林业区划》	1949～1979年
内蒙古	30	《内蒙古自治区林业区划》	1949～1979年
甘　　肃	31	《甘肃省林业区划》	1949～1979年
三川河	34.4	山西省水保局调查	50年代～1982年
"三北"防护林一期	53.1	陕、甘、青、晋、宁、蒙六省(区)平均	1978～1985年

进入80年代以来,由于造林技术和管理水平的提高,造林种草保存率有所提高。据黄河上中游管理局对黄河流域无定河、黄甫川、三川河及定西县四大水土保持重点治理区一期工程 315 条重点小流域统计,黄土丘陵沟壑区第一副区造林保存率为 66%,种草保存率为 49%(见表 1—2—16)。

表 1—2—16　　**不同类型区重点小流域治理措施保存率(1983～1992 年)**

类型区	分　布　区　域	小流域条数(条)	治理措施保存率(%)			
			基本农田	造林	种草	综合治理措施
黄丘一副区	无定河、三川河、黄甫川中下游	207	82.36	65.96	49.14	68.57
黄丘五副区	定西县	46	95.18	77.27	55.42	73.92
河源梁涧区	无定河上游	32	94.63	73.26	27.34	70.51
风沙区	无定河上中游	21	94.58	89.14	82.60	88.78
土石山区	三川河、河源区	9	91.35	60.44	19.67	63.54

面上治理的林草保存率更要低得多，特别是人工草地。据黄委会水科所张胜利等调查，五六十年代的一些草地也已被垦为农地，大面积草地保存率大约为10%～20%。造林种草对解决燃料、饲料、肥料、发展生产、增加经济收入、改善生态环境等方面效益是巨大的。自1985年，原水利电力部钱正英部长提出“以开发沙棘资源作为加速黄土高原治理的一个突破口”之后，黄河上中游地区沙棘资源的开发利用得到很大发展，“七五”期间，黄土高原共发展人工沙棘林400万亩，建成各类沙棘加工厂近百家，年产沙棘制品3万吨，总产值近亿元，进入90年代，平均每年营造沙棘林70～80万亩，约占当年造林面积的10%。尤其是在环境恶劣，被称为地球“癌症”的砒砂岩地区，也成功的营造了沙棘林。内蒙古准格尔旗黄甫川流域早期栽植的沙棘林株高达1.5米以上，长势旺盛，看到了绿色回归的希望。黄河流域各地，结合水土保持，营造大量果树和其他经济林，收入也非常可观。建国前，陕西全省种植苹果树只有2000多亩，至1980年发展到83万亩，年产苹果12.5万吨以上，关中、陕北已成为苹果基地。陕西省礼泉县大力发展山地果园，1989～1992年果园面积由7.5万亩发展到15万亩，1992年产苹果1.5亿公斤，产值3.5亿元，成为发展一方经济，富裕一方人民的拳头产品。造林种草的蓄水保土作用，从径流小区试验来看，拦蓄效益很大，但从大面积来看，由于林草大都分布在陡坡，因受地形条件的限制，拦蓄径流的能力较小，林地坡面下的集流槽或陡坡还有比较严重的冲刷，同时林草大都呈不连续片状分布，覆盖率也较低，从一些较大支流的减水减沙效益分析计算来看，现阶段林草减沙效益仅占总减沙量的10%以下。

4. 淤地坝和治沟骨干工程

在沟壑中筑坝淤地，变荒沟为良田，在黄河流域(特别是黄土丘陵沟壑区)是巩固并抬高侵蚀基点，减轻沟蚀，充分利用水土资源的一项有效措施，也是建设高产稳产基本农田的一项重要内容。在黄河中游陕北、晋西等地也有300多年的历史。建国以后，经过调查、研究和实践推广，人们的认识进一步提高，淤地坝得到了很大发展，据黄委会农水局统计，黄河流域八省(区)截至1991年共建有淤地坝10万多座，淤地面积449.12万亩。由于自然条件、社会经济情况及水土流失特点不同，淤地坝的淤地面积也有较大差异，按省(区)分布：青海2.38万亩，甘肃35.29万亩，宁夏61.43万亩，内蒙古47.84万亩，陕西87.82万亩，山西133.33万亩，河南42.63万亩，山东38.4万亩。大量调查和试验研究表明，淤地坝增产、拦泥效益是很大的。据陕西省水保局对陕北12717亩坝地调查，平均每亩坝地产粮230公斤，是坡耕地产量的4倍；据陕北米脂、绥德、子洲、横山等县典型流域调查，坝地面积占粮田面积的8.3％，而坝地产量占总产量的23.5％；山西省汾西县1973年春旱严重，三伏无雨，坡耕地夏粮减产365万公斤，而全县3.47万亩坝地秋粮平均亩产353公斤，总产1224.9万公斤，坝地面积占粮田面积的11.5％，坝地产量占总产量的43.5％。陕北、晋西群众说“修坝如修仓，澄泥如存粮”，“家有三亩坝，天旱也不怕”。淤地坝的拦泥效益也非常显著。根据1986年在郑州召开的《黄河中游近期水沙变化研讨会》资料整理见表1—2—17。1960～1980年黄河中游各项水利水保措施年平均减沙5.22亿吨，其中淤地坝减沙2.82亿吨，占54％。1988年，黄委会水科所张胜利等对安塞县水利水保措施减沙效益进行调查研究表明，坝库拦沙占总拦沙量的91.4％，造林和梯田占8.6％。观测研究还表明，淤地坝对巩固并抬高侵蚀基点，稳定沟坡，减轻沟蚀也有一定的作用。黄河中游坝库建设主要集中于70年代初期和中期，由于水坠筑坝技术的推广应用，修建了大量坝库。进入80年代，由于农业实行联产承包责任制，坝库建设数量减少，国家为加速黄河中游多沙粗沙区治理，进行了水土保持治沟骨干工程试点，据黄河上中游管理局1986～1992年统计，先后安排治沟骨干工程400座，完建工程295座，其中新建工程194座，旧坝加固工程101座。这批工程共可拦泥2.94亿吨，保护下游10.12万亩滩坝地安全生产，前期可浇地3.6万亩，后期可淤地5.04万亩。据调查，绝大部分治沟骨干工程经受住了洪水考验。

表1—2—17 **1960～1980年黄河中游各项水利水保措施减沙量**

措施	累积减沙总量(亿吨)	年平均减沙量(亿吨)	各项措施减沙(％)
水库	29.75	1.42	27.1
淤地坝	59.16	2.82	54.0
灌溉引沙	13.42	0.64	12.2
梯田、林草	7.31	0.35	6.7
合计	109.64	5.22	100.0

(二)小流域及支流综合治理

单项措施的试验研究是小流域及支流综合治理的基础。50年代初期就注意到以小流域为单元的综合治理，在设立水土保持科学试验站时，就以小流域为试验基地，如绥德韭园沟、天水吕二沟、西峰南小河沟、离石王家沟等。中科院等单位在1955～1958年考察中为11个县选定了典型小流域，制定了水土保持规划，开创了第一批群众小流域综合治理。截至1985年，黄河上中游地区各级立项治理的小流域达2000余条，年治理面积占全区治理面积的50%以上。小流域综合治理的试验研究成果逐步应用到较大支流治理，如50年代韭园沟的治理经验就应用于无定河流域综合治理。自1983年开始开展较大面积流域的治理，在全国设立了八大片水土保持重点治理区，其中黄河流域占四大片，即：无定河流域（已有一定治理基础）、黄甫川流域、三川河流域和定西县，总面积4.2万平方公里。此外，联合国粮农组织以支援粮食的方式和中国合作，先后建立了米脂县和杏子河流域水土保持重点治理区和世界银行援助的信用贷款项目“甘肃省定西县关川河流域水土保持综合治理”都正在实施。“黄土高原水土保持世行贷款项目”，包括水土流失严重的山西省蔚汾河、昕水河及河曲、保德、偏关三县，内蒙古罕台川、呼斯太河、哈什拉川，陕西省延河、佳芦河，甘肃省马莲河等9条河流域（片）总面积15600平方公里，逐步开展工作。

韭园沟位于陕西省绥德县城北约5公里，为无定河中游左岸的支沟，属于黄土丘陵沟壑区，流域面积70.7平方公里，主沟道长18公里，沟道比降1.15%，沟壑密度5.34公里每平方公里，流域平均年降水量516.9毫米（韭园沟测站1954～1964年资料统计），汛期降水量占年降水量的72.2%。1953年开始治理，截至1974年，全流域修水平梯田10909亩，打淤地坝311座，修建小水库30座，其中1954～1958年在干沟修建5座沟壑土坝。根据（1954～1969年）16年径流资料分析，韭园沟在未治理的情况下，年平均输沙量131.6万吨，经治理后，年平均输沙量为54.59万吨，平均每年减少泥沙77.01万吨，即平均每年拦泥效益58.5%（其中治坡措施占11.8%，治沟措施占46.7%）。

南小河沟位于陇东的董志塬上，是泾河支流蒲河的一条支沟，属于黄土高原沟壑区，流域面积36.3平方公里。流域内有支毛沟183条，沟道密度每平方公里长1.69公里。流域内多年平均降雨量为504.1毫米，6～9月降雨量占年降雨量的67.2%。治理前平均每年每平方公里流失水量8000多立方米，流失泥沙4000多吨，最大每平方公里年流失量达10000多吨。1954年全面开展流域综合治理，到1974年底，全流域共修建水平条田6609亩，水平梯田228亩，涝池190个，沟边埂46公里，沟头防护45处，山地果园315亩，已成林2988亩，种草1516亩，修土谷坊774座，淤地坝11座。根据

1955～1974 年观测资料，采用流域非治理的各类土地径流场流失量推算流域总流失量与十八亩台综合效益观测站资料对比，求得：经过治理，历年平均拦蓄径流效益 55.6%，拦沙效益 97.2%，其中土坝和土谷坊等工程措施 19 年拦蓄泥沙 129.6 万吨，占全流域 19 年拦泥总量的 82.3%。

吕二沟位于甘肃省天水市近郊，是渭河中游的支沟，流域面积 12 平方公里，上游属土石山区，下游属丘陵沟壑区，据 1954～1961 年资料，其年平均径流模数为 70100 立方米每平方公里，年平均侵蚀模数为 7940 吨每平方公里，1953 年开始治理，到 1979 年已修水平梯田、造林、人工种草、果园等面积共 8200 亩，占总面积的 45%。从近似的前后两次降雨看水沙变化如下表(表 1—2—18)，效益是明显的。

表 1—2—18　　**吕二沟两次近似降雨水沙变化对比表**

时间	雨量（毫米）	雨强（毫米每小时）	洪峰流量（立方米每秒）	洪量（万立方米）	沙量（吨）
1955.7.13	46	2.4	14.0	11.0	5.5
1979.7.14	45	5.5	9.1	6.3	2.2
减水减沙效果%			34%	42%	59%

王家沟位于三川河中游离石县，属晋西黄土丘陵沟壑区，流域面积 9.1 平方公里，地形破碎，沟道密度 7.01 公里每平方公里，年降雨量 500 毫米左右，在未治理情况下，年平均径流模数 28500 立方米每平方公里，土壤流失模数 15880 吨每平方公里。从 1955～1978 年治理程度逐步达到 57.5%(其中水平梯田占 12%，地埂占 32.7%，坝地占 3.3%，草地占 1.5%)。实测治理过程中年平均径流模数为 16500 立方米每平方公里。年平均输沙模数为 6940 吨每平方公里，即较治理前减少径流 42%，减少泥沙 56.2%。

据 1980 年统计，各省(区)以小流域为单元进行重点治理的沟道共 400 多条，治理措施中减少水沙效果所占比重，治坡措施(梯田、造林、种草、耕作技术等)约为总效益的 10%～15%，治沟措施(谷坊、淤地坝、小水库等)占 80%以上，在陕北、晋西群众中打坝淤地的积极性很高，尤其近年来随着爆破松土、水枪冲土和水坠法筑坝等技术的推广，更加快了治沟打坝的步伐。据 1977 年陕西水土保持局的调查，截至 1975 年底陕北共打坝 40000 多座，淤地 53 万亩。在清涧县调查 99 座小型淤地坝，平均坝高 4 米，平均每亩拦泥 1540 吨；在无定河流域观测有代表性的淤地坝 37 座，平均淤高 9.65 米，每亩拦泥 2800 吨；在榆林地区选大中型淤地坝 23 座，平均坝高 21.6 米，共淤地 5100 亩，平均每亩淤泥 5200 吨。如以每亩坝地平均拦泥 3000 吨计，陕北坝地共拦泥 15.9 亿吨，按 25 年平均计算，每年对黄河下游少送泥沙 6360 吨。据 1973～1975 年资料，新增坝地 17.6 万亩，共拦泥 5.28 亿吨，平均每年减少入黄泥沙 1.76 亿吨，效果更为可观。但是这些治沟工程并不象治坡的生物措施那样，随着时间的推移，效益逐渐增大，而是随库容的淤满效益逐渐降低，尤其在遇到超出设计标准的暴雨洪水有被冲毁的可能，从而产生负效应。若遭遇超常暴雨是否能将拦蓄的泥沙全部冲走(所谓“零存整取”)，遂成为人们普遍关注的问题。

1977 年 7～8 月在陕北、晋中和内蒙古准格尔旗分别发生三次大暴雨，各种治理工程经受了一次严峻的考验。黄委会于事后组织了调查研究，由李保如、陈升辉、孟庆枚共同提出《黄河中游地区 1977 年暴雨后小型坝库工程情况调查报告》，其中准格尔旗暴雨覆盖面积主要在沙区不作为调查重点，其他两区都作了较为详尽的调查分析。调查结果分述如下：

1977 年 7 月 4 日至 6 日暴雨中心在延安地区，简称“77·7 延安暴雨”，48 小时降雨大于 100 毫米的笼罩面积约 2.3 万平方公里，最大暴雨中心的安塞县招安公社在 30 小时内降雨 225 毫米，高强度暴雨集中在 7～8 小时之内，见暴雨等值线图及雨量表(图 1—2—1、表 1—2—19)。

表 1—2—19　**“77·7”延安暴雨中心降雨量表**　(单位：毫米)

站　名 (气象站)	4～6 日全过程 降雨量	24 小时最大 降雨量	24 小时降雨量占 全过程降雨量%
招　安	224.9	215	96
志　丹	165.8	154.4	93
安　塞	182.6	177	97
子　长	170.5	168	99

1977 年 8 月 4～6 日暴雨中心在晋中的平遥县、石楼县和陕西的清涧河一带，简称“77·8 平遥暴雨”，降雨大于 100 毫米的笼罩面积约 1.6 万平方公里，处于暴雨中心的屈产河裴沟水文站 4 日和 5 日雨量分别为 365 毫米和 280 毫米，使吴堡以下黄河多数支流出现洪水(见图 1—2—2)。

调查范围包括陕北的延安、榆林，山西的吕梁、忻县，甘肃的庆阳，内蒙古的准格尔旗等地区所属 15 个县(旗)的工程情况。从调查结果看，淤地坝

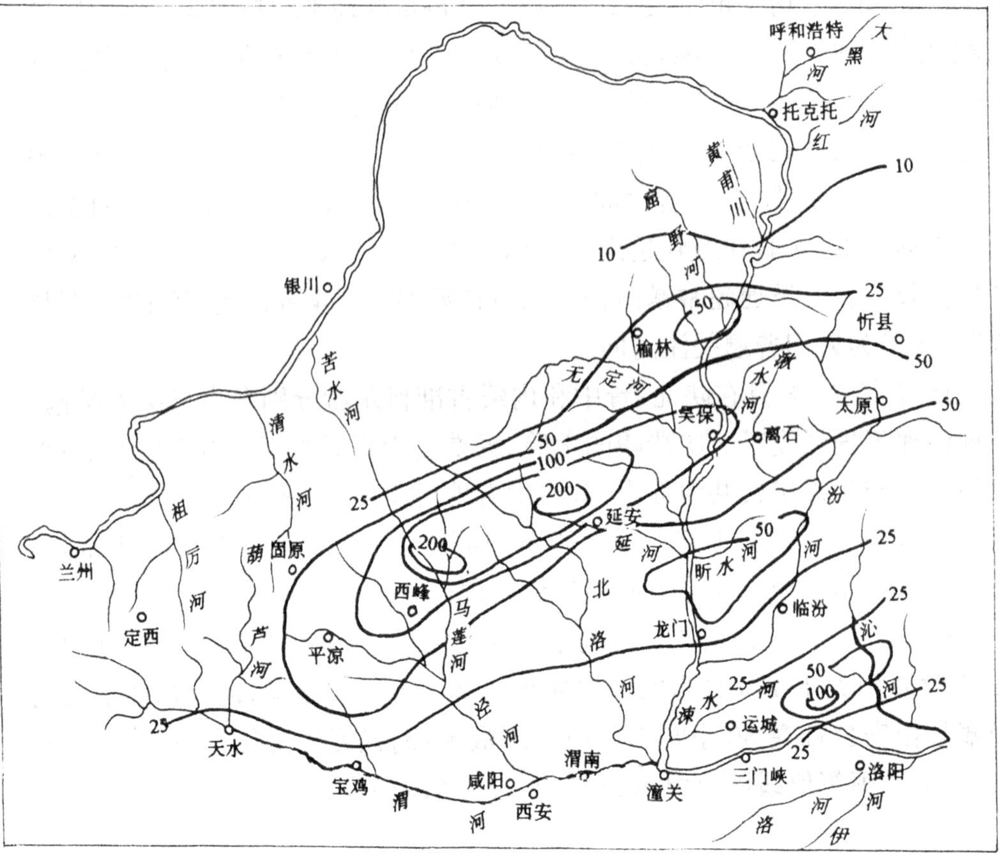

图1—2—1　1977年7月4～6日延安暴雨降雨量等值线图

坝地受暴雨损害的占50.7%，其中大部分是水淹成灾，水退即可耕种。坝地泥沙冲失情况大体分为：大部冲失、半数冲失及冲失轻微三类，绝大多数是形成冲沟，冲失坝地10%左右，严重冲毁的较少。坝地总冲毁率占坝地总数的1/4～1/3。以流域为单元治理的沟道，干沟主坝的垮坝影响较大，往往是上游一坝出事引起下游连锁垮坝，造成严重损失，如韭园沟；凡是干沟主坝安全的沟道，都只部分工程冲毁，大部保留完好。所损失的坝地中也以干沟坝冲毁所占比重较大，尽管支沟淤地坝冲毁的座数较多，其坝地损失率却较小。如韭园沟被冲毁的243座淤地坝中，干沟9座只占1.7%，而损失的坝地却占冲毁坝地总数的42%。被冲毁的小型水库，坝体损坏程度不一，据部分资料：小(一)型水库(库容100～1000万立方米)平均坝体冲失量约为上坝方量的40%左右；小(二)型水库(库容10～100万立方米)平均为60%左右；淤地坝的坝体冲失量也在40%～60%。总的来说，遭遇此次超常暴雨的

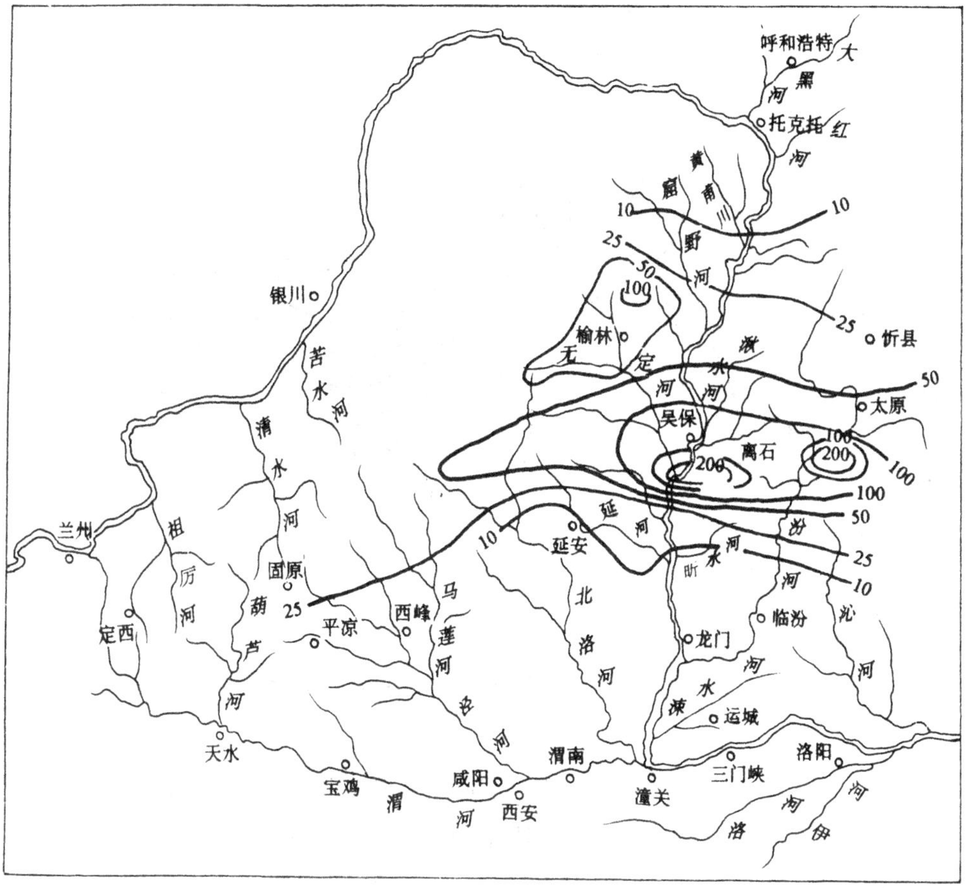

图1—2—2　1977年8月4～6日平遥暴雨降雨量等值线图

损失情况是严重的，但并不存在将坝地泥沙全部一扫而空的后果，有待于总结经验教训，把治理工作提高一步。

黄委会绥德水土保持试验站对韭园沟遭遇1977年暴雨的水毁情况进行了认真总结，在报告中说：1977年7月5～6日和8月4～6日，发生了两次大暴雨，第一次暴雨流域平均雨量88.1毫米，历时7小时15分，其中60%以上的雨量集中在3小时内降落，冲毁了刘家湾水库和小淤地坝77座。刘家湾水库位于韭园沟沟口，1972年建成，坝高25米，由于溢洪道未加砌护，泄洪不久塌方被堵，抢救无效而垮坝。距刘家湾大坝上游约500米的韭园大坝，被刘家湾水库回水淹没坝坡，刘家湾水库垮坝后，水位骤降，造成韭园大坝严重滑坡，其他较大骨干工程安全无恙。第二次暴雨，流域平均雨量146.6毫米，历时10小时45分，雨量大，历时长，分布不均匀，三角坪大坝以上为暴雨中心，见降雨等值线图(图 1—2—3)。

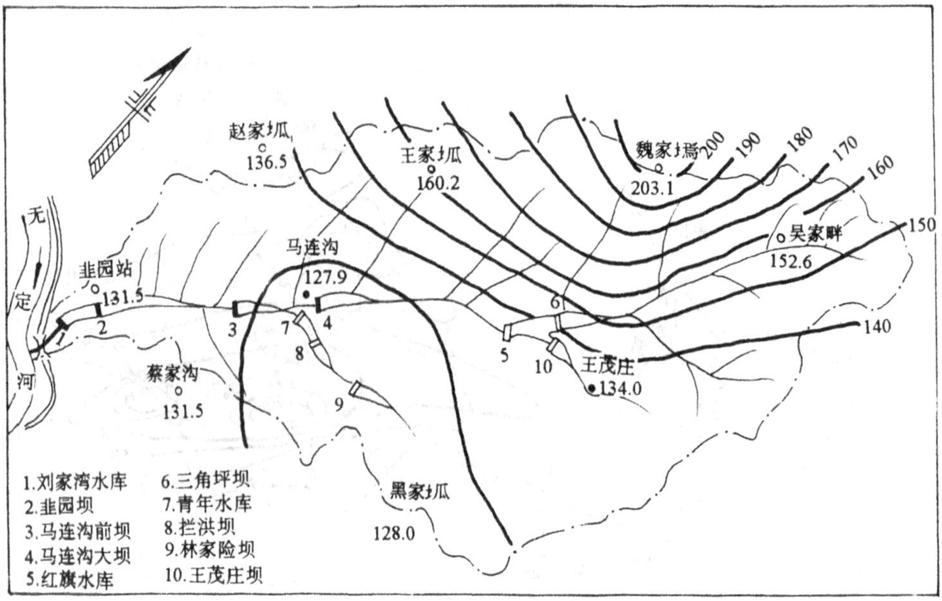

图 1—2—3　1977 年 8 月 4～6 日 10 小时 45 分韭园沟雨量等值线图

这两次暴雨累计冲毁坝库 243 座，绝大多数只是坝身拉开口子，或溢洪道拉垮，占总坝库 333 座的 73%，其中支毛沟淤地 10 亩以下的小坝 179 座，占小坝总数 77.7%，冲走坝地 773 亩，占已淤坝地 2868 亩的 27%，没有冲毁的淤地坝发挥了拦蓄作用，又增加了坝地约 200 亩。小坝冲毁率较大，主要由于防御标准低，管理运用不合理，经多年淤积，几乎完全没有拦洪库容，如不加高，完全失去抗洪能力。干沟大坝除三角坪一座外其余 5 座全部冲毁，主要是由于三角坪大坝下游 500 米处的红旗水库垮坝。红旗水库坝高 24 米，1976 年建成，溢洪道尚未竣工，8 月 3 日 11 时，大坝左端漫顶，随后大坝右端土石结合处穿洞垮坝，然后马连沟大坝漫顶 2 米，全坝溃决，引起连锁反应，如果没有红旗水库，推算马连沟大坝溢洪道流量为 202 立方米每秒，小于校核流量 220 立方米每秒，大坝是安全的。不致出现上述严重局面。该站技术负责人谭节升在《韭园沟流域综合治理》一文中说：造成垮坝的原因是多方面的，但主要是在“文化大革命”极左路线的干扰下，使整个流域的规划治理上，缺乏领导的一致性，治理上的连续性和技术上的科学性，一个将军一个令，这些问题，既是经验也是深刻的教训。

进入 80 年代治理目标开始转向多沙粗沙产区，1983 年准格尔旗黄甫川列为全国八片重点治理区之一，第一期治理小流域沟道38条（其中13条已于1980年开展试点），总面积1358平方公里，分属砒砂岩区和黄土丘陵沟壑区，年平均降水量300～400毫米，年平均土壤侵蚀量1.88～2.5万吨每平方公里。部署以沟道小流域为单元，按治理水土流失与群众脱贫致富相结合的原则，采取生物措施和工程措施并举，沟坡兼治，因地制宜，因害设防的实施方针。经过1983～1992年共10年的治理，完成治理保存面积653.3平方公里，其中建设基本农田2677.3公顷（梯田1349.3公顷、坝地681.9公顷、水地407.9公顷、引洪漫地238.1公顷），水土保持林42640公顷，经济林1133公顷，种草18883公顷，新建淤地坝84座，加固23座，谷坊及其他工程2016处，年平均治理度6.4%，累计治理保存面积750.7平方公里，平均治理度为73.8%，各小流域治理度均达70%以上。通过治理调整了产业结构，提高了土地利用率，而且生态环境、生产条件都有所改善。植被度由治理前的9%提高至70.6%；拦蓄径流量由470万立方米增加到3874万立方米，提高7倍多；拦蓄泥沙由226万吨增加到1351万吨，提高了5倍。经济效益人均收入达到治理前的5倍。该治理区于1990年和1992年分批经国家验收，正在开展第二期25条小流域的治理。

原有治理地区也出现了新的典型。陕西安塞县的纸坊沟是延河支流杏子河的一条支沟，流域面积8.3平方公里，在20世纪初曾是次生林区，由于大肆毁林开荒，到70年代初林区已荡然无存，农林牧用地比例为1:0.08:1，人均粮田15亩，亩产不到20公斤，土壤侵蚀模数14000吨每年每平方公里。1973年中科院西北水土保持所派出科技人员，以纸坊沟作为黄土高原综合治理的试验示范区，开始了调查研究，采取农田建设与科学种田相结合以提高产量的措施逐步退耕还林还牧，进行精心规划和实施，到1985年农林牧用地比例已变为1：0.57：1.14，解决了村民的温饱问题。“七五”、“八五”期间，纸坊沟试验示范区列入国家科技攻关项目，科技人员进一步根据生态学和系统工程原理，结合过去工作中的经验教训，提出了建立水土保持型生态农业的设想，实践中分三个阶段：生态系统逐步恢复阶段，生态系统稳步发展阶段，生态系统良性循环发展阶段。到1994年农林牧用地比例达到1：1.6：1.9，人均粮田4.2亩，平均亩产123公斤；土壤侵蚀模数下降为2586吨每年每平方公里，比治理前减少81.5%。已经进入生态系统良性循环阶段。表明黄土高原的生态环境只要合理整治，只需20多年就可以从比较恶劣的情况下得到恢复，达到良性循环的要求。

第三章　洪水与泥沙

长期以来,黄河上、中游地区在暴雨、重力、风力等侵蚀营力作用下,农田冲蚀,沟道滑塌延伸,严重影响当地的农业生产。暴雨挟带泥沙汇集于黄河,形成黄河的洪水泥沙,使黄河下游河床堆积抬高、洪水肆虐,成为中华民族之忧患。要防患于未然,根治黄河,必需了解暴雨、洪水、泥沙来源。民国期间虽已开始研究此事,但因缺乏必需的资料,所作研究多偏重理论推算。建国后,除陆续布设雨量及水文站网外,积极开展洪水调查,分析洪水、泥沙来源,粗泥沙对黄河下游河道冲淤影响等工作,并在黄河中上游进行水土保持,积极推动群众筑坝,合理安排大中型除害兴利工程等措施。40 多年来,黄河水沙来量有所变化,针对水沙变化,水利部及时组织了水沙变化情况及预测的研究,研究成果虽偏重于局部性和专题,但必竟有利于今后的工作。

第一节　暴雨与洪水

黄河洪水,主要由暴雨形成。暴雨洪水既是黄河水资源的重要组成部分,也是黄河泥沙特多的根源之一。

对黄河洪水,在远古时代已有记载,如《尚书·尧典》中的“汤汤洪水方割,荡荡怀山襄陵,浩浩滔天,下民其咨。”《孟子·滕文公上》中的“当尧之时天下犹未平,洪水横流,泛滥于天下”均反映了当时黄河特大洪水的严重情况。四千多年以来,记载黄河暴雨洪水雨情、水情、灾情的历史文献,浩如烟海,但多为描述,缺少数据。清康熙四十八年(1709 年)始陆续在黄河干流的青铜峡(宁夏)、万锦滩(陕州),支流洛河的巩县,沁河的木栾店(武陟)等地设立水志,观测水位;民国初期引进西方现代科学技术,进行水位、流量、含沙量等观测,为黄河暴雨洪水特性的认识提供了条件。

1921 年,京汉铁路局根据其自 1902 年以来所积累之水位记录证明,黄河洪水量必远超过 10000 立方米每秒,故当年计划重建黄河铁桥时,估计为 18000 立方米每秒。

1922年，美国工程师费礼门在《中国洪水问题》一书中，根据位山及姜沟1919年5～9月观测到的最大流量7664立方米每秒，假定黄河洪水流量为8000立方米每秒。

1931年，德国教授方修斯在《黄河及其治理》一文中主张将黄河洪水流量扩大至10000立方米每秒。

1933年8月，陕州站出现自1919年设站以来最大的洪水，经黄委会挪威籍工程师安立森调查估算洪峰流量为22000～23000立方米每秒(1954年整编时定为22000立方米每秒)。

1934年，安立森在《民国二十二年黄河之洪水量》和《平汉黄河铁桥与洪水之关系》的文章中说，过去曾依据陕州之水位记载，估计黄河洪水流量为15000立方米每秒，在陕州1933年发生22000～23000立方米每秒的洪水后，则假定黄河最大洪水为29000立方米每秒，铁桥壅水高度为1.0米。

1934年，张含英在《黄河最大流量之试估》中采用《美国土木工程学会会刊》(1924年)哲费斯(C.S.Jarvis)的《洪流之特性》一文中，根据世界978条河流的资料所拟定出的用于非多雨地区估算最大洪水流量公式：

$$Q=\frac{5450}{2.1+M^{2/3}}$$

式中Q为每平方英里之最大流量，以每秒立方英尺计；M为流域面积，以平方英里计，按黄河流域面积756700平方公里(约28万平方英里)代入上式，得出黄河最大洪水流量为30000立方米每秒。

1934年，李仪祉在《黄河水文之研究》一文中指出："黄河洪水之奇特，以其性悍非以其量大。"他在概述了1933年陕州洪峰流量23000立方米每秒之后指出："黄河能否发生更巨洪水，当视各支流洪水峰能否同时相遇为断。二十二年各峰先后抵潼，相差实均数小时耳。设竟不幸同时互遇于潼，将发生30000立方米每秒之洪涨，机会虽稀，然终非不能之事也。"

1944年，日本东亚研究所编制的《黄河治理规划的综合调查报告书》推测陕县即原陕州最大洪峰流量为30000立方米每秒。同年，国民政府黄委会在《治理黄河初步研究》一文中根据陕县水文站1929～1943年之水文记载，按洪水频率推求，25年一遇者为24000立方米每秒；50年一遇者为28000立方米每秒；100年一遇者为32000立方米每秒。权衡经济利弊，拟采用50年一遇洪峰流量，惟所致灾害将远较过去历年所遭遇者为低。50年中，中上游水保工作行将生效，泛滥之患终将消除。

1946年5月，国民政府黄委会水文总站编《黄河之水文》一书，根据陕县1919～1930、1932～1943年的24年洪水资料，用皮尔逊Ⅰ型曲线进行频率分析，求得50年一遇洪峰为28000立方米每秒，100年一遇洪峰为32000立方米每秒，还用自行设计的两种方法估算黄河的最大流量为37000立方米每秒，相当皮尔逊Ⅰ型曲线的230年一遇。认为其“发生之机会自属极小，然并非不可能也。”还就黄河洪水的来源及遭遇作了初步分析，其结论是陕县大洪水多来自包头至龙门区间的诸支流，如1942年；而1933年洪水主要来自泾河；1935年洪水，包头、龙门、潼关三站之流域面积约各供给三分之一；1937年洪水，大半来自中条山与崤山山谷中。陕县以下，入黄较大支流为洛河与沁河，其洪水涨发以地位关系，似难与上游支流同时，故其影响不及晋陕山谷间各支流之巨。然亦可酿成下游溃决之灾祸不应忽视。

1947年6月，陈椿庭在《中国五大河洪水频率曲线之研究》一文中，根据《黄河之水文》所列陕县的24年洪峰流量资料，采用格拉斯保格法，海森法和福斯特法分别进行频率计算，求得陕县二十年、百年和千年一遇的洪水。对于千年洪水，格氏法为53810立方米每秒，海氏法为53600立方米每秒，福氏法为45000立方米每秒。

建国后，鉴于暴雨洪水的确切估计主要依赖翔实的观测资料，随即着手规划雨量和水文站网，陆续设站观测。1951年，张光斗在《黄河流域开发规划纲要草案》中认为，黄河洪水量不丰，峰高量小，挟带泥沙极多。下游洪水主要来自晋陕间泾、洛、渭河或潼关至孟津的山峡区域。

1952年5月，黄委会《陕州1933年、1942年异常洪水的初步分析》认为：1933年洪水当时观测和估计不够精细，必须修正（见表1—3—1）。

表1—3—1　　**1933年陕州洪峰修正值**

河　段	洪　量（亿立方米）	相应陕州最高洪峰时该河段流量（立方米每秒）	影响陕州最高洪峰流量数（立方米每秒）
龙门以上干流	15000	6600	5500
汾　河	1150	1150	800
渭河咸阳以上	5100	5100	4500
咸阳至潼关		600	500
泾　河	9000	9000	7200
洛　河	2000	380	300
陕州洪峰流量			18800

上述数字由于材料不够，极难肯定，作者估计应不小于18000立方米每秒，但不超过20000立方米每秒，19000立方米每秒或较接近实际。对于1942年陕县洪水，1947年张瑞瑾用H～Q关系曲线延长推得洪水为25000立方米每秒，黄委会此次修正为17700立方米每秒。

为弥补观测资料的不足，黄委会于1952年10月邀请水利部水文局局长谢家泽在黄委会水文科陈本善等人陪同下，对陕州、潼关进行历史洪水调查。经调查发现，1843年(清道光二十三年)有一次特大洪水，并调查得到该次洪水的大量洪水痕迹。经燃料工业部水电总局工程师张昌龄计算，三门峡河段最大洪峰流量为36000立方米每秒。并于1953～1955年在黄委会泥沙研究所参照调查资料进行了两次1843年黄河三门峡最大洪水的模型试验。第一次试验得到相应于调查洪水痕迹的洪水流量为36900立方米每秒；第二次根据新测地形图和补充调查的1843年陕县下游水位资料重作试验，求得洪水流量为30000立方米每秒。总之，1843年特大洪水的发现，使人们对黄河洪水的认识发生了一次飞跃。

1953年，黄委会为解决黄河下游防洪问题，在编制《邙山·芝川水库设计任务书》时，对陕县、龙门、华县的洪峰、洪量进行了频率计算。此项工作由麦乔威、陶光允等10余人进行，谢家泽在工作后期作了指导。频率计算方法，采用福斯特法(即线型采用皮尔逊Ⅲ型)、均值、变差系数C_v和偏态系数C_s按矩法计算。经验频率公式采用期望公式：

$$P=\frac{m}{n+1}$$

计算结果，陕县千年一遇洪峰为29263立方米每秒，千年一遇3天、5天、10天、20天、30天洪量分别为47.16、63.15、95.04、154.1、203.1亿立方米。设计洪水过程线采用1933年典型，按同频率峰量控制放大。

芝川水库(龙门以下约30公里)的设计洪水，其地区组成考虑两种情况：一是陕县千年一遇洪水由龙门的千年一遇洪水组成，此时陕县、龙门的设计洪水即各为其千年一遇洪水，华县设计洪水则为二者之差；二是陕县千年一遇洪水由华县千年一遇洪水所组成，此时陕县、华县的设计洪水即各为其千年一遇洪水，龙门设计洪水则为二者之差。

1954年，黄河规划委员会为编制《黄河综合利用规划技术经济报告》，在苏联专家维·安·巴赫卡洛夫的指导下，按苏联国定标准ГОСТ3999—48的原则，对黄河干支流主要控制站进行了洪峰流量频率计算。苏联专家认为：黄河七、八月洪水与九、十月洪水的特性不同，频率计算应分别进行。

频率计算方法，统计参数中的均值和 C_v 按矩法计算，C_s 按适线法确定。C_s 与 C_v 的倍比，按苏联经验取为 2～4 倍。经验频率公式用数学期望公式，在有特大历史洪水加入时，均值和 C_v 采用克里茨基～明克里公式计算，频率曲线线型采用皮尔逊Ⅲ型曲线。由此得出的千年一遇洪水陕县为 37000 立方米每秒。龙门为 36800 立方米每秒，兰州为 8330 立方米每秒。

由于黄河泥沙多，对三门峡水库设计洪水中的泥沙，采用流量与输沙率关系和沙量频率计算两种方法进行估算。

1954 年，黄委会水文资料整编时定陕县 1933 年洪峰流量为 22000 立方米每秒。1955～1956 年，为请苏联列宁格勒水电设计院进行三门峡水库初步设计，黄规会的部分水文人员在苏联专家盖尔斯曼的指导下，对陕县水文站历年水文资料进行审查，对整编方法作了修改。其修改的办法是，按照苏联清水河流的概念，把陕县站本来复杂多变的水位流量关系曲线，概化成一条单一的曲线(因观测断面有三次变动，故曲线有三条)。经过修改后，陕县 1933 年洪峰流量由 22000 立方米每秒变为 18500 立方米每秒。利用修改后的资料系列，求得陕县千年一遇的洪峰 30000 立方米每秒，最大 45 天洪量为 290 亿立方米；万年一遇的洪峰为 37000 立方米每秒，最大 45 天洪量为 340 亿立方米。按苏联规范，三门峡水库属一级工程，洪水标准为千年一遇洪水设计，万年一遇洪水再加不超过 20%的安全保证修正数校核。

1955～1956 年，黄委会设计院组织编制了《伊洛沁河技术经济报告》，水文分析计算工作是参照黄河技经报告模式进行。在洪水方面由陶光允等对伊洛沁河的主要站龙门镇、洛阳、黑石关、小董和三门峡至秦厂区间的洪峰、洪量进行了频率计算。计算结果：千年一遇洪峰，三门峡至秦厂区间为 23400 立方米每秒，黑石关为 18500 立方米每秒，洛阳为 9300 立方米每秒，龙门镇为 16100 立方米每秒，小董为 7700 立方米每秒。

1955 年，中科院受黄规会委托，由副院长竺可桢领导进行黄河流域水土保持研究，其中黄河流域的降水是重要的一部分，研究工作由地球物理所所长赵九章组织领导，实际工作由叶笃正、杨鉴初、高由禧等负责，从气候学与水文气象学观点对过去的资料进行了分析研究，分别提出专题报告。杨鉴初在《黄河流域的平均降水及其特性》中指出："黄河流域平均全年降水量分布，视距海远近，地形与地理位置的差别，以及形成降水的环流条件等等来决定的。"一般来说，黄河流域的年降水量自南向北减少，自东向西减少，平均皆在 1000 毫米以下，山东泰沂山地为本流域降水量最多的地方，博山站达到 965.8 毫米。黄河河套以上自磴口到中宁沿河一带降水最少，约在 150

到250毫米之间，如石嘴山全年降水量只有178.8毫米。兰州以上的黄河上游，山地复杂，各地年降水量差别很大，一般自南向北迅速减少，北部约在200毫米左右，南部则达500毫米以上，如临夏为542.7毫米，兰州至西宁一线以南，大都在300毫米以上。潼关以上黄河中游的年降水量一般自东南向西北减少，东南部在400～600毫米之间，西北部在200～400毫米之间，以渭河流域及秦岭山地为降水量最多的地区，渭河流域降水量在500～700毫米之间，且西部多于东部。黄河下游大部分地区全年降水量在400毫米以上，泰沂山地可达700～900毫米。黄河降水有几个主要特点：首先是黄河流域降水量在各月之间的分布是极不均匀的，各地降水量皆集中在夏季。山西高原以东渤海以西的平原地区，夏季三个月的降水量占年降水量的百分比大都超过70%，黄河下游其余地区在60%～70%之间。黄河中上游夏季降水量的百分比皆在70%以下，大致自南向北增加，南部在40%～55%，北部在55%～65%，西北内陆西宁和武威皆不到60%，渭河以南到秦岭山地夏雨百分比在全黄河流域是最小的地区，只有40%～50%。第二是各地一年中降水量最多的月份并不都是相同的，大都以7月或8月为降水量最多月份，但也有以9月份为最多的，如渭河以南及秦岭山地。第三是年月平均降水量和降水日的分布并不完全一致，各地平均降水强度是有差别的，大致自东南向西北减少。第四是春雨和秋雨多少各地也是有差别的。

许孟英在《黄河流域的暴雨》中讨论了流域的暴雨，所谓"暴雨"是指24小时降水量等于或大于50毫米的雨。经分析归纳为以下几点特征：第一本区暴雨，不论是频率分布，级别大小或暴雨大小都由水汽来源多寡而决定，一般来说，经度愈向东，暴雨愈多愈大，纬度愈高，暴雨愈少愈小。第二本区暴雨集中在夏季七八两月，全年雨量为该两月某几次暴雨所决定，一次暴雨量就可占全年雨量的1/5，这样的暴雨是造成黄河泛滥的重要原因。第三，在盛夏时，暴雨可以出现在兰州以下黄河流域的任何地区，在渭河流域平均每年有5次暴雨经过，伊洛河流域平均每年有7次暴雨经过。暴雨路径，在五、六、九、十四个月与七八两月的分布不同，在七八两月里，除黄河上游及伊克昭盟沙漠地区外，其迹可遍布黄河流域中下游。而五、六、九、十月暴雨路径多集中在黄河南岸的渭河、伊洛河以至山东半岛或黄河北岸的海河流域。

高由禧在《黄河流域各不同地区间的降水关系》中指出：黄河流域的三个不同地区（潼关以上黄河干流区；渭河流域区；三门峡以下伊洛河和沁河合并讨论）暴雨区遭遇机会，以渭区和干区最多，渭区和伊沁区次之，渭河干流区和伊沁区又次之，干区和伊沁区最少。在暴雨区或雨区移动过程中，当暴雨先从干区开始向东南移经伊沁区时，强度（日降水量）显著变弱；当暴雨先在渭河开始而移至伊洛河时，强度常常加强，减弱情况较少，在这种情形下不但两区暴雨常可遭遇，暴雨所造成的洪峰也常有碰头的机会；当干区与渭区同时出现暴雨，这暴雨移至伊洛河时，暴雨可以加强，也可变弱，但增减幅度有限，不过这种因暴雨造成的洪峰碰头的情况是严重的，洪峰很大，总流量也大。叶笃正在《黄河流域的急雨》中说：根据黄河规划委员会水土保持组黄秉维的意见，每分钟1毫米的降雨强度即对土壤有重大侵蚀，我们称之谓“急雨”。黄河流域各站自记记录中最大5分钟强度为15.1毫米（1952年3月28日出现于青铜峡），其次为11.8毫米（1953年8月21日出现于卢氏），11.5毫米（1947年6月5日出现于天水）。因为降雨不是以平均强度下降的，在平均每分钟半毫米的降雨中就可以有每分钟1毫米的瞬时强度，若以5分钟雨量≥2.5毫米统计，则对土壤有侵蚀作用的降雨次数就大为增加，天水8年的急雨次数：5分钟雨量≥5毫米的有7次，平均每年约一次，10分钟雨量≥10毫米的有5次，15分钟雨量≥15毫米的有3次，平均1分钟1毫米的强度可以延续半小时之久，超过1小时的在8年中出现过1次，黄河流域的其他23个测站也有类似的统计。从急雨的总量占全年总雨量的百分数来看，以绥德为例，1952年的年雨量为389.2毫米，其中20%（77.8毫米）集中落于225分钟之内，15.2%（59.1毫米）集中落于110分钟（11次）之内，10.5%（40.9毫米）集中于55分钟（11次）内。再以潞安站来看，1944年潞安的年雨量为575.9毫米，其中11%（64.9毫米）集中落于100分钟内（10次），7.4%（42.3毫米）集中落于50分钟内（10次）。卢氏的情况：1953年卢氏的雨量为680.9毫米，其中12.1%（82.4毫米）集中落于90分钟内（9次），8%（54.4毫米）降于45分钟内（9次）。从这些例子可以看出黄河流域的急雨强度是大的，大部分测站每年都可以找到有严重侵蚀作用的降雨（每分钟1毫米），许多测站都不只有一次这样的降雨。从有起迄雨时的记录推算，则5分钟最大降雨量为张家山站的31±3.1毫米，10分钟最大降雨量达46.2±4.6毫米。由理论推算5分钟可能的最大降雨量为35.7～38.5毫米，10分钟最大可能降雨量达44.5～55.2毫米。如此之强度，无怪在黄河流域的许多地区土壤的流失是非常严重的。

1956年，叶永毅在地理学报发表《黄河的洪水》，黄委会设计院周鸿石在《黄河下游洪水来源的三个地区》中都认为，黄河下游洪水主要来源于三个区域：一是山西、陕西间黄河干支流区；二是泾、洛、渭河流域；三是陕县至秦厂间的干支流区。下游大洪水，多半是两个以上区域里同时发生洪水遭遇到一起造成的。其遭遇情况分四种类型：第一种是泾、洛、渭河流域和晋陕区间干支流洪水相遇，其概率为58%；第二种泾、洛、渭河流域与陕县至秦厂间干支流洪水相遇，其概率为21%；第三种为三个来源的洪水同时相遇，其概率为12%；第四种为晋陕区间与陕县至秦厂间相遇，其概率很小，仅为9%。

1955～1957年，黄委会和黄河流域有关省(区)勘测设计部门，对黄河干支流的历史洪水进行了较全面深入的调查，获得了大量宝贵的历史洪水信息。重现期在一百年以上的特大洪水主要有：黄河上游的1904年洪水(推算兰州洪峰8500立方米每秒)，黄河中游河曲1896年洪水(推算洪峰8740立方米每秒)，吴堡1842年洪水(推算洪峰32000立方米每秒)，龙门1843年洪水(推算洪峰31000立方米每秒)，三门峡至花园口区间1761年洪水(伊、洛、沁、漭河及三门峡至孟津区间有24块碑文记述这年洪水的情况)，支流马莲河雨落坪1841年洪水(推算洪峰15700立方米每秒)，渭河华县1898年洪水(推算洪峰11600立方米每秒)，沁河1482年洪水(推算九女台洪峰14000立方米每秒)等。

1958年前后，全国出现水利化高潮，为考虑水利水土保持措施对洪水的影响，黄委会设计院王国安和黄委会水科所江忠善等人对此进行了研究。结论认为：水利水土保持措施对洪水径流的影响，主要表现在四个方面：一是增大了土壤入渗量；二是增长了汇流时间；三是增加了拦蓄量；四是增加了滞洪作用。结果是洪量减少，洪水过程拉长，但在特大暴雨情况下，中小型水库的作用有正有负，难以恰当的估计。

1961～1963年，黄委会设计院吴致尧等为满足黄河下游防洪规划需要，查阅了河南、山西两省40种地方志和有关史书，摘录了三门峡至秦厂区间(简称三秦间)自公元前672年以来2000多年内的历史洪水情况，提出《三门峡至秦厂区间历史洪水文献记载摘记》，此项工作的主要贡献：一是首次揭示了三秦间近2600多年来的历史洪水概况。二是进一步证实了1761年在三门峡至花园口区间(简称三花间)确实发生一场特大洪水。关于这场洪水，黄委会设计院胡汝南等于1975～1977年根据清朝宫廷档案记载的1761年洪水在开封黑岗口的涨水尺寸，估算出花园口洪峰流量为32000立方米每秒。1982年，黄委会设计院高治定等根据1761年洪水的暴雨雨带呈南北向带状分布的情况和故宫档案资料中所反映的与该年洪水相应的台风在杭州湾登陆及其北上路径的情况推断1761年暴雨的天气成因与黄河1958年7月大洪水相似，即环流形势为盛夏径向型，暴雨天气系统以南北向切变线为主。三是发现了伊河龙门镇公元223年特大洪水。《水经注释》载:“伊阙(今伊河龙门)……左壁有石铭云:黄初四年六月二十四日辛已大出水,举高四丈五尺,齐此已下,盖记水之涨减也。”(1964年黄委会设计院王国安据此推算,得出龙门镇公元223年8月8日洪峰流量为20000立方米每秒,这是中国迄今发现的能够定量的最早的一次历史特大洪水)。四是发现三秦间在1553年也曾出现过一次特大洪水,主要雨区在伊洛河流域。

1963～1964年,黄委会设计院为满足黄河下游防洪规划的需要,组织编制了《黄河三门峡至秦厂区间洪水分析报告》,报告在野外调查和文献考证的基础上,首次对三秦间地区的流域自然地理特性,产流汇流特性和暴雨洪水特性进行了较为全面深入的分析,最后提出:在考虑三门峡和陆浑水库作用的情况下,黄河秦厂(花园口)千年一遇的洪峰流量为30000立方米每秒。1964年5月,水电部技术委员会组织对本报告进行审查认可,并认为分析计算的思路正确,重视成因分析及合理性检查,成果令人信服。

1964～1967年,黄委会设计院为进一步认识黄河洪水的规律,参照《黄河三门峡至秦厂区间洪水分析报告》的模式,又编制了《黄河中游洪水特性分析报告》(初稿)。报告对河口镇到花园口区间的整个中游干支流的73个主要站进行了频率分析,是首次就黄河中游洪水特性进行全面分析的报告,主要贡献有:一是指出黄河大洪水的发生时间,三门峡多为8月,三花间多为7月中旬到8月中旬。二是指出黄河中游暴雨的气象成因,其地面天气形势多属冷锋,高空天气形势有切变线、低槽、低涡等。较大暴雨多由切变线产生。黄河中游的切变线大体上可以分为南北向,西南东北向,东西向三种。南北向切变线暴雨多出现在三花间,如1958年7月花园口大洪水就是由这种暴雨形成的。西南东北向切变线暴雨多出现在河口镇至吴堡间的各支流,无定河、清涧河、延水和泾、渭、洛河中上游一带。由于上述各河同时降雨,其至三门峡的洪水汇流时间又相差不多,所以,河口镇至龙门间与泾、洛、渭河的洪水经常遭遇,形成三门峡的大洪水,如1933年8月洪水。东西向切变线暴雨,多出现在渭河中下游,伊洛河流域和泾河,沁丹河的南部地区,但由于汇流条件等原因,这种暴雨一般不易形成黄河特大的洪水,如1957年7月暴雨。三是指出三门峡以上的大洪水与三花间大洪水不遭遇;黄河上游河口镇以上来的大洪水与黄河中游大洪水也不遭遇。

1972～1975年,为满足黄河下游防洪规划的需要,黄委会与华东水利学院、河南省气象局协作,引进美国创用的水文气象法来推求三花间的可能最大暴雨和可能最大洪水。由于工作过程中注意了将国外方法结合中国实际情况，注意把水文学与气象学密切结合，运用多年来的工作经验(流域特性和暴雨洪水特性分析经验，历史暴雨洪水资料运用经验等)在暴雨移置的地形改进上有所创新，使三花间可能最大暴雨分析工作取得了较好成果，同时总结出了一套比较切实可行，易于为水文工作者掌握的推求可能最大暴雨的方法。(见《黄河水文志》686 页三花间可能最大暴雨和可能最大洪水分析方法步骤流程图)。

上述成果的取得引起水利工程、科学技术界的关注，从 1973 年初到 1975 年 7 月，全国先后有 18 个省市自治区的勘测设计机关、高等院校和科学研究单位共 45 批 90 人次到黄委会了解学习上述经验或索取资料。1975 年 8 月淮河发生特大暴雨引起大型水库失事后，受到更多人的注意。1973～1978 年，水电部组织编制《水利水电工程设计洪水计算规范》，指定黄委会设计院作为该规范的附录四《用水文气象法计算可能最大暴雨》的主编单位，使此项可能最大暴雨分析的主要经验纳入了设计洪水规范之中，在全国得到较快地普及。在 1978 年河南省科学大会上，黄河三花间可能最大暴雨分析工作受到了表彰，荣获先进集体奖。

1975 年 8 月淮河大水，板桥、石漫滩水库垮坝，在全国引起很大的震动。黄委会治黄规划办公室于该年 10～12 月组织人员，对黄河下游可能发生的特大洪水进行估算。估算采用水文气象法，频率分析法和历史洪水加成法，对三种方法的成果进行比较分析，确定较合理的采用数值，提出《黄河下游特大洪水估算报告》，提交水电部并在 1975 年 12 月召开的黄河下游防洪座谈会上进行审查。会议由水电部规划设计院胡明思主持，参加讨论审查的有淮河水利委员会华士乾、黄永辉、张福义；水电部第四工程局陈家琦、谭维炎；水电部第六工程局金懋高及黄委会规划办公室叶永毅、陈赞庭等。这次会议审定的成果如表 1—3—2。

表 1—3—2　**花园口和三花间特大洪水审定成果表**

项目		花园口		三花间	
		原选用	建议采用	原选用	建议采用
洪峰流量(立方米每秒)		55000	55000	45000	45000
洪量 (亿立方米)	5 天			85	95
	12 天	200	200	120	120
	45 天	400	420		

1979～1981年，黄委会设计院韩曼华、史辅成等对三门峡河段1843年特大历史洪水的重现期和洪水来源进行了考证。根据该河段沿河古代遗物和1843年淤沙层下面文物的考古以及河床一级阶地的地质考古，1843年洪水的重现期至少是1000年。根据1843年洪水淤沙的粒径和矿物成份分析推断，其洪水来源主要在陕北黄甫川、窟野河、无定河一带及泾河的马莲河、北洛河上游地区。

1982年，王国安在《黄河洪水》一文中指出：黄河的暴雨洪水，主要来自中游的河口镇至龙门区间（简称河龙区间），龙门至三门峡区间（简称龙三区间），三花间和兰州以上。由于暴雨在这四个地区的分布情况不同，所形成的黄河洪水其组成也各异。

从实测资料看，兰州以上地区来水，主要有以下两种情况：

一是多数年份，在黄河中游发生洪水期间，兰州以上来水一般仅2000～3000立方米每秒，组成下游洪水的基流。

二是少数年份，当上游发生大面积长历时的大暴雨时，兰州以上产生的洪峰常在5000立方米每秒以上，这种洪水向下游传播与中游的小洪水相遇，也可形成花园口的洪峰，不过这种洪峰尚未有发现超过8000立方米每秒者。但其历时甚长，含沙量又较小，故对下游防洪有一定的影响。例如1981年，兰州以上地区从8月11日至9月14日连续降雨35天，降雨量在100毫米以上的范围为12万平方公里，使兰州站出现有记载以来的最大洪峰7090立方米每秒（考虑水库影响还原后数字）。这场洪水在向下游传播过程中，在河口镇以上沿程有所削减，在河口镇以下，沿程又有所增加，到花园口洪峰达7050立方米每秒，成为该年第二大洪峰。流量大于3000、4000和5000立方米每秒的历时分别为30天、28天和15天，加上前期渭河来水较大，使河南河段河势发生了很大变化，多处出现险情。

黄河花园口以上的大洪水和特大洪水，是以黄河中游来水为主造成的，而这些洪水，按其组成情况，大致可分三种类型：

一是以三门峡以上的河龙间和龙三间来水为主（简称上大型洪水），如1933年和1843年洪水。这类洪水系由西南东北向切变线带低涡暴雨所形成，其特点是洪峰高，洪量大，含沙量也大，对黄河下游防洪威胁严重。

二是以三门峡以下的三花间来水为主（简称下大型洪水），如1761年、1958年和1982年洪水。这类洪水系由南北向切变线加上低涡或台风间接影响所形成。其特点是洪水来势猛、峰高、含沙量小、预见期短，对黄河下游防洪威胁也严重。

三是从三门峡以上的龙三间和三门峡以下的三花间共同来水造成(简称上下较大型洪水),如1957年和1964年洪水。这类洪水系由东西向切变线带低涡暴雨所形成。其特点是洪峰较低,历时较长,含沙量较小,对黄河下游防洪有相当的威胁。

从花园口洪峰流量大于8000立方米每秒的实测资料和调查洪水资料的统计来看,三门峡站占花园口站的来水比例情况如表1—3—3。

表1—3—3　**各类洪水三门峡以上占花园口站来水比例表**

洪水类型	年份	花园口站			三门峡站			相应花园口12天洪量(亿立方米)	三门峡占花园口来水比例(%)	
		洪峰		12天洪量(亿立方米)	洪峰					
					本站最大		组成花园口洪峰的流量(立方米每秒)			
		发生日期	流量(立方米每秒)		发生日期	流量(立方米每秒)			洪峰流量	12天洪量
上大型	1843	8.10	33000	136	8.9	36000	30800	119	93.3	87.6
	1933	8.11	20400	101	8.10	22000	18500	91.8	90.7	91.4
下大型	1761	8.18	32000	120			6000	50.0	18.8	41.6
	1958	7.17	22300	86.3			6400	51.5	28.7	58.7
上下较大型	1957	7.19	13000	66.3			5700	43.1	43.8	64.0

1981～1985年,黄委会设计院为小浪底、龙门、军渡、天桥、碛口、陆浑、故县和河口村等工程的可行性研究,初步设计,设计洪水复核等要求,做了大量洪水分析工作。水电部西北设计院和天津设计院也分别对李家峡、大峡、黑山峡、万家寨等工程进行了可行性研究和初步设计等阶段的设计洪水分析工作。

1985～1988年,为修订黄河规划的需要,黄委会设计院史辅成等在以往工作的基础上,补充收集了大量资料,对全黄河的洪水进行了较全面深入的分析,于1989年12月提出《黄河流域暴雨洪水特性分析报告》,报告的主要成果:在暴雨洪水特性方面,认识到黄河上游汛期降雨多以强连阴雨形式出现,特点是强度小、历时长、面积大。而中游暴雨的特点是强度大、历时短,面积一般比上游小得多。在中游的干旱半干旱地区也曾发生过日雨量达

1400 毫米(调查值)的特大暴雨。在三花区间,暴雨中心经常发生在地形急剧抬升的洛河中游和三花干流区间所形成的弧形地带,说明暴雨机制与地形关系密切。

在洪水来源方面,上游洪水主要来自兰州以上,而兰州洪水又主要来自贵德以上。吴堡和龙门的洪水,年最大洪峰主要来自河口镇以下;长时段年最大洪量则主要来自河口镇以上。三门峡和花园口的年最大洪峰和年最大洪量均主要来自河口镇以下,但年最大洪量,随着时段长度的增加,河口镇以上来水比重也逐渐加大。

在洪水遭遇方面,刘家峡以上的大洪水与湟水、大通河的大洪水不遭遇。兰州以上的大洪水与黄河中游的大洪水不遭遇。三门峡以上的大洪水与三花间大洪水不遭遇。花园口以上的大洪水与金堤河和大汶河的大洪水也不遭遇。河口镇到龙门河段,年最大洪峰多发生在 7～8 月份,且由当地暴雨产生,其洪水特点是峰高量小、历时短、含沙量大。长时段(5 天以上)年最大洪量相当一部分发生在 9～10 月份,且系来自兰州以上,其特点是峰低量大、历时长、含沙量小,故这一地区的设计洪水宜分期进行计算。

黄河中游,由于最大日暴雨面积(50 毫米等雨深线包围的面积)只有 30000～60000 平方公里,即仅能笼罩中游一部分地区,再加之河段上下暴雨强度、历时和洪水峰型的差别,以及龙门到潼关和铁谢到花园口两个宽河段的削峰作用,致使自吴堡至花园口虽流域面积增加约 30 万平方公里,但干流吴堡、龙门、三门峡和花园口等站实测最大洪峰流量却都在 21000～24000 立方米每秒之间。但一次洪水总量的差别却很大。如吴堡站 1976 年洪峰流量 24000 立方米每秒,一次洪水总量为 5.44 亿立方米;花园口 1958 年洪峰流量为 22300 立方米每秒,一次洪水总量为 62.8 亿立方米,后者洪量是前者的 11.5 倍。

在黄河河道滞洪削峰作用方面,通过对龙门至潼关小北干流滩区,潼关至花园口的温孟滩区及伊洛河下游洛阳龙门镇至黑石关的夹滩地区实测和调查洪峰资料分析,对这些河段的滞洪削峰能力有了较为全面的认识。一般在大洪水或特大洪水情况下,小北干流滩区可削减龙门以上洪峰的 20%～30%;温孟滩区可削减三门峡(或八里胡同)以上洪峰的 10%左右;伊洛河下游夹滩地区可削减洛阳龙门镇以上洪峰的 20%到 30%。这些河道天然滞洪作用,是吴堡、龙门、三门峡及花园口四站的实测、调查最大洪峰流量以及各级稀遇频率洪水的数值能以保持在同一量级上的原因之一。

在设计洪水计算方面,针对黄河上、中游地区洪水特性的不同,即洪水发生时间的差异(上游集中在7、9月中,中游集中在8月);洪水过程型式的不同(上游低胖,中游高瘦),以及上中游地区洪水不相遭遇,从而使中游洪水的年最大洪峰和年最大洪量具有不相包等特点,在以年最大洪水峰、量取样频率计算法的基础上,进行了汛期分期(前期7、8月,后期9、10月)洪水频率分析计算。该成果为研究干流梯级工程的调度运用提供了依据,同时对研究河口镇至龙门河段的梯级设计洪水,考虑洪水特性采取分期取样的方法,也提供了探索的方向。

在全面分析论述黄河暴雨洪水特性基本规律的基础上,系统地汇编了全河各区实测及历史调查有代表性的9场特大洪水资料:

上游的有:1981年9月洪水,1904年7月洪水;

中游河口镇至三门峡区间的有:1933年8月洪水,1977年7月洪水,1977年8月乌审旗特大暴雨,1843年8月洪水;

三门峡至花园口区间来水为主的有:1958年7月洪水,1982年7月底到8月初洪水,1761年8月洪水。

对以上9次洪水的峰量、地区来源、组成遭遇、暴雨的雨型分布及气象成因等进行了全面分析,并列出了各次暴雨的雨深与面积以及有关主要测站洪水的峰量数值。这次成果已在《黄河治理开发规划报告(1990年修订)》中应用,规划所采用的黄河干流主要站洪水频率成果见《黄河水文志》694—695页。《黄河暴雨洪水特性分析报告》1991年获水利部科技进步三等奖。

1981～1992年,黄委会设计院王国安对全国水利水电工程的设计洪水及标准问题进行了全面深入的研究,先后写出《对我国大型水库设计洪水标准的管见》、《中国设计洪水及标准问题》等14篇文章,反复指出全国现行的《水利水电枢纽工程等级划分及设计标准(山区丘陵区部分)SDJ12—78(试行)》和《水利水电工程设计洪水计算规范SDJ22—79(试行)》存在的主要问题是:设计洪水标准偏高,稀遇洪水取值偏大。并剖析了问题的影响(主要是浪费国家巨额资金),产生的原因(主要是学习苏联经验,结合中国国情研究不够)及其解决办法(修订规范)。1984年3月29日及1987年9月8日先后两次上书给水电部部长钱正英,1987年3月30日还上书给水电部总工程师潘家铮,建议修订上述两种规范。1987年10月,经钱部长批示,水电部总工程师室和水电规划设计总院先后研究同意并随即组织力量进行修订。前一规范(SDJ12—78)修订工作于1990年5月完成,后一规范(SDJ22—79)于1993年3月完成。修订后的规范,洪水标准已部分调整。王国安的研究成果《关于我国水利水电工程设计洪水及标准的研究》1991年获水利部科技进步三等奖，并列入中华人民共和国国家标准GB50201—94《防洪标准》之中。

第二节　泥沙来源与特性

一、泥沙来源及一般特性

黄河中游黄土高原在史前就经历了多次侵蚀，形成了沟壑地貌。有史以来，除自然因素外，由于人类种种不合理的活动，使侵蚀进一步加剧，地面剥蚀、岸壁坍塌、沟床下切、沟头延伸，泥沙大量流入黄河。这一现象，早已引起古人的注意，《宋史·河渠志》中任伯雨说："盖河流混浊，泥沙相半，流行既久，迤逦淤淀，则久而必决者，势不能变也。"明代潘季驯在《两河经略疏》中说："黄河行经之地，惟河南之土最松，禹导河入海，止经陕县、孟津、巩县三处，皆隶今之河南一府，其水未必如今之浊。今自河南阌乡县起，至归德之虞城县止，凡五府河已全经其地，而去禹导河之时复三千余年，流日久，土日松，土愈松，水愈浊。"只有中游地区的地方官吏通过实地观察，才较为符合实际，如清乾隆八年(1743年)陕西道监察御史胡定给乾隆上的《河防事宜条奏》中说"黄河之沙，多出自三门以上及山西中条山一带破涧中，请令地方官于涧口筑坝堰，水发沙滞涧中，渐为平壤，可种秋麦。"对于黄河泥沙的考察研究，还是从西方科学技术传入中国后才逐渐深入的，特别是建国以后，随着观测资料的积累，对流域系统内各区产沙的数量、性质才有了较彻底的了解。

19世纪末，随着欧洲学者来中国考察或受聘于中国政府，黄河流域的黄土成因，黄河泥沙来源及其与治河的关系等问题的研究相继展开。清光绪二十五年(1899年)二月，受聘于清政府的比利时籍工程师卢法尔，陪同李鸿章查勘黄河下游河工，在查勘后的奏疏中写道："黄河在山东为患，而病原不在山东，若只就山东治黄河，何异于按疮敷药，虽可一时止痛，而不久旧疾复作矣，盖其毒未消，其病根未拔也。……推其原故，良因治水仅就隅，不筹全局，今若一误再误，恐徒劳无功耳。……溯黄河之源，出于星宿海，取道甘肃，流入蒙古沙漠，改道多次始至山西，已挟沙而来矣。道出陕西，又与渭水汇流，其质更浊，再穿土山向东而出，拖泥带水，直入河南，所至披靡，水益浑矣，此即黄河之病源也。"

1922年,费礼门根据庞培利的考察和他自己对邙山以下河道的观察,在其所著《中国洪水问题》一文中写到:泥沙来自山西及上游其他诸省之黄土区,亦即全世界散布最广之黄土区域。据言在若干地带之黄土层,其厚度竟有超过1000英尺以上者。本人在京汉铁桥附近所见高原,黄土层高出于河道者有225英尺,作峭壁状,经过大雨,冲成许多甚深之细沟。黄土性质特殊,在岸边能垂直屹立达数英尺。切之甚易,毫不费力,如乳酪然。有吸水功能,入水融化,转瞬即逝。

1925年,李仪祉根据李希霍芬的考察,在其所著《沟洫》一文中首先讲了西北黄土地质的形成过程和地貌,接着指出:河流经过黄壤区域的就在河床冲刷,两岸的黄壤质崩坏了倒入河内,到了下游又填淤在平浅的地,因为他常常迁徙床道,所以它的沙壤填淤的地方很广,层积很厚。中国华北大平原大要全是黄河和它的支流的功绩。黄河的水南北奔走,滚来滚去,所带的泥沙淹埋了大平原的大半,所以它的地面上都覆盖着一层黄壤泥。

1931年,导淮委员会聘请德国顾问方修斯,在华期间积极协助完成导淮计划,兼研究黄河,在其所著《黄河及其治理》中说:黄河中游最最重要之事,莫过于防止中水河床两旁黄土河岸之崩溃,此即下游河水挟带巨量泥沙之由来。黄河每年输出沙量,平均为4～5亿立方米。假定此数字为可靠,即不啻提醒我人,黄河中游之黄土区域,每年有此等巨量之黄土崩入河中。他姑不论,即此在当地由崩溃而酿成之损害,已属可观。

1932年,山东河务局将泺口及利津宫家坝之淤积土样寄给在德国哈诺维(Hannover)水工试验所的李赋都(当时同恩格斯一起作治导黄河试验),进行了颗粒大小及成份试验。试验结果:等于或小于0.01毫米的颗粒占全沙样重量的43.6％,0.01～0.02毫米的占27.2％,0.02～0.06毫米的占26.2％,0.06～0.2毫米的占2.4％,大于0.2毫米的占0.6％。不含粘土成份,大部分为细沙。以80倍显微镜观察,几乎所有颗粒都小于千分之一英寸,有10％的颗粒小于万分之一英寸。并见细粒有透明棱角,微含云母质。

1933年,朱延平根据庞培利,李希霍芬等人的研究成果,作了《黄河含沙量特性之研究》,文中认为:黄河泥沙来自黄河中游黄土,研究黄河含沙量之特性,应将黄土层之结构有相当之了解。因此,用很长的篇幅介绍了李希霍芬对黄土特性的描述,还就含泥粒径大小与沉淀速度试验作了介绍,指出:"黄河所含之泥,其粒甚匀,以径长一英寸千分之一之粒占大多数,径长不及一英寸万分之一之粒约占百分之五至百分之十,更小者更少。黄河淤淀之物,谓其质近粘土,毋宁谓其为极细之沙。此细沙之凝结抵御冲刷之力甚为坚强。从黄河含沙沉淀迅速观之，则黄河之浊流，无论散漫于平原，或聚集于一隅，或流入止水之湾，皆可于短时间将其所有之沙沉淀到底。”

地质学家翁文灏在中国地质学会杂志发表《黄河流域黄壤 Loess 区域》进一步指出：“黄河含沙量之严重，而河防工程上之一的严重问题，无不以黄河携带淤泥过重为其主因。黄河流经黄壤区，逐渐冲刷，遂有黄河大量泥沙。其黄壤区，兰州以上之平原，六万平方公里；兰州至宁夏，五万五千平方公里；渭水流域，两万六千平方公里；沁水流域，二千平方公里；北洛河流域，一万六千平方公里；汾河流域，一万一千平方公里；西安至观音堂，一千平方公里；洛水流域，二千平方公里；其他，一万五千平方公里，以上共十八万八千平方公里，约当其流域面积百分之十九。”

1933 年，李仪祉提出不同看法，在《黄河治本的探讨》一文中说：泥细而浮于水中，随水而行，当然来的远，去的远。沙而沉于水底，被水押上顺着河底转，当然来路不远，去的也不远。所以，河南境内多沙，山东境内沙便少有。泥则不然，直到入海为止。由下而上推，河南的沙难得到山东，则硬说河南的沙都是由河套来的，这话便有些武断。……黄河两岸的支流，源头离河远的，带入河的沙细，源头离河近的，带入河中的沙粗。所以，汾、洛、泾、渭带入河中的沙较细，而龙门以上晋、陕两岸的水带入河中的沙较粗。山西方面大石块儿更多。……河南的细沙，大半也就出在潼关至巩县一带两岸山谷中，由上游来的或者仅在少数。张含英根据翁文灏的研究成果和华北水利委员会在陕县、泺口（民国 8 年、9 年、10 年、18 年）四年的实测资料进行研究，写出《黄河之冲积》一文，文中指出：盖在黄河上游，秦岭以北，朔风频自沙漠而来，挟多量之细沙而南行，遇秦岭而速度忽减，其所挟之物亦同时坠落，年复一年，继续不断，遂堆积成为黄土。黄河则又流经其间，逐渐冲刷携带下行，又复积垫，于是便成为冀、鲁、豫、苏之大平原。黄河所携泥沙其粒极细，约有百分之八十以上漏过二百号筛子。全年经过陕县之携沙量为 7.87 亿吨。

1934 年，受聘于国民政府黄委会工务处测绘组的挪威籍主任工程师安立森，在调查 1933 年大水之后，写了《黄河流域土壤冲刷之制止》一文。文中列举了 1932 年 7～8 月绥远民生渠口与河南陕州黄河实测流量、含沙量及排沙量的比较表，实测平均排沙量，“在绥远为每秒八立方公尺，陕州每秒二百二十五立方公尺”。1933 年 8 月 9 日，“陕州流量约为每秒二万立方公尺，绥远以上之流量仅为每秒二千五百立方公尺，仅为陕州的八分之一，其排沙量，则两地相差，必益悬殊，惜乎绥远站含沙测验太少，至为缺憾。以通常绥远之含沙量，将小于百分之四，而在陕州为百分之三十九”。以上述黄河之洪水与含沙，系流经陕中、甘东及甘中各部分之渭河水系主成之。并指出："也人不察，每谓黄河泥沙，率由中流沿岸被刷而来，甚至数年前极有声誉而曾研究黄河情形之国外工程师，亦如是云云。按诸近来报告，此说十九证其不确。去岁七、八、九三个月之洪水，确证黄河巨量泥沙，实大半由陕甘一带之刷土而来，而绥远山西河南等省次之，如以百分法估计其输送之量，可得下列大概之比例：

陕西及甘肃之中部与东部	百分之六十
山西	百分之二十
河南	百分之五
绥远	百分之五
甘肃西部及宁夏青海	百分之十

黄土高原西自甘肃东部、泾河流域之西，东经陕西，至黄河，达山西境，南沿渭河，北抵绥远宁夏之原始淤积区。其面积约为十五万平方公里，而渭支泾洛，入黄之延水、无定河，以及山西之汾河，咸在其内。黄土地带，最堪令人注意者，厥为此正在推进之急剧冲刷。流经崖谷之河道，崖之高自五十米至二百米，几成垂直之峭壁，到处为深沟所横截，而成高原雨水之泄路，而沟之被冲，盖无已时矣。更险恶者，地震不时发生，而致地面坍塌，填塞沟壑，雨水瘫漫，淘刷益烈，奔注河中。崖谷间高原，其斜坡恒倾向两边之河道，且其坡度，较纵向为峻陡。大雨下降，水即分滚两旁，循深沟辗转以达于河。在其未抵谷边之先，饱挟泥沙，故河水挟有充分之泥沙，无待言矣。"在上述调查分析的基础上，李仪祉于同年所著《黄河水文之研究》中同意了"黄河含沙，咸属细沙与粘土，源于上游黄土及红壤之冲刷，大半来自晋、陕、甘三省，少数则由青、绥、宁、豫供给之。冀、鲁两省实为淤淀区。泰岱山之区，或亦供给些微之量，与上游无关。"

1941 年，国民政府黄委会工务处长朱墉在中国工程师学会编印的《三十年之中国工程》一书中发表《黄河水利事业》一文，文中叙述了 1941 年以前的 30 年治河概况并指出："至于黄河含沙量，低水时较轻，盛夏暴涨，含沙特重。绥境黄河最大含沙量尚不及百分之五，最小者犹小于百分之零点二，龙门站之大含沙量竟达百分之三十三左右，最小者为百分之零点零三，盖当汛期时晋、陕间支流，如无定河、清涧河、三川河等，皆有巨量泥沙输入黄河故也。至若渭河为黄河流域中输沙量巨之支流，虽其最小含沙量仅百分之零点一，然汛期时最大含沙量竟达百分之三十六点七七，其输沙量几占黄河本身所挟泥沙量之百分之七八十，盖渭北泾、洛诸河均能输送巨量泥沙。而渭南秦岭北麓诸支流，水流较清，含沙亦少。故渭河在洪涨时期含沙量之轻重，胥视洪水之来源自渭河南岸或北岸而定。”

抗战期间，中央水利实验处对黄河中上游地区进行了大量工作，1943年在《中国黄土颗粒分析资料之整理》一文中说：兰州以上之黄河流域面积无黄土分布，且该处黄河流量微弱，冲刷之影响较小。自兰州至包头一段为河套平原，沟渠纵横，资以溉田，黄河之水仍属澄清，其含泥量平均不过占重量的2%。自包头以下至潼关一段，两岸悬岩峭壁，坡降甚剧，黄河蜿蜒于黄土深谷之中，重要支流之汇注者，有山西之汾河、陕西之无定河及洛、泾、渭诸河，乃黄土层最深厚地带，坡陡流急，冲刷激烈，每当夏季洪涨，该段黄河及四大支流之含泥重量达35%至50%。

1944年，国民政府黄委会根据1934～1942年资料编写了《黄河水文》一文。文中指出：黄河上游，荒地辽阔，蔓草丛生，抗冲刷力强，所含沙量甚微。包头以下，黄河流经晋陕边界，两岸支流众多，且大多为黄土高原，土质松疏，暴雨骤急，大量泥沙随急流直泻，含沙之多，实为意中事。故黄河至晋、陕之间，沙量陡增，龙门之最高含沙量42.16%(571.66公斤每立方米)，龙门以下，泾、渭、洛诸河之沙量影响最大，汾河较小。

1947年，国民政府最高经济委员会公共工程委员会为美国顾问团访华准备的《黄河研究资料汇编》第四种由叶永毅编写的《黄河水文》中，用陕县1919～1943年实测系列资料(其中有补插资料)及其他各站1933年以后的资料进行分析，得到陕县最大含沙量为46.14%，年平均输沙量为18.9亿吨。同年，中央水利实验处研究员张瑞瑾，根据叶永毅所编《黄河水文》中所列资料进行分析，写了《黄河泥沙冲积数量之分析》一文，文中指出：陕县输沙量来自包头龙门间者近半，来自泾、洛、渭者30%弱，来自包头以上者不及15%，单位面积冲刷量以包头龙门间为最大，洛河流域次之，泾渭两流域又次之，包头以上之区域最小。冲刷严重区域之面积估计为：潼关至陕县间之地区，冲刷现象可能为黄河流域中之最严重者，其面积约3000平方公里；包头至龙门间之泥沙，实际上多来自保德与禹门口之间，其面积约为83000平方公里；泾洛渭流域中冲刷最严重之面积约为120000平方公里，以上三区总面积为206000平方公里。就现有各种记录分析，目前陕县输沙量每年为15亿吨。其中45.2%入海，6.4%垫于孟津以东洪水河道，48.4%随夺堤河水沉积于黄淮平原。黄河泥沙来源，最主要者为沟壑之蔓延与拓宽增深，由台地之层冲者次之，至于干流两岸河槽之坍塌，虽在某一短时期之某一特殊地点可能相当严重，但在整个黄河之冲刷现象中，似不能占重要成分。

1952年春，黄委会根据1934～1939年及1950～1951年共8年实测记录，估算陕州每年平均输沙量为15.7亿吨(以后发现当时计算错误改为16.1亿吨)，其中包头以上来者不过11%，包头龙门之间来者达45%，泾洛渭三河来者达34%，约有6%则来自汾河及龙门陕县间两岸小支流。输沙量的变化比水量的变化更加不均，陕县水文站31年的输沙量(其中包括补插的在内)最多一年的输沙量为1933年，达44亿吨，最少的一年为1928年，仅3.2亿吨，两者相差10倍以上。在一年之中，输沙量集中于汛期几个月中，陕县实测各年的平均值，7～10月四个月的输沙量占全年的82%，其中8月份为最多，一般年份8月可达全年的1/3。京汉铁桥以下至泺口段逐年多有淤积，淤积量约占陕县输沙量的20%。同年，黄委会泥沙研究所根据建国前公共工程委员会所用的陕县1919～1933年，1940～1943年资料，黄委会估算的1944～1949年资料及1950～1951年各站实测资料和查勘报告，分析得到陕县33年总平均每年输沙量为12.6亿吨，其中贵德兰州间来沙量占陕县总输沙量的7.7%，兰州至青铜峡间占14.9%，青铜峡至包头间减少4.2%，包头至龙门间占43.3%，咸阳以上占11.5%，咸阳华县间占12.8%，龙门华县陕县间占14%。据1950～1951年精密泥沙测验及颗粒分析结果统计，悬移质泥沙中数粒径：龙门为0.021毫米，潼关为0.019毫米，陕县为0.016毫米，泺口为0.011毫米。渭河泥沙比黄河为细，1951年所测咸阳平均粒径为0.0072毫米，华县为0.0052毫米。见1952年《新黄河》上发表的《黄河泥沙的数量及来源》，此成果1953年被水利部及燃料工业部共同组成的黄河研究组进行黄河综合规划，编写《黄河概况》所采用。

黄河含沙量是由干土重与浑水重的比例得出的，由此算出输沙量是以重量计的，由输沙量估算淤积泥沙体积，则必须知道淤积泥沙单位体积的重量(即幺重)，由于各人掌握的资料不同，采用的幺重也不一致。张含英在《黄河之冲积》一文中采用1.45吨每立方米；国民政府黄委会采用1.6吨每立方米；张瑞瑾在《黄河泥沙冲积数量之分析》中采用1.49吨每立方米；有根据干沟留淤坝后实测的淤积土幺重，按1.2吨每立方米计算的，也有按1.7吨每立方米计算的，众说纷纭。1952年黄委会特组织力量分赴咸阳、潼关、泺口三站就河床淤积泥沙进行实际测验，并考虑沉积时间的影响，在黄委会泥沙研究所进行1000小时内静水中淤积泥沙幺重试验。试验得到泥沙颗粒大小对幺重的影响很大，一般变化范围自1.2～1.6吨每立方米。泥沙在静水中沉淀1000小时后，幺重自0.6～1.31吨每立方米，亦随颗粒大小而变。

1954年，在苏联专家的帮助下，黄河规划委员会提出了《技经报告》。报告中使用陕县 18 个整年的年输沙量为 16.66 亿吨，延长后得 1919～1952 年多年平均输沙量 13.8 亿吨。其中包头以上只占 1/10 左右。包头至龙门之间的区域约占一半，泾、洛、渭三河约占 1/3。泥沙组成按照黄委会泥沙研究所颗粒分析结果：陕县粒径小于 0.005 毫米的占 21.3%，小于 0.01 毫米的占 38%，小于 0.015 毫米的占 47%，小于 0.02 毫米的占 59%，小于 0.03 毫米的占 78.7%，小于 0.04 毫米的占 87.5%，小于 0.06 毫米的占 95%，小于 0.08 毫米的占 98%，小于 0.1 毫米的占 99.9%。

黄河的泥沙测验始于 1919 年，但建国前的资料多不完整，精度也不够高，建国后黄委会对这些资料进行了整编。1956 年，黄委会水科所使用这些整编后的资料及 1950 年以后沿河水文站施测的精密泥沙测验资料，选用(1920～1955)35 年系列，作了《黄河泥沙的一般特性》分析，文中指出：陕县多年平均水量为 423 亿立方米，输沙量为 13.6 亿吨，其中包头以上来水占陕县总水量的 58.3%，包头以下占 41.7%，两者相差不大。就沙量而言，包头以上来沙量仅占陕县总沙量的 9.1%，包头以下则占 90.9%，说明包头至陕县地区不是黄河水量的主要来源，却是沙量的主要来源。陕县至泺口沙量是沿程减少的。从陕县及支流伊洛沁河来沙，平均每年有 13.97 亿吨。通过泺口的沙量仅为 10.7 亿吨，泺口以上河道淤积 3.27 亿吨，占来沙量的 23.6%，其中高村以上河道较宽，落淤较多，占总落淤量的 90.8%，艾山至泺口基本没有淤积，泺口至利津反而发生冲刷。根据较完整的 1951～1954 年资料，沙量一般多集中在夏季六、七、八三个月，沙量集中程度以青铜峡以上及龙门较大，一般占全年沙量的 60～70%，支流各站的集中程度较干流更大，如 1953 年所有支流各站的夏季沙量都为全年沙量的 90%。其中黑石关站达 99%，说明山谷地区河段夏季沙量集中程度较平原河段大。冬春两季大部分泥沙来自泾洛渭河包括干支流汇合地区的河道冲刷。各站泥沙特征值见表 1—3—4。

上述报告提交负责设计三门峡水利枢纽的苏联电站部水力发电设计院列宁格勒分院，该设计院提出尚需增加水下淤积物资料。于是，三门峡工程局会同黄委会进行了黄河渡口堂以下至前左 4 号桩水下淤积物的湿容重、干容重、含沙量、颗粒级配、比重以及有机质含量等项测量，及时提供了资料。该设计院于同年提出《黄河三门峡水电站初步设计》，设计中使用的坝址(陕县站代表)水沙数据为：多年平均流量 1340 立方米每秒，年径流量 422 亿立方米，最大瞬时实测流量 18500 立方米每秒(1933 年 8 月 10 日)，最小实测流量 160 立方米每秒(1928 年 12 月 12 日)，最大日平均流量 14000 立

表 1—3—4　　**黄河流域主要水文站泥沙特征值表**

站　名	悬移质泥沙断面平均粒径（毫米）	河床质泥沙断面平均中数粒径（毫米）	悬沙比重	河滩淤积土干容重（克每平方厘米）
兰　州	0.086			
包　头	0.0356	0.104	2.72	
吴　堡	0.0591			
龙　门	0.064	0.191		
潼　关	0.0467	0.116		1.52
陕　县	0.0448	0.184		1.47
八里胡同	0.0454			
秦　厂	0.051	0.0915		1.38
高　村	0.0402	0.0571	2.7	1.38
艾　山	0.038	0.06	2.71	1.31
泺　口	0.0369		2.71	1.42
利　津	0.0374	0.06	2.7	
前　左	0.0366	0.059	2.68	1.22
咸　阳	0.0478	0.3	2.71	1.39
华　县	0.0396	0.113	2.67	1.5
黑石关	0.0517	0.156	2.74	

方米每秒；多年平均输沙量 13.6 亿吨，最大年输沙量 29.5 亿吨(1933 年)，最小年输沙量 4.36 亿吨，实测最大瞬时含沙量 590 公斤每立方米(1954 年 8 月 4 日)，最大日平均含沙量 519 公斤每立方米，悬移质泥沙平均粒径 0.025 毫米，粒径小于 0.01 毫米的平均占 35%。

三门峡水库于 1958 年 11 月截流，1960 年开始蓄水运用，由于进库沙量较大，库区淤积严重，人们对原设计采用的多年平均输沙量 13.6 亿吨提出疑惑。加上黄河流域的部份测站资料重新整编，各单位往往因使用的数据不同发生意见分歧。为统一黄河基本水文数据，1960 年水利部指示，由黄委会会同水利部水文局、北京勘测设计院、西北勘测设计院、水科院、甘肃、山西水利厅等单位对黄委会刊印的水文年鉴进行审查，并作必要的修正和缺测补插。经过一段工作,得到陕县多年(1919~1960)平均输沙量为16亿吨,最大年输沙量为39.1亿吨,多年平均径流量,最大瞬时流量均有相应更正,这些数值迄今一直被沿用。

二、粗泥沙的来源及其对河道冲淤的影响

三门峡水库于1962年改变运用方式后,下游河道加快了淤积,经水电部两次会议及周总理亲自主持的治黄会议讨论,决定重新修订治黄规划。1965年,治黄规划基本资料组在分析黄河下游河道淤积问题时,钱宁回顾了1959年在黄河下游调查研究时,发现历史时期淤在河床深处的泥沙较河床表层的泥沙粒径为粗,绝大多数大于0.05毫米。又从1950年7月至1960年建库前的情况看:平均每年进入黄河下游的泥沙(干流陕县,支流伊洛河黑石关,沁河小董三站相加)共17.95亿吨,经利津排入渤海的13.22亿吨,随渠道引水进入两岸平原的0.86亿吨,淤在下游河道的3.87亿吨。进入下游河道的泥沙中,大于0.025毫米的床沙质占46%,小于0.025毫米的冲泻质占54%。而淤在河道中的泥沙有82%属于床沙质,只有18%属于冲泻质且多淤在滩地上。从而证明多年平均淤在下游河道的3~4亿吨泥沙多为粗颗粒泥沙,约占全部来沙量的1/4左右。因此钱宁指出:欲控制下游淤积恶化,应着重研究这部分粗泥沙来源区的治理问题。

在黄河中游43万平方公里水土流失区里,这部分粗泥沙来自何处,成为亟待查明的问题。为此,在钱宁的指导下,查阅了有关黄河中游黄土的著作,有关黄河中游洪水特性的研究报告;钱宁还亲自带领有关技术人员,并组织南京大学地理系师生20多人到中游调查各地地表物质组成。分析已往测流取沙资料,计算并绘出黄河中游输沙模数图(图1—3—1、图1—3—2)。

由图可知。以输沙模数大于10000吨每平方公里每年作为泥沙来源较多的区域,这样的地区有三片,即:(1)河口镇至清涧河之间的晋陕间支流;(2)无定河(主要指红柳河、芦河、大理河)、清涧河、延水、北洛河及泾河的支流马莲河的河源地区,亦即广义的白于山河源区;(3)渭河上游北岸支流,包括葫芦河的中下游,散渡河等,亦即六盘山河源区。这三个地区的产沙强度依次递减。以粒径大于0.05毫米的较粗泥沙输沙模数来看,来源主要集中到两个地区,即:(1)河口镇至无定河口的右岸支流,其中黄甫川至秃尾河的中下游地区粗泥沙输沙模数达到10000吨每平方公里每年。无定河中下游的粗泥沙输沙模数在6000~8000吨每平方公里每年之间;(2)广义的白于

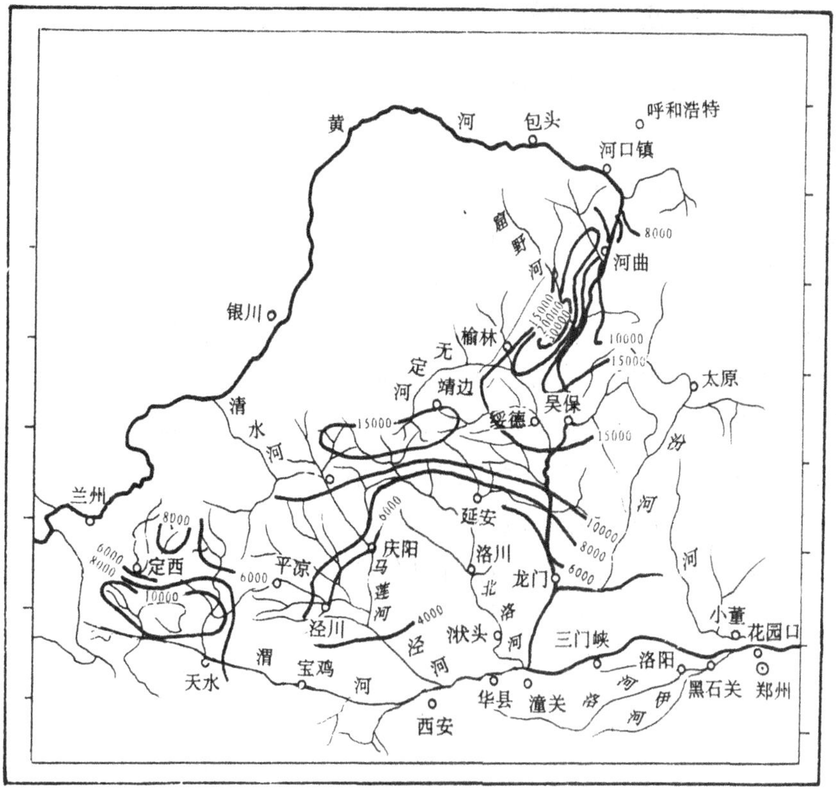

图 1—3—1　黄河中游 1956 年至 1963 年输沙模数图

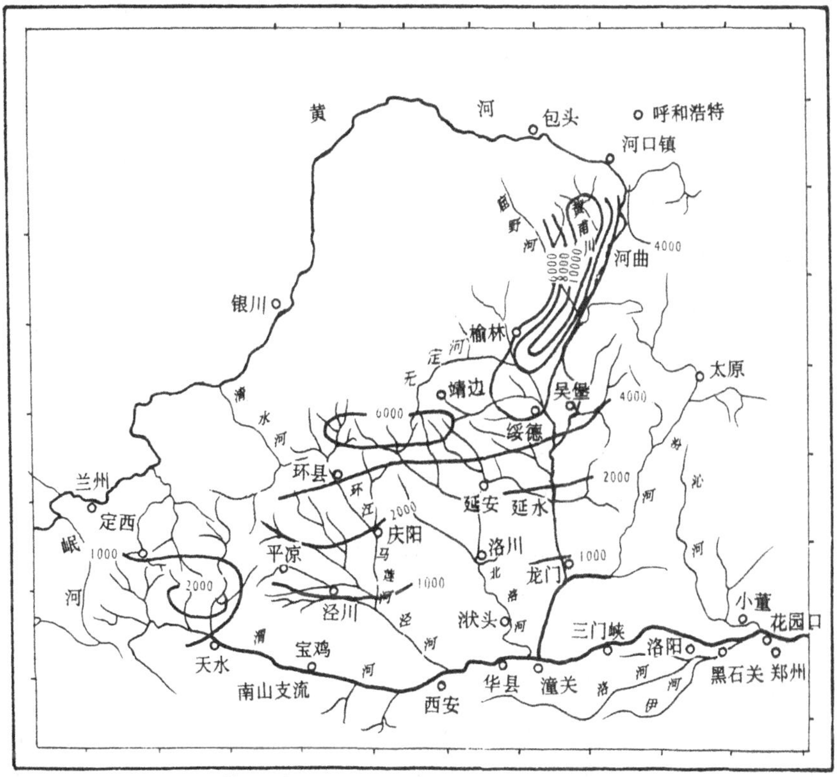

图 1—3—2　黄河中游 1956 年至 1963 年粗泥沙输沙模数图

山河源区，其中红柳河、芦河、北洛河及马莲河的河源区超过6000吨每平方公里每年。

黄河中游流经黄土地区的河流的含沙量都非常高，不同地区，黄土物质组成越粗，河流可能挟带的含沙量越高。对于同一地区，则河流含沙量越高悬移质的物质组成也越粗。黄河下游淤积的泥沙是否来自上述两个粗泥沙来源区？须要进一步证明。为此，1974年，黄委会水科所、清华大学水利工程系、水电部第十一工程局勘测设计院三单位协作，选用1952～1960年三门峡水库建库前的58次洪峰，1969～1974年三门峡水库第一期改建工程完成投入运转后的26次洪峰，分析这些洪峰的洪水来源，并将洪水来源划分四个区域，即：Ⅰ区：河口镇以上；Ⅱ区河口镇至龙门区间，马莲河、北洛河多沙粗沙来源区；Ⅲ区除去马莲河以外的泾河干支流、渭河上游、汾河、渭河南山支流；Ⅳ区伊洛沁河。根据各次洪峰来水的地区分配情况，将下游洪水来源分为六种主要组合，即(1)各地普遍有雨，强度不大；(2)粗泥沙来源区有较大洪水，清水区未发洪水或洪水较小；(3)粗泥沙来源区有中等洪水，清水区也有补给；(4)粗、细泥沙来源区与清水区较大洪水相遇；(5)洪水主要来自清水区，粗泥沙来源区雨量不大；(6)洪水主要来自细泥沙来源区。1952～1960年期间洪水来源的几种主要组合及对下游冲淤的影响见表1—3—5。

由表1—3—5可知：第(1)种组合，在58次洪峰中只出现4次，因降雨强度小，下泄量少，淤积量仅占58次洪峰淤积量的4.51%。第(2)种组合出现7次，但来沙系数最大(含沙量与流量的比值，以ρ/Q表示)，平均达0.0362公斤·秒每米的6次方，因粗泥沙来源区洪水多系暴雨产生，洪峰尖瘦，汇入干流后，因受槽蓄作用，洪峰调平，至下游一般处于不漫滩或小漫滩的情况，嫩滩产生淤积，主槽冲刷量不大，有时且有淤积，这种淤积一直发展到山东河段，是6种洪水组合中最坏的一种，淤积量占58次洪峰淤积总量的37.8%。第(3)种组合出现10次，洪水虽仍来自粗泥沙来源区，但因有清水区的一定补给，洪水平均来沙系数降低到0.02公斤·秒每米的6次方左右，洪水一般不漫嫩滩，泥沙多淤在主槽内，淤积强度较第(2)种组合要小得多，10次洪峰的淤积总量仅占全部洪峰淤积量的10.15%。第(4)种组合，因清水区有较大洪水，下游洪峰超过10000立方米每秒，水流漫过二滩，下泄含沙量一般不大，平均来沙系数仅达0.0114公斤·秒每米的6次方，这类洪峰出现7次，7次洪峰中的淤积总量占洪峰期淤积量的一半以上，达55.9%。但淤积强度不及第(2)种组合，一般情况下，出现这种组合洪水，下游多为淤二滩刷河槽，只有洪峰中含沙量过大的个别情况，河槽才有淤积，

表 1—3—5 **1952～1960 年期间洪水来源的几种主要组合及对下游冲淤的影响**

洪水来源组合	各种组合洪峰次数	各种组合出现的(%)	花园口洪峰特征		各地区来水占三黑小水量%				各地区来沙占三黑小沙量%				下游河段冲淤强度(万吨/天)				各种组合的洪水所造成的淤积总量占58个洪峰淤积量的%
			Q_m	$\overline{\rho}/\overline{Q}$	Ⅰ	Ⅱ	Ⅲ	Ⅳ	Ⅰ	Ⅱ	Ⅲ	Ⅳ	高村以上	高村至艾山	艾山以下	全下游	
(1)各地区普遍有雨,强度不大	4	7.4	4515	0.0194	39.1	17.3	23.0	17.3	6.0	57.8	39.6	7.5	+423	+18	−54	+386	+4.51
(2)粗泥沙来源区有较大洪水,清水区未发洪水或洪水较小	7	12.9	7640	0.0362	31.6	61.7	12.9	6.3	2.0	133.0	12.0	0.3	+2095	+230	+152	+2480	+37.80
(3)粗泥沙来源区有中等洪水,清水区也有补给	10	18.5	5430	0.0204	43.9	34.8	15.0	8.2	8.2	118.3	18.6	1.0	+509	+148	−66	+592	+10.15
(4)粗、细泥沙来源区与清水区较大洪水相遇	7	12.9	13700	0.0114	24.8	20.8	27.3	24.6	3.4	65.2	28.4	6.5	+1231	+1070	−368	+1930	+55.90
(5)洪水主要来自清水区,粗泥沙来源区雨量不大	24	44.6															−11.36
三个清水区同时来水	2	3.7	4635	0.0081	56.6	10.6	23.9	10.1	13.6	25.7	14.3	2.1	−300	−45	−5	−350	−2.84
两个清水区同时来水:河口镇以上与渭河南山支流同时来水	3	5.6	3980	0.0103	66.5	11.1	27.6	4.1	13.6	62.3	45.2	3.6	+240	−57	−202	−20	−0.15
两个清水区同时来水:河口镇以上与伊洛沁河同时来水	1	1.9	3230	0.0076	60.8	6.1	20.5	12.2	27.4	30.4	26.5	6.1	−86	−185	−82	−353	−0.80
两个清水区同时来水:渭河南山支流与伊洛沁河同时来水	11	20.4	5280	0.0089	33.1	9.9	37.0	17.6	9.8	30.1	38.7	7.3	+17	−73	−157	−213	−6.35
一个清水区来水:河口镇以上来水	4	7.4	4485	0.0116	75.8	10.7	11.3	3.5	13.7	66.5	16.2	0.4	+194	−41	−122	+30	+0.38
一个清水区来水:渭河南山支流来水	1	1.9	4920	0.0074	41.7	1.3	63.5	5.8	7.0	9.4	39.2	0.2	+205	+86	−288	+2	+0.01
一个清水区来水:伊洛沁河来水	2	3.7	7430	0.0085	33.6	15.4	8.9	36.6	8.1	71.2	15.8	18.0	−228	+152	−151	−226	−1.61
(6)洪水主要来自细泥沙来源区	2	37	5330	0.0217	39.4	10.6	40.0	6.6	4.7	28.5	35.2	0.2	+681	+45	−35	+689	+2.45
平均			6700	0.0158	40.0	22.6	23.7	14.8	7.7	70.7	29.0	4.9	+524	+213	−130	+612	

注 1.Q_m——洪峰最大流量,以立方米每秒计。2.$\overline{\rho}/\overline{Q}$——洪峰平均来沙系数,以公斤·秒/米^{6}计。

在上表所列 7 次洪峰中，山东河道都发生冲刷，无一例外，对山东河道能保持一个较深的主槽，起了很大作用。第(5)种组合，来沙系数一般都小于 0.01 公斤·秒每米的 6 次方，黄河下游出现冲刷，而且一直可能发展到山东河段，在 58 个洪峰中有 24 次属于这一类。第(6)种组合与(1)(3)两种组合相似，说明细泥沙来源区泥沙来得多时，下游河道也是要淤的，但与第(2)种组合相比较，对下游的危害性要小于粗泥沙来源区的来沙。从上述六种洪水来源组合所产生的不同影响，可以看出，造成下游淤积严重的，主要是来自粗泥沙来源区的洪水，这与下游淤积物组成以大于 0.05 毫米的粗泥沙为主体的现象是一致的。三个清水区的来水则对黄河下游的淤积起了很大的制约作用。

1969～1974 年的 26 次洪峰，由于这个时期水量偏枯及三门峡水库的削峰作用，各种洪水组合仍不出前面所说的六种组合范畴，只是第(4)(6)两种情况未见出现，第(2)(3)两种组合机遇增多，尤以第(3)种组合为最，较建库前增加一倍。在四种洪水组合中，仍以第(2)种组合对下游的危害最大，第(3)种组合次之，第(5)种组合则有利于下游河道冲刷。说明建库前后两个系列并无不同。嗣后，清华大学补充分析了 1974 年以后的资料，将洪峰次数增加到 103 次，黄委会水科所将洪峰次数延续至 130 次，所得结果仍与 1974 年结论相一致。见表 1—3—6。即下游淤积的泥沙主要来自粗泥沙来源区，在黄土高原 43 万平方公里的水土流失区里，有 80％的粗泥沙来自 10 万平方公里的集中产沙区，主要是河口镇至无定河口区间的右岸支流以及白于山河源区。根据以上分析，1975 年至 1977 年治黄规划时，钱宁提出把集中治理黄河中游粗泥沙来源区作为治黄战略的建议。“这一结论对黄河泥沙来源的认识是一个重要的发展，对黄土高原重点治理范围的确定以及指导治黄工作都具有重要意义。”(王化云《我的治河实践》)《粗泥沙来源及其对下游河道冲淤影响》于 1982 年获全国自然科学二等奖。

1977 年，陕西地质局第二水文地质队对无定河流域水土流失和水土保持的地质条件进行了调查研究，写有《无定河流域水土流失的地质分析及对小流域治理的初步认识》一文，文中以地质、地貌、新构造运动及侵蚀作用等条件将流域划分为黄土丘陵侵蚀区、沙漠风蚀风积区两个大区及黄土沟头河源强烈侵蚀区、黄土丘陵沟壑较强烈侵蚀区、黄土斜坡涧地中等侵蚀区、沙漠草滩洼地区、沙盖黄土垅岗区、靖安盆地绿洲区六个亚区。见图 1—3—3。

图中标注了侵蚀模数(吨每平方公里·年)和含沙量(公斤每立方米)，

表 1—3—6　　不同时期洪水来源组合对下游冲淤影响

洪水来源组合	1952～1960 年				1969～1973 年				1974～1983 年			
	各组合		河道冲淤强度(万吨/天)	各组合占洪峰总冲淤量%	各组合		河道冲淤强度(万吨/天)	各组合占洪峰总冲淤量%	各组合		河道冲淤强度(万吨/天)	各组合占洪峰总冲淤量%
	洪峰次数	所占%			洪峰次数	所占%			洪峰次数	所占%		
各地区普遍有雨，强度不大	4	6.9	386	4.5	2	8.7	320	3.7	0	0	0	0
粗泥沙来源区有较大洪水，少沙来源区未发生洪水或洪水较小	7	12.1	2480	38.9	4	17.4	317	76.5	5	10.2	2616	61.7
粗沙来源区有中等洪水，少沙来源区也有补给	10	17.3	592	10.2	8	34.8	545	28	9	18.4	418	15.2
粗细泥沙来源区与少沙区较大洪水相遇	11	19	1930	55.9	0	0	0	0	2	4.1	968	11.3
洪水主要来自少沙来源区，粗泥沙来源区雨量不大	24	41.3	—168	—12	9	39.1	—148	—8.2	26	53.1	—53	—8.8
洪水主要来自细泥沙来源区	2	3.4	612	2.5	0		0	0	7	14.2	716	20.6
总　　计	58	100		100	23	100		100	49	100		100

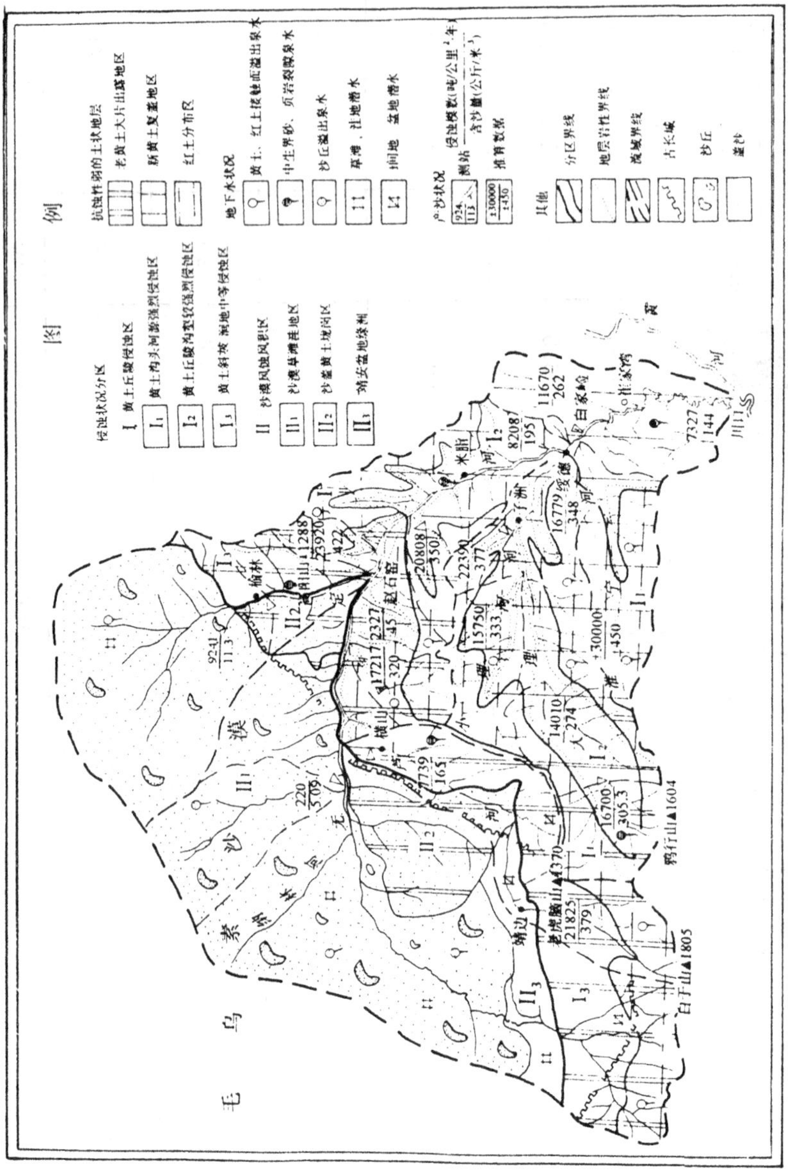

图1—3—3　无定河流域水土流失地质条件略图

由图可知前两类区产沙强度较大，分布在大理河两岸近分水岭地带，淮宁河的中上游，无定河东岸峁沟至杨家沟的近分水岭地带，以及白于山北侧等地区。治理的重点应是：大理河、淮宁河、芦河上游、马湖峪河、岔巴沟、峁沟、黑木头川等流域和赵石窑以下至白家岭的区间。

1975～1977年，黄委会修订治黄规划时，用1965至1977年的观测资料，对黄河流域的全沙、粗沙、细沙的来源分布重新进行统计分析，绘制了黄河中游泥沙模数图与1965年所绘基本一致。

1978年，龚时旸、熊贵枢在《黄河泥沙来源和地区分布》报告中称：根据不同系列年的统计，黄河多年平均来沙量为16～17亿吨，其中河口镇来沙只占全河的9%左右。河口镇至龙、华、河、洑四站之间的流域是黄河的主要产沙区，来沙占全河的90%以上。在16亿多吨泥沙中，粗颗粒泥沙共7.3亿吨，占全河的43%。其中来自河口镇以上共0.39亿吨，只占全部粗沙的5.4%，河口镇至龙、华、河、洑四站区间，粗颗粒泥沙量占全部粗沙的94.6%，所以，这一区间也是黄河粗颗粒泥沙的主要来源区。从泥沙来源的地区分布看，全沙和粗颗粒泥沙的主要产区基本是一致的，即陕北、内蒙古东部山区，晋西北临近黄河的地区和陇中泾、渭河的河源地区。其中，又以陕北的榆林地区为最多，产生的全沙和粗颗粒泥沙分别占全河的25.3%和34.4%。主要产沙区内的主要支流有：黄甫川、窟野河、秃尾河、无定河、清涧河、延水、红河、湫水河，三川河以及泾河的马莲河和蒲河、渭河的葫芦河、北洛河永宁山以上河段等。从实测资料多年平均情况分析和实地调查看，黄河中游主要产沙地区——黄土丘陵沟壑区的土壤侵蚀量与进入河流的泥沙量是基本相等的，即泥沙输移比接近于1。河口镇至龙、华、河、洑四站区间流域的多年平均产沙量与扣除河口镇以上来沙量以后的四站多年平均输沙总量也基本相等。也就是说，经过治理，在黄河中游地区拦截1吨泥沙，就可使进入四站以下黄河干流的泥沙减少1吨。

1980年，黄委会水科所李化群把流域地质情况与支流来沙结合起来，分析了泥沙来源及组成，得出了黄河泥沙量中的83.1%（即13.92亿吨）是来自头道拐至潼关区间，而这一区间的泥沙量72.2%是集中来自22条支流。黄河粗泥沙量的92%（即5.3亿吨）也是来自这一区间，粗泥沙量的73.8%又集中来自22条支流中的19条支流，因此，对这22条多泥沙支流集中治理，对控制黄河泥沙可收到事半功倍的效果。这22条支流情况见表1—3—7。

近期首先应集中治理黄甫川、窟野河、孤山川、佳芦河、大理河5条支

表 1—3—7

黄河中游多泥沙支流有关因素统计表

次序	河名	流域面积（平方公里）	年径流量（万立方米）	年泥沙量（万吨）	年粗沙量（万吨）	年径流模数（立方米每平方公里）	年全沙侵蚀模数（吨/每平方公里）	年粗沙侵蚀模数（吨/每平方公里）	年平均含沙量（全沙）（公斤每立方米）	悬沙年平均中数粒径（毫米）
1	黄甫川	3246	18815	5885	4149	57964	18131	12782	313	0.0990
2	北洛河 刘家河以上	7325	25900	8602	3131	35358	11743	4274	332	0.0410
3	清涧河	4080	17043	5400	2344	41772	13234	5745	317	0.0450
4	红柳河 新桥以上	1332	4133	2035	983	31029	15281	7380	492	
5	窟野河	87067	74306	13413	8571	85350	15407	9845	180	0.0770
6	大理河	3906	16988	5135	2342	43492	13147	5996	302	0.0456
7	孤山川	1272	10519	2747	1574	82697	21601	12374	261	0.0590
8	佳芦河	1134	9289	2429	1380	81914	21468	12169	262	0.0570
9	湫水河	1989	11264	2905	1296	56631	14607	6154	258	0.0440
10	散渡河	2485	7932	2461	500	31920	9902	2012	310	0.0252
11	马莲河	19086	46937	13560	4217	24592	7104	2209	289	0.0360
12	屈产河	1220	5213	1580	567	42730	12948	4648	303	
13	朱家川	2922	4344	2217	1064	14867	7587	3641	510	
14	延　河	7687	30879	7365	3535	40170	9580	4599	238	0.0480
15	芦　河	2686	9570	2622	1266	38496	10549	5093	274	0.0484
16	蒲　河	7478	24126	5866	1373	32263	7843	1836	243	0.0287
17	秦祁河	858	1857	717	146	21643	8359	1702	386	
18	偏关河	2089	6238	1823	1045	29861	8725	5002	292	
19	葫芦河	10730	49396	7969	1658	46035	7427	1545	161	0.0240
20	秃尾河	3294	2614	2918	2043	129369	8859	6207	68.5	0.0730
21	洪　河	1336	6348	1457	337	47515	10906	2522	230	
22	蔚汾河	1478	7868	1437	690	53234	9720	4668	183	
合计		96159	431579	100543	44211					

流。

1980年,北京大学地理系马蔼乃与黄委会水土保持处马水庆合作,根据地物光谱特征对黄河中游地区进行陆地卫星多波段影像的目视解译,结合路线实况调查,对黄河中游粗泥沙来源区产水产沙模式进行研究。结果表明:(1)无定河、秃尾河以及窟野河的部分支流有近似的产沙模式,即大量的大于0.05毫米的沙被风沙流带入河中;黄土的垂直节理性质,遇暴雨产生崩塌及滑坡;下游河床深切基岩,断面缩窄,流速加大,适于高含沙水流通过;黄土沟壑切割区,泥沙来源主要是中更新纪的红色土及上覆的披沙,红色土中含粘粒成份多,是形成泥浆流的有利条件。(2)黄甫川切入二叠纪石千峰砂岩地层,岩层产状近于水平,极为疏松,看是基岩,用手轻捻就粉碎,一经暴雨,坡面侵蚀十分强烈。(3)非汛期支流来沙淤在干流天桥至龙门河段河床上,淤积厚度2～3米,经汛期,特别是第一、二次洪水被带走。

1982年,黄委会水文局马秀峰对神木、清涧一带查勘后,参阅刘东生著《黄河中游黄土》,王挺梅等著《黄河中游黄土粒度分析》以及绥德水保站,子洲径流站小流域颗粒分析资料,进行了黄河下游淤积泥沙与黄河中游原生黄土的粒度分析,提出了《关于黄河粗颗粒泥沙来源问题的商榷》一文。文中提出:"黄河中游各支流输送的泥沙中,粒径在0.05～0.1毫米之间的泥沙含量至少有2%～20%不是来自黄土,而是北纬36～38度之间和窟野河、黄甫川一带,呈线状的分布在沟网岸壁上,在黄河中游,一级支流(无更小支流汇入的支沟称一级支流,仅接纳一级支流的河道称二级支流,余类推)发育在黄土或红土层内,不会输出比黄土覆盖物更粗的泥沙;二级支沟一般可切入基岩,可输出少量的较黄土更粗的泥沙;三级以上支流的基岩岸壁,才是粗颗粒泥沙最集中的产地,因为它们割切深峻,基岩露头高,物理风化强烈,块体崩塌严重,沟壁扩展迅速,并以窟野河为例,说明水流先淘空底部的羊肝石和煤夹层,使巨大的岩体失去支承而悬空,一旦超过岩石的断裂应力,就以巨大的块体崩入河槽。河谷两岸疏松、坚硬岩层的交互叠置为河流输送粗颗粒泥沙提供了地质条件和物质基础;较大的日温差加速了基岩陡壁的风化剥落,量大而强度又大的暴雨和较大的河道坡降为输送浓度高,颗粒粗的泥沙提供了强大动力。

1982年,中科院地理研究所陈永宗与黄委会水科所张胜利协作,研究了《大理河流域的产沙方式》,文中提出:大理河流域的地面组成物质主要有两类:一类是中生代砂岩、页岩及砂页岩互层,这类岩石的抗蚀力都较弱,尤其是页岩极易风化为碎屑,使其上覆岩体失去支撑而崩塌和滑塌。泥岩遇水发生软化，引起大型滑坡，白垩纪紫红色砂岩风化和在水中崩解，是大理河粗颗粒泥沙的来源之一。另一类是新第三纪及第四纪的亚粘土和亚沙土，粒径组成较粗，大于0.05毫米粒级的粉细沙含量多数在70%以上，结构疏松，抗蚀力极低，是本区的主要产沙地层。

1986年，中科院地理所景可、陈浩等在马秀峰提出基岩产沙问题的基础上，进一步作了《黄河中游粗沙区的范围、数量及基岩产沙的研究》。文中采用流域多年平均悬移质泥沙中大于0.05毫米所占百分数与相应流域黄土中粒径大于0.05毫米泥沙所占百分数之比，若悬移质大于0.05毫米百分数大于流域黄土中大于0.05毫米粒径所占的百分数，说明有基岩来沙。计算结果：除湟水河上游以外，黄河中游粗沙区最低限度的基岩产沙约为1.55亿吨每年。其中有1.45亿吨集中在8万平方公里的范围内。以0.05毫米粒级泥沙占总量的百分数大于25%作为划分粗泥沙区和非粗泥沙区的界限，黄河中游粗泥沙区面积为15.8万平方公里，总共产粗沙4.56亿吨，其中8万平方公里面积上，年产粗沙约4亿吨，约占总粗沙量87.7%，集中地分布在延河口至黄甫川，洛河和泾河的上游。1989年2月，中科院地理所出版了《黄河粗泥沙来源及侵蚀产沙机理研究文集》集中反映了中科院地理所在黄河粗泥沙研究领域里取得的成果。

第三节　水沙变化

一、50年代水土保持减沙效果的预估

1954年黄河治理综合规划，采用了1955～1967年13年间水土保持减沙效益25%，修建10座支流拦泥库拦沙25%，两项合计共减沙50%的预估。实践证明，减沙指标未能实现。

1957～1958年，黄委会水科所受三门峡工程局委托，对黄河流域实施大规模水土保持措施后将使三门峡年径流量和输沙量可能改变情况进行了估计。本项研究由黄委会水科所所长仝允杲主持，参加这项工作的除黄委会水科所水保室外，还有水科院水文所，三门峡工程局和黄河勘测设计院的技术人员。当时，研究工作基本上是在苏联科学院地理研究所米·依·李沃维奇在三门峡水利枢纽设计中所用的估算方法基础上进行的，不同的是根据中国当时水土保持大规模开展中所总结的“综合治理、集中治理”的原则和

规划进度，采用了以典型小流域综合治理试验成果推算大面积效果的方法。估算结果认为，由于水土保持措施的实施，黄河流域地表径流将减少38.5亿立方米(1967年)～73.7亿立方米(远景)，地下径流将增加3～5.8亿立方米，两相抵消后，径流总量将减少35.5～67.9亿立方米，占三门峡正常年径流量的8.4～16.0%；流域产沙1967年将减沙57.6%，远景减沙78.5%。报告还指出，如果从当时大跃进的形势估计，还将超过这些指标。实践证明，减沙指标也未能实现，根据总结材料，主要是当时对水土保持工作的复杂性和长期性认识不足，限于当时的条件，分析资料所依据的天水、西峰、绥德三个水保站的试验成果，仅有三四年的观测资料，观测系列较短，效益指标也偏大；对水土保持治理进度和各项措施的工作量估算得过高、过大；同时预测方法也欠完善。

二、60年代水土保持对治黄作用的争论

60年代，围绕着三门峡水库出现的问题展开了一场治黄方略(拦泥与放淤)的大争论，其中涉及水土保持对黄河治理的关系问题。一部分同志认为，黄河三门峡水库出现的问题是没有按规划进行水土保持和修建拦泥库，致使三门峡孤军作战。通过水土保持和拦泥库去正本清源，控制来沙，就可使下游避免决口改道，水土保持是治黄的根本。另一部分同志则认为，规划对水土保持减沙效益估计过于乐观，10座拦泥库小、散、远，不能有效地解决问题。水土保持首先应为西北人民解决贫困问题，不必依靠它解决治黄问题。黄河特点是黄土搬家，既可用以发展华北平原，但又有很大破坏性(决口泛滥)，如认识此规律，则可用泥沙有计划地淤高洼地，改良土壤，填海造陆。实际上，争论并未影响水土保持工作的开展。

三、70和80年代水土保持减沙效益的研究

70年代初，黄委会规划设计大队分析了汾河流域水沙利用及发展趋势，汾河全长716公里，流域面积3.95万平方公里，流域四周山区和丘陵区面积占75%，晋中及晋南两平原面积占25%。汾河流域1959年前后，修建了一系列水利工程，仅水库(大中型)就有9座，总库容10.3亿立方米，其中干流汾河水库7亿立方米，水库总控制面积10124平方公里。1960年以后，各水库共淤积泥沙3.94亿吨，平均每年拦泥3000万吨。汾河水沙变化研究

课题组在《汾河流域水沙变化成因分析和预测研究》一文中也说：根据流域把口站——河津站实测资料统计，实测水沙量依时序递减，固然与降水量周期波动有关，也与人类活动影响有关，其中包括水利工程和水土保持措施的减水减沙作用。历年水沙变化如表 1—3—8。

表 1—3—8 **河津站历年水沙变化表**

年代	50	60	70	80
年径流量（亿立方米）	20.6	17.9	10.4	6.7
年输沙量（万吨）	9080	3440	1910	450

1976 年黄委会水科所经调查研究提出《泾渭河水沙变化及发展趋势》报告，以各代表站 1969～1973 年 5 年水沙平均值与多年平均值比较见表 1—3—9。

表 1—3—9 **泾渭河各代表站水沙变化表**

河系	水文站	多年平均			1969～1973 平均			水沙变化		多年平均值统计年份
		水量（亿立方米）	沙量（亿吨）	含沙量（公斤每立方米）	水量（亿立方米）	沙量（亿吨）	含沙量（公斤每立方米）	水量（%）	沙量（%）	
泾河	庆阳	2.22	0.901	406.0	1.88	0.700	372.0	−15.3	−22.3	1954～1973
	雨落坪	4.47	1.235	276.0	4.35	1.250	287.0	−2.7	+1.0	1919～1973
	杨家坪	9.12	0.930	102.0	7.70	0.810	105.0	−15.6	−13.0	1955～1973
	张家山	15.23	2.670	175.0	11.82	2.600	220.0	−22.5	−2.6	1919～1973
渭河	秦安	4.90	0.815	167.0	4.55	0.888	195.0	−7.1	+9.0	1957～1973
	南河川	14.70	1.590	108.0	12.60	1.700	135.0	−14.3	+7.0	1953～1973
	林家村	22.60	1.550	68.5	18.10	1.810	100.0	−20.0	+11.7	1919～1973
	咸阳	50.50	1.715	34.0	35.90	1.798	50.0	−29.0	+5.0	1919～1973
	华县	80.80	4.270	52.8	56.50	1.160	73.6	−30.0	−2.6	1919～1973

注：水沙变化指1969～1973年平均与多年平均比较，“－”表示减少，“＋”表示增加。

从表1—3—9可知，1969～1973年各站水量普遍减少，沙量泾河减少或持平，渭河增加，而含沙量则除庆阳站外均有所增加，表现为水少沙多的特点。报告分析水沙变化的原因主要为：降雨量、灌溉引水、水利和水土保持工程。后5年降雨量普遍减少，渭河咸阳以上减少16.5%，泾河张家山以上及咸阳、张家山至华县区间均减少12.5%，这是水量减少的重要因素，但降雨集中在七、八月份，七月以前干旱，虽总雨量减少而产沙量却有增加。灌溉引水一般非汛期多于汛期，引走的沙量相对较少。水利和水土保持工程在清水地区发展较快，多沙地区相对缓慢；此外临河建房修路大量弃土入河，林区破坏林木等对水沙变化也有影响。报告指出，若不采取有效措施，这种趋势仍将继续发展。

同年黄委会科技办公室与水文处共同分析提出《黄河中游水土保持和支流治理对减少入黄泥沙的作用》报告，文中对无定河支流大理河作了较详尽的分析：大理河流域面积3393平方公里，占无定河流域面积的16.9%，有库容100万立方米以上的坝库80座，100万立方米以下坝库2949座，总库容近8亿立方米，控制流域面积70%，其中主要坝库工程大部分是1970年以后修建的。经过综合治理，大理河径流泥沙有逐年减少的趋势。以1970年为界，将1971～1975年的历次洪峰与1971年以前相类洪峰进行对比，条件是：降雨量、降雨历时基本相同，前期影响雨量大致相近，共选了22组对比资料，得出1971～1975年减水减沙情况如表1—3—10。

表1—3—10　**大理河流域水沙变化表**

年份	洪水径流（亿立方米）		减水量（亿立方米）	减水（%）	泥沙（亿吨）		减沙量（亿吨）	减沙（%）
	治理前	治理后			治理前	治理后		
1971	0.995	0.951	0.044	4.46	0.700	0.632	0.068	9.47
1972	0.874	0.314	0.560	64.0	0.475	0.169	0.306	64.5
1973	0.960	0.641	0.319	32.1	0.520	0.239	0.281	54.0
1974	1.095	0.448	0.647	69.0	0.529	0.169	0.360	68.0
1975	1.160	0.287	0.873	75.5	0.443	0.106	0.337	76.0
合计	5.084	2.64	2.443	48.0	2.667	1.315	1.352	50.7

即该5年平均减水减沙在一半左右。同时分析其他几条支流也有类似趋势，只是变化幅度较小。如1977年清华大学钱宁等提出《黄河中游水土保持对减少下游泥沙淤积的作用》，黄委会水科所麦乔威等提出《黄河中游支流治理的重点及其对下游河道减淤的作用》，黄委会龚时旸、熊贵枢提出《黄河

中游水土保持及支流治理对减少入黄泥沙的作用》,等报告或论文,分别就水利、水保减少水沙的作用及其对于河道冲淤的影响进行了分析和预估,在有关学术讨论会上交流,引起了各方面的注意。

1979年10月,中国水利学会在郑州召开黄河中下游治理规划学术讨论会,参加会议的有水利部所属科研、教育、设计、工程管理等单位和国家计委、农业、林业、农垦、电力、交通、地质等部、院及中国科学院、有关高等院校的代表220人,从各方面对黄河自然特点,黄河的形成与发展过程,水沙运行规律以及中下游治理方略和重大措施进行了广泛深入的探讨。在水土保持和支流治理组的讨论中,许多同志在大量列举水保效益之后认为:不论水土保持单项措施,小流域综合治理或治理程度较高的黄河一二级支流,都显示了增产、拦泥效益。汾河、无定河等黄河一级支流,70年代减沙都在47%以上,黄河中游已有数以百计的综合治理小流域达到泥不出沟的要求。淤地坝小水库的拦泥效果也非常显著。看水保典型,鼓舞人心,听水保效益,信心百倍,但黄河下游总泥沙量并没有明显减少,其主要原因,一是过去20多年水土保持三起三落,没有按原规划要求完成治理任务。二是在大力开展水土保持的同时,出现一些破坏水土保持的现象,三年困难时期,陕、甘、晋三省开荒1000多万亩。有些县、社治理的面积还没有破坏的面积多。此外,修路、开渠、建矿、打窑,尾土尾碴没有妥善处理,都增加了河道输沙量。据观测,陡坡开荒,每年每亩流失泥沙10~20吨,粗估每年可能增加入黄泥沙2~3亿吨,把水土保持的减沙效益抵消了,或者说,若没有中游大力开展水土保持和水库建设,黄河的泥沙数量一定比现在还要多。为了澄清支流治理对水沙变化的效果,1980年陕西省水土保持局蒋德麒、水利部农田水利局戚赉棣和黄委会谭节升合作,分析了水土流失严重的无定河,提出《无定河流域水土流失与水土保持》。文中指出:截至1978年底统计,流域内共修水平梯田92.7万亩,筑淤地坝万余座,淤地17.3万亩,修水地66.7万亩,造林434.3万亩,种草保存面积82.9万亩,共治理水土流失面积4618平方公里,占水土流失面积的20.5%,修建水库200座(其中库容千万立方米以上的26座),总库容近15亿立方米,控制1万多平方公里。考虑到1970年以后,治理速度较快,先期坡面措施更加巩固,实测输沙量显著下降,把实测资料分为1957~1970年和1971~1978年两个系列进行计算分析,分析结果:1971~1978年降雨量比前期减小11.8%,径流量减少23%,输沙量减少44%,其中淤地坝占20.1%,水库占13.2%,水平梯田、林草占7.4%,灌溉占3.3%。无定河流域实施水土保持22年来,共拦蓄了约14.8亿吨泥沙,占总输沙量28%。无定河上游,除一般水土保持措施外，各支流修建大中型库坝工程较多，因而赵石窑水文站以上15325平方公里减沙效益达75%，支流芦河横山水文站以上2415平方公里，减沙效益达91%。

1980年山西省水利局孙建轩等在《晋西水土保持综合治理和水库建设对减少径流泥沙的初步分析》一文中，根据1978年以前的实测资料对晋西偏关河、朱家川、岚漪河、蔚汾河、湫水河、三川河、屈产河、昕水河、清水河、汾河等11条黄河支流的水沙变化进行分析，资料开始年份，汾河最早为1934年，屈产河最晚为1962年，其余多在1954～1959年之间设站。这11条支流流域面积共58888平方公里，多年平均降水量500.4毫米，其中汛期(6～9月)雨量369.8毫米，多年平均径流量24.93亿立方米，输沙量2.14亿吨。以1970年以后与1960年以前两时段平均值比较，汛期雨量减少4.6%，径流量减少34.5%，输沙量减少38.0%。若以1970年以后时段与多年平均值比较，汛期雨量减沙2.9%，径流量减少27.8%，输沙量减少28.9%，表明汛期雨量减少比例不大，而径流量、输沙量减少比例较大，这主要是综合治理和水库工程发挥了拦蓄效益。其中汾河陆续兴建汾河一库，文峪河、田家湾等十几座大中型水库，拦蓄能力更为突出，其两时段平均比值减水36.9%，减沙47.7%。西峰水土保持试验站宋尚智，涂兴文作了《马莲河流域人类活动对水土保持拦泥效益影响的调查》。调查按黄土高原沟壑区、残原丘陵区、残林丘陵区、干旱粗沙丘陵区选点进行，发现上报的水土保持工作量与实际数字出入很大，实际数字只相当于上报数字的38%。经认真调查分析，认为30年来，马莲河流域搞了大量水土保持工作，实际综合拦泥效益达15%，但由于人类不合理的利用水土资源，造成新的土壤侵蚀，增加了14%的泥沙量，两相抵消，给人们造成错觉，好象水土保持没有拦泥效益，实质并非如此。

1982年黄委会组织为期一年的无定河流域水土保持综合治理考察，总结该流域治理经验，分析减沙效益及原因。1983年，黄委会熊贵枢、张胜利用水文资料分析和水利水保措施拦沙迭加两种方法，对大理河1971～1980年减少效益作了分析，结果表明：10年平均减水41.4%，减沙44.7%。在各项治理措施中，当前减少泥沙最为显著的是沟道打坝淤地，其次是水库，治坡措施拦沙量还不及流域产沙量的5%。但治坡措施拦沙效益却是递增状态，这就说明，治坡乃是根本，应加速进行，真正做到治沟与治坡相结合，同步发展。

1984年黄委会水科所张胜利对无定河流域综合治理减沙效益进行再

分析，探讨影响减沙效益的因素。采用不同水土流失类型区 11 个水文站，20 年以上水文观测资料，并根据水利、水保措施生效情况，分别统计不同时段降雨、径流、泥沙输移量，得到 1971～1980 年平均每年减少入黄泥沙 1～1.6 亿吨，扣除降雨因素对减沙效益的影响，流域内因综合治理减沙效益达 50%以上。减少的泥沙大部分是坝库拦淤，以防治土壤侵蚀为核心的治坡措施做得还不够，流域内建窑、修路、开矿、开荒等任意弃土，造成新的水土流失。若欲使减少入黄泥沙稳定在目前的水平上，则应设法每年维持相当于 1 亿立方米左右的堆沙库容。

1985 年山西省水利水保局孙建轩、山西省水土保持研究所张秉义等列举了山西省 1982 年调查 9540 个工矿企业大量排放废碴、污水的情况；揭示在 15～25 度的坡地上开垦种植，每年每亩可增加土壤流失量 2～3 吨，全省每年开荒，轮荒增加河道输沙量 600 万吨左右；加上其他破坏因素每年约可增加河道泥沙 6000 余万吨。因此提出水土保持工作急需解决一面治理一面破坏的问题。中科院西北水土保持研究所唐克丽在《黄河泥沙与黄土高原水土流失综合治理问题》中也说：关于黄土高原全面治理的情况，据正式公布的资料，截至 1979 年，共治理了 7.5 万平方公里，占应治理面积的 17.5%，其效益，修梯田、造林种草 5.5 万平方公里，约可减少入黄泥沙 1～2 亿吨；修建坝库工程，每年拦蓄泥沙 5～6 亿吨，以上两项合计，可发挥拦蓄 7 亿吨泥沙的效益。然而黄河泥沙并无明显减少，说明在治理的同时，又增加了新的土壤流失量，查明新增加土壤流失量的来源及原因，对确定今后治理方针具有十分重要的意义。

对于新增土壤流失量来源及原因的调查研究，黄河上中游管理局、陕西省减灾协会、山西省水利水保局、黄委会水科所等单位都相继开展，调查结果见第二章。在大量调查基础上，全国水土保持工作协调小组给国务院报送了《关于开展水土保持工作情况和意见的报告》，颁发了《关于开矿、修路、建厂和其他基本建设必须做好水土保持的紧急通知》。

1985 年，黄委会水科所张胜利、赵业安从全局着眼考虑不同影响水沙因素，提出《黄河上中游水土保持及支流治理减沙效益分析》，文中考虑到拦沙作用较大的大中型水库是从 1958 年开始兴建的，1960 年逐渐起拦沙作用，因此采用 1960～1980 年 21 年系列计算，计算结果：黄河多年平均产沙量为 20.08 亿吨，21 年总拦沙量为 109.64 亿吨，平均每年拦沙 5.221 亿吨，拦沙效益 26%。同时还分析了降雨量变化及综合治理对减沙效益的影响。1985 年黄委会水文局胡汝南在《从陕北“84.7”暴雨的产流产沙看水土保持削洪减沙效益》中说:1984 年 7 月 9 日 8 时至 11 日 8 时,南从秦岭北至黄甫川,西从六盘山东至太行山发生大范围的降雨,大于 100 毫米的笼罩面积约 4000 平方公里,主要雨区集中在清涧河、延河流域,流域内平均降雨量 83 毫米,为常年 7 月份雨量的 75%,降雨最大强度为每小时 20 毫米,是建国以来仅次于 1977 年的一次强降雨。这次暴雨产流产沙很少,延河甘谷驿站,清涧河延川站洪峰流量分别为 105、115 立方米每秒,7 天径流量分别为 924、1015 万立方米,输沙量分别为 9.67、12.13 万吨,平均含沙量分别为 10.4、11.9 公斤每立方米,最大含沙量 213 公斤每立方米,不到常年 7 月份平均含沙量 503 公斤每立方米的一半。洪水径流系数 0.025,只为该区一般洪水径流系数的 1/10。为分析其原因,选择了建国以来清涧河、延河流域较大的“59.8”,“66.7”,“69.8”“77.7”4 次暴雨进行比较,结果认为:“84.7”暴雨,因水土保持治理面积较大,治理程度达 31.8%,加上水库对水沙的拦蓄作用,其产流产沙少是合理的。说明水土保持蓄水拦沙效益,不仅在单项工程与小流域上显著,当治理面积发展到一定程度(1/3 以上)在一定量级的暴雨情况下(100 毫米左右)在大面积上蓄水减沙效益也是相当显著的。1982～1984 年各控制站实测沙量显著降低。水电部规划设计院顾文书统计分析了黄河的水沙变化情况,指出 1970～1984 年间,黄河流域实测平均径流量和输沙量较 1950～1969 年实测平均值有明显减少,龙门、华县、河津、洑头 4 站后 15 年实测径流量较前 20 年减少 66.3 亿立方米,占总径流量 14.8%,输沙量减少 5.84 亿吨,占总输沙量的 33.7%。其中以河口镇至龙门区间减少最多,减水 26.4 亿立方米,占 36.0%,减沙 3.86 亿吨,占 38.8%,水量减少主要在汛期。不能简单地认为遇到枯水年,而应看到干旱地区水利建设发展后的必然现象。

1986 年 6 月,经水电部钱正英部长批示,由中国水利学会泥沙专业委员会和黄委会负责,在水电部副总工程师徐乾清、泥沙专业委员会主任谢鉴衡、黄委会主任龚时旸主持下,在郑州召开了黄河中游近期水沙变化情况研讨会。与会的有水科院、清华大学、水电部规划设计院等 22 个单位的 44 位代表,向大会提交研究报告 23 篇。与会代表对近期黄河中游水沙明显减少的原因以及计算减少入黄沙量的方法进行了热烈的讨论。

黄委会设计院陈枝霖在《黄河来沙变化的初步分析》中说:据 1950 年 7 月至 1980 年 6 月水文测验资料统计,兰州以上黄河年平均径流量 329 亿立方米,占流域总来水量(龙门、华县、河津、洑头及黑石关、小董总和)458.7 亿立方米的 71.7%,年平均输沙量 0.96 亿吨,占流域来沙量 16.46 亿吨的

5.8%，兰州至河口镇因降雨量少，蒸发量大，宁蒙灌区灌溉引水，黄河年径流量逐渐减少，至河口镇仅为246.6亿立方米，沙量却增至1.48亿吨。河口镇以下龙门、华县、河津、洑头4站年径流总和为414.9亿立方米，年输沙量剧增至16.11亿吨。建国以来，黄河中游地区的水土保持工作有了长足发展，截至1984年统计，河口镇以上地区初步治理面积占水土流失面积的10%，河龙区间与渭、洛、汾河初步治理面积占水土流失面积的30%左右、龙门、华县、河津、洑头以上地区初步治理面积占水土流失面积的23%。据调查统计，1960～1980年21年系列，除三门陕水库外，黄河上中游水利水保工程年平均拦沙量为5.2亿吨，可做为分析流域来沙减少的粗略根据。考虑中游水利水保措施的减沙作用，需要解决冲积河床调整问题，除上段(宁蒙河段)外其他河段，目前还难以估计其数量。为此采用按河段统计各项措施的拦沙量和通过断面水流含沙量的变化估计其减沙量两种方法考虑渭、汾河等冲积河流的影响。1960年以来上中游水库及各项水保治理措施年平均减沙量为3亿吨。再用1960年前后两个时段各站天然年平均径流量的差值，乘以水利水保工程修建后相应的年平均含沙量，作为粗估因自然径流量不同导致流域来沙差异的数量，如此估算六七十年代龙、华、河、洑4站因自然降雨因素减少的来沙量为0.93亿吨。上中游干支流工程修建前年平均沙量17.75亿吨，修建后年平均沙量15.29亿吨，两者之差2.46亿吨，减去自然降雨因素0.93亿吨，1960～1980年黄河上中游水利水保工程平均减沙量为1.53～3亿吨。前者为水文分析法并考虑自然降雨因素影响；后者采用水利水保与支流治理工程拦沙量，扣除冲积河流调整值。由于上中游来沙量减少原因比较复杂，所以水土保持措施及干支流水库有效年平均减沙量采用1.5亿吨较为合适。

黄委会水科所在《近十几年来黄河中上游来沙减少的原因分析》中，对近十几年来黄河中游地区的降雨、水利水保工程以及降雨和治理对减沙的影响作了分析，文中指出，近十几年来，黄河中上游来沙偏少，其原因主要由两个有利条件造成，一是70年代初，由于水坠法筑坝技术的推广应用，坝库拦蓄库容很大；二是80年代以来，雨区偏南，多沙粗沙区降雨偏少，水文条件有利，而治理工程对这种降雨有拦蓄作用。分析表明：1974～1984年龙、华、河、洑4站以上各项治理措施的总减沙量为34.754亿吨，年平均减沙为3.159亿吨，其中干流水库年平均减沙0.85亿吨，支流水库为1.178亿吨，灌溉引沙0.635亿吨，水土保持0.721亿吨，河道恢复泥沙量为0.226亿吨。来沙减少的原因是多方面的，可概括为降雨和治理的共同作用，河龙区间17条支流降雨和治理各自影响程度的分析表明：治理的减沙作用占总减沙量的47.3%，而降雨影响的减沙效益占52.7%，两者大体相同。

黄委会水文局熊贵枢在《黄河中上游水利水土保持措施对减少入黄泥沙的作用》一文中说：由于一些自然和人为的因素，黄河中游水土保持的减沙效果并不是均衡的，一个流域也并不是一搞水土保持就可显现出拦沙效益，要等到工程达到一定程度之后才能在水文资料中反应出减沙效果，在分析减沙效果时得到以下概念性的认识：第一黄河中游1970年以前的水土保持拦沙效益可以忽略不计；第二到目前为止，虽作了水土保持工程，但水土保持的拦沙效果还未影响到水文泥沙观测结果，仍然保持着固有产沙规律；第三用无水保措施流域的泥沙系列与有水保措施流域的泥沙系列进行对比，可剔除天气因素，反映水土保持对流域产沙的影响。用以上概念分析黄河干支流1950～1984年35年的泥沙径流资料得到一个初步结论：后15年(1970～1984年)较前20年(1950～1969年)的年沙量减少33.6%，其中由降雨的原因减少16.3%，由水利水土保持工作的原因减少17.3%。

水电部规划设计院顾文书在《关于进一步开展黄河中游近期水沙变化研究工作的建议》发言中说：这次会议对于近期黄河中游水沙变化的原因，有些方面是比较清楚了，但还有些问题有待进一步研究探讨：①河龙区间水、沙来量自70年代起趋于减小，这与黄委会分析的人类活动影响在1970年以前不明显而1970年以后开始增大的情况是符合的，但80年代以来水沙量进一步剧烈减少的原因分析得还不大清楚，尚需进一步研究。②河龙区间的水沙减少得多，渭河等支流减得少，吴堡附近地区的水利水保工程做得比较多，入黄水沙量减少得也较大，但吴堡以上黄甫川等粗沙河流上的水利水保工程还比较少，需要尽快加强。③目前所做的分析工作，着重于1950～1969年与1970～1984年两个时期的水沙量平均值的对比，不能充分说明1980年以后特别是1983、1984年水沙量剧烈减少的原因，建议对近几年河龙区间水沙变化作进一步研究。又因分析中对沙量变化分析较多，对水量研究相对地少，所以建议今后需要更多地结合雨量进行全面系统的研究。

谢鉴衡在《对黄河中游近期水沙变化情况研究的一点看法》中说：对于黄河中游水沙变化的定性分析我同意以下的估计：第一，近十多年来，黄河中游处于枯水期，河龙区间尤其如此，这是造成水沙减少的主要原因。第二，人类活动对黄河水沙的影响主要是通过修建水库及淤地坝起作用的。这种作用从70年代起有明显增长，中枯水期的作用大，大洪水期的作用小，甚至有负作用。另外也存在着已有工程库容淤废，新工程必须跟上去才能保持这样效益长期存在不断提高的问题。第三，河龙区间还会有暴雨出现，因而也还会有大水大沙出现。在较长的水文系列中，黄河中游象现在这样保持水沙减少的局面不可能长久。在定量分析上，这次会议交流了不少气候情况及人类活动对水沙影响的估算方法，可归纳为两类，一类属水文法，一类属水保法，两种方法各有优缺点，都不是很成熟的，需要进一步的研究改进。最后，我赞成请求国务院为黄河泥沙研究拨出专门基金的建议。与此同时，也有人认为：水沙同步减少的主要原因是人类活动的因素，不是气象因素。因此，不是短暂的偶然现象，而是会在长期起作用。不仅是减沙，更重要的是减水，这是人们开发水资源的必然结果。

1987 年，黄委会水土保持处牟金泽对流域水土保持措施减沙效益估算方法作了评价。文中说：目前使用的流域水土保持措施减沙效益估算方法有五种：第一是水土保持单项措施直接计算法（简称水保计算法），这是计算流域水土保持措施减沙效益最常用最基本的方法，但如不能很好地解决水土保持措施工作量，拦沙指标，各种措施在不同暴雨作用下的损坏系数，泥沙沿程恢复数量等，就难以提高其精度。第二是水文统计相关法（简称水文法），只能求得整个流域内水土保持措施的综合减沙效益。第三是流域对比法，有很大的局限性。第四是经验公式法，很难获得合乎精度要求的经验公式，特别是较大流域。第五是地质地貌法，一般不具有准确的数值概念，是研究人类活动对侵蚀产沙影响的宏观途径。总之，这些方法均属估算方法，都未很好反映各种影响水沙因素的相互关系，特别在定量方面的精确程度，需要进一步研究改进。

黄河的水沙变化既与全流域的自然环境因素有关，又与全流域社会经济发展因素有关，这些因素相互联系又相互制约，不同时期的人类活动与自然灾害使水沙发生不断变化，从黄河流域治理开发考虑，1986 年，中国科学院、国家计委、地理研究所，在中科院资源环境局支持下，把黄河治理开发作为重大基础科学研究项目，列入国家“七五”科技攻关计划，由国家自然科学基金资助。1987 年水利部设立黄河水沙变化研究基金，黄河流域水保科研协调组设立黄河流域水土保持科研基金，分别不同层次，制订计划，组织力量开展研究。

1988 年，黄委会水文局徐建华、熊贵枢等在《黄河上中游水利水保工程减沙作用的预估》中说：1970～1984 年黄河的输沙量因工程拦蓄每年大约减少 2.5～3.3 亿吨，约占三门峡站多年平均输沙量 16 亿吨的 15%左右。今后仍然持续修工程，尤其是在多沙粗沙地区要布置工程才能维持这样的减少水平。如今后60年在多沙地区按过去30年的速度治理，即每10年修建530万亩梯田、20亿立方米库容的淤地坝和21亿立方米库容的拦沙水库，可以保持或略高于目前拦沙水平。至2000年，拦沙量为每年3.5亿吨，至2030年，拦沙量为4.84亿吨，如不继续治理和修建拦沙工程，现在的拦沙水平将很快锐减至1亿吨以下。同年，黄委会水科所张胜利，黄河水利学校姚文艺等分析了窟野河、孤山川、秃尾河的水沙发展趋势，提出：80年代以来，降雨量明显减少，使河道在枯水情况下发生淤积，象秃尾河高家堡附近河床平均淤高2米左右，虽使入黄泥沙减少，却蕴含着潜在的泥沙问题。

1990年，黄河水资源保护科研所徐建华、李世明等研究了《近70年来黄河中上游径流与输沙量变化》。文中说：天然年径流变化是由气候波动引起的，从1919～1989年径流及降水变化过程来看，黄河径流虽有丰枯交替变化，连续枯水的特点，但丰枯出现次数及程度的周期性变化并不明显。1949年以前，人类活动影响较小，实测和天然年径流量过程基本接近，1949年以后，大量水资源开发利用，两过程间的差值越来越大，尤其70年代以后实测径流量呈锐减趋势。实测最小值出现在1987年，为231亿立方米，占天然径流量的53%。输沙量的变化：1922～1932连续11年枯水段，只有1925年输沙量高于平均值，10年平均输沙量为10.7亿吨，为多年平均值的75.9%。30～50年代，为丰水丰沙年。实测年输沙量为17.4～18.1亿吨。60年代仍属丰水丰沙年，由于三门峡水库拦蓄影响，入库沙量（龙、华、河、洑4站之和）为17亿吨，而小浪底、黑石关、小董实测沙量和为11.5亿吨。70年代，三门峡水库进行改建，采取蓄清排浑方式，但由于上中游水利水保工程猛增，加之中游暴雨相对减少，致使实测输沙量为11.1亿吨。分析70年来实测径流、输沙量锐减的原因：第一是引水灌溉大量增加，1949年前黄河流域灌溉面积约1000万亩，年耗水量74亿立方米，多集中于宁蒙灌区和汾渭盆地，到80年代，全流域已有引水灌溉面积7000多万亩，平均年耗水量300多亿立方米；第二是水利水保工程的拦蓄影响，1958～1969年，上中游干支流修建了一些大中型水库，特别是1970年以后，中游水利水保工程发展迅速，见黄河中游水利水保工程拦（引）沙量表（表1—3—11）；第三是工矿、城镇生活用水的增加，对实测径流量的影响，1980年的引水量已达44亿立方米，是历年引水量较多的一年。此外，还要向京津等地供水，使本来水资源利用率已相当高的水少沙多的矛盾更为突出。根据此项研究成果进行计算结果：用水文法计算80年代水土保持减沙量为4.78亿吨，用水保法计算为2.4亿吨。

表 1—3—11　**黄河中上游水利水保工程拦(引)沙量表**

河段	项目	数量(座)	总库容(亿立方米)	拦(引)沙量(亿吨每年)				
				50年代	60年代	70年代	80年代	截至年份
上游(河口镇以上)	刘盐八三青水库淤积	5	67.4	0	0.902	0.874	0.937	1988
	支流水库淤积	107	7.7	0	0.320	0.188	0.188	1989
	灌溉引沙			0.579	0.322	0.291	0.252	1984
	合　计			0.579	1.544	1.353	1.377	
中游(河口镇至龙门)	梯田拦沙			0	0.092	0.183	0.212	1984
	坝地拦沙			0	0.103	1.648	0.862	1984
	天桥水库淤积	1	0.7	0	0	0.039	0.012	1988
	支流大中型水库淤积	52	20.4	0.031	0.299	0.433	0.342	1989
	支流小(一)型水库淤积	171	6.0	0.001	0.018	0.153	0.156	1989
	合　计			0.032	0.512	2.456	1.584	
中游(龙门至小浪底黑石关小董)	梯田拦沙			0	0.075	0.152	0.172	1984
	坝地拦沙			0	0.041	0.656	0.342	1984
	三门峡水库淤积	1	96	0	6.85	0.317	0.201	1988
	支流大中型水库淤积	60	36.6	0.066	0.520	0.566	0.266	1989
	支流小(一)型水库淤积	281	8.2	0.003	0.035	0.136	0.105	1989
	灌溉引沙			0.242	0.283	0.465	0.256	1984
	合　计			0.311	7.804	2.292	1.342	

1993 年各项科研基金设立的有关黄河水沙变化的研究课题相继提出成果。水利部黄河水沙变化研究基金会由顾文书在分片报告和专家报告的基础上主编《黄河水沙变化及其影响的综合分析报告》。报告指出：水资源的综合利用开发，黄土高原水土流失地区的治理，下游防洪体系的建设，是黄河治理开发的三个主要方面，也是造成水沙变化的主要因素。认为水量减少的主要原因在于灌溉用水量的增加；水土保持工作经过多年徘徊，到 70 年代逐步有所改进，80 年代出现了持续、稳定、健康的发展，进度加快，质量提高，减沙效益显著；大型水库当库内淤积时下游泥沙减少，同时削减洪峰调节水量对综合利用有利，但从泥沙角度看降低了下游河道汛期挟沙能力，对下游减淤不利。综合各片计算成果，以三门峡水库入库四站(龙门、华县、河津、洑头)为对象，各年代水沙变化如表 1—3—12。

分析研究认为，只要坚持综合开发与治理同步进行，黄土高原的环境有可能向良性循环发展，到 2030 年每年入黄泥沙可能减少 8 亿吨左右；同时

表1—3—12　　三门峡水库入库四站水沙变化表

年　　代	50	60	70	80
实测平均年径流量(亿立方米)	429	457	359	368
水利水保减水量(亿立方米)	97	136	156	190
还原后天然年径流量(亿立方米)	526	593	515	558
实测平均输沙量(亿吨)	17.804	17.045	13.601	7.996
水利水保减沙量(亿吨)	2.001	2.828	4.598	7.061
还原后天然年输沙量(亿吨)	19.805	19.873	18.200	15.057

指出要特别重视水沙失调后给黄河下游带来“异常洪水”的威胁。需要进一步研究提出对策。

黄河流域水土保持科研基金将黄河水沙变化列为第四攻关项目。由黄委会农水局于一鸣主持,有关科研单位和有关省的水土保持部门参加,在五个专题研究组成果基础上,提出《黄河中游多沙粗沙区水土保持减水减沙效益及水沙变化趋势研究报告》,用水文法与成因法分别计算黄河中游(河龙区间、北洛河、汾河、泾河、渭河)水沙变化如表1—3—13。

表1—3—13　　不同计算方法水沙变化表

年　　代		70年代		80年代	
		成因法	水文法	成因法	水文法
减水	平均年减水量(亿立方米)	43.06	51.88	39.83	50.68
	其中水保措施占(%)	13		15	
	水利措施占(%)	87		85	
减沙	平均年减沙量(亿吨)	3.71	3.54	2.52	2.48
	其中水保措施占(%)	59		59	
	水利措施占(%)	41		41	

报告指出:水土保持坡面措施减水减沙效益随时间延续、植被度提高呈

增加趋势；沟壑淤地坝效益是不稳定的，与降雨条件有关，如暴雨次数多、强度大，淤积坝地也多，反之则少，而且暴雨引起水毁事故也增加了不稳定的程度；大型水库减沙量呈下降趋势，以至只蓄水不拦沙，灌溉减水量居多项措施的首位，随灌溉面积的发展而增加，同时也引走一部分泥沙。关于人为增加的水土流失量，估计一般占水保措施减水减沙量的30%，也就是说水保效益有30%被抵消了。又指出水文分析法以50～60年代的资料代表天然情况建立数学模型是不符合实际的，因为60年代已经有不少治理措施在发挥作用，若忽略不计，将给计算成果带来偏差，这一观点引起不少争论。

国家自然科学基金重大项目《黄河流域环境演变与水沙运行规律》中第二研究课题《流域侵蚀产沙规律及水利水保减沙效益分析》由唐克丽、熊贵枢等主持，最后编写出版《黄河流域的侵蚀与径流泥沙变化》一书。其分析计算龙、华、河、洑的水沙变化结果如表1—3—14。

表1—3—14　**各种治理措施减水减沙量表**

项　　目	70年代		80年代	
	水文法	水保计算法	水文法	水保计算法
平均年减水量(亿立方米)	145		168	
平均年减沙量(亿吨)	3.78	3.58	4.80	2.40

在减水量中以灌溉用水最多，减沙量中以水库和淤地坝拦沙最多。并根据有关方面的治理规划，预测到2000年黄河仍维持目前每年减少入黄沙量4亿吨左右是有把握的；随着国家经济条件好转，争取到2030年每年减少入黄沙量5亿吨左右的可能性是存在的。

国家自然科学基金重大项目《黄河流域环境演变与水沙运行规律》中，第三研究课题《黄河下游水沙变化与河床演变规律》由钱意颖、叶青超、曾庆华等主持，最后由钱意颖、叶青超、周文浩主编出版《黄河干流水沙变化与河床演变》一书。书中说：新中国建立以来，黄土高原地区的水土保持及支流治理取得很大成绩，截至1991年底，累计初步治理面积已达13万多平方公里，占应治理面积的30%，取得了明显的减水减沙效益。据初步分析，70年代，三门峡以上年平均来沙量减少约2.5亿吨(河口镇以上0.5亿吨，以下

2亿吨)；80年代，三门峡以上年平均来沙量减少约4.5亿吨(河口镇以上0.5亿吨，以下4亿吨)，其中淤地坝及支流水库减沙占90%左右，各种坡面措施减沙占10%左右，经过治理的支流无定河、汾河、清水河、大黑河及三川河减少入黄泥沙都在50%左右。水土保持及支流综合治理对水沙变化影响的总趋势是：在水量、沙量逐渐减少的情况下，出现两极分化现象，即降雨偏少的年份减水减沙作用大，大暴雨年份减水减沙作用小，甚至还会增加来沙，如80年代中游地区最大1日、30日降雨量均比70年代偏少11%左右，比50年代分别偏少20%和30%，在降雨强度显著减少的情况下，综合治理的减沙作用为4亿吨，如降雨条件变得不利，则综合治理的减沙作用就会降低，如1988年及1992年，黄河中游局部地区降雨偏多，来沙量多达14亿多吨及12亿多吨，这表明黄河泥沙并没有稳定减少。黄河径流量的变化是由气候波动引起的。据黄委会设计院采用随机水文学的方法推估，黄河连续5年枯水段的重现期为73年，连续6年枯水段的重现期96年，连续7年枯水段的重现期为119年，连续11年枯水段的重现期为250年。黄河有实测资料以来，1922～1932年出现了连续11年的枯水段，1969～1974年出现连续6年的枯水段，1977～1980年又出现连续4年的偏枯水段，如气候不发生大的变异，近期黄河不大可能再出现一个较长的连续枯水段，今后20～30年内，黄河的天然径流量应不小于包括1922～1932年11年枯水段实测资料的平均值580亿立方米。根据1986～2000年黄土高原水土保持综合治理规划，每年平均新增治理保存面积4000平方公里，年进度0.93%，初步治理面积到2000年新增6万平方公里，达16万平方公里，占水土流失面积的37.2%，治沟骨干工程每年新增拦泥库容约2亿立方米，到2000年，在巩固目前减沙效益的基础上，河口镇至三门峡区间，平均每年可再减沙1亿吨。从1986～1991年的治理发展情况看，上述规划是可以实现的。总之，今后黄河上中游水沙变化趋势主要是年水量大量减少，水量的年内分配发生变化，汛期水量从全年的60%减为30%～50%，流量过程趋于均匀化；洪峰流量大幅度削减，洪水总量减少，水沙关系失调，来沙量虽有减少，但出现两极分化，全年泥沙集中到汛期进入下游，高含沙量洪水出现的机遇增加，出现一系列新情况，带来许多新问题，需要认真研究。正如原水电部长钱正英为《黄河水沙变化研究论文集》所写序言中指出的：“通过参与此项工作众多同志的努力，取得了相当丰富的成果，对于黄河水沙变化的原因及其影响有了一定的认识。对于研究中的某些问题和结论，各方面的认识和意见还不一致，这是正常的，也是可喜的现象。黄河问题很复杂，各种变化还在不断发生和发展,研究时广开思路从各种角度来发现问题和思考问题,将有利于下一阶段工作。黄河水沙运行机制和变化受自然条件和人工控制多种因素的综合影响,是一个非常庞大而复杂的体系,已做的工作比较偏重于局部性和专题性研究,全面的和系统的调查研究和综合分析还做得不够,今后还应加强这个方面的研究工作。”

第二篇

泥沙研究

第二章

黄河的形成与发展受制于自然环境与人类活动的影响，使黄土高原的43万平方公里成为水土流失区，其中河口镇至龙门区间的11.12万平方公里是黄河泥沙，特别是粗泥沙的主要来源区。据统计，平均每年输入下游的泥沙为16亿吨，其中约4亿吨淤在下游河道内，河床年年抬高，成为地上悬河，遇洪水常决口泛滥，在建国前的2500多年中，决口1500多次，严重威胁着亿万人民的生命安全，因此，历代治河都以下游为重点。

历代治河者在与洪水作斗争的过程中，逐渐认识了造成黄河危害的原因是泥沙过多，治河必须治沙，故在治河实践中不断研究泥沙运行规律。建国后，国家重视江河治理，调集全国有关科学技术人员，广泛调查研究，进行流域统一规划，全面治理。40多年来，经历了蓄水拦沙、上拦下排，到拦、调、排、用多种途径的治黄阶段，科学研究与治黄实践密切结合，相辅相成，互相推动，科学研究与治黄都得到很大发展。在下游河道治理方面，进行了各治黄阶段水沙条件下河道冲淤、输沙规律的研究，提出各个不同时期的治理措施，为治河决策提供了科学依据。河口治理方面，主要是安排流路，以利排沙。70年代开始，进行了稳定流路的研究，保证了油田的生产与开发建设。水库研究方面，得到了在不影响防洪情况下，保持长期有效兴利库容的办法，为多沙河流兴建水库提供了经验。高含沙水流是黄河的特有现象。通过研究，得到了高含沙水流的产生、内部结构、运动特性等一系列认识，运用高含沙水流特性于治河的研究正在进行中。此外，研究方法也有很大发展，获得了适合黄河要求的黄河泥沙动床模型试验方法，制造了各种观测仪器和适合各专题研究的数学模型。这里都作专章列出，以便了解黄河泥沙研究全貌。

第四章　下游河道治理研究

黄河自黄土高原携带大量泥沙，穿越晋陕峡谷，汾渭谷地和中条山、崤山山地，经孟津进入广阔的华北平原。由于下游河道比降变缓，流速减低，泥沙大量沉积，河床逐年淤积抬高，成为地上悬河。加之黄河洪、枯流量悬殊，洪峰猛涨猛落等原因，使黄河下游河道在历史上不断决口，迁徙改道，严重影响人们的生产和生活，从而迫使人们很早就着手研究黄河下游河道的治理问题。

第一节　古代治理研究

远古时代，地广人稀，人们的生活资料主要靠采集现成的天然物，对洪水灾害采取逃避的方式，“择丘陵而处之”（《淮南子·齐俗训》）。以后随着人口的增加，生产方式由采集天然物转变为原始农业，生活方式由渔猎过渡到定居生活，产生了对洪水灾害加以防治的要求。最早防治的记述是共工采取“壅防百川，堕高堙库”（《国语·周语下》）的办法，用土修筑堤埝，以防范洪水泛滥的危害。

大约在公元前21世纪前的尧舜时代，黄河发生大洪水，尧召集部落首领会议，推举鲧负责平息洪水。鲧采用与共工相同的方法，把居住地区用土围起来。“鲧障洪水”（《国语·鲁语下》）。治水多年没有成功。舜继尧位后，又举鲧的儿子禹继承父业。禹接受前人的治水教训，与伯益、后稷等首领一道，“身执耒锸，以为民先”（《韩非子·五蠹篇》），率领群众“因水以为师”（《淮南子·原道训》），“行山表木，定高山大川……左准绳，右规矩，载四时，以开九洲，通九道，陂九泽，度九山”（《史记·夏本记》），平息了水患。这一传说，对后世有很大启迪作用，使人们知道：江河治理要遵循河流的客观规律，依靠群众进行调查研究，因势利导，以艰苦卓绝的忘我精神，才能取得治水的丰功伟业。

春秋时期，齐国为扩大垦地，堵塞了大禹疏导九河中的八支，“遏八流以自广”(《尚书·中侯》),说明在长期修筑防护围堤的基础上,筑堤技术已经发展,堤防已较普遍,并开始堵塞河道支流的实践。战国时代是中国奴隶社会向封建社会过渡的大变革时期,人口增加,铁制工具广泛使用,社会经济呈现前所未有的繁荣。黄河下游两岸开始修筑较系统的长堤。公元前651年齐桓公“会诸侯于葵丘”(今河南民权县境)的盟约中有“无曲防”的规定,就是禁止修筑以邻为壑的堤防。两岸堤距各距河12.5公里,使洪水在25公里宽的河道中有所游荡,“宽缓而不迫”(《汉书·沟洫志》),从而为黄河下游两岸地区的经济进一步发展提供了条件。

两岸长堤的出现,解决了泛滥横溢的灾害,河床的淤积也相应加重,逐渐变成了河水高于平地的地上河,《汉书》就已有“河高出民屋”的记载。沿河大堤之外,多为盐碱不毛之地。河道堤内则滩地较多,且一年中河水只有短期漫滩,落淤肥美。因此,人们在滩上种植,继而迁居,进而修筑围堤以自保,年复一年,重重围堤,缩窄水道,阻碍了洪水的宣泄。从滑县、浚县一带的古堤看,这里堤距最窄,而且在黎阳至濮阳东这段不到百里的河道,已形成五个顶冲的河湾,洪水壅塞不畅,不断在此决口为患。汉成帝绥和二年(公元前7年)皇帝征求治河意见,贾让应征上书:一是徙冀州之民当水冲者,从黎阳一带卡口河段人工改道,使河北流入海,流路范围“西薄大山,东薄金堤,势不能远,泛滥期月自定”谓之上策。二是在上策不能实行的情况下,采取分水的措施,兼顾灌溉、放淤、分洪等综合效益,“旱则开东方下水门溉冀州,水则开西方高水门分河流”,“分杀水怒”,谓之中策。三是维持原来这段多湾的河道,每年用大量人力财力对堤防加高培厚,仍不免决溢为患,此为下策。

贾让三策是针对汉时黄河下游已形成地上河且堤距过窄,影响河道排泄能力而作出的分析,其上中两策的宽河调洪、分滞洪水思想,当时虽未被采纳,但却对后世治河有很大影响。

王莽始建国三年(公元11年)大河在魏郡决口改道,“征能治河者以百数”提出了改道、分流、开支河与辟滞洪区等建议;还有“可略于禹贡九河处穿之,纵不能九,但为四五,宜有益”等,所谓“按经义治水”的建议。在治河争论中,长安张戎从“河水重浊,号为一石水而六斗泥”的黄河特性出发,提出“水性就下,行疾则自刮除成空而稍深”的理论,主张增加水流量以提高其携沙能力的设想,这一创见是史书上第一次记载依靠水力冲沙作为治河思想的建议,是与现代科学理论相符合的。

黄河在魏郡决口,改道东流,任其泛滥达60年之久,因河水不断南侵,以致河、汴决坏,而汴渠成为洪水向南分流的主河道。汉明帝永平十二年(公元 69 年)命王景治理河汴,王景先自荥阳至千乘海口修筑千里大堤,使黄水就范,形成河汴分流;并“商度地势,凿山阜,破砥绩,直截沟涧,防遏冲要,疏决壅积,十里立一水门,令更相洄注。”对汴渠进行全面治理。通过王景治河,结束了 60 年的河水泛滥,由于黄河改道后比降增大,入海通畅的有利条件,固定了新河道;同时河、汴分流恢复了东南水系的运道,成绩卓著。

宋朝早期黄河仍流经王景治理的河道,因行水时间很长,淤积严重,入宋以来河患频繁。宋仁宗景佑元年(1034 年)至嘉佑五年(1060 年)的二十七年间,就有三次较大变迁:一是景佑元年河决澶州(今河南濮阳)横陇埽;二是仁宗庆历八年(1048 年)河决澶州商胡埽,改道北流,由今大名入卫河,经馆陶、临清、景县、东光、南皮,到沧州汇漳河,由青县、天津入海,宋人称这一河道为“北流”;三是嘉佑五年河决魏郡(今河南南乐附近)第六埽,与北流分泄入海,经今山东朝城、馆陶,由无棣入海,称“二股河”为东流。当时黄河流经宋、辽之间,由于宋王朝与北方契丹民族的矛盾很尖锐,所以在仁宗庆历八年(1048 年)改道北流后,便兴起三次堵塞北流的回河东流,虽均未成功,但却反映了各种治河的观点和要求。第一次回河之议起于仁宗皇佑四年(1052 年),李仲昌请在澶州商胡以下开六塔河,挽归“京东故道”。欧阳修认为“河流已弃之道自古难复”。回河东注是逆水之性,“河本泥沙,无不淤之理,淤常先下流,下流淤高,水行渐壅,乃决上流之低处,此势之常也”。即使商胡“幸而暂塞,而终于上流必决”。主张因水所趋,增堤峻防,疏其下游。皇上未采纳他的意见,于嘉佑元年(1056 年)强行进堵商胡北流,是夕复决,回河失败。第二次回河之议起于神宗熙宁二年(1069 年)王安石想要改变宋朝积贫积弱的局面,推行“整军”“理财”为中心的新法,他认为北流水灾较大,对农业生产不利:“北流不塞,占公私田至多,又水散漫,久复淀塞。昨(熙宁五年四月)修二股,费至少而公私田皆出,向之泻卤,俱为沃壤,庸非利乎。”主张回河东流二股河,故在二股河口修挑流坝,逐渐扩大唐故大河北支的分流比,然后堵塞北流,以免除鲁、冀、深、瀛、永静、乾宁的水患。并设置疏浚黄河司,疏浚河道。当时反对的人也不少,尤其负责督修二股河工程的司马光,表面上支持回河,行动上却屡次拖延堵塞北流放水东行时机,但在王安石力主之下,大河还是归入二股河。后因连续发生决口,神宗对回河发生动摇,至元丰四年(1081 年),澶洲小吴埽大决,黄河北合御河由天津入海,神宗改变了回河的主意,说:“河之患久矣!后世以事治水,故常有碍。夫水之趋下,乃其性也。以道治水,则无违其性可也。如能顺水所向,迁徙城邑以避之,复有何患!虽神禹复生,不过如此。”对治河没有信心。在这种思想支配下,第二次回河又告失败。第三次回河之议起于宋哲宗元祐元年(1086年),这时黄河已北流由界河入海,河流虽北,而孙村低下,涨水往往东出,河北诸郡皆被水灾,王令图建议于孙村金堤置约,复故道。经派人调查,认为旧河淤仰,故道难复,请于南乐大名埽开直河,分引水势入孙村口,以解大名以下的水患(《宋史·河渠志》)。这一减河工程引起的争论主要偏重于御敌,主张回河东流的安焘、吕大防、文彦博认为"河不东,则失中国之险,为契丹之利。"王岩叟则列举北流有七大害:塘泊湮淤,浸失北塞险固之利;乾宁已成孤垒,大名、深、冀有终不自保之势;沧州扼北敌海道,河不东流,沧州在河之南直抵京师,无有限隔;北流横遏西山之水,不得顺流而下,蹙溢千里,百万生齿,居无庐,耕无田,流散而不复等等。反对者王存认为,与契丹"通好如一家,设险何与焉?"范百禄、赵君锡认为"塘泺有限辽之名,无御辽之实。"浅处人可涉水而过,深处也可划船而渡,"冬寒冰坚,尤为坦途。"北方长期无警,不必过于忧虑。苏辙则说:"回河之计,盖由元老大臣重于改过,故假契丹不测之忧,以取必于朝廷。"除上述御敌之观点外,"尊古训","听天命"的说法也不少,如范百录说:"本朝以来,未有大河安流合于禹迹如此之利便也。"苏辙对吕公著说:"河决而北,先帝不能回,而诸公欲回之,是自谓智勇势力过先帝也。"在纷纭的争论中,终于绍圣元年(1094年),尽闭北流,回入东流。迨元符二年(1099年)河决内黄,全河又回北流,东流断绝,回河争论从此结束。在这五十年间的回河争论中,反映出宋代对河流规律的认识虽有所提高,但却不能利用有利形势,因势利导,尤其"听天命""尊古训""以河御敌"等思想,妨碍对黄河的治理,也阻碍了对河流规律认识的发展。直到1128年,高宗南渡以后,仍以抵抗金兵为由,开封留守杜充决河南犯,造成黄河长期夺淮入黄海的局面,持续700多年。

明代黄河流路,仍为元顺帝至正十一年(1351年)贾鲁堵塞白茅决口后流经的汴渠故道,由开封东,经商丘、徐州,夺泗水至淮阴注淮河东流入海。元朝开通了南北运河,已成为由江南运粮,保证京都"官俸军食"的重要通道。黄河在明朝中期以前的二百年间,又决口改道频繁,且常处在多支分流的局面,侵扰泗水及其以北运河,严重影响京都供给。所以,明代把"保漕"当作治河的主要任务,如弘治六年(1493年)朝廷给刘大夏治河的命令中就曾指出,"古人治河,只是除民之害。今日治河,乃恐妨运道,致误国计。"确定了当时的治河方针。正如万恭所说:"今以五百四十里治运河(指徐州到淮阴为黄河所占据的泗水漕道)即所以治黄河,治黄河即所以治运河。"后来潘季驯治河更进一步阐明了治理黄、淮、运三河之关系,指出:"通漕于河,则治河即以治漕，合河于淮，则治淮即以治河，会河、淮同入于海，则治河、淮即以治海。”这无疑增加了治河的复杂性。

在“保漕”任务的要求下，在过去治河经验的基础上，通过长期的观察和实践，当时人们已逐步取得对黄河水沙运动规律较深刻的认识。如弘治年间周用总结出“黄河徙决于夏月者十之六七，秋月十之四五，冬月盖无几焉。”并提出用沟洫治河，“夫天下之水，莫大于河，天下有沟洫，天下皆容水之地，黄河何所不容？天下皆修沟洫，天下皆治水之人，黄河何所不治？”(《明经世文编》卷一四六)。正德年间刘天和“周询广视，历考前闻”，总结了造成黄河迁徙不常的六点原因，并归纳黄河特性为“善淤、善决、善徙”，而“善徙由于善决，善决由于善淤”(《问水集》卷一)。隆庆年间万恭分析说：“夫黄河非持久之水也，与江水异。每年发不过五六次，每次发不过三四日。”“河水伏秋迅烈，消长叵测，守之不固，则堤岸横冲。”“洪水暴猛虽有其时，而衰弱亦有其候。”特别强调“水之为性也，专则急，分则缓，河之为势也，急则通，缓则淤。”黄河只有合流，用堤防来约束就范，使之入海，才淤不得停，则河深，河深则水不溢”(《治水鉴蹄》)。万历年间潘季驯第三次主持河务，进一步认识到黄河多沙的特点，“黄流最浊，以斗计之，沙居其六，若至伏秋，则水居其二矣。以二升之水载八升之沙，非极汛溜，必致停滞。”“水分则势缓，势缓则沙停，沙停则河饱，尺寸之水皆由沙面，止见其高；水合则势猛，势猛则刷沙，沙刷则河深，寻丈之水皆由河底，止见其卑。”(《河防一览》)从而摈弃长期多支分流状态，实行“以堤束水，以水攻沙”，“借水攻沙，以水治水”的方针，在前人工作的基础上，继续“坚筑堤防，纳水归于一槽”，取得明显治河效果，为后人所称道。

清代继承潘季驯“束水攻沙”的治河方针并有所发展，靳辅提出“治河之道，必当审其全局，将河道、运道为一体，彻首尾而合治之，而后可无弊也”，采取“筑堤以障其狂，减水以分其势，疏浚以速其渲”的措施。以后胡定曾提出在上中游进行沟涧筑坝“汰沙澄源”的治河意见，但受封建社会条件的局限，不可能实施。总之明清时代治河，以保漕任务为主，防御泛滥灾害仅居其次，如靳辅在《两河再造疏》中分析黄河在某地决口的影响时说：“止于民田受淹，而与运道无碍。”这就说明，在封建社会里，治河只服务于统治者的利益，泛滥灾害尚且不能统筹治理，自然更不能放眼全河，探求整个黄河除害兴利的总方略。

第二节　近代治理研究

雅片战争后，中国沦为半封建半殖民地社会，西方列强为掠夺中国财富，前来修路办厂、探测水道和航运。在勘查黄河的活动中也有一些外国科学家对黄河下游作学术性考察。清同治七年(1868年)，上海的英国商人艾略斯(Ney. Elios)曾对铜瓦厢改道后的黄河新河道进行考察，于1870年在英国皇家地理学会会刊发表《1868年考察黄河新道记》(Elios. Ney, Note of a Journey to The New Course of The Yellow River in 1868, in Proceedings of The Royal Goegraphical Society Vol. 40 1870)影响所及，清光绪四年(1878年)前后，英国工程师毛里逊(G. J. Morrison)也考察新河道，1880年在英国皇家地理学会会刊上发表《新黄河记》("Journeys is the Interior of China——The Grand Canal and Yellow River" in Proceedings of The Royal Geographical Society 1880)。清光绪十五年(1889年)清政府聘请荷兰主管河港的官员石佛达(Fijnje Van Salverda)为顾问偕工程师单百克(P. G Van Shermbeck)、维善(Visser)二人考察了黄河下游，写有60面的报告《黄河备忘录》(Fijnje Van Salverda J. G. M. Memorandum Relative to the Improvement of the Huang Ho or Yellow River in China; Containing on Annex by His Deputies, Captain P. G. Van Shermbeck and Mr Visser, Translated From The Dutch by W. D. Dickinson, The Hague 1891)。自此以后应当时政府邀请来黄河考察的外国专家日多，清光绪二十四年(1898年)比利时人芦法尔应清政府之邀，陪同李鸿章查勘山东河道，写有《勘河报告》。报告中除提出"培修堤岸，固筑险工，并疏通尾闾"等救急事宜外，还提出"今欲求治此河，应行先办三事：一测量全河形势；一测绘河图；一分段查看水性，考求沙数，此三事未办，所有工程终难得当，即使稍纾目前，不旋踵而前功尽隳矣。"此外，还提出"上游各土山，应行设法保护"，"沿岸种草栽树"，"上游修建闸坝，用以拦沙，或择大湖用以减水"等治河措施。清光绪二十九年(1903年)海关总署上海港稽查官英国人泰勒(W. F. Tyler)受山东巡抚周馥之邀，为免除洪水危害小清河航道，查勘泺口以下黄河。查勘后向山东巡抚提交了报告，并于1906年将报告改写成《大清帝国海关特别报告—黄河扎记》(Notes on the Yellow River)公开出版。1917年，熊希龄代表北洋军阀政府与美国万国公司(International CorPoration)签订六百万美元借款，该公司于 1918 年派工程师黎伯莱(Joseph Ripley)率队来华施测河北、山东段运河,以改善运河航道。当年未完成任务,于次年又派工程师费礼门来黄河施测京汉铁路至东坝头河道及黄运交汇处的位山河道。费氏曾驾小舟顺水考察堤防、水流、沙滩以及决口老口门,发现"当流量增加时,黄河每能自行刷深其河床,至其所需之深度与宽度,而整个横断面之平均之流速从不超过 2.5 米每秒,迨洪水退落时,则所有刷空之处,俱一一回淤,几与原状无异。"因而,费氏主张缩窄河床,认为:"缩窄河床之结果,不仅可使之自行刷深,且能获得黄河需要之洪水河槽而维持之,甚至将水中所挟之沙一一输送入海。"1922 年费氏在美国土木工程师协会汇刊上发表《中国洪水问题》(Flood Problems in China,Am,Soc. c. E. Transactions vol. 85. 1922),又于 1923 年委托德国恩格斯按其缩窄成直河槽的构想,做"黄河丁坝试验"。我国学者郑肇经曾参与其事,因试验假设条件太多,无法用于黄河。恩格斯在以后给沈怡的信中指出:"这次丁坝试验对黄河并无用处。"但这毕竟是黄河的第一次河工模型试验,在当时还引起费礼门、方修斯、恩格斯等人对黄河下游河道究竟应该采用宽河或窄河治理的争论。

清末海运大开以后,清廷以"自强""求富"为标榜,兴办洋务运动,提出"中学为体,西学为用"的原则,把引进西方技术作为"富国强民"的工具,派留学生到西方学习实用工程技术。20 世纪初,这批学者相继学成回国,成为我国现代科学的传播者和奠基者。以李仪祉为代表的中国现代水利科学先驱,大力倡导科学治河,悉心研究黄河问题,早在 1928 年任华北水利委员会主席时就在黄河设置水文站;1933～1935 年在国民政府黄委会任委员长期间,更亲历黄河考察,深入探讨,并聘请德国特莱斯顿工业大学教授恩格斯于 1932 年、1934 年两度进行治导黄河模型试验,先后由李赋都、沈怡参加。试验在水文、泥沙、边界条件和模型缩尺方面与黄河并不严格相似,两度试验也未获得决定性之结论,但已给予人们对治河以有益的启示。即宽堤距对于河槽之冲刷较狭者为有利,但必须固定中水河槽。

对于恩格斯的建议,李仪祉在《黄河治本探讨》一文中说:"恩格斯这项主张,著者是最表同意的。因为有了固定中水河床以后,才能设法控制洪水流向。不然便如野马无缰,莫如之何,只有斤斤防守而已。"根据这一建议和历次考察研究,拟出黄河治本计划,"整修河道,固定中常水位河槽;渭、洛、泾、汾、雒、沁、三川河、无定河、清涧河、延水各筑一蓄洪水库,或议在壶口及孟津各筑一蓄洪水库以代之;自河南陈桥、山东齐河、河北刘庄作第一二三减河,整理河口,平治阶田,开抉沟洫,设置谷防以堵截去路;广植林木"等。

在国民政府黄委会工作计划中，拟就济南设一大规模水工试验场，以作各项治河工程之实验；于济南及开封上下择一河段作天然实验；设黄河地质研究所等。以期用古人之经验，本科学之新识，加以实地考察，精确之研究，详审之试验，多数之努力，伟大之机械，实现“十年小成，三十年大成。”

1936年，沈怡在《黄河问题》一文中提出：“黄河之患，患在多沙，因此，治河不外治沙，治沙即以治河。治河当先治下游，治下游当先治河口。治河口仍不外乎集中水势，冲刷泥沙以水之力，治水之患。”“河口既治，便当裁弯塞支，就当地可得之材料，保护河岸，为河流谋一固定之中水位河槽。”“这是德国恩格斯教授的一个重要建议。”

1938年，曾受聘于国民政府黄委会的挪威工程师安立森与曾在我国从事水利工作多年的美国工程师塔德合作，在美国土木工程师协会月刊上发表论文《黄河问题》(The Yellow River Problem)，提出在大平原之西，其位置则为三角洲以上沿黄河干流一带，及在晋、陕二省之若干支流，及进入河南境后之洛河与沁河一带，设立滞洪地区，以暂时截留使最大洪水之洪峰流量趋于驯顺，整治河道，使被选定之河道获得固定；中上游增加草地及森林面积，防止土壤销蚀等。三十年代国际联盟还派遣过几个技术组来华，也提出过一些治黄的建议。

日本侵华期间，东亚研究所编著了自包头至海口的《黄河治理规划的综合调查报告书》，计划中利用京广铁桥以下河床及北金堤蓄水滞洪，在包头至孟津间修筑水库等工程，其目的在于掠夺华北经济资源，对泥沙无作任何处理。1944年国民政府黄委会作了《治理黄河初步研究》，报告中说：下游区域之开发，虽已臻相当完善，然其繁荣，因深受频年屡现之洪患威胁而遭阻碍，故治理黄河实为首要之举。本治理研究之主要目标，在获得一稳定性之河槽，藉冲刷作用，增加槽深，使河床冲淤达于平衡状态。改良堤线与槽线，固定河槽，疏通河口，使水流畅通为治河要旨。文中还提到黄河中段使用沟洫制，节洪水库，植草造林及下游洪水分引及泥沙处置，二者相辅为用，则黄河之害庶可逐渐解除，而水利亦可兴矣。

1946年，国民政府水利委员会聘请国内水利专家，组成以张含英为团长的黄河治本研究团，在对黄河重点地段进行考察后，写了《黄河上中游考察报告》，提出治黄建议25条。同年国民政府行政院最高经济委员会，公共工程委员会邀请美国水利专家，组成黄河顾问团来华咨询。顾问团由雷巴德(E. S. Reybold)、葛罗同(J. P. Growdon)、萨凡奇(John. L. Savage)、欧索司(Rerey Othus)组成。顾问团来华前，行政院邀集了熟悉黄河的中国专家60

多人为其搜集准备有关黄河的资料。顾问团来华后会同中国专家进行了自下游河口至甘肃刘家峡的飞行视察和重点实地勘查，提出了《治理黄河初步报告》，建议："在八里胡同至潼关形成一个山峡水库"，"水库将有充分容量为最大洪水之控制，并将有能力放走泥沙及发大量电力"，"并须在每种流速情形下，将所含之大量泥沙均能输出而不致有丝毫淤积于河道之内。"公共工程委员会顾问柯登(J.s.Cotton)也参加了顾问团查勘，并编写《开发黄河流域之说明》一文，指出："控制水库排沙量是困难的，倘若洪水峰削平了，而所输送的泥沙量未减，则河道性状会产生一种更恶劣的情形。水土保持为防治洪水的唯一永久对策，且为不断增加其它利益的方法。"1947年，张含英根据其多年的研究，写出了《黄河治理纲要》八十条。提出："应上中下三游统筹，本流支流兼顾，以整个流域为对象。"具体内容，除论及基本资料应急谋普遍充实，加速调查观测外，分别就泥沙的冲积控制，水资源的开发利用，水患的防范与洪流的拦蓄等提出建议。但由于社会原因，上述建议均未能实行。正如张含英在《历代治河方略探讨》一书中说："清代贯彻中学为体，西学为用的原则，在治河上对于近代科学的引用则完全置诸度外。直到国民党统治时期，虽然测量了河道地形，设立一些水文站，进行一些河道治理的模型试验，建立一些水土保持试验区，但是对于河流的治理与下游的堤防，以及其他除害兴利措施，则一概不准动。这时近代科学技术虽初步引入我国，但也仅限于研究而已。"

黄河的自然规律是复杂的，以上种种看法反映了不同时期人们对黄河自然规律的认识水平，要达到全面认识的目的，既不能缺少现代科学理论的引导，更不能离开治河实践。

第三节　1949～1961年治理研究

一、"蓄水拦沙"治河方针形成阶段

1949年全黄河上、中、下游统一治理的局面即将到来，为探讨黄河的治理，黄委会请张含英、张光斗、冯景兰、张伯声等著名专家、教授作顾问。在广泛收集查阅治河典籍，以及各种治河意见的基础上，提出《治理黄河初步意见》。意见中说："治理黄河的目的，应该是变害河为利河；治理黄河的方针，应该是防灾和兴利并重，上中下三游统筹，本流和支流兼顾。"并分析河患原

因，分别缓急，提出对策，上报华北人民政府。同年八月张含英发表《黄河治本论》，进一步阐述黄河为患的自然原因及除害兴利在上、中、下游应采取的治理办法。同年10月，华北人民政府主席董必武批示："关于《治理黄河初步意见》经研究，认为明年度修防工程八项任务极是，水土保持及观测工作亦属必要。"根据这一批示，黄委会除积极进行下游修防工程外，准备派出查勘队调查黄河可供修筑水库的坝址。张光斗写了《黄河潼孟段水库计划勘测纲要》，对勘测工作方法和需要的设备提出建议。

1950年3月派出以吴以敩为队长，仝允杲、郝步荣为副队长的龙门至孟津段查勘队，对龙门、三门峡、八里胡同、小浪底四处坝址进行查勘，并在三门峡与八里胡同之间发现槐坝、傅家凹、王家滩三处新坝址。在这次查勘中特请地质专家冯景兰教授参加潼关至孟津段三门峡、八里胡同和小浪底三处坝址的地质初勘，填其坝址地质图，认为三门峡坝址最为优越，对该坝址的岩石性质、生成原因和地质构造等都做了基本肯定的结论，提出了初步地质勘探的意见。同年7月，水利部部长傅作义、副部长张含英、水利部顾问苏联专家布可夫(Н. Н. Бжов)以及张光斗等在黄委会副主任赵明甫的陪同下，再次查勘潼孟段，对三门峡、八里胡同、王家滩、小浪底等坝址进行对比研究。查勘后，张光斗写了《黄河潼孟段水库计划的意见》，指出因三门峡水库淹没损失很大，在当时经济、技术条件都比较困难的情况下，应与支流水库和下游滞洪方案进行比较。与此同时，黄委会与平原、山东两省河务局共同查勘东平湖可能蓄洪情况，并作出"以艾山1948年洪水位44.06米为防守标准，需要蓄水时由黄河防总统一掌握，当地政府动员群众放水蓄洪。平原金线岭堤和山东新临黄堤，如遇较大洪水进行蓄水时，必须坚决防守不准溃决"等决定。8月黄委会与河南黄河河务局共同查勘兰封、考城、民权黄河故道和郑州花园口至尉氏黄泛区的蓄洪滞洪可能性，认为：可供蓄水的面积均有限，效果不大，且进水、退水与陇海路矛盾很多。

同年10月，成立了黄委会泥沙研究所，负责研究黄河的泥沙问题及有关治河工程的科学试验。建所之初，任吴以敩、李觉民为副所长，抽调部分技术人员，边筹建机构，边开展研究工作。在泥沙研究方面，首先从改进泥沙测验技术和泥沙特性的研究着手。为适应泥沙颗粒分析数量大的需要，自制比重计，迈出颗分第一步；以后又引进美国的底漏管分析方法(适用于含有细沙、粉土及粘土的混合试样，且取样很少的情况)，大大提高了工作效率。这两种方法均被列入部颁规范，先后在其他河流推广。在工程试验方面，配合下游大堤加固工程进行土工测验工作，并筹划进行黄河大洪水的验证水工模型试验。

1951 年张光斗发表《黄河流域开发规划纲要草案》,除对黄河流域规划提出总体意见外,还强调泥沙是症结,应积极进行观测研究,其他技术问题也须进行专题研究。建议由中央有关各部、科学院、地质调查所及其他专业机构、地方政府有关部门、学校和各试验室群策群力,共同参加。开始阶段工作范围不宜过大,搜集资料、分类研究,务期得到具体结果等。同年,黄委会组织大规模的干支流查勘,同时进行一些专题研究工作。在支流水库选址方面,经查勘认为:支流水库对下游防洪拦洪机遇不可靠,泥沙淤积库容迅速损失,投资多,效益不如干流水库。在专题研究方面,关于 1933 年和 1942 年洪水确切流量的分析研究由黄委会水文科完成,分析结果:当时已知最大洪水的 1933 年,洪峰流量约为 20000 立方米每秒。关于黄河泥沙数量及其来源的研究由黄委会泥沙研究所完成,结论见本卷第一篇第三章干支流水沙。关于黄河挟沙能力的研究,黄委会泥沙研究所先在潼关河段进行测验,因水沙及河床边界条件变化太大,后改由人民胜利渠进行,积累了大量资料,为后来分析工作打下了良好基础。关于近代各家治黄意见及各种开发黄河的方案研究,由黄委会研究室分析完成,根据当时掌握的具体资料和除害兴利的治河方针,对各家意见分别进行评论、筛选,提出了参考意见。

1952 年 5 月,黄委会主任王化云在上述工作的基础上,撰写了《关于黄河治理方略的意见》,上报中央,首次正式提出"蓄水拦沙"的治黄方略,和相应的实施措施,并建议苏联专家帮助进行黄河流域规划和重大工程的设计任务。后经中国政府与苏联政府商定将黄河综合开发规划列为苏联援助中国经济建设的 156 项重大项目之一。

由于三门峡水库淹没损失大,而支流水库防洪机遇不可靠,黄泛区及黄河故道又因滞洪面积有限,矛盾很多,北岸黄河大堤与太行堤间,最大分洪量也只有 2000 立方米每秒,因此,1953 年黄委会又组织邙山滞洪水库的研究。经分析认为:邙山水库防洪效益是其他任何水库所不能比拟的,但淹没损失也不小,投资需 15 亿元以上,移民超过 15 万人,又无综合效益。同年 7 月,国家计委决定成立黄河研究组,筹备黄河规划工作。

1953 年,为配合规划工作需要,黄委会泥沙研究所利用黄河下游河道及引黄灌区资料分析了前人的挟沙能力和不淤流速公式,认为札马林公式乘以系数 5 较为适合黄河的情况,建议采用。这就成为第一次规划期中输沙计算的主要依据。

1954 年元月苏联专家组到达北京,2 月组成由李葆华和刘澜波为正副团长的黄河查勘团，由中央有关部门领导，苏联和中国专家共120余人参加，自河口开始上溯黄河干流，于3月完成龙门至潼关河段的查勘后，在西安召开技术座谈会。会上苏联专家否定了邙山水库，竭力推荐三门峡水库，并说“从龙门到邙山我们看过的全部坝址中，必须承认三门峡坝址是最好的一个坝址。”对于水库淹没损失问题，专家说：“为了解决防洪问题，想找一个既不迁移人口，又能保证调节洪水的水库，这是不能实现的幻想、空想，没有必要研究。”“为调节洪水所必需的水库库容，都是用淹没换来的。”经过认真的讨论，对选择水库坝址基本统一了认识（见《规划志》第118—119页），这次查勘在黄河流域综合利用规划进程中起着非常重要的作用。4月黄河研究组改为黄河规划委员会，开始黄河规划工作。此间，黄委会将近年干支流查勘以及专题研究成果汇总为《黄河流域基本情况参考资料》，黄河规划委员会编写了《考虑黄河开发任务综合性的技术经济调查报告编制特点》等报告，提供中苏专家参考，为完成黄河流域综合规划奠定了基础。

1954年10月《黄河综合利用规划技术经济报告》完成，1955年7月全国人民代表大会第一届二次会议通过了《关于根治黄河水害和开发黄河水利的综合规划的决议》，蓄水拦沙的治黄方略在报告中得到具体体现。

二、三门峡水库建成、“蓄水拦沙”初步实践阶段

根据全国人民代表大会决议，治黄规划的第一期工程随即进入实施阶段。这些工程，尤其是三门峡枢纽的兴建，将使下游河道在下泄清水后产生剧烈的变化，对这些变化的预报，以及采取何种对应措施，就成为当时亟待解决的问题。黄河规划委员会曾作过官厅水库修建后永定河下游河道的冲淤情况分析，并据此进行黄河下游河道冲刷计算，指出：三门峡至孟津一段冲刷量不大，孟津以下河道冲刷可能显著，但由于对河底及河岸的冲淤过程，对水流泥沙运动规律研究得不够，计算结果是粗略的。又因官厅水库修建后，减少了洪水对下游的威胁，但由于水库下泄清水和中水时间的延长，主流经常大幅度摆动，对防汛抢险增添了新的困难，因此，在修建水库的同时，须在下游进行相应的河道整治工作，使清水只能下切，不致任意摆动和冲滩。苏联专家H.B.拉普图列夫也说：正确决定水流输沙力的问题是河道水力学方面最困难、而目前还没有完全得到解决的问题之一，中国象长江、黄河等大河流的治理开发，在很大程度上取决于这个问题的研究与进展。《黄河流域综合利用规划技术经济报告》也指出：在初步设计和技术设计阶

段，必须进行试验研究工作，除各水利枢纽水工部分的科学研究工作外，在三门峡水库下泄清水将河床上过去所沉积的泥沙冲走之后，将会减缓目前下游全段的河底坡度，这种现象在质与量的方面，应采用黄河河道立体模型试验加以阐明。这些研究工作应当确定河流情况的改变对河床稳定性及河床横断面形式的影响，同时还应估计分析所有这些现象在时间上的发展速度等等。三门峡工程设计已委托苏联进行，黄河下游河床演变及河道整治的研究，也列入中苏技术合作有关水利科学技术研究项目之一(第122页)，以我国为主，合作进行。为此水利部于1955年12月17日至1956年元月6日在北京召开了泥沙问题研究工作座谈会，邀请了中国科学院所属有关单位、高等院校及其他有关部门，共53人参加。由黄河规划委员会介绍了三门峡水库淤积和下游河道冲淤变化计算结果，以及苏联和美国研究情况等。会议确定，为有计划的大力开展泥沙问题研究工作，在国家建设委员会和水利部领导下，由水利部及其他有关部门研究单位、高等院校等从事泥沙研究工作人员组成泥沙研究工作组，设中心领导小组，组长一人，由水利部水文局局长谢家泽担任，副组长四人，由黄委会副主任李赋都，武汉水利电力学院副院长张瑞瑾，中科院技术科学部委员、清华大学教授张光斗，水科院筹备处副处长方宗岱担任。组内设秘书三人，由水科院工程师范家骅、李保如、丁联臻担任，推动泥沙研究工作的进行。1956年汛前，黄委会邀请中国科学院水工研究室钱宁、华东水利学院张书农、武汉水利电力学院谢鉴衡、水科院李保如等组成查勘团，查勘黄河下游河道，为系统研究黄河下游河床演变及河道整治收集资料。通过查勘，选定了花园口河段作为游荡段的典型，伟那里作为过渡段、土城子作为弯曲河段的典型，进行重点观测研究。并于同年7月由国家建设委员会，中国科学院联合发出《1956年建设科学研究计划任务书》下达执行。

官厅水库于1953年建成，为探求水库建成后水文泥沙运动规律，水利部水文局曾派人进行观测研究，并为黄河流域规划进行阶段已提供了许多资料。此间水科院河渠研究所提出："由于泥沙运动的性质十分复杂，很难要求试验室得出结果能与实际符合，因此，各种治理措施的建议都需要在河道上或水土保持区加以检验。最好把永定河当作黄河的一个模型，争取在三五年内把永定河治好，这一套经验就可能移用于黄河。"经协商，以水科院河渠所为主，黄委会派人参加，共同观测、整理永定河资料。此外，西北水科所在沙玉清所长的带领下，进行泥沙运动基本规律的研究，发表了《泥沙运动基本规律——物体的沉速、开动流速、挟沙量》等文章。其他研究部门及高等院校也相应进行了一些室内分析研究工作。

1957 年，岑仲勉著《黄河变迁史》出版，书中对黄河的变迁作了大量的史料论证，提出了许多有价值的论据，对清康熙三十六年胡谓注释的《禹贡锥指》中黄河 5 次大迁提出疑问。同年，黄委会水科所与武汉水利电力学院协作进行黄河挟沙能力和动床模型试验研究。谢鉴衡还根据前年查勘与黄委会提供的资料发表了《关于黄河下游河床演变问题》，其要点：

1. 黄河下游河床形成过程及纵剖面变化

黄河挟带大量泥沙，使下游河床逐渐上升，河身逐渐加长。任一河段的严重淤积，在其他条件不变情况下，将减少上一河段的比降，而相应加大下一河段的比降，其结果本河段的淤积速度随之降低，淤积地段随之延伸；在多年平均情况下，除河口及峡谷出口附近外，各河段的上升速度应接近相等。用束水攻沙的办法，不能根除堆积性河流上升。近年来黄委会所采取的宽河固堤方针，应该承认不仅在降低洪水位方面是正确的，而且由于宽阔滩面的大量淤积，在减少河床上升速度方面也是正确的。

2. 黄河下游的河型及平面变化

黄河下游河道按其外形及变化趋势(除河口外)可分为三段。第一段孟津至高村，河槽宽浅，心滩众多且变化无定，河身总趋向顺直无明显弯道，是一种典型的游荡性河道。第二段高村至陶城铺，具有弯曲性的河道外形，堤距仍然很宽，河心沙滩甚少，河槽比较深窄，在受险工及天然胶泥嘴控制的情况下，弯道的摆幅并不太大。第三段陶城铺至前左，河道紧束于两堤之间，河身比较深窄，弯曲率也较小。高村至前左基本上都可能看成弯曲性河道，不过陶城铺至前左因人工控制太严，未曾获得充分发展。

3. 三门峡水库修成后下游河床变化及整治问题

黄河规划委员会曾就水库修成后黄河下游的一般冲刷的问题，用列维方法进行计算(假定桃花峪枢纽与三门峡枢纽同时建成，沿程河宽一律为 500 米，利用扎马林公式计算水流挟沙力，不考虑底沙粗化现象)。计算结果：

(1)紧接京汉桥下游，在第一年内将冲深 9.6 米至第七年其冲深达 27.0 米。

(2)冲刷系沿着河道逐渐向下游发展，第一年末在京汉桥以下 70 公里内有冲刷现象，第九年末冲刷延伸至 170 公里。

(3)向下冲深速度逐年减缓，京汉桥下游第一年冲深 9.6 米，到第七年则仅冲深 0.2 米。

上面的计算结果，在定性方面是正确的，在定量方面还值得商榷。首先是选定适合黄河的挟沙能力公式。为此，查勘团（1956 年汛前）建议在艾山附近选一段顺直河段进行挟沙能力测验，希望能获得比较可靠的检验水流挟沙力公式的自然资料。其次，三门峡水库修成后游荡性河段由于非床沙质泥沙大大减少，边滩回淤速度将大大降低，河道变宽似不可避免，做游荡性河流模型试验是非常困难的，现阶段研究这一问题，似以采用安得列也夫及雅罗斯拉夫采夫所建议的自然河工模型试验法为宜。查勘团建议花园口河段作游荡性河道演变过程的研究河段。关于水库修成后下游河道的整治问题，应先确定河道的整治线，有计划有步骤地使之实现。整治线必须是一系列直道连起的弯道。查勘团建议对黄河高村以下各种河弯进行河相观测研究，希望通过研究找出平顺河弯的曲率半径作为设计依据。

1957 年，黄委会水科所整理以上重点河段的测验资料，据以分析黄河下游河道的挟沙能力，糙率以及河道的平面形态，并作了造床试验，分别取得一定的进展，也发现了不少新问题。

关于水流挟沙力的研究，首先检验了已有的 22 个公式，结果都不能令人满意。因此，根据实测资料分析，提出黄河挟沙关系式：

$$\rho=1.07\frac{V^{2.25}}{R^{0.74}\omega^{0.77}}$$

把各引黄渠系及水槽试验资料加入并简化为：

$$\rho=70\left(\frac{V^3}{gR\omega}\right)^{3/4}\left(\frac{H}{B}\right)^{1/2}$$

式中 ρ—水流挟沙能力（公斤每立方米）

ω—悬移质泥沙加权平均沉速（厘米每秒）

V—流速　（米每秒）　R—水力半径　（米）

g—重力加速度（9.8 米每二次方秒）　B—水面宽度（米）

H—平均水深（米）

这一结果是用不淤的资料得到的，虽在一定程度上满足了生产的需要，但在使用时需要用不冲流速的成果，检验是否会产生冲刷。这样考虑是否恰当，尚待进一步研究。与此同时，武汉水利电力学院、水科院都提出了各自的公式。

关于黄河下游河道糙率的研究，认为：黄河下游河道的糙率与流量有关系，当流量超过 1000 立方米每秒以后，则糙率 n 为常数。

关于不冲流速的研究认为：黄河下游河道的不冲流速也受含沙量的影

响,随含沙量的增大而加大。

上述两项研究所用的含沙量是水流中的全沙量(非造床质与造床质混合),将来下游河道水流中可能只有造床质泥沙则是需要解决的问题。

关于黄河下游河道形态的研究,由于河床演变观测资料不够,仅以大断面资料进行河道冲淤的分析。认为断面的冲淤规律一般为涨冲落淤,最大冲刷断面常出现在最大流量之后,在初落水时断面仍然冲刷,洪峰过后,断面又逐渐加回。经过一个枯水期,断面是淤积的,最大淤积断面多在翌年3月以后,河床也比较稳定。这一结果只能反映黄河下游原来情况,如何应用这一成果到水库建成后的新情况和下游整治工作中去是需要研究解决的问题,特别对于防汛及保护滩地更为重要。

关于河道模型试验,有两方面工作同时进行:一是黄河下游造床过程试验,在游荡性河流造床过程试验中,取得部分成果(见本篇动床泥沙模型试验)。二是黄河花园口河段模型试验,研究三门峡水库修建后,对本河段所引起的河床演变趋势及需要进行的整治措施,由李赋都、马增录主持。模型设计中遇到选模型砂、定比尺及阻力相似等问题,经试用钱宁、列维等各家模型理论和方法,均由于不能满足黄河的特殊条件,达不到相似要求。这说明现有试验理论方法适用于黄河的程度都受到客观条件的限制,必须结合模型试验理论从动床模型本身的实践中去寻求解决途径。

1958年,三门峡水库已开工兴建,黄河下游河道整治也已迫在眉睫,但整治研究成果中还存在不少问题。为此,黄委会于同年8月在郑州召开协作会议。会议系统地制定了研究计划,要求参加研究工作的单位最好集中主要力量在郑州就地工作,以便随时商讨解决工作中的问题。会议还商定:(1)根据中苏科学技术合作协议成立中方工作组,组长李赋都,副组长方宗岱、钱宁,成员为夏震寰、谢鉴衡、李延安、麦乔威、尹学良,秘书丁联臻、李保如。上述研究计划在中方工作组领导下进行。(2)水科院河渠所派钱宁、李保如等8人到郑州与黄委会水科所共同组成黄河下游研究组,其中心领导小组成员为李赋都、方宗岱、李延安、仝允杲、钱宁,承担上述计划中除高等院校负责项目以外的全部任务。随即开展了对下游河道已有工程、滩地变化及组成调查;三门峡水库建成后黄河下游泥沙来量变化分析;永定河河道变形和黄河下游河道纵向变形计算等工作。在模型试验方面,花园口模型最后选定了山西阳泉煤作模型砂,确定了模型比尺,开展试验工作;同时开始进行黄河下游野外大模型河床演变预报及整治工程措施试验的设计工作。

同年11月,苏联政府根据协定,派遣专家K.И.罗辛斯基、A.Д.郝尔杜林来黄河指导试验研究工作。进行三个月的查勘研究后提出如下建议：研究工作应采取分析资料、理论计算与模型试验相结合的方法进行，在模型试验方面，建议采用自然模型试验的方法，并作了具体指导和计算示范。在河道整治方面，认为在河南游荡性河段首先要限制河床游荡的幅度，以减少将来河道整治工作的困难。具体建议将游荡宽度缩小到2～2.5公里，待河槽下切到一定程度(约等于下切最大深度的一半)，再设计治导线，开始整治工作。山东境内弯曲性河段，现在就可开始进行整治工作。新槽治导线应在尽量利用旧河道和已有险工的原则下设计，以护滩、护岸、束水等治河工程获得新河槽的形成，并注意新槽靠近灌溉引水口，在河槽的弯曲岸引水。

经过近一年的努力，各项试验研究都按计划取得预期的成果，于1959年9月黄河下游研究组由钱宁、麦乔威等执笔编写出《黄河下游河床演变及河道整治的研究初步报告》。报告是以黄委会1958年2月所作《黄河综合治理三大规划草案》为研究的依据条件，即：

(1)三门峡水库及其以下水库(任家堆、八里胡同、小浪底、西霞院)均已建成。伊、洛、沁河的陆浑、故县、润城水库亦已建成。

(2)黄河下游岗李、东坝头、朱口刘庄、位山、泺口、王旺庄6个枢纽建成。下游护滩固槽工程同时生效，东平湖亦可使用。

(3)桃花峪水库1962年7月生效，引汉济黄在桃花峪下游进入黄河。

报告要点：

黄河下游建库前河道形态可划分为四段：一是自孟津至高村全长270公里，滩面较宽，河床滩地均以沙土为主，河流有自由摆动的余地，江心有心滩，水流散乱，断面变化大，主流位置迁徙无常，河身总趋向比较顺直，是典型的游荡性河道。二是自高村至陶城铺全长130公里，河宽逐渐收缩，主槽及滩地无论深层及表面均有亚粘土及粘土分布，河槽摆动受到限制，逐渐向弯曲的外形过渡，但和一般弯曲性河流比较，主槽位置的变化要强烈得多，属于过渡段。三是自陶城铺至前左全长340公里，除局部地区外，河流受大堤及山麓的约束，断面渐窄深，水流集中，河身弯曲，但缺乏自由发展的河弯，属于天然及人为条件约束的弯曲性河道。四是前左以下至海口全长50公里(现又延长)属河口段。

1950～1958年，黄河下游河床平均每年淤积泥沙3.6亿吨，其中77%淤积在滩地上，河床堆积上升速度见表2—4—1。

河床遵循涨冲落淤的规律，汛前稳定，汛期冲刷，汛后回淤，呈周期性。汛期发生漫滩洪水时，存在槽冲滩淤的特点，长期内，滩槽高差变化不大。艾

表 2—4—1　**1950 年至 1958 年黄河下游河床上升速度表**

水文站名	秦厂	花园口	高村	孙口	艾山	泺口
上升速度(厘米/年)	16	16	21	11	13	8

山以下河道系 1855 年黄河夺大清河入海的河道,1867 年东坝头至艾山陆续修堤后,河道逐年淤积,1899 年成为地上河。1919 年至 1937 年,泺口站枯水位每年上升 6.1 厘米左右,1950 年、1958 年,汛期冲刷,非汛期淤积,河道冲淤基本平衡。

中下游各工程修建后预估进入下游的泥沙量将大大减少。由计算结果看,1960 至 1965 年从西霞院水库下泄的异重流沙量共 0.32 亿吨,6 年后可忽略不计。泥沙的主要来源为河道冲刷,秦厂至利津泥沙恢复率为 31%～54%,这些泥沙的颗粒组成已和现在不同,主要是比较粗的造床质,经过一年半的清水冲刷,床沙质中径由 0.092 毫米增加到 0.129 毫米,粗化了 40%,非造床质所占的百分比很小。这些泥沙很大一部分淤积在各枢纽的壅水段内,其余部分则进入渠道及东平湖,基本上已无泥沙入海。

河床纵向变形表现为两个枢纽之间存在冲刷段、过渡段和淤积段。枢纽建成初期,冲刷段及淤积段都比较短,以后由于冲刷的向下游发展以及淤积的向上游发展,过渡段逐渐缩短。枢纽下游经过一年半的清水冲刷,如不考虑河床粗化影响,河床普遍冲深 2.87 米,考虑粗化过程之后,同一时期冲深 1.24 米,不及前者的一半。但随着冲刷范围的向下游发展,冲刷深度还要发展。洪水时,坝下冲刷深度很大,当流量为 6000 立方米每秒时,岗李坝下冲刷在不考虑地质条件即假定河床表面的泥沙组成与河床以下无大变化时,冲深 24.7 米,考虑地质条件(深层泥沙组成较粗或有胶泥结构)时则冲刷 15.7 米,应予以足够的注意。

三门峡水库建成后,下游河槽仍可能发生摆动。考虑到铁榭以上,河槽中夹有卵石,下切过程中会逼使河流向两侧发展,河势变化将传播到下游,同时由于伊、洛、沁河汇入,三秦间洪水可能超过秦厂以下平滩流量,在岗李枢纽下游引起一方面河床下切,一方面主流有较大的摆动,如滩岸不加保护,河身就会迅速展宽。其他各级枢纽下游的演变情况与岗李下游类同。不过,愈到下游,流量愈小,堤距愈窄,河槽摆动的幅度和危害性受到一定限制。至于枢纽的壅水段,淤积是向上游发展的,特别是河南境内的枢纽,由于河道较宽,泥沙淤在回水末端,出现壅高水位,继续游荡的情况,应作为整治重点。整治须分期进行，大致可按河床比降减小到1.2‰（目前山东境内的河道比降）的前后划分为两个时期，前期整治以防洪为主，束窄游荡区，保护滩地，适当固定流势，在游荡区内还听任河道有一定的摆动；后期整治则以通航为主，规划治导线，分期缩窄河身，以达全线通航。

下泄清水后，下游河道总的趋势将由堆积性转化为侵蚀性，游荡强度减弱，河型向弯曲发展，三四年内孟津至夹河滩河床下切3.5米至7.5米，这个过程自上而下发展，比降逐渐平缓，达到全河稳定可能需要几十年或更多的时间。

关于防洪与整治问题，由于干流来水已经基本控制，三秦间即使发生千年一遇的洪水，还可以通过河槽下泄，毋需开放滞洪区，向东平湖的分洪量也不致超过它的蓄水库容。对于因河势变化所引起的大堤冲决，在三门峡建成后可能变得更为严重。从河床演变的发展趋势看，近期河道整治应遵循：束窄游荡区、保护滩地、控制流势，重点在高村以上，特别是临背河相差悬殊，大堤基础薄弱及滩唇高仰而堤根卑微的地区。出现冲决的地区，一般都在束窄段的上下游，应严加注意。工程布置应结合上下游来考虑，尽量利用现有险工及护滩工程，具体内容为：

第一，继续修筑生产堤，束水固槽。生产堤堤距一般可保持在2.5公里左右，保证两堤间的河槽行洪能力不少于花园口流量15000立方米每秒。堤身应留有缺口，必要时可以开放分洪，堤后滩地须修筑格堤。

第二，改善现有节点，使其成为真正控制流势的控制段。重点修筑护滩工程，应尽量利用永定河树泥草整治河道的成功经验。

第三，堵塞滩面歧流串沟，使水流归槽。低滩大量种树，落淤还滩，改善堤面。

并要求及早修建桃花峪和伊、洛、沁河水库。

远期河道整治，在下游各级枢纽的自由段（即枢纽壅水末端以上的河段）中只需在前期工程的基础上进行适当的加固和补充。高村以下在下泄6000立方米每秒流量时自由段仍有漫滩的可能，应根据前期整治经验及时固定河势，束窄游荡范围。自由段在下切的过程中比降将逐渐变缓，河床下切的速度也因此减低，估计需要很长的时间才会达到真正的平衡。壅水段由于泥沙的停积，河道继续保持散乱的外形，随着回水范围的向上延伸，这种不利形势还会朝上游发展。为了使泥沙在库内均匀落淤，回水末端的位置比较固定，有必要结合泄水闸的位置把壅水段修成枣核形，泄水闸坎尽量放低，闸孔不宜过小，以便洪汛期中开闸降低水位，清洗库内淤沙。

同年，水科院河渠所总结了永定河利用植树工程治河的经验，并在黄委会作了介绍。武汉水利电力学院谢鉴衡在分析黄河下游资料后提出：三门峡及下游一系列枢纽建成后，黄河的游荡性将逐渐减弱，且进行得比较迅速，在岗李枢纽下游冲刷 2.5 米以后，河床变形强度可能降低为原来的 1/3，当冲深 5 米以后，可望形成弯曲性河流。黄河下游受清水冲刷时将以下切为主，横向冲刷仅在有河弯发展处才比较严重。水科院河渠所尹学良利用官厅水库修建后，永定河下游因水沙过程改变而引起的河道特性改变资料写出《永定河下游河道演变分析》一文。文中指出：水库修建后，下泄水流含沙量沿程增大，全河河床质都有变粗现象，河道纵剖面在鹅房以上逐年变陡，河道摆动仍很迅速，且对下游很远发生影响，滩坎坍塌也是影响河道摆动的一个重要因素。据此，与“清水下泄后，黄河下游游荡强度减弱，将以下切为主”的观点展开争论。

1960 年 2 月，黄委会在郑州召开了黄河下游治理工作会议，会上肯定了黄河下游河床演变及河道整治的研究工作，并通过了《1960～1962 年黄河下游河道治理规划实施意见》。同年 4 月又在武陟县庙宫召开了河道整治现场会议，提出治理方针和目标为：“纵向控制与束水攻沙工程并举，纵横结合堤坝并举，泥柳并用，泥坝为主，柳工为辅，控制主流，淤滩刷槽，槽深滩定，百利俱兴，三年初控，五年永定，认清形势，奋勇进攻，高速前进，事必有成。”预期使河南段黄河改造成三槽二滩的理想河道，一级河床宽 2.5 公里，用以排泄近期洪水，二级河床宽 1.2～1.5 公里，是桃花峪水库建成后的灌溉输水和排水河槽，过水能力不超过 6000 立方米每秒，三级河床宽 400 米，是远期的通航河道。山东河槽已基本稳定，可按上述原则在现有基础上适当改善。

会后，黄河下游研究组根据已有成果，对可能出现的新情况作了进一步分析，指出在河型改变的过渡时期，特别是在桃花峪水库犹未建成，三秦间洪水尚待控制的前几年，河槽还有摆动的可能，随之带来滩地冲失，河床展宽现象是必须避免的。因此，黄河下游的整治以近三四年为重要关头，必须通过工程措施，配合三门峡水库运用，确保两岸滩地，适当固定河势，加速河床下切。此外，黄河下游研究组还配合山东、河南两河务局作了《山东河道的特性及整治问题》、《花园口东大坝以下河道整治初步分析》；配合规划作了《桃花峪枢纽下游河床演变情况预报》、《黄河下游三槽二滩断面设计》等工作。为了给下游河道整治提供借鉴，再次分析研究了废黄河的河床演变特性。水科院也提出了《三门峡筑坝后对黄河下游整治工程的意见》。

1960年9月三门峡水库蓄水运用，1961年春，中国水利学会在北京召开三门峡水库下泄清水后，下游河道发展方向及治理学术讨论会，会上钱宁、麦乔威、谢鉴衡等认为下游河道以下切为主。水科院尹学良认为以展宽为主。张瑞瑾则认为有明显下切和显著展宽。从而在整治方向上也有很大不同。为此，于同年11月黄委会又邀请有关方面专家在郑州召开黄河下游治理学术讨论会，对黄河下游一年来发生的变化及今后工作展开讨论。会议由李赋都主持，黄河下游研究组作了两年来下游河道河床演变情况介绍，报告指出：三门峡水库于1959年汛期起自然拦洪作用，1960年9月15日大坝堵塞全部底孔，大量泥沙落淤在库内，下游河道发生显著冲刷，冲刷范围到官庄峪，花园口枢纽区河床有些淤积，但淤积不大，花园口枢纽以下到辛寨仍然冲刷。预计今后还会冲刷，但冲刷强度铁谢——花园口河段有所缓和，其他河段则和过去一年相近。三门峡水库下泄清水后，下泄水流冲刷河床，下游泥沙得到一定补给，从实测资料看，即使含沙量已恢复饱和的辛寨、夹河滩及高村，它们的含沙量也比过去少，在同流量下花园口～辛寨清水期含沙量仅为浑水期的20%左右，高村则为50%左右。1960年同流量下官庄峪的造床质含沙量比浑水期少70%，1961年造床质含沙量还有继续减少的趋势，辛寨1960年没有减少，1961年有减少的趋势。悬移质泥沙比浑水期为粗，中数粒径为浑水期的1～2倍。下游河道的含沙量减少和泥沙粒径变粗，水流淘刷能力加大，使下游河道强烈下切，裴峪上游第8断面两次断面测量结果，主槽下切14米之多。但由于中水时间大大延长，主流摆动，险工着流，根石走失，平工变险工的情况也相当严重，值得注意。与会代表畅所欲言，一致认为下游河道整治必须及早进行，并就整治方向及整治措施提出了建议：

钱宁：近几年主要是加固原有控导工程，逐步按置新节点，重点应该在东坝头以下河段；今后生产堤发展应适当放慢，以免控导工程不及掩护；桃花峪水库是必不可少的，鉴于工程量大，建议分两步进行。

尹学良：明确整治的远期与近期目标，近期主要是护滩，防止耕地损失，整治工程应能防坍、防刷、促淤，满足行洪滞洪要求，工程的安排应全面控制，点线密切配合，轻型和重型工程，实体与透水工程相配合，生产堤应满足行洪滞洪的要求。

麦乔威：在黄河流域开展水土保持工作是根治黄河的基础，必须大力进行，减少泥沙来源，与此同时，在干支流修建峡谷高坝水库拦泥，以便在水土保持完成以前拦截泥沙，减少下游负担。对已经进入下游河道的泥沙，应采取沿程分水放淤，汛期排沙入海的办法，尽量减少河道的淤积。为顺利输送泥沙入海及因清水冲刷河床所产生的泥沙量，应采取纵向控制与束水攻沙并举的办法加速河道恢复平衡的过程。鉴于黄河上槽深滩定的经验，必须把控制主流与保护滩地有机地结合起来，目前情况下生产堤距必须严格规定不得小于2.5公里，生产堤防御标准必须严格控制，只允许防御10000立方米每秒的流量，超过标准应按计划破堤分洪。修建进度应配合控导工程，不宜过快，以免失去掩护。

沈崇刚、程致道回顾了自1955年黄河规划以来的情况，尤其近两年来，洪峰流量有所减少，中水时间大大延长，而控导工程所作有限，着溜险工需长期防守，根石走失、坝埽塌蛰极为严重，从防汛出发，必须加强现有险工，适当增修控导工程以控制主流，修筑生产堤防止串沟、边流直冲堤脚，使中水不漫滩，固定在较窄河槽内，修建枢纽调节水位，尽量降低底槛，加大泄量，灵活运用，以最大限度防止淤积。控导工程依靠胶泥草放在主流顶冲地带不够可靠。生产堤的修建，使下站洪峰比天然情况增加400立方米每秒流量，占百分之几，对洪水演进影响不大，但主槽水位壅高，对水位有较明显影响，且愈往下游愈高，因此必须制定破堤标准，目前采用10000立方米每秒是一般标准，最好结合实际情况作不同程度的调整。

新乡修防处郭文远认为近期不能单纯依靠宽河固堤，必须与束水攻沙结合起来，生产堤对行洪影响不大，且保护滩区生产，应选择重点河段进行河道整治。

黄委会设计院耿鸿枢、王文俊等提出鉴于黄河两岸排水有问题，放淤需要仔细考虑。

关于河道的整治方向，钱宁、麦乔威等仍主张弯曲性河道稳定性好，应整治成为弯曲性河道。谢鉴衡、张瑞瑾论述了蜿蜒性河道的稳定性。方宗岱主张向江心洲型发展河道才能稳定。韩培诚根据黄河下游的实际情况，主张用“卡口”工程使河道形成藕节状稳定河道。北京大学地理系承继成提出原来宽浅的游荡河段，渐渐变成江心洲，发展后期以弯曲型较为普遍。

会议还讨论了桃花峪及洛沁河支流水库问题，多数人认为，从解决下游防洪问题，改变下游洪峰猛涨猛落的特性，有利于改变河道游荡性出发，应及早兴建。

三门峡水库从1960年9月开始蓄水，1961年2月9日坝前最高水位曾达332.58米，回水超过潼关，库区淤积严重，淤积末端出现“翘尾巴”现象，到1961年10月，潼关河底平均抬高4米以上，渭河口形成拦门沙，渭河下游河道泄洪能力降低，两岸及朝邑滩地淹没耕地25万亩，有5000人被洪水围困；两岸地下水位上升，部分农田浸没；淤积末端上延较快，淤积部位和淤积速度均超过预计。1962 年 2 月水电部在郑州召开会议，研究决定并报国务院于同年 3 月批准：三门峡水库改为“滞洪排沙”运用，汛前泄空水库，汛期敞泄，拦洪水位控制不超过 335 米，从而终止了“蓄水拦沙”运用的实践，因清水下泄引起的下游河床演变争论也从而停止，以上所说研究成果在理论上还是有价值的。

第四节　1962～1974 年治理研究

一、三门峡水库低水头运用后黄河下游河床演变预报及增建方案意见的研究。

为了解三门峡水库低水头运用及水库续建后下游河道发展的趋势，防患于未然，并给续建工程规模提出意见，黄河下游研究组从以下四个方面进行下游河床演变预报研究：

一是自 1962 年 5 月开始，进行全下游统一性测验，并分析三门峡建库前后下游实测资料。参加此项工作的除下游研究组外，还有黄委会水文处、工务处、设计院、河南山东两河务局、花园口河床队、位山水文总站的同志，经几个月的努力，进行了四次统一性测验，并于年底提出《三门峡水库低水头运用后黄河下游河床演变特性》分析报告，报告分析了三门峡水库修建前下游河道排沙能力及河床冲淤特性和建库后下游河道所产生的变化，提出了下游河床演变趋势的估计：由于三门峡水库修建以前，整个下游河道的河槽在小流量时是淤积的，而在洪水期流量较大时，则全下游河道总的说河槽都是冲刷的，滩地则发生淤积。对于中水流量（Q＝4000～6000 立方米每秒），下游河道的冲淤情况取决于来水来沙条件。在洪峰落水期，如沙峰错后于洪峰，来沙量较大，则下游河道亦为淤积趋势，其中尤以花园口以上的淤积量最大，艾山以下的淤积较小，如水峰错后于沙峰，来沙量较小，河床冲淤变化较小，从而得出河道淤积与来水来沙的关系，即年平均含沙量的临界值为 20～27 公斤每立方米，低于此值，河道冲刷，高于此值，河道淤积。洪峰期临界含沙量为 40～50 公斤每立方米。如以含沙量除流量（称为来沙系数）表示，则临界来沙系数约为 0.010 公斤·秒每米 6 次方，从平均情况看汛期来水减少 30～40 亿立方米，下游河道增加淤积 1 亿吨左右，汛期来沙量减少

1 亿吨，下游河道减少淤积 0.5 亿吨左右，非汛期来水减少 80～100 亿立方米，下游河道增加淤积 1 亿吨左右，非汛期来沙量减少 1 亿吨，下游河道减少淤积 1 亿吨左右。水库修建后，下游河道未发生大洪水，但由于三门峡水库下泄清水及小于 0.025 毫米的泥沙，在流量较大时全下游发生冲刷，流量为 1000 立方米每秒左右时冲刷至夹河滩及高村。今后由于三门峡水库 7～8 月拦洪，下泄泥沙较少且细，下游河道仍将出现槽冲滩淤现象。9 月以后，水库腾空排沙，下泄沙量将远较过去为大，下游河道将转冲为淤。进入非汛期后，淤积将更趋严重。水库排沙期间，沙峰落后于洪峰，小流量不能挟带高含沙量，花园口以上河段将首先发生严重淤积，由于下游河道在中低水流量时的淤积距离都很远，将来淤积将涉及全下游。非汛期河道淤积的大量泥沙在河槽内，将引起河道排洪能力降低，漫滩机会加多，河道摆动机会加多，河势散乱甚至会出现主流南北易位等恶化现象。

二是三门峡水库改变运用方式及增建泄流排沙设施后，将会改变下游河道的来水来沙条件，引起新的造床过程。为了定量地估计各种运用方式及增建方案提供的下泄水沙条件下，下游河道冲淤发展的部位及数量，进行了下游河床变形计算。结果表明：三门峡水库低水位运用后，下泄水沙过程与建库前的自然情况有很大出入，汛期大水滞洪，洪峰削减，以异重流形式排沙，排沙量一般占同期入库沙量的三分之一，流量较小时以明流形式排沙，排沙量一般占同期入库沙量的 60%～70%，汛后发生溯源冲刷，库内前期淤积泥沙大量下泄，排沙量一般为入库沙量的 2～3 倍，个别情况可达到 6 倍。不同方案排沙数量有所差别，但性质上都是一样的。同一增建规模下由于运用方案不同，水库泄水排沙过程也不同，例如大增建不发电方案一般汛后出现持续的大沙峰，直到第二年汛前，含沙量都很高。而大增建非汛期 12～5 月发电方案，由于非汛期蓄水发电，在此间下泄的完全是清水，6 月开始腾空冲刷，出现一个大沙峰，入汛后前期落淤的泥沙还会继续排出库外。对比这两种方案，汛期大增建 12～5 月发电方案比不发电方案排沙为多，非汛期不发电方案的排沙量比 12～5 月发电方案要多得多。只要三门峡水库采取低水位运用，黄河下游河床都是淤积的，仅泺口以下河道按现状方案计算是微冲的。现状方案总淤积量不及修库前一半，大增建方案则不论 12～5 月是否发电，淤积量都远远超出修库前水平，其中尤以不发电方案最为严重，竟为修库前的 2 倍。总之，三门峡水库低水头运用后由于洪峰削减，沙峰大大落后于洪峰，下游河道的输沙能力有所降低。如维持现状，下游河道虽也发生淤积，但因水库下泄泥沙较少，因而较修库前严重堆积情况有所缓和。

如采用大增建方案(非汛期发电或不发电)则高村以上河道淤积情况较修库前更为严重,汛后的集中淤积使主槽迅速淤浅,加大了河道的游荡摆动强度。高村以下河段的淤积量虽较修库前接近或略有降低,但滩槽分配起了变化,主槽的淤积量相对说来有所加大,滩槽高差逐渐减小,削弱了两岸的约束作用,对河道的发展远景来说,是十分不利的。

三是用半自然模型法进行黄河下游河床演变预报试验。1962 年完成模型制作及预备试验工作,从模型试验成果看,水库续建后,在控制不严的宽浅河段,将出现大淤大摆,节点完全失去约束作用。在摆动的过程中,不但水流十分散乱,且经常出现险恶的横河斜河现象,主溜有时窜到久不行溜的地方,变平工为险工。在险工分布较密的河段,水涨后仍会回到过去的流路。总之,纵向淤积强度的加大,必然使今后河流平面位置愈不稳定。

四是调查闸德海水库修建前后柳河下游河床演变资料,结合黄河下游河道情况对比分析,1962 年完成调查工作。从闸德海水库下游柳河与黄河下游对比分析得知,拦洪水库的修建所造成的泥沙集中淤积首先发生在下游河道的上段,然后逐渐向下游发展。但黄河不同,水沙过程的改变使非汛期的主槽淤积加大,流量常保持在 500～1000 立方米每秒范围内,水库排出来的泥沙,将会在下游很长的距离内造成广泛的淤积。入汛以后,黄河下游经常出现 2000～4000 立方米每秒的中水流量,有能力把前期淤在上段的泥沙搬向更下游,淤积会很快发展至高村以下河段,由于下段河道比上段窄得多,同一淤积量造成的水位抬高,下段要比上段大得多,对河道远景发展也是不利的。与此同时,黄委会水科所还根据韩培诚的建议,对利用卡口工程控制河势进行分析并作了模型试验。认为:卡口工程的修建,大大约束了原来的河道,卡口上游形成壅水区,卡口本身不足以控制下游的河势,未能起到预期的效果。因此建议,卡口工程的修建,须慎重考虑。

北京水利水电勘测设计院提出了《关于三门峡水库改变运用方式及增建泄流排沙设施方案初步研究报告》,拟定的方案有,在原有 12 个深水孔以外增开两条隧洞(左岸)或两条隧洞、三个底孔以泄流排沙。水科院侯晖昌、叶永毅等都对三门峡水库改变运行方式及增加泄流设施的问题作了研究,提出不同意见,如侯晖昌在报告中说:如果不增建,潼关枯水位将比蓄水前枯水位抬高 10 米左右,即使在自然拦洪运用情况下,水库淤积平衡时的淤积量也高达 148 亿吨。因此,三门峡大坝必须增建。打开三个错开底孔,在淤积平衡建立后潼关水位下降 4.8 米,枯水位高程将稳定在 329.8 米左右,不能恢复到建库前水位,对渭河下游影响还是很大。把 12 个底孔都打开可以使潼关河床高程恢复到建库前的情况，但从淤积发展的观点看，超过了需要。为使潼关河床保持建库前的情况，又使水库发挥最大作用，则总共打开6个底孔(除三个错开底孔外，再打开三个底孔)就够了，这样基本上可以保持原设计，可以高水位运用，又可低水位运用。叶永毅提出了选定泄流方案的几个原则，并说可以考虑12个泄流底孔加3个泄水深孔的方案。此方案位置最低，可以充分利用下游河道泄洪能力，坝内打洞距离最短，费用较省(比隧洞方案)，可以适应长远需要。陕西省水利厅和陕西省三门峡库区管理局作了《三门峡水库淤积情况预测》和《1962年水库淤积及异重流排沙分析》，黄委会三门峡水库管理局也作了《1958～1962年6月水库淤积和冲刷特征及发展趋势》的分析。

在上述研究取得初步成果的基础上，1962年8月20日～9月1日，水电部在北京召开第一次三门峡水利枢纽问题座谈会，着重研究了三门峡水利枢纽的任务和运用方式，三门峡枢纽改变运用方式对上下游的影响，以及增建泄流排沙设施及其工程技术问题，会上没有取得一致意见，需要进一步加强观测试验，深入开展理论研究，更多地掌握黄河泥沙冲淤情况，多作一些工作后再来研究讨论这些问题。

会后水电部研究决定黄委会、陕西省水利厅、北京勘测设计院、水科院及三门峡工程局等抓紧进行补充研究试验工作。根据这一指示精神，黄河下游研究组在已有工作基础上，于1963年6月前先后完成1962年布署的四项试验研究工作，并提出《三门峡水库低水头运用后黄河下游河床演变预报》。在下游河床变形计算和河床演变模型试验工作中采用的水库增建方案以及各种方案水库泄流排沙过程是由北京勘测设计院提供的。假定1962～1965年维持三门峡大坝12个深孔现状，1965年汛期至1966年汛前由12个深孔及2条隧洞泄流，1966年汛期以后由12个深孔，2条隧洞及3个底孔泄流。运用方式主要是发电与不发电。不同方案泄流规模不同，排沙数量不一，同一方案运用方式不同，排沙过程也不相同。黄河下游河床演变发展趋势预报指出：从资料分析结果来看，水库低水位运用及增建后，出库水沙过程和过去相比有很大改变，9月至次年1～2月间集中排沙十分突出，使已处于超饱和状态的水流，又额外成倍地增加负担，这些增加的泥沙首先淤在主槽里，使滩槽高差减小，水流漫滩摆动。入汛以后主槽冲刷，但因前期主槽淤积，通过主槽下泄的水量相应减少，加以洪峰削平，水流的冲刷能力受到一定限制，结果汛期主槽冲刷抵销不了年内其余时间的淤积，河道的堆积强度将会进一步加大。从计算成果来看，如水库不进行增建，12个深孔敞开，维持低水位运用，水库下泄沙量仅及过去的60%左右，下游河道不但没有冲刷，反而仍有淤积，淤积强度达到过去的40%以上，如进行增建，情况自然恶化。如果用大增建方案(12孔加2条隧洞加3个底孔)，淤积量可达过去的两倍以上。12月到翌年5月发电与不发电相比，库区每年多淤1.8亿吨泥沙，下游河道要少淤1.4亿吨泥沙，但由于汛期淤积量加大，仍不能扭转下游河道逐渐恶化的局面。

综述以上研究，黄河下游研究组认为：三门峡水库建成后，下游河床虽发生冲刷，但从1959～1962年期间冲淤相抵仍淤了27.45亿吨。三门峡水库改建后，下游河床仍将处于淤积状态，而且强度可能很大，如单纯依靠大堤培厚加高来防御洪水，不但不能根除决口威胁，大堤也不能无限制升高。因此，下游治理必须充分利用和加大河道排洪能力和挟沙能力，减少河道淤积，稳定河槽，已建成的花园口和位山枢纽都应考虑改建(从防洪排沙出发，破坝远较扩建泄洪闸有利)，以正确实行上拦下排的方针，确保下游防洪安全。关于三门峡水库改建问题，应在上下游统筹兼顾的原则下，首先考虑有利于下游河道的防洪安全，在水库的控制问题尚无把握的情况下，不宜急于改建或增建过大。

根据上述研究，黄委会进一步分析了黄河上中下游的基本情况，提出了《黄河上中下游基本情况报告》和《关于三门峡水利枢纽改建的初步意见》。《初步意见》中说：解决三门峡问题的途径有两个，一是增加低水头枢纽的下泄能力，加强排洪排沙作用，从而减少库区淤积，降低防洪库容，减轻库区迁移的困难；一是减少水库以上来水来沙，使泥沙拦截在水库以上的干支流及广大黄土高原，使洪水在水库以上干支流上得到一定程度的调节，减轻库区的困难。前一种途径就是目前所提各种不同的改建方案措施，这些措施，对黄河下游河道及河口都带来不同程度的不利影响，对河道防洪讲，有些情况达到了不能允许的程度。对于库区，大改建比不改建10年少淤21～46亿吨，减少人口迁移1/4，解决问题不够彻底，并使下游增加了很大困难，显然应当尽量争取第二种途径。原《黄河技经报告》和三门峡枢纽初步设计认为："为了减少泥沙流入黄河和延缓各水库的淤积需要在主要支流上，修建拦泥水库，并广泛开展水土保持工作。"由于水土保持措施还没有整大片和整流域的完成，技经报告拟定的有效的10座支流拦泥水库，有的因缩短战线下马，有的坝库址尚须重新选定，都没有建成，这是进入三门峡水库的泥沙没有减少的主要原因。我们认为《黄河技经报告》确定修建三门峡水库，解决黄河下游洪水与泥沙问题，同时为保护三门峡水库在中游黄土地区除大力开展水土保持外，于 1967 年前完成支流拦泥水库 10 座(5 座大型的，5 座小型的)，这一指导思想是正确的。目前解决的途径有两条，一条是排沙，一条是拦沙，排沙措施虽减轻了水库的负担，但却增加了河道与河口的危害，上下游之间的矛盾没有解决。如采取拦沙措施，减少泥沙进入三门峡水库，即减缓了三门峡水库的淤积，也为广大黄土高原的农业生产及水利建设事业创造了有利条件。我们认为这样做是积极的，主动的。我们建议把三门峡枢纽改建与在上游兴建拦泥水库进行详细研究比较，然后做出采取改建或兴建拦泥水库减少三门峡淤积问题的结论是比较稳妥的，在目前这些问题没有详细研究以前，最好是不改建，如怀疑干支流水库及水土保持的近期拦泥效果，也可以适当改建，但改建规模不宜过大，并在增建工程完成后加以控制，逐步取得经验。

在此期间，陕西省水利厅分析了水库实测资料，并用实测资料，按 1954～1961 年水文系列对水库排沙进行估算，提出《对三门峡水库改建和运用的意见》。意见中说：在当前情况下，三门峡水库防洪排沙的运用方式是正确的，但由于泄水能力太低，即使 12 孔闸门全开，1962 年最大下泄流量仅 2980 立方米每秒(1962 年为枯水枯沙年，黄河没有大水)，水库淤积还有 5.7 亿吨。同时由于三门峡孔口(深孔)高程为 300 米，使潼关以下形成大量淤积，将促使潼关基准面继续淤高，这些问题并非单单改变水库运用方式所能解决，因此，三门峡水库改建是一个刻不容缓的迫切问题。从目前 320 米下泄 7300 立方米每秒，即增建两条隧洞，打开 3 个错开的底孔方案估算看，增建后到 1970 年，增建比不增建排沙效果由 69%增大至 96%，8 年平均排沙占来沙的 84.2%，水库可以增大排沙减少淤积。但遇较大洪水，回水仍然超过潼关，因此，按照 320 米下泄 7300 立方米每秒增建，对减轻淤积和延缓潼关基准面的抬高还很不够，三门峡水库增建泄流的标准，必须达到 50 年一遇洪水的回水不超过潼关，达到这种要求，320 米的下泄流量需加大为 11000 立方米每秒，同时应确定以 320 米下泄 11000 立方米每秒作为增建泄流排沙设施的标准，积极进行及早完成。在研究三门峡水库增建措施的同时，还必须结合研究三门峡上下游黄河干支流的治理规划，达到上下结合，统筹兼顾。

水科院河渠所针对现状方案，12 深孔加开 3 底孔方案和 12 深孔加 3 底孔加 2 条隧洞三种方案进行了水库淤积计算和不同洪水的调洪计算，提出《三门峡水库淤积发展与增建泄流设施分析》报告，指出：如不扩建，约 10～12 年以后，潼关滩面高程达 334 米左右，主槽高程不但随流量而变动，汛前与汛后即使同一流量情况下亦相差甚大，设当时主槽高程为330米，则华县主槽高程在10～12年后将升至337～339米间，高出目前主槽3～5米。因枯水位抬高，对渭河两岸农田影响较大，故扩建极为迫切，只要在下游防洪容许的条件下，泄量宜尽可能的加大。当然在下游遭遇洪水时，三门峡闸门当作一定的控制。

河渠所钱宁、彭瑞善、周文浩等人分析了低水头运用及各方案下游河道的来沙量，提出《三门峡水库低水位运用下黄河下游的防洪及河道整治问题》，文中说：在低水位运用条件下，泥沙大量下泄，增建二条隧洞后，汛期将有70%～80%被排出库外，由于水库水位降低后的冲刷作用，就全年来说，入库泥沙基本上可以全部排出库外，只有遇到丰水丰沙（如1954、1958年型）全年有20%的泥沙淤在库内。由此看来，三门峡水库低水位运用不能看成一时权宜之计，在多沙河流上修建大型水库蓄水发电不是一条明智的道路，黄河下游今后三五十年内仍会有大量泥沙下泄，洪水威胁依然存在，必须正视问题的严重性。关于今后黄河下游的发展方向，当前有：

（1）继续保持宽河固堤的方针：建国以来实行宽河固堤取得了很大的成绩，但黄河进入平原后，由于挟沙能力不足，自1951～1959年的10年内就有37亿多吨的泥沙淤在孟津以下的河道内，占来沙量的1/4左右，每公里淤积量达2000万吨以上，泥沙落淤使河床抬高，河南境内每年河床以近20厘米的速度向上抬高，目前已成为高出地面的地上悬河，临背河差有达10米的，今后下游不但淤积不可避免，三门峡水库排沙，还会引起集中淤积，如听任河道淤积日高，则大堤将加不胜加，两岸土地盐碱化亦必日益严重，河道产生横河斜河的可能比比皆是，随时威胁大堤的安全，因此，宽河固堤不能作为长期治河的方向。

（2）必要时进行改道：改道之策古来有之，但20世纪的今天，华北平原已成为全国人烟稠密，工农业发达的地区，引大河改道，不但会引起许多矛盾，且打乱国民经济建设布局，带来难以补偿的损失，所以，引河改道可行之于过去，却不能行之于今天。

（3）通过放淤安排泥沙出路：放淤可以安置一部分泥沙，延缓滩地的淤积速度，但在放淤口门的下游会引起河道更多的淤积，使情况更趋恶化，对防洪是不利的。

（4）引导泥沙入海：这是理想的方案，但很难做到泥沙沿程不落淤，除非沿滩坎修堤，使滩地不在上水，这在洪水来源未得控制以前会壅高水位，显然是不能容许的。

宽河固堤，必要时改道或大规模放淤都不能解决黄河下游的防洪问题，把泥沙全部引导入海在现阶段并无可能，为满足下游防洪要求必须统筹兼顾，从多方面着手，才能使问题得到解决。

此间，水科院河渠所尹学良提出：利用三门峡水库调水调沙，通过人工操作，应有可能使水沙关系尽量相适应，以排沙入海，或者，尽量不相应，使必须淤的泥沙尽量淤在邙山头以西，尽量使河南、山东河槽少受淤积。倘若三门峡水库调水调沙效能不足，可以考虑修建小浪底水库，作为泥沙的反调节水库。小水期间，使它容纳从三门峡库内冲刷带下来的泥沙，同时蓄水发电。大水期间可使之冲刷小浪底库内的淤积，并挟带入海。

山东黄河河务局刘传朋为解决黄河下游河道上宽下窄，排洪能力上大下小的矛盾，提出"三堤两河"的设想，即在左岸陶城铺附近开始到河口另筑一道新堤，新堤与现行河道左岸大堤之间作为分洪道，一般洪水时，利用现行河道排洪，新堤作为二道防线，遇特大洪水，利用分洪道排泄一部分洪水，以减轻现行河道的防洪负担，将来必要时，再将分洪道改为主河道。

水科院水工研究所完成的《三门峡水利枢纽增建工程水工模型试验综合报告》，提出如打开 3 个底孔的施工技术和工程结构问题能够解决，可以考虑 12 深孔加 3 个底孔加 4 条发电钢管下卧泄沙。如打开 3 个底孔的技术问题不易解决，而隧洞进口爆破技术能解决时，可以考虑 12 深孔加 4 条钢管加 1 条隧洞。如隧洞的施工期能作较大的缩短，可以考虑 12 深孔加 2 条隧洞。如考虑利用 6 条钢管泄流，或适当加大钢管末端高压闸门的尺寸，则泄流量还可适当增大。

水科院在《三门峡重力坝底孔应力分析光弹试验报告》中指出：无论库空或库满，底孔闸门开启或关闭，孔口附近的拉应力均超过混凝土允许数值，考虑到衬砌厚度和衬砌施工时坝体的受力情况，最大应力值和它的位置均有所变化。配置钢筋避免裂缝是困难的，如采用钢板衬砌，只能起到敷面作用，对应力改善较小，请设计单位慎重考虑。清华大学高坝结构和水力学教研组，陕西工业大学水利工程教研组也分别作了溢流坝底孔泄流排沙水力模型和结构应力试验，所得结论基本一致。在此基础上北京勘测设计院提出《黄河三门峡水利枢纽增建泄流排沙设施初步设计》，建议采用左岸两条隧洞，在水库拦洪排沙运用期间，可作为增加的泄流排沙设施。对于钢管方案如模型试验表明出口消能问题可以解决，可以考虑增加 4 条钢管作为辅助泄流排沙设施。

在上述研究的基础上，1963 年 7 月 16 日至 31 日水电部在北京召开三门峡水利枢纽问题第二次讨论会,会议着重研究了三门峡水利枢纽上下游水文泥沙冲淤变化,是否需要增建泄流排沙设施,如何增建以及增建工程的工程技术问题。通过讨论,大家认识到根治黄河问题的复杂性和艰巨性,对于是否增建泄流排沙设施问题,多数认为应先增建两条隧洞,少数主张最好不增建的认为只可增建一条隧洞,也有人认为除两条隧洞外,还应加3个底孔,认识仍不一致(见《黄河规划志》161～162页),不论三门峡水利枢纽增建或不增建,单靠它是不能根本解决问题的,必须全面考虑,上下游兼顾。最后会议还提出了今后工作的建议:积极进行以三门峡水库为中心的黄河近期规划,编制干支流水库及拦泥库的规划设计;大力开展水土保持,进行三门峡水库合理控制运用的试验研究,进行低水头发电及人造洪峰冲刷试验以及进行隧洞方案、钢管方案的勘测设计试验等工作。

根据会议精神,1963年汛后至1964年5月黄委会进行了人造洪峰试验,参加试验的有黄委会水科所、水文处及水科院河渠所等单位,经试验证明:人造洪峰对下游河道确有一定的冲刷效果,但当花园口最大洪峰流量小于4000立方米每秒,而且历时较短时,艾山以上冲刷,艾山以下淤积,由于位山以下堤距较窄,这种上冲下淤的情况对艾山以下河道十分不利。花园口最大洪峰流量若能超过4000立方米每秒,冲刷可延伸到河口。但峰前蓄水,泄放洪峰,峰后集中排沙是作为人造洪峰的一个整体考虑的,人为的造成了水沙过程不相适应,虽加大洪峰流量,对下游河道整体并不一定有利,即使人造洪峰次数加多,也只能看成是有助于解决下游淤积问题的一种辅助措施,而不能期待通过人造洪峰基本上解决黄河下游的泥沙问题。

在进行人造洪峰试验的同时,黄委会水科所还进行了两洞四管加控制运用方案对下游河道影响的研究,指出:如增建两条隧洞,安装四台发电机组,以四条钢管泄流排沙,经过20年,下游将多淤27亿吨,且主要淤在河槽内,届时水流更趋散乱,对防洪不利。若增建后在非汛期8个月进行控制运用,比不控制运用每年可少淤0.56亿吨,故三门峡水库增建后必须加控制运用。

在此期间长江流域规划办公室(简称长办)主任林一山提出应把高原上沟壑中的水沙,集中用到农业上去,具体达到这一目的的捷径应该是引洪放淤,而不是泥库工程,在水库上游放淤,水库采用科学的调度方法,在水库平衡坡降和平衡断面形成以后,把水库的泥沙运送到水库下游的平原地区,使水库达到长期使用,又可防止地上河发展的设想。并于1964年8～9月带领长办工程技术人员到我国东北,西北黄土高原进行广泛调查,通过调查发现，水库淤积都具有趋向平衡的特性，加上天然河流输移的泥沙绝大部分集中在汛期以及建库地区河床坡度较陡，含沙量不饱和等特点，有可能通过改进水库运用方式使水库淤积按照人们的意图来达到相对平衡状态，长期保留一定的有效库容，长期发挥水库的综合效益。从而证明把水量与泥沙作为财富充分利用的思想是现实的。塬上的水土保持、平原河流、沟壑的水土回收以及采用水库长期使用办法对河流泥沙进行控制等三大组成部分已全面形成现阶段治理河流的上策(见《水库淤积调查报告》、《泥沙考察纪行》人民长江 1964 年 3 期)。

1964 年 12 月周恩来总理在北京主持召开了治黄会议，会上有关领导和专家都汇报了自己的研究成果，提出了各自对水库和下游河道减淤的设想，根据会议讨论情况，总理讲话指出："三门峡工程二洞四管的改建方案可以批准，时机不能再等，必须下决心。今天，我只能解决第一步增建问题……现在成熟的方案只有这一个，其他的事情还要继续做。"1965 年元月水电部党组给中央写了《关于黄河治理和三门峡问题的报告》，总结了 1962 年以来，围绕三门峡问题展开的治黄大论战，指出：1954 年以来，十年治黄，给了我们深刻的教育。前六年迷信洋人，当我们自以为对治黄最有把握的时候，实际上是最无知识的时候。后四年离开了洋人，三门峡工程一修好，淤积迅速发展，我们仓促应战，碰了十年的钉子，办了不少蠢事，这才使我们一点一点地，开始认识黄河的规律。去年五月，我们曾向中央写过报告，对黄河泥沙主张上拦下排，经过半年多的研究，我们认为，在综合治理的基础上，还有个主攻方向，才能打歼灭战，近期的主攻方向，近期的歼灭战应该摆在哪里？就出现了"拦泥"和"放淤"两个对立面……我们打算，上半年拿主要力量，研究下游的出路，同时，对拦泥库方案，也勘察研究，不轻易放弃(见《黄河规划志》162～165 页)。

二、三门峡水库增建问题的研究

治黄会议期间，水电部领导与林一山、王化云商定，从黄委会、长江流域规划办公室、水电部水电总局、规划局、水科院、武汉水电学院、中原电业管理局等单位抽调人员，成立黄河规划组，以便完成周总理关于"原来的治黄规划，不管它对多对少，还是全对或全不对，经过了这些年，总要有些修改。修订规划是个大事情，上中下游要重点查勘。组织一些人到现场去，任何思想只有通过实践才能认识清楚"的指示。1965 年三门峡水利枢纽开始增建的同时，参加修订规划的人员陆续到郑，黄委会主要工程技术人员全力以赴参加规划工作。

在中游拦泥方面：黄委会在1964年《关于近期治黄意见的报告》中建议将巴家嘴水库改为拦泥库试验坝，分期加高的设想，计划分8期使坝高由原来的58米，加高至100米，达到相对平衡。1965年元月经水电部现场审查批准试验，具体在淤土上加高坝体的试验由黄委会水科所与华东水利学院负责进行，经试验，用盖重挤淤法取得淤土上加高坝体的成功（见本卷土工试验研究篇）。

1965年，钱宁、周文浩合著《黄河下游河床演变》一书出版，书中总结了三门峡建库前黄河下游河床演变的主要特性，是建国后系统论述黄河下游河床演变规律的第一部学术论著。

北京水利水电学院汪胡桢，带领学院师生赴碛口，按拦泥库要求进行现场设计，于1966年提出《黄河碛口拦泥库设计方案》（见《黄河规划志》172页）。

下游大放淤研究：林一山主任于1965年3月带领长办工程技术人员，沿黄河下游两岸调查，选择大放淤试点，在山东梁山县陈垓灌渠用衬砌的窄深渠道作远距离输沙试验，并于同年7月写出《黄河下游规划意见报告提要》（讨论稿）见（《黄河规划志》175页）。

1965年黄委会办公室主任仪顺江提出《以人工放淤治理黄河下游的意见》（见《黄河规划志》176页）。黄委会总工程师龚时旸提出《利用黄河下游放淤解决河道淤积问题的商榷》，认为黄河下游大放淤兴建排水工程很难实现；大放淤分水分沙，不仅不能减轻下游河道的淤积，反而使河道更趋恶化；若不大量分水分沙，根据已有资料计算，当放淤引水量不超过大河流量的1/10时，每年汛期平均引走泥沙0.93亿吨，下游河道可减淤0.2～0.3亿吨泥沙，作用不大。小放淤可以改土，巩固堤防，应积极试办。

黄河河口流路规划研究：武汉水利电力学院谢鉴衡，黄委会水科所丁六逸，前左水文实验站庞家珍等赴河口调查，提出《黄河口基本情况和基本规律》报告，内容见本篇河口治理研究。

以黄河下游基本规律研究为主的基本资料组，由水科院钱宁、黄委会水科所麦乔威、赵业安，水文处陈本善等参加。调集了水文站的部分同志重新分析以往的测流取沙资料，把泥沙分成粗细两部分，分别算出它们的年输沙量，绘制黄河中游的全沙和粗沙输沙模数等值线图。见上章粗泥沙来源。

1966年，武汉水利电力学院张瑞瑾撰写的《宽滩窄槽治理黄河下游河段的初步设想》，文中说：实行宽滩窄槽，包括两项主要措施：(1)退堤还滩，考虑在三个地区进行：①在金堤河南岸另建临黄大堤，保持金堤河的排水作用。②在东明县四明堂至东平湖的黄河南岸。③在位山以下黄河北岸，如山东河务局刘传朋提出的“三堤两河”设想。(2)护滩定槽，采取因势利导，凹岸导流，平面护岸，滩面堵串等措施，把位山以上河槽缩窄到比较理想的宽度，并使之在平面上相对稳定下来，实行宽滩窄槽，在技术上没有特殊困难，不排斥放淤，水沙调节，整治河口等措施，却能在三门峡水库增建泄流排沙设施后，三五十年内，即使不采取其他任何重大措施，也可以保持黄河下游的小康局面。1967 年，黄委会花园口河床演变测验队根据实测资料分析得出：1966 年汛期改建的四条钢管投入运用后，水库减少了滞洪作用，下泄沙量增多，花园口站年沙量达 19 亿吨左右，下游发生大量淤积，河床的淤积抬高，助长了主流的游荡摆动，塌滩现象严重，但游荡幅度仍限于各节点之间，不及建库前的游荡幅度。

1968 年，黄委会根据三门峡水库增建一洞四管后下游河道实测资料，作了《1966～1967 年黄河下游河道演变情况的简要分析》。指出：1966 年水库在增加四管泄流作用下，多下泄泥沙 4.4 亿吨，下游河道多排 1.4 亿吨，多淤了 3 亿吨。1967 年又增加了一条隧洞泄流，多下泄泥沙 10.4 亿吨，下游河道多排 4.4 亿吨，多淤 6 亿吨。说明增建工程有利于减缓库区的淤积，也有利于充分利用下游河道的输沙能力，同时，下游河道的淤积和河势的恶化也相应加剧，对下游防洪十分不利。

1969 年 6 月晋、陕、豫、鲁四省会议决定进行大坝工程第二次改建，即打开原来施工导流的 8 个底孔(见本书第二十章第四节)，进一步扩大泄流规模。据此，黄委会水科所对黄河下游“四五”期间发展趋势作了预报。预报指出：1971～1975 年下游河道将淤积泥沙 17.54～19.48 亿吨，从年平均淤积量看，小于建库后 1965～1969 年而与建库前相近。但艾山以下河道建库前全年处于相对平衡微冲状态，而 1971～1975 年系列，无论汛期或非汛期均呈淤积状态。

1972 年汛后，三门峡水库第二次改建即将完成，大部分工程投入排沙运用，库区溯源冲刷强烈，下游河道淤积严重，对此，黄委会水科所作了《三门峡水库修建前后黄河下游的冲淤及输沙特性》研究，得到如下认识：

第一，下游河道具有一定的输沙能力，在水流不漫滩的情况下，来沙大，沿程输沙能力也大，来沙小，沿程输沙能力也小，河道输沙能力随来水来沙的改变作大幅度的调整。洪水漫滩后，河道输沙能力降低，一般具有淤滩刷槽的特性。如1958年洪水,滩地淤积10.7亿吨,主槽冲刷8.6亿吨。每次大洪水尽管防洪很紧张,但主槽刷深,滩地淤高,形成相对的滩槽高差,行洪能力加大,河势规顺,对防洪是有利的。从而认识到"淤滩刷槽,滩高槽稳,槽稳滩存,滩存堤固"滩、槽、堤三者之间的辩证关系。

第二,三门峡建库前,汛期艾山以上淤积,滩地淤积量约占断面淤积量的50%~60%,艾山以下冲刷。非汛期全下游淤积量,艾山以上淤积量大于艾山以下淤积量。三门峡水库修建后,在清水下泄时期,下游河道发生冲刷,一般当流量大于2400立方米每秒,水量约大于30亿立方米左右,全下游发生冲刷。水库滞洪排沙运用后,由于泄流规模较小,形成"大水带小沙,小水带大沙",加之近几年来水偏枯,汛期全下游淤积,绝大部分泥沙淤积在河槽内。非汛期全下游淤积,艾山以下淤积量大于艾山以上淤积量,尤其流量在1000~2000立方米每秒时,淤积量最大。流量小于1000立方米每秒,河道虽有淤积,但绝对值较小。

第三,三门峡水库并不能解决下游河道的淤积问题,要从根本上解决黄河下游的淤积,首先要在上中游黄土地区,大力开展水土保持工作,同时做到用水也用沙,以减少入黄泥沙。目前上中游泥沙较少的干支流,修库修渠引水灌溉较多,泥沙较多的支流工程较少,估计近期内进入下游的水量将减少的多,沙量减少的少,因此,要按照拦、排、放的治黄方针,作出全面规划,逐步实施。同时,在下游防洪安全许可范围内,水库对下游漫滩洪水最好不要控制或少控制,尽量避免削峰及改变水沙峰基本适应的特点。

三门峡水库实行滞洪排沙运用,下游河道主槽发生严重淤积,1969~1971年平均淤积约7亿吨。1973年汛期,水库第二次改建完成,改为蓄清排浑控制运用,当年花园口出现5890立方米每秒洪水,花园口至石头庄河段的水位比1958年洪峰流量22300立方米每秒的水位还高0.2~0.4米,河势摆动加剧,严重威胁防洪安全。为适应这一情况,黄河治理领导小组于1973年11月在郑州召开黄河下游治理工作会议。会议决定加速中游治理,确保下游安全(加高加固堤防,堤背放淤,废除滩区生产堤等)做好1974年防汛工作。又鉴于"文化大革命"期间体制变动和研究人员分散,研究工作削弱的现状,责成黄委会加强这方面的组织工作。

根据会议精神,黄委会水科所配合黄委会制订《黄河下游近期(1974~1983年)堤防加高加固工程初步设计》进行了研究。下游河道的冲淤主要取决于来水来沙条件,而来水来沙条件除决定于气候的变化外,还受人类活动的影响,在当时的情况下,这些因素很难确定,故假定来水来沙相当于1950

～1959年系列，上中游地区年均增加工农业用水20亿立方米，刘家峡水库每年汛期调蓄水量40亿立方米，同时不考虑中上游治理的减沙作用，确定设计的1974～1983年黄河下游年均来水量426亿立方米，来沙量16.5亿吨。根据上述条件，计算分析得下游河道淤积量年均5亿吨，高村以上占全下游淤积的70%，高村～艾山占20%，艾山以下至利津占10%。滩地淤积量占50%左右。高村以上年均淤高0.12米，高村至艾山淤高0.14米，艾山以下淤高0.17米，以此作为大堤加高设计的依据。实际上，1974～1983年实测水量平均417亿立方米，接近预测值，实测年均淤积量为1.57亿吨，为预测值的31.5%，纵横向淤积分布都有一定的出入。预测淤积量偏大的根本原因是，中游主要产沙区河口镇至龙门区间来沙偏少，对三门峡水库调水调沙控制运用造成的淤积部位变化估计不足，以及黄河口改走清水沟后对河口段水位降低作用考虑不够等。

1974年3月经水电部批准在郑州成立"黄河泥沙研究协调小组"在泥沙研究协调小组的推动下，黄委会水科所与清华大学水利系，黄委会设计院协作进行了《1975～1980年下游河道发展趋势预报》，报告指出：三门峡水库经1969～1974年冲刷，今后库区中可能冲刷下泄的前期淤积物，估计不会很多，下游所承受的泥沙负担将有所减轻，如果水库能根据下游的需要适当控制，并随着下游生产堤的废除，洪水漫滩机会增加，河槽淤积强度将会减缓。但由于黄河流域清水来源区水源开发利用仍处于优先地位，浑水来源区，特别是粗沙主要来源区的洪水和泥沙利用较少，黄河来水量将减少，而来沙量减少不多，加之三门峡水库洪水时起削峰作用，进入下游的水沙组合将会更为不利。如果从目前起转入一个丰水平沙或平水枯沙系列，下游将会有所好转。如果进入平水丰沙或枯水平沙系列，则将继续恶化。从1922～1932年黄河连续11年出现枯水的情况看，现在的枯水系列再持续若干年也不是不可能的。

第五节　1975～1990年治理研究

一、防御特大洪水研究

1975年8月淮河流域发生了罕见的特大暴雨，造成库坝失事、河堤溃决，给国民经济和人民生命财产带来巨大损失。据气象资料分析，这样的暴雨完全可能发生在三门峡以下的黄河流域，这一严重的现实，引起了黄委会的注意。黄委会设计院进行了多种方法的洪水推算，认为这类洪水一旦发生，即使利用三门峡水库关闸控制黄河上中游来水，花园口洪峰流量仍可达46000立方米每秒，黄河下游现有防洪能力远远不足，尤其山东窄河道将会更为紧张，建议采取“上拦下排，两岸分滞”的方针来处理特大洪水（见《黄河规划志》专题规划与研究）。据此，1975年12月豫、鲁两省和水电部联合向国务院报送了《关于防御黄河下游特大洪水意见的报告》，报告中提出拟采取“上拦下排，两岸分滞”的方针，加大下游河道泄量，增辟分洪道，排洪入海。即改建现有滞洪设施，提高分洪能力，废除石头庄溢洪堰，新建濮阳县渠村分洪闸，设计分洪流量10000立方米每秒，分泄黄河洪量20亿立方米。并加高加固北金堤（见《黄河防洪志》防洪工程176页）。1976年5月国务院批复，原则同意上述两省一部的报告，要求抓紧规划设计。黄委会水科所为配合渠村分洪闸的兴建，作了《渠村分洪闸水工断面模型试验》、《北金堤滞洪区渠村闸引水试验》，对分洪量，闸上下游流态，闸门启闭运用方式作了研究，为工程规划设计提供了依据。在下游河道，作了《黄河下游渠村闸分洪动床模型试验》，试验发现，分洪期，闸上游河槽发生溯源冲刷，下游河槽发生淤积。分洪后，在上游长约70公里的河段上，水位普遍降低。

同年，清华大学黄万里写出《论治理黄河的方略》一文。文中说：黄河孟津以下北至天津，南至淮阴，是一个向上隆突的圆锥体形的大三角洲，面积二十五万平方公里，在没有人类活动以前，这个三角洲上的水沙本来是向北、向东和向南散开来的。我们就应该因势利导地继续有秩序地把水沙送到这个三角洲上，且溉且粪，长我禾黍。不应该把上游落入沟壑内的泥沙拦在河槽里（即使靠水土保持作为治黄基础），也不该力图把它们全部用两堤束住，冲出海外（尽量把泥沙输入海内作为治河原则）。我们应该把下游两岸所有原来连通低洼水道的口门在限制的宽度下全部打开到底，并固定住复式断面水道的两岸，使水沙淤滩刷槽，这是分流排沙，而不是疏水放淤。为了抑制洪峰，增多枯流，有必要造坝节流，同时也该调节沙流。打通260米高程的鬼门河，利用坝下游16米落差，吸出淤沙，大坝电厂改建后仍能发电100万千瓦，水库仍能蓄洪，而不致淤积上延，春旱时大量水沙平稳地分流出两岸二十几道口门漫灌农田，填高所有低洼地，刷深了的黄河现道仍是排洪道，利于治河。

防洪问题，其实质是河道淤积抬高，泄水能力不足问题。1977年，黄委会水科所对过去研究的河道冲淤规律和河床演变预报进行回顾和检查，在下游河道冲淤方面：

(1)下游河道的冲淤取决于来水来沙条件，河口镇以上地区，渭河南山支流及洛河、沁河等地区来水含沙量低，颗粒细对维持河道主槽有利；河口镇至龙门区间，晋陕区间支流来水含沙量高，颗粒粗对下游河道淤积最为不利；泾、渭、北洛河及汾河等支流来水来沙对下游河道的影响居中。多年平均下游河道每年淤积量3～4亿吨，主要是多沙年份汛期的洪水期淤积的，如1953～1959年期间，10次大沙峰的淤积量为7年淤积总量的65%，1969～1973年期间6次大沙峰的淤积量为5年淤积总量的62%。大水大沙年份滩淤槽淤，中水大沙及小水中沙年份淤槽不淤滩，这些年份每年的淤积量都在7～8亿吨，多年淤积变化的结果，使下游河道滩槽基本上同步上升，滩地淤积量约占全断面淤积量的60%。

(2)不同粒径的泥沙，淤积和排沙情况截然不同，粒径大于0.1毫米及0.05～0.1毫米之间的泥沙大部分淤在河道里，仅有一小部分可能输送到利津以下。这两部分泥沙在主槽表层内一般占淤积量的80%以上，在深层淤积物内则要占90%以上。粒径为0.025～0.05毫米的泥沙大部分可以输送入海，只有少量淤积在主槽内。小于0.025毫米的细颗粒泥沙属于冲泻质，在主流中不易淤积下来，只是在水流漫滩时有一部分落在两岸滩地上。

(3)滩槽泥沙交换在下游河床冲淤变化中具有重大作用，洪水漫滩后，滩槽泥沙的交换具有三种形式：一种是在涨水时期，由于主槽糙率小，曼宁系数有小于0.01的，而滩地的糙率却很大，一般都在0.03～0.04，两岸阻力较大，河心水面高于两岸，形成由河心向两岸的环流，把一部分泥沙自河槽搬至滩地。另一种形式是通过串沟汊河的分流，把泥沙引至滩地。第三种是由于黄河下游平面上有藕节状的外形，收缩段与开阔段交替出现，从束窄段进入开阔段时，大量水流自主槽分入滩地，进入滩地的泥沙在滩地大量落淤，当水流从开阔段进入下一个束窄段时，与主槽的水相掺混，使含沙量相对减低。这样，泥沙不断自主槽搬上滩地，造成滩地的淤积和主槽的冲刷，主槽的冲刷距离可以延伸很远甚至整个下游。如1958年7月特大洪水，花园口至利津河段，滩地淤积9.7亿吨，主槽冲刷7.15亿吨，其中艾山以下冲刷1.05亿吨，河槽刷深，滩槽高差加大，行洪能力增大，河势规顺，群众称之谓“大水出好河”。

(4)黄河下游水流的挟沙能力，随着上游来水来沙的不同，通过河床的冲淤变化迅速调整，具有多来、多淤、多排的特点。

(5)近年来三门峡水库蓄清排浑运用，下游河道冲淤变化特点是：非汛期 8 个月水库下泄清水(或含沙量较小)河道发生冲刷,冲刷量约 2 亿吨,主要在高村、艾山以上河段,重点是花园口以上河段。汛期水库降低水位运用排出全年泥沙,下游河道淤积,遇较大洪水,水库自然滞洪使洪峰调平,沙峰错后,减少了下游河道漫滩机会,加重了下游河道的主槽淤积及山东河道的淤积。花园口以上河段因比降大,非汛期冲刷使主槽变为窄深,所以比天然来水来沙条件下河道淤积有所好转。陶城铺以下窄河段,汛期因洪峰流量削减而冲刷量减少,非汛期仍为淤积,所以,在下游防洪安全泄量许可范围内,水库不要拦大漫滩洪水,对河道冲淤发展是有利的。

在下游河道演变趋势的预报方面:

(1)三门峡水库蓄水运用期的预报,由于三门峡下泄清水时间不长,清水冲刷河床调整的过程没有完成,实测资料表明,1959 年所作预报基本上是符合实际的,但实际冲刷发展的速度要较原估计为快,到 1964 年 10 月,4 年时间在三门峡水库大量排沙(主要是排细沙)的情况下(排沙比为 32%),全河都发生了显著的冲刷,冲刷以下切为主,沿程水位下降值从 2 米沿程衰减至 0.2 米,河床粗化,床沙质中径一般为冲刷前的 1.5～2 倍。另外原来对水库调平流量过程使中水流量延长,下游河道水流长期顶冲弯顶造成严重坍滩的局面也估计不足。

(2)三门峡水库低水位防洪排沙运用后的预报,从实测资料看,基本上是符合实际的。1962 年 3 月改为低水位防洪排沙运用,到 1966 年 6 月均是 12 个深水孔泄流排沙,尽管黄河来水来沙条件十分有利,三门峡水库仍发生淤积,下游河道也没有发生冲刷,处于冲淤平衡状态。1966 年 7 月至 1972 年 6 月三门峡改建的 4 条钢管、2 条隧洞及 3 个底孔相继投入运用,下游 6 年平均的来水来沙条件与建库前相近,但由于水库削峰滞沙的结果,使下游河道的淤积量比建库前加大,排沙比减小。特别是由于淤槽不淤滩及艾山以下窄河道由平衡转为严重淤积,使河道恶化。1973 年汛期 8 个底孔全部打开投入泄流排沙,8 月洪水中水带大沙,下游淤积严重,1975 年、1976 年大水大沙,下游槽冲滩淤,1977 年大水大沙,三门峡水库控制运用对洪峰形态有所改变,下游滩槽都淤,同时出现了揭河底现象,许多工程出现险情。概括起来,三门峡水库汛期排沙,若在来沙小时(来沙系数小于 0.013),适当排泄非汛期淤积的泥沙(排沙比不大于 200%),对下游河道可能做到不淤或小淤,若来沙多时(来沙系数大于 0.03)或来沙不大而水库排沙过大,都会增加下游河道的淤积。非汛期三门峡水库下泄清水,艾山以上河道是冲刷的,艾山以下河道冲刷的机会很少,如三门峡水库运用得好,缩短下泄 1000

～2000 立方米每秒流量的时间，艾山以下河道可争取少淤积。

在进行上述回顾和检验工作的同时，黄委会水科所还进行了《黄河河口淤积延伸对下游河道影响的分析》见本篇河口治理研究章。《黄河下游洪峰不平衡输沙》、《三门峡水库下泄清水时花园口河段河床调整分析》及《黄河下游来水来沙特性及河道冲淤规律的研究》等。通过分析，对黄河下游河道自然规律得出以下认识：

第一，黄河下游水少沙多，含沙量很高，在天然情况下水量和沙量在时间上的分布极不均匀，沙量更为突出，全年沙量集中于汛期，又主要集中在几次较大的洪水。水沙比例同水沙在空间上的来源有密切关系，尤其决定于泥沙来源。在相同水量情况下，来自多泥沙和少泥沙地区的沙量最大可相差 18 倍，经沿程调整进入下游仍相差 6 倍。因此，调节水沙过程是减少下游河道淤积的关键。

第二，黄河下游冲淤规律一般是大漫滩洪水滩地淤积，主槽冲刷，汛期的平水期和非汛期主槽淤积，使滩槽同步上升。但来水来沙条件对河道冲淤起至为重要的作用，粗泥沙来源区的洪水，淤积强度大，全下游都发生淤积，淤积部位主要在主槽和嫩滩；细泥沙来源区的洪水，淤积强度小，如来沙量很多，也可能发生下游河道全程淤积；来自清水区的洪水，全下游河道发生冲刷，其中洛沁河洪水冲刷作用最大，其次河口镇以上洪水，再次为渭河南山洪水。

第三，下游河道具有“多来、多排、多淤”的特性，在一定的来水来沙条件下，当流量接近平滩流量时，河道的挟沙能力最大，水流漫滩后，挟沙能力降低。

第四，1950 年到 1977 年下游河道共淤积 66 亿吨，其中 53%淤在滩地上，47%淤在主槽。淤积集中在汛期的洪峰期，其中高含沙量的洪峰流量一般都不大，但下游河道淤积严重，且主要发生在主槽内，粗沙约占来沙的1/5左右，而它的淤积量却占 1/2，这些粗沙大都淤在艾山以上河道，艾山以下虽只淤一小部分，但却占其全部淤积量的主要部分。汛期的平水期及非汛期的淤积主要在高村以上，特点是淤粗泥沙，冲细泥沙，从全年看，粗泥沙淤积量占全部淤积量的比例加大。

第五，高含沙洪水时下游河道淤积强度特别大，淤积的距离相对较短，淤积后的河床断面显得特别高，部分水体在滩地上发生停滞现象，随着滩地水深加大，又重新恢复流动，使下游洪峰流量为上游洪峰流量的 1.4 倍。这种现象主要发生在花园口以上局部河段的滩地，主槽的水体仍然持续流动没有发生停滞。

第六，三门峡水库修建后，在蓄水运用阶段，下游河道发生冲刷，冲刷以下切为主，主槽断面变得窄深，河床粗化，挟沙能力降低。在滞洪排沙运用阶段，由于水库的滞洪作用和汛后大量排沙，下游河道由冲刷变为淤积，泥沙大量淤积在主槽内，滩地不淤，河道变得宽浅，河势趋于散乱，且由于滩地上修有生产堤，下游河道由原来的一级悬河，变为二级悬河。蓄清排浑运用后，非汛期下泄清水，下游河道冲刷，汛期下泄全年的沙量，下游河道淤积，河道处于冲刷和淤积相互交替状态。从全年来说，下游河道仍处于淤积状态，淤积情况较滞洪排沙运用阶段有所改善，但不能恢复到建库前天然淤积的情况。

针对下游河道仍处于淤积抬高的趋势，人们开始了各种议论，有人主张修建干流龙门高坝拦泥，或修小浪底高坝拦泥，以减缓下游河道的淤积；有人主张两岸滩地放淤，有人主张南水北调，引长江水减淤的；有人主张调水调沙减淤的，也有人说黄河已处于决口大改道的前夕，必须考虑人工主动改道的。在众说纷纭的情况下，黄委会水科所与黄委会设计院，清华大学水利系等单位于1978年就各种治河措施对黄河下游河道减淤效果作了预测计算，计算一般年份水沙采用1985年水平的1950～1960年10年水沙系列，并考虑龙羊峡已投入运用，估算在不同情况下对黄河下游河道的减淤作用如下：

(1)干流大型水库对下游的冲淤影响。龙门水库位于陕西韩城与山西河津县间黄河峡谷段，坝址舌头岭在潼关上游150公里处，龙门正常运用阶段高、中、低三个方案灌溉引水量分别为73.4、55.6、40亿立方米，引沙量为1.83、1.37、0.85亿吨，运用方式相同，建成初期蓄水拦沙，以后逐步下泄浑水，死库容淤满后，蓄清排浑运用，经25年高坝方案，水库拦沙加灌区引沙共减沙125.29亿吨，黄河下游减淤28.41亿吨，平均每年减淤1.14亿吨，水库正常运用期(蓄清排浑)，龙门平均每年引水76亿立方米，引沙1.83亿吨，黄河下游平均每年减淤0.08亿吨基本没有影响。中坝方案25年龙门以上共约减沙74.03亿吨，黄河下游减淤11.74亿吨，平均每年减淤0.48亿吨。正常运用时，黄河下游平均每年增淤0.11亿吨。低坝方案25年龙门以上共减沙39.81亿吨，黄河下游增淤1.31亿吨，平均每年增淤0.05亿吨。

小浪底水库位于河南孟津县，坝址在三门峡下游135公里处，总库容126.5亿立方米，水库运用程序与龙门水库相同，25年库区共拦沙76.4亿吨，下游共减淤48.14亿吨，平均每年减淤1.92亿吨，其中山东河段平均每年减淤 0.13 亿吨。无小浪底时 25 年内平均下游淤积量为 4.98 亿吨,有小浪底时 25 年减淤 48.14 亿吨,相当于下游减少了约 10 年的淤积量。

桃花峪水库位于河南武陟县,坝址在黄河京广铁桥上游约 12 公里处,计算了灌溉 1700 万亩和 2400 万亩两种方案。1700 万亩方案,库区平均每年淤积 0.3 亿立方米,比天然淤积量 0.45 亿立方米为少,下游平均每年减淤 1.64 亿吨,其中山东段减淤 0.57 亿吨;2400 万亩方案,库区平均每年淤积 0.56 亿立方米,全下游平均每年减淤 0.68 亿吨,其中山东段减淤 0.38 亿吨。

(2)黄河中下游大规模放淤对下游冲淤的影响。淤区有小北干流、温孟滩、原阳、封丘、东明及台前 5 处,小北干流放淤是考虑在龙门水库淤满后进行蓄清排浑时期放淤的,不能直接与下游四处比较。小北干流放淤 112 亿吨,可使下游减淤 53 亿吨,相当于解决下游 10 年淤积问题。温孟滩、原阳、封丘使下游减淤 32.8 亿吨及 16.2 亿吨,二者合计减淤 49 亿吨,也大体上相当解决下游 10 年淤积问题。台前、东明二淤区共可减淤 3.48 亿吨,减淤作用主要在高村以下,年平均减淤 0.36 亿吨,其中山东段平均每年减淤 0.163 亿吨,相当于山东河段总淤积量 0.544 亿吨的 33.4%。台前淤区淤沙容积不大,且靠近河南下段,对全下游而言,减淤作用不大。小北干流,温孟滩、原阳、封丘三淤区减淤作用主要在河南以上河段,对山东段减淤作用不大。5 大淤区总可拦沙 250 亿吨,可使下游减淤 105.46 亿吨,大体相当于解决下游 20 年的淤积,平均每年共使下游减淤 2.92 亿吨,相当于下游淤积量的 60%左右。由于来水来沙条件的限制,平均每年放淤量仅为 0.73～2.96 亿吨,平均每年减淤量任何一区均小于 1.4 亿吨,说明大放淤尚不能使下游淤积停止下来。

(3)黄河下游汛期增水对下游的减淤作用。增水位置考虑了龙门、花园口及艾山附近三处。在龙门增水 100 亿立方米时,全下游减淤 2.56 亿吨,山东段减淤 0.38 亿吨。当花园口增水 100 亿立方米时,全下游减淤 3 亿吨,山东段减淤 0.4 亿吨。当艾山增水时,山东段减淤 0.53 亿吨。在花园口入黄对全下游好处最大。如增水入黄时,将水调入反调节水库中,集中泄放,减淤作用可有更大增加。

(4)调水调沙对下游的减淤作用。计算了桃花峪水库、温孟滩、东平湖及东线南水北调弃水刷黄等方案。桃花峪水库人造洪峰运用 25 年,平均每年下游可减淤 1.64 亿吨,其中山东河段可减淤 0.57 亿吨。温孟滩运用 10 年,平均每年下游减淤 1.56 亿吨,其中山东河段可减淤 0.37 亿吨。东平湖运用

10 年，山东河道平均每年减淤 0.2 亿吨。南水北调弃水刷黄运用 10 年，可使山东河道减淤 0.18 亿吨。

(5)控制黄河中游粗沙来源减淤作用。黄河中游粗泥沙主要来自窟野河等 12 条支流，流域面积 6.9 万平方公里，粗泥沙量占龙门粗泥沙量的 80%，其中窟野河、黄甫川等 5 条支流的粗泥沙占龙门粗泥沙量的 40%，若 5 条支流治理后，平均每年下游可减淤 0.9 亿吨，如 12 条支流治理后，下游可减淤 1.8 亿吨左右，也有人认为粗泥沙支流减少 1 亿吨，下游河道也可能减少 1 亿吨。总之，重点治理粗泥沙支流对黄河下游减淤作用显著。

(6)中游水土保持。用洪用沙减淤作用，当不减水而只减沙 1 亿吨时，下游减淤 0.4 亿吨，如不减沙只减水，当减水 30 亿立方米时，下游增加淤积 0.65 亿吨。

与此同时，水科院泥沙所尹学良从黄河下游河道的特性及冲淤规律出发，连续发表了《黄河的水害及其处理问题》(1964 年)、《调节低水流量，刷深黄河河槽》(1977 年)、《黄河下游河道的改造问题》(1978 年)、《论治黄方案》(1979 年)、《黄河下游冲淤特性及其改造问题》(1980 年)等文章。在《调节低水流量、刷深黄河河槽》一文中对比了废黄河和现行黄河的条件，针对人工改道的意见，指出：现黄河长度比废黄河短 120 公里(未考虑 1855 年以来废黄河口已蚀退约 80 公里的距离)，现黄河夹河滩断面比废黄河约低 3 米，废黄河砀山以上 195 公里河段束窄到 5～10 公里之后再过 293 年才到 1855 年，现黄河孙口以上 186 公里河段仅行水百余年，说明现黄河还处于年青阶段，应该很好利用。在《黄河下游河道的改造问题》中认为，山东河段河槽在流量小于 1800～2000 立方米每秒时要发生淤积，淤积率以 300～1500 立方米每秒之间最大，流量大于 2000 立方米每秒河槽发生冲刷。因此，主张不让小水进入黄河，使山东段河道仅受大水的冲刷，河道就会逐步变好，建议南水北调东线输到东平湖的水量，供山东地区使用。黄河小水期的水量从东坝头以上引走，供河南、山东、河北、北京、天津使用，可考虑使河道低水流量维持在 250 立方米每秒，虽仍使河道淤积，但为量较小。水科院泥沙所曾庆华、周文浩则主张利用小浪底水库汛期调水调沙，在《从黄河下游河道冲淤特性对小浪底水库调水调沙运用的意见》中提出“在洪峰流量 8000～15000 立方米每秒时，水库不控制，以充分利用漫滩洪水的淤滩刷槽和山东河道的洗肠作用，对于 6000～8000 立方米每秒的洪水，根据来水来沙情况进行适当调节”的意见。

黄委会水科所赵业安在《关于黄河下游洪水及泥沙处理方略的探讨》中

回顾了建国30年来的治黄情况，指出：人民治黄初期，采取宽河固堤的方针，连续战胜了多次洪水，特别是1958年的特大洪水，实践证明是一个正确的方针。然而从1954年起，设想用高坝大库来拦蓄洪水泥沙，随着三门峡水库的修建和运用，说明在中游泥沙没有得到基本控制以前，是行不通的。人们的认识有了一些变化，60年代改为“上拦下排，滞洪排沙”，对洪水泥沙的处理是一个不小的进步。滞洪排沙下游河道淤积严重，排洪能力减小，特别是1975年淮河大水后，估计到黄河下游可能发生的最大洪水流量及洪水总量都远较设防洪水为大，进一步采取“上拦下排，两岸分滞”的方针，在三门峡以下兴建干支流工程，拦蓄洪水，改建现有滞洪设施，提高分滞能力，进行河道整治，加大下游河道泄量，排沙入海。然而，由于泥沙没有得到控制，防洪水库只能临时滞削一下洪峰，下游两岸的滞洪区也只是临时分滞洪水，最终都需通过下游河道将泥沙送走，因此，除非万不得已，拦滞都不应轻易采用，今后相当长的时期内，处理下游洪水泥沙的思想必须彻底转变，采取“宽河固堤，宽滩窄槽，泄洪排沙”的方针，宽滩滞洪，削峰淤沙，窄槽泄洪、输沙。同时利用三门峡、东平湖以及规划中的小浪底水库滞蓄超过下游堤防安全的特大洪水，进行水沙调节，以提高下游河道的泄洪输沙能力，增加入海沙量，减少主槽及位山以下山东河道的淤积量，促使下游河道逐步趋于稳定。

1979年，拟建的小浪底水库，规划采用一次抬高运用方案，在水库拦沙期将对下游河道产生什么影响的问题迫切需要作出回答。为此，黄委会水科所李保如等分析了《三门峡水库拦沙期下游河道的变化》，华正本等分析了《小浪底水库一次抬高运用拦沙期对下游河道的影响》，计算采取1985年水平的1950～1960年和1964～1973年两水沙系列，计算结果：1950～1960年冲刷期全下游共冲刷11.6亿吨，由于小流量时间长，冲刷只到高村，高村至艾山冲淤变化不大，艾山以下淤积，高村以上河段水位下降，花园口水位下降1米多，艾山至利津水位是上升的。1964～1973年全下游将发生冲刷，其冲刷量和水位下降值与三门峡水库拦沙期相近或略小，冲刷部位亦大致相同。小浪底水库拦沙期下游河道将减淤46亿吨，其中艾山至利津河段减淤3.57亿吨。对于河势变化，如遇1950～1960年水沙系列（流量小），河势变化较小，滩地坍塌将比三门峡水库拦沙期大为减轻，有利河道下切向窄深方向发展。如遇1964～1973年水沙系列，由于中水流量持续时间长，河势变化和滩地坍塌均比前一水沙系列严重，但与三门峡水库拦沙期相比将减轻，不过局部塌滩和局部险情严重的情况仍会发生，应充分加以注意。

同年9月中国水利学会组织全国有关专家、学者分中、下游两组，西起黄土高原，东至黄河河口，进行实地查勘和调查研究。在此基础上，于10月18日至29日在郑州召开黄河中下游治理规划学术讨论会。会议由水利学会理事长张含英主持，与会的有来自水利部和各省水利部门的科研、设计、工程、管理等单位，和来自国家计委、农委、林业、电力、交通、地质、中科院等部、委、局、院及所属的科研、设计单位，和来自高等院校的共220人，会议分下游防洪和河道整治、水土保持和支流治理、干流梯级开发工程三个专题小组，采取大会发言、专题讨论、自由讨论等多种形式。与会者畅所欲言，不仅就黄河的形成和发展，水沙运行规律，中下游治理方略和重大措施，进行了深入的讨论，兄弟部门和友邻学科的同志还从地质、地理、土壤、气候、历史等方面对黄河的自然特点和治理方略，提出了许多宝贵意见。会议取得丰富的成果，主要表现在：

第一，对中下游的演变规律和特点有了进一步的认识。黄土高原水土流失严重是在一个长期自然因素和人类不合理生产活动所形成的，要充分认识水土保持的必要性和迫切性，已有一些小流域和社队，采用工程和生物综合措施，控制了水土流失，表明水土流失地区是能治理的。每年淤积在下游河道的4亿吨泥沙，其中大于0.05毫米的粗颗粒占一半以上，这些粗颗粒泥沙主要产自10万平方公里范围内，水土保持既要全面进行，又要重点突出。30年来，下游河道淤积泥沙70亿吨，主槽抬高2米左右，河床不断淤积恶化，主流摆动加剧。小水淤槽，洪水淤滩刷槽是下游河道演变的规律，要废除生产堤，整治河道，扩大泄洪排沙能力。河口每年平均淤积泥沙8亿吨，加以近几年油田开发，三角洲的摆动范围日益缩小，加速了河口延伸，影响了下游河段的淤积抬高。近几年研究的高浓度含沙水流输送问题，在渠道中可以运行几十公里而不淤，这个经验能否在黄河上运用，是值得研究的一个新课题。

第二，对黄河中下游治理方略和措施的争论。大家一致认为，30年来，黄河下游保证了防洪安全，这是治黄工作的重大成绩。但由于河道不断淤积，如果再发生1958年22300立方米每秒的洪水，各河段水位将比1958年水位高1～2米，就会出现全河吃紧的局面，而且存在更大的洪水威胁。黄河安危，事关大局，下游防洪仍是当务之急。因此，有些人主张把治黄建立在中游水土保持的基础上，依靠水土保持，特别是粗泥沙来源区的水土保持，减少泥沙来源。在水土保持生效前的过渡阶段，修拦沙库，发挥水坠坝在治黄中的作用等。有些人认为中游水土保持减沙近期不能显著生效，远期生效的大小和速度尚难估计。因此，对今后进一步处理洪水泥沙问题，主要靠向两岸及滩地放淤；建立第二道防线，形成相对地下河；修建干流工程调水调沙；高浓度渠道输沙；引清刷黄、分流分沙、整治河道，增大河道排沙能力、治理河口及局部改道。废弃悬河，重建新黄河等。

在干流工程方面与会同志讨论了龙门、小浪底、桃花峪、龙口、万家寨、碛口、大柳树及位山枢纽的作用。并特别对龙门、小浪底和桃花峪工程的作用和兴建先后次序以及三门峡工程的再改建等问题进行了争论。与会同志认为，黄河问题涉及面广，问题复杂，应认真总结吸取三门峡工程的经验教训，慎重研究，反复比较，做到七次丈量，一次剪裁。

会议还对方宗岱所提出的高含沙水流输沙方案和黄万里所提出的分流排沙方案进行了专题讨论，高含沙水流输沙方案讨论结果见本篇高含沙水流。关于分流排沙方案，不少专家认为以充分利用水资源使其有利于下游两岸的农业生产，出发点是正确的，最大限度地利用这些财富的愿望也是好的，但方案脱离了黄河水沙数量在季节上变化很大，华北平原是大平小不平和人烟稠密的自然条件和社会经济条件。如陶述曾所说，理论与实践都证明，集中治理比分散治理容易，如从许多口分水，入海水量只有干流的十几分之一，近海口一段河道就会自然萎缩，黄河成了一个口袋，一发大水就出不去，更容易漫溢成灾。洪水分散到华北平原，平时没有准备，洪水一来形成到处防汛抢险的紧张局面。有人认为：多口分流后，大河挟沙能力逐渐减少，很难不淤河槽。如将大河断面随分水后流量逐段减小而逐段缩窄，用以维持一定的流速输送泥沙，大水时又难以宣泄，且这种断面难以适应多种流量和多种含沙量下淤滩刷槽。有人认为：方案中分水口门不设底坎和闸门，难以控制分流数量，并有可能像1933年洪水那样，从多口最后归于一口。有人担心分流占用现有排水系统，打乱平原水系，分流需大量建筑物，从经济上是不适宜的。黄万里作了答辩，最后会议建议有关部门帮助黄万里教授到下游两岸查勘，以进一步说明其合理性。

1980年3月河流泥沙国际学术讨论会议在北京召开，会上就黄河流域产沙和用沙、水库泥沙与下游河道演变、河道整治、河口泥沙与渠系泥沙、泥沙运动理论与测试技术以及泥沙模型试验等问题，国内外专家进行了广泛交流，使我国泥沙研究工作者受到很大鼓舞。为了防御淮河1975年8月类似洪水在黄河上重演，可能造成危害的各种防御措施积极进行研究。有人提出渠村分洪10000立方米每秒流量将造成分洪口下游河道的淤积。为此黄委会水科所与设计院的同志一道进行了《黄河下游决口对主河道冲淤影响分析》，以此论证渠村闸分洪对下游河道的影响。文中分析了1934年贯台决口、1935年董庄决口、1933年冯楼决口、1938年花园口扒口及1973年东明滩区生产堤决口。结果表明决口后短时间内(30天),都没有造成夺流改道的结局,口门以下主河道仍然是输送水沙的主要通道。分水分沙比的大小,主要由决口河段的平面河势、临背高差、决口后新河水势顺直情况以及上游来水来沙等条件所决定。决口以后,时间越长,分水比也将随之改变。决口以后尽管在短时间内主河道有不同程度的淤积,对主河道影响不大,根据有关文件规定,渠村分洪主要承担分泄三花区间出现的大洪水,这一区间来沙量少,一般来沙系数小于0.008公斤·秒每米6次方对下游河道产生冲刷是有利的。根据洪水设计过程线,大于15000立方米每秒的流量为4天,渠村分洪分流比为0.24~0.44,这种水沙条件下对下游河道的洪水位下降也是有利的。

1981年2月,清华大学钱宁、张仁等发表《黄河下游挟沙能力自动调整机理的初步探讨》,认为冲积河流挟沙能力的自动调整机理,应根据河流含沙量的大小分成两个区域,在低含沙量区(含沙量小于400公斤每立方米)水流挟沙能力往往小于来沙量,主槽会发生淤积;含沙量超过400公斤每立方米以后,水流挟沙能力不仅会超过上游来沙量,还会使水流归槽,断面趋于窄深,进一步提高水流的挟沙能力。多沙河流水流挟沙能力的自动调整作用十分强烈和灵敏,在相当长的河段内可以保持多来多排的特点。

同年3月黄委会水科所齐璞在《黄河极细沙含沙量对挟沙能力影响机理的初步探讨》中提出:黄河悬沙中大量粒径小于0.01毫米的极细颗粒泥沙组成的浑水悬浮液,改变了流体的流变性质。正是这种流变特性对挟沙能力的影响是造成黄河泥沙多来多排的主要原因,并非由于冲积河床自动调整的结果。并通过黄河干支流大量高含沙洪水的实测资料作了验证。

黄委会水科所分析了上述资料,于同年10月提出《黄河下游多来多排输沙机理及水流挟沙力关系分析》报告,报告指出:黄河下游多来多排输沙的特性是由于在天然状况下,在低含沙量范围内(100公斤每立方米以下),粒径小于0.05毫米的泥沙基本占50%~70%,粒径小于0.025毫米的细泥沙属于冲泻质,它与水流条件关系甚小,大多处于不饱和状态,只要不漫滩,主槽就很少淤积,在来沙级配变化不大时,来水含沙量越高,细泥沙含沙量的绝对值越大,故能多来多排。当上游来水含沙量接近或趋向高含沙水流时,随着含沙量的增大,水流粘性增加,泥沙沉速大大降低,水流输沙能力很快增加,当水流含沙量达到高含沙水流范围,泥沙形成结构状态,基本不分选,下游站泥沙级配与上游站一样,或粗泥沙含量反高于上游站,形成了粗泥沙的多来多排。上述细泥沙和粗泥沙在不同来水含沙量范围内的输沙特性互为补偿，使全沙含沙量在数量上保持多来多排的幂数关系。河床冲淤调整对输沙的影响较上游来水含沙量影响要小，它主要通过多来多淤，改变边界条件，调整挟沙力来实现多来多排的，来水含沙量变幅大，形成不平衡输沙时，冲淤调整的方向是河床淤积，挟沙力增大，实现多来多排。目前黄河下游采用的多来多排输沙关系式包括了水流挟沙力，不平衡输沙及高含沙水流影响几个方面，用上站来水含沙量及河床前期冲淤调整系数以及来沙级配组成的参数予以反映，计算较方便，对全沙输沙率计算精度较好。在进行上述分析的同时，还用1973年11月至1980年10月下游河道实测资料，分析检查了1974年所作预报，指出：就全年看，三门峡水库控制运用后对下游河道减淤作用并不显著。说明目前三门峡水库控制运用方式还不完善，在有些年份如1977年，没有充分利用现有泄流能力，以致水库在大水时产生滞洪，未能有效地利用下游河道大水多排的自然规律，只是改变了泥沙淤积的部位，特别是艾山以下的窄河道发生了较多的淤积，从下游防洪的全局看是不利的。为此，应改进三门峡水库的控制运用方式，最好能使非汛期的淤积物在流量大于3000立方米每秒的洪水期下排，或在九十月份黄河来沙较小时下排，以利下游河道的输沙及防洪。

1982年，黄委会主任王化云召集黄委会有关领导和技术干部，研究起草了《开发黄河水资源为实现四化作出贡献》的报告，报送国务院。报告概述了建国以来的治黄成就，也指出从根治黄河水害、开发黄河水利来看，仍有很大距离。总结治黄30多年的经验，必须继续巩固下游堤防，完善各项防洪措施，兴建小浪底水利枢纽和沁河河口村水库工程，结合已建成的三门峡，伊河陆浑水库和正在兴建的洛河故县水库工程，组成下游治黄的工程体系。如果小浪底水库很快建成，必将使治黄工作开创一个新局面，为向北方供水提供可靠的保证，为四化建设作出很大的贡献。

随后，黄委会设计院、黄委会水科所及各有关单位集中主要力量对小浪底水利枢纽进行一系列的试验研究工作，本卷以下各篇章均有记述。关于小浪底枢纽在各种运用方式下，对下游河道减淤效果的研究结果简述如下：

(1)蓄清排浑控制运用(现三门峡水库运用方式)。即非汛期蓄水拦沙，汛期排泄全年沙量，一年内每调1亿吨泥沙，下游河道可减淤0.3～0.6亿吨。

(2)拦粗排细。在初期水库采用逐步抬高的运用方式(不发电)，三门峡水库汛期排泄的非汛期泥沙可全部拦在小浪底水库，按非汛期平均来沙

2.1 亿吨计，则减淤比可达 1∶1。若洪峰期水库拦截高含沙量洪水一半左右，水库年平均淤积约 1.4 亿吨，则下游减淤比可达 1∶1 左右。

(3)人造洪峰。若年平均造峰水量 46～50 亿立方米，其减淤量可达 0.6 亿吨。

(4)汛期调水调沙。如水库实行年内泥沙调节，将非汛期及汛期小水期的泥沙调到大水期下泄，下游每年可减淤 0.3～0.6 亿吨。如水库实行多年调节，对下游的减淤效益还可以提高，这种措施也可长期使用。

此间水科院泥沙所张启舜对小浪底水库的减淤作用也作了研究，提出《小浪底水库修建后对黄河下游减淤作用的计算方法及成果摘要》报告，其主要结论是：在无小浪底的情况下，50 年后下游河床将普遍升高 2～4 米，问题是严重的。在有小浪底的情况下，下游河床淤积速率普遍降低，使黄河下游 50 年的抬高值为 1～1.5 米，在实现人造洪峰的情况下，又可以比不造峰下降 0.3～1 米，使黄河下游 50 年抬高值仅在 1 米左右。而值得注意的是山东河道 50 年的抬高值远大于河南段，特别是泺口河段，这一问题应引起重视。

二、防止滚河的研究

1981 年和 1982 年黄河发生了比较特殊的洪水，黄委会及时组织了调查研究，据分析，1981 年汛期有三次洪水，其中九、十月来自龙羊峡以上地区的一次洪水，在中下游无其他洪水遭遇，形成洪量大、沙量少、洪峰不高、中水历时长的特点。经三门峡水库调节后，进入下游的水沙量与 1919～1980 年平均值相比，水量偏丰 21%，沙量接近多年平均值。黄河下游河道都是冲刷的，铁榭至东坝头河段因控导工程少且不配套，险情较多，汛前汛后相比主流摆动一般均在 1000 米以上，个别达 4000 米，东坝头以下控导工程较多，河势流路单一规顺，断面明显冲深。高村以下河道普遍冲深，宽浅断面主槽有摆动。1982 年 8 月花园口站出现 15300 立方米每秒洪峰，水位比 1958 年 22300 立方米每秒洪峰还高 2 米。洪峰过后当流量降到 3000 立方米每秒时，主溜直冲黑岗口险工，淘刷严重，使 25 护岸到 26 垛迎水面长 50 米的坦石及 23 护岸长 30 米的坦石墩蛰入水，险情严重，经 2000 多军民抢护始转危为安，引起各级领导部门的重视。经分析认为系由于来水含沙量低，水流冲刷能力强，上游来溜受心滩所阻，发生横河、斜河，长时间顶冲滩岸，造成严重险情。

针对上述情况，1983年黄委会徐福龄与胡一三一道撰写了《横河出险不可忽视》，还与郭体英一道撰写了《黄河下游河道整治的措施和效用》等文章，文中指出陶城铺以下河段已经得到控制，高村至陶城铺的过渡河段已基本控制，平均每年主流摆动强度由425米减至181米，同时河床断面变得窄深。东坝头到高村段，整治工作有了很大进展，主流摆动强度也由670米减至410米。但东坝头以上游荡性河段还未很好控制，已建工程也未经更大洪水考验。根据1730年、1803年、1952年、1964年、1967年及1982年出现横河的情况看，黄河下游出现横河，多在游荡性河段内，且多在落水期，一般是在没有工程控制或控制工程较少而又互不衔接的河段，彻底解决出现横河的措施，是在宽河道内加速修建河道整治工程，进一步控制河势。

与此同时，黄委会水科所、工务处、河南黄河河务局、济南水文总站等单位对1984～1995年下游河道淤积情况及近期发展趋势作了分析预测，并由黄委会水科所作了模型试验，模型试验提出了当花园口站出现46000立方米每秒洪峰时，东坝头至高村河段有可能出现滚河，并预报了最危险的部位及预防措施。对于山东河段，根据山东局提供的试验条件，进行了透水桩坝整治效果试验。试验结果指出：透水桩坝的冲淤规律有利于在中枯水时达到淤滩刷槽的目的，其在各级流量的壅水程度明显小于实体坝，修建透水桩坝后，河道的排沙比有所增加，水位上升速度有所减缓。因此，山东河段整治工程应优先考虑采用。

关于下游河道近期发展趋势作了如下预测：

1. 黄河下游河道的淤积状况主要取决于来水来沙条件。从长期看，年淤积量时多时少，呈周期性变化。多沙水文系列年，下游的年淤积量可多达4～6亿吨，少沙水文系列年，则为2亿吨左右。1974～1983年平均淤积量小于2亿吨，主要是来水来沙条件有利。

2. 1984～1995年黄河来水可能转丰，来沙量减少不多，又受龙羊峡水库初期蓄水及调节径流的影响，下游河道的年淤积量将达4亿吨左右，淤积部位将集中在夹河滩至艾山河段。

3. 下游滩区生产堤缩窄了河道，降低了洪水淤滩刷槽的作用，加重了主槽的淤积，如不彻底废除，又不积极进行人工淤滩，今后必将在长河段内出现两级悬河的险恶局面。

4. 每年非汛期三门峡水库下泄清水，下游夹河滩、高村以上发生冲刷，但以刷滩为主，滩地大量坍塌，使河床形态变得宽浅，主流大幅度摆动，不利于下游河道的泄流排沙。因此，抓紧以控导主流、稳定河势、护滩保堤为目的的下游河道整治是十分必要的。

5. 如遇到1933年型大洪水，下游河道将发生严重的淤积，铁榭至利津年淤积量可多达17亿吨左右，洪水过程中，沿程将普遍出现高含沙、历时长的高水位，将给下游防洪带来严重危害，必须及早研究对策。

1984年，黄委会钱意颖、王国士等通过1983年汛期洪水的调查和实测资料分析认为：三门峡水库在目前运用情况下，对库区及下游河道冲淤是有影响的。当出库洪峰流量小于2000立方米每秒时，库区发生淤积，高村以上发生冲刷，当流量大于2500立方米每秒时，库区发生冲刷，高村以上发生淤积，但随着三花间增水，河道的淤积可能减少，甚至发生冲刷。下游河道连续几年的冲刷，河道普遍展宽，但较整治前小，说明下游河道的整治工程方向正确，措施有效，应再接再励继续努力。同年，水科院尹学良再次提出清浊分流的建议，从白坡起在北岸开清水渠道为京津冀供水，原河道仍排送洪水泥沙，强调在东坝头以上沿河引水后，应控制使下游的流量经东平湖调节或者大于1600立方米每秒，或小于200立方米每秒，避免山东河道的淤积。

1985年，为探索改善下游河道二级悬河的不利局面，黄委会水科所进行了人工淤滩刷槽，淤临淤串等措施的模型试验。指出：在堤脚低洼河段，选择适当位置(应尽量靠近放淤地点)将生产堤扒口放淤，只要水沙条件适宜，淤临的效果是显著的。并归纳几条引水原则，供实际操作参考。田德本、杜庆生撰写《黄河东坝头至高村河段"滚河"的可能性与防治措施》，指出：东坝头至高村河段，河道宽、浅、乱，素有豆腐腰之称，主溜摆动频繁。从东明上界至黄寨滩区横比降很大，都在1/2000左右，一旦洪水漫滩极易造成溜势直冲大堤，大洪水有滚河的可能性，危险部位主要在马厂工程上下。为防止滚河发生，第一，要搞好河道整治工程，禅房系龙头工程，应尽快完成续建。第二，要利用中常水淤临淤串，减少滩区横比降。第三，要破除生产堤，淤滩护堤。第四，修潜水长坝。

1986年，黄委会水科所赵业安在《缩小游荡范围、稳定主流、转化河型》一文中说，黄河下游孟津铁榭至东明高村间为典型的游荡性河道，当前河道变迁，主流摆动，发生横河、斜河，可能引起冲决已是防洪中的突出矛盾，整治游荡性河道应分两步走，首先是控导主流，缩小游荡范围，然后稳定主流，转化河型。整治工程应以弯导流、平滩护岸、滩槽并治，并要求小浪底等水库工程相配合，拦截一部分粗颗粒泥沙，利用洪水排沙。武汉水利电力学院谢鉴衡在《黄河下游纵剖面变化及治理问题》中提出黄河下游近期治理的原则性设想：修建小浪底水库拦粗排细，调整水沙搭配，并利用建坝的有利条件，大规模引黄放淤，使整个下游的来水来沙条件得到显著改善；用扩大河口三角洲范围来抑制山东河段的上升，用以调整主槽横断面及尽可能降低糙率为主体的治河措施来抑制河南段上升，以达控制黄河下游纵剖面的变化。

三、水沙条件改变后的治理研究

黄河上中游经过长期治理，水沙条件发生了很大变化。1986 年 10 月龙羊峡水库开始蓄水，1989 年黄委会水科所通过实测资料，分析提出《龙羊峡水库初期蓄水阶段黄河中下游河道冲淤趋势》的报告，文中说：由于龙羊峡水库库容大，初蓄第一年就蓄水 61 亿立方米，如蓄至 2575 米高程，将蓄水 160 多亿立方米，使中下游水量大减，势必引起中下游河道的严重淤积。据分析估算，平均每年将增加中下游河道淤积量 1.5～1.9 亿吨。如刘家峡水库能控制在 7、8 月份下泄流量 1000 立方米每秒，则上述增淤量可减少为 0.76～1 亿吨。根据美国科学院院士怀特(Gilbert white)来华访问时的建议，黄委会、中科院地理研究所和美国科学基金会共同组织黄河下游防洪措施学术讨论会。1987 年 10 月会议在郑州举行，出席会议的中美两国有关科学家、教授、高级工程师等共 55 人。会议发表论文 41 篇。涉及问题非常广泛。正如黄秉维所说：讨论中摆出的问题多数是互相联系互相补充的。(1)就黄土高原土壤保持的问题而论，它包括重力侵蚀和河岸侵蚀的防止，如能取得圆满成功，我国现有的工程技术条件即可以轻而易举地使黄河下游免除洪水灾害。但在目前，我国还不能确切地计算重力侵蚀和河岸侵蚀输入黄河泥沙中所占的比重，不能有把握地预计土壤保持所能减少入黄泥沙的数量，尤其不能预计推广土壤保持措施取得效果的时间，在科学研究中重视土壤保持，至少已有好几十年的历史，但直到现在，即使在西欧、美国，在实践中仍然成效甚微，多数欧美科学家甚至认为土壤侵蚀现在比三、四十年前还严重。看来，土壤保持如不与生产相结合，推广固然不易，巩固尤为困难。赋土壤保持于农、林业中，可能是有效的出路，但试验研究推广，仍然需要较长时间。要积极地研究土壤侵蚀与土壤保持，要结合农、林业研究土壤保持。(2)黄河决口为患的危险仍然存在，为策万全，决不能不同时另谋对策。在诸多对策中，利用高含沙水流的特性，使下游河道基本消除淤积，可能是一个有效的途径。山东黄河有“大水出好河”的经验，北洛河、渭河和 1977 年 5 月至 8 月三门峡水库两次洪水冲淤量的测定，以及一些河道整治的效果，结合水库调节与河道整治使我产生了改善黄河下游河道的希望。如果这是可行的，也许是最省而且比较快的办法。当然水库调节，河道整治都是有条件性的，不能为所欲为。可是如果能在一定程度上减缓河道淤积，也不失为值得采取的办法。若从长江上游调水以增加输沙能力，自应于研究之后斟酌损益，决定取舍。(3)三花间产生的洪水，来势迅猛，对下游防洪威胁很大，非三门峡、小浪底水库所能完全控制。若采取适当的流域管理措施，削弱洪峰比较容易，所需时间不长，我以为对这一问题投入一些研究力量是很值得的。(4)黄河河口区牵涉到多方面的利益，外界的变化亦比较迅速，比较复杂，必须及早集中一定力量进行研究。上述第(3)方面的问题与这一问题关系很小，如研究第(2)方面问题得到肯定的答案，则进入河口区的泥沙可能较多，增加这一问题的难度。如第(1)方面问题获得圆满的解决，则河口区所承受的泥沙减少，困难将相应减轻。

1987年4月，国家计委国土规划研究中心在郑州召开"黄河下游河道发展前景及战略对策座谈会"，会议由国家计委国土局刘善建总工程师主持，参加会议的有水利电力部、水科院、水电部勘测规划设计院、清华大学、武汉水利电力学院、中科院地理所、长江流域规划办公室、珠江水利委员会、淮河水利委员会、海河水利委员会及黄委会的有关专家、学者共56人，会议着重讨论了"黄河下游河道的治理目标和对现行河道使用寿命的评价，以及来水来沙预测"；"干流水库调水调沙和滩地放淤减少河道淤积问题"；"河道整治的方向和加大泄洪排沙能力的措施"；"外流域调水，增加华北工农业用水结合下游河道增水冲沙"；"下游河道人工大改道的必要性和可行性"等5个问题，最后由几位老专家对讨论的问题进行评议。与会者绝大多数认为，加固堤防和在一定限度内加高堤防，修建干支流水库，开展水土保持，利用干流水库调水调沙，整治河道，在沿河滩区放淤以及调长江水入黄冲沙等多种防洪减淤措施，可以使黄河下游河道在今后100年或更长时间内相对稳定，设想人工改道的办法是不可取的。

1988年，水科院周文浩、曾庆华在《黄河艾山以下河道十多年来的冲淤特点及堤防建议方向》一文中指出：黄河下游1974～1986年间来沙偏少(比多年平均少34%)，发生过13次流量大于6000立方米每秒的漫滩洪水和三场高含沙洪水，对下游河道有利。艾山以下河道冲淤变幅不大，河床基本平衡，平均每年淤积不到0.1亿吨。水位变化亦不明显，流量3000立方米每秒时的水位无明显升降。河道虽长期冲淤，大洪水的"洗肠"作用仍然存在，对减轻河道淤积发挥了作用。1974～1986年河床并无显著抬高，目前泺口、利津两站通过11000立方米每秒设计流量时，其水位要比1983年设计水位还低1米左右，如果今后10年内河床以每年0.1米速度上升，到1995年的泄流能力仍有10900立方米每秒左右，接近原规划1983年水平。

1989年，黄委会水科所齐璞在《黄河下游游荡性河道整治方向探讨》一文中说：黄河下游生产堤的存在不是产生二级悬河的主要原因。游荡性河段较陡的比降是造成河槽不稳定的因素，在天然来水来沙条件下，河床调整呈恶性循环，只有特殊的水沙组合才能对其进行改造。治理宽浅游荡河段的方向是塑造窄深河槽，因此，对拟建的小浪底水库调水调沙提出了特殊运用要求，并给出小浪底水库不同调水冲刷方式及下游河道的减淤效益。

黄委会水科所赵业安、潘贤娣分析了40年来各种治黄措施使黄河流域环境改变，对黄河下游河道产生的影响，提出《人类活动对黄河环境的改变及黄河下游河床演变的影响》的报告，主要内容：

1.改变黄河下游来水来沙条件，引起下游河床冲淤的变化

首先是上中游大型水库的兴建，使水库下游河道水量大减，洪峰削平，年内水沙分配改变，加重黄河下游的淤积。如1969～1986年刘家峡水库蓄水运用，使黄河下游平均淤积量增加0.34亿吨，占下游总淤积量的14%，其中山东河段为0.2亿吨，相当其总淤积量的一半，是近20年来山东河道淤积加重的主要原因。龙羊峡水库投入运用后更加重了这一趋势。三门峡水库对下游河道影响更为直接、敏感，历经三种运用方式使下游河道由冲刷、回淤到目前的年内冲淤交替，全年仍处于淤积的状态。从水库建成到1989年冲淤相抵后，库区共淤积泥沙46.7亿吨，下游河道少淤积23.5亿吨，利津入海沙量减少19亿吨，水库淤沙量与下游减淤量之比为2∶1。不过下游河道主槽淤积量并未减少，山东窄河道主槽淤积还有所增加。

其次，黄河中游的水土保持和支流综合治理工作，减水减沙作用是明显的，但由于人口增加快，开荒、毁林种粮活动相当普遍，加以大量兴修工矿、水利、交通等基本建设，增加的水土流失也很可观，据1970～1985年资料，正负相抵每年减少来沙量约1.5～2.0亿吨，可减少下游河道淤积0.8～1.0亿吨。

关于引黄水量的影响，上中下游情况不同。上游地区1970～1989年平均每年引水118亿立方米，比50年代增加46亿立方米，由于上游水流含沙量低，引水量的增加使下游来水含沙量提高，相应加重了下游河道的淤积，据计算平均每年多淤0.3～0.5亿吨。中游地区70年代与50年代相比，平均每年引水由31.6亿立方米增加到48.8亿立方米，且多为汛期引水，同时引出泥沙，而中游含沙量高于下游，所以，不会加重下游的淤积。下游引水量

每年约90～100亿立方米，对于河道冲淤的影响比较复杂，与引水时间、位置、数量、含沙量、泥沙粒径以及引水时大河的冲淤状况都有关系，据1974～1981年资料计算，除去引出的泥沙每年平均在河道内多淤积0.33亿吨。

2.改变黄河下游河床边界条件，对河道冲淤、河型转化和防洪能力的影响

在1919～1949年的30年中，按不发生决口的正常条件计算，下游河道年淤积量可能为3.2亿吨，实际上，因有21年发生决口改道，平均年淤积量为1.5亿吨，约减少一半。建国后堤防加固，伏秋大汛没有决过口，势必加快了河道的淤积速度。如河南段河道由1949年前平均每年淤高0.03～0.05米，增加到现在0.05～0.10米，虽然原因是多方面的，但上述因素无疑起到重要作用。修建大量河道整治工程，极大地改变了河岸的可动性，促使河型向好的方面转化。陶城铺以下河道已受到严密控制，主流不能自由摆动；高村至陶城铺的过渡性河段，大量护滩工程使主流摆幅大为减少，河湾基本稳定；高村以上游荡性河段，也修建一批节点，主流摆幅由6～7公里减到3～4公里，逐渐向规顺单一河型发展。但是在取得控导主流、稳定河势的同时，也改变了河床横向泥沙冲淤分布及滩槽同步上升的规律，滩唇淤得多，堤根淤得少，加大了滩面横比降，对防洪不利。

滩区生产堤缩窄了河道，减少了洪水漫滩落淤的机遇，泥沙冲淤局限于主槽和嫩滩，限制滩槽的水流泥沙交换，形成二级悬河的不利局面。不仅相对加重全河段主槽的淤积，而且降低滩区行洪能力，抬高了洪水位，直接影响防洪。不过在一般水文系列年，有生产堤的河段河道排沙量则略有增加。

3.河口条件的改变对近河口段河道淤积有一定的影响

1949年后黄河下游两岸大堤下延，三角洲顶点下移，1961年以来河口地区兴建石油生产基地，要求黄河尾闾相对稳定，限制河口水道摆动，使黄河河口岸线延伸的速率加快。1855～1954年平均每年河口造陆23平方公里，岸线外延0.18公里；1954～1982年每年造陆38平方公里，岸线外移0.47公里，加快约一倍，淤积影响所及自河口上溯约200公里。

综上分析，预计今后黄河干流还将修建大型综合利用工程，水库群将进一步调节径流泥沙使之更趋均匀，黄土高原生态环境的改善还需长期不断的努力；黄河流域及华北平原干旱缺水问题随着经济与社会发展将进一步扩大；下游河道及河口的治理开发仍将加速进行，这些都将对黄河下游的河床演变产生深远的影响。黄河下游可能发展成一条多泥沙的间歇性河流，其河床演变规律将具有许多新特色。

1990年中科院黄土高原综合科学考察队根据多年大面积野外考察和室内分析研究，编写出《黄土高原地区水资源及其对策》一书，认为黄土高原地区通过开源节流，区内水资源在2000～2030年基本可以满足工农业用水要求。同时，只要加强黄土高原地区水利水土保持工程建设，蓄水拦沙，用水用沙，调水调沙，黄河下游河道有可能达到冲淤平稳，洪水灾害能得到基本控制。书中还指出：黄河治理正面临着一个历史性变革时期，黄河上、中、下游各项重大治理措施正在起着或即将起着改造黄河的作用，必须密切注意治黄工作的新动向，研究新形势下黄河下游的发展方向。

四、人工改道研究

黄河问题与地域自然因素和社会经济因素直接关联，又相互制约，涉及面广，十分复杂，有史以来就有许多不同认识和争论，已在前面叙述。建国后，随着社会的发展和治黄的实践，在黄河中上游开展了大量的水土保持工作，建成干支流水库，下游两岸大堤经过三次加高加固，修建大量险工、控导工程，对黄河下游的防洪、减沙、控导河势发挥了作用，下游防洪能力有很大提高，赢得了40多年的安澜。这些成果的取得，每前进一步都经过了认真的研究和广泛的争论，尤其80年代以后，随着河床逐年抬高，大堤安全泄量相应减少，而黄河水少沙多的矛盾更加突出，人们对黄河下游河道发展前景的研究与争论更为深入和激烈。下面就以下游河道发展前景中的改道问题为例作概括叙述：

历史上，黄河上下游洪水灾害很多，为消除洪水灾害，早就有人建议黄河大改道，据《汉书・沟洫志》记载，汉武帝太始年间（公元前96年～公元前93年）齐人延年上书要"开大河上领，出之胡中，东注之海。"即从内蒙古后套地区改道东流注入渤海，避开水土流失严重的黄土高原。汉成帝绥和二年（公元前7年）贾让在《治河策》中所提的上策，"决黎阳遮害亭，放河使北入海。"以改变汉时下游河床逐渐抬高，不断变迁的局面。宋代改河之争前面已作叙述。明代后期，黄河入淮河道逐渐淤塞，河患日趋严重，嘉靖六年（1527年）以黄绾为代表，认为黄河下游"地势西南高，东北下，水性趋下，河下之地皆易垫没，故自昔溃决必在东北而不在西南也"。"今欲治之，非顺其性不可。川渎有常流，地形有定体，非得其自然不足以顺其性。必于兖、冀之间，寻自然两高中低之形，即中条，北条交合之处，于此浚导使返北流，至直沽入海，而水由地中行。如此治河，则可永免河下诸路生民垫没之患。"（《明经世文编》引《黄宗伯文集》)。清朝基本维持明朝的河道,下游决溢灾害甚为频繁。所以,从清初的胡渭、孙星衍,直到清末改道前的魏源等,都力主黄河改道北流由大清河入海。1855年黄河改道后经历了散流、筑堤归槽的阶段,到民国年间,由于失治,决口灾害更为频繁,有人提出黄河导入桑干河,在永定河作有效的发电,并配合大同、天津间的航运以及北津地方的工业用水。抗日期间,重庆大公报还曾登载《黄河流向沙漠去》的文章,主张从后套穿凿狼山把黄河引到中蒙边界的瀚海沙漠。对此意见,张含英早在《黄河答客问》中指出:“姑且不论其在地理上,人事上是否可能,第就减水患之原则而论之,亦无补也。”1952年5月黄委会在《黄河水利建设情况》一文中进一步分析了黄河向永定河变更流域之假想及淤灌瀚海沙漠计划是无法实现的。

60年代初,由于三门峡水库由蓄水拦沙改为滞洪排沙运用,下游河道又因长期淤积,临背河高差一般4～5米,多者达10米以上,因此,有人根据河道历史变迁统计,改道一次可维持100年左右,现河道已逾百年,建议改道。其方案:一是从京广铁路以西,顺长垣、封丘黄河北堤以北,北金堤以南,从张秋以下入徒骇河进入渤海,全长约600公里的大改道;二是从石头庄改入北金堤滞洪区,由陶城铺仍归现河道。针对上述建议,黄委会作了《关于黄河改道问题》的研究,文中指出:铜瓦厢改道至1964年的109年中,前20年(1855～1875年)未修堤防,黄河在广大冲积扇上沉积,清水下泄,大清河逐渐刷深展宽,以后大清河承担了黄河沉沙池作用,约储存30亿吨泥沙,大清河全部淤没,变为地上河。从1875年筑堤后到现在有82年,决口182次,其中位山以上有38年决口,再加国民政府军在花园口扒口断流8年,现河道实际行水43年。仅43年就形成地上悬河,设想改道亦难以维持更久的时间。改道糜费国家大量资财,打乱华北地区的社会主义建设。改道之初,全系新工,水无主槽,溜不固定,洪水一到,全河一齐抢险不说,新堤未经考验,难保不决口,一旦决口其危害不堪设想。现黄河入海三角洲,南至小清河,北抵徒骇河,宽120公里,若改行徒骇河入海,三角洲势必向东北方向推进,而徒骇河距天津不足100公里,约50年将使塘沽新港成为废港,并影响海河治理。因此,主张把黄河粘在这里,永远不让黄河决口改道。

70年代中期,由于三门峡滞洪排沙,下游河道主槽发生严重淤积,1973年汛期花园口出现5890立方米每秒洪水,花园口至石头庄河段的水位比1958年洪峰流量22300立方米每秒的水位还高0.2～0.4米,河势摆动加剧,严重威胁防洪安全,因此,改道呼声又起,有人提出:黄河已处于决口大改道的前夜,必须考虑人工主动改道。针对上述提议,1977年水科院尹学良分析对比了废黄河和现黄河的条件，认为现黄河还处于年青阶段，应该很好利用。1979年2月，黄委会徐福龄发表《黄河下游明清河道和现行河道演变的对比研究》，文中指出：

第一，现行河道东坝头到垦利河口和明清故道东坝头到废黄河口在河道外形上有相似之处。见表2—4—2。

表2—4—2　**现行河道与明清故道对照比较表**

河　道	起讫河段	河段长度（公里）	堤　距（公里）	河道纵比　降（‰）	河道横比　降（‰）	备　　考
现河道	东坝头～艾山	264	4～20	1.26	5～1.43	宽河段
故　道	东坝头～徐州	297	2.3～20.2	1.00	2～1.63	〃〃
现河道	艾山～利津	285	0.3～3.0	1	10	窄河段
故　道	徐州～清江市	260	0.4～8.7	1	5～3.3	〃〃〃
现河道	利津～河口	100	1～3	1	16.7～10	1977年河道
故　道	清江市～废黄河口	181	0.5～7.8	0.7	16.7～10	
现河道	东坝头～河口	649				
故　道	东坝头～废黄河口	738				

第二，新老河道的大堤情况相比，故道大堤高度一般比背河地面高7～10米，现河道大堤高度按1983年标准加高后，一般比背河地面高9～10米，故道大堤临背差一般7～8米，现河道则3～5米。

第三，故道和现河道在防洪措施上基本相同，不外培堤整险，闸坝分洪，放淤固堤，河道裁弯取直等，其不同之处，故道有洪泽湖蓄淮刷黄，淮河年水量300多亿立方米，七分入黄，三分济运，对清江浦以下河道有一定稀释作用，清嘉庆以后，以淮刷黄作用渐失。现河道由东平湖注入黄河年水量10亿立方米左右，远不如洪泽湖淮水刷黄作用大。

第四，明清故道河口段的治理采取筑堤束水，使黄河一气入海不使外溢。现河口采取人工改道，根据河口演变有利时机，改由近道入海，缩短流程增大比降，降低水位。

第五，明清故道决口频繁，形成愈淤愈决的恶性循环。自建国以来保证了黄河不决口，水不旁泄，流势集中，洪水时期有利冲刷河道。

根据以上情况分析，从河道淤积发展状况看，现行河道还没有达到故道的那样严重程度。首先，故道比现行河道长89公里，今后河口岸线最快的延伸速度如按每年1.4公里(1964～1973年河岸线平均延伸数)计，尚需60年现行河道才能达到故道长度。其次，现行河道临背差一般4米左右，故道临背差7～8米，新旧河道临背相差3～4米。河滩按每年淤积0.06米计，现行河道淤到故道的情况也要60年左右。

文中还将黄河大堤和荆江大堤相比，说明只要搞好防冲措施和淤背工程，堤身再加高3～5米或更高一些是可能的。

1979年10月在黄河中下游治理规划学术讨论会上，郑州水利学校赵得秀提出：黄河下游在利用三门峡水库控制上游来水以后，花园口站仍可能出现46000立方米每秒的特大洪水。若遇特大洪水，要保证安全，必须将46000立方米每秒的洪峰削至22000立方米每秒，需要拦蓄洪水量50亿立方米，在黄河上虽有修水库的条件，亦有修建滞洪区的广大地区，但因含沙量太大，若要拦蓄50亿立方米的洪水就不易实现。黄河下游治理的关键在于黄河过大的泥沙如何处理，黄河的泥沙是黄土高原侵蚀的结果，黄土高原的侵蚀与黄土高原的风积过程同时存在，降低黄河过大的含沙量，仅仅依靠中游水土保持工作是不够的。目前采取“上拦下排”的方针，并未解决黄河的泥沙问题，上拦泥沙是穿堂过，仍要排入下游河道，下游河道的输沙能力又送不走那么多泥沙，平均每年有4亿多吨泥沙淤在下游河道里。这一方针仅起到削峰送水的作用，并未改变悬河每年上升的特性和决口改道的危险。黄河自有堤防，形成悬河，达到一定高度后(一般是5米左右)，决口改道是它的必然规律(用黄河故道论述了临背河差5米左右)让其自然决口改道，漫无限制，势将造成特大灾害。为安全起见，黄河下游进行有计划的改道，废弃现有悬河，以目前黄河北堤为南堤，另建黄河北堤，加大黄河泄量，从现在的22000立方米每秒增加至46000立方米每秒，不考虑河槽储蓄削峰的影响，为以后漳、卫河向黄河分洪或改入黄河创造条件。有人把铜瓦厢决口改道前的南河故道作为改道前夕的标准，从河道长度、悬河高度来比，认为还可走60年。铜瓦厢决口以前的故道早已是千疮百孔，黄河流经明清故道150年，与东坝头以下现河道行洪124年相比，相差26年亦不足60年，此其一。其二是黄河下游悬河不仅指东坝头以下，郑州至东坝头悬河远较下游严重，每年平均淤积20厘米，行洪60年又要淤高12米，所以，以东坝头以下河道与明清故道的长度，高度相比，来立论黄河下游可行洪60年未必是稳妥的。

湖北省水利厅陶述曾在会上提出《黄河中下游根治问题的初步设想》，

文中说黄河下游800公里河槽是华北平原的“屋脊”，现在已高出地面5～8米，每年正以10～20厘米的速度淤高，是加给沿河百万人民物质和精神的负担。我认为近期防洪手段仍然是修堤、防汛、分洪。如果三门峡下游发生40000立方米每秒上下流量的洪水，金堤和东平湖滞洪区远在下游，只能在左岸的原武、封丘、延津一带分洪，防止南决，山东还要另采分洪措施，对于下游河道的改造提出：第一是局部改道方案，从沁河口(桃花峪)起，到长垣金堤滞洪区堤头，沿河修一道新的左岸大堤，把现有的左岸大堤改成新的右岸大堤，使河走新道，经金堤滞洪区在陶城铺归入现河道。把现行河道改为分洪道，在兰考小新堤引入废黄河，下泄苏皖湖区。第二是清浊分流，从沁河口或小浪底起，到徒骇河口修一道新的左岸大堤，把下游河道往左移入新道，作为发电清水下泄的运河，把现河道作为泄洪排沙河道。第三是现行河道改造，改造方法：在河南段用潜水丁坝(与二滩等高的丁坝)束窄嫩滩，扩宽二滩，保护老滩和大堤，把这一河段改造成山东窄深式河槽。山东窄深段的改造，只是展宽堤距。

对上述问题会议专题组作了讨论，认为从河床高度的临背高差来看，现在的黄河还很年轻，现在还可能利用，不到废弃的时候。改道影响的人口、地亩都很大，应与其他措施进行比较。山东分洪道研究，规划了几年，没有再进行下去，此中就是教训。

1982年，中科院地理所叶青超、杨毅芬等在《黄河冲积扇形成模式和下游河道演变》一文中提出，历史上黄河走北区时间最长3326年，中区最短146年，南区居中661年。1855年黄河回归中区，现行水126年(包括入淮9年)，花园口至高村段平均每10年淤高1米，现河道趋向衰亡期，如遇洪水期，大水漫滩偎堤，南北两岸大堤都存在决口改道的危险。如一旦黄河不能维持现行河道而需要进行人工改道时，以北迁为宜。这是因为(1)地质构造对黄河北流有利。(2)目前黄河处在由南向北横扫的阶段中，将来有可能继续北流。(3)从地形剖面看，南岸高仰，南岸背河地面高于北岸2～5米，有利于北流。(4)从河口排沙条件说，渤海以下沉为主，11万年以来沧州地区年平均沉降量0.5毫米，而徐州以东黄海基本稳定，所以，黄河向渤海排沙的条件比较有利。

1984年黄委会治黄研究组对改道方案进行了研究，计划的新河道位于现行河道之北，取其河道短而地势低的优点。新河道长550公里，上段计划河宽10公里，下段为7公里，设计流量46000立方米每秒，新河道占地536万亩，需迁移人口250万，新河道的开辟，对沿河交通、道路、河流水系、灌排工程设施以及城市乡镇均有破坏影响，若把这些设施恢复起来，需要大量的投资和时间。此外，新河道的自然地势南高北低，行水之后，北岸新堤临溜，防险工程很难适应黄河游摆的特性，而且大堤基础不固，难抗大溜冲刷，数十年内新堤的防汛任务更重，安全也无把握。显然，黄河改道对我国经济建设的发展和社会稳定极为不利，改道不是一个好办法。

1986 年，武汉水利电力学院谢鉴衡在《黄河下游纵剖面变化及其治理问题》中说：有人认为明清故道较现行黄河长 89 公里，而铜瓦厢改道前东坝头上游形成的高滩，至今尚未被淹没。因此，现行黄河还可继续维持一段较长时间。应该承认这是一个值得进一步探索的问题，但两条河道的差异是比较巨大的，其一是明清故道是一条黄淮合流的河道，淮水的稀释作用自然会使比降变缓，虽然这种稀释作用在改道前夕已接近消失；其二是明清故道决口频繁，至改道前夕，几乎无岁不决，每次溃决都可能使上游发生溯源冲刷，下游发生沿程淤积，从而使比降变缓，由于存在上述差异，用明清故道来推论现行黄河是须审慎从事的。

同年 10 月，黄委会龚时旸发表《黄河不可能变清，也无需变清，下游不需要改道》，文中说：三门峡水库的实践提供了利用死库容拦沙和利用有效库容调水调沙，可以减少下游河道泥沙淤积的宝贵经验。根据这个经验，修建小浪底水库后，采取拦沙和调水调沙，包括在丰水年利用人造洪峰冲刷下游河道，可以使黄河下游河道在二三十年内不淤积抬高。以后碛口、龙门等水库相继建成，又可使下游河道在更长的时间内不抬高。由于这些水库的建成，控制了洪水，抬高了水位，就有可能有计划地在多沙年份将大量泥沙分别送到龙门以下和小浪底以下的河道滩地上，从而减少河床的严重淤积。上中游地区除继续加强水土保持和支流治理外，各种用洪用沙和引洪放淤可以收到为当地兴利，为黄河减沙的效用。在下游进一步发展引黄淤灌，并有计划地利用泥沙淤高堤后 300～500 米以内的地面，使黄河形成相对地下河，同时继续整治河道，治理河口，加大排沙入海的能力。在较长的时间后，建成中、西线南水北调工程，利用汛期的多余水量冲刷下游河道。总之，采用“拦、排、调、用”等综合途径和措施，经过长期努力，黄河下游河道的泥沙淤积问题是可以解决的，不需要改道。

1987 年 4 月黄河下游河道发展前景及战略对策座谈会就下游河道人工大改道的必要性和可能性进行了专题讨论、评议指出：有同志从地理学观点，总结历代黄河下游决口改道现象，认为水土保持的作用不可能使黄河变清，淤积抬高的局面难以根本改变，河道寿命有限，总有一天会决口改道，与其天然决口，不如人工改道。绝大多数同志从工程学观点，总结水沙运动规律，认为根据当前科技水平，有条件、有措施，延长河道寿命，并最终导致河道的冲淤平衡，发展成为相对稳定的地下河，大大减轻洪水威胁。人工改道的问题很多，耗资很大，新河道仍处于淤积抬高的被动局面，实无可取之处。在近期根据河道现状评价似无必要，在远景根据当前科技水平估计也可避免。会议还对各家关于延长河道寿命，导致河道冲淤平衡的主要对策研究进行了讨论评议。同年，中科院地理所陆中臣、贾亚非等发表《试论黄河下游北岸可能决口地段及其最大淹没范围》，文中从地质地貌和河流发育阶段分析，认为黄河是加积性准平原化的河流，沿程淤积和溯源淤积的叠加，纵剖面近似于平行抬升，黄河下游已是一条老年期河道，其决口危险越来越大，并推断北岸决口的可能性较大，为充分利用现有的防洪工程，减少洪泛区的建设投资，提出废弃现河，另辟新河的河道治理战略决策。

清华大学张仁、谢树楠发表《试论黄河下游现行河道的寿命》，文中说，明清故道的历史和现场资料是估计现行河道寿命的最好依据。从现黄河的长度与明清故道相比，现黄河长相差将近 90 公里，考虑今后河口油田开发，海岸堆沙范围缩小，平均每年延伸速度可能达到 1 公里左右，现河道还需经历 90 年才能达到黄河故道改道前夕的水平。从河床抬高的情况看，现河道每年抬高 6～10 厘米，达到故道改道前夕的程度大致还要经历 50～70 年。上述分析没有考虑近期将在黄河上修建工程所起的减沙作用。如小浪底修建后，通过拦沙减少下游河道淤积约 80 亿吨，结合人造洪峰和调水调沙，其减淤效果将相当于黄河下游冲淤平衡 20～30 年。如在建成小浪底工程的条件下进行温孟滩放淤，减淤效果将可能达到黄河下游 50 年不淤。即使还没有考虑近代堤防质量的提高和防汛、抢险技术上的进步，在现行河道的基础上，维持行河 100 年是有可能的。

黄委会徐福龄为回答有人因河道淤积，提出人工改道的设想，发表了《黄河下游堤防不致隆之于天》，文中分析了黄河故道大堤及现河道堤防加高概况，并与荆江大堤作了比较，认为黄河下游今后 100 年(1985～2085 年)的堤防加高，仍以防御花园口 22300 立方米每秒洪水，按 1950～1985 年 3000 立方米每秒流量的水位计算，每年平均升高 0.04～0.06 米，估计到 2085 年两岸大堤平均加高不过 4～6 米，平均堤高一般达 12～17 米，略高于现荆江大堤的高度。若采用 1950～1975 年这 25 年的水沙条件，100 年后河道抬高平均为 8 米左右，到 2085 年平均提高可达 15～19 米。但今后的 100 年，随着治黄事业和科学技术的发展，下游河床的淤积必将继续减少，堤防更不致隆之于天，而下游河道的生命力亦将继续延长，为两岸人民兴利。

国家计委国土局刘善建在《对黄河下游河道发展前景及战略对策的几点看法》中也说，根据当前黄河情况，水位抬高后对入黄支流的影响及沿黄桥梁、涵闸等建筑物的安排，黄河大堤今后抬高最大不宜超过 3～5 米，保守一点估计，寿命约 50 年左右。但根据黄河规划，小浪底、龙门、碛口等水库的兴建势在必行，加上这些死库容的拦沙，黄河下游河道达到百年以上的寿命是可以肯定的。同时积极研究并实施各类减淤措施，黄河下游是可以长治久安的。人工改道的问题很多，耗资很大，新河道仍将处于淤积抬高的被动局面，近期似无必要，远期也可避免。

1987 年 10 月中美"黄河下游防洪措施学术讨论会"涉及黄河下游河道寿命的文章也不少，如河南省地矿局水文地质二队戴英生在《黄河泥沙问题与治河方策浅析》一文中说：黄河下游河道的形成，大体经历三个发育阶段。晚全新世前(3000 年前)黄河循太行山东麓北流，于今天津附近入海，系黄河下游河流发育的第一阶段。商周两代以来，沿程众多的湖泊由于不断淤积萎缩或消亡，河道淤积加剧，至公元前 602 年，终于出现首次大改道，于今河北省黄骅县境内入渤海，地面河尚勉强维持到战国时期，是黄河下游发育的第二阶段，自战国时代(公元前 475 年)起，人类开始采用堤防工程约束河流，大河渐渐发展成地上悬河，此系黄河下游发育的第三阶段，从此进入晚年期。黄河下游既已进入晚年期，地上悬河是它发展的必然归宿，人力难以挽回。西汉末期，北宋晚期及清代前期等时代的下游河道，可以说河道均濒临衰亡阶段，尽管当时采取了一系列的治河措施，均未能挽回颓势。说明河流一旦进入衰亡期，改道是它获得新生的必然出路。古悬河发育的规律如此，而今日黄河下游悬河河道发育是否已进入或濒临衰亡期，目前尚无确据，有待研究论证。不过，仅从防御工程体系而断定它的寿命的长短，恐怕只能说明问题的一个侧面，而不是全部，河流发育有它自身的特殊规律，并受众多的自然因素影响。

中科院地理所叶青超在《黄河下游河道演变特性及洪泛灾情预估》一文中分析了黄河下游决口改道的历史，下游河道的沉积速率与环境变化的关系，指出：黄河决口改道的原因与自然环境和人类活动密切相关，1855～1985 年现行河道堆积较以前更加强烈，河道沉积速率比历史任何时期都大，相应地增大了洪泛和决迁的危险。现临黄大堤 1356 公里，建国以来三次加高 2～6 米，有人主张再加高堤防 4～6 米，使堤防达到 12～17 米，以防洪峰流量 20000～40000 立方米每秒的稀有洪水,但殊不知在泥沙尚未得到控制下,河道仍在继续淤积,这种愈淤愈高,愈高愈险的恶性循环,不仅抵消了堤防加高的速度,而且远远超过历史上任何时期的堤防高度,为河道洪水位抬高和决口改道发生提供了更有利的条件。所以,大堤不能无限地加高,更不能和长江少沙河流的堤防相提并论。

黄委会徐福龄在《黄河下游河道的历史演变》一文中分析了黄河决口改道的原因,过去黄河决口多,历史上每发生一次决口,原河道有一次严重淤积,在水流重新塑造河槽的过程中,又为下次决口创造了条件,形成河道"愈决愈淤,愈淤愈决"的恶性循环,最后导致河道排洪能力减少,遇有大洪水时,河道因不能满足排洪需要,就决口夺溜改走新道。现河道正处在过去黄河南北变迁的分界线,是入海的最短流路,实际行河 123 年。兰考以上两岸堤防约 500 年历史。自铜瓦厢改道后,因河道溯源冲刷,两岸形成了高滩,至今尚未恢复到改道前的形势。现行河道若与以往的故道行河五六百年到一千余年相比,年代并不长,还算是个年轻的河道。现行河道两岸堤防已进行三次加高加固,开辟了滞洪区,上游修建了三门峡水库,河道经过大规模的整治,基本保持着河道设计防洪能力。因此,40 年来,伏秋大汛没有决过口。今后要使现行河道长期发挥防洪作用,要建成下游防洪体系的骨干工程小浪底枢纽,它能使黄河下游的防洪标准提高到千年一遇,通过水库拦沙和调水调沙,可以减少下游河道泥沙淤积 100 亿吨左右,相当于二三十年下游河道不淤,同时继续加强黄土高原的水土保持工作,再配合干支流水库,加强河道和滩区治理,进一步稳定中水河槽,并利用沿河涵闸引黄放淤,使河道相对变为地下河。随着科学的发展和上、中、下游的综合治理,现行河道将长期的保持下去,为两岸人民兴利。

武汉水利电力学院谢鉴衡在《控制黄河下游河床抬升的远期设想》中说:黄河下游纵剖面经常处于持续上升的形态之中,孕育着决口改道的危险。历史上记录的无数次灾害和 26 次北犯天津,南侵长江的大改道,平均 100 年一次,每次改道的历时,长者数百年,短者数十年,甚至数年。这些现象实际上是黄河为将其所挟带的泥沙尽可能均匀地分布在华北平原上所采取的一种"自动调整"措施。现行黄河迄今已有 132 年的历史,接近平均值,但远小于行河较长的故道,目前来水来沙条件,特别是对丰水丰沙年来说,改变还不是很大,河道严重淤积并发生改道的自然趋势并未根本逆转。然而,随着社会经济建设的发展,无论自然改道或人工改道都将产生极大的破坏作用,目前改道难,将来改道更难。因此,提出近期治理措施应着眼于控制决定纵剖面变形的三因素，通过扩大河口三角洲面积，整治两大堤之间的河漫滩，以增大容沙体积并加以充分利用，河床将全面抬升，特别是山东河段的抬升，限制在容许范围之内。希望在100年内能控制河口海岸线外延不超过30公里，河床全面抬升不超过3米。远期治理主要着眼于减少粗颗粒泥沙来量并寻求替代措施，使得在不发生改道的条件下将泥沙分布在华北大平原上。此外，中科院地理所刘昌明、梁季阳，河南省地理所王文楷、王庭梧等都认为从长远的观点看，改道是有根据的，但需移民250万人，投资大，工程难以实施，当前尚不能认为可行。

1988年，中科院地理所景可、陈永宗等发表《黄河下游治理中几个问题的讨论》，文中指出：黄河下游所在的华北平原的地质构造单元是华北坳陷的一部分，自第三纪以来，地面大范围的沉降，大量的海相和陆相物质沉积在这块土地上，沉积厚度达到3000米，使原来起伏较大的地貌成为现在的堆积平原地貌。华北平原现在仍以每年3毫米的速度在下沉。凡是发育在地质构造为下沉区的河流，都是堆积性河道，极少例外，不同的只是由于来水来沙条件的差异，形成泥沙的沉积速率不同而已。因此，黄河下游永远是一条堆积性河道，始终达不到冲淤平衡。现河道能维持多久？不是取决于河道长或短多少公里，或滩槽高差多少米，完全取决于两岸大堤的抗洪能力和上游来洪量的大小，河道本身形态，河道淤积速率。因此，不能只凭两个因素的论述得出河道能维持60年或100年的结论，但也不认为黄河就一定要改道。至于下游改道不改道，这是一个极其复杂的问题，有人说黄河下游是一条老年期河道，改道几乎是必然的。如果说黄河下游现行河道是老年期，那么什么时候是它的幼年期，壮年期。须知这是一条人工控制的河道，不能套用侵蚀循环学说的剖面发育理论。应考虑现行河道在边界条件下，能够通过多大的洪量，能否保持大堤的安全，其次还必须考虑经济上的可能性与合理性，作多方面的比较。

1990年，中科院地理所叶青超、陆中臣等编著出版《黄河下游河流地貌》一书，对黄河下游河流地貌演变环境、特性、规律以及发展趋势，对黄河下游河道的治理作了系统的探讨，强调了人工改道的必要性和可行性。

40年来，黄河下游的治理研究，从蓄水拦沙方针的制定，经上拦下排，两岸分滞到拦、排、调、用等综合途径和措施，每走一步都经历了深入的研究和广泛的讨论，上述黄河下游发展前景的讨论只是所有讨论问题的一个缩影，从这些讨论中可以看出人们在对黄河自然规律和社会经济规律的认识在不断深化，也为下游河道治理起到了指导作用。

黄河的问题是复杂的，解决下游河道的泥沙问题是一个长期的艰巨任务，人们正在不断地努力，从各方面继续研究，力求提高对自然规律的认识，使成果经受住实践的考验，像周恩来总理所说："旧中国不能治理好黄河，我们要逐步探索规律，认识规律，掌握规律，不断地解决矛盾，总有一天可以把黄河治理好。"

第五章　河口治理研究

现黄河河口是清咸丰五年(1855年)铜瓦厢决口改道夺大清河入海后形成的,位于渤海湾与莱州湾之间。由于黄河水少沙多,海洋动力较弱,潮差小,感潮段及潮流段都很短,属陆相弱潮强烈堆积性河口。强烈的堆积,使河口段河道不断延伸、分汊、改道,形成以垦利县宁海为顶点,北起徒骇河口,南到支脉沟口,大致以东北方向为轴线,中间高,两侧低,并向渤海湾倾斜的扇面形——河口三角洲。三角洲面积约5450平方公里,海岸线长180公里。1947年以后,由于人工控制,顶点下移至垦利县渔洼附近,北起挑河,南至宋春荣沟,扇形面积约2220平方公里,缩小了摆动、改道的三角洲范围。

改道初期的10多年间,黄河泛滥于冀、鲁、豫所经平原,汇大清河入海,河口通畅,当时人们关注的侧重点在下游泛区堤防,不在河口。清光绪年间(1880年以后),下游河道两岸大堤逐步建成,下泄泥沙日增,河口地区淤积加快,不断发生改道,才引起人们的注意。但直到建国以前,历届政府只不过作了些调查,提出若干治理意见,多未见诸实施。河口决溢改道依然如故。

建国后,党和政府根据除害兴利、全河统筹的治河指导方针,对河口治理十分重视。鉴于黄河治理的核心在于泥沙,河口治理也以泥沙研究列为首要问题。1950年开始测量河口地区地形,先后建立水文站、实验站,进行水沙变化和河口演变观测,后又组队进行海洋动力和近海泥沙运移的观测研究。并组织有关专家学者查勘河口,为研究治理河口作了大量工作,加深了对河口自然规律的认识,在治理河口的实践中发挥了指导作用。随着河口地区工农业生产的发展,又出现不少新问题,相应作了新的探索,现依各阶段河口治理研究的主要情况,分别加以叙述。

第一节　1855～1938年

清咸丰五年(1855年)黄河自铜瓦厢北决,夺大清河由铁门关入海初期泥沙在河口以上泛区堆积,河口深而通顺。从同治三年(1864年)到光绪八年(1882年),随着黄河下游两岸普筑大堤,泥沙堆积下移,河口壅塞日增,王家圈等处先后漫口,光绪十三年(1887年)山东巡抚张曜以黄河从牡蛎口入海形势不利,乃请款购机船疏浚海口,改道由韩家垣入海。光绪十五年河决韩家垣,由毛丝坨入海,光绪二十二年(1896年)又决南岭子,经鱼鳞嘴丝网口入海。当时关于河口流路的议论不少,有主张挑通铁门关淤垫处,使河水仍归旧道的,有主张归韩家垣旧道的,还有主张由盐窝挑直河由丝网口入海或并入徒骇河入海的等等。在众说纷纭情况下,于光绪二十四年(1898年)六月清帝派李鸿章偕河道总督任道容等会勘山东黄河,翌年二月在李鸿章上疏中称:"查铁门关故道尚有八十余里,愈下愈宽深,直通海口,形势较丝网口、韩家垣为顺,工费亦较省。然建拦河大坝、挑引河、筑两岸大堤需费颇钜,下口不治,全河皆病,不得不核实勘估。"(《清史稿河渠志》)当时陪同李鸿章勘河的比利时工程师芦法尔则认为:大约海口所有旧河槽以不用为妙,以旧槽形皆曲折,堤亦不周备,不如另择新地,酌量形势办理之为愈。并建议先筑海塘,再用机器,或可事半功倍。此海塘接长河堤入海,则水力益专,能将沙攻入海中深处。为海口必不可少之工程。再用机器于拦沙挖深,俾水力更激,可以自刷……(《历代治黄史》)。清廷准备按李鸿章奏议择要兴修工程,因次年庚子(1900年)之役而中止。

民国北洋政府时期,内战频仍,河务废弛,河口多次改道。1922年,李仪祉在其所写的《黄河之根本治法商榷》一文中说:"予甚佩朱熹治河当从最低处起之说,以为治黄河即当从入海处起。昔潘、靳之治河,最注重于清口,盖尾闾不畅,全河厄逆,徒固堤防,毫无所益。疏口之法,当一其流,畅其波,筑海坝伸出口外,达之深处,使河所挟之沙,得为海水之力攫之而去,则海口不致淤塞矣。"

1928年范庆照在山东河务特刊上发表《用工兵疏导河口开辟淤滩之雏议》,提出疏浚河口以减少下游河道决溢之患,并拟定将现有之堤直达于海,藉以束水攻沙为修治河口之初步。1933年初张含英查勘黄河到宁海村,访问了当地群众。在其所著《黄河河口之整理及其在工程上经济上之重要》一文中说:利津至海口尚有百二十里,堤防只到利津之东宁海村,再东则无正式河道。今年北流,明年则东南,纵横其间,如入无人之境。自咸丰五年河决铜瓦厢改由今口入海以来,垂八十年,淤出滩地每二年半约可增出一公里……漫流则沙停,沙停则垫高……,一道淤高,则改行它道,若能筑堤以固河槽。则可收束水攻沙之效。同年,黄河水利委员会成立后,李仪祉在《黄河治本的探讨》中提出:"治河目的以防洪为第一,整理航道为第二。对于整理航道主张，黄河本身海口不设港（工程上也难实现），利用小清河羊角沟为商港，而于济南附近使小清河与黄河相联络，最好不用船闸，而设起卸场坞，大洋轮船限制于黄台桥以下或黄河起卸场下。”并于1934年5月派出许心武、陆克铭、何幼良、高钧德（德国籍）、安立森（挪威籍）等人组成查勘队，会同山东建设厅曹瑞芝及地方官员查勘泺口至海口情形。经查勘发现：“河口一带，河槽之深宽，皆甚整齐，入海处稍宽。若以宁海附近为圆心，以六十公里为半径作圆，现在之河滩地，皆包于六十公里半径圈内，而小清河口所在之地，适在其外，大概为黄河变迁之南界，似以小清河口为限，及至此限，始向北迁移矣。沿河岸实测两公里间水面高程，所得坡度为1/5700。河水面自上午八点三十分至下午一点无变化。足证河口潮水影响甚少。距海口十公里停船处，自下午三点将至六点，河水降落仅约0.1米，亦可见感潮之影响很轻。设以滩洲为中心，泥沙之沉淀半径，可定为十五公里。夏时洪水大发其半径增大，至二十五公里之长。黄河口沙滩之进展，平均每年恐不及0.5公里。”基于调查认为：“三角洲河道比降陡峻，无论施行何种整理，不致对利津上游有何影响，若延修两堤于河口束水，则坡度渐缓，变为1：10000，河口进展速度增加，最近期间必有二等沙洲发生，或于小清河发生影响。对于整理河口以图航运，则以为费款过多，且甚无把握，盖潮水力小且不定，不足以播散泥沙，以造成良好港口，若加整理，则每年靡费甚巨。”并提出：“若河口将来经过三角洲改道趋向东北，即乘时迅速设堤至距海岸之半途为止，以下半为泥沙淤垫之区域以及新三角洲发展之余地。现在最好设法防止黄河南迁，以免危及小清河现在进行之航道计划；延修南岸大堤，达于河口以防溃决；修筑北岸大堤，较南岸大堤为矮，止于双堆以上宁海以下二十公里处。”等等（见安立森《黄河口视察报告》）。陆克铭在《踏勘黄河海口情形报告》中也说：“河口所以屡徙之故，厥为缺乏大堤范束，洪水水位稍见增高，即行普漫滩顶。流量不能集中，致河槽失去借重洪水攻沙之机。滩土多沙，缺乏粘性，易被冲成深沟，吸引大溜，亦足促成改道。防止之法，莫善于接修大堤，使水有所归。接修大堤，宜相度河流形势，另创新道，不必囿于固有民埝，重蹈既往覆辙，应列为第一步工作。尚沿该区之东修筑海塘，阻止碱水来侵，导送河沙，深入大海，惟在计划之先，对于海岸线之形势，海水之深浅，潮汐之升降，风力之徐疾，它如风候、风向、寒暑以及封冻与时令之关系等等，均须一一施以详细研究，故对三角洲之地形，海岸线以及海口水文站之设立应列为第二步、第三步工作。”

1938年，国民政府军扒开郑州花园口黄河大堤，黄河经贾鲁河、颍河、涡河汇淮入海，山东黄河断流，研究河口者甚少。1939～1941年间，日本帝国主义为进一步攫取中国资源，由东亚研究所第二调查委员会对黄河水利资源作了全面调查，在其《黄河之治水及水运调查报告》中说：目前下游河道淤积已甚，如将堤防延至河口以导水流，尚不为良策。主张把徒骇河作为黄河泄水道之一。1946年，黄河水利工程总局在制订《黄河下游治理计划》中提出：治理黄河河口当以畅通尾闾减轻上游河患为主，农业利用次之，航运开发再次之，而务须缓和三角洲之进展速率。其方法：一要增辟入海河槽，自河口三角洲顶点向各方汊出，遍布于三角洲，使泥沙不致集中沉淀于一处；二要固定三角洲各槽河床，使水流集中，以便导沙入海，凭借洋流力量携至它处，以免淤积。

从1855～1938年的几十年间，虽曾作过多次查勘，也提出了各种治理意见，但按计划治理的，除民国二十四年(1935年)作过一次裁弯取直工程外，很少付诸实施。嗣后因战争关系以及黄河南迁，一切计划更只能成为设想。不过这些调查报告以及光绪十六年(1890年)李鸿章等人测绘的1/36000的御览黄河三省图；民国七年、十五年、二十二年山东河务局测绘的盐窝以下河口地形图等，给后来研究河口治理积累了宝贵的资料。

第二节　1947～1964年(人工大型并汊改造)

1947年黄河归故，河口由甜水沟入海，不久改由甜水沟、神仙沟、宋春荣沟三股入海。当时因值解放战争，无条件治理。建国后曾根据入海流路的发展趋势，因势利导进行了两次人工改道：1953年由甜水沟等两股入海改道神仙沟独流入海；1964年由于涨圈以下河道全被堵塞，大孤岛上15个村庄及林场被冰水包围，惠民地区，山东河务局、惠民修防处为救灾改由钓口入海，水出罗家屋子后，开始在四段民坝至神仙沟，后发展到利埕公路(油田抢修公路挡水)至神仙沟间20～50公里的洲面上游荡，归股出汊，淤沙堆起河槽，故此次改道效果不明显。

1950年山东河务局完成河口地区580平方公里1/10000比尺地形图，调查搜集了河口淤积及河道变迁等资料。1951年在利津以下约40公里的前左建立水位站。1952年黄委会和山东河务局组成查勘队，全面查勘河口地区情况，提出采取必要措施以通口门输沙入海，和充分开发利用河口三角洲等意见；并强调应纠正河口放任自流现象，大力加强河口地区的各项测验研究工作，为河口治理作准备。随即将前左水位站改为水文站。1953年又改为河口水文实验站，除水文气象观测外，增加入海尾闾各支流汊河变迁，滨海泥沙沉积，河口延伸等观测研究工作。1959年在河口水文实验站下增设浅海测验队，基本形成了河口的全面观测网络，为研究河口治理奠定了基础。此间，黄委会水科所于1957年在泥沙研究室设立河口泥沙小组专门负责河口的研究工作。

1956年前左河口水文实验站提出《1953～1955年黄河河口观测报告》，主要内容：(1)根据观测资料分析，肯定了1953年人工改道是成功的。(2)改道后大小孤岛连成一片，共有土地76万亩，可垦地30万亩，已垦地12万亩，自然林地7万亩，人工林地3200亩，土地肥沃，大有开发潜力。(3)沿海岸南起宋春荣沟口，北至钓口，长约50公里，宽约10公里的海域内，除黄河口门处水流较急，河底坚硬外，其两侧均为很深的稀泥，群众称谓“烂泥湾”，附近区域水产非常丰富，唯航运利益极小。(4)对1855年以来河口变迁的历史进行考证和总结，把变化不大的作了适当归并，提出黄河尾闾历次变迁情况表(表2—5—1)和黄河口流路变迁图(图2—5—1)。

表2—5—1　**黄河尾闾历次变迁情况表**

序号	流路变迁年份	改道地点	入海位置	行河年数	改道原因
1	1855	河南兰封铜瓦厢	萧神庙以下牡蛎嘴	34	铜瓦厢决口
2	1889	韩家垣	毛丝坨	8	凌汛决口
3	1897	岭子庄	丝网口	7	未堵
4	1904	扈家滩、马庄等	经徒骇河古黄河又东北60里	25	伏汛决口
5	1929	纪家庄	陡崖头	8	土匪决堤
6	1949	一号坝	神仙沟、甜水沟、宋春荣沟		从1935～1949年中间有变化，归并为第六次
7	1953.7	小口子	神仙沟独流入海		人工裁弯

此外，还对河口延伸的发展过程和河口潮汐现象提出初步研究成果，由于资料不够充分，有待进一步观测研究。这时黄河规划第一期重点工程三门峡水库即将兴建。为研究三门峡水库修建后黄河下游以及河口的治理问题，黄委会于1956年8月邀请钱宁、张书农、谢鉴衡和长江流域规划办公室的

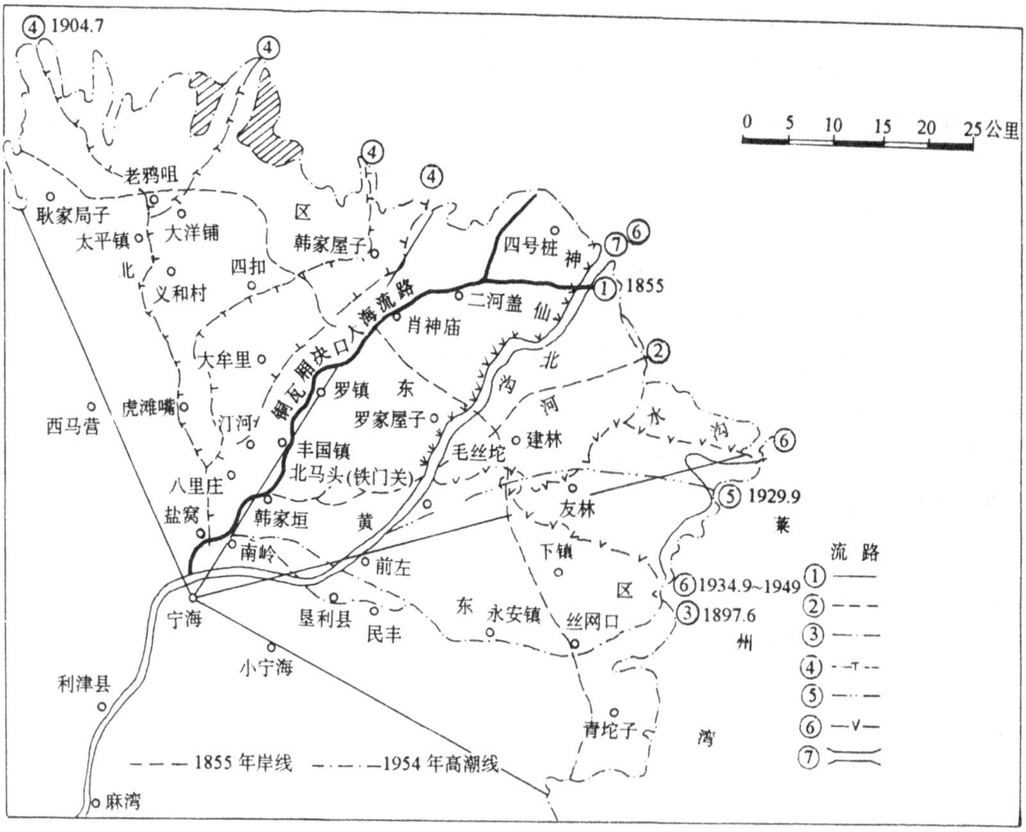

图 2—5—1 黄河口流路变迁图

专家查勘黄河下游河道及河口，提出了有关测验研究意见。

1957年夏黄委会前左河口水文实验站庞家珍、杨竣岭对证史料，深入调查研究，在上述测验报告的基础上，进一步编写了《黄河尾闾历史变迁材料》，提出了以下认识：第一次变迁河道是大清河故道。第四次变迁河道是徒骇河下游绛河故道，皆系清水河道，河槽位于地下，同时北部潮差较大，潮汐沿河上溯较远，河道维持的时间最长，其他几次一般三五年后就有所改变。一百年来，北自顺江沟口南至南旺河口约160余公里的海岸线上皆有黄河的遗迹，构成三角洲河网。结合四号桩以下现今河道的变化，认为在没有坚强堤防的地段，频繁改道是不可避免的。据调查考证，百年以前的岸线在沿海各旧渔坨附近和1947年版地图比较，向外推移面积约1370平方公里，平均每年伸展约0.1～0.11公里，根据近年的资料每年扩展面积20～25平方公里，则岸线平均每年伸展0.13～0.16公里，地形淤高，伸展速度有愈益加快的趋势。又黄河三角洲的形成，使河口逐渐构成弱潮特性，一百年前，大清河潮水可达利津以上，现在潮水在这些故道里上溯仅10公里左右。尾闾的变化，河床淤高，原来的盐场全部冲毁绝迹，航运也逐渐萎缩。但沿海边缘水产丰富，三角洲的土质肥沃，林木繁茂，则是有利的方面。

同年，黄委会水科所在《黄河河口资料整理报告》中指出：1953 年 7 月河口改道神仙沟，加上 1953、1954 年两年洪峰的影响，在距河口约 150 公里的范围内普遍发生冲刷现象。冲刷时自下而上，由大而小。由于剧烈冲刷影响，利津水文断面主槽于 1954 年汛后由右岸滚向左岸。1955 年 6 月以后，在原冲刷范围内则又普遍发生回淤现象。报告中还列举了各家关于尾闾延伸速度的研究结果：张含英推估为 0.4 公里每年；翁文灏为 0.29 公里每年；安立森、塔德为 0.3～0.5 公里每年；1870 年英人测量、1900 年德人测量以及 1937 年黄委会测量的结果均为 0.27～0.32 公里每年；1952 年河口查勘队调查为 3 公里每年，访问结果为 2.2 公里每年；按地形图等高线之推进，平均延伸为 2.8 公里每年；前左实验站在 1953 年于河口前唇打淤积桩，1953 年 8 月至 1955 年 10 月平均延伸速度为 2 公里每年。综合上述资料从 1899～1955 年平均每年延伸约 2.4 公里。

1958 年 7 月，黄委会在《黄河的河口》一文泥沙分布一节中说：根据自四号桩以下 11 公里处为起点，每隔 300 米沿中泓半深取样，以及黄河口门两侧烂泥湾取底沙的颗粒分析结果得到，除局部地区拦门沙影响外，沿程悬沙颗粒由粗变细，烂泥湾则离黄河口距离越远泥沙越粗，见图 2—5—2。

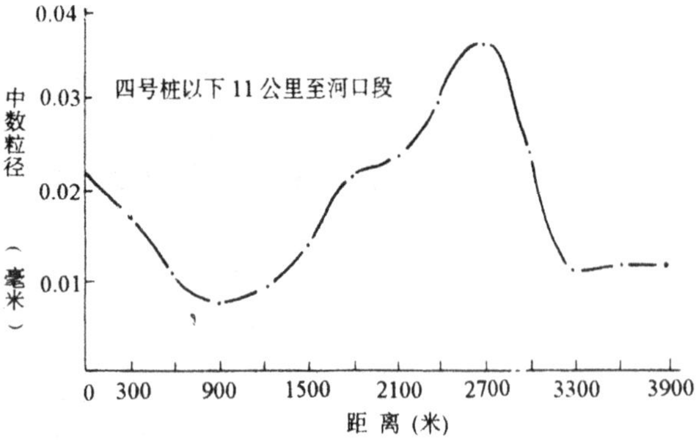

图 2—5—2　悬移泥沙 D_{50}沿程分布图

1959 年黄委会根据观测资料对河口滨海区的潮汐、潮流以及它们的运动特性进行研究，由司书亨撰写的《黄河河口潮汐问题初步分析》报告认为：黄河河口滨海区的潮汐属性，西部为不正规半日潮型，东部为不正规全日潮型，自河口向两侧逐渐增强，气象潮对此海区潮汐的影响甚大。潮流的变化在钓口外海区（西烂泥）呈逆时针旋转，高低潮位时分别指向 80 度及 26 度左右。东部滨海区呈顺时针方向旋转，且带有来复性。南烂泥涨落潮时分别指向南西和东北东，与钓口外海相反。南小烂泥涨潮时流向指向东北东，但有时却又为北北西。东部海区的潮流规律还了解的不够。黄河口的潮汐影响主要是受西烂泥的潮波作用，感潮河段很短，潮流界只在沙嘴尖端以上1～2公里左右，潮区界一般在四号桩附近，枯季遇大潮时可达小沙附近，大潮与强风增水的合力形成壅水可到罗家屋子至张家圈附近。感潮段的范围随着沙嘴的逐年延伸而向下推移。

同年，中国科学院海洋研究所与天津港务局回淤研究站，华东师范大学、北京大学、北京师范大学等16个单位协作，在苏联科学院海洋研究所海岸动力地貌学专家O.K.Ωеонтбев和E.H.Невеский的参加下，进行了渤海湾调查，写出了《渤海湾海洋水文气象特征与泥沙运动的关系》、《渤海湾的潮波系统及其与泥沙运动的关系》、《利用振动活塞取样器研究渤海湾最近沉积层的发展史》、《应用岩石矿物学的方法研究渤海湾的泥沙流》以及《渤海湾海洋动力地貌》等报告。上述各专业报告有关黄河口的分析内容有：(1)黄河在十二～十五世纪(1194～1493年)与十五～十九世纪(1494～1854年)不直接注入或不注入渤海湾，淤泥岸滩发育微弱，沿岸贝类繁殖，死亡的贝壳遗骸在波浪的作用下，堆积成新老两道贝壳堤，1855年以后，黄河重新注入渤海，带来了大量的淤泥物质，覆盖在粉沙或淤泥质粉沙之上，使贝类死亡，贝壳堤的发育逐渐停止，构成了现代平缓的淤泥海岸。(2)矿物分析表明，在渤海湾南岸有一股物质来自黄河的泥沙流沿着海岸带向北移动。这一运动趋势，经海河、蓟运河口后，有所加强，并随岸线转而向东，大致到达南堡附近。说明在目前水文动力条件下，以现代黄河物质为主的渤海湾南岸泥沙流是相当强大的，它可以越过新港直达渤海湾北部。(3)根据1958～1959年渤海湾内的温度、盐度水平分布图看出，黄河口外终年有一低盐度水舌存在，在黄河水量较小的季节，舌根较宽，伸展方向为东北北，在黄河水量较大的季节，水舌伸展方向则为东北，且影响范围较大。在温度分布上，在黄河水舌的西面，夏季半年内常出现一个小的高温、低盐水舌，由此可见黄河水流入渤海湾后其主流为东北向，但还有另外两支分流：一支东或东南流入莱州湾及出渤海海峡，另一支沿渤海湾岸向西北，遂构成本海区的水文特色。(4)黄河从中上游带来大量泥沙，部分携带入海，另部分则在河口附近堆积，造成河口沙嘴每年以2.5公里速度向外伸展，使河口段加长，比降减小，河流冲刷力量相应减低，待经过一段时间，地势淤高，河水即把旁边较低洼的小沟冲成大河入海，然后重复以上过程，这样便使整个三角洲迅速伸长，因此说渤海湾海岸动力地貌成因是泥沙运动基本规律的综合反映。当根治黄河水害，开发黄河水利的宏伟计划实现后，渤海湾浅滩上淤泥物质的来源将逐渐停止，河口将向有利方向转变。

1953年人工大型并汊改道后，到1959年，河口沙嘴已向东北海区突出甚远，四号桩以上河段逐渐形成弯曲性河道，四号桩以下河身宽浅，水流分散，淤积日甚，1959年汛期，四号桩断面以上1公里处右岸出现汊河，与老神仙沟接通。1959年汛后，黄委会水文处对历年资料综合分析，提出《黄河河口演变初步分析》报告，文中说：小沙至河口门长33公里，从河型上分为两段：近河口段（小沙至四号桩）以河弯发展为主要特性，河床变化过程完全由河流水文泥沙因素的变化所支配，河道窄深，平均坡降较大，坍塌现象甚为明显。口门段（四号桩至河口门）长18～20公里，河道上窄下宽，形成喇叭，河岸坡降较小，河道正在摆动延伸中，有心滩、边滩和水流分汊，受潮汐影响较大，河嘴出口地带，在潮汐顶托下，使泥沙沉积下来，并呈鸭嘴形向外延伸，下移速度为每年1.2～1.3公里。通过对断流的故道甜水沟和车子沟附近淤积物组成的分析看出，河水断流后，泥沙来源断绝，滨海区的泥沙不断被海流带走，一部分泥沙由于电解质絮凝作用，胶结沉淀。据此推断，三门峡水库与下游梯级建成后的不长时间内，泥沙来源有所改变，将来的烂泥湾浅滩会趋于消失，海底为比较牢固的土质（粗颗粒泥沙）所组成，三角洲沙嘴附近的水深将会增大，波浪增强，突出的河嘴可能受到破坏，海岸的延伸速度亦将减弱。

1960年汊河继续扩大，至1961年6月三门峡水库下泄清水洪峰时，汊河过水已达90%以上，新河门位于甜水沟沙嘴与神仙沟沙嘴中间的海湾湾底，口门外海域比较窄狭，又属于过去的烂泥湾所在，海床较高，沉沙容积较小，所以，自1961年后，来沙量虽大量减少，但河口的堆积延伸却异常迅速，至1963年，罗家屋子以下已经出现很多汊河，其中大者有5～6条，河口已有淤塞之势，终于导致1964年元旦在罗家屋子人工并汊改道由钓口入海。

为摸清河口淤积延伸，改道对排洪排沙能力的影响，1964年黄委会编写了《黄河河口基本情况》，文中对河口淤积延伸速率进行了综合分析，指出自黄河归故以来有逐渐加快的趋势，三门峡水库拦洪后，沙量虽减少28%～42%，但造床质泥沙绝对值与以往不相上下，占全沙的百分数逐年增大，更加快了淤积速度，1962、1963年三角洲延伸造陆面积达到每年40平方公里以上，远大于1947～1959年平均的25平方公里。对于河口的观测、调查、研究已取得不少成果，唯迄今口门区及口外浅海区的观测并未全面开展，提供的资料尚不能满足下游防洪和河口治理的需要，特别是三门峡水库建成后，河口淤积延伸加快，口门变动频繁，势必对下游河道排洪排沙能力有所影响。为此，强调近期须着重研究河口演变对下游河道的影响；河口泥沙运动规律及淤积分布;在什么条件下河口可趋于相对稳定以及改善河口淤积,输沙入深海的措施等问题。

第三节 1964～1976年

60年代初在黄河河口地区开始石油勘探开发,到1964年1月,经中央批准在这里开展油田开发建设,为保证油田的正常开采,对河口治理提出了既要保证油田生产,又要减缓河口延伸速度的要求,从而增加了河口治理的制约条件。经有关部门反复调查研究,在钓口流路引水12年后,于1976年5月第三次人工改道由清水沟入海(见《防洪志》149～160页河口治理)。在此期间,为了对有计划治理河口提供科学依据,黄委会要求河口水文实验站进行钓口流路演变过程的跟踪观测和全面开展口门及浅海区的观测工作,同时协同有关科研单位加强河口演变规律的研究。

1964年水科院河渠所、黄委会水科所、黄委会河口水文实验站协作进行《黄河河口淤积延伸改道对下游河道影响》的研究,报告提出:泺口以下河段长期以来的发展趋势是堆积抬高,而建国以后的近几十年中,冲淤大致相抵,河床处于相对平衡阶段,影响泺口以下河段冲淤的因素主要是上游来水来沙条件及河口的淤积延伸改道。河口的影响使得沿程河床的冲淤变化自下向上传播,变化幅度则愈向上愈小,沿程水位的升降值,以水位变化为零的水平线为轴,呈半个喇叭形。河口对上游河道冲淤的影响主要是通过改变河道长度,调整河流比降改变挟沙能力来实现的,而且影响是连续的,溯源堆积与溯源冲刷之间的转化没有过渡状态,而溯源冲刷是以溯源堆积为前提条件的,影响溯源堆积的因素除河口沙嘴延伸对比降的调整外,还有来水来沙条件及前期地形条件。1953年河口改道溯源冲刷影响到泺口附近,长度208公里;1959年分汊改道影响到一号坝附近,长度52公里;1955～1961年溯源堆积影响到刘家园附近,长度200公里;1961～1963年溯源堆积影响到一号坝以上,长度74公里。建议当河口堆积发展到一定程度时及早改道,缩短河口沙嘴延伸的极限长度,会减小溯源堆积的范围,从而减小对下游河道防洪的不利影响。

1965年,根据修订治黄规划领导小组的安排,由武汉水利电力学院谢鉴衡、黄委会前左河口水文实验站庞家珍、黄委会水科所丁六逸等6人负责河口基本规律的研究,并委托南京大学地理系进行黄河三角洲海岸地貌调查。河口基本规律研究组在《黄河口基本情况和基本规律》报告中除反映在河口不同地段和海域泥沙沉积与输移的基本情况外，着重对三角洲上河口改道规律进行了研究。根据历史文献图与资料，黄河三角洲改道，最初从三角洲中部，逐渐移向南部，然后又突然转向三角洲北部，完成一次横扫三角洲的大循环总共行水历时约48年。现河口未来改道显然有北移完成第二次大循环趋势，如按第一次大循环历时推论，完成第二次大循环约尚需23年左右（考虑到第一次大循环因系新走黄河，历时较长，这一数值可能偏大）。自1855年至1954年黄河岸线平均向外推移9.4公里，河口发展对下游河道影响的显著特点存在两种周期性变化，一种是平均8年左右的复归性的小周期变化，在小周期内，由改道引起的溯源冲淤，使下游接近河口段的河床高程发生一次波动，但若干次这种小波动基本上不造成河床长期性的稳定抬高；另一种是第一次大约50年左右的大周期变化，改道已横扫三角洲一遍，以后的改道系在已普遍外移的岸线基础上进行，因此，下游河道的河床将在较短时间内产生一次单向的稳定抬高。根据对改道规律的研究，结束第一次大循环的第5次改道系终止于1926年，泺口自1920年到1936年河床有较稳定的抬高，自此以后，河床高程虽有变化，但基本稳定，这就是泺口河段1936年以后长期变化不大的重要原因之一。可以预期，如果其他条件不变，在第二次大循环完成之后，也就是大约20余年之后，泺口以至整个山东河段还将有一次稳定的全面抬高。

南京大学地理系在《黄河三角洲海岸地貌调查阶段报告》中提出了以下内容：(1)根据潮间带浅滩的地貌、沉积与冲淤动态的不同，本区岸滩具有分带性：其一为淤进海岸段，主要分布在现代黄河口的两侧，其突出的地貌标志为有长条形凸出的河口沙嘴及其两侧凹进的烂泥湾。新生沙嘴向外推进的速度可达3～10公里每年，这种海岸线的长度约58公里，占三角洲海岸总长的32%。其二为受冲蚀后退的海岸，分布在黄河口淤进海岸两侧宽广的地带，其长度约122.5公里，占三角洲海岸总长的68%。这类海岸就其地貌形态、发育阶段及冲淤动态的不同，还可分成具有残留沙嘴的强烈蚀退海岸和切平沙嘴的中度蚀退海岸两种亚类。此外，见于三角洲两侧的邻岸段为相对稳定的海岸，三角洲以西、大河口至套儿河之间为具有沙岛的相对稳定（或轻微蚀退）海岸；三角洲以南的小清河口地带为宽平的相对稳定海岸。自1855年以来，随着河口的不断变迁，各段海岸是以冲淤交替的方式发展的。(2)根据贝壳堤的分布，确定了三角洲西北翼1855年的古岸线，初步推断了三角洲东南翼的古岸线，即大口河堡～套儿河堡～小沙～大小鲁西坨～坨子～大英铺～十二村～李家圪子～二八间～老爷庙～毛丝圪～新十五村～老十五村～青圪子～羊角沟东北郊。有了这条古岸线就为计算三角洲淤积速度与淤积量提供了依据。(3)选定一条较稳定的、排沙能力较大的河口位置应是河口治理规划工作之首要任务，选择的原则与理想条件是：第一要求河口段河道具有足够的坡降及挟沙能力，改道点上下河槽力求稳定，减少泥沙沿程落淤，确保河口段河槽既能畅泄水沙，又能使大量颗粒较细泥沙在滩地上淤下来，以减少入海的总沙量。第二要求口外海滨区有较好的海洋水文动力条件，使入海泥沙大部分能向外海及相邻海区继续搬运，以减少口外海区的淤积量。同时要求外海滨能有一个较大的容沙区，承纳来沙，以确保河口有较长的使用年限。经过对三角洲及其海岸发育的基本情况和社会经济情况初步调查分析，建议将新河口的位置选在三角洲西北翼，具体路线为：由利津以东宗家夹河沿人工渠道北上，经蒋家庄、流口、王家集，然后向北开引河取道湾湾沟入海。

钓口流路河道从 1964 年到 1967 年汛前主槽已平均淤高 0.6 米，1967 年又是丰沙年，八九两个月共来沙 12.6 亿吨，在汛前高河床和来沙特多两个条件相互作用下，出现了九月份暂时的高水位，对惠民地区，特别是河口南岸油田的安全威胁很大。为此，1967 年 10 月下旬至 11 月上旬，黄委会水科所、水科院河渠所、济南军区、山东河务局、山东省勘测设计院、山东省水科所等单位组成查勘队，提出《黄河河口地区查勘情况和近期河口治理意见的报告》，报告分析了钓口河流路由于泥沙淤积严重已近晚年。为争取主动，需有计划的改道，经 6 条流路比较后，提出改道清水沟的建议。同年底，山东省惠民地区生产指挥部根据上述建议提出《黄河河口泥沙堆积威胁石油基地和下游安全迫切需要治理》报告，要求 1960 年汛期改道清水沟，3～5 年后，根据河床淤高情况和油田勘探开发需要，再改回钓口河流路。经报水电部同意，国家计委批准，要求做好改道清水沟的准备工程，并作出 10 至 20 年的治理规划及现行河道(钓口河)的开发利用。据此，1968 年一方面进行清水沟引河开挖，南防洪堤的培修延长和十八户引黄放淤等准备工程；一方面由黄委会主持，30 多个单位 250 多人参加，进行河口规划工作。在对罗家屋子以下现行河道调查和系统分析资料的基础上，提出了《黄河河口计划改道安排意见》、《黄河口现河道的情况及其使用问题》、《黄河河口防凌防洪规划意见》及《黄河河口地区水利规划意见》等报告。在《黄河口现河道的情况及其使用问题》中分析了河道的形成，发展阶段性，即刚改道时一片漫流，支汊无数→归股→并汊→单股无汊→出汊→改道的规律，还分析了现行河道，干草窝子、挑河、神仙沟、清水沟、小岛河及十八户等7条流路，认为神仙沟海域条件最好，海深、坡陡、潮流流速大，入海泥沙在潮流、余流及风浪等海洋水文动力因素作用下，可向湾顶及深海搬运。其他除现行河道外的5条线路，为河间洼地，河线短，陆上堆沙空间较大，但海域条件没有神仙沟好。现行河道已走河4年，河线较长，目前河道单一、流势归顺、分汊不多、水流集中、流速较大、入海口门通畅，且靠近神仙沟附近有利海区，有充分利用的潜力，还可继续使用3～5年。也有人持不同意见，认为1967年9月的特高水位是河道行将死亡的征兆，上述好的现象是假象。经过广泛争辩认为清水沟引河已成为开挖好的预备河道，由于它的存在，可以大胆使用现行河道，继续发挥它的潜力，决定在西河口运用水位10米以下，相应大河流量9000立方米每秒，不改道清水沟，仍走现行河道。

关于流路近期规划，研究了三个方案走河顺序：

第一方案：(1)现行河道，(2)清水沟，(3)小岛河，(4)干草窝子。

第二方案：(1)清水沟，(2)现行河道，(3)干草窝子。

第三方案：(1)现行河道，(2)干草窝子。

以上三方案各有利弊，选用的关键在于石油开采的安排，如孤岛油田不急于开采，或地面建设有其他途径解决，采用第一方案比较理想，估计走河20年是有可能的。否则，可在第二、第三方案中选择。

在河口防凌防洪规划意见中，主要进行了南、北展宽河道比较，推荐南展方案，同时提出了分洪意见。在水利规划意见中，提出两处建引黄闸的计划，在支脉沟以南小清河以北新建防潮堤13公里及一些地方安排的工程，同年，水科院河渠所尹学良等在河口查勘后写了《黄河口现行河道情况及其使用问题》，文中也认为：现钓口河还很好，且有变得更好的趋势，建议缓予改道。

1969年6月三门峡四省会议向中央写的《关于三门峡水库改建及黄河近期治理问题的报告》中提出“结合油田开发，进一步研究治理规划，安排河道流路以利防洪排沙放淤，保证油田安全”的意见。同年，石油开发单位提出：“孤岛油田需于1971年完成全部生产建设规模，如改道清水沟将影响和推迟该油田的建设和开发，同时考虑到钓口河流路仍较良好，故要求1973年前暂不改道清水沟，如万一发生自流改道，也要仍改回钓口河流路。”山东省惠民地区对此提出异议。为此，1970年汛前，水电部钱正英部长带领有关人员对河口调查研究，并与山东省共同确定：继续使用钓口河流路，于河口地区修建南展宽，北防洪堤和东大堤工程，确保西河口水位(大沽)10米不改道,尽量稳定流路,相机改道清水沟,在参加钱部长河口调查研究的过程中,黄委会水科所提出《黄河河口基本情况与治理问题》的报告,文中分析了河口的基本情况和存在问题,首先指出:麻湾到王庄一段长约30公里的窄河段,滩地少,多急弯,洪凌威胁很大,现在河道两侧业已建成石油基地,问题将更为突出。其二是黄河的大量泥沙堆积,河口势必分汊摆动,摆动顶点不断上溯,而开发油田要求每一流路相对稳定,行水历时尽量长些,最好摆动顶点下移,但若顶点下移,三角洲堆沙面积缩小,将加速河口的延伸速度和摆动改道的可能性,从而增加河口地区防洪防凌的压力。其三是河口地区沿黄两岸农业生产的发展与背河地下水上升,盐碱化加重的问题。为解决上述问题,建议分洪放淤,既可改良大面积盐碱地,分洪削峰,又可减轻窄河段和小三角洲地区的洪凌威胁,同时可避免瞬时特大洪水造成不应改道的改道,达到稳定流路的目的。但仅河口地区放淤,所占泥沙比重不大,故应在下游全面执行"以排为主,排放结合"的近期治黄方针。考虑到目前小三角洲上走河对两侧和本区排水系统的干扰较小,海域条件较好,现河口相当距离内的海域约有100亿立方米左右的容沙能力,钓口河流路尚有走河潜力,在目前顶点下移无可靠把握的情况下,充分利用这种潜力,对延缓河口延伸是有效的,同时可以争取时间,巩固堤防,为顶点下移创造条件。

1972年,燃料化学工业部(简称燃化部)、水电部和山东省对河口地区做了补充规划,除决定完成原规划的北防洪堤等工程外,提出修建利埕公路和开挖挑河工程。事后为预报河势演变,黄委会水科所对现行河道的资料作了系统分析,提出《黄河河口现行河道基本资料分析与发展趋势预估》的报告。报告根据每一条流路从发育到成熟,到最后衰亡发生改道的演变过程,即由散乱~归股~单一顺直~弯曲~分汊~大出汊(出汊点上移)~改道散乱的一般规律,称为小循环。并对分汊摆动的条件和判别指数作了初步探讨。并结合地形条件,认为现河道左侧较右侧为高,近期向左改道的可能性不大,故大流量分汊改道点预计在罗$_{6-1}$上下,主溜可能沿现行河道与二河滩坎之间洼地,顺三河经1965年故道由新钓口附近入海。由于该海域较浅,容沙能力和外输比例较小,淤积延伸速度较快,走河年限不可能很长,届时罗$_{10}$以下利埕公路将受到威胁。

1974年,为解决黄河入海流路与工农业生产的矛盾,黄委会、山东河务局、惠民地区修防处组织有关人员到黄河河口地区有关单位征求对河口治理的意见后,山东河务局提出《关于黄河河口治理的初步意见》。意见中说:从1855年至1954年的100年内,实际行水64年,淤积造陆1510平方公里，在128公里宽的海岸线上，每年平均推进0.15公里；1964年至1973年，海岸线宽度缩减到40余公里，岸线平均每年向前推进1公里，缩短了黄河摆动的周期，加速了河口地区的水位抬高。所以三角洲不宜缩得太小，应给黄河留有足够的摆动余地。因此，以渔洼为顶点，从南大堤至草桥沟子约1600平方公里的三角洲面上，都应作为黄河规划流路的范围。多年的资料说明，送入河口地区的泥沙，24%淤在陆上；40%淤在滨海；36%送入深海。淤在陆上是少数，填海是多数，故应给黄河留有足够宽的海岸线，以便均匀输沙入海，减缓向海域延伸速度。对河口地区已开发的油田，采取重点筑堤维护措施，这对河口三角洲防洪防凌虽有一定的影响，但较切割三角洲，缩小河口摆动范围为好。油田可重点的分片围采，防护工程圈外的油井，可以筑台采油。其他农牧渔业都应适应河口地区的河势发展规律和黄河流路的情况进行开发和生产。根据上述分析认为：在目前利津(15.12米)、罗家屋子(10.00米)防洪水位下约可通过8000立方米每秒洪水，防洪能力已感不足，遇有较大洪水，需采取清水沟分洪措施。现行河道目前还有走河潜力，应予充分利用，当潜力用完后，改走清水沟河道，约可走河10年，以后改走小岛河，再改走挑河。

钓口河流路自1964年元月以来，到1975年底已行水12年，经过了分散、归顺、出汊摆动、出汊点逐渐上提的过程，河口沙嘴向前延伸了32公里，利津至罗家屋子13个断面主槽平均升高1.28米，罗家屋子以下7个断面平均淤高3.65米，利津、罗家屋子在流量3000立方米每秒时，年平均水位分别升高1.64米和1.26米，已处于流路自然发展的后期。1975年10月利津流量6500立方米每秒，在分流1000立方米每秒的情况下，西河口水位接近改道标准水位10米(大沽)，超过1958年最高水位0.57米，利津河段防洪标准水位的下泄流量已不足8000立方米每秒，河口地区防洪安全受到很大威胁。为此，1975年12月水电部及河南、山东两省在郑州召开会议，决定1976年汛前有计划地进行人工截流改道清水沟，同时保留原钓口河流路。

1976年5月改道后，济南水文总站加强了观测研究，并于同年与黄委会水科所一起分析实测资料指出：1976年汛期，泺口以下河段各级流量平均水位较1975年均有大幅度下降，1976年改道溯源冲刷对上游河段的影响范围在刘家园附近，距改道点180余公里。从1953、1964、1976年三次改道的情况对比看，1976年缩短流程最大，1964年次之，而水沙条件，1964年最优，1976年次之，边界条件，1953年因有神仙沟河槽，条件最好，1976年清水沟挖有一条8.75公里长的引河，修了17.23公里长的束水防洪堤和

12.72公里的生产堤，清除了河道内被覆树丛300余万株的行水障碍条件次之，三次改道以1976年的效果最好，改道当年就有明显的水位下降，溯源冲刷达到刘家园附近。1953年改道，虽缩短流程最小，但由于有集中水流的河槽，有利于改道点以下新河道的冲刷展宽，遇1954年较好的水沙条件，溯源冲刷影响到杨房～刘家园。1964年为了破堤分洪减灾形成的改道尽管水沙条件最好，缩短流程也不小，但由于堤基未能冲开，门槛效应较强；罗家屋子以下地形开阔，地面较高，植被茂密，河面放宽7～10倍，水流散漫无力；距改道点9公里处有一胶泥土层高坎难以冲刷，两侧为黄河故道高地阻水；故改道点以下无河槽束水，形不成集中的溯源冲刷，无法达到预期效果。据此认为：近河口河段水位大幅度下降，主要取决于摆动改道形成的落差，而此落差又需有适当的水沙和边界条件加以体现，三者缺一不可。预计1977年如不遇特殊不利水沙情况，利津以下将继续有小幅度的下降，溯源冲刷将进一步向刘家园以上发展，西河口以下新河将发生溯源堆积。1977年，黄委会水文处也分析了1976年黄河水沙冲淤及河口改道情况，指出：1976年改道，缩短流程37公里，加上有利的水沙条件，这次改道较前两次效果显著，刘家园以下平均下降0.9米，溯源冲刷范围至刘家园附近，距改道点180公里，是建国以来河口出现溯源冲刷最强烈的一次。

第四节　1976—1990年

一、关于河口治理原则的研究

在中游黄土高原侵蚀未得到全面控制的情况下，黄河下游的来水来沙条件短时期内不会有明显改变，平均每年进入河口地区近10亿吨泥沙不会减少，淤积延伸仍是近期河口演变的基本规律。河口的淤积延伸对上游河道的溯源淤积影响存在着不同认识，对河口治理原则亦主张不一，归纳起来，大致有两类：

第一，主张利用河口地区容沙体积，控制河口淤积延伸速度。

认为造成黄河下游河床持续堆积抬升的主要原因是河口的不断延伸，侵蚀基准面相对抬高，使得下游河道的比降变缓，降低输沙能力，在上游沿程淤积和溯源淤积的相互作用下，下游河床近于平行抬高，因此，主张减少进入河口地区的沙量，控制河口淤积延伸速度这一传统的河口治理原则。如武汉水利电力学院谢鉴衡自50年代开始就多次发表文章认为:黄河河口三角洲在完成一次大循环之后的河床变化,“其所产生的稳定抬高的影响范围将远远超过泺口,并一直向上游传播,和自上而下的沿程淤积结合起来,促使下游河床平行抬升”。在《论黄河下游纵剖面形态及其变化》中进一步指出黄河下游纵剖面变化,在多年平均情况下,平行抬升的假说是符合实际情况的,纵剖面变化过程可概化为图2—5—3。

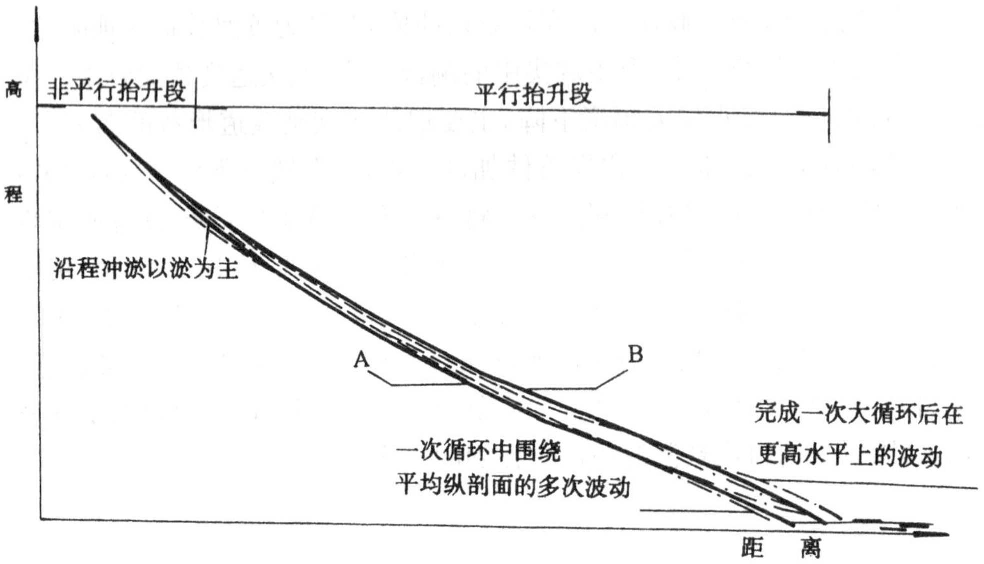

图2—5—3 黄河下游纵剖面概化图

图中下面的实线A代表某一时期黄河下游已发展到成熟状态的纵剖面,在此时期内,由于三角洲的频繁改道,河口及其邻近地区(大体可以达泺口)的纵剖面将随着侵蚀基点的前进和后退发生偏离A线的暂时性的上升和下降的周期性波动,但平均情况下的纵剖面位置基本与A线重合,与此同时,进口段纵剖面将随着来水来沙条件的变化,发生偏离A线的上升或下降,但以上升为主。在河口改道处于一次横扫三角洲的大循环中,河南段将持续抬升,山东段将维持不变。当河口改道进入新的一轮大循环时,山东河段将发生永久性的抬升。此时结合自上而下的淤积发展,纵剖面将大体上抬升到B线的位置,过此以后的变化趋势又将和A线过去的变化趋势一样。嗣后,谢又发表《黄河下游纵剖面变化规律及河道治理》,《控制黄河下游河床抬升的近远期设想》等多篇文章,强调“三角洲面积愈大,河口延伸愈慢,纵剖面的永久性淤高愈小,河口三角洲面积从50年代初期的5400平方公里缩小至目前的2200平方公里是不合适的”。主张充分利用现行河道及河口地区的容沙体积，控制河口的淤积延伸速度。黄委会水科所王恺忱等在《黄河口演变规律及其对下游河道的影响》一文中也说：黄河自1855年由利津入海以来实际行水87年，黄河口和位山以下河道经历了不同塑造演变性质的两个阶段，即先冲刷展宽，河口延伸不大，淤积自东坝头逐渐向下游至河口发展，以沿程淤积为主变清水河道为适应黄河水沙条件的冲积性河道的第一阶段。1880～1885年后，大量泥沙输至河口，淤积延伸加剧，尾闾出现摆动改道，开始了河口侵蚀基准面对下游淤积起直接影响的第二阶段。在长期来水来沙和横向边界相差不大的情况下，高村以下到利津各站1950～1975年改道清水沟前的水位升高值在2.07～2.38米之间，此与河口延伸引起的水位升高值2.13米是相应的，即高村以下河段可以认为是近于平行升高的，而且平行淤高段占下游冲积性河段全长的近70%。河口三角洲发育过程可分为大循环和小循环发育阶段，每个大循环包括若干小循环，在同一次大循环中，河口延伸及改道造成的小循环对上游河道的影响基本上可以相互抵消，而在一个大循环过渡到另一个大循环时，才产生长期性的影响，使上游河床淤积，水位抬高。1855～1930年左右，河口近代三角洲经历了一次大循环，目前处于第二次大循环的发展阶段，造成水位抬升约1米，这次大循环中的各次小循环溯源淤积和溯源冲刷影响达口门以上200公里左右。从长期来看，整个下游各河段的比降与30年代的数值是相近的，并无变陡的趋势，相反，1950年以后，花园口～利津全河段的比降尚有明显变缓的趋势，这一方面表明与下游河道的淤积性质和形态是相应的，另一方面也说明目前黄河下游各河段的比降已适应了黄河下游水沙特性，因而长期以来各河段的比降变化不大，近于一个常值，黄河水沙特性不是造成下游淤积的直接原因，而河口淤积延伸，侵蚀基准面相对升高才是造成黄河下游淤积的直接原因和起控制作用的条件。解决下游淤积的根本措施在于减少进入下游和河口的泥沙，如不解决河口延伸问题而加大下游河道排沙量如借水冲沙，长河段拖淤和调水调沙等将不能持久，目前较为切实可行的措施，仍是有计划地安排流路，不仅目前三角洲扇面轴点不能固定下移，而且需适当扩大河口三角洲改道的范围。

1979年，济南水文总站庞家珍、司书亨在《黄河河口演变初探》一文中进一步指出：河口的淤积延伸和改道将产生自河口向上发展的溯源堆积和溯源冲刷，冲淤多是交替进行，冲淤影响的范围可达河口以上118～229公里。当相邻两次河口改道所形成的延伸长度大体一致，侵蚀基准面高程并未发生重大改变时,河床这种周期性的抬高和降低,并不造成河床系统的稳定抬高,只有当河口演变完成一次横扫三角洲面的大循环之后,三角洲岸线已普遍外延,新的河口沙嘴突破三角洲岸线进入下一轮循环时,即侵蚀基准面的高程发生稳定升高之后,下游河床将出现稳定性的抬高。1920～1936年间泺口水位呈现稳定上升现象,这一时段与三角洲改道完成第一次大循环并开始第二次大循环基本上是吻合的。1936～1965年呈波动曲线,平均变化不大,1965～1976年利津、泺口水位发生稳定上升,这与近10年来人工限制三角洲的改道顶点使其下移至渔洼,三角洲上流路摆动范围大大缩小,河口延伸距离大幅度增加是直接有关的。如果改道顶点继续限制在渔洼以下,这就意味着第二次大循环的提前结束,第三次大循环已经提早开始,下游河道的水位则在这个新的高度上进行波动,不会回到1965年以前的水平。并在《黄河河口改道清水沟后河口尾间演变分析》中指出:估计清水沟的有利排沙期约8～10年,现已行水5年多,应及时考虑下次改道的流路安排。从今后50年着眼,安排清水沟流路10年,十八户流路10年,湾湾沟流路15年,挑河流路15年。这样安排主要是从有利于防洪排沙;避开油田和生产较发展区域;尽量使用已废弃的故道,且工程较少考虑。总之,在黄河水沙条件根本改变之前,河口治理的原则,应是在保留一定三角洲范围前提下,有计划的安排河口流路,因势利导,以便安全排洪排沙和用水用沙,稳定的保护工农业发展。清华大学水利系张仁等通过对废黄河淤积形态的分析指出:"废黄河口延伸引起的溯源淤积可能达到秦厂附近,所谓艾山河段的卡口会限制溯源淤积向上游发展。实际情况并非如此,从废黄河的纵向淤积形态来看,并没有造成任何不连续的现象……徐州卡口并没有限制溯源淤积发展的作用。"类似的研究成果还有不少,不再一一列举。

第二,主张调节水沙,加强输水输沙能力,输沙入海。

认为黄河下游河道未达到输沙平衡,仍处于强烈堆积状态,其主要原因是与来水来沙条件有关,河口淤积延伸也受到河口改道引起的溯源冲刷所制约,产生溯源淤积对上游的影响范围有限,约在泺口以下刘家园一带,长期宏观影响充其量不会超过艾山,主张调节水沙,改造河道和河口特性,加强输水输沙能力,输沙入海。这方面的代表性研究成果有:中科院地理所景可在《黄河下游河道泥沙淤积形式探讨》一文中说:溯源淤积最高点不应高于最高高潮线,大致能从河口上溯45公里左右。由于黄河口是弱潮带,受潮汐影响的溯源淤积,它只是理论上存在。河口延伸和基准面抬高是两个完全不同的概念,如果没有自下而上的反向力存在,是不会引起溯源淤积的。水科院泥沙所周文浩等在分析历史和近三十年的河道变化所写的《黄河下游河床近代纵剖面的变化》一文中说：近代黄河下游纵剖面并不存在“平行抬升”的情况，沿程淤积构成了黄河下游淤积的主体，河口延伸或改道的影响范围在杨房、张肖堂附近，长期的宏观影响充其量不会超过艾山。水沙和边界条件是遏制溯源淤积无限延伸和河床平行抬升的主要因素。水科院泥沙所尹学良在《调度小水，改造河性，根治黄河》一文中也说：有一种观点认为，黄河的淤积抬高，是河口淤积抬高造成的。事实上问题不会那么简单，河口对河道淤积有影响，但影响上溯不会太远，河口不淤了，山东上段及河南段河道还是要淤积的。为此，我们可以通过改造黄河河性，使河床不再淤积抬高，甚至冲刷下降。具体建议见本篇第四章下游河道治理研究中作者《调节低水流量，刷深黄河河槽》的研究。黄委会设计院陆俭益、洪尚池等在《关于黄河口治理问题的初步探讨》中也说：河床淤积抬高的因素是多方面的，不单是河口延伸长度决定的。因此，从改变水沙过程，集中水流流路着手是治理河口的必要手段。干流小浪底、龙门水库相继修建，不仅可解决下游防洪问题，由于水沙过程的改变，也为河口治理创造了有利条件。但水量的减少又降低了尾闾段输沙能力，所以必须筑堤束水，以提高河口段输沙能力，增大出海输沙能力，充分利用神仙沟潮流结点的特性，减轻潮汐对口门淤积的影响。对于河口段小水淤积的特点，可利用现有东线南水北调工程，在海河流域丰水年份或月份不需调水时，平均每年约20多亿立方米清水经东平湖调蓄集中冲刷，11～12月份保持河口段和近口段的稳定是有可能的。黄委会丁六逸在《对于黄河河口治理问题的一些看法》中说：从一条流路发展阶段来看，初期延伸速度很快，越往前伸就越接近深海域，容沙能力大，海洋动力能直接起作用，泥沙外输比例增加，河口延伸速度就慢，对下游防洪的影响也较小。所以，在一定延伸范围内(即一定防洪水位下)采取工程措施，充分发挥其行河潜力，从而达到相对稳定流路的目的。黄委会水科所李泽刚在《黄河河口变动性及其治理方法》中分析了河口段河道的发展——衰亡过程，认为黄河有一个通畅的排沙入海通道是关键，不仅河口情况明显好转，而且对上游反馈影响减小。类似的观点也还不少。

各种观点多有争论，如谢鉴衡发表的《黄河下游纵剖面变化及其治理问题》。再次争辨说：关于黄河下游纵剖面变化规律，存在不同观点，在各种场合产生过一些争论，争论的焦点集中在河口三角洲发展对纵剖面的影响及纵剖面是否平行抬升两个问题上。第一种意见是强调来水来沙条件是决定黄河的主因，历史实测资料，说明众多情况下水沙条件显著变化招致了河床形态的变化,这些意见是正确的。但问题的实质是,承认还是否定河口延伸的反作用,完全否定河口延伸对纵剖面的影响,在理论上是站不住脚的,承认这种影响但认为可以忽略不计,是对黄河的特性估计不足,在实践上是有害的。第二种意见是在某种程度上承认河口延伸的反作用,但认为对比起来,其他因素的影响要大得多,除强调水沙条件的影响之外,还列举地理地质条件,河道发展阶段等对河口地区水位的影响远较河身缩短或延长来得显著。这种意见所列事实是无可非议的,然而,这只能说明在特殊情况下某因素可能暂时起主导作用,而我们考虑的是长期发展的总趋势,就长期的平均情况而言,特殊的突出影响会因因素本身的波动所抵消,河口延伸所造成的水位抬高是累积性的,累积性的增长远较周期性波动重要。第三种意见承认河口延伸的反作用,但认为这种作用最远只能到泺口。现在看这种意见是正确的,然而随着河口的进一步向外延伸,原河口段河床会相应抬高,即使比降不变,影响也会逐渐越过泺口向上游发展,何况,由于纵剖面具有上凹曲线特点,原河口段比降还会进一步增大,河口延伸绝不止影响到泺口,整个持续堆积河段都会受到影响。第四种意见认为河床的自动调整不仅表现在纵剖面的调整上,还表现在断面形态、床沙粗细及河床糙率的调整上,而且后者反应还更迅速些。这种意见也是没有将暂时的特殊情况和长期的平均情况区别开来,在平均情况下,黄河下游纵剖面不断上升,而断面形态,床沙组成,糙率却无大变化。第五种意见不同意黄河下游河床存在平行抬升现象,这里有必要对平行抬升的确切函义作一解释,我们说的平行抬升系指沿程淤积与溯源淤积结合起来,经历一段长时间后会形成平行抬升的格局。第六种意见是对河床变形不同认识所导致的对黄河下游治理的不同规划思想,如致力于排沙入海,而对由此产生的副作用很少考虑;治理山东河段的关键在于采取措施使枯水河槽不淤,而对于中水和洪水河槽的变化,上下游的变化则考虑甚少等等。所有这些思想不足之处是没有将黄河下游的河道与河口、河道的上段与下段,断面的洪、中、枯水河槽联系起来作为一个整体来考虑,实际上,由于黄河强有力的自动调整作用,牵其一发必然掣动全身,在不改变大量来沙的前提下,孤立地考虑其中一个部分,可能会产生不良的副作用,甚至会招致失败。第七种意见认为明清故道较现行黄河长89公里,而铜瓦厢改道前东坝头上游的高滩至今未被淹没,因此,现行黄河还可继续维持一段较长时间,意即河口再延伸较长距离也不会产生大问题。但两条河道的差异是巨大的,用明清故道来推论现行河道时是须审慎从事的。

二、关于治理方案的研究

主张减少入海泥沙，延缓河口延伸速度的，除主张水土保持，减少泥沙来源，特别是粗泥沙来源，沿河两岸放淤，扩大河口三角洲的改道范围，有计划地安排流路外，主要的还有：

分流方案：清华大学黄万里提出在尾闾河道两侧多设分流道，将黄河水沙分散在三角洲面上，然后再用推土机推高填低，这样既可以改造洼碱荒地，又可长期保持分流效果。

分洪挖泥方案：山东河务局牟玉玮提出河口及滨海地区洼碱荒地很多，经济效益很低，在统一规划的基础上，可分期分片，分洪自流放淤抬高地面，自流放淤高程不够时，可辅以机械放淤，即用泥浆泵就近挖泥淤地，直至设计高程。也可挖河淤地，即将尾闾河道分为左右两股或数股，左股走水，右股无水，就用泥浆泵在右股内挖土，通过渠道将泥浆送入淤区，按设计要求将右股河挖好后，第二年就用右股河走水，左股即干涸，再用上法在河内挖土送入淤区。一年一股，两股河交替开挖取土，把尾闾河段变成黄河的沉沙池，淤地的取土场。这样既可满足淤地用土要求，又可减少入海泥沙，降低水位，形成溯源冲刷，减少河道淤积。山东北部滨海洼碱荒地淤完后，用上述方法在河口两侧的滩涂及浅海内围淤造地，如在目前自然填海造陆情况下，年沙量10.49亿吨，年造陆面积为30～60平方公里，若改成围淤，按漂失20%计算，年造陆面积约82.2平方公里(淤厚7米)，为现在年造陆面积的2.67～1.37倍，这样不仅淤地效益大，而且黄河尾闾就可较长期地稳定在一条流路上。

挖沙降河方案：山东海洋学院侯国本提出若每年在河口地区挖沙3亿吨，可使沉积在河口的泥沙重新分布，延缓河口潜坝发育速度和尾闾摆动时间。若每年挖5亿吨泥沙，而且年年挖，绝不会有尾闾摆动现象。若每年挖7亿吨泥沙，挖沙量超过淤积量，河道溯源冲刷必然会影响到泺口以上，并且可以逐段继续推向上游。

主张排沙入海的除上述叙述者外，尚有筑堤束水，利用深海陡坡方案：水科院叶永毅提出：根据海区潮况，选择一条入深海最近河线，在陆上两岸筑土堤，并用双排沉箱式钢筋混凝土板桩筑堤伸入深海，将河宽约束在350米左右。利用浅海到深海间有一段底坡为2.5‰的陡坡，在汛期由天然或水库调节的几千秒立方米的洪水，挟带高浓度泥沙入海。这些泥流随河流比降下泄，进入陡坡段，泥流流速加大，又有较大的密度，就能冲刷底坡，并溯源冲刷山东河段的河底。

高浓度输沙方案：水科院方宗岱提出修建小浪底水库，利用水库拦蓄黄河泥沙，然后在黄河左岸，从小浪底水库到河口修一渠道，用高含沙水流将水库泥沙直接送入渤海，可减少下游河道和河口的淤积。详见本卷第二篇中高含沙水流。

调水调沙方案：黄委会水科所赵业安、潘贤娣等提出，利用黄河干流水库调水调沙，短期加大下游河道的水量和含沙量淤滩刷槽，用少量的水将泥沙送到海里去。

夺流减淤方案：济南水文总站余力民根据黄河下游河道汛期淤滩，枯水期淤槽的特点提出，在建林村附近的黄河弯顶处建分水闸，闸下渠道穿过小岛河流域和潮间带400平方公里的洼地。大水时水沙仍从原河道入海，小水时走新道入海，原河槽断水断沙，以解决黄河尾闾的小水淤槽问题。

震动输沙方案：上海科技大学孙厚钧提出在河道及河口放置涡流震动器，把泥沙起动起来，利用黄河流速及海流把泥沙输往距河口较远的海域。

河道整治方案：山东河务局彭应仁等在数学模型计算的基础上提出尾闾改道周期的长短取决于河床形态、来水来沙、海域等边界条件，因此，利用和改善边界条件就可能延长流路的行水年限，演变周期不会是10年左右就必然改道一次。清水沟已走水10年，河道延伸了26公里，但西河口到利津同流量水位并未升高，目前10000立方米每秒流量预计水位，西河口尚低于堤防设计洪水位1.9米，因此说，虽然河口不断延伸，而对防洪水位却是起着有利作用。计算当西河口防洪水位12米时，适当修作控导工程，保证流路稳定，现行河道还可用14年，再用清水沟北股走河6年，共可用20年。

上述诸多方案何者为优？1983年山东省科委根据山东省人民政府鲁政发[1980]169号文《山东省海岸带和海洋资源综合调查研究工作计划》的要求，与有关单位协商，组成"黄河口区海岸带和海洋资源综合调查领导小组"组织实施调查工作，参加单位有地矿部海洋地质研究所、山东海洋学院、中科院海洋所、国家海洋局第一海洋研究所、黄委会济南水文总站、北海舰队海测大队、山东省地质局、气象局、水科所等22个单位，2000多人，历时两年，于1986年编写出《山东省黄河口区海岸带和三角洲资源综合调查报告》，报告中将河口流路变迁列为10次，见图2—5—4。

在黄河口整治设想一章中指出：河口地区的主要矛盾是大量泥沙淤积河口，使侵蚀基准面逐年抬高（翘尾巴），致使下游河道溯源淤积增加，防洪

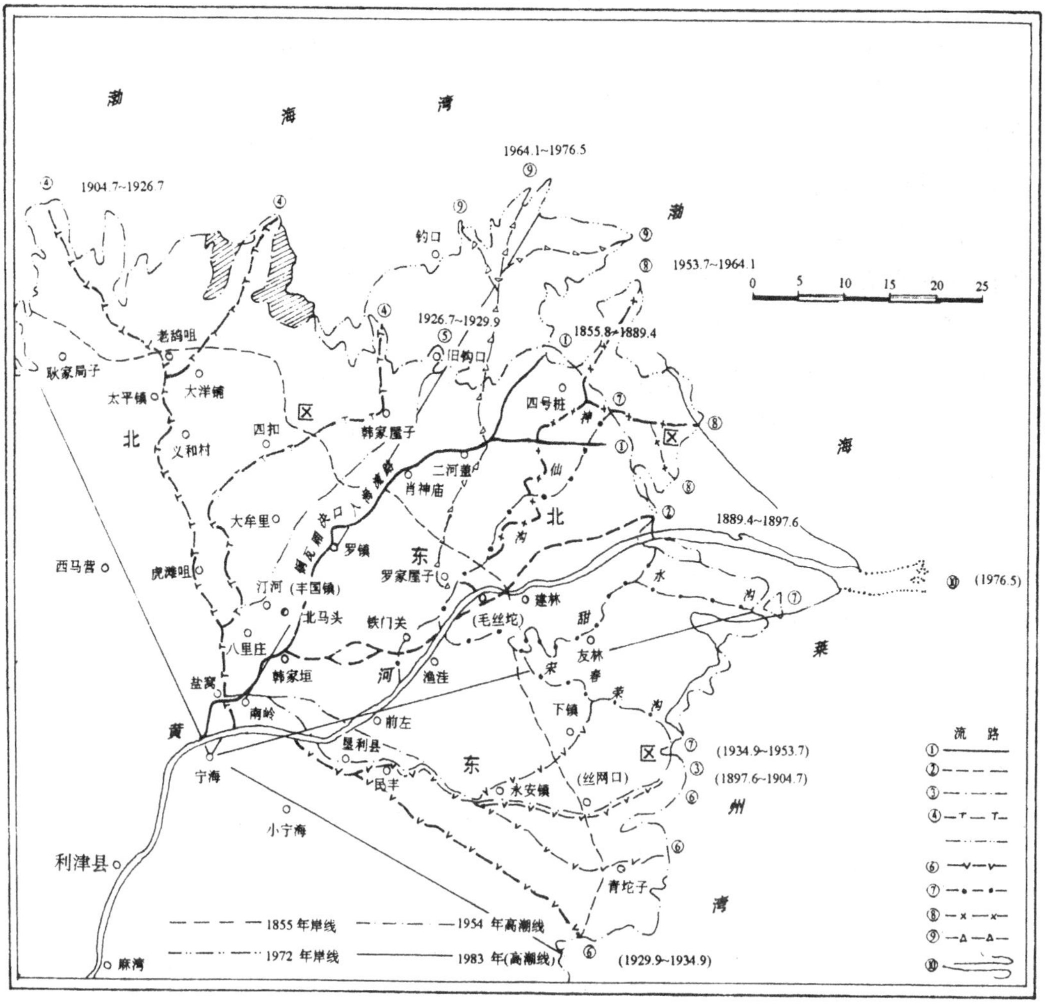

图 2—5—4　黄河河口流路变迁图

水位抬高,洪水威胁和防洪负担日益加重。受黄河侵渍影响,河口地区次生盐渍范围逐年扩大,生态环境不断恶化,经济建设困难很大。因此,控制河口侵蚀基准面抬高是河口治理的关键和主要目标,也是衡量治理方案优劣的标准。按照这个标准来检查各方案,总的说减少泥沙入海的方案比输沙入海的方案为好。在减少泥沙入海的方案中,分洪、挖泥方案可行性好,综合效益高,可作为河口治理的基本方案。

在此期间,济南水文总站庞家珍等依据清水沟河段比降每年减缓0.12‰的速度,河口段河长每年延伸 3.3 公里,水位平均每年升高 0.1 米,流路总容沙量 118.7 亿吨,平均每年淤沙量为 8.8 亿吨,累计延伸距离到

58 公里时将进入晚期的分析，提出《黄河口清水沟行水年限及近期流路安排》的报告。报告预估清水沟流路于 1988 年接近衰亡，考虑到河口地区堤防工程加高，可维持到 1990 年。1990 年之后，依次安排十八户和挑河流路。累计可行水 40～50 年，基本上满足了近期要求。黄河山东河务局规划设计室采纳上述意见，写了《黄河口近期流路规划意见》。黄委会水科所按照《黄河河口流路近期安排意见》中的原则和顺序，对小浪底水库修建后各流路适时改道与不改道水位升降变化进行了预估计算，结果表明：在允许适时改道情况下，利津站 50 年后，流量 3000 立方米每秒，各方案水位平均升高介于 1.57～3.48 米之间。从河口和山东河段角度考虑，建议小浪底水库运用采用 230 米水位起调，综合利用调水调沙，非汛期 50 年造峰 16 次，50 年入海沙量为 421.85 亿吨的方案。这样 50 年后仅使用清水沟南路（孤东油田以南）在不改道北路（孤东油田以北）的情况下，行洪 10000 立方米每秒，利津水位预计达到 15.7 米左右，年平均增长率约为 0.11 米。若考虑西河口水位达到 12 米后改走清水沟北路，50 年后利津水位升高到 14.13～14.47 米之间，年平均增长率下降为 0.085 米左右。如改走北路，辅以分洪措施，延长使用年限的效果最好。分洪规模在 2500 立方米每秒左右为宜，过大或过小，延长年限效果均不明显。

上述报告均认为黄河口应该向北改道了。黄河口改道影响胜利油田的生产与开发，是很大的问题。因此，黄委会向水电部、国家计委、国务院作了汇报，水电部、石油部、国家计委分别召开了多次会议，讨论处理办法。上述山东海洋学院侯国本教授的挖沙降河方案就是在这种情况下提出的。此间，水科院尹学良受石油部委托，邀请黄委会设计院、黄委会水科所、济南水文总站参加，进行“为保证油田的开发与生产，稳定清水沟流路行水 40～50 年的可能性研究和小水分流工程设计”。通过资料分析发现，西河口大堤防御水位尚比标准防洪流量水位高 2 米多，即使每年上升 4 厘米计，也可再维持 50 年。于 1985 年 9 月向石油部提出《稳定黄河口在清水沟及其以南 40～50 年的初步研究报告》。报告中说：清水沟再行水 40～50 年是可行的，而且有较多的富余安全度。延长清水沟行水年限的关键是西河口大堤的防洪标准，延长清水沟行水年限的主要手段是制止或减少小水期的淤积，靠大水期的冲刷将河槽逐渐改造成窄深、稳定、通畅的河道。具体办法有二：一是使小水另走它路，让大小水分流；一是直接在清水沟内疏挖小水期的淤积，这就要求安排适当的工程措施。对于工程措施，黄委会设计院先后研究了从十八户自流引走小水；建浮体拦沙闸分走小水；十八户泵站扬走小水；西河口结合用水用沙泵站扬出小水和直接在清水沟清走小水淤积等5个方案。经分析认为:前两种方案困难太多,后三个方案可供选择。1986年7月,山东河务局在《关于延长黄河河口现行流路使用年限的技术咨询报告》中指出:在西河口现有12米设防水位情况下,延长现行清水沟流路行河30～40年是可能的。办法是加强现有流路两岸堤防和河道整治工程,提高尾闾河段的防洪能力。

1988年6月,中国国土经济学研究会、中国水利经济研究会和黄委会经济研究会,在胜利油田指挥部和东营市的支持下,组织进行了黄河三角洲经济开发与河口治理的考察和研讨,与会的专家、学者约40人,经10天时间的考察和论证,提出了许多很好的建议,供今后进一步研究参考。最后根据与会同志的提议,向国务院李鹏总理写了《黄河三角洲经济开发与河口治理考察报告》,报告追述了河口的问题和治理过程,同时指出在这次考察和论证中,大家一致认识到,胜利油田现有产量的一半及新发现的油田均处在黄河口尾闾摆动地区,黄河入海流路的变动,对胜利油田建设与生产有直接联系。为保障和稳定胜利油田建设,相对稳定黄河入海流路是极其必要的。为确保黄河洪水入海顺畅,目标是在满足10000立方米每秒流量,西河口水位不超过大沽高程12米的条件下,充分利用现行清水沟流路,可以把它稳定30年,争取达到50年。考虑到该流路使用有一定时限,本着有备无患原则,需研究十八户和钓口西等地方的预备流路,以期黄河口长治久安。报告还指出:目前虽对黄河入海流路,河口治理与石油开发的关系等问题在认识上达到一致,但还有许多自然规律尚属未知数,若干问题认识上还有分歧,缺少把握。黄委会虽有本职责任,但限于黄河面大,任务繁重,难以作过细研究和投入大量资金治理现河口,为此建议成立黄河河口规划治理科学研究所,专职与兼职结合,由胜利油田指挥部,东营市和黄委会分担科研经费,并委托黄委会负责业务领导,对黄河口治理进行系统地研究工作。

会议对黄河口治理研究起到了推动作用,各家在过去研究的基础上不断提出新成果,如黄河山东河务局焦益龄提出的《黄河口至艾山河道纵向变形冲淤计算》、《黄河口三角洲的经济开发及河口治理》,黄委会水科所李泽刚提出《黄河口外流场及其变化》、《黄河口加大排沙入海条件初步研究》,黄委会设计院陆俭益提出《黄河口入海流路规划中泥沙数学模型的应用》,这些成果不仅扩充了已往的研究,也为稳定河口流路,利用海洋动力,输沙入海提供了更扎实的依据。

对于由东营市、胜利油田、黄河河口管理局组织进行的,目的在于延长清水沟流路行河年限，维持较长时间的相对稳定安流局面的黄河河口疏浚实验，自 1988 年开始，先后堵截了 6 条支流，清除河道阻水障碍 3 处，修筑 44 公里长的导流堤，开挖了长 2000 余米的拦门沙槽，实现了截支强干，治乱归一，打通拦门沙的实验目的。第一期工程完工后，恰至黄河第八次洪峰到来，实测水位与山东省防汛办公室设计水位相比，西河口低了 0.19 米，18 公里处低了 0.8 米，清 7 断面降低了 0.91 米，河槽出现单一、顺直、水流集中、输沙条件变好的局面。八次洪峰过后，又组织了 10 只，计 4000 马力的船只，对尾闾河段长 25 公里的河道，采取拖淤、耙拖、高压水枪冲、推进器打的手段，使尾闾河段保持了宽、深、归顺的河槽，拦门沙顶保持了宽 200 米，比上年同期降低 0.6～1 米的单一主槽，实现了河船能出海，海船能入河的连通奇事。见东营黄河修防处王锡栋《关于黄河河口稳定清水沟流路规划的意见》。

1991 年，东营市、胜利油田黄河口疏浚工程指挥部研究室进行了《1988—1990 黄河利津以下河道冲淤演变初步分析》,《近几年黄河口拦门沙的演变情况与初步分析》,《滨海淤积情况浅析》,《黄河口沉积动力学调查》工作，提出：

(1)近三年中，除 1988 年为小水中沙外，1989 与 1990 年皆为小水小沙，利津站三年输沙总量仅 18.8 亿吨，平均每年 6.27 亿吨，与多年平均值相比减少 35.1%，河口淤积量相应减少，拦门沙增长发育也相应减缓。

(2)1988 年开始的黄河口疏浚实验工程，在上至清 6 断面，下至拦门沙坎长 30 公里左右的范围内实施截支堵汊、清障拖淤等措施，改变了 1988 年汛前河道淤积严重，河槽宽浅乱，6 条汊河并流入海，丧失了排洪排沙能力的不利局面。拦门沙向海延伸推进速度由疏浚前年平均 1.32 公里减缓为 0.83 公里。含沙量自上而下沿程递增，在长 8.3 公里的拦门沙顶，由 23.5 公斤每立方米增大到 50.6 公斤每立方米，单位面积输沙量递增 1～3 倍。进入滨海地区的泥沙有 50%以上输送到口门两侧和较深海域。

(3)海域条件较为理想，清水沟河道已突向较深海域，泥沙向深海输移容易，河长外延速率减缓，1976～1988 年河长外延速率为 2.57 公里每年，1988 年以后减缓到 0.5 公里每年。

(4)清水沟河道情况良好，用 3000 立方米每秒流量的水位比较，近几年的水位还没有达到清水沟流路以来的最高值。滩高槽深、平滩流量大，清 I 至清 6 段河道已接近西河口以上河道状况。

第六章 水库泥沙

利用塘堰等建筑物蓄水灌溉，在中国具有悠久的历史；利用天然湖泊调节江河洪水，在史书上也有不少论述；但人工修建拦河水库以防灾兴利在古代尚无可考证。到了近代，许多国家利用水库取得治理江河的明显效果，其原理和方法已逐渐介绍到中国来，时至20世纪40年代在黄河上却一直未能见诸实用，除了社会经济等重大原因外，从技术方面看主要是受到泥沙问题的困扰。建国后随着社会的变革，黄河治理工作进入一个新时期，经过全面规划并逐步实施，兴建了一系列水库，发挥着重要作用。据统计截至1990年黄河干支流上共建大、中、小各类水库3158座。尽管依照规划要求在流域内开展了大规模的水土保持和拦泥库等措施，这些水库仍不同程度的存在泥沙淤积问题。以致像三门峡水库由于泥沙问题特别严重，在建成后不得不进行改建；其他水库有一部分因库容损失，不能发挥预期的效益；有的小水库甚至完全淤废。因此，1962年水电部确定北方12座大型水库和枢纽列为泥沙实验研究的重点。1974年水电部在郑州召开黄河泥沙研究工作协调会议，成立研究工作协调小组，推动水库泥沙及用洪用沙的观测研究。1978年成立全国重点水库水文泥沙观测研究工作协调组，并将重点观测研究水库扩大为20个，其中黄河流域的占一半以上，而三门峡水库则成了重点之重点。重点水库的观测研究，如黑松林水库进行的水库蓄清排浑运用方式研究，为中国北方水库采取合理的运用方式保持库容创造了经验。田家湾水库进行的各种机械清淤方式，为中小型水库保持库容找到了途径。水电部规划设计院组织的全国大中型水电站泥沙观测研究，也于1988年出版《水电站泥沙问题总结汇编》。这些研究成果对于黄河流域的水库大都可以直接引用，对于其他河流也可作为借鉴。不过矛盾并未彻底解决，新的问题还在不断发生，研究工作正进一步深入进行。

第一节　三门峡水库

三门峡水库的修建是治理黄河的一次重大实践，该水库位于河南省陕县和山西省平陆县交界处，是一座以防洪为主，兼有防凌、发电、灌溉、供水等多种效益的综合性水利工程。水库控制流域面积68.84万平方公里，占全流域的92%，控制着黄河晋陕区间北干流和泾、北洛、渭河支流两个主要洪水来源区，并对三门峡至花园口区间第三个洪水来源区发生洪水时起错峰和补偿调节作用。控制着进入下游来水量的89%，来沙量的98%，防洪防凌作用很大，地理位置非常重要。

三门峡库区包括龙门以下干流及支流渭河、北洛河下游部分。龙门至大坝长247公里，库区地形以潼关为界，上段龙门至潼关长133公里，河谷开阔，为强烈堆积的游荡性河流；潼关至大坝114公里，则为山区峡谷型河流。渭河、北洛河在潼关附近汇入黄河，交汇地带河床宽14公里，而潼关河床宽突然缩到1公里，形成天然卡口，潼关水位对潼关以上黄河干流、渭河及北洛河下游，起着局部侵蚀基准面的作用。见水库平面形势及站网布设图(图2—6—1)。

水库于1957年4月动工兴建，1958年截流，1960年9月基本建成蓄水，由于当时对泥沙问题认识不足，对水土保持速度和效益估计过于乐观，以致水库蓄水后淤积严重，被迫改建，改变运用方式，在“确保西安，确保下游”，“合理防洪，排沙放淤，径流发电”的原则指导下进行了大量的测验研究工作，在运用实践中创造出“蓄清排浑”调水调沙，保持长期有效库容的运用方式为多沙河流修建和管理水库积累了宝贵经验。

一、建库前的研究

关于水库的研究，早在1922年，中国著名水利工作先驱李仪祉就在《黄河之根本治法商榷》一文中说：“治水之法，有以水库节水者，各国水事用之甚多。然用于黄河，则未见其当，以其挟沙太多，水库之容量减缩太速也。然若分散之为沟洫，则不啻亿千小水库，有其用而无其弊，且有粪田之利，何乐而不为也。”1933年黄河大水之后，李仪祉受命筹建黄河水利委员会，并任黄河水利委员会委员长。在致王芬庭书中说：黄河水利委员会之主干任务在

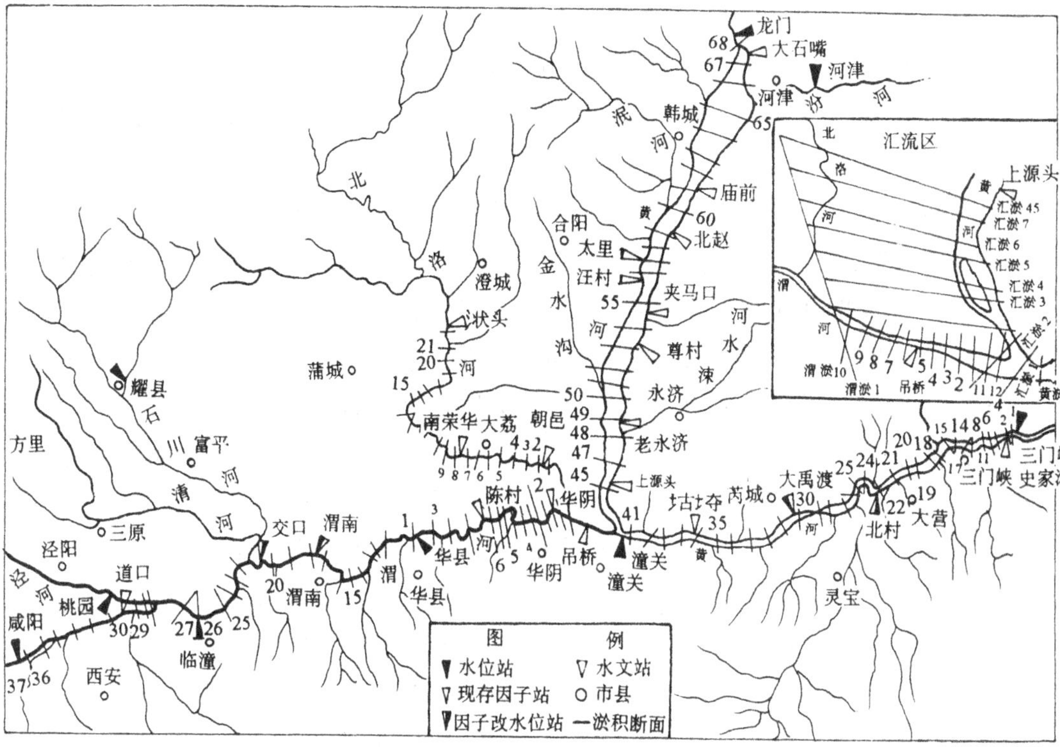

图 2—6—1 三门峡水库平面形势及站网布设图

根本消除河患，国家特设此机关，必求其能策进主干任务，若仅维持河防，则有三省河务局足矣。协之意不欲邀一时之功，而在为国家奠永久之大计。于是，在《黄河治本的探讨》中提出，洪水量是须有节制的，非常洪水莫有节制，则下游仍须泛滥。预备在中上游黄河支流山谷中设水库，停蓄过份的洪水量，考虑将水库设于山峡之内，水急而坡陡，总可使淤积泥沙冲刷尽净。但因水量调平，输沙能力降低，恐水库以下的河床反受其淤。所以，要求下游治导与上游水库同时并举，精密计算。并进一步提出水库设计与运用原则："各河停蓄水库，大汛前预先放空。大汛期中，须有相当的水量由底孔泻出，使库内不至淤积；使下游水量不至太弱，有病河床，不至发生河患。"并说"这水量要按水力及含泥情形详细计算而加以模型试验后才可确定。水库未建以前，洪水停蓄之地即为尚未长高之河滩。希望河滩长高之日，即为停蓄水库完全成功之时。"

1934 年冬，国际联盟受国民政府经济委员会的邀请，派荷兰人桑霍夫(G·P·Nijhoff)、英国人柯德(A·T·Goode)、意大利人吉士曼(C·C·

Geertsema)、法国人奥摩度(OMODEO)4 人来华,1935 年初赴黄河实地考察,于同年 3 月提出《视察黄河报告》,认为:"在黄河中游及其支流建造以防洪为主要目标之水库,不宜提倡。良以此项水库之容积,必须甚巨,而所需经费,亦必异常庞大。由于泥沙之大量淤积,此蓄水库之容积,将迅速减退,其价值亦将因水库寿命之有限而减少。"

1935 年李仪祉在《黄河治本计划概要叙目》中进一步指出:"黄河之洪水,以来自渭、泾、洛、汾、雒、沁诸流为多,各作一蓄洪水库。晋陕之间溪流并注,猛急异常,亦可择其大者,如三川河、无定河、清涧河、延水河亦可各作一蓄洪水库。如是则下游洪水必大减,而施治易为力,非独弭患,利且无穷。或议在壶口及孟津各作一蓄洪水库以代之,则工费皆省、事较易行,亦可作一比较的设计,择善而从。"同年 8 月,当时受聘于国民政府黄委会的挪威籍工程师安立森与中国工程技术人员一道查勘陕县至孟津河段,提出"无论在三门或山峡中之其他地点(如八里胡同)均有可以筑坝之处。"在三门峡、八里胡同、小浪底 3 个坝址比较中,"三门峡诚为一优良坝址。"但也指出:"因泥沙而引起之许多困难仍在所不免。"这是最早明确提出在三门峡修建水库的说法。嗣后,于 1938～1944 年日本侵华期间,其东亚研究所编写的《黄河治理规划的综合调查报告》中,把清水河和三门峡作为黄河综合开发的第一期工程。

1946 年,国民政府水利委员会筹组的黄河治本研究团,在查勘之后写的《黄河上中游考察报告》中提出:上游泥沙少,可以筑坝发电。中游壶口、龙门间和陕县、孟津间均可筑坝,调节洪水,结合发电、灌溉,经济价值很大。但由于泥沙多,泥沙在河槽中冲淤运行之现象,不能明了,则将无法设节洪水库,建议派专人或组织机构,负责研究黄河泥沙现象。同年,国民政府公共工程委员会邀请的美国专家顾问团,查勘后提出在八里胡同设库,坝底设置大排沙孔,使泄水的含沙量保持某一定值,最终达到入库总沙量与出库总沙量相等,保持水库长期使用。

以上多为一般的论述,并未进行深入的研究。这里需要特别提出的是余恒睦、张瑞瑾两人的研究成果。余曾在武功水工试验室(今西北水利科学研究所)的玻璃水槽中试验水库异重流的流动特性以及排沙作用,1947 年发表《蓄水库泥沙淤积之研究》。文中汇集了国外水库的有关资料,详细讨论了蓄水库的水流特性与泥沙淤积有关的水流现象,提出了各种防止水库淤积的方法,指出:"在黄河干支流上修建蓄水库,泥沙淤积应有对策。以防洪为主的水库,建议兴建滞洪运用水库,必有适当泄量的排洪闸。黄河悬移质泥沙特别大,极容易形成异重流,是适用于黄河水库减少淤积的措施。”同年,张瑞瑾发表的《关于三门峡建筑拦洪水库淤积问题之初步研讨》是用计算方法对水库淤积进行的探讨:最高水位 325 米,回水到潼关,入库流量达到 6000 立方米每秒时开始拦洪,水库开始运用后的 38 年内,可以使入库流量 28000 立方米每秒调节到最大出库流量 8000 立方米每秒。38 年后,如出现洪水,出库流量将超过 8000 立方米每秒。经过 60 年,水库淤积达到新的平衡状态,此时最大库容仅剩 10.74 亿立方米,约为起始库容的 1/6,从此库容不再减小。

建国后,为解决黄河下游的洪水威胁,黄委会提出“除害兴利,蓄水拦沙”的设想,1950 年派出龙门至孟津河段查勘队(见《规划志》),经比较研究认为:在潼关至孟津河段各坝址中,三门峡坝址优良,可以修建防洪水库。冯景兰参加了这次查勘,在他写的《黄河陕县孟津间坝址地质勘测初步结论》中指出:就三门峡、八里胡同及小浪底这三处的地质情况比较,三门峡最好,其次是八里胡同,再次是小浪底。但在白浪和包沙间,黄河深刻在几乎水平的震旦纪石英岩内,成陡峻的峡谷,从岩性,从构造各方面推论,可能发现更好的坝址。至水坝筑成后,对于防洪、灌溉、水电各方面伟大的利用,已为公认的事情。同年水利部部长傅作义、副部长张含英偕同清华大学教授张光斗、水利部顾问苏联专家布可夫等再查潼孟河段,查勘后张光斗写了《黄河潼孟段水库计划的意见》,文中指出:黄河流域面积广大,源远流长,上下游息息相关,应有一个整个开发计划,使上、中、下游相辅相成。但整个计划的完成,需要各种基本资料和详细的规划,都很费时间,而目前下游受洪灾威胁,不能等待整个黄河计划的完成,应拟定开发黄河的大轮廓。目前的水库当以防洪为主,但也必须预留扩充其他水利工程的余地。防洪水库易被泥沙淤填,专靠水库不能解决防洪问题,水库所花的费用必须比下游整理河道和分洪等办法为少。合理地、基本地和永久地治理黄河,必须使泥沙不被冲刷下来,所以,水土保持是治理黄河的基本工作。建议:立即调查水土冲刷区域,试验水土保持方法,试验水库淤填情形和河道内泥沙运行特性等。初期水库工程以三门峡和王家滩两址为宜,而王家滩坝址似更优越,对这两坝址应详细勘测研究,比较选定。八里胡同和小浪底两址不适于修筑高坝,库容较小,所以,不宜初步开发。考虑晋陕段水库计划和拦沙库的可能,与潼孟段水库比较,决定初期工程地点以应目前的急需。在最近 10 年左右,下游防洪尚靠堤防,所以,目前必须加强下游整理工作,抵御可能发生的洪水。

为了进行广泛的比较,1951～1952 年转入支流水库调查研究,经调查认为，支流水库拦洪机遇不可靠，泥沙淤积库容迅速损失，投资大，效益小，故再次提出修建三门峡水库，并主张把水库水位由350米提到360米，以解决因水土保持不能迅速减少泥沙的矛盾。苏联专家布可夫提出在八里胡同或王家滩修建冲沙水库意见。经初步计算，冲沙效果不佳，而三门峡水库因淹没损失，反对的人又很多，只好再度搁置。于1953年改作邙山滞洪水库研究。经计算，邙山滞洪水库投资需15亿元以上，移民超过15万人，又无综合利用效益，所以，又第三次研究修建三门峡水库。

1952年5月黄委会提出《关于黄河治理方略的意见》文中提出，鉴于我们设计大工程的经验缺乏，我们建议三门峡水库的设计，请苏联专家做，与苏联订立设计合同。在进行设计之前，聘请苏联各种专家组成查勘组，进行一次全河查勘，统筹全局，做出流域开发规划，务使先做的工程为整个开发中的一部分。经中国政府与苏联政府商谈，决定将根治黄河列入苏联援助的156个项目中。

1954年1月苏联专家组到达北京，2月组成由李葆华和刘澜波为正副团长的黄河查勘团，参加查勘团的有中央有关部门的领导，苏联和中国专家共120余人。3月完成龙门至潼关段的查勘后，在西安召开技术座谈会，会上苏联专家否定了邙山水库方案，竭力推荐三门峡水库方案。在移民问题上，西北确有困难，但西北局领导表示只要方案确定，愿在中央领导下，努力设法解决，并希望水土保持和修建支流水库同时进行。为减轻移民困难，专家提出分期提高水位，分期移民的办法。据初步计算三门峡水库正常高水位350米，约需移民60万人，迁移人口太多，如第一期拦洪水位为335米，移民24万人。经反复讨论研究，查勘团一致同意苏联专家的意见，使各方面意见得到基本统一。因此，这次查勘在水库兴建过程中有着非常重要的作用。同年4月，黄河研究组改为黄河规划委员会并对三门峡水库进行淤积计算，其结果是：三门峡水库如果初期就实行多年调节，把水位抬得很高，则95%的泥沙将要淤在调节库容内。如水库在初期采用季节调节的方式，每年7、8月当入库流量小于下游安全泄量时，把库水位降低至死水位，则可使全年64%的泥沙淤在死库容内，等到死库容淤满后，可以再逐年抬高死水位，这样就可以有效地使用调节库容。因库水位是逐年抬高的，水库淹没区内的迁移人口工作可以分期进行，而不致一次迁移大量的人口。

1954年12月，《技经报告》完成，其中选定三门峡为第一期综合性枢纽工程，水库正常高水位350米，总库容360亿立方米，允许泄量8000立方米每秒，以解决防洪、发电、灌溉等任务。水库采取分期抬高的办法，分期解决移民问题。关于泥沙问题，报告认为：入库年平均沙量为13.6亿吨，除预留147亿立方米堆沙库容外，必须与广大黄土高原区内全面的水土保持措施结合起来解决。在水土保持生效前，为减轻三门峡水库的淤积，第一期计划先修“五大五小”拦泥库。当时估算，到1967年，水土保持减沙效益可达25%～33%，如果计入“五大五小”拦泥库，则减沙效益可达50%，水库寿命可维持50～70年。

1955年，中央决定将三门峡大坝和水电站委托给苏联电站部水电设计院列宁格勒分院设计。同年黄河规划委员会提出《黄河三门峡水利枢纽设计技术任务书》，根据要求，苏联聘请列维(и. илевц)作顾问，进行了水库淤积模型试验和泥沙冲淤计算。模型试验是在全苏水利科学研究院水力机械化试验室的露天试验场进行的，整体模型面积约130平方米，模型沙是从乌兹别克共和国塔什干域舍汉图尔水电站附近的博兹苏河左岸取来的，经筛选后，其颗粒级配与黄河一致。此外，还利用该模型设备，在水槽中做了水流输沙能力试验。通过试验认为：当含沙量在20公斤每立方米以上的悬移质水流进入清水水库，其中较粗的泥沙从水库末端开始，在整个宽度上淤积成“冲积三角洲”。进库含沙量在50～100公斤每立方米时，淤积比降为0.006～0.007。含沙量大于10公斤每立方米时，才能形成稳定的异重流；含沙量小于2～5公斤每立方米时，不能产生异重流；含沙量在5～10公斤每立方米之间时，异重流不稳定。水库淤积后，经底部泄水孔冲沙没有效果，只有水库放空时，采用专门措施(如水枪冲沙)才有可能冲刷前期淤积物，流速要超过10米每秒才有可能冲刷淤积的泥沙。

水库淤积计算是采用官厅水库形成异重流的实测资料进行分析，确定汛期含沙量大于8～10公斤每立方米时，粒径小于0.01毫米的泥沙可以形成异重流，并排出库外；非汛期含沙量小于4～5公斤每立方米时，不能形成异重流。异重流排沙量占总沙量的30%。根据列维提出的估算方法计算结果：利用异重流可以排出泥沙的35%～44%，平均40%左右(技术设计水利计算卷中水流携带大量悬移质细沙情况下水库淤积计算方法)。为安全起见，在三门峡水库设计中，异重流排沙比采用20%。

1956年苏联水电设计院提交的《三门峡工程初步设计要点》，关于正常高水位的选择，从345米起，每隔5米计算一个方案，直到370米为止，经比较认为：正常高水位应不低于355米，为保持水库寿命50年，以360米比较合理，如考虑水库寿命100年，应提高到370米。三门峡以上发生千年一遇洪水，设计最大泄量为6000立方米每秒。这一设计要点与技经报告中所列正常高水位350米，最大泄量8000立方米每秒相比，淹没损失、迁移人口等差别很大，引起人们的强烈反应。同年5月清华大学教授黄万里向黄河规划委员会提出《对于黄河三门峡水库现行规划方案的意见》指出：确定正常高水位应通过全面的经济核算。筑坝以后，在库上游边缘附近将形成泥沙淤积，抬高那里的洪水位，建议每若干年中有一年的7月初将库水放空，使得有几场大水可把上游库边的积沙刷到坝后水深的地方。在坝底留有容量相当大的泄水洞，以备它年需要刷沙时打开运用。同年12月与翌年3月水电建设总局温善章将其研究成果分别呈送水利部和国务院，认为正常高水位不高于335米，能取得90亿立方米以上的库容，即可防御千年一遇的洪水，死水位300～305米汛期不蓄水，只拦洪排沙，汛末和冬季蓄水，以备灌溉和航运之用，迁移人口估计不会超过10～15万人，投资不超过2～3.5亿元。

二、兴建中的研究

1957年4月三门峡工程正式开工，当周恩来总理了解到当年2月对苏联所作工程初步设计的审查过程中出现不同意见后，极为重视，指示水电部组织专家讨论，认真研究解决。同年6月水电部在北京召开三门峡水利枢纽技术讨论会，就三门峡水库的任务，正常高水位及拦沙与排沙运用等问题，进行讨论。与会专家绝大多数支持三门峡水库综合利用方案，并认为现在修建是迫切需要的，对于排沙方案认为：虽有投资少，施工期短，淹地和移民少等优点，尤其是就拦洪效益而言，在一定库容条件下，水库的有效寿命可以延长。但其严重缺点是，既不能满足下游消除水害的要求，又排斥了充分发挥水库综合利用的可能。因此，认为这个方案不宜采用。对于水库排沙设施，绝大多数专家建议应设置较低的泄水排沙孔。水电部将会议讨论意见汇总后向国务院报告，建议三门峡水库仍采取蓄水拦沙方案。初期考虑两种具体运用方式：一是1967年以前汛期不蓄水；一是1967年以前适当蓄水或7、8月不蓄水。并建议适当增加泄量，大坝应增设泄水底孔，其位置应尽量降低，在技术设计阶段，应进一步研究水库蓄水后尾端回水对西安和咸阳的影响等问题，并提出相应的改善措施。

1958年3月，水科院河渠所提出《黄河三门峡水库淤积模型试验，第一阶段：异重流运行情况》的报告，其主要结论为：(1)渭河异重流所挟带的泥沙，在黄河流量超过渭河流量的2～3倍时，很难通过潼关下泄。(2)库水位由350米升至360米时，由异重流输送通过潼关的沙量仅占黄河入库总沙量的5%,渭河河谷淤积15%,潼关以上黄河河谷淤积80%。(3)由于泄水孔高程放在较低的位置,在最初的年份里,到达坝前的异重流可以排出较多,但仍有一部分淤积在库内,使坝前淤积面逐渐抬高。

上述会议以及试验成果给三门峡工程具体问题的研究与决策提供了参考。1958年4月周恩来总理在三门峡召开的现场会议上总结发言时,重申三门峡水库任务是以防洪为主,综合利用为辅的意见,提出上下游兼顾确保西安确保下游的原则,并指出应从全局考虑,留有余地,关于泄水孔高程问题(苏联试验认为310米比较经济合理)还可以继续争一争,看是不是能改到300米。总理还指示组织围绕三门峡水库淤积及渭河回水的发展进行大比尺的模型试验。会后,立即由黄委会主持,黄河下游研究组、西北水科所、西安交通大学水利系、西北工程局等单位参加,在陕西武功建立三门峡水库野外试验场,着重试验研究三门峡水库正式运用20年(1961～1980年)内的泥沙淤积过程及回水影响西安、咸阳的可能性,遭遇二百年一遇洪水时渭河的回水曲线和防护大堤堤顶高程的校核,以及利用异重流排沙出库的作用等。与模型试验的同时,还配合进行了水库淤积及回水发展的理论计算。试验结果:水库淤积严重,有效库容损失迅速,340米以下库容损失52%,其中330～340米之间损失2/3。由于水库淤积使渭河回水末端可至西阳村附近。为检验在不利条件下回水的可能影响范围,将水土保持效果降低为1963～1967年平均每年减少来沙20%,1968～1980年为35%,其他条件基本不变,在模型试验基础上进行推算结果:在20年内淤积末端较前水土保持有利条件上延了10公里。在上述试验的基础上,1960年水科院河渠所针对不同库水位,不同流量与含沙量条件下的异重流排沙进行估算,结果是:当库水位在325米时,排出的沙量占进库沙量的20%左右;库水位在330米时,排沙比为10%左右,库水位越高排沙比越少。这就预示着水库正常运用后的泥沙淤积将是严重的。建议进行水库运用方式的研究。

经过反复比较论证,最后决定:三门峡水利枢纽大坝按正常高水位360米高程设计,第一期工程按350米蓄水位施工(大坝顶先修至353米高程),1967年前最高运用水位不超过340米高程,死水位由335米降至325米高程,泄水孔底槛高程由320米降为300米。近期水库拦洪水位不超过333米高程。

1960年9月水库建成蓄水并投入运用,1961年中科院地理所、水科院河渠所在三门峡水库库区地貌发育中指出:潼关是黄、渭、洛河的交汇口,河床窄狭(宽1000米),卡口形态十分显著,长期以来,每当汛期黄河大水通过时，因受卡口约束，水流排泄不畅，造成暂时壅水现象，经常引起回水倒灌顶托渭河，起着局部侵蚀基准面的作用，是影响渭河下游河流纵剖面发育有机联系的组成部分。同年三门峡水库管理局、水科院河渠所、西北水科所、黄委会水科所等单位参加，进行一次水库腾空冲刷试验，试验结果：脱离回水的库段发生了冲刷，但泥沙没有排出库外，如使排泄出库，还需更多地降低库水位才有可能。与此同时，还分析了1958年11月～1961年8月水库的淤积情况，指出：在水库初步拦洪期(1958年11月～1960年9月)，水库排沙比达94.5%，库内淤积很少。而蓄水运用期间(1960年9月～1961年6月)进库泥沙几乎全部淤在库内，潼关高程抬高1.2米，华县河床抬高0.7米。主要问题是渭河下游在天然情况下，一般是汛期淤积，汛后冲刷，黄河倒灌渭河现象仅在汛期出现，水库蓄水以后，由于回水影响，渭河河道没有冲刷的机会，华县站水位及河床高程的变化，受到水库蓄水的直接影响。为减少水库淤积，建议在水库以上干支流修建拦泥库，以减少入库泥沙，水库不蓄水或少蓄水。今后在多沙河流上兴建水库应吸取教训，大坝须设置底孔。

汛后，三门峡水库管理局、水科院河渠所、黄委会水科所、黄委会水文处等单位针对当年汛期水库发生异重流11次，其中有7次排出库外的情况下作了分析，指出：水库异重流到达坝前有三个条件：第一是入库洪峰流量上涨至1000～1500立方米每秒，并继续上涨。第二是含沙量大于30公斤每立方米。第三是异重流能挟带粒径0.025毫米的泥沙占总沙量的30%左右。水库异重流实际排沙比为10%，比苏联和国内水科院试验所得的异重流排沙比均小。

由于水库排沙很少，所以，自1960年9月～1962年3月，入库总沙量16.3亿吨，水库淤积15.3亿吨，占水库总沙量的93.9%，潼关河床高程(以流量1000立方米每秒的水位表示)升高4.31米，渭河口形成拦门沙，回水达赤水附近。特别是1961年8月下旬，水库又开始拦洪蓄水，到10月下旬，库水位达332.5米时，适逢渭河出现2700立方米每秒的洪峰，由于水库淤积和回水顶托，渭河下游洪水漫溢，渭河两岸及黄河朝邑滩区5000人受洪水包围，淹没耕地25万亩。为减轻水库淤积和渭河下游灾害，1962年黄河防汛会议决定并报国务院批准，在水土保持没有显著生效之前，水库运用以防洪排沙为主，汛前尽量放水，降低库水位，汛期敞泄排沙。

三、水库改建研究

三门峡淤积问题出现后，曾有各种不同的主张(见《规划志》)，其中黄委会提出增建拦泥库方案。另有不少人提出增加水库泄流排沙设施方案。北京勘测设计院曾对各种泄流排沙措施方案进行了初步研究。水科院具体计算了打开280米高程三个施工导流底孔的泄流排沙效果：在一般洪水情况下，水库可少淤42%～74%，如遭遇像1933年的洪水，水库淤积总量没有变化，而淤积部位潼关以上减少，潼关以下增多，坝前水位降低6米，潼关水位将降低1.9米，潼关以上淤积量占库区总淤积量的百分比将由75%降至60%。

1962年4月，在全国人民代表大会二届三次会议上，陕西省代表提出减少损失，确保335米线以上的生产生活，研究三门峡大坝增设泄洪排沙设施的提案。此提案由国务院交由水利部会同有关部门和地区办理，为此，水利部于同年8月在北京召开三门峡水利枢纽问题座谈会(见《黄河规划志》158～160页)，会议没有取得一致意见，张含英副部长在总结中指出：对于有些问题，在这次会议上没有得到一致的结论，需要今后继续观测试验，调查研究，才能解决。但是，对许多问题却是看得更明显了，对一些关键性的问题，认识更清楚了。水科院、北京勘测规划设计院及黄委会要共同对三门峡水利枢纽增建泄流排沙设施的效果进行研究，早日得出成果，并积极筹备下次讨论会。

1962年12月至1963年，清华大学、陕西工业大学分别作了底孔模型，研究上述方案孔壁动水压力分布(见本书第三篇)。清华大学、水科院还作了上述方案底孔结构应力试验(见本书第五篇)。

1963年7月水利部在北京召开三门峡水利枢纽问题第二次技术讨论会，会议之前，水文泥沙和水工专业先开了预备会。水文泥沙预备会主要讨论不同增建方案的水库排沙效果和下游河床演变预报。水库排沙效果是按照北京勘测规划设计院向会议提交的四种增建方案，根据水科院河渠所提出的水库排沙计算方法和黄河下游研究组提出的黄河下游河床演变预报冲淤计算方法计算的。下游河床演变预报是黄河下游研究组根据北京勘测规划设计院计算的水库排沙数量，用实测资料和模型试验成果分析论证后得到的。经预备会议讨论，认为原计算的水库排沙数量与下游河床淤积数量偏大。经修改后，向会议提交的成果见表2—6—1。

表 2—6—1　　三门峡水库各种增建方案的水库排沙与下游河床淤积计算表

方　　案	水库排沙量		上下游淤积量及淤积分配比例						排至河口泥沙占总沙量的百分数
			水库淤积量		下游河道淤积量		合　计		
	亿吨	占进库沙量的%	亿吨	%	亿吨	%	亿吨	%	%
Ⅰ 12 个深孔(不改建)	55.9	58	39.5	80	9.8	20	49.3	100	50.4
Ⅱ 12 个深孔+3 个底孔(小改建)	79.2	83	16.2	36	28.1	64	44.3	100	55.4
Ⅲ 12 个深孔+2 条隧洞	83.4	87	12	28	31.4	72	43.4	100	56.3
Ⅳ 12 个深孔+2 条隧洞+3 个底孔(大改建)	89.3	94	6.1	14	36.2	86	42.3	100	57.4
建库前天然情况					23.5				68.7

对上述成果有两种不同意见,一种意见认为:以上计算基本上正确反映了水库增建和不增建的库区和下游河道淤积发展趋势,即使水库排沙数量再进行修改,仍然不会改变增建泄流排沙设施后下游河道将严重恶化的局面。另一种意见认为,增建泄流排沙设施后,将多排泄一些泥沙出库,如果不加控制运用,下游河道将会增加淤积,但是否会象上述计算那样严重值得怀疑。现在计算水库排沙量,没有考虑潼关以上淤积的影响,因而造成对下游淤积估计过于严重,对库区淤积可能计算偏小。由于认识不一致,对于是否需要增建泄流排沙设施以及增建的规模仍有很大分歧,会议建议积极进行以三门峡水库为中心的黄河近期规划,大力开展水土保持工作,迅速进行渭河下游的整治,做好移民安置工作;进行低水头发电及人造洪峰冲刷试验;加强泥沙观测研究和计算工作;抓紧进行隧洞和钢管的勘测设计试验工作等等。

1963 年,中原电业管理局根据黄河水沙年内分配不均匀性,库区地形条件、回水淤积,对潼关影响和历年洪峰频率计算提出:《关于三门峡水库控制运用的意见》和《关于三门峡增建规模及有关问题的意见》以解决水库淤积和充分利用下游河道挟沙能力。

1963 年汛后至 1964 年汛前,黄委会水文处、水科所,水科院河渠所等单位与三门峡库区管理局共同进行了低水头发电及人造洪峰冲刷试验,结果指出:从 1962 年 3 月 19 日改为滞洪运用到 1964 年汛前,坝前水位降低,淤积三角洲向坝前搬移,冲出一条河槽,潼关河床高程降低 3.61 米,渭河口拦门沙也冲出一条深槽。但由于只有原建的 12 个深孔,泄流设施不足,泄流建筑物位置过高,虽敞泄运用,遇丰水丰沙的 1964 年汛期,水库滞洪淤积仍十分严重,达 19.5 亿吨,占来沙量的 70.1%,为滞洪运用以后总淤积量的 63.7%,潼关河床高程又恢复到滞洪运用以前高度。渭河在洪水过程中,自上而下普遍发生冲刷,淤积末端后退,拦门沙冲开,但由于潼关高程升高,淤积末端还是向上游延伸,即所谓"翘尾巴",达到渭南附近,较蓄水运用向上延伸 24.7 公里。故非汛期进行发电及施放人造洪峰,有利于下游河道而不利于水库。

在进行上述试验的同时,还对拟增建的 2 条隧洞、4 条钢管泄流排沙方案进行了估算,结果是:到 1980 年汛前,增建比不增建,水库可少淤 45 亿吨,但仍达 111 亿吨,渭河淤积还会继续上延。20 年内下游河道将淤积 16 亿吨,而不增建时可冲 11 亿吨,增建比不增建,下游要多淤 27 亿吨,且主槽淤得多,水流更加散乱,对防洪不利。关于增建后非汛期 8 个月进行控制与不控制进行比较,水库每年多淤 0.93 亿吨,下游河道每年可少淤 0.56 亿吨。故三门峡水库增建必须加控制运用,增建效益只能调整上下游淤积量的分配,使控制运用有更大的灵活性,黄河泥沙问题并未因此得到解决。

长江流域规划办公室主任林一山提出"在干支流上,选择有利地区,大量地进行农田放淤,以便在水库上游减少进库沙量;而水库本身,则可采用科学的调度方法,在平衡坡降和平衡断面形成以后,把水库中的泥沙运送到水库下游的平原地区,使水库达到长期使用的目的;并在水库下游结合平原河段规划的需要进行放淤,提高两岸地面高程,防止地上河发展趋势"的设想。并于 1964 年 8～9 月带领长办工程技术人员对北方河流水库的淤积情况进行调查,搜集研究长期使用水库和水库淤积达到相对平衡的基本资料;认为从水库淤积的基本规律和河流特性看,水库淤积过程与天然河道冲积平原及冲积河道的形成过程是基本一致的,因此,冲积河道形成过程可以引用来研究水库淤积过程。不管水库运用方式如何,水库淤积趋向相对平衡的特性是一致的。依照不同河流兴建水库的不同特点,有可能通过改进水库运用方式,使水库淤积按照人们的意图达到相对平衡,长期保留一定的有效库容,长期发挥水库的综合效益。

1964 年 12 月 5～18 日,国务院在北京召开治黄会议,周恩来总理主持了会议,统一了改建三门峡大坝的意见,决定增建 2 条隧洞、4 条钢管,(见《规划志》162～165 页),会议期间,水电部领导与林一山、王化云商定,从黄委会、长江流域规划办公室、水科院、武汉水电学院等单位抽调人员，协助黄委会进行调查研究，总结经验，提出切合实际的治黄方案。

1965 年，改建工程于年初开工，并围绕黄河规划开展了各种研究工作。在水库方面主要是水库冲淤计算方法研究，巴家嘴拦泥库坝体加高试验研究以及支流拦泥库调查。

1968 年 8 月上述改建工程基本完成，10 月水电部下发关于对改建工程效果，改建规模以及进一步改建的必要性进行观测研究的指示。根据这一指示，北京勘测设计院、水科院、黄委会、三门峡工程局等单位进行了分析研究，报告指出：自 1966 年汛期开始，增建的 2 洞 4 管陆续投入运用后，坝前水位 315 米时的泄量，由原来的 3000 立方米每秒增加到 5000 立方米每秒，从 1966～1969 年汛前，水库排沙比增加到 80.9％，潼关以下冲刷量达 2.7 亿吨，潼关河床高程继续上升 0.7 米左右，潼关以上继续淤积将近 20 亿吨。在此期间，1967 年黄、渭、洛三河的水沙遭遇特殊，8 月龙门出现 5 次洪水，最小的一次洪峰流量为 9500 立方米每秒，其余 4 次洪峰流量都大于 14000 立方米每秒，最大的达 21000 立方米每秒，渭河来水很小，最大流量为 394 立方米每秒，一般小于 100 立方米每秒，而北洛河又来小流量高含沙水流。这样，黄河洪水倒灌渭河，遭遇北洛河大量来沙，使渭河仓西至三河口约 7 公里一段河道淤塞。8 月下旬至 9 月下旬，潼关水位一直较高，保持在 330 米左右，迫使渭河口华阴水位不断上升，9 月渭河来沙又很大，达 1.0 亿吨左右，渭河西阳至仓西河道约 9 公里全部淤塞，形成南北分流漫滩。10 月初潼关水位下降，渭河河口段南北分流归槽，仓西至三河口河段出现溯源冲刷，至 1968 年汛前，还有 8.8 公里河道堵塞，后经人工疏浚，才使渭河口恢复过水。由于渭河口堵塞，造成渭河淤积末端上延。1966 年以前，渭河淤积末端随着不同来水来沙条件，向上延伸或向下后退，都没有超过渭南（渭淤 18 断面）附近，1967 年发展到交口（渭淤 21 断面），向上延伸了 15.6 公里。同时，下游河道淤积 14.9 亿吨，平均每年淤积 3.73 亿吨，主要淤积在河槽内，造成河道宽浅，河势散乱，对下游防洪非常不利。以上事实说明，1966 年以来，渭河下游的淤积是严重的。如果三门峡维持现状，潼关高程还要上升，渭河还要大量淤积，洪水位仍将继续上升，渭河下游防洪负担将更加重。为改善渭河防洪排涝状况，确保西安和充分利用下游洪水的排沙能力，减少洪水时水库淤积，使水库有一定库容能在下游需要拦洪时发挥作用，必须对三门峡水利枢纽工程进一步改建。关于改建方案，作了三种泄流规模进行计算比较，建议采用第三种方案，即坝前水位 315 米时，泄流量能力为 10140 立方米每秒。按照这一规模，潼关高程将下降2米。相应这一规模的工程措施是打开8个施工导流底孔。

1969年，河南省革命委员会主任兼黄河防汛总指挥刘建勋受国务院委托，于6月13日～18日在三门峡市召开晋、陕、豫、鲁四省会议，研究三门峡水利枢纽进一步改建和黄河近期治理问题，会议听取了上述报告，决定采纳改建规模和工程措施的建议，即坝前水位315米时，下泄流量10000立方米每秒，一般回水不超过潼关。考虑下游河道输沙的需要，坝前水位300米时，下泄流量3000～4000立方米每秒，尽量输沙入海。决定打开1至8号施工导流底孔，下卧1至5号发电引水管进口。运用原则是：当三门峡以上发生大洪水时，敞开泄洪。当花园口预报可能超过22000立方米每秒洪水时，根据上游来水情况，关闭部分或全部闸门，增建的泄水孔原则上应提前关闭，以免增加下游负担。冬季继续承担下游防凌任务。在不影响潼关淤积的前提下发电，汛期控制水位315米，必要时降到300米，非汛期310米。

会后清华大学水利系、黄委会水科所分别进行了坝内孔洞应力试验，探讨导流底孔打开后坝体应力分布(见本书材料结构篇)。

1970年元月水电部军管会提出，三门峡水库运用以来的泥沙问题，应由各方面配合，认真进行总结，找出一些规律性的东西，为黄河干流修建枢纽及合理运用，并预估“四五”期间三门峡库区和下游发展趋势，为开发治理黄河和解决三门峡水库淤积问题提供依据。根据这一指示，黄委会与有关单位协商，于同年4月在三门峡库区水文实验总站成立三门峡水库泥沙问题基本经验总结组，参加单位有清华大学水利系、水电部第十一工程局、西北水科所、渭南地区三门峡库区管理局、黄委会水科所、黄河河南河务局、黄河山东河务局、黄委会规划大队第一、二分队、三门峡库区水文实验总站共10个单位。

通过总结得到以下认识：

(1)“蓄水拦沙”的治河方针，从泥沙问题来看是重拦轻排，忽视了充分利用黄河下游河道的排沙能力；从规划来看对水土保持效果估计过于乐观，对水库淤积又估计不足；从工程设计看则是正常高水位定得偏高和泄流规模偏小。这是三门峡水库严重淤积的主要原因。1969年三门峡四省会议确定的改建系列是正确的。

(2)水库冲淤的特点是：淤积一大片(滩槽都淤)，冲刷一条线(仅限于主槽)，滩地一旦淤积就冲不下来，主槽的淤积虽可冲刷，但淤积末端必须在一定的有利水沙条件下才能冲刷下降。从长期使用水库着眼，应尽可能减少淤积。因此,三门峡水库的主要任务应是解决黄河下游特大洪水问题,如果一般洪水也全部承担,则势必造成汛期淤积,汛后冲刷,水库与下游两败俱伤的局面。

(3)黄河水沙主要集中在汛期,又往往集中在几次大洪水期间。根据这种特点,要保持水库的有效库容,必须适当加大水库的泄流能力和采用合理的运用方式。三门峡水库改建后,汛期只拦特大洪水,一般洪水“穿堂过”,非汛期适当控制运用,就可以大大减少水库淤积并在较长时间内保持潼关以下一定的有效库容。

(4)不同运用方式对潼关以下库区冲淤和潼关河床升降有显著影响,经分析计算如汛期按坝前水位305米控制运用,“四五”期间潼关以下将淤积0.99亿吨,潼关河床高程基本不变;如按300米控制运用,潼关以下将冲刷0.24亿吨,潼关河床高程可能下降2～3米。对渭河下游的影响:如果潼关河床保持不变,华县河道基本上处于相对平衡状态,淤积末端仍在渭淤21断面(交口附近);如潼关河床下降2～3米,华县河床可降低1米左右,接近1964年水平。据此,从有利于改善库区淤积又不致对山东河道产生明显不利影响考虑,建议三门峡水库近期运用先按300米水位控制,在实践中总结经验逐步提高,达到更合理运用。

(5)在进一步改建后,如遇1933年型洪水,估算潼关河床在1969年地形基础上将上升1.33米;如遇1958年型洪水,三门峡水库关门三天,坝前最高水位达327米,则潼关以下将淤积2.4亿吨,潼关河床抬高2～3米,洪水过后需要近两年的时间才能恢复。在有利的水沙条件下,坝前汛期水位控制在305米时,潼关河床将下降1米左右;一般洪水坝前水位不超过315米时,潼关河床下降比较困难,但也不致恶化,大体维持现状。

在三门峡大坝进一步改建期间,有关单位还作了水库冲淤规律,保持有效库容以及其他水库管理经验的调查研究,积累了丰富的资料,取得不少新成果为多沙河流上修建水库,保持一定的有效库容长期使用,取得共识。为推动这一研究工作,1972年12月由黄委会主持,第十一工程局协助,在三门峡市召开了黄河水库泥沙观测研究成果交流会。参加会议的除黄河流域的水库观测、规划设计、科学研究、工程局及工程管理单位外,还有大专院校,其他河流的单位和代表,共38个单位81人。会上交流了各水库的泥沙观测研究成果,总结了多沙河流水库规划设计和管理运用的经验,其主要内容:

(1)关于水库冲淤规律及计算方法,见本志第八章黄河泥沙动床模型与数学模型。

(2)关于多沙河流运用经验。陕西省水科所与泾阳县冶峪河管理局介绍了黑松林水库蓄清排沙引洪淤灌初步经验。黑松林水库位于陕西渭北黄土丘陵沟壑区，水土流失较严重，1959 年 5 月建成，均质土坝，右侧设泄水洞一孔，库水由泄水洞进入原河槽，下游渠首设进水闸一座，各项工程指标见表 2—6—2。

表 2—6—2　**黑松林水库工程指标**

总库容(万立方米)	860	坝底高程(米)		1729
有效库容(万立方米)	790	泄水洞	进口断面(平方米)	2×1.5
死库容(万立方米)	70		设计泄量(立方米每秒)	5
坝顶高程(米)	1774.5		最大泄量(立方米每秒)	10
溢洪道底高程(米)	1764.5	溢洪道设计泄量(立方米每秒)		675
泄水洞进口底高程(米)	1741.5	渠道引水能力(立方米每秒)		12

黑松林水库 1959 年 5 月～1962 年 7 月采用常年蓄水，汛期拦洪运用，平均年进库沙量 70.8 万吨，淤积总量 162 万立方米，其中 93%集中在汛期 7～8 月，主要集中在几次较大的洪水。1962 年 7 月水库改为蓄清排沙，引洪淤灌方式运用，即冬春季蓄水，7 月下旬河道集中来沙之前将水库放空，空库迎洪，洪水入库及时开闸宣泄洪水，使泥沙尽快随洪水流入下游灌区灌溉。从 1962～1972 年的 11 年中，采取蓄清排浑方式运用，将进库总沙量 667 万吨排走 529 万吨，排沙效率 79%。概括黑松林水库的经验，第一是低洞大泄量，洞子高程要低，泄量要大，最低限度能将中等洪水的壅水范围控制在主槽及其附近，大洪水时能在泥沙未充分沉降前将其大部分排走。第二是活槽死滩，淤在滩地的泥沙绝大多数不能带走，多年运用的结果主槽相当稳定，输移和冲刷能力强，是不淤的活库容。第三是蓄清排沙的运用方式是行之有效的。第四是排沙和引洪淤灌相结合为下泄泥沙找到出路，也有利当地农业增产。

河北省张家口地区水利局介绍了与清华大学一起在洗马林水库进行的缓洪蓄清运用经验。洗马林水库位于河北省万全县，库容 650 万立方米，坝高 31 米，1960～1964 年坝前淤高 12 米，淤积总量达 92 万立方米，超过预留的 45 万立方米堆沙库容一倍多。水库淤积，促使人们去探索对洪水泥沙的认识，进而采取了适应泄洪、缓洪、蓄洪的工程措施及运用方式。第一大洞，低孔的工程措施，将水库泄洪洞洞径 1.8 米改为 3.8 米，最大泄量由原来的 15 立方米每秒增加到 150 立方米每秒，使一般洪水可以随来随泄。同时降低泄洪洞底高程，使进口底坎略高于原河底，以恢复其坡陡流急的特点，加大冲沙能力。第二缓洪蓄清的运用方式，即每年汛期以缓洪为主，汛初适当蓄洪以备夏灌，大汛期空库迎汛，水库缓洪，下游淤灌，汛末闭闸蓄清准备来年春灌。

辽宁省水科所和彰武县闹德海水库管理所介绍了闹德海水库冲淤变化及近两年非汛期蓄水运用情况的初步分析，闹德海水库位于辽河支流柳河上，于 1942 年建成，水库属河道型，坝址选在峡谷段，因坡陡流急，故峡谷段一般表现为不冲不淤，而淤积部位是在峡谷段以上的开阔地段。大洪水年则这一带普遍落淤及造床冲刷，中、小水年则将大洪水年所淤高的河床及嫩滩不断冲刷出库，而一次大洪水在这一带造成的淤积，常常经过较长的时间还不能完全冲刷掉。1971～1972 年，水库采用冬蓄春放的蓄水运用方式，虽库区有少量的淤积，泄流期还可冲出库外。其主要原因是，水库采用底孔排沙的自然调节方式，大坝底孔有足够的泄流能力，仅大洪峰进库才起滞洪作用，一般中、小洪水都从底孔通过不受约束。大坝底孔的底部高程与天然河底高程相同，没有改变侵蚀基面，故洪水过后逐年发生冲刷，向着建库前天然河底纵坡降发展，以寻求纵向平衡，库容逐渐恢复，曾两度恢复到 72%，运用近 30 年，保持库容为原库容的 76%。陕西省水科所介绍了其调查多沙河流中小型水库的运用管理经验，指出采取自由滞洪运用或蓄清排沙，并有空库运用阶段(可进行基流冲刷或人工排沙)的水库，在一定的泄流设施条件下，可以形成永久槽库容，对于拦蓄洪水运用或蓄清排沙，而无空库运用阶段的水库，不出现深槽冲淤交替，不能形成永久槽库容。关于库区深槽的宽度，与水库泄流设施的最大泄量有关，深槽下切的深度，受着侵蚀基准面的控制。因此，低洞、大泄量的泄流设施，对于保持永久槽库容是极为有利的。此外，刘家峡电厂、第四工程局介绍了《刘家峡水库淤积资料初步分析及续建排沙洞必要性的论证》，内蒙古黄河工程管理局介绍了内蒙古黄河三盛公枢纽库区水文泥沙观测资料初步整理分析，认为在一定的来水来沙条件下，通过合理的控制运用，一年内进行几次泄水泄洪冲刷，保持常年回水深水区的基本冲淤平衡状态是可能的。

(3)关于多沙河流保持有效库容。黄委会水科所在分析三门峡、盐锅峡、闹德海、官厅等水库实测资料后写出的《关于在多沙河流上修建水库保持有效库容的初步分析》中提出:在多沙河流上修建水库可以保持一定有效库容长期使用。但在规划设计中应很好研究泄流规模,坝前淤积高程(运用水位)及水库淤积相对平衡比降三者的关系。泄流规模与运用方式有关,滞洪运用水库,泄流规模略小于入库造床流量;蓄清排浑运用水库,泄流规模为入库造床流量的1.05～1.1倍。陕西省水科所提出《多沙河流水库规划设计的探讨》,文中分析了水库淤积问题的严重性及存在问题,第一,往往死库容尚未淤满,有效库容已淤损部分,有效库容的损失,使水库综合利用的效益逐步减少,降低了防洪标准。第二,水库壅水后,使河床淤积,引起过水断面缩小,河床组成改变,河相形态变化,引起同流量水位上升,促使末端往上发展,末端上下河段的比降变得比原河床小,若不适应水沙条件,则河床便淤积抬高,这就是所谓水库"翘尾巴"现象。水库翘尾巴,引起上游淹没浸没范围扩大。多沙河流上修建水库后,库容损失是不可避免的,但在一定运用方式,泄流规模条件下,可以长期保持一定有效库容。根据多沙河流水库运用正反两方面的经验认为:战略上要拦、排、放、清并重,战术上要根据河流水文特点,水库冲淤规律,注意选择合理的运用方式,枢纽的总体布置,合理确定水库的主要指标,并分别提出了具体意见。水电部第十一工程局在《关于三门峡水库保持有效库容的几个问题》中也认为:在多沙河流上修建水库,只要运用合理,并有一定的泄流排沙设施,水库可以长期保持一定的库容,其主槽库容可以长期保持,而滩地库容只能保持其某一频率洪水下不损失。目前三门峡水库的泄流规模可保证10年一遇的洪水库容不损失。水库运用方式和泄流规模是水库能否保持库容的必要和充分条件,水库运用方式必须兼顾上下游,三门峡水库只宜蓄清排浑。库首淤积形成三角洲对库容的保持是不利的,水库降水冲刷只能在三角洲上刷出一河槽,大量泥沙形成滩地裸露于库首而冲刷不掉,为了不在库首形成三角洲,在水库运用上,库水位既不能太高,也不能使稳定的时间太长,要经常使库水位升降,以造成三角洲尾部段的冲刷。由于水库有"死滩活槽"的规律,水库的泄流能力最大不得超过下游的安全泄量,同时应尽量减少滩地库容损失。三门峡等水库的经验认为:水库的泄流规模,即水库限定水位(库区漫滩时的库水位)下的泄流量,宜大于频率为5%～10%的洪峰流量。为了防止主槽库容的损失,保持原河段的挟沙能力是很重要的,为此在工程布置上,要求尽可能在原河底布设泄流排沙底孔,以维持坝前段较大的纵比降,此外,底孔还有利于水库排泄异重流,也有利于排泄粗沙,在工程布置上可考虑不同型式的建筑物,且分设在不同高度上,以获得较好的泄流排沙效果。

四、蓄清排浑运用研究

鉴于1969年四省会议确定的三门峡水利枢纽进一步改建工程于1973年底完成，故在1972年12月由清华大学水利系，水电部第十一工程局和黄委会水科所等单位参加，分别对三门峡水利枢纽装机后的运用方式进行了研究，均提出报告，建议三门峡水利枢纽由滞洪排沙运用改为蓄清排浑控制运用，并提出具体调度方案：水电部第十一工程局的建议基本上和改建时的运用方式一致。清华大学水利系和黄委会水科所的建议，考虑到当时黄河下游严重干旱，增加了春灌蓄水的要求。在非汛期：发电水位不低于310米，防凌前蓄水位在315～320米之间。凌汛期元月底水位可回落到310米。封冻期可进行二次防凌蓄水，以避免武开河。春灌最高蓄水位可达326米，蓄水18亿立方米，桃汛前应蓄至323～324米，如防凌后期潼关河床淤积较多，则春灌蓄水位应控制在324米左右为宜。在汛期：库水位为305～300米交替控制运用，当汛末入库流量较大时，可维持一段时间300米库水位运用，使坝前淤积减少，为非汛期蓄水形成的淤积部位靠下创造条件。

1973年渭河遭遇枯水丰沙年，华县年水量62.32亿立方米，较多年平均偏小24.6%，年沙量8.35亿吨，较多年平均多95.3%。其特点是水沙特别集中，华县1～6月份来水量仅为年水量的19.2%，是建国以来最枯的一年，来沙量为年沙量的7.6%。而8月16日～9月3日的三次洪峰，华县最大流量5010立方米每秒，水量和沙量分别为年总量的22.9%和62.4%，系泾、渭河同时来水。按1973年6月和10月二次断面测量资料计算，渭淤1至渭淤27断面共淤积泥沙1.1亿立方米，其中滩地淤积1.31亿立方米，河槽冲刷0.21亿立方米。经过1973年洪水作用后，渭河下游河道变得窄深，泾河口以下洪水位普遍升高，华县流量5000立方米每秒时的水位较1968年升高1.03米，临潼升高0.73米，只有渭河口（渭淤2断面以下）较1968年稍低。这种情况对渭河下游防洪影响很大，同时也涉及到三门峡水库改建的作用问题，引起了大家的关注。

1974年，陕西省水科所和渭南地区三门峡库区管理局分析认为渭河下游洪水位抬高是三门峡水库淤积末端上延的结果，“目前淤积末端上延到渭淤26断面（临潼附近），渭淤28断面已是西安市区，距渭淤26断面只有13.6公里，为确保西安，终极末端必须在临潼（渭淤26断面）以下，潼关1000立方米每秒流量的水位最低限度应设法稳定在325.64米以下，以增大渭河下游溯源冲刷,减缓临潼以上淤积的发展。"水电部第十一工程局研究院分析认为:到 1972 年底,渭河主槽淤积末端在渭淤 23 断面,滩地淤积末端在渭淤 18 断面。1973 年华县洪水位升高的原因,完全是由于三门峡水库前期淤积的影响,引起滩地大量淤积造成的。预计今后同样流量的水位将由微升到稳定。交口到船北淤积末端河段,生产堤对洪水位的影响更应重视。黄委会水科所除同意水电部第十一工程局分析的原因外,还提出来水来沙条件是引起洪水位普遍升高的一个重要原因。因为高含沙洪水后河道变得窄深,自然出现枯水位下降,洪水位升高的现象。这几年渭河下游出现的小水带大沙现象,加重了渭河下游的淤积。但由于潼关河床高程得到基本控制,滩槽淤积末端均位于渭淤 23～25 断面(距坝 238 公里),滩槽调整已基本趋于相对稳定,今后如果水库运用使潼关河床高程在较长时期内基本稳定,渭河河道边界条件没有大的变化,则在一般水沙条件下,河槽淤积末端将基本稳定在目前的位置,呈动平衡调整。中科院地理所地貌室渭河组认为:1973 年渭河的淤积末端达到渭淤 21～22 断面之间,今后如水库水位相对稳定,淤积末端上延可能是缓慢的,即使上延,泾河有利的来水来沙可能使淤积末端冲刷下来。清华大学水利系泥沙科研组认为:建库以来,淤积末端经历了四进三退变化,1964 年汛前淤积末端曾达渭淤 24 断面,为至今最远位置。1973 年汛后,潼关河床淤高已下降 3 米,华县河床下降 2.5 米,渭河下游河槽淤积末端约在渭淤 23 断面,若今后潼关河床高程基本上保持现状,预计今后在较长时期内,淤积末端上延比冲刷下移速度更慢。如主要水沙条件没有显著改变,河槽淤积末端将在雨金～交口(渭淤 21 断面)河段上下进进退退,呈动平衡状态,最远位置一般难以超过临潼,不可能超过泾河口。高滩淤积末端发展滞后,大洪水上滩一次,末端即上延一次,但其位置不会超过河槽淤积末端最远位置。

1975 年,西北水科所与渭南地区三门峡库区管理局,在上年《三门峡水库渭河下游末端初步分析》的基础上,再次作了三门峡水库渭河下游冲淤发展趋势的研究,得到以下认识:第一是从 1970～1973 年,潼关河床冲刷,1000 立方米每秒流量的常水位下降约 2 米,1973 年渭河洪水在渭淤 2 断面以下未出槽漫滩,渭河口也开始发生溯源冲刷。渭河河口段的防洪排涝任务有一定程度的减轻,体现了三门峡水利枢纽改建的作用。但冲刷点以上仍继续淤积,塑造新的平衡剖面,潼关河床若稳定在目前水平水位保持不变,华县以下河段还可望下降,华县以上仍将淤积抬高,将加重华县以上回水淤积影响的范围与压力。第二是近几年三门峡水库在非汛期防凌后又继续长时间的高水位蓄水运用，潼关、吊桥水位回升，渭河口形成溯源淤积，抑制了渭河下游溯源冲刷的发展，在不利的水沙条件下将加重黄河对渭河的倒灌淤积，甚至有可能再出现堵塞渭河口的严重局面。同年，水电部第十一工程局勘测设计研究院在《三门峡水库正常运用的观测研究》一文中，分析了1973年12月～1975年10月的资料得到：正常运用期间水库不仅实现了泥沙冲淤平衡，而且潼关河床高程又进一步下降，可以初步看出工程的改建效果。鉴于潼关河床高程对防凌、发电等兴利关系极大，从留有余地出发，应当允许潼关高程在年内或多年内有1米左右的变化幅度，即流量1000立方米每秒的常水位327.0±1.0米。渭河下游防洪问题仍比较严重，洪水位的抬高既有三门峡蓄水运用期间淤积的滞后效应，也有工程（生产堤、护滩坝、抽水工程、铁路、公路桥等）影响，不能完全指望通过水库运用来解决，应按四省会议精神对渭河下游加速进行规划整治。

1977年，水电部第十一工程局勘测设计研究院与黄委会三门峡水库实验总站一起分析了1969～1976年的水库实测资料，指出：改建以来的8年实践表明，三门峡水库改建后的效益可以比四省会议规定的兴利指标（有发电无春灌）再提高一些，改建后潼关以下库容得到恢复，发电控制运用后也能继续保持。潼关以下壅水排沙比增大，特别是高浓度输沙情况下增大很多，因而使得非汛期的淤积物在绝大多数年份可以冲走，实现泥沙年平衡。滞洪和防洪运用水位只要不漫滩，库容恢复是比较容易的。冲刷掉前期淤积物主要靠流量与比降，非汛期蓄水，由于来沙量小，淤积比降缓，对渭河河口段的淤积影响不明显。淤积上延主要在黄河倒灌和渭河小水大沙的组合情况下发生，受前期蓄水淤积影响，渭河淤积上延仍有所发展，具体表现在上段滩面淤积，洪水位上升，不过渭河的揭底冲刷对限制淤积上延起到了重要作用。

1979年潼关高程回升1米，再次引起有关部门的注意，同年12月水科院河渠所在《关于潼关高程升高的调查报告》中指出：潼关高程的回升加重了渭河倒灌的影响，使渭河河口出现拦门沙，对渭河下游产生了不利的影响。潼关河床上升主要是1977年以来非汛期淤积，进入汛期不能冲掉造成的，不过这种升高是暂时的。建议1980年春灌蓄水位控制在323米左右，维持潼关高程不再升高，等待有利的水沙年份冲刷恢复。

1980年，为降低潼关河床高程，三门峡水库汛期采取敞泄排沙运用方式，并在潼关至坫垮库段进行拖淤试验，结果：由于汛期洪水较小（洪峰流量在3000立方米每秒左右），潼关以下河段前期淤积物仍未能冲走，潼关高程虽由于渭河来的中小洪水冲刷略有下降，据水科院泥沙所分析，这种下降是不稳定的。黄委会水科所与三门峡库区水文实验总站协作分析认为:非汛期蓄水,当坝前水位320米时,回水影响到坫垮——潼关库段。潼关河床的上升与潼关——坫垮库段的淤积量关系密切。因此,非汛期控制泥沙的淤积部位非常重要,应通过合理的运用减少潼关——坫垮的淤积。在汛期影响潼关河床高程下降的主要条件是:来水洪峰流量大于5000立方米每秒,这时潼关河床下降甚至产生剧烈冲刷,下降幅度最大可达1米以上。一般来说,连续洪峰对潼关河床有较好的冲刷作用,但同时还受前期河床冲淤调整的制约,如前次洪峰使河床大幅度下降,那么再发生大洪水也并不能继续使潼关河床冲刷,相反还可能出现较大幅度的回淤。1981年,水利部天津设计院在分析《潼关河床高程回升原因及对三门峡水库控制运用原则的探讨》中也认为:从1974~1979年大量实测资料证明,按1976~1979年调度方案进行的三门峡水库多年调节的结果——汛期洪峰无降水冲刷,还有滞洪淤积;非汛期长时间高水位运用,从冲淤总量看,1976~1979年累积还多冲了1.06亿吨,但淤积部位不合理,潼关至坫垮段仍然淤积0.25亿立方米,不仅使潼关河床高程没有下降,反而回升1米。为此,必须修改1976~1979年型的控制运用方案,汛期和非汛期运用水位应立即适当降低。近期仍应尽量敞泄排沙,洪峰时不能产生滞洪淤积,底孔必须全部投入使用,使潼关河床高程维持在一个使渭河下游相对稳定的水平上,为渭河下游防汛治理创造必要条件。

1981年汛期,发生了从龙羊峡以上地区来的洪量大,沙量小,洪峰高,中水历时长的洪水,为探讨这一洪水的特点,对各河段的冲淤影响,黄委会组织了水文局、黄委会水科所、河南河务局等单位的40多位技术人员,在陈赞庭、何国桢的主持下开展研究,提出《1981年汛期黄河洪水的水沙特点对三门峡库区和下游影响的分析》。报告指出,在北干流至潼关库段因清水大量下泄,旁蚀塌滩仍在继续,但河势没有发生大的变化,床沙的交换大多还是0.025~0.05毫米的中沙,大于0.05毫米的粗沙较少,冲淤量主要是洪峰造成的。潼关至三门峡库段发生冲刷,冲刷量相当大,把前期淤积物都冲掉了。冲刷出库的泥沙大于0.05毫米的将近一半。

1983年,黄委会水科所对水库调水调沙控制运用以来的资料进行总结分析,认为三门峡水库采取蓄清排浑运用9年以来,由于水沙调节,库区的泥沙淤积大大缓和,潼关以下库容可以长期使用,起到了防洪、防凌作用,淤积上延基本得到控制,下游河道的淤积也比滞洪运用期大有改善,并取得了一定的发电、灌溉效益,说明改建是成功的。但也还存在一些需要改进的方面，如泄流能力仍嫌不足，只能利用潼关以下库区进行水沙调节；因受潼关高程的限制，蓄水位和蓄水量不能充分满足防凌和春灌的需要，有的年份春灌蓄水位偏高，加重了库区的负担，有的年份却还有较多的弃水入海。还有洪水期泄流建筑物启闭不及时等问题，需要进一步加以完善。

由于春灌蓄水运用成了非汛期运用中控制潼关高程的关键，1984 年，黄委会水科所杜殿勋等专门研究了泥沙淤积和水库调度运用问题。通过分析，建议：桃汛起调水位 315 米，蓄部分桃汛水加 4 月份来水，最高蓄水位 323.5 米，蓄水量 12 亿立方米，高水位持续时间尽量缩短。这一运用方案，可以利用桃峰冲刷防凌期的泥沙淤积，降低潼关高程，春灌蓄水时潼关高程的回升不致超过允许的回升幅度，对下游灌溉保证率可达 70%。

1985 年 1～3 月份防凌蓄水，最高蓄水位 324.94 米，相应最大蓄水量 16.4 亿立方米。自 3 月 8～26 日为腾出库容迎接桃汛，水位降至 315.66 米，相应蓄水量 3.6 亿立方米，4 月 5 日桃汛入库，总水量 8.34 亿立方米，库水位回升到 319.81 米，因放出的水量大于进入水量，春灌蓄水一直保持在 320 米以下，直至入汛。6 月初开始泄空放水，至 7 月 8 日库水位降至 305.16 米，即进入汛期运用阶段。据黄委会三门峡水库水文实验总站分析：1985 年是一个平水枯沙年，水库运用仍如既往蓄清排浑，水库冲淤基本平衡略有冲刷，潼关以上是淤积的，淤积数量的 65%又集中在渭河，虽数量只有 0.1657 亿吨，致使华县站平水时水位有所抬高，原因完全是北洛河大沙峰所致。潼关以下是冲刷的，冲刷了 0.414 亿吨，潼关高程也略有下降，但基本还是保持稳定的。黄委会水科所杜殿勋在《黄河三门峡水库运用及回水淤积延伸规律》一文中说：由于潼关位于潼关至三门峡河段库区回水淤积影响的末端，又是黄、渭、北洛河汇流卡口，潼关至三门峡库段滩槽纵剖面的调整，对潼关河床高程的升降起主要作用，特别是潼关附近河段的冲淤变化，对潼关河床高程影响更为敏感。1961 年后，由于水库蓄水，河床自动调整，淤积末端迅速上延，最远达渭淤 24 断面。1973 年三门峡改建后，潼关河床下降，河槽淤积末端位于渭淤 22～23 断面附近，当时河槽过洪能力尚未恢复到建库前的情况时，又遇大的水沙峰，洪水漫滩，加之前期淤积影响，1975 年淤积末端上延到渭淤 25 断面，是建库以来最远的位置。以后经过十多年的调整，到 1984 年渭河淤积末端已基本趋于相对稳定状态，在渭淤 23～25 断面之间呈动平衡调整变化，渭河下游过洪能力和水流输沙能力均已恢复到建库前水平。这一发展过程，反映了侵蚀基准面抬高所导致的过洪能力和输沙能力两方面的调整，调整结果使水流输沙能力接近建库前的水平。

1986 年水科院泥沙所曾庆华、周文浩在《渭河淤积发展及其与潼关卡口，黄河洪水倒灌的关系》中说：三门峡水库由于潼关卡口及潼关高程的局部侵蚀基面的影响，使潼关上下库段具有不同的冲淤趋势。三门峡水库经两次改建后，包括渭河下游在内的潼关以上库段，仍保持缓慢淤积的趋势。潼关高程变化有持续下降及间歇性升降两种类型，根据其形成条件，在现有泄流规模及运用方式下，再发生持续性下降的可能性不大。目前，坝前运用水位下降 14～15 米，距坝 114 公里的潼关高程仅下降 1.8 米左右，证明依靠降低坝前运用水位解决库尾淤积的能力是有限的。在渭河、北洛河水小沙多的条件下，黄河洪水倒灌，加重渭河下游淤积的情况更为严重，因此，建议结合历史演变，将北洛河口直接入黄，并着手统筹小汇流区的河势规划，使之有利于泄洪排沙。1987 年又在《黄河三门峡水库库尾淤积的几个问题》中指出：截至到 1985 年，三门峡水库共淤积泥沙 45.9 亿吨，其中潼关以上 32.37 亿吨，潼关以下 13.53 亿吨，潼关高程在蓄水期间抬高 4.5 米，至 1985 年底仍比蓄水前抬高 3.1 米，目前潼关以下库段河床已趋近平衡，比降稳定在 2.3‰左右，在水库现有泄流规模及运用条件下，进一步降低潼关高程是困难的。由于潼关侵蚀基面抬高及潼关卡水作用，渭河下游淤积严重，为改善渭河库段的淤积，有必要进一步研究扩大三门峡泄流规模的可能性，以利潼关高程的进一步降低。同年，武汉水利电力学院姚乐人在《渭河下游冲淤分析和治理意见》中也说：水库蓄清排浑控制运用以来，潼关卡口河段高程变化以及渭河下游冲淤变化的实测资料说明，水库溯源冲刷，使潼关卡口河床高程明显下降，且表现为升降交替变化，但幅度有限，只要严格控制水库蓄水位，潼关高程可以稳定在 326～327 米之间。渭河下游河道通过水流与河床的自动调整，目前河道泄流输沙能力有较大恢复，河道形态接近建库前水平，在河槽抬升 2～3 米，滩面淤高 1～2.5 米的情况下，塑造出一个准平衡河段。渭南以上微淤调整格局尚未稳定下来，遇到不利水沙组合还会有较大变化，拦门沙淤塞河口问题仍将是今后渭河下游能否平衡的关键，因潼关基准面高出建库前 3 米左右，拦门沙不能像建库前一样可以自行冲开消失，要充分注意这种潜在危险。解决这种危险的关键是如何解决北洛河小水带大沙的问题，因此，采取北洛河改道直接入黄或在上游修建调水调沙工程是需进一步研究的。黄河西倒、渭河口上提的问题，尽管黄河目前摆动范围尚未超越历史上最大变幅，但今后一旦形成黄河夺渭的局面，将很不利渭河下游平衡河道的建立，应在黄河小北干流治理规划中充分考虑。黄委会水科所钱意颖等在《三门峡水库蓄清排浑运用以来的启示》中也认为：三门峡水库的改建是成功的，在多沙河流上修建水库，进行径流调节的同时，必须注意对泥沙的调节。只有这样，才能保持一定库容长期使用，进行综合利用，并有利于减轻下游河道的淤积。三门峡水库由于受潼关河床高程以及潼关河床卡口作用的限制，调沙库容有限，只能采取蓄清排浑运用方式，调水调沙的作用受到限制。在现状工农业用水的水平下，龙羊峡以上的年水量分别占河口镇和花园口年水量的98.7%和51%，龙羊峡水库已于1986年10月蓄水，在蓄水期间及今后运用中，对黄河径流量的调节将是显著的，对三门峡水库排沙及下游河道的冲淤将引起怎样的后果，是值得迅速研究的问题。

1987 年黄委会水科所根据三门峡水库蓄清排浑运用以来的实测资料，分析认为：1972 年 12 月提出的有关保持有效库容长期使用的设计方法，检验结果是比较好的。同时提出水库调水调沙多年调节的概念。

1988 年，黄委会勘测设计院作了《三门峡水库防洪运用方式的初步分析》，文中提出了改善水库防洪运用方式的建议，即对上大洪水采用敞控结合运用方式，将三门峡水库潼关以下（指 326 米高程以下）库容与东平湖区（最大分洪流量为 3500 立方米每秒）同时投入运用。具体方案为：在洪水起涨时，水库按敞泄滞洪方式调洪，当预报花园口流量大于 13500 立方米每秒时，水库按与三花间来水流量凑泄花园口 13500 立方米每秒泄洪，待预报东平湖老湖区蓄满后，按与三花间来水流量凑泄花园口 10000 立方米每秒运用。对于下大洪水水库按预报花园口 15000 立方米每秒控制泄洪，比按分级控制方式的削峰作用明显增大，较充分地控制了花园口 22000 立方米每秒以上洪水流量。

1990 年 9 月黄委会三门峡水利枢纽管理局在三门峡市召开“黄河三门峡水利枢纽建成三十周年学术讨论会”，与会专家就三门峡水库冲淤规律，管理运用的经验教训及进一步开发前景等问题进行了充分的讨论。

（一）工程失误及影响

在三门峡水库修建决策过程中，由于当时对黄河水沙运行规律认识不足，提出“蓄水拦沙”治黄方略，与苏联专家提出的“用淹没换取库容”的观点相吻合，采取高坝大库，忽视了利用下游河道排沙能力，造成重拦轻排的失误。由于对大量淹没良田，大批迁移人口的困难估计不足，忽视了中国人多地少的国情。对上游水土保持减沙作用及除害兴利目标估计过于乐观，造成确定工程规模决策中的失误，表现在正常高水位偏高和泄流规模偏小。在运用方式上基本上袭用清水河流水库径流调节的原则，造成蓄水后库区淤积严重和淤积上延的失误。这些失误迫使水库改变运用方式和对枢纽工程的改建,使原规划的综合利用效益受到很大影响。

(二)关于水库运用经验

黄河三门峡水利枢纽工程改建是成功的。根据周总理指示,在1969年召开的晋、陕、豫、鲁四省会议上确定的工程改建原则"确保西安、确保下游,合理防洪、排沙放淤、径流发电"是正确的。黄河的主要矛盾是水少沙多,水沙不平衡。平均每年汛期水量占全年水量的60%左右,汛期沙量占全年沙量的85%左右,利用水库进行水沙调节、变水沙不平衡为水沙相适应,三门峡水库创造出的蓄清排浑调水调沙运用方式是符合黄河水沙特点和运行规律的,它不仅能长期保持一定的可用库容,对下游河道减淤亦有一定作用。库区年内冲淤基本平衡情况下,下游河道每年平均减淤0.6~0.8亿吨。水库调水调沙的方式,概括起来有人造洪峰,拦粗排细,滞洪调沙,蓄清排浑及高浓度调沙。合理调节水沙的关键,是水库必须具有一定的泄流规模和一定的调沙库容,以便合理地调节水沙,适应黄河洪水暴涨暴落的特点。由于三门峡水库存在受潼关高程限制的特殊情况,水库用于调节的库容受到一定的限制,水库蓄清排浑调水调沙运用是一种比较合理的运用方式。多沙河流上修建水库要保持长期使用库容,必须具备:库区为峡谷性河道,坡陡流急,具有富裕的挟沙能力;泄水建筑物的平面布置,高程和泄量大小,直接影响坝前水位下降速度和排沙效果,必须有足够的泄流规模,实行蓄清排浑调水调沙控制运用,才可达到水库年内冲淤平衡。此外,水库排沙冲沙设施,还应特别注意解决好排沙底孔问题,泄流排沙底孔的高程布置,直接关系到排沙效果,一般力求降低底孔高程,以保持原河道的输沙特性。三门峡大坝底孔进口高程较电站机组进口低7米,较隧洞进口低10米,较深水孔和排沙钢管低20米,观测资料表明,位置低的泄水孔含沙量大,泥沙粗。底孔含沙量为深水孔含沙量的2.4倍,过机含沙量较底孔含沙量减少26%左右。鉴于以上经验,并根据水库槽库容可以恢复的冲淤规律,在防洪、排沙的前提下,汛期视上游来水来沙情况,控制310米以下水位槽库容调节水沙,适当使汛期发电停机时间推后,汛后发电时间提前,提高发电效益是行之有效的。

(三)关于库区冲淤规律

1. 禹门口至潼关河段

禹门口至潼关河段系堆积游荡性河道,河床演变过程随着来水来沙条件的周期性变化呈周期性演变。一般情况下，每年6～8月淤积，9月至次年5月冲刷。河道冲淤变化主要集中在洪峰期，与洪峰水沙特性有关。当出现小水大沙洪峰时，淤积集中在河槽内，引起水位普遍上升；当出现大水小沙，持续时间又较长的洪峰时，河道冲刷下切同时展宽，滩地坍塌；当出现大水大沙洪峰，但不具备揭底冲刷条件时，滩槽均发生严重淤积；当具备揭底冲刷条件时，滩地淤高，主槽刷深，河势趋于规顺。有实测资料以来，共发生8次揭底冲刷现象，龙门冲刷历时一般为17～22小时，最短6小时，最长68小时。冲刷深度一般为2～4米，最大为9米，把河底泥沙成块揭起冲走。冲刷距离最长可达潼关(132公里)，最短49.4公里。尔后遇一般水沙条件河床回淤，滩地坍塌，河槽变宽浅，河势游荡摆动。龙门回淤历时最长为2～3年，最短当年回淤完。揭底冲刷的条件是：(1)含沙浓度大并有一定的持续时间，龙门含沙量一般为286～667公斤每立方米，而含沙量大于400公斤每立方米，需要持续16小时。(2)洪峰流量大，持续时间长，龙门洪峰流量为7460～14500立方米每秒。(3)河床边界条件，以河床高程作指标，当龙门流量700立方米每秒时的水位接近或高于377.6～382米时，遇高含沙量，大洪峰就可能发生揭底冲刷。这种揭底现象的研究，目前认识还不太一致，尚在继续研究中。此外，河床在淤积过程中，粗细泥沙均发生淤积，但在冲刷过程中，由于水流的分选作用，小于0.1毫米的泥沙发生冲刷，大于0.1毫米的泥沙仍发生淤积，因此，此段河床组成较粗，河槽较滩地粗。河槽多年平均中数粒径为0.142毫米，滩地为0.0938毫米。

2. 潼关高程

潼关站河床建库前具有大水冲，小水淤，洪水期冲刷剧烈，小水回淤较慢的特点。建库后潼关高程的变化主要受汛期造床流量和坝前水位回水影响，当坝前水位较高，回水超过潼关时，河床发生淤积。当回水不超过潼关时，洪水对潼关河床的冲刷作用仍很明显。洪峰流量大于5000立方米每秒时潼关水位大多是下降的。但这种洪峰的冲刷作用还与河床的前期条件有关，当前期洪峰冲刷较多时，河床发生粗化，后期洪峰冲刷作用就会减弱，甚至产生淤积。另外，桃汛对潼关高程的冲刷范围也有一定影响，桃汛期的平均流量与潼关至坫埼段比降的乘积大于0.025时冲刷，反之为淤积，当坝前水位超过315米时，坫埼至太安河段开始受回水影响；坝前水位320米时，潼关至坫埼开始受回水影响，潼关水位升降与潼关至坫埼冲淤量存在较好的正比关系。只要控制运用水位，充分发挥洪水的冲刷作用，减少潼关至坫埼段的淤积量，就能使潼关高程基本稳定。

3. 渭河下游河道

渭河下游河道冲淤与来水来沙密切相关，当以泾河来水为主的洪水，张家山流量又大于1000立方米每秒时，河道发生冲刷，小于1000立方米每秒时发生淤积。其中张家山站流量为100～300立方米每秒时，淤积在临潼至华县河段的主槽内，流量在400～600立方米每秒时，主要淤积在华县以下河段。以渭河来水为主，林家村以上来水占40%以上时，则发生冲刷。当泾河来水为高含沙洪水时，则往往出现揭底冲刷。黄河和渭河在潼关汇合，潼关形成天然卡口，当潼关与华县的流量比值小于3时，黄河对渭河不发生顶托，当比值在3～20时，华阴以下受顶托倒灌影响，渭河口形成拦门沙；比值大于20时，黄河倒灌渭河影响至华县。拦门沙的部位及其顶点位置随水库的不同运用方式，黄、渭、北洛河来水来沙强度对比及洪峰遭遇不同而发生上下移动。潼关高程起着局部侵蚀基准面的作用，建库前潼关高程的升降与华县水位的关系基本对应，建库后由于潼关高程抬高，拦门沙及渭河下游修建生产堤、河道整治工程、桥梁等，使临潼以下缩窄了15.4%～75%，引起洪水位上升。渭河下游华县站洪水位抬高2.6米，常水位抬高2.4米，现在的平滩流量已基本恢复到建库前的情况，降低洪水位的关键是要减小主槽淤积加大主槽过洪能力。

4. 水库淤积末端上延下移规律

水库修建后，回水末端发生淤积，淤积引起回水抬高，又促使上游河段的淤积。三门峡水库主槽淤积末端不是单一的上延，而是上延和下移交替进行的，主槽淤积末端上延有5次，下移有4次(主要是受泾河高含沙洪水的揭底冲刷作用所致)，渭河下游纵剖面呈上凹曲线，在渭淤22断面(交口)附近是明显的转折点，比降上陡下缓，相差悬殊，估计淤积末端发展速度以后可能要慢得多。

5. 水库可用库容变化规律

对滩库容来说，每漫一次水，滩地就可能发生一次淤积，滩地纵剖面基本与漫滩时的水面线平行。随着滩面升高，平滩流量加大，漫滩机会减少，滩地库容损失速率也会降低。滩地淤积物一般不易冲掉，只在滩坎坍塌时，一部份滩地才转化为主槽。槽库容则不同，水库壅水，槽库容损失，当坝前水位降低后，河槽发生冲刷，槽库容得以恢复，有“死滩活槽”、“淤积一大片，冲刷一条线”的说法，三门峡水库经多年调整，潼关以下库区已形成明显的高滩深槽。实践表明：片面追求调节水量和抬高水头，采取蓄水运用方式，就会使水库迅速淤积，无长期效益；相反，过分强调降低水位排沙而采取“滞洪排沙”运用方式,库容虽保持,但兴利受限制,不能取得综合效益,对下游河道也不利。只有“蓄清排浑”调水调沙控制运用方式,既能保持库容,又可发挥综合效益。蓄清排浑的关键是库水位要有大幅度升降,抬高水位兴利,降低水位排沙,控制淤积和冲刷的相对平衡,求得保库和兴利的统一。

(四)三门峡水库开发前景

根据黄河今后开发和治理的发展,三门峡水库开发前景十分广阔。预计小浪底、碛口、龙门几座水库建成后,三门峡水库现在担负的防洪、防凌、灌溉任务将大部分转移给这些水库。特别是碛口、龙门水库建成后,来沙量将比目前大大减少,运用水位可以适量抬高,装机容量可达 40 万千瓦,平均每年发电量 15～17 亿千瓦小时。潼关以上库区,原移民高程以下耕地 70 多万亩,连同受过淹没影响的共有近 100 万亩,这部分库区已是一般滩区,滞洪机会很小,可以开发利用。潼关以下库区已淤出滩地约 15 万亩,当三门峡水库不再承担防洪、防凌蓄水任务后,也可开垦利用。当前的问题是在近 10 年内(小浪底水库投入运用以前)如何使三门峡水库尽可能发挥更大的过渡效益,会议对水库运用提出建议:(1)晋、陕、豫、鲁四省会议确定的“合理防洪、排沙放淤、径流发电”水库运用原则在确保西安、确保下游的前提下,应改为“合理防洪、调水调沙、优化调度、综合利用”。(2)非汛期水库继续承担防凌春灌和发电任务关键是控制泥沙淤积部位,尽量减轻蓄水对潼关高程升高的影响,防凌前蓄水位最高控制在 315 米,防凌期一般年份最高蓄水位不超过 322 米,对于下游凌汛比较严重的年份,仍可运用到 326 米水位,凌汛结束后,迅速降低库水位至 315 米迎接桃汛;桃汛过后再开始春灌蓄水,最高蓄水位一般控制在 322 米,6 月下旬降至 310～305 米。汛期水库运用,若遇“上大洪水”应“敞控结合”,对“下大洪水”可将三门峡水库关闸控制的时间提前至预报花园口站流量 15000 立方米每秒或 10000 立方米每秒。为有利把非汛期淤积的泥沙冲刷出库,7～8 月的运用水位可控制在 300 米,必要时降至 295 米,如来水条件有利,8 月中旬可控制在 305 米,如遇潼关高程持续升高,潼关以下库区淤积严重,可酌情降低运用水位。(3)潼关至坫垮河段河床的冲刷主要依靠洪水的沿程冲刷和溯源冲刷相结合,今后一般年份较大洪水(3000 立方米每秒以上的洪水)发生的机率较小,遇连续枯水年,即使汛期降低水位,潼关河床高程也将难以维持年内平衡,因此建议潼关至灵宝河段进行整治,再辅以拖淤疏浚措施,有可能维持潼关高程的稳定。(4)建议龙羊峡、刘家峡水库每年 3 月下旬至 4 月中旬约一个月时间,每天增泄 100～150 立方米每秒，缓解下游春灌期间严重缺水危机并减轻三门峡水库春灌蓄水泥沙淤积对潼关高程不利影响。(5)建议继续进行三门峡水库汛期发电试验。

与会专家还指出：旧的问题解决了，新的问题又产生，实践、认识、再实践、再认识是我们研究黄河的必由之路。当前黄河的枯水年份增加，但发生洪水的年份仍然存在，上游用水量增加，来沙量改变不多，需要开展从流域产水产沙，一直到水库的输水输沙过程的研究。从发挥三门峡水库更大的综合效益来看，对泥沙调节仍有不少工作要做。

第二节　其他干流水库

建国以来，黄河干流除三门峡水库外，其他水库大都建在上游地区，这主要是由于黄河上游泥沙较少，在相同的地质地形条件下，水库淤积问题较易处理。但从泥沙绝对数量看，也很可观，远比其他河流为高，因而仍面临着水库淤积问题；对于水电站则还有泥沙通过机组产生的磨损问题。对此，有关单位分别进行了相应的研究和改进(机组泥沙磨损研究见本卷材料试验)。现依各水库建成次序分述于后，最上游的龙羊峡水库建成于 80 年代末，未列入其中。

一、盐锅峡水库

盐锅峡水库位于甘肃省永靖县境内，距上游刘家峡水库 30.6 公里，距下游八盘峡水库 17 公里，是一座河道型日调节水库。其主要任务是发电。1958 年 9 月开工，1961 年底建成蓄水运用。由于在工程布置上未考虑任何排沙防草设施，水库蓄水后很快淤积。据盐锅峡库区测验队 1972 年分析，库区的淤积发展大体分为四个阶段：(1)施工阶段(1958～1961 年)：从施工开始到 1961 年底第一台机组投入运行前，水库共淤积 6600 万立方米，占总库容的 28.4%。(2)初期运行阶段(1962～1965 年)：这阶段年淤积量都在 1000 万立方米以上，到 1964 年 10 月水库累计淤积量已达 1.54 亿立方米，占总库容的 70%。(3)接近淤积平衡阶段(1966～1968 年)：这阶段淤积速度大为减缓，每年淤积 200～300 万吨，到 1968 年 10 月，水库累计淤积量达 1.67 亿立方米，占总库容的 76%。(4)刘家峡水库蓄水后(1969～1971 年)：

上游来沙来草大部分被刘家峡水库拦截，不仅减轻盐锅峡水库淤积，甚至在刘家峡水库施放大流量时还要发生冲刷。盐锅峡水库淤积没有再发展，电站的运行基本上是安全的。

盐锅峡水库的泥沙研究工作在各阶段有不同的侧重面。1964 年，西北勘测设计院根据观测资料对水库泥沙淤积进行分析计算结果认为：全部悬沙自坝前至回水末端均有落淤，未形成明显的三角洲，孔家寺以上库段淤沙接近平衡状态，淤积河床比降由原河床平均比降 1.0‰变为 3.5‰，坝前深水区为平淤，水库上游浅水区仍为沿湿周均匀落淤。1965 年北京勘测设计院、水科院、西北勘测设计院、西北水科所和水电部第四工程局等单位共同组成黄河上游水电站泥沙观测研究组，对盐锅峡泥沙问题进行研究指出：随着水库淤积日趋平衡，过机泥沙加多加粗，将接近天然情况；底沙推移质逐渐向坝前推移，目前大于 1 毫米的床沙已达距坝 17 公里处，卵石推移质也进到距坝 24 公里处。1975 年，水电部第四工程局设计院、盐锅峡水电厂等单位分析了盐锅峡水库在刘家峡水库蓄水后的泥沙水草问题及对电站安全运行的影响，指出：自刘家峡水库蓄水运用以来，上游干支流来沙来草绝大部分被刘家峡水库拦截，盐锅峡水电站的机组磨损和水草淤堵状况暂时得到改善，但随着刘家峡水库洮河库容逐年淤满，刘家峡水库坝前淤积面日益抬高，洮河的来沙来草将经刘家峡水库泄水道和排沙洞下泄，沙草问题将重新威胁盐锅峡水电站的安全。因此，建议近期改变水库调度运用，汛期抬高水位运行，防止粗沙进一步冲刷和推移，增建必要而合理的排沙排草工程设施，并拟定四种方案待进一步论证。

1980 年 3 月河流泥沙国际学术讨论会期间，刘家峡电厂蒲乃达、西北勘测设计院苏凤玉等写了《刘家峡、盐锅峡水库泥沙的几个问题》，文中指出：盐锅峡水库库容小，进库沙量大，是一个河道型水库，淤积发展很快，水库建成的头三四年内已形成锥体淤积的雏型，在刘家峡水库未蓄水前已基本上完成了淤积相对平衡的过程。库区天然河床比降为 13.4‰；施工阶段比降剧减，1962 年 10 月比降为 7.7‰；初期运用阶段，1965 年 10 月比降为 2.66‰；接近淤积平衡阶段，1965 年 10 月比降为 2.18‰；刘家峡水库蓄水后，改变了入库水沙条件，入库沙量主要是刘家峡水库下泄的异重流泥沙，来量较小，库内小幅度地冲冲淤淤，每年冲淤量在 500 万立方米上下变动，各年冲淤情况因入库流量、坝前水位进库沙量前期淤积条件不同而异，经 10 多年的调整，现已趋于冲刷相对平衡阶段，1978 年 10 月库区平均河底纵比降为 1.94‰。

二、青铜峡水库

青铜峡水库位于宁夏回族自治区黄河干流青铜峡峡谷出口处，是一座以灌溉发电为主，结合防洪、防凌和城市供水与工业用水的大型水库。枢纽工程上游是8.5公里的峡谷段，峡谷段以上为川地开阔段，库区全长46公里，总库容6.06亿立方米。枢纽建筑物包括泄水管的闸墩式电站机组8个，与7孔溢流坝相间布置，每机组与河西进水口下有2孔泄水管，河东机组段进水口下有1孔泄水管，右岸设有3孔泄洪闸，左岸有1孔灌溉闸，枢纽总长666.75米，1958年动工兴建，1967年4月建成蓄水。蓄水运用后，水库严重淤积，到1971年汛后，库容由6.06亿立方米减少到0.79亿立方米，减少了86.9%，由于库容的减少，水库曾多次发生放空事故，对灌溉、发电和电站安全运行带来严重威胁。1972年进行水库排沙冲淤实验，水库改变了年年淤积情况，库容由0.79亿立方米扩大到0.907亿立方米，扩大了14.9%。水库从三角洲尾部段到坝前沿程发生普遍冲刷，三角洲深槽顶点高程降低2.4米，深槽顶坡段纵比降变陡，由1.65‱增加到3.33‱，滩面纵比降趋于稳定。1972～1974年，连续三年坚持汛期采取低水位辅以泄水管泄流的排浑蓄清运用，水库淤积已趋于相对平衡状态，库容基本保持了1972年的水平。1975年，青铜峡水电厂、青铜峡库区测验队对水库蓄水运用8年以来的实测资料进行分析指出：8年中水库运用大体分为二个阶段：1972年以前蓄水运用阶段淤积严重发展，库容急剧减少，库区淤积呈明显的三角洲形态；1972年由于汛期采取低水位辅以泄水管泄流排浑蓄清运用，无论水库淤积量，淤积部位，还是三角洲的位置、高程和坡降都产生显著影响，库区淤积形态发生较好的变化，改变了水库淤积发展的局面。为了进一步扩大库容，需要创造较过去三年更为有利的排浑运用条件，摸索更有效的排沙冲淤方式。1977年开始改为汛期蓄水，结合沙峰排沙、汛末降低水位集中冲沙运用，水库淤积又有发展，至1979年汛后库容损失92.1%。1980年又改变运用方式，在汛期，洪水前预泄排沙，汛末集中冲沙，1981年汛后比1980年汛后库容扩大33.3%，其中调节库容扩大13.6%。1982年宁夏电力局中心调度所孙宗义对青铜峡汛末集中冲沙运用方式实测资料进行分析得出：入库流量在2000～2500立方米每秒以上，坝前水位控制在1154米以下，可以达到较好的冲沙效果，效果最好的时间是在开始冲刷的前5天内，一般以控制不超过10天为宜。

同年,西北勘测设计院就青铜峡枢纽设计与实施后水库淤积形态,泄水建筑物排沙效果等实测资料进行对比分析,得出青铜峡水库在泥沙方面的主要经验教训是:(1)对泥沙问题在设计时要留有余地。(2)在枢纽布置方面,电站进水口下面必须设置底孔,泄水建筑物应在表、中、底三种高程设置孔口,以适应不同来水来沙要求,应用灵活。(3)多沙河流水库的泄流能力必须留够,初步认为应按汛期平均流量的5倍为宜。(4)水库运行方式与泥沙淤积的关系密切,汛期(或沙峰期)降低水位运行是限制淤积的有效方法。

1983年,黄委会青铜峡库区测验队与黄委会水科所焦恩泽,姜乃迁等共同作了青铜峡水库泥沙运动规律分析,指出:十多年来,虽然在运用原则上有较多改变,但它最终还是遵循水库泥沙运动的基本规律,经历了淤积→冲淤交替→河床调整达到相对平衡。其标志是:从某一长时段统计,进出库沙量相等;比降与床沙质同步调整;已基本恢复到原河流的输沙能力等等。

1987年,黄委会青铜峡库区测验队陆大璋分析了《青铜峡水库的排沙措施及效果》,得到以下认识:青铜峡水库大多是在非汛期排沙,20年来采取过多种排沙运行措施,以汛期降低水位辅以沙峰期排沙,包括连续、反复升降水位和汛末大流量蓄清排浑方式为好。利用泄水建筑物排沙,应当先开启泄水管,再开启泄洪闸,尽可能不开溢流坝。当泄水管和泄洪闸泄流能力不足或需排除水草、漂浮物时,才适当启用溢流坝。

三、刘家峡水库

刘家峡水库位于甘肃省永靖县境内长约12公里的刘家峡峡谷中,峡谷内河面宽50～60米,两岸为130～160米高的峭壁,峡谷内有支流洮河汇入,坝址在洮河口下游1.5公里处,离峡谷出口约2公里。总库容为57.01亿立方米,其中黄河干流占94%,大夏河占4%,洮河占2%。干流库容由刘家峡峡谷,永靖川地和寺沟峡峡谷组成;大夏河在坝址上游26公里处汇入,汇口处较开阔,向上游逐渐缩窄,距河口15公里处的野狐峡即为大夏河库区末端;洮河库容由茅笼峡峡谷和开阔的唐汪川地组成。刘家峡水库是一座以发电为主,兼有防洪、防凌、灌溉、养殖等任务的不完全年调节水库,见刘家峡水库示意图(图2—6—2)。

水库于1968年10月建成,枢纽由坝高146.6米,长204米的混凝土重力坝,黄土副坝、溢洪道、坝内泄水道、泄洪洞、排沙洞及厂房组成。进库多年平均水沙量,黄河干流占总水量的78%,沙量占45%;洮河占总水量的

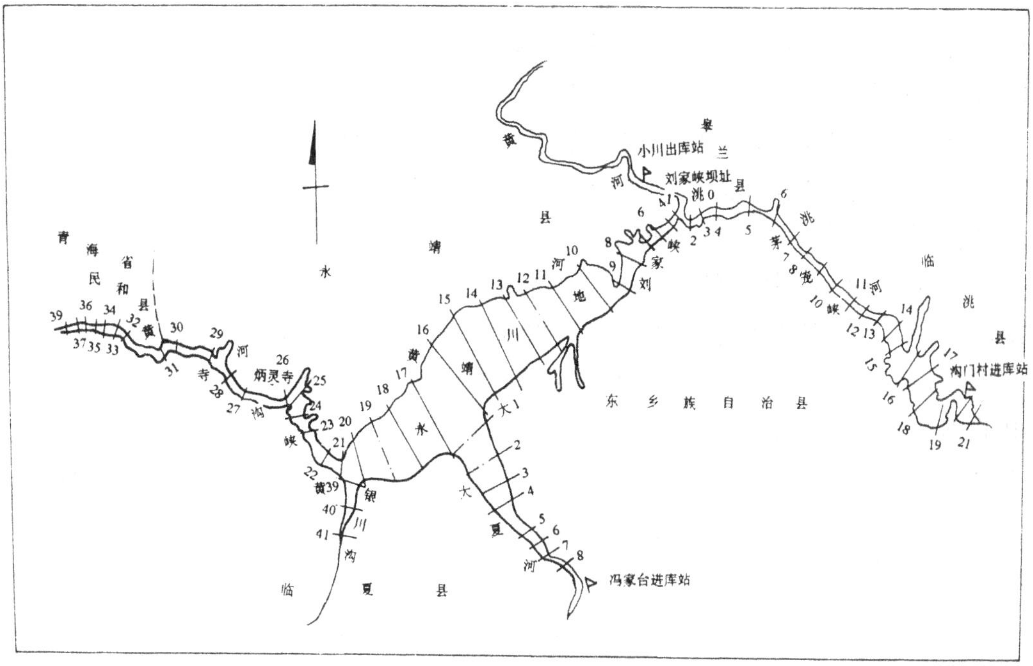

图 2—6—2 刘家峡水库平面示意图

18%，而沙量却占 31%。并有入库水量主要来自黄河贵德和洮河李家村以上流域，而沙量则大部分来自贵德和李家村以下干支流的特点，当洪水主要来自贵德和李家村以下区间时，一般洪峰流量不大，而含沙量却很高，给水库带来严峻的泥沙问题，建库以来的各阶段都对此作了大量的研究工作。

（一）规划设计阶段

自 1952 年起，就在刘家峡及兰州上下游河段开始查勘、规划和地质勘探工作。1954 年黄河规划委员会在编制的《技经报告》中提出三门峡与刘家峡为治理、开发黄河第一期工程项目。1955 年开始进行刘家峡的准备工作，1956 由电力部和甘肃省组成国家选坝委员会进行选坝，当时已经勘探的有四个可能坝址。即洮河口以上 2～3 公里的马六沟坝址、洮河口以下的洮河口坝址、苏州崖坝址及红柳沟坝址。选坝委员会认为马六沟坝址因不能控制洮河流量，损失电能约 25%，苏州崖坝址地质条件较差，工程量大，不宜选用，洮河口坝址有利于修筑排沙工程，减少洮河泥沙威胁，但地质条件复杂，可能会遇到意外困难。为工程稳妥可靠及施工顺利起见，选定了红柳沟坝址，并指出："洮河汇入黄河地点/距红柳沟坝址 1.5 公里，洮河沙量较大，洮河部分的水库容积较小，估计刘家峡水库建成后，六七年内洮河库容可能淤满，泥沙流到坝前可能阻塞水电站进水口，影响水轮机的正常工作，并减少水库的库容，这个问题必须设法解决。除应在洮河流域加紧进行水土保持工作，杜绝泥沙来源外，并需采取其它措施，提前修建茅笼峡枢纽，将泥沙拦截在茅笼峡水库内，最为有效。如因投资限制，初期修低拦沙坝，以后结合电力需要再行加高。也可考虑在坝址修建冲沙工程及支流堆石拦沙工程。”当时，甘肃省同意在修建刘家峡水库的同时修建茅笼峡水库。

1956年8月，中国科学院水工所钱宁、丁联臻等到库区进行调查研究，在其所写的《刘家峡水库泥沙问题查勘报告》中也认为：“提前修建茅笼峡水库拦沙最为可靠。”1957年，苏联专家列维来华，对刘家峡泥沙处理方案提出了排沙措施意见，为此，请中科院水工室进行排沙措施及洮河口沙坎问题的模型试验，试验结果认为：由于需要排除的洮河泥沙量大，如采用隧洞排沙，就需要多建排沙洞或增加开启次数(甚至要数十次之多)，因此，耗水量大，在运用上是不现实的。洮河三角洲发展至洮河口后，在黄河干流上必然形成沙坎。但在水库运用过程中，随着水位的降落，沙坎顶部的泥沙完全可以被水流带向下游，沙坎会自行冲开，不致堵塞干流，沙坎对有效库容并无影响。同时，根据水利化高潮的具体情况，考虑到引洮工程及水保作用后，认为茅笼峡拦沙坝没有必要(至少目前没有必要)修建。

1958年6月完成初步设计，同年9月开始进行施工准备，1961～1963年因国家暂时困难时期工程停工缓修。1963年11月水电总局对刘家峡、盐锅峡水库泥沙问题进行审查讨论，并将讨论意见报部，认为对洮河库容淤满后所造成的影响要进行详细研究是否会在干流上形成沙坎的问题，应对初设阶段试验成果进行分析，必要时可补充一些试验。据此，1964年，按不考虑水保效益，30年内上游不修建其他梯级进行水库淤积计算，计算结果：洮河库容虽在10年左右时间内被淤满，但由于溯源冲刷作用，淤积部位较低，有效库容损失较少，有利于水库长期使用。洮河推移质长期不会到达洮河口，不致影响机组运行。同时洮河口沙坎主要是悬沙淤积形成，故同意模型试验意见，即随着库水位的降落，沙坎能被冲开。

1965年3月，北京勘测设计院、水科院、西北勘测设计院、西北水科所和刘家峡工程局等单位组成黄河上游泥沙观测研究组刘家峡小组开展调查研究和分析计算工作，完成了《洮河泥沙对刘家峡水库正常调度与电站正常运转的影响及改善措施研究报告》。报告认为：洮河沙坎在降水过程中会被冲开，不致影响水库调度，洮河推移质泥沙中的中细砂在较短时间内会达坝前，但卵石砾石推移质将长期不能推进到坝前。因此，不需要修建洮河拦沙工程。报告还认为设计上提出过的右岸排沙孔，由于泄量太小，不能调节流量，更主要是位置不理想，可取消。为充分利用泄水道排除坝前底部粗沙与杂草，建议安装导流屏，使表层水流倾向右岸，底流倾向左岸。至于如何设计与安装，需要通过进一步研究与试验来确定。同年，水科院河渠所开始进行模型试验，至1967年完成了《刘家峡水电站洮河口沙坎问题的试验研究》等5个报告，北京勘测设计院也作了大量分析计算工作，其主要结论是：(1)刘家峡水库系不完全年调节水库，每年库内水位变幅较大，按进库水沙特点，经多年水沙调节，大部分泥沙淤积在死库容区，保证了有效库容较长期使用。为多沙河流上修建水电站，充分利用水力资源，提供了可能途径。(2)洮河泥沙是刘家峡水库的特殊和关键问题。洮河死库容基本淤满后，洮河汛期泥沙大量出库，非汛期溯源冲刷下来的泥沙也将出库，过机沙量将逐年增加，机组过沙时间加长，过机含沙量将可能大大增加，水轮机磨损不可避免。为减轻水轮机磨损，设计时建议要充分利用泄水建筑物排沙，泄水道要经常开启并能间歇开启。(3)洮河口沙坎对电站运行的影响，一直是十分关注的问题。模型试验结果说明，在库水位逐渐下降过程中和在电站突然增加流量时，沙坎不会妨碍电站出流量增大，即不会发生阻流现象。即使发生阻流，由于不稳定流传递速度很快，时间也是相当短暂的。设计分析认为，黄河干流与洮河流量之比为6∶1，沙坎横断面上总会有一定的主槽。即使沙坎淤得比较高，沙坎也会被逐步冲开，沙坎防碍利用干流库容的可能性不大。三门峡水库实测资料表明，流速达到或超过每秒1米时，淤积物将很快被冲刷。因此，在遇到不利情况，事先开启泄水排沙建筑物，增大泄量，加大沙坎上的水流流速，冲刷沙坎是可能的。(4)在解决洮河泥沙问题的同时，必须注意洮河的杂草对电站正常运行的影响，建议在水库蓄水前，彻底清理水库，并改进拦污栅结构设计。(5)开展水土保持是解决洮河泥沙问题的根本途径，应有组织有重点地进行。建议水库蓄水后，注意洮河库区淤积发展情况，特别是推移质中较细颗粒泥沙的运动及对电站运行的影响，来确定是否需要在洮河修建低拦沙建筑物。

电站施工期间，刘家峡工程局建议在1、2号机组进水口前1680米高程的岩石平台上开挖排沙洞，受到水电部的重视，指示"对排沙和拦草措施要留有余地。"于是，在水库正式蓄水前，开挖了长约30米的排沙洞进口段，底坎高程为1665米，见示意图(图2—6—3)。

1968年6月，北京勘测设计院、水科院、刘家峡工程局等单位共同组成洮河水草问题查勘小组，对库区水草及拦排措施进行了调查研究，水科院还

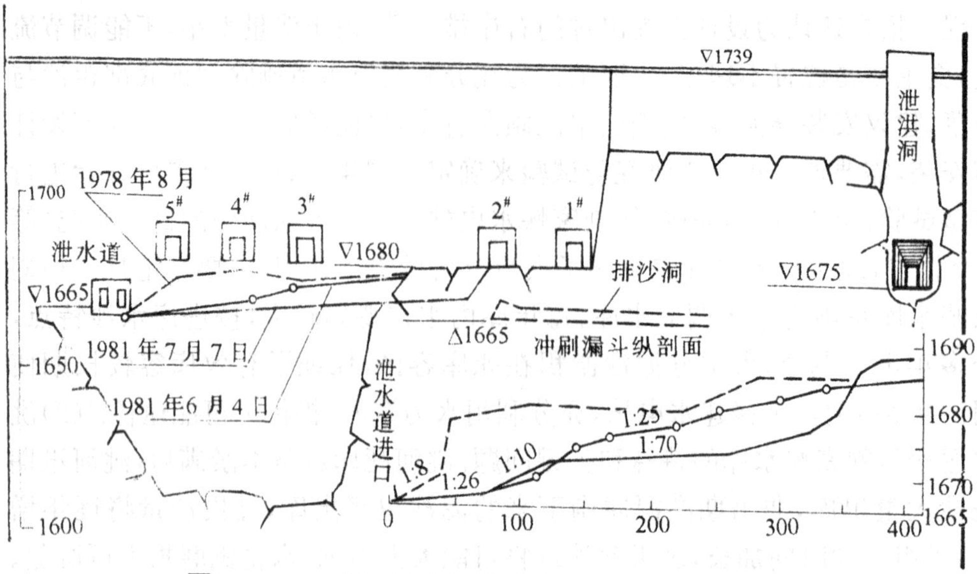

图2—6—3　刘家峡大坝泄水排沙工程布置示意图

作了模型试验。根据定性试验与计算分析，排沙洞泄流时，淤沙在水下形成天然休止角，在洞进口周围将形成一个锥形冲刷坑。这个冲刷坑增大了1、2号机组拦污栅前的局部河床水深15米左右，从而降低拦污栅前的行近流速(坑内局部流速降低到每秒0.3米左右)，这就使在水流中的水草转向河底输移，并通过排沙洞向下游排泄，或者在冲刷坑内沉淀，水草在水下也要维持天然休止角而滑向排沙洞排往下游。排沙洞前的冲刷坑对拦截行近电站的推移质泥沙的效果也是显著的。试验建议：排沙洞的泄流规模以80立方米每秒为宜。

(二)运用阶段

1968年10月水库蓄水运用后，洮河来沙有一部分通过异重流形式排出库外，坝前淤积高程到1971年已达到1659米，距电站进水口(1680米)约21米，距左岸泄水道和右岸排沙洞进口底坎只有5～7米，如遇丰沙年，坝前淤积面还会抬高。届时在汛期低水位运行期间，洮河泥沙和水草将要行近和通过机组，洮河推移质泥沙也将对水轮机产生严重磨损问题。为此，1971年刘家峡电厂和水电部第四工程局作了《刘家峡水库淤积资料初步分析及续建电站右岸排沙洞必要性的论证》。文中指出：排沙洞设置的根本目的不完全是排沙，更不是也不可能把洮河泥沙的大部分通过排沙洞排泄，而是由于排沙洞的泄流，改变了坝前局部的淤积地形，起到减少堵塞拦污栅的水草量和减少通过机组泥沙量的作用。排沙孔泄量规模的确定除考虑模型试验提供的流量范围和预留进口段的限制外，还考虑进口检修门前流速不能过小，枯水年低水位运行期间仍能经常开启而不致影响水库蓄水等因素，在正常高水位下，排沙洞的泄量约为100立方米每秒。并报请上级批准，于1972年续建排沙洞。

1974年汛后，坝前淤积厚度约64米，黄1断面（距坝206米）的淤积面高程已达1680米，距电站进水口底坎仅12米，如不积极采取措施，排沙减淤，减缓洮河及坝前的淤积速度，洮河入库沙、草将很快直抵坝前，威胁电站运行安全。为此，刘家峡电厂提出《刘家峡水库异重流排沙问题》。文中指出：黄河及大夏河的入库泥沙含量小，形成异重流的机遇少，即使形成异重流，经过开阔的“大肚子”库段，扩散落淤，近期尚难大量到达坝前。洮河库容小，比降大，距坝近，给洮河泥沙入库后形成异重流运行到坝前创造了条件。1973年汛期以来，通过对洮河异重流的观测，初步掌握了洮河异重流的基本特性和变化规律，运用此规律将5台机组与泄水道排沙洞组合，发现由于泄水道和排沙洞高程低，泄量大，下泄单位水量的排沙比量大。1974年继续观测了泄水道闸门全开，间歇开启和全部关闭的情况，得到：准确掌握洮河入库沙情，及时开启泄水道闸门，可将大量泥沙排出库外，如1974年7月25～28日一次洪水，入库沙量176万吨，预计沙峰异重流将于26日2时到达坝前，因此于16日1时开启泄水道2号门排沙，至28日8时关闭，排出泥沙109.8万吨，排沙率达62.4％，可以肯定，如1号与2号闸门同时开启排沙，其排沙效果会更好。间歇开启排沙，泄水道2号闸门一孔排沙率仅33.2％。当洮河异重流到达坝前时，泄水道闸门关闭，因排泄不畅，异重流受阻而在坝前形成浑水，随着浑水面的升高，机组过机的沙量增大，大量泥沙淤在库内。

1977年刘家峡电厂、水电部第四工程局、黄河上中游水量调度委员会提出《刘家峡水库洮河异重流观测及排沙效果分析报告》，报告中再次分析了洮河异重流特性及异重流排沙情况，指出：异重流排沙效果，主要取决于泄水道闸门的运用方式。建议将来在编制龙羊峡水库的调度运用方案时，能考虑刘家峡水库为排洮河异重流泥沙所需的水量，每年5～9月在刘家峡水库经常预存4亿立方米水量专供排沙使用。近期利用泄水道排出洮河异重流泥沙是减缓坝前淤积的必要措施。洮河的推移质泥沙将不会到达坝前影响电站的安全，但估计部分粗泥沙将通过机组加重水轮机磨损，也必须引起重视。

1979年10月西北勘测设计院对排沙设施运用提出以下建议：在汛期尽可能经常泄流排沙，妥善安排汛期低水位时期的排沙和发电用水量的矛盾，进一步完善泄水道的运用方式和调度规程，完善泄洪洞的运用条件，争取泄洪洞投入泄水排沙运用。1980年3月河流泥沙国际学术讨论会之前刘家峡电厂蒲乃达、西北勘测设计院苏凤玉、张瑞佟等将过去交流的《刘家峡、盐锅峡水库泥沙的几个问题》，进一步作了介绍，肯定了当洮河发生异重流时，只要根据异重流特性，预计其到达坝前的时间，适时开启泄水道闸门，即可将洮河入库的大量泥沙排出库外。否则，随着清浑水交界面的升高，通过水轮机也能排出一部分，但其排沙效果是不大的，且势必加剧水轮机的磨损。

1981年5月西北勘测设计院、甘肃省电力局中心试验所，根据1980年汛后水库淤积情况：黄2断面(距坝730米)最深点高程上升约11米，1980年6月，当库水位降至1697.5米上下时，已呈现阻水现象，为使电站安全运行，控制和降低坝前淤积面已是势在必行，青铜峡、三门峡都有低水位拉沙，辅以机械拖淤的经验，并取得良好的效果，为此决定在刘家峡水库进行降低水位泄流冲刷试验。经试验表明，利用泄洪洞、泄水道及排沙洞大流量冲刷拉沙，降低坝前淤积高程，消除沙坎阻水影响，效果是显著的，沙坎上淤积物的抗冲流速约为1.5米每秒(断面平均值)，当过水断面缩小到一定程度后，沙坎可以冲开。同年，黄委会水科所焦恩泽作了《刘家峡水库排沙问题分析》指出：当坝前不壅水时，库区河道呈明渠流状态，进库泥沙几乎全部排出库外，若前期淤积量较大时还可能使库区发生冲刷，水库排沙百分比大于100%。当坝前壅水位较高时其水库回水距离较远，一般情况下进库全部或大部分泥沙在库区落淤，在条件具备时，部分泥沙以异重流方式排出库外，坝前水位越低，异重流潜入点距坝长度越短，排出库外泥沙越多。反之，排出库外的泥沙则少些。另外，进库含沙量越大，排沙百分数也越大，流量大，排沙比也大。洮河淤积纵剖面逐年不断的抬高，预示着大量洮河泥沙与水草对刘家峡电站的威胁日益逼近，是当前刘家峡水电站安全生产的最突出问题。

1982年3月电力工业部第二水电工程局设计院吴孝仁在《黄河刘家峡水电站水库泥沙设计与现状》一文中指出：(1)水库库区主要是悬移质泥沙淤积，设计时预期水库淤积将形成三角洲形态，根据水库运用的特点，预估泥沙主要淤积在死库容里，有效库容将可以长期使用。蓄水运用以来，除大夏河库区呈带状淤积外，黄河干流与洮河库区均呈三角洲淤积形态。水库内共淤积6.7亿立方米，占设计总库容的11.7%。其中死库容淤积约5.2亿立方米，占总淤积量的77.6%，死水位以上淤积约1.5亿立方米，占有效库容的3.7%，与设计时拟定水库冲淤模式基本上是一致的。(2)洮河口沙坎是本水库特定的来水来沙和地形条件下形成的一种特殊淤积形态，设计时预估蓄水10年左右可能出现沙坎阻水现象。在1980年6月库水位1698米，当电站突然增加较多负荷时，曾出现沙坎断面过流能力不足的阻水现象。现在洮河死库容已经淤满，水库供水期冲刷下来的洮河泥沙将直接进入坝前库区，加速坝前段的淤积，增加过机沙量，过机泥沙粒径可能变粗。特别是汛初库水位较低时，如洮河发生洪水，则杂草可能到达坝前。因此，限制并减少洮河口至坝前库段的淤积，降低沙坎，防止杂草输入坝前是保证电站正常运转的当务之急。实测资料表明，洮河形成的异重流且排出库的沙量远大于设计值，洮河死库容淤满年限比设计预期的要长得多。今后仍应尽量利用异重流排沙是有益的。(3)枢纽各泄流建筑物的低水位泄流能力，基本上可以满足冲刷排沙要求。运用的实践表明，泄水道前形成的冲刷漏斗可达3号机组，对解决3、4、5号机组过机泥沙，减轻水轮机磨损作用是明显的，今后应灵活开启使用。排沙洞自1975年建成以来，很少使用，1981年汛初低水位排沙期间出流沙量仅占9%，5台机组过沙量占总沙量的91%，说明排沙洞的作用与模型试验结果相差较大，有待今后的运用实践进一步验证。泄洪洞对降低库水位，加大流量冲刷沙坎及排除坝前淤沙是有作用的。(4)开展洮河流域水土保持是解决洮河沙草的根本措施，建议结合农林牧生产的发展，有计划有步骤地进行水土保持工作。此外，还提出了对今后水库调度运用的建议。同年，水科院分析了沙坎的阻水问题，指出：水库技术设计阶段估计蓄水5年后，沙坎顶部高程将达到死水位(1694米)，10年后沙坎长度可达4公里，实测资料说明所估计的速度略偏高。目前沙坎的长度不大，正常发电流量所造成的水深尚能满足安全调峰的需要，尽管阻水现象显著，但不会发生阻水破坏。今后在沙坎长度超过2公里以后，阻水破坏是完全可能的。为此，电站在低水位运行时，为避免阻水破坏，应注意使出力力求调匀，调峰时，负荷上升时间尽量加长。由于降低冲刷水位可以大幅度提高冲刷效果，应在保证发电安全基础上尽可能降低坝前水位。

1985年，西北勘测设计院在《黄河上游水电站泥沙问题初步总结》报告中指出：刘家峡水库有效库容能比较长期保持的原因是：库容大，入库沙量不多；由于径流的年调节，形成年内库水位变幅大，有利于调节泥沙，使有效库容内的泥沙被冲至死库容内；每年汛期有弃水，有条件在汛期排沙；低水位泄流规模较大，创造了处理水库泥沙的条件。对于拦门沙坎问题，水库蓄水以后，洮河口沙坎高程曾两次急剧上升，一次在1973年汛后，因洮河来沙特别多，枢纽未及时泄流排沙。另一次在1978年、1979年汛后，主要是由于洮河死库容已经淤满，失去了调沙能力，库水位消落过程中将洮河库区大量淤积物冲刷到坝前。因此，要控制和减缓沙坎淤积速度，除汛期及时排除洮河异重流及浑水泥沙外，目前更重要的是在供水期末（指汛前）降低坝前水位，排除洮河库区冲刷下来泥沙，并冲刷沙坎河段的泥沙，汛前降水冲刷效果是显著的，这已为1981年的试验资料所证实，今后应相机采用。通过总结得到如下经验：(1)设计时必须摸清来水来沙条件，特别是对来沙量的估计要准确，对不利有利因素要有充分论证。(2)设计时必须考虑泥沙因素，合理选择枢纽布置形式，必须设置排沙底孔并留够排沙泄量。(3)选择合理的水库运用方式，以控制泥沙淤积发展。水科院张振秋、杜国翰根据实测资料作了计算分析，在其《刘家峡水库坝前沙坎的阻水及其冲刷》一文中指出：沙坎增长到2公里以后，电站担负峰荷的能力将受到沙坎阻水的限制，要维持调峰能力，必须控制沙坎的淤积高度，必要时需利用水力冲刷来降低沙坎顶部高程。计算中认为沙坎上游的库水位，在电站升荷过程中近似不变，调峰流量增加后，沙坎下游末端水深相应减小到等于该流量下的临界水深时，这个流量就是沙坎所能通过的最大流量。计算结果表明：每削减1米的沙坎高度，电站可多担负20万千瓦的峰荷。建议：宜用低水位时的较小流量进行冲刷沙坎淤积，以减少冲刷时的非发电用水。为安全计，电站每年在低水位运行期间，应注意拉长升荷时间，避免长时间（如数天）低负荷运行后，突然大幅度调峰，以防止发生沙坎阻水破坏调峰。

1987年，西北勘测设计院吴孝仁等根据刘家峡水库多年实测资料，提出《黄河刘家峡水库泥沙淤积和排沙问题)，文中分析了水库泥沙冲淤形态，水库运用水位与保持有效库容的关系，洮河口沙坎的成因及控制沙坎发展措施。认为目前影响电站正常运行的泥沙问题是过机泥沙对水轮机的严重磨损和洮河口沙坎淤高后可能发生的阻水现象，而这些问题都是洮河泥沙引起的。多年的测验资料表明：输沙量没有减小趋势，流域水土保持效益甚小。为减轻洮河泥沙对电站运行的威胁，应采取多排并适当拦沙的措施，主要是：(1)龙羊峡水库蓄水后，减缓了刘家峡水库干流库区的淤积速度，应研究龙、刘两库水、沙、电的联合调度，以处理刘家峡水库坝前淤积，减轻水轮机磨损等问题；(2)重新研究工程设计过程中曾提出过的在洮河口对岸（干流左岸）修建排沙洞，直接排洮河泥沙方案的可行性；(3)重新研究设计中提出过的修建茅笼峡拦沙工程的可行性。同年水科院作了刘家峡水库洮河口排沙洞效果模型试验，结果指出：洮河异重流可以穿过黄河进入排沙洞，排沙效率相当高，可达62％～76％。影响排沙比较明显的因素是：水库水位、排沙洞流量与洞前漏斗的规模等。陕西机械学院赵乃熊、钱善琪等在《刘家峡水电站沙坎阻水问题的研究》中从洮河淤积三角洲侵入干流形成沙坎的现状出发，提出沙坎上的水流可以发生明渠非恒定流和阻流两种水流流态，并给出两者的判别标准，用理论计算和模型试验两种方法，研究电站低水位调峰时坝前水位骤降现象。结果与1981年冲沙试验时的实测结果相近，计算值与试验数据的规律相同。在目前的淤积地形下，为防止洮河沙坎阻水，采取汛前降低坝前水位的运用方案是适宜的。

1988年，水科院、中国水利电力对外公司发表《关于增建刘家峡水库洮河口排沙洞的建议》一文中说：龙羊峡水库投入运用后，刘家峡水库现有泄洪排沙设施不能满足运行需要，其中突出的问题是，提高水量利用率后，将使更多的泥沙通过水轮机组，加剧机组磨损；龙、刘两库联合调度，刘家峡水库在长时间内要保持较高水位运行，这将加重洮河口沙坎的淤积，遇大沙年（如1964、1967、1979年）前述矛盾更加突出，为了充分利用龙羊峡水库调节的水量，电站机组运行时间将增加约1000小时，不仅水轮机磨损将加剧，机组检修安排也将变得十分困难。鉴于这种情况，为解决洮河的泥沙问题，建议增建洮河口排沙洞，即在洮河口对岸（干流左岸）设置一条排沙洞通向大坝下游，洞口高程在1600～1665米附近，以免洮河入库泥沙直抵坝前和大量泥沙进入机组加剧磨损。同年，甘肃省电力试验研究所于光林根据刘家峡水库3次汛前低水位排沙实测资料，分析冲刷成因与排沙效果后提出，用水文预报寻求合理的排沙时机，将排沙期划分为预泄期，冲刷期和巩固期，预泄期和冲刷期应在流域产汇流历时内完成，总历时120～150小时。预泄期由排沙初始水位降至1699米，流量1500立方米每秒左右为宜。冲刷期水位由1699米降至1695米左右，流量采用2000立方米每秒左右为宜。为了使排沙后洮河库区推移质泥沙不在坝前淤积，应有一个较小流量的巩固期，其流量在1200立方米每秒左右为宜，历时视上游来水，洮河来水来沙及发电等情况灵活掌握。

四、八盘峡水库

八盘峡枢纽位于盐锅峡下游17公里处，是一座低水头电站，在枢纽上游川峡相间形成一个河道型水库。总库容0.49亿立方米。据1985年西北勘测设计院在《黄河上游水电站泥沙问题的初步总结》一文中分析：水库于1975年6月建成蓄水运用以来，累计淤积0.178亿立方米，占总库容的36%，这主要是因为枢纽布置形式为闸坝式，可根据需要随时泄洪排沙，从而减少了水库淤积和库容损失。支流湟水在坝址上游4.6公里处于左岸汇入黄河，其来沙量占入库沙量的20%左右，使汇流区淤积库面较高，而水库末端受盐锅峡电站泄流的影响，泥沙淤积很少。目前有效库容为0.081亿立方米，仅损失10.5%。

五、天桥水库

天桥枢纽位于黄河北干流府谷县与保德县境内，是一座径流电站，1976年10月建成。水库库容较小，仅0.66亿立方米，而来沙相对较多，年平均3.12亿吨，是一个不完全的日调节水库。水库上游水沙来源不同，基流主要来自河口镇以上，洪水泥沙主要来自河口镇至坝址区间的支流(红河、偏关河、黄甫川、清水川、县川河)，这些支流多于七八月份发生洪水，历时短，洪水含沙量高，泥沙粒径粗。尤其黄甫川泥沙污草多，对水库淤积及电站运行的影响较大。设计枢纽泄水建筑物布置时，考虑了形成坝前漏斗及降水冲刷的条件，并考虑回水淤积上延不影响曲峪滩地(在坝址以上26公里)，非汛期设计最高运用水位834米，汛期限制水位830米。为了保持库容和坝前漏斗及保证电站安全运行，规定大幅度降低库水位冲沙，在黄甫川来大洪水时停机敞泄排沙。

1980年黄委会水科所根据天桥电站1976～1978年运用观测资料，结合水工模型试验分析了天桥电站枢纽布置与排沙设施的作用，指出：降低水位排沙效果显著，底孔及泄洪闸下层的排沙效果良好；机组运行以来水轮机磨损轻微，更说明机组下的排沙底孔充分发挥了作用。

1981年，黄委会勘测设计院通过电站运用以来的实测资料分析，提出《黄河天桥水电站调度运用方案报告》，对原设计的调度运用方案作了修改补充。根据汛期7～10月洪水泥沙来源不同的特点。7、8月来沙多，将该时段运用水位的消落深度定为1.5米，在828.5～830米范围内变动。9、10月来沙少，运用水位可提高到830.5～832米运用。如此运用，每年可多发电约1400万千瓦小时，并可将入库泥沙排出库外，达到库区冲淤平衡，避免因降低水位泄空冲刷所形成的溯源冲刷给下游河道带来不利的后果，而且对提高供电保证率也有好处。

1986年，黄委会勘测设计院分析了天桥电站水库冲淤特性和影响保持有效库容的主要因素，提出《黄河天桥电站水库冲淤特性分析》，指出水库分期分级水位运行的合理性，即7～8月水位按828～830米运用，排沙为主。9～10月水位按832米运用，上下浮动0.5～1米，争取多发电，并保持冲刷能力。可使830～834米高程保持2300万立方米调节库容，可控制淤积末端不超过黄甫川口，使防洪能力由原设计防御百年一遇洪水提高至防御二百年一遇洪水，避免发生洪水时紧急降低水位泄空水库加大下游洪峰，威胁府谷、保德县城安全。对于不同来源的洪水泥沙采取不同的停机排沙指标，如黄甫川洪水流量大于2000立方米每秒，或流量大于1000立方米每秒，含沙量大于600公斤每立方米时，可停机排沙；当河曲出现5000立方米每秒洪水，且含沙量大于300公斤每立方米时可停机排沙，按水位828～830米运行。当需要降低水位冲刷时，可控制水位824～826米运用，可达冲刷效果，而不致加重下游淤积。

第三节　部分支流水库

支流水库以其集流区域来沙多寡决定其淤积的严重程度，水库所在地方的管理和研究单位都在实践中尽力探索减轻淤积的有效方法，有的还作为典型试点进行试验研究，取得不少研究成果，是黄河水库泥沙研究的组成部分。本节选述有代表性的部分水库，以示梗概。

一、黑松林水库

黑松林水库位于泾河支流冶峪河上，在陕西省淳化县境内，总库容1430万立方米，是一座以灌溉为主结合防洪的中型水库。1959年5月建成后，前三年采用“拦洪蓄水”运用方式，淤积泥沙162万立方米，年均淤积54万立方米，按此淤积速度计算，16年即淤废失效。在此情况下，陕西省水利厅决定，在黑松林水库开展保库研究。于1962年6月，西北水科所的科技人员在水库管理部门的配合下，当年就改变运用方式，采取泄空水库排沙，收到一定的减淤效果。1965年10月首次提出“蓄清排浑”的雏形，即在非汛期清水时蓄水，汛期浑水时排泥灌溉的运用方式，后经不断补充和完善，1970年正式总结提出“蓄清排泥（浑）、引浑淤灌”的运用方式，并在有关学术刊物和1972年黄河水库泥沙观测研究成果交流会上发表。

1978年黑松林水库被定为全国20座水文泥沙观测研究重点水库之一，要求该库除结合本工程实际问题进行专题研究外，还应积极开展新技术、新仪器、新方法的研究工作，并对其他水库给予技术指导。为此，黑松林水库的研究人员，在推广应用“蓄清排浑”的同时，开展了水库清淤新技术的研究。1979年开始进行高渠拉沙(横向冲蚀)的试验，经过大量的现场和室内试验，1982年提出高渠拉沙、水库清淤新方法的初步成果。1986年完成高渠拉沙的清淤原理、设计方法和操作技术的总结报告。经过科研、管理人员多年的实践研究，提出的“蓄清排浑、高渠拉沙、引浑淤灌”一整套中、小水库淤积防治技术，不仅成功地解决了黑松林水库的泥沙淤积问题，也为多沙河流上修建水库，保持有效库容，摸索出了一条路子。

二、巴家嘴水库

巴家嘴水库位于泾河支流蒲河上，属甘肃省庆阳县，是一座河道型水库，初建坝高58米，库容为2.57亿立方米，原为蓄水运用，任务是拦泥、发电和提水上塬灌溉。1962年建成，至1964年底坝前已淤高35米，淤积量达0.847亿立方米。根据1964年12月北京治黄会议精神，将该库改为试验拦泥库，运用方式改为滞洪运用。1965年从坝后加高坝体8米，总库容达3.67亿立方米。1973年9月曾放空水库，进行第二次加高坝体，即在坝前淤土上加高8米，使总坝高为74米，总库容达4.95亿立方米。1977年以后因考虑当地农业生产，又改为蓄清排浑运用至今。

1964年水库改为拦泥试验坝后，确定的试验任务有在淤土上加高坝体的研究(见土工试验研究篇)，库区淤积形态及水库拦泥运用后对下游河道冲淤变化的影响，由于“文化大革命”影响，研究工作一度中断，1973年，黄委会水科所、巴家嘴水文实验站等单位通过历年实测资料分析得出以下认识：(1)水库淤积属锥体形态。蓄水期排沙比为14.9%，自然滞洪期排沙比为52%，水库泄空冲刷过程中在库内淤泥面上冲刷出一条主槽，称为小河槽，小河槽形成后排沙比达91.5%。(2)由于进库泥沙颗粒较细，河床坡陡等原因，回水淤积上延较轻微。(3)洪水入库后很快到达坝前，泥沙分选不明显，使洪峰流量进出库过程改变，而含沙量过程改变不大。(4)小河槽是1965年水库由蓄水改为自然滞洪运用后冲刷形成的，至1968年10月河槽断面形态趋于稳定，平均过水能力达107立方米每秒，1966～1968年有大小不等的12次洪峰从小河槽通过。1969年汛后改为蓄水运用，小河槽基本淤平，1973年水库放空后又恢复小河槽，对水库排沙影响很大。关于水库运用对下游河道冲淤的影响，因下游河床为基岩，坡度又较陡，不存在淤积问题，未进行研究。

1981年，殷兆熊基于巴家嘴水库1964年汛后，1973年汛后至1979年水库泄空运用情况，分析了巴家嘴水库滩面河槽的演变，认为滩面河槽形成有两个条件：(1)淤积面高于泄水建筑物底坎(即侵蚀基面高程)。(2)水库为泄空运用方式。滩面河槽的发展并不完全依赖于水流直接冲刷作用，河槽刷深，末端的上溯靠水流的直接冲刷作用；河槽断面的展宽主要依赖于横断面边坡的滑塌。此外，对河槽末端的溯源速度与入库流量的关系，滩面河槽相对稳定的河相关系和决定滩面河槽规模的滩槽高差，横断面边坡角度与距坝里程之间的关系都作了探求。

1984年，水科院方宗岱、胡光斗根据巴家嘴水库高含沙水流的实测资料分析了《巴家嘴水库高含沙水流特性》，巴家嘴水库的浮泥不动层颗粒组成，中数粒径大于0.025毫米，按颗粒分类已非泥质，将该层称为停滞层，它具有如下特性：(1)停滞层一般由含沙量达数百公斤每立方米的均质浑水构成，其颗粒级配和含量在垂线上无梯度；(2)均质浑水具有一定的屈服应力值，因而一般发生在含有相当数量细颗粒成分的高含沙水流中发生；(3)停滞层的固结是以压缩沉降的方式进行，而不是一般的分选沉降，且沉降速度很慢，在适当条件下可重新进入流动状态。

1986年，黄委会水科所焦恩泽根据巴家嘴水库实测资料和室内高含沙异重流试验，提出《巴家嘴水库底孔排高含沙异重流特殊现象》，文中说：高含沙水流已属非牛顿流体，高含沙异重流孔口排沙时无吸出高度或吸出高度很小，可以忽略不计，故对高含沙异重流排沙吸出高度计算，不能采用一般低含沙异重流吸出高度的概念计算。巴家嘴水库高含沙异重流到达排沙洞时，若交界面低于洞口高程，很少排沙；交界面处在洞口中心处，排出含沙量接近进库含沙量的1/2；若交界面高出洞口顶部高程，排出含沙量可接近于异重流含沙量。巴家嘴的实践说明，在高含沙河流上修建水电工程，排沙洞除满足其他要求外，尽可能将洞底高程抬高，用异重流达到坝前的可能壅高最大厚度，作为设计电站进水口高程与排沙洞的高程差，只要交界面高程不超过电站引水高程，就不会有泥沙过机。1987年，焦恩泽又在《巴家嘴水库泥沙的几个特殊问题》中指出：不论进库水沙特性、淤积形态和淤积上延，巴家嘴水库都出现一些与一般河流上的水库泥沙不同的现象。作者将进库泥沙划分为三个区:即含沙量大于或等于400公斤每立方米为宾汉体高含沙区;含沙量大于100公斤每立方米而小于400公斤每立方米,为宾汉体低沙区;含沙量小于100公斤每立方米,为一般挟沙水流区。三个区的流体特性各异,使巴家嘴库区泥沙运动也不相同。高含沙水流进入库区就转化为高含沙异重流,异重流有流核。淤积比降平缓,而且淤积不上延,遇大水时还有冲刷。非汛期属一般挟沙水流,库区淤积末端上延。但从多年平均看,淤积不上延。巴家嘴水库进库以高含沙量水流为主,挟带的颗粒较细,库区的泥沙运动以异重流为主要形式。

三、红领巾水库

红领巾水库位于内蒙古自治区土默特左旗大黑河支流水磨沟口,是一座灌溉、防洪水库。水库于1956年动工兴建,1960年建成并投入运用,总库容1660万立方米。由于水磨沟系山区河流上游,沟坡陡、植被差,洪水集中在七八月份,洪水含沙量大,实测最大含沙量890公斤每立方米。水库运用初期采取"拦洪蓄水"运用方式,水库淤积严重,年平均淤积量67.5万立方米,按此速率不到20年水库将淤废。1963年改为"缓洪蓄清"、"人工排沙"和"引洪淤灌"相结合的运用方式,水库不仅未淤,还恢复库容24万立方米。1963年红领巾水库管理局、内蒙古水利勘测设计院分析认为:水库初期淤积严重的原因,除运用方式需要改变外,水库的排沙能力,受泄流规模和底孔高程的控制,水库主要放水排沙建筑物输水洞的泄量小(最大泄量15.95立方米每秒),位置高(黄海高程1116.6米),1974年打开施工导流洞,将由输水洞放水改为主要由施工导流洞放水,两洞高差12.55米,导流洞比原河底仅高4.45米,大幅度降低了侵蚀基准面,为库区排沙创造了有利条件。1974年7月28～30日洪水,水库滞洪排沙,实测出库平均含沙量,导流洞为817.4公斤每立方米,是输水洞(38公斤每立方米)的21倍。

四、汾河水库

汾河水库位于汾河上游的山西省娄烦县境内,总库容7.21亿立方米,是一座以灌溉、防洪为主的综合利用的大型水库。设计时由于对流域上游来沙估计偏低,对上游治理及水土保持效益的估计过于乐观,认为水库建成6年(到1967年),可减少入库泥沙30%,20年后(到1983年)入库泥沙可减少60%,30年后水库上游水土保持可完全控制水土流失,没有泥沙入库,汾河水库可以长期使用下去。因此,设计预留30年的堆沙库容3.45亿立方米,泄水洞进口高程1089.4米,最大泄量80立方米每秒,导流支洞于拦洪后进行堵塞,永久隧洞不参与泄洪。水库于1959年建成,一直采用清水河流"以蓄为主"的方式承接入库年径流量4.5亿立方米和年沙量2000万吨,至1967年坝前淤积面已与泄水洞口齐平才引起重视。1973年开始注意用异重流排沙,有一定效果,但淤积仍很严重,实测最大排沙比为20%。1978年又将现有隧洞出口段进行改建,使隧洞泄量由80立方米每秒增大到142立方米每秒,但作用仍不够大,至1982年库区泥沙淤积已达3.01亿立方米,占总库容的41.7%,坝前淤积面高程达1102米,高出泄水洞进水口12.6米。1983年10月山西省召开水库改建规划讨论会,提出空库排沙方案处理汾河水库泥沙淤积问题。根据这一要求,1984年选择了与汾河水库泥沙特性基本相同的汾河二坝进行了模拟泄空冲刷试验。关业祥、张为民等在《汾河二坝泄空冲刷试验分析》中指出:通过两次降水冲刷试验发现,泄空冲刷可分为降水过程中的沿程冲刷、溯源冲刷和主槽沿程冲刷三个阶段,最后达到冲淤平衡,形成平衡比降。降水过程中,水流为非恒定流,随着坝前水位的降低,库区床面泥沙起动,产生沿程冲刷,致使出库含沙量逐步增大。当某处下游水位低于该处淤积面时,便产生溯源冲刷。溯源冲刷以跌坎方式进行,跌坎以上水流漫滩分散,水深和流速均很小,而且在坎以上一定范围内形成向槽坎断面收缩的平面流场;跌坎处坎墙和两侧边墙都近乎垂直,水流湍急;跌坎以下形成冲刷主槽,水流归槽,流速增大,水流在紧靠跌坎归槽处,水面完全与槽边滩唇齐平。跌坎处不仅由于流速增大,也由于一部分水体重力转变成切应力,使坎处切应力增加,从而能够破坏具有整体性结构的粘土淤积物。水流在离开槽坎一定距离后,槽水面低于滩唇,说明跌坎下游主槽内仍然存在冲刷。对于整个库区来说,溯源冲刷与沿程冲刷在一定时期内同时出现,槽坎上游下游都发生沿程冲刷,三种冲刷连成一体,逐渐向上游发展,最后达到冲刷平衡。泄空冲刷横断面可以概化为矩形,冲刷槽两侧成为陡坎,并在一定时期内维持不变,泄空冲刷平衡后,根据淤积物组成可有两种比降,当淤积物为粘土,其比降是该淤积粘土层的冲刷平衡比降;对于非粘土淤积物床面平衡比降可用河床与水流的函数关系来描述,汾河二坝实测冲刷平衡比降为1‰。这一成果为汾河水库泄空排沙提供了依据。

1986年,山西省水科所王景新使用张启舜的《河流与水库泥沙冲积过程的统一计算数学模型》进行《汾河水库蓄水运用泥沙淤积计算与分析》,用水库实测的19年资料作为入库水沙过程，预估未来25～50年汾河水库不同控制运用的淤积量、淤积形态及发展趋势。计算结果表明：汾河水库继续拦洪蓄水运用，控制水位下的库容终将淤满。如将汛期水位控制在1118米低水位运用，淤积平衡后，必须增建9米直径的泄水底洞，并采取调水调沙运用，才能满足最大可能洪水的防洪标准；如只考虑近期效益，水库势将迅速淤废，从长远利益考虑，只有改变现在采取的蓄水运用方式，增大排沙能力才能使水库维持一定的终极库容。大丰水年应是低水位或滞洪运用，否则，不但淤积量大，还有可能导致淤积上延，在水库未增建大泄量的排沙设施以前，尽量避免汛期高水位蓄水运用。

1987年，山西省水科所关业祥、周宾和汾河水库管理局蔡克贤、朱春耀等分析了《汾河水库回水变动区主槽冲刷资料》，文中所说的回水变动区仅限于低中水位回水变动区，即峡谷段的出口到水库4断面的库区。由1984年汾河水库坝前水下钻孔取样和1985年回水变动区现场观测资料分析得到：库区8断面至坝前的淤积物都具有随机分层多元结构的特征，这种淤积结构较均质粘土淤积结构容易冲刷，是汾河水库空库排沙或低水位运用排沙的一个有利因素。形成粘土和沙土多元分层淤积结构的主要原因是库水位有较大的变幅，由此可以推论：蓄水运用水库，适当变化坝前控制水位，可以改变水库淤积物的结构，有利于淤积泥沙的处理。1985年汛前低水位运行在回水变动区淤积滩面上冲出一条宽38～83米，深4.2～5米的冲刷主槽，主槽冲刷发展主要为溯源冲刷，它以间歇性、块状破坏跌坎方式进行，跌坎下游的总冲断面，以“单向下切”规律冲刷发展，呈U形断面；跌坎上游的主槽断面以“洪水展宽，退水下切”的规律发展，呈复式断面。回水变动区主槽断面为纯侵蚀性断面，断面河相关系与河底下切深度的相关系数为0.95，可以作为计算水库低水位或空库排沙的冲刷宽度之用。1988年，周宾、关业祥再次分析《汾河水库回水变动区的冲淤变化》，根据26年来的资料，分析了水库库区峡谷段及以下的开阔段指出：峡谷段的冲淤变化以河道特性为主，沿程淤积为次，因受峡谷影响，河床有纵向和垂向变形；开阔段的冲淤变化，除表现峡谷段的特性外，还有横向变形。通过开阔段主槽形成的机理分析，得出竖向分布多层次，横向不均匀性，干容重大和上冲下淤等特性。

1989年，山西省水科所王景新在《汾河水库泥沙处理不容拖延》中说：汾河水库泥沙处理(改建方案)，自1983年水库改建规划讨论会以来，一直争论不休悬而未决，然而水库仍为蓄水运用方式，今后20年泥沙平均淤积速率约为0.1亿立方米，到20世纪末防洪标准将下降到百年一遇。要想解决水库防洪问题，减缓水库淤积速度，延长水库使用寿命则要:(1)水库改建必须在大水大沙年之前，否则当再次出现1967年那样的大洪水，水库因没有足够的泄水设施就要淤积约0.5亿立方米，给水库带来不可估计的损失。(2)水库改建以后，从长远的利益考虑必须改变蓄水运用方式，如只着眼近期效益，不根据来水来沙情况采取不同方式运用，则有可能到2000年左右出现防洪与供水不可调和的矛盾。(3)延长水库使用寿命，应利用水库自然空库或低水位运用时排沙，大水或中水年降低控制水位排沙，上下游水库联合运用调水调沙等综合处理泥沙措施。为延长水库使用寿命，山西省决定于同年开始增建争论多年的8米直径的泄洪隧洞，预计1992年汛前完工。隧洞完工之前，有关单位已开始研究水库泄洪排沙或低水位排沙时原河道水沙运行规律、排沙弃水和用水的矛盾等问题。

五、田家湾水库

田家湾水库是1958年修建的一座小型水库，1960年建成，坝高29.5米，总库容942万立方米，输水建筑物为卧管涵洞，设计最大泄量2.5立方米每秒。水库采用蓄洪运用16年，坝前淤高19.8米，淤积量达400万立方米，平均每年淤积25万立方米，有效库容已淤损202万立方米。解决水库泥沙淤积问题，对于上游有足够清水的水库来说，已有蓄清排浑，引浑淤灌的成功经验，对于地处山西干旱地区，平时缺乏水源，主要靠蓄浑调节水量的田家湾水库来说，要么蓄水拦沙，要么排浑而无法蓄水。因此，山西省水科所与田家湾水库管理部门一起组成田家湾水库水力吸泥装置试验组，于1975年3月开始试验，在常年蓄水情况下结合灌溉排沙处理水库泥沙的可行途径。试验装置有操作船、吸泥管、喇叭口型吸头，1976年改为簸箕型吸头。经不断摸索改进，1977年正式运用，运行695小时，1977年入库水量414万立方米，沙量29.8万立方米，出库水量205万立方米，沙量32万立方米，泥沙年内可以达到平衡，在清淤范围内，不仅当年来沙可排出，同时还可逐年清去老淤，恢复库容。解决了排沙费用高，干旱地区排沙弃水与灌溉需水的矛盾，无需专为排沙弃水，还可结合灌溉排水，浑水肥田增产。这一经验已在甘肃、陕西两省广为应用。

第七章　高含沙水流研究

在黄河中游的黄土高原区内，除一些海拔较高的岩石山地外，皆为深厚的黄土堆积物所覆盖。晚更新世以前，已经过三个大的侵蚀回旋，主要沟谷系统和黄土地貌的塬、梁、峁格局已经形成。全新世以来，土壤侵蚀逐步加剧，地面沟壑纵横，暴雨集中，坡面冲刷，谷坡坍塌和沟谷侵蚀都很强烈，这已在流域自然环境与产沙研究中作了叙述。在这样自然环境条件下，多数洪水都具有很高的含沙量，一场洪水的最大含沙量有达1560公斤每立方米的。含沙量这样高的水流与一般挟沙水流在性质上有很大不同，运动机理与一般挟沙水流也不一样，因此，在实际运行中出现了异常现象，也给黄河治理带来一系列特殊问题。为了更好地解决从生产中提出的问题，早在40年代，中国学者就开始了这个世界科学前沿问题的研究，尽管当时只作了水流的粘性研究，但在当时中国经济、技术落后，黄河流域又极少水利建设情况下，从无到有，实现了零的突破是十分可贵的。建国后，随着国民经济和黄河水利建设事业的发展，这一研究得到相应进展。50年代，西北水科所在作浑水粘滞率的基础上，考虑泥沙表面薄膜水的影响，研究了泥沙运动的基本规律，水科院河渠所作了浑水的粘性与流型试验研究，提出了高含沙水流属非牛顿流体。60年代，水科院河渠所与黄委会水科所合作，先后在渭河南河川水文站及无定河丁家沟水文站进行高含沙水流测验，这是迄今为止最完整的一套野外河道资料。70年代以后，随着生产上高含沙水流灌溉及高浓度泥流管道输送两个不同侧面对这项研究提出要求，黄委会水科所与水电部第十一工程局合作进行渠道高含沙水流观测研究，并开展室内高含沙水流的运动及流变特性试验，不少单位也陆续对这一课题进行了试验研究，揭示了高含沙水流运动的内在机理，在理论上取得较大进展，解决了引洪灌溉中长距离输送及管道输送问题，有些学者运用高含沙水流特性，提出了一些治黄设想或对异常现象作了试验并予以解释说明。

高含沙水流研究是涉及胶体化学、河流动力学等多种学科的边沿科学，涉及面广，问题复杂，加之，高含沙水流比较系统的研究时间不长，野外资料还不够丰富，室内试验范围和条件又有一定限制，并且有的试验结果还存在矛盾,因此,还需进一步深入研究,目前正大力开展中。

第一节　高含沙水流的产生与异常现象

一、高含沙水流的产生

1975年,中国科学院兰州冰川冻土沙漠研究所在黄土高原泥石流总结稿中指出:黄土高原暴雨泥沙的产生,主要取决于暴雨的时空分布和沟床地形条件,并列举了兰州地区1964年7～8月三次暴雨,黄河两岸不少沟谷发生泥流的情况。

1976年,中科院地理所陈永宗分析了天水、绥德、西峰、离石水土保持试验站的资料,在《黄河中游黄土丘陵地区坡地的侵蚀发育》一文中说:暴雨具有相当大的能量,特别是有浅沟的坡面一次暴雨的侵蚀量比无浅沟的侵蚀量要大1.8倍,高浓度水流自坡面就开始形成了。黄委会水科所张胜利、孟庆枚在《黄甫川高含沙水流特性分析》中也指出:黄甫川来水来沙在时间上十分集中,流域内基岩与黄土面积各占一半,基岩主要是二迭纪(下游)、三迭纪(中游)和侏罗纪砂页岩,极易风化,浸水即粉,遇雨滑塌,红土、黄土和深度风化的页岩提供了一定数量的细泥沙,从而极易形成粗细掺混搭配的高含沙水流。

1980年,中科院在《中国自然地理—地貌》一书中提出泥石流形成的条件是:(1)由于强烈的断裂褶皱、地震活动、风化剥蚀等内外营力作用,形成了大量的松散固体物质,能以崩塌、滑坡的方式下落沟槽。(2)有陡峻的谷坡地形和较大的沟床纵坡。(3)有暴雨形成强大的水动力,一般在前期久雨之后又逢暴雨,最易形成泥流。黄委会龚时旸、熊贵枢根据实地调查和实测资料分析得出:黄土丘陵沟壑区从坡面到支毛沟、到干沟的含沙量峰值,始终保持一个基本相等的数值,说明高含沙水流从坡面径流开始就形成了。

1982年,清华大学王兴奎、钱宁等分析子洲径流站的实测资料得到:黄土丘陵沟壑区降雨形成径流后,即使流量很小,也可以保持相当高的含沙量。见不同部位相对极限含沙量表(表2—7—1)。

表 2—7—1　**黄土丘陵沟壑区不同部位相对极限含沙量表**

部　位		代表场地与水文站	相对极限含沙量（公斤每立方米）
坡　面	无沟小场地	团山沟十场　段川一号场	510
	上　部	团山沟四场　段川二号场	690
	中　部	团山沟二、三场	860
全坡面（包括峁坡区和沟坡区）		团山沟七、九场	990
毛　沟		黑矾沟、水旺沟、团山沟	920
支　沟		驼耳巷、三川口、蛇家沟	920
干　沟		青阳岔、李家河、曹坪	1160
支　流		绥　德	1290

从表中可以看出高含沙水流的形成过程，无沟小场地和峁坡区的上部，通过雨滴击溅作用，相对极限含沙量就可达到 510～690 公斤每立方米，坡面水流在冲出细沟、浅沟的过程中，相对极限含沙量增加到 860 公斤每立方米，由于沟坡区的水力和重力侵蚀作用，使相对极限含沙量进一步加大到 990 公斤每立方米。进入沟道以后，通过沟床的冲淤变化，相对极限含沙量有一个调整过程，毛沟和支沟出口，相对极限含沙量比坡面稍低一些，为 920 公斤每立方米，到干沟和支流后，相对极限含沙量又分别增加到 1160 公斤每立方米和 1290 公斤每立方米。

1987 年，陕西省咸阳市水土保持站刘忠义在《黄土高原泥流形成的主要因素及规律》文中说：形成泥流的主要自然因素是降雨、地形和黄土的特性。西北黄土高原处于季风控制之下，季风的进退，制约着泥流的空间分布和活动。夏季季风盛行时，常导致黄土高原发生暴雨，高强度的暴雨，使塬坡面、沟道侵蚀加剧，径流挟带沟坡表面风化的堆积物，加上沟头、沟岸崩塌泻流的土体，从而形成高浓度泥流。黄土高原地面倾斜度很大，塬面最小坡度为 0～5 度，河谷与沟谷坡多为 35～55 度，坡麓为 35 度以下的堆积体。梁峁坡面，不是凸斜形便是凹斜形，这种地形既存在面蚀、潜蚀、沟蚀，又存在重力侵蚀，是泥流形成的地形因素。黄土本身结构疏松，胶结物丰富，单位面积上的产沙量随易溶盐含量的增加而增大，是产生泥流的基本因素。

二、异常现象

高含沙水流在流动过程中有与一般水流不同的异常现象。1974年黄委会水科所、水电部第十一工程局勘测设计科研院与人民引洛管理局共同组成的人民引洛高含沙浑水淤灌小组，在洛惠渠进行高含沙水流现场观测研究，通过观测发现：在比降较大的中干渠，水色较黑较深，漂浮的草沫在水面上形成云状花纹，在流动的过程中不断扭曲、变形，还可看到岸边突起后的旋涡尾迹。在比降平缓的东干渠，水色发红，漂浮草沫形成的花纹在流动的过程中几乎保持不变形，水面平滑如镜，可映见两岸的倒影。水面撇出一层数毫米厚的清水，含沙量在断面上的分布十分均匀。水电部第十一工程局科研院在《黄河干支流的高浓度输沙现象》一文中说：高含沙水流紊动减弱，尽管流速相当大，河面却十分平静，光滑犹如湖面的现象，1963年在渭河南河川站，1964年在无定河丁家沟水文站都有所见。另外，高含沙洪峰期间，往往伴随着剧烈的冲淤现象。在黄土沟壑地区的小支流上，每年第一二场暴雨洪水期间含沙量常达到1000公斤每立方米以上，这种高含沙量洪峰的落水过程，随着流量的下落，流速减低，河床不断淤积抬高，断面变得宽浅，水位却有所抬高，有如一河泥浆停滞淤落而成了河床，这种现象，当地群众称之谓“浆河”。在龙门一带，高含沙洪峰落水阶段，又往往发生河床的强烈冲刷，数小时至10余小时河床可以冲深几米乃至十几米。这种现象龙门一带最为突出，渭河临潼一带也时有发生，群众称之谓“揭河底”。发生揭河底时，可以看到先是局部地方形成跌水，2～3分钟后，大片河床泥块被水流掀起，露出水面，数分钟后坍落并被冲走，随后又是形成洪水，掀起河床……揭河底时河面浪小，含沙量分布均匀，挟有大量煤块、冰块。

1977年7月8～12日及8月7～12日黄河下游出现两次高含沙量洪峰，黄河河南河务局对这两次洪水进行了调查，在调查报告中说：第一次洪峰在落水过程中，几小时内流量变化不大，而沿河水位突落0.7～1.3米。夹河滩以上210公里河段发生强烈冲刷，赵沟至驾部有揭河底现象。据汜水渡口船工讲：“洪峰过后，落水时从河底掀起的泥坯，有盖房用的箔那么大，立起来又翻倒，出现几阵子。”在揭河底范围内，淤出大量嫩滩，淤积厚度0.3～1.1米，最厚的达2米左右，主槽宽度孤柏嘴以上有所展宽，孤柏嘴以下由原来的1000～1500米，缩窄到1000以下，最窄的地方450米，深泓点下降1～3米形成高滩深槽，夹河滩至高村断面主槽也有缩窄，但滩槽普遍淤高。高滩深槽，水流集中，冲击力大，加之高含沙水流幺重大，拖曳力也大，造成坝前强烈冲刷，使河南黄河的147道险工坝垛，发生215次不同程度的险情。

第二次高含沙水流出峡谷后，河槽比降由10‱变缓为3‱，加上磨盘山卡水，流速骤减，7日20时起，赵沟、裴峪水位开始下降，由于流量的减小，下游水位相应下落，8日5时驾部水位又猛落0.6米，落水历时逐渐延长，幅度沿程加大，而后流量突然增大，势如溃坝，下游水位陡涨，加上小浪底洪峰赶到，两者累加致使驾部水位陡涨2.84米。经历两次高含沙洪水，孙口以上河槽淤积量特别大，据统计，7～9月共淤积9.4亿吨(未扣除涵闸引沙)，其中两次洪峰淤积6.7亿吨，占7～9月淤积量的72%。

1961、1966年，内蒙古包头地区两次发生西柳沟高含沙水流阻塞黄河昭君坟河段情况：1961年8月20日黄河昭君坟水文站日平均含沙量为6.24公斤每立方米，21日6时水位1008.35米，流量1450立方米每秒，10时西柳沟洪峰到达，最大含沙量1200公斤每立方米，日平均含沙量565公斤每立方米，昭君坟处河段开始淤积，15时水位达1010.05米，正常情况下相应流量为5000立方米每秒，而实际流量只有300立方米每秒，22日14时出现1010.77米的最高水位，流量仅1080立方米每秒，以后开始回落，直至9月2日22时才逐步恢复到受阻前的情况。1966年8月12日西柳沟龙头拐站洪峰流量3660立方米每秒，相应最大含沙量为1380公斤每立方米，13日15时汇入黄河昭君坟站，使昭君坟河段淤塞，水位上涨，流量减小，18时30分水位1010.3米，流量497立方米每秒，14日最高水位达1011.09米，流量由1860立方米每秒增大到3050立方米每秒，河道淤积开始冲刷，水位下降，16日20时逐步恢复到淤前正常流量。针对上述情况，1984年，内蒙古自治区水文总站杨振业分析了原因：西柳沟发源于内蒙古伊盟县柴登壕乡，全长106公里，流域面积为1145平方公里，河道平均比降3‰～6‰，地势南高北低，起伏不平，南部为鄂尔多斯台地，植被差，表土和碎石裸露，水土流失严重，中部穿过东西狭长的库布其沙漠，北部为黄河冲积平原，在昭君坟水文站基本水尺断面下游约500米处汇入黄河。西柳沟年平均降雨量330毫米，多集中在7～9月，一遇暴雨便携带大量泥沙入黄，有时阻塞黄河。

第二节　高含沙水流基本特性

高含沙水流是一种水和泥沙组成的悬浮浑浊体。由于流体中泥沙含量、颗粒大小等因素的影响，使流体的容重增加，粘滞系数增大，流体的物理力学性质改变，从而明显地影响水流和泥沙的运动特性。要解决高含沙水流在生产中的问题，必须首先对高含沙水流的运动特性和机理有所了解。

一、高含沙水流的流体特性

对于一般水流来说，在二元水流场内，流速梯度之间有摩擦力存在，根据牛顿的摩擦定律，水流单元的变形速度和单位面积上所承受的剪力成正比。牛顿体表达式

$$\tau = u\frac{1}{\triangle t}\left(\frac{\triangle u}{\triangle y}\triangle t\right) = u\frac{\triangle \theta}{\triangle t}$$

u——粘滞系数

不考虑时间的影响，牛顿体的表达式

$$\tau = u\frac{\triangle u}{\triangle y}$$

清水和浑水的粘滞系数不同，泥沙在流体中的冲刷、输移和沉积过程也有所不同。1945 年，中央水利实验处武功水工试验室李翰如用武功黄土，用常水头毛细管粘度计对不同温度、不同含沙量的粘滞性进行测定，得到在高温时或含沙量甚低时，含沙量对滞率之影响不甚显著。在水温 20℃左右，含沙量在 10%以下，黄土水动滞率(即运动表观粘滞系数)采用 0.1 立方厘米每秒进行水工设计时可得满意结果。当含沙量大于 70%时，粘度计泥浆不流动，就以此值作为挟沙水流与土力学两个学科研究问题的临界值。

1947 年，沙玉清利用李翰如的试验资料加以整理，在《泥沙分类命名之商榷》一文中提出泥沙粒径 0.0064～0.041 毫米，泥沙幺重 2.65 吨每立方米浑水的动滞率公式：

$$\upsilon = \frac{\upsilon_0}{1 - K\left(\frac{c}{1-c}\right)^n}$$

式中：υ——浑水动滞率　　υ_0——温度相等之清水动滞率

C——含沙量(以重量百分数计)

K——视颗粒粗细之常数,普通黄土为 0.88

n——0.81

1957 年,西北所用渭惠渠淤沙和武功黄土,配制了 6 种级配的浑水,用毛细管滞性仪测定浑水的动滞率,得到浑水的动滞率不但比同温度的清水大,而且随含沙浓度成正比变化,与泥沙颗粒粗细成反比变化。

1958 年,水科院钱宁、马惠民考虑到黄河挟沙粒配分散较广,粗细泥沙和粘土具备,采用包头沙(d=0.0058 毫米),新旧塘沽沙(d=0.0045~0.008 毫米),官厅沙(d=0.009 毫米)及郑州沙(d=0.035~0.049 毫米),用奥斯华粘度计在恒温水槽内加压进行试验。通过试验提出《浑水的粘性及流型》一文,文中说:由细颗粒泥沙(小于 0.02~0.03 毫米)组成的浑水具有塑性流的特性。即含沙量不仅引起粘滞系数的增加,而且剪力和变形速率间的关系也会发生改变。以剪力 τ 为纵座标,以变形速率$\frac{du}{dy}$为横座标,如图 2—7—1 表示的典型流变曲线。a 为遵循牛顿液体规律的流体为牛顿流体,直线的斜率就是粘滞系数。曲线 b 在大部分剪力范围内虽然保持为直线,但当剪力小于某一极限值 τ_m 时,剪力减小,斜率加大,粘滞系数增加,且曲线并不回到原点,与纵轴交于 τ_f,也就是说,只有当剪力大过 τ_f 值以后,液体方开始流动。这样的流体 1992 年被宾汉(Bing ham)发现,故称为宾汉流体,其中 τ_m 及 τ_f 分别定名为最大极限剪力及第一极限剪力。一般情况下,因弯曲部分所占位置不多,可以近似地简化,只考虑直线部分,将直线部分向下延伸与纵轴的交点 τ_B 称为宾汉极限剪力,其表达式为 $\tau=\tau_B+\eta\frac{du}{dy}$,$\eta$ 为刚度系数。C 线为没有屈服应力的一种非牛顿体流变曲线,称为伪塑性流体。曲线 b 和 c 统称为塑性流体。高含沙水流是非常复杂的,对于一定的浑水,由此而产生的宾汉极限剪力是含沙浓度的函数。含粗颗粒泥沙(大于 0.03 毫米)的浑水在浓度达到 400 公斤每立方米时仍保持牛顿流体。黄河下游洪汛期中含沙既细且

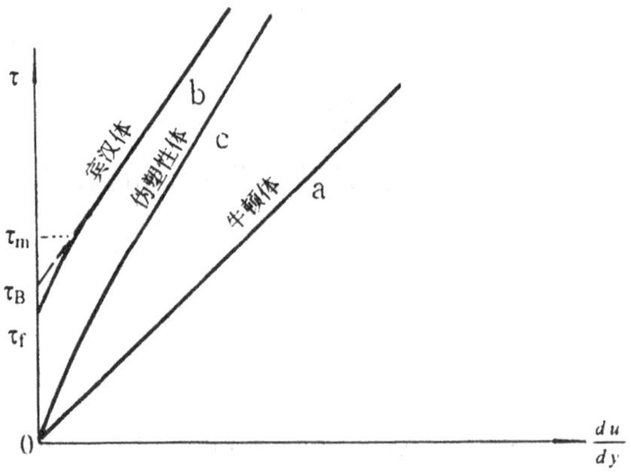

图 2—7—1　牛顿体、伪塑性体、宾汉体的流变曲线

浓，水流具备塑性流的性质。但当含沙量小于 200 公斤每立方米时，宾汉极限剪力一般不及河底剪力的 5%，水流可以继续被看成是牛顿流体。浑水的相对粘滞系数 μ 与含沙浓度之间的关系符合校正后的罗斯可依公式。如浑水中所含泥沙较粗，固相与液相不存在物理化学作用，则相对粘滞系数与含沙浓度关系遵循爱因斯坦定律，这时浑水的粘性与所含颗粒大小无关。

1964 年水科院周永洽用渭河南河川河漫滩泥沙作浑水流变试验，并根据 Goodeve 理论推导得浑水粘度、浓度与切应力之间的关系，提出浑水流变模型为伪塑性流体。

1976 年，人民引洛高含沙浑水试验小组在黄委会水科所进行水槽试验，用落球法测定水流粘度。发现泥浆的表观粘滞系数比清水粘滞系数要大千倍以上，其数值不仅随含沙量增加而增大，当含沙量及钢球直径一定时，随放球离搅动后时间的增长而增大。泥浆充分搅动后，泥浆呈流动状态，立即放入钢球，则钢球立即下沉，如搅动后静置一段时间，泥浆泥沙颗粒之间形成絮凝结构，搭接成结构网状架，再放钢球，则钢球下沉很慢或根本不下沉，此泥浆称为塑性状态。说明高含沙浑水可以承受切应力而不发生流动，具有宾汉切应力。

1977 年，黄委会水科所吴以敩制成压力竖式毛细管粘度计，这一仪器的成功不仅使研究工作取得新的手段，同时使高含沙水流研究达到新的阶段。用此仪器可测含沙量由 0～1500 公斤每立方米浑水的粘性，随着含沙量的增加，不仅粘滞系数逐渐增加，其流变性质也由牛顿流体转变为非牛顿体。浑水的流变参数不仅与泥沙的浓度、粒径大小和水质有关，还与浑水的运动状态有关。严格地说，高含沙水流是与时间有关的粘弹性体，宾汉体和伪塑性体对研究水流阻力来说，在一定范围内是一致的，可以用宾汉模型近似地描述挟沙水流的一些实际现象，如沉降、浆河等。此仪器还具有便于推广应用的特点，曾在黄河中游地区一些水文站推广应用，并为许多科研单位与高等院校所采用。

1978 年，西北水科所任增海制成横式压力流变仪，并从渭河和北洛河取了不同粗细的泥沙，配制成 18 种级配，在含沙量 0～1300 公斤每立方米范围内试验，得到高含沙浑水流变特性可用宾汉模型描述，其刚度系数和初始应力与粒径小于 0.025 毫米的含沙量关系密切。1980 年，成都仪器厂生产了 NXS—11 式旋转粘度计，对高含沙水流研究都有一定的推动作用。

1980 年，华东水利学院褚君达在爱因斯坦和钱宁关于浑水粘滞性研究的基础上，考虑到泥沙颗粒大小与级配组成及包围颗粒的结合水薄膜的影响,通过理论推导,求得反映这些因素影响的粘滞性公式。西北水科所陈景梁从大量浑水流变试验资料分析认为:虚剪切曲线均为三段折线,并以此模式推导了管道层流流速分布,平均流速及流变方程。黄委会水科所钱意颖、张隆荣从黄河中下游河道、水库、淤区等14种不同来源沙样的粘度试验成果中分析得到:细颗粒含量多的沙样,流变曲线向下方弯曲,粗颗粒的沙样则相反,略有上翘的趋势,分别呈现宾汉极限切应力的伪塑性体和膨胀体的流变特性。不过弯曲程度不大,仍可近似地用直线表示。形成宾汉塑性体的临界含沙浓度的大小与泥沙颗粒及级配等有很大关系,特别是沙样中小于0.01毫米的颗粒,其含量多时,而含沙浓度较高才能形成宾汉体。此外,还讨论了形成宾汉体的条件,浑水粘滞系数等问题。

1981年,南京水利科学研究院唐存本从宾汉极限应力是由颗粒粘滞应力因反抗其变形而产生的概念出发,通过力的平衡关系,推导出含沙水流宾汉极限应力计算公式。清华大学费祥俊作了高浓度浑水的宾汉极限剪应力试验,得到含有细颗粒的浑水一般属宾汉体。宾汉极限剪应力是浑水浓度及颗粒级配组成的函数。从而提出"极限浓度"概念,把极限浓度作为参数,反映浑水中颗粒级配的特性,求得各种级配及浓度下浑水宾汉极限应力的统一表达式;浑水从牛顿体过渡到宾汉体的临界浓度经验式及如何根据泥沙级配确定极限浓度的方法,为在没有试验条件下估算普通混合沙样浑水的宾汉极限剪应力提供了便利条件。

1983年,黄委会水科所张隆荣用不同管径的毛细管粘度计和成都仪器厂制造的旋转粘度计作对比试验,结果表明:(1)黄河高含沙浑水的流变模型基本上可用宾汉模型描述,无论用毛细管粘度计或旋转粘度计测验,结果都是一致的。(2)在宾汉模式虚流变曲线的弯曲段内,实测切应力与该模式的计算值相比,随切率的减小逐渐偏小,最大误差一般在10%以内,因此,仍可近似地用宾汉模式来描述。(3)宾汉模式的宾汉极限切应力不是高含沙浑水的真正屈服值,后者小于前者。当作用切应力小于宾汉极限切应力时,流动过渡到"蠕流区",此时的切应力与切变率的关系不仅与试样有关,而且与管道的特性有关。因此,把某一管道的试验曲线作为该区的虚流变曲线应用于各种不同管道是不合适的。(4)高含沙浑水在旋转粘度计中剪切时,切应力随剪切历时的增长确有不同程度的增大,其原因尚待进一步研究。(5)毛细管粘度计和旋转粘度计测得的流型曲线形式是一致的,但两种仪器测得的流变参数不同,旋转粘度计比毛细管粘度计测得的宾汉极限应力偏小或接近,刚度系数偏大或接近。旋转粘度计本身各测量系统间测得的流变参数很不一致，特别是刚度系数，甚至有成倍的变化。(6)毛细管粘度计利用压力变化和管道变化可以测得层流区的全部资料，且虚流变曲线在层流区是同一的，不随管道尺度而变，实测点据对于圆形管道可以相互通用，直接引用。旋转粘度计切应力和切变率都有一定范围，更换测量系统则同一试样的虚流变曲线，即使在理论上也不是同一条曲线。因而，实测资料既不能互相通用，也不能直接引用，而需要求得流变参数。与此同时，黄委会水科所赵文林提出采用同一直径、三种不同长度的毛细管作试验，可以通过试验直接求出泥浆的动能修正系数和局部水头损失系数，绘出流变曲线，得到流变参数。

1984 年，清华大学王兆印用石英粉、高岭石砂和硬绿泥石沙三种纯矿物砂进行悬浮液的粘性试验。结果表明：尽管石英粉中含有粒径小于 0.01 毫米的细颗粒占 32%，在体积比浓度高达 0.33 时，仍属牛顿流体。高岭石砂粒比石英粉大 10 倍多，完全不含粒径小于 0.01 毫米的细颗粒，其体积比浓度为 0.32 的悬浮液，已具有很高宾汉极限剪应力，它的刚度系数竟是清水粘滞系数的 400 多倍。所以，表面上看到的细颗粒含量对于泥沙悬浮液物理性质的影响，实质上决定于粘土矿物颗粒的多少。

1985 年，黄委会熊贵枢、张隆荣对横、竖两种毛细管粘度计进行对比认为：两种仪器测量原理相同，对每个试样所测得的流型也基本相同，但同一试样，横管测得的宾汉切应力大于竖管，其相对误差有随颗粒变粗，含沙量减小而增大的趋势。

1989 年，西北水科所王敬昌、蒋素绮为提高流变试验的精度，研究了毛细管粘度计 $\alpha+\beta$ 之变化及其对 η 和 τ 值的影响，指出：大部分浆体的 $\alpha+\beta$ 值并非一常量，是随流速增大而增加或减小，最后趋于一常值，且常值与浆体的基本性质有关，用清水的 $\alpha+\beta$ 代替浆体的 $\alpha+\beta$ 值确定参数有不同程度的误差，对取 $\alpha+\beta$ 值应予重视。

二、高含沙水流的泥沙沉降

泥沙沉速是泥沙运动特征的一个重要物理量，它反映泥沙在与水流交互作用时对机械运动的抗拒能力。就以球体在静水状态下，等速下沉的阻力与球体在水中受到有效重力相等推导出沉速公式：

$$\omega^2=\frac{4}{3}\cdot\frac{1}{C_D}\cdot\frac{\gamma_s-\gamma}{\gamma}\cdot gD$$

式中 ω——泥沙沉速　　γ_s——泥沙比重　　γ——水的比重

g——重力加速度　　D——泥沙粒径

C_D——阻力系数，与沙粒雷诺数 $R_e=\frac{\omega D}{\upsilon}$ 成反比

υ——粘滞系数

当沙粒雷诺数小于 0.4 时，球体下沉呈滞性状态，称为层流区，绕流阻力主要是滞性力，随着雷诺数的增大，水流的惯性渐趋重要，当雷诺数达到某一值（$R_e>10^3$）后，球体下沉处于紊流状态，即位于紊流区，绕流阻力主要是惯性力，阻力系数 C_D 与 R_e 无关，而接近一常数。随着雷诺数的进一步加大，边界层内的流态也由层流变为紊流。斯托克斯和牛顿分别给出了绕流流态属于层流及紊流区的沉速理论公式。对于从层流区到紊流区的过渡区的泥沙沉降规律，许多学者进行了大量试验，提出许多试验资料，但没有一个很好的计算公式。50 年代，沙玉清引进了沉速和粒径两个判数，根据实验资料建立了较好的关系式。窦国仁认为：从绕流出现离解时的分离角与沙粒雷诺数有关，随着雷诺数的增大，沙粒顶部分离区不断扩大，引入分离所造成的形状阻力，用滞性阻力和紊动阻力的迭加原则得到过渡区的沉速公式经实验资料检验完全一致。尽管各家考虑的因素不完全相同，但沉速与粒径、比重、粘滞系数等基本因素有关却是不变的。高含沙水流的含沙浓度很高，含沙浓度增加引起水流粘滞性变化，泥沙在这种流体中如何沉降？成为高含沙水流研究中的主要课题。

1956 年，中科院力学所蔡树棠从理论上分析了《含沙浓度对沉降的影响》，认为：当含沙浓度不是很大时，含沙浓度是影响沉速最大的因素，沙子沉速的改变，主要是因为有了其他沙子的存在，使沙子颗粒附近水流的流线向里紧缩，近于两个固壁间的流动，这样就使阻力大大增加，也就使得沉速大大减小。从而得到在浓度不太大时沉速和浓度关系的近似式。同时指出：对于浓度较高的浆体，化学胶结作用控制现象成了主要因素，从力学性质来考虑是不可能得出很好的结果的。张瑞瑾认为：细颗粒之间的粘结力是由于颗粒之间的吸着水和薄膜水不传递静水压力而引起的（见武汉水院河流动力学，中国工业出版社，1961 年）。沙玉清在《泥沙运动学引论》中指出：土粒表面一般带负电荷，具有电分子力，而带正电荷的氢离子和带负电荷的氧离子组成的水分子，在外部电场的作用下，将产生极化作用，水分子的正极将被定向吸附在颗粒表面，形成与颗粒表面结合牢固的吸着水；距土粒表面稍远的水分子，受到电分子引力较小，形成与颗粒表面结合稍松的薄膜水，这

两种水的厚度一般在0.25～0.5微米以下，具有极大的粘滞性、弹性和抗剪强度，没有传递静水压力的能力，其水分子部分或全部失去自由活动的能力，在颗粒周围形成一个吸附水膜。当带有吸附水膜的细颗粒相互靠近时，会形成公共的吸附水膜，细颗粒泥沙在密集到一定程度以后，会形成结构，按浓度分为三个区：即低含沙浓度区，颗粒绕流流态基本上与单颗粒沉降时相似；高含沙浓度区，颗粒相互接触不能运动的含沙浓度，颗粒绕流流态，受周围颗粒的制约，向层流流态转化；渗流区，泥沙颗粒相互接触，水流在孔隙中渗过。书中还给出了群体沉速公式。

1959年，西北水科所田朝文在《群体颗粒在液体中的制约沉降》一文中就群体颗粒在无限体积中的自由沉降与有限体积中的沉降作了比较，认为：临界含沙浓度与粒径大小关系密切，较小粒径应计其影响。

1964年，陕西工业大学赵乃熊在《含沙浓度对泥沙沉速影响》中指出：均匀沙群体沉速随含沙量变化。随着泥沙粒径变粗，含沙量对沉速的影响减小。1965年，武汉水利电力学院刘少斌在《群体颗粒沉降速度》文中指出：群体颗粒沉速与清水中单颗粒沉速成正比，与沉降体浓度有关，浓度愈高沉速愈小，浓度接近于该种沉降体淤积幺重时，沉速接近于零。

1977年，西北水科所用人民引渭六支渠淤沙和武功黄土进行高浓度组合沙静水沉降试验，得到高浓度组合沙在静水中沉降含沙量沿垂线分布的梯度随含沙量增加而减小以至不变，沉降中泥沙分选与否视含沙浓度及中径的大小而定。一相混合液有比一般浑水更大的动滞性，大量细沙的骨架作用，远远抵消了其中较大颗粒泥沙的重力作用。提出了清浑水交界面形成的条件和沉速公式。

1978年，山西省水科所、清华大学、山西省小河口水库管理所及恒山水库管理所共同研究了边壁对非均匀沙静水沉降的影响。把泥沙颗粒在静水中的沉降分为：自由沉降、凝聚沉降、干扰沉降和压缩沉降四类。当浑水含沙量高于某一限值时，基本上是以压缩的方式沉降，这个限值随颗粒大小变化，颗粒愈细限值愈低，压缩沉降的速度与浑水厚度成正比。边壁对群体颗粒的沉降没有影响，将沉降筒界面沉降的试验结果用于浑水水库的界面沉降是可行的。

1979年，黄委会水科所用天然混合沙进行静水沉降试验。结果：当混合沙中不含细颗粒（直径小于0.01毫米）时，不出现絮凝现象，其平均沉速随含沙量的变化规律与均匀沙群体沉速的规律一致。粒径小于0.013毫米时，具有絮凝作用，絮凝作用与粒径成反比，絮凝粒径基本趋于定值。含有絮凝颗粒的混合沙，其沉速随含沙量的变化可分为四个区：(1)自由沉降区：含沙量极低，泥沙自由沉降，群体沉速等于颗粒平均沉速。(2)凝聚沉降区：随着含沙量的增加，由于细颗粒的絮凝作用，群体沉速逐渐增加，含沙量再增加，浑水的粘度和比重加大，群体沉速又逐渐减少，在这个区内，群体沉速大于颗粒平均沉速。(3)干扰沉降区：含沙量继续增加，浑水粘度和容重增加，群体沉速小于颗粒平均沉速，这时粗颗粒还是分选沉降。(4)压缩沉降区：当含沙量达到一定程度后，粗细颗粒不再分选沉降，形成集成体沉降，沉降速度很小，可用浑液面下降速度表示，仅为颗粒平均沉速的几百分之一。总之，含有粘性颗粒的混合沙的沉降特性与均匀沙明显不同，含沙量很高时，粗细颗粒不再分选而形成均质浑水，这时不存在一般意义上的水流挟沙问题，而是均质浑水克服阻力流动问题。

同年，黄委会水科所在南京水科所对放射性同位素铟($^{113}I_n$)模型示踪沙制备方法研究的基础上，用同位素铟($^{113}I_n$)标记泥沙进行沉速测定发现：各种粒径的示踪沙在清水中的沉速与沙玉清公式计算的单颗粒沉速基本一致。影响浑水中泥沙沉降特性的主要因素为：沉降颗粒的粒径，浑水沙样的颗粒级配和浑水含沙量。当示踪沙在极细颗粒组成的层流区，沉降特性(用浑水沉速与清水沉速之比表示)，随含沙量的增大，可分成干扰沉降$\left(0<\frac{W_s}{W_0}<1\right)$，集成体沉降$\left(\frac{W_s}{W_0}\to 0\right)$；在介流区，随含沙量的增大，沉降特性可分成自由沉降$\left(\frac{W_s}{W_0}\approx 1\right)$、干扰沉降和集成体沉降；在介流区或接近紊流区，随含沙量的增大，其沉降特性可分为自由沉降，漩涡凝并沉降$\left(\frac{W_s}{W_0}>1\right)$、干扰沉降和集成体沉降。浑水中泥沙沉速加大的原因，是在一定含沙量范围内，浑水中形成分离漩涡凝并所致。

1982年，清华大学夏震寰、汪岗对无粘性均质颗粒在细颗粒悬浮液中的沉降进行试验，结果认为：颗粒的沉降可分为离散型絮团中的沉降和在絮团结构体中的沉降两类，前者只有水下重力和流动阻力的作用，后者则另有絮团结构体的强度作用。对离散型絮团的阻尼作用提出了计算公式。对于在絮团结构体中的沉降，认为在一定条件下，均质颗粒具有均匀的沉降分布。华东水利学院褚君达在《泥沙在浑水中的群体沉降规律》文中指出：泥沙的群体沉速随含沙浓度的增加，颗粒级配的变细而减小，液体绕群体颗粒相对运动比液体绕同样粒径单个颗粒相对运动的阻力系数大，如果它们具有同样的运动速度，则前者比后者有较大的绕流阻力，含沙浓度越大，颗粒越细,绕流阻力也相对地越大。考虑到含沙浓度、泥沙颗粒大小等因素的影响。得到非絮凝群体沉降时,在层流、紊流以及过渡区三种沉降状态下的群体沉速和绕流阻力规律。

1983 年,河海大学(原华东水利学院)褚君达在《高浓度浑水的基本特性》中指出:对于微小浓度的浑水,应考虑包围颗粒的结合水薄膜体积的影响,对于高浓度的浑水,应进一步考虑颗粒碰撞接触形成孔隙的影响,根据上述观点,导得了高浓度浑水粘滞性的理论公式,非絮凝群体沉速的理论公式和高浓度粗颗粒浑水群体沉速的经验公式,经验证取得良好结果。中国科技大学蔡树棠认为泥沙的群体沉降速度,是水在泥沙和水所组成的胶团形成的多孔介质中的渗流问题,并据此导出泥沙群体沉速的数学表达式。黄委会水科所乐培九在前人对单颗粒泥沙沉降研究的基础上,引入阻力叠加原理,把范围扩大到均匀沙、非均匀沙的群体沉降,分别获得这两种沙的沉速公式。清华大学夏震寰、宋根培根据离散颗粒和絮凝体相组合的沉降特性,认为:黄河花园口淤泥既含有发生絮凝的粘性颗粒,又含有无粘性的沙粒,这种淤泥的沉降现象是离散颗粒和絮凝体相结合的沉降。并在多次试验的基础上,把组合沉降划分为:低浓度中的离散颗粒和离散絮团的组合沉降及高浓度中离散颗粒与絮团结构体的组合沉降,并提出这两种沉降的物理图形和相应的计算公式。

1985 年,清华大学宋根培用人工恒温装置,压缩空气搅拌试验混合沙沉降特性。通过试验建立了含有粘性细颗粒混合沙的群体沉速随浓度变化的关系式。同时还发现混合沙小于临界浓度的浑水沉速随温度变化的规律与清水相同,大于临界浓度的浑水沉速比清水沉速随温度增加得快,其增值随浓度和温度的升高按线性增加。

1986 年,水科院万兆惠通过专门设计的试验设备,进行粗颗粒泥沙在粘土浆液中的沉降试验。结果表明:采用修正雷诺数以后,颗粒在粘土浆液中下沉时的阻力系数与雷诺数关系和颗粒在清水中下沉时完全相同。清华大学杨美卿采用黄河花园口淤泥,经特殊处理后,在扫描电子显微镜上观察,并拍摄细泥沙絮凝的微观结构,得到四点认识:第一粘土颗粒在细泥沙絮凝过程中起着重要作用。第二絮凝结构是一种多层次的复杂体系,取决于其形成条件和发展程度。第三絮凝团中颗粒之间的结合相对比较紧密,而絮团之间的连接则比较松散和脆弱。第四在细泥沙形成的絮凝结构中,在絮团内部和絮团之间,都可能包围着相当量的封闭水。杨美卿、钱宁还用类似于 Rouse 所用的谐振式紊动模拟装置作了紊动对细泥沙浆液絮凝结构影响试验。一般认为浆液中的各个絮凝单元之间存在着无数的链，它们互相搭接形成结构链。紊动会使流体掺混，促使结构链形成，絮凝加强；浆液浓度较高，紊动将主要表现为对絮凝结构的破坏，浓度降低，则可能存在一个紊动强度的范围，使紊动促成结构链形成的作用居于优势。通过试验发现：紊动既有增加的一面，又有破坏已形成的絮凝结构的一面，前者在浆液浓度降低，格栅振频较小时可能出现，后者则在多数情况下居于主导地位。紊动对絮凝结构的这种影响，表现为浆液宾汉切应力随紊动强度有较大的变化。现在看来，有必要考虑水流中实际存在的紊动，对流变参数作必要的修正，但是，天然情况下对紊动强度作出定量的估计还有困难。

1988 年，河海大学王志良、褚君达用 x 射线在荧光屏幕上直观分析球体在高含沙浑水中的沉降特性，结果表明：单个球体在均质宾汉体浑水中不沉降。极限粒径随其静止历时增长而加大，沉速随静止的历时增长而减小。某些宾汉体浑水的屈服应力随着宾汉体浑水静止历时增长而加大，具有触变性。

1989 年，武汉水利电力学院邹履泰用力的平衡方程导得宾汉体阻力系数，并与宾汉体中沉降的颗粒雷诺数建立关系，得出各流区球体颗粒的阻力系数表达式，并由力的平衡条件求得宾汉体中最大不沉粒径表达式。河海大学杨永荻、陈国祥也从群体沉降过程中阻力系数发生变化出发，认为泥沙群体沉降在于恰当地计算阻力系数受泥沙群体干涉效应的影响。据此导出适用粗颗粒的泥沙群体沉降公式。

三、高含沙水流的运动特性

1975 年，武汉水利电力学院张瑞瑾发表《高含沙量水流流性初探》，指出黄河中游干支流中出现的高含沙量水流有两种基本流态：一种是高强度紊流，比降大，流速高，弗汝德数和雷诺数都较大，水流汹涌，大尺度和小尺度紊动都得到充分发展，水流之所以具有特别高的含沙量，与充分发展的紊动结构相联系，和一般江河看到的紊流在本质上无差别。另一种流态，既不同于一般紊流，又不同于一般的滞性流，比降小，流速低，水流十分平静，有时水面呈现厚仅几毫米至一二厘米的一层清水，波平浪静，反映云山景色，清水下面是很浓的高含沙量水流。此时水流中完全不存在高强度小尺度的紊动，但低强度大尺度紊动的痕迹仍保留着。这种特殊流态，河流动力学中尚没有一个公认的名字，我们暂叫它“濡流”。含沙量低是不可能出现濡流的，当含沙量达到几百公斤每立方米时，还要看河床条件，如比降陡流速大，弗汝德数大，就可能出现紊流，否则就可能出现濡流。濡流不是滞性流，它的流速分布接近紊流，小尺度紊动不存在，但动量交换仍有一定强度，流速分布较均匀。高含沙量水流携带大量泥沙，当进入下游河段，比降减小，流速变缓时，水流能量不足以继续带动所挟带泥沙前进时，一旦泥浆骤然停止下来，造成淤积性质的河床突变，叫作"浆河"。浆河现象的发生一般在濡流。一旦输移不动，一个处于动态疏松的结构体突然转化为静止密实的结构体。若突然停止后又有能量供给，且又未密实时，可以再次前进。此外，还有揭河底现象，揭河底的条件是：

$$C\frac{V^2}{2g}\geqslant\frac{\gamma'-\gamma_e}{\gamma_e}(\triangle t)^{\frac{1}{3}}$$

式中：$\frac{V^2}{2g}$——动能　　γ'——淤积物湿幺重　　γ_e——浑水幺重

$\triangle t$——淤积物块体面积乘层厚。

由于 γ_e 特别大，$\gamma'\sim\gamma_e$ 特别小，因而需要的速头不是太大，高含沙水流掀起块体的本事就大。高含沙紊流的揭底能力比濡流大，但也不能说濡流不能使河床发生大的冲刷，只是紊流造成揭河底的可能性比濡流大得多。

1977 年，清华大学钱宁发表《西北地区高含沙水流运动机理的初步探讨》，文中指出：高含沙水流是我国西北地区独特的现象，它不同于一般的挟沙水流，具有如下特点：

(1)在西北地区河流所具有的坡降前提下，高含沙水流必须有一定含量的细粉沙及粘土作为骨架，直接来自沙漠地区的河流不可能形成高含沙水流。

(2)高含沙水流已不属牛顿流体范畴，粘滞作用远较清水为大，在含沙量超过一定限度后，随着含沙量的增加，粘滞系数更是急剧上升，具体到无定河来说，这个含沙量限度可能发生在八九百公斤每立方米左右。

(3)泥沙在沉降过程中，细颗粒泥沙形成絮凝结构，以集体的形式下沉，表现为清浑交界水面的缓慢下降，其沉降速度为单颗粒泥沙的几百分之一至上千分之一。粗颗粒泥沙则在细颗粒泥沙所形成的絮凝结构中以个体的形式下沉，其沉降速度也将大幅度下降。随着含沙量的增大，越来越多的粗颗粒将参加絮凝结构，成为浑水的一个组成部分。泥沙沉降的这些特点，使得在高含沙水流中，粗如豆大的砾石都有可能以悬移的形式运动。含沙量愈高，水流中所挟带的泥沙也愈粗。

(4)高含沙水流有紊流型及层流型两种，以无定河丁家沟站为例，当含沙量达到八九百公斤每立方米时，紊流型高含沙水流开始向层流型过渡，这个过渡在一开始进行得比较慢，含沙量超过1000公斤每立方米以后，才发展得比较快。从无定河支流芦河出现浆河的情况看，当含沙量达到1200公斤每立方米时，已完全属于层流范畴。自紊流进入层流的临界含沙量还与泥沙级配有关，颗粒组成越粗，这个临界含沙量也越大。

(5)紊流型高含沙水流具有对数流速分布，阻力损失与清水水流无明显差别，泥沙运动以悬移为主，垂线含沙量分布遵循扩散定律，如泥沙级配不因含沙量而改变，则在含沙量达到某一临界值时，悬浮功达到最大，超过这个含沙量后，悬浮功反因含沙量的增大而减小。泥沙越粗，悬浮功达到最大时的含沙量也越大。天然高含沙水流中，一方面泥沙沉速因含沙量的增大而减小，另一方面，泥沙级配又因含沙量的增大而粗化，悬浮功与含沙量的关系中存在一个转折点，要看这两重作用的对比消长结果。

(6)随着水流逐渐自紊流向层流过渡，阻力损失有递增的趋势，并较相应的清水水流阻力损失为大。层流型高含沙水流阻力损失的这种特点，使得这样的高含沙水流具有高度的不稳定性，在福氏数低到0.1～0.2范围，都有可能形成一连串的周期性滚波。当高含沙水流自紊流型向层流型转化时，泥沙运动也从悬移的形式向层移的形式过渡，含沙量在断面上的分布变得十分均匀。

(7)高含沙水流存在着一个极限含沙量。在以粗颗粒为主的高含沙水流中，极限含沙量的形成可能是由于颗粒之间的距离已经小到这样一个程度，水与泥沙作为一个整体已无法维持正常流动。实验表明：这个极限含沙量介于水流中所挟带的泥沙在沉降后所形成的松散沉积体与密实沉积体的含沙量之间。泥沙颗粒之间的距离因含沙量及粒径而异，在同一含沙量下，泥沙越细，间距也越小。因此，越是泥沙粗的地方，极限含沙量也越高。

(8)达到极限含沙量后，整个水流不再流动，泥沙堵塞河床，群众称之为"浆河"。浆河以后，由于上游继续有径流下泄，时久以后，出现强迫开河，产生类似垮坝后所形成的洪峰。

(9)水流中的冲泻质含量大到一定程度以后，不能不影响床沙质的挟沙能力。冲泻质含量增大的作用体现为：水流容重增加，水流的冲刷作用加大，泥沙的有效重量减小；床面起伏不平的沙浪趋于和缓或消失，阻力减少，流速加大，接近底部的含沙量增大；泥沙沉速减小，悬移质垂线分布变得更为均匀，各点含沙量的绝对值也有所增加。这三重作用的综合结果将使床沙质挟沙能力有较大幅度的提高。潼关以上汇流区及黄河下游出现高含沙水流时,有时不但不淤,反而带来冲刷,其原因盖在于此。

1978 年,黄委会水科所与水电部第十一工程局科研所在室内试验中发现:高含沙水流可分为层流和紊流两种流态。其阻力系数与雷诺数有关,在层流区和光滑紊流区,浑水阻力系数远远大于清水。在紊流区,浑水的阻力系数接近于清水。含沙量小于 400～500 公斤每立方米时,仍属一般挟沙水流,泥沙颗粒依靠水流的紊动而悬浮。含沙量大于 400～500 公斤每立方米时,形成一相均匀浑水,水沙组成整体流动。泥沙靠粘性作用也不下沉。高含沙量一相均匀浑水,在层流阶段有不稳定的阵流现象,这种现象是由底部停滞层的消长而引起的。

1979 年,钱宁、万兆惠、钱意颖发表《黄河的高含沙水流问题》,文中分析了近年来有关高含沙水流的研究成果。指出高含沙水流可视为宾汉体,一般仍属于二相水流,液相为清水与细颗粒泥沙组成的浑水,固相为粗颗粒泥沙。随着含沙量的增加,使越来越多的粗颗粒泥沙成为浑水的组成部分,直至整个高含沙水流成为均一的一相浑水。在流速和水深还相当大时,高含沙水流就有可能从紊流过渡为层流流动。紊流型二相高含沙水流具有对数流速分布,阻力损失系数接近或略小于清水水流,含沙量垂线分布遵循扩散定律。进入层流区后,阻力损失迅速递增,并具有高度的不稳定性,有阵流现象。在一定条件下,高含沙水流还将出现剧烈的河床冲淤现象,给防洪带来一系列问题。

1980 年,钱意颖等发表《高含沙水流的基本特性》一文,指出:高含沙水流其流变特性可用宾汉体模型描述,宾汉体的形成与泥沙的粒径,含沙量及粘性颗粒含量有关。含有粘性颗粒的混合沙的沉降特性与均匀沙明显不同,含沙量很高时,粗细颗粒不再分选而形成均质浑水,这时不存在水流挟沙问题,而是均质浑水如何克服阻力流动的问题。高含沙水流可分为层流和紊流两种流态,层流过渡到紊流的临界雷诺数以及阻力系数与雷诺数的关系等运动特性,与清水类似,只是其雷诺数是从宾汉流变方程推导得来。流速与水力半径相等时,层流和光滑紊流的高含沙水流的能量损失大于清水。文中还阐述了高含沙水流出现的“阵流”、“浆河”等不稳定现象。

1981 年,西北水科所张浩、任增海用矩形断面粗糙水槽研究高含沙宾汉体矩形断面明渠阻力问题,得出宾汉体雷诺数和不同流区阻力规律的表达式。清华大学侯晖昌分析了高分子稀液降阻与粘土泥沙降阻的异同点,得到粘土泥沙形成絮网具有微观力学上比高分子链网要为柔顺,因而降阻效果更高,从而推出明流降阻率的计算式。武汉水利电力学院王明甫等在《高含沙水流流速及紊动强度沿垂线的分布》一文中对明流的水流结构特点作了分析，获得紊流光滑区、过渡区和粗糙区流速沿垂线分布的数学表达式。同时指出：相对紊动强度自水面向槽底逐渐增强，紊动强度与雷诺数成正比。此外，还对宾汉体的“流核”、“阵流”现象及极限切应力和刚性系数的物理特性作了探讨。指出阵流现象是由于非流核区流速不稳定而引起的，其相对强度和时间周期均与雷诺数成反比。

1982年，西北水科所张浩、任增海用六种不同的相对糙度，含沙量范围0～650公斤每立方米，在水槽试验明渠高含沙水流的阻力规律。通过试验得到层流、紊流阻力规律表达式。讨论了脉动特性，边界层的变化及流速分布。指出：高含沙水流由于存在临界切应力τ_B，在层流区中大部分表现为非均匀流动，水面比降大于槽底比降。由于临界切应力的作用，使流速分布有明显的流核，流核以下的边界层有较大的流速梯度，当含沙量较高时，由于τ_B沿水深分布的不均匀性常使流速分布发生突变，突变层以下流速显著降低，称为微动层，该层很不稳定，如继续发展，微动层可变为不动层，当发生微动层和不动层时，水深和水面比降随时间均有大幅度摆动。高含沙水流边界层在各流区的发展过程与各流区水流的脉动密切相关，水流的脉动变化是造成边界层厚度变化的直接原因。糙度的大小对水流脉动有直接影响，因而也影响边界层的厚度。当相对糙度较小时，临界有效雷诺数可近似视为定值，当糙率增大临界有效雷诺数将变小，将明显地增强水流紊动，使水流向紊流过渡。各种不同糙度的试验表明，不论是较光滑或较粗糙的水槽过渡区的阻力或阻力系数均明显地减小，其减小的程度随相对糙度而不同。过渡区阻力减小的原因是因其粘滞力比层流区小，水流脉动强度又比阻力平方区小的缘故。高含沙水流由于粘滞力比清水大得多，因而极易进入过渡区。

1983年，水科院周文浩、曾庆华等在《黄河高含沙水流河床演变特性》一文中指出：黄河干支流的高含沙水流，一般都是紊流，主流区尤其如此，垂线流速分布及含沙量分布均类同于一般挟沙水流，不存在“流核”。

1983年，陕西工业大学钱善琪从黄河中游干支流高含沙水流资料中分析得到高含沙层流边界层厚度计算公式和使浆河现象不发生的条件。西北水科所曹如轩分析了泾河桃园站和红山水库异重流淤积物的流变特性和实测水沙条件，认为天然高含沙水流，一般为非牛顿体，若水沙峰相对应时，流态为紊流，阻力规律与一般挟沙水流相同；若水沙峰不对应时，流态呈层流，运动规律不同于一般挟沙水流。高含沙异重流较明流更容易呈层流运动。水科院侯晖昌、杨小庆通过圆磬在不同浓度细沙泥浆中旋转的阻力变化测试，确定了开始出现减阻的界限浓度约在3.5%～4.0%(体积百分比)。这个浓度接近从牛顿体开始转变为宾汉体的浓度，亦即絮网的开始形成与泥沙减阻联系着。由于管流、水槽明流和圆磐旋转流都揭示了细沙泥浆紊流减阻现象，这就可以解释多沙河流汛期糙率系数随河流含沙量增大而大幅度降低的根源。即絮凝的细沙泥浆产生减阻现象。西北水科所曹如轩、陈诗基等在《高含沙异重流阻力规律研究》中得出：流量为定值时，随含沙量变化的流速分布表达式。高含沙浑水流型的变化对异重流的流速分布产生巨大影响。高含沙异重流前锋流态为紊流，但锋速的阻力系数大于紊流异重流的阻力系数；后续异重流一般为非牛顿体层流，但K值不是固定值，随交面上下两层流体性质而异。黄委会水科所杨文海、赵文林等通过定床粗糙明渠试验得到：在阻力平方区内，高含沙均质水流的阻力规律与清水几乎完全一致；在同一水深和流速下，高含沙均质水流与清水的阻力损失基本相同，可以用清水的阻力公式计算高含沙均质水流的阻力系数。同样一种糙率形式，高含沙均质水流的临界糙率雷诺数比清水大，不象清水那样容易过渡到阻力平方区，有更多机会处于光滑区或过渡区。武汉水利电力学院王明甫、詹义正等通过水槽试验(试验水流含沙量为129～666公斤每立方米)，研究高含沙水流的纵向紊动强度、紊动频率、紊速的分布等，得到：挟沙水流，特别是高含沙水流相对纵向紊动强度是与其沿水深所处的位置，水流流速和包含含沙量因素在内的雷诺数有关。一般说来，高含沙水流的紊动强度随流速和雷诺数增大而减少，随含沙量增大而增大，其纵向紊动强度沿垂线的分布形式基本与清水一致。高含沙水流的紊动频率的概率、密度分布特征与清水相似。

1984年，西北水科所曹如轩、任晓枫等通过水槽试验研究了高含沙异重流的形成条件与持续运动规律，发现高含沙异重流潜入点流态存在着紊流、过渡及层流三类，各类规律不同。当含沙量高达均质流时，进库流量为基流，异重流仍以阵流、间歇流等不稳定流形式持续运动。清华大学王兆印、钱宁先后作了《粗颗粒高含沙两相紊流运动规律的实验研究》和《层移质运动规律的实验研究》。粗颗粒二相高含沙水流的流速及含沙量浓度分布，在主流区流速分布遵循对数规律，卡门常数为利查逊数及浓度的函数。床底附近，流速分布受到升力效应的影响。高浓度水沙两相流当颗粒浓度超过一定极限后，紊动消失，进入层移质运动，层移质运动中固体颗粒在空间上均匀分布，时均流速的垂向分布介于挟沙紊流和纯液体层流之间，层移质运动的阻力比具有同样粘度的纯液体流量大得多，并且固体颗粒比重及浓度愈大，阻力也愈大。

1985年武汉水利电力学院王明甫等在《高含沙水流的水流结构及运动机理》一文中对高含沙水流的类型、流变参数 τ_B 和 η 的性质、流核区与非流核区的水流运动机理和切力分布等都进行了研究，还提出了高、中、低含沙量水流均适用的流速分布公式。曾荣获湖北省自然科学优秀论文二等奖及中国水利学会优秀论文奖。

1985年，清华大学费祥俊利用浆体管道试验的均质流资料，分析紊流过渡区高含沙均质流的阻力系数，得到：含有固体颗粒的两相浑水在均质流条件下，总是大于同流速清水的损失，因此说，浑水不存在减阻问题。在紊流过渡区，浑水阻力系数可以小于或接近于同流速清水的阻力系数，也可以大于同流速清水的阻力系数，与固体比重，浑水浓度或粘滞系数，管径大小及管壁相对糙率等因素有关，此结果原则上也适用于明渠高含沙均质浑水。西北水科所任增海固定含沙量改变流速或固定流速改变含沙量，用测压系统试验管道高含沙水流的阻力特性。得到在层流区与明渠相似，流速分布有流核，当含沙量较高时流速分布有突变层，突变层进一步发展，流速分布处于极不稳定状态，阻力损失与明渠也很相似，主要取决于流体本身的粘性阻力。与同流速的清水相比含沙水流是增阻而不是减阻。在过渡区内的减阻现象与明渠试验结果相同。紊流区阻力系数是含沙量和雷诺数的函数。

1986年，水科院宋天成通过试验管道中高含沙水流流速分布，得到管道中动量交换系数沿垂线分布可用三段相似的抛物线表示，由此推得清水紊流流速分布关系与实测资料一致。均质宾汉体浆液在层流情况下，垂线流速分布中存在明显的流核，流核的大小与按二维水体推得的理论关系一致。紊流光滑区垂线流速分布仍存在流核，但由于紊动对宾汉结构的削弱，实测流核比理论值小，流核以外的部份可用清水紊流流速分布的修正关系来描述。黄委会水科所乐培九对高含沙紊流阻力作了研究，指出高含沙水流由层流发展到紊流时，流体中粘性泥沙间的网状结构逐渐破坏，流核逐渐消失，流型由宾汉体转变为牛顿体。含有一定粘性泥沙的高含沙水流与清水相比，差异主要表现在粘性增大及粘性颗粒间表面的电化学作用，这两个方面均影响流体的运动特性。

1987年，水科院宋天成、万兆惠继续研究《管道输沙的阻力》指出：对于泥沙颗粒均匀分布的伪一相体，如采用包含浑水流变特性的广义雷诺数与阻力系数建立关系，那么，这个关系与清水的阻力关系相同。对清水或细颗粒泥浆输送粗颗粒的两相流，只要粗颗粒泥沙全部处于悬浮状态，其阻力规律与伪一相体的阻力关系一致。粗颗粒泥沙作推移运动时，由于颗粒间及颗粒与管壁之间的相互碰撞，引起附加阻力损失，并从出现附加阻力的临界条件求得水头损失与管径的 1～1.5 次方成正比(取决于粘性、流速等)，从理论上解决了实验结果比尺大的问题。

1988 年，清华大学费祥俊发表《伪均质浆体的层流阻力与过渡流速》一文，所谓伪均质浆体，是指在一定流动条件下固液两相保持均匀掺混而不分选的悬浮液。在一般情况下属于层流或近乎层流流动。目前对伪均质浆体的层流阻力及由层流到紊流的过渡流速计算存在着近似性，因此，提出宾汉模型的伪均质浆体层流阻力及其过渡流速的一般计算方法。

1989 年，西北水科所任增海用四种人工加糙的混凝土管(直径 155 毫米)和钢管(直径 148.2 毫米)水平安装。试验泥沙粒径($d_{90}=0.053$，$d_{50}=0.031$，$d_{10}=0.0095$ 毫米)最高含沙量 630 公斤每立方米，最大断面平均流速 2.78 米每秒，作了 900 组阻力试验，并全部进行重复验证，用此试验结果探讨了粗糙管中均质高含沙水流阻力规律，层流和紊流之间的临界雷诺数对于清水是一常量，其值为 2100～2300 之间，而粗糙管中高含沙水流临界雷诺数随糙度增加而变小。清华大学王虹、费祥俊采用花园口泥沙(中值粒径 0.0045 毫米，比重 2.68)，在长 9 米，矩形断面，宽 150 毫米，高 150 毫米的有机玻璃水槽中试验研究流动浆液中宾汉剪切力变化规律。通过试验得到：在层流向紊流过渡时(有效雷诺数按 2100 计)，宾汉剪切力约为静止条件下的 60%；当有效雷诺数达到 3.5×10^4 时，宾汉剪切力接近于零，浆体可近似地按牛顿流体考虑。南京水利科学研究院黄亦芬、窦国仁应用宾汉定律和紊流随机理论研究了均质高浓度紊流的时均结构和阻力系数，导出了时均流速和阻力系数在光滑区、粗糙区和过渡区的统一公式。在宾汉紊流中，其紊动结构和清水紊流有着相似的变化规律，高浓度流在近壁的紊流结构与清水紊流是一致的。对于宾汉塑性紊流，流核的影响是主要的，但宾汉紊流的塑性结构，由于紊动作用而减弱，并随着水流雷诺数的加大，流核影响(即流核厚度)渐趋于零。宾汉浆体在壁面上流动，同样要从过渡区到阻力平方区，在到达阻力平方区后，塑性紊流的流核显著减小，对紊流规律影响甚微。1990 年，黄委会水科所齐璞等分析了黄河高含沙水流的阻力特性，指出目前常用的两种高含沙水流阻力表达形式各有优缺点，建议在层流区用有效粘度定义雷诺数，在紊流区用刚度系数定义雷诺数。为使用方便，河道高含沙水流的阻力特性可用曼宁糙率系数 n 与雷诺数表述。在层流区 n 值与雷诺数成反比，在充分紊流区 n 值与雷诺数无关，只取决河床状况。

四、高含沙水流的输沙特性

黄河中游气候干燥，年平均降雨量400毫米左右，且多集中于夏季，干旱经常给农业造成灾害，当地人民不得不引用高含沙洪水，陕西富平县赵老峪民众创造的多口引，大口吞（大断面短渠线）"燕窝田"经验，也只适用于河道两岸就地消纳泥沙，无法解决长渠道输送问题。30年代黄河中游修建的灌溉渠道也多效仿泾惠渠灌溉章程规定：引水含沙量达15%（166公斤每立方米）且浓度呈上升趋势，关闸停水；含沙量呈下降趋势引水含沙量可达18%。这样随含沙量限制灌溉引水，严重影响农作物用水。1974年，人民引洛高含沙浑水淤灌小组采取截弯取直渠线，减少壅水建筑物加大渠道比降，缩窄断面，衬砌渠道降低渠道糙率，集中流量持续放水，不能中途停水或减少流量等措施，使远距离输送高含沙浑水获得成功。1974年7月28日，含沙量达40%～50%，断面还发生强烈冲刷。1976年将含沙量716公斤每立方米的浑水输送到远离渠首50公里的老盐碱窝——卤泊滩，放淤流量为3～4立方米每秒，通过22公里衬砌的洛西干渠（比降1/2750）时，渠道没有一点淤积，通过洛西一支（土渠，比降1/2750，含沙量为424公斤每立方米），渠道有轻微淤积（淤厚2～4厘米）。渠底基本不淤或略有冲刷，渠岸杂草挂淤，断面变得愈来愈窄深，这种变化反映了水流与渠床相互制约又相互适应的自动调整过程。远距离输送问题实际上是水流强度问题，只要保持集中的流量和一定的比降，高含沙量水流的长距离输送是可以做到的。

1975年，水电部第十一工程局勘测设计研究院在《黄河干支流的高浓度输沙现象》一文中，描述了一些野外的高浓度输沙现象，从含沙浓度对沉速的影响、悬浮功随含沙量的变化以及高含沙量范围的挟沙能力，探讨了高浓度输沙的机理，提出高含沙量可以在较小水力强度下输送，造成这一特点的重要原因之一是颗粒在浑水中的沉速随含沙量增大而减小。浑水中颗粒沉速的减小是由于浑水粘度的增大，水体的回升和颗粒有效重量的减小所引起的。武汉水利电力学院张瑞瑾在《高含沙量水流流性初探及其他》中说：高含沙量水流与一般水流的挟沙特点显著不同，可有两种流态。高强度紊流：挟沙水流性质与一般紊流同，支配悬移质运动的主要仍是重力作用和紊动扩散作用的矛盾。悬移质运动的一般规律仍适用紊流流态的高含沙量水流，但又有特点，即高含沙量水流中沙粒沉速大大减小，也就意味着重力作用大大减弱。于是紊动扩散作用相对加大，从而派生出挟沙力特别大，含沙量沿垂线分布特别均匀，以悬浮状态携带粗颗粒泥沙的能力特别强等特点。高含沙量濡流，与一般的明渠流不一样，不能用紊动扩散作用来说明泥沙的悬浮，泥沙不能看成是悬移质，我们叫它作“濡移质”。濡移质运动的力学特点：在含沙量小时，悬移质颗粒直接接触的机会很少，粒间力的传递由水来作中介，悬移质所受的重力由水传至河床，上下各流层之间的切力，也是通过水体传递的。当含沙量很大时，上下层颗粒接触机会多，因为有相对运动，上层对下层有向前推的作用和向下挤的作用，下层对上层来说作用相反。在流层间产生切力和斥力，使泥沙在水流中形成动态的松散结构体。同时由于上下流层具有相对运动，这样松疏的粒间结构势必处于不断小组合、破坏、再组合、再破坏的连续过程中，粒间垂向斥力，代替悬移质运动中的紊动扩散作用，使濡移质不沉，而与水结合，形成一个浑水水体，濡流前进。流层之间因粒间接触增大的切力，是高含沙量水流中垂向流速分布均匀的原因。西北水科所在《高浓度水流挟沙力的探讨》中分析了高浓度输沙的内在机理，指出：对于含沙量小于30%的高浓度紊流而言，含沙量超过一定值后，以较小的能量输送更多的泥沙，是因有一部分泥沙与水力因子无关，它与清水组成一种悬浮体，使得与水力因子有关那一部分泥沙在这种悬浮体介质中沉降时沉速显著减小，而与水力因子有关的那部分泥沙的含量是远小于总含沙量的，这就大大提高了水流挟沙力。其次是悬浮功随含沙量增大而减小。至于含沙量大于30%时，水只是泥沙粒间的充填物，这已不属紊流流态了。

1976年，黄委会潼关水文站在《潼关断面高含沙量河道异重流现象》中指出：潼关断面出现的黄、渭河水流密度差别较大，汇流后没有充分掺混而形成分层流动的高含沙量河道异重流具有以下特点：第一是含沙量在某一层有个突变，在突变层以上的水层，含沙量沿水深逐渐变大，突变层以下，含沙量沿水深变化很小。对应于含沙量突然变大的流层流速突然变小，而悬沙粒径则突然变粗。第二是在异重流厚度以内，含沙量沿垂线的分布相当均匀，悬沙粒径随含沙量增大而增大，悬沙中数粒径 d_{50} 与含沙量有相当良好的关系。高含沙量河道异重流中粗粒径泥沙占的比重很大，d_{50} 在 0.03～0.07 毫米范围内，0.04 毫米的占多数，而水库异重流大部分均由小于 0.025 毫米的细颗粒泥沙组成。第三是高含沙量河道异重流和上层水流的流动方向相同，且上层流速较大，这使下层水流在交界面受到的不是阻力而是拖曳力。这个拖曳力与河道异重流所受周界阻力方向相反，还使高含沙河道异重流垂线流速分布远异于水库异重流的流速分布。交界面的突变使上、下层流速不连续。高含沙河道异重流的流速一般在 0.7 米每秒以上，最大达

1.41 米每秒，比一般水库异重流要大。第四是伴随高含沙量河道异重流的出现，潼关断面常常发生剧烈冲刷。如断面原有深槽，这个深槽便被冲深扩宽，如原来没有深槽，会冲出一个深槽。主槽的宽度和面积，大体伴随渭河流量增大而增大，冲刷强度似乎与渭河浑水幺重 $\gamma_{渭}$ 减黄河龙门浑水幺重 $\gamma_{龙}$，被渭河浑水幺重除，即$\frac{\gamma_{渭}-\gamma_{龙}}{\gamma_{渭}}$有关，河道异重流的剧烈冲刷作用显然与高含沙量的水流特性有关。在高含沙量条件下，$\frac{\gamma_{渭}-\gamma_{龙}}{\gamma_{渭}}$数值较大，特别是粘滞系数会大幅度增加，因而在相当大的相对流速下河道异重流仍可能保持稳定。

1980 年，西北水科所曹如轩、陈景梁在《水库高含沙水流冲淤计算问题》一文中根据水库高含沙水流的现象，将水库输沙分为：壅水时有壅水明流输沙、异重流输沙和浑水水库输沙三种流态。壅水明流输沙时，仍用一般低含沙的挟沙能力公式，但考虑高含沙对浑水容重，泥沙沉速的影响，建立了计算公式。高含沙异重流，其输沙模式与明流一致，考虑高含沙特性后可以利用明流输沙公式，并由黄河干支流河段及水库实测资料，建立了经验关系，以计算高含沙水流冲刷时的输沙率。

1981 年，黄委会水科所齐璞先后发表《黄河极细沙含量对挟沙能力影响机理的初步探讨》和《黄河高含沙洪水泥沙输移规律的初步探讨》。在极细沙含量对挟沙能力影响机理一文中把悬沙中粒径小于 0.01 毫米的极细颗粒泥沙水组成的浑水悬浮液视为新介质，从黄河实测资料分析得出，造成黄河泥沙多来多排的主要原因，不是由于冲积河床自动调整的结果，而主要是水流中挟带大量细泥沙，改变了流体的流变性质所致。通过黄河干支流大量高含沙洪水的实测资料分析得出：渭河、北洛河及黄河下游均未发生过浆河，高含沙洪水在水深较大时，河道比降在万分之一条件下，可顺利输送 500～1000 公斤每立方米高含沙洪水而河道不淤。高含沙洪水的输送，需要有一定过洪能力的窄深河槽，而窄深的断面形态可通过高含沙量洪水淤滩刷槽来塑造。游荡性河流上高含沙洪水输沙能力很低，想提高其输沙能力，必须改变来水来沙条件，控制主槽的淤积，以保持窄深的形态。

1982 年，戴继岚、钱宁发表《粒径分布和细颗粒含量对两相管流水力特性的影响》，指出：细颗粒在浆液中有两重不同的作用：一是减轻粗颗粒沉速，使不多的泥沙从推移转向悬移运动；一是增大浆液粘性。由于这两重作用的相互制约，使浆液阻力损失的变化较为复杂。不过对于一定粒径的颗粒，存在一个最佳级配和细颗粒最优含量，在这个最优条件下，浆液粘性最小，阻力损失最小，输沙能力最大。因此，文中引入了自由孔隙比的概念，并证实它是较好地反映浓度、粒径分布和一定矿物组成的细颗粒含量影响的综合参数。分析表明主要以粗颗粒组成的浆液，仍为两相流体，这种浆液的淤堵或出现“浆河”现象，与水力条件关系不大，而是取决于颗粒与颗粒之间的空隙是否能使它们继续保持流动。王尚毅、顾元琰分析了黄河揭底冲刷问题，认为黄河北干流出现揭底冲刷时，数百公斤每立方米的悬沙皆属非造床质，并应用河床最小活动性原理，将冲淤力学指标和挟沙能力结合起来，用引洛渠的冲淤资料进行验算，推知揭河底水流作用在床面上的切应力 τ_b 大大超过河床的不冲引力 τ_0，因此，河床出现大冲是必然的。此外还认为，床面系固性床面 $\tau_b \gg \tau_0$ 作用条件下，结合固性床面成片冲蚀的特点，出现似黄河北干流的揭河底现象是可能的。

1983 年，清华大学费祥俊引用反映颗粒级配特性的极限浓度概念，得出高含沙水流或高浓度浆体的流型转换及流变参数一系列表达式，并验证洪水高含沙水流或管道输送的高浓度浆体在一定条件下达到的固体浓度，都与相应级配的极限浓度有关。一定粒径范围的粒状物存在一个极限浓度最大，浆液粘性最小的最优颗粒级配。黄河高含沙量洪水，含沙量达一定数值后，输沙浓度主要取决于颗粒组成的补给条件。

1987 年，水科院万兆惠、宋天成采用粘土及细粉沙作为细颗粒，以突出细颗粒含量对流变特性（粘性）的作用，用近于均匀的塑料颗粒作为粗颗粒，以避免输沙过程中的分选，粗化等现象，来研究细颗粒含量对粗颗粒含沙量分布及挟沙能力的影响。分析指出：粘土类泥浆具有宾汉流体的特性，随着粘性增大，粗颗粒沉速大幅度减小，水流中粗颗粒含沙量沿垂线分布趋于均匀，但仍符合泥沙扩散理论。在细颗粒含量小于粗颗粒不沉所要求的含沙量以内，应根据颗粒在宾汉流体中沉降关系确定单颗粒沉速。水力强度参数中采用这一沉速建立的泥浆输移粗颗粒挟沙能力关系，适用于细颗粒含沙量小于不沉条件。细颗粒泥浆中粗颗粒沉速的减小也有助于水流对粗颗粒的输送，细颗粒含量越高，可能出现层流流动。仍可用雷诺数小于等于 2000 来判断。层流流动时阻力大幅度增加，阻力系数与边界条件无关。这种条件下的泥沙输移机理还有待进一步研究。西北水科所曹如轩、吴培安分析了洛惠渠、渭惠渠引用高含沙浑水的实测资料，认为高含沙引水渠道的输沙规律符合高含沙不平衡输沙理论。在此基础上建立了高含沙引水渠道输沙能力的数学模型，并建议在进行高含沙引水渠道断面设计时，应考虑高含沙量洪峰特征：低于或高于设计流量的多种情况；以干渠为独立系统，从渠首分段算至斗渠以满足坡降要求等。

1988年，水科院朱鹏程对黄河中游干支流实测资料分析，建立了床面切应力与含沙量关系；宾汉屈服应力与含沙量关系；将两种关系联解，提出了远距离输送高含沙量水流渠道设计方法。

1989年，武汉水利水电学院冷魁、王明甫通过水槽试验对含有一定细颗粒(d<0.01毫米)的高含沙水流的流速分布进行试验，并由理论分析求解剪切力方程和扩散方程，得到高含沙水流的流速及含沙量分布公式。与实测资料对照，公式能较好地反映水流挟沙实际情况，既适用于描述有流核的高含沙水流，也适用于描述无流核的高含沙水流及一般挟沙水流。

第三节　应用研究

一、用洪用沙中的应用

用洪用沙在黄河中游地区有悠久的历史，探讨高含沙水流基本特性，正是为西北地区推广应用用洪用沙长距离输送创造条件。1983年，淤灌小组选择了延安地区北洛河上的甘泉渠，延安市延河上的延惠渠，志丹县石家沟的石沟水库灌渠及榆林地区窟野河上的一云渠，无定河横山县的定惠渠作为洪水含沙量大，泥沙颗粒粗的示范实验渠。实践表明：一云渠引水含沙量在150～180公斤每立方米，泥沙中径为0.04毫米，未形成结构流，属两相挟沙水流，渠道略有淤积，不利于长距离输送。同时还说明上节指出的“高含沙水流必须在一定含量的细粉沙及粘土作骨架，来自沙漠地区的河流不可能形成高含沙水流”的正确性。甘泉渠引水含沙量在370公斤每立方米以上(1983年引水最高含沙量为751公斤每立方米，1984年为970公斤每立方米)，输送距离16公里以上，渠道基本不淤。由于实验的示范作用，引洪淤灌面积迅速扩大，淤灌的土地，不仅伏旱期用水量增加，土壤质地也得到改善，产量提高，经济效益显著，同时也消纳了洪峰水沙，为此，国家农委、国家科委授予高含沙引水实验研究小组农业科学技术推广奖。

二、水库排沙的应用与设想

(一)水库排沙应用

水库排沙研究,从50年代异重流排沙,发展到滞洪排沙,蓄清排浑,人们采取了多种途径解决水库淤积。70年代,随着高含沙水流研究的深入,从高含沙水流基本特性以及泥浆管流输沙特性认识到:含有细颗粒的高浓度泥浆可作为宾汉体或伪塑性体来研究,紊流型高含沙水流的阻力系数接近或略小于清水,在流速很低的情况下也不易淤积,高含沙异重流有较强的输沙能力,出库含沙量与入库含沙量比较接近。在层流状况下,阻力损失迅速递增,具有高度的不稳定性,有阵流现象。如用管道输送,容易导致管道堵塞。鉴于上述认识,人们进行了高含沙滞洪排沙,高含沙异重流排沙的尝试并获得成功。1983年,水科院、西北水科所及山西省水科所合编《中小型水库设计与管理中的泥沙问题》一书,书中对高含沙水流在水库调节中的应用作了系统分析,指出高含沙异重流排沙以及存在水力分选情况下高含沙滞洪排沙,对保持库容都是十分有利的,书中也指出在高含沙排沙运用时,尚需采取的相应措施。

利用高含沙水流或高含沙异重流排沙,不仅可以排除上游来沙,而且可以排除库底前期淤积泥沙,但对那些没有泄空排沙设置,或排沙底洞过高的小水库,或水源特别紧张,无水排沙的地方,上述方法受到限制,在这些地方不得不使用机械清淤技术。西北水科所、山西省水科所等单位作了大量管流水力输送试验,特别是山西省水科所在田家湾水库试验水力吸泥的成功,对水库水力吸泥装置作了介绍,提出防止水力吸泥装置的淤堵措施,管路驼峰真空度小于4.5～5.0米水柱。为防止在驼峰处出现较高的真空度,需装设通气阀。运行中要控制泥浆浓度,保证管内流速大于临界流速。管道一旦淤堵,可采用增大压差(增大流量)或补充清水稀释等方法处理等。各地小型水库机械清淤工作因地制宜地开展起来,如红旗水库、犹河水库、浠河水库、小华山水库、北岔集水库、新添水库、河群水库等等都取得了较好的清淤效果。1989年,陕西省水利水土保持厅编辑出版了《水库排沙清淤技术》一书。书中分析了水库排沙减淤方法,各种清淤技术的原理与使用条件,并附有典型实例,是当前中小型水库排沙清淤方面较全面的技术总结。

(二)水库排沙的新设想

鉴于水力吸泥装置的试验成功,1978 年,方宗岱提出在小浪底(拟建)水库实施高浓度调沙解决黄河下游泥沙问题。建议在坝前布设一根直径 10 米的倒虹吸管(排沙管),进口高程 150 米,水库汛期水位 236 米,根据上下游水头差,管内流速可达 6.4 米每秒,泄流能力为 500 立方米每秒,利用虹吸作用在坝前形成一个冲刷漏斗,使上游来的泥沙除冲泻质部份由电站下泄外,其余通过排沙管排出库外不进入下游河道。

1979 年,方宗岱又分析了田家湾、浠河、犹河、小华山、刘家峡等水库的排沙情况,进一步对上述方案提出论证和解释。同年,黄委会水科所李保如、程秀文等对利用下游河道或修建输送高含沙水流设置提出疑意,指出:过去黄河下游发生的高含沙洪水,含沙量沿程递减,即使含沙量达到 911 公斤每立方米,沿程还出现分选,仍为二相流,能否利用高含沙水流特性加大河道排沙能力输沙入海尚有许多问题。钱宁、万兆惠也写了《关于方宗岱同志利用小浪底水库高浓度调沙解决下游泥沙问题建议的讨论》。指出:利用高含沙水流输送泥沙,必须充分掌握把含沙量控制在一个有利的范围并比较稳定。西北地区河流通过自然的调节作用,含沙量与级配之间有一定的搭配,使泥沙沉速能够有效地大幅度减小,保证水流有一个较大的挟沙能力。含沙量再继续增加只会使泥沙级配越来越粗,细颗粒成分并不成比例增加,这样调节的结果,高含沙水流不会很容易就进入层流流态,造成浆河。修建水库后,经水库分选进入漏斗的泥沙级配变化很大,从而使最有利的含沙量范围变化也很大,如何针对不同来沙情况及时调整排沙管含沙量?运用中会有很大困难。按照水库高浓度调沙方案,小浪底水库的淤积将是十分可观的,排沙管闸门所承受的水头经常在 100 米以上,要求灵活启闭技术上也是很难的。其次,当前对浑水流变特性及不均匀沙群体沉速的认识还十分肤浅,从洛惠渠沙和郑州沙在粘性上所存在着巨大差别看,除泥沙级配外,显然还有其他因素在起作用,这些因素是什么?我们只有一些一般认识,缺乏定量的数据,更谈不上水库调节以后基本没有细颗粒或细颗粒含量很高的情况下高浓度渠道输沙资料。因此,现阶段还不能把水库高浓度调沙方案看成一个已经现实可行的方案。

1980 年,方宗岱针对上述讨论中提到的水库调节以后基本没有细颗粒或细颗粒含量很高的情况下高含沙水流的输送问题,根据国内外资料写了《论非牛顿体高含沙水流治理黄河的理论基础》和《较粗颗粒高含沙水流的输送比降》两篇文章指出：较粗颗粒（$d_5=0.2$ 毫米）必然是高含沙伪一相流，故将排沙洞进口放在淤积面以下，是可以得到高含沙水流的。对于要求渠道流速大于一定值时问题，计算比降为 1.5‰，为安全起见采用 2‰。

1981 年，方宗岱为论证所提出方案的技术可能性，写了《小浪底坝前能产生高含沙水流的论证分析》：文中首先解释了伪一相流而不称均质流的意义，又分析了天然泥沙的流变，沉降等特性，指出：根据双电层原理，颗粒的悬浮，即不沉颗粒是由水赋于的分子力与颗粒的浸重相等，促使颗粒不下沉，而双电层又分为电离子层和吸附层，分子力的大小按范德华原理与两颗粒的间距的 1/1.6 成比例。两颗泥沙在电离层的间距大，故絮凝力很小，排列有随意性，淤积表现为蜂窝结构，异重流属于这种情况。如泥沙颗粒直径大于 0.02 毫米，絮凝力不足以悬浮，但当颗粒接触较近于吸附层（吸附层半径很小，一般等于 0.0002 毫米），即两薄膜水的厚度，故吸附力大得多，只能靠高含沙量颗粒相接触才能发生伪一相流。黄河 16 亿吨泥沙，除极少数量的极细砂（$d<0.01$ 毫米）将通过水轮机下泄外，其余可以全部由排沙管以伪一相流运送放淤，及至最后入海。

1982 年，中国水利学会泥沙专业委员会受水利部科技局委托，在郑州主持召开了座谈会，讨论方宗岱提出的《小浪底水库高含沙水流调沙放淤方案》，与会专家学者畅所欲言，首先肯定了方案对利用高含沙水流解决黄河下游泥沙淤积的想法是富有启发性的，方案中的某些观点是合理的，可以用来推动治黄研究工作。也同时指出方案存在的问题：第一，目标过高，规模过大，减少了实现的可能性。第二，过分强调伪一相流的输送，忽视了其他可能发生的水流情况。会议建议有关部门结合小浪底水库，研究利用高含沙水流减少黄河下游泥沙淤积方案，结合死库复活工作，选择适当水库进行中间试验。

1985 年，西北水科所陈景梁建议：在黄河北干流梯级布置和确定各梯级运用水位时，尽量使汛期水位淹没主要来沙支流口，从而使进入水库的高含沙水流潜入库底向下游运动，清水则从表面进入水库，以达清浑分流之目的，从底洞排浓度高且颗粒较粗的浑水，引入小北干流放淤，中层浓度较高而颗粒细的浑水用于灌溉。规划中的龙门水库，底洞要低，泄量要大，进入水库的高含沙异重流，可根据下游区间来水来沙情况和下游输沙能力与三门峡、小浪底水库配合，机动灵活地进行调节。

1986 年，水科院姜乃森、刘玉忠结合小浪底水库研究大型水库利用水力冲刷造成高浓度出库浑水的可能性。指出：对于大型水库来说，由于库水位的下降速率不快，溯源冲刷强度不大，而有深水底孔的水库，又因冲刷漏斗的容积有限，使出库高浓度浑水的持续时间不长。因此，依靠纵向溯源冲刷或坝前漏斗的冲刷难以形成高浓度出库浑水。建议采用“高渠冲滩”的办法，使小浪底水库造成高浓度含沙水流出库是可能的。

1987 年，西北水科所夏迈定对水库泥流的成因及应用作了研究，指出：常见的水库泥流有天然型、冲蚀型、浓缩型三种。冲蚀型水库泥流宾汉极限剪切力较大，能使更多泥沙转化为中性悬浮质，输沙能力强，恢复库容实用意义大。但它持续时间较短，实际应用于水库泥沙调度，必须用“高渠拉沙”调沙技术补给泥沙。当冲刷比降大于或等于临界值，淤积物干容重不大于 1.2 吨每立方米时，可持续提高水流含沙浓度，形成水库泥流。

1989 年，黄委会水科所吴以教写了《黄河下游先期变清进而实现根治水害开发水利目标的可行性》一文。文中提出：在小浪底水库北岸打一条隧洞作为输沙廊道，沿这条输沙廊道，每隔 2～4 公里，根据需要留吸泥口，用以与吸泥清淤装置联接，由吸头及吸泥管组成的清淤装置由操作船控制，不断移动以连续吸出淤积泥沙，把高含沙水流送进输沙廊道排出库外，这样就可以保证水库不淤，并把排出的高含沙水流由输沙渠道送到可以堆放的地方，而不进入黄河，以使黄河下游首先变清。

三、对下游河道高含沙水流的认识与应用

(一)对 1977 年高含沙水流的认识

1977 年 7～8 月黄河下游出现两场高含沙量洪水，随之发生一些异常现象，已在第一节中叙述过，但随着高含沙水流基本特性研究的不断深入，人们对这次洪水，特别是对 8 月的洪水产生了不同认识。1980 年，黄委会水科所齐璞在《1977 年 8 月黄河下游高含沙洪水输沙和演变情况分析》一文中指出：黄河下游河道的来水来沙，主要来自渭河和龙门以上黄河干流。在一般情况，渭河的高含沙量洪水可直接影响到下游河道的冲淤，而来自龙门黄河干流的高含沙水流，经过龙门到潼关 130 公里长的河段调整，大于 0.1 毫米的泥沙几乎全部淤掉，进入下游河道的泥沙组成变细。独有 1977 年 8 月来自龙门的高含沙量洪水受前两场洪水刷槽淤滩的影响，已初步塑造了较窄的河槽，使 8 月洪水在龙潼段河道中的淤积量大大减小，进入下游河道的泥沙组成仍保持较粗。水流出铁榭后，比降迅速变缓，造成沿程的强烈淤积，引起流量减小，致使花园口洪峰消失。而后水位猛涨是由于沙峰过后，泥

沙组成迅速变细，而流量仍较大，加之前期河床强烈淤积抬高，致使水位猛烈抬高，这就是原调查报告提到的“浆河”异常现象。

1982 年，珠江水利委员会许文妫发表《黄河下游河道高含沙水流》一文，文中仍认为 1977 年 7～8 月两场洪水在小浪底至花园口河段发生的异常变化是高含沙水流所致，第二场洪水发生浆河的原因：一是含沙量很高，二是河道的地形条件所造成。

1984 年，黄委会水科所齐璞、赵业安根据实测资料和高含沙水流特性，再次分析 1977 年黄河下游高含沙洪水发生异常现象的主要原因，指出：高含沙洪水在黄河下游河道输送，不会形成流量成倍增加的严重局面，出现异常现象主要是河道宽浅，造成泥沙强烈地在边滩淤积，引起流量大幅度减少造成的。要避免高含沙水流在河道中造成的严重淤积，应设法改变进入黄河下游河道的水沙组合及其过程，使其形成窄深河槽，从而消除高含沙水流对防洪带来的不利影响。

1984 年，方宗岱著文《对齐璞“1977 年黄河下游高含沙水流输沙和演变分析”的商榷》，文中引用 1965 年 7 月钱宁在泾河支流实测的浆河资料，说明浆河在浅河段发生，可称为局部浆河，浆河形成的条件是拖曳力小于底部剪力($r_{HJ}<\tau_0$)。引用黄委会水科所试验资料说明：浆河从底部开始，浆河时水位急骤增高，可称为垂直方向的局部浆河。引用西北水科所曹如轩 1984 年的浆河试验资料说明：浆河必然会发生溃坝流量。引用清华大学宋根培的混合沙沉降试验资料说明：非牛顿宾汉流体，在沉降筒底部有因结构阻塞而产生的增浓现象。鉴于上述诸成果，可以认为：浆河是从底部向上发展的，浆河形成的规律是 $r_{HJ}\leqslant\tau_0$，宾汉体的底部增浓现象使底部切应力大幅度增加。根据 1977 年 8 月实测含沙量及增浓比 1.74 计算，τ_0 可达 5.36 公斤每平方米，远远大于齐璞文中所用的数值($\tau_0=0.336$ 公斤每平方米)，因此，1977 年 8 月发生的异常现象，是局部垂直浆河，否则下游流量增加是无法解释的。

（二）用高含沙水流特性治河的设想

1980 年，黄委会水科所齐璞将渭河下游与黄河下游高含沙洪水泥沙输移特性相比较，提出《黄河高含沙量洪水的河床演变与泥沙输移的初步研究》，文中提出：有利黄河泥沙输移的理想含沙量范围在 538～1000 公斤每立方米之间，理想高含沙量洪水的泥沙组成应与渭河大致相同，具有不分选的特性，这种理想高含沙水流只要能克服边界阻力即可长距离输送，并不需要很大比降。输送最有利的流量接近平滩流量，这样就可以防止大量漫滩淤积，含沙量大幅度降低，由理想高含沙量变为一般含沙量，引起河道淤积。为维持理想高含沙水流输送的较大水深，需要一个窄深的断面形态，而这种窄深的断面形态，高含沙洪水可以通过淤滩刷槽来塑造。

1981 年，清华大学张仁、钱宁与杭州大学地理系蔡体录一起分析了黄河下游 1959～1977 年七场高含沙量洪水，发现来自黄河中游的高含沙洪水在某些河段能够稳定通过，但大部分泥沙还是要淤积在河道中；在断面窄深的河段中一般淤积较少，严重的淤积都发生在断面宽浅，河道散乱的河段；不同水沙来源组成的洪水，小北干流河段的调整作用明显不同，龙门以上来沙淤积比重大，渭河、北洛河来沙淤积量要少得多。高含沙洪水进入黄河下游以后，在小浪底到高村之间的宽浅河段大量落淤。造成这一结果的原因主要是由于含沙浓度和颗粒级配的不同。高含沙水流可分为均质流和二相挟沙水流两种流态，在均质流情况下，水流可以在很小的比降下流动，且有可能产生强烈的冲刷。因此，为了确保高含沙水流能够稳定输送，要尽量使水流维持在均质状态。但在运用过程中，要确保流态不进入层流，不然阻力就会大幅度增加。在二相挟沙水流情况下，水流的挟沙力决定于水流所能提供的能量。影响水流提供能量的因素除比降和流量外，河流的断面形态、床沙组成也都起一定作用。高含沙水流通过时，河道断面形态常发生剧烈的变化，形成窄深的断面。但这种窄深的断面形态并不能长期保持，当水流中含沙量降低后，断面在很短时期内就能恢复成宽浅状态。同时，宽浅的游荡性河道主流还常常发生大幅度摆动，因此，如果不能经常通过高含沙水流，窄深断面是很难长期保持的。

1982 年黄委会水科所齐璞、赵业安再次分析黄河高含沙洪水输移特性及其河床形成，提出：由于高含沙水流固有的特性，黄河可以在较弱的水流条件下输送大量泥沙。当泥沙组成中径 0.04～0.06 毫米，其中粒径小于 0.01 毫米的极细沙量达 10%～20%时，适宜输送的含沙量可达 400～900 公斤每立方米，在水深较大时，可以在万分之一的比降下顺利流动。具有窄深断面形态的河槽较宽浅断面的河道更适合高含沙水流输送，而前者可由高含沙洪水淤滩刷槽自行塑造。当河流的大部分泥沙以高含沙洪水形式输送，而造成塌滩的低含沙洪水发生时，将形成窄深稳定的高效输沙河道。因此，必须改造来水来沙条件，控制主槽的淤积与塌滩，使之形成和保持较大过洪能力的窄深河道。

1983 年，水科院周文浩、范昭分析了高浓度洪水对黄河下游河道冲淤影响，指出：黄河下游通过高浓度洪水时，都有严重淤积发生，近30年来，三门峡站最大含沙量超过300公斤每立方米的18次洪水，总淤积量占28年总淤积量的50%，黄河下游高浓度洪水具有“多来多淤多排”的特性，并不是所有高浓度洪水都能在下游形成“高滩、深槽”的窄深主槽，只有一定洪峰的含沙量(如5000～6000立方米每秒，500公斤每立方米以上)水沙峰相适应时才有可能。在这种情况下，窄深的主槽也只能在游荡河段的上段发生，并不能在整个河段形成。

1984年，黄委会水科所齐璞、赵业安提出：利用小浪底水库把目前进入黄河下游河道的水沙改变成清水和高含沙量洪水；利用桃花峪水库防洪和调节小浪底下泄的清水分送黄河南北两岸，以保护高含沙量洪水塑造的窄深河槽长期稳定，输送小浪底水库溯源冲刷产生的高含沙量洪水入海，通过小浪底与桃花峪水库的联合运用，黄河下游的洪水泥沙问题可得到根本性的解决。

1988年，黄委会水科所齐璞作了小浪底水库不同调水冲刷方式，调水调沙，下游河道利用窄深河槽输沙入海减淤效益计算，结果表明：等流量冲刷方案，窄深河槽可以得到充分利用，下游河道的减淤效果比较理想，但需较大水量调节库容，只有多水库联合运用才能实现。为此，需要修建桃花峪水库，调节小浪底水库下泄的清水分送黄河南北两岸。文中还以北洛河为例，给出黄河下游河道的治理前景。

第八章　黄河泥沙动床模型与数学模型

多沙河流的河床演变现象极为复杂，许多问题都要靠模型试验与理论计算互相结合解决，特别是治河工程措施实施后对河床演变的预测，泥沙动床模型试验就成为重要而有效的手段。

黄河的泥沙动床模型试验是从二十年代开始的，但二三十年代的模型是外国专家所作，远隔重洋，对中国河流特性未能深切考察，殊难彻底明了，故其试验范围，仅及原理方面之探讨。在此期间，国内水利专家大力倡导筹建国内试验设置，在他们的推动下，三十年代中期开始兴建中国第一水工试验所，中央水工试验所等，在建成未建成之际，又遇日本帝国主义侵略使所有试验计划沦为空纸。抗战期间，中央水工试验所虽作了花园口堵口模型试验，但毕竟只是一个局部模型，长河段的河床演变问题未能开展。真正研究河床变形问题的黄河动床模型试验，则是从建国后随着黄河流域综合规划和第一期工程的施实全面开展的。四十几年来，经历了学习、验证前人的模型试验方法，吸取国内外先进经验，在对黄河泥沙运动、沉积等基本特性认识的基础上，找到了适合黄河水沙运动规律的动床泥沙模型试验方法，并在不断地发展完善中。在计算技术方面，通过大量实测资料分析，找到了反映黄河水沙运行规律的公式和参数，经过理论推导，建立了各种数学模型，在治黄生产中发挥着越来越大的作用。

第一节　泥沙动床模型试验

一、发展概况

（一）初始阶段

动床泥沙模型试验在黄河上的应用始于1923年。早在1919年，美国土木工程师费礼门受北洋政府聘请，担任华洋义赈会督办运河咨询工程师期间,曾在邙山以下,由出山处起,驾小舟沿河下驶,从事堤防、河道、水流、沙滩、决口老口门等实地考察,施测河道横断面。回国后据考察所得,写成《中国洪水问题》,绘具图说,发表于美国土木工程师学会年报第85卷上。"对黄河作一连串考察时,即发现黄河在洪水时期能将河槽大事刷深与拓宽,以满足其洪水断面之需要。及至水去沙停,复能将河槽填满,并使河床恢复其原有之高度。河底刷深与回淤,可得一启示,即缩狭河床之结果,不仅可使之自行刷深,且能获得黄河所需要之洪水河槽而维持之,甚至将水中所挟之沙一一输送入海。"因此,主张在现有大堤中间修筑直线新堤,堤距1/2英里,再用丁坝保护新堤,形成1/3英里宽的河槽。利用河水自然的冲刷力和输沙力,使泥沙形成厚实的防洪堤岸,抑制河槽过曲,使泥沙最直接顺畅地输送入海。

费氏的治河思想引起国际众多水利界人士的注意。河工模型试验创始人,德国特莱斯敦工科大学教授恩格斯对费氏主张提出不同看法,在《读费礼门中国洪水问题书后》、《与费礼门论治河书》及《制驭黄河论》等文中均有详细论断。费氏为证明所持的学理和主张之正确,于1923年委托恩格斯进行黄河丁坝试验,要求研究修筑黄河丁坝最大安全距离,丁坝与河岸所成的角度,坝端形状,坝头冲刷,坝间淤积及护岸效果等等。这次试验有中国当时在德进修的郑肇经参加。试验在水槽内进行,模型沙用褐煤粉末,试验比尺用1∶100及1∶50两种,作了丁坝与岸线夹角30度与60度两种试验,其结果严格地说,仅能适用于与模型相似的天然河流。嗣后,恩格斯在复沈怡书中进一步指出:"这次丁坝试验对黄河并无用处。"虽然如此,但它毕竟还是黄河动床泥沙模型试验的开端。

1928年,恩格斯之高足,德国汉诺佛大学教授方修斯,受聘于导淮委员会,在华期间,于赞助导淮计划之外,兼研究治理黄河,回国后于1931年自行举办治导黄河试验。试验在铁槽内进行,铁槽长20米、宽2.5米、深0.5米。槽中用沙制成梯形断面,河床平均宽度约0.3米,河床及滩地之纵坡均为1∶800,堤距分宽、窄、宽窄相间三种。于同年提出《黄河初步试验简要报告》,指出:"滩地宽广之河流,对于低水位河床之影响最为不利,盖泄洪之断面辽阔,则水流无力携挟沙石俱去也。故狭窄平行之堤防以及坚固之河岸及滩地,足以使低水河床经过洪水以后大为刷深。更于相当处所斟酌河流形势,束狭堤距,则河床之刷深,愈加平整有律矣。"并以此与其师恩格斯进行研讨。

1931年,恩格斯致函国民政府行政院已经任命而尚未建立的黄河水利委员会副委员会长李仪祉，介绍奥贝那赫(Obernach)河畔新建大型水工试验场的设施和刚刚结束的易北河(Elbe)利用筑堤束水刷深河床的模型试验结果，“以资治导诸大川如密西西比、黄河等之助”。欲做一黄河试验，进一步验证已得结果，藉以阐明自己过去与费礼门、方修斯讨论黄河问题时所持的学理和主张，试验费需16000马克。李仪祉与黄河水利委员会委员长朱庆澜商请河南、河北、山东三省政府，各捐助7700银元，于1932年派李赋都前往德国参加试验，同年10月完成第一次试验。本欲继续进行，因1933年黄河大水灾害，经费短绌，延至1934年夏，由全国经济委员会拨款，派沈怡赴德参加第二次试验，同年11月结束，1935年2月完成试验报告书。

恩格斯所做的第一次试验，目的在于研究固定中水河槽并束狭堤防后河槽是否刷深，洪水位是否有显著降落？模型河槽长97.5米、宽1.97米，相当于天然河槽325米，堤槽平行，形成直线形复式河床，堤距分别做成8.9米和3.8米两种，以求定性对比。模型沙选用沥青炭屑，粒径小于2.1毫米，容重1.33公斤每升，滩地用粒径0～5毫米石灰石碎沙铺面，厚50毫米，滩槽黑白分明冲淤易辨。见图2—8—1。

试验结果：经历若干水文年后，堤距宽者对于河床刷深及滩地淤高之效果比堤距窄者为佳。

第二次试验目的在于研讨各种堤防形状在约束已固定成弯曲的河道中，对河槽刷深及洪水位高度的关系及影响。试验分：(1)大堤呈直线形，堤距8.9米，堤内有固定的弯曲形中水河槽(宽1.97米)；(2)大堤为直线形，河湾下首筑有与河槽约略平行的翼堤，堤顶高度自大堤处逐渐降至于滩地相平，较高水位时，翼堤间为水淹没，可视作滩地上的护岸(堤)工程；(3)大堤呈曲线形(堤距5.72米)，不与河槽平行，在弯顶处，两岸间滩地分别宽0.75米和3米，成1∶4比例；(4)大堤呈曲线形(堤距3.47米)与弯曲河槽平行。模型垂直比尺1∶110，为水平比尺的1.5倍(1932年为2倍)，模型沙与1932年相同。见图2—8—2。

试验结果：第一组与第四组宽窄堤距对比，结果与1932年相同。第一组与第二组有无翼堤比较，有翼堤洪水面可回复到原有水位甚至可望比以前更为低落，滩地淤积显著增高，河槽显著刷深。根据两次试验提出对黄河下游河道治理的四条建议：第一增高原有大堤，以防非常洪水。第二毋须立即束窄堤距，藉适当工程(堵塞支流)创造中水位河槽(施以各种护岸工程)使中水位河槽固定不变。第三按河槽形势增筑翼堤。第四藉适当工程保护滩地，以防水流冲刷。

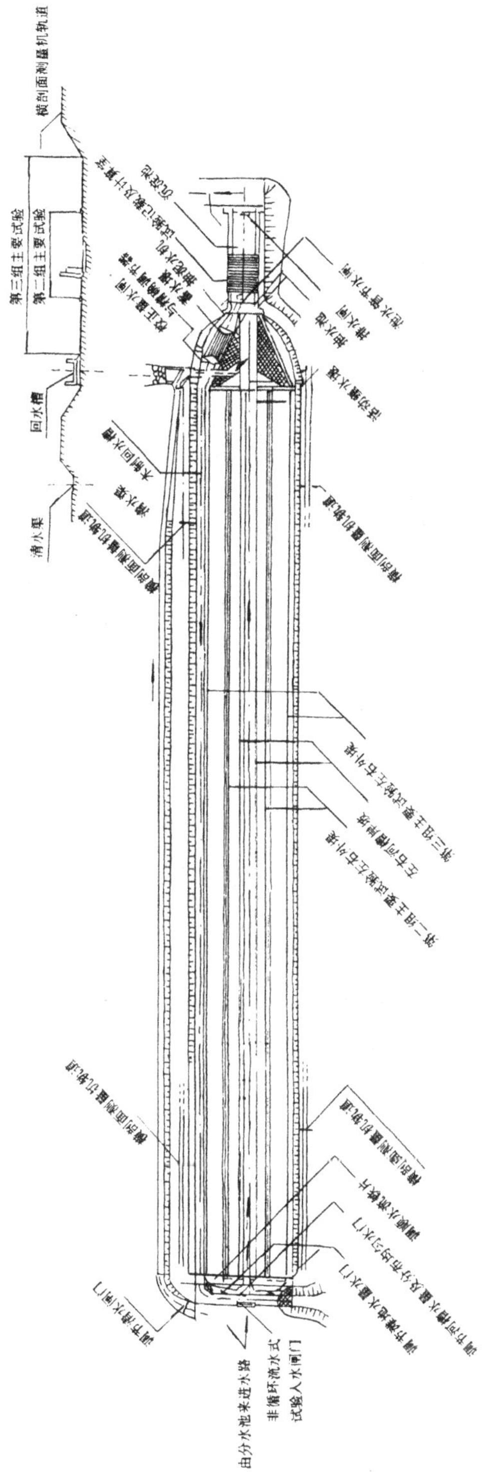

图 2—8—1　恩格斯 1932 年河工模型试验布置图

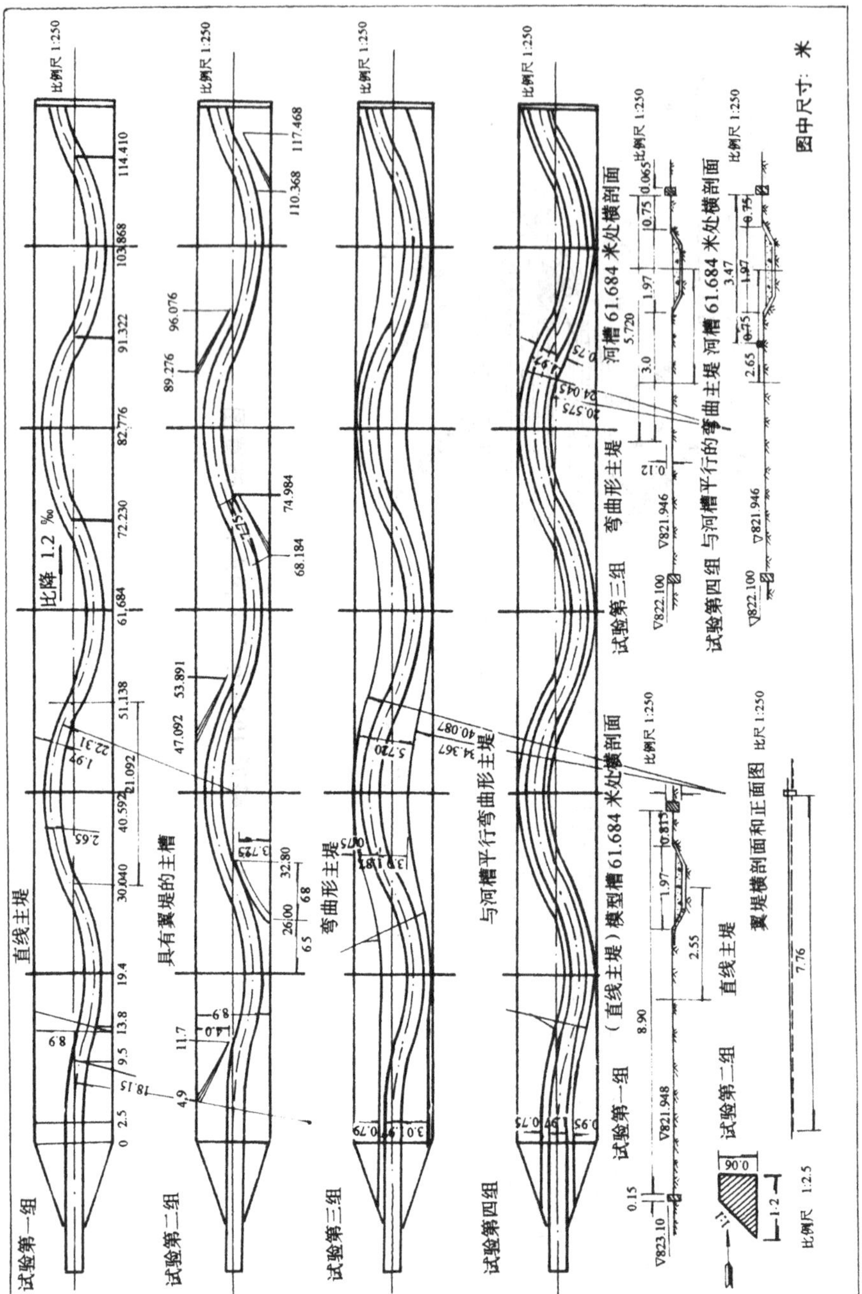

图 2—8—2 恩格斯 1934 年河工模型试验布置图

恩格斯所做模型试验，尽管在水文，泥沙，边界条件和模型缩尺方面与黄河并不严格相似，但在学理和实践上给国内外研究黄河的人们以深远的影响，特别是当时主持治理黄河的负责人的赞赏。李仪祉在《黄河治本的探讨》中说:“恩格斯这项主张，著者是最表同意的。因为有了固定中水河床以后，才能设法控制洪水的流向，不然便如野马无缰，莫如之何，只有斤斤防守而已。”张含英在《黄河治理纲要》中也说:“固定河槽一事，应视为今日之急要工作”，堤线的“初期修整不可冒然束窄。”为此，1935 年，国民政府黄委会报请全国经济委员会，经国民政府核准，以两次试验对治河确有贡献，奖给恩格斯一等宝光水利奖章，以示酬谢。

利用模型试验指导治河规划，修正工程设计在西方早已成为现实，尽快建立中国的水工试验场(所)自然成为水利专家和有识之士梦寐以求的愿望。1928 年，华北水利委员会成立，李仪祉与李书田根据荷兰政府曾允退中国庚子赔款专作研究黄河之用，在第一次大会上提出，建议建设委员会，以荷兰赔款筹备河工试验场。获全体委员一致通过。1929 年，江西水利局长欧阳彦谟在内政部民政会议上提出设立中央水利试验所提案。1931 年 1 月华北水利委员会与河北省立工业学院各负开办费一半，工业学院拨给空地为所址，成立华北水工试验所。同年 3 月，沙玉清在《大公报》上发表《水功研究所设立之必要》，介绍世界水工试验概况。8 月，李仪祉、李书田在中国水利工程学会第一届年会上再提设立国立中央水工试验提案。这些足见国内有识之士为推动中国水利科学研究事业奔走呼号，坚韧不拔的精神。在他们的努力下，1933 年由国民政府华北水利委员会、河北省立工业学院、国立北洋工学院、太湖流域水利委员会、黄河水利委员会、导淮委员会等 10 单位，筹建成立华北水工试验所董事会。董事会决定改华北水工试验所为中国第一水工试验所，由董事会管理。董事长李仪祉、副董事长李书田、秘书徐世大，水工试验所所长由李赋都担任。将本国北方多沙河流的水利问题列为重点研究项目，“使本国水利界及研究黄河者，对于治黄问题，得一深切之认识，并发展我国学术研究之能力”(详见中国第一水工试验所筹备经过及初步试验计划大纲)。

1935 年，全国经济委员会统一全国水利行政，认为水利事业必须统盘筹划，所以，于各河流旧设水利机关外，筹设中央水工试验所，为全国水利科学研究中心。由郑肇经任筹备委员会主任委员，用荷兰庚子赔款及荷兰籍水工试验专家万和佛为顾问工程师，在南京清凉山附近兴建试验大厦，“以为规划治本与实施工程之助。”

1936年，国民政府黄委会在开封黑岗口附近购地300余亩，拟建黄河花园口至东坝头河段巨型试验场。

1937年春，国民政府黄委会委托清华大学土木系施嘉炀进行黄河河道整治模型试验。

同年7月，日本帝国主义大举侵略中国，刚刚建成不久的中国第一水工试验所被炸毁，南京中央水工试验所被迫西迁重庆，开封黑岗口及清华大学试验计划也被迫放弃。

1938年，国民政府河南驻军奉命扒开郑州花园口黄河大堤，企图以黄河水隔阻日军西进未果，却造成黄河改道八年的空前灾害。国民政府黄委会遵照当局“保持泛区，修守泛道，防泛西堤”的指示巩固河防，并拟具堵口计划，于1942年上报国民政府行政院水利委员会，编入《水利复员计划》，准备战后施实。同年，西迁重庆的中央水工试验所改名为中央水利试验处，将黄河花园口堵口试验列入该处计划，9月派谭葆泰、张瑞瑾赴花园口实地查勘，收集口门附近原型资料，拟出试验计划。

1943年，中央水利实验处在重庆磐溪水工试验室作了口门冲刷试验，以决定两岸进占长度，口门刷深程度。试验在长10米、宽1.97米、高0.5米的水槽中进行，填铺嘉陵江河沙，从河沙之抗移力出发建立口门刷深与流量、宽度、断面及沙粒粒径大小各因子之间的函数关系，确定系数，求得应用于一般情形的通用计算公式，再以黄河决口的历史资料加以验证，推广应用于模型设计。在口门冲刷试验的同时，还在玻璃水槽中进行了柳辊冲刷模型试验，模拟当口门缩窄到50米时，填抛柳石辊堆叠成潜坝时能否抵抗水流的冲刷。在上述试验告一段落后，于1945年6月至10月又在四川长寿县龙溪河畔设立露天试验场，举办黄河花园口堵口模型试验，黄河堵口复堤工程局副局长潘镒芬参加了这次试验。模型水平比尺1:80，垂直比尺1:8，模型河床铺龙溪河沙砾，其抗移力接近嘉陵江河沙。模型作了口门进占与抛石坝水流情况的比较，于同年10月结束。试验结果：西坝埽由于冲刷过猛有出险现象，而抛石坝未见蛰塌情形。试验后，潘镒芬与谭葆泰等有关人员共同拟定了堵口方案：第一，依据黄河春冬两季流量常在2000立方米每秒以下，可用捆厢进占法筑截流坝，把口门收缩到200米宽，河底不致冲刷。第二，最后200米口门改用抛石平堵法，用碎石铺河底，大块片石或柳捆逐层加高，筑成透水坝高出水面，可以堵截6米高的水头毫无危险。第三，春季施工，为防桃汛异涨，口门西部1060米浅滩仍用进占法，东部400米河槽用平堵方法，打木桩筑便桥，上铺轻便钢轨运抛石料。在堵口的同时，还要在故道开挖

2米深引河以减低水位。

1946年3月堵口工程开始，堵口复堤工程局总工程师陶述曾根据试验结果及国民政府、共产党、联合国善后救济总署三方达成的“先复堤后堵口”协议，拟在汛后堵口，冬末合龙。但为适应反共需要，国民政府强调堵口而不提复堤，联合国善后救济总署工程师塔德主张加速堵口尤力。6月21日，花园口堵口打桩架桥工程完毕，6月29日木桥完成尚未抛石之际，流量涨至4800立方米每秒，桥桩动摇，被冲失，6月堵口计划宣告失败。

（二）从比尺模型到自然模型

建国后，黄河治理由单纯的下游防灾迅速改为防灾和兴利并重，上中下三游统筹，本流和支流兼顾的治河方针，在这一方针指导下，由宽河固堤、护滩固槽，改为蓄水拦沙。为紧密结合生产，以任务带学科为治黄服务为宗旨的黄委会泥沙研究所，从1953年就拟定了挟沙能力、冲刷能力和挟沙水流模型律三大课题作为主攻方向的研究课题。动床模型试验与其他水工模型试验一样，都是建立在相似理论基础之上的，即模型与原型不仅在形态上相似，受外力作用后，各质点的运动，力场分布等均相似，将模型的各种尺度（长度、速度、时间、含沙量、流量等）乘其固定的比尺以后，与原型的各种尺度彼此完全一样。只有这样，才能根据模型试验的成果预估原型可能发生的情况。但黄河的实际情况是：黄河下游河宽10公里以上，平均水深只有2米左右，河床极不稳定，主流位置经常变化，如水平比尺和垂直比尺都采用一样，即正态模型进行，按最小的平均水深去选比尺，使平均水深在20毫米左右，则需要做宽达100米以上的大模型，这在模型布置和试验操作上均带来困难。如按一般试验室面积去选择模型比尺，则模型水深和流速均小于动床模型试验的起码要求，模型的流态和泥沙运动与原型均不相似。因此，必须考虑水平比尺和垂直比尺不同，即模型的变态问题。此外，黄河含沙量高，泥沙细，国内外已有的动床模型律多数为研究底沙动力模型律，用于以悬沙运动为主的游荡性黄河，问题较多。由于以上问题，黄河三门峡水库排沙试验黄河规划委员会委托苏联列宁格勒加里宁工学院进行。试验结果：汛期水流中粒径小于0.01毫米的含沙量超过8～10公斤每立方米，在水库内可发生底部异重流，这种水流沿库底流动，到达坝前并通过水电站及坝上的泄水孔，主要是通过底部泄水孔泄入下游。在此期间，黄委会泥沙研究所广泛搜集国内外泥沙模型律资料，并按拉普图列夫专家指导的办法，收集河床宽深比资料，寻求模型沙选配和模型变态的方法。在收集的泥沙模型律中，天津大学水利系郑兆珍等发表的《挟沙河流模型试验定律之研究》,从紊流扩散理论出发,假定泥沙悬移升降数量不平衡,引起河床冲淤变化,从而推导出模型的相似条件。经初步分析认为:这一挟沙水流模型律为悬沙模型律,有可能适用于黄河。苏联维里卡诺夫提出的自然法能造成游荡性河道,对研究黄河模型律很有参考价值。因此,1955 年冬,黄委会泥沙所与天津大学合作,选用人民胜利渠的实测资料,按郑兆珍模型定律设计渠道模型各项比尺,验证其相似理论是否适合黄河泥沙运行变化。试验结果:模型淤积厚度超过原型,说明模型设计理论与黄河泥沙运行规律不符,尚待改进,试验便告结束。

1956 年,为寻求适应黄河泥沙运动规律的模型试验方法,黄委会水科所在宽 2 米、长 40 米的水槽内,铺上引黄沉沙池的淤沙,摸索进行游荡性河道的造床试验。此间,钱宁由美归国,带回了爱因斯坦——钱宁合作的动床泥沙模型律。为此,又迅速按钱宁的模型律进行黄河模型的验证试验。水科院河渠所也按钱宁的模型律,设计了黄河三门峡水库淤积模型。模型范围:渭河从潼关至石川河口 92 公里,黄河从潼关至临猗县界 60 公里,按 1∶50000 地形图制造。按模型律要求,模型须满足几何相似;泥沙运动相似;重力与惯性相似;阻力相似以及足够大的雷诺数等五个条件,才能使流速分布及含沙量分布相似。当时考虑到黄河泥沙很细,采用了天然泥沙颗粒级配相同的泥沙,天然流速与模型流速的比值等于 1,使模型水流达到完全紊动,且使模型中的流速,泥沙沉速与天然数值保持一致,水库的水深又较大,糙率不致于影响流速分布与泥沙分布,所以并未严格要求糙率相似和水流动力相似。模型水平比尺 1∶3400,垂直比尺 1∶120,变态率为 28.3,模型沙采用塘沽港淤泥。试验结果:渭河异重流挟带的泥沙,在黄河流量与渭河流量比大于 2～3 时,很难排出潼关;水库水位 350 米上涨至 360 米时,黄河来沙量由异重流排出潼关的数量仅占黄河入库总量的 5%,渭河谷淤积 15%,潼关以上黄河谷淤积 80%;三门峡下泄流量的大小,不影响异重流排出潼关的数量;由异重流排出潼关的泥沙数量随回水长度的缩短而增加。此结果曾为三门峡枢纽排沙设置的讨论提供了依据,由于阻力和水流动力不相似,又是变态模型,模型中异重流的厚度与天然厚度不相似,只能视为定性的结果。

1957 年 4 月三门峡水利枢纽正式开工,围绕三门峡水库的淤积和黄河下游河床变形的问题必须作出迅速回答,而黄委会水科所对郑兆珍和钱宁的模型律验证工作虽取得初步成果,认为这些模型律与黄河实际情况还有一定距离，欲获得与黄河冲淤相似的成果，还需对模型律的某些参数进行调整。在此情况下，1958年，水科院河渠所与黄委会水科所合作组成黄河下游研究组，围绕三门峡水利枢纽的修建和黄河下游梯级开发与治理进行全面研究。在动床模型试验方面同时进行了：(1)用钱宁著的《动床变态河工模型律》，适当降低部分条件，设计进行黄河下游河床变形预报及整治工程野外模型试验和三门峡水库淤积与渭河回水发展野外模型试验；(2)钱宁模型试验方法与恩格斯试验方法的对比试验；(3)按照苏联维里卡诺夫，岗察洛夫等人的理论塑造游荡性河道的造床试验，并派员到武汉水利电力学院，在谢鉴衡的指导下进行塑造游荡型河床的模型试验。前一项的两个野外模型试验在下节试验实例中详述。两种方法对比试验是选用同一河段资料、两种模型设计方法分别设计，进行平行试验的。恩格斯方法模型是由早年参加恩格斯试验的黄委会副主任兼黄委会水科所所长李赋都亲自指导，由马增录工程师主持，根据水槽试验泥沙起动条件和形成沙浪的情况，选定轻质的山西阳泉煤粉末做模型沙，用花园口河段实测资料作为原型依据，水平比尺1∶500，河床地形按1957年汛前实测地形铺设，流量过程按汛前汛后实测资料分梯级放水，依传统的原体验证法进行。经7次放水验证，基本上能重演原型河床冲淤变化情景。在此基础上，按三门峡水库修建后下游水沙过程大大改变的情况放水，模型清楚地演示了河床冲刷归槽，大溜淘刷险工地段等现象。钱宁模型试验方法是由钱宁亲自指导，周文浩、屈孟浩等参加，按动床变态河工模型律，条件略加变通设计的，主要是考虑到黄河泥沙细，以悬移质为主的情况，水流动力相似略加放宽，福氏数偏差$\triangle F=0.7$。水平比尺1∶1500，垂直比尺1∶50，模型沙用木屑。用1957年(代表平水年)和1954年(代表洪水年)的原型实测资料进行试验。试验结果也得到汛前汛后河势变化与原型基本相似的结论。这两种方法都取得了与黄河原型基本相似的成功，当然也还存在着模型流量过程过于简化，试验操作技术等有待研究的问题。塑造游荡性河道的造床试验，在简易的河工试验室和宽7米、长60米的试验槽内，由屈孟浩主持进行，将选好的模型沙按一定比降铺在模型槽内，在模型中央按造床流量(或平滩流量)的水力要素挖一条顺直小槽，然后按一定的水沙过程放水加沙，通过洪峰的猛涨猛落和低水期水流弯曲摆动，在水流，泥沙和河床的相互作用下，自行塑造成水流散乱，出现边滩和江心滩的游荡性小河。

10月，根据中苏第122项技术合作协议，来黄河指导研究工作的苏联专家К・И・罗辛斯基，А・И・哈尔杜林，对黄河下游河道和正在进行试验的三门峡水库淤积与渭河回水发展野外模型，塑造游荡性河道的造床试验等作了参观考察，在参观三门峡水库淤积与渭河回水发展模型时，专家介绍了人工变形填土法，参观屈孟浩主持的塑造游荡性河道造床试验时，专家对造床试验的成功予以好评，被誉为“屈河”。考察参观后，专家介绍了自然模型法，即在造床试验完成后，将造床试验与原型资料对比，从而求出模型比尺，并根据实测资料修正时间比尺后，即可进行三门峡水库修建后河道变形与整治预报等试验。专家建议：黄河动床模型试验采用自然模型法进行。在当时学习苏联的情况下，黄河下游河床变形预报及整治工程野外模型试验；辛寨至柳园口河道整治模型试验；位山枢纽壅水段河床演变模型试验等都放弃原有试验方法，按自然模型法进行试验。同时，在造床试验取得成功的基础上，按专家的建议，使黄河自然模型试验法很快获得研究成果，并编写黄河自然模型试验法，译成俄文送往苏联交流。自然模型法的成功引起国内许多科研单位的注意，水科院、长江水科院、钱塘江水科所、中科院地理所均相继开展自然模型法试验研究。

1962 年，三门峡水利枢纽改为滞洪排沙低水头运用后，又提出大增建不发电(12 深孔加 3 底孔加两条隧洞)方案，人们担心黄河下游河道将会严重恶化，为了解可能发生的严重情况，黄委会水科所在室内用自然模型法进行河床演变过程预报试验，用中牟至柳园口河段 1960 年 7 月的平面形态造床后，按三门峡大增建后的排沙放水方案试验。结果指出：三门峡水库大增建不发电方案的排沙方式将造成黄河下游河床堆积加剧的不利局面。河床向宽浅发展的主要阶段是汛期落水时期及非汛期。在落水时期及非汛期都会发生严重的塌滩淤槽，断面展宽。在堆积过程中，泥沙先淤主槽，主流发生摆动，刷滩淤槽，主槽位移，然后又淤积新主槽，水流再行摆动，继续冲失新的滩地，结果使高滩后退，而河槽淤平，塌滩的范围比过去更宽，在过去水流不到的地方将更加容易游荡，河床形态更加宽浅。此结果为水利部召开的第二次三门峡水库改建技术讨论会提供了依据。

1963 年水科院河渠所李保如将国内外塑造不同河床过程类型模型的经验进行了系统的总结，提出《自然河工模型试验》，文中介绍了国内外自然模型设计计算方法，探讨了模型塑造阶段的模型比尺变化，并利用前人和李保如本人的资料给出了塑造弯曲型及游荡型模型小河所应选择的泥沙粒径与比降的经验关系，计算游荡型模型的河相关系，挟沙能力以及糙率系数等经验关系，对自然模型法的推广应用起了一定作用。文中还提出：自然河工模型试验方法是近年来提出的一种新的动床河工模型试验法，目前设计原理及方法尚不够完善，尤其是如何将模型成果与原型进行定量换算在方法上尚没有解决，不同类型造床过程的河流形成原因远没有搞清，这些问题都有待进一步研究。

(二)从自然模型再回到比尺模型

以上叙述说明，自然模型法虽可做到与原体游荡相似，但对泥沙运动相似和水流相似的要求很低，仅把造床流量(或平滩流量)的水力要素作为模型设计的依据，因此，自然模型法只能研究黄河河床演变中的定性问题，对于河床演变中的定量问题以及复杂的工程泥沙问题就不能用自然模型法来解决。为此，黄委会水科所自1964年开始，又转向黄河比尺模型的研究，在室内开展了模型沙基本特性试验：模型沙静水沉降和动水沉降试验；模型挟沙能力和排沙比试验研究；模型沙絮凝试验；模型沙容重随时间变化过程试验；不同选沙对模型冲淤过程影响的对比试验；模型加糙方法试验等等。通过上述一系列试验资料的分析，找到了一套比较全面的黄河动床模型设计和试验方法——黄河动床模型律。与此同时，南京水利科学研究所李昌华根据相似理论及河流动力学原理建立了河床变形相似的基本原则，即输沙量沿程变化的相似条件及输沙量连续条件的相似，以及悬沙模型试验的限制条件，发表了《论动床河工模型的相似律》，根据作者多年从事模型试验的经验，提出进行悬沙淤积为主的模型试验设计及试验方法。

从60年代末开始，黄委会水科所先后用黄河动床模型律作了黄河三盛公枢纽和库区动床模型试验。试验结果指出：内蒙古水利局拟在三盛公枢纽右侧增建枢纽电站，两侧将同时进水，改变了原来的引水条件，拦河坝前河势恶化，破坏了总干渠分水分沙关系，不宜兴建。设计单位接受了模型试验的建议，放弃了在拦河闸右侧增建电站的计划。1976年进行的渠村闸特大洪水分洪模型试验及夹河滩至高村防止滚河模型试验，肯定了渠村闸分洪的作用，弄清了该河段可能发生滚河的位置，提出了防止滚河的防护措施。为检验东坝头至高村1958年以来按规划要求修建的河道整治工程效果，并提出改进意见而进行的东坝头至高村河道整治模型试验结果指出：这段河道的防洪工程多半是建国以来的老工程，在布局上缺乏统一规划，有的工程之间距离太长，有的工程之间距离又太短，有的工程弯曲半径太大，挑溜方向不合适，对已有工程进行改造是必要的。工程按流量5000立方米每秒设计，在流量2000立方米每秒时，这段河道许多工程之间会出现小弯；主流由堡城或河道工程挑向对岸，会引起对岸滩地坍塌，要进行防护。在长青黄河大桥桥位选择模型及利用透水桩坝整治山东河道模型等试验中，均取得与原型水面线和河床冲淤的基本相似，也为设计单位提供了依据，均为生产部门所采纳。

1977年黄河下游发生高含沙量洪水以后，黄委会水科所在黄河动床模型律的基础上，及时进行了高含沙水流模型试验方法的研究。经过努力，取得了黄河高含沙水流动床模型试验方法，并用此法进行了黄河府谷大桥高含沙水流模型试验和保德电厂防洪堤高含沙水流模型试验，均获得设计单位满意的成果。

1978年，黄委会水科所屈孟浩对上述模型试验的原理与方法进行系统的总结，撰写了《黄河动床模型的相似原理及设计方法》一文，1980年被河南省科学技术委员会评为河南省科技成果三等奖。中国水利学会泥沙专业委员会主编的《泥沙手册》定名为“屈孟浩动床泥沙模型律”，与钱宁、李昌华等人的模型律并行收录书中。

1981～1986年，随着黄河小浪底水利枢纽的拟建，围绕小浪底枢纽泄水建筑物门前淤堵问题，先后作了I_C(沟口电站)、沟里电站、小圆塔、龙抬头、人字形及一字形错台等方案，均不理想，最后试验人员和设计单位项目负责人，分别提出相同的进水塔不错台一字形方案，并在风雨沟进口加设圆形裹头，导流试验结果：泄水建筑物门前能形成单一的大回流，泄水建筑物门前基本上不发生淤堵。这一方案为设计单位所采纳，称为优化方案。详见第三节模型试验实例。

1986年，黄委会水科所张红武在李保如的指导下完成《河工模型变率及弯道环流的研究》，文中指出：一般冲积河流的动床模型变态不仅是客观需要的，而且也是必然的。并利用极坐标系表示的弯道平面二度水流运动方程式，证明了满足重力相似条件和河底阻力相似条件，并适当考虑河岸阻力的影响，弯道中垂线平均流速沿河宽及沿程的分布可以达到相似。

1989年，黄委会水科所李保如、屈孟浩发表《黄河河道演变的物理模型试验》，文中针对黄河下游河南段河道宽浅，含沙量极高，河床组成为细沙，洪水期河槽冲淤演变剧烈，是典型的游荡性河道。根据两位作者多年从事模型试验的经验指出：研究黄河河床演变定性问题，可以采用自然模型法；研究定量问题，可以采用比尺模型法。文中给出了设计游荡性模型的经验数据和比尺模型需遵循的准则，按照作者介绍的方法，模型试验结果是可以使用的。

1990年，黄委会水科所屈孟浩发表了《黄河动床模型试验相似的原理及设计方法》,文中回顾了黄河模型试验的发展过程,详细叙述了黄河动床模型试验的特点,相似条件、准则、模型沙的选配、变率的选择以及加糙方法,同时还指出,现在的黄河动床模型试验方法,对模拟滩岸坍塌、游荡摆动方面,还缺乏严格的相似准则,有待继续研究。

二、试验技术的发展

30 年代,恩格斯进行的黄河动床河工模型试验,获全球性荣誉,特别是通过水槽试验选模型沙的方法,至今仍普遍采用。将几种认为可供选用的模型沙(易比河淤泥、德国黄土、石英石、细沙、煤屑和黄河黄土)分别铺在长 30 米、宽 1.4 米、深 0.7 米的水槽内,根据起动条件和形成沙浪的情况来确定选用的模型沙,恩格斯发现,黄河黄土很细,不易起动,却容易形成沙浪。易比河淤泥不会形成沙浪,也不易推移。德国黄土虽容易推移,但也容易形成沙浪。沥青炭粒虽未形成沙浪,但不容易推移。只有容重为 1.33 吨每立方米,直径为 0～2.1 毫米的沥青炭屑做模型沙比较合适,故采用沥青炭屑做模型沙。由于当时泥沙研究和模型试验工作都还处于启蒙阶段,既没有动床模型律,又没有可靠的黄河地形实测资料及水文泥沙资料,模型的各项比尺(包括流量、流速、含沙量比尺)和水沙过程都是根据经验选定的,模型只是一个概化了的河岸固定而河底可以变动的小河。因此模型的冲淤与黄河很难严格相似。正如曾长期在黄河工作的塔德、安立森在其合写的《黄河问题》中说:试验时所采泥沙代用品之种类及数量,洪水与低水时期之长短,洪水量之大小及过程,均系出于假定,未必能与黄河真正一致。因此,是项试验所能指示者,只为假定一含泥沙之河道,其两岸之堤若近筑或远筑,在普通情形下将发生何等之结果。试验结果大白之后,其效用为任何将现有堤防移近河岸之举,不得不为之停止。由是可见,治理一条含泥沙极多之河流,决不能单凭假定或计算,贸然即下定语。上述试验最大之贡献即在此。

40 年代,因日寇侵略中国,所有试验计划均被迫停止,试验技术更无从谈起。1942～1945 年中央水工试验处虽作了黄河花园口堵口模型试验,但它仅是一个局部动床模型,试验技术较长河段动床模型要简单得多。必须指出的是这次试验按泥沙起动条件选择模型沙,遵循弗劳德定律设计模型,又考虑黄河历史决口情况加以验证,比 30 年代模型试验方法前进一步。

50 年代,随着黄河流域的综合治理与开发,作为预测工程效果重要手段之一的动床河工模型试验,其试验方法,试验技术成为进行试验的首要课题。为此，全国有关科研单位，大专院校都先后开展了这方面的研究，就试验方法来说，可分为两类：

(一)比尺模型法

1953年，天津大学水利系郑兆珍、魏颐年等发表《挟沙河流模型试验定律之研究》，从紊流扩散理论出发，假定泥沙悬移升降数量不平衡引起河床冲淤变化，推导出模型的相似条件：

$$\lambda_{\omega}=\lambda_{\mu *}=\sqrt{\frac{\lambda_h}{\lambda_l}}$$

式中的 λ_{ω} 为泥沙沉速比尺；$\lambda_{\mu *}$ 为水流摩阻流速比尺。

文中考虑了泥沙的竖向交换而没有考虑泥沙沿水平方向的变化，且认为平原河道内流速水头的变化项远小于阻力的变化项，在进行平原河流的模型试验时，允许重力相似准则偏离不会导致较大的误差。验证试验证明，模型律还需做一些修正才能适应黄河情况。

1954年6月，苏联专家拉普图列夫来黄委会指导工作，在模型试验方面，专家首先讲了模型试验的意义，接着从模型律的观点介绍说：不论模型大小，最后为比较起见，须化成一个比例尺或无尺度的关系，正如尼古拉兹做过的管流和明渠试验那样，流速水深的关系能由相似律比较，这样才能得到有用的结果。如模型按弗氏数的规律设计，若边界条件适当，流量适当，则其他条件可自然相似。不过如按弗氏数规律，模型比尺要大，推移质颗粒要大，如原体的沙子太小，则在模型中成为层流，几何相似与动力相似性不可能得到，在这种情况下可用比重轻的模型沙如煤粉、煤屑、电木粉等。如果模型很小，水流为层流、雷诺数较小，表面张力的影响加大，流速小到推不动沙子，模型沙就会沉落下来而不保持像原体的运动，它落下去就不再浮上来，泥沙的运动停止。实际上在层流情况下模型试验还没有很好的方法，也没有人去做层流水流的模型试验。在紊流过渡范围内，原体宽深比与模型宽深比的比值不等于1，此时粘滞性增大，流速减少，如不可能把模型做得很大，则应使模型变态，即水平比尺和垂直比尺不一样，使模型流速、水深符合于较大的雷诺数，宽度的比尺选小一些，用这样的办法使模型保持与原体相似的泥沙运动。若问垂直比尺和水平比尺应选多大？这个不是任意规定的，它和泥沙粒径、坡降有关，若选择模型变态率不考虑宽、深与泥沙粒径等相关规律，则所得结果是不正确的。因此，在做变态模型试验以前，要找到每种模型沙和宽、深的关系。选择模型沙不考虑宽度影响是不对的，在一定流量的稳性渠中，宽深比是泥沙粗度和含沙量的函数，如做变态模型又不知宽深间的规律，能得到什么结果呢？要找变态模型规律可在引黄沉沙池中做模型。控制进出口水位，使坡降和进出口含沙量相等，让水流自行冲出一定的断面，或人工固定两岸测其水深坡降的变化，这样可以得到模型变态率有用的资料。根据专家指导意见，黄委会水科所开始广泛收集模型沙和宽深之间的关系。

1956 年，西北水科所沙玉清研究了《泥沙运动的基本规律——开动流速》，假定作用流速的位置紧切于河床的河面，而与该点的摩阻流速成比例。利用各家试验资料和实测资料，得出一个全面反映泥沙开动流速基本规律和实用的计算公式。文中还指出：以往各家对开动流速的分析，把泥沙分为粘性与非粘性两类，说是属于两个不同性质规律，事实证明，这种概念严格地割裂了自然规律的统一性，是完全没有根据的，各家的公式，也只局部地适合一定的粒径范围。

1957 年钱宁著的《动床变态河工模型律》发表，要求满足下列条件：

$$\lambda_v=\lambda_H^{1/2}$$

$$\lambda_v=\frac{1}{\lambda_H}\lambda_H\sqrt{\frac{\lambda_H\cdot\lambda_H}{\lambda_l}}$$

$$\frac{\lambda_{\tau'}}{\lambda_{\tau o}}=\frac{\lambda_\rho\lambda_{R'_b}\lambda_j}{\lambda_{\rho_s-\rho}\cdot\lambda_D}=1$$

$$\lambda_\rho=\lambda_{\rho_s-\rho}^{3/2}-\lambda_D^{3/2}$$

$$\lambda_{s_2}=\frac{\lambda_{\rho_5-\rho}\cdot\lambda_H\lambda_L}{-\lambda_\rho}$$

对于细沙还必须同时满足粒径雷诺数相等：

$$\frac{\lambda_{\mu_o}\lambda_v}{\lambda_v}=1 \qquad 或 \qquad \lambda_D=\frac{1}{\lambda_{\rho_5-\rho}^{1/3}}$$

式中 λ_L 为平面比尺；λ_H 为垂直比尺；λ_v 为流速比尺；λ_n 为糙率比尺；$\lambda_{\tau'}$ 为与沙粒阻力有关的水流切力比尺；$\lambda_{\tau o}$ 为沙粒阻力有关的泥沙开动切力比尺；$\lambda_{R'_b}$ 为沙粒阻力有关的水力半径比尺；λ_j 为水流比降比尺；$\lambda_{\rho_s-\rho}$ 为泥沙及水的密度差比尺；λ_ρ 为单宽输沙量比尺；λ_{t_2} 为冲淤时间比尺；$\lambda_{u'_o}$ 为沙粒阻力切力流速比尺；λ_v 为液体的运动粘滞系数比尺；λ_D 为泥沙粒径比尺。这一模型律是以推移质泥沙运动为主，包括悬沙部分在内，在理论上较完善的模型律。它要求在水流运动方面必须满足福氏数相等及阻力相似，在推移质运动相似方面要求满足输沙量及河床可冲刷性相似，对细沙以悬移质较多的河流，还必须同时满足粒径雷诺数相等的条件，这样就对模型沙的选择提出了严格的限制，应用时必须十分注意。为此，用此模型律进行黄河下游模型试验时，作了一些修正，允许福氏数有些偏离。试验结果，可以做到与黄河相应河段基本冲淤相似。

1958 年，三门峡水利枢纽已经开工，水库淤积与黄河下游河床演变等问题须迅速作出回答，而郑兆珍、钱宁等人的模型律尚需作一定的修正，为此，黄河下游研究组一方面用钱宁的动床变态河工模型律作适当修正后进行模型试验，一方面开展黄河河床质起动流速试验，试验在玻璃水槽中进行，首先验证已有公式，发现沙莫夫、岗察洛夫、列维等人的公式没有反映细颗粒泥沙的特性，黄河的泥沙较细，沙玉清公式较为接近，克诺罗兹(B. C. KHOP03)公式也可用于计算黄河河床质起动流速，但还须做进一步修正。根据水槽试验观察，泥沙起动时各个泥沙颗粒在一定水力条件下先开始摇晃，继而滚动或跳动，认为研究泥沙起动时以考虑单个泥沙颗粒的平衡条件更为合理，并以此推导了黄河河床质起动流速公式，写了《泥沙起动流速的计算》报告。

1959 年，在进行三门峡水库淤积与渭河回水发展野外模型试验过程中，西北所沙玉清提出《系列模型延伸法的理论与实践》，以避免用相似性模型沙的困难，可以采用任何模型沙做模型试验，但模型与原体之间，各个几何变量和水力变量都要依照一定的关系设计。系列模型试验所得数值，采用延伸法，从而得出原体值。试用结果见下节试验举例。此后不少单位采用系列模型延伸法研究工程泥沙问题获得满意结果。

（二）自然模型法

1956 年，黄委会水科所按照苏联维里卡诺夫造床试验方法，在长 40 米、宽 2 米、深 0.5 米的试验槽内，铺以过筛的粒径 d_{50}＝0.1 毫米的沙子，沙子上挖一条三角形小河进行河床演变过程试验，试验分三组：第一组流量为 100 立方厘米每秒，比降为 0.002～0.008，清水不加沙。第二组清水加沙，原始比降 0.002～0.008，最后比降为 0.01。这两组都是观察能否造成一条与天然类似的河流，以及河床形成过程。第三组流量不变，河床泥沙中数粒径 d_{50}＝0.1 毫米，清水不加沙，河床比降为 0.002 和 0.005 二种。通过试验看到，在室内造成一条小河，无论是弯曲性的或游荡性的，都是可能办到的，从测验小河形成的资料中，有希望得出河床形成过程的规律和河相关系。由于经验不足，这次试验采用的河床泥沙偏粗，铺沙时间过长，沙子表面生了一层苔藓，河床容重不一致等影响了河床形成的规律。

在上述试验取得经验后，1958 年造床试验很快取得游荡相似的成功，获得苏联专家的好评，并在专家指导下，利用模型小河资料与原型对比，选定模型比尺后开始试验。试验前将具体河段不能冲刷的节点或控制线按平面比尺布置上去，使其平面形态和边界条件与原型有一定的相似点，然后放水让水流自行塑造河床，再用模型小河资料与原型对比，选定模型比尺的方法称为半自然模型法。黄河下游研究组、黄委会水科所于 1958～1964 年间先后进行的黄河下游河床变形预报及整治工程野外模型试验、三门峡枢纽改建方案条件下河床演变过程预报试验等都是用此方法进行的。这里须指出的是：当时有人从相似理论推导得到，要获得河床变形相似，必须同时满足 $\lambda_h=\lambda_L$ 及 $\lambda_h=\lambda_d$（λ_h 为垂直比尺，λ_L 为水平比尺，λ_d 为泥沙粒径比尺），以悬沙为主的动床模型一般是很难达到河床变形相似的。黄河下游研究组从黄河下游河宽 10 公里以上，而主槽平均水深仅 2 米左右的实际情况考虑，如采用 $\lambda_h=\lambda_L$ 正态模型，需要做宽 100 米、长 1000 米以上的大模型，不仅很不经济，且操作困难。如缩小模型比尺，则模型的水深、流速、糙率都很小，模型的流态和泥沙运动与原型均不相似。为此，分析了黄河和半自然模型小河宽深比与流量，原型与模型河床稳定性指标等关系，用河床稳定性相似准则和水流挟沙力相似准则来满足泥沙运动相似。从而建立了半自然模型法的相似准则：

水平比尺：　$\lambda_B=\lambda_L$，

垂直比尺：　$\lambda_h=\dfrac{1}{\lambda_{k_o}}\lambda_B{}^m$

比降比尺：　$\lambda_i=\dfrac{\lambda_h}{\lambda_L}$

流速比尺：　$\lambda_v=\dfrac{1}{\lambda_n}\lambda_h{}^{2/3}\lambda_i{}^{1/2}$

流量比尺：　$\lambda_Q=\dfrac{1}{\lambda_n}\lambda_L\lambda_h{}^{5/3}\lambda_i{}^{1/2}$

床沙粒径比尺：　$\lambda_d=\lambda_i\lambda_\eta$

含沙量比尺：　$\lambda_\rho=\dfrac{\lambda_k\lambda_i{}^d\lambda_L{}^B\lambda_h{}^r}{\lambda_n{}^x}$

河床变形时间比尺：　$\lambda_t=\dfrac{\lambda_L{}^2\lambda_h}{\lambda_Q\lambda_\rho}$

70 年代，为探求能定量研究黄河河床演变以及复杂工程泥沙问题的黄河动床模型试验方法，黄委会水科所开展了广泛的基本试验，通过基本试验资料对水流运动和泥沙运动的分析，在以往研究动床模型试验方法的基础上建立了黄河动床模型设计和试验方法，简称黄河动床模型律，该模型律主要有以下内容：

水流运动重力相似：　$\lambda_v=\lambda_h^{0.5}$

水流运动阻力相似：　$\lambda_v=\dfrac{\lambda_h^{2/3}}{\lambda_n}\lambda_j^{1/2}$

悬沙运动相似：　$\lambda_\omega=\lambda_v\left(\dfrac{\lambda_h}{\lambda_L}\right)^{1/2}$

底沙运动相似：　$\lambda_D=\dfrac{\lambda_\gamma}{\lambda_{\gamma_s-\gamma}}\lambda_h\lambda_L$

挟沙能力相似：　$\lambda_s=\lambda_{s*}$

河床冲淤过程相似：　$\lambda_{t_2}=\dfrac{\lambda_{\gamma_0}}{\lambda_s\lambda_{t_1}}$

异重流相似：　$\lambda_v=\left(\dfrac{\lambda_{\gamma_s-\gamma}}{\gamma}\lambda_s\lambda_h\right)^{1/2}$

式中 λ_L 为水平比尺、λ_h 为垂直比尺、λ_v 为流速比尺、λ_Q 为流量比尺、λ_j 为比降比尺，λ_n 为糙率比尺、λ_ω 为沉速比尺、λ_D 为河床粒径比尺、λ_{γ_0} 为淤积物容重比尺、$\lambda_{\gamma_s-\gamma}$ 为模型沙相对比重比尺、λ_s 为含沙量比尺、λ_{s*} 为具体河段的挟沙能力比尺、λ_{t_j} 为水流时间比尺、λ_{t_2} 为河床冲淤时间比尺。

根据屈孟浩从事多年动床模型试验的经验，使用上述模型律须注意以下几点：

(1)鉴于黄河下游河床宽浅，进行黄河下游动床模型试验，模型必须变态。变态率的大小主要与河床形态有关。变态率用 $e=\lambda_b^{1/2}=\lambda_L^{1/3}$ 计算。在主要研究长河段河床冲淤发展趋势，冲淤纵向分布特性及河床冲淤过程为目的的模型试验，并不要求模型水流运动结构与原型严格相似，这类模型变率以 $e\approx10$ 为宜。平原河流洪水演进模型试验，主要研究洪水位，其变率可稍大于 10。河湾很陡，河底起伏不平，河道平面突然扩大或突然缩窄的模型，应该采用小变率。对于环流、涡流、螺旋流，及研究流速垂线分布，溢流坝、排沙管、排沙洞、电站分水分沙，丁坝局部冲刷等工程泥沙模型，与原型宽深比 $\left(\dfrac{B}{H}\right)$ 小于 5 的河道模型，均不宜采用变态。

(2)黄河系强烈的堆积性河流，其悬沙和底沙均属细沙，在河床冲淤过程中，其悬沙和底沙经常发生交换，为保证模型沙运动与原型相似，包括冲淤相似和互相交换相似，要按下式选择模型沙：

$\lambda_\omega=\lambda_v\left(\frac{\lambda_h}{\lambda_L}\right)^n$ n＝0.5～1.0之间，由预备试验决定。如原型沙极细，按上式选沙难以满足模型设计要求，则应采取反凝措施（加反凝剂或洗盐）降低模型沙沉速来满足设计要求。对于颗粒小于0.025毫米的原型沙，在沉降过程中会发生凝聚现象，其沉降规律与单颗粒不同，因此，与原型沙小于0.025毫米相应的模型沙部分，不必要求其级配与原型沙严格相似。

(3)正态模型按 $\lambda_{v_D}=\lambda_v$ 选择模型沙。v_D 值由预备试验确定，或由预备试验选定的经验公式确定。

(4)变态模型按 $\lambda_D=\lambda_k\frac{\lambda_h\lambda_j}{\lambda_{r_s-r}}$ 确定模型沙。底沙比尺与悬沙比尺的关系为 $\lambda_D\approx\lambda_d{}^4(\lambda_{\gamma_s-\gamma})$。

(5)在变态模型中，按 $\lambda_D=\lambda_k\left(\frac{\lambda_h\lambda_j}{\lambda_{\gamma_s-\gamma}}\right)$ 选沙后，在试验过程中，形成沙浪，阻力加大，不必加糙能自动满足主槽阻力与原型相似，但模型滩地仍需加糙。

(6)黄河变态动床模型的河床冲淤时间比尺与水流时间比尺之比值与模型沙的比重有关，即 $\frac{\lambda_{t_2}}{\lambda t_1}$ 与 γ_s 有关。模型沙比重愈小，$\lambda_{t_2}/\lambda_{t_1}$ 值愈大。由于黄河的洪峰和沙峰暴涨猛落，要获得模型的冲淤过程与原型相似，$\lambda_{t_2}/\lambda_{t_1}$ 值不宜太大，即不能采用轻质沙（如塑料沙或木屑）做模型沙，经验证明，采用 $\lambda_s=2.15$ 的煤灰做模型沙比较合适。

(7)模型水沙过程经简化后，模型的洪水传播时间，漫滩情况，槽蓄情况均与原型不同，模型操作时间比尺，应依据验证试验结果进行调整。

80年代初，武汉水利电力学院全面系统地分析了动床河工模型的相似条件及试验中的若干问题，对悬移质泥沙运动相似条件，由悬移质运动的三维扩散方程出发，同时导出了两个相似条件，即 $\lambda_\omega=\lambda_v\left(\frac{\lambda_h}{\lambda_1}\right)^{1/2}$ 及 $\lambda_\omega=\lambda_v\frac{\lambda_h}{\lambda_1}$，指出：前一相似条件表示紊动扩散及重力沉降引起的进出沙量变化比相等，后一相似条件表示时均流速及重力沉降引起的进出沙量变化比相等，两者都反映重力沉降作用（屈孟浩动床泥沙模型律只有前一相似条件），在变态模型中这两个相似条件不能同时满足，一般来说，由于紊动扩散作用及重力作用是决定悬移质运动的一对主要矛盾，变态模型似以表征这一主要矛盾的前一关系式得到遵守为宜。李昌华通过长期的实践和研究，逐步使早期提出的模型律得以完善，他的悬沙模型律同时包含以上两式，但指出悬浮指标小于0.0625的细沙，后式是主要的，悬浮指标大于1的粗沙，前式是主要的，这两部分之间的泥沙，两个条件同等重要，建议模型选沙时的 λ_ω 值取决于两个条件的中间值。屈孟浩的方法在黄河取得成功的原因可能是黄河模型的变率较大，对于变率较大的模型，根据悬浮相似条件来设计模型沙比用沉降相似条件更正确一些。

黄委会水科所鉴于 1977 年黄河下游发生高含沙量洪水（小浪底站最大含沙量达 898 公斤每立方米），屈孟浩、王国栋结合黄河府谷河段模型试验，把模型和原型雷诺数等于 8×10^4 时相应的含沙量作为确定含沙量比尺的条件，研究了高含沙洪水时桥渡冲刷的影响，首次在生产试验中开展了模拟高含沙洪水的实践探索。嗣后，李保如在《我国河流泥沙物理模型的设计方法，水动力学研究与进展》中指出：要着重考虑泥沙存在对水流影响的相似性，以免进行高含沙洪水试验时，模型水流的输沙特性，流变特性及泥沙的群体沉降特性不能与原型相似，从而影响河床冲淤变形的相似性。

80 年代中期，黄委会水科所李保如、屈孟浩再次总结分析黄河的动床模型试验，指出黄河下游河南河段河道宽浅，含沙量极高，河床组成为细沙，洪水期河槽冲淤演变剧烈，是典型的游荡性河道。对这段河道进行模型试验，如研究河床演变性问题，可采用自然模型法，如研究定量问题，可采用比尺模型法。

对自然模型法，文中给出了塑造不同河型模型小河的经验数据和设计游荡模型的经验数据：当 $D/J=7\sim30$ 时，容易形成游荡性模型小河。

$D/J=45\sim300$ 时，容易形成弯曲性模型小河。D—— 床沙中数粒径，J—— 比降

当 $Q_{max}/Q_{min}=1$ 时容易形成弯曲性模型小河。

$Q_{max}/Q_{min}=2\sim5$ 时容易形成游荡性模型小河，所以，游荡性模型中不宜采用常定流量。

游荡性模型河相关系式：

$$\frac{B^{0.82}D^{0.18}}{H}=25.6$$

游荡性模型输沙率关系式：

$$G=88\left(\frac{QJ}{D}\right)^{2.2}$$

对比尺模型，文中指出：在宽浅河段水流中的副流不象窄河段那么重要，因此，模型可以变态。模型悬沙比尺和重力相似条件联解，得 $\lambda_\omega=\lambda_h{}^{0.5+m}\lambda_L{}^{-m}$，试验中 m 值可取 0.67 或 1.0。经专门试验，当 m=0.5 时，模型与原

型的累计冲淤量相似。悬沙的挟沙能力相似问题，由于黄河的边界条件和来水来沙条件太复杂，经用黄河实测资料对已有的挟沙能力公式验算，目前常用的公式均与实际情况有很大偏离，况且，模型的悬沙挟沙能力问题，由于缩尺影响，影响模型挟沙能力的因素增多，一般理论公式用于模型都必须进行校正。校正的方法，必须依据模型比尺、模型特性及模型沙的性能而定，因此，建议用模型预备试验确定模型的挟沙能力关系，然后与黄河实测挟沙能力关系对比求得挟沙能力比尺。文中还给出了黄河比尺模型实例，以供参考。

张红武在李保如的指导下进行了《河工模型变率及弯道环流的研究》，得到以下结论：

(1)对于顺直河段，水流条件接近二度均匀流，变率不大于4时，流场基本相似；变率为6至8时，流场有所失真，直接原因是由于床面加糙。此外，原型床面糙度条件也是影响变率选择的重要因素。

(2)模型变率对弯道中纵向流速剖面的影响比均匀流段更明显，变率大于3后，失真严重，且失真程度与观测部位有关。

(3)弯道环流受模型变态的影响最为严重，环流垂线分布失真，且环流充分发展的部位随变率的增大而下移。出弯后衰减规律不同，变率大于4后差异更大。分析认为：模型变态后弯道流场的歪曲是由于H/r值增大引起的。以修正比尺对环流实测资料校正，认为弯曲型河段变率不宜超过2。

(4)对于一些环流结构并不十分重要的河弯试验，若保证模型的边壁谢才系数与原型相同，变率大于6也不影响试验成果的实用价值。但若涉及横向水位落差问题，则应对变态后横比降的增加有所估计。

文中还提出了变率选择公式：

$$Dt=\sqrt{\frac{\lambda_L}{\lambda_d\lambda_{\gamma_s-\gamma}}}$$

及变率的限制公式：

$$Dt\leqslant 0.043\frac{B}{H}+0.8$$

张红武在《论河床变态河工模型的相似律》一文中指出：模型沙为非均匀沙时动床阻力的确定，对试验操作影响很大。模型沙一旦确定下来在试验过程中再进行减糙或加糙都是极为困难的。非均匀模型沙粒配曲线上某一特定粒径(如 d_{50}或 d_{95})不易较为全面地反映非均匀沙的沙粒糙率变化，粒配的不均匀性对平均粒径 d_{cp}的影响是敏感的，因而采用 d_{cp}代替 d_{50}或 d_{95}，更能反映模型沙不均匀性对模型沙糙率的影响，非均匀沙模型沙的沙粒糙率公式：

$$n=Cd_{cp}^{1/6}$$

式中：C为与颗粒表面形态等因素有关的系数，根据作者及前人的资料，一般取C＝0.04，对于煤屑或棱角较多的模型沙，C＝0.017。

该文中还论述了动床河工模型变态的必要性和必然性；动床河工模型的相似条件以及设计动床变态河工模型的实例。在动床河工模型相似条件的悬移质泥沙运动相似条件中，作者在前人研究成果的基础上，推演二度恒定非均匀条件下的扩散方程，得到与前人相同的两个方程式。指出：现有模型律中仅取一个方程式的作法是不全面的。因此，把两方程归纳为：

$$\lambda_{\omega}=\lambda_{v}\left(\frac{\lambda_{h}}{\lambda_{L}}\right)^{m}$$

式中：m表示取值区间为〔0.5～1〕的指数，如果所研究的问题属于接近静水沉降一类性质的问题，紊动扩散作用很弱，取m＝1，能够正确模拟纵向流速与泥沙沉速的相互关系。而随着紊动扩散作用的相对明显，m值应随之减小。如紊动扩散作用与时均流速作用同等重要，则需采用两者兼顾的方式处理，取m值为0.75。此外，还提出对于复杂河型的动床模型试验，设计时还要尽量满足河型相似条件，即模型小河的综合稳定性指标应与原型相近，可表示为：

$$\left[\frac{\left(\frac{\gamma_s-\gamma}{\gamma}D_{50}H\right)^{1/3}}{iB^{2/3}}\right]_{模}\approx\left[\frac{\left(\frac{\gamma_s-\gamma}{\gamma}D_{50}H\right)^{1/3}}{iB^{2/3}}\right]_{原}$$

式中：i为河床比降；B、H分别为造床流量下的河宽及平均水深；D_{50}为中数粒径。

水科院泥沙研究所彭瑞善、蔡今、周文浩等在作黄河下游花园口至黑岗口河段河道整治模型试验时，从满足平均淤积位置相似的要求出发，引入含沙量垂线分布重心高度的概述，以该重心高度比尺代替悬沙运动相似条件中的λ_h，为进行悬沙模型设计提供了一个新的途径。

三、模型试验实例

（一）黄河下游河道野外大模型河床变形预报及整治工程措施试验

1958年9月黄河下游研究组在郑州花园口淤灌区建立一个300亩的

大型露天试验场，进行三门峡水库建成后下游河床变形预测及整治措施的模型试验。试验由李保如主持，模型范围取自京广铁桥以下25公里至兰考东坝头，长约100公里，宽为黄河历年流量12000立方米每秒的水边线。模型工作段长600米，平均宽30米。1958年按动床变态河工模型律设计，后根据苏联专家建议采用半自然模型法设计，在开始时不作地形，只是按1956年汛前河势和滩槽高差做成模型主河槽，经造床试验形成游荡性小河以后才确定模型的比尺，水平比尺1∶160，垂直比尺1∶10，平槽流量比尺1∶28300，挟沙量比尺1∶3.12，河床变形时间比尺1∶5.22。比尺确定后，开始河床预报试验，假定的条件是三门峡水库及下游河道六级枢纽均已建成，模型河道划分为自由段、过度段和壅水段，试验不同河段受壅水影响及冲刷变形情况。经试验，在丰水系列流量过程情况下，模型显示出：自由段水流主要沿原河槽冲刷下切，向弯曲性河道发展，游荡强度减弱乃至消失，断面变窄深，比降变平缓，含沙量沿程递增，悬沙粒径变化不大，河床质粒径稍微变粗。过渡段由于含沙量已经恢复，河床不再冲刷，平面上水流仍然散乱，主槽摆动，游荡性没有改变。壅水段滩槽均淤高，水流散乱，沙洲众多，游荡范围更大，见图2—8—3。

野外大模型的河道整治工程措施任务，要求在上述假定条件下，研究修建二级生产堤及三级河槽固滩工程之后河床冲淤变化和演变趋势的预测，还要求提出控导工程的尺寸。模型中按规划治导线做了18个河弯，凹岸做护岸，凸岸做固滩潜坝。从模型试验结果看出：

(1)修建二级生产堤及护岸工程后，河道在两级枢纽间仍将形成自由段、过渡段和壅水段。自由段水流沿弯道凹岸冲刷下切，凸岸自然淤成高滩，仅用弯道凹岸护岸工程即能控制河势。过渡段水流无力冲刷下切，流路得不到工程的控制。壅水段河床散乱，仅有护岸工程不能控制河势。

(2)二级生产堤在大水时均将靠溜，其防汛任务很大。过渡段和壅水段需要在弯顶护岸的同时，做凸岸的潜坝固滩工程，坝顶高程与当地滩唇等高，主要布置在弯顶上游。模型中控导工程的具体尺寸，如弯道中心角、河弯曲率半径、直段宽度、河弯保护长度、潜坝间距等试验数据均与黄河下游典型弯道尺寸相符合。见图2—8—4。

(二)三门峡水库淤积与渭河回水发展野外模型试验

1958年10月，黄河下游研究组与西北水科所、西安交通大学水利系合作，在陕西武功西北水科所临近的渭惠渠边建造占地144亩的野外模型试

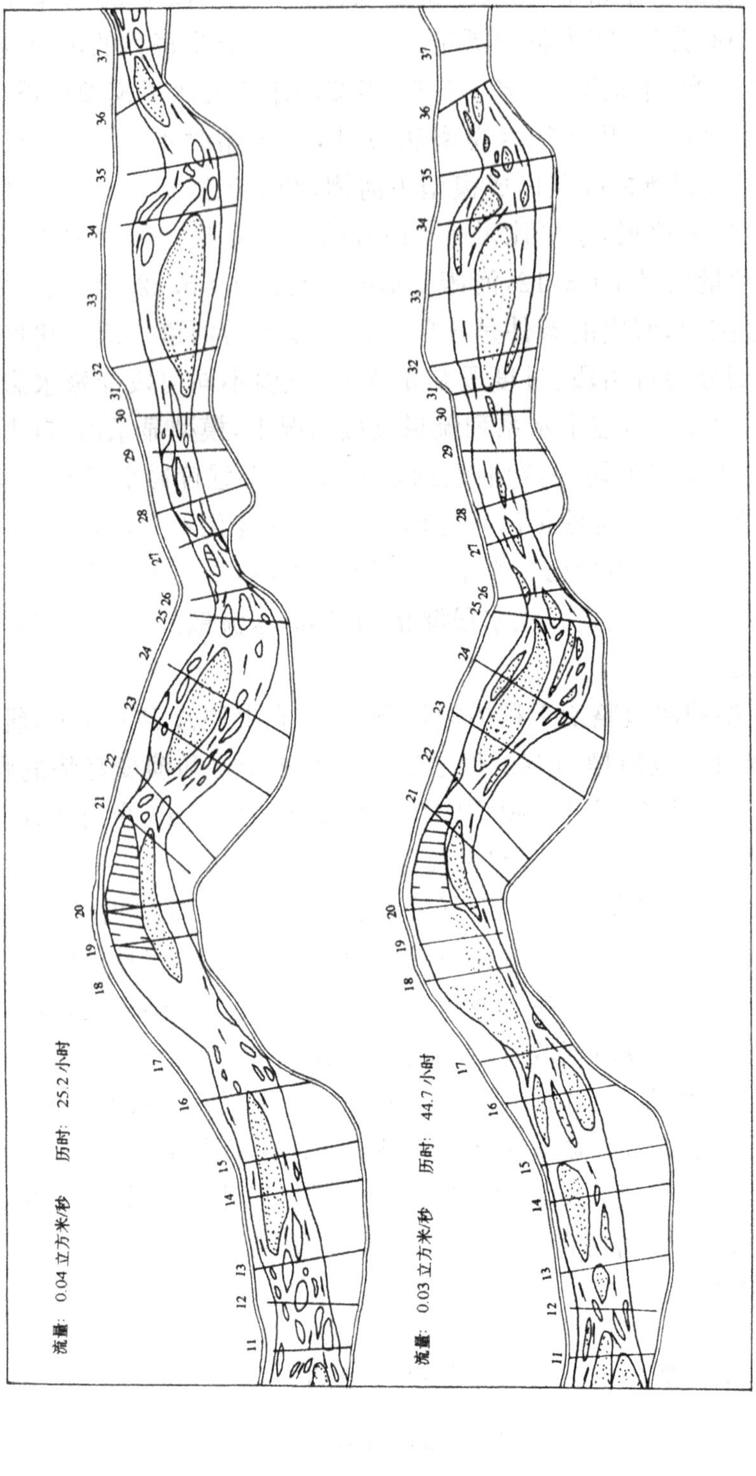

图 2—8—3　模型游荡河势图

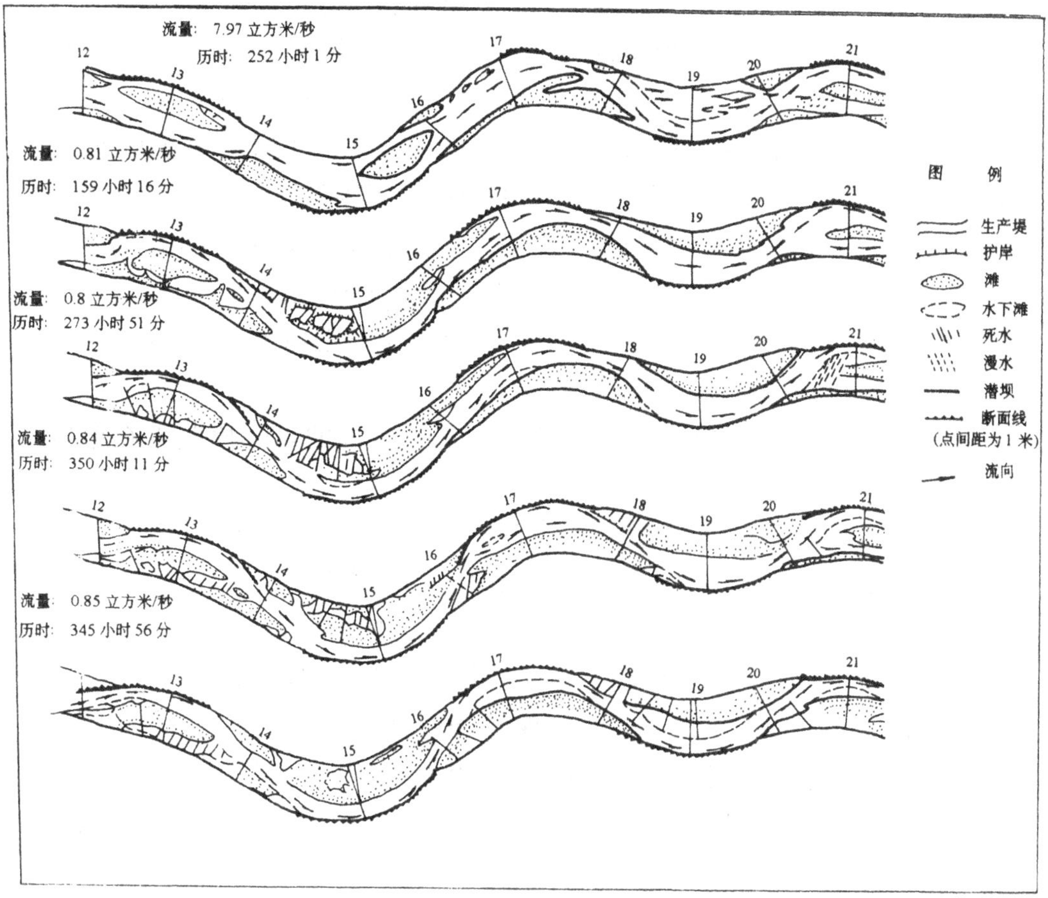

图 2—8—4　模型修建潜坝前后河势图

验场，进行三门峡水库淤积与渭河回水发展预报试验研究，参加试验的有黄河工程局、陕西工业大学等单位，钱宁、沙玉清为顾问。模型设计过程中，沙玉清介绍了系列模型延伸法，当时确定做三个模型：一个是库区整体大模型；一个是渭河局部模型；一个库区小模型。两个库区模型按动床变态河工模型律设计，渭河局部模型按系列模型延伸法进行。同年 10 月，苏联专家到武功参观模型时，介绍了人工变形填土法，渭河局部模型采用人工变形填土法结合系列模型延伸法进行。

库区整体大模型，原由朱鹏程主持，后因朱调走改由王涌泉主持。模型按原型缩小，黄河从三门峡坝址到潼关长 330 米，折向北到安昌（模型进口处）长 260 米，沿渭河向西伸延，经西安附近草滩至咸阳长 490 米。模型面积 2.5 万平方米，总长近 900 米，填挖土方 2.1 万立方米。模型比尺采用水平比尺 1∶300，垂直比尺 1∶50，为求回水位置相似，比降不作二次改变，泥沙沉速比尺取与流速比尺同，模型沙用细粒泥沙，进口设泥浆搅拌池，挟沙能力比尺为 1，放水时间比尺取与水流时间比尺同，异重流流速和时间比尺同水流。模型试验条件：当时对水土保持及拦沙工程减沙作用估计显著，按规划设计部门提供的资料，20 年共入库泥沙 103.6 亿吨，比多年平均值约减少 2/3。水库运用方式按原定设计，接受苏联专家罗辛斯基建议，由丰水年 P＝10%，平水年 50%，枯水年 90%，按一平一丰，一平一枯一平，组成 5 年系列，循环 4 次，共 20 个模型年，另加一次黄河千年一遇洪水，一次渭河 200 年一遇洪水，按此加沙放水。试验结果：

（1）在所给来水来沙条件下，20 年后淤积三角洲的尾部段起点在道口至渭阳村之间（距西安 16 至 38 公里）。

（2）提供了渭河局部模型控制尾水位所需要的各年南洛村水位。

（3）实测模型流速表明小于 0.02 毫米的泥沙在原型中可能形成异重流，但模型中异重流很少通过潼关，难以到达三门峡坝前。

库区整体小模型，由张灏主持，水平比尺 1∶1500，垂直比尺 1∶150。在沉沙池中选取天然沙配制成一定浓度泥浆，根据来水来沙过程放入模型。从壅水试验可确定回水末端与淤积起点是相互对应的，渭河回水发展最远可至渭阳村附近，与整体大模型相差不多。1954 年型渭河洪水水面线验证试验结果在华县以上，与实测及计算结果非常吻合，由此得出结论：当库水位接近正常高水位 335 米，遭遇 1954 年型洪水，回水将影响华县以上。从大小整体模型试验结果对比看，小模型只能暂作相互验证，协助分析大模型淤积偏差，得不到定量的结果。

渭河局部模型，由张开泉主持，水平比尺 1∶220，垂直比尺 1∶40，流量比尺 1∶55000。根据前两个模型得到的资料，用延伸法进行了分区淤积量和重点断面淤积量的延伸。从总的趋势看，分区愈大，包括时段愈长，延伸愈较接近。针对某一小区看，延伸结果不合理十分明显，原拟再做一个中等比尺的库区整体模型，因苏联专家介绍了人工变形填土法，故直接采用苏联专家的建议，即反复放水试验——测流速流势——计算冲淤——人工改造地形——再放水试验，以反映水库淤积三角洲发展过程及其对回水发展的影响。试验所得 20 年的淤积量，经过修正与大模型接近。模型实测相应原型流量 8630 立方米每秒的水面线可以用做华县以上渭河大堤高程设计标准。

(三)三门峡水库低水位运用后黄河下游河床演变过程模型试验

1960年9月～1961年6月三门峡水库蓄水运用后，进库泥沙几乎全部淤在库内，潼关高程抬高，渭河下游大片土地浸没，人们提出了三门峡水库低水位运用条件下的改建方案，即12个深孔加3个底孔加两条隧洞，不发电方案，为研究这一方案施实后黄河下游河道的变化情况，黄委会水科所从1960年7月～1962年10月进行了方案施实后黄河下游河床演变过程预报试验。试验选择了中牟至柳园口河段，在室内长50米、宽7米的槽内用半自然模型法进行。

试验由涂启华主持，模型沙为取自花园口河滩上，经过处理的均质沙，中数粒径d_{50}＝0.12毫米，经造床试验后，选定模型比尺为：

水平比尺	$\lambda_L=1:1430$
垂直比尺	$\lambda_h=1:36.7$
坡降比尺	$\lambda_j=1:0.0257$
流速比尺	$\lambda_v=1:6.05$
流量比尺	$\lambda_Q=1:333000$
含沙量比尺	$\lambda_\rho=1:5.83$
时间比尺	$\lambda_t=1:38.6$

用1960年7月～1961年11月一年多时间的天然流量过程验证，模型与天然河段冲淤相似，在此基础上进行河床演变预报试验，得到如下结论：

(1)在三门峡水库低水位运用大增建方案的来水来沙条件下(来水来沙由北京勘测设计院提供)，下游河床逐年堆积上升。无论从大水时期，或落水时期的10月至汛前的6月来看，河床年年上升，堆积是严重的。一般说来，上段冲淤幅度要大些，上段非汛期的大量堆积物主要是靠汛期向下输送。

(2)在三门峡水库低水位运用大增建方案的排沙条件下，下游河道随着流量的涨落，河势上提下挫，控制较差的河段，河势将有很大变化，特别是汛后落水期：水流下切力变弱，主槽淤积，加之排沙比过去大，使河床滩槽不分，险工节点的控制作用消失，高滩冲刷坍塌，游荡幅度大增，和过去洪水时期完全不同，横河、斜河现象经常出现。横河水流从对岸垂直射来，水流可集中到70%以上，而斜河现象更为普遍。这一试验结果曾作为1963年水利部召开的三门峡水库改建技术讨论会附件供会议研究。

(四)渭河下游典型河段河道整治试验

渭河咸阳至泾河口属游荡性河段,泾河口至船北属于过渡河段,船北至河口属弯曲性河段。船北至河口段计有大小河湾 21 个,河曲十分发育,各河湾凹岸淘刷坍塌和弯顶下移普遍存在,每年渭河下游两岸有数千亩良田被河水冲走,同时,某些河湾发展已临近防洪大堤,严重威胁防洪安全。1965 年,西北水科所刘旭东选择华县至陈村河段作为典型河段进行模型试验,河段长 15 公里,其中有大小河湾 4 个,具有弯曲半径小而中心角大的特点。见图 2—8—5。

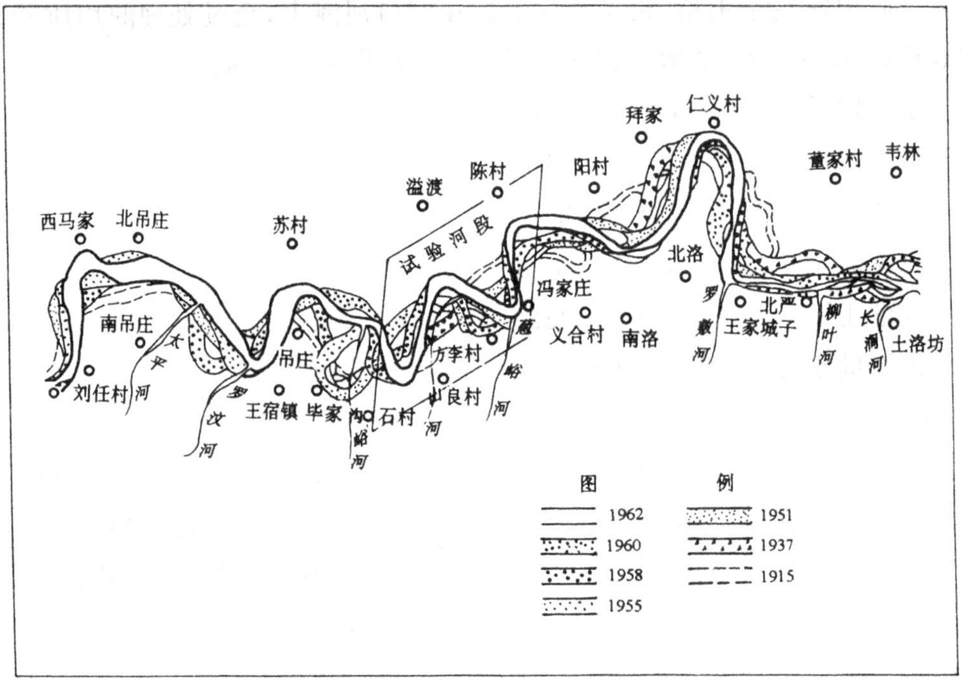

图 2—8—5 渭河华县至陈村河道整治试验图

模型采用定床和动床配合试验,以便成果互相比较印证。定床设计采用传统的蔡克士大设计方法,动床采用李昌华的动床泥沙模型律设计。模型比尺,定床与动床相同,水平比尺 1∶500,垂直比尺 1∶50,选用沥青木屑做模型沙。从定床试验得到:凹岸可能冲刷长度(按各级流量下主流贴溜范围确定)与河湾弯曲半径 R 成正比,弯顶以上冲刷长度小于弯顶以下冲刷长度。对 Ⅰ Ⅱ Ⅳ 弯曲半径较小而中心角较大的河湾,顶冲点位置一般不固定。为使工程在各级流量下都能起到良好的导流作用，上游第一个丁坝坝身要长，坝轴线与岸线交角一般在45度左右。坝头呈圆形或抛物线形，以下诸坝线与岸线交角逐渐加大，直至正交。坝长相应缩短，使坝头连成一条平行于凹岸的光滑曲线。两坝间距一般为上首坝有效长度的3～4倍。

动床试验显示了小水上提，大水下挫，各级流量下河湾水面宽都作周期性的变化。在弯顶偏上处，水流主流迹线贴近凹岸，此处环流最强，冲刷也最剧烈，使河湾在横向发展的同时，还具有向下游纵向推进的蠕动情景。经大水后深槽段发生普遍冲刷，过渡段发生普遍淤积，与原型河段相似。建议在设计弯道护岸工程时，决定设计水位必须考虑弯道壅水影响。

（五）山西省大禹渡电灌站沉沙池模型试验

大禹渡电灌站是一座大型引黄提灌工程，总扬程214米，提水5.7立方米每秒，灌溉20余万亩。1972年，山西省水科所在工地进行沉沙池模型试验，由钱宁亲自指导。试验任务是研究沉沙池的大小结构，泥沙的沉淀规律和冲洗的有效方式。模型用磨细的煤粉做模型沙。通过试验，为黄河沿岸修建平流式定期冲洗沉沙池，处理提灌泥沙取得了科学依据，起到了典型示范的效果。见图2—8—6。

试验显示：在进口首先落淤，逐步形成三角洲。随着时间的延长，三角洲逐渐向前推移。三角洲前坡从3/25逐渐变为1/25，后坡基本水平。沉沙池内较粗泥沙先淤，较细泥沙潜入池下部，形成异重流。沉沙池后半段上部基本为清水，异重流运行到池尾停止前进，开始下沉。在沉沙池内，泥沙颗粒的沿程分布大致为池首段沉积泥沙$D_{50}=0.1$毫米，到池尾逐渐变细，$D_{50}=0.03\sim0.04$毫米，溢流堰排出的泥沙$D_{50}=0.02\sim0.03$毫米。总的沉沙效果：当不排异重流时，泥沙可沉淀44%，当打开底孔排异重流时，泥沙可沉淀60%。

当闸门开启冲洗时，池后段的悬浮泥沙可利用池内存水将其排空，最大排沙浓度达700～1000公斤每立方米，沉沙池前半部之淤积三角洲，主要靠溯源冲刷，排沙浓度可达100～300公斤每立方米，由于池首部位淤积密实，且颗粒较粗，故冲洗流量大一些较经济合理。冲洗方式宜采取水力冲洗和人工措施相结合。当河中含沙量为30公斤每立方米时，冲洗沉沙池一厢约3～5小时，每冲1立方米泥沙约需水量3～4立方米，泥沙冲至廊道基本不停留。

沉沙池建成后，山西省水科所与大禹渡电灌站合作，于1978年对沉沙

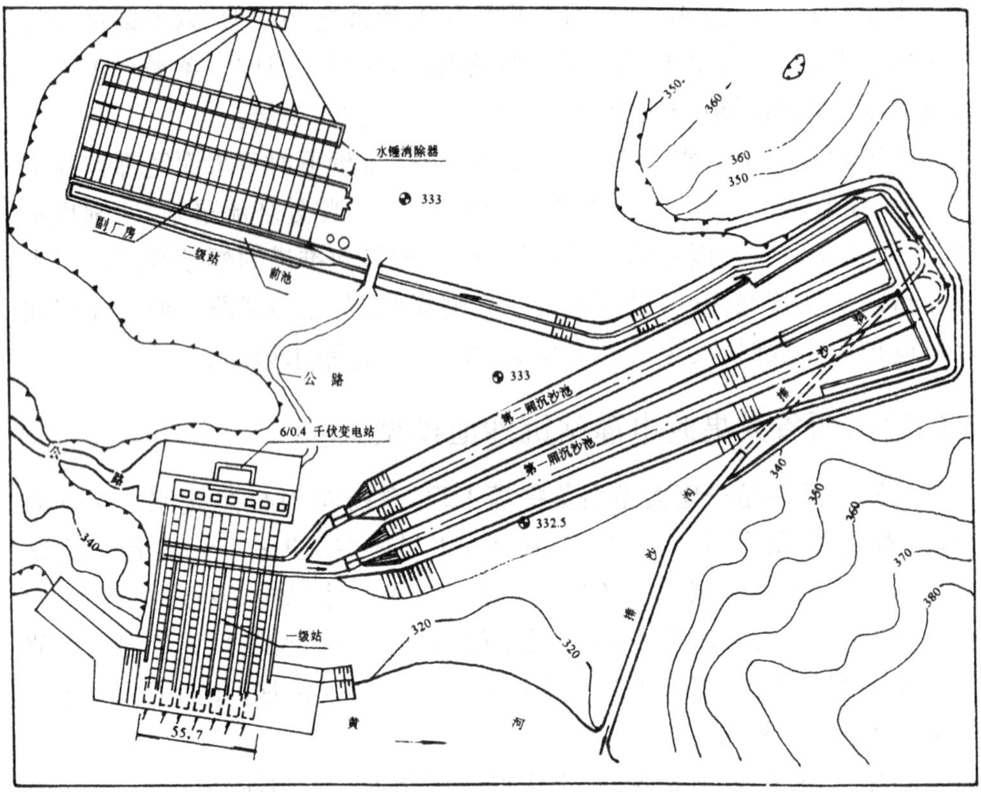

图 2—8—6　山西大禹渡电灌站沉沙池平面布置图

池实际沉沙效果进行了观测。发现在一个使用周期,可排沙 3000 立方米,相当于沉沙池淤积量的 1/3～1/2,最大排沙浓度达 1000 公斤每立方米。当入池含沙量 30 公斤每立方米以下时,出池含沙量在 10 公斤每立方米以下,入池含沙量在 40 公斤每立方米以上时,出池含沙量在 20 公斤每立方米。控制泥沙粒径的作用为:入池 D_{50}=0.03 毫米,出池 D_{50}=0.009 毫米,平均出池粒径为 0.011 毫米。黄河泥沙小于 0.03 毫米的占 95%,大部分粗沙被处理。因此认为:这种型式的沉沙池不仅处理泥沙的效果良好,其最大优点是能节约沉沙池用地和利用高浓度排沙。

(六)三盛公枢纽兴建电站问题的试验

三盛公枢纽位于内蒙古巴颜高勒附近,是黄河干流上的一座低水头引水枢纽。1961 年 5 月正式投入运用以来,采用汛期壅水灌溉,非汛期泄空冲刷方式(包括汛期短时期的泄空冲刷),在库区保持长期使用的有效库容。利用此库容的沉沙作用,配合总干渠渠首拦沙坎以及人工环流,减少入渠泥沙,保证灌溉引水。1972年,随着农牧业生产发展的需要,内蒙古自治区水利局拟在枢纽上首拦河闸附近增建电站一座。电站修建后,由于条件的改变,库容是否发生改变?泄空冲刷的时机和效果是否改变等问题均需研究,因此,1973年内蒙古自治区水利局委托黄委会水科所进行模型试验,以了解电站修建后总干渠分水分沙情况、电站进沙情况、壅水段淤积和泄空排沙保持库容与最佳运用方式等问题。

黄委会水科所根据所提要求,就枢纽分水分沙和水库淤积、泄空排沙保持有效库容问题分别作了两个模型,即在分水分沙模型中,主要考虑枢纽附近有人工环流和导沙坎等工程存在,模型除满足重力相似和泥沙运动相似外,还要满足流速垂线分布,泥沙垂线分布以及环流运动相似条件,因此,做了一个1∶80的正态模型。而水库的泄空排沙,保持库容的要求则需要满足水流运动相似,泥沙的悬浮和冲淤相似。流速,含沙量的垂线分布相似条件则是次要的,故做了一个水平比尺1∶500,垂直比尺1∶60,变态率为8.3的变态模型。前一个模型由王涌泉主持,后一个模型由屈孟浩主持,内蒙古自治区水利局派人参加。

水库冲淤模型考虑到黄河悬沙极细,一般认为,在模型试验中采用颗粒细,比重轻的材料做模型沙较好。为选择适用的模型沙,对过去试验的(原型与模型)资料进行分析,发现原型河段平均情况下,底沙中数粒径比悬沙中数粒径约大4倍,认为在悬沙运动为主的动床模型中,选择模型沙,悬沙粒径比尺不一定与底沙粒径比尺相等,可以按其不同的相似条件分别选择。三盛公模型采用颗粒级配比较均匀的郑州电厂细煤灰做模型沙,利用其分选不明显的特点,更容易满足泥沙悬浮相似和冲刷相似条件。由于细煤灰有絮凝作用,其沉速大于模型设计要求,为此,又进行了在水中加反凝剂减小模型沙沉速的试验研究。经过试验表明:氨水对细煤灰分散效果不大,稀盐酸的分散作用也不明显。水玻璃分散效果虽好,但需用剂量大、配制复杂、溶液不易稳定。六偏磷酸钠性能最好。三盛公模型采用20‰的六偏磷酸钠溶液做反凝剂获得较好的结果。

在设计过程中,为满足水流纵向运动相似,既要满足重力相似,又要同时满足阻力相似,即要求模型的糙率按一定的比例模拟。随着模型变率的增大,要求模型的糙率亦随之增大,在此情况下,仅靠模型床面本身的糙率很难满足要求,往往需要在模型中进行加糙。考虑到三盛公河段河床宽浅,动床模型无法进行河底加糙和水中加糙。分析以往动床模型试验资料和三盛公河段资料后发现,当模型河底产生沙浪后,糙率比一般糙率公式计算值显著增大，甚至比人工加糙后的糙率还大。据此，摸索出利用沙浪阻力满足模型阻力的相似途径。利用模型沙扬动流速来计算模型流速比尺，使模型同时满足泥沙悬浮和底沙冲刷相似的条件。模型在自由泄流情况下，闸上水位流量关系、库区水位流量关系、沿程水面线、库区冲淤量、库区冲淤过程、排沙比、分水分沙情况和原型基本相似，通过试验回答了生产中提出的问题。

（七）黄河下游渠村闸分洪动床模型试验

1975 年 8 月淮河大水之后，国务院于 1976 年批准兴建黄河渠村分洪闸，作为北金堤滞洪区进口的控制闸门。动床模型试验的任务是研究分洪运用时河道洪水位变化，冲淤情况以及河势演变等。渠村闸上下游河段（自兰考县东坝头至东明县苏泗庄）长约 100 公里，比降 1.7‱。其泥沙特性，河道特征与三盛公库区基本属于同一类型，故使用三盛公模型试验建立的设计方法，采用郑州电厂的细煤灰作模型沙，根据河段特点改变模型变率。模型由刘新合主持，屈孟浩作指导，模型水平比尺 1∶1000，垂直比尺 1∶80，模型变率为 12.5。从验证试验结果看，1958 年大洪水模型水面线，水位流量绳套关系，模型河势变化，冲淤变化与原型都基本相似。1958 年 7 月 16～23 日洪水，原型排沙比为 65.6％，模型排沙比为 65.1％，原型河段河槽冲刷 0.43 亿立方米，滩地淤积 1.6 亿立方米，模型河槽冲刷 0.455 亿立方米，滩地淤积 1.98 亿立方米，冲淤过程也大体相似。嗣后模型改由王华丰主持，论证了渠村闸的兴建对黄河特大洪水的分泄，削减下游河道的洪峰流量，降低了下游河段防洪水位，特别是分洪开始几天水位大幅度降落之快所起的作用。试验再次证明，类似黄河下游和三盛公库区的情况，模型采用变率为 5～10 进行长河段模型试验是可行的，能够回答生产问题。本项试验曾获黄委会 1983 年科研成果四等奖。

（八）黄河小浪底水利枢纽工程泥沙模型试验

小浪底枢纽是黄河干流上以防洪减淤为主兼有发电、灌溉、防凌综合效益的大型水利枢纽。水头高、含沙量大、泄流排沙发电规模大，防洪减淤运用有特殊要求，泄流建筑物门前淤堵问题特别突出。从 1982 年以来，黄委会水科所先后进行多次泥沙模型试验，配合设计部门研究小浪底枢纽泄水建筑物优化布置形式和电站防沙措施。试验由屈孟浩主持，模型范围取自大峪河口的土崖堤至水文站处三坝址，长 3 公里，见小浪底水利枢纽模型布置范围图（图 2—8—7）。

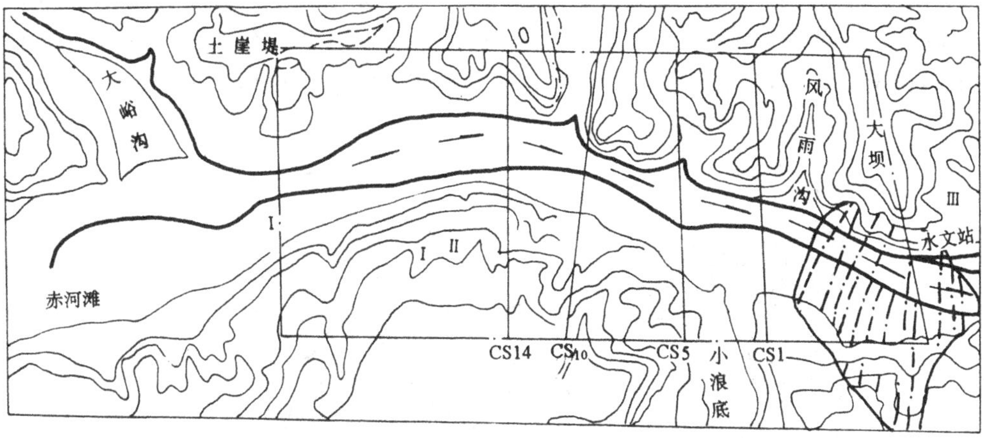

图 2—8—7　小浪底水利枢纽模型布置范围图

试验主要内容：

(1)研究各种枢纽布置方案坝前区的河势流态、流速、流向、坝前漏斗区的地形，断面及含沙量沿垂向横向的分布，坝前淤积形态。

(2)研究电站、排沙洞、泄洪洞的合理布置，不同泄流方式的分流分沙比和排沙效果，防止洞前淤堵的措施。

(3)研究高含沙水流运动规律及产生高含沙水流异重流的可能性。

(4)研究闸门淤堵时的冲刷过程。

模型采用屈孟浩的动床泥沙模型律设计，用郑州火电厂煤灰做模型沙，水平比尺与垂直比尺均为 1∶100，冲刷试验另在水槽中用塑料沙进行。1982 年，黄委会设计院提出枢纽布置方案，遂开始第一种布置方案试验。原设计电站和泄洪洞分开布置，即电站、排沙洞布置在风雨沟口，泄洪洞布置在沟里，叫沟口电站方案(I_C 方案)见沟口电站方案示意图(图 2—8—8)。试验结果：泄洪洞不过流时整个风雨沟淤死断流，方案不能采用。

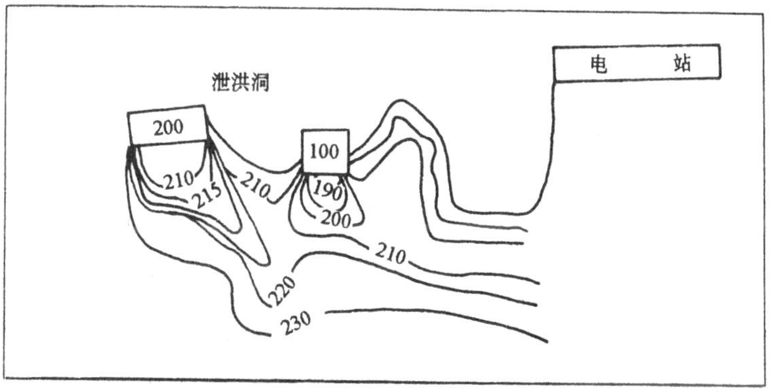

图 2—8—8　沟口电站方案示意图

设计部门遂提出第二种“沟里电站方案”，电站、排沙洞布置在风雨沟里，圆塔形泄洪洞布置在沟口，见沟里电站方案示意图(图 2—8—9)。1984年开始试验，结果：泄洪洞不过水时，进口淤堵，这种方案也不宜采用。

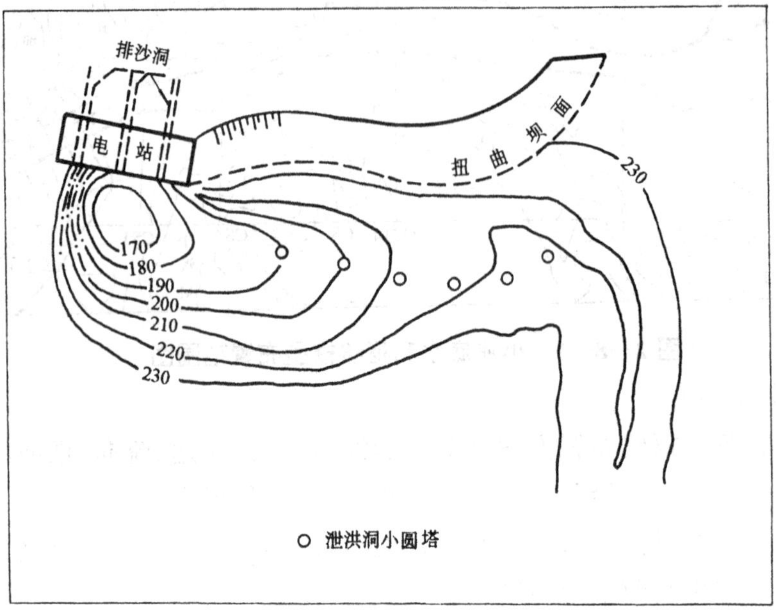

图 2—8—9　沟里电站布置示意图

1984 年由黄委会设计院和美国柏克德公司合作组成中美联合设计组，提出第三种布置方案，“小圆塔泄洪方案”。把六组小圆塔泄洪洞和电站排沙洞分前后组合排列布置在风雨沟中。见图 2—8—10。

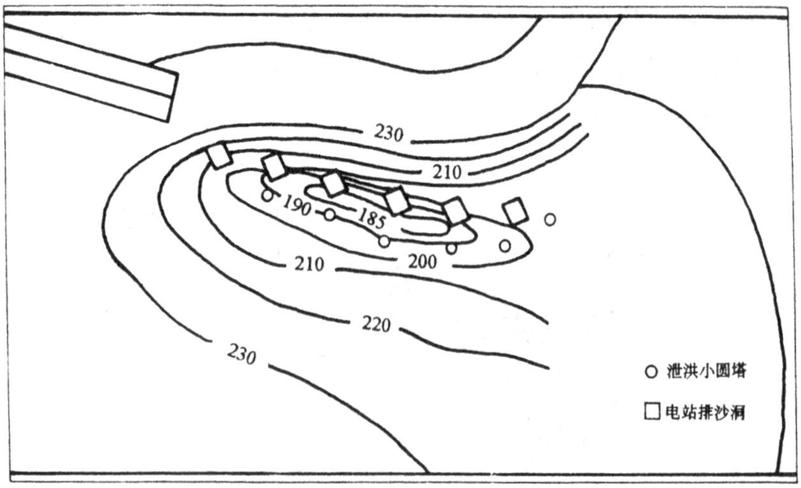

图 2—8—10　小浪底枢纽小圆塔泄洪方案示意图

1985年春由黄委会水科所、水科院泥沙研究所分别在郑州、北京两地同时进行小圆塔泄洪方案平行试验，结果：小圆塔水流围绕小圆塔内、外乱转，不能发挥对冲消能作用，不泄水时被淤堵，方案也被否定。同年夏，郑州、北京又平行进行中美联合设计组提出的第四种布置方案，“闸墩式龙抬头泄洪洞(A)方案”。即把圆塔形泄洪洞改为闸墩式龙抬头形和电站排沙洞并在一起，再分组相间错台排列在风雨沟中。见图2—8—11。试验结果：在泄洪洞不过流时门前仍有淤堵，也不能保证门前清。同年秋，设计单位又提出第五种“组合进水塔方案”，每个组合进水塔都设计有一个泄洪洞，两个发电洞进口，在泄洪洞两侧设两个排沙洞，六个进水塔的布置为4#5#6#成一条直线，1#2#3#塔错台布置，平面总体上呈人字折线形，见图2—8—12。

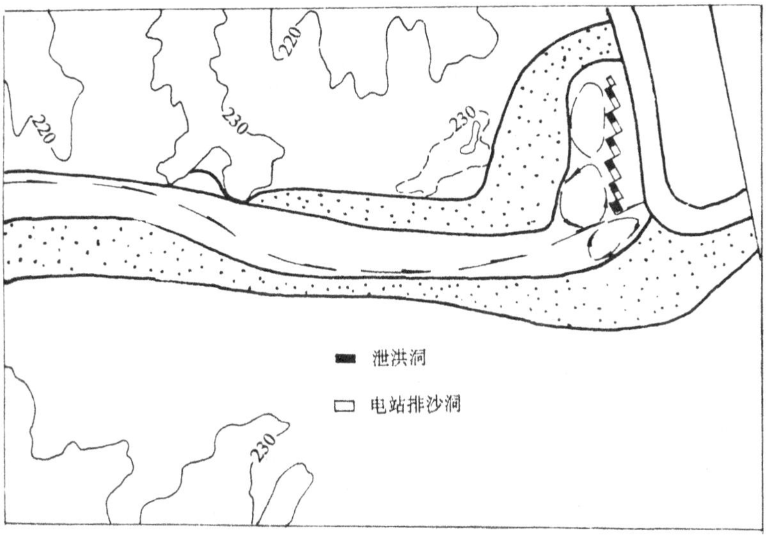

图2—8—11 小浪底枢纽闸墩式龙抬头泄洪洞(A)方案

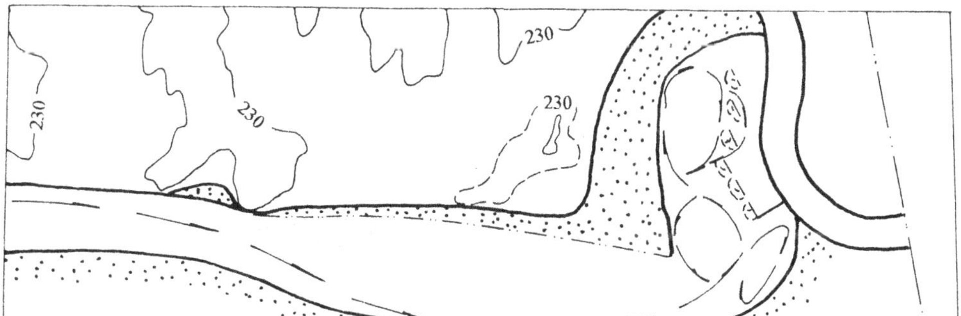

图2—8—12 组合进水塔方案示意图

试验结果：不泄洪时利用排沙洞过流可以在泄流建筑物前形成一个小河沟和局部冲刷漏斗，因此，可以保证门前清、不淤死，优于以上方案。但此方案由于进口建筑物前的水流不管流量大小，均有可能发生两个以上的大回流，回流交界处，3[#]和4[#]塔架附近形成沙埂，这种布置形式仍不够理想。

1986年，试验与设计人员根据前五种方案试验结果，分别提出相同的进水口不错台“一字形”排列方案，并在风雨沟口加设圆形裹头（或圆形导流墙）。试验结果：在泄水建筑物门前能形成单一的大回流，泄水建筑物门前基本上不发生淤堵。这一方案在初步设计中被推荐采用，称为“优化布置方案”。

通过上述六种泄流排沙布置方案的试验，认识到要防止水电站进口不淤堵，必须在它下面设置排沙孔，风雨沟口必须设置导流墙。电站之间要有大泄量的泄洪建筑物；大坝上游库区的河势要有利于保持一个稳定的最佳的坝前冲刷漏斗；必须设置排漂设施。在此基础上，设计人员将泄水建筑物分别列于九个塔架，九个塔架相连成整体一排，组成最后方案。这一方案经1989～1990年试验验证，达到了设计要求，最后方案见图2—8—13。

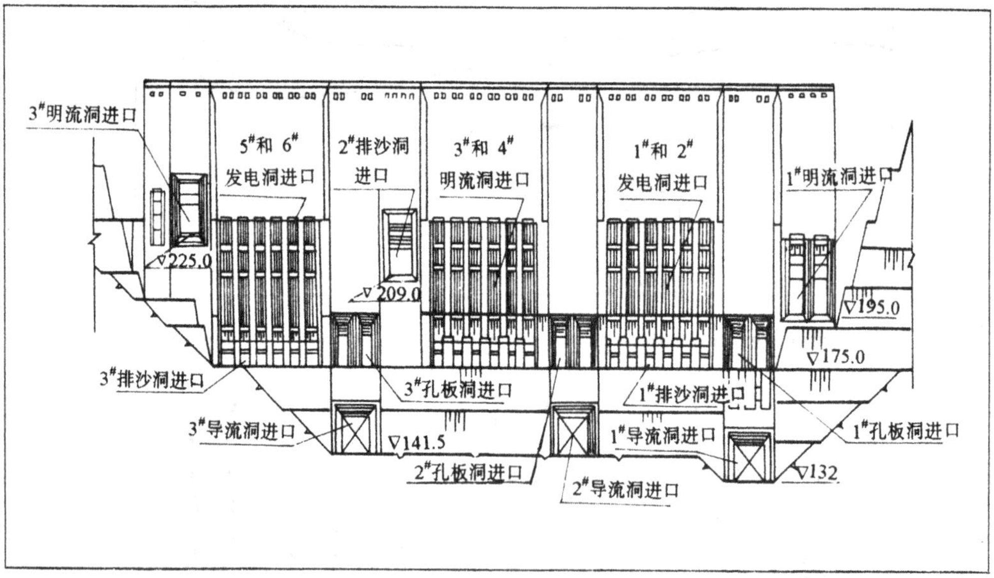

图2—8—13 小浪底枢纽优化布置方案示意图

第二节　数学模型

一、计算方法的发展

黄河流域30年代已开始利用计算解决工程问题，但用于泥沙研究，由于缺乏必要的资料而很少进行。因此，河流泥沙计算的方法也是建国后随着治黄建设需要而开展的。

1954年，黄河规划委员会在进行流域规划时对于三门峡水库的淤积计算，区别过去假定泥沙全部淤积在死库容内的算法，根据苏联扎马林（E·A·Замарин）的输沙能力公式，然后用泥沙平衡方程式计算每一时段库内各段的淤积量，确定泥沙在水库内的淤积位置。由于断面逐时在淤积，所以，计算时假定直径小于0.025毫米的泥沙属胶质颗粒、不下沉，沉沙颗粒分布为均匀变化。假定泥沙的淤积是先粗粒后细粒，在计算各断面的沉降速度时，先假定一个淤积量，求出此淤积量占入库总沙量的百分数，根据入库泥沙的颗粒分析曲线，除去落淤的粗沙部分，计算其余部分的沉速值，待最后求得淤积量后，再校对原假定的淤积百分数是否正确，如此往返试算。计算一定时段的平均水力半径与流速，也先假定一个淤积厚度，即假定一个平均过水面积，计算水力半径及流速，然后由最后求得的淤积量校对原假定的淤积厚度是否正确，如此往返试算。同时，还假定入库处的淤积为零，泥沙在第一段的淤积形状为角柱形，以后各段的淤积为棱柱形，泥沙在横断上是淤成一平面。所以，第一段末端断面的淤积厚度可以确定，然后根据此厚度及第二段的淤积体积，可以求得第二段末端断面的淤积厚度，以下各断面按此类推，最终求得整个库区的淤积量和泥沙淤积位置。计算结果见本卷第五章水库泥沙。

上述计算方法不仅计算过程繁重，而且方法本身也还存在许多问题，如计算使用的扎马林公式原为应用于渠道上的公式，计算时虽用分段计算，使计算情况尽量接近渠流，同时根据黄委会泥沙研究所验证渠道资料，使用改正系数5来修正，但黄河泥沙运行规律，特别是泥沙在水库内的运行规律仍有待研究。计算时假定库水面是水平的，没有考虑回水影响，也未考虑库水位降低时所发生的冲刷作用，还假定全断面过水而求得断面平均流速。实际上，回水影响将导致部分泥沙要淤得更上一些，水库水位降低时，库内泥沙会被冲成一条深槽，泥沙入库后可能在库底自成一股泥流，断面上部有时为死水，有时有效过水面积很小。对于三门峡水库建成后下游河道冲刷的计算，当时根据苏联阿尔图宁（C. T. Армунин）的理论，在多沙河流上筑坝后，河道重新造床的过程通常可分为三个时期：第一个时期，坝上游发生淤积，同时坝下游河床发生冲刷；第二个时期，坝上游已全部淤死，推移质泥沙开始进入坝下游，并淤填以前冲刷的地方；第三个时期，上下游泥沙淤积增加，直至上游坡度到达原有的坡度而下游甚至大于原有的坡度。黄河下游未来造床运动所经历的时间尚难肯定，考虑到三门峡水库库容大，而且上游进行水土保持工作，所以，第一个时期将可能大大延长，下游河床冲刷现象将为未来下游的主要特征。自三门峡至孟津一段，由于河床为砾卵石覆盖层，冲刷量可能不大，孟津以下河道，由于河床为冲积土，冲刷作用将可能较为显著，故进行了桃花峪以下河道的冲刷计算。计算方法与上述水库冲淤计算方法类同，用河床变形方程及扎马林的挟沙能力公式联解后得到计算河床高程和时间的偏微分方程，然后简化为两个普通微分方程，再积分得到两个联立方程，为计算冲刷的公式，计算提出了下游可能出现小塌滩，展宽给防洪抢险造成的困难要予以注意，见本卷第四章下游河道泥沙。

1958年，根据黄河下游河道整治规划的要求，黄河下游研究组对下游河床变形进行粗算，后苏联专家罗辛斯基根据中苏技术合作协定来华指导工作，又介绍详细的计算方法，不论粗算法或细算法，计算中都采用许多假定和简化，也考虑了不同地质条件下的河床纵向变形计算方法以及含沙量沿程恢复饱和问题。细算法首先将河道形状大致相同的河段划分为一个河段，把其中一个横断面简化为简单的几何图形代表该河段的断面形状，把支流汇入口及引水口放在每个河段的上端或下端，这样把天然河道复杂的不均匀流简化为均匀流计算。在计算水面线时，假定河床不发生冲淤，而在河床冲淤计算时，则假定水面线不变，为避免由假定引起很大误差，计算中规定每次冲淤厚宽为0.5米，1.0米或1/4水深。同时还认为：在冲刷或淤积过程中，含沙量沿程恢复饱和的距离很短，每一河段的出口含沙量即为水流的挟沙能力。河床的纵向变形及横向变形是同时进行和互相影响的，计算中根据野外实测资料和模型试验成果，假定在自由段冲刷时，水流不漫滩仅冲刷主槽，漫滩后，主槽与滩地的冲刷深度相等。在壅水段淤积时，假定主槽与滩地平行淤积，滩槽高差保持不变，每一河段内河床的冲刷或淤积平行于原来的河床。其次，根据泥沙的来源不同，把泥沙粒径大于0.03毫米者作为造床质，小于0.03毫米者作为非造床质，在冲刷计算中仅计算造床质的挟沙能力，在每一个计算时段中将造床质的冲刷增加一个相当于非造床质的含量。在淤积计算中，造床质及非造床质分别按挟沙能力计算。造床质挟沙能力的计算，是根据罗辛斯基的建议，采用秦厂水文站的实测$\frac{V}{H^{0.2}}\sim\rho$关系曲线（V—平均流速、H—水深、ρ—含沙量）代表孟津至东坝头的水流挟沙能力，以泺口水文站的实测关系代表东坝头至河口的水流挟沙能力。$\frac{V}{H^{0.2}}\sim\rho$为双包曲线，上包线用于计算淤积，下包线用于计算冲刷。计算时用水流连续方程，水流运动方程，泥沙平衡方程，逐时段联立求解，反复试算，非常麻烦。粗算法则假定两枢纽间的断面形状相等，即自由段与壅水段各定一个断面，根据计算任务选用不同河道宽度。壅水段与自由段的交点（即回水末端）为水库正常壅水位与自由段正常水深线的交点。含沙量沿程恢复饱和的距离较长，冲刷一直发展到枢纽的回水末端。自由段的计算方法与细算法相同，壅水段淤积计算，则根据经验方法计算淤积总量，不考虑淤面位置。罗辛斯基计算方法计算的总冲淤量与实际情况比较接近，具有一定的正确性，不过滩地和主槽的冲淤量与实际相差甚远，同时在天然情况下，河槽在横向是有摆动的，这些问题在计算中尚无法解决，在目前条件下，只能结合水文资料分析与模型试验对一些现象采用合理的假定。

1962年，三门峡水库因库区严重淤积而改变运用方式后，下游河道发生严重淤积，要求定性的指出河床横向变形及纵向变形发展的趋势，而现有的计算方法已如上述，挟沙能力公式是在河床比较稳定的状态下求得的，在计算时假定在一定时段，河段内水流能够达到挟沙饱和状态，并通过繁琐的水力计算来解决影响挟沙能力因素的变化，而不能如实地反映不恒定流挟沙能力在河床冲淤过程中不断调整的客观规律。许多学者对挟沙能力调整的内在机理进行了研究，但目前阐明黄河下游河床自动调整作用的机理仍是一个急待解决的问题。由于拦洪水库下游河床仍属往复变形性质，河床水力要素的变化性质与建库前有相似之处，河床水力要素与流量间存在一定的关系，因此用流量作为综合反映影响挟沙能力调整的来水条件，建立起$Q_s=KQ^n$的关系。Q_s—输沙率；K—反映边界条件的参数；Q—流量；n—指数；黄河下游$n=2\sim2.05$。黄委会水科所在麦乔威、赵业安、潘贤娣等分析下游各站实测资料中发现，黄河下游在来沙偏大时，输沙率也大，来沙偏小时，输沙率也小，说明河床组成特性对挟沙能力调整的作用，河床的冲淤变化取决于上游来沙量与水流挟沙能力间的对应关系，河床发生冲淤变化的同时，水流的水力条件与河床组成也发生相应的变化，淤积状态下，河床细化，临界粒径减小。冲刷状态下，床沙粗化，临界粒径增大，从而使水流挟沙能力也发生相应的变化，河床和水流通过自动调整过程来建立新的平衡关系，为反映这一调整过程，建立了如下公式：

$$Q_s = KQ^{\alpha}\rho_{上}^{\beta}$$

式中：Q_s—输沙率；K—反映河床边界条件的参数；Q—流量；

$\rho_{上}$—上站造床质含沙量；α. β—指数，$\alpha > 1$，$\beta < 1$、$\alpha + \beta \approx 2$

计算时避免了过去在河床变形计算中，滩地较小，漫滩水深不大时，不计算滩地冲淤；滩地较宽，漫滩水深较大时假定滩槽含沙量相等，按滩槽流量不同，分别求出滩槽输沙率，再计算平均滩槽冲淤厚度，而没有考虑滩槽泥沙交换作用的作法，把两水文站间的河段细分为若干个小河段，假定在每个小河段的首端滩、槽含沙量符合正常的横向分布，经过这一小河段滩槽泥沙强烈掺混，使这一小河段末端的滩槽含沙量又恢复到正常的横向分布，并假定通过掺混后每一个小河段进口滩槽含沙量成一定的比值，滩地挟沙能力关系与主槽的关系相同。将滩地水力泥沙因子代入滩地挟沙能力的公式，可以求得小河段的滩地出口含沙量及滩地的冲淤量。第一个小河段的滩地冲淤量求得后，把第一个小河段的出口输沙率进行掺混，求得第二个小河段的进口输沙率，然后求出第二个小河段的滩地出口输沙率及冲淤量，以此类推，可求得两水文站间各小河段的滩地冲淤量。两站间主槽冲淤量，等于河段下端水文站造床质输沙量与经过各小河段横向掺混后来沙量之差。利用这个方法验算了三门峡水库修建前及防洪排沙运用后的黄河下游实测资料，得到比较满意的结果。

1963年，黄委会水科所与水科院河渠所一道，用此方法研究三门峡水库低水位运用后，在不同防洪排沙设施下黄河下游河床冲淤变化得出：在多沙河流上修建拦洪水库后，如果水库不加控制运用，则由于水流及泥沙过程的改变，水沙过程极不相适应，水库下游主槽内将发生大量淤积，因此，进一步研究合理的水库运用方式以及全面考虑减少水库上下游的泥沙淤积问题，具有重大意义，详见本卷下游河道治理研究章第四节。1978年，多沙河流水库下游河道演变研究及估算方法获全国科学大会奖。

此间，水科院严镜海选用黄河上下游河道资料，进行多沙河流上低水头枢纽壅水段淤积发展的估算，其方法是首先求出流速、河宽等河相因素与流量的关系，进而用挟沙能力，河相关系，阻力公式和连续方程进行联解，求得河道纵比降：

$$J=1.26n^{1.7}\frac{V^{1.86}}{H^{0.62}}/Q^{0.085}$$

式中：J—比降；n 糙率；V—流速；H—水深；Q—流量

据此可以推算枢纽修建前、后的比降。加上枢纽壅高的水位数，可以求得壅水淤积的极限长度。

同年，李保如、姚于丽在《河流纵比降及纵剖面的计算方法》中说：河流纵比降及纵剖面的计算在研究河道演变中十分重要，多年来学者们对河流纵比降及纵剖面作了大量研究。在河床纵比降的计算方法方面，有的学者从纵比降与河床质粒径成正比的概念出发建立关系的，有的学者综合考虑粒径与流量对纵比降的影响，从而建立粒径与流域面积对比降的关系的，有的学者倾向于利用水流及泥沙运动规律，考虑上游来水来沙条件一定时，河道将自动调整其几何形态，以使来水来沙得以通过，此时纵比降大体处于平衡状态。计算时用水流运动方程，挟沙能力公式或河床质起动流速公式、河相关系式，因任务不同，采用不同公式联解。因泥沙运动公式及河相关系等研究成果很多，其中有许多表达形式由于考虑的因素较少，其适用范围有很大的局限性，不宜任意采用。一般说，联解水流运动及泥沙运动方程的方法，所求的结果是较为合理的，特别是在进行河床变形预报计算时，更显示出其优越性。但应注意，不同河流往往有许多特殊因素，在解决具体实际问题时仍应利用天然河流资料加以检验补充。

1963 年，水科院为论证三门峡水库增建对减轻渭河下游淤积及延长水库寿命，提出了水库冲淤计算方法，计算结果编入三门峡水利枢纽问题第二次技术讨论会资料汇编。“文化革命”期间水科院部分人员下放到水电部第十一工程局。1970 年，三门峡水库泥沙问题基本经验总结时，水电部第十一工程局勘测设计科研院在总结三门峡水库运用经验的基础上，特别是近几年水库蓄水运用及改建过程中的资料，进行了水库运用方案的泥沙冲淤计算，编写了《三门峡水库潼关以下冲淤计算方法》，计算方法从分析水库的冲淤现象入手，找出水库泥沙冲淤计算的基本关系：壅水淤积排沙关系：

$$Q_{s出}/Q_{s入}=-0.44L_g\frac{V}{Q_{三}}J^{1/2}+0.82$$

式中：$Q_{s出}$为出库输沙率；$Q_{s入}$为入库输沙率；V 为壅水位以下库容；$Q_{三}$为出库流量；J 为潼关至坝前水面比降。

沿程冲刷(淤积)挟沙能力关系：

$$Q_s=C\cdot Q^2J^2\left[\left(\frac{\rho}{Q}\right)+K\right]^n$$

式中：Q_s 为时段输沙率（潼沽河段采用潼关实测值，长河段采用三门峡的实测值）；Q 为时段入库（潼关）流量；J 为时段河段比降；$\frac{\rho}{Q}$ 为时段来沙系数；$C=1.055\times10^5$；$n=1.75$；$K=0.02$。

溯源冲刷挟沙能力关系：

$$Q_s=250Q^2J^2$$

式中：Q_s 为时段出库输沙率；Q 为时段出库流量；J 为时段坝前比降。

计算时首先计算起始剖面，划分计算时段及准备各种工作曲线等各种准备工作，然后进行计算。不漫滩的计算程序：首先根据时段进库水沙条件，按沿程冲淤关系计算时段冲（淤）平衡比降 $J_{冲}$（$J_{淤}$），对比河床剖面比降 $J_{原}$，判断是否发生冲刷或淤积，若 $J_{原}>J_{冲}$，则发生沿程冲刷，若 $J_{原}<J_{淤}$，则发生沿程淤积。以河床原始比降与冲（淤）平衡比降的平均值计算冲（淤）量，使河床冲（淤）的体积等于计算的冲（淤）量，即为本时段冲（淤）后之河床。当遇到前期三角洲顶点时（河床剖面出现跌坎），这时发生二级溯源冲刷，冲刷比降采用河床原比降按河长的加权平均值，由该平均比降计算冲刷量，沿着平均比降平行下切，其量等于计算的冲刷量。如在下游遇到冲刷基面，二级溯源冲刷受阻，这时冲刷量是由冲刷形态来决定。当水流到达坝前段，当坝前基面大于前期河床平均高程时则发生壅水淤积，反之则发生溯源冲刷。壅水淤积按壅水淤积关系计算，按水库正常运用顶坡比降汛期 1.7‰，非汛期 1.4‰，前坡比降以三角洲顶点联至前一时段坝址处河床剖面最低点铺沙，如淤积减少的库容大于原库容的 1/3，要修正淤积量，使算得的淤积量与本时段库容损失量相等。溯源冲刷则根据上河段来水来沙条件，假定一个冲刷比降，使该比降的冲刷量等于该比降的河床剖面与原河床剖面之间的冲刷量，计算按溯源冲刷关系进行。漫滩的淤积计算，按下式计算滩槽淤积量分配：

$$\frac{W_{s\,Ⅱ}}{W_{s(1-41)}}\sim f\left(\frac{A_{Ⅱ}}{A_{\rho}}\right)(H_{M史}-Z_{Ⅱ2})$$

式中：$W_{s\,Ⅱ}$ 为时段滩淤量；$W_s(1-41)$ 为时段潼关以下淤积量；$A_{Ⅱ}$ 为时段最高水位与前期滩面交点下面积；A_{ρ} 为前期潼关以下槽面积；$H_{M史}$ 为时段坝前史家滩最高水位；$Z_{Ⅱ2}$ 为黄淤 2# 断面前期滩面高程。

1972 年，清华大学水利系治河泥沙教研组用三门峡水库历年冲淤资料，参考有关水库的情况，对三门峡库区（主要是潼关以下库段）冲淤的基本规律和计算方法进行了初步研究，写了《三门峡水库库区泥沙冲淤规律及计算方法的初步研究》,文中分别叙述了库区淤积及冲刷的计算方法:壅水段的淤积,从资料得出影响壅水段排沙比的主要因素是泥沙在壅水段内逗留时间的长短,可用库水位以下的库容和库流量之比表示,排沙比还与反映库水位升降状况的进出壅水段流量之比有一定关系,从而建立排沙比与库容、进出壅水段流量之比关系图。壅水淤积的部位主要取决于库水位,以库水位和原来河床的水平交点作为回水末端的标志,淤积将比这个水平交点上延一定距离,资料表明,淤积末端离坝距离和水平交点离坝距离之比在1～1.3之间,淤积体比降一般为(1.1～1.7)‱左右。考虑到三门峡水库承担防洪任务时高水位持续时间不很长,其淤积形态为锥体,目前河床纵坡较大,淤积末端离坝距离和水平交点离坝距离之比为1.1,防洪后大洪水淤积量较大,淤积比降较缓,但以不小于1.2‱为限。由已知淤积量,用淤积末端离坝距离和水平交点离坝距离之比等于1.1确定铺沙末端点,从此点起试绘一直线到大坝,代表淤积面位置。从各断面的分级面积查出淤积面积,算出淤积量。如算出的淤积量等于应有的淤积量时,则试绘的淤积面即为应有的淤积面,否则重绘淤积面高度,重新计算淤积量,直至二者相等为止。对于库区冲刷的计算主要有沿程冲刷与溯源冲刷两类,溯源冲刷从资料分析建立了关系:

$$Q_{s三}=CQ^2J_{北史}^{5/3}$$

式中:$Q_{s三}$—三门峡出库输沙率(吨/秒);C—三门峡出库挟沙能力系数;Q—三门峡出库流量;$J_{北史}$—北村及史家滩水位构成的水面比降

由于挟沙能力的双值关系,溯源冲刷与坝前淤积时出库挟沙能力系数不同,一般坝前壅水淤积系数约为冲刷系数的3～5倍,一般采用$C_{淤}/C_{冲}=3.5$来控制出库沙量,计算时先根据测淤断面资料计算各断面的平均河底高程,概化成几个纵坡作计算起始河底线,然后根据潼关站入库水沙及三门峡出库流量,库水位的变化情况划分计算时段,用潼关入库月平均来沙系数$\left(\frac{\rho}{Q}\right)_{潼}$值,确定各月冲刷系数$C_{冲}$值,并确定沿程冲刷系数$C_{沿冲}$、$C_{沿淤}$。然后按各计算时段由上(从潼关起)而下(至三门峡出库)逐河段进行冲淤计算。使出入该河段的沙量之差等于该河段的冲淤量,使河床变形作图中的计算量与计算的冲淤量相等。

1972年黄委会规划设计大队在《三门峡水库排沙能力分析》一文中根据三门峡水库滞洪及蓄水运用时的排沙资料得出水库排沙比(以出库含沙量与入库含沙量之比表示$\frac{\rho_{出}}{\rho_{入}}$)与时段内平均库水位下的库容与出库流量之

比，入库流量和入库悬沙沉速之积与出库流量之比等复合因素有关，并建立关系$\frac{\rho_{出}}{\rho_{入}}(\%)=f\left(\frac{Q_{入}V}{Q_{出}}\cdot\frac{W}{Q_{出}}\right)$。计算时先确定起始库容曲线，划分时段，然后按时段和水库排沙复合因素关系求出排沙比，逐时段进行计算滞洪及蓄水运用时的排沙能力。水库降水泄空的排沙能力计算，首先确定起始河床纵断面，然后进行起冲水位计算，从三门峡水库降水泄空资料得知起冲水位$H_{起冲}=H_{床面}+2h_0$。式中：$H_{起冲}$为坝前史家滩断面日平均起冲水位；$h_{床面}$为史家滩断面平均河床高程；h_0为开始冲刷时的日平均流量要求的正常水深。若库水位未达到起冲水位，仍按蓄水运用排沙关系计算，并根据新的淤积确定新的河床纵剖面。当库水位达到起冲水位后(10天左右)，其排沙量采用泄空后空库敞泄排沙关系计算结果的2倍。空库敞泄排沙问题，根据水流输沙的一般原理，考虑三门峡水库的实际情况，泄流规模逐步增大，但仍有一定限度，上游来沙，河床淤积物等的影响，得出潼关至大坝库段的排沙关系式：

$$Q_{s出}=a\left(\frac{\rho}{Q}\right)_{入}^{n}(Qi)^{m}$$

$$a=f(\triangle W_s,D_{床沙})$$

式中：$Q_{s出}$为三门峡出库输沙率；a 为前期河床冲淤量和河床质的函数；$\left(\frac{\rho}{Q}\right)_{入}$为上游来沙系数；Qi 为出库流量与水面比降之积；n=0.7；m 随泥沙粒径而变(7～8月，有时9月m=2；10月至翌年6月，m=1.5)。

计算时首先确定起始纵断面，划分计算时段，根据第一时段的水库流量确定要求的新河床纵剖面，根据入库水沙情况确定来沙系数，泥沙粒径，出库流量(根据泄流规模)和比降，计算前期河床淤积量，然后按上述排沙关系进行计算。

1975年，山西省水利勘测设计院根据山西省十年九旱的自然特点，合理调水调沙，妥善解决水库排沙与蓄水的矛盾，以汾河水库的水沙观测资料为主，提出《多沙河流水库水沙调节计算的探讨》，文中指出，异重流孔口出流的极限爬高值对异重流排沙很重要，经推导得到：

$$Z_{max}=\left[\frac{0.154}{K^2}\frac{Q^2}{\frac{\rho}{\rho}\eta_g g}\right]^{1/5}+\frac{q'^2}{2\eta_g g h'^2}$$

式中：Z_{max}为异重流极限爬高值；ρ'为浑水密度；g 为重力加速度；K 与进水面有关的形成系数，对迎水面直立的坝内底洞 K=1；Q 为孔口泄量；η_g

$=\frac{\rho'-\rho}{\rho'}$；ρ 为水的密度；q 为异重流单宽流量；h′为异重流厚度；$h'=\left(\frac{\lambda g'^2}{8\eta_g g J_b}\right)^{1/3}$；λ 为异重流阻力系数；$J_b$ 为底坡。

用上式计算，如清浑水交界面与洞底之高差大于异重流孔口出流极限爬高值，则无异重流出库。其壅水排沙，溯源冲刷关系均与水电部第十一工程局所作三门峡水库潼关以下冲淤计算方法相同。只是在水沙调节计算时，用统计法算出多年调节库容，用典型年或系列平均值法求出汛期平均年调节库容，预估排沙比，求得计算时段淤在库内的沙量，由库容曲线查出平均库容，求出平均汛期水位和排沙洞底以上水深，然后根据来沙情况，逐次计算洪水排沙量和年平均排沙比，如计算排沙比与原估值相差较大，再用算出的排沙比，重算淤积量，逐步逼近。

陕西省水科所河渠研究室自 1972 年以来，对冯家山水库，王瑶水库和引洛高干增建泄洪排沙洞等工程进行泥沙计算，1975 年提出《多沙河流水库规划设计中的泥沙计算方法》，文中根据水流运动情况分为壅水淤积、溯源冲刷、沿程冲刷和清水冲刷及水库淤积翘尾巴。壅水淤积又分为异重流流态和明流流态两种。异重流型的淤积量为某一时段或全年淤积量等于某一时段或全年进库泥沙总量减去产生异重流洪峰沙量中小于某一上限粒径的沙量，淤积部位按 $J_B=0.083Q_B^{-0.54}$计算。明流型计算方法与水电部第十一工程局勘测设计科研院方法一致。从水库冲刷资料得到：

$$Q_S=\frac{k}{gwb^{0.6}n^{2.4}}(Q^{1.6}J^{1.2})$$

式中$\frac{k}{gwb^{0.6}n^{2.4}}=K$ 待定系数。溯源冲刷点群平均线 K＝10；沿程和清水冲刷 K＝3。

在上述研究的基础上，70 年代末到 80 年代初，流域内各项计算工作都普遍开展起来，如武汉水利电力学院提出《青铜峡水库冲淤计算方法》；西北水科所曹如轩、蒋素绮等提出：《水库高含沙水流冲淤计算问题》、《管道高浓度输沙的计算方法》、《浑水水库排沙计算》等；山西省水科所和黄委会水科所分别提出《水库淤积的简化估算方法》；水科院吴德一提出的《关于水库异重流的计算方法》；张启舜等提出的《水库冲淤形态及其过程的计算》等等，各有特色。正如 1985 年张启舜在《国内外河流泥沙纵向冲淤变形计算评述》一文中所指：河流泥沙的冲淤计算都是基于挟沙水流运动方程；挟沙水流连续方程；泥沙运动方程和泥沙连续方程四个方程。由于对 4 个方程的简化和处理的不同可以得到不同的结果，也就出现了目前种类繁多的河流泥沙纵向冲淤变形计算方法，从工程应用的角度以及从对四个基本方程的处理主要差别考虑，可将河流泥沙纵向冲淤变形计算方法分为四类：即第一，河床变形整体计算法：把水库或河流视为一个整体，计算其最终结果或过程，以武汉水利电力学院河流泥沙工程学下册中的算法，美国垦务局计算法(United States Department of the Interior Bureau of Reclamation, Design of Small Dams. United States Government Printing Office, Washington 1977, PP. 767—796)，清华大学、西北水科所1979年编辑出版的《水库泥沙》，水电部第十一工程局编著的《三门峡水库潼关以下冲淤计算法》等为代表。三门峡潼关以下冲淤计算法到80年代初，还考虑了在冲淤过程中冲淤数量与冲淤形态之间的相互调整，见《水库冲淤形态及其过程的计算》一文。第二，分河段平衡输沙计算法：假定每个河段挟带的沙量均可达到其挟沙力值，这一算法在国内外得到广泛应用，其代表有美国陆军工程兵团工程研究中心的HEC—6法，前述苏联罗辛斯基法和中国用于黄河下游的计算法，根据实测资料建立自己的挟沙能力经验关系式进行计算。第三，分河段不平衡输沙计算法：在冲淤过程中考虑每个河段长短不同，交换和补给条件差异，每个河段出口并不一定达到水流挟沙力值，其代表有窦国仁直接根据泥沙连续方程推导的不平衡输沙方程；韩其为用积分二维扩散方程导出的不平衡输沙方程；张启舜用微分二维扩散方程导出不平衡输沙方程。但各家所用扩散参数和挟沙力公式都不一样，如何将这些公式能在各种河流条件下作到使用参数规范化是泥沙科学工作者今后的一项重要任务。第四，是一元不稳定流输沙计算法：这方面的代表有许协庆——朱鹏程计算法；林秉南计算法，目前只较多的用于对短时段冲淤过程的分析。

二、数学模型的应用

通过理论推导或大量实测资料与物理模型相配合建立的计算方法（包括各种参数，计算公式）配合计算软件系统，能使之反映河流演变真实过程的计算方法称之谓数学模型。数学模型较物理模型快捷、经济等优点。1964年，黄委会水科所与水科院河渠所一道，在黄河下游研究组研究黄河下游纵向冲淤计算方法的基础上，编制程序，因“四清”运动未能取得结果。1965年，黄委会水科所重新进行编制程序，在郑州大学数学系老师的帮助下，并用郑大的计算机算得结果，最后编写出《多沙河流拦洪水库下游河床变形计算方法》。1974年,水利部批准给黄委会水科所添置TQ—16计算机一台,黄委会水科所与清华大学水利系合作,在过去分析计算基础上,进一步分析,提出黄河中下游干流河道冲淤计算方法,并由黄委会水科所编制BCY程序,在TQ—16机上计算了13个方案,称之谓经验数学模型,为1976年在郑州召开的黄河小浪底、桃花峪水库工程规划技术审查会议提供了成果。

1980年,黄委会水科所在上述方法基础上,增加各河段前期累计冲淤量及泥沙粗细影响,用断面冲淤资料和输沙率资料进行改正,用多元回归分析法建立起新的计算关系,提出《黄河下游各河段输沙特性分析及冲淤计算方法》,并编出程序。嗣后,由于微机的发展,又移植成IBM机的程序,进行了小浪底、三门峡、龙门等水库对黄河下游减淤作用的计算,预估今后50年黄河下游河道年平均淤积量为3.71亿吨,这一成果被黄委会规划设计院《小浪底规划报告》及黄委会《黄河治理开发规划报告》的下游防洪减淤规划中正式采用。1987年在研究龙羊峡、刘家峡水库蓄水对黄河中下游河道冲淤影响时,将这一模型上延到龙门至潼关河段,提有《黄河龙门以下干流河道冲淤计算方法》。在黄河河口清水沟流路方案规划时,对利津以下河口地区的河床演变也使用此模型。

水科院张启舜模型,该模型是1963年后逐步建立起来的,并在实践中不断检验和完善。1963年,为解决三门峡水库能否实现和如何实现非汛期发电而不增加水库和潼关的淤积量,建立起一套冲淤计算方法,主要是溯源冲刷过程中的河床调整与输沙能力调整的模式。写有《三门峡水库非汛期发电问题的分析》。1969～1972年,针对三门峡水库的改建和确定改建后的运用方式,进行水库泥沙冲淤过程计算,提出《三门峡工程改建规模分析》、《三门峡水库(潼关以下)冲淤计算方法》。1975～1981年,随着计算机的推广应用,开始进行手编程序试算,于1981年编出了BCY语言计算机程序并提出《水库冲淤过程计算源程序BCY语言》,在TQ—16计算机上进行了黄河三门峡水库验证计算。1982年,由于国际标准化组织〔ISO〕推荐FORTRAN标准语言,将源程序改写为《河流冲淤过程计算程序FORTRAN语言》,同时扩充计算功能,考虑河床变形与水流输沙相互调整,写出了《水库冲淤形态及其过程的计算》,1987年针对平原游荡性河流的特点,进一步完善了计算方法,考虑了黄河下游宽浅散乱的特点,过去用单一断面的一维模型不能适应,把整个计算分主槽和滩地两部分,主槽按不平衡输沙计算,并考虑冲淤过程中挟沙力的调整和主槽的横向摆动。滩地则采用分段进行滩槽交换计算,还考虑到洪水演进和河口的摆动,在M—160H型机上进行了黄河下游50年冲淤计算，研究了有无小浪底水库和有无人造洪峰对黄河下游减淤作用的差异，以及各种方案50年后黄河下游的淤积状况和带来的问题，提出的《小浪底水库修建对黄河下游减淤作用的计算》，指出小浪底水库的修建与调沙运用对黄河下游的减淤作用是明显的，不论是河南还是山东河段都是如此，同时也指出了提高小浪底水库运用效率的途径。对于黄河口对黄河下游影响的计算表明：河口的边界条件（包括堆沙范围，改道安排）对河口淤积及对上游影响关系很大。在黄河河口80公里与20公里设堆沙区比较，可使艾山～利津河段的淤积量相差近一倍，利津水位升高近1米。但其影响范围不是往上游平行抬高的，而是愈往上游影响愈小，在艾山只相差0.08米，孙口已无明显差别。

西北水科所模型是70年代陈景梁等在总结官厅、刘家峡、巴家嘴、黑松林等10座水库运用经验的基础上，根据水库高含沙水流的基本现象和特征，区分高含沙水流为两类输沙流态：畅流情况下的溯源冲刷，沿程冲刷流态；壅水情况下的明流，异重流，浑水水库流态。浑水水库是指汛期水库蓄水运用，高含沙洪水入库后一般呈异重流流态，当出库流量小于入库异重流时，坝前异重流向上壅高，在清水下面形成浑水水库。1978年，陈景梁研究了浑水水库排沙的重要意义及浑水水库特性，分析了形成浑水水库的条件和排浑比，排沙比的主要因素，并从塑性浑水流变性出发，得到组合沙静水沉降的极限粒径，极限含沙量和介面沉速公式，从而建立起排浑比排沙比的经验关系，提出了浑水水库排沙计算方法。1980年，曹如轩、陈景梁提出《水库高含沙水流冲淤计算问题》，进一步分析水库高含沙水流输沙流态，建立了各种流态情况下不平衡输沙的计算关系。1986年，曹如轩等分析了国内外通用的数学模型，认为国外的一些模型，水的计算考虑得比较仔细，而对沙的计算则比较简单，模型中的泥沙运动方程，一般为饱和挟沙平衡输沙公式。国内张启舜、韩其为的模型，以不平衡输沙为理论基础，黄河下游河床冲淤变形计算亦反映了河道的不平衡输沙性质，但未考虑高含沙水流特性，所以不能描述黄河的高含沙输沙规律，因此提出《多沙河流河道水库泥沙冲淤数学模型》，并接受黄委会设计院委托进行黄河口淤积延伸对河道影响的计算和分析，成果有《黄河利津以下河段泥沙冲淤过程验证计算》和《黄河下游艾山至利津河段冲淤过程的比较计算》，在黄河河口规划工作中发挥了作用。

上述河流泥沙冲淤数学模型的应用，在治黄计算工作中只是一部份，类似的数学模型还有不少，如黄河水资源保护研究所王星宇根据流区产沙主要由两种方式，将流域分为面蚀区和重力侵蚀区，建立的《黄土地区流域产沙的数学模型》。黄委会水科所王恺忱在分析黄河口来水来沙影响基础上，找到利津站年水位升降值与水沙条件、边界条件、滨海三角洲延伸状况及预估水沙各序列年份的淤积比降之间的关系，从而提出的《黄河河口发展影响预估计算方法》。黄委会设计院张醒根据黄河汛期含沙量大，洪水在河道里有水沙量调蓄作用，河床泥沙淤积或冲刷，影响河段流量，因此用水沙量平衡方程推导修正马斯京干洪水演进公式，提出了《多沙河流洪水演进的计算方法》黄委会水科所与武汉水利电力学院合作，考虑洪水期间泥沙冲淤对洪水位的影响，研制的《洪水位预报模型》等等。这些数学模型反映了计算技术在治黄工作中的发展过程，亦表明数学模型较之物理模型有很大的优越性。但由于黄河含沙量大，河床善徙多变，加之泥沙理论本身的不完善，目前的数学模型结论还不能确切地模拟冲淤演变，今后要不断完善泥沙运动的理论公式并配合新的计算方法，也就是目前正在发展的二维、三维的泥沙数学模型。

1987年6月1～10日，国际泥沙培训中心为了解国际泥沙数学模型的最新进展，以配合三峡、小浪底等重大工程之需要，为中国培训人才，给中外学者提供学习交流机会，在联合国开发署(UNDP)、教科文组织(UNESCO)和三峡工程开发总公司的资助下，聘请了法国索格利亚公司应用数学部主任 J. A. Cunge、美国密西西比大学水利计算中心主任 Sam. S. Y. Wang、荷兰德尔福特技术大学 M. Devries 和西德汉诺威大学 K. P. Holz 等四位外籍教授，和林秉南、窦国仁、韩曾萃等教授为培训班授课，参加培训和讨论会的有来自美、法、西德、意、日、斯里兰卡等8个国家的13位教授，来自中国有关科研单位、设计、高等院校的高级工程师、教授、副教授、研究生等76人，会上有15位中外学者作报告，谢鉴衡、魏良琰在题为《河流泥沙数学模型的回顾与展望》中扼要叙述了河流泥沙数学模型的发展概貌，分别对一维和二维数学模型的基本方程式，关键问题的处理以及计算方法等作了阐述和讨论，指出了已经取得的成就和尚待改进的地方，今后在继续研究长河段、长时期河床变形一维问题的同时，要大力研究短河段、短时段河床变形的二维、三维问题；在继续研究强输沙不平衡状态的河床急剧变形问题的同时，要大力研究弱输沙不平衡状态和准平衡状态的河床缓慢变形及自然变形问题，要研究一、二、三维模型的联合使用问题。从完善研究手段来说，首先要使数学模型能正确地模拟原河床的演变过程，那就要加强对天然以及受人工控制的各类河流泥沙运动规律的研究，要发展对平面、剖面二维以至三维恒定非均匀流的研究，以及非均质沙、非恒定流的研究，根据面对的问题建立起正确的计算模式。要使模型趋于完善，今后还需要加强流场及其变化特征的观测，需要改进天然河道的观测方法和量测设备，提高数据采集的精度，同时也需要在实验室内进行严格控制的必要的基本实验，以期获取大量实测资料来进行参数的验证和确定。林秉南在题为《关于加速发展泥沙数学模型的想法》中指出：为了加快发展泥沙数学模型，一要加强国内外科技情报工作；二要密切联系实际；三要提高对物理现象中有关规律的认识；四要提高应用数学水平并进行跨学科合作；五要做好发展数学模型的协调工作，减少内耗和避免在低水平上重复。

第九章 观测仪器

科学研究在治黄建设中起着巨大的指导作用,而科学研究又是建立在大量精确资料和正确研究方法之上的。历史上黄河不能得到根治的原因之一,就是只重经验而没有足够的观测资料和数据,没有建立起系统的科学实验研究方法,更缺少必要的研究仪器。直到1934年,李仪祉任国民政府黄委会委员长时,才在《治理黄河工作纲要》中指出:"治河之事,环境复杂,其受天然之影响亦至巨,故必有充分之研究方可作设计之依据。测量为应用科学方法治河之第一步工作,盖以设计之资料多是赖也。"并布置地形测量,增设水文站,筹备试验场,收集积累资料,成为科学治河的过渡阶段。40年代,张瑞瑾用计算方法研究三门峡建筑拦洪水库淤积问题时,由于资料不足,只能按一般原理进行计算,假定泥沙全部淤积在死库容内。建国后,党和政府对资料收集,科学试验等基础工作极为重视,40年来,遍测了流域地形,查勘、钻探了可能筑坝河段的地质构造,增设了水文站,研制了新的观测仪器,获得大批可靠的资料,在此基础上,试验研究、计算方法、计算技术都有很大改观。

第一节 野外观测仪器的研制

一、泥沙容重观测

过去测量泥沙容重,一般是取河床表面土。1952年,黄委会泥沙研究所在咸阳、潼关两水文站附近滩地上,在未经碾压脚踏或其他扰动的地方用取样筒取样。取出土样后,先称其重量,再在此土样中心挖取一小块,放在玻璃瓶内用腊密封,带回试验室测定其含水量,求得淤积物干容重。这种方法手续繁杂,又经长途运输,很难保持原状,不仅如此,取样时所作两条假定:(1)取样处未受碾压脚踏或其他扰动;(2)因水下无法取样,假定1951年最高洪水位以下为水下淤积物,最高洪水位以上为曝露淤积物。实际土样是否受过扰动无法知道，最高洪水位以下仍是曝露淤积物，只是曝露时间不同而已。1952年以后，改用钻机取深层原状土样，避免了土样受扰动的问题，但有些地方承压水水头很高，取样时需要粘度大的泥浆浮托，往往泥浆会混入土样造成假象。尤其取水下淤积物则更为困难。

1958年，黄委会水科所与水科院河渠所、中国科学研究院原子能研究所合作，利用核物理辐射技术研究泥沙容重观测问题，将一颗放射源和一个γ射线探测器组成的探头，放入钻孔中，从放射源发射的γ光子，穿透钻孔套管进入被测物质沙或砂卵石地层，以康吴(Com Ptan，吴有训)效应(弹性磁撞)散射而进入G·M计数器，产生电脉冲信号，通过电子装置传送到地面计录仪记数。此计数率是被测物质密度的函数，在事先率定的曲线上很快得到被测物质密度。这种方法对土体扰动小，可以重复连续测量，用人力物力少，特别是解决了水下取样法不能或很难取样的测量问题。1961年，仪器研制完成后，先后在天津新港、陆浑水库、三门峡水库、盐锅峡水库等进行淤泥容重测量，取得良好的结果，为水库、港口泥沙问题的研究，提供了可靠的数据。1963年，水利电力部组织有关专家对这一方法进行鉴定。鉴定结果认为：干容重误差小于±5%，基本上能满足水库淤泥容重测量的要求。1969年，在仪器结构上作了改进，扩大了使用范围，在水坠坝、拉沙坝的质量监测和坝体基础覆盖层的砂砾石、砂卵石、砂层的容重方面均可使用。1970年在小浪底水库一、二、三坝址及上附线坝址砂层、砂卵石层测量，得到大量可靠的数据，为小浪底水库坝址选择提供了依据。1971～1972年，在天桥电站及桃花峪坝址使用，均取得良好效果，尤其天桥电站，承压水水头很高，无法取样，地质人员根据同位素辐射仪所测容重结果，定出容重与粒径关系，画出了天桥电站地层分布图，为电站选择坝址提供了重要资料。30多年来，这种仪器已为黄河流域的工程建设提供了大量有价值的资料，并已在全国推广使用。1984年，由水利部组织并通过了最后定型鉴定，定名为JHS—16型地基密度计，安排湖北襄樊激光设备厂批量生产。1985年被水利部和河南省授予优秀成果三等奖。

二、含沙量计

准确及时地测报河水含沙量并掌握其变化，对河道治理、水库管理运用、农田灌溉、放淤都有着十分重要的作用。清代前没有量测工具，只是粗略的估计：《汉书沟洫》志中称“河水一石，其泥六斗。”宋史《河渠书》则说：“泥沙相半。”到了清代,《续行水金鉴》中称“黄河斗水,沙居其七。”民国期间,虽各地取样方法不一,但河水含沙量已经有了确切的数值。建国后统一采用横式采样器取样,用称重法求取含量,这种方法程序繁杂,费工费时,测量时无法知道泥沙运动过程,沙峰过程往往测不出来。黄委会水科所曾采用光电测沙、电导测沙、超声测沙等方法,由于河水沙多,泥沙颗粒级配变化等因素的影响,未能得到满意的结果。在反复实践的过程中,于1963年与上海原子核研究所和261厂等单位协作,开展利用放射性同位素测量含沙量的研究。仪器由晶体管自动定标器和测量探头两部分组成,测量探头外壳为具有流线形的铅鱼,铅鱼头部贮存放射源,尾部装置探测器,以导线将探测器与自动定标器联接,测量时铯源(C_S^{137})从铅鱼头部贮存器中由微型电机控制移到铅鱼腹部窗口,保持铯源到探测器的距离,用准相对测量方法直接读出含沙量。这种仪器每测一点只需50秒,可适应15公斤每立方米以上的大、中含沙量,这就为及时提供沙量情报,合理运用水库、灌溉渠道创造了有利条件。仪器完成后,1971年在小浪底水文站测量了含沙量变化过程线,其中记录了两次超过该断面历史上最高记录的沙峰786公斤每立方米,揭示了水峰与沙峰不相适应的关系。从所测含沙量垂线分布看,γ—γ法比取样法更符合泥沙分布规律,说明γ—γ法具有较高的代表性和可靠性。这一仪器定名为FH_{422}型γ—γ含沙量计。1974年水利电力部科学技术司组织了中国科学院五局、中国科技大学、清华大学、第一机械工业部上海自动化研究所、长江流域规划办公室、上海原子核研究所、北京原子能研究所、南京水利科学研究所、西北水科所等38个单位54位代表参加了鉴定会。与会代表对试制和使用情况进行了认真的审查,观看了现场试验表演和室内稳定性试验。会议认为:“FH_{422}型伽玛含沙量计的性能符合设计指标要求,在含沙量大于20公斤每立方米时适用。可以定型生产。”同年,水电部批准生产30台,分配在黄河中下游12个水文站使用,并要求“继续研究改进,扩大使用范围。”由于仪器在含沙量低于15公斤每立方米以下不能使用,仍需横式取样器取样,这就从生产上提出了测取更大范围含沙量的要求。为此,1976年黄委会水科所与黄委会水文局结合,从提高仪器计数率和采用低能光子源,提高测沙灵敏度着手改进FH_{422}型仪器。在改进仪器的同时,提出了以新的探测器和放射源为区别的两种含沙量计研制路线,即FT—1型闪烁式低含沙量计和X射线正比管低含沙量计。由于人力不足,FH_{422}型改进工作交由黄委会水文局完成。闪烁式低含沙量计由黄委会水科所与营口电子仪器厂协作,于1981年通过水电部、四机部联合组织的技术鉴定,1982年获河南省科技成果二等奖，水电部三等奖。X 射线正比管低含沙量计，由黄委会水科所与 401 所（中国原子能科学院）协作，1984 年通过黄委会组织的技术鉴定，上述四种含沙量计的性能特点如表 2—9—1。

表 2—9—1　　**同位素含沙量计性能对照表**

型　号	名　称	探测器	放射源	可测含沙量范围（公斤每立方米）	探头作用半径（厘米）	低端误差
FH_{422}	γ—γ 含沙量计	盖革计数管	铯 137_{C_s}	300—15	25—35	±0.56
FH_{422}改进	γ—γ 含沙量计	正比管	镅 241_{A_m}	300—2	15	±0.10
FT—1	闪烁低含沙量计	闪烁探测器（NaI）	镅 241_{A_m}	600—0.6	20	±0.05
AT5—1	X 射线正比管含沙量计	正比管	钚 $238P_u$	600—0.5	5	±0.04

同位素含沙量计研究成绩显著，1978 年曾荣获全国科学大会奖，国外不少刊物也予以报导，如英国的《水能与坝工》（Water Power & Daw Construction），但是，由于仪器的维护与检修比较麻烦，同位素具有放射性等原因，推广使用尚存在不少问题，有待进一步解决。

三、流量、流速仪研制

长期以来，河流流量的测量，一直采用流速断面法，流速的测量虽有迷宫式旋浆流速仪，可以避免泥沙磨损，但水流中挟带的树枝水草等纤维性杂物，影响流速仪的正常工作。为解决这一问题，英国、荷兰、日本等国早已改用电磁流速仪。60 年代，中国已开始这方面的研究，在水工模型试验以及舰船航程计程等方面取得了不少成绩。1981 年，黄委会水科所与黄委会水资源研究所合作采用放射性同位素镱（169_{Yb}）稀释法测量河水流量，即在河流断面水流的中心部位，注入一定容积 V_1 放射性示踪剂 C_1，在与河水充分混合的下游测点上，连续记录示踪剂水体的浓度变化值 $\int c_2 dt$，然后可计算出流量 $Q=C_1V_1/\int c_2 dt$。用这一方法先后在洛阳龙门伊东渠、大明渠、郑州熊耳河、济南小清河、黄河泺口测量，与流速一断面法对比，均方差为±5.8%。1982年，获河南省仪器仪表学会优秀论文奖。1985年被国际标准化组织(ISO)采用，为明渠测量标准。此仪器方法简便，灵敏度高，但安全防护问题尚值得注意，且适用范围在流量1000立方米每秒以下，黄河汛期的大流量则很不经济。1984年，黄委会水科所与江西九江中国船舶工业总公司第七研究所合作，共同研制适合黄河(水草多、含沙量高)需要的电磁流速仪。经过两年的努力，使这一仪器问世。黄河型电磁流速仪被做成测杆式传感器，通过水和传感器的相对运动，在两电极上感应出与水流速度成正比的电压信号，数字显示瞬时与平均流速。这种流速仪因其没有机械转动部件，只是一个5厘米直径的杆件，从而可以避免水草给仪器造成的缺陷。这种仪器还具有不受被测介质密度、压力、温度等物理参数的影响，能测到河底5厘米以上的河水流速，测速范围0～10米每秒，基本上满足了黄河水文测量的要求。

1986年，黄委会水科所将正比管含沙量计，黄河型电磁流速仪，压力传感器综合组成输沙率计，并配以微机现场处理数据，光电测距仪定出所测位置，并自动算出所测局部面积在微机显示。1986年在小浪底水文站测量，30分钟即完成断面输沙率测量，从而大大提高了水文测验的自动化程度。1987年参加国际原子能机构(IAEA)在北京召开的亚太地区同位素应用学术讨论会，被选入论文集。1989年荣获河南省科协优秀论文二等奖。

四、浑水粘度测验

黄河中游各地区，由于黄土的矿物成分、粒径和组成不同，各地产生高含沙量洪水的水流特性不同，就某一地区来说，它们又具有相同的特点。据研究，影响水流特性的因素主要是流变参数。因此，黄委会水科所在1977年完成研制压力竖式毛细管粘度计之后，除对室内试验用黄土进行不同含沙量的浑水测验外，还对黄河花园口站1977年的高含沙量洪水进行了测验。1979年将该粘度计推广到黄河龙门水文站，黄甫川的黄甫站和蒲河巴家嘴水库。1980年巴家嘴水库水文站还用西北水科所研制的横式压力流变仪作了对比试验。同年，黄委会水科所结合黄河下游淤堤远距离输沙试验，取花园口、济南和济阳等处淤背土样，配制不同含沙量浑水，进行浑水粘度测验，取得了黄河下游不同地区黄土的粘度资料。

1981年，由黄委会水文局技术处主持，黄委会水科所配合，在黄河中游干、支流选择了30个水文站，进行浑水粘度测验和颗粒分析，其中：泾、渭河的有武山、南河川、甘谷、秦安、天水、小南河沟、泾川、姚新庄、庆阳、贾桥等10个站的试样送巴家嘴站进行测验。无定河、三川河以南的龙门、三门峡、后大成、横山、青阳岔、丁家沟、延川、大宁、延安、大村、吉县等11个站的试样送龙门站进行测验。湫水河、佳芦河以北的林家村、申家湾、新庙、王道恒塔、温家川、碧村、下流碛、高石崖、黄甫等9个站的试样送黄甫站进行测验。

取样方法为：含沙量超过300公斤每立方米以上的洪峰，在峰顶和峰腰各取一次混合，澄清晒干后，寄至各浑水粘度测验站，每站取样2个。

浑水粘度测验试样的配制：先将干沙样加入井水浸泡一天以上，除去渣滓，人工搅拌到看不见有小团粒结构为止，然后配制成不同含沙量的浑水进行粘度测验，以确定不同含沙量时的流变参数(即宾汉极限切应力和刚度系数)。三站配制的含沙量级别大致为：巴家嘴站100、300、500、700、1000公斤每立方米，黄甫站200、500、800、1000、1200公斤每立方米，龙门站100、300、600、800、1100公斤每立方米。

试验仪器和操作方法，均采用黄委会水科所自制的压力竖式毛细管粘度计和黄河高含沙量水流粘度测验方法。

1983年西北水科所在泾河桃园站取高含沙量洪峰过程中的水样，利用该所自制的横式压力流变仪也进行了不同含沙量的流变参数测验。

第二节　室内观测仪器的研制

一、河工模型尾部水位自动控制系统

河工模型试验要重演天然河道水位的变化过程，模型尾部水位的控制是模型试验的关键之一。长期以来，用人工控制水位，不仅速度慢，精度低，且无法控制水位的连续变化过程。1978年，黄委会水科所研究了控制对象的传递函数为一阶惯性环节，对系统进行了理论分析，并以此为指导，选用调节器，电动执行器，设计尾门的机构，改装跟踪式水位计，采用程序给定器和显示记录仪，组成性能良好的模型尾部水位自动控制系统。经试用控制精度达1毫米，不仅能控制阶梯水位，而且还能控制给定的水位连续过程线，跟踪性能良好，系统运行稳定可靠，操作方便，实现了模型尾部水位远距离集中自动控制，节省劳力，减轻了劳动强度。1981年获黄委会科技成果四等

奖,河南省科技成果三等奖。

二、河工模型进口流量自动控制系统

模型流量过去一直是采用手动阀门通过量水堰来控制的。要有专人操作,既费时间,精度也不高,更不能施放连续流量过程。1979 年,黄委会水科所在研制模型尾部水位自动控制系统的过程中,研究了模型进口流量控制系统。开始时采用具有开关伺服性能的 DKZ 型电动执行器,系统经常出现流量波动幅度大,甚至产生持续震荡等缺点。嗣后,改用脉冲调频式伺服放大器与电动执行器组合,使执行器能够根据输入的不同大小和偏差信号,自动地改变推杆移动的平均速度和方向。当偏差信号逐渐趋于零时,其平均速度则按非线性规律由大变小,并趋于零,使流量波动幅度小于仪表满量程的1%,避免了系统的震荡现象,提高了系统的抗干扰能力。自 1980 年以来,先后在黄河下游河床演变,河道整治,黄河大桥工程等试验中使用,自控系统运行正常,既可控制阶梯流量,又可控制连续流量,控制精度达到 1.52%,满足了模型试验要求,改善了试验条件,1982 年获黄委会和河南省科技成果三等奖。

三、模型水位、流速测试系统

模型试验的基本数据——水位、流速、压力等的测试,过去一直采用测针、毕托管等传统设备,手动目测,效率低,精度不高。1975 年,黄委会水科所自南京水科所引进巡回检测仪及数码水位计,进行模型水位检测,由于数码水位计常发生乱码现象,1977 年进行改装,只采用原水位计的机械部分,配以长城计算机控制,并与上述模型进口流量及尾水位控制系统配合,制成流量、水位自动采集与控制系统,以后,又改用 3054A 数据采集自动控制系统,可迅速整理输出所需要的图表成果,提高了试验精度。与此同时,西北水科所仿照南京水科所潮汐模型数据采集装置,研制了一台“SST—1”型水工模型数据采集装置,同时检测流速、水位、压力,所有各点数据几秒钟就可打印出来,基本改变了水工模型试验中原始的观测方法。经龙羊峡水库模型实测,不仅性能符合试验要求,计数准确,且大大提高了效率。

对于管道、隧洞以及水工建筑物的反弧段等的流速测量,需要事先埋设许多探头,又往往满足不了需要点的流速测量,黄委会水科所自 1975 年开始，研究激光多普勒效应测速计，经过两年的努力，从光学系统，电子线路到机械结构，除少数部件由外协加工外，大部设计加工均由黄委会水科所独立完成，这样精度高，技术复杂的整机装置在黄委会水科所尚属首次。仪器装有双束散射，参考散射，后向散射三种光学系统，测量精度高，速度快，使用方便，能用于信噪比较低的流场和流速变化较大的流场，且自动跟踪流速变化进行测量，还能测出流场的湍流强度及其他参数。1979 年在故县水库泄洪底孔模型流速分布测量中应用，发现故县泄洪底孔流速边界层的发展是从压板末端断面开始的。明流斜坡段的边界层发展速度并不快，很难发展至水面，因而底孔内水流掺气量不会太大。以后又在故县导流洞总体布置试验中应用，均取得良好的结果，是过去所有仪器难以取得的。这一成果，在1980 年全国水工、河工、港工试验室测试技术讨论会及 1981 年全国首届实验流体力学学术会议上受到一致好评："黄委会同志对激光测速仪在许多方面进行了探索性研究。反弧段紊动数值随高度有的层位大，有的层位小，用其它方法测不到。国际上应用激光流速仪并得到紊动资料的并不多，在国内黄委会是第一家，今后可否在浑水中用超声试验尚有待研究。"会后为西南交大、西安交大、河海大学、南京航空学院、武汉水利电力学院各作了一台相同型号的激光测速仪。

为了解激光多普勒流速仪对于浑水的性能，黄委会水科所于 1980～1982 年做了浑水流速的探索性研究。试验结果，随着含沙量的增加，初期多普勒信号的峰值和信噪比增高和变好，当含沙量为 0.356 公斤每立方米时，信噪比达到最大值，这时信号质量好，测量精度高。当含沙量为 2.25 公斤每立方米时仍可测速。含沙量继续增加，在含沙量大于 3 公斤每立方米时，在光功率计上几乎接收不到信号，实际操作中也存在很多困难。

黄河水流含有很多泥沙，特别是高含沙水流，含沙量常达几百公斤每立方米或 1000 多公斤每立方米，现有的许多仪器都无法使用。黄委会水科所在利用激光多普勒测速仪进行浑水流速探索之后，开展了同位素示踪法测速的研究。经过努力，研制出 TSC—1 型同位素示踪测速仪。这种仪器是利用放射性同位素标记所研究的对象，在水槽外安装固定距离的两个探头，在距上游探头以上 L 处，瞬时将示踪液注入测点水流中，示踪剂随水流质点运行，测得水流时均流速的。仪器完成后曾在高含沙水流水槽试验中测试，获得满意结果，1982 年，又在西北水科所高含沙异重试验水槽中与多普勒超声流速仪作了对比测试。比测结果，西北水科所的结论为：如果仪器所用示踪液选择得当，能保证示踪液与水流质点同步时，能较好的反映水流时均流速。这次选用的示踪液铟(^{113}In)与高含沙水流一致,所测流速图型与多普勒超声波流速仪测量值相近。1984 年通过技术鉴定。

四、泥沙颗粒分析仪

颗粒级配分析是了解沙样中各种粒度占该沙样总重的百分数的方法,供泥沙的分类,判断泥沙的几何性质以及分析泥沙冲淤特性之用。过去一直沿用比重计法和筛析法。建国后,随着测验精度的提高,沙样数量大幅度增加,原分析方法跟不上要求。1950 年,黄委会泥沙所对原分析方法的时间进行调整排列,使一次可以分析 40 个沙样,提高了分析速度。嗣后又引进美国的适用于细沙、粉土及粘土且只需沙样重量很小的底漏管分析方法,满足了黄河各水文站的分析要求。这两种方法均曾列入部颁规范,先后在官厅水库,长江等部门推广应用。

1979 年,黄委会水文局与华东水利学院、西北工业学院等单位合作,共同研制成功 GDY—1 型光电泥沙颗粒分析仪并通过鉴定,并在黄河上普遍采用。1980 年获水利部优秀成果二等奖,后又改进制成 NSY—1 型光电泥沙粒度分析仪,1984 年在南京通过部级鉴定,1987 年获国家科技进步三等奖。在光电泥沙颗粒分析仪的研制过程中,黄委会水科所利用同位素钚($^{238}P_u$)低能 X 射线源和液相沉降法进行颗粒分析仪的研制获得成功,误差在±2%,满足规范要求。用此仪器分析,具有重复性好,操作简便,不受泥沙粒度和色度影响,配以数据处理设备,可实现自动颗分,但由于设备造价较高,同位素贮存等问题,目前尚不能推广使用。

五、高速含沙水流掺气浓度测定仪

在高速泄水建筑物中,往往有空腔产生,造成空蚀危害,人们利用通气槽给空腔通气,来减免空蚀,是一种经济有效的措施。了解高速水流掺气浓度的分布规律,测定高速水流中掺气浓度,从 20 年代开始,国内外就有不少人从事这项研究。有代表性的方法为:测压管法、取样法、电测法和同位素法,这些都是在清水中测定掺气的方法。对于高速含沙水流掺气浓度的测定则无成熟的方法,1986 年,黄委会水科所结合小浪底明流泄洪洞挑坎掺气特性试验,应用核技术测定高速含沙水流中掺气浓度方法和仪器探索研究。经两年努力,在前人研究的基础上,取得成功。测出了浑水掺气情况下用眼睛不能看到的掺气分布规律。此仪器还具有测速快，精度高（误差小于±0.25%），测量过程中不发生干扰流态现象，掺气浓度越大，测量精度越高等特点。为小浪底明流泄流洞挑坎试验提供了大量资料。由于本法提供的掺气浓度是水槽过水断面上距底部某一高程水平线上的等效值，有关横断面上某点掺气浓度的测定还有待进一步研究。

六、高含沙浑水沉速仪研制

泥沙的沉速规律，是泥沙运动的最简单而最基本的规律。国内外学者很早就从各种角度和方法进行了大量的研究，但对浑水中泥沙颗粒的特性，这个既涉及浑水的流变性质和物理化学性质，又与沉降颗粒的力学性质有密切关系的复杂问题，难于用理论计算推导，而浑水中泥沙颗粒的测定，又不同于清水，不能直接观测或借助于已有仪器和方法进行测量，因此，长期以来，浑水中泥沙颗粒的沉速测定成为学者们的一大难题。1978年，黄委会水科所结合高含沙水流试验，在南京水科所同位素小组对放射性同位素铟模型示踪沙的制备方法研究的基础上，利用同位素铟（^{113}In）标记泥沙进行了泥沙沉速的测定研究，获得满意成果（见高含沙水流章中沉降特性）。这一成果在全国第一届实验流体力学会议上进行了交流，受到与会专家好评，认为示踪技术取得了过去测试方法所无法取得的重要数据，揭示了物质运动的内在联系。

第 三 篇

水工水力学试验研究

篇 三 第

水工模型试验是现代水利科学的重要组成部分，它是融水力学理论和实验方法于一体解决工程实践问题的有效手段。1933～1935年李仪祉主持国民政府黄委会期间，曾委托德国恩格斯教授做治导黄河模型试验探讨堤距宽窄与滩槽冲淤的关系。1945年前后，中央水利实验处做黄河花园口堵口模型试验，为战后堵口工程设计施工作准备。建国后，黄委会1950年始建泥沙研究所，下设水工室，并开始培训科研人员。1953年为治黄规划和制定黄河下游防洪标准进行了历史洪水验证试验。1954～1955年，制定黄河规划并经全国人大会议通过后，接着委托苏联进行三门峡水利枢纽工程的设计，配合设计所做的各项水工试验也全部由苏联承担。50年代后期在黄河干支流陆续兴建大量工程，这时已形成了覆盖全流域的科学研究网络：如历史悠久颇具规模的西北水科所配合设计单位对上游的盐锅峡、青铜峡等大型水利枢纽工程进行了试验研究；水科院成立不久即接受黄河规划中的第一期重点工程项目刘家峡水利枢纽的试验研究和下游位山水利枢纽的总体设计研究；黄委会水科所和清华大学、陕西工业大学等几所大学也相继进行了有关治黄工程的水工试验研究。黄河的水利科学研究工作从依靠外援走上了独立自主、自力更生的发展道路。水工水力学试验不论是在改进设计方案，确定施工措施还是解决生产管理中的重大问题，都发挥了重要作用。突出的事例：如60～90年代三门峡水利枢纽工程的两次改建，都通过模型试验论证，成功地增加了泄水建筑物的泄流排沙能力，缓解了水库严重淤积的问题，这是苏联原设计始料不到的一桩大事。70～80年代干支流上陆续兴建的大型枢纽工程所遇到的问题，其中如龙羊峡大坝施工期安全渡汛与消能防冲问题；天桥径流式电站的防沙排冰运用问题；故县水利枢纽频频变动设计指标的合理布置问题；中美合作进行小浪底工程设计中优化布置方案以及泄洪洞采用多级孔板消能的问题；已建成的刘家峡、盐锅峡、三门峡水利枢纽泄水孔洞在过水运用中发生的空蚀破坏问题等等，无一不是通过水工试验经过周密细致的研究加以解决的。在工作中对于模型试验技术和观测仪器、设备也不断积累经验，有所发展。本篇扼要记述40多年来水工试验研究工作的成果和成就。

第十章　水工建筑物模型试验

经过规划勘测确定在河川某处兴建大型水利枢纽担负一项或多项兴利除害任务时，就要从地形、地质、枢纽上下游河势水流情况出发，因地制宜安排各种水工建筑物的位置和组合型式，选择最佳的布置方案，造成有利于泄流排沙、消能防冲、保证枢纽正常工作的良好水力条件。经过设计计算的方案要具体通过试验研究、综合论证并不断地修改完善，以便最终获得枢纽布置的总体合理性，而不仅仅是某一个别建筑物单独的工作情况。下面按工程兴建的先后择要记述这方面的研究。

第一节　干支流水利枢纽布置

一、三门峡水利枢纽

根据《黄河综合利用规划技术经济报告》选定的第一期工程，1955 年 8 月黄河规划委员会提出《黄河三门峡水力枢纽设计技术任务书》委托苏联电站建筑部列宁格勒水电设计分院进行设计。有关的科学研究课题由列宁格勒全苏水工科学研究院（ВНИИГ）总揽，再分别委托适当的研究单位及高等学校进行试验研究，密切配合设计需要提出建议，并改善设计方案。

水利枢纽的总体布置：包括左岸非溢流坝、溢流坝段（有深泄水孔和表面溢流孔）、电站坝段、右岸非溢流坝及丁坝，按重力相似律采用 1∶120 比例尺制做正态整体模型，在 ВНИИГ 工业水力试验室进行试验。初步设计阶段的研究任务是确定溢流坝的泄流能力和枢纽上下游衔接条件的水力情况。曾做过多种方案的比较：坝内式电站和坝后式电站；16 个深水孔加 8 个表面溢流孔方案；12 个深水孔加 2 个表面溢流孔方案；溢流坝下游设置鼻坎和不设鼻坎只用水平护坦衔接河床的方案。最后建议的初步设计方案是：溢流坝有 12 个深孔，进口高程 320 米，断面 6 米×3.5 米，闸门后为无压廊道；坝下鼻坎高程 300 米，水舌挑角 22°；两个坝顶溢水孔高程 347 米，每孔净宽 11 米。可以在 360 米正常水位运用时达到泄流量 7500 立方米每秒。见图 3—10—1。

1956 年底苏联完成了初步设计后，经中国政府召集专家审查，并经国务院批准该初步设计及专家的建议，提出了《三门峡水电站技术设计任务书》，于 1958 年 3 月由以三门峡工程局汪胡桢为首的代表团送交列宁格勒设计分院。同年 4 月在周恩来主持下的现场会议和 6 月与各省负责人讨论之后，对任务书又作了补充。技术设计的主要要求是：大坝按 360 米正常水位设计而按 350 米运用条件施工，坝高修至 353 米，初期按 340 米运用，继而 350 米运用；15 年后视情况需要再考虑加高 10 米，按 360 米运用；水电站采用坝后式；泄水孔进口降低到 300 米；350 米水位的泄流量达 10000 立方米每秒。

1958 年年中当试验工作已部分完成时，设计单位应中国政府的要求，对深水孔入口底槛高程除 320 米方案外，又增加 300 米方案进行了试验。为了正确选择和论证设计中所作的各种决定，在总体布置的 1∶120 整体模型上进行了溢流坝（连同泄水孔）和水电站在不同的运用条件下，上、下游水力情况的试验。得到的结论是：(1)总体布置能完全适应施工和运转的复杂条件；(2)鼻坎挑流消能方案在水库水位消落时，坝下游河床的冲刷距下游坝脚很近，范围在 30～40 米。在研究了不用鼻坎而以溢流坝表面与下游护坦平缓衔接的方案之后，决定护坦的加固长度为 60 米是最佳选择。(3)溢流坝在 350 米运用水位下的泄流能力（表面溢流孔加深水孔）为 9860 立方米每秒，接近设计要求值。(4)上游水流可以保证沿大坝迎水面以必要的速度冲刷和下泄聚积在坝前的漂浮物。(5)确定泄水孔运用方案，应间隔开启 6 个，再开启其他 6 个，以使流量沿整个溢流面宽度均匀分布。绝对禁止 6 个相邻的深水孔工作，而其它孔关闭。(6)试验给出了水电站尾水渠合理外形和下游水位受流量及冲刷沉积物的影响。为改善尾水渠的工作，还须在张公岛端部建导水墙，并利用二期下游纵向围堰和清除横向围堰。1959 年底科研和技术设计任务全部完成。

枢纽建成自 1960 年 9 月蓄水运用后，库区淤积严重。1962 年和 1963 年水电部两次召开技术讨论会研究改建枢纽，加大泄流排沙能力及运用方式等问题。在此期间，配合三种增建泄流排沙工程的设计方案，做过的水工模型试验：一是打开 3 个底孔，二是利用 4 条电站钢管，三是开挖 2 条或 1 条隧洞。后两种方案由水科院水工研究所进行，第一种由陕西工业大学水利系和清华大学水利系分别进行。水科院在 1∶80 的整体模型中试验了两条

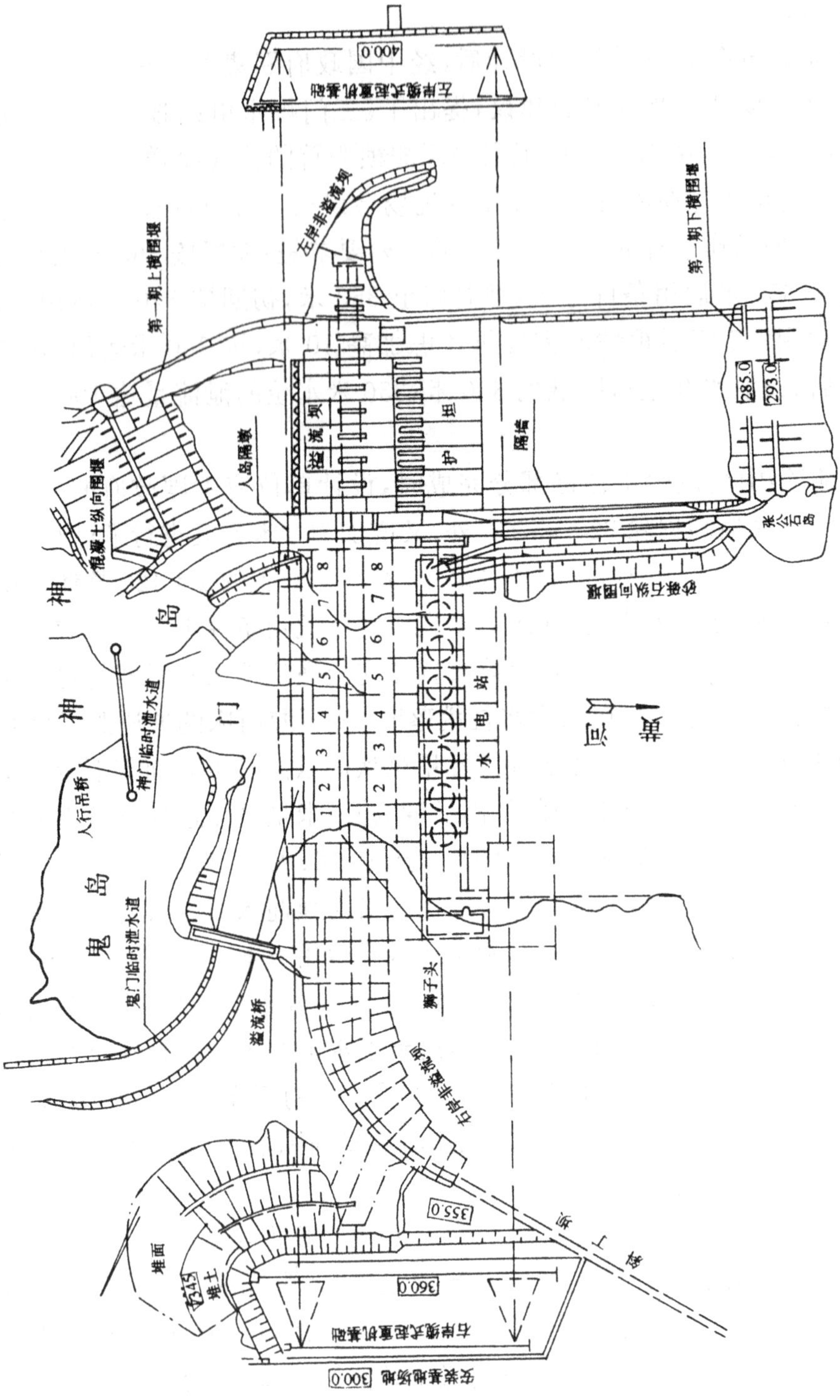

图 3—10—1　三门峡水利枢纽总体布置平面图

隧洞的泄流能力、洞内流态、压力分布、出口消力塘或挑流坎的效果，出流流态对右岸和铁桥的影响等等。结合各种单体模型的水力学试验，确定了在水位 310 米时泄流能达到 6000 立方米每秒的最佳组合。打开三个底孔模型试验的结果表明：

(1)计算水位流量关系与水工模型试验成果相近。

(2)试验在护坦末端流速达 27 米每秒，将冲刷护坦，因此必需采用消能措施。

(3)从工程水力学的角度看，底孔泄流排沙方案是可能的。

试验为 1964 年底周恩来总理主持召开的治黄会议决定立即增建“两洞四管”提供了前期的论证准备。也为 1969 年治黄会议决定继续进行第二次改建，打开 1～8 号底孔提供了科学依据。经过这两次改建之后，水库淤积问题已基本解决，但在底孔运行 10 余年后，进口的斜门槽不锈钢导轨和边壁磨蚀严重。1981 年天津勘测设计院担任了大修改建设计的任务。该院科学研究所做了 1∶100 的整体模型，配合设计方案做了多种比较，最后推荐打开 9 号 10 号底孔，以补偿其他底孔出口高程因改造压低使得泄流量减少的方案。此外，还对 2 号底孔钢围堰的沉放施工和运用的水力条件进行了试验，以避免对坝前流场流势产生不利影响；对 1～3 号底孔出口护坦的改建，提出采用隔流墩并在护坦末端设斜鼻坎挑流消能工的建议，以保护张公岛原有大导墙基础不受冲刷；对原 2# 泄水隧洞出口鼻坎通过试验比较，提出改建方案以改善对下游冲刷不利的流态。

二、位山水利枢纽

位山水利枢纽在山东境内黄河干流上，距河口 360 公里。为黄河流向山东窄河段的进口，北岸有引黄灌溉闸，南岸扼东平湖口，又是运河穿黄的航路，位置重要。根据黄河规划，在三门峡下泄清水后，为保证灌溉、航运用水及防洪调节的需要，须修建拦河坝、闸多处，工程布置也很复杂。1958 年在“大跃进”形势下，于 10 月首先建成北岸的引黄灌溉闸。随后按水电部批准的《位山枢纽工程初步设计阶段报告》分期陆续修建了拦河坝、东平湖水库围坝以及拦河闸、进湖闸、出湖闸、防沙闸、顺河船闸等建筑物。

位山水利枢纽是在“三边”(边勘测、边设计、边施工)情况下兴建的，其总体布置要求引水通畅，行洪可靠，河势固定，冲刷稳定，排沙有利又能维持运河穿黄航道。为便于同设计施工部门配合，水工模型试验在位山工地进行，因设计、施工期逼近，以定床试验为主，关于动床试验，不予与进行。技术上由水科院负责、严镜海主持，参加试验的单位有位山工程局、黄委会水科所、山东水科所、黄委会设计院、交通部运河局、山东省交通厅等。1959 年 4 月开始筹备，9 月完成试验，用比尺 1：80 的正态模型，共进行四种枢纽布置的试验。首先在定床上进行清水试验，经观测修改务使引河各段及各闸前水流平顺，流速分布均匀，主流紧贴防沙闸闸前的深槽，主流与防沙闸轴线的交角尽量减小。在修改试验完毕后，进行定床上加悬沙的淤积试验，观测引河各段及闸前、后含沙量分布及淤积厚度，比较不同布置的淤积情况，要求在泄洪时上游来沙尽量下泄，保证河道深槽少淤，以满足灌溉、航运、发电等需要。试验的结果以第一、第四两种布置较好。在大流量 3000～6000 立方米每秒时试验与计算分析符合。小流量 500～600 立方米每秒时，模型中引河流速很小，发生严重淤积。试验能在短时间内对方案比较提出合理建议，起到了一定作用。

位山枢纽工程局根据各有关单位意见进行研究比较，选定位山方案，见位山枢纽总体布置示意图(图 3—10—2)。

为了预测枢纽建成后，枢纽不同运用对该河段河床冲淤变化、对运河穿黄的可能性及选定进湖闸适宜位置等，采用了模型试验与计算相结合的方法，即在模型中观测水面线，测出各断面的水力因素，通过淤积计算，算出在该水流情况下的泥沙冲淤情况(冲淤厚度)，将此厚度在模型中用泥沙铺填，然后放水测水力因素，用测得的水力因素再进行淤积计算，如此重复至满足要求为止。

河道模型范围：自孙口起，至下游枢纽拦河坝下 2 公里，两边以黄河大堤为界。

模型设计：按佛氏模型律设计，为加大模型水深，使模型水流呈紊流状态，采用定床变态模型，水平比尺 $\lambda_L=300$，垂直比尺 $\lambda_h=40$，模型沙：假定选沙在壅水段内沉降方式与泥沙进入沉沙池相仿，忽略水流紊动和含沙量对沉速的影响，选择结果采用天然沙为模型沙。

计算方法：用模型中读得的水位，算出断面平均流速 V，用罗辛斯基的 $\frac{V}{H^{0.2}}\sim\rho$ 关系，查得断面含沙量 ρ，依次加减可得 $\Delta\rho$，用 $V=\frac{Q\Delta\rho\Delta T}{\gamma}$ 公式算出每段冲淤总体积，将总体积除以该段长即得冲淤面积，然后除以断面宽即得断面冲淤深度，至此计算完成。

用上述方法所得位山壅水段淤积量如下表(表 3—10—1)。

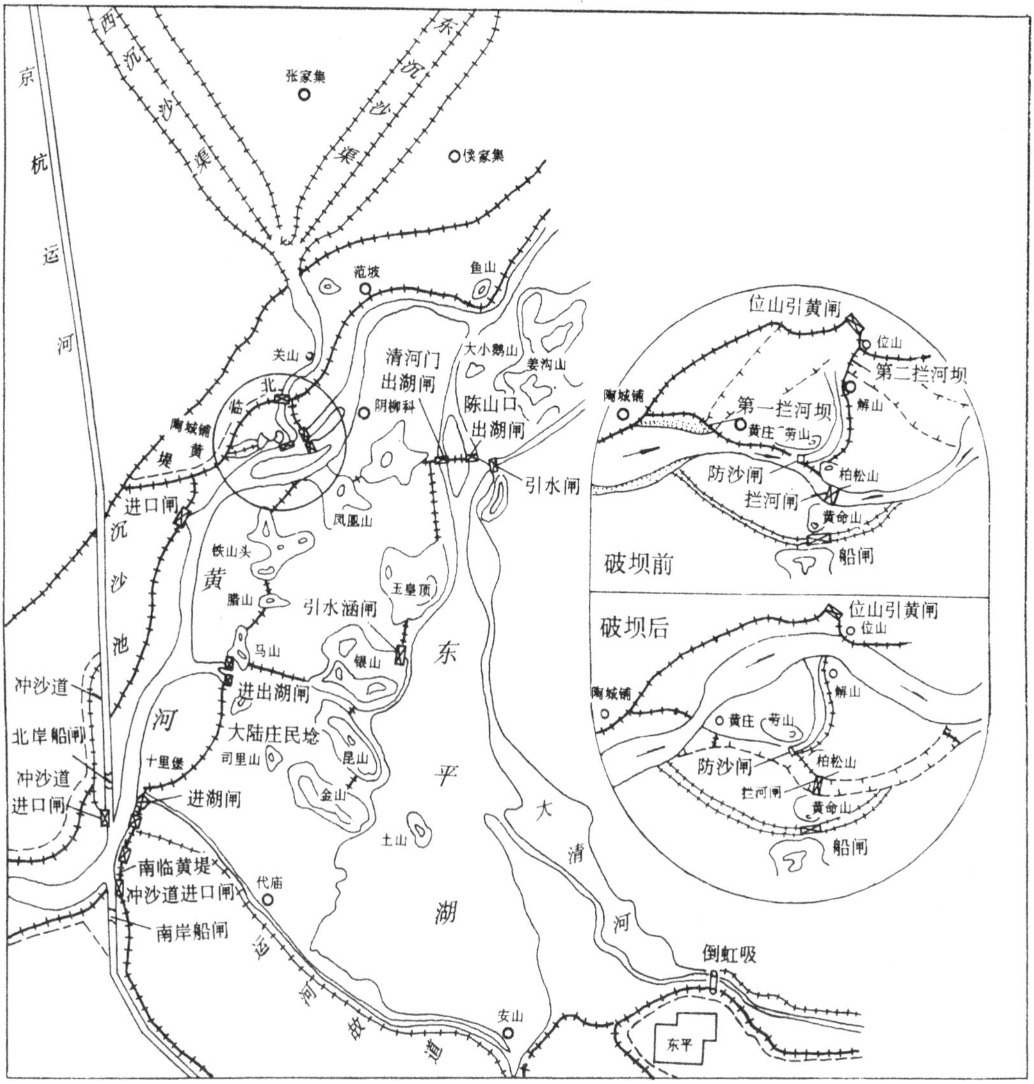

3-10-2 位山枢纽总体布置示意图

模型施放了相应原体流量 6000 立方米每秒和 3400 立方米每秒两种，总的看来，淤积发展是从壅水末端开始的。壅水淤积总量说明：壅水愈高，库区淤积愈多，而在同一壅水高度下，来水流量愈大，库区淤积量愈少，从而出库愈多，两种情况淤积开始不同，而淤积累积量却是逐渐增加的。

从淤积的观点看，湖中线整治穿黄比湖西线整治穿黄好，湖西线整治穿黄又比湖西线不整治穿黄好。

枢纽从 1960 年 5 月至 1961 年 4 月除个别洪峰期间启闸泄洪外，均处在壅水状态，壅水位均保持在 41.4～44.5 米之间。虽然这期间黄河平均流

表 3—10—1　　　　**位山壅水段淤积量表**

来水流量（立方米每秒）	入库含沙量（公斤每立方米）	闸前水位（米）	壅水高度（米）	淤积占来量百分数（%）		出库沙量占来量百分数（%）
				路那里以上	全河段	
6000	2.75	44.5	1.6	0	67.5	32.5
	2.75	43.9	1.0	0	47.1	52.9
	2.75	43.4	0.5	0	40.2	59.8
	2.75	42.9	0	0	30.9	69.1
3400	23.5	44.5	1.6	70.3	92.8	7.2
	23.5	43.9	1.0	60.6	90.8	9.2
	23.5	43.4	0.5	54.9	89.0	11.0
	23.5	42.9	0	33.3	86.8	13.2

量仅为 590 立方米每秒，含沙量小于 10 公斤每立方米，但在回水区内河道主槽淤积了 4100 万立方米，淤积最严重的河段平均淤高 1.3 米，情况十分严重。1961 年 4～10 月，采取了拦河闸全开泄水，这时平均流量只有 2000 立方米每秒左右，枢纽上游河道淤积的泥沙被冲走 2940 万立方米。1961 年 10 月 25 日～11 月 4 日，由于平均流量达到 5090 立方米每秒，虽然拦河闸全开泄水，10 天内又淤积了 3977 万立方米，其中滩地淤积为 2260 万立方米。1961 年 11 月 4 日～12 月 8 日由于平均流量下降到 3050 立方米每秒，河床又冲刷泥沙 2527 万立方米。1962 年，来水来沙均较 1961 年稍小，拦河闸全开泄水，整个河段基本上处于冲刷状态，到 1962 年 12 月 8 日河槽冲刷 2186.34 万立方米，滩地冲刷 35.63 万立方米，运用三年来冲淤相抵壅水段主槽总冲刷量为 1514.78 万立方米，平均冲深 0.4 米左右，滩地淤积量 3800 万立方米，平均抬高 0.3～0.4 米。详见山东河务局编《山东黄河志》。

三、花园口水利枢纽（岗李枢纽）

花园口水利枢纽是黄河规划中的下游河道壅水枢纽之一，其目的是在三门峡水库下泄清水后保证花园口以上各灌溉闸的引水，保护京广铁路桥基免受冲刷，并考虑拟议中南水北调（中线）穿黄工程的需要。1958 年前后在“大跃进”形势下，采取“三边”方式仓促上马。科研工作配合设计施工进行试验，及时提出许多重大改进的建议。在工程完成运用阶段因出现破坏事故,又进行了验证试验,总结经验教训,较好地发挥了科学研究为生产服务的作用。整个过程简述如下。

花园口水利枢纽工程由黄委会勘测设计院进行勘测设计,1957 年 7 月委托黄委会水科所做气流模型试验,模型范围上起桃花峪,下至岗李约 24 公里,水平比尺 1∶3000,垂直比尺 1∶150。要求对上、中、下三个坝址方案进行比较选择。9 月底试验完成,认为以“上”坝址布置紧靠东风渠首,对固定流向,减少泥沙入渠较好。模型还进行了动床试验,在进口处加沙,观测主河槽的演变发展趋向以及附近各渠首的淤积情况。试验成果很快解决了初步设计选定坝址的问题。

1959 年 5 月及 1960 年 3 月先后由黄委会勘测设计院及花园口枢纽工程指挥部委托黄委会水科所做以下水工试验:

(1)枢纽布置——主要研究在保证东风渠引水防沙时的拦河闸位置。见图 3—10—3。

(2)泄洪闸的过水能力及消能。

(3)泄洪闸下游细沙覆盖层河床上的局部冲刷和防冲措施。

(4)泄洪闸的水位流量关系及闸门管理运用。

(5)施工导流截流。

除第(5)项内容应施工急需及时于 1960 年 5 月截流前完成外,全部试验在 1960 年 12 月底结束。整体模型采用正态比尺 1∶100。

枢纽拦河坝于 1960 年 5 月 31 日合龙。泄洪闸从 6 月 5 日启用过水,经历了三个汛期共 928 天,至 1962 年 12 月发现闸下消能工遭到破坏,停止运用。

1963 年 2 月为了查明破坏原因,黄委会水科所重新制造模型进行水工试验,比尺采用 1∶80。试验模拟了各种运用情况,观测了水流特性。破坏地形,定性地重演了天然破坏过程。通过试验资料的分析,认为破坏原因(1)是三个汛期泄洪都超过设计标准(4500 立方米每秒),尤其是 1962 年汛期连续两天最大泄洪流量 6000 立方米每秒,汛后关门检查,其损坏部分平面上成喇叭形,上端自消力池北端斜坡段开始,宽约 52 米,往下破坏宽度向南扩展,至防冲槽末端宽约 216 米,破坏段长 143 米,最大深度达 18.7 米(消力池下部),造成下游消能工程的局部破坏;(2)是在枯水期间闸门开启极不对称,加剧了破坏的发展;(3)是原设计施工方面,下游布置有缺点,海漫结构单薄,兼以施工质量不好,对工程破坏的影响也很大。所有这些问题在前一次 1∶100 模型试验报告中都有所论述并提请注意。值得吸取的教训首先是

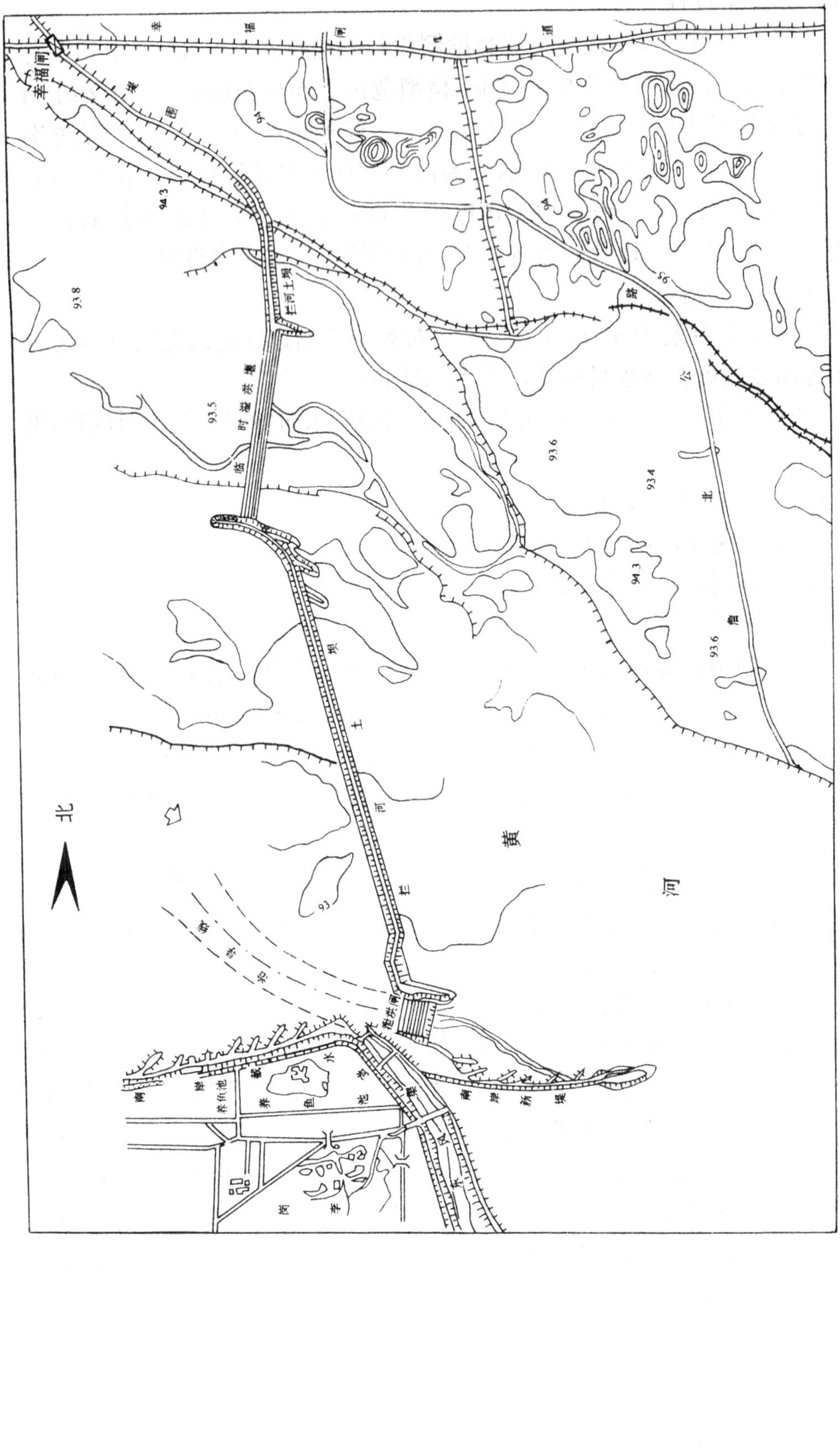

图 3—10 3 花园口水利枢纽布置图

试验研究提出的有些建议(如对闸下两翼墙扩散角过大的补救措施,海漫防冲槽和反滤层的加固维护)未在设计施工中付诸施实;其次是管理机构的建立滞后,缺乏科学监测管理制度,甚至连模型试验报告(其中包括有关闸门调度和下游冲刷防护措施建议)都未按严格的基建程序交管理单位接收,更不可能切实执行。此外,科研单位对成果的跟踪调研工作也不够及时主动。

四、三盛公水利枢纽

三盛公水利枢纽位于内蒙古自治区磴口县,包(头)兰(州)铁路黄河铁桥下游 2.6 公里处,东距包头市 300 余公里。枢纽任务以灌溉为主,结合航运和工业用水。该工程由黄委会设计院设计,内蒙古自治区黄河工程局施工,于 1959 年 6 月开工,1962 年底建成。

1950 年以前,内蒙古灌区均系无坝无控制引水,引水口多达 14 处,且为草闸束水,加之黄河主流摆动不定,引水口亦不固定,引水流量均无保证。为解决内蒙古灌区引水问题,1957 年北京勘测设计院经过比较选定三盛公坝址。1959 年黄委会勘测设计院委托黄委会水科所做了整体模型试验,根据委托单位试验要求进行了两个(1∶80 后改为 1∶100)模型及多次修改布置试验,结果表明:

(1)拦河闸改为 18 孔(原设计 20 孔)泄洪流量能满足设计要求(6500 立方米每秒);

(2)灌溉闸改为 9 孔(原设计 10 孔)满足设计条件下的引水流量(650 立方米每秒);

(3)闸下游消能情况良好;

设计单位根据模型试验结果及征求各方面意见后,确定该枢纽平面布置(图 3—10—4)。

为了进一步开发黄河水利资源,综合利用黄河三盛公枢纽工程,为内蒙古西部地区,巴、伊两盟发展工业生产,提供廉价电力。内蒙古水电局拟将枢纽电站布置在拦河闸右岸导流堤处,距拦河闸前沿 400 米,厂房中心线与拦河闸中心线成 30 度,只需开挖 150 米长的进口扩散段及 1200 米长的尾水渠道即可发电。1972 年,委托黄委会水科所进行增建枢纽电站水工模型试验,模型由周新民主持。

整体模型为定床正态,经过反复试验修改,最终试验表明:

(1)电站建成运行后,枢纽上游流态、流速变化不明显,水流较平稳。

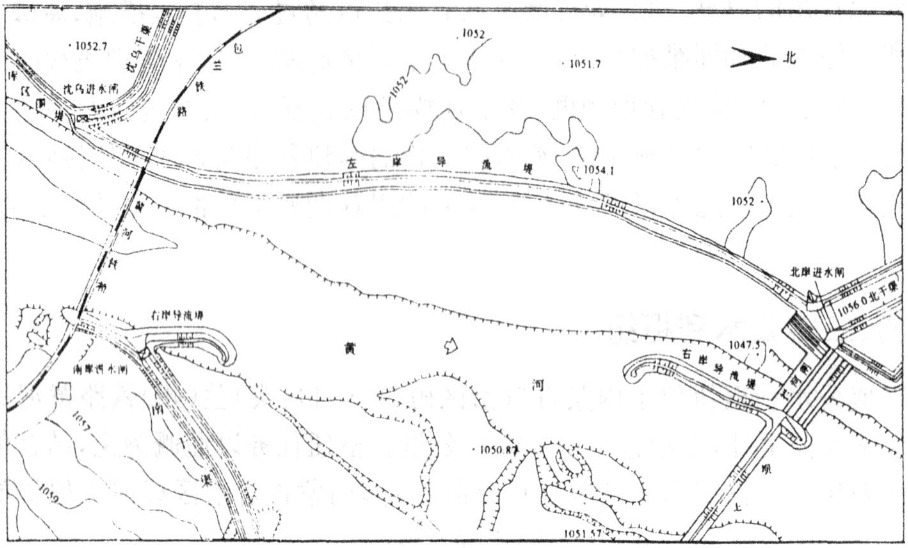

图 3—10—4　三盛公水利枢纽平面图

(2)在各级水位下,拦河闸、进水闸、电站三者水量分配比值不一,只要上游水位保持 1055.0 米,均能保证灌溉流量 565 立方米每秒。

(3)电站建成后,库区运用方式改变,拦河闸常年压闸蓄水,河道泥沙冲淤形态发生变化,电站进口处泥沙将有淤积,且会有冰块、泥沙、污物流入,建议考虑排冰、排污设备及减少泥沙对水轮机磨损的措施。

五、盐锅峡水电站

盐锅峡水电站位于黄河上游甘肃省永靖县境内,下距兰州市 70 公里。在刘家峡和八盘峡之间,形成相连接的三个梯级开发电站。水电站主要由左岸挡水坝及坝后式厂房、右岸溢流坝组成。1958 年 9 月开工,1961 年 11 月第一台机组发电。在设计和施工中,西北水科所曾多次配合设计进行水工模型试验。在工程前期根据 1958 年提供的资料做了 1∶100 的整体模型,试验中观察到的主要问题为下游河床水深不足以形成水跃,必须在坝下设两道消力槛,(其第一道为高 8 米底宽 20 米的溢流坝型,所以又称为二道坝),形成两级消力池,才可以解决消能的问题,其后因工程设计改变,消能布置也有所改变。1959～1960 年又做了修改设计的整体模型试验:电站装机增至 10 台,溢流坝的第六边孔因傍临山崖开挖困难改为非常溢洪道(岸边陡槽)。溢流坝下游消能布置只用一座二道坝构成一级消力池。试验得出各种建筑物的过水能力均能满足要求,非常溢洪道的陡槽末段设倾斜式侧向挑坎，把水流挑入消力池导致二道坝泄流不均。在整体模型中还进行了不修建二道坝，而利用下游围堰（开一缺口）壅高水位保证第1、2两台机组初期运行尾水位的试验，提供管理运用参考。见图3—10—5。

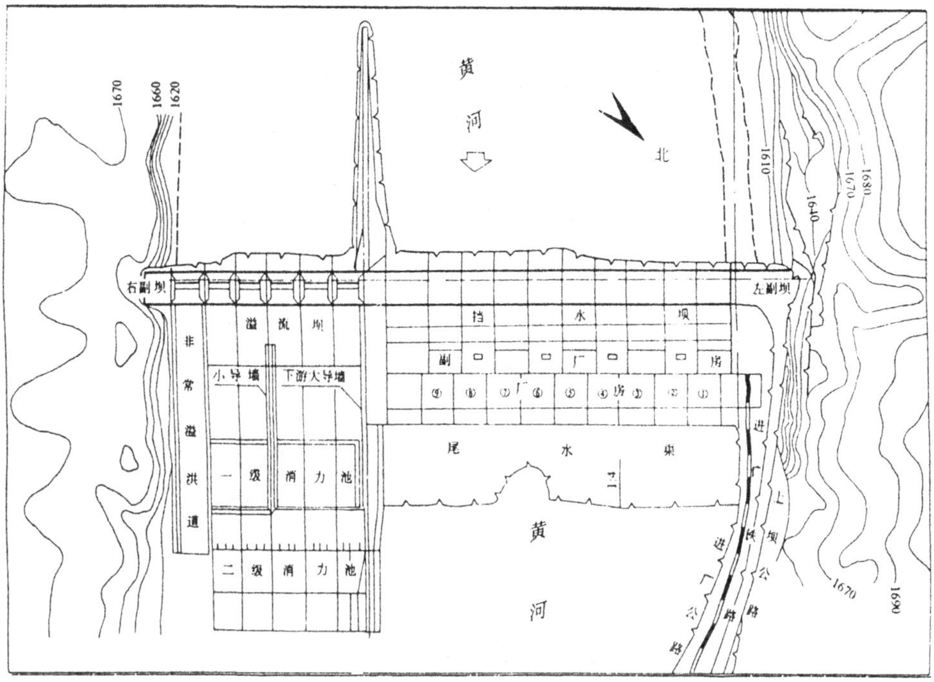

图3—10—5　盐锅峡水电站平面图

盐锅峡水电站自1961年蓄水到1964年底大部分库容被淤。库区泥沙淤积趋于相对平衡状态。由于原设计在总体布置上未留排沙设施，为确保电站安全运行，有必要增建排沙工程。1975年5月盐锅峡水电站排沙方案研究小组提出排沙方案，由甘肃省水电局电力中心试验所进行增建排沙方案的模型试验。在1∶60的整体模型中除原有建筑物（左岸副坝、电站坝段、溢流坝段、右岸副坝）外，增加了拟建的溢流坝第三坝段的底孔和电站坝段上游的拦沙堰。通过试验认为：增建拦沙堰和底孔联合排沙可以防止底沙进入电站机组，但底孔所在的溢流坝段前，由于建立起的底孔闸墩高于水面，使该段溢流孔和相邻的溢流孔泄流量有所减少。

六、青铜峡水利枢纽

青铜峡水利枢纽位于黄河上游宁夏回族自治区境内，下距银川市80公里。坝址在青铜峡出口，其下游为银川平原，历代修有秦渠、汉渠、唐徕渠等引黄工程共灌溉150万亩。枢纽修建后可扩大原有灌溉面积3倍，发电装机8台总容量27.2万千瓦。1954年黄河规划列为第一期工程。工程初步设计于1958年5月完成，同年8月开工，1967年基本建成，1968年2月第一台机组发电。

青铜峡水利枢纽的布置特点是：8台水轮发电机组布置在河床主流部位的8个宽21米的闸墩内（被称为闸墩式电站），电站由7段每段净宽14米的混凝土溢流坝隔开，各坝段和电站在机组进水口以下共布设15个压力泄水管，组成泄洪排沙和发电尾水复合的水流通道。右岸河床为重力挡水坝段，1964年施工后期在重力坝右岸增建三孔泄洪闸。为在施工期能满足右岸原秦、汉二渠和左岸唐徕渠的农业用水，考虑了左右两岸闸墩电站进水口的设计，既供发电又供灌溉取水，较好地解决了枯水期大量灌溉用水与发电出力的矛盾。

西北水科所于1965年4～12月对水利枢纽布置和运用进行了1：80的整体模型试验，研究的结果是：(1)泄洪闸下的消能问题：以平台后接弯道陡坡与长55米护坦相接，护坦两侧设直墙，闸孔的中墩延长成为隔流墙至陡坡中段，很好地解决了护坦上下水流衔接的问题，使陡坡的末端单宽流量得以均匀分布。(2)泄流运行情况：对11组不同泄流运行的组合方式进行试验，测得的下游水流条件都很好，无异常现象。下游水位不够稳定，随冲刷地形而变。(3)排沙问题：用压力泄水管排沙效果明显，这种布置形式在多沙河流上有独特的优越性。见图3—10—6_A、图3—10—6_B。

七、刘家峡水利枢纽

刘家峡水利枢纽位于黄河上游甘肃省永靖县境内，1954年由黄河规划委员会编制《黄河综合利用规划技术经济报告》拟定刘家峡水利枢纽为第一期开发的重点工程之一。1956年3月，该枢纽的勘测设计工作分别由西北和北京勘测设计院进行初步设计，经水科院试验验证了多种布置方案，于1958年推荐选用的方案为：混凝土重力坝，坝后厂房（3台机组）与窑洞式地下厂房（2台机组）并列，利用右岸故河道设置岸边溢洪道，左岸设导流隧洞。同年9月27日开工兴建，1961年国家经济暂时困难，该枢纽停建。1964年重新复工，1965年技术设计时调整泄洪方式：增设左岸第八坝段泄水道；改建右岸导流隧洞为泄洪洞，再建一排沙洞；溢洪道由5孔减为3孔；左岸

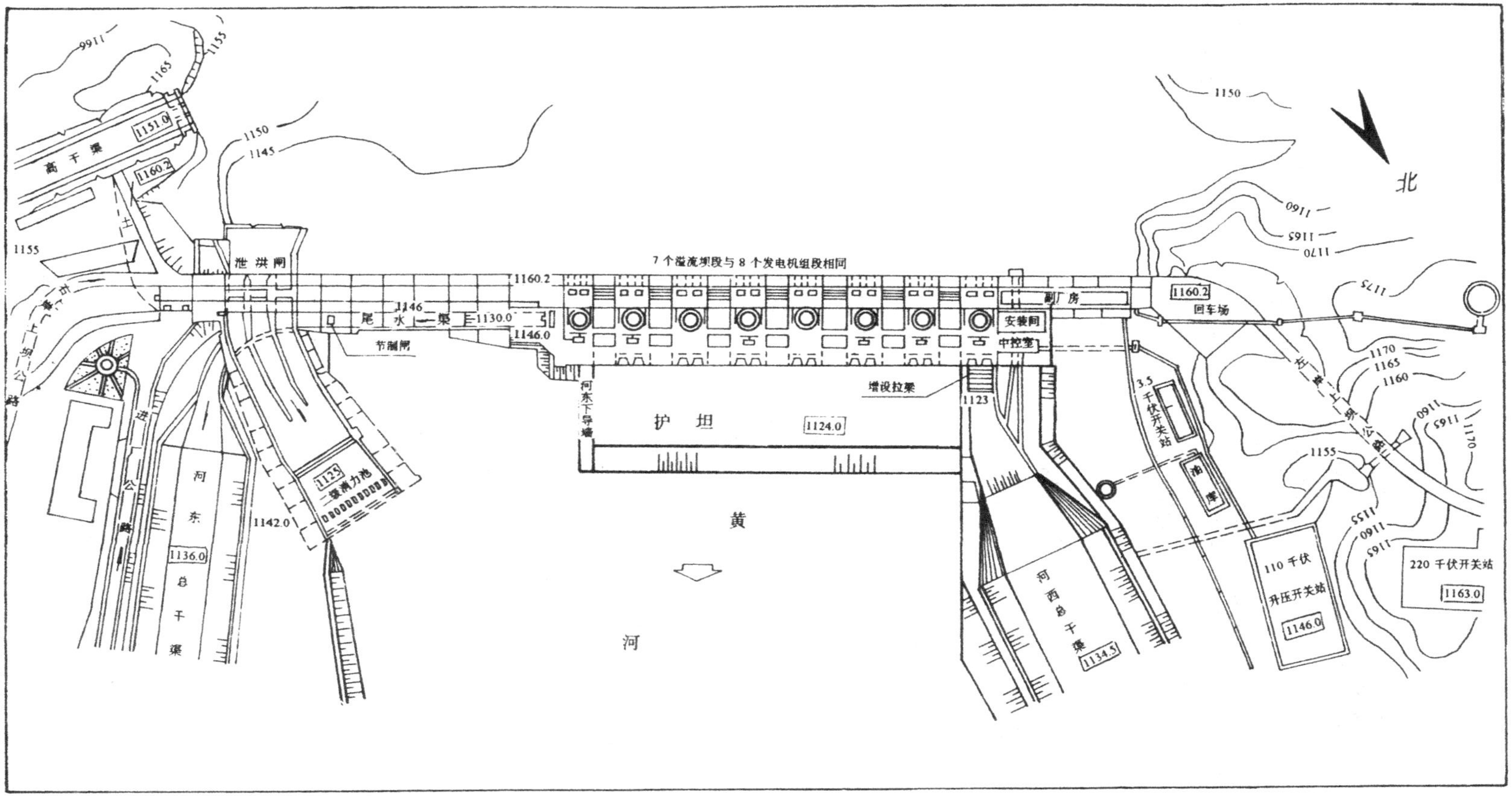

图 3—10—6A 青铜峡枢纽总平面布置图

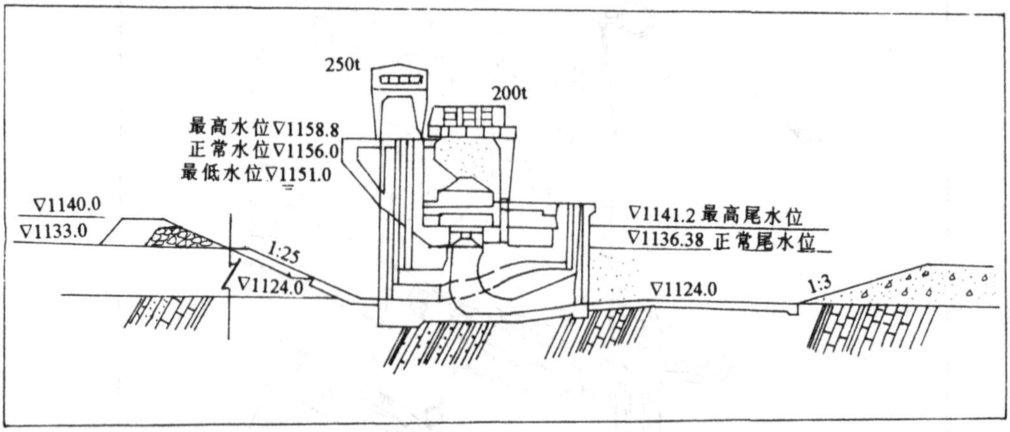

图 3—10—6B 青铜峡枢纽水电站机组段及压力泄水管

的导流隧洞作为330千伏开关站。1974年底5台机组全部投入运行,枢纽竣工。

1965年技术设计调整后的总体布置见图3—10—7。

由于各泄洪建筑物的功能与工况不同,要求通过模型试验解决许多特殊问题。试验由水科院在1∶80的整体模型上进行,研究结果:

1. 泄洪能力:在设计和校核水位时,三个泄水建筑物(泄水道、泄洪洞、溢洪道)相应总泄流量为7420立方米每秒和7950立方米每秒,和设计值基本相符。

2. 出口消能工布置:由于坝址河段宽仅50~60米,设计选用:

(1)泄水道消能工,采用1∶74的局部模型及1∶80整体模型试验资料比较分析,选用折流器鼻坎的体型布置,见图3—10—8。

(2)泄洪洞消能工,在试验中比较了连续鼻坎和扭曲鼻坎两种形式,结果采用扭曲鼻坎消能工布置,见图3—10—9。

(3)溢洪道模型试验中,进行差动鼻坎和斜向连续鼻坎的比较试验,选用斜向连续鼻坎,见图3—10—10。

3. 局部冲刷:大坝下游1.5公里范围内均为峡谷河段,平均河宽约50~60米,两岸地形陡峻,河床基岩为震旦纪片岩,由于泄水建筑物是采用沿河分散布置的、均可形成独立的冲刷坑及下游堆积体,但每个冲刷区的水垫深度,受射流增差的影响,难以确定。

运行几年以来,电站尾水河段河床升高,引起尾水位相应抬高,从而减少了发电水头,降低了机组出力,造成电能损失。同时在稀遇洪水时,尾水位可能高出尾水平台(高程1631米),危及电站安全运行,因此1972年水电四

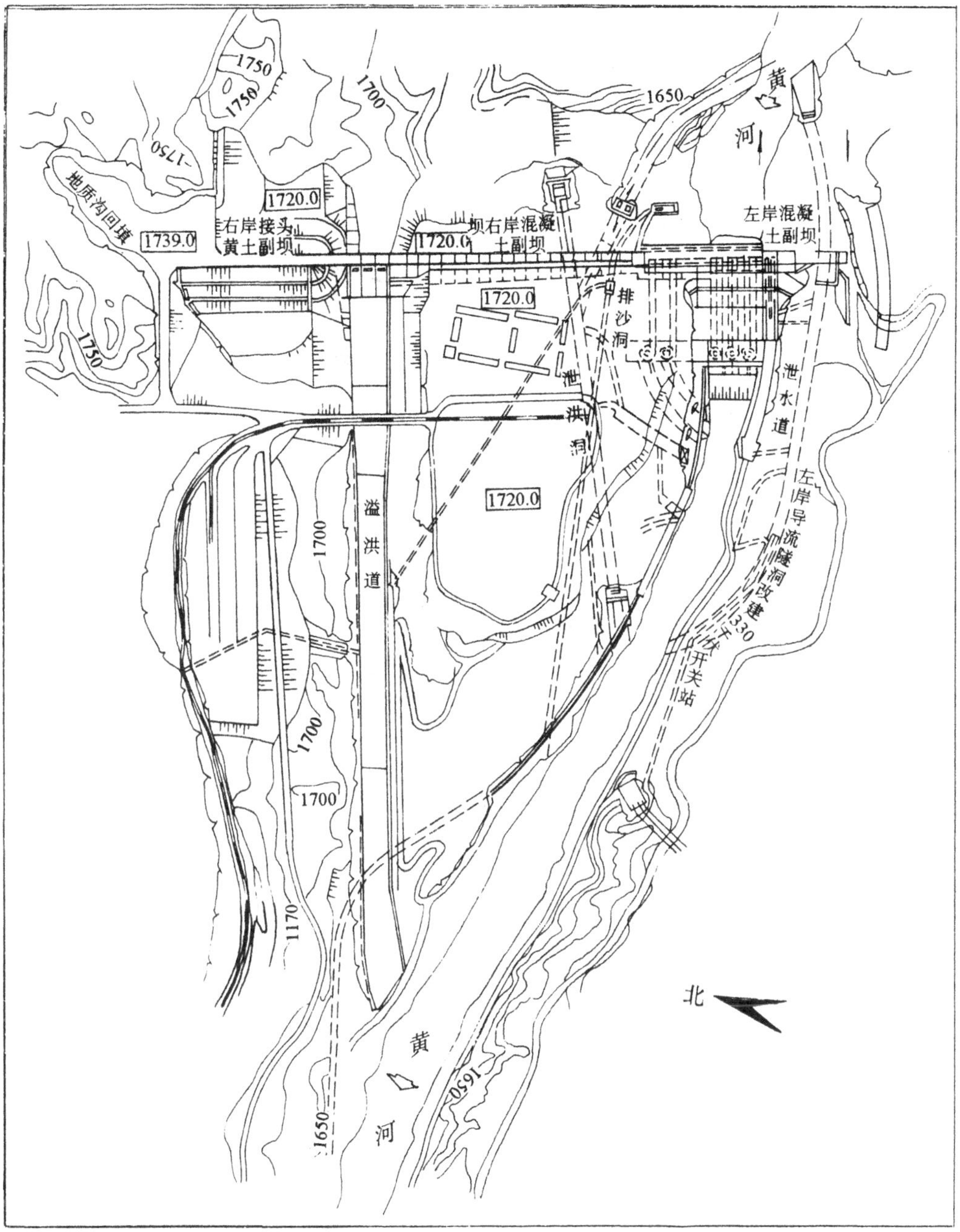

图 3—10—7 刘家峡水电站平面布置图

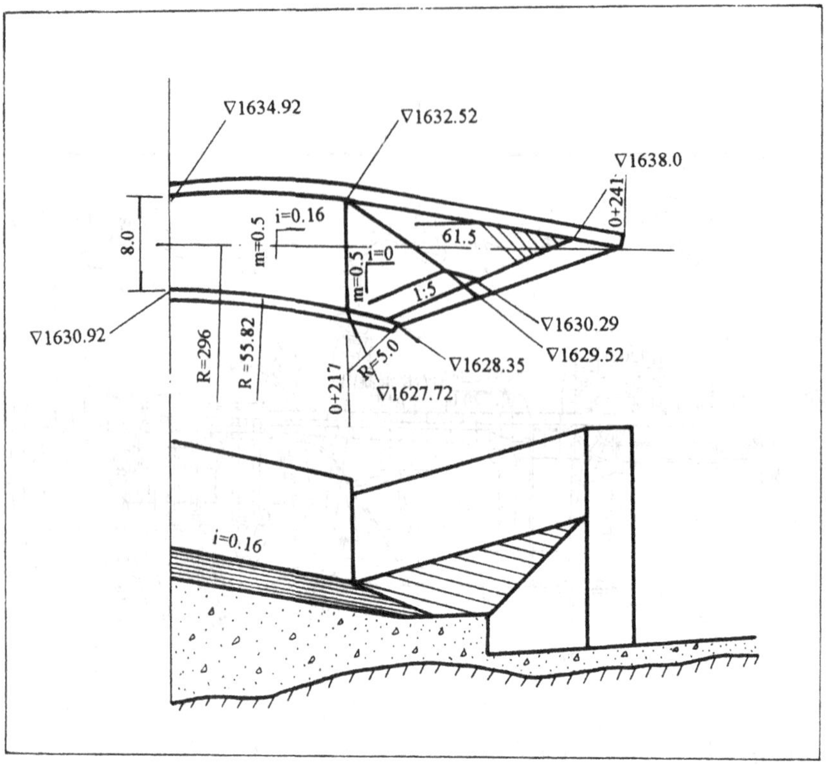

图 3 10 8 刘家峡电站泄水道出口折流器鼻坎体型

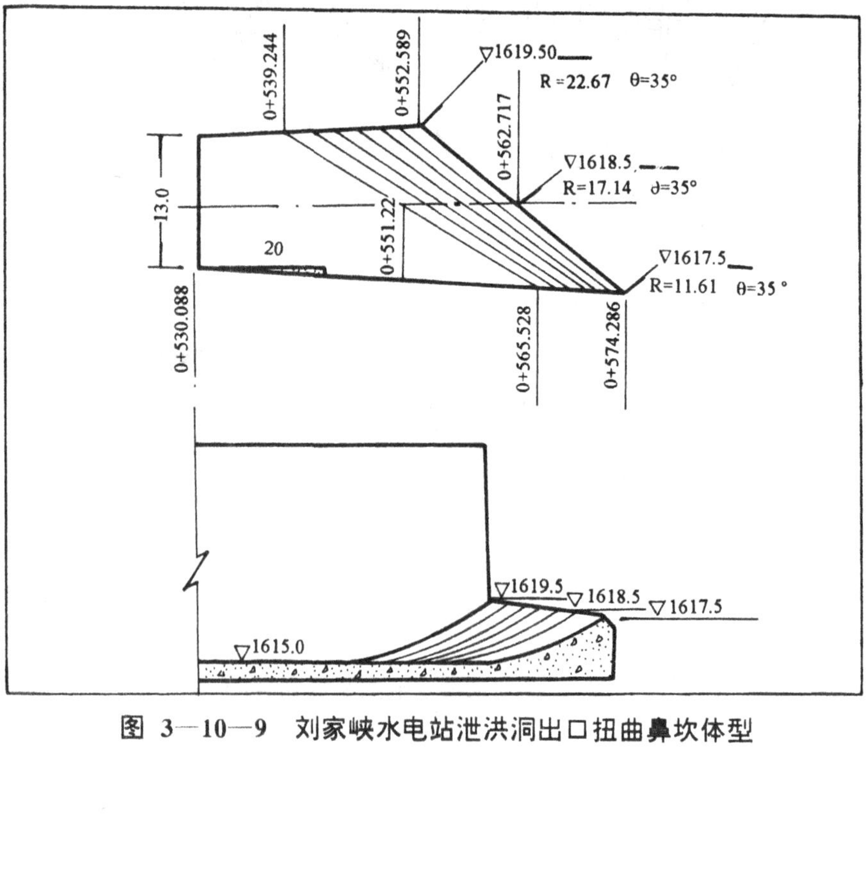

图 3—10—9 刘家峡水电站泄洪洞出口扭曲鼻坎体型

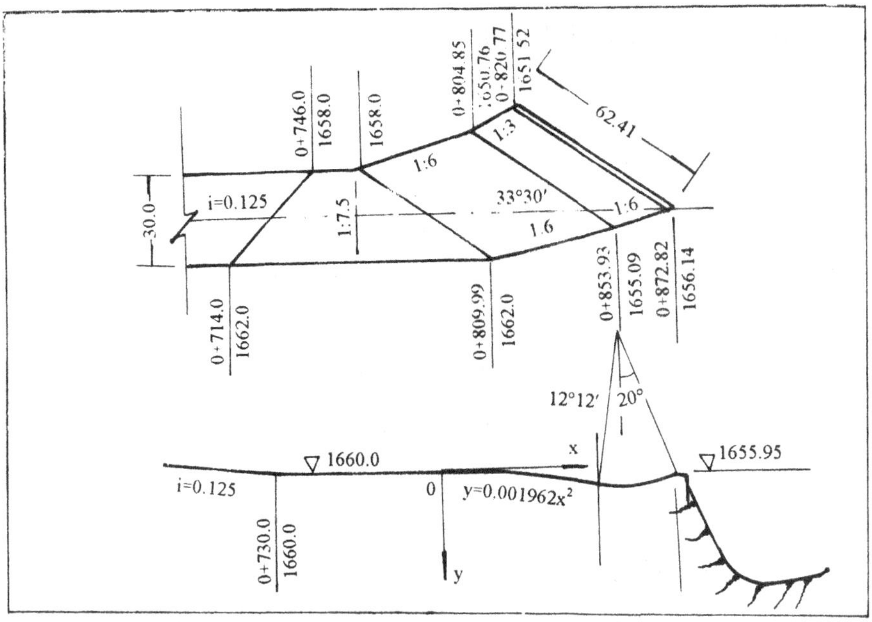

图 3—10—10　刘家峡水电站溢洪道出口斜向鼻坎体型

局在现场进行了 1：100 的整体水工模型试验，对设计采用的运行期尾水位进行了验证，试验中采用小川峡口实测小流量的资料分析计算外延得来，并未改变大流量时由于盐锅峡水库回水顶托，小川水位有升高的可能，因而试验所得的渲泄稀遇洪水时的电站尾水位亦可能偏低，因此特大洪水时，泄水建筑物的开启组合，对电站尾水位影响较大，须在调洪计算时充分注意。

1988 年水电部西北勘测设计院编写的《中国西北大坝和水电建设》中指出：刘家峡水电站工程水力学试验设计和科研密切配合下妥善地处理了枢纽布置及其泄洪方式，解决了各主要泄水建筑物的型式、体形、结构尺寸、泄流能力、高速水流、下游消能防冲以及运行排沙等有关问题；在电站运行期间经过多次原型观测，为国内水电建设积累了宝贵的经验和技术资料；刘家峡水电站运行 18 年的资料，结合水工模型及原型观测的结果，对高速水流、挑流消能的问题进行了总结，刘家峡几个泄水建筑物采用的挑流消能的方式基本上是成功的。河床基岩局部冲刷并不严重，冲刷坑已经趋于稳定，工程是安全的。值得注意的问题是：(1)挑流对电站尾水位的影响。由于射流的流速，入射角、掺气情况和河道流量、河床地形及坡降等条件的不同，对电站尾水位的影响也不同。原型观测与模型对比表明，模型由于缩尺影响，不能正确地反映水流掺气的特性和挑流对电站尾水位的增差作用。对于泄水建筑物出口采用沿河分散布置的枢纽，其电站尾水位的确定是有待研究的问题。(2)由于高速水流引起空蚀磨损对建筑物的破坏,虽在该电站运行过程中得到基本解决,但仍是值得重视的问题。

八、八盘峡水电站

八盘峡水电站,上距盐锅峡水电站17公里,下距兰州52公里。1958年开始勘测设计工作,1969年11月开工,1975年7月第一台机组发电。

初步设计阶段西北水科所于1960年前后曾进行了电站总体布置模型试验。模型比尺为1∶100正态。初设电站工程由溢流坝、电站5台机组及船闸组成。溢流坝体总长113米,坝顶设7孔,宽12米,高10米的平面闸门。坝顶高程1566.4米(最后竣工值为1580.0米),按百年一遇设计洪水的总泄流量为6500立方米每秒(其中3台机组泄流量1170立方米每秒)。试验结果认为电站布置良好;坝型能满足泄量要求但不能保证电站的有效水头(比正常运行设计水头低2.4米),建议用闸门调节运用;坝下游消能设施经修改后可以保证流速、流态和水面稳定的要求;溢流坝左侧与船闸之间,右侧与电站之间各有一道长导墙,由试验得出适宜的长度分别为100米和120米,高度须增加1米。

本工程前期工作在“大跃进”时期,勘测及选坝工作粗糙。施工期又处在“文化大革命”动乱当中,当建成围堰进行基坑开挖时发现地质构造复杂,为改善地基稳定条件1970年将坝线在围堰范围内上移103米,并对基础进行了特殊处理。为了解消能、排沙效果,1971～1973年又在现场进行了1∶60整体定床、动床模型(定性)试验。对于消能,原为底流消能,后考虑坝基稳定问题,改为挑流消能,在消力池护坦下游修鼻坎。1975年第一台机组投产后的6年间,发现护坦末端的挑坎下游严重冲刷,最大冲深10米。1981～1984年由陕西机械学院作修复方案,进行了1∶80整体模型和1∶50断面模型试验。通过试验,及时采取消力池鼻坎抬高、冲坑修补等措施,现在消力池可以形成完整的水跃。

八盘峡水电站平面图如图3—10—11。

九、天桥水利枢纽

天桥水利枢纽位于黄河中游山西保德县境,该工程是一座电力抽水灌溉的低水头径流电站。枢纽的布置须解决泄洪、排沙、排冰、排污等问题。

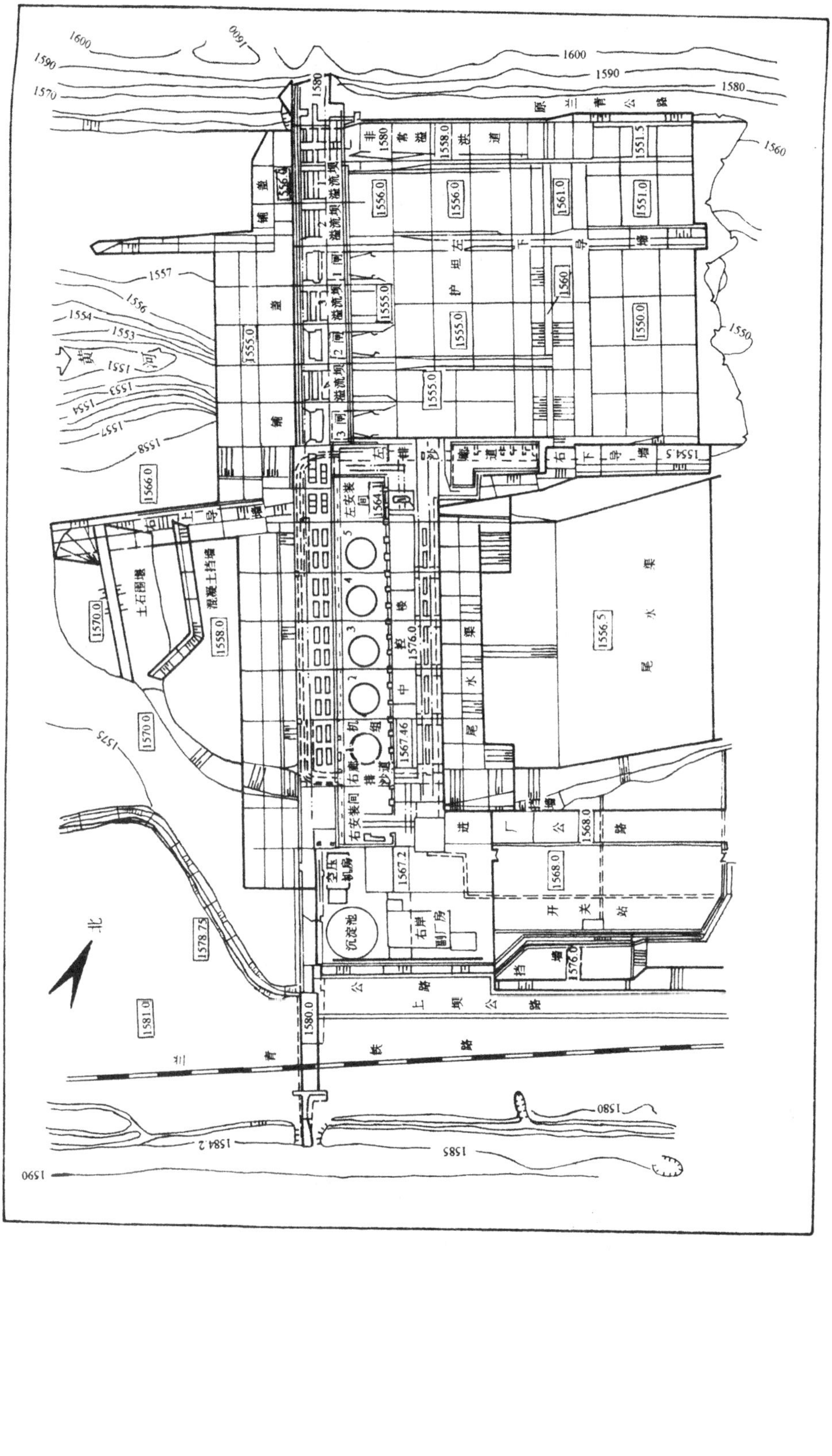

图3—10—11 八盘峡水电站平面图

1967 年 9 月由山西省水利勘测设计院为主，黄委会、陕西省参加进行勘测设计，1970 年 4 月开工，1975 年 12 月全部完成。黄委会水科所从 1969 年 9 月开始，进行了以下各项试验：

1. 枢纽布置方案的选择比较试验。模型采用正态比尺 1∶100。从 1969 年 9 月～1972 年共进行四种原布置方案、一种修改方案和一种选定方案的试验。经过同设计人员反复讨论修改，逐步取得比较满意的结果。最后推荐的方案是：右岸布置 7 孔（12 米×6.5 米）双层泄洪闸，电厂 4 台机组下面 8 条排沙底孔（6.5 米×2 米）和 3 条排沙洞（7.5 米×5.5 米）组成，闸前总宽度 113 米，厂前总宽 109 米，平面布置见图 3—10—12。

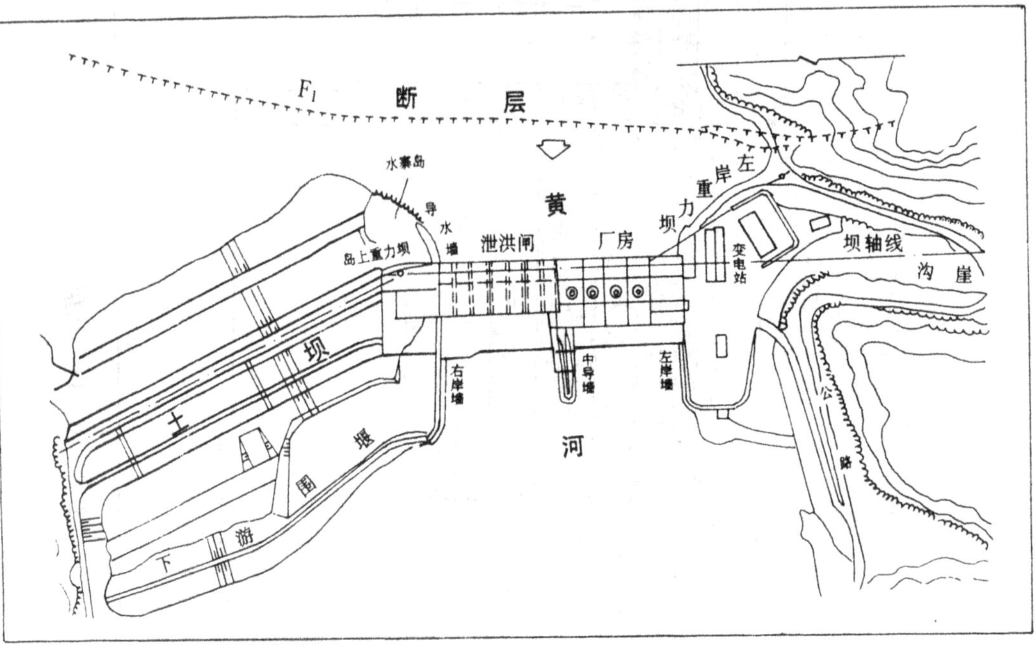

图 3—10—12　黄河天桥水电站枢纽总体布置图

通过各种方案试验总结出，在多沙的黄河上修建径流式电站，必须注意的几个问题：(1)泄流排沙建筑物要顺应河势布置在主流区，使来流均匀通过建筑物。(2)在电站两侧布置一定规模的泄水排沙孔道，机组进水口下面设置排沙底孔或廊道才能有利于厂前形成冲刷漏斗，减少进入机组沙量。(3)枢纽的合理运行方式对水库的冲淤起很大作用。它既要求尽量降低壅水高度，利用汛期洪水排沙冲淤多发电。又要求非汛期多蓄水，以尽发电灌溉之利，并能适时冲刷库区淤沙。

2. 下游消能防冲试验。原设计洪水是根据调查洪水流量10500立方米每秒选用的，1972年7月19日施工期间实测最大洪水流量10800立方米每秒，据此对设计洪水流量进行核算后由10500立方米每秒提高到15600立方米每秒，要求进行针对性试验，提出相应处理措施。对此在原1∶100整体模型中就枢纽下游消能防冲措施进行了方案比较，推荐了比较合理的导墙、翼墙、基础保护形式和尺寸，并对6#、7#闸下岩石开挖高程以保证面流消能的要求通过试验做出了建议。

3. 终结布置、闸门运用管理及排冰试验。天桥电站由于地质资料和设计洪水标准的变更，工程布置和结构曾多次修改，直到1975年上半年才确定了枢纽最终布置方案。并在1∶100整体模型上做了终结试验。试验的内容有：(1)电站关闭，其它孔洞全开的泄流能力及下游流态衔接型式。(2)泄洪闸泄流能力及流态。(3)冲沙洞泄流能力及流态。(4)各种泄流量的上游河势及上下游流速分布。(5)下游消能及防冲。

闸门运用管理试验是为了有效地控制下泄流量和水流流态，达到减轻闸下冲刷，确保工程安全的目的。在对泄洪闸不同组合的开启方式，冲沙洞开启方式，底孔与泄洪闸、冲沙洞组合开启方式进行试验后，提出了管理运用中应严格遵守的组合方式和不允许启、闭方式的建议。

排冰试验是针对天桥河段春季在上游解冻时有流冰通过的特点而进行的。泄洪闸分上下两层，上层闸孔即为排冰、排污而设。模型中的冰块用工业白腊制做。冰块的大小和形状出自假定，并无实测资料。试验观察到的冰块壅高闸前水位和闸孔过冰、过流情况，提供原型运用管理、测验验证的参考。

十、龙羊峡水利枢纽

龙羊峡水利枢纽位于黄河上游青海省共和县与贵南县交界的龙羊峡进口段，是黄河规划中第一个梯级水电站。工程以发电为主并配合刘家峡水库担负下游防洪、灌溉和防凌任务。水库调节库容最大，居全河首位，堪称“龙头”。枢纽拦河大坝为混凝土重力拱坝，最大坝高178米，坝顶高程2610米。泄水建筑物分四层布置，由右岸崖顶溢洪道(表孔)、右岸深孔、底孔泄水道、左岸中孔泄水道组成，调洪后可能最大洪水校核总泄流量6000立方米每秒。电站4台机组总装机128万千瓦。1977年12月开挖导流隧洞，1987年9月第一台机组投产发电。

模型试验研究工作于1978年冬开始，水科院水力学研究所1979年曾对龙羊峡水电站第一次设计方案的原布置进行了整体模型试验。随后由于施工开挖和勘测设计工作的深入进展，对枢纽布置作了修改，1981年据以进行第二次试验。模型比尺采用1：100，正态。试验结果认为：(1)泄流能力满足设计要求。(2)深孔泄水道在库水位2516～2525米时，出口反弧段内产生水跃，未形成挑流。(3)库水位2560～2603米时中孔附近形成漩流影响泄量和水流流态的稳定。2560米时出口挑流冲击左岸，2600米时冲坑影响右岸岩体稳定。(4)溢洪道三孔泄槽内的水流流态较顺畅。左右两泄槽出口斜鼻坎扩散角偏大，挑流冲击两岸岩体，须进一步研究。(5)各种组合泄流的冲刷坑均位于断层内，冲深30～40米。说明两岸防护问题突出，须慎重考虑。1982年11月水电部西北勘测设计院、西北水科所和水科院在北京召开龙羊峡工程下游消能防冲保护会议，提出进一步修改布置的意见(简称1983年修改布置方案)。据此1983年仍在1：100模型上进行试验：主要在溢洪道出口采用窄缝式鼻坎挑流消能布置，对深孔、中孔、底孔的鼻坎出口体形也作了相应的修改。各种组合泄流方式的试验结果表明：各出口水舌都能够沿河道纵向扩散挑入河床，冲刷坑深度20米左右，比以前减小近半，消能效果显著提高。

1985～1986年西北水科所总结龙羊峡多次试验对消能防冲问题的认识，再次进行了优化各泄水建筑物鼻坎参数(半径、转角、挑角等)和鼻坎位置，达到分散水舌落点使之沿河道方向纵向拉开，竖向扩散有利于消能防冲为目的的试验研究，模型比尺仍为1：100，冲刷材料用小白云石沙粒模拟断层带的块石。总结出“曲面贴角鼻坎”新型消能工，通过纵向拉开水舌和急流导向作用控制建筑物出口水舌的入水位置，较好地协调和解决了在狭窄河谷边界条件下泄洪和消能的矛盾。在研究过程中对岸边冲刷的机理作了较深入的探讨，将下游流态与冲刷紧密结合起来，为解决复杂河势的消能问题提供了依据。右岸的溢洪道经过修改后，3孔变为2孔，中孔泄水道经过试验推荐弯道导向，对减轻冲刷效果显著。新型鼻坎的水力设计方法已被采用。见图3—10—13。

十一、故县水利枢纽

故县水利枢纽位于黄河支流洛河上，在河南省洛宁县故县镇附近，是一座以防洪为主、灌溉、发电和工业用水综合利用的大型工程。1959年在“大

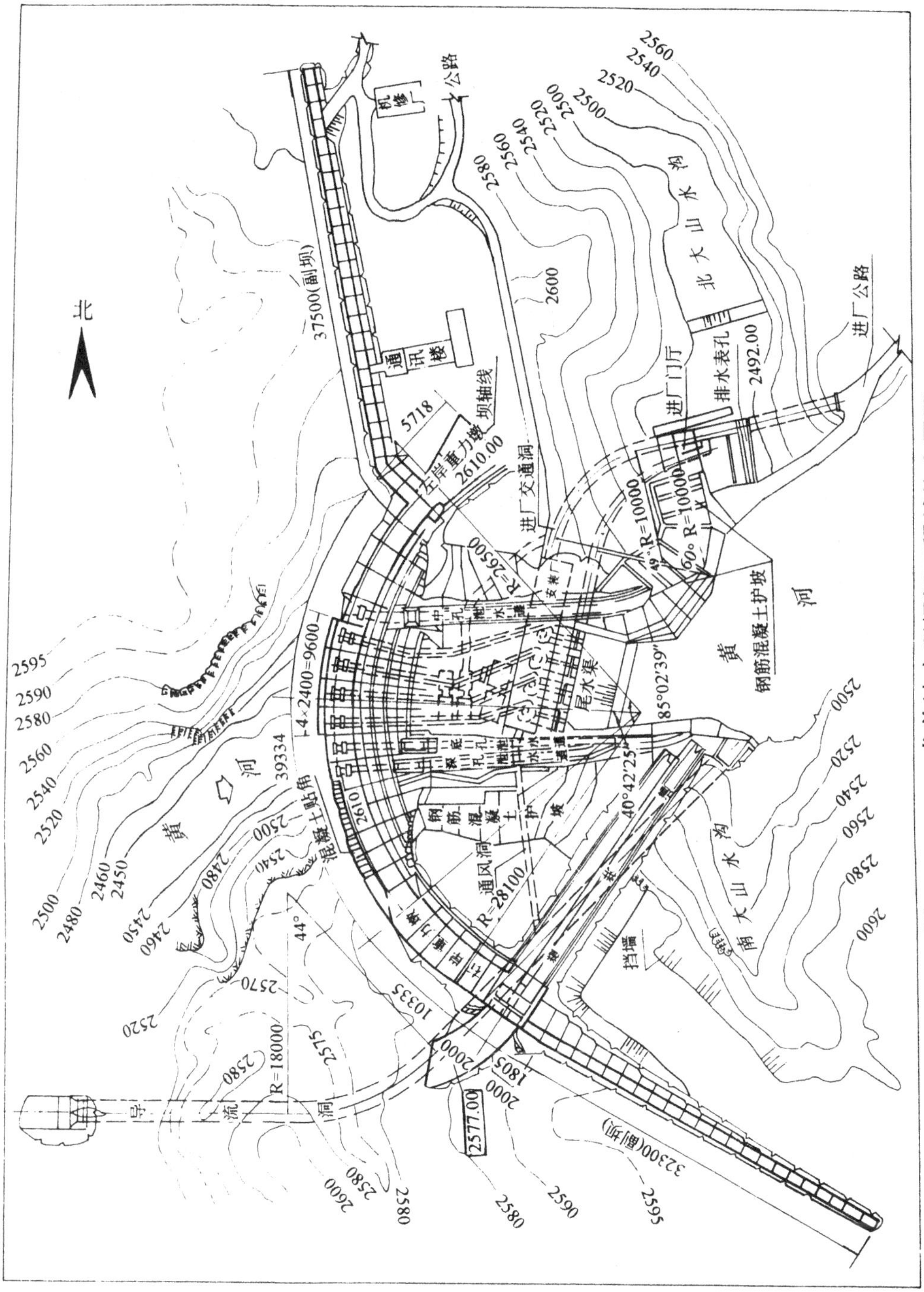

图 3 10 13　龙羊峡水利枢纽工程总体布置图

跃进”时期上马，1960 年秋因国家压缩基建工程停工。1969 年复工，自 1970 年至 1977 年一直处于设计指标不断变更，施工时作时停状态。1978 年工程改由水电部第十一工程局承建，设计逐渐完善定型。本枢纽的特点是：峡谷高坝，高水头大流量，受地形条件限制，工程布置比较困难。又河床地质条件复杂，坝脚下游两岸有风化岩石出露，抗冲能力弱；在坝址下游 300 米处洛河受北山头阻挡急转 90 度大弯折向东流，寻峪沟自北山头西侧汇入，沟口为一开阔地带；这些情况增加了布设泄水建筑物下游消能工程的难度。为配合工程设计，黄委会水科所于 1969 年在工地进行了 1：60 比尺的整体模型试验，1974 年又进行 1：80 比尺的整体模型试验，模型由陈惠如主持，通过试验初步确定了枢纽布置方案，1975 年 8 月淮河特大洪水后，故县水库的防洪设计标准提高，枢纽泄流规模相应加大。1978～1980 年又作了 1：100 比尺的整体模型，进行验证试验。试验结果：泄流规模达 9900 立方米每秒，超过设计值 340 立方米每秒；坝面、坝下各项水力学特性符合要求，说明设计是合理的。唯下游河床局部冲刷试验由于地质条件复杂很难模拟，水舌下游左右岸山嘴处无法避免回流淘刷，故须着力护固；冲刷坑最深点距坝脚 180 米以上，不致影响大坝稳定。

其后根据调洪要求，为降低汛期起调水位和加大水库泄洪规模，在原设计溢流坝段左侧紧邻的挡水坝段，增设一条 1500 立方米每秒泄流量的中孔泄洪道。其他轮廓尺寸也作了一些修改。为此 1983 年在上次所做的 1：100 整体模型上进行了新一轮的试验，结果表明在受地形限制及坝轴线无法变动的情况下，枢纽布置基本合理。各泄水建筑物单泄、联泄的泄量均满足设计要求。唯下泄的高速水流直冲北山头，左右岸山嘴均受回流淘刷，为减小左岸山嘴寻峪沟口的回流范围，全面改善泄流形态，试验了多种方案。最后建议溢流坝上的 5 孔闸墩改为宽尾墩，中孔缩短 24.8 米，中孔出口向河心倾斜转向，使水舌挑出扩散成伞面弧形与溢流坝水舌相撞转换能量以减小对河床的冲击力。见图 3—10—14。

十二、小浪底水利枢纽

小浪底水利枢纽是 1954 年黄河规划中的一个梯级，位于干流最后一段峡谷的下口，上距三门峡大坝 130 公里，是三门峡以下黄河干流唯一能取得大库容的坝址，也是唯一能够全面担负防洪减淤兼顾发电、灌溉、防凌、供水等任务的综合性枢纽工程。从 1953 年以来曾进行过多次坝址选线勘测和多

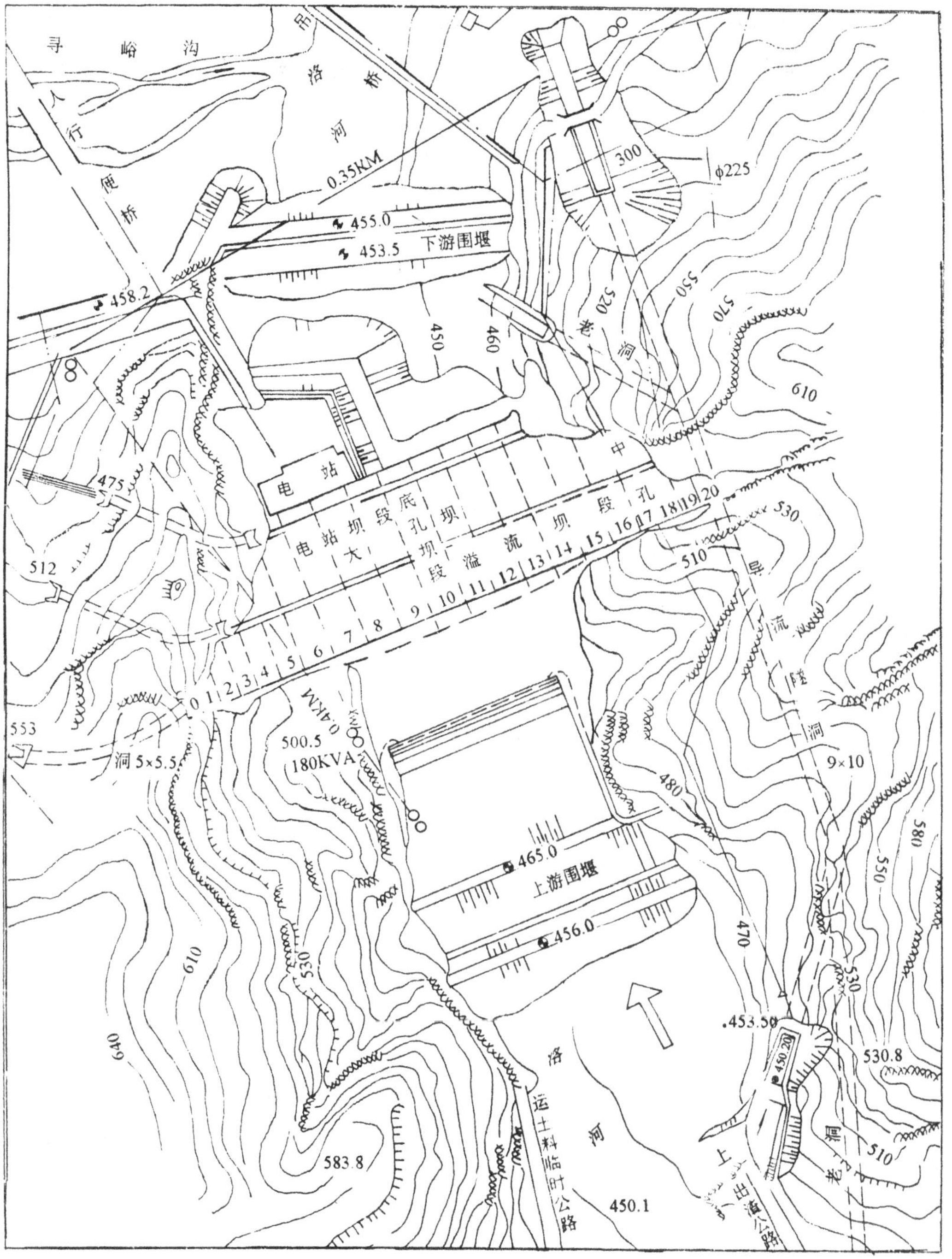

图 3—10—14　故县水利枢纽平面布置图

种方案的规划设计科研论证比较。自1976年国务院批复同意进行规划设计以来的10多年里连续不断地进行了可行性研究，轮廓设计和初设阶段地勘试验、设计、科研和论证、评审，终于在1988年3月完成了《初步设计报告》。由于小浪底河谷地质条件复杂，水文泥沙条件特殊，枢纽总体布置受到种种条件的限制，坝线坝型的选择和大坝、电站、泄流排沙诸建筑物的布局和运用方式都曾进行过多种方案的设计和试验研究。从而获得了大量的有成效的科研成果，为设计工作取得不同程度的科学依据。其中水工试验研究方面的技术报告就有50多份。

（一）坝线选择方案试验

在水库的规划设计中，设计部门对坝线、坝型作了慎重的比较和选择，并提出两个坝线四个方案进行比较，根据四个方案的特点，选择两个方案进行试验比较：一是一坝线的第一方案，即混合坝方案（简称第Ⅰ方案）；一是二坝线的第三方案，即土坝方案（简称第Ⅲ方案）。试验主要内容是：枢纽泄流能力，建筑物附近平面流态，下游消能及冲刷情况。

黄委会水科所于1970年同时做了两个比尺1∶100的模型，模型布置如图3—10—15、3—10—16。

试验结果表明，其水流的宏观情况，不论进口流态或下游流态，第一方案优于第三方案，因此推荐第一方案供规划设计比较参考；在完成这一试验后，立即进行了第一坝线、第一方案的两种布置形式水工试验，两种布置形式是电站居左，泄水坝居右（简称[一]方案）；电站居右，泄水坝居左（简称[二]方案）。从试验水流情况看[一]方案的下游流态都较[二]方案为优，因此建议用布置[一]方案的形式，不论[一]方案或[二]方案布置上都应加设几个排沙孔，对减低电站的门前淤积是有好处的。

（二）三坝址几种方案水工模型试验

前述试验，为1972年8月召开的设计现场审查会议提供了论证。由于勘探工作逐步深入，对地质条件加深了认识，从地质条件看，任何勘察过的坝线都不适用做混凝土坝，在现场会议后，黄委会经过选点论证，研究重点转到三坝址上，其总体布置曾考虑过20多种方案。进行水工模型试验的有：

1. I_A方案。所谓I_A方案，即工程的总体布置，除土坝外，所有建筑物都设在左岸，各泄水建筑物的进口顺风雨沟布置，自左至右分别为250米高程非常溢洪道，3条210米高程泄洪洞，3条180米高程泄洪洞，4条134米高

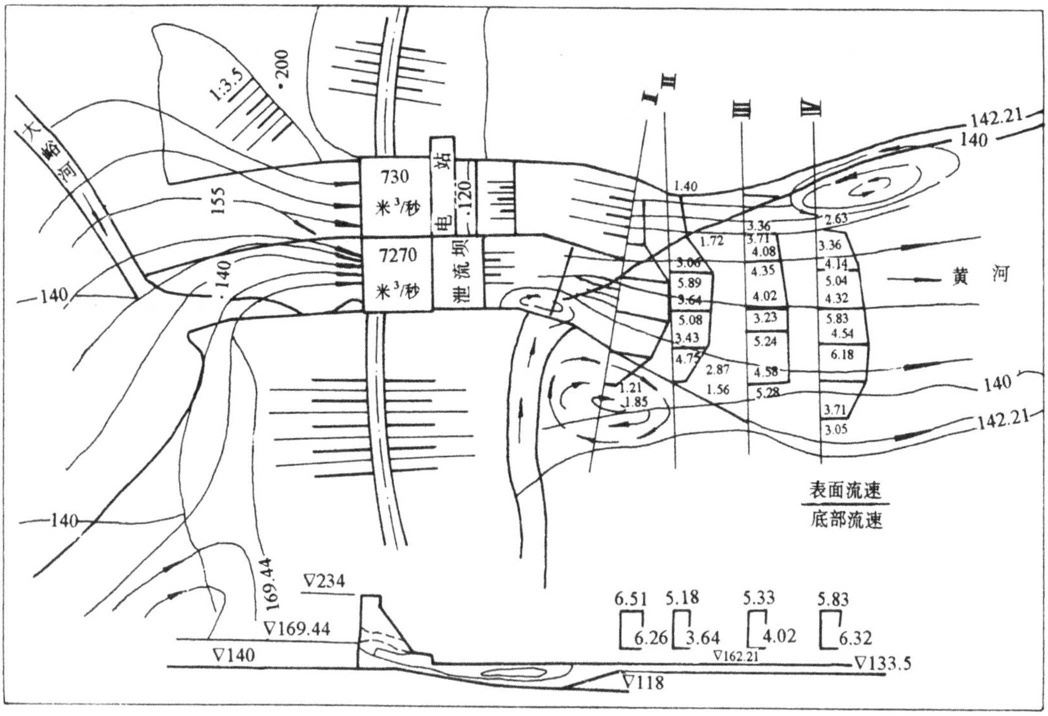

图 3—10—15 小浪底Ⅰ线混合坝方案

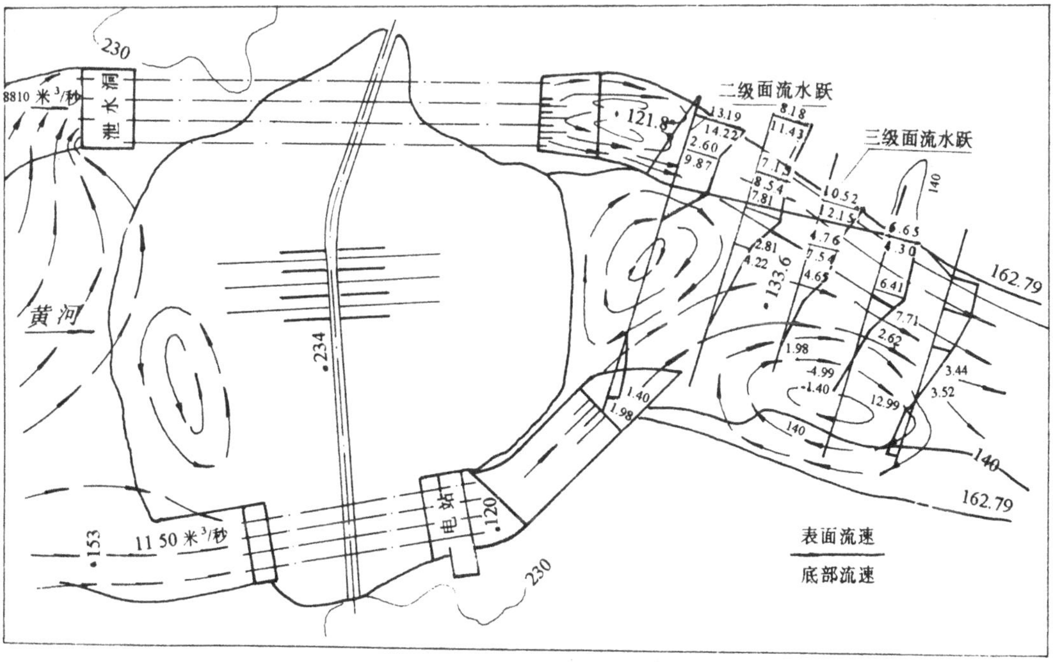

图 3—10—16 小浪底Ⅱ线方案

程的导流隧洞，电站进口高程 190 米和埋设在电站下面的 2 条排沙洞，进口高程 160 米，见图 3—10—17。黄委会设计院对 I_A 方案的试验要求是：泄流能力、进水口流态，洞内流态以及下游消能等问题，并委托黄委会水科所进行水工模型试验。

1983 年 7 月黄委会水科所由周新民主持进行了水工模型试验。模型比尺为 1∶111.11。模型范围从风雨沟内 270 米高程处天然垭口所建溢洪道顺坝轴线排列着 210 米高程泄洪洞 3 条，180 米高程泄洪洞 3 条，导流洞 4 条和发电引水洞 3 条。试验表明：

(1)I_A 方案布置的泄洪建筑物，其泄流能力能满足设计要求；

(2)库区进水口流态基本良好，只在 210～230 米库水位时，两组泄洪洞进口前各有一漩涡，对泄流影响不大，见图 3—10—17。

(3)泄洪洞洞群进口型式和洞内流态，压力分布正常，流速较大，在 20

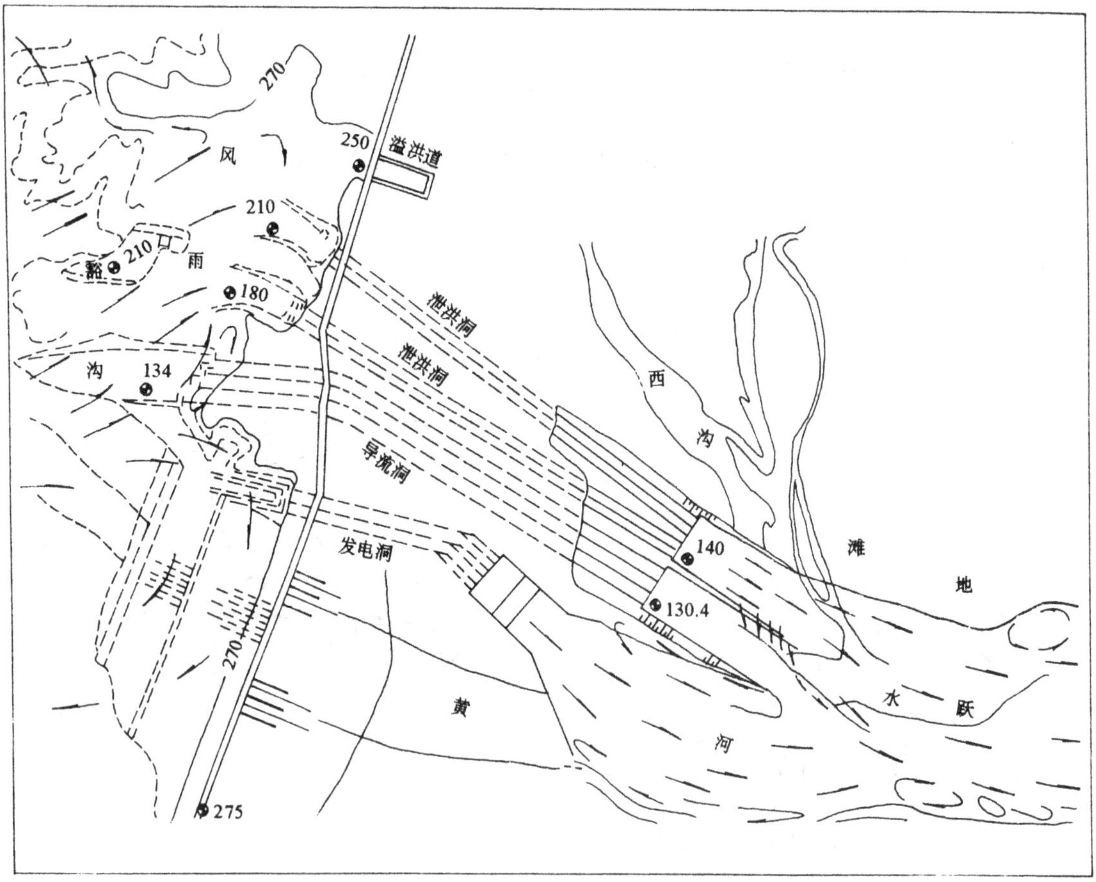

图 3—10—17　小浪底$\frac{180}{210}$泄洪洞联合泄流上下游流态示意图

～30 米每秒之间，应注意防气蚀问题。

(4)泄洪洞洞群下游挑流形式，建议可采用平面扩散挑流形式以减少冲刷坑深度。见图 3—10—18。

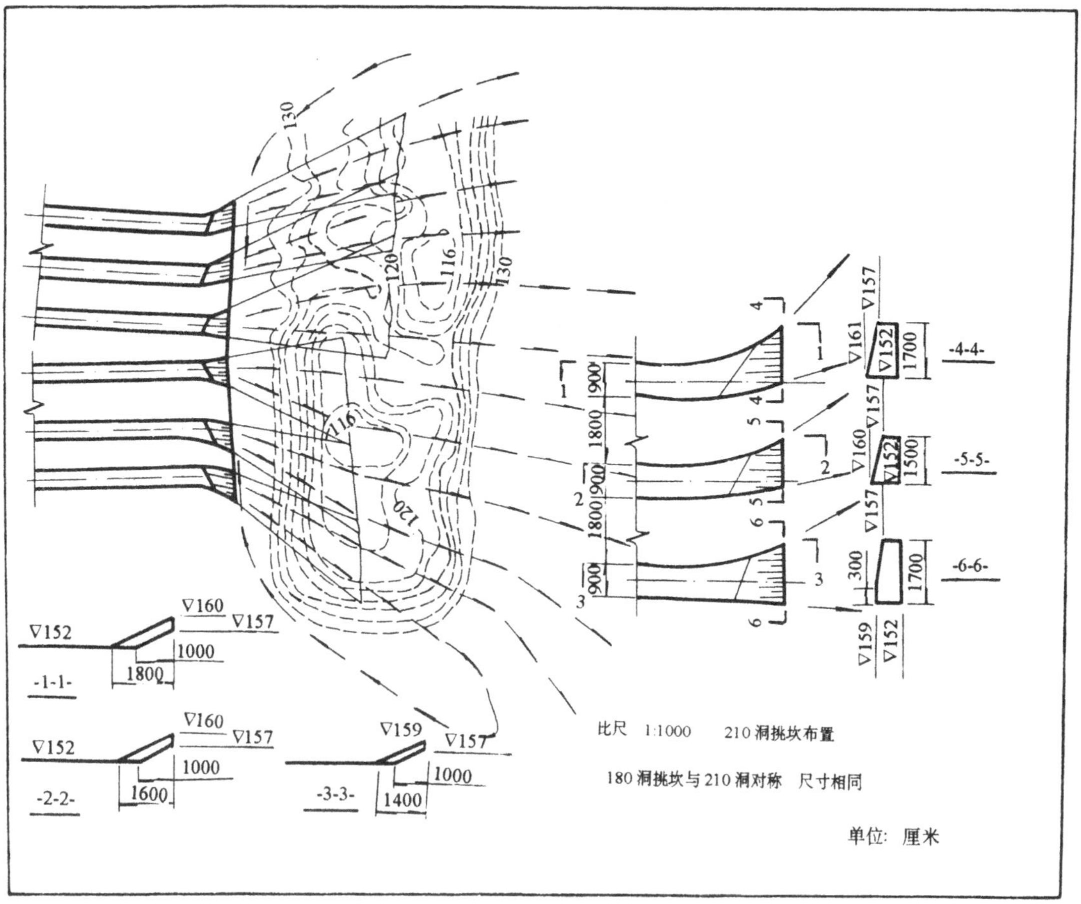

图 3—10—18 小浪底泄洪洞挑坎形式示意图

2. $Ⅲ_D$ 方案(即圆塔泄洪方案)。为了降低明流泄洪洞的流速以减轻高速含沙水流对过水边界的危害和充分利用施工导流洞尽可能减少水工隧洞的数目，提出了圆塔方案，其布置形式有两种：

(1)电站排沙排污系统和泄洪兼容的圆塔布置。见图 3—10—19。

(2)单作泄洪的圆塔布置。见图 3—10—20。

1984 年黄委会水科所由赵惠琴主持进行了试验。模型比尺 1∶111.11。包括拦河大坝一座，发电引水洞 6 条，排沙排污洞 3 条，内径 70 米泄洪圆塔一座，后接两条明流泄洪洞(利用导流洞)，200 米进口高程明流泄洪洞，245 米进口高程溢洪道一座。试验对泄流能力、枢纽上下游流态、下游消能和冲

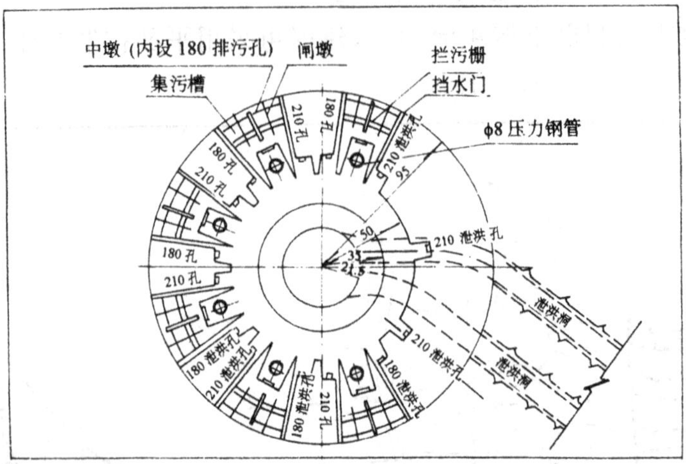

图 3—10—19　小浪底水库泄洪圆塔平面图 1∶2000

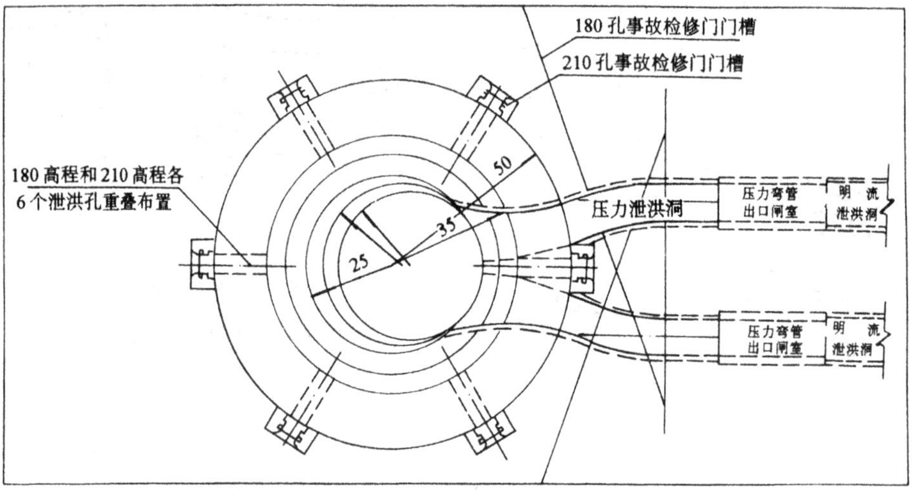

图 3—10—20　小浪底泄洪圆塔平面图 1∶1000

刷情况进行了量测。认为泄流能力满足设计要求，低水位时水流绕过圆塔分成两股，背流面泄水口流量小，估计会影响塔内水流对冲消能的效果。对存在的问题如各泄水建筑物出口体型不够理想，消能效果差，建议对塔体振动，闸门使用规程等需要作细部修改。排沙效果需做动床模型论证。

3．初步设计优化方案。1988 年 3 月黄委会勘测设计院在综合研究基础上推荐了整体布置优化方案，其特点是：当拦河堆筑高土石坝后，坝上游河势转向风雨沟内，在相连成一排的进水塔架前形成大回流冲淤漏斗，经泥沙动床模型试验，在不同高低库水位运用条件下都不会淤堵进水孔口。穿过左岸山体布置发电引水洞6条(厂房后并为3条),排沙洞3条(进口位于电站洞进口下面),明流泄洪洞3条,孔板泄洪洞3条和一座溢洪道。除发电洞外,9条泄洪排沙洞和溢洪道分别泄流于西沟中的一个巨型150米×310米水垫式消力池中(池中有两道隔墙分为3个小池)再流经护坦泄往下游,见图3—10—21。1989～1990年黄委会水科所分别以1:100比尺制做动床和定床模型。研究的内容有:验证和改善洞群的进出口水流流态;在风雨沟内河势形成侧向进流的条件下验证和改善各进水口体型;测量洞群的泄流能力;验证综合消力池布置的尺寸形式;研究有利于下游的消能防冲组合运用方式。其中有许多问题都是设计计算难以解决的问题如:侧向进流闸门前立轴漩涡的消除;出口挑坎体型能适合各自出流的工况又能整体协调消力池中水垫消能的流态和效果;十几条洞子的组合运用最有利和最不宜方式等等都得到满意的解决。

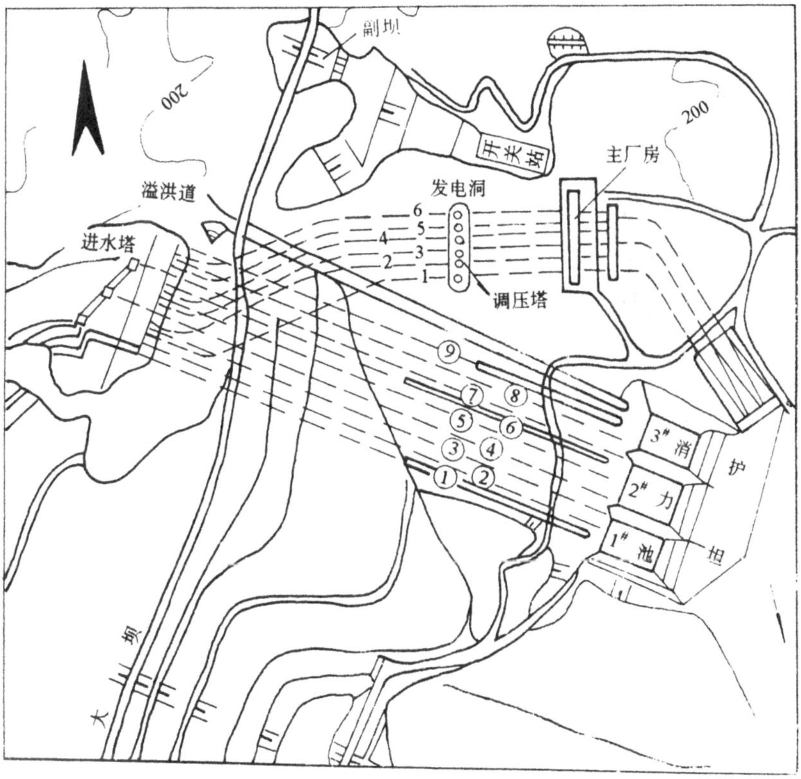

图 3—10—21 小浪底枢纽平面布置示意图

注:①1#明流洞 ②1#孔板洞 ③1#排沙洞 ④2#孔板洞 ⑤2#排沙洞 ⑥2#明流洞 ⑦3#孔板洞 ⑧3#排沙洞 ⑨3#明流洞

第二节 泄水建筑物

泄水建筑物是水利枢纽工程的重要组成部分，除通过枢纽布置模型试验论证其在整体运行中的作用外，还须通过细部试验确定其最优形式和尺寸，主要包括拦河闸、溢流坝、水工隧洞、坝体溢流孔道和开敞式溢洪道等。

一、拦河闸

在黄河干流兴建的大型低水头枢纽工程有三盛公、天桥、花园口、位山四座(后两座已于1963年7月和12月破坝废除)，拦河闸为其主体工程，用以调控枢纽的正确运用：汛期泄洪排沙，非汛期调节水头保证发电、灌溉引水或降低水位拉沙等。

(一)三盛公拦河闸

内蒙古三盛公枢纽拦河闸共有18孔，每孔净宽16米，闸室长22.5米。闸下消力池长28米，深4米，护坦长27米。1959年配合整体布置模型试验同时在玻璃水槽中进行了断面模型试验，验证设计泄流量、修改闸下消能工的设计形式，判定河床冲刷深度(数据详见本章第一节)。模型比尺1：36.6，试验在黄委会水科所进行。

(二)花园口拦河闸

花园口水利枢纽拦河闸共有18孔，每孔宽10米，闸室长28米，闸室后平台长15米，接1：4的斜坡段(长28米)下降7米连接消力池底，消力池长30米，后接海漫长85米。为选定闸下游消能工的形式，1959年黄委会水科所曾在玻璃水槽中用1：39.3及1：40.96两种比尺做断面模型试验。先后进行五种消能布置方案的试验，最后确定了上述的形式。试验表明：在远期下游水位因河道受清水下切导致大幅度下降6米后仍能满足消能的要求。下游局部冲刷试验采用人工变形法(在动床模型试验中，一定的河床组成，在一定的水流条件下，经过水流与河床相互作用，最终要形成一定的河床形态，人们根据这一特性进行计算后，可以塑造河床形态。这种方法称之为人工变形法。)即计算与模型观测结合的方法，从下游冲刷坑范围内流速场的观测试求在细沙河床上不受冲刷的深度。这样反复进行试验直到河床稳定为止,结果得到最大的冲刷深度达 32 米。这是十分可观的数值。为了减轻局部的冲刷,建议加强原型观测,及时抛石防护。试验还给出了闸门管理控制运用的开启方式和水位泄量关系曲线。

(三)位山拦河闸

位山水利枢纽拦河闸共 16 孔,每孔净宽 10 米,闸门高 8 米,1959 年在山东省水科所设计制做比尺 1∶100 的全闸水工模型。试验校核了水闸的泄洪能力,认为大于设计指标可以减少 1 孔。闸孔内产生水跃会引起闸门及闸墩的震动。闸下游引河未被冲宽前会阻水,顶托闸上游水位,减少过闸流量,应根据土质可冲性决定是否需要扩宽。闸下游两边的翼墙应加长缩窄以使过闸急流逐渐扩散,消除漩涡改善水流情况。

(四)天桥拦河闸

天桥水利枢纽拦河闸有 7 孔,闸底是曲线堰面,末端接挑流鼻坎形式,分上下两层,上层是平顶接曲线堰面形式,下层闸孔进口尺寸(12 米×6.5 米)上下层进口高差 18 米,闸室长 45 米,闸下采用面流消能形式,护坦长 33.9 米。1973 年黄委会水科所做了比尺为 1∶82.5 的断面模型,对上下层堰面曲线形式、压力分布、下游水流衔接与消能等进行了研究,解决了闸下水位封孔的问题。所给出的下层堰面曲线形式,上层堰面出口形式及 6# ~7# 闸下岩石开挖的推荐方案均为设计采用。见图 3—10—22。

二、溢流坝

溢流坝的水力学试验是比较古老而普遍的课题,对于各枢纽工程往往根据其特殊条件进行单独的试验研究。

(一)三门峡溢流坝

三门峡水利枢纽在苏联设计时,由全苏水工科学研究院河川水力学试验室密切合作进行水工试验。1956 年初步设计前期阶段,曾按 360 米正常高水位做过几种泄流坝方案的试验:(1)16 个 315 米进口高程的深孔和 5 个宽 20 米、355 米高程的坝面溢流表孔。(2)16 个 321 米进口高程的深孔和 8 个宽 11 米、354 米高程的溢流表孔。(3)12 个 320 米高程的深孔和 2 个宽

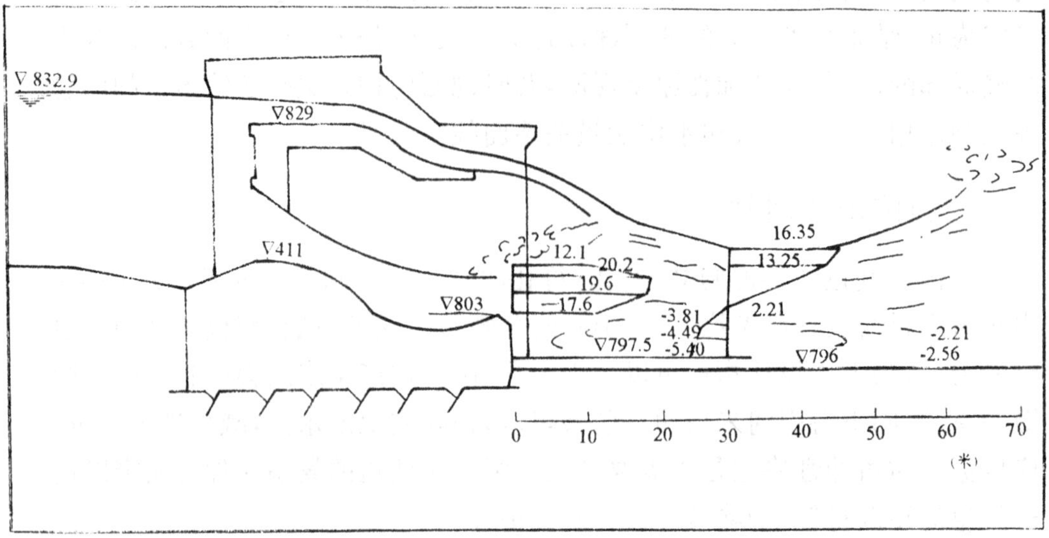

图 3—10—22　天桥电站泄洪闸示意图

11 米、347 米高程的溢流表孔。以上方案均在长 13.2 米宽 0.58 米的水槽中做成半整体模型，比尺为 1∶75，前两种方案的表孔和深孔是双层重叠泄流，后一种方案是各自分开泄流，各种方案都研究了溢流孔入口与溢流坝面泄水无负压的外形曲线尺寸、泄水能力和上下游衔接的合理方案，初步设计最后确定推荐了后一种方案。嗣后，经中国政府审查提出了修改意见，1958 年按 350 米正常高水位运用进行技术设计时 2 个溢流表孔底面降低到 338 米高程，12 个深孔也降低到 300 米，试验再次对溢流坝段单层的水力条件进行研究，确定了坝面和下游平滑护坦的外形尺寸。70 年代后三门峡枢纽经过两次改建并改变控制运用方式，泄洪工程做了适时调整。

（二）盐锅峡溢流坝

盐锅峡水利枢纽 1958 年 9 月动工兴建，由水电部西北勘测设计院设计，于 1958 年委托西北水科所做枢纽溢流坝水工模型试验。模型比尺为 1∶100。试验除验证初步设计的两种坝面曲线和坝面压力分布都能符合要求外，认为下游消能工设计存在问题，建议加设两道消力槛（即二道坝、三道坝）和二级消力塘（详见本章第一节第 10 页）。与此同时还在 1∶50 的断面模型上进行了溢流坝下护坦水流脉动压力的试验，认为不致引起护坦的破坏。1959 年因设计变更抬高坝上游库水位，又在 1∶100 整体模型和 1∶50 断面模型上验证其下游消能布置的实际消能效果。认为前一次模型试验的建议仍能满足溢流量增加的要求，不需要修改。溢流坝消能建筑物于1963年5月建成，但只做了一道消力槛(即二道坝)。由于二道坝前的跃后水深得不到保证。经过两个汛期的运用，消力池内的齿墩遭受空蚀破坏。又经过几年运用导致消力池护坦产生负压区造成空蚀破坏，为此在1967年和1970年先后将趾墩和消力墩全部凿除。这样一来消力池内的跃后水深更无保证，原设消力池的长度和深度更嫌不足，不能达到充分消能，致使二道坝(消力槛)下游的护坦遭受冲蚀破坏。西北勘测设计院于1972年委托陕西工业大学做增建二级消力池设计的模型试验，由于受原有消力池的限制，长度仍不能满足要求，但水跃漩滚到达下游河床后流速尚能适应基岩的抗冲流速限定值。遂按此设计于1972年10月施工至1973年4月建成。

(三)青铜峡溢流坝

青铜峡水利枢纽溢流坝模型试验1958年由水电部西北勘测设计院委托西北水科所做了1：50的断面模型，按设计条件验证了电站、泄水管及坝顶三者不同组合的泄流量与上游水位关系，认为原设计所取的流量系数尚符合实际。对修改设计的试验，建议将闸墩式电站坝顶前端的导流板长度由18.5米缩短为7米，又将原设计坝址鼻坎取消，改为底流式消能，不仅效果较好且预计这两项修改可节约钢筋混凝土工程量1万立方米。试验还确定了护坦长度50米，护坦后加设尾槛齿墙，可以达到良好的水跃消能效果，护坦及其下游河床不至遭到冲刷破坏。

(四)故县溢流坝

故县水利枢纽溢流坝段的溢流堰共5孔，每孔净宽13米，最大泄流量11400立方米每秒。坝顶为WES* 曲线型，下接1：0.65坡面，再接反弧半径为30米、圆心角84°53′31″的挑流鼻坎。坝顶高于挑流鼻坎64米。1979年黄委会设计院委托黄委会水科所做断面模型试验，试验由陈惠如主持，采用比尺1：60，试验结果认为：溢流坝泄量满足设计要求且超过校核指标10.4%；坝面压力正常，坝面曲线基本合理；各级流量沿溢流坝的水面线平顺光滑，水深流速的变化正常；水流掺气不多，边墙设计高度超过实测最高水面线1.5米即可满足需要；水舌挑距和扩散不影响坝体安全；惟鼻坎高于

* WES曲线型：是美国提出的坝顶曲线型，水舌经过坝面曲线时，坝面正压力最小，且不会产生负压。

下游水位2～10米，不需这样高，可适当降低，以减少工程量。坝基开挖后发现基岩构造破碎，根据工程审查批示须加大抗滑摩擦系数，修改坝型断面尺寸，将坝面斜坡改为1∶0.8。试验采用断面模型，比尺1∶100。试验结果：各级库水位下溢流坝泄量能满足设计要求；坝面及闸墩侧墙上压力正常，局部负压值在允许值以内；坝面曲线、挑流鼻坎形状的设计均合理。建议采用宽尾型坝顶闸墩消能工以减少下游冲刷深度。

三、水工隧洞

兴建在山区峡谷中的黄河干支流枢纽工程，根据其各自的地形地质和施工条件开凿隧洞进行施工期的导流或作为永久泄洪排沙设施。隧洞分有压的或无压的，按各自设计的要求进行模型试验，观测其水力学特性，研究和优化工程的合理构造形式。

（一）刘家峡隧洞

刘家峡水利枢纽1958年的初步设计中只有左岸一条施工导流隧洞，洞身全长674.5米，设计泄流量2810立方米每秒。水科院采用比尺为1∶100的整体模型，配合设计观测了隧洞由明流到有压流的流量变化范围和进口处水流漩涡挟带空气进入隧洞的现象，以及截流设计流量条件的水面曲线和压坡线，提供设计需要的有关数据。1964年修改设计增加了一条右岸导流隧洞，准备在1966年汛期投入运用。水科院于当年对这条隧洞进行了1∶80比尺的模型试验，试验结果是：(1)泄流能力能满足要求。(2)提出改善进口漩涡流态的建议。(3)进口闸墩厚度由4.5米减为2米，明渠宽度由21米减为16.5米较合理，并可节约混凝土约1000立方米，减少土石方开挖量10000立方米。(4)出口水流(单独过水)对左岸岸坡冲击剧烈，但扩散尚好。原设计布置是可行的，但施工质量要力求表面平顺以免产生局部破坏。右岸的导流隧洞于1964年改建为永久泄洪洞，它是将洞身进口抬高，经反弧斜井段接原洞身改建成“龙抬头”的形式，用于泄洪、放空和部分排沙。该洞全长482.7米，按明流设计。弧形工作门单孔8米×9.5米。60米水头的设计泄洪流量2140立方米每秒。由于反弧斜井段和出口的流速高达40～45米每秒，需要试验验证。1966年由水科院做整体模型试验，比尺为1∶80。试验对泄量、进水口及斜井段水力特性(流态、压力分布)，明流段断面高出水面的余幅测试结果均能满足设计要求。对隧洞出口的消能工程经比较研究，建议采用扭曲形挑流鼻坎，具有流态稳定、水舌扩散对称，水面均匀、挑流高度不影响当地的铁路桥等优点。

（二）三门峡隧洞

三门峡水利枢纽建成运用后为减轻水库淤积并加大泄流排沙能力，1965 年起进行了两次改建。第一次改建工程由北京勘测设计院设计，工程包括左岸增建两条隧洞和改建坝身四条发电引水钢管。1962 年 7 月委托水科院进行比尺为 1∶80 的隧洞局部模型试验。试验主要解决了两条隧洞出口挑流消能工的体型和与枢纽下游尾水衔接问题。

（三）陆浑隧洞

洛河支流伊河陆浑水库工程的泄洪洞担负最大泄流量为 1187 立方米每秒。泄洪洞位于枢纽右岸山体，采用双孔闸门，闸室后经过渐变收缩段与城门洞形明流洞连接，洞长 475 米，设计水头 31.8 米的泄洪流量 1160 立方米每秒。1962 年在黄委会水科所做比尺为 1∶70 整体和 1∶50 的局部模型试验。试验结果：泄洪洞的过水能力超过原设计值 9.6%；喇叭形进口部位压力分布正常；工作闸门后的收缩段水力特性比较复杂，出现局部壅水，形成不完整水跃抬高水位造成局部满流；经过两次修改比较，确定改变城门洞顶矢高比及收缩角以消除壅水，保证维持明流状态。

为了解决在泄洪洞出口挑坎高程不能变更的条件下能否保证洞身为明流的问题，于 1963 年继续在上述两个模型中做了补充试验，结果认为即使在出口沟道未冲刷下切，尾水位偏高的情况下，泄洪洞和溢洪道同时泄流时，洞身仍能保持明流工作状态。

1970 年为了发展农业灌溉，决定在陆浑水库增建一条有压引水洞，原设计长 324 米，直径 5.7 米，最大引水流量 77 立方米每秒。在出口前 36 米处设支洞分流到水电站，灌溉引水的同时可以发电 6000 千瓦。遇万年一遇特大洪水时，支洞不引水发电，主洞泄洪。1973 年黄委会水科所承担全洞的水工试验。模型比尺 1∶50。试验结果：过水能力可满足要求；进口的压力变化均匀，洞内无负压，分岔鱼嘴尖端靠主洞一侧，正压力有明显降低，属于正常现象，设计不需要修改，只是当库水位在 293.0～299.0 米时，洞内出现明满流过渡阶段，需要在运行中加强观测及时采取措施改善。

（四）天桥冲沙洞

天桥水电站的冲沙洞，1973 年在黄委会水科所的 40 厘米宽水槽中做断面模型试验，比尺为 1∶50，配合整体模型选择方案进行过多次修改，选定的方案能满足冲沙、洞内负压限定值、下游面流流态衔接、洞内满流流态等项要求，建议为设计采用。

（五）故县导流洞

故县水库导流洞，位于枢纽右岸山体，1976 年在黄委会水科所做过水工模型试验。1978 年复核可能最大洪水时，设计做了重大修改，对导流洞重新进行整体试验。试验由赵惠琴主持，模型比尺为 1∶60。通过试验验证在各级库水位时，泄流量均满足设计要求。洞内水流随库水位涨高其流态从明流过渡为半有压流又到有压流变化的界限十分明显。半有压流状态大致在水位超过洞顶而又半淹没喇叭进口顶时发生，当水位完全淹没喇叭口顶少许便成为有压水流。此后进口前出现漏斗旋涡，当进口前淹没水深最高达到 18 米时，漏斗旋涡仍未消失。试验测知满流情况下洞内出现负压，特别是临近出口处负压值最大。但如加衬砌不致发生气蚀破坏。并提出若要保持较大的压力而需压低出口的方案。在试验比较后，建议垂直压低 1.9 米，以压坡渐变型式收缩出口为好。对此，设计部门认为导流洞是临时建筑物，拟用喷锚加强洞身不加衬砌，出口消能方式因受施工条件所限未予修改，虽冲刷下游范围较大，因导流运用期只有 3 年，下游无重要建筑，适当加深鼻坎齿墙即可。

（六）龙羊峡隧洞

龙羊峡水电站施工导流隧洞全长 676 米，设计泄流量 3000 立方米每秒。于 1980 年在黄委会水科所做了两个 1∶60 的模型，分别模拟全衬砌和部分不衬砌的糙率情况。试验对泄流能力、进口体型、弯道段的压力分布、洞内水面线、导流洞出口布置形式进行研究，结果：当流量达到 2000 立方米每秒不衬砌洞内水面线发生封孔现象，而全部衬砌洞则流量达 3800 立方米每秒还不封孔，说明为满足泄量要求应全部衬砌。进口和弯道都是正压，满足设计要求。洞口布置做过多次修改，提出建议，但未按试验最优方案施工。左岸滩地出现大回流，建议用堆碴消除之。又出口弯道右侧边墙也须按泄流量 3800 立方米每秒的水面线加高。模型中还试验了隧洞泄流对洞内石碴和洞口堆碴冲走的可能性。

(七)小浪底隧洞

小浪底水利枢纽工程布置的特点是根据地形地质条件,因地制宜将十几条深式短进水口的明流泄洪洞群和电站引水排沙隧洞群都穿过左岸山岭。在历次方案比较中曾做过以下的水工模型试验。

1. 明流泄洪洞。1985年黄委会设计院提出洞身呈直线布置,洞口高程不同的单孔或并列双孔和为排污设计的双层进水口等体型各异的短进水口方案,黄委会水科所王复兴主持,在比尺为1:40的模型中进行验证认为:采用短进水口体型是合理的。当弧门出口流速V>30米每秒时,可布置掺气防蚀工程。沿纵坡较小的直线洞身段布置连续式掺气防蚀措施时,应研究其效益。陡槽中若边墙扩散角不大时,掺气防蚀措施仍然是有效的。当水中含沙量<150公斤每立方米时,掺气作用与含沙量无关。此外,还就短进水口事故门运用中出现的问题,空中消能形式等进行了研究。河海大学,清华大学也分别设计了1:40的模型,提出了试验报告。综合各家模型试验结果:泄流能力达到设计要求。有压进水口体型合理,过流断面设计合理。有压段的流态很平稳,门井内水面波动不大。水流出有压段后,在闸后突扩,立面上形成抛射水舌,碰到洞壁产生冲击波,沿壁跃起形成水翅。库水位越高,水翅越高,水花飞溅高度可达9米,断面仍能满足要求。为利用人工掺气防护洞身不受空蚀危害,试验得出沿洞底纵坡每隔50米设一道0.6米掺气坎,掺气量达5%,效果良好。

2. 压力泄洪洞钢板衬砌方案。这是泄洪洞比较方案之一。根据调洪需要选择泄洪洞进口高程,并结合洞壁材料的抗磨允许流速设计洞身断面尺寸。泄洪洞为平流式,在压力段的末端有高压弧形门进行控制从进口水塔到泄洪洞出口的弧形工作门全长964米,出口后为明渠段,长220米。明渠末端平挑入消力池。弧形工作门前的有压段,用钢板衬砌的长627米,钢筋混凝土衬砌的长246米。试验由黄委会水科所承担,模型比尺1:47.9,于1987年底完成。试验结论认为压力泄洪洞的设计方案是可行的。泄量能满足各种特定条件要求,洞身各部位体型是合适的。洞内流速控制到允许值以内安全可靠。出口流速虽高,可借助掺气防蚀并辅以抗磨措施,即或明渠段发生局部磨损也便于维修。试验修改后,建议的压力洞出口布置体型可以减轻水翅和冲击波高度,不会影响弧形门支铰的运行。明渠末端消能工的形式经过比较取得满意的结果,与之相应的消力池尺寸经加长并抬高池底,形成的水垫可以满足水舌入水消能的要求。从模型实测的洞身压坡线变化可以计算体型变化的局部阻力损失水头和总的水头损失。

3. 多级孔板消能泄洪洞。它是轮廓设计阶段提出的。孔板消能的原理是利用水流经洞内孔板时收缩和突扩产生旋滚，在水流内部发生剪切摩擦与碰撞，消杀水流能量。孔板沿洞身设置，孔径的大小和间距要由试验确定。水流每经一级孔板便消减若干能量，经多级孔板消能使高速水流降低到设计所要求的流速。这种消能工方案是在中美联合设计初期1984～1985年上半年提出的，因缺乏实际工程经验，除曾在试验室做过水工试验外，并在甘肃白龙江上的碧口水电站排沙洞中增建孔板进行实体现场试验。1988年在试验室研究中，先后进行过三种不同形式的试验：第一种是小圆塔进口三道孔板方案，在清华大学水利系做1∶60的模型，黄委会水科所做1∶70和1∶30的模型。通过试验发现小圆塔进水口形式的流态紊乱，不宜采用，但多级孔板消能效果显著，经校核水位，每级孔板可降低水头约20米。试验得出孔径比为0.69，孔板间距取孔径的3倍，便可达到消能效果。第二种是将原施工导流洞进口一段封堵，向上弯起另接一个高水位进口，改建成为永久泄洪洞龙抬头进口、在平洞段布置五级孔板消能、出口设尾堰方案，由黄委会水科所许远遥、赵惠琴主持进行比尺1∶30、1∶60和1∶70模型试验，清华大学才君眉主持进行的1∶60模型试验，修改了设计体型，保证全洞形成压力流态，龙抬头段的流速分布比较均匀，合乎理想。出口尾堰和消力池的形式能使流速分布均匀。第三种是多级孔板泄洪洞中间闸室方案，也就是初步设计的选用方案。泄洪洞由导流洞改建而成，洞身中部设中间闸室便于控制运用。闸室前每隔43.5米设一道孔板，共设置了四道孔板。此方案在黄委会水科所比尺1∶30、1∶60和1∶70的模型，清华大学水利系比尺1∶60的模型进行了试验，测定的泄流量超过设计值的约4%。闸室进口椭圆曲线上唇及挑坎上均为正压力，导流洞首端龙抬头反弧段的流速分布均匀，孔板段脉动压力值变化有较好的规律性。试验提出了闸室前通气孔的位置应加以调整。在闸室出口侧壁上设置折流器以消除水翅，改善掺气条件及掺气水流流态的建议。试验的四级孔板消能率很高，可降低总水头的65%。孔板段压力分布均匀。中闸门后的明流段流速和断面形状都能满足设计要求（见图3—10—23）。

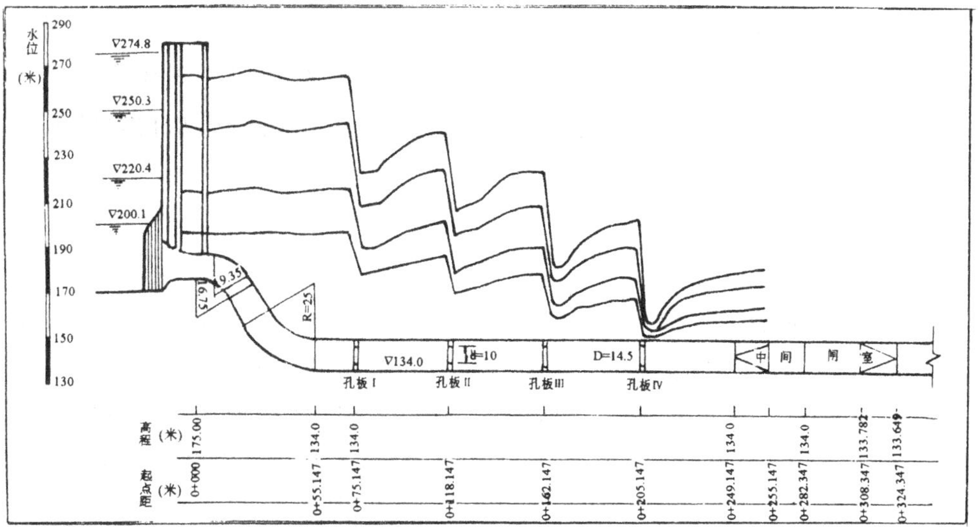

图 3—10—23 小浪底多级孔板布置方案沿程压力分布图

四、坝体泄水孔道

黄河干支流已修建的大坝，有些在坝体中设置了泄水孔道。按其功能有导流、泄洪、冲沙之用；按其位置有表孔、深孔、底孔之分。表孔与坝顶溢流孔相结合，用闸门控制。底孔有的做短期导流运用，有的作永久泄流排沙运用。

（一）盐锅峡大坝泄水孔

盐锅峡水电站施工导流选定明渠导流方案，即在溢流坝内设置导流梳齿底孔，以利施工。1959 年 11 月至 1960 年 4 月由西北勘测设计院委托西北水科所进行水工模型试验，观测不同流量水位条件下导流底孔下游的水流情况，提供设计施工参考。又应设计要求验证了水位流量关系曲线的计算，结论是在大流量时应按半有压流计算，若按有压流计算，泄流量将偏大很多，与实际不符。修改后的设计曲线与试验非常接近，原型实测到的小流量泄流资料也与试验符合，建议不失时机地对高水位的泄流量进行原型观测以检验试验结果。工程竣工，导流洞封堵。

1961 年水电站正式发电后，到 1964 年底大部分库容被淤，因原工程布置未留排沙设施，泥沙经电站进口下泄，水轮机遭受泥沙严重磨损，1975 年甘肃省水电局召开盐锅峡水电站排沙方案研究座谈会，安排电力中心试验室进行水工试验，研究打开导流底孔的排沙方案。模型设计为正态，比尺1∶60。试验得出由于增设了底孔的闸墩，表面溢流孔泄量有所减少。底孔本身的泄量在不同库水位单层过水或双层过水时有所不同。底孔的进口和出口曲线体型设计相宜，但底孔的顶部有较大负压，建议委托水科院做减压箱试验。

（二）三门峡大坝泄水孔

三门峡大坝在苏联初步设计时曾对进口高程为315米、321米、320米的深孔做过1∶75的半整体模型，还研究了278米高程的导流底孔的形状、尺寸和泄流能力。1958年配合技术设计曾进行进口高程为310米的深孔试验，后应中国政府要求又将深孔进口高程降低到300米，经重新试验，验算大坝的泄流能力确定了最好的断面形状，选择下泄水流与下游水面衔接以及护坦的合理型式。为了避免深水孔各闸门门槽及埋设件遭受气蚀损坏，试验确定将闸门槽上游边缘作成圆弧形并将闸门槽以下闸墩侧面做成斜坡错距形。

1962年研究三门峡大坝改建方案时，拟将已封堵的导流底孔重新打开，作泄流排沙之用。除对结构应力和施工方法等问题进行科学试验论证外，对工程水力学特性也做过周密的试验研究。1962年7月陕西工业大学水利系接受委托对导流底孔泄流方案做1∶60和1∶30两种比尺半整体模型试验，详细观测各种水力参数的变化规律。试验对设计提出的三种椭圆形进口曲线进行比较后，认为均不合乎要求，推荐了第四种进口曲线型式。对底孔出口消能工程进行了四种选择性试验，建议采用光滑长护坦方案。试验还测定了各种水位下工作闸门门槽、立井的水流情况和闸门后的流态，提供设计参考。

为了配合三门峡第一次改建的设计，论证在溢流坝段内1～3号3个导流底孔打开的可能性，1962年12月至1963年6月清华大学水利系做了两个模型。首先进行比尺为1∶60的单孔模型试验，随后又进行了比尺为1∶75的3孔整体模型试验。试验结果认为：从水力学角度看，底孔泄流排沙方案是可能的；但水流条件比较复杂，应对脉动压力，掺气及气穴等问题作进一步的研究。1964年决定改建工程先作“两洞四管”，底孔试验研究暂时停顿。

1969年6月在三门峡市召开陕、晋、豫、鲁四省会议，决定继第一期“两洞四管”改建工程完成之后进一步改建，要求坝前水位在315米时，下泄流量10000立方米每秒。工程包括：打开8个已封堵的导流底孔，改建成泄流排沙底孔，由水电部第十一工程局勘测设计大队设计，1969年委托黄委会水科所进行水工模型试验。试验采用1∶50比尺的单体模型，首先对表面溢流孔下1～3号3个底孔的进口椭圆曲线设计进行了比较研究，提出了修改意见。又针对有压底孔泄流要求，观测有关的水力学特征数据，并提出关于闸门的位置、高程、形式等建议。嗣后规划设计部门为了保证底孔结构的安全又提出了明流方案，将进口闸孔高度比门后孔身压低2米，经试验认为进口设计适宜，各种水位下底孔均能保证明流状态，但门槽形式直接影响到门井后的冲击波高度和脉动压力，待方案确定后，再深入研究。此外准备打开的4～8号5个底孔是和1～5号深孔上下重叠的双层泄水孔，两层孔进口高差20米，出口水流在坝坡面上交会。仍按压力流和明流两种方案进行试验。压力流方案的试验结果认为深孔和底孔出口段尚不致产生空穴水流，而圆弧形交会部位是否能产生空穴，建议在减压箱内进一步试验论证。明流方案的试验结果认为在深孔出口新建一层护坦板，末端设鼻坎挑流，水舌挑射处错后于原有底孔护坦挑坎5～15米，各级水位下两股水舌在空中交汇，影响了底孔的出流。这些问题也有待方案确定后再深入研究。鉴于压力流方案泄量大，造价低，试验认为较明流方案可取。

在改建施工阶段，清华大学、黄委会水科所，水电部第十一工程局于1970年和1972年又进行了双层泄水孔的常压水工模型试验和减压水工模型试验，模型比尺为1∶60，着重研究改建工程的最终布置方案——原有封堵底孔用的进口斜门改作深孔和底孔共用的事故检修门；原深孔的检修门改为深孔工作门；原深孔的工作门槽从深孔底部300米高程向下打通一个门井，达到底孔280米高程的位置，改为底孔的工作门。这种布置方案具有双层泄水流态复杂、门井串水，上下两层出口水流交汇处可能引起空蚀，产生较大的动水脉动压力和坝体振动等一系列问题。通过试验研究，分别测定了底孔单独泄水、深孔单独泄水和双层孔泄水的水力学特征以及各级水位的泄流量。双层孔过水时的泄流量由于出口压坡线抬高和门井串水作用的影响比底孔、深孔单独泄量分别减小4%～9%和3%～6%。原设计门井下游面上下棱角均为锐缘，在减压模型中能观察到棱角后面有空穴发生，修改棱角为曲线型后消除了空穴。门井串水时的流态比较复杂，但从总体看门井的工作情况尚能适应高速水流的变化。设计所关注的双层孔尾部交汇三角带处的水力特性，在试验中观测到压力变化都是正压，所产生的气囊或空腔是门井串水挟带空气泡随底孔出流聚集该处而成，并非空化的结果。综上所述，试验对于双层孔设置方案的水力特性认为是满意的，改建工程的8个底孔已于1970年6月～1971年10月先后打开运用。

(三)刘家峡大坝泄流孔

刘家峡大坝泄水孔道设置在主坝紧靠左岸的第八坝段内，进口为两个3米×8米的矩形短管形孔口，工作闸门后为无压流，泄水道出坝体后合并为一宽8米全长228米傍山修筑的明渠陡槽，由直变弯，末端水流经鼻坎挑向河心扩散消能。设计70米水头的最大泄流能力为1500立方米每秒。1964年在水科院做1∶75的局部模型试验，论证了泄水道方案的可能性，1965年做1∶30的进水闸门水力学试验，进行了泄流能力、门槽段压力分布、闸门启闭力和通气量方面的观测工作，明确了进口段各部位的体型轮廓尺寸。从1966年起，配合施工现场的实际要求，又在1∶80的整体模型中继续对若干不同布置方案，进行了试验研究，最终选定方案用了折流器鼻坎的体型布置见图(3—10—8)。试验成果是：设计水位的泄流量符合设计要求；进口闸门前有压段无负压出现；闸门后为明流，双孔开启时，水流出坝体后虽产生一定的冲击波，经弯曲明槽段调节，水面线较平稳；单孔开启时则冲击波很高，有必要加高明槽两侧墙高度以免水流外溢或溅出墙外。

(四)故县水库大坝泄水孔

洛河故县水库大坝10#坝段的泄洪底孔进口为一短压力进水口，底部为水平的，设计高程为472米，长度为11.882米，由进口曲线段，事故检修门槽段及出口段等三部分组成。设计单位要求就泄洪底孔水力学问题进行试验研究：(1)控制下泄1000立方米每秒时的流态；(2)工作门全开时的库水位与流量关系曲线；(3)选择最优型设计。

1980年黄委会水科所根据设计要求，做了水工模型试验，比尺选择为1∶40。首先对原布置方案进行试验，其次是修改方案，最后是斜坡方案，见图3—10—24。经过试验比较认为：斜坡方案流态及压力分布较为合理，事故门和弧形工作门后通气孔的设计是比较合适的，底孔可以保证明流状态，因此推荐斜坡方案。

1983年由于规划变更及地质条件变化等原因，枢纽布置有所修改，又在17坝段增设一个7米×9米泄洪中孔，总长171米，由进口段、明流洞段及出口段组成，设计最大泄流量为1500立方米每秒，设计部门要求对流量、流态、水面线、压力进行观测。黄委会水科所根据要求，进行单体水工模型试

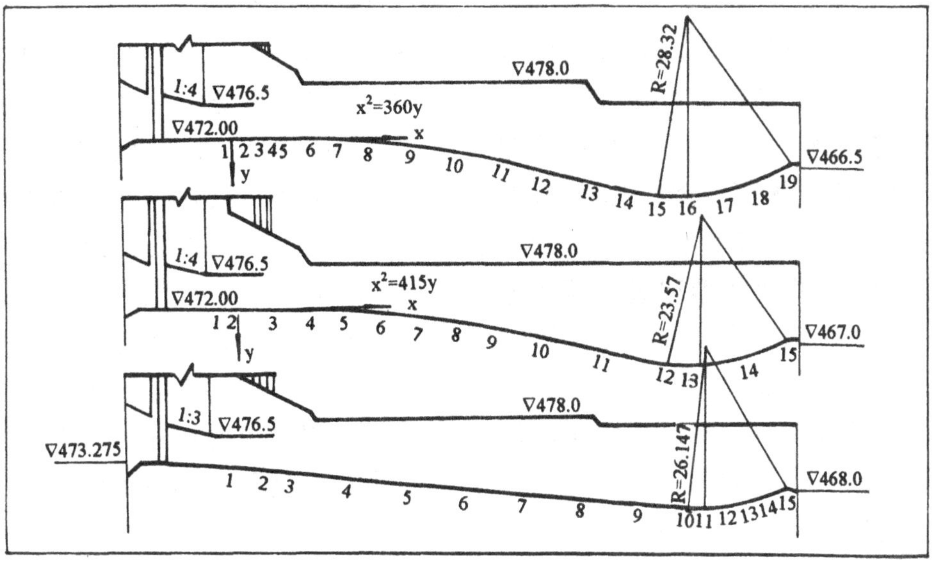

图 3—10—24　故县水库泄洪底孔工程布置图

验，模型比尺为 1∶100，进行了泄量、流态、水面线、压力等项观测，然后将它安装在整体模型中进行试验，选择最优底坡、明渠长度、挑坎形式。试验结果：泄流能力大于设计值；压力分布平顺无负压；工作门后水流顺畅，水面线光滑。唯挑出水舌冲击岸坡，经试验修改挑坎形式并缩短了明渠长度，使水舌向河心呈扇状高挑扩散，减小了冲坑深度，收到良好的效果。

在 12#～14# 坝段设有 3 个为施工后期运用的导流底孔，按 50 年一遇的标准设计，泄流量为 2680 立方米每秒。在 1∶50 的单体模型中试验：(1)对进口曲线的设计形式进行了修改，消除了负压；(2)测定洞身段的水力学特征，虽局部洞身段因波状水跃触发满流流态，但无碍于泄流的正常运行，且在完成导流任务后即予封堵，所以不须修改；(3)对于出洞水流与尾水的衔接，观测到急流水舌底部有一个随流量增大，范围也加大的逆流低速区，但不致产生很大的冲刷深度，同时主流潜入河床引起的冲刷坑也不致危及坝址安全。

(五)龙羊峡大坝泄水孔

龙羊峡水电站拦河大坝高 178 米。泄流建筑物除右岸溢洪道外，在坝体内还设置了 3 个深式泄水孔，正常运用水头分别为 120 米(底孔)，95 米(深孔)、60 米(中孔)，各孔均属压力短进水口体型，长度分别为 63 米、49 米、48 米。有压段出口设弧形工作门，门后接明槽陡坡段傍山开凿，长度分别为

237 米、187 米、217 米。1982 年以来西北水科所配合设计单位对水电站的整体泄流运用进行了多次模型试验研究并对各泄水道的水力特性做了单项试验。以深孔泄水道为例，模型比尺采用 1∶50，1982 年对原设计方案验证了体型的合理性，结论是泄流能力满足设计要求；有压段没有出现负压；进口平板检修门槽体型合理（水流空化数大于初生空化数）；只是明槽段的体型和通气槽的工况流态不够理想，须加以修改。1983 年进行修改设计方案的试验，针对明槽段体型和通气槽问题，经过 10 余组试验提出了 1984 年的优化方案，将坝后坡度由 17%改缓成 10%，另在明槽段中部加设第二道通气槽，满足了设计要求。在研究峡谷高坝，多层次泄洪工程布置的下游消能问题时，西北水科所运用调整曲面贴角鼻坎体型，采用以纵向拉开扩散为主的挑射水舌，有效地解决了复杂边界条件下消能防冲问题。对于中孔和底孔的水力学试验，大体上和深孔类似，不再赘述。

五、溢洪道（陡槽）

黄河干支流上兴建的水库，大坝泄流建筑物有的在岸边利用有利地形采用溢洪道以渲泄设计洪水或非常洪水。由于泄流量大，底坡陡，有必要通过模型试验配合设计计算解决工程中的水力学问题。

（一）汾河水库溢洪道

黄河支流汾河水库位于山西省娄烦县下石家庄汾河干流上，距太原市 95 公里，水库任务是防洪、灌溉、供水、养鱼兼顾发电，拦河坝为均质土坝，最大坝高 61.4 米，溢洪道位于大坝右侧山沟内，工程于 1958 年 7 月动工，1961 年 5 月竣工。

溢洪道堰顶高程 1127.5 米，净宽 20 米，弯道段设计半径 R＝250 米，中心角 $\theta=27°$，由北京水电勘测设计院设计，1959 年设计者委托山西省水科所到工地做溢洪道试验，比尺选用 1∶50，测得试验资料有水面线、水位流量关系曲线等，流态很不理想，必须进行修改试验，以求得到经济合理的结构形式。经过两次修改比较试验，根据试验成果并结合工地具体条件，提出意见：(1)弯道半径加大到 R＝300 米较宜，挡水墙的底板高程及断面仍维持原设计不必修改；(2)在设计流量情况下，(Q＝937 立方米每秒)，流态较好，但在小流量(185 立方米每秒)时流态较乱。

(二)陆浑水库溢洪道

溢洪道在库水位为329.36米时,设计泄量3840立方米每秒,采用12米×11米3孔敞开式闸,并用弧形闸门控制,闸底高程为313.0米。出闸后为渐变收缩段,底宽25米,下接半径R=210米弯道长213.9米及挑段流长50米。

1962年2月开始,黄委会水科所根据设计要求做了溢洪道水工模型试验,比尺为1:70,结果表明:(1)溢洪道在各级水位下的过水能力满足设计要求;(2)弯道水流情况较好,冲击波影响甚微;(3)挑流坎下游局部冲刷在模型中不能代表实际冲刷深度,只能定性显示各种情况下相对冲刷深度,由于水流出坎后沟道内无固定之下游水位,在运用初期,局部冲刷和沟道普遍冲刷,二者相互影响相互制约,当沟道下切严重时,必须考虑挑流坎基础稳定问题。

(三)刘家峡水库溢洪道

刘家峡水电站的溢洪道位于电站右岸山凹,为黄河的古河道。设计采用3个宽高为10米×8.5米的溢流孔,工作闸门为平板闸门,自进口至出口全长873米。1970年试验在水科院1:80的整体模型上进行。试验对进口段溢流堰堰面曲线及胸墙的型式、泄流能力及压力分布测试后做出了较好的布置方案:出口段的布置经过几个方案的比较,选择了边墙转折、底部倾斜、水舌能挑向河心的鼻坎型式。鉴于溢洪道陡坡长达800多米,流速高达20~34米每秒受边界条件的影响易产生冲击波,为避免其危害,须严格控制衬砌表面平整度等施工质量,闸门的运用方式则以3孔齐步全开或半开为好。

(四)小浪底溢洪道

黄河干流小浪底水库工程,溢洪道初步设计为直槽,进口为8米×9米的三孔闸,进口高程为245米,下接一宽40米收缩至30米的渐变段,长30米,出口挑流坎顶高程为152.9米,当库水位275米时要求泄流量3800立方米每秒。

黄委会水科所为配合初步设计,于1984年做了溢洪道单体模型试验,比尺为1:111.11,试验表明,在设计条件下泄流量为3960立方米每秒,进口流态平顺,泄槽一般流速在20~30米每秒,下游冲坑达30余米,其最深点距挑坎约 100 米。

第三节　施工导流、截流、围堰工程

黄河干支流上先后兴建的三门峡、刘家峡等大型工程，在施工中首先遇到的就是导流截流的有关问题。由于每个工程的水文、地形、地质条件各不相同，导截流采用的方式、方案也不相同。一般导流方式有明渠、明流洞、围堰过水、坝体孔口等；截流有用平堵、立堵或二者兼用的方式，施工方法随之而异；围堰也有混凝土拱、土石围堰等不同结构形式。情况非常复杂，要想用理论计算得到精确的答案是比较困难的。因此，要求通过水工模型试验配合整个施工过程提供科学分析数据，概括起来有：水流条件（水位、流量分配、龙口落差、深度、流速等）抛投物料条件（块体形状、数量、重量、稳定性、流失量等），以及相应的施工方法。通过实践检验，一般均取得良好的效果。

一、三门峡导流、截流模型试验

1956 年黄河流域规划委员会委托黄委会水科所利用过去的洪水验证模型进行施工导流试验。要求研究在各种施工围堰布置情况下，上游水位与流量关系及上、下游水流情况，围堰边界流速分布。在模型中观测了单门封闭（即封闭人、神、鬼门中的任一个）单门过水（即封闭三门中的任何两个）及只留娘娘河过水（封闭三门）等 7 组布置方案，流量范围从最小 500 立方米每秒到最大 25000 立方米每秒的试验资料提供设计和施工单位参考。

原设计施工布署分两期导流：第一期围堰围住左岸基坑，河水经神门河和鬼门河下泄，进行左岸溢流坝底部施工导流梳齿工程；然后拆除围堰，在神门、鬼门河截流，使全部水流经左岸梳齿下泄，再进行第二期围堰和右岸主体工程施工。

1958 年三门峡枢纽技术设计截流施工方案做出后，曾由全苏水工科学研究院水力实验室用比尺 1∶120 的模型进行校验。要求确定当设计预定的流量为 1000 立方米每秒时的水位、流量分布、落差和流速；确定戗堤外形尺寸，所需块石和人工棱锥体的最小尺寸。并考虑了相当自卸汽车厢的抛石数量和时间比例。按设计所规定的截流顺序和方法完成神门河和鬼门河截流戗堤的堆筑。

同年6月由三门峡工程局委托西安交通大学水利系进行定床水工模型试验,模型正态比尺1∶50。试验除验证苏联设计资料提供的各项必要数据外,还针对截流中出现的问题,研究解决的措施,提出建议。主要有:(1)试验发现神门河立堵截流在水深大于15～20米抛石进占过程中发生边坡坍塌现象,经反复试验提出了多种克服塌方的措施,供施工研究采用。(2)在神门岛泄流道截流中,提出了用管柱桩拦石栅配合抛石进占,代替被冲毁的中墩闸门,经施工采用效果显著。(3)为防止神门河进占中立堵戗堤边坡受鬼门河出流冲刷,选择了在鬼门河出口设置挑水坝的方案,较妥善地解决了问题。(4)若三门峡截流时的实际流量大于设计流量一倍,试验提出了堆筑下游围堰抬高龙口以下水位减低落差,保证了抛投石块的稳定性。此外还根据当时的施工设备,提出改进抛投方法加快进度以提前完成截流工期的建议,以及截流工程的施工规程等。

进占第四阶段合龙前的总流态见图3—10—25。

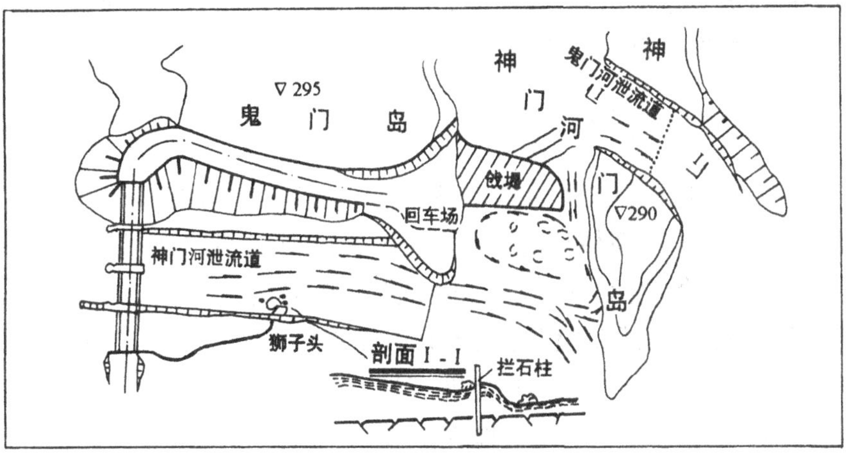

图 3—10—25 三门峡水利枢纽截流进占第四阶段合龙前的总流态

二、刘家峡导流、截流模型试验

刘家峡坝址河床狭窄,截流戗堤堆筑处枯水季节水面宽约50米,因此采用隧洞施工导流,导流隧洞在坝址左岸,长683米,马蹄形断面,高宽各14米,经过15个月的开挖,到1959年底具备过流条件。截流采用左、右岸戗堤立堵进占,龙口缩到19米时,导流洞开始导流。

(一)截流方案模型试验

为解决截流问题,1959 年水科院与刘家峡工程局共同在工地进行了水工模型试验比尺为 1∶50 的动床模型,密切结合实际情况,解决了一些重要问题:(1)根据截流设计流量为 400～500 立方米每秒时进行试验,证明截流时只用石料不用混凝土四面体即可;(2)确定了合理的截流轴线;(3)研究隧洞导流前预进占的可能性及水力条件,决定了预进占截流方案;(4)根据试验成果,决定了隧洞进出口开挖方案(原设计进出口高程为 1610 米与 1609 米,现改为 1617 米与 1615 米),简化开挖工程,并能满足导流的要求。

1959 年 11 月,由于截流工期推迟,预计截流时流量为 220 立方米每秒。在模型中又进行了流量为 220 立方米每秒截流试验,弄清了水流情况,对截流起了指导作用。1960 年元月 1 日零时 50 分,龙口缩至 19 米时,导流洞进出口进行了最后爆破,到 1 时 40 分,隧洞水流趋于稳定,总流量 220 立方米每秒中 100 立方米每秒通过了导流洞下泄,截流成功。在截流过程中观测资料与模型试验成果大致符合。

(二)刘家峡导流模型试验

1958 年原设计导流方案为枯水期采用一次围堰,隧洞导流与上下游均为过水围堰,汛期采用坝体底孔、部分坝体缺口与隧洞组合泄洪,水科院对该方案进行了试验,先后完成了《刘家峡导流洞试验报告》(1∶100 整体 1958 年)《刘家峡导流试验报告》(1∶100 整体包括上下游过水围堰及导流底孔,1959 年)《刘家峡水电站上游堆石过水围堰断面模型试验初步报告》(1∶30,1∶50,1959 年),并在工地完成了《刘家峡水电站导流隧洞水力模型试验报告》(1∶50 整体 1959 年),即截流方案模型试验成果。

1963 年 8 月北京勘测设计院提出导流方案:原上下游过水围堰均建成不过水围堰,取消底孔,坝体留设两个坝体中孔,坝体缺口和左岸导流隧洞组合泄洪。1964 年 5 月设计院重新提出导流方案,取消坝体中孔,增设右岸导流隧洞及凌洪(即 1965 年汛期)坝体缺口组合泄洪,上游采取过水拱围堰,下游采用过水围堰,水科院根据试验要求,做了 1∶80 的整体模型进行试验结果是:(1)泄流能力;在总流量 4000、5370 立方米每秒时,根据不同时期导流要求,在不同导流措施(左、右导流洞、坝顶不同高程、上下游过水围堰——特定高程——等)组合情况下,测得泄量均大于设计计算值。(2)下游过水围堰冲刷试验,在导流期组合泄流情况下,堰顶高程分别以 1623 米(一期),1625 米(二期)及 1628 米(三期)为宜。

刘家峡施工导流工程布置图如图 3—10—26 所示。

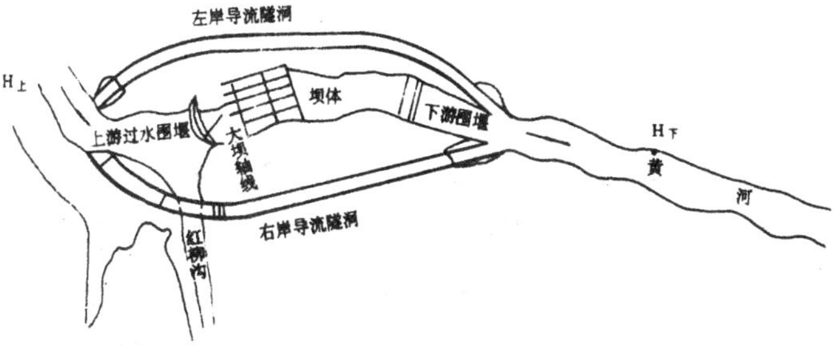

图 3—10—26 刘家峡施工导流工程布置图

三、盐锅峡导流、截流模型试验

盐锅峡水电站施工导流选定分期导流方案,第一期采用草土围堰,围护右岸溢流坝基坑,左岸河槽宣泄;第二期进行截流施工,左岸上下游采用土石围堰,管柱立堵,单向进占截流,即在龙口段预先打一排管柱,作为龙口之栏栅,以增加投料的稳定性,截流后,河水由溢流坝左岸 6 个导流底孔和长 32 米过水围堰宣泄,电站坝段施工。

(一)导流模型试验

1958 年西北水科所根据西北勘测设计院施工设计要求,进行了水工模型试验,比尺采用 1∶100。试验主要是对分期导流的设计方案进行试验论证。中途又要求预示在不同流量水位和泄流布置情况下,溢流坝段导流梳齿底孔适应各施工期的工作条件,给施工设计提供调度运行依据资料。溢流坝内设置导流梳齿底孔,以利快速施工。1～3 坝段内各设两个高 9 米宽 5 米的导流底孔,进口高程为 1577 米,最大泄流量 3600 立方米每秒;4 坝段内也设两个导流底孔,高 9 米,宽 4 米,进口底槛高程为 1599 米,初期泄流量 1600 立方米每秒,施工后期封堵。在溢流坝下游施工时,以已建 3～4 孔坝段之间的坝下游之隔水墙为界。当 1～3 坝段下游施工时,利用第 4～5 坝段和第 4 坝下之底孔泄流;当 4～5 坝段下游施工时,以 1、2、3 坝段泄水、导流方案。

为了解溢流坝下游流速分布情况，1959 年西北水科所根据设计要求，对溢流坝（1～5 孔）和非常溢洪道（第 6 孔）进行了施工导流底孔模型试验，比尺选用 1：100，在设计水位（上游 1614.0 米和下游 1579.7 米）时，对坝下游泄流量及水流情况进行试验，给施工单位参考。

（二）截流模型试验

随着施工的进展，右岸 1～3 号溢流坝段导流底孔完工后，需将左岸河床截流，河水由底孔宣泄，筑二期围堰进行电站坝段施工，截流施工是在设计要求管柱（拦石栅）立堵截流方案条件下进行的。模型试验于 1959 年在西安交通大学水利系进行。长度比尺 1：80，试验建议抛投体材料的大小尺寸和重量折合成原体使用了 10 吨四面体，6 吨铅丝笼和 6～9 吨块石串，备料数量按试验的 2～2.5 倍考虑。试验中吸取了三门峡截流中柱桩拦石栅防止抛投物流失的经验，实践证明起到了显著的作用。截流完工后又进行了模型验证，所得各水力条件与原设计立堵截流流量大小范围内的结果相差无几。

四、青铜峡导流、截流模型试验

青铜峡枢纽施工分三期导流：第一期围堰围护左右两岸基坑，河水由束窄后宽约 110～150 米的中间河床导流，进行左岸挡水坝、河西渠首电站、右岸挡水坝导流梳齿的施工。第二期围堰将中间河床截断，河水经由右岸 12 个 6.5 米宽的导流梳齿和开挖出的上下游导流明渠下泄。在二期围堰的基坑内进行 8 个闸墩式电站及与之相间隔布置的 7 个溢流坝段的施工。第三期导流是封闭梳齿孔，河水由电站泄水管下泄。导流模型试验于 1958 年由水科院制作，比尺为 1：80。对于第一、二期围堰分别按不同频率的施工期洪水流量放水进行观测，并校核设计的堰顶高程作为施工的依据。实践证明经过 1958～1961 年施工期几度洪汛期和低水期的考验，效果良好。

1959 年在西北水科所进行截流模型试验也采用 1：80 模型比尺。根据设计方案有立堵和平立堵结合两种，均采用双向进占施工。根据该处河床有 8～10 米厚砂卵石覆盖层的情况，确定做动床试验。试验给出当最大截流流速为 6 米每秒时，围堰坡脚受冲后应防护的范围，以及采用护底材料（块石和石笼）的大小、数量。后来从基坑抽水后现场观察，石笼及块石护底没有走动，证明设计和试验符合实际。

五、花园口截流模型试验

原型截流方案采用秸料埽立堵进占，截流步骤是：当泄洪闸建成未导流之前按北攻南守原则进占，在南岸废土堆与67坝接头部分接长70米，作为南大坝的一部分，这时龙口段长度为230米，然后先由北岸开始进占，当龙口宽度缩至110米时，南北两岸同时对进，泄洪闸开始分流，待龙口宽度为50米时，投下龙门埽合龙闭气。

花园口工程指挥部对这一方案提出截流量为3120立方米每秒、1750立方米每秒、910立方米每秒等三种方案的试验内容：

1. 试验泄洪闸未导流前，每进一占(15米)作为固定岸，上游口门断面冲刷情况，龙口上下游水位与流速分布；

2. 当龙口宽度缩到110米时，泄洪闸分流与龙口的流量分配关系，以及50米时龙口附近冲刷地形与水流情况。

1960年3月工程指挥部委托黄委会水科所进行花园口水利枢纽截流模型试验，因河底为细砂，在龙口上下游地形做成动床，采用$D_{50}=0.8$毫米的煤屑按自然地形铺设，模型比尺选为1∶100。

试验结果是：

1. 从截流进占开始到快要合拢的整个过程中，上游均有贴坝侧向水流产生，严重冲刷坝头，并在口门以后造成回流淘刷河床，必须加强防护南北两岸坝头及坝脚；

2. 当龙口缩到110米时，泄洪闸开始分流，虽然闸前围堰扒开200米，但由于围堰顶及闸后尾水渠底成为控制断面，过闸流量较小，围堰顶及尾水渠流速小，不可能很快冲开增大泄量，随着龙口宽度的减小，单宽流量随之增加，口门冲刷加剧，影响埽坝的安全，因此建议闸前围堰及闸后尾水渠要设法尽量挖低、扩宽；

3. 模型所测口门流速、水位、冲刷、流量分配等数据，对施工调度具有主要参考价值。

花园口枢纽是在平原河道上修建的工程，河道宽浅，河床极易冲刷，变迁无定，截流沿用传统的堵塞大堤决口的方法，在正河上进行截流的，其施工经验和试验资料对今后类似的工程不无参考价值。

六、天桥水电站导流、截流模型试验

(一)一期导流、截流方案(即水寨岛左岸中方案)

设计者根据天桥电站坝址的地形特点及水寨岛左岸中方案的水工布置情况,主要建筑物(厂房、闸)的施工期间,拟采用一次将左岸河道拦断,利用右岸河道宣泄洪水的导流方式。主要建筑物在上下游围堰及水寨岛(作为纵向围堰)保护下进行施工。

在大河右岸过水之前,于右岸河道滩地开一引水渠,为了使河水顺利地进入引水渠,拟在截流轴线以上约450米处,靠左岸修建一座挑水丁坝(长120米与左岸岸边夹角45度,向主流方向伸出),利用丁坝挑水将黄河主流导至右侧。

截流主要采用戗堤从两岸进占立堵的方式,同时辅以平堵的方式护底,以保护沙质河床在进占合拢时不受冲刷淘深。

黄委会水科所于1970年3月受电站工程指挥部的委托,利用原有1∶100整体模型对一期导、截流施工方案,进行了试验,研究了在设计截流量800～1200立方米每秒,龙口宽度60～80米时,流态、流速和引水渠的过流情况。于1970年6月一期导、截流完成。

(二)二期导流、截流方案

1970年6月完成第一期截流后,在水寨岛左侧的泄洪洞、泄洪排沙洞和电站于1975年下半年基本完成,拟在1975年11月进行第二期导、截流。修筑第二期围堰,保证右岸土坝施工。导流期间泄水建筑物泄洪闸(7孔12米×6.5米)泄洪排沙洞(3孔7.5米×5.5米),排沙底孔(8孔6.5米×2米)等均参加泄流。

根据坝址地质条件和龙口水力特征,采用平堵和立堵结合的截流方式。从右岸和第一期围堰在小岛一端接头处同时向河心进占立堵截流,使河水通过拆除后的第一期围堰经泄水建筑物泄流。

为了确定第二期导截流各部位建筑物的控制高程,二期上下游围堰和戗堤、一期围堰的拆除,右岸新建挑流丁坝,左岸丁坝的拆除,引渠的开挖和冲刷,龙口的水力特征,以确定二期导截流施工方案,1975年1月工程指挥部委托黄委会水科所进行了模型试验。长度比尺1∶60。试验结果认为采用平堵和立堵相结合的施工方案是适宜的:通过对四个设计方案的定床和局部动床试验比较认为模型采用黄河1975年汛后义门河段主流一直偏左岸，为了论证主流靠左岸情况下戗堤由左岸一侧预进占的可能性，以及对上游滩地冲刷有利条件，在模型上人为地将主流调整到左岸的第四方案，分流顺畅，因此建议按制定的进占次序和龙口位置安排施工（见图3—10—27）。

七、龙羊峡水电站施工导流、截流模型试验

黄河龙羊峡电站工程局于1978年9月根据国家发电期限的要求和施工总进度的安排，拟定在导流隧洞完工以后于1979年11月间进行河道截流，然后进行上游混凝土拱围堰及下游土石围堰施工，为主体工程的修建创造条件。

（一）截流模型试验

建坝河段的河谷陡峻，水流湍急，平水期河道水面宽仅有40米左右，水深10～12米。从上游主戗堤到下游围堰河道段长1289米，落差9.33米（导流洞不过水），根据这种情况，拟截流流量800立方米每秒为主的截流方案有：

1. 单戗堤进占。主要戗堤选择于混凝土拱围堰以上40米和导流洞进口附近。

2. 双戗堤进占。当一道戗堤截流失败时，可以在其下游360米附近增设一道戗堤，利用左右岸肩削坡的石碴堆入河床，借以形成宽戗堤使水流收缩抬高，减少第一道戗堤落差。

3. 单、双戗堤还不能顺利合龙时，则于下游土石围堰上游处再做一道戗堤，主要是分担部分落差。

1978年9月工程局委托黄委会水科所进行水工模型试验，模型由王荣轩主持，按重力相似，比尺为1：60，首先对不同流量下的截流方案进行了比较试验。同年12月提出了中间报告，主要选定了双戗堤进占方案，建议抛投材料采用25吨的混凝土四面体，委托单位除同意采纳外，又提出：(1)截流量为800立方米每秒为主，同时研究1000立方米每秒截流可能性。(2)测定水力特征（龙口落差、流量、流速分布、水位变化等）。(3)以800立方米每秒为代表研究导流洞洞口前石方开挖高程（2449米、2451米、2453米）对截流影响程度。根据工程局的要求，在原来模型的基础上继续试验。1979年6月提出了《黄河龙羊峡电站导截流模型试验报告》。报告建议：(1)导流洞前

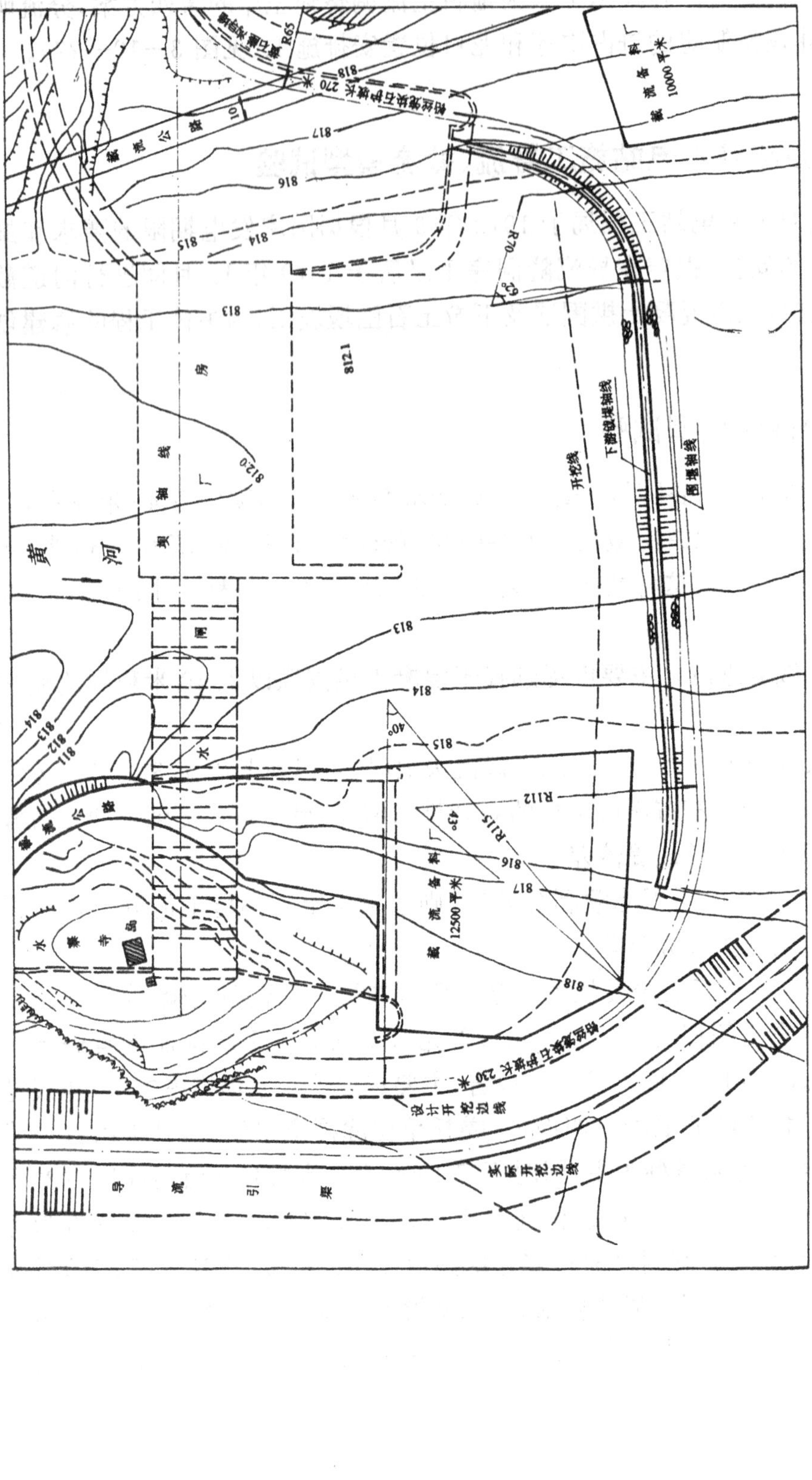

图 3—10—27 天桥电站导、截流工程布置图

的石方应按原设计 2449.0 米清除，最好不要超过 2451.0 米。(2)通过试验认为 10 吨左右石串，20 吨及 25 吨混凝土四面体稳定性较好，适当多备。

导流洞(长 661 米，高 16 米，宽 15 米)于 1979 年 11 月 31 日全部贯通，当时实测河水流量只有 170 立方米每秒。由于截流施工推迟，到 1979 年 12 月，河道水流量减小很多，据此又在模型中进行截流量为 170 立方米每秒补充试验。投放料物体积数量相应减少。12 月 29 日下午 5 时开始截流并进行了观测，河水来流量为 170 立方米每秒，实际截流落差为 1.1 米，截流处峡口宽 53 米，最大水深 14 米，由于石碴堆积，河床淤高，因此决定改为一道戗堤截流，于当晚 0 时 45 分胜利完成截流任务。当截流完成后，在模型中根据实测资料做验证试验，其试验结果与原体基本一致。

黄河龙羊峡截流验证试验平面布置如 3—10—28 所示。

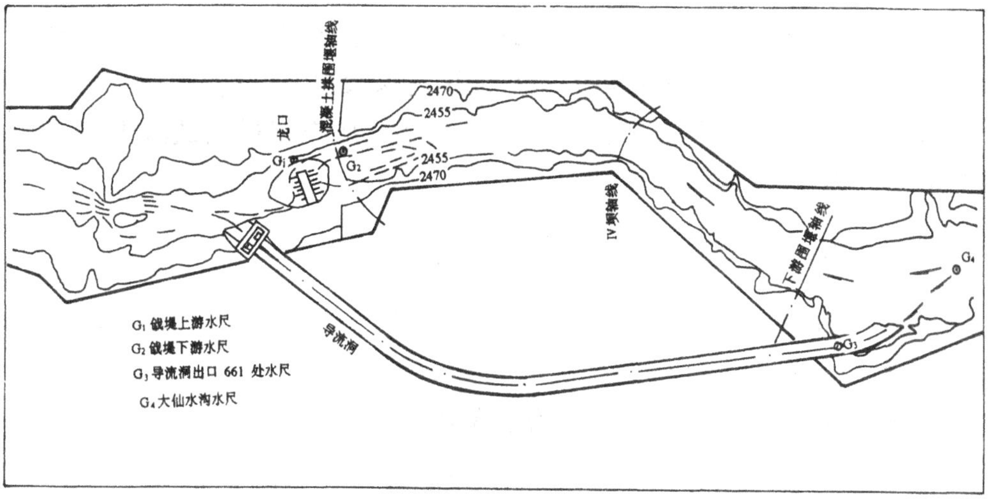

图 3—10—28　龙羊峡截流验证试验平面布置图

(二)1981 年渡汛方案模型试验

截流工程完成后，导流洞开始过水，1980 年汛期最大流量 1940 立方米每秒，已建成的导流洞、溢洪道、上游施工围堰等尚未经过更大洪水考验。倘若龙羊峡上游围堰溃决，下游临近省区将遭到灭顶之灾。为了确保上述建筑物的运行安全，1980 年工程局要求，根据 1980 年汛期实测资料，在模型中验证导流洞、溢洪道的过水能力及所给适用情况下库水位、导流洞进出口、洞内流态、溢洪道出口对上下游围堰坡脚的冲刷、导流洞限流闸门底缘压力变化等，为制定 1981 年渡汛方案提供依据。

1980年下半年，黄委会水科所在原来模型上除按非常溢洪道竣工图纸做了相应修改外，导流洞仍利用已有的有机玻璃模型试验结果表明：

1. 导流洞用闸门控制限流时

(1)库水位抬高，这样正在施工的上游围堰及进水塔均需加高；

(2)洞内流速加大，全洞均在12米每秒以上，混凝土衬砌质量较差地段，将会产生气蚀破坏，导致洞身混凝土破坏；

(3)导流洞出口在泄流量超过2500立方米每秒时水流很乱，主流方向不稳定；

(4)闸门底缘有大片负压，可能引起闸门振动；

(5)降低汛期挡水标准，其相应流量为3150立方米每秒(10年一遇)(原计划50年一遇3800立方米每秒，20年一遇3430立方米每秒)。

2. 不限流时

(1)在流量2000～2500立方米每秒时，洞内水面线在0+540以下超过起拱线(拱线以上洞边墙未衬砌)，有可能引起该段岩石滑坍危及导流安全；

(2)下游施工围堰堰顶防护材料及结构形式应根据模型试验中实测流速考虑其冲刷能力加以选择防护。

(三)1982.年渡汛方案试验

1981年汛期实测入库流量为5570立方米每秒，超过了百年一遇洪水标准。导流洞最大下泄流量4030立方米每秒，非常溢洪道最大分流量540立方米每秒，均超过了设计标准。为了提高电站的防洪标准(施工时期)，将洪水位抬高到2500米运用时，相当于防御500年一遇，对原来已建成的导流洞、非常溢洪道等带来了一些水力学方面的问题，因此，1982年渡汛方面需要进一步试验研究。

1982年3月黄委会水科所根据施工者的要求，重新做了比尺为1∶100的模型。试验观测了当库水位抬高到2500米时导流洞和溢洪道的水流状态。提出了导流洞和溢洪道的进出口防护措施；加高导流洞出口和溢洪道的边墙，加强下游围堰坡脚的防护；加长溢洪道并在上游围堰以上左岸适当地点修筑丁坝以消除回流，减轻对堰脚淘刷等建议。

(四)下游围堰防冲试验

曾于1981年遭到接近200年一遇的洪水袭击，该工程泄水建筑物(导流洞及非常溢洪道)运用正常，挡水建筑物中的上游围堰安然无恙，而下游围堰则在基坑过水后被冲毁。西北设计院考虑到今后安全渡汛和后期导流以及坝内泄水底孔泄流时，可能对下游围堰造成冲刷破坏。为此，提出试验任务：1. 导流洞和底孔同时泄流，库水位为 2490～2500 米时，观测底孔泄流水舌的挑距、落水的位置、冲刷坑深度、水面波动情况，下游围堰堰坡及坡脚等部位的流速分布。2. 坝内底孔单独泄流，库水位为 2480～2495 米时的水力特性，观测项目同上。1983 年黄委会水科所根据这一要求，依照 1983 年汛后的建筑物施工条件，利用了原有的导流工程模型，增加了电站大坝和坝内底孔，模型比尺为 1：100 进行了试验，结果表明：

1. 无论底孔单独泄流或是底孔、导流洞同时泄流都将对下游围堰的安全造成威胁。

2. 底孔水舌直接冲击下游围堰是造成围堰破坏的主要原因，建议：

(1)鉴于坝底孔体型的设计是根据永久性泄流要求确定的，不宜再修改，因此，在施工导流期间尽可能不使用底孔泄流，只使用导流洞泄流；

(2)如果底孔需要参加泄流，则必须对围堰进行局部加固。

龙羊峡下游围堰工程布置如图 3—10—29 所示。

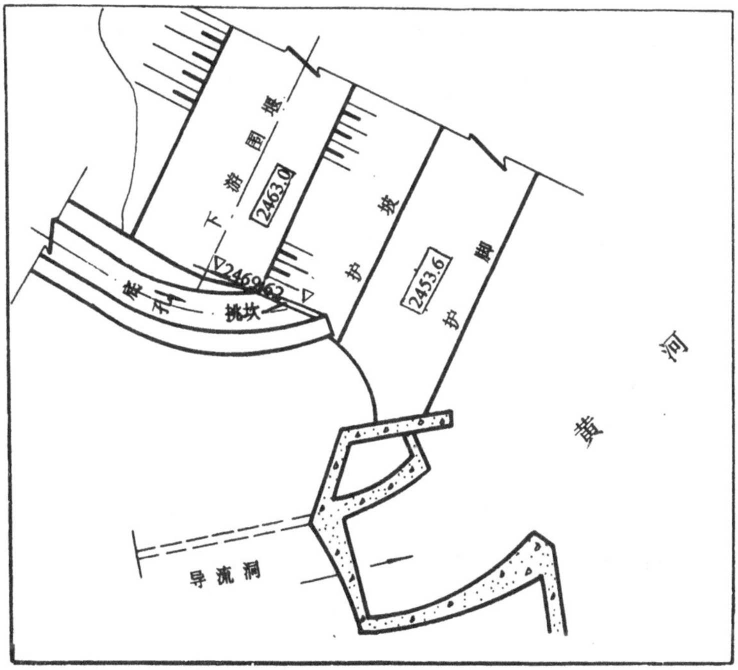

图 3—10—29 龙羊峡下游围堰工程布置图

八、故县导流模型试验

故县枢纽施工分三期导流，模型试验于1979～1980年在黄委会水科所进行，由赵惠琴主持，模型为整体正态，比尺1∶80。第一期导流由导流洞和过水围堰联合泄流。试验对设计的围堰泄流能力和消能布置形式进行校核和修改，认为上下游围堰的泄流能力都能满足要求。原设计上围堰消能经修改为消力戽形式并在右岸修建裹头导流，可以使过堰水流状态大为改善，基坑内回流消失，流速分布均匀，基坑内水流稳定，因此建议按试验方案施工。

二期导流适用于截流后第二个汛期，即当上游水位低于围堰时由导流洞泄水。大流量时通过围堰的流量则经由已建成的3个大坝底孔及预留的10#坝段19米宽的缺口宣泄。三期导流适用于截流后第3个汛期，此时缺口坝段浇筑完成，围堰过水流量全由底孔下泄。经模型试验测定二期导流泄水建筑物的泄流能力可以满足设计要求，三期底孔导流量略小于设计。观测导流底孔的流态，在明流洞的首部洞顶有较大负压，有必要设置通气孔。根据施工进度和导流情况，建议在10#坝段缺口和左侧电站坝段连接处修建短导墙以改善冲刷条件，加强厂房边墙和底孔出口左岸坡的保护。

故县枢纽过水围堰终结布置图见图3—10—30。

第四节　下游河道分洪工程试验

一、北金堤滞洪工程

建国后，黄河下游防洪任务十分迫切，1951年根据国务院《关于预防黄河异常洪水的决定》开辟黄河北岸的北金堤滞洪区，上起石头庄，下至台前县张庄，东西长171公里，上宽4公里，下宽7公里，总面积为2918平方公里。同年4月在河南省长垣县石头庄附近临黄堤上修建长1500米的溢洪堰作分洪口门，设计分洪流量为5100立方米每秒，准备在防御陕县站23000立方米每秒洪水时开启运用。后又在其下游13公里的杨小寨设无控制建筑物的分洪口门一处，以备必要时配合石头庄溢洪堰加大分洪流量。

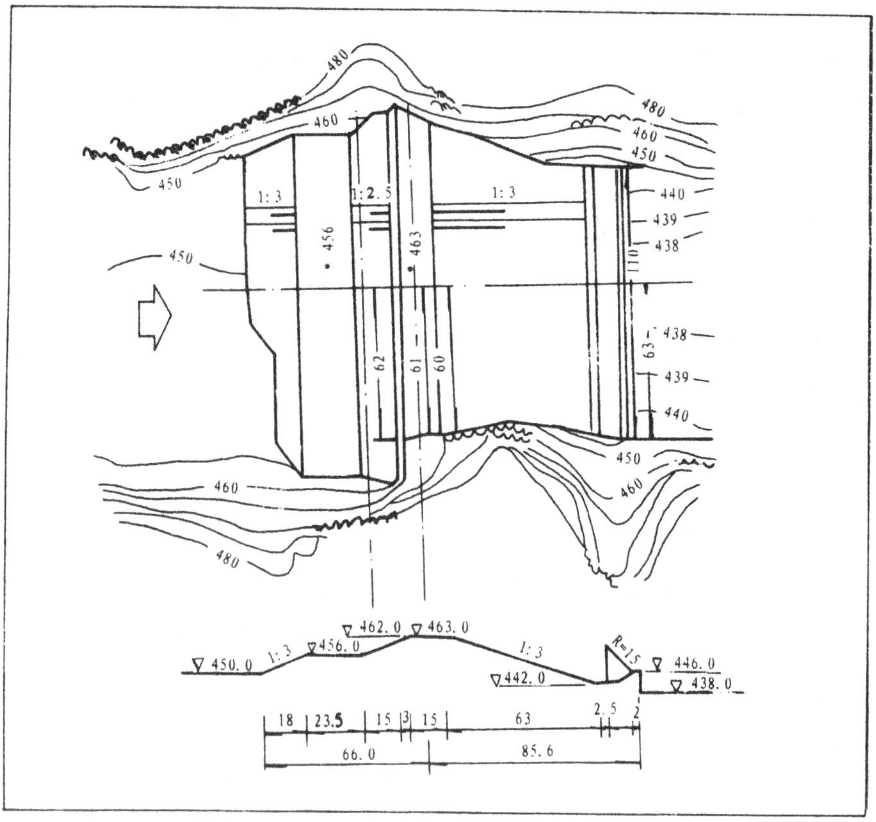

图 3—10—30　故县枢纽过水围堰终结布置图

(一)石头庄溢洪堰分洪试验

1955 年黄委会工务处及河南河务局提出的防洪措施意见中拟在防御秦厂站 20000 立方米每秒以上洪水时(相应于陕县站 1933 年 23000 立方米每秒时该站的过流量)进行分洪。鉴于分洪计算存在问题较多,1957 年委托黄委会水科所做模型试验,验证分洪计算成果。模型设计采用定床变态,水平比尺为 1∶500,垂直比尺为 1∶70。模型范围取自石头庄以上 4 公里至杨小寨以下 4 公里约长 21 公里的一段河道。用 1957 年实测的河道地形和同年 7 月实测 12600 立方米每秒大河流量的水面线做为模型验证的依据。而后在模型中施放大于 18000 立方米每秒(相当于秦厂站 20000 立方米每秒)以上的各级流量,分别测定石头庄堰单独分洪及联合运用杨小寨口门分洪的流量。结果,当大河流量 18000 立方米每秒时,联合运用的分洪流量为

5510 立方米每秒；单独用石头庄堰口分洪只能过 2550 立方米每秒，为原设计值的一半，远远达不到拟定的防洪要求。分洪后的大河流量为 12490 立方米每秒，能否在通过下段河道和山东东平湖自然调蓄后使艾山不超过安全泄流量 9000 立方米每秒，还有待进一步进行全面研究。这一项试验为以后兴建大型的渠村分洪闸提供了科学依据。

（二）渠村分洪闸试验

1975 年 8 月淮河大水后，黄委会根据各种资料分析推算黄河下游在利用三门峡水库拦洪条件下，花园口站有可能出现 46000 立方米每秒的特大洪水。经报请国务院批准决定兴建河南濮阳渠村分洪闸，废除石头庄溢洪堰，改建北金堤滞洪区，当花园口出现 25000～30000 立方米每秒洪水时开闸分洪 7000 立方米每秒并向东平湖分洪，保证艾山流量不超过 10000 立方米每秒。渠村分洪闸位于河南省濮阳县黄河北岸青庄险工上首，闸轴线总长 738 米共 56 孔，每孔净跨 12 米。闸室长 15.5 米，底板高程 59.0 米，原设计闸后接一级消力池，长 30 米；二级消力池长 20 米，池后海漫长 60 米。1976 年经黄委会水科所做 1∶33 断面模型试验，建议一级池底抬高 1 米，缩短 14 米，二级池降低 0.4 米加长 1 米，并提出在分洪时，由于下游水深为零，当下游水位达到 59.6 米以前，海漫上将出现急流产生冲刷。设计单位认为分洪运用机会少，急流持续时间不长还是可以允许的。试验的闸孔泄流能力大于设计值，给出了大河水位和过闸流量的关系曲线以及各种闸门开启度的闸前水位与流量的关系曲线供管理应用。

此外，为了论证这次分洪工程对本河段的影响，又做了两个模型：一个是定床河道模型，水平比尺为 1∶400，垂直比尺为 1∶100；一个是动床河道模型，水平比尺 1∶100，垂直比尺为 1∶80。定床模型主要对分洪量，闸上下游流态，闸门启闭运用方式作了研究。动床模型主要研究分洪前后，闸址上下游河道冲淤及洪水位升降变化。试验结果为河道防洪工程的规划设计提供了论证和数据。

二、东平湖分滞洪工程

山东东平湖，宋代属梁山泊的范围，明清时分割成许多小湖泊洼地。1855 年黄河铜瓦厢改道以后流经其北，夺大清河入海，许多年来河湖不分，汛期黄河涨水从湖北各山口分流入湖。可得自然调蓄之功，起到削减艾山以下窄河道洪峰的作用。建国后正式纳入黄河下游防洪体系，规划分期建设，初期仅作为滞洪区，嗣后为了防御黄河可能发生的更大洪水，经国务院批准提前修建东平湖水库，于 1958 年 8 月动工，仅用两个月的时间，突击修建了长 100 公里的水库围坝，使东平湖蓄洪区形成一个完全封闭的平原水库。为保证分洪安全，相继修建了十里堡、石洼、林辛等闸。并进行了水工模型试验。

(一)十里堡进湖闸试验

位山十里堡进湖闸是向东平湖水库分洪的主要建筑物。原设计 18 孔，每孔净宽 10 米，分洪能力 4000 立方米每秒。1959 年 9 月黄委会勘测设计院委托黄委会水科所做断面模型试验。要求解决闸下消能问题，模型比尺采用 1∶44，经试验观测，建议将原设计一级和二级消力池底降低 0.5 米，海漫降低 2 米，可以满足要求。基坑因基础施工开挖困难，设计单位决定将二级消力池及海漫高程抬高 1 米，并将分洪规模减为 2000 立方米每秒，闸孔减为 10 孔。要求用整体模型再进行消能试验。1960 年 1～3 月用 1∶70 比尺的模型，试验提出了最后修改方案：第一级消力池比设计加长 8.5 米，第二级消力池减短 10.4 米，海漫减短 41.6 米，在维持高程不变的情况下，可以满足消能的要求，但须注意消力池两侧的回流和海漫以下的冲刷，在分洪时应加强观测防护。

(二)石洼闸和林辛闸改建试验

石洼闸和林辛闸也是向东平湖分洪的水闸。鉴于 1975 年淮河发生特大暴雨洪水及黄河下游河床逐年淤积抬高，1976 年黄委会及时修订了防御黄河特大洪水的规划，决定提高东平湖蓄洪运用水位，相应的闸前设计防洪水位抬高了 4～4.5 米，原有的闸室稳定性和下游消能都必须改建加固。石洼闸由清华大学设计队进行改建设计，当年委托山东省水科所进行 1∶26.3 的断面模型试验，同时会同黄委会水科所做了 1∶42 的断面模型试验。前者着重研究将原来闸底形式改建成复合闸底的有关问题。后者着重研究改建后的闸孔分洪能力，闸下游消能工程及效果和下游水面衔接的形式等。林辛闸的改建试验 1978 年 1 月委托山东省水科所进行，比尺为 1∶35，试验内容与黄委会水科所对于石洼闸的研究项目相同。1980 年石洼、林辛二闸连同十里堡进湖闸的改建加固工程基本完成。

三、南岸(垦利)展宽工程

黄河下游河道从博兴麻湾至利津王庄30公里内,两岸堤距一般一公里左右,最窄处小李险工仅440米,有“窄胡同”之称,且麻湾、王庄险工坐弯陡,几乎成90度角,一旦冰凌卡塞,水位陡涨,极易成灾。为此,兴建黄河南岸展宽工程,主要解决这一窄河段凌汛及伏秋洪水的分滞问题。该工程涉及博兴、垦利两县6个公社,平均展宽堤距3.5公里,面积123.3平方公里,近期滞洪库容3.27亿立方米。

为了保证安全分洪在麻湾、曹店修了分洪闸,及章丘屋子退水闸。并对麻湾闸作了水工模型试验。

麻湾分凌分洪闸是山东南岸(垦利)展宽工程的首要门户,闸共6孔,每孔净宽30米,闸室长18米,设计过闸流量2350立方米每秒。1974年在黄委会水科所进行了整体模型试验,比尺为1∶70。试验观测的泄洪能力小于设计值20%,是由于闸前围堰所造成,故须拆除才能满足设计要求。消能工程虽能满足设计流量的要求,但如在分洪时必须提高标准运用,闸门运用以6孔同步开启为宜,出现卡冰阻水时应破冰。

四、北岸(齐河)展宽工程

山东黄河北岸齐河展宽工程,主要是解决济南北店子到泺口窄河段的洪凌威胁。在这一河段,解放前不足百年间曾决口43次,给沿黄人民带来严重灾难。建国后仍是山东省防汛、防凌的重点河段。展宽新堤自齐河曹营起至八里庄,均与黄河北岸临黄堤相接,长37.78公里,平均展宽距约4公里,展宽面积106平方公里,最大库容4.75亿立方米。在展宽区上段临黄堤上修建豆腐窝分洪闸,分洪流量2000立方米每秒。为了确保安全分洪,对豆腐窝分洪闸做了模型试验。

豆腐窝分洪分凌闸原设计6孔,施工时增加1孔,每孔净宽20米,采用驼峰型底板,设计分洪流量2000立方米每秒。1972年黄委会水科所做了7孔闸的整体模型,比尺1∶60。试验结果泄洪能力远远超过设计要求,水位在32～35米时闸孔流量系数$m=0.419\sim0.433$与山东水科所断面模型的结果(当水位在32～34米时,流量系数$m=0.418\sim0.432$)接近。下游的消能布置形式由于受底板的开挖高程所限,只能采用二级消力池形式,经过不同方案的比较，决定了消能工(包括海漫)最终的设计尺寸，并建议分洪流量应严格控制在设计标准内，不宜超过，对分凌运用的方式按冰凌过闸流动的情况拟定了闸门组合的序列。又据试验的流速分析估算，闸下游的冲刷将会冲破粘土层向其下壤土层发展加深，须加强现场观察防护。

第五节　引黄灌溉闸试验

建国后，为了做好下游引黄灌溉的试点，首先于1952年在河南省境内建成引黄济卫工程(人民胜利渠)，从而打破了历史上不能在下游大堤建闸引水的禁区，为黄河兴利开辟了广阔的途径，随即山东省修建了打渔张渠首闸，其后两岸引水灌溉工程陆续兴建，截至1990年下游共建30万亩以上灌区的引黄闸30余座。其中50年代后期结合下游梯级工程规划，修建了岗李、三义寨、位山等大型引黄闸，引水流量一般为几百立方米每秒，而且设计时既要满足近期引水需要，又要考虑远期河道水位壅高后的要求，情况比较复杂。为此曾进行水工模型试验，配合设计、施工，解决泄流能力，消能防冲和闸门管理运用等有关问题。现将各闸试验工作统计列表如下(表3—10—2)。

一、共产主义渠渠首闸

共产主义渠渠首闸原名引黄扩建渠首闸，是为扩大人民胜利渠灌溉面积，补给卫河水量而建，位于人民胜利渠渠首闸上游约500米处。1957年底由黄委会水科所进行模型试验，比尺为1∶50。该闸设计共有6孔，孔宽5米。中间4孔济卫引水流量200立方米每秒，左孔为武(陟)(获)嘉干渠设计引水流量30立方米每秒，右孔为原(阳)延(津)封(丘)干渠设计引水流量50立方米每秒。试验除验证设计引水量外，着重修改原消能工布置形式，建议济卫闸下的消力塘底高程按原设计施工加两排消力墩，然后用干砌块石垫高塘底0.5米；远期加大流量时，拆除块石降低塘底。这样就可以充分满足远近期消能的要求。对于右孔闸建议在闸下弯曲段的起止处加设挑水槛并降低弯道渠底与消力塘持平，以改善出闸水流情况。左孔闸不加修改仍用原设计。试验还给出了闸门操作管理控制运用的工作曲线。

表 3—10—2　　　　　　**引黄闸实验工作统计表**

序号	时间	引黄闸名称	设计		1988年实灌面积（万亩）	模型试验名称	试验单位
			引水流量（立方米每秒）	灌溉面积（万亩）			
1	1956	打渔张	120	153.1	56.32	山东打渔张引黄灌溉工程渠首闸模型试验报告	西北水科所
2	1958	共产主义渠	300	310	142.2	引黄扩建渠首闸模型试验报告	黄委会水科所
3	1958	岗李	300	700		岗李引黄灌溉渠首闸模型试验报告	黄委会水科所
4	1958	三义寨	300	133.2	18	三义寨渠首闸模型试验报告	黄委会水科所
5	1958	大功	23	30.9	24	大功进水闸模型试验报告	黄委会水科所
6	1958	位山	240	432	282.7	位山引水工程渠首闸断面模型试验报告	黄委会水科所
7	1958	韩家墩	60			韩家墩引水闸断面模型试验报告	黄委会水科所
8	1958	北店子	240	500		北店子渠首闸断面模型试验报告	黄委会水科所

二、三义寨引黄闸

三义寨引水闸位于河南兰考县黄河右岸东坝头险工处，建闸时无坝引水，远期为黄河下游梯级开发规划中的东坝头枢纽组成部分。闸共 6 孔，每孔净宽 12 米。设计引水流量 700 立方米每秒。1958 年在黄委会水科所做模型试验，比尺 1∶70。模型范围取一部分河宽使入渠水流具有侧堰的性质。试验着重结合闸门运用，研究了闸前引水渠的水流情况，出闸水流情况和闸下消能。经观测：当闸门全开时，引水渠流速高达 2 米每秒以上，裹头堤坡将被淘刷；而在闸门部分开启，引水量很小时，引水渠流速甚小又会发生泥沙淤积，给闸门管理运用带来一定困难。须在实践中保持闸门常开或轮开冲沙的办法加以解决。闸下消能情况以 6 孔全开控制运用的方式最好，应少用 4

孔或2孔开启方式。

三、北店子引黄闸

北店子渠首闸位于山东省泺口黄河大桥南端上游的北店子村。原设计为3孔,每孔净宽10米。闸后有两个不同高程的渠道,分别接各自的沉沙池。近期引水流量100立方米每秒,远期修建泺口枢纽抬高运用水位可加大到240立方米每秒(高渠道)和330立方米每秒(低渠道)。1958年黄委会水科所做1∶24比尺的断面模型试验,试验提出了消能布置的修改意见并给出了高低两渠道放水运用应如何结合上游水位变化和闸门相应开启管理的工作曲线。

第十一章　专题研究

河流的水力要素随边界条件和时间的变化而变化，用计算方法完成一定边界条件下复杂问题，往往是困难的。如校核历史洪水；因地震或突发战争引起的溃坝洪水计算；因流速提高引起的建筑空蚀破坏等。通常都须借助试验加以解决，这里列专章叙述。

第一节　历史最大洪水

一、验证试验

黄河最大洪水的数据是治黄规划设计和制定下游防洪标准的重要依据。建国前张含英推算陕县站洪水流量最大可能发生 30000 立方米每秒（《黄河志·水文工程》第三篇，1936 年商务印书馆出版）。1951 年水利部水文局局长谢家泽、黄委会水文科副科长陈本善等组成黄河洪水调查组在陕县潼关等地发现清道光二十三年（1843 年）的黄河历史洪水痕迹。经中央燃料工业部水电总局总工程师张昌龄分析推算该年洪峰流量为 36000 立方米每秒，被视为二百年来最大的一次洪水。为了进一步校核这次洪水流量的可靠性，1953～1955 年黄委会泥沙研究所进行了两次三门峡河谷段洪痕验证的试验。第一次所做定床正态模型选用 1∶200 比尺。得到相应于调查洪痕的洪水流量为 36900 立方米每秒，与张昌龄估算值极为接近。1954 年经水利部技术审查认为，欠缺三门峡河谷段下游调查水位，比尺有些偏小，决定再作一次试验。7 月根据新测地形图和补充调查的 1843 年三门峡以下水位资料，重作模型。选用正态模型，比尺为 1∶130。对 1843 年洪痕调查的上下游水位在模型中进行相应的定量调试验证，求得相当于原型的洪水流量为 30000 立方米每秒。两次试验结果都提供黄河规划委员会参考。被采用的数值为 36000 立方米每秒。模型还提供了历史上出现过的 1933、1942、1953 年几次洪水的验证数据。

二、调查研究

1988年中国书店出版社出版的《中国历史大洪水》上卷，载有黄委会勘测规划设计院韩曼华写的《1843年8月（清道光二十三年七月）黄河中游洪水》一文指出：为了黄河中下游防洪规划和三门峡设计洪水确定提供极其重要的依据，开展了调查研究，近30多年以来对1843年洪水研究结果：

（1）根据文献记载，结合陕县水文站自1919年以来水文资料的统计分析，确定了汛初起涨水位和退水规律。绘制陕县1843年8月洪水水位过程线，据陕县历年综合的水位流量关系，得出陕县的流量过程线（见图3—11—1）。

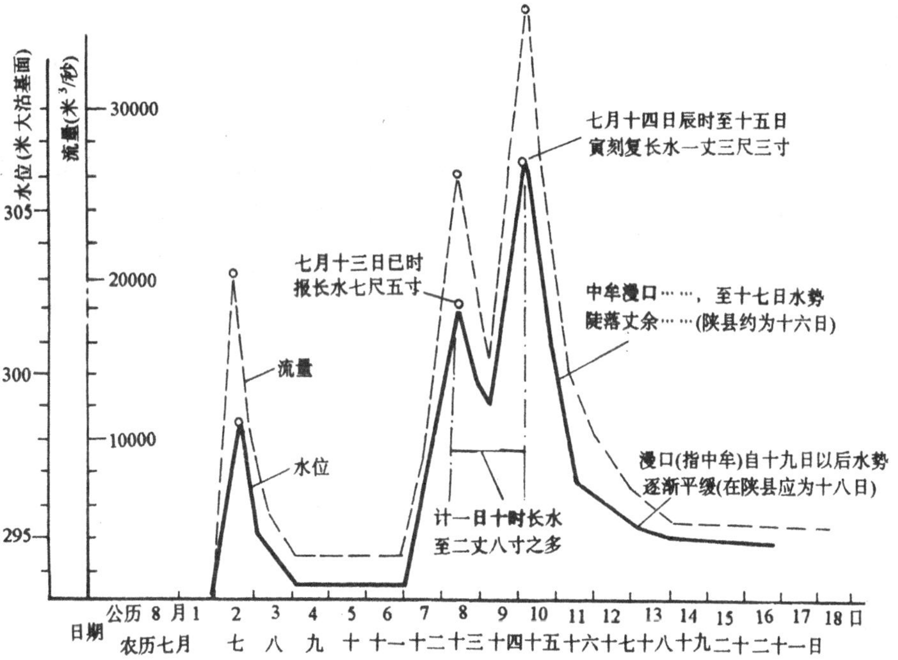

图3—11—1　1843年陕县水位、流量过程图

（2）根据调查到的洪水痕迹，共20余处，水面线与实测低水水面线基本平行（见图3—11—2）。

（3）据中科院考古研究所1957年编写的《三门峡漕运遗迹》的考证，1843年洪水位在该处高程为301.0米。以及对龙岩村于唐开元二十一年

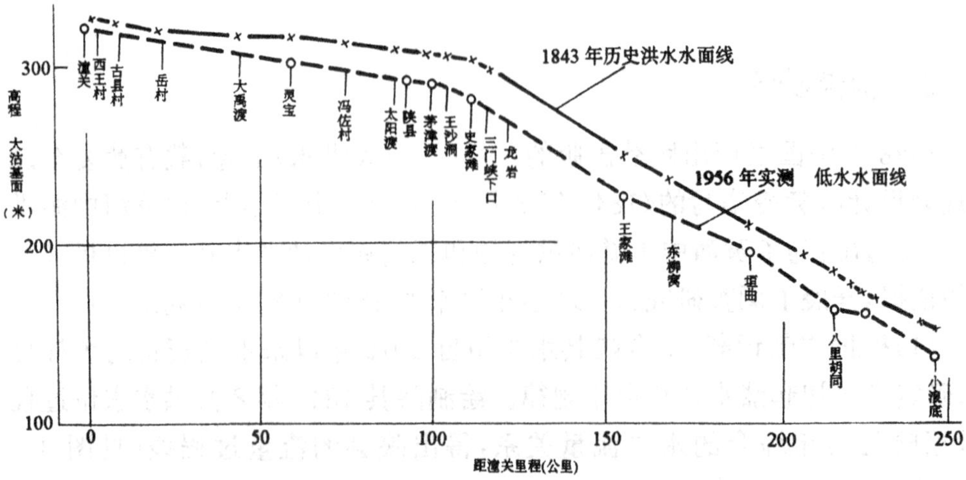

图 3—11—2　1843 年潼关至小浪底河段调查洪水水面线

(公元 733 年)修建的集津仓所在地的堆积物,利用热释光(简称 T、L)法进行鉴定,结果表明:1843 年洪水的河沙层高居于西汉至唐初遗物堆积层之上,其洪水位应是唐开元二十一年以来最高的。

经过反复调查、分析计算和验证,结果认为在干流潼关至小浪底河段,1843 年洪水位是最近 1000 年以来最高的。陕县断面最大流量为 36000 立方米每秒,最大 12 天洪水总量约 119 亿立方米。这场洪水也是潼关至小浪底河段历史洪水考证期内和实测洪水资料中最大的一次。为黄河防洪规划提供了极其重要的依据。

第二节　非恒定流

一、溃坝

建国后大中型水库的兴建日益增多,对于水资源的开发利用产生巨大效益。但由于种种原因,如遇到超设计标准的洪水,设计不周,施工质量差,管理失误或人力不可抗拒的地震、突发战争破坏等等,引起水库工程失事,形成溃坝洪水,也会给国民经济和人民的生命财产造成巨大损失。这一问题已引起人们的高度重视。在工程设计时,曾提出不少溃坝洪水计算方法,由于影响因素较复杂,还须配合模型进行试验研究。

黄河干流上的小浪底枢纽工程在 70 年代初期可行性研究阶段,结合设计计算，由黄委会水科所许远遥主持进行溃坝试验。在工地上做一个平面比尺1：1000，垂直比尺1：100的大模型，在室内做了一个平面比尺1：10000，垂直比尺1：100的小模型。模型范围自坝址以上回水约100公里，下游至花园口130余公里。试验主要解决三个问题：(1)由溃坝所引起的坝下游沿程水位和流量变化；(2)溃坝后洪水在下游流经路线，淹没范围及对下游河床建筑物(桥梁、码头、堤防险工等)的影响；(3)大坝溃决后洪水及最高水位到达时间。试验结果均用图表表示，可供设计参照应用。必要时可以根据花园口防洪标准确定水库安全运用的库水位，并据以确定淹没范围居民撤迁报警等防范措施，将损失减少到最低限度。根据试验结果和广泛收集的溃坝原型资料，经分析研究还提出了溃坝口门、溃坝流量、流量过程、洪水传播时间等有关溃坝水流的计算方法，具有一定的精度，方法简单，易于掌握，可供计算溃坝洪水的参考，已为国内多处采用。

二、水库区滑坡涌浪

水库区的岸坡山体一旦发生滑动，所激起的涌浪将危及枢纽工程安全。滑坡涌浪是一个十分复杂的问题，通过水工模型试验预测滑坡涌浪的发生和传递的情况，以便采取安全防护措施甚属必要。试验项目主要为：坝前涌浪高度、漫坝水体体积、涌浪爬坡范围及传递速度。

(一)龙羊峡库区

黄河上游青海省内的龙羊峡水库库区右岸是严重坍岸地区，经勘察在长3.5公里地段内有9个潜在滑坡体，根据岸坡地质特征和库水位变化条件，对9个地质剖面进行了岸坡稳定分析计算，提出了可能产生滑坡的有关数据(安全系数、估计方量、最大滑速等)。1981年水科院以1：200的正态模型比尺制做。滑坡体的形态和方量按设计提供的平面图和剖面图用水泥沙浆拟制，用牵引电磁起吊装置操纵滑坡运动。试验测得涌浪数据及波动状态通过综合分析，整理出浪高与滑速、涌浪沿程衰减、漫坝水量与坝前浪高以及涌浪爬高与浪高等关系曲线，可据以查知涌浪有关特征值，预报涌浪发生的后果，研究采取降低水位或加高堰顶高程等安全措施。

1985年《水力发电》第7期载有庆祖荫写的《龙羊峡水电站近坝库岸滑坡涌浪问题研究》一文指出由西北勘测设计院提出的滑坡滑速计算方法：(1)严俊龙提出的整体——碎屑流法，可用于计算滑体和碎屑流滑体；(2)张成琪提出的质点滑速计算方法，该法依据重力模型试验原理，引入了材料残峰比的概念。

采用几种方法对查纳滑坡最大滑速计算见表3—11—1。

表3—11—1　**查纳滑坡最大滑速计算对比表(米每秒)**

计算方法	整　体	碎屑流
整体——碎屑流法	38.2	45.3
质点滑速法	34.8	
重力模型试验	34.1～41.3	
调查的平均速度	22.5(最大滑速45)	

通过反复研究，在龙羊峡近坝库岸有可能发生高速滑动的不稳定部位最主要的有三个，影响最大的是农场边坡，其次为龙西、查纳边坡，见表3—11—2。

表3—11—2　**不稳定块体涌浪预测成果**

边坡名称	距离大坝(公里)	下滑方量(万立方米)	入水滑速(米每秒)	失稳库水位(低于坝顶，米)	坝前涌浪高度(米)	漫坝水量(万立方米)
农场	2.8	1076	16.0	80 30 10	24.5 16.2 12.8	
		2142	22.0	55 30 10	31.0 26.0 22.0	6.0 85.0
龙西	3.8	1497	25.0	80 30 10	29.5 16.0 12.3	1.0
查纳	5.2	3511	35.0	40 30 10	18.0 16.5 15.0	50.0
		6927	38.0	40 30 10	26.0 25.0 22.5	8.0 115.0

(二)小浪底库区

黄河小浪底水利枢纽，在坝址上游右岸3.7、2.8和1.3公里处各有一个大滑坡体。预计工程建成蓄水后水文地质发生变化，在8度地震荷载作用下将发生滑动，引起库区产生涌浪并将给大坝工程带来严重威胁。1982年黄委水科所做模型试验，对滑坡体发生滑动后引起涌浪的高度和涌浪漫坝情况进行了研究。模型比尺1∶400。滑坡体用整体混凝土块及散体小方块堆砌而成。分别试验了：(1)施工期围堰挡水位；(2)截流后第三年拦洪水位；(3)蓄水期最高水位三种条件下发生滑坡后库区沿程的涌浪高度。认为围堰顶高能满足要求。截流后第三年发生滑坡时按计划施工进度大坝已超过涌浪能漫顶的高度。而当大坝建成蓄水位最高时滑坡涌浪也不致漫坝。因此采用适当增加围堰和大坝高度的方案比处理滑坡体本身较符合经济安全的原则。

(三)李家峡库区

李家峡枢纽库区的滑坡体共有三处均在峡谷内，其中有一处距导流洞进口很近，另有一处紧靠大坝。为研究滑坡的危害，1988年西北勘测设计院科研所进行了滑坡整体模型试验，模型比尺为1∶220。要求对滑坡体在原位改变不同下滑速度进行试验，这在技术上有一定难度，经采用加力、加阻等措施可使下滑速度的变幅从7米每秒达到20米每秒。试验观测项目包括涌浪高度、对岸爬高、坝面和围堰面上的动水作用力，过坝(堰)水体等。还研究了在施工期滑坡体下滑后经水流冲积的情况以及导流洞被堵塞情况，为设计施工提供依据。

三、调压塔

(一)陆浑水库调压塔

洛河支流伊河陆浑水库于1965年建成。1970年开始增建一条直径为5.7米的灌溉发电洞，主洞长306米，出口经消力池及弯道进入灌溉总干渠。出口的上游约30米处向左分出岔管引入发电厂房，在分岔处至厂房之间建一调压塔，内径16米。黄委会水科所根据任务要求采用1∶50的正态模型试验测定了：(1)调压塔的最高涌浪水位；(2)调压塔的最低涌浪水位；(3)泄洪期塔内最高水位；(4)管道水锤压力；(5)水流流态。认为塔高设计能满足要求。建议电站管道应设有排出积气的措施。

(二)小浪底电站调压室

正在设计中的小浪底水电站地面厂房方案设有调压室。设计单位提出借助试验和电算研究解决:(1)阻抗式调压室的阻抗系数;(2)机组突增,甩负荷条件下调压室的涌浪变化。试验由清华大学水利系主持,正态模型,比尺为1∶33。通过水力模型试验获得不同阻抗孔口尺寸下的不同阻抗系数,再对调压室的涌浪情况进行计算,获得相当满意的结果。

第三节　空化空蚀

泄水建筑物存在不平整度的表面,当流速达到一定程度时就能观测到建筑物表面材料被剥蚀破坏的现象,这就是空蚀现象。空蚀是由于水流空化作用的结果。水流中所含的空气因局部压力降低到接近使其汽化的临界值时便因“冷沸腾”形成充满蒸汽的气泡或空穴,它们随水流进入高压区,蒸汽凝结,气泡突然溃灭,顿时打击固体边壁产生高压高温放电发光现象,由此产生材料的破坏,也就是空蚀。空蚀问题是设计高水头水工建筑物必须慎重考虑的问题,但因空化理论研究尚不能准确地计算空穴的发生及发展,所以试验研究就成为解决实际问题的重要方法。

一、盐锅峡水电站

该枢纽右岸有6个溢流坝段,每段长16米。第4坝段7#、8#两底孔宽高各为4米×9米。原设计在1959年截流当年的汛后至次年汛前作枯水期导流运用后封堵,嗣后因故未能如期封堵,经过一个汛期31米水头超标准泄洪运用,遭到严重的空蚀破坏。两底孔中间厚3米的隔墩墙体在门槽之后,顶板下面被蚀空穿透成长12米,高5米的大空洞。两孔侧墙及顶板其它部分也有大小不同的空蚀坑洞。严重的空蚀破坏引起有关方面特别重视,开展了试验研究工作。试验由水科院主持,西北勘测设计院、南京水科所参加,进行了比尺1∶50的减压模型试验,制作了3个空蚀前未破坏的模型和1个空蚀后模拟破坏形状的模型。前者研究减压前后模型水力学性质的变化,观测项目包括:泄流流态、泄流能力、时均压力分布及脉动压力等。对比模型试验的结果与原型出现的情况是比较符合的。据此分析判断认为盐锅峡底孔的空化空蚀现象是在库水位涨到1613米左右,底孔形成满流时突然爆发的。在满流条件下,门槽顶部过水是发生空化水流的主要原因。从后一个模型看,经过空蚀,其空穴显著减弱,空蚀深度趋于稳定。又由普通不减压的模型结果看,若能掌握最大值的负压资料,则可以用最大压力降落系数来概略估计初生空化数,预示该负压区在原型中将发生空蚀。

二、刘家峡水电站

该工程右岸泄洪洞是利用原导流隧洞改建而成。其底板在运行过程中,发现在改建后的斜井反弧段与平洞连接处产生严重的破坏,破坏范围延伸200余米,除新衬砌的底板被大面积掀起冲走外,基岩也被冲蚀,最大坑深达4.8米。通过现场调查分析,认为是由于施工时残留于底板表面的钢筋头以及不平整突体造成的空蚀破坏。1973年水科院专门进行了比尺1∶55的减压水力学模型试验,以探讨引起反弧段空蚀破坏的原因及修复方案。试验先根据已竣工的反弧末端连接形式进行了验证,表明在1∶15的反坡末端与洞身底板相接处有较大的负压区并产生大的分离型空化水流,又用三根细针模拟钢筋头突体测得的初生空化数远大于原来水流的空化数,说明表面的不平整和底板与反坡的折线连接形状都是产生空化水流的重要原因,加上高速水流的冲刷,造成反弧下游的空蚀破坏。对于工程的修复,工程单位曾提出三种反弧曲线形式,由于受已建工程和施工工期的限制,经过研究,反弧段仍按半径99.65米的单圆弧形式作为修复方案,同时采取以下重要措施:(1)严格控制设计体型曲线;(2)严格控制表面的平整度;(3)反弧段及以下50米范围采用抗空蚀护面材料;(4)制定泄洪洞运用方案及监视措施。修复后于1977、1978年进行过两次原型行水观测,情况正常。

对拦河大坝第八坝段泄水道平板门门槽的形式,1964～1965年水科院水工所曾做过3个模型试验:(1)1∶30比尺不减压模型试验;(2)1∶40比尺减压模型试验;(3)1∶50比尺闸墩门槽水洞试验。经比较8种形式的门槽试验结果,推荐第3种形式。它的初生空化数为最小,漩涡强度最弱,为设计单位所采用。但实际竣工尺寸有所改变。运用几年之后,闸门有较强的震动。1972年8月检查左孔闸门,发现门槽主轨已遭受空蚀破坏。工程单位及时进行了焊补。1973年2月针对左孔门槽业经修补和右孔门槽有待修补的情况,再次进行了1∶35减压模型试验,证明原竣工门槽的主轨面上都存在着低压区,并在模型中重演了原型的空化现象。试验还表明已修补的左孔门槽体形形式较好,不致再发生空蚀,建议右孔门槽也照此修复已为工程单位所采用。经 9 年多频繁运用,1982 年再检查,见主轨面完好,仅由于焊接面不平整有局部轻微程度的空蚀。

对于右岸增建的排沙洞,1973 年也进行了 1∶20 的减压模型试验,没有发现空化水流,可以采用;但因流速在 30 米每秒以上,水流空化数虽较低,施工时仍应严格控制表面的平整度。

三、故县水利枢纽

该枢纽泄洪底孔曾做过常压水工模型试验,但考虑到底孔最大运用水头将近 80 米,为了确保工程安全,验证有无产生空化水流的可能性,黄委会勘测设计院委托南京水科所于 1980 年进行了泄洪底孔减压模型试验,选用 1∶30 比尺。试验结果:在弧形工作门各种运用条件下水流流态较平稳,底孔各部位未发现有空化水流现象,这表明设计选用的体型是合适的。委托单位提出:一旦弧形门发生事故,是否有可能利用事故检修门来控制泄流,并要求观测事故检修门启闭过程中闸门段附近及明流段的流态和压力变化情况。经试验在检修门开度较大时,门槽下游产生空穴,因此不能代替弧形工作门局部开启运行,否则将造成不良后果。

四、三门峡水利枢纽

该大坝原有 12 个导流底孔,已于 1960 年水库蓄水运用前全部封堵。1970～1971 年改建时打开了其中的 8 个用于泄流排沙。这 8 个底孔有 5 个(4～8 号孔)与深孔上下重叠形成双层过水。经过 11 年的运用后,现场检查发现双层孔进口检修斜门槽导轨,底层孔进口顶角隅侧墙,底层孔工作门槽的深孔段导轨和底孔段导轨上部,底层孔底板和侧墙都发生了严重的蚀损破坏。1～3 号底孔是单层泄水孔,检查发现进口检修斜门槽导轨,工作门槽导轨,进口顶曲线与侧墙交汇的角隅区也有不同程度的损坏,闸门已不能正常启闭,危及安全运行。

1981 年水电部天津勘测设计院承担改建及大修工程设计,委托水科院水力学研究所进行水工模型试验,探讨导轨破坏原因,寻求适当大修改建措施。试验分别在循环水洞中做了 1∶30 的斜门槽模型,在风洞中做了 1∶

9.17 斜门槽气流模型。试验认为导轨的破坏是由于泥沙磨损与空蚀的联合作用。改建方案可在门槽上下游加外贴层成为斜坡错距型* 并将导轨顶面改为圆弧形，位置远离槽口为好。

1983 年天津勘测设计院提出改建设计，委托黄委会水科所进行水工试验。单层底孔模型设计符合重力相似准则和空穴数相似准则，选用了比尺为 1∶40 的常压模型和 1∶30 的减压模型。前者研究原有建筑物的泄流能力、流态、压力分布等水力学特性与改建方案作比较；后者研究水流的空化特性，探讨改建方案的效果。水流的空化特性除了用肉眼观察空化导致空泡初生、演化、游离、播散以至溃灭的全过程现象外，还用 CK—1 型超声波空穴探测仪测试空化噪声频谱进行记录分析，从而论证出单层底孔的进口顶曲线处门槽下游方角和该曲线与侧壁交汇的角隅既有负压又出现空化，因而是斜门槽水封座板和侧壁形成坑槽破坏的主要根源；斜门槽导轨的破坏主要是泥沙磨损的结果，分离型的次生空穴加重了磨损程度；工作门槽的减压试验没有发现空化现象，门槽内导轨的破坏主要是泥沙磨损的结果；底板的破坏也主要是由于泥沙磨损。对于单层底孔的改建措施，试验论证了设计提出的将出口压低 1 米、斜门槽型式由矩型改为斜坡错距型，导轨下卧方案可以提高洞身压坡线，消除门槽空化现象效果是明显的，再辅以增设进口门后的通气孔和导轨材料采用抗磨措施则效果会更好一些。

双层泄水孔改建方案也作了减压模型和常压模型试验，试验由黄委会水科所李启迪主持。减压模型做成 1∶20 半孔和 1∶30 整孔，常压模型为 1∶30整孔。试验任务和要求，首先测试原有建筑物的进口斜门槽和底孔工作门槽的水力特性和水流空化特性探讨门槽导轨破坏的原因，然后进行多种改善措施的试验研究和对比分析，提出可行的工程改建方案和建议。门槽空化特性的测试有第六机械工业部第七研究院第 702 研究所参加，使用丹麦 BK 公司生产的 8103 微型水听器及 2307 电平记录仪以及国产 QP374 选频电平表。CK—1 型空穴探测仪进行噪声测量并将其结果进行了对比分析，写有专门报告见《三门峡双层泄水孔门槽减(常)压模型试验报告》(1982 年 9 月)，试验认为在双层孔特定边界条件下，在双层泄流时，进口斜门槽内出现透明螺旋形的弓状涡带，上端伸向深孔边壁，下端伸向底孔边壁(见图 3—11—3)。

---

* 矩型门槽上下游槽壁是等宽的；斜坡错距型门槽的下游槽壁宽度 b_2 小于上游槽壁 b_1，用斜坡面其边壁联接 b_1、b_2。

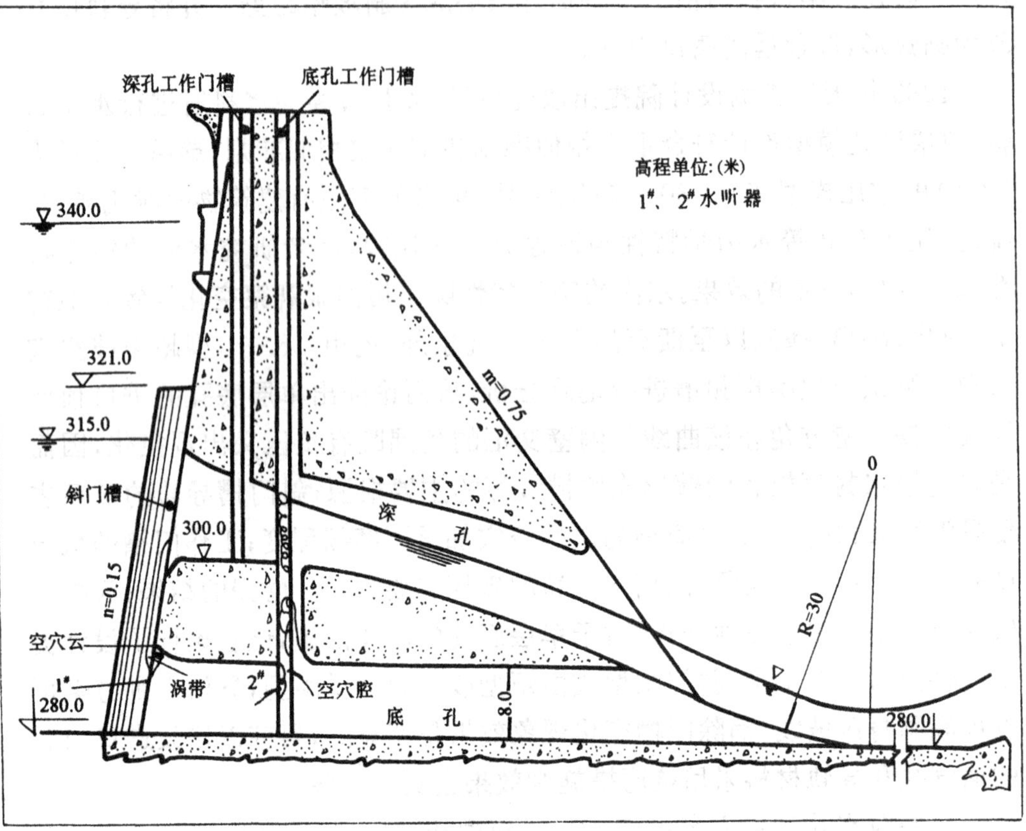

图 3—11—3　三门峡双层泄水孔剖面及空化形态示意图

两端的空化噪声明显大于中部，显示出旋涡空化特征，其上下两端接触边壁溃灭时能引起空蚀，其部位与原型导轨及水封座的破坏范围是对应的。底孔工作门槽在双层泄流时门井串水，也出现空心旋涡，测得噪声谱具有激波型空化噪声的特征，能引起导轨空蚀破坏。又从门槽内涡旋流速和脉动压力的测量推论原型导轨极易被浑水泥沙磨损并发生负压引起次生空化。对于改建方案，建议在进口斜门槽前双层孔之间加设分流胸墙以消除门槽涡带；把矩形门槽改为斜坡错距型标准门槽以降低其初生空化特性；封堵串水门井及底孔工作门槽，另设长臂工作弧门于底孔出口（出口顶部压低 2 米，压坡 1∶7，且在深孔坝面末端设 0.7 米高度的挑坎）。采取这些措施后可期望防止门槽局部空化、减轻泥沙磨损。以上改建方案提出后，设计单位根据上级对初步设计审查批复的意见（第一期施工保持深孔和底孔的工作门槽，将双层孔出口压低2米）要求进行补充试验：进一步确定斜门槽涡带性质，设分流胸墙后形成斜门槽新门井的水力学特性，比较保留工作门槽门井和封堵它们另设弧门两种方案对泄量的影响。补充试验从1985年11月开始。试验主持人改由柴炳钦担任。在此之前柴曾发表一篇论文探讨涡带的性质，接手试验后又对斜门槽内涡带性质再次探讨，以判断导轨的损坏原因及是否需要消除涡带的工程措施。经过分析认为斜门槽的涡带是一个含气量很高的气带而不是旋涡空化带，见《双层泄流排沙孔的水力学问题探讨》。1985年9月，在实验中用QP374电平表量测涡带噪声谱时，将传感器改放在三面隔音的盛水盒内，基本上只接收斜门槽传来的噪声，这样测得的各级库水位噪声谱图形基本无变化，表明了斜门槽内涡带并无空化噪声的特征，因而不必担心它的危害性。鉴于改建方案已拟定将斜门槽改型，从根本上可以改变空化特性，所以设置分流胸墙消除涡带就没有必要了。对于工作门槽封堵与否的问题，从空化特性上考虑涡带既然是气带，反而有利于防止空化，因此可以不封堵。从泄量影响看，底孔出口压低2米，使泄量将有所减少。建议不设分流胸墙，不封堵工作门槽。已被设计采纳，由于门槽空化问题十分复杂，改建之后还有待原型实测验证。对于浑水泥沙磨损问题建议从导轨材料和提高混凝土的抗磨强度问题上研究解决。

关于斜门槽内涡带的性质是气带还是空化带的问题，1985年10月前后有不同的认识，1987～1988年又由上海交通大学工程力学系在上海708研究所二元水洞中进行试验，斜门槽模型比尺选用1∶30。测量斜门槽内压力和速度分布，计算涡带中心的最小压力系数，结合对所测涡带噪声谱的分析判断，明确是一条气带。同时在黄委会水科所的三元减压试验中，由脉动压力的测量数据分析，其脉压波形、脉压频域和脉压强度的变化也不显现空化的特征。鉴于问题的复杂，1989年更进一步组织了原型观测研究（详见本卷第十二章第一节）。

第四节　浑水对建筑物的影响

含沙水流（浑水）对于水工建筑物作用的性质和清水有什么不同，对于黄河这样的多泥沙河流而言，通常是工程设计中所应考虑的问题，对此曾进行以下的研究。

一、浑水对泄流能力的影响

(一)实测资料

1.1977年8月7日,三门峡水库坝前水位308.4米,含沙量为559公斤每立方米,其泄流量为5260立方米每秒,同一水位下按设计泄流能力为6320立方米每秒,这样造成同流量下设计水位提高1.6米,所以高含沙量对水工建筑物泄流能力影响是值得研究的课题之一,见《泥沙研究》1982年4期黄委会水文局罗荣华和陈上群(珠委水科所)的文章《高含沙量对泄流能力影响的分析》分析三门峡水库泄水建筑物泄流时,当含沙量大于500公斤每立方米,实测流量小于计算流量的原因有二:一是含沙量对流速仪的影响,所测流速偏小,因而流量偏小,二是含沙水流使泄水建筑物流量系数变小而使流量偏小。

2. 杨廷瑞、万兆惠(陕西省高含沙量引水实验研究小组)写的论文《高含沙浑水利用问题研究》指出:

1977年宝鸡峡引渭灌区采用流速仪实测过堰流量与公式(清水)计算作对比,实测值与计算值接近,见图3—11—4。说明过巴歇尔量水堰时的流量系数不变。

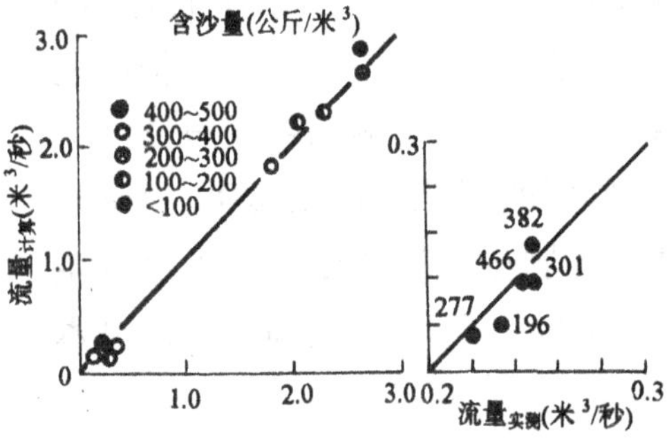

图 3—11—4 宝鸡峡引渭灌区过堰计算流量与实测流量对比图

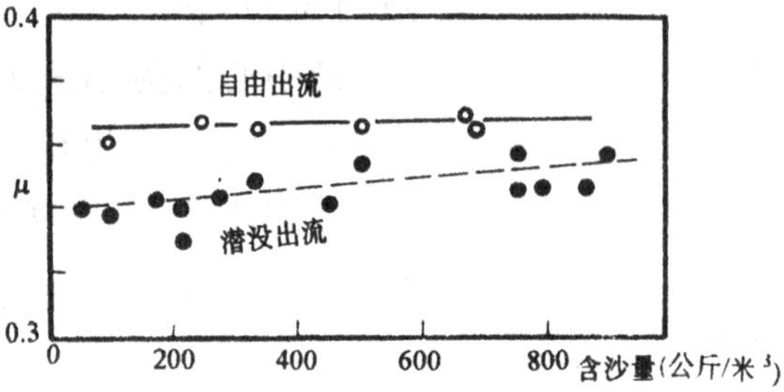

图 3—11—5 流量系数与含沙量关系曲线

1978年对洛惠渠的西干渠堰孔出流进行观测,闸孔的流量系数接近常数,随着含沙量的增加略有增大(见图3—11—5)。

3. 宝鸡峡引渭塬下段家湾虹吸,通过高含沙浑水时,过流能力由22立方米每秒,提高到24立方米每秒。

(二)模型试验

为了测量水槽的过水能力和过清水与浑水的区别,黄委会水科所于1984年针对王茂沟量水槽设计最大流量为45立方米每秒,最大含沙量为900公斤每立方米进行了模型试验,比尺采用1∶60,模型沙选用黄河花园口淤积的泥沙平均粒径为0.023毫米,试验结果是:经过清浑水试验对比,可以清楚地看到含沙量500公斤每立方米以上时,模型中量水槽的浑水泄流能力普遍较清水泄流能力为小,当含沙量为300～400公斤每立方米时,大流量时清浑水泄流能力一样,随着流量减小,浑水的泄流能力有所减小,含沙量越大,泄流能力减小越多(见图3—11—6)。

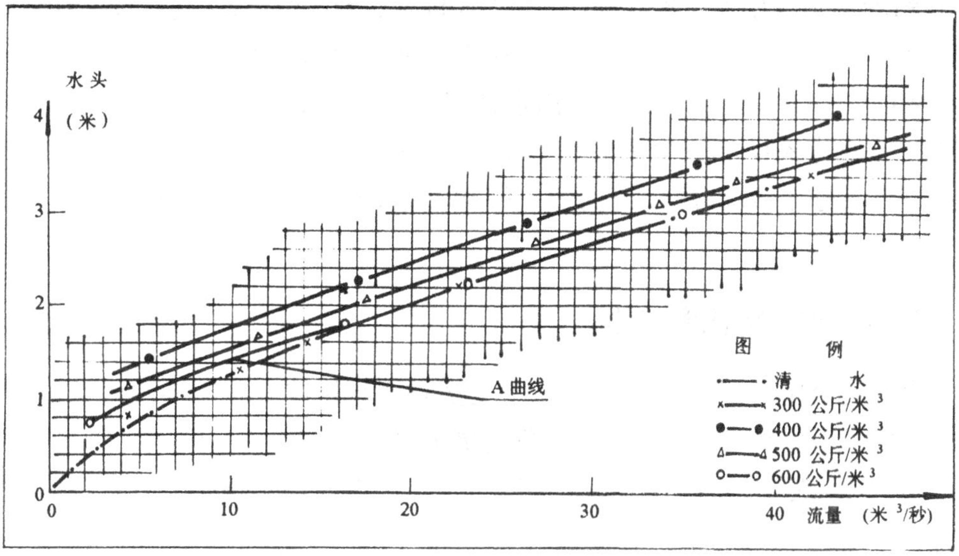

图 3—11—6 王茂沟量水槽 H～Q 关系曲线

1988年,黄委会水科所为了研究小流域治理与未治理的差异,特别是治理前的径流变化。该地区水土流失严重,估计沟道水流含沙量可达500～600公斤每立方米,对黄土丘陵沟壑区在桥子东、西沟出口处分别建立两座量水设备。原设计东、西沟流量分别为31、22立方米每秒。另一种是巴歇尔量水槽,要求通过模型试验验证已建量水槽的过水能力,包括清水和浑水(高含沙)水流情况。模型比尺选用1∶15,模型沙选用花园口滩地淤泥,平均粒径为0.023毫米,模型中测得含沙量为220～350公斤每立方米时的水流流态与清水无明显差别,含沙量的变化不影响量水槽的泄流能力,测得断面流量和水深的关系分别为:

东沟　$Q(流量)=9.41h^{2.49}$

西沟　$Q(流量)=12.8h^{1.77}$

式中:h 为量水槽中间断面水深;Q 为流量(立方米每秒)。

浑水的流量系数小于清水,这一问题有待于进一步研究澄清。

二、浑水局部损失

在小浪底枢纽初步设计阶段,对清水及不同含沙量水流经泄洪洞多级孔板消能情况下,其各部位水头损失系数是否相同?库水位和流量关系及洞壁压力水头分布情况如何?尤其是黄河高含沙量对以上各因素的影响如何?等等提出疑问。为此 1986 年前后委托水科院、清华大学水利系和黄委会水科所分别在 1∶100、1∶60、1∶78.4 和 1∶290 比尺模型中进行清水和不同含沙量(64～204 公斤每立方米)浑水消能的对比试验,试验结果一致表明:紊动水流的孔板局部阻力损失系数清、浑水基本相同;水位流量关系,管壁的压力水头分布情况,脉动压力的变幅和频率,清、浑水都基本相同。

三、浑水的空化和空蚀

清水的空化与空蚀问题本是一个受多种因素影响并带有随机性的复杂现象,而含沙水流中的空化与空蚀情况更为复杂,是黄河工程设计和运行中遇到的重要问题。1981 年黄委会水科所刘一心在循环水洞中采用黄河天然泥沙进行了空化状态的试验,用肉眼观察法和噪声监测法采集数据定量地估计含沙量对空化的影响。结果表明在含沙量低于 10 公斤每立方米时浑水较清水易于空化,表现为浑水初生空化数大于清水。含沙量大于 10 公斤每立方米,随含沙量的增加,空化受到的抑制作用随之增加。当含沙量大于 40 公斤每立方米最大试验含沙量 87 公斤每立方米时,抑制作用趋于稳定。即大于 10 公斤每立方米以上含沙量时,浑水的初生空化数均小于清水。

含沙水流的空蚀特性是指边界材料受空化破坏剥蚀的特性。水流空化强度大则材料遭受破坏的程度也大,空化强度可以用空化噪声强度界定。空蚀破坏程度可以用材料的空蚀失重率或“麻点数”进行比较。采用振动空蚀试验装置对黄铜试件进行浑水空蚀试验也同样表现出含沙量对空化、空蚀的影响。其在 30～40 公斤每立方米以下含沙量时浑水空化、空蚀的强度均大于清水,含沙量在 50 公斤每立方米以上时空化、空蚀的强度则小于清水,其强度也随含沙量的增加趋于稳定。室内试验的结果证明，过去笼统地认为泥沙的存在对空化空蚀只会有不利的影响至少是不全面的。又据清华大学水利系水力学教研组1981年的试验认为在含沙量100公斤每立方米以下时对混凝土的空蚀无明显影响。这个问题也有待于进一步研究。

第五节　计算机应用技术

水工建筑物在设计、施工、管理、运用工作中遇到的水力学问题，不少是根据力学相似理论用水工模型试验方法解决的，已如前述。自计算机技术普及以来，遂有条件利用数学模型解决这方面的问题开辟了新的途径。1974年黄委会水科所开始购置TQ—16电子计算机设备，西北水科所于1975年也购置了CJ—709电子计算机。80年代后期各科研单位的水工试验室都普及了微型机，随着治黄科研任务的扩大，不断开发出应用软件，在数学模型数值计算、试验数据的采集处理系统和电测自动化仪器设备的研制等方面，取得大量研究成果。

在西北水科所的成果中有：(1)高压泄水隧洞的水力计算；(2)李家峡水电站泄水底孔有压段的流场有限元分析，计算结果经试验资料验证是满意的，为设计底孔的有压段合理选择体型提供了方便和依据；(3)1986年研制出微机多点流速水位采集系统，可同时测流速水位各16点，提高了精度和效率，对于河工模型更为适用；(4)1988年完成的水工模型地形仪，由微机、绘图仪、控制台、步进电机驱动电源、地形传感器、三向测车、钢轨测桥等组成一个系统。其特点是在不停水情况下按需要跟踪测量，采集数据，分析信息，提供详细的图表资料。对5米宽的模型测一个断面约需1.5分钟，大大提高了观测精度和效率。

在黄委会水科所水工试验室的研究成果中有：(1)河道渠道水面线计算程序；(2)一二维非恒定流的数值模拟；(3)高速掺气水流掺气浓度分布的计算；(4)闸槽串水及突扩水流的二维紊流模型数值解析；(5)闸门振动的模态分析以及小浪底溃坝洪水计算等。

第十二章　原型观测

在已经建成的工程上，通常在一定条件运用时，有组织有目的地进行原型观测，取得第一性资料，不但对各种建筑物的正确运用，保证建筑物的安全是不可少的，而且可为设计、科研部门提供资料，验证设计计算及科研成果，用实践来检验理论和试验的不足。

第一节　已建工程的观测

一、三门峡水利枢纽工程原型观测

（一）泄流能力

三门峡枢纽工程投入运用以来，各泄水建筑物均累积了不少泄流能力观测资料。1975 年水电部第十一工程局勘测设计院在《三门峡泄水建筑物泄流能力》一文中比较了各泄水建筑物泄流能力的原型观测值和模型试验值，其中深孔、双层孔都基本符合，底孔和隧洞原型观测值比模型试验值偏小，主要是糙率不相似引起的。实测库水位 315 米各泄水建筑物的总泄流量为 9660 立方米每秒，基本满足四省会议的改建要求。在双层泄水孔的观测研究中还观测了压力分布和空穴现象、脉动压力和坝体震动、门井串水及流态、双层孔出口交汇三角区域的动力特性等内容，都能符合设计要求并验证了模型试验的相似性。

（二）电站出力

发电引水钢管前拦污栅被水草堵塞会影响电站的出力，为解决这一问题以调查观测和室内试验相结合，对水草运动规律、来草数量和处理措施等进行比较研究并取得一定成效。

电站下游尾水位的原型观测值比设计值有明显的抬高，对发电出力有影响。从计算分析和模型试验，发现主要是因坝下钢桥断面以上河道缩窄和堆碴所引起，其次是泄水建筑物不同运用方式的影响，引起设计与工程单位的重视，采取了相应措施。工程管理单位还对1、2号隧洞建成运用后出口的局部冲刷地形测量过多次，并根据已知水力条件及地质情况对已有的基岩冲深公式进行了验算。

(三)底孔大修

1981年以来对于底孔大修改建的多次试验研究，已如前一章第四节所述。从1980年开始，1～3号单层泄水底孔的改建即按出口压低1米，进口斜门槽改型进行设计施工；双层泄水底孔的6号孔则按出口压低2米，进口检修斜门槽改型，暂不封堵串水工作门井，门槽导轨改为可拆换的平面(在斜门槽内)或曲面(在工作门槽内)形状施工改建。鉴于三门峡的高含沙水流问题极为复杂，为验证并补充模型试验成果，对业已改建的底孔运用效果总结经验，并根据原型资料核实其余底孔的改建设计，由天津勘测设计院于1987年11月提出《三门峡枢纽泄流工程二期改建溢流坝底孔原型观测技术要求和安排》的报告，经水电部规划设计院批准实施。其中原型噪声测试工作由黄委会水科所负责，邀请中国船舶科学研究中心及上海交通大学各带仪器参加，于1989年5月27日～6月12日进行了现场测试。测试原计划对比5号和6号两个底孔，观察出口压低2米的效果，因6号底孔正在施工，无法测试，所以只进行了5号底孔的观测。测试要求：通过安装在底孔一定部位的6个水听器在三级库水位单泄与双泄工况下所测噪声谱级判断有无空化特征，从而确定模型试验中进口斜门槽弓形涡带是否空化带，工作门槽是否存在空化而导致导轨蚀损；此外，在5号斜门槽已经由矩形改建为标准错距型之后在其进口顶曲线角隅部位是否已消除了空化现象。测试结果由上述单位提出了《三门峡水利枢纽5号底孔原型测试报告》。对这些问题进行了论证分析：(1)关于涡带性质的讨论在模型试验阶段曾存在较大分歧。本次门槽也没有空化现象。说明导轨的破坏主要原因是门槽内含沙漩涡水流对导轨磨损所造成。(2)5号底孔进口斜门槽改型后，在底孔单泄时进口顶角隅及门槽边缘的空化现象仍未消除，说明底孔出口有压缩的必要(模型试验已有类似结果)。根据上述观测研究成果，天津勘测设计院于1990年3月提出《黄河三门峡水利枢纽溢流坝段双层孔原型噪声测试及出口压缩方案布置专题报告》，建议底孔均按压低1米设计，不再考虑原改建方案(即斜门槽改型后，出口压低2米，封堵工作门槽门井另设出口弧门)过渡。本次测试因没有对已压低2米出口的6号底孔取得观测资料，有待进一步观测与5号底孔对比。报告建议已经水利部批复同意。

二、刘家峡水利枢纽工程原型观测

刘家峡水电站自1968年10月正式蓄水运用后,各泄水建筑物相继发生局部破坏现象,引起了人们的极大关注。

(一)泄洪洞

1969年3月,泄洪洞斜井未衬砌,过水72小时后检查发现,反弧段后有冲坑多处,后经修复。

1971年9月28日泄洪洞过水试验,历时2时17分钟,闸门开度由小到大,观测到水流情况,挑射水流冲上右岸公路,除水雾遮蔽电线塔的情况外,其它与模型给出的水流条件是相符的,实测的进口风速,通气量等资料对设计具有较高的参考价值。

1972年5月6~25日,泄洪运用307小时,发现异常响声,关闸检查底板出现严重破坏,经过减压模型试验和现场调查,分析认为:是由于洞底衬砌表面不平整,残留钢筋头引起空蚀,加上动水压力大、水流冲蚀综合的结果。

1973~1975年5月进行修复,1977年、1978年进行了两次试验性行水观测,有设计、施工、科研人员共同参加,观测的泄流量和通气量符合模型试验值和设计计算值。底板上的压力分布,从埋设的12只电测仪器显示的最底压力值推算,最低空穴数较模型试验值稍大一些,但就高速水流而论是比较低的。这就说明通气良好,要求底板表面必须严格地平整,以减少空蚀发生的条件。这次观测还进行了多种出口流态的观测及摄影,记录了淹没水下的挑坎随闸门大开,流量增加,水跃跃首推出洞外至全部挑射至河心,汹涌澎湃的水雾弥漫笼罩对岸330千伏电线塔身的壮观景象。后者是模型中所不能见到的,测得的降水量达659毫米每时。洞外至挑坎一段经潜水员探摸检查,发现了13个破坏坑;洞内水抽干后检查,只在底板和边墙少数实体后面有轻微空蚀痕迹,基本上平整,修复是成功的。

(二)溢洪道

1969年10月5日溢洪道投入运转,于11月6日突然发现底板被水冲毁多处,停水进行检查,召开现场会研讨破坏原因及修复计划。1970年修复，共浇筑混凝土34000立方米，平整表面约1万平方米。同年8月～11月进行3次行水测验，泄流能力符合模型试验；流速分布符合明渠二元水流的指数公式；水流掺气量可由实测水深与计算水深相比较求得；底板上的压力变化从接缝错台处量得的数值，反映出动水压力对掀起底板有很大作用，为底板的破坏提供了有说服力的科学依据。除此还观察到从老混凝土底板上的排水孔向外喷水，表明动水压力通过接缝钻入底板所产生的后果，证实了排水孔起到应有的作用。

（三）泄水道

1971年5月对泄水道明渠急流弯道流态进行了行水观测，对水流特性获得大量研究资料。

（四）下游冲刷

下游局部冲刷截至1975年观测表明，冲刷坑趋于稳定，泄水道和溢洪道最深处达20米左右。泄洪洞挑坎低于尾水位，属面流型挑流消能，冲刷坑很浅。冲刷资料可供其他工程参考。

三、天桥水电站枢纽排沙排冰原型观测

天桥水电站自1977年2月第一台机组发电后，对晋北、陕北的电力供应发挥了巨大效益。枢纽工程布置在设计和管理上都考虑到洪水、泥沙、冰凌、污物的特点。经过三个伏汛和凌汛期的运行，下泄10000立方米每秒以上的洪水有3次，进行了16次泄洪排沙。1980年3月，由山西省电业局建议召开了一次运行总结会，进行座谈和现场观测。座谈认为从3年运用情况考验了工程布置的合理性，也为模型试验的科学性提供了原型验证。首先由1976年10月正式运用前后的库容变化分析，可知库区泥沙能够通过降低水位运用或敞泄排沙达到冲淤的相对平衡，其次是底孔和泄洪闸下层孔联合运用排沙的效果要比单独运用底孔好，也比底孔和上层泄洪闸孔联用为好。而降低水位开闸排沙则效果最为显著。这与模型的试验研究是一致的。从原型观测得知：泄洪闸出流的流态和试验对照都基本吻合。在原型排冰运用中，因水位高，仅开泄洪闸容易造成冰塞。只有降低水位，大开下层泄洪闸才能使冰块挤压破碎排走。模型试验用石蜡模拟冰块，得不到挤撞破碎的流冰现象，只看到“冰块”拥阻的卡孔现象。说明选用的冰块模拟材料需要进一

步探索。

第二节 碧口水电站排沙洞孔板消能中间试验观测

黄河小浪底枢纽设计中，拟将导流洞改建为泄洪洞，在泄洪洞反弧段下游（原导流洞）内增建多级孔板消能设施的方案。鉴于在国内大型工程中对这种设施还缺乏实践的经验，虽经多项模型试验及计算研究得到了初步的验证，但原型工程中孔板是否会产生震动、空蚀和磨损等问题需要进一步验证。由此提出在实际工程中进行孔板消能的原型试验。参加试验单位有水科院、清华大学水利系、大连工学院土木系、天津大学水利系、黄委会水科所等。根据试验要求，黄委会选择甘肃境内白龙江上已建成的碧口水电站排沙洞作为原型，增建孔板进行现场试验。其主要理由是：试验时水头可达60～70米，洞中流速接近小浪底孔板洞设计流速，有利于深入研究与流速有关的水流脉动诱发震动、空化等问题；此外，碧口排沙洞汛期在短时间内出现较大的过沙量，且颗粒主要组成也与黄河小浪底相似。为了保证在试验过程中原有工程的安全，以及对可能出现的问题有所准备，在原型试验之前，黄委会水科所曾进行碧口排沙洞增建孔板的水力学、空化、水流脉动压力模型试验，还对结构物和山体的诱发震动做了计算研究工作。原型观测结果表明：多级孔板消能效果十分显著，实测两级孔板的消能效果可消杀总水头的30％～45％，并有随含沙量增加而提高的趋势。水流脉动压力的频率处于低频范围，不激发孔板、洞壁以及围岩山体产生共振。通过原型观测还验证了模型试验的相似换算是可信的。由此得出结论：在洞内采用多级孔板消能的技术是可行的，为解决高水头多沙河流泄水建筑物中高水头、高流速消能、空化空蚀、磨蚀等问题提供了新的途径。

第四篇

土工试验研究

第四卷

作品选（下）

黄河流域上中游地区为黄土或类黄土覆盖的面积 60 万平方公里，这些土体被流水冲蚀、搬运到黄河下游，形成广大的冲积平原，其土层多为粉细砂，砂壤土和粉质壤土所组成。因此在黄河各地兴建水利工程，无论是选用土料或是作为基础，必将涉及许多土力学的问题，需要在设计、施工、管理过程中借助土工试验研究加以解决。

用土作为水工建筑物的工程材料，在中国史籍中早有记载，最著名的就是黄河下游两岸的大堤了；但土力学形成为专门的科学技术则是近代的事；直到建国后黄河治理进入一个崭新的阶段，才大规模地运用到治黄工程中来。

黄河的土力学试验始于 1940 年中央水工试验所重庆石门试验室。1941 年陕西武功水工试验室增设土工试验室，在黄土特性、水土保持等方面做了大量工作。1950 年黄委会设立泥沙研究所，与全国有关科学研究单位、大专院校合作，担负起治黄工程中的试验研究任务。其后，流域各省也相继成立科学研究机构，土力学试验研究在流域内全面开展。

随着黄河治理的逐步实施，土力学界围绕治黄工程作了大量工作，50～60年代在黄河上中游，主要是对黄土的时代成因、基本性质、变形强度特性、湿陷变形特性、黄土地基承载力和处理方法等。在黄河下游主要是粉细砂地基的基本性质、下游大堤和东平湖围堤的渗流、变形强度特性、地基承载力和处理方法，如夯实、挤密及不同类型的箱桩基研究与实践都取得显著成果，解决了许多实际工程问题。70年代，由于科学技术的发展，试验设备的更新，土工试验研究有新的进展，如为总结和提高群众筑坝经验，1973年成立了晋、陕两省水坠坝试验研究小组，选择若干库坝坝址，用不同含粘量的土进行实地施工试验，并配合必要的室内试验，对水坠法筑坝的坝坡稳定、固结排水、应力——应变关系等做了大量工作，取得许多很有价值的成果，对群众筑坝起了指导和示范的作用。80 年代以来，对黄土在静、动荷载作用下的应力——应变关系和本构模型在不同湿度、密度条件下的振陷与动强度性质等研究都取得丰硕的成果，加之，计算技术的引进和发展，编制了各种数学模型，为黄河流域工程建设的设计、施工提供了理论与实践的基础。

第十三章　黄土与粉细砂地基

黄土古称“黄壤”，是第四纪堆积物黄土被水流冲蚀、搬运，形成黄河下游的粉细砂地基。黄土具有一系列内部物质成分和外部形态特征，在地理分布上有一定的规律性，其物理、化学性质也有独特特征。搞清黄土的性质是黄河流域工程建设的必要前提，因此，随着经济建设的发展，黄土性质的研究成为水利、交通、工业等各方面工程技术、科学研究的重要课题。

第一节　黄土的性质

一、黄土的物理性质

1942 年中央水利实验处根据重庆石门土工试验室关于黄土工程性质的试验资料，编辑出版了《中国黄土之分析》及《中国黄土试验综合报告》。1943 年又在资料分析的基础上对黄土作综合性描述：黄土为碱性、黄色松散之细土，可于手指间挤碎，稍施搓捻，即消失于指纹内，遇水即泥泞如浆，故易冲刷，粘力显著，质地均匀，不含粗砂或砾石，其主要颗粒在 0.02～0.002 毫米之间，空隙率约 50%左右。

武功水工试验室成立初期，就在西北地区进行了大量的黄土物理化学的调查，试验研究工作，建国后，结合国家基本建设项目，根据历年结合工程实际取得的大量有关黄土试验资料，对西北黄土性质做了全面的综合分析，于 1959 年编写出版了《西北黄土的性质》一书。并进一步探索西北黄土物理、化学、力学、性质指标变化范围，各指标间的相互关系，提出《西北黄土性质的综合分析》一文。黄土物理性质见表 4—13—1。

黄委会（水科所、中游局、设计院）于 1985 年总结治沟工程中的黄土性质试验成果，并收集了黄河干支流工程（巴家嘴、天桥、龙门、小浪底、桃花峪等）部分黄土性质试验资料进行了综合分析，得到了黄河中游地区黄土的物理矿化及力学性质的系统成果，可供研究本地区黄土特性的参考。其中黄土

表 4—13—1　　**西北黄土物理性质表**

项目		符号	单位	变化范围	平均值
天然含水量		ω	%	3.33～41.40	18.63
天然湿容量		γ	克每立方厘米	1.255～2.206	1.650
天然干容量		γ_d	克每立方厘米	1.115～1.837	1.386
土粒比重		Δ_s		2.660～2.735	2.716
天然孔隙比		ε		0.447～1.652	0.917
天然孔隙率		n	%	33.15～62.29	47.60
饱和度		G	%	0.101～1.000	0.534
颗粒组成	砂粒(d＞0.05 厘米)含量		%	0.5～46.0	16.0
	粉粒(d＝0.05～0.005 厘米)含量		%	47.0～88.9	63.5
	粘粒(d＜0.005 厘米)含量	M_C	%	3.0～45.0	19.9
	有效粒径	d_{10}	毫米	0.0004～0.0262	0.0032
	中数粒径	d_{50}	毫米	0.0012～0.0580	0.0209
	不均匀系数	U_H		3.36～41.60	8.11
流限		ω_T	%	20.10～46.80	30.30
塑限		ω_P	%	12.10～26.00	18.27
缩限		ω_y	%	11.07～21.78	15.21
最大分子吸水量		ω_M	%	8.92～19.77	13.96
塑性指数		ω_n		2.48～24.40	12.40
体缩		V_y	%	6.75～32.58	21.20

的物理性质：按颗粒组成分类，多属粉质壤土，其粉粒含量在 40%～70%，其粘粒含量有从西向东，从北向南递增的趋势，如陕北、晋西、甘肃中部及青海、宁夏、内蒙古南部等地土质多系轻、中粉质壤土；而陕西关中、晋南、陇东、豫西等地土质多系中、重粉质壤土甚或粉质壤土；黄土的比重变化不大，一般为 2.68～2.73，不均匀系数(d_{60}/d_{10})约在 9.3～9.4，液限在 28%～30%，塑限 16%～20%，塑性指数 5～12.6；黄土的湿化崩解性质与其颗粒级配组成及天然状态的干容重及含水量有关。粘粒含量低，天然干容重及含水量低，崩解历时短，反之则长。如陕北上刘家川黄土系中粉质壤土，崩解历时 1.8 分钟；山西河曲黄土系轻粉质壤土，崩解历时 0.73 分钟；陕西关中黄土系重粉质壤土，崩解历时 5～30 分钟。

二、黄土的化学性质

黄土中含有不同的矿物成分，可溶性盐类和有机质等，其中有些成分对土的物理、力学性质有较大影响，进行黄土的矿物化学分析是很必要的。

1958 年和 1959 年张绍镇先后在《三门峡及兰州地区黄土中粘土矿物初步分析》(由人民铁道出版社出版)。《黄土中粘土矿物所做研究》中，鉴定黄土中的粘土矿物成分以伊利石为主，还有少量的蒙脱石、高岭石、拜来石、蛭石等。

1959 年西北水科所在进行西北黄土性质全面综合分析时，搜集与试验了近 500 个土样，分布在陕西、甘肃、青海等省的 35 个县市，土样采集的深度，自表层至最深达 30 米，分析的项目包括有：易溶盐(易溶盐全量、碳酸盐、重碳酸盐、氯化物、硫酸盐、钙、镁、二氧化矽、三氧化二铝等)。中溶盐石膏、难溶盐、石灰质及有机质等，试验成果见表 4—13—2。

表 4—13—2　　黄土的化学性质

项目			符号	单位	变化范围	平均值
易溶盐含量		易溶盐全量	1	%	0.003～1.740	0.320
	易溶盐阴离子含量	碳酸盐	$CO_3^{=}$	%	0.000～0.030	0.003
				毫克当量%	0.000～0.860	0.076
		重碳酸盐	HCO_3^-	%	0.020～0.210	0.070
				毫克当量%	0.320～3.440	
		氯化物	Cl^-	%	0.004～0.450	0.056
				毫克当量%	0.100～12.730	1.552
		硫酸盐	$SO_4^{=}$	%	0.010～0.940	0.057
				毫克当量%	0.190～19.580	1.200
		阴离子总含量		毫克当量%	0.990～25.950	3.969
	易溶盐阳离子含量	钙离子	Ca^{++}	%	0.002～0.050	0.017
				毫克当量%	0.090～2.630	0.817
		镁离子	Mg^{++}	%	0.000～0.050	0.014
				毫克当量%	0.000～3.990	0.802
		碱土金属离子总量	$Ca^{++}+Mg^{++}$	%	0.500～5.460	1.619
		碱金属离子总量	$K^{+}+Na^{+}$	%	0.040～25.010	2.350
	PH 值				6.8～9.1	7.8
	二氧化矽		SiO_2	%	0.00002～0.00185	0.00046
	三氧化二物		R_2O_3	%	0.0002～0.1434	0.0225
石膏($CaSO_4 \cdot 2H_2O$)含量			M	%	0.01～1.44	0.30

续表

项　　目		符　号	单　位	变化范围	平均值
石灰质($CaCO_3$)含量		D	%	0.38～25.50	10.34
有机质含量		R	%	0.02～1.98	0.64
矿物成分	SiO_2　含量		%	21.20～73.28	58.18
	R_2O_3　含量		%	4.04～7.71	5.92
	Al_2O_3　含量		%	5.13～16.56	12.99
	Fe_2O_3　含量		%	1.54～6.33	4.50
	CaO　含量		%	1.12～38.47	9.30
	MgO　含量		%	1.25～3.14	2.43
	P_2O_5　含量		%	0.12～0.20	0.15
	SO_3　含量		%	0.02～0.21	0.10
	K_2O　含量		%	2.04～2.92	2.45
	Na_2O　含量		%	1.40～1.82	1.64

1962年黄委会地质处为了解决伊河流域大型水库工程的基础及边坡稳定问题，对伊河流域黄土进行野外调查和室内分析研究，其矿物分析结果表明：黄土中的粗粒中长石、斜长石含量在(30%～49%)；云母(黑云母含量达5%～10%)；细粒矿物成分主要是伊利水云母、针铁矿、蒙脱石等。化学分析结果：二氧化矽含量57.89%～64.18%；三氧化二铝含量11.77%～14.28%；三氧化二铁含量在4.59%～5.9%。伊河流域黄土的结构为粉屑孔隙填充结构和接触结构，其特点是粉屑之间互相接触，接触处由粘土矿物粘结，中间孔隙处有少量粘土矿物填充。由于粉屑间联结力很弱，遇水后稳定很差，尤其作为微弱胶结的粘土矿物遇水后便迅速膨胀软化，失去结合力，使土粒间产生滑动，边坡失稳造成坍塌。修建水利工程时应予以注意。

1973年西北水科所研究石头河水库筑坝土料，采用差热分析与化学分析、染色分析相结合鉴定，其粘土矿物成分，以伊利石为主，并有少量高岭石与蒙脱石和微量蛭石。1976年对石头河坝基断层泥进行了差热分析与化学分析及X射线鉴定，结果是相同的，惟以蒙脱石为主，含少量伊利石与高岭石。1979年采用同样的分析方法对陕西关中黄土21个土样试验分析，结果表明：粘土矿物成分也是以伊利石为主，并含有高岭石与蒙脱石及微量的其它矿物。值得注意的是：在土料中蒙脱石含量达5%左右时，便可导致土的抗剪强度明显降低。这是由于蒙脱石晶格构造为2∶1型，晶层间连接弱，具有胀缩性与扩展性，且分散度高，亲水性强，膨胀性显著，压实性较差，强度亦较低。蔡家坡702工程曾发生过建筑物墙体开裂，地平隆起，并持续发展，这是与该黄土的粘土矿物成分中含较多的蒙脱石有关。

1985年黄委会（水科所、中游局、设计院）总结黄河中游地区黄土性质试验成果，对矿化资料分析表明：黄土的矿物成分与土粒大小有一定的规律，大于0.25毫米的粗砂砾石几乎全是石英；0.25～0.005毫米中细砂及粉粒其矿物成分较复杂，有石英、长石、方解石等；0.005～0.001毫米的粘粒矿物不仅有石英、长石、方解石，并且有伊利水云母、高岭石等；小于0.001毫米的粒组则主要为蒙脱石。黄土粗颗粒由北向南逐渐减少，而粗颗粒矿物成分中90%以上是石英、云母。高岭石、伊利水云母等粘土矿物自北向南有逐渐减少趋势。龙门舌头岭黄土粘土矿物差热分析表明伊利石、白云石为主，并含少量朦脱石；黄河小浪底黄土的X射线分析表明伊利石占62%，蒙脱石占16%，绿泥石占12%，高岭石占10%。黄土的化学分析表明：尽管不同时代成因的黄土其化学成分是不同的，但都是以氧化硅（SiO_2）和氧化铝（Al_2O_3）为主要成分。龙门舌头岭黄土易溶盐含量为0.079%～0.095%；小浪底黄土的有机质含量为0.16%～0.34%，易溶盐含量为0.05%～0.15%。

三、黄土的力学性质

研究黄土的物理性质和矿化性质主要是为了进一步研究黄土的力学性质，从而了解黄土的强度和变形实质，应用于土工建筑物的稳定分析。黄土的力学性质主要有压实、压缩变形、湿陷抗剪强度、渗透等。

1942年中央水利实验处受甘肃水利林牧公司之委托在石门土工试验室对来自鸳鸯池坝址的土样进行了物理、力学性质试验。结果是：比重2.72～2.74，天然干容重2.2克每立方厘米，含水量（7.95～9.9）%，孔隙率18.6%，抗剪强度参数$\varphi=33°\sim39.5°$、$C=0.08\sim0.12$公斤每平方厘米，为该土坝设计提供了依据。

1950～1954年间西北农学院教授兼西北水工试验所土工室主任刘祖典为了探讨西北各地黄土物理性与力学性的相关规律，根据已有资料初步探讨了西北黄土的颗粒组成、孔隙比、塑性指数等的变化规律，并获得黄土的承载力与孔隙比、含水量的关系，提出了一般的压缩系数、抗剪强度参数φ、C值与孔隙比的关系，黄土的湿陷条件及击实容重与粘土成分含量的关系等。根据这些关系，在初步工程设计中即可以从一般物理试验指标估计所采用黄土的力学性质。

1957年西北水科所以武功黄土为对象，对抗剪强度试验方法进行了比较研究，成果表明：扰动土样在同一容重（误差小于3%）、同一湿度（误差小于2%）、不同剪切方法（饱和或非饱和）情况下，其粘聚力（C）和内摩擦角（φ）值的变化规律：C值：慢剪＞超压实≥固结快剪≥快剪，φ值：慢剪＞固结快剪＞超压实＞快剪，且C值与容重呈正比，与湿度呈反比。φ值主要取决于土的湿度与组构，随着湿度的增大而减小，且容重越小这种情况越显著。

1958年黄委会水科所为利用物理性试验成果估计力学指标，作了分析研究，得到以下成果：细粒（＜0.01毫米）含量与渗透系数的关系；有效细粒径与渗透系数的关系；细粒含量与摩擦角及压缩系数的关系等，可作为修建黄土土工建筑物时参考。又选取了黄河流域不同地区粘粒含量介于（9～13）%的9种黄土，在室内压实成不同的密实度，进行饱和与不饱和抗剪试验，分析后得到抗剪强度随着压实干容重与饱和度的变化规律，为土坝坝坡设计提供了依据。

1959年西北水科所在西北地区黄土性质综合分析中，涉及力学性质的有：压缩、击实、抗剪强度及渗透等项目。根据分析，西北黄土物理力学性质存在由北向南，由西向东颗粒逐渐变细，塑性指数逐渐变大，天然含水量逐渐增高等规律，因之表现在力学性质方面有：湿陷性，沿上述方向有逐渐降低的趋势，同一击实功能下，最大干容重沿上述方向逐渐降低，而最优含水量逐渐增高；在其它条件相同情况下，内摩擦角沿上述方向逐渐减少，而凝聚力则逐渐增加。西北黄土力学性质指标见表4—13—3。

表4—13—3　**西北黄土力学性质**

项目			符号	单位	变化范围	平均值
压缩	大孔隙比		ε_m		0～0.4500	0.0691
	相对下沉系数		i_m		0～0.2350	0.0354
	压缩系数	原状，天然含水，压力为1～3公斤每平方厘米·小时	α	平方厘米每公斤	0.0020～0.9300	0.0356
		原状，天然含水，压力为1～4公斤每平方厘米·小时	α	平方厘米每公斤	0.0107～0.1760	0.0593
		原状，天然含水，压力为4～16公斤每平方厘米·小时	α	平方厘米每公斤	0.0030～0.5200	0.0344
		原状，饱和含水，压力为1～4公斤每平方厘米·小时	α	平方厘米每公斤	0.0040～0.8650	0.1420
		原状，饱和含水，压力为4～16公斤每平方厘米·小时	α	平方厘米每公斤	0.0028～0.1402	0.0224

续表

项		目	符号	单位	变化范围	平均值
性质		击实,饱和含水,压力为1～4公斤每平方厘米·小时	α	平方厘米每公斤	0.0013～0.2240	0.0170
		击实,饱和含水,压力为4～16公斤每平方厘米·小时	α	平方厘米每公斤	0.0012～0.0730	0.0081
	压缩模量	原状天然含水,压力为1～4公斤每平方厘米·小时	E	公斤每平方厘米	16.04～330.60	66.24
		原状,天然含水,压力为4～16公斤每平方厘米·小时	E	公斤每平方厘米	38.60～497.50	130.10
		原状,饱和含水,压力为1～4公斤每平方厘米·小时	E	公斤每平方厘米	20.36～407.20	75.60
		原状,饱和含水,压力为4～16公斤每平方厘米·小时	E	公斤每平方厘米	86.90～552.25	148.90
		击实,饱和含水,压力为1～4公斤公斤每平方厘米	E	公斤每平方厘米	27.05～519.00	129.00
		击实,饱和含水,压力为4～16公斤公斤每平方厘米	E	公斤每平方厘米	86.10～722.00	289.00
	固结系数	原状,天然含水,压力为1～16公斤公斤每平方厘米	C_γ	平方厘米每秒	2.81×10^{-4}～1.50×10^{-1}	2.21×10^{-2}
		原状,饱和含水,压力为1～16公斤公斤每平方厘米	C_γ	平方厘米每秒	2.29×10^{-5}～9.41	8.22×10^{-1}
		击实,饱和含水,压力为1～16公斤公斤每平方厘米	C_γ	平方厘米每秒	2.89×10^{-6}～2.19×10	2.32×10^{-2}
击实性质	最大干容重	N=15 时	$\gamma_{d(max)}$	克每平方厘米	1.414～1.926	1.702
		N=25 时	$\gamma_{d(max)}$	克每平方厘米	1.461～1.936	1.741
	最优含水量	N=15 时	ω_{Dn}	%	12.60～28.90	18.25
		N=25 时	ω_{Dn}	%	14.10～27.80	17.47
抗剪	内摩擦角	原状,饱和含水,快剪法	φ	度	10.00～36.50	23.14
		原状,天然含水,快剪法	φ	度	6.40～29.00	23.80
		原状,饱和含水,固结快剪法	φ	度	8.80～36.90	24.27
		原状,天然含水,固结快剪法	φ	度	10.00～35.00	23.46
		击实15次,饱和含水,快剪法	φ	度	10.00～36.70	28.23
		击实25次,饱和含水,快剪法	φ	度	9.60～33.33	30.75
		击实15次,饱和含水,固结快剪法	φ	度	10.60～38.6	26.22

续表

项目			符号	单位	变化范围	平均值
强度		击实 25 次,饱和含水,固结快剪法	φ	度	6.50～39.25	25.19
强度	凝聚力	原状,饱和含水,快剪法	C	公斤每平方厘米	0.000～1.970	0.518
		原状,天然含水,快剪法	C	公斤每平方厘米	0.250～0.840	0.443
		原状,饱和含水,固结快剪法	C	公斤每平方厘米	0.000～1.880	0.295
		原状,天然含水,固结快剪法	C	公斤每平方厘米	0.060～1.930	0.521
		击实 15 次,饱和含水,快剪法	C	公斤每平方厘米	0.062～1.220	0.403
		击实 25 次,饱和含水,快剪法	C	公斤每平方厘米	0.010～1.000	0.256
		击实 15 次,饱和含水,固结快剪法	C	公斤每平方厘米	0.060～1.000	0.315
		击实 25 次,饱和含水,固结快剪法	C	公斤每平方厘米	0.060～1.650	0.612
无侧限抗压强度			q_U	公斤每平方厘米	0.434～5.610	2.540
渗透系数	原状土 ($\varepsilon=0.441～1.372$)		K_{10}	厘米每分	1.50×10^{-1}～7.40×10^{-1}	3.20×10^{-4}
	击实土 ($\varepsilon_0=0.350～0.977$)		K_{10}	厘米每分	3.00×10^{-9}～8.80×10^{-8}	1.47×10^{-4}

据统计:关中和兰州地区黄土的强度指标随湿度状态的变化范围如表4—13—4。

表 4—13—4　**关中和兰州地区黄土强度指标随湿度变化范围表**

稠度界限		W_S	W_P	W_L		W
湿度状态		干	稍湿	湿	很湿	饱和
强度指标	C_{cq}	>120	80—110	40—80	10—40	<40
	φ_{cq}	>33	29—32	24—33	23—24	<23
	C_γ				10—20	<10
	φ_γ				18—20	<18

C_{cq}、φ_{cq}固结快剪强度指标,C_γ、V_γ残余强度指标

1982 年配合龙门高土石坝(规划坝高为 220 米,坝顶长约 1 公里)的设计,南京水科院进行了压实黄土心墙料的压实、变形、冲蚀等试验,认为龙门

黄土施工压实没有什么困难，但黄土的湿陷性应该考虑，且土料的抗冲蚀性差，有产生管涌的可能。同年，天津勘测设计院对龙门水库康家岭料场进行了土工试验，资料分析表明：土中有机质含量、易溶盐含量较少，可作为土坝土料，压实干容重 1.7 克每立方厘米为宜，并根据土的强度、压缩、渗透、击实等试验资料对该枢纽土坝稳定性进行了分析。

黄委会水科所于 1985 年根据黄河干支流上的甘肃庆阳巴家嘴（重粉质壤土为主）、陕西韩城龙门舌头岭（中粉质壤土为主）、河南长华小浪底（重粉质土壤为主）等典型黄土试验资料综合分析表明：黄土的力学性质很复杂，不同时代、不同成因类型的黄土，其力学性质各异。黄土的力学性质又与其物理、矿化性质密切相关。统计资料表明：黄土的粘粒含量变化范围在 3%～34%，天然干容重 1.27～1.67 克每立方厘米，天然含水量 4.9%～2.4%，垂直渗透系数为 5.96×10^{-5}～6.78×10^{-4}厘米每秒，水平渗透系数 2.41×10^{-5}～2.46×10^{-4}厘米每秒，饱和固结快剪凝聚力为 0.04～0.95 公斤每平方厘米，内摩擦角为 17°48′～36°30′，当压力为 1～3 公斤每平方厘米时，压缩系数为 0.004～0.097。同年，刘祖典又对黄土的应力应变关系、强度指标变化规律、湿陷机理及其影响因素进行了研究，供作黄土工程的数值分析。

四、黄土的湿陷性

黄土的湿陷性是指黄土在一定的压力作用下受水浸湿，土结构迅速破坏，强度降低而发生显著附加下沉的现象。具有这种现象的黄土，称湿陷性黄土。在自重压力作用下，浸水湿陷的黄土称自重湿陷性黄土。黄土的湿陷变形是黄土地区土建工程遇到的重要问题之一。

1958 年水科院、清华大学水利系等单位为确定刘家峡红柳沟坝址黄土地基修筑大坝的可能性，对该处黄土做了物理化学性质试验并对坝体的沉降进行了初步分析，认为该工地深层黄土受水浸湿作用后，其强度将迅速降低和不均匀的湿陷变形，建议在现场进行浸水加压试验进一步以实测结果作了论证。

1972 年黄委会水科所研究了小浪底水库工程黄土地基湿陷性，采用室内试验与野外荷载试验相结合的方法，论证了：该地基多属中等湿陷性黄土，蓄水后湿陷量较大而且沉降不均匀。同年对龙门水利枢纽舌头岭坝基及筑坝土料进行试验研究，从压缩试验成果看：压实黄土仍具有一定的湿陷性，对于大型黄土均质坝的变形稳定性是不利的。1973 年对沁河张峰水库黄土地基上下坝线取样分析，对其压缩、湿陷、长期变形等进行了评价，并计算了土坝典型断面的沉降量，提出了换土处理意见。1974 年研究了黄土湿陷性指标测定方法及湿陷性黄土的分类和评定等问题，总结出用双线法测得湿陷系数* 在各级压力下的数值均大于单线法，前者是后者的 1.4～1.7 倍，提出了《黄土湿陷性指标测定中值得研究的几个问题》的报告。

甘肃省勘测设计院于 1976 年研究了甘肃省部分地区黄土干容重、含水量与湿陷系数的关系。黄土的相对湿陷系数是随着干容重、天然含水量、压力的变化而变化：在压力不变时，当干容重值愈大，则湿陷系数愈小；反之，干容重值愈小则湿陷系数愈大。在相同干容重条件下，双线法与单线法比较，也得到前者比后者数值较大。同年，西北水科所考虑到渠系建筑物，在间歇浸水运用过程中，地基土壤从饱和降至天然含水的重复变化情况。研究得出湿陷性黄土间歇浸水湿陷变形的特征，即间歇湿陷系数是随着浸水次数的增加而迅速减少的，直到基本上消除湿陷性。这对预先浸水地基处理措施是有现实意义的。

黄委会水科所承担水电部修订《土工试验规程》1977 年专题研究项目关于模拟建筑物地基预浸水和不预浸水确定黄土湿陷系数的比较，结合黄河工程黄土台地的勘测试验进行了预浸水不预浸水的对比试验，结果表明：预浸试样的变形总量略大于不预浸水土样的变形总量，预浸水后的二次湿陷变形系数仅占不预浸水试样湿陷变形系数的 10%左右，而且大都小于 10%。同年西北水科所结合关中倒虹吸工程地基研究了黄土在一定压力作用下，湿度、密度对湿陷性的影响。一般规律是天然含水量小的湿陷变形系数大，天然含水量大的湿陷变形系数小。在一定压力作用下湿陷系数随着天然含水量和天然干容重的增加而呈逐渐减小的趋势。

1978 年黄委会水科所在研究黄河龙门枢纽舌头岭坝址坝基黄土性质时，了解到黄土天然含水量不同时其湿陷性有很大差别。天然含水量小于 10%，其湿陷变形较大，大于 20%者其湿陷变形均较小，在 10%～20%之间者影响变形系数上下摆动幅度很大。从双线法分析所得资料看，湿陷变形系数总平均值为 3%～4%，属于强湿陷性黄土。1979 年西北水科所为了寻求黄土湿陷性的一般规律，对冯家山水库筑坝材料扰动黄土 288 组次试验资料分析，了解到扰动黄土的湿陷性随着含水量及干容重的增大而减小，为设

* 湿陷系数的含义是：1 厘米厚的压缩稳定后的土样浸水湿陷了多少。

计施工提供了参考。

甘肃勘测设计院试验室于1984年专门进行了黄土湿陷性指标试验方法的探讨，比较单线法与双线法，认为单线法比较适合黄土变形的实际情况，但工作量大；双线法相对工作量小，比较简单，不足之处是模拟的情况与黄土实际变形有出入。试验结果总的趋势是双线法湿陷系数大于单线法约60%，而单线法工作量是双线法的3～4倍。同年，青海省水科所做了湿陷性黄土库区土层预浸水处理试验研究，探讨了浸水坑的大小、形状与湿陷量和湿陷速度的关系；湿陷量、耗水量与浸水时间的关系以及浸水影响范围及其发展特征等，为浸水处理设计与实施提供了依据。

80年代以来，对黄土的微结构进行了深入的研究，指出黄土的骨架颗粒成份、形态、排列方式、孔隙特征、胶结种类以及胶结程度等对黄土工程地质性质有着重要影响，并从微结构特征阐明黄土的结构强度与湿陷性本质；对黄土在静、动荷载作用下的应力——应变关系和本构模型，在不同湿度、密度条件下的振陷与动强度性质等的研究都取得了创新成果。汇综科研成果和实践经验，先后制订了“60、78、90年湿陷性黄土地区建筑规范”，由冯连昌、郑晏武编著的《中国湿陷性黄土》(中国铁道出版社、1982年出版)，翟礼生著的《中国湿陷性黄土区域建筑工程地质概要》(科学出版社1983年出版)，钱鸿缙编著《湿陷性黄土地基》(中国建筑工业出版社1985年出版)，刘祖典编著的《黄土力学与工程》(陕西科技出版社出版)等，不仅反映了建国数十年来对黄土工程性质的研究成果与实践经验，也为黄土地区工程建设的设计、施工提供了理论与实践基础。

在非饱和土力学特性理论和吸力测试技术的研究，湿陷性黄土增减湿度后，湿陷性的变化和湿陷敏感性、饱和黄土地基础的处理、高陡黄土边坡路堑和水库岸坡的坍塌机理以及增稳措施等研究均有新的进展。如龙羊峡电站库区南岸高陡库岸坡滑塌机理与稳定性预估，陕西宝鸡峡引渭工程98公里干渠高陡黄土边坡、坡形和坡比设计的研究与实践，都取得了举世瞩目的效果。

五、黄土的动力特性——振陷性

黄土在强震作用下会产生滑坡、崩塌、地裂缝及振陷等现象，说明黄土结构具有振溃破坏的特性，人们把黄土受震易于崩溃的特性称之为振陷性。建筑在黄土地基上的建筑物受地震影响产生的振陷破坏，常常造成不同程度的灾害。根据历史资料记载：1556 年 1 月 23 日陕西华县地震(M=8)，位于极震区的渭南县地裂缝遍地，鼓楼下沉 1 米多；1718 年 6 月 29 日甘肃通渭地震(M=7.5)，陕西黄土地带产生大量滑坡，在 665 平方公里的极震区几乎到处是地震滑坡；1920 年 12 月 16 日宁夏海原地震(M=8.5)，震害极为严重，滑坡严重密集区的面积约有 3000 平方公里；1970 年 12 月 3 日宁夏西吉地震(M=7)也产生了很多滑坡和地裂。这都说明了振陷现象的严重性，也反映了黄土对地震作用十分敏感。因此研究黄土的振陷性以判别某处黄土产生振陷的程度并作出震害预测是人们关心的课题。

1985 年兰州地震研究所通过黄土动力特性的三轴试验和黄土显微结构的电镜扫描观察并联系振陷的宏观资料，探讨了黄土的动应力、应变关系。试验表明振陷变形* 随着动应力增大而增大并随着振动次数增加而增大，饱和黄土比原状黄土更易于振陷，振陷变形与孔隙比的大小密切相关。从动变形试验结果与显微观察结果对比分析中发现，凡是具有架空孔隙结构的黄土临界动应力较低，易产生残余变形，而不具有或架空孔隙不明显的黄土，振陷应变也不明显。显微结构特征服从于中国黄土的区域分布规律，即自西北向东南由粒状架空接触结构逐渐过渡到凝块胶结结构。因此，西北黄土特有的大孔性结构和架空孔隙的存在是振陷变形的基本条件，也是判别黄土振陷的重要标志。同时还讨论了振陷与湿陷之间存在相关关系，它们都受显微结构架空孔隙特性所控制，在区域分布、孔隙比、临界动应力(相当于湿陷起始应力)等方面有几乎完全相似的变化规律(见表 4—13—5)。

表 4—13—5　**临界动应力与湿陷起始应力**

地点	孔隙比	临界动应力(公斤每平方厘米)	湿陷起始应力**(公斤每平方厘米)	自重湿陷系数
兰州	1.132	0.30～0.50	0.30～0.50	0.044～0.08
静宁	1.377	0.20	0.36	0.049
西吉	1.248	/	0.35～0.47	0.035～0.072
西安	/	0.50	0.25～0.44	0.057～0.059

* 振陷变形：土壤在地震后不能恢复原来的尺寸和形状，残留的塌陷变形，称为振陷变形。

** 黄土湿陷的起始应力是反映土体结构变化产生沉陷时的强度指标。(它与振陷的临界动应力的含义相当)。

1984年陕西机械学院在动三轴仪上做了不同起始含水量(ω=15.2%、20.2%、25.1%、29.4%、34.2%)原状黄土增湿结构弱化性动荷载下变形试验,结果表明:黄土的振陷变形受湿度状态影响较大,干型($W<W_S$)黄土的动力本构关系为直线型,破坏应变范围的动模量为常数,动强度由抗拉强度控制,属脆性断裂破坏,由振密引起的振陷很小;湿型黄土($W_S<W<W_L$)的本构关系是双曲线型,动强度由振剪强度控制属塑性压剪破坏,振密变形受起始静应力影响,并随动应力的增大而增大,存在一个不发生明显变形的临界动应力;饱和黄土($W>W_L$)的本构关系亦是双曲线型,由于它具有高湿度,低密度和弱结构强度而会发生较大的动变形。此外,还研究了黄土的振陷系数与湿陷系数的关系等。

第二节　粉细砂地基

粉细砂冲积土层遍布于黄河下游两岸,黄委会水科所从1956年开始对黄河下游堤防闸坝的粉细砂地基进行长期试验研究,重点对河南省武陟段白马泉、御坝,山东省东平湖围坝危险堤段作了现场勘测,定位观测和室内试验分析,有的还经过实践反馈,取得了对粉细砂地质特性的初步认识,分别撰写了《黄河下游粉细砂地基的渗透变形与处理》(1963年)、《黄河下游闸坝地基的渗透变形与控制》(1978年)、《黄河下游粉细砂液化特性初步研究报告》(1986年)等论文。

一、粉细砂的基本性质

黄河下游粉细砂、极细砂和细砂,它们的颗粒浑圆光滑不具棱角,在颗粒组成上粒径变化范围很小,粉砂中数粒径介于0.045~0.11毫米,极细砂的中数粒径介于0.07~0.20毫米,细砂的中数粒径介于0.14~0.25毫米;不均匀系数一般为2~6,极个别的达到10左右;自然干容重介于1.4~1.6克每立方厘米,均属于中等密实的状态;比重介于2.68~2.69;渗透系数粉砂、极细砂约为1×10^{-4}厘米每秒;细砂为1×10^{-3}厘米每秒;流土临界坡降介于0.80~0.95,较扎马林公式计算值小的很多,与太沙基公式计算结果比较接近。由于粉砂、极细砂和细砂的基本性质接近,所以统看作粉细砂进行研究。

二、粉细砂地基的基本类型

根据黄河下游闸坝工程勘探资料分析，将已经遇到的地基结构归纳为几种基本类型：

第一类地基：地表为粉细砂，其下为透水性很小的粘性土，可视为相对不透水粘性土层。渗透变形常以冒水翻砂的形式出现，如其成群出现表现为沸涌；距堤脚较近时，会引起滑坡失事，如东平湖水库任庄观测断面，见图 4—13—1。

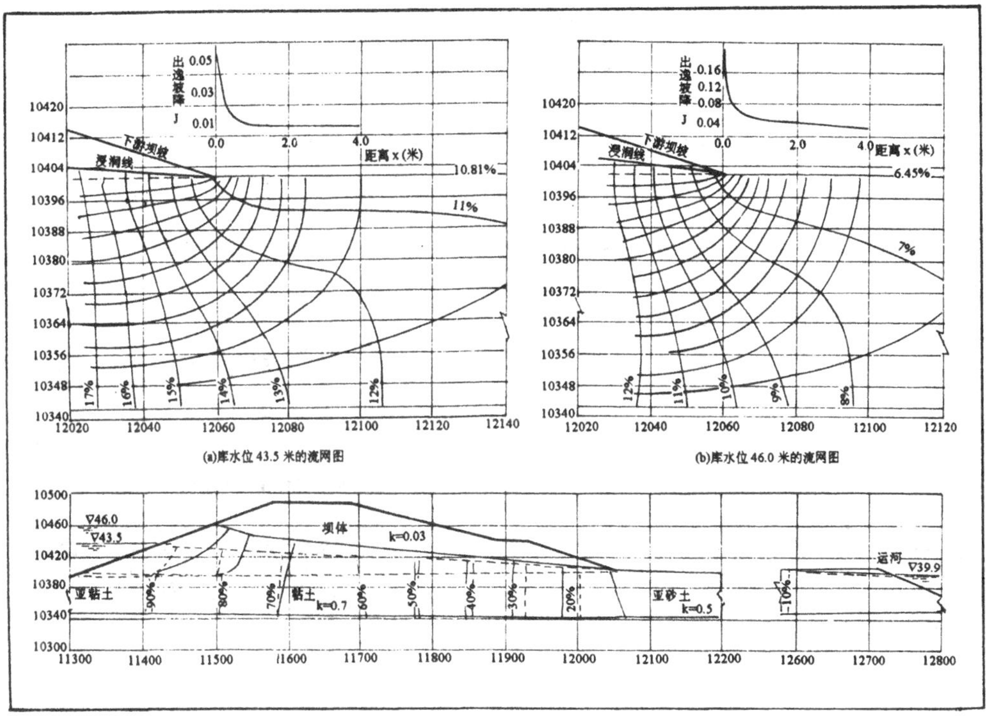

图 4—13—1 东平湖水库任庄观测断面(No27,30+213)及电算成果

第二类地基：地表为亚粘土或粉砂、亚砂土，其下为中粗砂，再下为透水性很小的粘性土层，其渗透变形常为砂沸，表现为突发性的，如东平湖水库南大桥观测断面，见图 4—13—2。

第三类地基：地表为粉细砂或亚砂土，其下为深厚的强透水层。如秦厂引黄扩建闸及东干渠剖面图，见图 4—13—3。

第四类地基：地表为不太厚的粘性土层，其下为粉细砂层，再下为很厚的中粗砂层，如东平湖水库索桃园断面，见图 4—13—4。

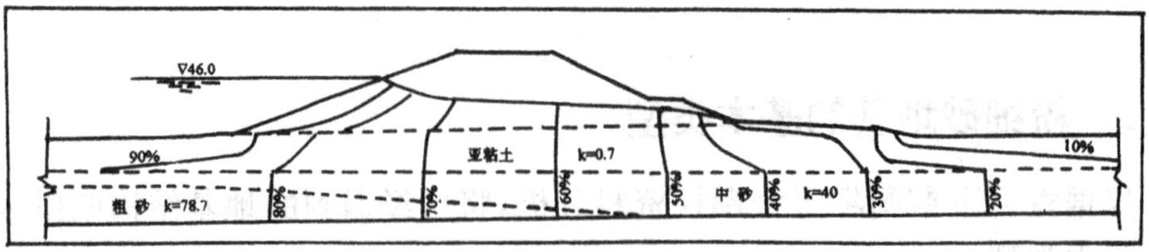

图 4—13—2 东平湖水库南大桥观测断面(No15,73+712)及电算成果

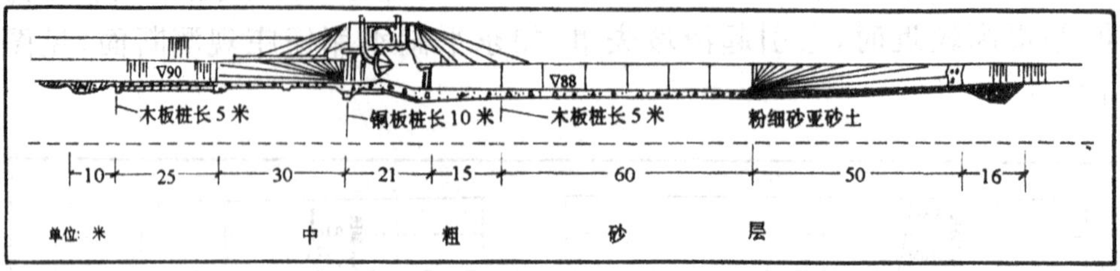

图 4—13—3 秦厂引黄扩建闸及东干渠剖面图

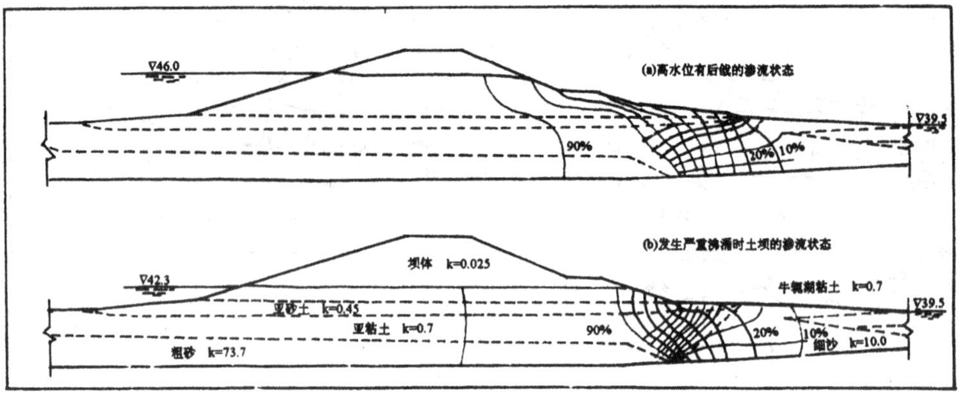

图 4—13—4 东平湖水库索桃园坝段(72+410)电算成果图

后二类地基渗透变形表现为表层土隆起破裂,危害性较为严重。

三、粉细砂地基渗透变形的形式

由试验分析表明,黄河下游的粉细砂都是非常均匀的,按照伊斯妥明娜和康德拉契夫的方法进行鉴定结果,都属于非管涌土。采用各种代表性土样,按照不同容重所进行的试验中,都没有发生过管涌破坏现象,总是以突然爆裂冒水翻沙形式发生变形的。

据长期观测，地基渗透变形的发生与发展过程可归纳为下列几种形式：

1. 冒水翻砂泉涌。其出水口直径 5～20 厘米，从地基中带出砂粒，在冒水口处起伏跳动，并在附近形成砂环或砂堆。这种破坏形式多发生在有承压水的地基上，其特点是发展迅速，破坏性大，如河南省秦厂引黄闸东干渠，由于泉涌带出大量砂粒，很快造成两侧岸墙的沉陷与裂缝。

2. 地表覆盖层开裂。裂缝长 3～5 米，缝宽 3 厘米左右。这种突然发生的裂缝，出水量大，发展迅速，如不及时抢护会涌出大量砂粒，造成失事。此种破坏形式在山东省的东平湖围坝下游曾发生过多次。这是一般流土的形式。

3. 沸涌形式的涌透变形。在下游坝脚附近或洼地塘坑中，冒水翻砂的小泉涌成片出现，其冒水口径一般为 1～5 厘米，土粒或砂粒在冒水口处起伏跳动，形成小土圈砂环。如黄河白马泉堤段背河的沼泽里，曾发生过沸涌。

泉涌与沸涌发展过程见图 4—13—5。

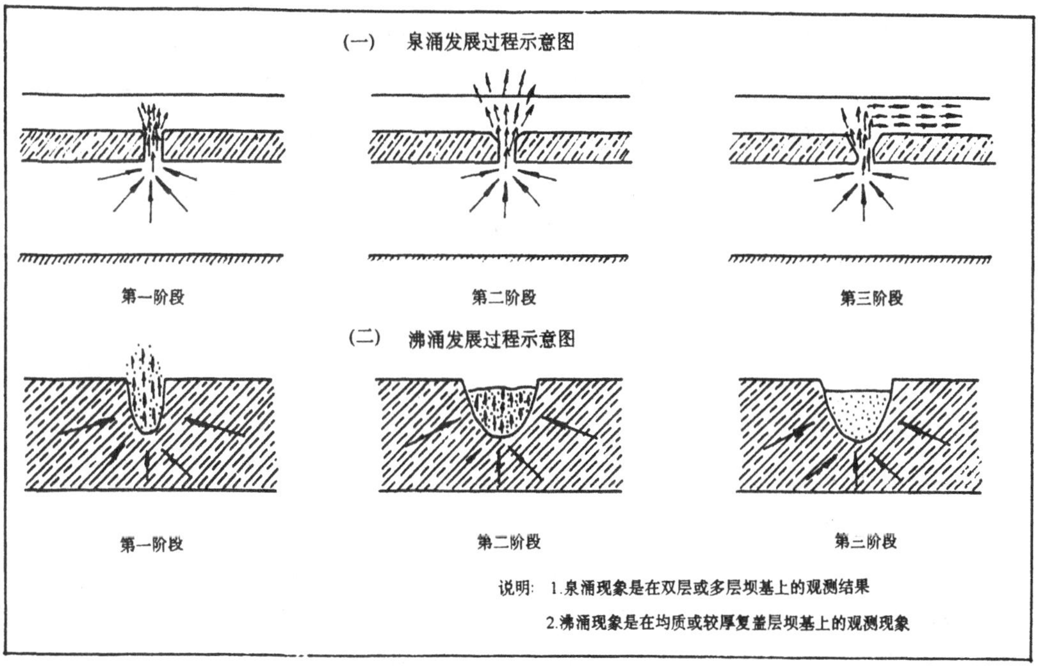

图 4—13—5　地基渗透变形发展过程示意图

渗透变形不一定单独发生，可能一二类同时发生，也可能 3 种变形都发生。

四、渗透变形的控制

透水地基上的堤坝基础由于渗透变形而引起的失事事例是不少的，据土坝失事记录不完全统记，由于渗透变形而失事的坝约占整个失事坝的三分之一。因此修建不透水基础上的堤坝，必须十分重视对地基渗透变形的防护，有效地控制堤坝基础渗流，以确保建筑物的安全。

土体在渗流作用下失去平衡，而改变土壤原结构与组成的种种现象，统称为渗透变形。从渗流引起土壤的变形现象和情况来看，主要是流土和管涌，再就是接触冲刷和接触流土等形式。流土是指粘性土和无粘性非管涌土体在上升渗流作用下，浮起并发生移动现象，如黄河下游东平湖水库围坝，杨城坝段坝基覆盖层为亚粘土，其下为中粗砂，当湖水位达 43.33 米时，坝脚外 10～27 米平台、地表大面积鼓起开裂，裂缝长达 3～5 米，缝宽 3.0 厘米，发展迅猛，冒水、涌沙。管涌常发生在砂砾石地基中和地基渗流出口处。无粘性管涌土，在渗流作用下，小于某一粒径的填料粒径会被渗流沿着骨架颗粒所形成的孔隙通道带走，使地基发生弱点和沉陷。接触流土是指粘性土(弱透水层)与粗粒土(强透水层)接触，在垂直于接触面的渗流作用下，将粘性土中的细土粒带进粗粒层中，使其土壤结构改变，以致使粘性土层被渗流穿洞。在土坝上游防渗铺盖与河床砂砾石的接触面上，由于渗流梯度过大，而又无过渡层或过渡层质量不好，易发生这种渗透破坏。接触冲刷是指建筑物基础与地基接触面上，承受沿接触面方向的渗流作用使其接触面土壤受到渗流冲刷将土粒带走，或者粘性土与粗颗粒土接触面上承受沿接触面方向的渗流作用，弱透水层底部逐渐被削蚀，形成拱形空洞，地基发生破坏。

透水地基上堤坝渗流的控制方法一般是防、排、压(重)等。防是指在上游设防渗铺盖、防渗墙、截水槽、板桩和灌浆帷幕等。其作用是延长渗径、减少渗流量或截断渗流，降低渗流坡降和渗流速度。排是指在堤坝的下游渗流出逸段附近设置排水减压井、排渗沟、滤水坝趾等措施来降低渗透压力，提高允许坡降，防止堤坝基础的渗透变形。压是指在堤坝下游脚附近一定范围内，设置盖重或养水盆来降低出逸坡降，防止渗透对基础破坏。在堤坝地基渗流控制中究竟采用何种措施，除施工和经济条件外，主要取决于地基的工程地质和水文地质条件以及渗透稳定特性等因素。

多层地基出口段实际发生的渗透变形，主要有泉涌和沸涌两种形式，一般采用反滤层保护或采取其它措施降低出逸坡降，在有反滤层保护条件下，出逸坡降可适当提高，但以不影响地基内渗流稳定为原则；无反滤保护时，最大出逸坡降应小于临界值，而且要有足够的安全系数。

地基内渗流稳定的控制，首先要分析在出口段被控制的情况下，是否还有发生渗透变形的可能性。若地基内产生管涌或层面冲刷的可能性是存在的，为保证多层地基内的渗流稳定，必须把土层的局部坡降控制在安全范围之内。根据黄河下游已建工程取土试验资料分析，当安全系数为 2 或 1.5 时，粉质壤土(亚粘土)其允许水力坡降为 0.5 或 0.6，粉砂或砂壤土的允许水力坡降为 0.4 或 0.5。

1978 年黄委会水科所根据多年来研究及典型实例分析提出《黄河下游闸坝地基的渗透变形与控制》一文，对现有控制方法的分析指出：黄河下游闸坝的防渗设计一般采用布莱法及丘加也夫法。由于布莱法简单方便，所以在工程设计中广泛应用。对典型地基渗流稳定性分析表明：布氏和丘氏对均质地基是适用的，但对多层地基的工程来说不能反映和概括实际水力因素，因而控制不了多层地基渗透稳定，见表 4—13—6。

表 4—13—6　**多层地基渗流稳定分析表**

序号	图号	工程类别与名称	水头(米)	渗径长度(米)		地基渗流稳定总强度						下游出逸坡降			说明
						布莱法			丘加也夫法						
						布莱系数C			平均控制坡降						
				水平	垂直	设计	实有	允许	设计	实有	允许	设计	观测值	允许	
1	3	秦厂引水闸	11.4	59	30	7.9		6		0.102	0.12	0.142	0.73～2.2	0.4	发生严重泉涌和沸涌
2	2	东平湖水库南大桥坝段	4.08	56.8			13.9			0.062	0.20		0.85	0.5	发生严重泉涌
		东平湖水库南大桥坝段	6.58	56.8			8.6			0.10	0.20		2.28	0.5	
3	5	东平湖水库索桃园坝段	2.80	67.2			24	18		0.038	0.12		0.60	0.4	发生严重沸涌
		东平湖水库索桃园坝段	6.5	67.2			10.3	18		0.088	0.12			0.4	
4	1	东平湖水库任庄坝段	3.7	72.0			19.5	18		0.049	0.12		0.054	0.4	未发生渗透变形
		东平湖水库任庄坝段	6.2	72.0			11.6	18		0.081	0.12		0.11	0.4	

注 1. 布莱法系数 C 的实有值为附图资料算得，允许值为布氏推荐值。

2. 平均控制坡降 J_K 的实有值同注 1。允许值 $(J_K)g$ 为丘氏推荐值。

3. 基础内部最大渗流坡降的实有值为电算成果。

第十四章　下游堤防

历代治河多专注于下游防洪，以堤防为唯一屏障，因而都很重视大堤的修守。如明代治河专家潘季驯曾说："防敌则曰边防，防河则曰堤防"，以堤防与边防相提并论，可见重视一斑。在长期堤防修守实践中，积累了丰富的经验，这是古代劳动人民遗留下来的宝贵财富；惟因受当时生产力发展水平及技术条件的限制，一般为感性经验，缺少科学依据。民国以来，现代水利科学技术虽有所引进，但由于社会动荡，河务废弛，堤防抱残守缺，仍因循旧制。在修防工作中利用科学技术成果，实际开始于建国后。

自 1947 年黄河归故后，经过 3 个汛期，其中 1949 年洪水较大（洪峰流量 12300 立方米每秒），持续时间又长，虽经广大军民奋力防护，大堤虽未出现决口，但险象丛生，充分暴露大堤存在严重问题。大水过后立即开始了大堤第一次（1950～1957 年）培修，其后又根据统一规划进行第二次（1962～1965 年）和第三次（1974～1985 年）培修。培修工程不仅要求保证施工质量，而且要消除堤身和基础的（渗流、管涌、振陷等）潜在隐患。其间，大堤还经历了 1958 年和 1982 年等大洪水的严峻考验。配合大堤的施工和防守，有关科研单位和大专院校相应进行了大量土工试验研究，及时提出科学论据，为黄河下游取得 40 多年伏秋大汛不决口的伟大胜利，做出了应有的贡献。

第一节　大堤加固

一、压实试验

1945 年中央水利实验处在重庆以四川昭化黄土试验研究为依据，参考其他散见的资料，探讨了黄土筑堤方法，包括：土料的物理性质、最优含水量的测定、最大干容重的决定、硪工试验、碾压机之选择，以及黄河大堤断面设计等内容，提出《黄河河堤之试验研究》报告。

1950 年黄委会在黄河大堤春修检查工作中首先遇到的实际问题是大

堤的质量标准以及达到这一标准的施工条件，如土质的选择，上土厚度，行硪要求等。为了解决这些问题，黄委会组织1个小组于7月在柳园口取了3种土样（砂土、两合土、淤土），借河南大学试验仪器开始了土工试验工作。通过室内压实试验与现场硪实检测，提出以下初步建议：

（1）砂性土含水量14%～19%为好，可套打五硪，大于20%可套打三硪，大于25%用人在其上踏数遍即可，不再行硪，小于10%者不能用。

（2）砂壤土含水量13%～20%较好，可套打五硪，大于23%时可套打三硪，大于30%时用人踏数遍，不再打硪。

（3）粘土含水量19～25%时为好，可套打五硪，25%～30%时可套打四硪，禁用含水量小于15%的淤块，因不易压实。

（4）行硪条件：土坯厚40厘米；硪底直径0.32米，硪重31.5公斤，硪的平均抬高1.7米；打硪方法为切边硪。

（5）硪实密度（即立方英尺的湿土若干磅，若欲得每立方米若干公斤时可除以0.06243即得之），套三硪后测得密度109.8磅每立方英尺，套五硪后测得119.0磅每立方英尺，套七硪后测得120.5磅每立方英尺。

1951～1954年黄委会会同河南、山东河务局，结合第一次复堤工程，较系统地对控制大堤土方压实质量进行了试验研究。根据当时条件仍以硪实为主要方法，取得关于土质、填土厚度、含水量、硪具、硪高、硪花与硪实后的密度等大量试验资料，并参考苏联的有关试验，于1955年提出《黄河下游修堤土方工程施工技术规范（草案）》，规定以碌碡硪为准，虚土厚0.3米，压实为0.2米，压实后干容重达到1.5吨每立方米为合格，作为统一的施工标准。

其后，拖拉机作为辗压工具逐渐应用于修堤工程。1962年山东德州、菏泽修防处进行了拖拉机碾压压实试验，其结果是：捷克50型拖拉机平均每小时碾压717平方米，等于180个硪工一天的工作量；波兰45型拖拉机平均每小时碾压380平方米，等于95个硪工一天的工作量。压实质量与碌碡硪比较坯土的上层质量比碌碡硪好，中层接近，下层较差，干容重在1.48～1.58吨每立方米，比硪实均匀，认为虚土厚度以0.25米为宜。在填土含水量适宜时，碾压5～8遍，干容重可达1.5吨每立方米的质量要求。山东河务局根据试验资料和多年实践经验，并参考水利部颁发的《土方工程施工技术规范》编制了《土方工程施工技术规程（草案）》。黄委会于1962年10月，在山东河务局（草案）基础上，进一步充实，将1955年编制的技术规范草案，正式编定为《黄河下游修堤土方工程施工技术规范》，对清基、取土、填筑、工段接头、施工质量检查都有了明确规定。1974年黄委会又颁发了《黄河下游修堤工程质量的几项要求》其中特别规定了拖拉机碾压的方法和参数，将原来虚土厚度改为0.25～0.3米，拖拉机碾压5～8遍，以达到土壤干容重1.5吨每立方米的要求。上述各项规程、规范的制定和贯彻执行，对保证大堤工程质量起了显著作用。

二、锥探灌浆

黄河下游大堤堤身隐患很多，历来为河防管理部门所重视，但一直未找到彻底的解决方法。1950年河南黄河河务局封丘修防处工人靳钊发明了钢丝锥探技术以侦查大堤隐患，然后开挖填土夯实，加固大堤，开始取得了突破。1952年将小锥改为大锥，采用灌浆代替开挖，提高了工效。从1951～1969年共锥探4257万眼，消除大堤隐患13.4万处，大大增强了堤身抗洪能力。1970年河南河务局研制成"黄河744型"打锥机，使锥探技术更为完善。实践证明机械打锥，压力灌浆是加固大堤有效方法之一，自1970～1983年完成锥探548万眼，消灭容积0.5立方米以上的隐患6万余处，灌入堤内土方19万立方米。

在推广过程中，山东黄河河务局对灌浆技术作了细致的试验工作，从自流灌浆发展到压力灌浆并探讨了泥浆土料性质、稠度及控制方法。关于泥浆配制一般要求泥沙流动性大，收缩性小，粘结性强，抗剪强度高，析水性快，透水性弱。泥浆稠度应根据隐患情况，对缝宽大洞宜用收缩性小，稠度大的泥浆；缝细小洞用流动性大，稠度小的为好。一般粘土浆每立方米重1.46～1.58吨，水土比为1∶1～1∶4；两合土浆每立方米重1.55～1.63吨，水土比为1∶1.30～1∶1.6；砂土浆每立方米重1.61～1.68吨，水土比为1∶1.5～1∶1.8(均指水与干土之重量比)。压力大小与灌浆速度的关系，由于堤身情况不同，灌浆压力可取1.0～1.5公斤每平方厘米。1970年研制成杠杆打眼机和单缸往复式动力机械压力灌浆机，实现了半机械化打眼和动力灌浆。总结灌浆的技术条件，认为黄河下游大堤要采用密锥灌浆，梅花形布眼；泥浆土采用粉质砂土为宜，拌合的泥浆具有较好的流动性、析水性，收缩率小，易于与堤身土结合。对吃浆量大的锥孔，必须进行复灌，直至密实为止。山东黄河大堤自1950～1985年底共锥探4791.4万眼，锥灌土方54.69万立方米，发现和处理隐患18万次。

压力灌浆后，通过对武陟朱元村、南贾，孟县凯仪等堤防剖面检查，结果是:所有裂缝都被泥浆充填密实,经取样试验,灌进土体与周围结合密实,且干容重达 1.5 吨每立方米。黄河下游大堤自 1950～1987 年共锥探 9631.7 万眼,堤防已复灌 2～3 遍,消除了隐患,提高了堤防抗洪强度。1949 年花园口站出现 12300 立方米每秒洪水时,沿河堤防发生漏洞 806 处,锥探灌浆后 1958 年花园口站洪水 22300 立方米每秒,只发生 19 处漏洞,1982 年花园口站洪水 15300 立方米每秒,未发生漏洞。

三、放淤固堤

放淤固堤是利用黄河水沙资源,加固堤防的一项重要措施,既可固堤保岸,又可减少河道主槽淤积。黄河放淤固堤始于清代,其办法是先在大堤背河作月堤,然后在堤外滩面上开倒沟,利用洪水多沙的时机,把浑水由倒沟灌入月堤与大堤之间,俟落淤后,清水再顺沟回流入黄河。这种放淤办法,不但加宽了堤身,还可降低临背悬差,减轻大堤水压力,是利用黄河水沙资源,放淤固堤的一项有效措施。见图 4—14—1。

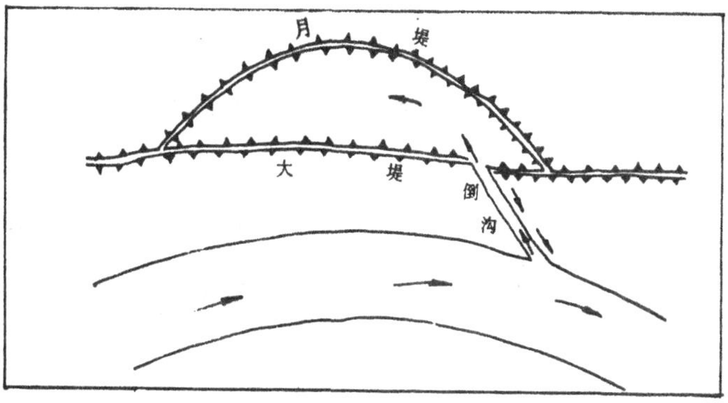

图 4—14—1 黄河放淤示意图

孙庆泽(1930～1932 年任河北黄河河务局局长)撰写《束溜攻沙分水放淤计划》一文,指出分水放淤工程设计,系沿大堤修“节制闸”若干座,门限与平时洪水位等高,择定临堤放淤区域,围以圈埝,同时疏浚堤外河流故道及其他沟渠以作泄水河。见示意图 4—14—2。

1934 年李仪祉撰写《巩固堤防策》发表于《黄河水利月刊》第二卷第五期,文中指出有关淤潭坑的意见,“凡旧日决口之处,凡有越堤之处,皆培固其月堤,而在正堤之上,建造 A 及 B 上下二涵洞,使含泥之水得由 A 入坑潭,复由 B 出归入正河。……如此经过二三次洪期,坑潭便填满淤土,使正、月堤之间成为高阜,不但堤身以固,而坑潭废地亦成膏沃良田,种桑植麻,随人所欲。”见图 4—14—3。

建国前,由于社会动荡,河务废弛,虽有策划,难于实践。人民治黄以来,

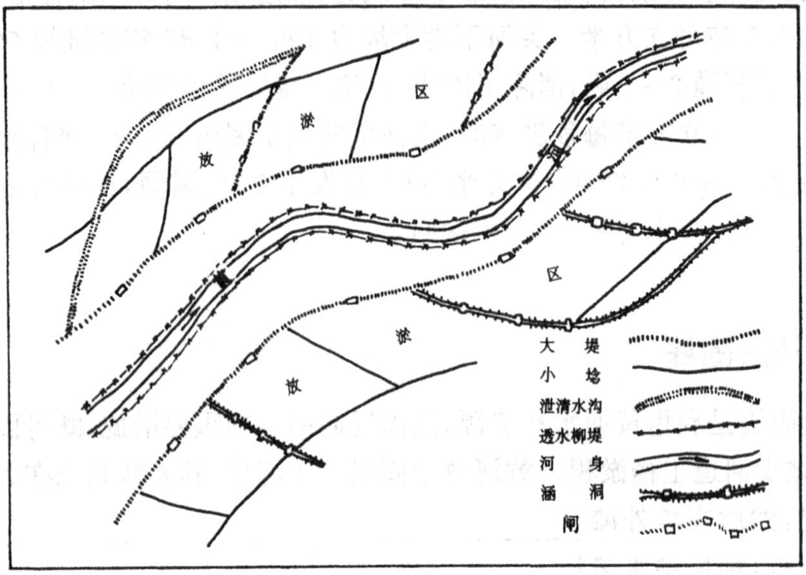

图 4—14—2　束溜攻沙分水放淤示意图

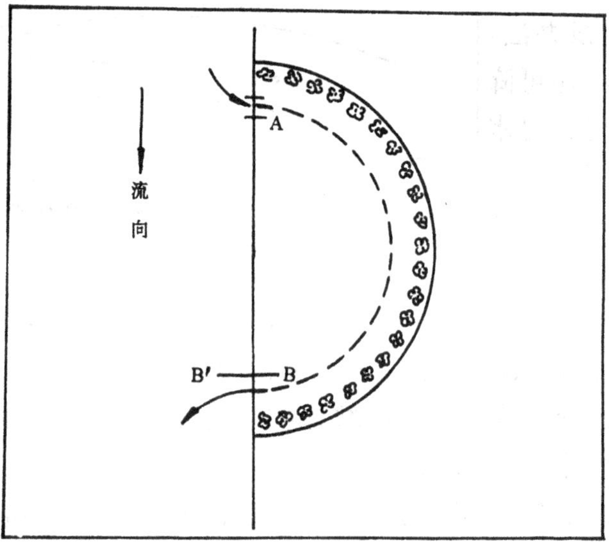

图 4—14—3 淤填潭坑示意图

重视黄河堤防加固，开展试验探索，从 1956～1983 年，仅河南已淤平了 23 个潭坑，有铁牛大王庙、花园口、石桥等，渗水问题也随之消失，增强了堤防的抗洪能力。

采用放淤固堤的方法，有引黄自流沉沙和机淤固堤等阶段。

(一)引黄闸涵放淤

1950年山东河务局在利津县綦家嘴引黄闸，利用黄河泥沙在背河洼地放淤改土，同时也起到了放淤固堤的作用。1954年打渔张灌区对引黄泥沙的处理进行了试验研究，探索利用大堤背河潭坑洼地做沉沙池，结合淤背河堤脚，发展为淤背固堤。

1955年济南王家梨行利用虹吸淤平了1898年黄河决口的老口门。1957年小鲁庄虹吸进行了放淤试点，总结出引黄放淤能压碱、洗碱改良土壤，提高背河地面高程，加固了大堤堤脚，经过几年的沉沙落淤试验，沿堤的一些土坑、水湾、洼地淤成了高地。河南河务局于1956年为解决花园口老口门潭坑堤段渗水问题，利用花园口引黄闸，引黄放淤，将面积2500亩，水深13米的潭坑淤平，并高出地面3米，形成了戗堤，将过去出现的渗水管涌、翻沙、鼓水等险情盖下去，消灭了隐患，提高了大堤抗洪能力。

(二)机械放淤

随着引黄淤灌和淤背固堤事业的发展，大堤背河地面逐渐淤高了。在低水位时，利用涵闸虹吸不能吸水，为了向高处沉沙，把背河淤得更高，开始研讨采用机械抽水放淤。

1965年济南修防处利用一只木船，装上了75千瓦电机配带高压水枪泵，在泺口险工下首进行了水力冲填试验，用高压水枪搅河底泥沙，用泥浆泵抽吸，通过管道输送到堤背淤区内，清水排出，沉沙固堤。经过试验，效果较好，每立方米水中含沙量可达200～300公斤，共淤填土方14333立方米，每立方米单价1.08元。机淤固堤节省劳力，少挖农田，投资省，见效快，经过试点推广经验，机淤固堤工程发展迅速，自1971年自制简易吸泥船抽吸黄河泥沙加固黄河大堤，到1986年，吸泥船发展到241只，共完成淤背土方3.03亿立方米。

随着机淤固堤由险工向平工堤段发展，输沙距离逐年增加。1980年以前平均输沙距离300～400米，以后开始向平均距离超千米试验。葛家店淤区采用8PSJ型衬胶泵和10PNK—20型泥浆泵进行不同距离和不同含沙量试验进行机淤固堤向远距离输送，并总结出以下经验：(1)输距小于2500米尽可能采用单泵输送；(2)两泵接力输送时必须使用相同的泵型和排管，接力输送的泵型最好选用扬程高一点的，现有泵型以8PSJ型衬胶泵最好，

10PNK—20型次之，一般不宜采用16丰产和24A型混流泵，两泵接力最好使用柴油机驱动，不宜用电动机驱动；(3)接力泵与主泵的距离应控制在总输距的40%以内。鄄城段营房淤区3号接力船，输送距离已达3200米。

简易吸泥船用高压水枪冲起河底泥沙，由泥泵吸出泥浆送到堤背放淤固堤，土质多为细沙和粉细沙，其透水性较强，平均渗透系数为8.4×10^{-4}厘米每秒，淤土干容重平均为1.45吨每立方米，用此沙土淤背加高大堤，在完全饱和的情况下，如遇7级以上地震就可能发生液化。同时，沙土经风吹蚀，容易造成附近农田沙化，影响农业生产。为此，1980年前后，河南开封市郊区，山东齐河、济阳、济南市郊区等修防段先后开始进行简易吸泥船冲吸两合土试验，试验结果：将两喷头水枪改为多喷头水枪，一般采用3B54型水泵，6喷头水枪为好。喷嘴压力在4公斤每平方厘米以上，既可满足水枪冲采两合土的需要，含沙量(粘粒含量在5%～15%之间)也可达100公斤每立方米以上。为提高淤背固堤的质量，河南、山东两河务局的有关修防段还创造了绞吸式挖泥船挖滩地壤土或粘土的经验。

为提高船用泥浆泵使用寿命，黄委会水科所余咸宁自1979～1985年根据二相流理论，先后研制了10EPN—30型，250HP—25型，250ND—22型三种泥浆泵，由山东泰安水泵厂生产，经工业性运行试验结果证明："该泵具有高产、低耗的特点，适宜高浓度远距离输送泥沙。"以后经沿河各地使用，效果良好，推动了机械放淤的进行。

第二节　堤坝防渗

一、黄河大堤防渗

大堤防洪除堤身穿洞外，堤身和基础的渗透问题至为重要，情况也很复杂。1954年汛期，出现连续洪峰，高水位持续时间较长。在东阿的牛屯、井圈，齐河的南坦、王庄，济阳的徐家庙等堤段，均因渗漏严重采取了防渗抢险措施。山东河务局初步分析了产生渗水的原因，提出了相应的防渗原则：大堤断面单薄者添修后戗以加强断面；从截渗及延长渗径考虑，分别设置截渗墙或反滤工程。为了进一步了解堤防渗透情况，于1957年在山东重点堤段埋设竹井进行浸润线的观测研究。初步得到了浸润线的位置、坡降和发生最高洪水位时竹井水位的传播关系。并用T.H卡明斯基教授有限差分法估算各地段渗透系数 K 值,约为 $K=3.1\times10^{-3}\sim2.3\times10^{-4}$厘米每秒,为大堤防渗研究迈出了第一步。

白马泉堤段位于黄河北岸秦厂上游约 10 公里处,为沁河入黄河的交汇点,临背河地面高差 5～6 米,背河有泉水出露。黄委会以此堤段作为大堤渗流的典型,布置观测研究。要求论证在特大洪水(36000 立方米每秒)情况下有无发生渗流破坏的可能,并提出控制渗流的措施。1956 年开始设井观测地下水动态,黄委会水科所于 1958 年在分析两年地下水资料的基础上进行了室内渗流模型试验。预计在特大洪水情况下,背河地面渗水逸出坡降可达 0.3 以上,因而有渗流破坏的危险。根据水文地质资料,一般以采用排水井来控制渗流是较好的措施。为此进行了模型试验,根据试验结果提出了排水井设置深度和间距的具体意见。

1958 年兴建花园口枢纽时拟用原有黄河大堤作为水库南岸围堤。设计部门提出试验研究以预测花园口枢纽建成水库蓄水后,在高水位的情况下长期渗流对于堤身安全的影响,并提出必要的加固处理措施。据此,黄委会水科所于 1959 年对黄河花园口枢纽南岸大堤进行了普查,并在单东堤段安装了观测管进行地下水动态观测,在室内做了模型试验。根据资料综合分析结果:几个代表性断面(单东、后刘、郭庙等)稳定分析安全系数大于 1.2,表明堤身断面是稳定的。电拟模型试验表明:堤身浸润线逸出点较高,超过背水堤脚 0.5～1.0 米左右。1952 年汛期在背河堤脚处曾发生浸润现象,说明在枢纽建成蓄水后,边坡上将有渗水流出,建议在背河堤脚高程 92～93 米堤段,在 94 米高程以下修一砂土后戗,戗顶宽 1.5 米,坡度 1∶4。

1985 年为了解在 1995 年设防水位下大堤险工堤段渗流稳定情况,黄委会水科所选择典型堤段进行研究。河南中牟九堡险工段位于黄河南岸,该堤段于 1843 年(清道光二十三年)决口时形成近东西向、宽 180～240 米、最大深度为 36 米的口门,堵口后,有混合料层,背河现为苇坑。经采用有限元法进行三向渗流计算,结果表明:在 1995 年设防水位临河 90.2 米,背河 82.6 米情况下,堤身浸润面较高,并在背河堤坡出逸。建议采用透水性大的土料适当加大背河坡断面;对于混合料层应采用射浆帷幕截渗,以防止产生集中渗流。

1985 年对山东济南常旗屯、西张、刘七沟、泺口等堤段进行了二向渗流计算。结果表明:常旗屯堤段堤基是否有砾石层对渗流稳定影响较大,而现有地质资料尚不能判断,建议补充勘探工作后再进一步试验;西张堤段在现状情况下除堤背出渗区内有可能造成地表冲刷外,对下游坡面的渗流稳定无大影响，但对动力稳定极为不利，建议采用水泥旋喷防渗墙措施方案，提高防渗能力，对堤身、堤基的动、静力稳定均将产生有利效果；刘七沟堤段在淤背方案条件下渗流是稳定的；泺口堤段为险工段，在堤前截渗，堤背排渗方案条件下可以满足要求。

1987 年山东河务局探明济南常旗屯段（大堤桩号 2+000～2+650）基础地质情况，表层为红棕色壤土或粘土，底层为壤土、粘土不等，渗水极为严重。大堤偎水 24 小时内背河即出现渗水，高水位时堤脚外 50 米处有渗水管涌、翻砂鼓水等现象，严重威胁堤防安全。根据地质资料和试验成果，采用截渗方案，截渗墙深度为 8～11 米，平均深度为 9.8 米，墙体厚为 0.6 米，接缝处有效厚度不小于 0.4 米。用低标号粘土混凝土填筑。造孔机械采用四部潜水钻组合成矩形钻孔，施工后开挖检查，测得墙的两侧地下水位在 2～3 天内保持临河高于背河 28 厘米，可初步看出防渗效果。现场试验粘土混凝土干容重 1.75 吨每立方米，渗透系数为 3.05×10^{-6}厘米每秒。

河南兰考南北庄堤段，（桩号 134+200～134+700）和武陟大樊堤段（桩号 60+200～60+400）都是过去决口老口门，洪水期间，在背河一带常有渗水出现。1987 年河南黄河河务局拟在这两处采用灌注连续墙处理，委托黄委会水科所进行渗流计算，分析其防渗效果并作出评价。计算分析结果认为：只要墙的连续性好，又插入相对不透水层中，效果是显著的。1987 年 9 月河南黄河河务局在武陟大樊堤段设置了一道灌注连续墙（水泥土防渗墙）。为了研究分析这种措施的效果，又委托黄委会水科所于 1988 年对该堤段地下水动态进行了观测研究。观测中根据以往观测工作的经验教训，改为小口径（φ=15～19 毫米）测压管，并采用一孔多层测点的埋设方法，缩短管内水位上升滞后时间，提高测量的精度。经过将近一年的观测，测压管工作正常，测定防渗墙前后的水头差，表明水泥土防渗墙的效用。在河南黄河各单位召开现场验收会上获得通过。

为了尽量了解洪水期间堤防浸润线的形成过程，推求设防洪水位标准情况下的大堤渗透坡降，为大堤加固设计提供科学依据。河南、山东两省选择五个典型断面：郑州花园口、开封柳园口、封丘曹岗、郓城杨集、济阳沟阳家等分别进行了勘探、埋设观测设备，开展正常观测工作。由于观测历时尚短（一年多），资料整理分析工作有待以后进行。

1987—1989 年，在黄河下游第四期堤防加固工程初步设计期间，黄委会勘测规划设计院对白马泉至御坝、九堡、荆隆宫、南北庄、瓦屋寨、高村等堤段的堤基渗透稳定问题，进行了补充勘探和试验研究，分别提出处理意见：

白马泉至御坝堤段，1958 年黄河花园口 22300 立方米每秒洪峰时，大堤背河堤脚附近曾发生地表粘性土被顶破，形成“泉涌”和“砂沸”现象，实测逸出坡降为 0.698，后来进行了放淤处理。根据加固堤段的现地层结构计算，当 1995 年黄河花园口发生 22000 立方米每秒洪水时，大堤背河坡脚粘性土底板的承压水头为 3.23 米，其较薄地段有可能产生渗透变形，需要进一步放淤压盖处理。

九堡堤段根据 1995 年防御洪水标准，花园口流量 22300 立方米每秒，推算九堡堤段洪水位 88.78 米时，初步认为不致产生渗透破坏。不过口门原秸料层目前被封闭在堤下，在勘探过程中有严重漏浆现象，如果被冲蚀曝露，有可能产生集中渗流。

荆隆宫堤段，1982 年花园口洪峰流量 15300 立方米每秒，临河水位 78.0 米时，背河堤脚附近机井曾向外冒水，堤坡下部发生滑坡。经勘探试验，堤基土为深厚粉细砂和中砂层，并经渗透变形试验提出流土临界破坏坡降。按 1995 年设防水位(83.78 米)计算，有产生渗透破坏的可能，在桩号 160＋800～161＋180 堤段需采取减压井控制的措施。

南北庄堤段位于铜瓦厢决口前之黄河故道内，堤基土主要由粉砂、细砂、砂壤土组成，透水性强，汛期黄河涨水，堤外积水迅速涨高。经渗透变形试验提出流土临界坡降，并经分析计算，在 1995 年设防水位(75.06 米)条件下，桩号 134＋600 和 135＋000 两断面有产生渗透破坏的可能，结合背河堤坡加固，可采取盖重措施处理。

瓦屋寨堤段堤基为砂土，经分析计算，在设防水位下，下游坡脚处平均水力梯度大于允许值，需采用盖重加固。

高村堤段背河堤坡增设盖重后，经分析计算，在设防水位情况下，背河地基渗透稳定能满足要求。

二、东平湖围坝

东平湖位于黄河与大汶河下游冲积平原相接的条形洼地上，自然集水形成湖泊。河湖相接，遇黄河洪水，湖面扩大，又成为黄河的滞洪区域。1948～1949 年两年汛期黄河洪水倒灌入湖，对减轻当时平原、山东两省的堤防危急起到了显著的作用。因此 1950 年黄河防汛指挥部确定将东平湖区建成为黄河滞洪区，作为确保黄河下游防洪安全的重要工程措施之一。1951 年黄委会组织专业人员现场查勘后，发现沿湖堤防甚为残缺，经连年修缮加固均未达到预期标准。1958 年 7 月黄河洪水险象丛生，山东黄河河务局呈准结合位山枢纽的兴建，提前修建东平湖水库，于 1958 年 8 月动工，仅用两个多月的时间，在原有工程基础上突击修筑了 100 公里的水库围坝，使东平湖蓄洪区形成一个完全封闭的平原水库。围坝高 8～10 米，库区总面积 632 平方公里，设计蓄水位最高为 46 米，蓄水量 40 亿立方米。

东平湖围坝，由于突击填筑，施工控制不严，大部分坝身质量不高，且坝基土质多砂，在湖水位达到设计高程 46 米时，势将发生严重渗水现象，并有造成管涌流土而影响围坝安全的可能，为此 1959 年黄委会水科所与山东省水科所协作，选定湖东围坝段，结合地质勘探进行了渗流稳定分析，并提出必要处理措施。湖东坝线自张坝口起，经杨城坝、韩村至武家漫，全长 32 公里，坝基多砂。在 1954 年汛期黄河发生较大洪水与大汶河洪水相遇，东平湖分洪蓄水，曾普遍发生严重渗水现象；在韩村、二郎庙、牛圈等处，背湖地面出现冒砂管涌等渗流变形。因此，研究工作首先从这一段开始。根据勘探试验资料划分 4 个类型，分别提出处理意见：第一类型，表层粘性土其下为中粗砂，杨城坝、韩村、二郎庙、牛圈、小坝等 5 个坝段均属此类，可以采用在背湖坝脚以外设置减压井办法；第二类型，表层为粘性土其下为细砂，此类型分布较广，细砂层厚一般 1～4 米，可采用背湖减压井；第三类型，表层为粉砂，其下为粘性土，如东平到武家漫一带，总长约 5～6 公里，可采取临湖截渗（挖槽还土或粘土管柱帷幕）防渗铺盖的办法，均需连结粘土斜墙，在蓄水前如来不及施工，建议在背湖坝脚设置排渗沟、砂井、砂土后戗等工程；第四类型，表层粘性土层比较深厚，在蓄水前暂不处理，蓄水后根据需要再予考虑，见图 4—14—4。

1960 年汛期，7 月 26 日蓄水，当水位升到 43.5 米（共蓄水 24.5 亿立方米）时，围坝发生管涌流土破坏，坝身出现裂缝、蛰陷、漏洞、石护坡坍塌等严重险情，据不完全统计，围坝背坡渗水严重的有 48.6 公里，约占环湖围坝长度的 50%，较大管涌 12922 个，纵横裂缝长 11088 米，石护坡坍塌 4842 平方米，其中最危险的是东坝段古河道粗砂基础渗流破坏和国那里至沙窝刘一段新堤堤身漏洞。为此，山东省东平湖水库防汛指挥部邀请水科院、黄委会设计院、水科所、水文处、山东河务局、山东省水科所等单位专业人员 49 人，在工地统一组织科研组，分为泥沙、浸没和土工等专业小组，集中力量现场研究提出处理意见。土工小组通过现场查勘、地质勘探、布设观测断面和室内试验，于 1962 年相继提出了《东平湖水库围坝渗透问题和处理》及《东

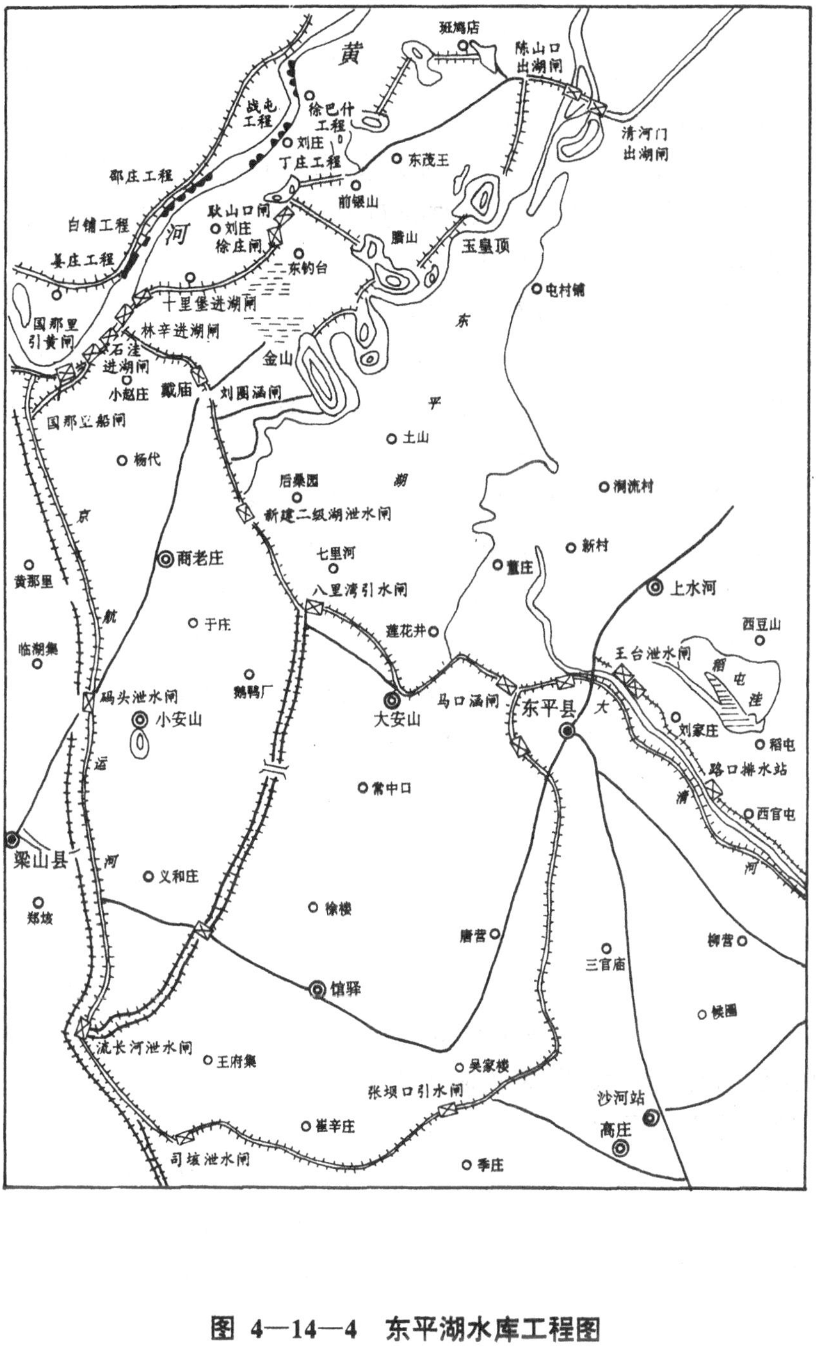

图 4—14—4 东平湖水库工程图

平湖水库围坝渗透问题初步研究报告(东坝段部分)》。指出:防渗处理原则应按地基土分类,考虑所需要的渗径,控制下游出逸坡降。建议水库最高水位不宜超过44.0米,历时愈短愈好。对蓄水位43.5米曾出现渗透破坏严重的坝段必须处理。处理措施以背河排水导渗为主,并对重点坝段分别提出具体建议。

自1960～1962年底,位山工程局对东平湖围坝的严重渗水管涌坝段,如湖东武家漫、北大桥、杨成坝等号称八大险工,分别情况进行了加固处理。1964～1969年对坝身普遍进行了压力灌浆,重点坝段反复密锥灌浆以提高坝身强度。对国那里～沙窝刘一段改线新坝,普遍进行了开沟洇水,并重点抽槽换填,共处理1300米;对位于大清河南岸武家漫以下断面薄弱的围坝长约5公里进行了培修加厚;对武家漫、杨城坝、韩村等坝段长1232米,作了陶瓷管塑料玻璃线网反滤减压井113眼;在熊村坝段作了230米砂石反滤减压暗沟。1973年工程普查鉴定认为:经过加固处理的围坝工程基本达到蓄水运用水位44.0米的要求。

为了防御黄河下游特大洪水,在1976年参考淮河"75·8"大水而制定的防洪规划,要求提高东平湖运用标准,按蓄洪水位46米进一步研究围坝的渗透稳定性及防渗措施。为此黄委会水科所研究了围坝东坝段及西南坝段共长70公里。在整理分析已往的资料基础上,采用有限元法计算了南大桥、牛圈、韩村、熊村、杨城坝等坝段,并选杨城坝断面做电网模拟试验,计算与试验吻合。针对东平湖防洪运用要求,提出围坝坝基防渗处理意见:除西南坝段外,一般是双层或多层地质结构。此类地基采用排水减压措施比较合适。对表层弱透水较薄的双层或多层地基可用排水沟处理;对表层弱透水较厚的双层或多层地基则采用减压井。索桃园类型地质条件特殊,复盖层比较厚,砂层在坝后,不宜用减压井,建议采用反滤层加盖重方案。

1982年黄委会水科所为探讨通用的渗流计算方法,对东平湖重点坝段牛圈、武家漫、杨城坝、韩村、南大桥等处进行了有限元计算,并与观测资料及电阻网试验对比分析表明:采用阻力系数考虑进出口水头损失,由分段法推导出理论计算方法是可靠的。可应用于黄河下游类似堤坝段的加固计算。

在加固围坝过程中,黄委会设计院与位山工程局组成围坝加固小组,在以往研究和实践的基础上,进一步调查研究,现场试验,总结经验,进行了综合分析,提出在基础渗流处理上应本着防洪效果显著并有利于工程管理,有利于滨湖地区农业生产的原则,采用以截为主,截、排、压相结合的加固方针。在地下古河道与围坝直交或斜交、砂层埋藏较浅的坝段,尽可能采取临湖截渗处理措施;在古河道与围坝平交或砂层埋藏较深并有多层分布的坝段,根据情况亦可修部分排渗工程,以确保防洪安全。根据1976年的现场试验,临河砂层埋藏深度6米以内,一律采用明挖抽槽换土的截渗措施;埋藏深度大于6米以上的坝段,开挖施工排水有一定困难,采用潜水钻造孔作低标号粘土混凝土截渗墙措施;对地下砂层分布范围较广,地质条件复杂,局部临河截渗的效果不显著的地方如大清河,武家漫以下的坝段,采取了部分排渗工程措施。从1976～1985年按新的防洪标准,围坝加固工程统计:坝身加筑后戗长度23681米,坝身翻修长452米,坝身补残长42米,淤临长14429米;坝基采用混凝土截渗墙长2326米,填塘固基长220米,抽槽换土长3416米,减压井分布坝段长1232米。

1982年8月2日花园口站发生15300立方米每秒洪水,孙口站洪峰流量10400立方米每秒,这是1958年以来的最大洪水。根据中央防汛指挥部指示,山东省政府决定运用东平湖老湖区分洪,控制艾山以下泄流量不超过8000立方米每秒。分洪后艾山实际下泄流量7430立方米每秒,削减洪峰流量28.6%。从分洪效果看,东平湖水库起到了控制调蓄洪水的作用,减轻了下游防洪负担。尤其对保卫河口油田的安全生产、减少淹没损失起到了关键作用。

第三节　抗震研究

在松砂特别是细砂地基上建造水闸、桥梁、渠道、堤坝等水工建筑物,需要研究砂土在饱和状态下受到震动作用时,发生液化以致引起建筑物破坏的可能性。

饱和松砂受振动时,砂粒逐渐脱离相互间接触变形悬浮在水中,这时候由于砂粒骨架的有效应力急剧减少,砂土抗剪强度降低为零或接近于零,砂土像液体一样发生流动。此种现象谓之液化现象。

黄河中下游属地震区,又广泛分布着各种砂层,特别是下游两岸1000多公里黄河大堤,大部分座落在容易液化的砂基上,历史上震灾实例还是很多的。1937年菏泽地震,震级7级,东明、菏泽、濮阳、长垣、鄄城等县境内黄河大堤普遍出现裂缝,堤后有涌水冒沙现象。1969年渤海区地震,震级7.4级,震源深35公里,对黄河堤防及险工、建筑物均有不同程度的破坏。其中河口段堤防工程破坏严重:北岸四段以下有4处,南岸渔洼以下有8处及险工3处,涵闸2处。河口新修7～13公里一段防洪堤,堤身普遍有裂缝,缝宽1～5厘米,临河堤坡蛰裂滑塌,堤顶蛰陷5～15厘米,整个堤体呈破碎状。西河口隔堤有断堤裂缝7条,顺河裂缝8条,缝宽1～2厘米。利津六合村附近黄河大堤有250米一段堤身蛰陷20～30厘米。两端有横断裂缝3～4条。利津宫家险工30—3号坝土石结合部有裂缝,张家滩12～14号坝土石结合部有裂缝,缝宽2厘米,浆砌坝面震裂呈破碎状。垦利苇改闸洞身蛰裂,两翼墙断裂,闸身下沉,草桥沟反修桥中墩下沉,均已废不能用。1983年11月7日菏泽地震,震级5.9级。菏泽刘庄、冷寨、黄庄、高村等处大堤均有蛰裂现象,刘庄险工第13、14、16、18号坝坝身有1～3毫米的纵横裂缝。鄄城县苏泗庄引黄闸上游闸墩土石结合部及菏泽刘庄引黄闸公路桥边墩均发生裂缝,濮阳渠村分洪闸机房水泥抹面有裂缝20条。

黄河下游大堤粉细砂层基础比较普遍,黄委会水科所于1980年根据大量的试验资料分析了粉细砂液化过程中的应力,变形和孔隙压力发展规律。当饱和砂受震之后,由于颗粒发生位移,土体趋于密实,使孔隙压力上升,土的强度急剧下降,随即引起大幅度变形而发生液化。在液化过程中,动应力降低反映了土体的动力特性,抵抗外荷能力也随之减低,特别是松砂完全液化时其动应力几乎等于零。土体是否发生液化,取决于土的颗粒组成、密实程度、土体中的应力状态和地震强度等因素。黄河下游粉细砂颗粒一般呈圆形,石英表面光滑,长石稍为粗糙;天然情况下除河口地区粉细砂密实度非常疏松外,大都为中密或中密偏松。土体应力状态以动强度表示(1971年西特给出了10次、20次和30次循环的液化应力比$\frac{\delta_a d}{2\delta_0}$,即动应力比,就是砂土的动力强度),地震强度则为外力。黄河下游粉细砂的动力强度与seed给出的资料相比,明显偏低,表明动力稳定性很差。

地震烈度与震级的一般对应关系如表4—14—1。

表4—14—1　**震级与地震烈度关系表**

震级(M)	3级以下	3	4	5	6	7	8	8级以上
烈度(I_0)	1～2	3	4～5	6～7	7～8	9～10	11	12

放淤固堤是治黄的一项重要措施。但是淤土多属粉细砂土,处于地震区的堤段,在地震作用下是否会发生液化,是人们担心的问题。1980年黄委会水科所对黄河大堤淤背土体液化可能性及在淤背土上加高大堤的稳定性进

行分析。根据孙口、郓城、齐河三个堤段的淤背土体试验资料，认为淤积土的颗粒特性多属于易液化土，但大部分密实度为中密状态，有一定的抗液化能力。采用西特简化方法分析三个堤段在地震裂度6度地震时淤土在完全饱和的情况下，一般都不会发生液化。地震裂度7度地震时，孙口、郓城的淤背体表层3米将发生液化，3米以下地震剪应力略小于抗液化强度，液化可能性很小。齐河的淤背体在地震裂度7度地震力作用下，全部要发生液化。

由于黄河大堤属于一级建筑物而且处于地震区，1980年水利部曾确定郑州至开封堤段和济南堤段为重点抗震加固堤段。为此黄委会工务处组织黄委会水科所、山东黄河河务局、河南黄河河务局进行了一系列的探讨研究工作，在河南郑州至开封间选择了马庄（平工段）、申庄（险工段）、九堡（老门口）等三个典型断面，山东济南段以常旗屯、西张、刘七沟、泺口4个断面作为重点分析对象。1983年开始进行勘探试验，取得基本资料，随后陆续对典型断面逐个进行分析研究。

1984年山东省水科所选取泺口断面的散状砂为代表作液化试验，以探索液化稳定的一般规律。结果表明：同种砂土和紧密度相同的情况下，动应力比越大，液化周次就越少；随着固结比的增大，液化应力比也随之增大。在相同的相对密度和振动周次下，动摩擦角随固结比的增大而增大，为大堤抗震稳定分析提供了参考。

1985年上半年黄委会水科所对开封马庄堤段进行试验分析。马庄堤段位于黄河南岸，堤身以轻重粉质砂壤土为主，粉砂次之，密度为中密。地基表面一层为壤土，厚10.5米；二层为极细砂，厚6米；三层为粘土厚2米左右；四层为细砂。对土质作了动力特性试验及静力三轴试验，采用有限元分析法及西特简化法分析，结果表明：背河安全系数都在1.7以上，临河安全系数也在1.36以上，因此在1995年设防水位（82.5米）情况下遭遇地震烈度7度地震时，该堤身及地基都是稳定的。

1985年下半年对花园口申庄堤段进行室内试验和稳定分析，采用集中质量法及西特简化法计算结果表明：当1995年设防水位94.63米时，在地震烈度7度地震荷载情况下，临河堤基细砂层处于液化的临界状态，若发生液化，护坡浆砌块石及抛石有可能产生沉降和裂缝，但不致影响堤身稳定；背河堤基细砂层液化后，地面可能产生局部变形，也不会威胁大堤安全。建议沿抛石前沿垂直向下作一道水泥旋喷桩（桩长根据液化土层的深度需12米左右，桩径0.8～1.0米），以减少液化土层对堤身的威胁。

同年还对济南地区常旗屯、西张、刘七沟、泺口等堤段进行抗震研究。常旗屯堤段是稳定的，西张、刘七沟、泺口等堤段较差，建议采用淤背加固，或水泥旋喷桩加固，以提高抗震稳定性。

1986年黄委会水科所根据黄委会提出的第4期大堤加高设计任务书，对大堤在1995年设防水位条件下（花园口站流量22000立方米每秒）的静力稳定，渗流稳定和地震稳定等问题进行了分析计算，并作出评价。由于黄河大堤堤线长，临背高差不一，地质条件复杂，不可能逐段研究。因此选择概化了18个典型断面，其中北岸自郑州张菜园到惠民白龙湾共10个；南岸自郑州岗李到垦利章丘屋子共8个。渗流分析按二向稳定流用有限元法计算，为了验证，又对少数断面进行了电拟试验，两者结果非常接近。各断面的计算结果表明：18个断面中，有4个断面（武陟张菜园、大功～渠村、濮阳吉庄、济南郊区王庄）出逸点高出地面1米以上，安全系数小于3，其他断面安全系数大于3（取安全系数K＝3核定各断面的渗流稳定）。抗震稳定性分析采用西特简化法。以土的抗地震剪力与地震剪力之比即安全系数F作判断的指标，当F＞1.2时不液化，F＜0.8时则液化，当0.8＜F＜1.2时处于临界状态。也就是说有可能液化或破坏。计算时考虑的加固处理措施是：临河坡不稳定时则放缓边坡（1∶3为宜），背河坡不稳时，主要是堤背放淤。淤背宽度不小于30米，淤背体厚度以高出浸润线1.5米为宜，淤背体边坡为1∶3。增加淤背后，边坡稳定系数值全部大于1.3。可以看出大堤淤背是提高边坡稳定的有效措施，但对抗震加固效果不显著，其原因是淤背体都是饱和松散的粉细砂，极易液化，从分析结果看淤背体本身都处于液化临界状态，总的来说，其液化可能性是很大的。

1987～1989年在黄河下游第4期堤防加固初步设计期间，黄委会勘测规划设计院对白马泉～御坝、九堡、荆隆宫、南北庄、瓦屋寨、高村等堤段堤基饱和砂土壤土的震动液化问题进行了勘探试验，根据土的颗粒分析、物性试验、标准贯入试验，上覆有效压力等测试指标，按照水工建筑物及工民建新的抗震设计规范中有关判定方法参考其他判定方法进行分析评价，结果表明：白马泉～御坝堤段当发生地震烈度7度地震时，标高82米以上的粉细砂层，在背河堤脚及其附近地区，局部有轻微液化可能，但不影响堤防安全；九堡堤段堤基土第1、2、3、层（砂壤土、细砂、粉砂），在地震烈度7度地震时均有产生液化或轻微液化可能，可采取盖重处理措施；荆隆宫堤段在地震烈度7度时，堤基土在局部范围，位于浅层的粉细砂、砂壤土有发生液化的可能，尤以浅层粉细砂更易发生液化，且其强度指标要比下部低得多；南北庄堤段，在地震烈度7度地震时，堤脚附近的砂壤土、粉细砂均有产生液化的可能，可采取盖重处理，其浅层砂土亦有液化的可能，基础深层砂土液化性较小；瓦屋寨堤段，在地震烈度7度地震时，堤脚附近的砂壤土，粉细砂均有产生液化的可能，可采取盖重处理，在桩号39＋570～39＋950堤段，临河堤脚距天然文岩渠太近，可采用塑性墙封闭液化砂层；高村堤段在7度地震时，堤脚附近的砂壤土，细砂均有发生液化的可能，可采用盖重处理措施。

第十五章　下游闸坝地基

黄河下游沿岸，除山东省境内有部分低山群外，都是冲积平原，粉细砂的分布很广，有些地方是粘土或其他砂性土交互成层分布。在黄河下游已建或拟建的水利工程中，如拦河大堤、顺河大堤、水库围坝、拦河闸、引黄闸等，大都建筑在与粉细砂有关的地基之上，因而必然会遇到地基渗流问题和地基承载力问题。

第一节　闸基渗流试验与控制

闸基渗流研究的目的是通过计算或试验了解工程在特定条件下(设计的或实际运用的)基础渗流动态特性，判断是否可能产生渗流破坏并提出应采取的改善措施。1958 年黄委会水科所受黄委会设计院委托，进行了大功进水闸闸底渗流电拟试验。采用二向电拟模型，在设计规定的条件下作了两种布置方案，结果表明：第二种布置方案即上游板桩长 6 米，局部漏水，闸下游板桩长 10 米，完全不漏水，阻渗效果较好。同时为了了解引黄蓄灌工程进水闸闸基的一般渗流情况，比较四道板桩的几种布置方案对阻止渗流的作用进行了渗流电拟试验。试验结果：在设计水位条件下，阻渗效果以上游板桩长 6 米，闸前板桩长 10 米，闸后板桩长 6 米及下游板桩长 5 米方案为好。相继对韩家墩引黄闸，杨庄水库泄洪闸等分别进行电拟试验。认为：韩家墩闸基在设计条件下，下游除设置反滤层外，并设置排水井来控制渗流是必要的，杨家闸基采用上游齿墙通过第二层(砂土)伸入第三层(壤土)的方案，可以满足设计要求。

位山枢纽十里铺进湖闸，18 孔，总长 212.5 米，在设计中上游粘土铺盖长 40 米，厚 1～1.5 米，下游反滤层长 82 米，厚 0.5 米，闸底板前端和后端各设有 8 米长的钢筋混凝土板桩。上下游水头差 9 米。为了验证这种布设是否合理。1960 年黄委会水科所做了渗流模型试验。根据设计条件的试验结果，下游渗出坡降 $J\leq1.0$，下游不致发生管涌，因之反滤设施可适当简化，或省去。同年为了确定花园口泄洪闸闸底板渗透压力分布，下游逸出比降及其对建筑物安全的影响，并验证板桩的防渗效果，特进行了电拟模型试验。从试验成果看出：第一道板桩使上游护坦前端渗透压力减低40%以上。下游逸出点坡降很小，原设计反滤层没有必要设置。

1977年黄委会水科所对黄河邢庙分洪闸闸基进行了共13种方案的电拟模型试验，原设计采用反滤排水为主的控制渗流措施，试验结果表明：关键在于反滤排水能否正常运用，当反滤排水措施保持有效时，各方案的闸基渗透压力都很小，失效时各方案闸基的渗透压力显著增大，这是两种极端情况，由于高含沙量的河水通过排水孔造成淤积是完全可能的，因此以选择排水减压井措施为宜。

赵口引黄闸位于河南黄河南岸中牟县境内，1970年建成运用以来，到1980年，由于河床淤高，设防水位需升高3米，原涵闸渗径长度不足。河南黄河河务局为解决这一问题，提出了接长涵洞洞身和设置射浆防渗墙两种措施，委托黄委会水科所进行试验，评价防渗效果。根据这一要求，采用电算技术，计算了四种改建方案。第一方案是在闸前趾以外0.7米处设置射浆防渗墙，墙厚0.6米，长10米；第二方案是将第一方案墙长延伸到16米；第三方案是第一方案在涵洞出口处增设一道射浆防渗墙；第四方案是原涵洞洞身接长43米。计算表明：四种改建方案的闸基渗流情况都与原闸基大体一致，无明显改善。建议加强闸下游反滤排水设备。河南黄河河务局采用高压射浆防渗墙工艺作了两个防渗井，井壁桩长10米，井壁厚60～75厘米，井底用短桩（2.5米）封底。经开挖检查12条接缝中完全封死的有10条，抽水实验防渗井综合渗透系数为9×10^{-8}米每秒。1986年黄委会水科所采用单井放射法检测赵口闸基渗流情况（土壤为重壤土，孔隙率为0.43）打了五个观测井，测出渗透系数为1.2×10^{-6}厘米每秒，符合设计要求。

第二节　承载力试验

一、承台试验

1953年黄委会为了了解黄河下游粉细砂地基的承载能力，选择邙山水库第二坝址（巩县神堤）坝基附近做了大型承载能力试验。承台面积为3米×3米、1米×1米、0.7米×0.7米等3种，在地面下1米高程处。地下水位在地面下2米。最大混凝土承台高2米，重44.5吨，总荷重605.7吨。承台四周设沉陷点观测沉降。试验结果是：在同等单位荷载下，沉陷量随底面积的增加而增大，这是由于地基不均匀造成的，为黄河下游闸坝地基设计提供了资料。

花园口枢纽泄水闸修在第四纪松散地基上，闸底板宽28米，长210米，18孔。为了解地基承载能力，1960年黄委会设计院勘探五队在闸基附近，采用承台底面积为70.7厘米×70.7厘米及100厘米×100厘米进行了承载能力试验。结果是：粘土临塑荷载(Pr)为0.75公斤每平方厘米，破坏荷载(Pkp)为1.75公斤每平方厘米；亚砂土Pr＝1.25公斤每平方厘米，Pkp＝2.75公斤每平方厘米；粉砂Pr＝2.5公斤每平方厘米。根据试验资料及地质剖面图按分层综合法计算了泄水闸闸基在设计荷载为12.45吨每平方米，闸前无水情况下的沉降量为11～16厘米，提供设计参考。

二、桩基础试验

在50～60年代中期，黄河下游软基上建闸，多采用浮筏式基础，施工比较困难，且常因不均匀沉陷，引起闸门不能正常启闭，需要改建。1967年开始在东平湖石洼进湖闸取得应用桩基的成功经验，随即得到推广，陆续建成分洪、分凌闸10余座。配合设计施工的需要，分别在建闸工地进行了桩基试验研究。

东平湖石洼分洪闸，设计分洪流量5000立方米每秒。由山东黄河河务局承建，首次采用桩基建闸。为了解桩基的水平及垂直承载能力，1967年黄委会水科所与山东黄河河务局协作，在分洪闸工地，选择与闸基土质近似的地方作桩基试验。浇注混凝土试验单桩6根，其中(ϕ0.85×17米)4根，(ϕ1.05×11.5米)2根，并在闸基上选择(ϕ0.85×17米)实践桩2根，分别进行了试验。测得单桩垂直极限承载力为120吨，当水平位移为1厘米时的水平承载力为13.5吨。1968年进行了5根桩(ϕ0.85×17米)组成的群桩基。桩头由混凝土承台嵌固，承台上放置250吨设计荷载条件下测得当水平位移为1厘米时，其群单(群桩中平均每根桩的承载力)水平承载力为31.3吨，较单桩水平承载力13.5吨，增大约1.5倍。为了检验桩基质量，于1969年进行了关闭闸门分期注水达到设计水位的充水试验。观测了沉陷、位移及回弹等项目。实测结果：闸墩沉陷量上游(平均19.5毫米)大于下游(16.2毫米)，原因是闸前蓄水引起地基沉陷造成的；右边边墩沉陷量(17.0毫米)

大于左边边墩(15.8毫米)。水平位移平均10.5毫米,最大为19毫米,位移是向上游倾斜的。放空水后4天实测边墩回弹量为27%~32%,中墩回弹54%~88%,水平位移回弹为20%,说明永久性变形量很小。

黄河下游豆腐窝分洪闸7孔,每孔净宽20米,设计分洪流量为2000立方米每秒,为桩基开敞式钢筋混凝土结构。在石洼分洪闸的实践基础上,采用桩基试验的水平承载力资料结合当地地质情况进行了设计。黄委会水科所于1972年在建闸工地做了单桩承载力试验,测得桩的垂直承载力与沉陷量的关系。由于传力柱劈裂,未能测到桩的极限承载力。1973年该闸建成后,进行了关门充水试验。实测沉陷量,边墩2~4毫米,中墩3~6毫米,位移向上游1~2毫米,垂直荷载分配比例是:在建成无水时,桩基荷载为85%,地基荷载为15%;在充满水时(上、下游水位差8.25米),桩基荷载为71%,地基荷载为19%,浮托力为10%。还在闸底板与消力池斜坡缝测得了消力池斜坡担负水平推力约40%。这是一个值得继续探讨的问题。

山东麻湾分洪分凌闸,位于南展宽区上端,共6孔,每孔净宽30米,设计分洪流量1640立方米每秒,采用桩基开敞式钢筋混凝土结构。黄委会水科所与山东黄河河务局协作,于1973年在建闸工地进行桩径为0.85米、桩长分别为2.75米、11.7米等试验。探讨了桩径相同,桩长不同对水平推力的影响以及桩截面应力分布,就水平推力而言,桩长为桩径的8倍时较经济。根据实测桩基截面应力分布,受压部位的钢筋可以省掉。又进行了桩径为12.5厘米、桩长为18倍桩径的小桩试验,试图摸索以小桩径试验成果类比大桩径力学特性的可能性,以便减轻试验研究工作量,结果表明是可行的。

1975年黄委会水科所根据石洼分洪闸试桩资料和室内对土料的三轴试验成果,以及土与桩接触摩擦试验资料,采用有限元法计算了单桩垂直承载能力并与现场试验成果对比分析,求解了平面轴对称应力应变,为此后桩的计算提供了一种新方法。

章丘屋子分洪闸,位于南展宽区下端,为桩基开敞型,设计分洪流量1530立方米每秒。全闸16孔,每孔净宽8米。设计时,采用麻湾试桩资料,节省了桩身部分布筋。1975年山东黄河河务局与黄委会水科所协作,在建闸工地进行了桩基试验,首次解决了水下桩测土压计埋设工艺,因而测得了桩身应力分布,桩侧土压力分布及桩身弹性曲线,为分析桩身结构应力创造了有利条件。为了消除计算桩身弯矩的误差,在已知条件下率定了钢筋计实测应力与弯矩的关系,籍此利用实测桩身应力换算桩身弯矩,简化了计算。

在大桩(φ0.85×17米)试验的同时,开展小桩径试验,桩径为4.2、8.9、12.5、18厘米,桩长为18倍桩径的单桩、双桩、群桩、桩距为3倍桩径等试验。还探讨了无桩承台,高桩承台,低桩承台以及历时对桩基承载能力的影响,求得了单桩、双桩与群桩间的效率系数,积累了试验资料。

渠村分洪闸,位于河南濮阳,是黄河下游处理特大洪水重点工程之一,分洪流量为10000立方米每秒。闸基座落在冲积土层上,层次较多,容重较低(1.1～1.4吨每立方米),地下水位偏高,采用了桩基开敞式结构。黄委会水科所于1977年在分洪闸工地进行了单桩承载力试验。试桩(φ0.85×15.7米)测得垂直极限承载能力为133吨,水平极限承载力为16吨。为了解桩基的工作状态(桩端、桩身、桩头、桩板、桩间等部位的土反力、扬压力、渗压力及沉陷位移等),选择了二个中墩和一个边墩,在施工过程中,通过开挖、钻探检验了桩的质量基本上是好的。1978年竣工之后进行充水试验,从闸前无水直到闸前充水至设计水位,观测了全部过程,取得桩基工作状态的各种资料。在垂直及水平荷载作用下,实测桩端反力、闸底板下土反力、沉陷量等都随着荷载的增加而增大,表明桩在外荷载作用下是正常刺入的现象,底板不致脱空;桩头嵌固在底板中,测得桩头拉应力较大,估计混凝土已开裂;止水质量较好,为闸的验收、管理提供了科学依据。1982年黄委会李世同提出了《渠村分洪闸沉陷位移观测资料的初步整理与分析》一文指出:渠村分洪闸自1977年5月至1981年11月共观测了16次,其中施工期4次,竣工后7次,充水期5次。根据实测资料分析,边墩沉陷量为95.3～141.4毫米,中墩沉陷量为61.7～84.8毫米,相邻孔的不均匀沉陷,边孔为16.1毫米,中孔为6毫米左右;水平位移在关门挡水时墩顶普遍向上游位移,中墩平均上移11.71毫米,最大21毫米,边墩为1.5～5.93毫米。由于桩基闸是通过桩基传递上部荷载到底部较好的卧土层上,故适应地表松软或存在有软弱夹层地基。如该闸右侧250米处同期施工的渠村灌溉闸,系4孔3.4米×3.6米箱式涵洞,地质情况与该闸基本相同。在施工后一年多的时间,涵洞底板实测沉陷量达48厘米。不均匀沉陷为25厘米,大大超过了本闸的沉陷量。山东黄河河务局分析了石洼、豆腐窝、麻湾、章丘屋子等分洪闸工地桩基试验研究资料之后,鉴于桩基研究中对于成层地基、桩距、桩长、桩的排列形式、地下水位等因素的影响尚未解决,于1977～1983年又在济南泺口堤段,土质均一、地下水位埋藏较深的沉积土中进行了小桩径的试验研究。试验土质为轻粘性粉砂,试验内容有不同桩径、不同桩长、不同桩距、不同承台设置方式、不同排列、长期荷载、浸水影响、不同配筋率及不同配筋长度等各组合的试验。总计桩数330根，包括群桩23组、双桩23组、单桩23根、承载板3组。采用钢筋计电阻片测定垂直荷载下的桩顶荷载分配，桩身轴向力水平荷载下的桩弯矩，采用钢弦式土压力盒测定垂直荷载下的承台底面土反力，桩底土反力及水平荷载下的桩侧土压力，采用测斜仪测定水平荷载下的桩位移曲线，采用深层标点测定基土的竖向位移，共取得了135100个试验数据。经过分析得到丰富的研究成果。见山东河务局《钻孔桩、群桩工作机理与承载力试验研究》。1983年通过了技术鉴定，有关专家指出："试验方案有独到之处，如时效研究、深层标点设置、浸水效应等试验资料，可资桩基试验研究借鉴。"1984年山东黄河河务局牟玉玮提出了《非圆桩基和深基的钻孔灌注桩方法》一文，论证了方桩和短桩的经济合理性，分析了当桩的截面积相同时，圆形、方形、矩形桩的惯性矩，周长相差较大，因此在地基和桩长相同条件下，其垂直及水平承载力、配筋量等，不论单桩或群桩、矩形截面桩都是经济合理的，并论证了矩形桩成形也是可行的。

第十六章　土石坝试验研究

黄河流域由于其特定的地质条件，干支流适于修建土石坝的地方很多，根据“节节蓄水、分段拦泥”的治黄规划设想，在黄土高原开展水土保持，修建淤地坝和治沟骨干工程、拦泥库工程的同时，从支流到干流相继兴建了一批高土石坝，随之开展了有关的土工试验研究。从黄土天然坝与堆石天然坝的调查研究开始，开展了筑坝土料、大坝渗流、坝的抗震性能及坝体的应力应变等研究。

第一节　天然坝调查

一、黄土聚湫

1951年黄委会主任王化云到黄河中游查勘时，看到甘肃庆阳县董志塬西边的太阳池，是一个天然坝小水库，明朝时立有一座碑，记载着此坝的形成年代和过程，认为是治理黄土高原的极好实例。随即组织人员到黄土高原区广泛查勘，到1965年已发现有76座。由于黄土崖陡沟深，常因地震或重力侵蚀作用，造成巨量塌方，堵塞山沟，拦住泥水，形成天然拦泥坝，当地群众叫做“聚湫”，其形成年代一般在数十年到数百年间，有的竟长达千年。其中最大的一座天然坝在宁夏西吉县滥泥河下游的党家岔，为1920年地震时沟岸滑坡形成的，控制流域面积120平方公里，年径流量250万立方米。据调查这座坝20多年来没有发生过洪水漫顶，坝内水位近10年间上升了3.3米，平均每年上升0.33米。按当时的水面积和流域面积的比例估算，即使遇到全流域一次降暴雨50毫米，产生总洪量300万立方米，提高库内水位也不到2米，水面距坝顶还有4～5米。据此估算，此坝至少还能维持100年左右。

位于甘肃省合水县的干湫子天然坝，其形成年代，若按侵蚀模数估计，约在800年以前。调查时坝高64米，坝前淤积厚度61米，虽只剩下84万立方米库容，但由于库面每年平均淤积厚度不到20毫米，最大洪水深也不超过1米。因此按当时的来水来沙估计，库容仍能维持100多年。如果坝身再加高3～5米，还能延长100～200年。

1964年在黄河支流无定河上游陕西省吴旗县的周湾，由于沟岸塌方，20分钟内形成一座高45米，土体达1000万立方米的天然坝，其控制流域面积129平方公里。现场观察发现，塌落的坝体，顶面起伏很大，表层土块破碎，但坝前存水而下游坡脚并无漏水现象，说明下层土体是密实的，坝体稳定。

通过现场调查和分析表明：这些天然聚湫所以经久不废，其主要原因在于库区泥沙淤积达到了“相对平衡”的结果。就是当库区淤积面积与大坝控制的流域面积相比，达到一定比例后，流域产生的洪水、泥沙将基本上全部进入库内。每年淤积厚度有限，因而整个库区淤积速度很慢以至相对稳定，而且由于淤积厚度很小，汛期过后不致影响农作物生长，仍可充分利用。天然聚湫这种由“滞洪期”到“干涸期”再到“相对稳定期”的规律，为解决拦泥库寿命问题提供了重要的佐证，基本上消除了拦泥库淤满了怎么办的疑虑，也初步回答了拦泥能否结合生产的问题。

这种天然聚湫形成的原因，黄委会设计院地质处李殿旭研究认为：一是沟岸土层间地下水活动降低了黄土的抗剪强度，使土坡失稳；二是沟岸坡脚逐渐被流水淘刷，使黄土边坡失稳；三是地震的剧烈振动，有时则为其中二或三项因素共同作用的结果。这种天然拦泥坝既无溢洪道，又无泄水洞，坝前无护坡，坝后无反滤，两岸未削坡，坝底未清基，也无人管理养护，为什么能长期屹立？引起了人们的关注，从而提出建造人工聚湫的问题。60年代曾作过一些实验，“文化大革命”期间中断。

二、天然堆石坝

1960年为配合南水北调西线峡谷高坝规划，黄委会派人员对天然堆石坝进行调查，发现岷江上游的大海子是一座完整的天然堆石坝水库，随即组织有关部门协作，就坝体和库区作深入的考察、探测，取得不少成果。

大海子天然堆石坝位于四川省松藩县境内，是1933年叠溪大地震（震级7.4级）时形成的。经测定：坝长740米，坝高155米，库容约6950万立方米，坝前水深80米，上游坝坡平均1∶6.6，下游坝坡平均1∶5.2，底宽1530米，顶宽90米。坝面起伏较大，其凹陷处形成天然溢洪道，溢洪时平均流速 3.5～4.0 米每秒，有巨石散布，消能情况良好，经物探测量，坝体土体空隙率 25%～30%，计算抗滑安全系数 1.45～5.18。坝前已淤成天然铺盖，厚度在 1 米以上，最大 10 米，淤积物主要为粘土和重粘土，容重 0.837～1.368 吨每立方米，一般小于 1.1 吨每立方米，渗透系数变化在 1.12×10^{-6}～2.18×10^{-8}厘米每秒之间，坝体渗漏轻微(0.109 立方米每秒)。

根据以上资料分析，该天然堆石坝历经几十年一直安全稳定的原因：①岩体为黑云母石英片岩，抗风化力强；②坝体堆石量巨大，上下游坝坡平缓，具有较高的抗滑稳定性；③天然溢洪道适应洪水泄流量且消能良好；④坝体密实，并有较好的天然铺盖，渗透轻微。研究成果可作为黄河人工定向爆破建筑高土石坝的参考。

三、天然防渗铺盖

水工建筑物防渗铺盖一般是选用粘性土按设计尺寸由人工铺设，由于一次偶然事件，发现黄河洪水携带的泥沙淤积在挡水建筑物前，形成了一层天然铺盖，起到防渗作用。四川大海子天然堆石坝的探测研究，也证实了这一特点。为了在大中型工程建设中应用天然铺盖作为正规的防渗措施，在黄河上曾进行若干工程实践的总结和试验研究工作。

1958 年三门峡大坝施工围堰截流时，原计划抛投块石及四面体截流后，在戗堤上游面抛填一层砾石，再加填土料闭气。当时黄河来水含沙量为 17～20 公斤每立方米。当砾石层已抛填尚未加填土料时，堤身即为河水泥沙充填，很快自然闭气。此事启示人们河水泥沙大可利用。1959 年汛期三门峡大坝神门河基坑围堰，承受约 50 米水头，而渗漏量甚微，又一次启发，利用黄河泥沙作天然铺盖是可能的。

1958 年清华大学昌平设计组，探讨了利用洪水挟带泥沙渗入库区透水基础改善渗透状况的办法，研究了人工放淤形成铺盖的可能性。试验结果表明：利用洪水冲动土块形成铺盖是完全可能的。根据实测资料，洪水可将土粒渗入覆盖层中达 1 米左右，渗透系数由 $K=10^{-2}$厘米每秒减为 $K=10^{-5}$厘米每秒，淤积厚度达 20～30 厘米。

1959 年黄委会水科所提出《故县水库堆石坝透水基础防渗铺盖试验研究》文中指出：黄委会拟在黄河支流洛河中游故县修建高 95 米的微透水粘土斜墙堆石坝，上下游水头差约 90 米。拦河坝建筑在深约 18 米具有强透水性的砂砾石冲积层上，拟采用铺盖控制基础渗流。虽然在天然坝调查中有些实际例子，但实测资料数据很少，因此黄委会水科所对故县堆石坝透水基础防渗铺盖进行了试验研究，主要是探讨在保证基础不发生渗透变形的条件下确定经济合理的铺盖长度和厚度及其质量。通过室内电拟模型试验及野外寻峪沟（地质条件与故县相似）小坝（9米）的观测试验得到结果是：故县堆石坝基础砂砾石属于管涌土，临界坡降为0.3，采用安全因数为3，则允许坡降可采用0.1。根据寻峪沟砂砾石坝观测结果表明：人工铺盖厚1米，平均干容重1.4吨每立方米，渗透系数$K=3.0\times10^{-5}$厘米每秒。经过汛期观测，防渗效果显著，据此，建议故县人工铺盖限制在8H水头＝720米长，铺盖前端厚为1米，以平均坡度（允许坡降7.5）向坝脚增厚，干容重可控制在1.55吨每立方米以上。

1970年已建黄河天桥电站土坝，高24米，原计划有混凝土防渗墙，以截断河床上14～17米厚的中粗砂含砾石覆盖层的渗流，实际未做。土坝建成后上游已被泥沙淤成天然铺盖，以后淤积表面仅低于坝顶5米。观测表明：浸润线及覆盖层的测压管水位均低于设计值。

1985年黄委会设计院在小浪底工程设计中又提出：利用土石坝斜心墙的上游延伸与围堰防渗墙相接，然后联结天然铺盖，形成三道防渗的方案。预计工程竣工以后，天然铺盖厚可高于河底36米，沿河上溯数十公里，建议施工时埋设测试仪器，在水库管理运用中取得数据，以检验各道防线的实际效果，明确天然铺盖的作用，为多沙河流水工防渗设计提供科学依据。

第二节　陆浑粘土斜墙砂卵石坝

陆浑水库大坝位于河南省嵩县境内黄河水系洛河支流伊河的中游，是一座粘土斜墙砂卵石坝，坝高52米，1965年建成。1975年淮河大洪水后，1978年又将大坝垂直加高3米。坝址砂卵石覆盖层厚8～12米，下为安山玢岩及玄武玢岩。河床中有顺河大断层F_5及F_{24}等通过，其中F_5宽达40米。左岸有F_2和F_3断层与坝轴线斜交，右岸有F_{31}，F_{11}和F_{46}等断层。在这种地质条件下对坝体威胁最严重的问题是化学管涌和渗流稳定，配合工程的设计施工和管理进行了试验研究。陆浑水库平面图见图4—16—1。

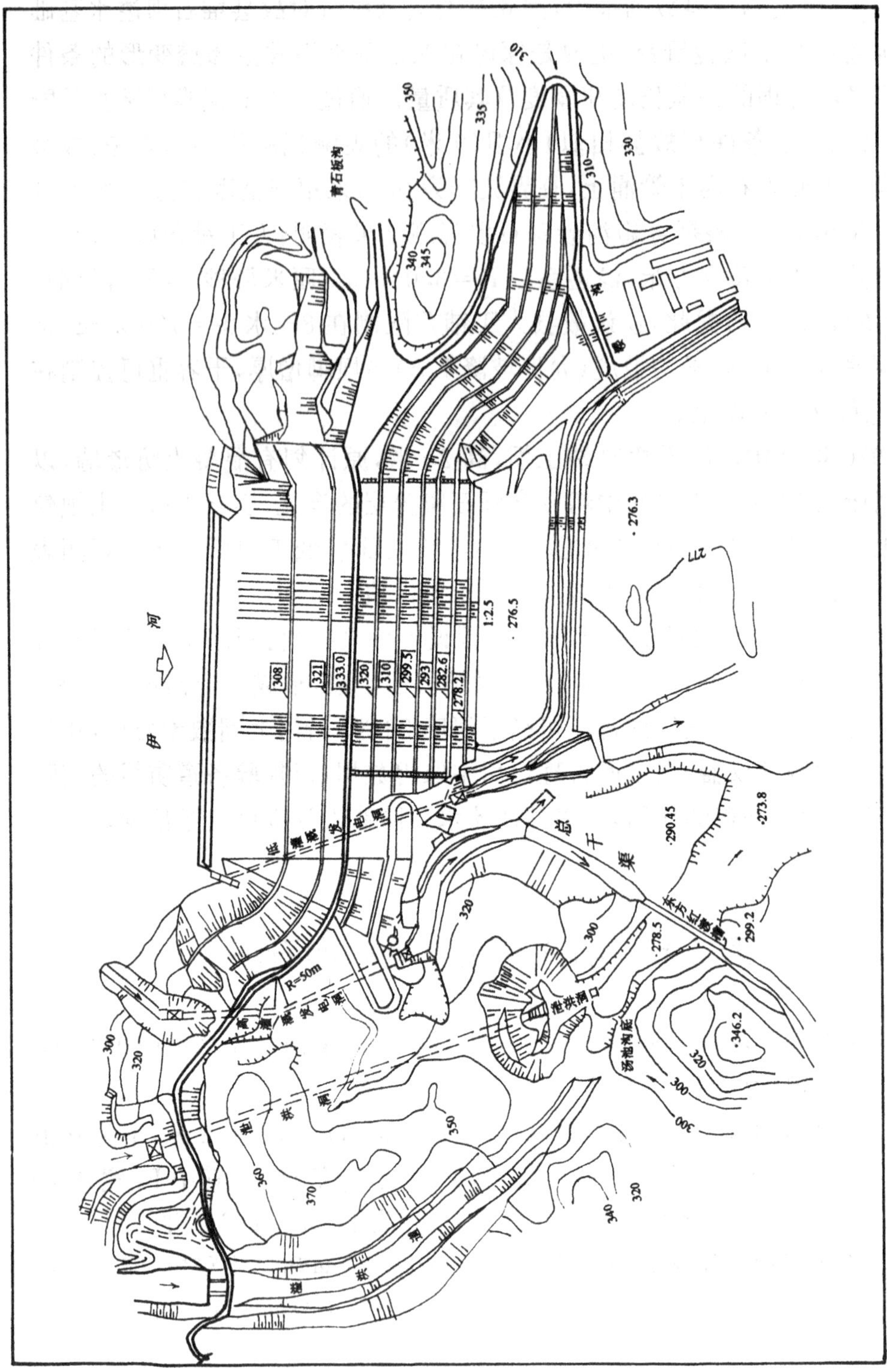

图 4—16—1 陆浑水库平面布置图

一、化学管涌和渗流试验

化学管涌是岩石在水流作用下产生溶滤现象,溶滤是指岩石中(或土壤中)含有石膏夹层,盐类物质(如氧化铁)被溶解的现象,并因溶滤而增大岩石(或土)的渗透速度所形成的管涌。1962 年黄委会设计院地质处对陆浑西坝头断层破碎带进行了化学管涌试验研究。鉴于基岩特征是产生化学管涌的主要决定因素,首先在室内做了岩性特性鉴定,并对裂隙填充物、断层泥进行了差热、脱水分析。分析结果是:基岩中可溶盐类含量很少,遇水不会发生溶解或溶滤现象,因此不可能发生化学管涌。断层泥与裂隙填充物都是稳定的矿物,发生化学管涌的可能性也很小。1965 年对 F_5 顺河大断层破碎带进行化学管涌试验。基岩是安山玢岩,化学稳定性很高,其粘土矿物中所含吸着水分很少,阳离子交换容量也小,说明这种次生的粘土矿物分散程度不高,遇水稳定,在设计条件下,不可能产生化学管涌。

大坝左坝肩是一个与坝轴线大致平行的薄山岭,长约 700 米,底宽 250～350 米,有一条贯通上下游宽约 60 米的 F_2 断层通过。该断层以西,在高程 270～315 米间分布着 30 多米厚的第四纪冰川沉积砂砾石层。这沉积砂砾石层及断层破碎带,能否产生严重的渗漏、管涌、塌岸及边坡滑动现象,进而危及大坝安全,是该枢纽急待解决的问题之一。为此,1964 年黄委会设计院地质处在室内外进行了试验,现场测定冰积砂砾石层及断层破碎带的渗透带的渗透坡降分别达到 37.2 和 27.0 时还未破坏,足见其抗渗强度是很大的。室内试验,裂隙充填物是方解石和文石,均属难溶盐类矿物,不致发生化学管涌。1964 年水库曾蓄水到 311 米高程(正常高水位 315 米)对冰积砂砾石层及断层破碎带进行了观测,均未发生任何渗透变形,仅在砂砾石的第三亚层内发生集中渗水现象。

1975 年 8 月淮河大水后,陆浑水库防洪标准相应提高,对大坝进行了复核,设计和地质部门又对西坝肩进行了补充工作,并委托黄委会水科所进行三向渗流有限元法计算。当库水位 308 米高程时,三向计算结果与大多数观测管的实测结果接近,说明原设计对砂卵石层的分层和渗透系数的选取较好地反映了实际情况,这就给更高水位的三向计算提供了较为可靠的依据。设计水位 325 米的三向渗流计算表明,冰积卵石层最大出渗坡降 1.48,远小于其渗透破坏试验值,因此具有较大的安全系数。由于浸润面与渗出点较高，在高水位时，下游边坡将不够稳定，应进行削坡处理。由于冲沟* 对渗流影响较大，削坡后仍有冲沟影响的地段，为避免产生集中渗流，在下游渗流出口段上应设置反滤加以保护。

在施工开挖基坑时，沿 F_5 断层下盘断裂面上出现 4 处涌泉，其中一个较大，处理时用 3 米×0.8 米的木笼混凝土未能完全填塞，这说明 F_5 断层接触带内部存在有贯通裂隙，有必要对大坝坝基的渗流稳定进行研究。黄委会地质处于 1965 年做了二向电拟试验。研究大坝坝基在设计条件下的渗流状态和改善的可能措施，试验成果表明：在陆浑大坝的现实状况下，当覆盖层与基岩渗透系数的比值很大时（K_3=700 米每日，K_4=0.05 米每日）加长天然铺盖的作用不大；覆盖层与基岩渗透系数的比值较小时（K_3=96.17 米每日，K_4=4 米每日）加长天然铺盖对坝体渗透情况有所改善。

此外，1965 年黄委会水科所接受委托对水库右岸泄洪洞，溢洪道及其消能建筑物进行了多组渗流电拟试验，结果表明已完成的工程布置，可以满足设计要求，仅局部闸底板承受浮托力较大（70%～80%水头），建议在管理运用中加强观测。

二、坝料试验

黄委会地质处配合陆浑拦河大坝的设计施工做了坝料试验研究。1963 年对坝壳砂卵石料渗透变形特性进行了试验。上游坝壳的填筑料包括流土和管涌两种破坏形式。临界坡降平均为 0.4，建议允许坡降用 0.20～0.25，渗透系数用 9～10 米每昼夜；下游坝壳的填筑料临界破坏坡降平均 0.9，允许坡降可用 0.45～0.60，渗透系数选 3～4 米每昼夜；滤水坝趾地基从表层看破坏形式主要是管涌，临界坡降平均为 0.5，允许坡降用 0.25～0.30，渗透系数选 10～12 米每昼夜。

1964 年做了拦河大坝砂砾料抗剪强度试验，采用自制 30 厘米×30 厘米剪盒的剪切仪进行。试料最大粒径在 40 毫米以内，以最大粒径，含砾量和密度三者为参数，组合成 36 组试验。分析认为：对于上游坝壳，在饱和状态下的抗剪强度、内摩擦角 φ 为 33°，对于下游坝壳在干燥状态下的抗剪强度内摩擦角 φ 为 36°，凝聚力 C 值仍按一般无粘性材料抗剪系数处理。建议不

---

* 冲沟：多是黄土堆积以后，地表径流逐渐集中，下切力增大冲刷而成，冲沟是水力侵蚀形态之一。

考虑“C”值的作用。为防止拦河大坝下游出逸段发生渗透破坏以及表面水流的冲刷作用，拟修筑贴坡式滤水坝趾。坝趾下部嵌入基础内，以充分收集坝基渗流，其表层采用厚约1米的块石盖重，被保护土与块石之间拟铺设两层反滤料，要求通过试验做出合理的级配选择。地质处1965年的试验结果指出：保护流土的反滤层可以使用5～20毫米反滤料，容重不少于1.73克每立方厘米；防止管涌的反滤层可使用1～20毫米的反滤料，容重可控制到1.75克每立方厘米左右，铺筑厚度20厘米。

为研究拦河坝截水槽底与岩石砂浆接触面的接触冲刷强度，地质处于1965年进行了接触冲刷试验。截水槽与下部基岩接触共分四种类型：粘土与岩石、灰土（系指1∶8～1∶10的粘土与水泥混合土）与岩石、岩石上浇筑砂浆后回填粘土以及岩石上浇筑砂浆回填灰土。分别测得了各种试验材料的渗透系数及其相应的最大坡降。

在大坝上游保护壳施工过程中，随着临时保护壳的拆除，出现了斜墙土的表层软化现象。为此，地质处进行了土砂接触带抗剪强度试验研究，通过不同土质模拟试验，得到接触带的抗剪强度与土的干容重成反比，在干容重相同的条件下，则随土中粘粒含量的增加而降低；砂的起始干容重对接触带强度影响不显著，而砂的粒度大小，则颇有影响，随不均匀系数的增大而增大。须注意在所试验条件下固结快剪的强度大于慢剪的强度。对湖相沉积土，在软化的条件下，建议接触带强度采用内摩擦角$\varphi=16°36$，凝聚力$C=0.05$公斤每平方厘米作为斜墙土料，为有效地抑制粘土的湿胀，防止软化，需有足够的盖重，即上覆盖压力不应小于土的膨胀压力。根据研究当土的干容重控制在1.65克每立方厘米时，土的膨胀压力为0.8～1.0公斤每平方厘米，这些成果保证了施工的顺利进行。

三、库区淤泥性质试验

为了了解库区淤泥的防渗作用。1961年冬，黄委会设计院地质处曾在水下钻取淤泥试样进行物理力学性试验。试验表明淤积土密度很小，塑性较大，压缩性高，渗透系数$K\times10^{-5}\sim K\times10^{-7}$厘米每秒，库区淤土的平面分布，由于右岸泄水洞放水之故，有从左到右变粗的趋势。为了进一步了解库区淤积土的性质，1963年4月水库放空时，又取土样进行物理性质、化学成分和矿物成分试验。对于天然容重的测定，采用环刀法和同位素法进行对比。试验资料分析表明粘粒含量与密度之间，塑性指数与流限之间的相关关系比较密切。

第三节 石头河土石坝

石头河土石坝位于陕西省眉县境内，在黄河水系渭河南岸支流石头河斜峪关上游1.5公里处。拦河大坝顶长约590米，最大坝高114米，是中国已建最高的土石坝。河床段采用粘土心墙砂卵石坝壳的土石混合坝型，两岸阶地逐渐扩大心墙过度为均质土坝。坝址河谷宽为200米，河床砂卵石覆盖厚度一般为4～10米，右深槽厚达25～28米。两岸坝肩有三四级阶地，上部覆盖亚粘土、粘土互层；基岩为绿泥石云母石英片岩，河谷中部有辉长岩侵入体；断层、裂隙破碎带一般规模较小。

该坝施工采用土石料分层辗压方法修筑。1970年开工，1976年6月开始坝体填筑，1982年10月完工。以灌溉为主，结合发电和防洪。陕西省水电局水电勘测设计院负责设计，分别委托西北水科所和该院地质队试验室，进行室内外有关筑坝土料特性，坝体压实以及渗流、抗震试验研究。石头河水库平面布置图见图4—16—2，大坝剖面图见图4—16—3。

一、筑坝土料试验

石头河土石坝筑坝土料的试验工作于1971年开始，由西北水科所承担，由于设计方案几次变更，试验内容多次改变。至1973年6月底初步完成了粘性土料的物理、化学、矿物成分、击实、剪力（包括直剪和三轴剪力试验）、压缩渗透以及无粘性土料包括砂卵石与代替料（砾石、风化碎石）的抗剪强度试验。根据试验资料提出心墙土料填筑设计计算指标是：含水量19%、干容重1.68克每立方厘米，饱和固结快剪C＝0.27公斤每平方厘米、φ＝20.4°，渗透系数小于1×10^{-7}厘米每秒。1973年相继进行了该工程鸡坡土料场土料的化学分析及粘土矿物成分鉴定，综合确定了各组土料的矿物成分，以伊利石为主，并有少量的高岭石与蒙脱土。对坝基夹泥层、断层泥以及筑坝土料用差热分析、化学分析结合染色分析方法做了鉴定。采用胶粘单轴拉伸试验法及圆柱劈裂法等6种方法对比试验，确定了土料的极限拉应力变化范围（0.222～0.392公斤每平方厘米）。结合工程设计和施工的进展，进一步对坝壳料砂卵石的抗剪强度进行了试验研究。结果表明：无论

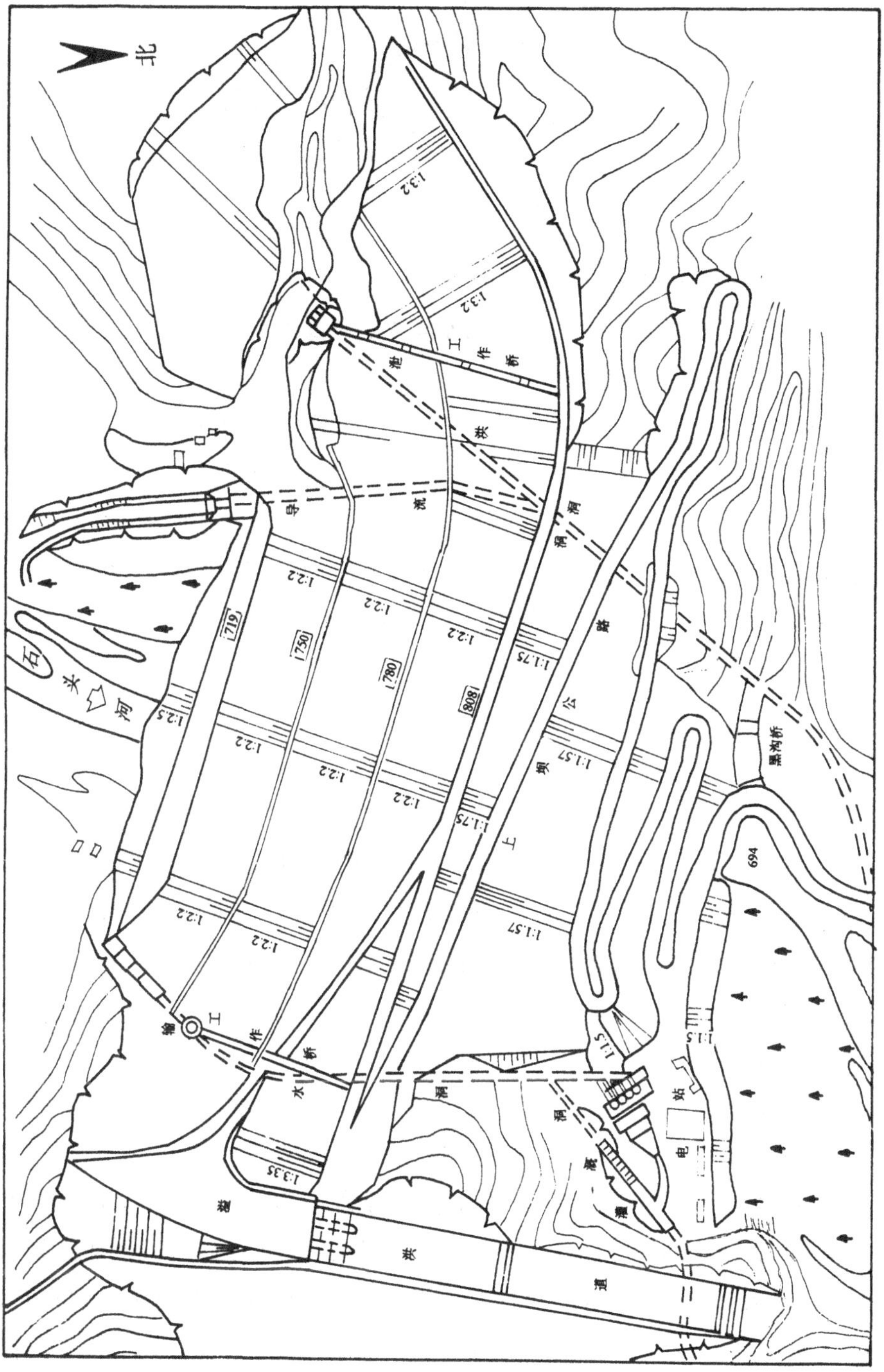

图 4—16—2　石头河水库平面布置图

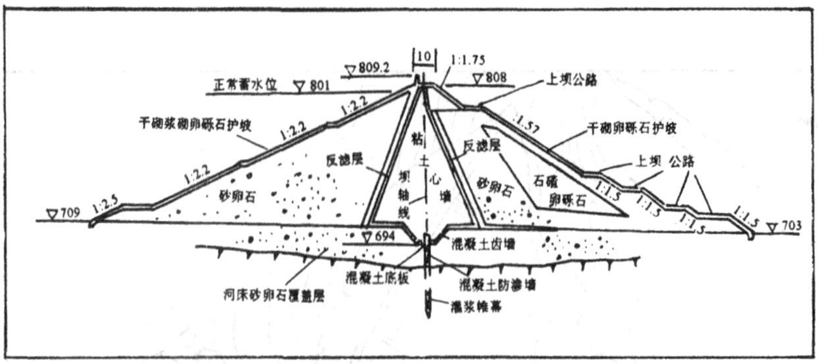

图 4—16—3 石头河水库大坝剖面图

对风干料或饱和料当密度 2.13 吨每立方米时，φ 值变化在 40.8°～44.4°之间，从而推荐石头河土石坝坝壳砂卵石强度指标设计值为 $\varphi_{设}$（水上）＝38.8°，$\varphi_{设}$（水下）＝36.8°。根据推荐的指标修改了原设计的坝断面，上游坡由 1∶2.4 减为 1∶2.2；下游坡由 1∶2 减为 1∶1.75。不仅改善了枢纽布置条件，而且减少了坝体石方量，加快了工程进度。经过 1981 年多次水位骤降的考验（最大水深 62.8 米），安然无恙。

二、压实实验

为了确定各种碾压机具对不同性质筑坝材料达到设计指标的合理压实参数，西北水科所与石头河工程指挥部试验室于 1971 年除在室内做了各种筑坝材料的物理力学性质试验之外，还在施工现场做了压实试验研究。1971 年 3 月，在双家山土场做了石夯夯实试验，采用大、中、小石夯，夯重分别为 109、80、61 公斤，人工铺虚土厚度相应为 25、20、15 厘米，含水量为 16％～18％，将石夯抬高 50～60 厘米，相应夯实 8～7 遍，7 遍即可达到设计干容重指标 1.65 克每立方厘米。在大坝基础处理，基坑回填及小面积边界回填粘土时，都采用了这种石夯夯实法，但由于用劳力较多，效率较低，不宜作大面积、大体积填土使用。同时，做了电动打夯机夯实试验，通过试验确定填筑土层厚为 15 厘米，先用电动平底夯夯实一遍，后用带齿足夯锤夯实 18 遍，即可达到设计要求。仅用平底夯夯实，每层结合面有明显分界，如果用带齿足锤夯实，则每层结合的较好，且结合层处的容重和渗透系数都达到设计要求。1971 年 12 月在截水墙回填土时，作过拖拉机和夯锤联合压实试验。采用红旗100拖拉机空机或东方红75HP拖拉机空机碾压后再用铁杵或80公斤石夯或蛙机夯实,组合多种机械与夯锤联合压实试验,分别得到机、锤联合施工参数。但机械碾压与人工夯实效率悬殊,不能配套,不宜大面积采用,小面积压实还是有效的。同时做了肋条碾的碾压试验。结果表明:当碾具形式、重量及行车速度一定时,土料的压实主要取决于土的含水量、铺土厚度和碾压遍数等因素。当土料含水量在14%～15%,铺土厚度在25厘米,碾压16遍即可达到设计指标要求。但从现场取样看,8吨肋条碾压实含有土核的土料效果不好,显得碾重偏轻,土的密实度不高。同时肋条碾碾压后土层表面有高低不平的两条土棱,在土棱界常出现剪力破坏裂缝,当含水量较小时,这种情况更为明显。

1976年4月重型碾压机运到工地,随即进行了机械碾压试验。首先在土料保持天然含水量,铺土25厘米情况下,采用三种辗压方式:(1)东方红75HP拖拉机牵引8.2吨羊足碾碾压4遍,再用8吨肋条碾碾压4遍,最后用35吨气胎碾;(2)用8.2吨羊足碾碾压6遍,再用35吨气胎碾碾压5遍;(3)8.2吨羊足碾碾压6遍,30吨气胎碾碾压5遍及10遍。结果表明:这几种碾压方式均能达到设计指标。但第(1)种方式工艺复杂,有浪费现象,不宜采用。经选用羊足碾和气胎碾作为压实土料的主要工具,并进一步作不同含水量、不同铺土厚度、不同碾重、不同碾碾压遍数的碾压试验。从试验成果看:当铺土厚度30厘米,羊足碾压3遍后,30吨气胎碾压8～10遍,平均含水量在16%～19%,干容重即达1.68克每立方厘米的要求;当铺土厚度为35厘米时,用35吨气胎碾压4～6遍,含水量在15.5%～20%之间,干容重也能达到设计指标。最后确定在心墙坝面正式施工时,含水量在16%～21%之间,机械铺土厚30厘米,以羊足碾碾压12遍,30～35吨气胎碾压10遍为施工参数。实践证明:采用羊足碾、气胎碾压的工艺,效果满意,既发挥了羊足碾接触压力大,便于碾压土层底部和使上下层土增加结合效果的优点并能起到预压虚土的作用;而且气胎碾压又可使土层上部很快压实,形成了一套机械化施工系列,发挥了汽车运土、撒土,推土机平土,羊足碾、气胎联合碾压速度快的优点。

石头河水库大坝坝壳是由河滩砂卵石、漂石和开挖石碴填筑。砂卵石料主要取自坝址上下游河床滩地,级配不连续,缺乏中间粒径,细料较少,如何达到填筑设计要求,需要进行试验。人工铺筑石碴厚0.8米,用2.5吨夯板夯实,夯板落高3～3.5米,测量不同夯实遍数(6、12、15、18、21)的下沉量,最后挖坑取样称重,测体积求得夯实12遍的密实度可达1.959吨每立方米。在施工中采用了铺筑1米厚，夯实12遍的施工方式。缺点是由于夯板的冲击作用，石碴表面被打成粉末，特别是夯实到21遍时石碴破坏尤甚。1975年1月又采用振动碾做了压实试验，在铺料厚1米，碾压4遍，砂砾石、漂石大都可达到设计要求的密实度，石碴料在碾压6遍后亦可达到干容重1.95吨每立方米的要求。它比用夯板夯实工效提高很多，是碾压粗料的理想机具。由于振动碾压实厚度较大，可以避免剔除大粒径料的工作量，以后又曾作过铺料厚1.5米的碾压试验，根据试验结果，确定石头河坝壳砂卵石填筑厚度为1～1.5米，碾实6遍，最大粒径可达1米。根据施工现场质量检查，干容重达到设计指标的占91.4%。为了做好碾压试验，必须严格控制各个环节的试验要求，试验场地一定要平整，试样及铺土一定要均匀，控制含水量一定要准确，并掌握好错车距离，这样才能较好地反映出其规律性。对无粘性材料，如砂砾石的压实，若能辅以冲水，其效果将更好。

三、渗流试验与计算

对于大坝渗流情况，西北水科所先后进行了14次平面渗流试验，对各种设计方案的各种防渗措施及两岸台地处理方法作出论证，及时为设计、施工提供了依据。每次试验又有许多组，工作量相当大，为了提高效率，加快进度，1977年编制成“土坝两向稳定渗流计算程序”，适用于计算各向异性、非均质、有压、无压渗流场问题。以石头河大坝(0+240)断面(非均质各向同性，粘土心墙土石混合坝)作实例，计算与试验(水电比拟法)对比，结果相近，感到满意。

1979年采用三向座标仪进行了土石坝三向渗流试验，了解绕渗的影响以及绕渗情况下浸润面等势面渗流量等的变化情况，从而复查现设计所采取的各种防渗措施，认为是合理的。

四、抗震研究

石头河土石坝坝址区地震烈度按8度考虑，所以坝的抗震性能为设计施工中的一个重要问题。由于该坝坝壳砂卵石含量大，粒径粗，例如大于100毫米的卵石在砂卵石中占60%，卵石最大粒径达1.0米以上，其动力特性一般试验方法不易取得。西北水科所于1975年采用波速法进行了测定，实测结果是：砂卵石的纵波波速(V_p)为500～6110米每秒，平均577米每秒;横波速度(V_s)为259~286米每秒,平均273米每秒;弹性模量平均4655公斤每平方厘米,剪切模量平均1749公斤每平方厘米,并对石渣、粘性填土等分别进行了观测。就弹性模量而言:砂卵石>石碴>粘性填土。粘性填土垂直方向弹性模量大于水平方向,土场原状土的弹性模量大于坝体回填土。剪切模量也随土而异,具有同样的规律。1979年在室内外实测资料的基础上,用有限元程序计算石头河土石坝在地震烈度为8度时的动力反应。计算表明:在所考虑的坝体砂卵石动弹性模量(4700、9000、13000公斤每平方厘米)范围内,坝的上下游坡及坝顶附近有主拉应力出现,主拉应力所导致的破坏就是剪力破坏。因此这些部位有出现震害的可能。

1988年西北勘测设计院在《石头河土石坝的设计和施工》一文中指出,石头河土石坝于1982年竣工后,经过几年来的实践,运行情况良好,没有出现异常现象。这说明基础处理,坝料选择,坝体压实等是根据室内外试验的成果进行设计,并在施工过程中注意质量监测,因而施工质量也是比较好的,为国内土石坝的发展提供了较为成功的经验。其机械化施工各项指标水平,与国内已建成工程相比是较为先进的。

第四节 天桥土坝

天桥电站位于黄河北干流上,在陕西府谷与山西保德两县城上游8公里,左岸为混凝土重力坝,高42米,右岸为宽心墙土砂石混合坝,坝高23米。土坝建于水寨岛右侧河滩上,左接重力坝,右接黄河右岸四级阶地基座上,坝基为厚约12~22米的砾质中砂及砂砾石层。坝址区工程地质和水文地质均较复杂,中奥陶系灰岩中夹有软弱夹层,见天桥电站工程地质平面图(图4—16—4)。坝址区有高达30米水头的承压水,见天桥电站运用前后O''_2层及覆盖层地下水位变化示意图(图4—16—5)。这就带来了土坝渗流稳定和基础处理的问题。天桥土坝渗流问题的突出特点是坝基存在的较大承压水。1972年以来黄委会水科所曾进行过多次试验,大体有四个方案:第一方案为直线均质坝;第二方案为直线斜墙坝;第三方案为直、弯坝线混合坝;第四方案为斜坝线混合坝,见电拟试验断面图(图4—16—6)。在试验过程中,地质工作也正在进行。由于地质资料逐步提供补充,前三方案试验成果仅作设计过程中参考。第四方案于1976年提出,要求按已修改的坝体剖面用有限元法进行有、无截渗墙两组的对比计算,其计算数据是:混凝土截

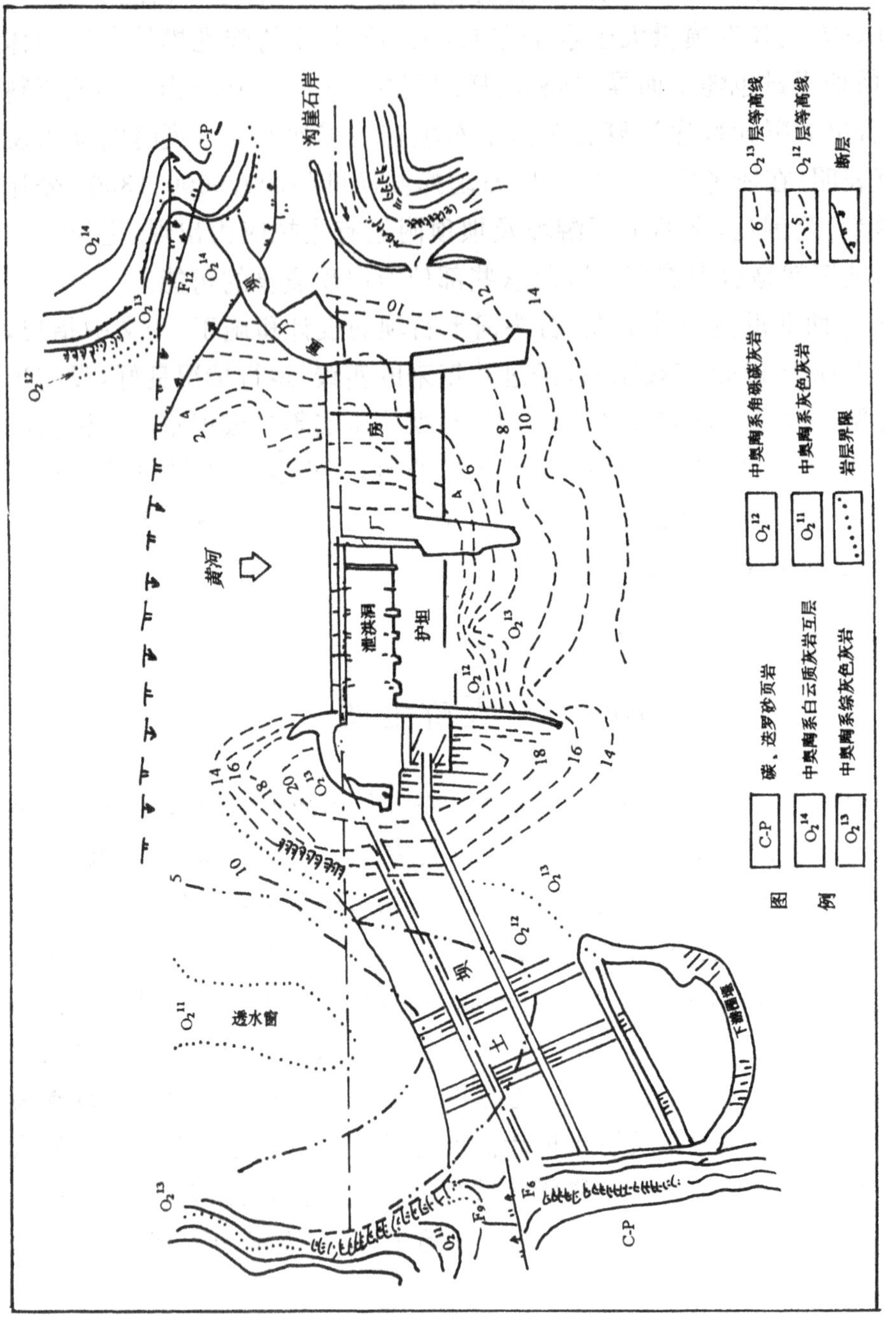

图 4—16—4　黄河天桥电站工程地质平面图

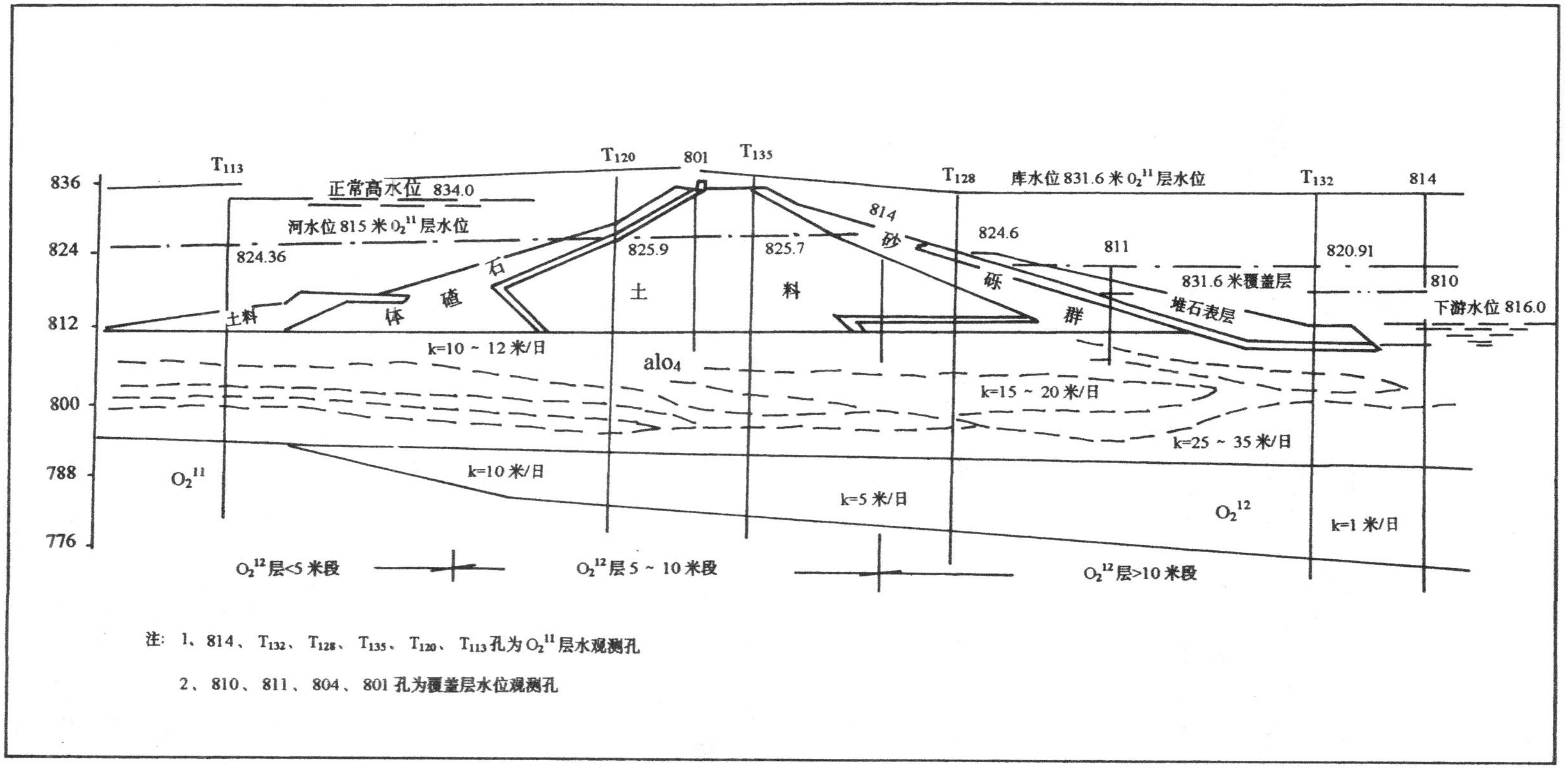

图 4—16—5 天桥电站运用前后 O_2^{11} 层及复盖层地下水位变化示意图

注：1. 814、T132、T128、T135、T120、T113 孔为 O_2^{11} 层水观测孔

2. 810、811、804、801 孔为复盖层水位观测孔

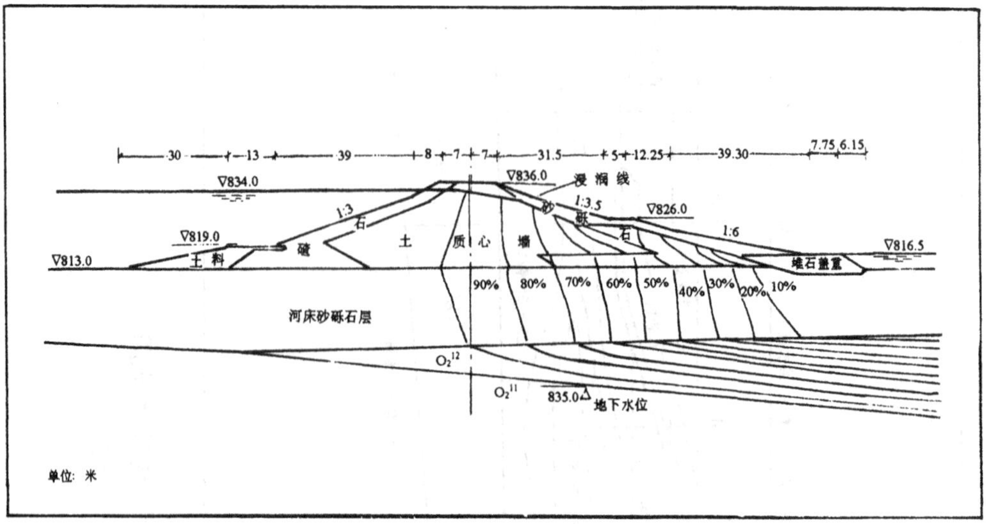

图 4—16—6　黄河天桥电站土坝电拟试验断面图

渗墙厚 0.8 米，渗透系数 0.00017 米每日，墙顶高程 831 米，下端插入相对隔水层 O_2^{12} 层深 1 米左右，O_2^{12} 层顶板承压水位 835 米，相应位势 100%；下游水位 816.5 米，位势为零；库水位 834 米，相应位势为 94.6%。计算结果表明：混凝土截渗墙拦截了承压水经透水窗向下游排泄的渗透水流，对降低坝体浸润线和坝后逸出比降有显著效果，但对坝后一维渗透区域不产生任何影响。当坝基有较大承压水作用时，垂直排渗措施的作用范围大大减小，不能有效地控制渗流，不宜采用。设计最终采用了第四方案试验成果。天桥土坝由于坝基有强烈承压水作用，搞好反滤排水是十分重要的。1976 年设计单位要求黄委会水科所对土坝坝基覆盖层渗透变形及土坝反滤料进行试验。根据工地取土试验，渗透变形的破坏形式均为流土，大部分破坏是整个土样浮起，其余是先在土样表面产生冒水孔，细颗粒在冒水孔附近跳动，继续抬高水头时，从土样中部浮起或是整个土样浮起。根据反滤料试验成果分析，当坝基清除回淤细砂后，在中砂层上铺筑河床砂，粒径为 1.0～10 毫米的反滤料，层间关系和透水性能均能满足要求，作为第一层反滤层比较适宜。保护坝体砂砾料的反滤料，采用粒径为 0.5～5 毫米的河床砂（小于 0.5 毫米颗粒占 10%左右）在最大试验坡降下砂砾料未进入反滤层，反滤层与坝体砂砾料的渗透系数比（$K_{反}/K_{土}=10$），能满足透水性的要求，因此这种反滤料保护坝体砂砾料是适宜的。

经设计单位慎重研究，为了充分利用 O_2^{12} 层隔水作用，减轻地下水对坝基和坝体渗透稳定的影响，选定土坝轴线左侧混凝土坝建筑物轴线偏离25°角折向右岸下游，左右岸两坝肩岩石沿坝轴线设齿墙。为排除两岸地下水绕坝渗流对坝肩的冲刷，在右坝肩 813.0 米高程打一个排水洞，左坝肩沿基岩面设一道水道，并为了解工程运用后坝基坝体的渗透情况，在左坝肩 0＋100，右坝肩 0＋300 和离“透水窗”最近的 0＋220 处共设置了 3 个观测断面，分别观测坝基、坝身的渗透压力和浸润线位置。

1980 年黄委会设计院在《天桥电站土坝渗流分析》一文中指出：通过1977 年运用以来 4 年实测资料分析，见天桥土坝实测浸润线位置图（图 4—16—7）。大致反映出土坝运用后坝基和坝身渗透变化情况，并可据以初步预估当库水位达到 834.0 米时的可能情况。从测压管水位资料统计看，地下水位（O_7^{11} 层水位）是随着库水位的升高而升高的，一般高出库水位 2～6 米；预计当库水位 834.0 米时，地下水位可能达到 838.0 米左右（超过原设计假定水位 835.0 米）。土坝两岸防渗排水及河床段的反滤排水等防渗工程措施，已能有效地控制坝体和坝基渗透稳定，可保证土坝安全运用。

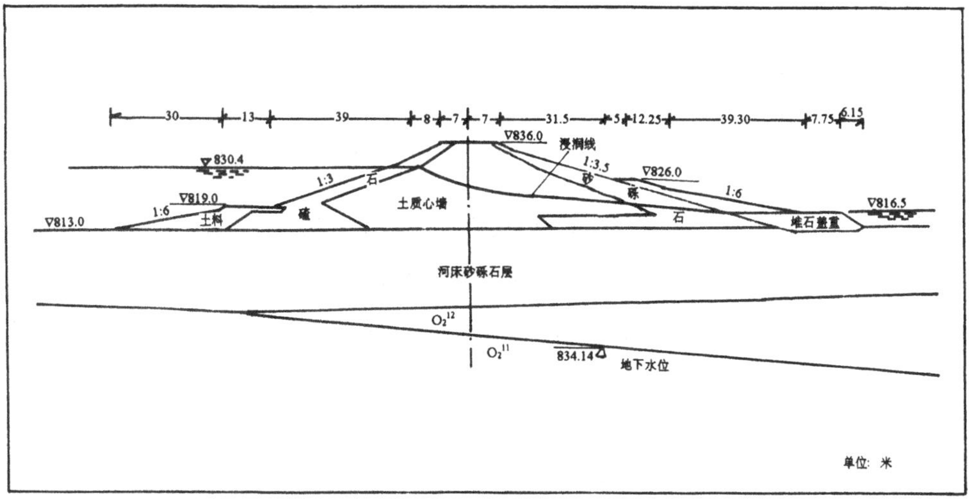

图 4—16—7　天桥土坝实测浸润线位置图

第五节 小浪底土石坝

小浪底枢纽坝址位于河南省洛阳附近黄河干流，上距三门峡大坝130公里，下距郑州京广铁路桥115公里。它是黄河干流中游峡谷最末端能取得较大库容(126.5亿立方米)的坝址。大坝为壤土斜心墙堆石坝，最大坝高154米，大坝剖面如图4—16—8。是一座以防洪、防凌、减淤为主，兼顾供水、灌溉、发电等综合利用枢纽工程。

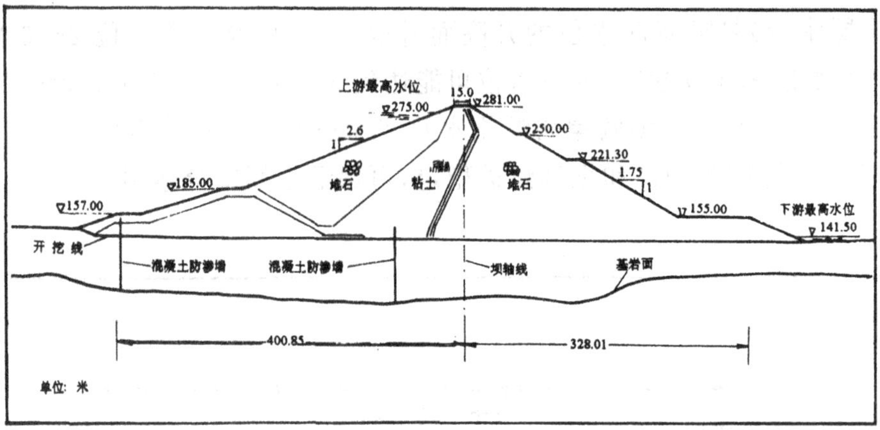

图4—16—8 小浪底大坝典型剖面

早在1969年，围绕黄河下游防洪减淤问题，不少学者提出把小浪底工程作为治黄的重大措施。黄委会组织进行了小浪底工程多种方案比较，并组织科技人员到现场勘探试验，经10多年的努力，于1985年提出《黄河小浪底水利枢纽工程设计任务书》，经国家计委组织审查，于1987年批准后，随即全面展开初步设计工作。1988年提出初步设计报告并筹备施工。由于小浪底工程水沙条件特殊，地质条件复杂和运用条件要求高，给建筑物设计带来了许多复杂的技术问题。科研单位和大专院校配合设计、论证作了大量的试验研究工作。有关土工部分包括：坝基的渗流及防渗；坝基液化的可能性及其静、动态稳定与沉陷变形等试验研究，以及在深覆盖层基础上建筑高坝的材料试验、坝体应力、应变分析、抗震性能试验及大坝稳定渗流与不稳定渗流分析等。

一、坝料试验

1981年黄委会水科所对小浪底土石坝料场寺院坡、西河清、大小西沟三处进行了心墙土的物理、矿化及力学性质试验，重点是前两处。寺院坡的土料以重粉质壤土为主，其次是中轻粉质壤土及少量粘土；西河清以中粉质壤土为主，其次是重、轻粉质壤土。寺院坡土料渗透系数为1×10^{-6}厘米每秒，西河清为1×10^{-5}厘米每秒。根据差热分析法，X射线法及粘土全量化学分析结果判定：小于0.005毫米的粘粒含量其矿物成分以伊利石为主，含有少量高岭石，绿泥石及蒙脱石等。据击实试验资料分析，寺院坡的黄土人工击实比较困难，在标准击实(25击)条件下达到最大干容重1.69克每立方厘米，相应最优含水量18%，略低于其塑限含水量12%～22%，比较适宜的平均饱和度为82%。西河清黄土压实相对说比较容易，在标准击实条件下，最大干容重1.78克每立方厘米。最优含水量平均为14.8%，低于其塑限含水量(19%)。相应饱和度平均为76%。总结影响黄土压实的因素有：含水量、压实功能、颗粒级配、矿物成分等。

武汉水院于1981年对小浪底大坝心墙土料做了断裂强度试验。采用单轴抗拉试验即断面为4厘米×4厘米，在单轴向应力控制拉伸仪中进行。试验结果：在土样断裂时轴向变形约为1‰，寺院坡土样断裂强度为0.272～0.6公斤每平方厘米，西河清为0.18～0.21公斤每平方厘米。同时采用三轴仪进行抗拉强度试验，结果是寺院坡土样断裂强度也比西河清高，但相差不大。两种试验方法哪一种更符合实际情况，目前还有争论，其主要意见是：土坝的实际裂缝不可能像单轴试验那样只受轴向力作用，还与周围受力有关；三轴试验时在受轴向拉力之外，即便周围应力完全相同也与实际有出入。

水科院岩土研究所1981年对小浪底大坝心墙土料渗流变形特性做了试验研究，以主要料场寺院坡及西河清两种土料为研究对象。当水头超过临界水头后，土样很快破坏，90%以上的土样开始先向反滤层掉土，或渗水量增大，然后土样穿洞。决定土料临界比降的因素，除土的物理矿化性质以外，还同土的干容重、起始含水量、饱和度以及下游反滤料的级配等有关。西河清土料与寺院坡土料相比，前者抗渗比降远低于后者，在可能条件下应尽量利用寺院坡土料。1985年又作了小浪底大坝心墙土料土工试验，根据委托单位选送的两种土样，试验结果表明：两种土料塑性指数比较接近，均属中塑性粘土。用高压三轴仪做了饱和固结排水剪(CD)、饱和固结不排水剪(CU)及非饱和不固结不排水剪(VU)等不同方法的试验,所得总抗剪强度成果,提供设计参考。总的来看,两种土料性质差别不大,都可作为筑坝材料。

1985年黄委会水科所对土的分散性进行了试验研究。土的分散性系指土体在缓慢流动水中,甚至在静水中,由于土粒表面薄膜水的增强,土粒间的排斥力超过吸引力,使粘土胶粒进入悬液内随水流冲蚀的一种现象。采用针孔法、孔隙水浸提液化学分析法、双比重计法和碎屑试验法等不同方法对土料进行了鉴别,结果是寺院坡土不论用上述任何方法判别均为非分散性土,可作大坝防渗心墙材料;而西河清料场,土质复杂,三种类型(分散性、中间状态、非分散性)都有,若作为大坝防渗体材料时应选择使用。寺院坡土料塑性好,渗水性小,但击实性差,压缩性大;而西河清土料击实性好,压缩性小,抗剪强度高且部分土层具有分散性。两料场土料除有分散性的土不能采用外,其余均可作防渗土料。

小浪底土石坝坝址处的河床覆盖层较厚且不均匀,岸坡陡、断层多、地震基本烈度为7度,大坝有可能产生不均匀沉陷,导致心墙出现上下游贯通裂缝。设计单位委托黄委会水科所就只利用反滤层保护使心墙不致因裂缝漏水而发生冲蚀破坏的可能性进行试验研究。从土料试验资料看,寺院坡土料为非分散性土,反滤料采用小浪底河床砂卵石。试验在直径18.8厘米的反滤料试验仪上进行了20余组,结果表明:寺院坡、西河清的中、重粉质壤土的裂缝冲蚀是缝壁土体在水的吸附作用下发生膨胀、崩解,形成一个一个小团粒,散落在水流通道并随水流运动的一种破坏形式,因此防止有裂缝的中、重粉质土壤发生冲蚀的反滤层与保护没有裂缝的中、重粉质壤土的反滤层有所不同,一般前者的反滤料要更细些,又因反滤料的透水性是控制土体裂缝流速的主要因素,对于重、中粉质壤土的保护可采用渗透系数$K \leqslant 1.4\times10^{-2}$厘米每秒的砂卵石(粒径$D=0.1\sim40$毫米)和$K\leqslant4.7\times10^{-3}$厘米每秒的非管涌的砾质粗砂分别作为反滤层第一层材料。第二层及第三层的材料应严格控制,建议用太沙基的方法设计。

小浪底坝址处河床覆盖厚一般20～30米,深槽处约70米,坝基拟采用垂直防渗墙。河床覆盖大致分四层,自下而上依次为:深槽下部砂卵石层;深槽中部(或浅槽)细砂层;深槽以上部分夹有细砂的上部砂卵石层;最上面是河漫滩沉积的粉细砂层。清基后大坝建于上部砂卵石层上,因此砂卵石的渗透稳定将直接影响坝体安全。为此黄委会设计院试验室于1983年对大坝的反滤料进行了试验选择。保护心墙的反滤料试验,建议:第一层采用粒径为5～0.1毫米的砂料;第二层采用粒径为20～0.5毫米的砂砾料;第三层采用粒径为100～5毫米的砾石。关于坝基河床砂卵石的渗透变形特性试验,得到无粘性土的平均孔隙直径(d_0)与临界坡降(J_{kp})和渗透系数(K)之间的关系:

$$K=31500d_0^{5.386}\text{(相关系数 0.917)}$$

$$J_{kp}=0.000148\frac{1}{d_0^{2.529}}\text{(相关系数-0.792)}$$

$$\text{下限为 } J_{kp}=0.0000528\frac{1}{d_0^{2.553}}$$

由保护坝基河床砂卵石的反滤料试验中得到河床砂卵石的平均孔隙直径(d_0)与临界坡降(J_{kp})的关系为:

$$J_{kp}\text{(反滤)}=0.000003271\frac{1}{d_0^{3.96}}\text{(相关系数为-0.957)}$$

$$\text{下限为 } J_{kp}\text{(反滤)}=0.0000018\frac{1}{d_0^{3.93}}$$

从反滤层与坝基砂卵石之间的接触冲刷试验资料分析得到河床砂卵石平均孔隙直径(d_0)和抗冲刷临界坡降关系为:

$$J_{kp}\text{(冲刷)}=0.000078\frac{1}{d_0^{2.807}}\text{(未加隔水板,相关系数为-0.909)}$$

$$J_{kp}\text{(冲刷)}=0.0000624\frac{1}{d_0^{2.57}}\text{(加隔水板,相关系数为-0.966)}$$

保护坝基河床砂卵石的反滤料:第一层粒径20～0.5毫米;第二层为100～5毫米。

1985年南京水科院为论证小浪底工程保护心墙和坝基两个部位的反滤设计进行了渗透特性试验,得知:坝基砂卵石在各种容重(1.95、2.0、2.1、2.15克/每立方厘米)下的渗透破坏均属管涌。鉴于小浪底坝基砂卵石为一极不均匀,缺乏中间粒径的土料,尚无滤层准则可循,故需试验加以确定。根据试验分析:坝基砂卵石的滤层,选用粒径范围为0.5～20毫米,其容重为2.1克每立方厘米;粘土心墙滤层选用粒径范围为0.1～5毫米,滤层厚度考虑施工要求,通常不小于20厘米。

1985年黄委会设计院要求对小浪底土石坝的防渗土料进行不固结不排水剪(uu),固结不排水剪(Cu)及固结排水剪(CD)等3种试验。黄委会水科所用英制Ⅲ型高压三轴剪力仪对选用的土料进行试验分析,提供了高压三轴土的试验强度(凝聚力 C、摩擦角 φ)和邓肯等人应力应变模型中的切线模量 E_f、破坏比 R_f、模量参数 K 及模量指数 n 等，供设计参考。从邓肯的双曲线应力应变模型出发，根据高压三轴试验资料，对粘性土的强度提出了一些新概念，即指数强度，双曲线强度及破坏比随侧压力 σ_3 而变化的关系，反映了粘性土在较大压力范围内，其强度和破坏比随侧压力 σ_3 而变化的非线性特性，用折直线表达比用一条直线更符合试验成果，有关表达如下：

邓肯等人，提出的双曲线应力应变模型，主应力差$(\sigma_1-\sigma_3)$与轴向应变 ε_a 的关系为：

$$(\sigma_1-\sigma_3)=\frac{\varepsilon_a}{a+b\varepsilon_a}$$

a、b 为双曲线参数，由三轴试验确定邓肯强度破坏标准：

$$(\sigma_1-\sigma_3)_f=\frac{2\sigma_3\sin\varphi d}{1-\sin\varphi d}$$

φd 为土的强度参数。

根据土的高压三轴试验资料提出新概念：

指数的强度破坏标准：

$$(\sigma_1-\sigma_3)_f=\mathrm{J}\cdot \mathrm{P}a(\frac{\sigma_3}{\mathrm{P}a})^H$$

J 为 $\sigma_3=1.0$ 公斤每平方厘米时的$(\sigma_1-\sigma_3)_f$ 值，H 为该直线斜率。

双曲线强度破坏标准：

$$(\sigma_1-\sigma_3)_f=\frac{\sigma_3}{A+B\sigma_3}$$

A 为直线的截距，B 为直线斜率，破坏比 R_f 随 σ_3 的变化关系：

$R_{f1}=R_{01}+dR_1log(\sigma_3/P_a)(\sigma_3\ll\sigma_{3c}$时)

$R_{f2}=R_{o2}dR_2log(\sigma_3/P_a)(\sigma_3>\sigma_{3c}$时)

R_0、dR_1 为破坏比 R_f 的非线性系数；σ_{3c}是两支折直线的交点所对应的侧压 σ_3 称为控制压力 σ_{3c}。

二、大坝渗流试验研究

1981 年黄委会水科所根据设计要求，对小浪底工程大坝与施工围堰进行了二向稳定渗流有限元法计算。计算表明：大坝坝基设置两道防渗墙，可以有效地截断通过覆盖层的渗流，效果良好。围堰采用铺盖结合下游反滤，保护出口处渗透稳定的措施是可行的。但应该考虑铺盖施工质量可能造成的影响，结合坝基覆盖层的渗透变形特性对下游出口处设置必要的反滤保护措施。同年黄委会水科所与南京水科院协作，对大坝和围堰的非稳定渗流以及坝坡的稳定性进行了研究。计算结果：小浪底大坝上游坝坡在非稳定渗流作用下，当库水位由 275 米降至 230 米时，如不考虑库区淤积和堆石壳淤填，其抗滑最小安全系数 η 均大于 1.2，坝坡是稳定的；如考虑库区淤积和堆石壳淤填，当库区水位由 240 米降至 230 米时段，有可能发生渗透破坏，并使出口区附近产生滑动，这在很大程度上取决于堆石淤填层渗透变形特性；在库水位降落到 200 米高程后，坝坡可能出现局部滑动，其位置在围堰斜墙顶部，渗流流向水库排泄的出口区附近。

根据以上情况，对改善坝坡稳定性的处理措施应是严格控制堆石渗透系数 K 不小于 8.64 米每日，并在大坝施工结束后，将围堰斜墙顶部拆除，换为渗水料，以使渗流出口通畅。

小浪底坝址处河谷两岸，工程地质条件和水文地质条件复杂。左岸山梁长约 2500 米，坝上游有风雨沟，下游有葱沟、翁沟、西沟和桥沟等大的支沟切割，山体单薄；又有 F_{28}、F_{236}、F_{238}三条大的断层通过，裂隙发育；泄水建筑物又全部集中布设在左岸，这些都使左岸山体的渗流复杂化。为研究左岸坝肩和左岸单薄山体在不同渗流控制措施下的渗流状态，黄委会水科所于 1985 年做了小浪底土石坝左岸三向渗流模型试验与有限元法计算。计算条件上游水位 275 米，下游水位 142 米，按以下四种情况：均质灌浆帷幕方案，非均质灌浆帷幕方案，非均质灌浆帷幕加排水方案，混凝土面板防渗方案。根据计算分析认为：要有效地降低山体的自由面，使岩体保持稳定，无论采取哪种方案，均应在原排水设施的下游，选择适当部位设多道排水。模型试验和有限元计算两种方法的结果相当接近。

南京水科院也对小浪底大坝左岸进行了三向渗流计算，计算了两种水位和两种方案：上游水位 275 米，下游水位 142 米和上游水位 250 米，下游水位 139 米，有帷幕加排水和有帷幕无排水，计算结果是：无论是设计洪水位(273 米)或是正常蓄水位(275 米)帷幕效果不如排水洞效果好。按照设计布置的帷幕和排水方案，山体浸润线的位置基本上位于裂隙含水层的上层，不利山体稳定。由于左岸山体单薄范围大，仅在帷幕后做排水，即使排水洞高程比原设计方案降低 20 米，仍然无法降低山体周围的浸润线，必须根据渗水区增设局部排水才是经济有效的措施，始能保证山体浸润线降至裂隙含水层下层透水层内。具体高程位置可通过计算确定。

为有效地降低左岸山体内的自由面，以保证山体的稳定，设计单位修改了设计方案，除采用防渗帷幕加主排水帷幕以外，还增设 B1#、B2#副排水帷幕。黄委会水科所根据增加排水方案进行了三向渗流计算。得知新设计方案可以有效地降低左岸区域的自由面，但在电站厂房段附近自由面仍有10%处在 154.7 米高程以上，建议设计时予以考虑。

小浪底土坝右岸水文地质条件也很复杂，并有承压水存在，大的断层有F_1、F_{230}、F_{231}、F_{233}等均为高角度断裂。为使右岸的渗流研究建立在可靠的基础上，黄委会水科所于 1986 年根据现有的勘探和承压水观测资料，进行了验证计算，按三向渗流方法反求各主要岩层的渗透系数以及断裂构造对承压水的影响。通过验证计算所得到的承压水流向，主要含水层的承压水头等，基本上与观测结果一致，从而证明所选定的岩层渗透系数能够反映实际情况。土坝右岸三向渗流计算结果表明：承压水的存在，加剧了绕坝渗流的复杂性，南部潜水的补给，加上 F_1 断层泥的阻渗作用，都将使自由面抬高，对岸坡岩层的稳定不利。为研究对右岸渗流的控制措施，又进行了三向渗流计算。按两种情况，即只设灌浆帷幕无排水与灌浆帷幕加排水。岩层的划分、断裂构造带及各岩层的渗透系数均采用承压水验证计算的结果，计算水位上游 275 米，下游 142 米。通过计算得知：仅设灌浆帷幕土坝右岸的自由面普遍偏高，在 F_1 断层南侧的自由面高程达 170～172 米，高出下游水位 30 米左右，F_1 断层中的渗透坡降为 0.5～1.0，都将对大坝产生不利影响；设置排水能够有效地控制渗流，减弱承压水的作用，与灌浆帷幕配合，更能收到良好的防渗减压效果，使自由面普遍降低。鉴于右岸承压水的来源和 F_{230}断层的存在及其透水性的大小，对右岸渗流影响较大，建议还要继续深入做好地质和渗流研究工作，为右岸渗流控制设计措施提供可靠依据。

三、坝基覆盖层防渗处理试验研究

小浪底坝基覆盖层一般厚 20～30 米，最深 70 多米，且在表层 30 米以下有细砂夹层。坝基如何进行防渗处理，是坝体稳定关键问题之一。为此，主要进行了混凝土防渗墙试验研究。1981 年水利部基础公司在小浪底坝址的右岸滩地上曾做过造孔工艺及混凝土防渗墙的浇筑试验，探明 70 米深的地层情况：0～7 米为黄色粉细砂层，7～40 米为砂卵石层，40～62 米为粉细砂层，62～67 米为砂卵石层，底部为粉砂质粘土岩。实践说明采用 C2—30 型绳式冲击钻，用粘土固壁造成深 70 米、长 6.6 米、宽 0.8 米的板槽是可能的，用直升导管浇筑混凝土也是可行的。惟经孔口取样检查混凝土质量，在

8组抗压试块中，只有1组满足要求（R_{28}=100～120公斤每平方厘米），原因是用人工搅拌运输混凝土，未能控制质量，供应不及时造成的，加以改进可以得到控制，造孔试验基本上达到预期要求。

为了保证施工质量，又能就地取材，黄委会设计院试验室于1982年进行了小浪底坝基防渗墙固壁泥浆试验，就近勘探了偃师、新安、孟津和济源4处料场，采样试验。根据勘探规程（SDJ17—78）要求槽孔固壁土料含粘量（<0.005毫米）大于50%，4种试验成果均不符合要求，最后选用河北峰峰土料造浆，该土料比重2.72，塑性指数32.6，粘粒含量69%，控制泥浆比重在1.22～1.25，未掺外加剂，清孔泥浆最好掺用无水碳酸钠，掺量0.75%，泥浆比重1.2或掺量1.0%，泥浆比重1.17两种。

1983年5月至1984年元月，黄委会设计院地勘总队对小浪底坝址河床砂卵石进行了灌浆试验。河床砂卵石（<2毫米）的含量约占35%，干容重2.1克每立方厘米。采用ϕ168套管进行固壁，对砂卵石用铁砂钻进，孔径ϕ130，清水冲洗，自上而下灌浆。灌浆材料是普通硅酸盐水泥525#，土料粘粒含量40%，粉细砂含量48%～50%，对灌浆效果进行了检查，结果表明：水泥粘土浆结石取芯块体强度较低，在灌浆前后压水试验，抽水试验，测定波速等对比变化不大，效果不理想。这是一个教训，对各种灌浆材料均应当进行试验，满足要求后，才能达到预期目的。

四、坝体应力分析

鉴于小浪底土石坝坝高154米，又位于深层覆盖层上，大坝的防渗墙结构与坝体联结形式复杂，坝体的应力应变等成为研究的重点之一。

1981年黄委会水科所配合小浪底枢纽初步设计进行了土石坝中的坝型Ⅰ（粘土心墙坝）方案有限元法应力应变分析。该方案在坝轴线附近粘土心墙下，设两道1米厚的混凝土防渗墙，其间距为3米，计算时未考虑蓄水荷载及防渗墙对坝体的影响。计算结果表明：心墙土料的性质对坝的稳定有重大影响，为了减小心墙变形，防止可能发生水力劈裂，确保心墙稳定，填土宜采用强度高、压缩性低的土料，因此用西河清土料比寺院坡土料较为有利。如果同时采用两种土料，寺院坡土料宜填在坝高2/3以上的部位。同年9月清华大学对心墙坝型Ⅰ的计算表明，当混凝土防渗墙按弹性模型计算（方案$Ⅰ_{-1}$）时，墙的最大压应力为645公斤每平方厘米；按非线性计算（$Ⅰ_{-3}$）时，墙的最大压应力降为320公斤每平方厘米。在其它条件相同的情况下，由于计算模式不同，结果相差一倍多，结论是墙被压坏、沿墙与土体接触面产生水力劈裂和接触渗透破坏。

1985年以后，转入研究斜墙坝型，中美联合设计组对斜墙坝塑性防渗墙方案纵横剖面应力应变进行了计算。得到了最高蓄水位275米时的位移和主应力等值线分布以及沿坝轴线剖面的位移和应力等值线分布。1987年河海大学计算了斜墙坝刚性防渗墙方案，得到墙顶水平位移22.7厘米，墙两侧土体中最小主应力为4公斤每平方厘米。墙围土体中应力均大于相应处渗压力，故墙与土体交界面不会开裂，不可能形成绕墙顶漏通道。清华大学对斜心墙及斜墙坝防渗墙与廊道不同布置形式进行了比较计算。有开口廊道、闭口廊道、两短墙夹廊道、18米单墙、18米双墙夹廊道等方案。计算结果以开口廊道方案优于其他方案，为避免水力劈裂，应设法增加土体的压应力。该方案按线弹性模型计算，得到防渗墙上游应力212公斤每平方厘米，下游墙应力223公斤每平方厘米，墙两侧土体中应力为4～6公斤每平方厘米。

关于小浪底高土石坝坝壳堆石材料，黄委会水科所于1987年进行一种密度饱和堆石材料的大型三轴试验，试件尺寸为(ϕ30×75厘米)侧向压力为2～12公斤每平方厘米。1988年清华大学水利系进行了两种密度湿化试验，采用常规应变小型三轴仪，试件尺寸为ϕ40×90毫米，侧向压力为1～10公斤每平方厘米，分别提出了《小浪底土石坝堆石材料湿化试验报告》。同年水电部昆明设计院科研所进行了三种密度干、饱和试样大型三轴试验，试件尺寸为ϕ70×140厘米，侧向压力1～9公斤每平方厘米；水科院岩土所做了两种密度饱和试样大型三轴试验，试样尺寸为ϕ30×70厘米，侧向压力为8～25公斤每平方厘米。分别提出了小浪底坝壳堆石材料试验报告。从等向固结条件下湿化试验成果看，轴向应变与体积应变都随侧向压力σ_3的增大而增大，但湿化应变和湿化体积应变均较小，说明小浪底土石坝堆石材料的湿化变形量并不十分显著。

五、坝基坝体动应力分析

根据中国科学院地震所1971年《黄河小浪底地区地震基本烈度鉴定意见》，该地区的地震烈度为7度，并经省地震局确认，工程设计采用8度。为论证坝体坝基在强震作用下的稳定性，进行覆盖层液化可能性研究和坝体、坝基动力分析。预计水库建成运用后，在大坝下游河床的冲刷段内，上部的砂卵石层将从130米高程冲刷到118米高程,从而使此处砂层上的砂卵石覆盖层变薄,成为地震作用下易于发生液化的部位。设计部门提出对冲刷段河床细砂层在8度地震作用下的液化问题进行试验分析,并验算由此而引起的冲刷段砂卵石层上游坡的稳定问题。1976年由郑州大学、中科院工程力学研究所和黄委会水科所协作,针对小浪底坝址三坝线下游冲刷段进行了试验分析。其结果是:冲刷段地基中的细砂层在较大地面加速度(0.2g)作用下有可能局部发生液化,但由于细砂层相对密度(0.69~0.76)较大,且深埋于河槽中,封闭较好,即使液化也需要有一定过程,地基不致产生突然失稳现象。细砂层上的砂卵石土坡在地震附加孔隙水压力等于上覆盖重压力最不利情况的安全系数为1.05,接近极限平衡。细砂层在局部液化后,可能出现的问题是滞后的排水固结使地面产生一定变形,因之在土坡上有可能出现沉陷裂缝等现象。

1981年黄委会水科所和中科院工程力学所协作,采用动力法分析了小浪底土坝及坝基的地震稳定性。重点项目为土坝坝基砂砾石地基液化问题,坝基砂层液化问题,坝体中过渡层以及坝体中粘土心墙破坏问题。根据坝址区地震历史资料,考虑工程的重要性,对近震和远震两种情况下决定基岩振动设计指标最大加速度分别为0.2g和0.05g。坝基砂砾石圆筒振动试验结果表明:坝基砂砾石液化的上限含砾量为75%~80%,坝基实际含砾量表层平均77%,因此这一层属不可液化层,而随深度的增加含砾量减少,则属可液化层。在设计地震作用下,土坝过渡层以及坝基细砂层抗液化安全度都是足够的,不致发生液化。坝体中粘土心墙在上游边界有一局部破坏区,其他大部分区域是安全的,整体粘土心墙不致丧失稳定,但局部变形可能有某些增加。

1983年黄委会水科所对小浪底坝型Ⅱ(铺盖混凝土墙心墙堆石坝)进行了地震应力计算分析。结果表明:坝基砂砾石,坝基细砂层以及坝基砂砾石细料等在设计地震情况下抗液化的安全度是足够的,并对过渡层液化及粘土心墙破坏的可能性进行了计算,结果也是稳定的。

1984年华东水利学院对小浪底土坝进行了非线性应力分析,采用输入最大基岩加速度远震为0.05g,近震为0.2g。结果表明:在上游坝面因蓄水而产生拉应力情况下,坝体坝基出现相当一片液化区,一旦将此拉应力释放,便不再发生液化,还表明初始应力条件对动应力分析的影响很重要,近震的影响要比远震强烈得多。

1985年中美联合设计组对小浪底土坝坝体坝基进行了动力分析。输入最大基岩加速度为0.25g,动力分析表明:坝体和坝基各单元的孔隙水压力比都很低,地震时土的强度不会有大的下降,即不致影响坝体坝基的抗震稳定性;在不考虑孔隙水压力重新分布和消散的情况下,在上覆压力比较低的水平铺盖上面的反滤层内,局部孔隙水压力比较高,但由于其厚度只有2米,且其上面堆石渗透性比较好,因此可以很快消散。坝脚以外的一些自由场单元,其孔隙水压力比接近于1,其安全系数小于1,这些单元存在着液化的可能性。若将下游两级石碴压重简化为一级,顶面高程从180米和160米降至155米,则下部砂层最小安全系数可在1.2以上。

1989年黄委会水科所根据小浪底高土石坝抗震问题研究的需要,在分析了坝基砂砾石和坝体反滤料饱和不排水动强度试验资料的基础上,建立起可液化土在循环应力作用下孔压增长计算模型。它考虑了初始剪应力的影响,适用于二维动力分析,对小浪底高土石坝用有效应力法动力反应进行了计算。结果表明:该坝上游坝趾处在20～30米深度范围内为液化区,上游围堰反滤层从顶部开始在40米长范围内也将液化。坝顶反滤层出现较大的孔压并产生液化,是在地震期间内由几个较大的动剪应力造成的。液化部位如图4—16—9。

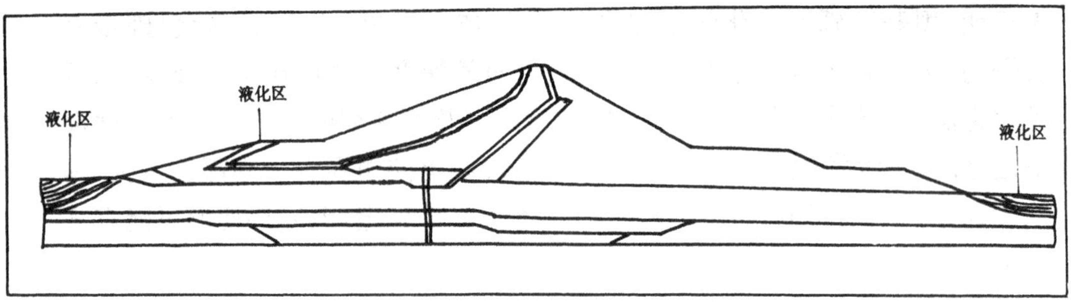

图4—16—9　小浪底土石坝液化区分布图

第六节　桃花峪土坝

桃花峪水库坝址位于黄河郑州京广铁路桥上游约12公里,沁河入黄口以上2公里处。水库作为下游防洪控制性工程拟议兴建,并同其他防洪工程做过多次比较论证。从50年代起进行勘探、试验和初步设计,工程以长5.4公里的拦河坝(坝高21～22.5米)和左岸长61.5公里的顺河围坝组成,基础大部分是饱和、均匀、疏松的粉细砂层，厚度14～25米，再下为中砂层。土工试验研究以砂基液化和坝体渗流为主。

1959年为了解桃花峪砂土地基在爆炸作用下液化与加密规律，黄委会水科所与水科院协作选择在桃花峪下坝址进行了爆炸试验，取得了砂土紧密度，孔隙水压力以及地面沉降等资料。根据孔隙水压力升高情况，砂基将发生液化，从中探索了液化度和密度的效果与药量，药包深度、间距、盖层厚度、爆震次数、单孔、群孔等有关因素的关系。了解被处理地带至少要经过3次爆震才能达到要求，其爆孔将成为处理后的弱点，应予注意。

1960年黄委会水科所根据黄委会设计院勘探五队提供的地质资料及设计组提出的桃花峪下坝址拦河土坝设计断面进行了渗透稳定试验研究。采用圆筒法做了土的管涌性质试验，用电拟模型做了设计的渗透情况及各种处理措施试验。分析结果是：各种设计要保证其渗流的安全，必须使流土坡降不大于0.3，浸润线逸出段的边坡也不小于1∶6或1∶8。为降低浸润线可采用粘土斜墙铺盖或坝内的排水管。若由于粘土料不足或粘土斜墙施工有困难，则采用坝体内设置暗管，同时在下游设置减压井比较安全。暗管设在96米高程，减压井深20米，深入中砂层3米，井距20米，距坝脚10米，采用这种措施将使渗流量增加，下游需考虑渗水排除问题。由于坝身和地基土颗粒很细，其暗管、减压井在长期渗流下，有可能被淤塞，应注意设法防止。

1960年水科院做了桃花峪拦河坝渗透电拟试验，根据试验成果，参照黄委会水科所对白马泉渗透问题的研究成果，提出在设计时可以考虑用4排减压井，井深到中砂层，随土坝断面不同，井距为8～16米，井径为0.3～0.6米，井底高程为79～89.2米。12月又做了桃花峪水利枢纽顺河大坝白马泉、驾部等坝段渗透试验。从试验结果看：在白马泉坝脚及沁河改道段都有渗透破坏地基的存在，在设计时应采用减压措施，建议将减压井的滤管长度加10米，并在大坝与原黄河大堤间添设一排减压井。设计采用解封～驾部段坝轴线是较合理的，为了保证大坝安全，建议在坝下游坡脚及排水渠边坡段布设减压井一排。对溢流坝段地下渗透轮廓线进行电拟模型试验，提出在原设计的基础上，将铺盖延长至70米并加做截水墙，建议反滤料的渗透系数选用比细砂渗透系数大100～200倍以上，反滤层的出逸坡降控制在0.5～0.6为宜。又根据勘探试验资料分析，整理得到各类砂的渗透系数与孔隙比及压缩性的若干规律。

黄委会设计院于1960年根据补充初步设计的勘探资料及现场爆炸试

验的地面沉陷值和室内临界孔隙比试验指标等，综合对比分析，均说明砂土地基有产生液化的可能。根据地基砂层的不均匀系数一般为 2～3 判断，蓄水后渗流破坏形式可能以粘土顶板被顶穿及发生流土为主。

1974 年黄委会水科所对桃花峪水库泄洪闸沙基振动液化又进行了分析。该处地基土分为三层：深度由 0.0～4.8 米为极细砂层，4.8～21.0 米为细砂层，在 21 米以下为中砂层。据振动三轴试验成果，按最大地面加速度 0.075g 及 0.1g 进行了地震剪应力计算。结果是：当地面加速度为 0.1g 时，在 12 米左右深度以上其抗震剪应力接近于地震应力，可能发生液化。

第十七章 筑坝技术

土坝的常规修筑技术以辗压为主,50年代初期国内修建土坝一般沿用这种方法。1955年黄河治理规划经全国人大通过实施以后,黄土坝在黄河流域各地陆续兴建,特别是结合水土保持的开展,修淤地坝和沟壑土坝形成群众性的高潮,辗压筑坝需要的技术条件较高,又费工费时,不能适应群众筑坝的要求。有些地方群众试用诸如水中倒土、水坠法、定向爆破等新的筑坝技术,初期因陋就简难免出事,但因其适应生产需要,具有强大的生命力,很快传播开来。随着形势的发展,有关水利技术部门在群众创造的基础上进行科学实验,系统总结,使之成为比较成熟的筑坝技术,以利于推广。

第一节 水坠法筑坝

一、简述

水坠坝是水力冲填坝的一种,它是陕北群众对这种土坝的习惯叫法,亦称泥浆自流式冲填坝、泥浆坝、拉沙坝等。水坠坝的施工特点是:抽水送入高地造成泥浆自流输送冲填,泥浆浓度高,土料颗粒无分选,质量有保证。较辗压坝所需人工少,机械设备简单,施工技术易于掌握。

水坠法筑坝是在陕北榆林一带,劳动人民在利用拉沙造地的基础上发展起来的。1953年和1957年绥德水土保持试验站在韭园沟、1961年西峰水保站在南小河沟分别与黄委会水科所协作,进行过黄土水力冲填筑坝试验,取得一定的技术资料,肯定了这种施工方法节约人力、财力的优点。由于当时农村抽水机械还不多,推广受到制约。70年代初水利机械逐渐普及,为水坠法施工创造了有利条件,在群众筑坝高潮的推动下,得到较快发展。1972年陕西省水土保持局初步总结群众经验,编写了《水坠坝》一书,进一步推动水坠法筑坝的进展。

1973年水电部为了科学地总结筑坝经验,解决施工中存在的技术问题，在西安召开了有黄委会、陕、晋两省水电(利)局和部分科研单位以及高等院校参加的协作会议，成立了陕、晋两省水坠坝试验研究工作组，其领导小组成员有黄委会水科所仝允杲，陕西省水保局石元正、周梦亮，山西省水利厅袁步森、曹素滨等。根据黄河中游地区的土质特点及群众建坝中普遍出现的工程技术问题，特别是施工中的滑坡问题，工作组在陕北、晋西、关中、豫西等地区选定6座重点坝，4座副重点坝和8座联系坝，建立了陕北、关中、晋西三个试验研究组，进行定点试验研究。

1973～1979年试验研究工作，分为三个阶段：第一阶段着重研究轻、中粉质壤土水坠坝的施工技术和稳定分析方法；第二阶段着重研究重粉质壤土水坠坝的施工技术，并初步探索了边埂稳定分析方法；第三阶段为适应水坠坝推向更广大的地区和修建较大水库的需要，开展了坝体应力分析，抗震稳定性及设计理论的探讨。

1979年为扩大水坠坝的推广范围，经水电部批准，结束陕、晋两省水坠坝试验研究工作组，成立由黄委会、陕西、山西、宁夏、青海、甘肃、河南和新疆等省(区)参加的“黄河流域水坠坝科研协作组”，黄委会为组长单位。

1980～1983年，西北各省(区)分别进行了当地砂土与粉质壤土筑坝施工技术和稳定分析及抗震性能研究，重粉质壤土层泥层土脱水固结性质及施工技术研究。在稳定分析中黄委会水科所与华东水利学院协作应用比奥固结理论及弹塑性理论进行试验坝资料的验证分析，并作了非线性的试验研究等。

1983～1986年协调组除协助黄河流域特殊地区，如高寒、沙区等地区进行水坠坝试验外，着重为编写《水坠坝设计及施工暂行规定》进行了现场补充测试和组织编辑出版工作。

据1987年黄河流域水坠坝科研协调组总结报告(1973～1986年)中统计：十多年来，先后编印有《水坠坝科研成果汇编》1～5集，共提出试验研究报告及有关专题论文110余篇；《水坠坝施工须知》、《水坠坝设计要点》及《水坠坝设计及施工暂行规定》等文件，满足了指导施工设计的需要，《水坠坝设计及施工暂行规定》1984年水电部列为部颁标准；同年还为中国向第十二届国际大坝会议提出的《群众建坝》一书撰写第一章“水坠坝”文稿，编写水利电力科普丛书《水坠坝》一书，供从事水利、水保工程技术人员参考。由于水坠坝具有显著优点，在试验研究工作逐步解决存在的技术问题的同时，边研究，边推广，发展很快。目前从建坝数量、高度、规模到土料应用范围都得到推广和提高，已遍及黄河中游各省(区)，仅据陕、晋两省不完全统计，已建成水坠坝9100余座，其中坝高15米以上有5500多座，超过20米的2200多座，最大坝高达70米（陕西吴旗长城水库）。库容在百万立方米以上的有1000多座，超过千万立方米的有30多座，最大库容9400万立方米（陕西榆林河口庙水库）。该项研究成果曾获1978年全国科技成果奖，获1982年国家农业委员会科学技术委员会农业推广奖和1985年国家科学技术进步二等奖。

二、水坠坝坝体稳定性

1973年水坠坝试验研究组成立，首先以水坠坝的稳定性作为重点，一方面总结群众经验，另一方面积极开展研究工作。

经调查了解，群众筑坝遇到的突出问题是施工期滑坡，不仅非常普遍，而且有的滑动规模很大。如靖边县张家峁坝1973年3～5月先后滑坡二次，决口宽70余米，滑体3万余立方米，推进到坝脚下168～190米。各地反映滑坡原因主要有泥浆过稀、边埂质量差、冲填进度快等。针对这些情况，工作组选定试验坝，分段进行试验。1973～1975年着重在轻、中粉质壤土（含粘土量＜15％）地区，以陕北刘家川、胡家圪崂和晋西桃儿嘴、曲峪等坝为代表；1974～1977年相继在重粉质壤土（含粘土＞15％）地区，以关中李家川和晋西南太仙河等坝为代表。各试验坝都作了设计和施工全过程的观测研究，以土料性质、泥浆稠度、边埂质量、冲填进程到坝体变化，逐项按规定试验观测取得完整资料。经多次分析研究，认为水坠坝的主要特征是：坝体由饱和的泥浆冲填经脱水固结逐渐压密而成，在施工期存在一个流态区，它的产生、发展和消失同诸多因素，特别是土料的排水性能（参阅表4—17—1）密切相关。因此，研究掌握冲填土的变化规律，适当控制其相应因素，就可以避免坝体变形与滑坡。

据此可知水坠坝坝体稳定最不利的条件在施工期，严格控制施工中各个环节是十分重要的，主要有：

（1）边埂宽度和质量应适应冲填土料的挡泥和阻滑作用；

（2）泥浆浓度在具有一定流动性的情况下，尽量提高；

（3）冲填速度是影响流态区扩大与缩小的重要因素，应根据施工计划、气候变化、坝体变形观测及时调整，严格执行，必要时停止冲填。

（4）冲填坝体排水除自然蒸发，表面排水外，应因地制宜，选择有效措施，以加速坝体内部脱水固结。对重粉质壤土坝尤为重要。

表 4—17—1　　**水坠坝工程特征实例**

坝　名	土　名	含量(%)		粘砂系数	流态区深度(米)
		砂	粘		
曲峪坝	轻壤土	52	12	0.19	3
桃儿嘴坝	轻粉质壤土	36	12	0.25	5
胡家圪崂坝	轻粉质壤土	26	11	0.30	6～7
上刘家川坝	轻粉质壤土	22	13	0.37	7～8
太仙河坝	重粉质壤土	19	22	0.54	13
吴城坝	重粉质壤土	15	25	0.62	14
李家川坝	重粉质壤土	14	27	0.66	15～19

注：粘砂系数即土质粘粒含量占粘粒、砂粒含量总和的百分数。

关于坝体稳定分析，各试验组同科研单位、大专院校协作，从整体稳定和边埂稳定两方面分别进行了研究。对于坝体整体稳定以圆弧滑动面分析，各组认识比较一致，采用总应力法或有效应力法计算。对于边埂稳定，由于对边埂的作用看法不一(如挡土墙、斜墙或挡泥斜墙等)，各自提出分析方法，计有折线滑动面法、水平推力法、折线滑动面泥浆压力法、水平滑动面法和折线滑动面水平力法等五种。各组依据的具体条件不同，成果可以互相参证。此外山西省水利规划设计院提出了边埂计算的动力平衡法，认为围埂的破坏是由静平衡(坝体位移、鼓肚)到动平衡(塑性位移、鼓肚尚未滑坡)最后不平衡(滑坡)，是考虑土体的弹塑性能，兼顾设计与施工控制的一种分析方法。

陕、晋两省水坠坝试验研究工作组在总结中指出：水坠坝坝体稳定的实质就是随着坝体升高所引起的荷载变化与冲填体脱水固结导致坝体强度增长是否相适应，以及流态区的泥浆推力与边埂抗滑能力是否相适应的问题。并综合各方面研究成果，于 1976 年和 1977 年先后提出《水坠坝施工须知》和《水坠坝设计要点》两种技术文件供各地修建水坠坝参照应用。

水坠坝竣工后，冲填土脱水固结仍在继续，坝体密实度逐渐增强达到设计指标，因而运用期的稳定性与一般均质土坝相同。1982 年调查了陕、晋两省 15 座水坠坝，坝体质量良好，都符合设计要求。惟须注意，蓄水运用在固结完成后开始操作为宜。

三、冲填土脱水固结与强度增长规律研究

为了修建较大型的水坠坝，有必要对水坠坝机理作进一步的理论探讨。有关科研单位和大专院校协作，对冲填土脱水固结与强度增长规律进行了研究，取得初步成果。

早在试验坝施工期间，黄委会水科所、西北水科所、山西省水科所、清华大学水利系等单位分别进行了冲填土的抗剪强度和固结系数的测定试验工作，取得不同土料的有关资料并作了比较研究，为水坠坝的坝体稳定分析和脱水固结研究奠定了基础。

1979 年黄委会水科所、华东水利学院及山西省水科所协作利用比奥固结理论对曲峪冲填坝进行了有限元计算，反映了水坠坝施工过程中坝体内部孔隙水压力、应力、应变的变化过程。据此可以更好地设计水坠坝的坝坡和围埂尺寸，更合理地安排各阶段的施工进度。

同年西北水科所通过研究李家川、曲峪等试验坝的现场观测和室内试验资料发现，冲填土体的固结具有明显的大变形非线性的性质，用现有线性固结理论计算固结过程不能反映实际情况，只有用非线性理论才比较合理。据此，采用有限元法和有限差分法对李家川、太仙河等水坠坝进行计算，得出含水量随深度变化的规律与实测资料较为符合。在这一基础上，1980 年又由一维扩展到二维，并进行数值分析，得出了流态区在横断面上的分布规律，在理论与实践的结合上解释了坝体流态区的产生、分布和消失的过程。

1980 年黄委会水科所、山西水科所及水保所共同协作，先后对曲峪坝、上刘家川、吴城等水坠坝进行了固结计算，分析了坝体内孔隙水压力、应力、应变的变化过程及分布规律，计算结果与实测资料基本一致。这样，采取比奥固结理论对冲填坝进行有限元计算，可以预估新建坝在施工期孔隙水压力与变形特点，从而为设计方案的论证和施工的合理安排，提供有力的依据。

同年西北农学院为了在重粉质壤土地区推广水坠法筑坝，应用排水固结理论及室内大型固结试验资料，研究了层泥层土施工法的孔隙水压力和排水效果，认为：层泥层土法筑坝体，由于泥浆水分转移到填土层，使泥浆层的孔隙水压力得到消散，加速了排水固结，又促进了填土层的密实过程。填土层与泥浆层的这种相互作用，使坝体强度增长较快，肯定了层泥层土施工方法可以推广。

四、冲填土的动力特性

为了对水坠坝竣工后地震反应力分析和地震稳定分析提供数据，需对冲填土的动力特性进行试验，一般包括模量和阻尼及冲填土的动强度等。

1978年中科院工程力学所对曲峪冲填坝坝料进行了动力试验成果分析。坝料为轻壤土，试验按7.5度地震烈度考虑，得到主要成果有最大剪切模量、剪切模量与最大剪切模量之比随最大剪应变幅值的变化，阻尼比随最大剪应变幅值的变化等。试验表明：土的动强度与固结比有关，冲填土体的动强度要比辗压土体低得多。1979年又选太仙河填土料进行了重粉质壤土冲填土的试验研究，取得了有关资料，并于1980年进行了太仙河水坠坝地震稳定分析。计算是按平面应变问题采用有限元法在TQ—16计算机上进行的。结果表明：太仙河水坠坝在遭受8度地震时，坝体内中心线附近将出现一个较大的破坏区，影响坝顶附近部分区域的稳定性；在小于7度地震时，坝体各部处于稳定状态。

1979年黄委会水科所选定上刘家川坝冲填土进行了动力三轴试验。主要成果是：土样动强度在相同固结压力下，振动力应随振动次数的增加而降低；在相同固结比下，振动应力随固结压力的增大而增大；弹性模量随应变幅度的增大而减少，随固结压力的增大而增大；阻尼比随应变幅值的增加而增加，随固结压力增大而降低。利用这些资料，于1980年对该水坠坝进行水库运用期的动力分析。按设计地震烈度为7度，采用有限元法计算，结果表明：上刘家川水坠坝在静荷载和7度地震荷载作用下，坝体内部不存在封闭的破坏区，因此坝体的整体是稳定的，在坝坡的上部，从坝面向内约2米厚土层的局部范围存在着滑落的可能性，应引起重视。

内蒙古石碶口水库坝址位于清水河县，1973年投入运用，1976年内蒙古和林格尔县发生一次6.3级地震，震中烈度7～8度。震后内蒙古水利局与水科院进行了调查，调查报告指出：石碶口水库坝址至震中的水平距离为35公里，地震烈度为6.8度，地震时坝上游水深12米，地震后该坝未发现任何异常沉陷，说明土坝在静荷载和7度地震荷载作用下坝体是稳定的。1982年黄委会水科所用有限元法对石碶口水坠坝进行动力验证分析，所得结果与调查结果一致。

第二节 拦泥库淤土面上填筑加高坝体

根据1964年北京治黄会议周恩来总理指示精神，拦泥库方案可以作为根治黄河的一种措施进行试验。黄委会提出以巴家嘴水库为试验对象，试验目的是：对土坝经分期加高后其库区淤积与流域来沙量能否达到相对平衡做出论证，研究经济合理的坝体加高施工方法。

巴家嘴水库位于甘肃庆阳地区泾河支流蒲河的中下游，控制流域面积3478平方公里，水土流失严重，多年平均年输沙量2950万吨。工程于1958年9月兴建，1962年建成，最大坝高58米，总库容2.57亿立方米，到1964年汛后，坝前淤积厚度已达35米，在黄土高原具有一定的代表性。计划对拦河土坝进行8期加高，第一期从坝后加高8米，其余7期待试验取得成功后，全部从坝前淤土上加高，总坝高将达100米，到那时，即使不考虑水土保持减沙效益，估算每年库区泥沙淤积厚度也只有30厘米，可以认为已进入相对平衡期。

1965年1月，水电部组织现场审查组到巴家嘴工地进行审查，指出："为了研究逐步减少三门峡库区和下游河道淤积，并为发展黄河中下游地区的水利创造条件，同意在巴家嘴进行试验研究关于大型拦泥库的技术经济问题，以便取得经验逐步推广，作为治黄措施之一。"

黄委会随即组成了巴家嘴拦泥坝试验工程处，又与甘肃省水利厅、庆阳专署协商，成立了巴家嘴拦泥试验工程指挥部，由黄委会副主任韩培城任指挥，甘肃省水利厅一位副厅长及专署副专员傅德奎任副指挥。指挥部下设坝前加高试验研究小组，由黄委会水科所主持，华东水利学院、同济大学等单位参加，在勘探试验的基础上提出试验研究方案。

1965年5月黄委会邀请国内土力学方面的专家在现场召开技术讨论会，对原试验方案作了修订，决定采用盖重挤淤、井点抽水、砂井排水、电渗排水等四种方法进行试验。同时对甘肃西峰的十八亩台，陕西三原的南旺、小道口三座在坝前淤土上加高成功的水库进行系统调查。室内配合进行挤淤模型试验和淤土的震动三轴试验，并着重对利用盖重挤淤法进行坝前淤土上分三期加高有关问题(每期加高5米)做了详细的分析研究。

通过1965年汛前放空水库进行大量勘探试验和观测表明：水库淤积厚35米，从淤积面高程1085.5米左右算起，深20米以下为轻粉质壤土层，平均干容重 1.56 克每立方厘米，抗剪强度较大（φ>17°，C>0.1 公斤每平方厘米），深度 20 米以上为粘、壤土互层，由于粘粒含量较高，透水系数很小（$K=A\times10^{-6}\sim A\times10^{-7}$厘米每秒），而且由于放空水库不久，淤土在自重作用下尚未固结，处于欠压密状态，土的结构很差，干容重很低，尤其以粉质粘土层更差。

1965 年 5 月开始按计划先后进行了室内重力抽水，加荷抽水和电渗抽水，真空抽水模型试验，现场重力抽水试验，电渗排水试验，砂井施工工艺试验和盖重挤淤试验等。经比较分析，抽水和电渗排水价格都比较昂贵，效果也不尽理想，在当时的具体条件下难于推广应用。砂井试验主要探索在稀淤土上打井的施工工艺及质量控制标准，观测研究砂井排水法的加荷填土速率及处理淤土的实际效果。实践证明，在水库淤泥松软时期水平位移大，容易发生错动现象，但经过一年的空库运用后，打砂井成功率较高，在加荷期间也是安全的。

盖重挤淤，即用填土挤淤。预先修一个相当面积的盖重，然后在其上修筑主体（即加高的坝体）。从盖重挤淤试验看出：在稀淤土上进行土坝加高，坝体的裂缝、滑动、淤土的挤出隆起变形是不可避免的，应研究尽量减少变形的措施。如加高坝体不应超出盖重所能允许的高度，在每一阶段填土结束后，应有一定的施工间歇，使淤土固结密实，以减少后期填土时的裂缝滑动。据试验观测，在填土结束后的三四个月内淤土容重、强度值增长幅度较大，其后增长不多，因此每期施工以一年半为宜，可利用汛期（7～9 月）、冬季（12～2 月）作为施工间歇期。

试验结果认为盖重挤淤法是在淤土面上加高坝体的一种可行施工方法。1966 年“文化大革命”开始，试验中止，1973 年又恢复进行，到 1975 年又进行一次加高坝体。

1965 年西北水科所经过调查研究，结合室内试验提出了《黄土地区水库淤积物上土坝加高试验研究》一文，着重阐述了水库淤积物的性质及其对加高坝体的影响。水库淤积物的密度变化，总的趋势是随深度增加而增大，孔隙比随深度增加而减小；其干密度沿库床纵向的变化是靠坝愈近，密度愈小；横向的变化是两岸大、中间小。如黑松林水库坝前 100 米范围内干容重仅为 1.16 吨每立方米。低密度土出现在坝前，对土坝加高是很不利的，应予特别慎重研究。根据对各试验水库淤积物的力学性能的测试，其特点是：透水性低，（渗透系数 $A\times10^{-6}\sim A\times10^{-7}$）；压缩性高（0.13～0.02 平方厘米每公斤）；在饱和快剪的条件下抗剪强度不大（φ=13.3°～31°，C=0.06～

0.15 公斤每平方厘米)。水库淤积物的固化过程与压密过程是同时发生进行的。由于沉积条件及沉积时间的关系,水库淤积物不可能达到天然沉积的最大密度和强度。试验表明淤积物的容重和强度随深度而增加,含水量则随深度而减少,但并非连续变化的,且随着坝体加高附加荷重的增加,淤积物的容重、含水量分别继续有所增加与降低。因此在加高坝体时,应采用适当的施工方法以充分利用这一有利条件。在以往土坝加高施工中 3～10 米深的软基处理多采用干填挤淤和加大承载面积,对 10～15 米深的软基处理,采用引水冲淤,排水固淤,盖重等方法,都是比较成功的。

在淤积物上加高土坝,坝体滑裂几乎是不可避免的。陕西省咸阳专区小道口土坝,高 20 米,顶长 99 米,在加高过程中曾于 1963 年 12 月 23 日于 494 米高程处发生滑裂。当时填土高度 2.2 米,滑体最大缝宽 2.4 米,最大沉降量达 0.4～0.5 米,坝脚淤积物隆起 0.3～0.5 米。处理办法是:先将坝脚处采用高为 2 米,坡比为 1∶7 的盖重,然后将裂缝按 1∶1 的坡比,挖成梯形槽,底宽 2～3.5 米,重新分层填筑,填平后再在上部继续填土,至竣工时共加高 5 米,未发生大的问题。小道口土坝施工过程中,曾先后发生过 6 次裂缝,缝长 30～40 米,缝深 2～4.2 米,缝宽 1～8 厘米。都采用 1∶1～1∶3 的泥沙混合浆灌缝,效果尚好,其他加高坝体工程也有类似情况。实践说明:在淤土上加高土坝,一部分填筑在较坚硬的老坝体上,另一部分却在软弱的淤积物上,由于淤积物逐步固结,必然产生不均匀沉降而发生裂缝。纵然基础作了某些处理,土坝在施工过程或竣工后,发生裂缝还是不可避免的,特别是当淤积深度较大(如 15 米以上)而又长期蓄水的水库,更是如此,应注意观测及时处理。

巴家嘴拦泥试验坝指挥部于 1979 年总结指出:根据 1965 年的安排意见,立即组织力量进行坝后施工。在各方面通力协作,互相配合下,拦泥坝坝后加高 8 米的任务于 1966 年 7 月基本竣工,完成土方 47 万立方米,最大坝高达 66 米,又据试验研究成果于 1973～1975 年汛前采用"盖重挤淤法"在坝前进行了一次加高 8 米的设计施工,坝高增到 74 米。竣工后两年来,经过 3 个汛期考验及长期观测与科研成果基本相符。见图 4—17—1、4—17—2。

1977 年黄委会水科所与华东水利学院为论证巴家嘴拦泥坝第三期坝前加高的可能性,在室内对淤土作了不同固结度下的三轴固结不排水剪试验,确定抗剪强度和土的应力应变参数,并和华东水利学院协作根据比奥固结方程,编制了比奥平面固结有限元通用程序和土坡稳定(圆弧滑动)的电算程序,进行了巴家嘴拦泥坝在淤土地基上加高工程非线性的固结计算和

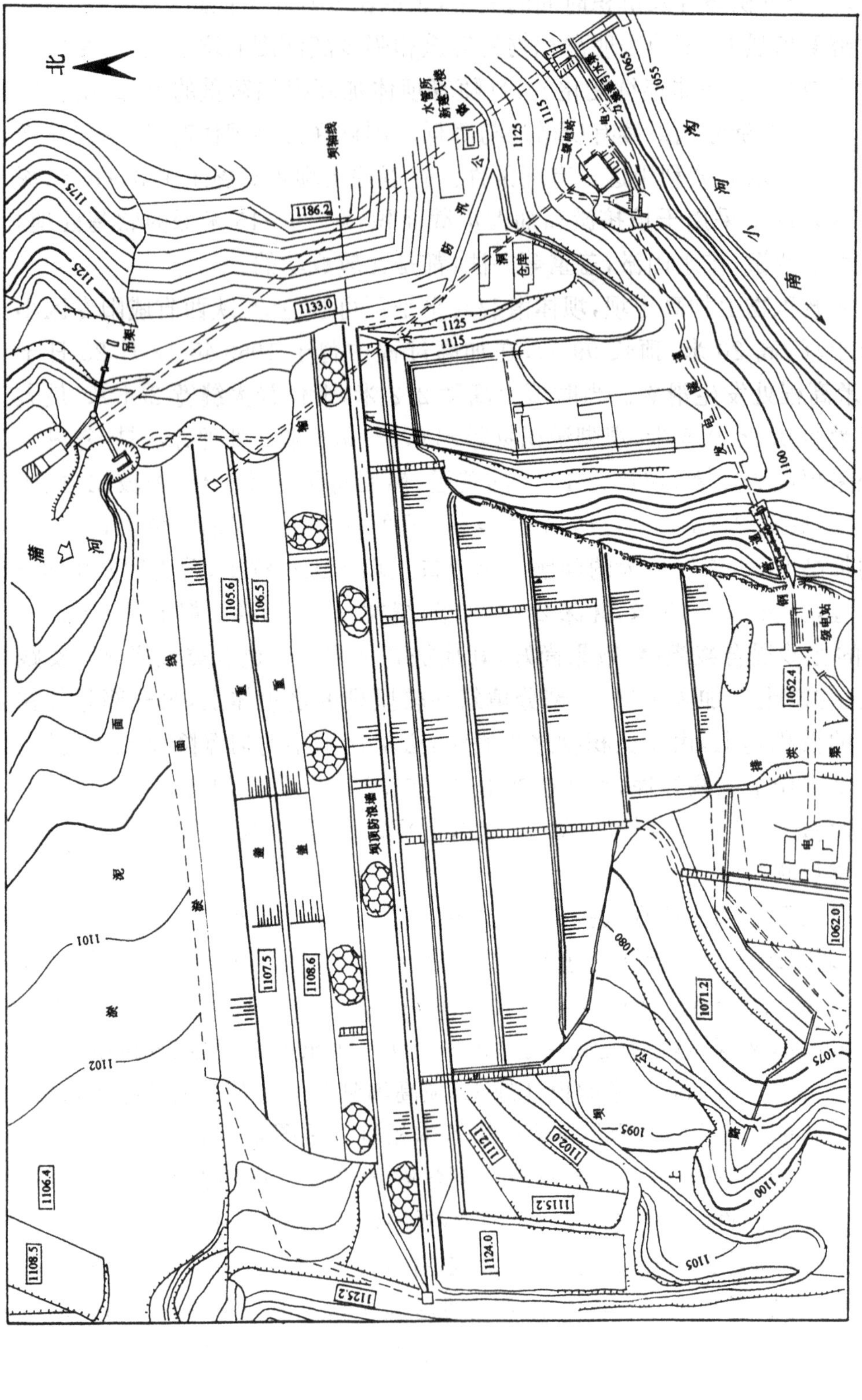

图 4—17—1　巴家嘴水库平面布置

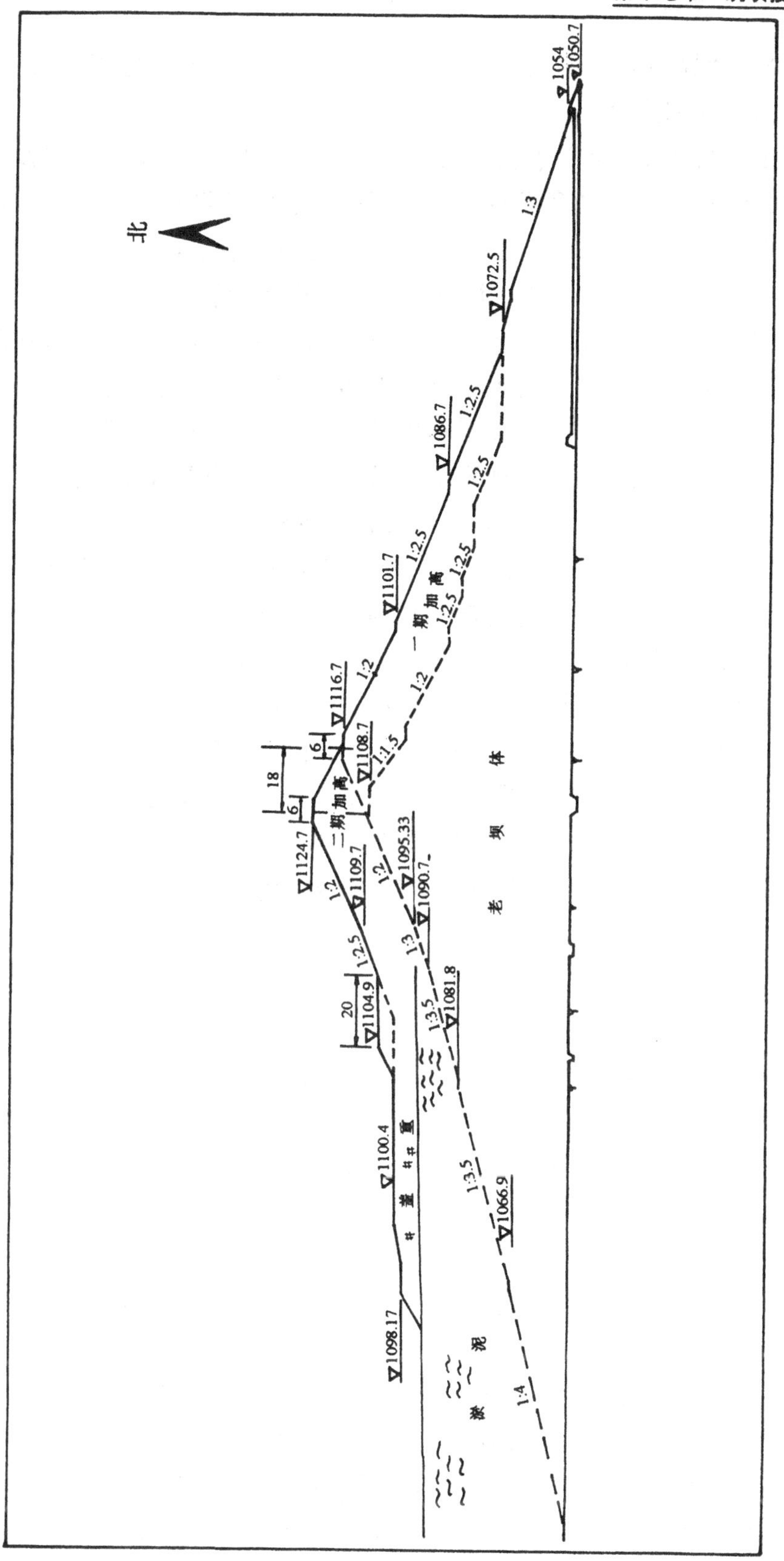

图 4—17—2 巴家嘴水库大坝加高横断面

应力应变分析，计算结果表明，孔隙压力和变形值与实测资料接近，论证了巴家嘴坝前第三期加高是可能的。

巴家嘴土坝自1962年蓄水以来，由于原施工质量欠佳，坝体累年发生裂缝，以两坝肩为甚，其横缝多穿越坝顶，虽每年处理，仍继续开裂。1975年坝前加高坝体后，在背坡顶部产生8条纵缝，长达300余米，缝宽10～15厘米，深达8～10米，并与两坝肩的横缝相连，在平面上呈弧形，号称“八大弧形裂缝”。1980～1983年对该坝进行加固处理，主要措施是坝体灌浆，在两坝肩上游坡铺设柔性防渗层并将上游坡贴坡培厚，但仍未能防止滑裂。1984年黄委会勘测设计院对巴家嘴土坝两坝肩柔性防渗层贴坡土体滑裂原因进行了分析，认为：主要是防渗墙抗剪强度低，贴坡土体干容重偏低，且又座落在不断发生固结变形的淤土层上，以致滑裂还在继续。

实践证明：坝前淤土上加高坝体较坝后加高能节省填土工程量约35%以上，降低造价，具有明显的经济优势。加高的坝体质量与淤土的固结强度密切相关，淤土的固结强度虽然随时间的连续和附加荷载的增加，向有利的方向发展，但由于水库淤积土的性质极其复杂，不易掌握，又与泄水建筑物的位置、高程有关。加高坝体的设计施工方案要根据工程地质、水文地质条件、淤土的性质、厚度、基础处理难易、老坝体的工程质量等因素，通过稳定分析，进行经济比较而定。巴家嘴土坝实验是大型水库坝前淤土地基加高坝体的一个典型实例，成果可供参考。拦泥库作为治黄措施的论证则尚待进一步研究。

第三节　水中倒土法筑坝

水中倒土法筑坝是在清基之后把坝基平面分成若干畦块，每块面积一般为40～100平方米，畦块四周筑围埂。向畦块内灌水，浸水一定时间后，由一边向畦内倒土，逐渐推进填平，然后在上面修筑第二层围埂，层层填起，坝体逐渐升高。用人力倒土时，厚度一般为0.4～0.5米；用机械倒土时，一般1～2米。倒土厚度取决于施工能力和土的性质，灌水深度为倒土厚度的25%～40%。填土后不用专门碾压设备，借助上层倒土和运输工具的重量，利用土的浸水下沉及自重等的压实作用，形成土坝坝体。水中倒土坝与碾压土坝比较：土方单价较低，节约劳力，节省碾压机械，气候影响较小，可利用的施工期长，坝体塑性大，适应坝基变形的能力较强，对自然土料含水量要求不严格。但施工工序较多;要求坝坡比较平缓、工程量大、施工时需要充分的水量,工程质量较难控制。为了确定合理施工参数,西北水科所、山西省水利局等单位曾结合施工现场开展了研究工作。

填土层厚、灌水深度和浸水时间是水中倒土筑坝的重要参数,1958年西北水科所对几处筑坝试验资料进行了分析。结果表明:水深与土厚比的规律同土壤的天然含水量有关,在相同的填筑条件下,土壤天然含水量大则水土比应小,土壤天然含水量小则水土比应大。如填土厚为30厘米时,土料含水量为4%,水土比30%;土料含水量为10%则水土比为25%。在同一天然含水量情况下,铺土厚度不同时,最优水土比的大小亦有所不同,当铺土厚度分别为30、40、50厘米时,则水土比相应以25%、35%、45%为宜。浸水时间长短取决于铺土厚度、土料性质、填土压实情况等因素。当铺土厚度为30、50、60厘米时,相应的浸水时间为20～30分钟、40～60分钟、1～2小时。实测坝体干容重为1.45～1.6吨每立方米,含水量大都在20%～26%之间,平均为23%。通过合什土坝(高17.5米)及小河土坝(高36米)两处水中倒土筑坝研究了专用排水设置,观测了坝身沉陷位移、边坡变形、浸润线、排水量等。为分析研究施工中影响坝体质量诸因素的相互关系,提供了具体数据。

山西省水利局于1958年在月岭山土坝(高16.3米)试用水中倒土筑坝取得成功后,相继修建孤峰土坝(高24米)、阳坡土坝(高28米)、关河土坝(高32.9米)、汾河土坝(坝高60米)等25座,其中坝高25米以上的7座。在推广过程中,通过试验分析,总结经验,对设计施工技术有不少创新,对水中倒土筑坝理论也有所提高。在施工方法上对坝面布置、畦块大小、土埂尺寸、灌水深度、浸水时间、观测设备等进行了改进。土料使用范围除一般黄土料(含粘量15%～25%)外,曾采用部分含粘量约30%以上的红粘土。坝体升高速度一般按旬平均,每昼夜不超过0.4米,最大不超过0.7米。汾河土坝日平均上升速度为1.4～1.7米,局部坝段曾高达每昼夜升高2.4米,未发生滑坡现象,是施工中的突破。

由于水中倒土坝本身具有的特点,在水中倒土初期干容重较低,抗滑强度较差,如质量控制不严,容易发生滑坡事故,如月岭山、阳坡、虑山、灌河等处土坝均曾发生塌陷或滑坡,其原因都是含水量大、干容重低、边坡过陡等。应根据土料、气候、地形等实际情况,妥善安排施工。

1959年天津大学为了论证内蒙古自治区红山土坝用水中倒土施工的可行性,着重研究了倒土入水筑坝的最优水深和最大倒土厚度。通过试验表明:水深与土厚的比值,从理论上说是定值,但由于受施工条件影响,还需要探找最优值。认为厚度以80厘米为宜,铺土薄施工较费事,且易受压实的影响(在各层土交界面处,干容重较大,显然说明压实的影响)。坝体的含水量上下不一,是受地基透水性的影响,在地基透水性较差时,下部含水量较大,且有初始增加现象。在作坝体稳定分析时,除考虑孔隙水压力外,也要考虑动水压力的影响。

第四节 定向爆破法筑坝

定向爆破筑坝是在坝址两岸山坡岩体内布置炸药室,利用炸药爆炸时所产生的高能量气体,将破碎的岩、土沿最小抵抗线方向抛落在预定坝轴线周围而成坝。坝体整理和防渗处理工作在爆后进行。

1935年,苏联在奇尔奇克河上首次用定向爆破筑坝作截流工程。中国自1958年直接用于永久性的蓄水坝工程。坝址选择既要考虑满足爆破的必要条件,又要考虑整个水利枢纽布置的合理性。理想的爆破坝址是:地形地质具备布置枢纽主要建筑物不致受爆破影响的条件,坝轴线两岸山体有足够岩、土方量,能满足爆破堆积体达到设计轮廓尺寸的需要,爆破影响范围区无大的滑坡体,无大岩溶等不良地质因素。

定向爆破在水利工程中用于开挖渠道,堆筑土、石坝和截流工程以及农田基本建设、改河造田等方面,具有进度快、节省劳力、机械和费用等优点。在交通不便的山区,其效果更为显著。黄河流域爆破筑坝是从1959年开始的,配合工程设计施工,进行了试验研究工作。

一、堆石坝试验

(一)故县堆石坝

故县水库位于黄河支流洛河中游,在河南省洛宁县境。1958年首次设计,选定坝型为塑性斜墙堆石坝,坝高103.5米,黄委会设计院推荐用定向爆破方法施工。故县水库工程指挥部随即邀请水科院、铁道部科学研究院、铁道部建设兵团、北京勘测设计院、黄委会水科所等单位组成爆破筑坝试验组,制订了爆破试验计划。首先选择与基岩近似的地方进行了单位耗药量

(K*)试验，经过十数次标准抛掷漏斗试验，测得 K 值为 1.4～1.7 公斤每立方米。试验炮的位置选择在坝轴线下游左岸山坡。为了观测爆震影响，在药室上下游各打了一个直径为 2 米的隧洞，长度分别为 60 米及 50 米，距药室中心 49.8 米及 34.9 米(即 2 倍及 1.4 倍垂直破坏半径)，做了洞内裂隙统计及隧洞展示图。在距药室中心 4 米处(48# 药室)及药室左后方向 35 米处(即 1.4 倍垂直破坏半径)(47#)各打钻孔深达药室高程以下 37 米，爆前分别做了压水试验，(48#)孔在爆前用水泥封堵。在爆后，距药室中心 1.5 米处打一钻孔(49#)，对 49#、47# 分别做了压水试验。在爆破之前，在距药室中心 30～189 米不同位置，配置多摆式测震仪、测缝仪、震动速度仪等观测仪器。经测算，药室装黄色炸药 23 吨，于 1959 年 10 月起爆，测得主要成果是：堆石孔隙率平均值为 28.7%；爆岩块度 3 公斤以下的石块占 80%；节理裂隙距药室中心 40 米以内爆震影响显著，裂隙数由爆前的 0.5%～1.0%增加到 1.0%～2.0%，40～60 米也有新裂隙出现，60 米以外不明显；地下水位影响，47# 孔爆破瞬时地下水位上升 1.91 米，爆后消失，38# 孔(距药室中心 330 米)爆时上升 0.35 米，爆后消失；爆震观测，多摆仪测得距药室中心 30～72 米，相当地震 8.5 度，据黄委会水科所自制地震仪测得距药室 34～189 米处相当地震 5～7 级。据不同长度的铁柱观测，在爆破区 100 米范围内爆破震动速度 24.9 厘米每秒，对建筑物来说是危险区。由于测点位置高程、距药室远近不同，测试手段不同，未能获得确切震动结论。这次爆破试验获得了需要的设计资料，并积累了试验操作经验。在试验炮观测资料分析的基础上北京勘测设计院于 1960 年提出《洛河故县水库定向爆破筑坝初步设计》，主要指标是：堆石高度 80 米，争取 102.5 米，堆石坡度上游为 1:2.5，下游为1:3.0；堆石底宽 563.75 米，堆石坝长 250 米，争取 307 米。由于当时缩短基建战线，故县工程于 1960 年停工。1971 年复工时，黄委会设计组提出《故县工程扩大初步设计》，坝型改混凝土宽缝重力坝，爆破试验停止。

(二)小夫峪堆石坝

1967 年黄委会参加了陕西省华县小夫峪定向爆破堆石坝的设计。当地岩基为花岗片麻岩，设计总装药量 100.5 吨，爆落石方约 18 万立方米，堆石体高 20 米，上下游边坡为 1:2.4～1:1.9，50 厘米以上的块石占 77%。为了

---

* K 值为爆破每立方米岩石所需药量。

坝顶溢流时坝体的安全，将下游坝坡补爆堆石1:6。坝体具有良好的透水性，现已被砂石淤满，坝顶溢流水深曾达5米以上，至今安然无恙。

(三)石砭峪堆石坝

陕西省长安县石砭峪沥青混凝土防渗墙堆石坝定向爆破由黄委会设计。根据坝址处地形、地质条件及水利建设需要，采取两岸爆破。设计坝高82.5米，坝顶长250米，顶宽3米，最大底宽380米，上、下游坝坡1:3，坝体总方量198万立方米。于1972年邀请中科院力学所、铁道部科研院、冶金部研究院、广州航运局、南京炮兵学院等单位的专家、教授对设计方案进行了讨论和审查，并于1973年4月由水电部在西安组织有关单位最后审查通过，于1973年5月10日施爆。爆破时采用高速摄影机，拍摄了岩块抛掷运动过程。测得抛掷的运动轨迹，为研究抛掷距离及岩块堆积状态提供了依据。导流洞距药室最近处为131.6米，测得了导流洞的应变值，为分析爆震对建筑物的影响和安全距离的确定积累了经验。爆破设计值与爆后实测值基本符合且较优，是一次成功的实践。见表4—17—2。

表4—17—2　**石砭峪堆石坝爆破设计与爆后实测值表**

设置项目	设计值	实测值
总装药量(吨)	1502.13	1589.343
爆破松方量(万立方米)	201.4	236.5
上坝方量(万立方米)	110.6	143.8
上坝率(%)	55	60.7
堆积平均高度(米)	53	57.0
堆积最低高度(米)	44	51
堆积顶宽(米)	65	70
上游平均坡度	1:3	1:3
下游平均坡度	1:2.5	1:3.2
堆积底宽(米)	350	370
上坝石方单位耗药量(公斤每立方米)	1.375	1.058

(四)里册峪堆石坝

里册峪堆石坝位于山西省绛县城东15公里浍河支流里册峪河上。为了加快施工速度,保证渡汛安全,根据坝区有利地形和地质条件,建设单位决定采用定向爆破筑坝技术。爆前布置在右岸的输水洞(φ3.2×232.6米)已开挖完毕,要求爆时不被震坏,进出口不被封堵;拦河坝采用沥青混凝土防渗墙,坝前截水墙利用已建成的原混凝土及浆砌石拱坝基础深20～30米,要求爆时不被震裂损坏。由黄委会主持爆破设计,总药量为259吨。于1957年1月23日进行了爆破,爆后测量结果表明,达到了预期效果,见表4—17—3。

表4—17—3　**里册峪爆破设计与实测指标对照表**

项　　目		原设计指标	实爆指标
平均坝高(米)		24	35.8
最低坝高(米)		19.5	29.54
有效上坝方量(万立方米)		16.9	26.36
坝坡	上游	1:3.65	1:2.66
	下游	1:3.65	1:3.31

黄委会水科所,采用拾震器对截水墙、输水洞等建筑物布设了12个测点,爆后观测爆破近区水平加速度与垂直加速度频谱基本相似,主频率为20(Hz),持续时间都不超过0.7秒。测得安山岩震波传播速度为3500～4200米每秒。截水墙、输水洞等建筑物测点的加速度和位移均超过爆破破坏临界值,截水墙有发生裂隙的可能,建议设计单位对截水墙采取必要的防渗措施。

人工爆破地震波具有能量小、震源浅、频率高、持续时间短和衰减快的特点,因人工爆震地壳运动而引起的破坏程度与天然地震差异很大,因此用天然地震破坏标准衡量人工爆震是不适宜的。

1976年黄委会规划设计大队与黄委会水科所协作,根据小夫峪、石砭峪、里册峪等定向爆破筑坝的资料进行了综合研究,认为:地形地质条件是能否进行定向爆破筑坝的决定因素,而在适宜的地质地形条件下,药包的布局为爆破筑坝成败的关键。小夫峪、石砭峪两坝爆破效果较好的原因,与采用并列、等量、对称的药包布置形式有关。这样的药包布局，在同时起爆时，爆炸能量处于均势状态，抛掷速度比较均匀，除地形地质因素外，不因能量和速度的差异造成抛掷偏移。在震动区岩体爆震变形范围，可根据介质最大垂直振动速度的强弱进行计算。当最大垂直振动速度大于25厘米每秒时，一般会产生大量崩塌、坍塌等；当此速度小于25厘米每秒而大于7厘米每秒时，一般会产生地面开裂，错位及小规模的崩塌等；当此速度小于7厘米每秒时，除少量危石有崩落掉块外，地表一般不发生变形。对于地面建筑物振动速度大于12～14厘米每秒时，一般开始破坏。

（五）盛家峡堆石坝

青海盛家峡堆石坝是国内爆破工程中采用大抵抗线（40米）、远抛距的一次实验。1985年由黄委会水科所设计。爆区山体高300米，河谷宽90米。为了加强抛掷药包位置，除抬高最低高程（药包在坝肩以上35米），利用天然凹面定向，加大抵抗线，缩小药包间距外，并采用4个等量对称药包一次爆破上坝方案。爆破用药量540吨。设计与实爆对比结果：实爆方量103万立方米，比原设计（75万立方米）多爆28万立方米；堆积平均坝高28米，设计值为25米；平均底宽为48米，上、下游坝坡为1：4.0，实测堆积体轴线为298°40’，较原计算296°向下游偏移2°40’。从上述情况看，取得了比预期为好的效果。

二、土坝试验

50年代后期，黄河中游水土保持工作大规模展开，要求各项水保措施采用新技术以加快进度，试用定向爆破修筑土坝为其中之一。

1959年黄委会水科所在河南黄河南岸荥阳县邙山丘陵区埋剑沟，进行了爆破筑坝试验。结果见表4—17—4。

爆破实测坝体干容重为1.31～1.43吨每立方米，且堆积密实度不均匀，在蓄水后将会产生不均匀沉陷，所以在爆破后适当整修，开始蓄水后应加强观测养护，以防止不均匀沉陷时发生渗流和穿洞。爆破时在200～300米范围内人有显著振动感觉，周围沟崖上有部分松土坍塌，在爆破漏斗上部11米范围内土体被破坏，产生大小环形裂缝10道，最大缝宽40厘米，深2米多。据此写出《埋剑沟定向爆破筑土坝试验报告》提交1959年黄河上、中游地区水土保持工作会议，引起到会者兴趣。特别是西北地区，劳力缺乏，交

表 4—17—4　　埋剑沟定向爆破筑坝计算与实测成果表

项　目	单　位	设计值	实测值	备　注
介质　系数 K	公斤每立方米	1	1	
抛掷指数 n		1.25	1.25	
最小抵抗线 W	米	15	15	
药量 C	吨	5	5	
上破裂漏斗半径 R	米	35.7	48	
下破裂漏斗半径 R′	米	24.0		
爆破方量	立方米	5850	15000	
坝体堆积方数	立方米	3900	5500	
沟中心堆积高程	米	87.5	90.0	坝轴断面沟中心点处
最低堆积高程	米		84.2	沟中心点向右岸移 10 米处沟底中心高程为 77 米
纵坡		1∶2.7	1∶2	
坝上游坡		1∶3	1∶4	沟中心点断面
坝下游坡		1∶3	1∶2.5	沟中心点断面
飞石距离	米	468	80	
抛掷距离	米	93.8	46	大部分土都堆积在 46 米以内
安全距离	米	1000	1000	爆破后结果估算的安全距离偏大

通不便，结合具体情况采用爆破法筑坝，更有特殊意义。根据这次会议的精神，黄委会水土保持处决定，以工地为学校，以工程为教材，培养定向爆破施工人员。相继在荥阳县的两半沟、大沟等地，进行了爆破筑坝试验，各水保试验站派人员参加。试验由学员自己动手，从爆前的测量、设计、试验、施工、装药、堵塞、起爆到爆后进行测量、检查密实度等完成全过程的实践，打破了学

员们对定向爆破筑坝的神秘感和恐惧心理，树立了信心。

1960 年初开始到 7 月底，西峰水土保持科学试验站，共试验爆破土坝 16 座，高 10 米以上的 4 座(范家小沟土坝高 10 米，于家沟土坝高 13.2 米，花果山土坝高 14 米，南岘子沟坝高 18.6 米)。天水水土保持科学试验站在杏沟爆破成高 7 米土坝一座。黄委会水土保持处，先后在内蒙古和林格尔县爆破试验土坝两座(高 15.9 米及 10 米)，小南沟坝一座高 11.2 米，又在子长县龙沟爆成高 8.9 米土坝一座。1961 年汛期，经过蓄水运用，因漫坝、坝体穿孔、绕坝肩渗流导致的垮坝现象比较突出。主要原因是坝体密实度不够，又缺乏必要的工程设计和施工监督，爆后听之任之，无人管理养护。因此采用定向爆破修筑土坝，爆后必需加人工整理，如灌水处理等使坝体密实度达到一定要求，并按一般土坝的设计、施工和管理规程进行，否则不宜轻率推广。

第十八章　土工试验设备与计算技术

解决工程地基，闸坝渗流以及应力一应变等土工、土力学问题，通常采用试验数据结合土力学理论分析的方法，而试验数据的取得则要靠试验设备来完成，因此，试验设备成为解决土工问题的必要手段。50～60年代均为常规设备，费工费时，精度不高，难以满足生产发展的要求，70年代开始，各单位先后引进试验设备，并自己动手或以协作的方式研制试验设备，不仅满足了生产要求，也提高了试验精度。尤其80年代以来，随着计算机的普及和计算技术的提高，各单位先后编制了计算程序，推动了试验研究工作进展。

第一节　土工试验设备

一、土的基本性质试验

西北水科所成立较早，建国时各项试验设备均有一定基础，在50～60年代，从事大量的生产试验，相应开展了试验技术和仪器设备的改进，先后编印《土工试验新仪器》、《土工试验新方法》等报告。60年代相继开展了差热分析、化学分析、染色分析相结合鉴定粘土矿物成分等试验。到70～80年代结合水坠坝和高土石坝等工程开展了黄土浸水作用下的抗剪强度测定和土料拉伸试验，变体积击实试验等方法，并研制了“土的压缩、渗透、剪切”试验三用仪，这些成果多数为兄弟单位借鉴，得到推广。

50年代初黄委会泥沙所结合培修黄河大堤，为提高施工质量，开展了部分土工试验，配备一些试验设备。随着治黄事业的发展，泥沙所改为水科所，陆续购置了常规土工试验设备，其后又引进了仿波三轴仪，马斯洛夫剪力仪等。60年代增置了仿英三轴仪，开展了土的应力应变特征试验。70年代为适应黄河干流修建高土石坝的需要，相继购进了高压三轴仪(侧压达2.3兆帕)，高压固结仪(压力达3.2兆帕)，平面应变剪力仪等设备。在试验过程中根据黄河工程的特点对试验技术也做了不少改进，及时满足了设计、施工的需要。

二、渗流试验

在50年代初西北水科所开始采用电拟法及砂槽模型法进行土坝渗流问题研究。砂槽模型槽有露天大型(5米×0.8米×0.3米)及室内小型两座。利用这些设备,先后进行了宝鸡峡引渭工程、王家庄水库、信义沟水库、冯家山水库、石头河水库等工程的大量试验研究,于1962年提出了渠库结合土坝设计要点及此类工程的浸润线计算方法(分块总和法),此法收入国家1984年编写的《土工设计手册》中。

1956年黄委会水科所开始建立砂槽模型试验、管涌试验和电模拟试验装置和设备,重点研究黄河下游堤坝和闸基的渗流问题。通过多年的现场观测分析和室内试验研究,取得丰富的成果,参见本篇第二、三章。70年代为适应在黄河干支流上兴建大中型水库的需要,又开展了土石坝和引黄闸基的渗流试验研究。1956年引进电网络模型和水电比拟模拟试验,并研制了渗流电拟试验三向坐标仪,具有技术比较先进、测试精度高、速度快等优点,在闸坝基础渗流试验中发挥了积极的作用,为研究小浪底大坝土料的分散性,建立了针孔试验设置。

三、振动试验

振动试验研究开始较晚,仪器也不易购置,黄委会水科所于60年代中期为研究黄河下游堤防粉细砂地基震动液化特性,自行研制一台机械震动三轴仪,70年代后期,为研究高土石坝抗震稳定问题,陆续购进了电磁式振动三轴仪、共震柱三轴仪等,开展了土的应力应变参数的试验。80年代又与水科院、哈尔滨工程力学所及一机部红山机械厂等单位协作,研制成大型电液伺服粗粒土动、静三轴仪,其试样直径30厘米,侧压力20～30公斤每平方厘米,最大轴向荷重100吨、动荷30吨,功能比较齐全。利用这些仪器设备进行小浪底高土石坝抗震稳定试验分析,提出了《小浪底土石坝地震稳定性试验研究报告》和《小浪底土石坝有效应力法地震反映分析》等报告。

四、野外试验及原型观测

水工建筑物现场试验和原型观测是检验工程质量和验证室内试验成果的主要环节。

50 年代后期黄委会水科所研制同位素 $\gamma \sim \gamma$ 射线密度计，对淤积土的天然密度进行了原位观测，为计算水库淤积量提供了便捷的方法。在巴家嘴水库进行库区淤积物密度现场观测，为坝前淤土上加高坝体提供了基本数据。经过改进可测量深层砂砾石层密度，用于测量小浪底河床深层砂砾石容重，解决了过去未曾解决的问题。近年来增加中子源，对于饱和土可同时观测容重与含水量，用于控制病险库的渗漏观测，取得了较好的效果。十字板剪力仪则是现场测定淤积土或冲填软土强度的常用仪器。

50～60 年代，西北水科所在陕西和甘肃一些灌区进行了渠道渗漏观测，在青海巴音河水库进行覆盖层砂砾石野外大型直剪强度试验，在石头河工地进行了波速法测定土石坝填筑体的动弹性模量。

配合定向爆破筑坝，黄委会水科所利用地震仪、测缝仪、压力计、高速照像机等采集了爆震影响及坝料抛掷轨迹等数据，作为改进爆破设计的依据。

为检验桩基、闸基、坝体及坝基、黄河堤身与堤基等工程的设计施工质量，选择工程重要部位或典型断面，分别埋设土压计、渗压计、测缝计、钢筋计、测压管、测压井等仪表，观测工程运用时受力情况，如重点堤段的渗水压力、土压力、土反力、建筑物的钢筋应力、基础承载能力以及沉陷、位移等，并测得水坠坝施工期冲填土的脱水固结规律和产生滑坡的原因等。取得的资料不仅检验了工程质量，还提供了可靠的参考依据。在沿黄工程中应用也日益广泛。

第二节　计算技术

一、土工计算

70 年代以来计算机逐渐普及，利用计算技术解决水工建筑物各项试验研究工作，也被提上日程。1973 年黄委会水科所与华东水利学院协作，编制了单桩垂直承载能力有限元法计算程序求解轴对称应力应变问题。经与现场测试和室内试验成果比较,所计算的单桩承载能力很接近。说明计算方法合理,可供桩基设计应用。1975 年又编制了《土坡稳定分析(圆弧滑动)的电子计算程序》,可以计算瑞典法和毕肖普法的总应力和有效应力,并考虑地震的"拟静力法",可普遍用于土石坝、天然土坡的稳定分析计算。曾在巴家嘴土坝淤土上加高坝体及上刘家川、太仙河、吴城等水坠坝工程中应用,结果满意。

1978 年黄委会水科所与华东水利学院协作研制《比奥平面固结问题有限元法计算程序》,求解了比较严密的"真三维固结理论"方程,比过去常用的分析方法提高了一步。该计算程序最早应用于《巴家嘴土坝在淤土地基上加高土坝固结计算的有限单元分析》,计算中列入邓肯——张提出的双曲线应力应变关系,从理论上论证了巴家嘴土坝在坝前淤土地基上加高坝体的可行性。随后应用此项计算程序对曲峪、上刘家川、吴城等水坠坝进行固结计算,对冲填土的非线性应力应变及渗透固结关系进行了试验研究,取得较好成果。

西北水科所于 1979 年结合水坠坝在不同施工阶段流态区的研究,编制了非线性固结方程的有限元法和差分法计算程序。以往的固结计算是建立在固结系数为常数的线性固结理论基础上的,实测表明固结系数随荷载级的大小和固结度而变,因而用线性固结理论计算水坠坝固结过程与实际有很大差距。为此根据试验确定了非线性参数,参考吉普森和蒙特的一维非线性固结理论建立了一维非线性固结方程,结合水坠坝特点,以分段加荷方法模拟水坠坝施工过程,考虑水坠坝初始条件和边界条件,编制成此项程序。作了 3 个实际工程的计算,结果与实测资料较为符合。同时应用于具有不同压缩性和渗透性的 4 种代表性土,以 3 种冲填速度,进行不同阶段的固结计算,分析其流态区深度与上述因素的关系,得出了流态区深度的一些变化规律。1980 年又编制成水坠坝冲填体二维非线性固结数值计算分析程序,可以得出流态区在坝体横断面上的分布规律,与实测资料也比较符合。

1983 年黄委会水科所与山西省水科所、水保所共同编制成比奥理论平面应变固结计算程序《Boit—C83》。其中弹性常数采用邓肯提出的双曲线模型,包括 E、U 模型和 E、B 模型,可以任选一种计算,土的渗透采用指数模型进行非线性分析。应用该程序对曲峪、吴城等水坠坝进行非线性分析,计算的孔隙水压力和水平位移与实测资料相符。通过理论计算较完整地反映了冲填坝体在施工过程中,坝体孔隙水压力、应力和位移的变化规律。

在实际工作中一般多采用差分法求解土坝与地基中的平面固结问题,

但只适用于较简单的边界条件。为了适应复杂的边界条件,1983年黄委会水科所编制了太沙基——伦杜立克理论(扩散方程)的平面固结有限元法计算程序,可计算饱和土体初始孔隙压力消散与土体固结过程,适用于:(1)冲填坝、辗压土坝及土石坝中粘性防渗体的固结计算;(2)求得冲填坝施工期任何时刻和竣工时的孔隙压力以及稳定渗流状态时的孔隙压力分布;(3)计算土石坝及土壤地基的沉降;(4)用于极限平衡理论有效应力法的稳定计算。后该程序(TEN)进行修改移植于微机,经水电部水电规划设计院组织专家审查,确定为土石坝设计专用计算程序之一。1987年该程序又确定为“七五”国家科技攻关项目《水电工程筑坝技术中土石坝设计计算程序微机系列化研究》程序之一。

二、渗流计算

在大型水利工程建设中,渗流问题的研究以往多采用电模拟法试验,虽然具有直观、物理意义清楚、并有一定的精度等优点,但模型造价高、费时,难以进行各向异性研究。特别是多种方案进行比较,不能及时提供成果,因此迫切需要一种更有效的方法。计算技术的发展,为此开辟了一条新的途径。从1973年起,黄委会水科所与南京水科院及上海市计算技术研究所等单位合作,先后编制了二维稳定渗流有限元法计算程序、三维稳定渗流有限元法计算程序。能求解2100个结点的工程问题,可计算承压渗流以及有自由面的无压渗流。1974年应用于王圪堵均质土坝进行三向稳定渗流计算;1978年对陆浑土石坝西坝肩冰积砂卵石岭进行非均质三向稳定渗流计算。计算结果与实测资料接近。1979年黄委会水科所编写《有限元法在土坝三向稳定渗流中的应用》一文,介绍了数学原理和计算方法,对渗流场的离散、自由面与渗出段的确定方法、线性代数方程组的解法等作了阐述,并附计算实例。

西北水科所于1977年编制成《土坝两向稳定渗流计算程序》,可计算各向异性、非均质、有压、无压渗流问题。计算时可自动调整浸润线,算出各节点水头、各单元的平均流速及断面的单宽流量等。在两处大型工程中应用,并与水电比拟法试验结果比较,认为满意。

1981年黄委会水科所应用土坝三向稳定渗流计算程序对小浪底土坝和皇城滩土坝做了二维稳定渗流计算,提出大坝渗流控制措施的意见。1982年在二维渗流程序中引入网络自动剖分法,可计算带有排水措施的均质坝、心墙坝、斜墙坝的无压及有压渗流问题，并为沁河河口村土坝做了非稳定渗流计算。1984 年在原来二维渗流程序的基础上，经补充完善编制成二维渗流计算程序（TPTS6），可以计算堤坝的稳定和非稳定渗流问题：稳定渗流适用于均质坝、心墙坝、斜墙坝的无压渗流及混凝土闸坝地基的有压渗流，并考虑了各种型式的坝体排水措施；非稳定渗流适用于心墙或斜心墙坝上游坝壳以及均质土坝在水位降落期的渗流计算。先后应用于黄河大堤泺口段、兰考南北庄及武陟大樊等堤段的二维渗流计算，为堤防防渗措施研究提供了依据。该程序（TPTS6）于 1987 年被国家选定为"七五"国家科技攻关课题《17—1—2》中的《土石坝设计计算程序微机系列化研究》的应用程序。

1982 年黄委会水科所研究编制了大型三维稳定渗流计算程序（AAAI），先后在 M—160H，PRIME、VAX 等大中型计算机上运行。从 1986 年开始，又结合高档微机的特点，完成了微机版本的编制，随即对巴家嘴土坝左岸坝肩新设溢洪道是否影响土坝的渗透稳定进行了计算，结果肯定该工程不致影响坝体的稳定性。又先后计算了小浪底土坝左岸山体的防渗和排水效果及右岸承压水验证和无排水措施的三向渗流研究，取得满意结果。在此期间，又编制三维渗流子结构法有限元计算程序，先在 TQ—16 机进行考题试算，后将程序移置到 IBM—PC 微机上，便于推广。对故县大坝整体三维渗流计算结果表明，各部分水流势能和水位基本符合规律，能满足设计要求。

边界元法是 70 年代发展起来的一种新的数值方法。它以积分理论为基础，在多种工程问题的数值计算方面显示出优点。1985 年黄委会水科所把边界元法应用于三向稳定渗流问题的数值分析，采用直接法给出了均质和非均质问题的边界积分方程，引入了边界元子结构偶合法，从实用角度出发，编制了中型规模的计算机程序，分别对均质坝、非均质坝以及有无厚度绝对不透水板桩的承压流问题做了计算，其中部分成果和电网试验做了比较，精度良好。在总结大量渗流计算经验的基础上，根据三维非稳定渗流的发展水平，结合小浪底等工程中带有普遍性的问题，于 1987 年研制了三维非稳定渗流计算程序（AAAV），可以计算承压、具有自由面的无压、弹性释水、蒸发入渗、越流补给等各种条件下的三维非稳定渗流，并可计算包括稳定渗流在内的各种特殊情况。程序除适用于水工渗流外，还可计算区域性地下水研究的供水、排水、矿区疏干等三维非稳定渗流问题。应用该程序对小浪底土坝左岸设计方案进行了三维非稳定渗流计算，设计部门感到满意。

同年，黄委会水科所结合小浪底土坝左岸山体裂隙岩体渗流的特点，在黄委会设计院地质总队和中国地质大学对该区域工程水文地质条件，裂隙量测、勘探试验、理论分析、渗透分区、渗透张量计算等一系列研究工作基础上，按各向异性连续介质模型，编制了裂隙岩体三维渗流有限元法计算程序(HZJI)。对裂隙岩体三维渗流进行了分析计算研究，获得了不少与传统多孔介质模型不同的认识，为小浪底土坝左岸渗流的研究开辟了新的途径，论证更加充分。

1983年黄委会水科所与中国科学院应用数学所协作，提出了一种堤坝渗流分析的新方法，即饱和——非饱和渗流的数值分析。该方法是根据饱和——非饱和渗流理论建立的数学模型，将堤坝内饱和区与非饱和区耦合在一起，构成整体分析模型，应用有限差分法和有限元法编出程序，在计算机上进行二维、三维不稳定渗流计算。应用于黄河董寺堤段的计算结果表明：计算得到的1958年洪水期浸润线形成过程及变化规律与当时观测的基本一致，并对未来特大洪水期渗流动态作了预测，肯定该堤段淤背工程将能产生良好的防渗效果。该计算由于还考虑了堤坝内自由水面以上的非饱和流动，从而使水位上升和降雨入渗等引起的饱和——非饱和渗流问题，使以往的方法难以解决的问题，得到较好的解决，在渗流计算技术中有新的突破。

三、抗震计算

1977～1978年底，黄委会水科所、中国科学院工程力学研究所和郑州大学数学系协作，为研究工程抗震问题的需要，研制成有限元法计算的几种程序：

(1)地震加速度的反应谱计算程序——计算地震运动加速度反应谱，并求单越周期。适用于堤坝地震应力分析。

(2)弹性剪切楔法计算土坝的地震应力程序——按剪切楔理论把土坝作为弹性楔体，并假定在地震作用下只发生剪切变形。该程序适用于计算沿坝高地震加速度和剪应力分布及历时等。

(3)多质点法计算土坝和地基地震应力程序——即把土坝或地基沿高度简化成多质点系统，将相邻质点间只能发生剪切变形的无质量杆件联结起来。适用于计算沿着坝高或地基深度的多质点系统的地震加速度和剪应力的分布及历时。

(4)土坝平面应变问题的静应力计算程序——采用有限元法计算土坝在自重和渗透压力作用下坝体某断面的应力分布。

(5)土坝平面应变问题的动应力计算程序——采用有限元法计算土坝在地震作用下坝体某断面的动应力及加速度的分布及历时过程。

应用上述有关程序,1977年对王圪堵水力拉沙坝静应力和地震稳定性进行了计算。1980年相继对上刘家川、太仙河等水坠坝做了动力分析。1981年提出了小浪底土坝工程的抗震稳定性分析研究报告。1982年对内蒙古石峡口土坝进行了抗震稳定性分析。1983年提出了小浪底土坝(坝型II)地震应力分析及其与坝型方案I比较的初步探讨报告。1985年相继对黄河下游开封马庄,郑州花园口、申庄,济南泺口等重点堤段进行了稳定分析,为上述工程抗震加固设计提供了论据。

1985年黄委会水科所与中国科学院工程力学研究所共同研制成土坝静、动应力、永久变形,孔隙水压力有限元计算程序——计算土坝在自重和渗透压力作用下的应力分布和地震作用下的加速度、剪应力分布与历时,以及产生的永久变形和残余孔隙水压力。随即应用于小浪底土坝工程的设计。

土坡的抗震稳定性,通常采用拟静力法分析,其缺点是:未考虑动力对土强度的影响。为了克服这一缺点,黄委会水科所于1988年编制成土坡抗震稳定分析的一种新计算程序,即用动总抗剪强度法分析地震时土坡的圆弧滑动稳定性,计算土坡抗震稳定安全系数。1989年又编制成土石坝有效应力地震反应计算程序,采用有限元法计算坝体在地震作用下的应力、加速度分布及历时过程,并在指定的时间计算饱和砂性土体残余孔隙水压力的增长及地震期间和地震结束后残余孔隙水压力的扩散和消散。应用该程序为小浪底土石坝设计提供了有关数据。

根据小浪底高土石坝坝基砂砾石和坝体及滤料的动强度试验资料,黄委会水科所于1989年建立起土石坝可液化土在循环应力作用下孔压增长计算模型。特点是适用范围广,精度高。例如砂砾石和反滤料的物理力学性质差距很大,但它们在各种固结比下试验资料得到了很好的拟合,在一定程度上反映了多种因素与残余孔压增长的内在联系。用此模型对小浪底高土石坝进行了有效应力有限元动力反应分析,计算结果表明符合一般规律。

第五篇

工程材料与水工结构试验研究

第五卷

工程材料与水工结构试验研究，是掌握各种材料性能、了解水工建筑及基础受力变形及产生的结构应力、温度应力等数据的重要手段，也是确保建筑物稳定设计的重要依据。

黄河流域的水工建筑物起源很早，如春秋时期诸侯国相继修建的堤防工程，汉代“以竹笼石、茸苇土而为遏”的埽坝工程，以“树柱累石、委薪积土”的引水溢流堰工程等，但由于社会原因，长期以来没有系统地材料性能与工程结构研究，使工程一直处于经验阶段。建国后，特别是随着根治黄河水害，开发黄河水利流域综合规划的实施，在全国兄弟研究院、所、高等院校的协作下，结合工程进行了系统地试验研究。在工程材料方面：50年代主要是配合黄河下游大堤加固和三门峡、故县等干支流工程进行黄河埽工，灌浆材料和充分利用黄河流域当地材料拌制水工混凝土的试验研究。60年代后，由于工程泥沙问题突出，为防止泄水建筑物，水轮机等过流部件的破坏，开展了金属、非金属抗磨损、抗气蚀材料的研究。在水工结构应力应变试验研究方面，50年代主要由苏联水工科学研究院进行的三门峡水电站坝基和坝体的光弹和电测结构模型试验。60年代后，配合三门峡工程几次改建、围绕混凝土大坝底孔从新打开后出现的孔口应力问题，协调全国有关科研院、所和高等院校进行了大量室内结构模型及有限元计算分析和现场的应力应变观测的试验研究工作。同时对青铜峡、刘家峡、故县、天桥、龙羊峡、小浪底等干支流工程进行了复杂地基，坝体应力阻尼孔板结构应力、高压大型闸门接触应力和黄河下游涵闸结构模型试验；原型观测和有限元计算分析工作。及时满足了设计、施工的要求。

第十九章　工程材料试验研究

工程材料是水工建筑物的物质基础，种类多、需要量大，往往占工程造价的大部分；因此选择工程材料既要满足工程的安全，适用等要求，又要经济合理。各国对工程材料都有严格的要求，制定了各种试验规范和施工规程，以保证工程的质量。

在治黄工程建设中采用的工程材料除土、沙、石、木、金属等原材料外，还有水泥、沥青、砂浆、混凝土等合成材料以及其他特殊用途的材料。

根据治黄建设的需要，有关科研单位在对工程原材料进行大量的性能试验的同时，还针对治黄工程中出现的问题，开展了不同要求的材料试验研究工作：如为总结黄河传统埽工的功能进行埽工材料的物理力学性质试验；为加强防洪堤坝工程，进行土工织物的试验研究；为加固水工建筑物地基进行了灌浆材料试验，为节约水泥、降低造价和充分利用地方性材料进行水工混凝土不同骨料、掺和料、外加剂等试验研究。

三门峡、刘家峡、青铜峡等水电站相继建成投入运行后，发现泄水建筑物有不同程度的泥沙磨损，水力机械普遍产生严重磨损和气蚀破坏，针对这一新的课题，开展了抗磨损、抗气蚀材料试验研究。

本章着重记叙上述特定的材料试验研究工作，常规材料试验不再赘述。

第一节　黄河埽工材料

埽工是黄河防洪工程中一种传统的河工技术，用柳枝柴草等软料分层匀铺，每层压以土及碎石，卷成埽捆，将若干个埽捆以绳索连接起来，形成体积庞大的建筑物，以木桩固定，用于护岸、筑坝、堵口截流等工程。因其就地取材，制作快捷，便于急用，而且埽草等软料可以缓溜落淤，在黄河下游曾广为应用。以往修埽多以经验为主，缺乏科学依据，为了总结提高埽工技术，合理使用料物，完善施工规程，黄委会水科所于 1956 年进行了埽工材料试验，包括：薪材类(楷料、苇料、梢料、红荆、白腊条、牧草、杂材等)浸水与不浸水的容重以及荷重与体积压缩率等试验；对木材类(短木桩一般为柳木、长木桩为杨、榆、松等)不同桩径、桩长，在打入地下后的拉、拔、剪切等试验；绳缆类(竹缆、麻绳、苇绳、草绳、白棕绳、铁丝绳等)不同股数、不同直径的拉力强度试验。所得成果应用于埽工稳定性分析，编入由黄委会编写的《黄河埽工》一书。

由于埽工体轻易浮，抗冲能力差，又易腐朽，需要经常更换，每年维修费用较多，且费工费时。自 50 年代以来黄河下游埽坝已逐渐为石料或混凝土所替代。目前这种技术仅在时间紧迫的临时抢险工程中选择使用。

第二节　灌浆材料

用灌浆方法进行土体加固和防渗处理，早在 19 世纪初期已有应用，惟限于当时钻孔和浆体的技术条件，效果水平不高。20 世纪 60 年代以后取得了重要进展，主要是新的钻孔方式、灌浆方法，特别是来自有机化学领域内新型溶液浆材的发现：诸如硬凝胶、水溶性树脂等这些新型浆材具有与水相同的低粘度，几乎没有不可灌入的土体，为灌浆技术开辟了广阔的前景。

1960 年西北勘测设计院针对青铜峡电站的地质条件进行了坝基灌浆材料的试验研究，经过对水泥净浆、水泥粘土浆和水泥砂浆的配比选择试验，结果表明：粘土占水泥重量的 20%时，水泥粘土浆的凝结时间和抗压强度与水泥净浆相比影响不大，浆液也没有分层现象。掺加水泥重 50%的细砂、水泥砂浆与水泥净浆比较，其抗压强度和凝结时间变化也不明显。在水泥净浆、水泥粘土浆、水泥砂浆等中加入氯化钙可以使凝结时间提前，早期强度迅增，对灌浆有利；氯化钙的加入量以水泥重的 2%～4%为宜，而以掺入 2%的剂量对浆液各种性能的改善效果较为稳定可靠。初步认为，在帷幕灌浆的水泥净浆中掺入按水泥重的 70%以内的胶泥代水泥是可行的。

伊河陆浑水库建成后经过三个冬春(1965～1967 年)溢洪洞闸墩中出现裂缝并有不同程度的发展，且随气温升降而变化；6 个闸墩共有 18 条裂缝，位于墩长的中部 1/3 区段内，缝宽一般为 0.3～0.5 毫米，最宽 1.7 毫米(冬季)。1969 年黄委会对闸墩裂缝进行了环氧树脂灌浆试验。先经室内配比选择试验。然后在现场实践。结果说明：这种环氧树脂胶粘结强度(40～64 公斤每平方厘米)高，可灌性较好(宽 0.5 毫米以上的缝可顺利灌入)，施工工艺简单，是一种比较经济适用的化学灌浆材料。

三门峡工程改建中需要解决钢管管道新老混凝土接缝及止水问题。水电部第十一工程局于1975年进行甲凝(即甲基丙基酸甲脂)化学灌浆材料配方选择试验。着重研究其流动性、粘结强度、弹性模量和收缩率等性能。由于三门峡工程在改造期间仍担负着蓄水防凌任务,必须调整配方使之有利于新老混凝土缝面在潮湿或饱和状态下,甲凝粘结强度的快速增长。经过对比试验选择5#、6#两种配方。主要是加入了甲苯亚磺酸以提高甲凝的湿粘结强度,7天龄期可达到13公斤每平方厘米。施工后钻孔取样检验,甲凝充填裂缝非常饱满,新老混凝土被甲凝紧密地连成整体,聚合体与缝面间没有收缩脱空现象。对混凝土芯样做了劈裂及拉裂试验,计算的拉断强度为14.5公斤每平方厘米,满足要求。惟须注意:甲凝配方中有些单体材料如二甲基苯胺等有不同程度的毒性,影响身体健康,长期接触应采取必要的防护措施;有的材料如过氧化二苯甲酰属于强氧化剂,在受热、震动或撞击时,易分解燃烧和发生爆炸,使用时必须严格遵守安全操作技术规程。

盐锅峡水电站施工时曾在坝前作水泥帷幕灌浆,1975年为了进一步降低坝基扬压力,采用丙凝(即丙烯酰胺)进行附加的试验性灌浆。根据灌浆前后观测:涌水量平均下降63.7%,单位吸水率下降72.7%,而且是在单位吸水率普遍小于0.005升每分钟的条件下取得的,说明灌浆效果很好。又根据历年观测值,降低后的扬压水位基本稳定,认为丙凝材料的耐久性也是好的。

龙羊峡大坝为混凝土重力拱坝,最大坝高178米,坝基为花岗闪长岩,基础地质条件复杂,其中最重要的是一个伟晶岩劈理带G_4。此带为东北向构造,位于拱坝左坝肩上游侧,距坝上游面最近处约3～5米。水库蓄水后,G_4将承受拉、剪应力作用。结构试验表明,G_4若不加处理,水荷达到设计正常高水位2600米水位时将发生开裂。要求进行灌浆处理试验。中国人民解放军00634部队和中国科学院广州化学研究所合作,采用化学研究所研制的化学浆液—798浆液、配方及工艺,于1983年7～9月进行现场灌浆试验。10月现场检查,内容有波速测定,钻孔内静弹模测试及电视录像、钻孔岩芯取样,并对岩芯在室内做了抗压、抗拉、抗剪及弹性模量试验。所有观测试验资料都满足设计要求。成都勘测设计院科研所为研究龙羊峡电站坝基经过化学灌浆后的伟晶岩物理力学特性,进行了室内常规试验(抗压、抗拉、弹性模量等)。结果表明化学灌浆体对大的张开裂隙粘结牢固,灌浆缝处未见破坏,但有时却从其他微裂隙处破坏。为此又做了三轴压缩试验及碎裂花岗岩裂隙化灌镜下观测,看到浆液灌入微裂隙的连续性较好,能起到对破碎岩石的胶结作用。为了进一步检验龙羊峡坝基 G_4 伟晶岩化学灌浆效果，上海同济大学工程地质水文地质系做岩芯样物理力学性能试验；西北测勘设计院物探组在现场检测了伟晶岩灌浆前后纵波速度等。结论是化学灌浆后强度增长显著，效果良好。

化学灌浆的主要优点：①化学溶液粘度低，能灌入比水渗入更微细的缝隙；②化学溶液从液体变为固体或胶凝体的聚合时间，可以人为地、较准确地予以控制，不但可以控制灌浆扩散范围，还可有效地封堵有压集中渗流；③聚合体的渗透系数可达到 10^{-8} 厘米每秒，在高水头作用下也易被挤出。缺点是：①材料较昂贵；②除硅酸钠（水玻璃）外，单体都具有一定的毒性，对环境有污染，尤其影响操作人员的健康；③聚合物的老化与稳定性尚待研究，使用范围受到限制。认为除特别需要外，一般不宜大规模推广采用。

第三节　土工织物

土工织物为一种高分子合成的新型工程材料，可分为有纺织物（有纺布）、无纺织物（无纺布），其原料以丙纶、涤纶为最多，其次是绵纶及其它合成纤维。有纺织物由两组平行的经纬在纺织机上交织而成。无纺布是把合成纤维按定向或随意排列通过化学粘合、热力粘合、针刺的方法制成平面织物。用于岩土工程的合成纤维织物材料种类甚多，如塑料管、塑料膜、土工网、土工格栅以及复合型土工合成材料（二布一膜、三布二膜）等具有强度高、柔性大、整体性强、耐久性好等特点，可直接用于防洪、抢险、河道整治、护岸等工程。1957 年荷兰首先用尼龙有纺织物制成柔性充砂管袋、砂包应用于堤防堵口工程。1958 年美国佛罗里达的海岸防护工程采用织物置于土与块石之间作为块石护坡垫层以防冲刷，经过 27 年后观察其工作状况良好。

在中国，土工织物应用于防洪抢险等方面是从 70 年代中期开始的。1974 年江苏省江都长江嘶马段护岸工程采用单层编织布软体沉排护岸，收到了良好的效果。河南、山东黄河河务局于 1985 年引进土工织物，在黄河下游险工进行土工织物护根试验。

一、化纤编织袋沉排护根试验

河南黄河河务局针对黄河下游实际情况，参考外地应用土工织物的经验，于1985年开始在河南封丘大功控导工程第12号坝进行了化纤编织袋沉排护根丁坝试验(见图5—19—1)。采用众多藕状条型编织袋袋长略大于排体宽度，袋宽一米，中间每隔一米用尼龙线扎制隔开，宛似藕节，在侧面开口，内装1∶10的水泥土。根据设计尺寸将条袋排列到位，缝制在一起，组成所需要的排体，袋上下及袋间再用化纤绳网成一个整体。

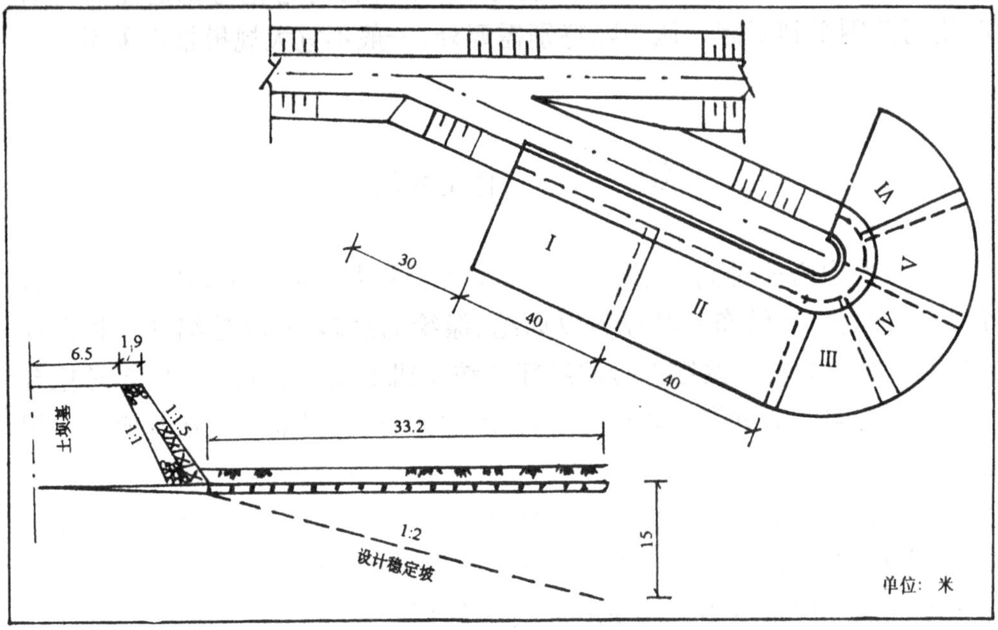

图　5—19—1　河南封丘大功控导工程沉排剖面图

沉排完工后，数年未靠河，无从检验其效果。由于缺乏必要的管理，排面许多部位经风吹曝晒，化纤老化，加上人为的破坏等因素，致使排体伤痕累累。尽管如此，在1988年汛期工程靠河后，虽因部分沉排破坏不免发生险情，但和其上游同期修过的普通坝相比，仅在初靠河时进行抢护，其后未再出险，而其他坝则抢了又抢；抢险用料也不足普通坝的一半。在抢险第一线的工人说："沉排坝起的作用可不小，要不然，这些道旱坝都靠河，如不是沉排坝在最后面顶住，弄不好是要跑坝的。"实践表明，化纤编织袋沉排护坝根，效果基本稳定，结构也是可行的。从投资情况看，过去沿用的梢料块石坝，每道坝约需10万元，建坝后的几年靠溜抢险要开支8～15万元，即每道坝实际投资18～25万元;沉排坝最后实际开支不足20万元,效益显著。

二、塑料编织袋土枕护根试验

山东黄河河务局于1985年在鄄城段桑庄险工20#坝接长工程中试用了塑料编织袋土枕(简称土袋枕)护根技术。坝体施工全部采用柳石楼厢水中进占。水下护根迎水面长88米和背水面长50米均采用长6～10米的大型土袋枕,共抛7580立方米。1985年建成至1988年汛期,黄河下游连续出现8次洪峰,花园口站流量大于6000立方米每秒的洪峰有4次,高村站8月中旬流量超过4000立方米每秒,持续15天,最大洪峰流量6550立方米每秒,因中水持续时间长,山东黄河险工与控导工程共发生险情897坝次,抢险用石6.2万立方米,但桑庄20#坝抗御洪水一直比较稳定,没有发生险情,经受了洪水考验。使用土袋枕筑坝护根代替柳石枕其经济效益与当地石料单价有关,根据当时桑庄物价,土袋枕较柳石枕节省38.5%。

为了验证塑料编织袋用于坝岸护底工程,长期在水下或盖土防护的工作条件下其抗拉强度及延伸率变化情况,于1988年6月黄河枯水期在土袋枕护底工程不同部位取样,同时选取库存原状布样,由黄委会水科所做了抗拉强度与延伸率的对比试验。结果表明:护底工程在水下或盖土防护工作条件下,使用3年的塑料编织袋在143个试样中,抗拉强度仍满足和稍低于设计要求(60公斤/5厘米宽)的共占93.7%,相应的延伸率为12%～14%;库存布试样抗拉强度平均为68公斤每5厘米宽。延伸率为13%,总的看变化不大。

东明段老君堂26#、27#坝于1984年秋被洪水冲断,1986年修复,在修复时,山东黄河河务局采取在滩地平铺土袋枕用作坝的护底工程。经历了3个汛期洪水考验,工程发挥了应有的作用。黄委会水科所取样检查,库存布试样抗拉强度为72公斤每5厘米宽,延伸率为15%,护底工程布试样抗拉强度为(67.8～60)公斤每5厘米宽,延伸率为11%～12%,说明塑料编织布在使用两年后强度指标仍大于设计要求(60公斤每5厘米宽)。

三、长管袋充填泥浆护根试验

1987年河南黄河河务局为了探讨土工织物的广泛应用,研究新的施工技术,在花园口进行了长管化纤编织袋充填泥浆试验,防冲排布9块,共计

10183 平方米，其中最大一块为 4440 平方米，加工管袋长 20～80 米，采用泥浆泵向管中充灌泥浆，泥浆浓度在泵料斗取样测量。充填结果表明：利用黄河下游沿岸粉质轻砂壤土，泥浆浓度 1100～1300 公斤每立方米，可以充灌袋最长 50～100 米，固结后干容重可达 1.6 吨每立方米；管袋强度选用大于 0.7 公斤每平方厘米为宜。实测泵充填压力一般为 2～3 公斤每平方厘米。最大达到 5 公斤每平方厘米。充填历时 15～30 分钟。主要成果如表 5—19—1。

表 5—19—1　　**充 填 成 果 表**

袋号	密度丝/寸	折径（米）	长度（米）	层数	单袋最大压力（公斤每平方厘米）	泵充压力（公斤每平方厘米）	观测最大压力（公斤每平方厘米）	泥浆浓度（公斤每立方米）	充填历时（分）	实际充长（米）	泥浆干容重（吨每立方米）
1	10×10	0.55	50	单	0.542	2	0.15	1220	8	43	
2	14×14	0.55	50	双	0.467	5	1.00	1330	15	22	1.65
3	14×14	0.55	100	单	0.467	2	0.32	1080	29	99	
4	12×12	0.88	50	双	0.354	3	0.40	1110	37	48	1.65
5	12×12	0.88	100	双	0.354	2	0.36	1210	29	89	1.62

1988 年在前期试验总结的基础上选定在禅房进行长管袋沉排护根丁坝试验，着重研究水下的施工方法。根据水流条件不同，先后摸索出四种方法，即旱地施工法、浮筒充袋法、船只拖袋法及布兜整抛法。旱地施工法用于无水之处；浮筒充填法是把空袋放在浮筒上，边充填边放袋入水，适于水深小于 1.5 米，流速在 1 米每秒以下之处；船只拖袋法是按上述方法把浮筒依附于停好位置的大船一侧，适于水深 4 米以下，流速小于 2.5 米每秒之处；若水深流急则用布兜整抛法，把空袋用布兜置于船的一侧水上，充满后拔掉布兜销栓，整个长管便沉入水中。此次共铺管袋 532 条。施工期间（5 月 20 日～8 月 7 日）花园口站出现两次 3500 立方米每秒洪水，工地及时进行了探摸，管袋未发现位移或走失现象，布面上落淤 1.5～2.0 米。尔后又经过 6 次洪水考验，坝体安然无恙。为了总结经验于 8 月 29 日（坝前水位 71.63 米），对坝体的直线段、上下游跨角及坝头等处进行探摸，结果表明坝前探测范围内无冲刷坑，管袋未动，护根作用明显优于柳石结构丁坝。

四、土工织物防渗试验

在黄河下游修建引黄涵闸，历年来一直采用粘土防渗，砂砾反滤的方法。实践表明粘土选料及施工，如有一项达不到设计要求就起不到防渗作用。反滤采用天然砂砾料，需分层铺设，施工较麻烦，质量也不易保证。为此河南黄河河务局于1988年在董庄和孙东涵闸改建中，防渗反滤都采用了土工织物，以探索一种既施工简易、又安全可靠的结构型式及施工工艺，确保黄河大堤安全。对闸前铺盖、洞顶堤身近水面的防渗部位采用了土工膜，代替原来的粘土。在孙东涵闸消力池护坦下和侧墙后均采用土工织物作反滤，保护这些部位的重粉质砂壤土层。采用常州塑料厂生产的无纺土工织物，厚度3.12毫米，针密350针每平方厘米，有效孔径$O_{pv}=0.11$毫米，渗透系数为8.27×10^{-2}厘米每秒。从运用情况看，基本达到设计要求。

80年代中期以来，土工织物在治黄工程中试用，主要是将编织袋内充以黄河砂，以代替堤防险工及控导工程的石料。在充砂及施工过程中其强度能否满足设计和使用要求，是该编织物能否使用的关键。为解决这一问题，黄委会水科所于1989年选择湖南、天津、常州、南通、三门峡等5个厂家不同规格的无纺织物产品进行了拉力、抗渗、磨擦、老化等试验。结果表明：有纺织物的抗拉强度一般比无纺布高，而延伸率比无纺布低；土工织物经涂胶改性后，其拉力强度是改性前的6倍以上，而复合改性* 后又是涂胶改性后强度的2倍多，其改性效果是明显的；改性织物在流速13米每秒，含砂(1000克水中含150克的直径为0.5～0.85毫米石英标准砂)水流情况下冲磨2.5小时后检查，无明显磨蚀现象；改性织物在2.5米水头下、24小时不透水；编织物(布/布)的干摩擦系数一般在0.5～0.75之间，而湿摩擦系数比干摩擦系数偏低。编织物的摩擦系数与使用的材料、工艺等关系较大；运用两年后的编织物其强度一般降低10%～20%。值得注意的是生产厂家不同，或同一厂家同一型号编织袋、同期产品其强度也有较大差别。为此，建议在使用时对每批产品应进行强度试验，合格后方可应用。

---

* 复合改性：即无纺布＋玻璃丝，涂胶。

第四节　水工混凝土

一、混凝土

混凝土是由胶凝材料、水和骨料，按一定比例配制，经搅拌后，能硬化成型的一种人造石材。通常的混凝土是以水泥作胶凝材料，以砂、石为骨料*的一种用途极为广泛的工程材料。水工混凝土应满足水工建筑物的要求。

为了获得优质和经济的混凝土，首先必须合理地选择原材料(水泥、砂、石料……)并结合试验，正确进行混凝土配合比设计，然后严格控制其搅拌、振捣和养护的质量。搅拌前应控制称量误差，搅拌时应严格掌握投料顺序和搅拌时间。为保证或加速混凝土的正常硬化，必须精心养护，使混凝土硬化过程中具有适当的温度、湿度条件，必要时可用蒸气或蒸压养护。

混凝土强度即指混凝土抗压、拉、弯、剪等应力的能力。混凝土的抗压强度大、抗拉强度小。一般按标准试件的抗压强度表示混凝土的等级或称为混凝土标号。中、苏、英等国采用边长15厘米的立方体试块为标准试件；美、日等国采用15厘米×30厘米的圆柱体试块为标准试件。将标准试件在标准条件(温度20±3℃，相对湿度90%以上)下，养护28天，进行抗压试验，根据所测得的抗压极限强度值大小(以MPa计)排定标号(圆柱体试件测得的抗压强度约为立方试块抗压强度的0.8倍)。中国的水工混凝土标号确定为75、100、150、200、250、300、400、500、600即$C_{7.5}$、C_{10}、C_{15}、C_{20}、C_{25}、C_{30}、C_{40}、C_{50}、C_{60}等9个级别。

1954年中国委托苏联设计三门峡混凝土大坝，曾在列宁格勒加里宁工业大学进行混凝土最佳配合比试验研究，对三门峡工程备用的水泥、粗细骨料，先做了原材料的物理力学性质及骨料的最佳级配，确定了流态混凝土的用水量；后经反复试验，得到混凝土的抗压、抗渗、抗冻等力学指标，并验证其物理力学性质，提出了《黄河三门峡水电站结构混凝土最佳配比设计研究报告》。

1955年黄河规划委员会委托黄委会泥沙所研究利用黄河浑水拌制混凝土的可能性。为此首先对黄河干流河水定期取样进行化学分析，结果表

---

* 混凝土骨料，即指拌制混凝土的砂，砾石或碎石的总称，骨料在混凝土中起骨架作用。

明，黄河浑水含盐量很少，用于拌制混凝土不会产生不良影响；同时，对三门峡工程选用的原材料(粗、细骨料、水泥等)进行物理力学性试验及最佳级配测验，然后用黄河浑水拌制混凝土。经过反复对比试验表明：在浑水含沙量小于10%的情况下，其抗压强度随着浑水含沙量的增加而提高；在同一配比及养护条件下，用清水与浑水(含沙量为10%)拌制混凝土对比试验，其抗压强度后者为前者的1.6倍，抗渗标号也相应提高。浑水含沙量超过10%时其强度降低，说明在拌制混凝土时加入少量(≤10%)泥质，有利于提高混凝土的质量。

二、细砂混凝土

混凝土骨料用砂的粗细以细度模数* (F.M)表示，F.M=3.7～3.1为粗砂，F.M=3.0～2.3为中砂，F.M=2.2～1.6为细砂，F.M=1.5～0.7为特细砂，以往认为细度模数1.56～0.47的细砂或特细砂料，不符合拌制混凝土的技术要求，弃之不用，另自远距离运来粗砂，从而提高了造价。在黄河两岸可采集的砂子较细，为了论证细砂混凝土的基本性能及其应用范围，以便就地取材，达到节约投资的目的，黄委会水科所于1957年试验了细砂混凝土及特细砂混凝土的物理力学性能，选配6种细度模数的砂子(2.31、2.06、1.74、1.35、1.09、0.74)进行试验，结果是：①混凝土的抗压强度随着砂子细度模数减小而降低，当砂子细度模数大于1.35时，对抗压强度影响不明显；②细砂混凝土的密实度提高了，对其抗冻及防渗性能起好的作用；③掺入纸浆废液塑化剂或加气剂可以提高混凝土的强度。

1959年配合桃花峪水库工程设计，为了就地取材，又进一步论证了细砂混凝土各项性能的适用范围。采用遂平砂(细度模数为2.31)与桃花峪砂(细度模数为0.076)进行配比试验。结果表明：桃花峪粉砂拌制水工混凝土，除了抗磨性能较差外，其余性能符合水工混凝土技术条件要求，唯水泥用量略有增加，强度稍有降低。在配比设计中只要控制较小的含沙率，可以满足施工要求。为了改善细砂混凝土的抗冻及抗渗性能，必须掺入塑化剂或加气剂。

1959年水科院在黄委会水科所试验的基础上进行了混凝土的抗冲刷和干缩试验。结果是：混凝土的抗冲刷性能随着砂子细度模数的减小而抗冲

---

* 细度模数(F·M)定义为各筛号上的累计筛余(均扣除5mm筛上的筛余)百分数的总和。

刷降低,掺入外加剂之后其抵抗冲刷能力有所提高。一般在未掺外加剂的情况下,所有细砂混凝土的抗冲刷性能都低于普通砂混凝土,因此在溢流部位不宜采用细砂混凝土。细砂混凝土的干缩率比普通混凝土略大些,总的趋势,干缩率是随细度模数的减小而增加。后来山东、河南、陕西、内蒙古等省区水科所相继就地取材,研究了细砂及特细砂掺外加剂拌制混凝土,都分别得到相应的成果。1980 年山东鄄城引黄灌区的引水建筑物曾用特细砂混凝土修建了流量为 100 立方米每秒的引水闸。还有汽 10 级双曲拱桥 4 座。节约了投资,缩短了工期,达到了就地取材的目的。

1987 年黄委会水科所受施工单位的委托探讨了特细砂(细度模数 F.M.<1.0)配制碾压混凝土的可能性及其性能。从国内外碾压混凝土有关资料看,砂的细度模数均在 2.1 以上,中国《水工碾压混凝土施工暂行规定 SDJS—1—86》砂子的细度模数为 2.2~3.0,委托研究的砂子细度模数为 0.705。经过室内配比设计试验,用正交设计法研究了砂子细度和质量对混凝土容重、抗压强度的影响,最后选定试验配合比,推荐给委托单位。1988 年进行了现场施工试验,经成都勘测设计院、四川水电厅,成都科技大学、中建二局等单位对施工试验结果审查评定,一致认为提供的碾压混凝土配合比参数是合理的,各项指标均能满足要求,所推荐的配合比,可作为施工配合比在该工程的闸坝基础施工中应用。这是中国第一座应用特细砂碾压混凝土的水工建筑物。

三、沥青混凝土

沥青混凝土是由沥青、填料和粗细骨料按适当比例配制而成的混凝土,它是一种粘弹塑性材料。在水利工程中,主要用于土石坝的防渗墙或心墙、蓄水池、渠道防护方面。水工沥青混凝土具有较高的抗渗性和适应变形的特性,以及一定温度的稳定性。

西北水科所在 70 年代初期结合陕西省石砭峪定向爆破堆石坝沥青混凝土防渗墙的修建,与陕西机械学院水利系共同筹组了“全国沥青防渗技术科研协调组”进行沥青混凝土的试验研究工作。根据室内外大量试验研究资料,先后提出了《石砭峪水库沥青混凝土低温轴向拉伸试验》、《石砭峪水库沥青混凝土防渗墙低温应力计算和分析》和《改善国产沥青和酸性石料粘附性的试验研究》等报告。实际应用表明,沥青混凝土具有高抗渗性。极限拉伸值为混凝土的 3.6~20 倍,在−22~−27℃的低温下尚有一定的柔性,且因为属黑色材料，用于有冻害地区的渠道防渗工程，可以适应冻胀变形，并有保温作用以免冻害，对于改善国产沥青性能的研究成果，也得到验证。

四、混凝土掺和料

混凝土掺和料是拌制混凝土或砂浆时掺用的矿物质粉状材料。其性能分为活性与非活性两类：属活性的有粒化高炉矿渣、粉煤灰及火山灰质材料；非活性掺和料基本上不与水泥发生化学反应，诸如石灰岩、粘土等均可磨细使用。在混凝土或砂浆中加入掺和料，起到改善和易性，节约水泥、降低水化热等作用。其中粉煤灰还可提高变形能力和抗渗性，变废为宝，防治环境污染。

（一）非活性掺和料

为了充分利用地方性建筑材料，黄委会水科所于1957年探讨了利用黄河泥沙拌制混凝土节约水泥的可能性。经过反复试验表明：在同样条件下（配比、操作工艺、养护条件）掺入黄河花园口河滩泥沙（占水泥用量5%～10%）与不掺入对比试验，其抗压强度变化不明显，抗渗强度提高20%～30%，抗冻强度略有降低。在同一混凝土标号要求下，可节约水泥5%～10%。1958年又进行用惰性材料黄土作为水泥的部分掺和料，以求节约水泥的试验，结果表明：根据建筑物的工作状态，在大体积混凝土的内部，即抗冻性、抗压强度要求较低的部位，采用掺入10%的黄土代水泥是可行的，以后三门峡工程局做了混凝土掺黄土试验，认为根据水泥300标号C_{30}及坝体内部混凝土可以掺入10%黄土代替水泥。

西北水科所为探明在西北地区水工混凝土中以黄土作为掺合料节约水泥的可能性，于1962年起结合宝鸡峡引渭灌溉渠道混凝土防渗陆续进行室内试验。1964年提出了《黄土掺入混凝土中对混凝土性能影响的试验研究》。1965年结合渭惠渠混凝土防渗衬砌工程，又在现场进行了不同黄土掺量混凝土的衬砌试验，衬砌厚度10～15厘米，经过一年的观察与纯混凝土相比无异常现象。通过室内外试验，初步认为随着掺黄土比例的增加，混凝土的抗冻性、抗压强度是降低的，黄土掺入混凝土后，其析水性减少，均匀性增加，对抗渗性影响不大，在抗冻性要求不高的中小型水工建筑物中应用，在技术上是较合理和可行的，有一定经济效益，其适宜掺量可以采用15%。

(二)活性掺和料

粉煤灰是从燃煤火力发电厂的烟道中收集的细粉,颗粒愈细者,质量愈好,也属于火山灰质掺和料的一种。粉状的活性掺和料调水后本身不能硬化或硬化很微弱,强度很低,惟当液相中有石灰和石膏存在时,可加速凝结硬化并提高强度,石灰和石膏称为激发剂。

1957年黄委会水科所采用郑州、洛阳等地火电厂粉煤灰进行了混凝土中掺入粉煤灰试验研究,首先对粉煤灰进行了化学分析,然后按不同掺量分别拌制水泥砂浆和混凝土。试验结果是:当粉煤灰掺入量为水泥重的20%～30%时,其早期抗压强度有明显下降,但后期强度发展较快,如龄期为90天的抗压强度与不掺粉煤灰的混凝土28天强度相近,这表明在建筑物受荷较晚的部位采用掺粉煤灰混凝土利用其后期强度是适宜的,特别是预制钢筋混凝土构件以及大体积混凝土可以充分利用,这样既降低了水化热,减少了成本,又改善了火电厂的环境卫生。1958年三门峡工程局在拌制大坝混凝土中掺入40%的郑州火电厂粉煤灰,根据室内及现场检验,掺入粉煤灰显著改善了混凝土的和易性,降低了混凝土的绝热温升,并保证混凝土的强度,共浇筑粉煤灰混凝土3万余立方米,节约水泥千余吨。

青海省水科所于1975年利用桥头电厂粉煤灰掺入混凝土中进行试验,并在此基础上掺入三乙醇胺复合早强剂(三乙醇胺:食盐:水=1:11.5:45.6),提高了粉煤灰混凝土的早期强度。这种粉煤灰混凝土的强度随着其掺入量增多而明显降低,对比表明:当细粉煤灰代替水泥重量10%时,其相应强度降低17%,20%时降低23%,30%时降低35%,50%时降低54%。三乙醇胺复合早强剂的优点是对钢筋不锈蚀,且价格低廉,其掺入量以占水泥用量的4%为宜。

1983年南京水科院采用洛阳粉煤灰作掺和料进行故县大坝混凝土的耐久性试验,当以粉煤灰代替水泥的20%,或者代替20%水泥外再代替6%的砂重,其混凝土的抗碳化* 性能,抗钢筋锈蚀干湿交替性能和原状物的混凝土差别不大,这表明至少可以节约20%的水泥。若适当减少水灰比(如减少0.045时)这些性能还比不掺粉煤灰为好,掺粉煤灰的混凝土其密实性一般都有所提高。

* 碳化是CO_2由混凝土表层向内部逐渐扩散的过程。碳化使混凝土碱度降低,减弱了对钢筋的保护,可导致钢筋锈蚀。

粉煤灰作为水泥掺和料，能使高标号水泥更合理地发挥潜力，如 400# 水泥掺入粉煤灰 30%时可相当于 300# 水泥的标准。

水电部第四工程局于 1983 年为了提高龙羊峡大坝混凝土质量，节约水泥，在高寒地区采用粉煤灰掺和科及 DH—3 减水剂进行了试验研究。经室内外试验表明：在混凝土中掺入粉煤灰及减水剂以后，不仅改善了混凝土的和易性，提高了密实性，而且降低了水泥水化热温升，与空白混凝土相比平均 3 天降低水化热 12.2 卡每克，降低率为 21%，可降低混凝土绝热温升 5～7℃（超过了夏季加水降温效果），放热峰值相应延迟，从而提高了混凝土大坝的抗裂性。DH—3* 是一种高效减水剂，平均减水率 20%，减灰率 19%。两年来的实践证明采用“三低”措施（低水泥用量、低水灰比和低坍落度）是提高水工混凝土质量、节约水泥的有效途径。采用大坝水泥 525# 拌制水工混凝土，其强度随龄期增长率如表 5—19—2。

表 5—19—2 **混凝土抗压强度随龄期增长率**（%）

类　　别	7 天	28 天	90 天	180 天
空白混凝土	0.72	1.00	1.19	1.24
单掺 DH—3	0.67	1.00	1.21	1.32
单掺粉煤灰	0.60	1.00	1.36	1.44
双掺 DH—3＋粉煤灰	0.58	1.00	1.42	1.55

注：空白混凝土，表示不掺粉煤灰、减水剂的一般混凝土。以混凝土 28 天强度为 100。

“双掺”（掺粉煤灰和 DH—3）混凝土，进一步降低了水泥水化热及延迟热峰，减少大坝混凝土裂缝的产生，截至 1987 年底，龙羊峡大坝采用“双掺”混凝土，节省水泥 3.6 万吨。

天津勘测设计院于 1983 年结合故县混凝土大坝建设做了混凝土自生体积变形试验，成果如表 5—19—3。为计算混凝土温度应力，提供了数据。

混凝土自生体积变化**，总的是随龄期而变，当龄期为 120 天时自生体积变化最大，以后有下降趋势。

---

* DH—3 高效减水剂是以焦化厂洗油为主要成份，经过硫磺化，甲醛缩合、氢氧化钠中和而成的黄褐色物质。

** 自生体积变化指混凝土在硬化过程中由于水泥水化引起的体积变化。普通水泥水化产物的绝对体积小于水泥颗粒与水的绝对体积之和，故混凝土自生体积变化常表现为收缩，也称为化学收缩，但也有某些特殊矿物成分的水泥，会呈微膨胀型，微膨胀自生体积变化有利于混凝土的抗裂性。

表 5—19—3　　故县混凝土自生体变形试验成果表

水泥品种	粉煤灰掺量	水泥用量(公斤每立方米)	龄期(天)	自变变形率	注明
荆门 425#	20%	120	120	65×10^{-6}	120 天后有收缩趋势
洛普 425#	0	157	120	30.7×10^{-6}	一年后 19.8×10^{-6}
洛普 425#	30%	110	180～300	65×10^{-6}	120 天以后有收缩趋势
洛普 425#	30%+6%代砂重	110	120	33.4×10^{-6}	120 天以后有收缩趋势

黄委会水科所于 1990 年研究在自然养护条件下(即保持试件湿润,不采取人为升温措施),影响粉煤灰制品(混凝土)强度的因素。试验研究结果表明:粉煤灰中掺加水化反应的成分是 SiO_2 和 Al_2O_3,因此它们的含量越高,水化产物越多,制品强度亦相应提高;水化反应速度与温度密切相关,温度越高,反应速度越快,则相应龄期制品的强度越高;潮湿养护与干燥养护的粉煤灰制品强度比较,前者 28 天抗压强度比后者高 78%。此外石灰、炉渣、外加剂、用水量等因素均应通过试验选择适量,否则均会影响粉煤灰制品强度。试验还表明:当配合比合适,养护温度 20～30℃,制品宜保证一个月的潮湿养护方可投入使用,此时制品强度一般可达 100# C_{10}以上。

五、混凝土外加剂

为了节约水泥和改善混凝土的某种性能,并保持混凝土强度符合要求,在拌制时掺入的化学制品,称之谓外加剂。其品种很多,水工混凝土常用的有:①减水剂,它能改善新拌混凝土的流变性,在用水量不变时能增大混凝土的坍落度,或在坍落度不变时可减少混凝土的用水量,并可减少混凝土离析及泌水,提高均匀性,常用的有木质磺酸钙、糖蜜等,普通减水剂可减少拌和用水量的 5%以上;②调节混凝土凝结硬化性能的外加剂,如缓凝剂、早强剂、速凝剂等;③改善混凝土耐久性的外加剂,如引气剂、防水剂及阻锈剂等;④其他特殊性能的外加剂,如加气剂、膨胀剂、着色剂等。

1957 年黄委会水科所在研究细砂混凝土和掺黄土过程中,探讨了外加剂的作用。结果表明采用亚硫酸酒精废液及加气剂可改善混凝土的和易性,减少用水量,提高了混凝土的强度。

1957 年,三门峡工程局、黄委会水科所等单位在研究粉煤灰混凝土时,掺入塑化剂、加气剂,都达到了节约水泥、提高混凝土强度的目的。

1978年山东省水科所进行了掺外加剂提高混凝土质量的试验研究。试验结果表明，当拌制混凝土水泥用量，坍落度基本不变时，掺入外加剂可提高抗渗性能2倍以上；提高抗冻性能，基本上能满足50次冻融循环；提高抗压强度如下表(表5—19—4)。

表5—19—4　**不掺与掺外加剂混凝土强度对比表**

外加剂名称	糖蜜	DH—3	FDN	3FG—2
(占水泥重)掺量(%)	0.2	0.75	0.07	0.27
强度提高(%)	24	25	8～12	27
注　明	减水缓凝剂	高效减水剂	高效减水剂	减水缓凝剂

当保持混凝土强度基本不变时，可以节约水泥8%～20%。

水电部第四工程局试验室为了改进龙羊峡大坝混凝土性能并节约水泥，于1978年从国内外繁多的外加剂中选择了7种进行比较筛选，试验成功一种掺加DH—3及S_{169}的高效复合减水剂。当混凝土在同一水灰比情况下掺入DH—3之后，流动性显著提高，这主要是由于在DH—3中磺酸根($R—SO_3Na$)很容易和水分子以氢键形式缔合起来，这种缔合力远远大于该分子引力，当水泥颗粒吸附了足够的减水剂分子后，便在水泥颗粒表面形成了一层稳定水膜，使水泥颗粒之间容易滑动，降低了凝聚力，提高了混凝土的和易性、密实性，相应也增加了混凝土的强度。S_{169}破乳剂，常温下为淡黄色粘稠状液体，可溶于水，由于S_{169}水溶液表面张力比DH—3水溶液小得多，掺入后减少了混凝土中大直径气泡，进一步改善了混凝土的性能。这种复合减水剂于1983年正式在龙羊峡大坝主体工程部位应用，经水电部工作组检查鉴定，认为该项研究成果改善了混凝土的性能，确保大坝混凝土质量，降低了混凝土温升，避免或减少了混凝土裂缝的产生，不仅节约了大批水泥，而且相应节约了大坝冷却系统措施和降温设备，具有国际先进水平。截至1987年底，累计节约水泥13万余吨，加上节约温控费用，共节约投资2284万元。

第五节　抗磨蚀材料

高水头大流速含沙水流对水工泄水建筑物和水力机械过流部件可以产生不同程度的磨损与空蚀，黄河以其特殊的高含沙量，磨蚀问题更为突出。事实证明，黄河干支流已建的水利工程在运行数年后，过流部位都有相当严重的磨蚀破坏。有关研究单位为此开展了研究工作，包括空蚀及磨损机理，为减轻磨蚀改善建筑物体型与条件（见水工试验篇）。同时开展抗磨蚀材料的研究，本节分泄水建筑物和水力机械两部分，着重叙述抗磨蚀材料的试验研究。

一、泄水建筑物抗磨蚀材料

1956 年根据黄河三门峡水利枢纽技术设计的要求，全苏水工科学研究院水轮机试验室采用空蚀箱做了混凝土的空蚀试验。结果表明：空蚀作用时间愈长，混凝土试样强度有减小的趋势。

随着水灰比的增加，混凝土试样强度降低，破坏面积扩大。同年又利用该院工厂制造的混凝土表面磨蚀装置，进行了泥沙对混凝土表面的磨蚀试验，采用中亚细亚黄土（其级配和矿物成分与黄河河床淤积的黄土成分非常接近）作为试验用的泥沙，每立方米浑水平均含黄土 30 公斤。试验结束后检查试样，破坏的尺寸与在清水内作空蚀试验时相差不大，认为泥沙的含量对试样破坏强度影响不大，即使在有沙量的情况下空蚀破坏仍然是主要的破坏因素。为了查明各种级配混凝土的抗蚀性能，探讨分析了 4 个影响因素即级配、水灰比、骨料种类和表面活性的有机塑化剂。分析后建议：水灰比不应大于 0.45～0.5，粗骨料应不大于 60～80 毫米；并指出：水灰比愈小则混凝土的抗蚀性能愈高，但在最坚硬的（水灰比＝0.35）非常仔细制成的混凝土试样，经过 26 小时试验，也开始出现空蚀破坏痕迹。经过冻融循环的试样比原始试样要破坏得快。

三门峡水利枢纽工程自 1960 年 9 月运用以来，各种泄水建筑物（底孔、深水孔、隧洞、钢管等）经过 10 年含沙水流冲磨，都有不同程度的磨损，如底孔底部平均被磨去厚度 15 厘米，有些部位已露出钢筋；闸门槽轨面磨蚀破坏，使闸门启闭力由 200 吨增加到 500 吨，影响了正常运行。为此，1973 年水电部第十一工程局进行研究，先在室内筛选抗磨蚀材料，然后在泄水建筑物上应用试验，经反复试验得出各种材料的相对抗磨蚀性能按优劣顺序排列如下：辉绿岩铸石板、环氧砂浆、呋喃砂浆、高标号水泥砂浆、真空作业混凝土、普通混凝土、普通碳素钢、铁砂混凝土。

普通混凝土的抗磨蚀性能与其抗压强度和浇筑密实度有关，使用坚硬的粗细骨料、水灰比不超过 0.5 的 200#混凝土，具有一定的抗磨性能。如 1964 年在左岸隧洞进口、洞身和出口均采用 200#普通混凝土，检测磨损厚度为 0.0342 毫米每天。铁砂混凝土曾用于深水孔门槽回填，经过水流冲刷考验，抗磨蚀性能不好，原因是铁砂容易生锈，粘结力差，使混凝土更易于层层削落。经采用 200#真空作业混凝土衬砌，在流速 19 米每秒的水流冲刷下，磨损厚度 0.0322 毫米每天，比普通混凝土为好。混凝土磨蚀呈层层剥落形式，首先水泥胶结失稳，使细骨料裸露失稳被冲，露出粗料，然后粗骨料失稳又被冲走，以至建筑物遭到破坏。

高标号水泥砂浆采用洛阳水泥厂普通 500#水泥与石英砂拌和而成。在 3#底孔底板用作抗磨层，经过一个汛期过水运用，检查其效果，没有发现严重的磨蚀坑洞，但表面一层水泥已磨掉，裸露石英砂，有层层剥落的趋势。

辉绿岩铸石板是以天然辉绿岩石为主，加入白云石、萤石及适量的铬铁矿等天然岩石，经过高温溶化铸成各种型式的耐磨材料。第十一工程局曾用于 6#钢管出口底板的修复。1966 年 6#钢管过水后，在出口底板表面出现大面积深达 20 毫米以上的空蚀。1968 年用辉绿岩铸石板铺砌，经过 1968～1972 年几个汛期排沙运用，铸石板表面基本完整，说明其抗磨蚀性能良好。惟铸石板与底板混凝的粘结工艺须确有把握，否则将被高速水流逐块掀掉。

环氧树脂砂浆是用环氧树脂、聚脂树脂及砂子等材料，呋喃沙浆是用呋喃树脂、糠醛及石英等材料，按一定比例配制而成。第十一工程局于 1967～1968 年在 4 条钢管闸门槽上、下游底板表面用以上两种砂浆抹面作比较试验。经过 7 个汛期的考验，环氧砂浆表面有擦痕，但无坑洞，说明其抗磨蚀性能良好；呋喃砂浆表面稍为粗糙，亦无坑洞，其抗磨蚀性能与环氧砂浆大致相同。同时检验了普通碳素钢板，抗磨蚀性能不高。

刘家峡水电站右岸泄洪洞全长 529 米，是利用原导流隧洞改建而成。洞身断面为城门洞型，斜井段宽 8 米，高 12.9 米；平段宽 13 米，高 13.5 米；斜井段与平段间为反弧扩散段，反弧半径 99.5 米；边墙以 1∶23 斜率向两侧对称扩散。设计泄流能力 2140 立方米每秒，反弧段末端最大流速 40～45 米每秒。原导流洞于 1966 年 7 月～1968 年 10 月间运行，最大泄流量为 2320

立方米每秒，1968 年 10 月下闸断流后检查，发现从闸门井到洞口长约 450 米范围靠左边墙底板被冲成一深沟，宽 0.5～1.0 米，深 0.4～1.0 米，底板表面大面积磨损。1969 年 3 月导流隧洞已堵塞，泄洪洞斜井刚刚开挖完毕尚未衬砌，因下游急于用水，该洞曾强迫过水 172 小时，泄流量 980～1000 立方米每秒，事后检查发现，在斜井段下游出现一长 40 米、宽约 10 米、深达 6～8 米的冲坑。1970 年斜井段衬砌完毕，底板也经补修，1971 年 9 月 28 日进行了一次过水试验，历时 2 小时 17 分，未见异常。1972 年 5 月泄洪洞正式投入运行，在库水位 1720 米时，闸门开度 3.5 米，泄水流量 580 立方米每秒，运行 307 小时后，洞内发生异常声响，决定关闸检查，发现反弧末端与平段连接处底板产生严重破坏，范围延伸 200 余米，除新衬砌的底板被大面积掀起冲走外，基岩也被冲蚀，最大冲坑深达 4.8 米，通过调查分析认为：泄洪洞的破坏是由于施工时残留于底板表面的钢筋头，引起空蚀破坏；而发展到上述破坏的严重程度，则是空蚀、动水压力和水流冲蚀的综合结果。修复前，首先对泄洪洞的竣工体形进行了减压模型试验，肯定了原体型基本上是可用的。修复时，增加了新浇混凝土底板的厚度，改进底板与基岩的结合，表层 30 厘米浇筑 300# 混凝土，以增强表面的抗磨蚀强度，严格控制施工工艺，限制不平整度，出口及边墙局部不平整部位用环氧砂浆抹平。修复后于 1977～1978 年两次试验性行水观测，情况正常。

将施工导流洞改建为“龙抬头”即斜井式永久性泄洪洞，由于工程任务与条件的差异，不可避免地要遇到隧洞底部磨损破坏和修复问题，如上述刘家峡水电站的右岸导流洞为其一例；再如石头河水库导流洞，从 1976 年 11 月导流至 1980 年 11 月下闸，底板普遍受到磨蚀，深度达 5 厘米，个别沟深达 10 厘米。

由于导流泄洪洞修复的工作量大，施工时间紧迫，施工质量要求高，施工条件差等原因，此类工程采用何种修复方法和工程材料，既能保证工程按期渡汛，又能确保长期运用安全可靠，是一个亟待解决的问题，应引起有关单位重视。上述 2 个导流泄洪洞的主要工程特性如表 5—19—5。

1981 年，石头河水库导流泄洪洞底板的修复，采用高标号砂浆抹面代替浇筑一层混凝土的办法，避免了新筑底板被掀走而破坏。经数年运用情况良好。

对于高标号砂浆配合比的选择，通过多组试验，最后选用的指标数据是：水泥品种为 500# 硅酸盐水泥；水灰比 0.35；灰砂比为 1∶1.71；外加剂为酒石酸钾钠，掺量 5/10000；坍落度 3.0 厘米；抗压强度 R_{28} 为 775 公斤每

表 5—19—5　　**刘家峡、石头河导流泄洪洞主要工程特性表**

工程名称	导流洞尺寸（长×宽×高，米）	导流期间			反弧末端最大流速（米每秒）	结合段长度（米）	底板修复面积（平方米）	渡汛要求
		历时（月）	最大流量（立方米每秒）	最大流速（米每秒）				
刘家峡	539×13.0×13.5	25	3320	19.0	45	335	4335	第二年过水渡汛
石头河	674×7.2×(8.36×10.08)	48	400	6.7	40.6	403.4	2900	第二年过水渡汛

平方厘米，抗拉强度为 46.2 公斤每平方厘米。砂浆与老混凝土具有较高的粘结强度。在碧口现场取样试验，其中最差的一组粘结强度为 15～18 公斤每平方厘米，其抗掀动能力约相当于 40 米每秒流速的水头的 2 倍。实际抹面砂浆的 R_{28}抗压强度不低于 500 公斤每平方厘米。经过实际运行检验，证明是成功的，也说明采用高标号砂浆处理底板磨损破坏的经验，不仅对导流泄洪洞改建修复具有实际意义，对水工建筑物的其他破坏修复也是适用的。

1981 年水电部组织水工建筑物泥沙磨蚀情况调查组（参加单位有黄委会、水科院、水电部第十一工程局、武汉水利电力学院、长江科学研究院、南京水利科学研究院等）对黄河干流已建水利枢纽进行了调查，其中刘家峡水电站泄水道、泄洪洞磨蚀较严重，溢洪道次之；盐锅峡水电站溢流坝下游消力墩、青铜峡水电站泄洪闸下游、三门峡深水孔等泄水建筑物都有不同程度的磨蚀。曾采用的抗磨材料有三类：第一类为环氧砂浆、环氧混凝土、环氧金刚砂等，抗磨蚀性能较好，但有毒性，施工安全控制要求严格；第二类是水泥砂浆、干硬性水泥砂浆、高标号石英砂浆等，施工安全，材料来源丰富，为达到一定的抗磨蚀性能，须进行配比试验，严格操作；第三类，有辉绿岩铸石板、钢板、呋喃砂浆等。在调查的基础上提出，为了适应泄水建筑物需要防护面积大，相应修补工作量大，以及新老层结合问题等特点，要求抗磨蚀材料须具有新老材料结合或异性粘结牢固、耐水性好、干缩变形较小或与基材温湿变形相容、材料来源丰富、抗老化能力强等性能。据此，黄委会水科所于 1982 年对高标号水泥砂浆进行了探讨。经过采用多种外加剂反复试验，最后选择减水剂 FDN、掺入量为 0.5%时，得到砂浆最高强度为 900～1000 公斤每平方厘米，并探讨了抗冲磨强度与砂浆强度的关系，认为一般情况下，二者成正比，但当水泥用量过多时，虽然能得到高标号砂浆，由于水泥本身抗冲磨性较差，砂浆抗冲磨强度不会随之再提高。又当砂浆强度为 900～

1000公斤每平方厘米时，在材料形状、流速等相同的条件下，磨损量与浑水含沙量(0～45公斤每立方米范围内)成正比；当含沙量超过45公斤每立方米时，磨损量变化不明显。这种情况可供水库运用考虑高含沙量排沙时参考。

为了研究确定龙羊峡电站泄水建筑物护面材料，南京水科院选择了17种抗磨蚀材料于1983年采用空蚀装置(流速48米每秒)和冲磨装置(据SD105—82水工混凝土试验规程)进行了室内试验。经过对比分析，筛出三种用于泄水建筑物的新型树脂浆，即：丙烯酸环氧树脂砂浆(简称AE—3200)、低毒环氧树脂砂浆(简称EP—6101)和不饱和聚脂树脂砂浆(简称UP—6196)，并在刘家峡电厂泄水道结合检修进行了检验性试验。经过1983～1984年汛期5个多月的过水检测，除个别小区外，均完好无损。通过室内和现场试验资料看，丙烯酸环氧树脂砂浆具有更好的抗磨性和抗气蚀性，其它次之；砂浆中砂类品质有一定影响，对抗冲磨要求较高的部位，采用硬练标准砂为宜；丙烯酸环氧树脂砂浆用钢板护面材料可起到较好的抗空蚀，抗冲磨和防腐蚀的作用。

黄河小浪底水利枢纽泄洪洞采用多级孔板防护消能方式泄洪。在高速含沙水流条件下必须考虑孔板孔口部位的抗磨蚀防护措施。为此，黄委会水科所于1989年根据已有研究成果，提出采用工程耐磨氧化铝陶瓷为防护材料。在对孔板内孔口部位的防护进行具体设计时，进行了瓷砖与钢结构的固定方法及瓷砖的粘结安装工艺等试验研究。安装后利用碧口水电站排沙洞做中间试验，结果表明：孔板孔口部位采用工程氧化铝防护结构，具有明显的优势，认为在小浪底水利工程中使用，技术上是可靠的，结构是稳定的。以室内喷砂试验表明：氧化铝陶瓷的冲磨系数(水泥砂浆冲失体积：材料冲失体积)为22.7倍，即是600#水泥砂浆抗冲磨强度的22.7倍，比环氧金钢砂、环氧砂浆、金属材料的抗磨性能均显著优越。氧化铝瓷砖孔口防护结构见图5—19—2。

二、水力机械抗磨蚀材料

水轮机、水泵等水力机械的过流部件（叶轮、导水叶等），在运行过程中经常遭受水流气蚀和泥沙磨损破坏，轻者影响出力效率，重者须定期检修更换零部件，甚至很快报废，造成重大经济损失。这个问题在多泥沙的黄河流域表现得更为严重，如绥德水电站，水轮机运行10161小时，1976年9月

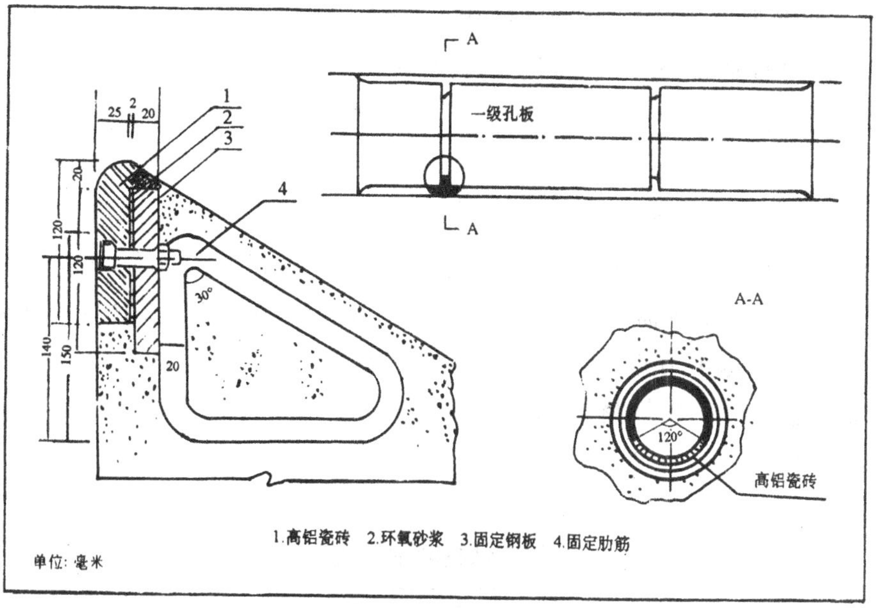

图 5—19—2 氧化铝瓷砖孔口防护结构图

24 日检查发现，叶片边缘已磨蚀成锯齿状。绥德水电站 2# 叶片磨蚀状况见图 5—19—3。由于水轮机过流部件的严重磨蚀破坏影响了水电站的正常运转，为减轻水力机械磨蚀破坏，减少检修工作量，降低检修费用，黄委会水科所、水电部第十一工程局等单位，相继对水轮机的材质及抗磨蚀涂料进行试验研究。

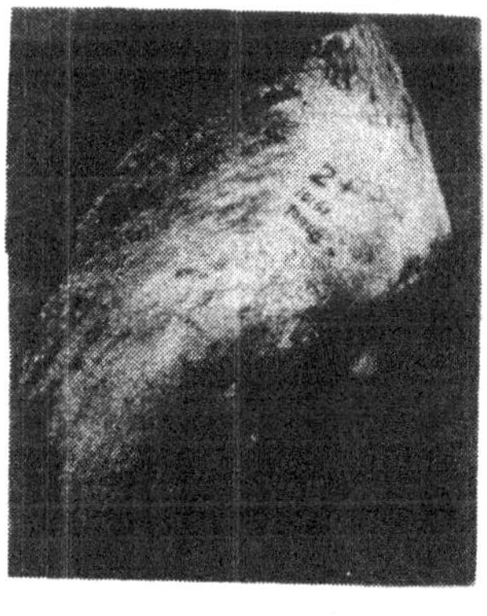

图5—19—3 绥德水电站 2# 叶片磨蚀状况

(一)水轮机叶片抗磨材料试验

1. 水轮机叶片材料试验

1958 年水科院在三门峡现场进行了黄河泥沙对水泵的磨损试验，目的是为制造三门峡水轮机过流部件的金属材料提供论证资料，提出《黄河三门峡工地进行河流泥沙对水泵过流部件磨损试验报告》。报告指出：采用 3K—9 型离心泵，共有 6 个叶片，分别用 3 种金属（炭素钢、Aφ 钢、yH—5 不锈钢）材料制造。经过 723 小时运行后，3 种材料都有不同程度的明显磨损，其中以 yH—5 材料磨损最为严重。1959 年又进行了“北京号”吸泥泵金属耐磨试验，引黄灌区田庄水电站水轮机经受泥沙磨损试验，提出《水轮机泥沙磨损》一文，得到以下认识：黄河泥沙颗粒较细，大部分为硬度高的石英成份（占 40%），对普通炭素钢有严重破坏；磨损程度与含沙量、泥沙粒径、形状、成份、水流速度、钢材成分等因素有关，磨损量与含沙水流流速的立方呈正比。

2. 水轮机叶片材料选择试验

1983 年黄委会水科所，探讨了小浪底水电站初设阶段水轮机抗蚀性能试验，采用 N—CA 转盘空蚀仪，线速度为 45 米每秒，试验介质为清水，压力为 1.02 公斤每平方厘米。试验历时 30 小时，水温为 22℃，在同样条件下，以损失量多少来恒量材料的抗蚀性能力，损失少者抗蚀性能好。试验成果见表 5—19—6。

表 5—19—6　**抗气蚀材料试验成果表**

材料名称	强度(公斤每平方毫米)		损失重量(毫克)
	抗拉	屈服	
铸钢(ZG30)	44	31	519
沉淀硬化不锈钢 (17—△pH)	107	105	48.4
沉淀硬化不锈钢 (15—5pH)	100	57	40.8
不锈钢($OCr_{18}Ni_9Ti$)	68		15.3

1984 年黄委会水科所又采用旋转圆盘仪（线速度 14.4 米每秒）用黄河花园口河床沙，试验时含沙量为 50 公斤每立方米，试验几种不锈钢材，成果见表 5—19—7。

表 5—19—7　**抗磨损试验成果表**

材料名称	磨损速度(毫克每平方厘米—小时)
铸钢(ZG　30)	7.473
不锈钢　($OCr_{18}Ni_9Ti$)	4.625
不锈钢　($OCr_{13}Ni_4Mo$)	4.874

根据试验成果，建议小浪底水电站水轮机选材采用 $OC_{r13}Ni_4Mo$ 不锈钢。

(二)抗磨蚀涂料试验

60年代初，随着三门峡等水电站的蓄水运用，水轮机过流部件的磨蚀问题很快成为影响出力效率的大问题。如盐锅峡水电站，1961年开始运行，随着水库不断被泥沙淤积，库容减小，过机泥沙加粗，磨损速度加快，出力降低。1963年检查，轮叶正面、背面、转轮下环及底环磨蚀均比较严重。盐锅峡电厂采用焊条补焊方法，对4#水轮机进行第一次检修。在运行14721小时后，检查又发现磨蚀现象。1965年进行第二次检修，运行至1970年7月进行扩大性大修时，轮叶出水边已磨成锯齿形，其厚度由14毫米减为6～10毫米，叶片表面全部呈鱼鳞状，下环内侧亦全为鱼鳞状和沟槽，厚度由设计的100毫米减为70～75毫米。此次大修补焊转轮用碳钢焊条及不锈钢焊条共6577公斤，不仅消耗了大量劳力和财力，电力生产也受到损失。

为减少磨蚀影响，人们除对水力机械磨蚀机理，机械所用材质进行研究外，还开展了在过流部件表面加保护层的试验研究，即抗磨蚀涂料试验。1972年，水电部第十一工程局应用NMQS—1型气蚀磨损试验台对环氧树脂、改性三元尼龙、聚胺脂橡胶等10多种材料进行选材对比试验，从每小时磨损体积看，改性三元尼龙最小，其次是铬5钢，30号钢……黄委会水科所在山东齐河修防段的吸泥泵上进行环氧树脂、尼龙等材料试验，结果是环氧树脂粘结力强，有一定的耐磨性。尼龙耐磨蚀性能比环氧树脂好，但与母材粘结性较差，需进一步改进。水电部第四工程局与兰州涂料研究所合作，开展了聚胺脂涂层试验，均取得一定进展。各家还在改善材料性能、提高材料抗磨蚀能力方面进行了研究。在此基础上，于1973年1月，各家都到盐锅峡，对5#转轮叶片正、背面及中环、下环等部位进行涂施，以检查各家材料在水轮机上抗泥沙磨损性能，经9381小时运行试验，各种材料配方在碳钢部位的涂层，均有一定的粘结能力和抗磨性能，惟需配合相应的施工工艺。

1. 环氧树脂与尼龙涂层

黄委会水科所用环氧树脂加入适量合成橡胶，金刚砂等填料，并用尼龙丝加筋，1973年12月在青铜峡2#水轮机上试验。结果1～4号叶片在运行21948小时检查，95%以上涂层尚好。从涂层脱落部位看，4个叶片都在进水边和出水边，且后者比前者严重。外缘处比靠法兰处严重，说明填料中加入适量的尼龙丝或砂浆中夹尼龙布层可增强涂层的整体性；环氧树脂涂料属脆性材料，虽加入了增韧剂、尼龙丝布等，但对气蚀的防止作用还不明显。见《青铜峡水电厂水轮机的损坏与维修》一文。

水电部第十一工程局与上海长虹塑料厂合作研制的复合尼龙涂层，在青铜峡水电厂2$^{\#}$水轮机叶片试验时，运行4万余小时涂层保留90%以上。用环氧树脂金刚砂与复合尼龙两种涂料在三门峡4$^{\#}$水轮机叶片进行试验，运行22976小时，过机沙量7500万吨，两种涂料保留面积相差无几，正面涂层保留95%左右，背面保留70%左右。而未涂的3$^{\#}$水轮机，仅运行8935小时，叶片背面堆焊的不锈钢剥落70%～85%，母材也遭到严重磨损，一般磨深约5毫米，最深达30毫米，说明这两种涂层有显著的抗磨效果，1979年国家科委批准给予这两种配方与施工工艺发明三等奖。

2.53—A涂料试验

70年代中期化工部兰州涂料工业研究所研制成53—A抗磨蚀涂料，采用通常聚胺脂合成工艺，以聚醚甲笨氰酸(T.D.I)，三羟甲基丙烷为原料，先制备含—NCo基的预聚物，以苯酸改性环氧和MoCa(橡胶硫化剂)为羟基(胺基)组份配合，即为53—A涂料。曾于1976～1979年在上海4805厂、刘家峡水电厂、甘肃工业大学等单位进行了气蚀模拟试验，通过比较试验优选出较好的配方，在盐锅峡5$^{\#}$水轮机进行试涂，包括12$^{\#}$叶片整个背面以及1～5$^{\#}$水轮机叶片间的下环内侧，经过累计运行18400小时(包括两个汛期)，除叶片背面严重气蚀区外，涂层全部完好，有效地保护了金属母材。1978年又在盐锅峡2$^{\#}$水轮机导水叶片上试涂了24片，经过运行6000小时后停机检查，涂层基本完好。该涂层材料对水力机械的轻气蚀区和磨损区能起到较好的保护作用，施工工艺较简单，与环氧砂浆涂层相比，抗磨性能相近，而毒性较小。

3.J_2—聚胺脂橡胶涂层试验

1982年山西省水科所研究J_2—聚氨脂橡胶涂层，采用不添加任何溶剂一次浇注成型法，改善了聚氨脂橡胶的物理力学性能，提高了它的耐磨抗气蚀能力。为了解决涂层与金属的粘结强度问题，参考了国内外人造橡胶与金属粘结的有关资料，经过现场和室内反复试验，从中优选了以尼龙和环氧为基材的改性物SE_{821}与SE_{822}两种粘结剂，然后与工业中常用聚氨脂A、B双组份粘合剂作对比试验，试验在黄河主要来沙支流之一——无定河水电站进行。1$^{\#}$叶片为SE_{821}粘合剂，4$^{\#}$叶片为SE_{822}粘合剂，2$^{\#}$3$^{\#}$叶片为聚氨脂A、B双组份粘合剂。从1982年11月～1983年5月共运行5170小时，平均过机含沙量48.28公斤每立方米。停机检验，1$^{\#}$4$^{\#}$叶片全部完好，叶片表面有个别深约0.5～1.0毫米的磨蚀坑。2$^{\#}$、3$^{\#}$叶片粘合失效，橡胶层大量脱落。经在2$^{\#}$3$^{\#}$叶片改用SE_{821}粘合剂，重新浇注J_2—聚氨脂橡胶整形，配合

1#、4#叶片继续进行改进研究。

4. 复合树脂金刚砂涂料

环氧金刚砂浆涂料虽然具有一定的抗磨蚀能力，曾在三门峡、三盛公、青铜峡、盐锅峡等水电站、泵站应用过，取得了一定的效果，但还存在与不锈钢的粘结强度较低和散发有害气体的缺点。为了提高它的粘结强度，减少有害气体，1981 年黄委会水科所改进了配方，经过室内多次配比试验，选配了复合树脂金刚砂涂料。其主要成分以复合树脂为主，改性胺为固化剂，金刚砂为填料，再加入增韧剂、稀释剂和补强粉，按一定比例组成。从室内试验表明，与环氧砂浆比较，复合树脂金刚砂涂料的粘结强度提高 1.6 倍，剪切强度提高 1.3 倍，具有良好的耐久性，降低了有害气体，加强了对不锈钢叶片的保护作用。于 1984 年参加了天桥水电站水轮机多种抗磨蚀材料对比试验。

为解决天桥水电站水轮机的泥沙磨损问题，天桥水电站邀请黄委会水科所、山西省水科所、沈阳金属研究所等单位协作攻关，寻求能适应天桥水沙特性、抗磨蚀效果好，投资少、工艺简单的防护材料。1984 年 4～6 月，天桥电厂会同各协作单位对水轮机过流部件进行了全面检查，并确定检修措施，各协作单位在 1#水轮机指定部位分别施工后即投入运行。到 1984 年 12 月停机，共运行了 3025 小时。邀请水科院及天津设计院等单位在现场进行检测鉴定，结果是：

(1)聚醚型聚氨脂橡胶(山西省水科所等单位研制施工)它所覆盖的部位为 2#叶片背面出水边 0.8 平方米、4#叶片正面出水边外缘 0.8 平方米、5#叶片正面出水边外缘 0.4 平方米，均为严重磨蚀区。检验橡胶表面无任何磨蚀迹象，表面平滑，施工修型刀削痕迹清晰可见，表现了抗磨蚀性能良好。

(2)复合树脂金刚砂抗磨蚀材料(黄委会水科所等单位研制施工)，于 2#、4#、5#叶片正面及背面涂层，经检验均保持完好。

(3)复合尼龙涂层(水利机械抗泥沙磨蚀试验总站涂施)，涂覆 1#、3#叶片表面和 9#、10#导水叶全部，检查各涂层完好无损。

(4)金属焊条堆焊(中科院沈阳金属研究所研制施工)，于 2#叶片正面、背面外缘 0.8 平方米，4#叶片背面外缘 0.4 平方米，5#叶面正面外缘 0.8 平方米，厚度为 2 毫米。检查发现全部焊层表面均见 0.5～1.0 毫米鱼鳞坑，局部坑深已穿透焊层。

经过检查、讨论，一致认为所采用的三种非金属材料抗磨蚀性能基本上是满意的。其中复合树脂金刚砂抗磨蚀涂料自 1984 年 6 月～1986 年 12 月运转 16322 小时后停机检查，涂层保留 99%以上。后又在长江葛洲坝二江电厂 1# 水轮机叶片上应用，自 1988 年 4 月～1989 年 5 月，历时 4700 小时的运行，停机检验，涂层保留 99.32%。在涂层检查总结会上，厂方决定 1989 年将扩大应用于 3# 机的防护。

第二十章 水工结构试验研究

结构模型试验是实验固体力学的主要组成部分,它必须在力学相似理论指导下进行模型设计,控制试验过程,并将模型试验结果换算到原型。在结构的物理模型试验方法中,目前主要有电测法和光测法两大类,二者各有特点和适应范围。电测法是应用电子仪器对结构模型的物理、力学参量进行量测的试验方法。光测法是通过光弹理论测定模型的光学参数来确定模型或实物的应力,应变和位移的方法,又称光测力学。随着计算技术的发展,在结构力学领域中应用数值计算,已是当前解决力学问题的一个重要手段。但在新型、复杂的结构设计中,则仍需要用数学模型和物理模型以及现场观测数据几种方法相互补充,从而达到检验设计的可靠程度,或验证新的设计理论与方法。

根据治黄建设发展的需要,黄委会水科所从1958年开始筹建光测试验研究工作。首先进行光弹模型材料的选择研制,同时与西安机器制造学校共同研制成功有效偏振场直径为360毫米的"603"大型光弹仪,其后还研制成诸如硅可控串级调速离心机等配套设备,相继配合故县、小浪底、陆浑和三门峡改建等工程的设计施工,对坝型选择、坝体孔口应力分析等进行了试验研究工作。电测试验开始于1960年,采用浮石砂浆、石膏、矽藻土等材料研究制作轻质混凝土,模拟不同地质条件,进行地基及坝体结构应力分析试验,为天桥电站、故县、石洼、渠村等工程提供了模型试验资料。为解决较为复杂的地基和结构应力分析,尽可能快地满足生产的需要,对多种设计方案应用电子计算机进行有限元计算。在1973～1980年间,根据实际工程需要,陆续编制多种计算程序,加快了试验研究的进程。此外为解决现场实测结构物的应力应变,研制成光弹应变计,先后在三门峡大坝底孔,黄河下游豆腐窝、麻湾等分洪闸进行应力应变观测,取得了较为满意的成果。

第一节　模型材料试验

模型试验必须遵守的相似条件，不仅要求几何形状相似，而且在模型试验过程中所包括的各项物理量(或主要的物理量)应与原型相似，因此在进行模型试验之前，首先要选择合适的模型材料，一般要求是：均匀性，各项同性和连续性；材料的应力与应变间的线性关系；模型和原型的泊桑比应当相同或接近；模型材料弹性模量有较大的可调范围便于选用；材料物理力学性能稳定，不随温度、湿度和时间有明显的变化；容易获得，易加工制作等。

一、脆性模型材料

脆性结构模型材料所模拟的对象主要是混凝土及岩石。经验表明，正确地选择模型材料往往是模型试验成败的关键。因此国内外从事结构模型试验的单位，对模型材料和模拟技术的研究都十分重视。黄委会水科所于1960年开始探讨了浮石砂浆、石膏、矽藻土等脆性材料的物理力学性能，做了不同配比的试验，测得其容重、抗压、抗拉、抗剪以及弹性模量等指标，在陆浑水库、故县水库等工程结构模型试验中使用，效果良好。同时，摸索了软胶模型材料，对故县大坝做了模型试验，因试验方法本身精度不高而中止。

1976年西北水科所为解决复杂地基对坝体应力的影响，探讨了用石膏掺不同量的石灰，制成模型材料，较好地模拟了不同弹模基岩的情况，并在保证试验精度下，获得了成果，但用于石膏模型的粘结材料影响试验成果的可靠性，它的选用很值得重视。黄委会水科所于1977年采用清漆、桃胶、环氧低分子聚酰胺树脂等在同样的条件下进行对比试验。认为聚酰胺树脂粘结材料绝缘性好，耐水性、耐化学性较好，粘结力强，变形相容、稳定性好，弹性模量可选范围大、操作简便；但当弹性模量低时，温度对蠕变、滞后及线性影响较明显。1979年又探讨了石膏模型的粘结和内贴片试验技术，通过有理论解的简支梁模型试验，检验了粘结工艺及内贴片的精度。结果表明所测内贴片的应变值与相应位置的外贴片应变值相当吻合，同理论计算值较一致。

石膏矽藻土作为模型材料国内已得到广泛应用，但对其三轴特性试验研究资料不多。1981年黄委会水科所对其力学性进行比较系统的试验，着重三轴状态下的力学性试验。通过试验获悉该材料的内摩擦角很小，基本是零。因模型材料的内摩擦角对模拟破坏机理有重大影响，这说明采用石膏矽藻土作为破坏试验模型材料，不符合相似要求，是不适宜的。1983 年进一步作了石膏砂模型材料的试验，主要由水胶膏砂及掺合料重晶石粉、铁粉等制成。通过试验得知：材料中胶和砂膏比愈增内摩擦角愈大；控制弹性模量的主要因素是水膏比，水膏比增加弹性模量降低，增加胶量也起降低弹性模量的作用；掺铁粉可以增加容重；增加重晶石粉可降低内摩擦角，增大单轴抗压强度。该材料成型简便，成本较低，均匀性好，性能稳定，力学参数易控制而且调整范围较宽，其三轴强度和变形特性基本上可满足模拟岩石内摩擦角与剪切过程的要求。

二、光弹性模型材料

光弹性材料是随着高分子合成材料的发展而发展的。20 世纪 50 年代初期，斯普勒尔(SPooner. H.)和麦克—康勒(Mc—Connell)开始采用环氧树脂塑料作光弹性材料，因具有光学灵敏度高，浇铸成型时收缩率小，制造简便，时间边缘效应和光学蠕变较小，在室温和高温“冻结”条件下均可使用等优点，应用比较普遍，但仍有不足之处，如易产生云雾状的光学不均匀性，存在初始应力等，需要在选材时根据具体情况就地研究解决。黄委会水科所于 1960 年在现有试验资料的基础上进行摸索，首先对当时取得的原材料(环氧树脂、固化剂、塑化剂)进行最佳配比及最优固化温度过程线选择，然后将制成的模型材料加工成有理论解的试件如圆盘、简支梁等进行试验分析。当试验分析值与理论计算值愈接近时，则表明模型材料的质量愈佳。用这种方法研制出光学透明度好、灵敏度高的模型材料，在弹性限度内应力应变保持了良好线性关系；时间效应及温度效应小，又有足够的刚度，为开辟光弹模型试验创造了重要条件。

同年，根据设计要求，黄河小浪底混凝土坝的坝基及坝体将用不同弹性模量的混凝土浇筑，在模型试验中需要相应研制不同弹性模量的模型材料。从改变原材料的配比着手，经过反复试验，了解到塑化剂(如苯二甲酸二丁脂)掺量多少与弹性模量大小呈反比，从而可以得到所需要的不同弹模材料；另外应用改变模型厚度及钻孔技术以改变材料的刚度比值的方法也能模拟不同的弹模材料；经过模型对比试验二者成果吻合。在三门峡、小浪底、故县等工程模型试验中采用变弹性模量的方法，得到了满意的成果。

由于改变塑化剂用量所得材料的弹性模量还有随着退火次数的增加而提高的缺点，黄委会水科所于1985年以环氧树脂—304聚脂型光弹材料为对象，对其弹性模量与温度及粘结应力进行了试验研究。304聚脂是一种多元醇和多元酸缩合的一种树脂，它可以起固化作用与环氧树脂发生胶联。当环氧树脂等原料加入量不变的情况下，变更304聚脂加入量(0～120克)可以得到不同弹性模量。经过120℃温度处理后，其弹性模量值保持稳定。在粘结试验中，相同弹性模量材料粘结时无粘结应力出现，不同弹性模量材料粘结时其模量愈接近粘结应力愈小，但最大粘结应力值总是呈现在弹性模量小的一边。

1985年还探讨了岩石节理裂隙面凝聚力(c)及摩擦系数(f)的模拟试验。自制摩擦试验设备，摸索试验方法，采用液体(如甘油、石蜡油等)、粉末(如石膏粉、滑石粉等)、糊状物质(如机油加石膏粉等)、固体物质(如乳胶膜、尼龙布等)各种不同介质材料进行试验，量测其凝聚力和摩擦系数。试验表明：液体及粉末物质不易铺匀，在反复试验中c.f值不稳定；糊状物质若颗粒均匀时，c.f值较稳定；固体材料模拟c.f值较好，数值变化范围广，能模拟岩石介面物质较多，解决了在光测试验中岩石节理裂隙c.f值的模拟问题。

第二节　研制试验仪器设备

一、脆性材料模型试验架

1958年黄委会水科所为进行故县混凝土坝模型试验，用槽钢制成实用空间为1.5米×1.0米×0.1米的断面模型试验架。实践表明该架空间较小，刚度不够，影响试验精度。1964年又制作成两个实用空间为1.6米×1.7米×0.16米并列的模型架，进行了故县大坝左岸坝段断面模型等试验，也由于施加荷载能力较小，不能满足试验工作发展的需要。1981年又进行新的设计，对其主要构件及连接件的刚度和强度做了验算。制成模型架的主要技术指标为：模型架轮廓尺寸为5.0米×3.7米×0.10米，净工作空间3.0米×2.0米×0.22米(长×宽×厚)；设计承载能力28吨，能在水平和垂直两方向对模型加载，具有刚度较大，承载能力较高，加工制作方便，易于安装和固定加荷设备等特点。1970年制成净空间为1.6米×1.4米×1.4

米的三向模型试验槽，水平荷载5.0吨，垂直加荷2.5吨。相继为天桥溢流坝段、故县混凝土坝等工程做了半整体模型试验。

二、"603"大型光弹仪的研制与鉴定

由于50年代市场出售的光弹仪偏振场仅为120毫米，只适用于小比例模型试验，精度低、操作也不灵活，考虑水工结构模型体积较大的特点，黄委会水科所同西安机器制造学校协作，于1962年与该校共同研制"601"光弹仪(偏振场为160毫米)的基础上进一步设计制造了"603"大型光弹仪。该仪器特点是：有效偏振场为360毫米，可做大比例模型试验；操作部分均集中在前面操作台上，运用自如：设有(白光、汞光、钠光)三种光源，转换方便；机器升降迅速，镜架同步移动，有利于观测和描绘等工作。1963年对仪器的基准线、光轴、刻度盘、零读基准线，前后镜架同步移动，偏振、均匀度等一一作了检定和校正。校正后随即选择有理论解圆盘进行验证模型试验。试验表明：等应力线和等倾线图的试验值与理论值均相当吻合。经过邀请有关专家鉴定，认为各项指标均能满足试验要求可以投产使用。其后，黄委会水科所应用这种仪器为许多工程进行了模型试验，及时满足了治黄建设的需要。

三、无级高速离心机研制

离心机是光弹模型试验中利用离心力场模拟重力场的主要设备，主要由机械传动和加温控温二部分组成。按机械传动特点又可分为垂直式和水平式两类。原有的离心机变速不方便，影响试验精度。为了满足治黄水工结构光测模型试验需要，黄委会水科所于1968年经过调研、反复论证，研制成硅可控串级调速垂直式离心机，回转半径1.5米，有效半径1.2米，最大模化比为240，转速为每分钟430转。由于采用了可控硅，可实现连续调速，提高了调速效率，且转速稳定，机械性能好，并受到一些兄弟单位的好评，前来参观索取资料。

四、光弹应变计的研制和应用

冻结式双向光弹应变计(以下简称应变计)是量测结构表面点应力或应变的一种测量原件，它是基于光测力学的基本原理，利用光学灵敏材料受力

后的双折射现象，来分析被测物体的应力或应变。有冻结应力的光弹性平片，偏振薄膜，镀铝反射层组成。1969 年三门峡大坝改建工程要求打开原导流底孔，为了解底孔打开后的实际应力状态，1970 年由黄委会水科所在水电部第十一工程局等单位协作下，采用环氧树脂自制应变计进行了应力释放试验，揭露了一些底孔应力分布的新情况，改变了过去分析计算和模型试验都认为拉应力很大的观点，减少了大量的加固工程量。1973 年以后，相继在黄河下游豆腐窝分洪闸、麻湾分洪闸等工程，用这种应变计测得闸门构件的应力和应变，检验了设计的合理性。为了进一步提高光弹应变计的灵敏度，黄委会水科所于 1980 年采用聚碳酸脂(PCBA—简称 PC)，代替环氧树脂作为光弹性材料。这是一种韧性的热塑性聚合材料，具有许多优点。光学应力灵敏度较高，常温下光学蠕变甚小，时间边缘效应很小，有良好的冻结性能，材料透明度高，应力条纹清晰，反差大，加工性能良好等。经对它的各种性能测定，显示比较稳定。利用这种材料制成“冻结式双轴光弹应变计”并进行率定试验，结果表明：它的测量精度比原来沿用的环氧树脂应变计提高了 2～3 倍。

冻结式双轴光弹应变计组装图及应变计受双向荷载后一级冻结条纹的移动情况见图 5—20—1 及图 5—20—2。

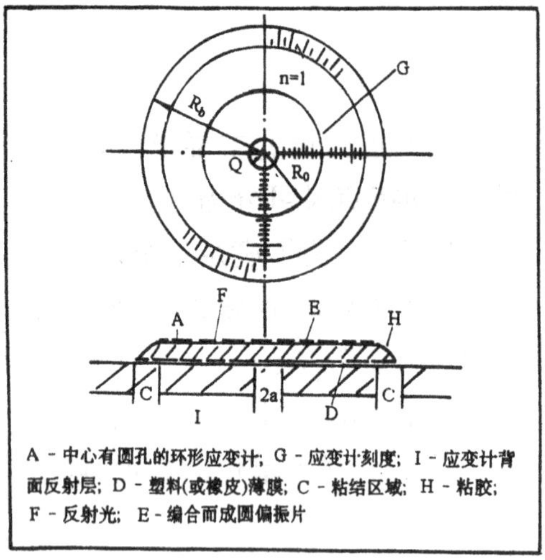

图 5—20—1　冻结式双轴光弹应变计组成装图

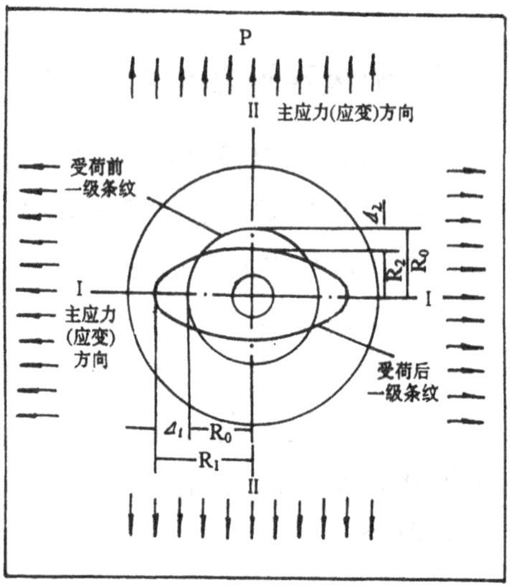

图 5—20—2　应变计受双荷载后一级冻结条纹的移动情况

五、自制激光全息光弹仪防震台

1979年黄委会水科所购置全息光弹仪，在安装中考虑试验室与街道的相对位置，必须对防震台本身进行率定。根据振动理论，将防震台简化为一个自由度的受迫震动来分析，忽略减震元件的阻尼，自制防震台由台面、连接框架、减震元件和基座四部分组成。经过安装实测：该防震台垂直振动一阶固有频率为3.12赫兹；二阶固有频率为6.24赫兹；水平振动固有频率为0.85赫兹。在历时3小时振动干扰下，台面上光干扰条纹图像稳定、清晰。在距台子10米远处，用汽车原地发动起振，拍摄模型图像的全息片，曝光历时为10秒钟。说明该防震台隔震性能良好，满足全息光弹试验要求。经过有理论解的试件试验分析，试验与理论计算值最大相对误差为3.4%，测试精度也满足试验规范要求。

六、双向加压设备的研制

在光弹模型实验应力分析中，所遇到的困难问题之一就是荷载的模拟问题，尤其是双向荷载的模拟。以往经常采用的迭垒垫块机械加集中力的方法，加荷误差大，荷载作用的边界易出现局部应力集中区，造成边界条件失真，在施加双向荷载时互相干扰，并影响应力观测。为了解决双向加荷问题，黄委会水科所于1980年制成了双向加荷设备以油压模拟边界上的分布荷载，由高压油泵、油路系统、囊片、底板等部分组成，具有构造简单，拆装方便，密封性好，油压稳定，加退油方便灵活，荷载均匀准确等特点，效果较好。

第三节　坝基应力分析

水工建筑物岩石地基通常是非均质的（设计时一般按均质考虑），是由性质不同的各种岩石组成，常被大量裂隙切割，形成不连续体。在这种地基上修建工程时，应满足建筑物对岩基的整体性、稳定性和防渗等要求。岩基应力分析是采用力学原理对地基的稳定性进行定量分析，确保建筑物不产生滑动和倾覆。对天然地基存在的各种缺陷，由于情况复杂，常需要采用数学模型和物理模型试验，互相配合分析其应力应变状态，以便正确选定经济有效的处理措施。

一、断层处理

(一)青铜峡坝基

黄河干流青铜峡水电站拦河坝为混凝土重力坝，最大坝高 43.2 米，长 638.75 米。坝基地质情况复杂，系奥陶纪地层，受挤压破碎严重，坝址区内有 9 条断层，其中 F_1 及 F_6 对大坝影响最大。F_1 断层位于青铜峡黄河左岸，穿过重力坝第Ⅲ、Ⅳ坝段，为平移断层，宽 10～12 米，两侧岩石错距 41～45 米。设计者为了增强坝基承载能力，保证大坝安全，拟将断层挖到一定深度并用混凝土塞回填。为了解 F_1 断层处理前及处理后沿断层边缘应力分布，1960 年水科院做了立体模型光弹性试验。试验中以坝体为整体(未考虑分缝)，坝基与岩石亦连成整体，取为同弹性模数，并视破碎带不承受任何荷载。试验分破碎带不加处理和回填 8 米厚的混凝土塞两种情况。试验结果表明：当无混凝土塞时，坝基断层处混凝土表面均出现拉应力，其最大值为 7.3 公斤每平方厘米，超过混凝土允许应力强度，因而坝底可能出现裂缝；当有混凝土塞时，对断层混凝土塞的拉应力无显著改善，但有利于改善坝底及坝身的应力分布，从而减少坝身引起裂缝的可能性。混凝土塞的深度应使坝身不致出现裂缝为原则，初步认为可以不大于 8 米。经过设计、施工、地质等有关人员研究，采用了回填混凝土塞的处理方法，并认为塞上承受上部坝体传来的荷载，可视为二端固定于坚硬岩石上的基础深梁。为了解混凝土深梁的实际工作状态，青铜峡技术处配合施工埋设了应变计、温度计、测缝计、钢筋计、渗压计、土压计等多种仪器共 142 件，进行原型观测。青铜峡工程局 1963 年综合分析报告中指出：自 1960 年 3 月～1962 年 8 月，经观测与分析计算，F_1 断层应力计算值与实测对比结果如表 5—20—1。

表 5—20—1　**青铜峡 F_1 断层应力计算值与实测值对照表**

测　点	水平应力 δx(公斤每平方厘米)			
	按固端梁计算	按简支梁计算	实测值	备　注
5#	−3.24	−3.39	−0.40	“−”表示压应力
2#	+0.62	+1.59	−1.80	“+”表示拉应力
S_R(2−4)	+2.97	+5.39	−5.20	

注：S_R 表示单方向应变计，埋在混凝土塞与岩基面接触处。

可见实测资料混凝土塞处处受压，而按设计与模型试验则多为拉应力。原因在于混凝土塞的理论分析和模型试验不易全面反映影响混凝土塞应力状态的各种复杂因素，如混凝土随时间而引起的应力变化、复杂的边界条件对应力分布的影响、坝体刚度的影响、断层充填带弹性模数对混凝土塞应力的影响以及附加荷载(温度应力)等，却往往受分析的假定、忽略某些因素对问题的简化所局限才得出上述的结果。

为了对混凝土塞内部应力工作状态提供可靠的理论依据，陕西工业大学于1964年参考了青铜峡 F_1 断层基础原型观测成果，考虑坝体混凝土、坝基及断层岩石不同弹性模量的变化，利用光弹性试验确定混凝土塞内部应力状态。通过不同试验方案的比较，研究结果表明，断层软弱带对混凝土塞应力分布的影响是明显的，主要反映在软弱带对混凝土塞的承托作用。因此，正确地量测并确定断层的弹性模量，并在理论计算及试验中考虑进去，将对正确反映混凝土塞应力状态的实际情况具有十分重要的意义。

在断层处理中，混凝土塞的设计，目前国内外均按基础梁的理论。如丹江口、新安江、青铜峡、陈村等工程都采用了类似巴克拉的假定，控制梁底的弯曲拉应力在允许拉应力范围之内，但也有不同的看法，存在着争论。据青铜峡工程局的总结分析，目前争论基本可以归纳为三方面：其一，认为混凝土塞按基础梁的方法设计具有一定的理论根据，虽然假定还不完全符合实际，暴露了一些缺点，存在局限性，但在目前还是较为实用的；其二，认为混凝土塞可看作起到填补地基的作用，梁的作用仅有部分含义，更重要的是还要抵抗旁侧压力，计算方法应按轴向受压设计；其三，视混凝土塞与坝体起整体作用，以限制塞的变位不致引起坝体不均匀沉陷为控制条件。认为按目前情况，单纯用弹性力学的方法还不能确切的解决问题，最好还是采用材料力学的方法。据此考虑了坝体刚度和混凝土塞支座反力等影响，推演出一套计算公式，以 F_1 断层观测基面为例，计算结果如表5—20—2，可与前表参照。

表5—20—2　**青铜峡 F_1 断层观测基面水平应力计算值**

计算点号(测点)	水平应力 δx(公斤每平方厘米)	备　注
$5^{\#}$	—4.3	"—"表压应力
$2^{\#}$	—6.2	
$S_R(2-4)$	—6.5	

由于问题的复杂性、理论方法迄今尚未获得很好解决，应在实践中加强对观测资料的分析研究，以便全面地获得断层混凝土塞的实际应力状态。

（二）故县坝基

故县水库工程自1958年以来曾四上三下，大坝坝型也几经变更，1978年确定以实体重力坝设计施工。坝高125米，坝顶长315米，是防洪为主的综合性水库。

由于左岸坝肩F_5断层影响岸坡坝段基础应力，需要论证F_5断层处理的必要性。黄委会水科所于1976年采用石膏为模型材料，做了半整体模型试验，取比尺为1∶200，依断层不同高程，做了4种填筑混凝土塞试验，观测在自重加外水作用下，断层及混凝土塞接触处的应力状态。结果表明：最大拉应力为8～9.5公斤每平方厘米，最大压应力为12～20公斤每平方厘米。这次模型试验由于诸多影响因素，如坝体分缝、浇筑方式、温度应力及灌浆等反映不够全面，还不能据以确定断层处的应力分布以及处理方案的论证。1980年又做了该坝段的基础处理模型试验，根据断层深度提出了深层及浅层分别处理的意见。经设计者同意，拟定浅层处理为梯形混凝土塞；深层处理为混凝土键及3条竖井联合成栅状结构的具体处理方案。据此黄委会水科所于1981年再次做了故县水库左岸坝段的验证模型试验。模型比尺选为1∶200，试验结果：坝基应力未超过设计允许应力值，坝下基础应力分布比较均匀。F_5断层处理最后采用了这一方案。

1983年华东水利学院卓家寿用不抗拉弹塑性模型对故县坝基断层的影响问题进行了三维非线性有限元分析。按3种情况计算：(1)对断层不处理；(2)按设计方案对断层进行处理；(3)假定断层不存在。计算结果表明：坝基F_5断层自然状态对大坝强度和稳定性将带来十分不利的影响，经处理后，坝的强度和稳定性基本上得到了保证，但位于深层的混凝土键尚需加强。见《具有软弱结构物面的岩基断层非线性分析》一文。

（三）李家峡坝基

李家峡水电站位于青海省境内，距西宁市116公里，是黄河上游龙羊峡至青铜峡河段中第三个梯级电站，拦河坝为重力拱坝，最大坝高165米。坝址位于峡谷中段，基岩为前震旦系变质岩，河床中有3个主要断层(F_{20}、F_{20-1}、F_{50})，走向NE60°～75°与河流大体平行，几乎都是垂直于坝轴的，因此坝基需要处理。设计者提出断层设置混凝土塞方案，并指定参数以及计算条件要求分析混凝土塞及基岩应力情况。为此水科院于1985年对不同坝底宽度、不同混凝土塞的厚度、在各种荷载作用下组合成共50种方案进行了有限元计算。结果表明:设置混凝土塞后,坝体不再出现拉应力,最大压应力也降低至允许强度范围以内,有利于改善坝体应力状态。经计算比较,认为3个断层混凝土塞的相应深度分别为6、12、4米时坝的受力状态最好。1987年又将这方案进行了平面光弹试验,主要研究坝基处理后,在封拱前坝在自重作用下混凝土塞、基岩、断层构造及坝体应力情况。模型比尺为1∶600。结果表明坝体各分块中部在基础附近第一主应力有不大的拉应力,其值小于混凝土的允许强度;混凝土顶部应力都小于混凝土允许强度。所以从应力方面看这一坝基处理方案是可行的。

二、坝基稳定性试验分析

(一)三门峡坝基

三门峡坝址基础岩石的上层是非常坚固的闪长玢岩,其下为极弱的煤系夹层,煤系夹层下面是一层很厚的坚固石灰岩,这种不均匀岩石层次组成的基础对坝体内的应力影响如何是需要研究的课题。在三门峡电站设计过程中,莫斯科古比雪夫建筑工程学院于1957年根据基础削弱的假定,对受静水荷重及自重作用下的坝体应力状态进行了试验研究。采用低弹性模数材料(有机玻璃、环氧树脂)制成模型,并以低弹性模数模型钻孔模拟基础夹层,进行电测应变法试验,还采用光弹模型(冻结法)作了对比。各方案试验结果表明:三门峡大坝在施工和运用条件下迎水面基础处不会产生拉应力。

(二)小浪底坝基

黄河小浪底水利枢纽工程初设中进行了两条坝线(上辅线和Ⅰ坝线)的全混凝土坝、土石坝等多种方案比较。最大坝高120～140米,坝址处岩层岩性多变,尚存在厚度不同的沿层面的夹泥层,抗剪强度甚低,对混凝土坝抗滑稳定性将起控制作用。在方案比较阶段根据设计要求,清华大学曾于1973年采用光弹性法进行小浪底水库混凝土重力坝基础应力及抗滑稳定性试验。试验是在坝基为均匀条件下进行的,分前齿墙与后齿墙两种情况。试验结果表明在水压自重合成条件下前齿墙试验坝踵边缘压应力为11.1公斤每平方厘米,坝趾边缘压应力为33公斤每平方厘米;后齿墙试验坝踵边缘压应力为10.5公斤每平方厘米,坝趾边缘压应力为29.8公斤每平方厘米。在模拟齿墙底部存在夹泥层试验中，测得抗滑稳定系数 f=0.378。

由于地基情况较复杂，岩层变形模量相差悬殊，与坝体混凝土相比最大比值可达 1∶300，如断层带的变形模量仅有 500～3000 公斤每平方厘米，其宽度最大达 30 米。为了论证该坝址区修建高坝的可能性和合理性，必须确定大坝与基础内的应力分布。对于此种复杂情况，过去沿用的计算方法已不适用，模型试验也很困难，故黄委会水科所于 1973 年在同行中首先采用有限元法进行了分析计算。

从计算成果看，应力分布的趋势是合理的，总体平衡误差一般小于 1%，但在上游水位 230 米高程，下游水位 135 米高程时，上游坝踵处均产生主拉应力区，其偏向水平向的主拉应力值高达 10～30 公斤每平方厘米，这是岩石所不能承受的，必然引起开裂，造成应力重分配，影响大坝安全，因此在进行技术设计时，需要进一步研究岩石开裂发展情况。

1974 年黄委会水科所与中科院计算技术研究所合作，编制了按有限元法进行三维连续体应力分析程序，可以解决多种各向同性材料组成的复连通问题。

（三）龙羊峡坝基

龙羊峡是黄河上游第一个梯级水电站，主体工程为重力拱坝，最大坝高 178 米。坝址区地质构造复杂，断层裂隙较多，共存在 8 条大断层和 4 组裂隙相切割，使坝肩岩体的完整性受到一定程度的破坏，因此拱坝坝肩抗滑稳定以及断层深层集中变位问题比较突出。

龙羊峡枢纽工程由西北勘测设计院负责设计，于 1980～1982 年委托清华大学进行了两次地质力学模型试验，提出《龙羊峡拱坝枢纽整体抗滑稳定性的地质力学模型试验研究初步总结》，指出：基础处理后的变形值减小，说明除应力重分布外，处理后的坝基刚度明显增加。

1982 年西北勘测设计院为研究工程处理的合理性，在不同高程截取水平剖面（20 米一层），大体反映地形地质条件和处理情况进行非线性平面电算，共分六层。基础范围：上游为 70～100 米，两侧为 110～160 米，下游为 160～90 米。计算结果是：

（1）基础处理后坝基主要受力部位的断层集中变位消除；

（2）基础处理后加大了坝基刚度；

（3）基础处理后降低了拱身最大拉应力，处理前后该值由 15～20 公斤每平方厘米降为 10～15 公斤每平方厘米，后者是可以接受的。压应力变化

不大,约为 40 公斤每平方厘米;

(4)处理后主应力的总方向与梁拱法计算的合力一致。同时减少了坝端上、下游基础内的集中应力(拉压);

(5)传力洞塞工作状况,传力洞(槽)塞(混凝土标号为 $R_{90}250C_{25}$最大压应力不超过 85 公斤每平方厘米,受力工作状况应属可靠。

1982 年西北勘测设计院又委托水科院对龙羊峡拱坝 2560 米高程坝肩稳定问题进行平面结构模型试验(见图 5—20—3)。模型比尺为 1∶300,厚度为 6 厘米,模型材料为石膏矽藻土混合而成。荷载组合分正常荷载组合(正常高水位压力+泥沙压力+温升)及特殊荷载组合(正常荷载组合+地震惯性力+激荡力)。试验结果表明:左坝肩布置混凝土传力洞塞、右坝肩布置混凝土塞方案,对提高坝肩承载能力有明显效果,洞塞尺寸、位置是适当的;坝肩加固后,右坝肩 F_{120}的滑动是引起整个坝肩失稳的关键,必须予以注意。通过处理后的坝基刚度明显加大,控制性应力减小,承载能力增加。失稳试验表明:坝肩未加固时右坝肩产生过大变形,以致造成坝体开裂破坏;而在坝肩加固后,其破坏形态是坝肩失稳滑动,两种情况破坏机理是不同的。

1983 年西北勘测设计院对龙羊峡水电站枢纽拱坝 2480 米高程进行了平面结构模型试验(见图 5—20—4)。其主要目的是:(1)研究 2480 米高程拱圈在厂坝间有或无支撑结构时,坝体、坝肩、基础及厂坝间支撑结构应力与变位的对比,进一步论证厂坝间支撑结构的作用;(2)研究 2480 米高程拱圈主厂房上下游边墙传力与不传力时,坝体、坝肩、基础、厂坝支撑结构及主厂房上下游边墙应力与变位的对比,论证厂房上下游边墙是否需要传力;(3)研究基础处理前后,坝体、基础与基础内主要断层的变位,应力的对比,进一步论证处理措施的合理性;(4)通过超载试验,进一步研究结构的超载能力,了解其破坏过程,以及采取必要的措施。试验荷载仍为正常荷载组合及特殊荷载组合。模型选用比尺为 1∶250,模型厚度为 6 厘米,模型材料是石膏和石膏矽藻土二种。经研究决定做两个模型,第一个模型不考虑层面间的剪切作用,第二个模型考虑层面间的剪切作用。试验主要结果:(1)两个模型的试验均反映出由于坝址区地质构造复杂,加载后基础变形较大,所以超载能力较低,从破坏形态来看,两个模型的初期破坏形态,大致相同;(2)从两个模型试验成果比较,说明龙羊峡拱坝两坝肩稳定情况,其左岸影响范围较大;(3)设计中所采用的混凝土置换等工程措施有一定效果,对 2480 米高程,F_{18}的混凝土置换应适当加长。

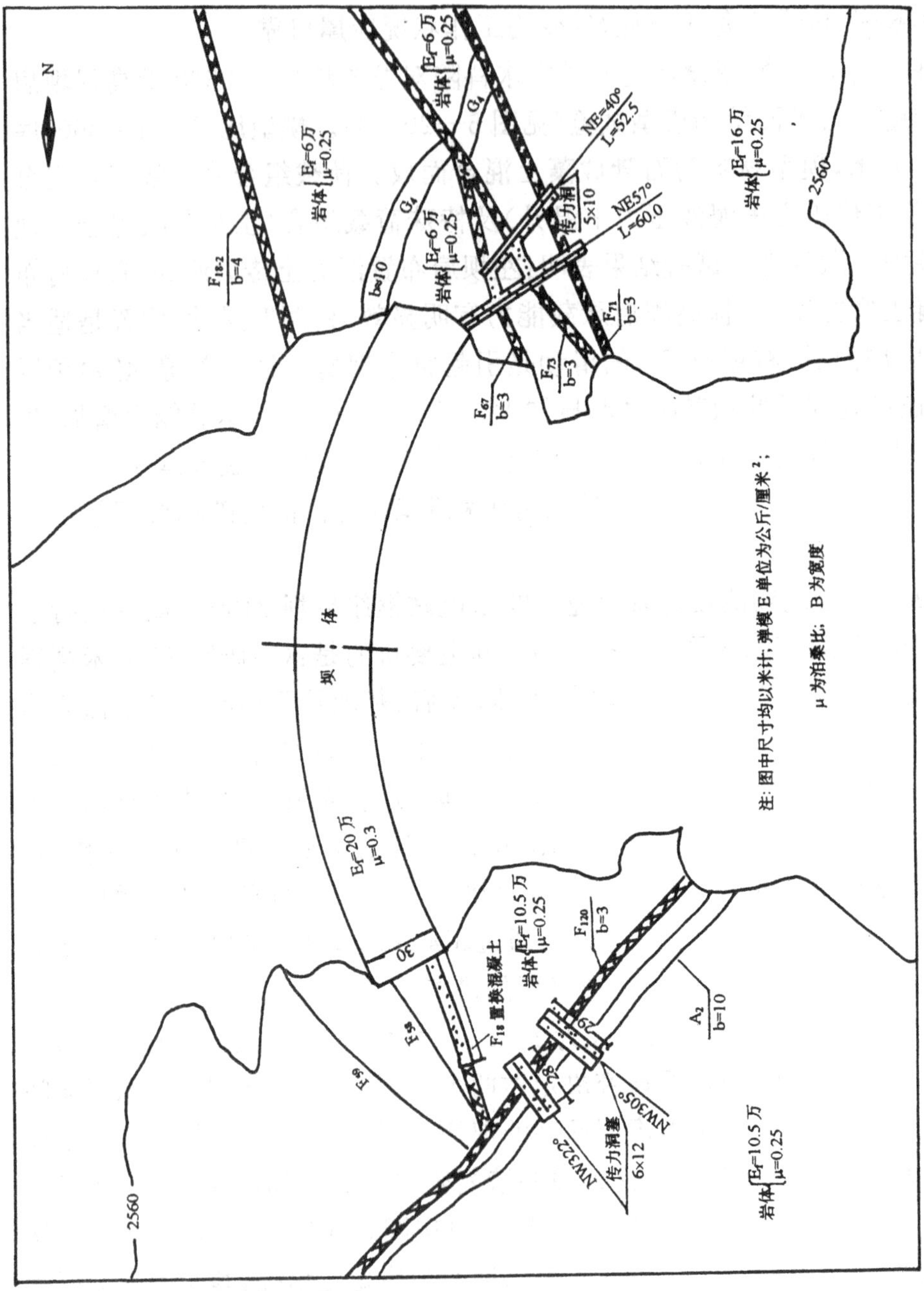

图 5—20—3　龙羊峡拱坝 2560 米高程水平剖面图

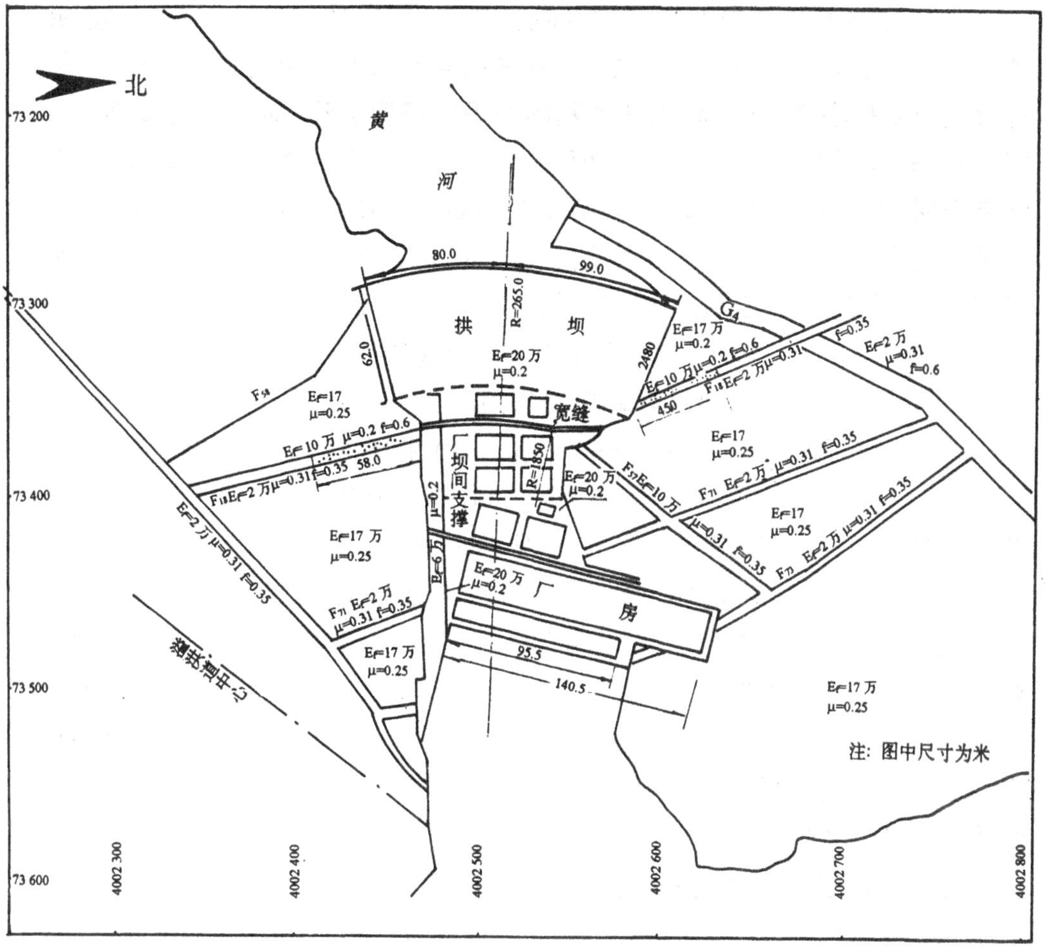

图 5—20—4 龙羊峡电站枢纽 2480 米高程平面结构模型图

根据以上试验成果并经过反复研究，西北勘测设计院于 1983 年提出断层特殊处理的原则：

(1)处理结构必须保证大坝传力可靠地通过断层安全转移到深部岩体；

(2)对孤立、宽度不大(4～5 米以下)断层，尽量采用顺断层掏挖回填混凝土的处理方式；

(3)在多断层紧邻交叉(如 F_{67}、F_{71}、F_{73})或宽度大，断层分支(如 F_{120}及 F_{120}—A 地带)处，采用大体横穿断层挖洞并回填混凝土(传力洞塞)；

(4)在处理结构中尽量设置廊道，供固结回填和接缝灌浆等用；

(5)地下处理施工既困难又重要，必须采取分段分层(4～5 米一层，20 米一段)挖浇交错，妥善安排；

(6)处理结构位置应与大坝传力协调。

1984 年水科院受西北勘测设计院委托采用新的调整后的岩石参数,并考虑左拱端上游面增加贴角混凝土(坝体混凝土与贴角混凝土为整体浇筑)进行龙羊峡拱坝 2540 米高程处理基础的平面模型试验。研究处理基础时的应力状态、破坏形态及承载能力,模型比尺为 1∶300,厚度为 65 毫米。试验结果表明:提高岩体变形模量,并不能够提高坝体和坝肩的承载能力。变形模量提高后,虽然能使每个岩块抵抗变形的能力有所增强,但是 G_4(伟晶岩劈理带)的拉裂,是引起左坝肩产生较大位移的主要因素。贴角混凝土只是在低荷载时(0.69P* 以下)起到限制伟晶岩劈理带 G_4 开裂的作用。当大于 0.69P 时贴角混凝土开裂以后就失去作用。

1984 年对天然基础模型(2560 米和 2540 米高程)、处理基础模型(2560 米及 2540 米)、均质基础模型(2540 米)、G_4 粘结基础模型(2540 米)以及有贴角混凝土的处理基础等 7 个平面结构模型试验进行比较分析,结果表明:(1)左坝肩山体单薄,岩体较弱,G_4 伟晶岩劈理带受荷载后容易开裂,是薄弱部位;(2)天然基础模型的承载能力很低,处理基础模型在 2560 米高程承载能力较高,加固效果较好,而在 2540 米高程则出现两坝肩变形不协调的现象,左坝肩刚度较低,需要加强;(3)设置工程加固措施时,应考虑提高坝肩断层软弱带抵抗压缩和剪切变形的能力,对左坝肩上游的 G_4 伟晶岩劈理带还应注意防渗问题。

龙羊峡左坝肩上游的 G_4 处理平面布置图见图 5—20—5。

龙羊峡大坝于 1986 年竣工,1988 年西北勘测设计院在《龙羊峡拱坝基础处理设计中两个问题的探讨》一文中谈到断层、深层最终处理措施。断层深层处理是依照断层分布位置、范围、规模、性质及受力情况,进行综合处理。为了增加断层的抗滑能力和减少集中变形,解决传力问题,分别采用了网格式混凝土抗剪洞塞(F_{73}等)和置换洞塞(如 F_{18}、F_{17});对较宽断带(如 F_{120})和断层交汇带(左岸 2530 米高程以上的 F_{73}、F_{71}、F_{67}及 F_{32}等),由于顺断层开挖跨度大、施工危险,对 F_{120}断层在 2497 米高程以上设置三层单个的传力洞群,对左岸 2530 米高程以上设置了两层"H"型传力洞塞,其中一条直接与拱坝连接。这种坝基下的断层交汇带与较宽的断层处理措施为国内外创新,首次在龙羊峡应用。为了保证处理效果,对处理结构围岩的近坝断层未处理部分,辅以高压固结灌浆,并在大坝坝肩中高部位,主要是左岸

* P:表示正常荷载

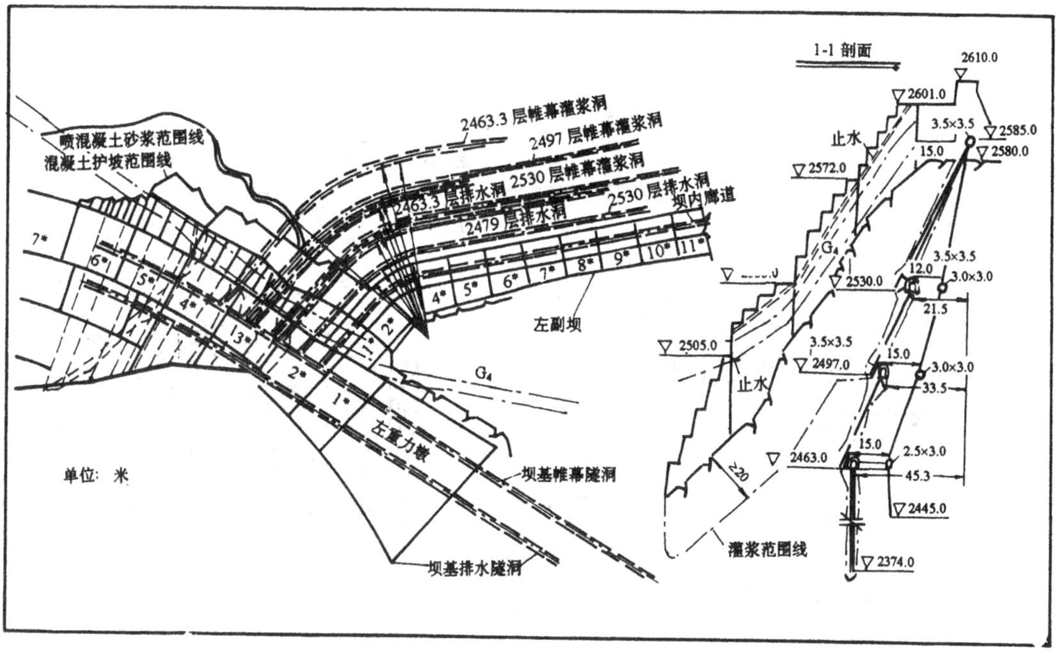

图 5—20—5　龙羊峡电站拱坝基础 G_4 处理平面布置图

设置了较大吨位 300(吨力)的预应力岩锚。处理情况见图 5—20—6 及图 5—20—7。

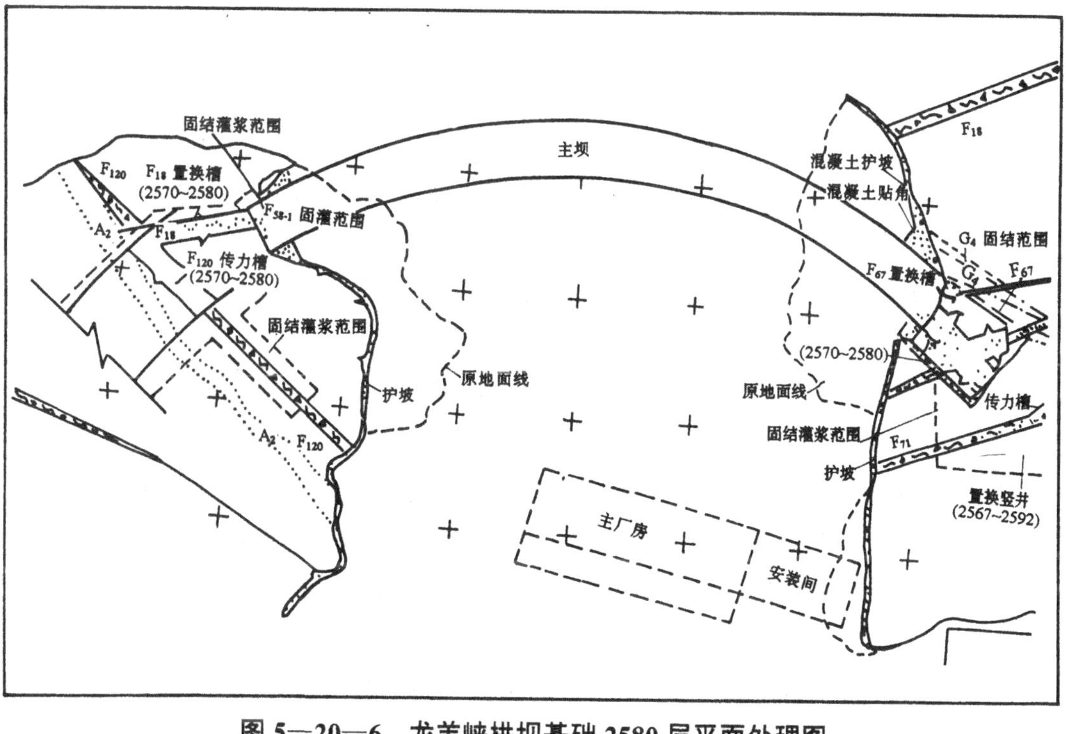

图 5—20—6　龙羊峡拱坝基础 2580 层平面处理图

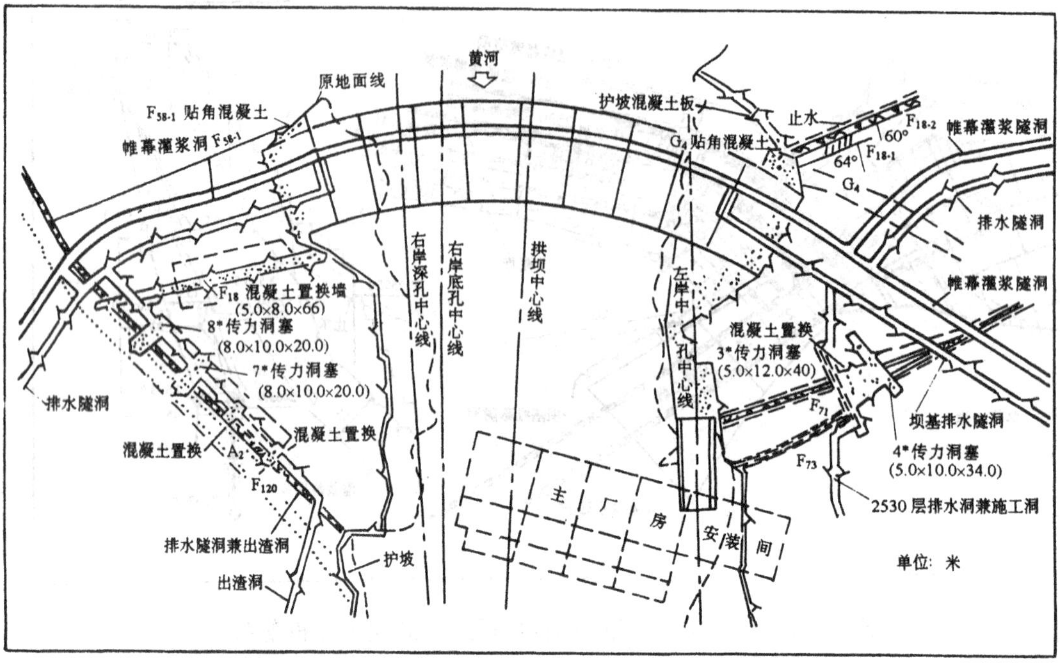

图 5—20—7　龙羊峡拱坝基础 2530 层平面处理图

(四)刘家峡坝基

刘家峡水电站是一座以发电为主，兼有防洪、灌溉、防凌、养殖等综合利用的大型水利枢纽，为黄河规划中第一期开发工程，由水电部北京勘测设计院设计、水电部第四工程局施工(1958～1974 年)。大坝为混凝土重力坝，右岸为黄土副坝，最大坝高 147 米，坝顶高程为 1739 米，总长 840 米(其中黄土副坝长 200 米)，最大坝高 49 米。

坝基绝大部分岩体属微风化至新鲜状态，部分为中等风化，除河床左侧 F_{69}断层破碎带地段外，岩体坚硬完整，局部裂隙发育地段经过工程处理后可以提高其强度。现场坝基岩体抗剪强度试验表明：微风化岩体自身抗剪(断)强度远大于混凝土与岩体接触面的抗剪(断)强度，因此在设计时认为主坝地基受表层滑动控制，不存在浅、深层滑动的边界条件。1958 年部分地质专家曾认为，将来水库在蓄水运行的年代里，F_{69}断层存有复活的可能性，并将危害大坝安全，需要进一步论证，见图 5—20—8。

1983 年北京大学朱之杰和水科院傅冰骏等采用板块构造观点进一步

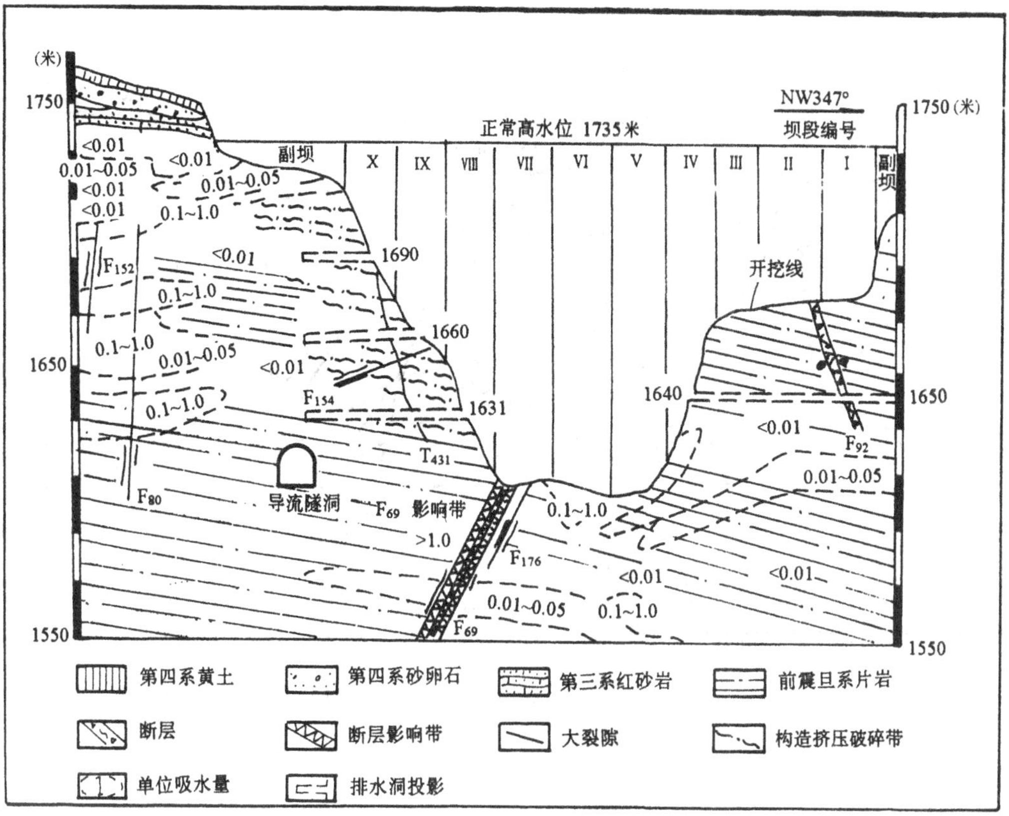

图5—20—8 刘家峡水电站坝轴线地质剖面略图

分析坝基岩体抗滑稳定的条件,并结合监测资料用有限元法对坝基稳定做了分析,主要结论是:大坝在正常状态下工作,坝基是稳定的;坝基实测扬压力小于设计值,提高了坝体的抗滑稳定性。

刘家峡水电站大坝左岸坝肩岩体内,层间构造挤压破碎带(即剪切破碎带)比较发育,在坝基范围内共有18层,左坝肩岸坡地质略图见图5—20—9。由于左岸坝肩岩体受T_{431}、T_{516}、T_{147}、T_{148}等裂隙及层间构造挤压破碎带的相互切割且倾向下游河心,成为左岸坝肩在岩体自重、外荷载组合(渗透压力和坝体推力等)以及8度地震烈度作用下是否稳定的工程地质问题。施工前计算是稳定的,在电站蓄水运用后,绕坝渗流加剧,因此进一步提出了边坡稳定问题。

1983年水科院杨建南在《刘家峡水电站左坝肩边坡岩体稳定性的极限平衡分析》报告中,按刚体极限平衡法求解切割体的安全系数,并对地震和长期流变效应进行校核。分析认为在自然状态下,边坡岩体基本稳定,但若

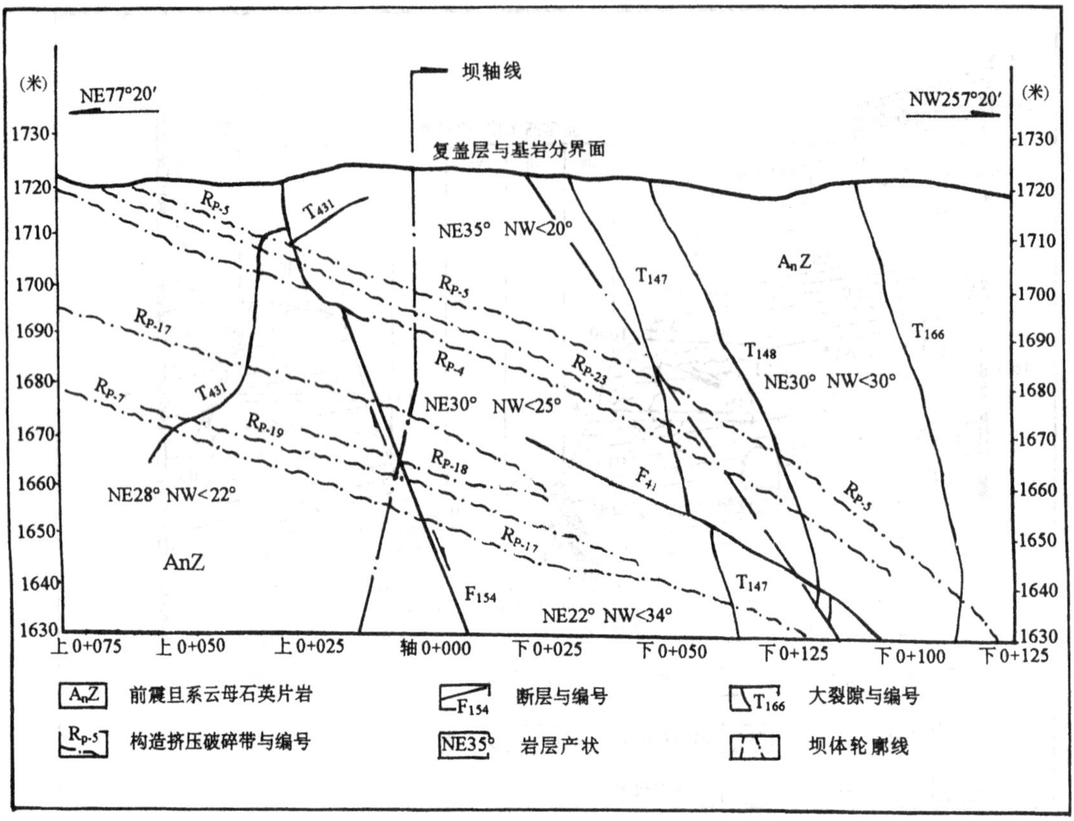

图 5—20—9 刘家峡左坝肩岸坡地质图

考虑水的作用,长期流变效应和地震力的影响,边坡岩体可能沿某些结构面滑动。

1983 年水科院张明瑶等在《刘家峡水电站在坝肩岩体切割块稳定计算》中,用有限元法的节点应力值,结合刚体极限平衡理论,直接求解岩体切削块的稳定安全系数。分析认为刘家峡左岸坝肩四个切割体,除发生 8 度地震外,其他荷载组合情况下的安全系数均大于规范所要求的稳定安全系数。1984 年赵建国、夏万仁等在《刘家峡水电站左坝肩岩质边坡稳定分析》中,采用 f=0.4,c=0 的岩体强度参数,用三维有限元整体极限平衡法与全空间赤平投影法和极限平衡法进行了比较,说明刘家峡左岸边坡切割体,在包括地震荷载下的安全系数均大于 1。在分析中还研究了整体变位和破坏区域大小对工程的影响,以及岩体摩擦系数变化对安全系数的影响。

1988 年,李仲春、彭进夫等编写的《刘家峡水电站大坝主要工程地质问题》一文中指出:为防止断层破碎带集中渗透破坏和集中渗流现象,渗透压力系数在主排水孔帷幕处要求降至0.2以下，经设计与地质科研人员共同研究的措施是：右岸坝基（Ⅰ—Ⅳ坝段）属微风化岩体，采取“灌排结合，以排为主”的措施，但对F_{69}断层带和影响带采取了“堵排结合、以堵为主”的工程措施，左岸河床坝基和坝肩，坝基属弱风化岩体，顺河向张性裂断（如F_{431}和T_{80}）比较发育。坝基总体采取了“灌排结合、以排为主”的工程措施，对F_{431}大裂隙采取了“堵排结合，以堵为主”的工程措施。根据水库运行以来观测结果，河床坝基渗透压力系数远小于设计采用值0.2，并有逐年减少的趋势。

实践证明，水库运用20多年以来，大坝是安全的，研究分析是符合客观情况的。

（五）拉西瓦坝基

1986年，西北勘测设计院在《黄河拉西瓦水电站坝肩稳定及基础处理初步分析》报告中指出：用弹塑性二维有限元法研究坝肩岩体的应力和变位，拱座附近断层的应力状态和变位以及岩体变位后对坝体应力和变形的影响。计算表明：坝肩岩体在大坝推力下的变形不影响工程安全，考虑坝肩岩体变位后的坝体应力和变形都在允许范围内，坝肩下游断层处于塑性破坏状态应进行处理。

第四节　坝体应力分析

一、孔口应力

在水工混凝土大坝坝体中，为了引水、泄洪及交通、检查等需要，常须开设各种类型的孔口或廊道，这类孔道受力条件比较复杂，除在孔口附近产生应力集中外，如孔口体积较大或多孔道纵横交错，还将影响整个坝体的应力分布。这些问题目前设计中尚没有较为完善的分析方法，常常采用光弹模型试验辅助解决。一般多用试验校核理论分析的成果，也可直接取得某些设计资料，有时还可用试验成果与理论计算结合起来分析求解。

（一）三门峡大坝

三门峡大坝为混凝土重力坝，最大坝高106米，主坝长713米。泄流设施在左端坝身不同高程上布设了两层孔洞，底层为12个施工导流底孔，宽

3.0 米，高 8.0 米，进口高程 280 米；中间一层设置 12 个泄流深孔，进口高程 300 米，宽 3.0 米，高 8.0 米；三条圆形压力钢管(∅7.5 米)进口高程为 300 米。由于大坝经过两次改建，各孔口工程的功能及受力情况随之变更，需要了解在不同荷载条件下的应力状况，以便采取必要的措施，保证大坝的安全。

1958 年苏联水工科学研究院光弹应力试验室根据列宁格勒水电设计院的设计图纸进行了黄河三门峡大坝泄水孔部分的结构模型试验。采用应变网法(用软胶做成平面模型 1∶200)和光弹性法(立体模型 1∶750)，着重研究了施工底孔封堵前后的应力状态，孔墩的合理形状及其对结构物最危险断面(坝底附近)应力的影响。试验结果仅孔墩内离下游面不远处产生少量的主拉应力(约 3～4 公斤每平方厘米)，在施工底孔封堵后，此应力还要减小一些。三门峡大坝位于 8 级地震区，按 9 级地震强度设计，为了解地震力、坝体自重、静水压力共同作用下的坝墩应力状态，又进行了模型试验。试验表明：设有泄水孔的大坝各危险断面(主要在泄水孔墩)上的应力，在施工期或在结构物受静水压力和自重时，均不超过素混凝土所容许的数值；当结构物除受静水压力和自重以外附加地震作用时，在沿孔墩长轴个别地段产生较大的主拉应力，要求按结构需要加配钢筋。

苏联原设计提出："根据底板的计算，导流底孔的工作最高水位不超过 340 米，如水位继续上涨，则底孔必须堵塞。""底孔周围混凝土为 200#(C_{20})。"施工单位于 1960 年 11 月～1961 年 6 月进行底孔回填堵塞。回填混凝土标号亦为 200#(C_{20})。

根据水电部关于三门峡水库运用方式由"蓄水拦沙"改为"滞洪排沙"的决定，在酝酿讨论改建工程过程中，从 1962 年开始，围绕增建大坝泄流排沙设施及其工程技术问题展开了科学试验研究。其中一个主要问题是关于已封堵的导流底孔打开泄流时可能产生的后果，并论证其可行性。水科院于 1963 年做了三门峡大坝溢流坝段，取高 75 米、宽 16 米，模拟两个并列的矩形底孔(孔宽 3 米，高 8 米，净距 4 米)的偏光弹性模型试验，要求取得在库空、库满(无内水压力与有内水压力)时孔口附近的应力情况。通过试验表明：(1)在外水压力作用下，孔顶最大拉应力为轴向应力的 0.9～0.95 倍，最大值为 18.5 公斤每平方厘米，发生在库空上游面附近；(2)在内水压力作用下最大拉应力发生在孔口外侧上角附近为 17.7 公斤每平方厘米。(3)库满时在上游面孔顶水压力及坝重作用下产生的拉应力为 13.6 公斤每平方厘米，与内水压力相加后约为 22.0 公斤每平方厘米。可以看出，无论库空或者库满，底孔闸门开启或者关闭，孔口附近的拉应力均超过了混凝土的允许数值。同年，清华大学进行了打开溢流坝段第1、2、3号施工导流底孔作为泄流排沙洞的结构应力分析试验，目的是求出在坝体自重，上游水压力及底孔内水压力作用下，底孔周围坝体内的应力。通过偏光弹性力学试验，测得孔顶及孔底边缘全为拉应力，数值变化在18.8～23.8公斤每平方厘米之间。孔顶及孔底拉力区范围深入孔顶及孔底各1.6米，均超过混凝土允许拉应力6.5公斤每平方厘米，若再考虑泥沙压力时，超过混凝土允许拉应力的拉力区深达2米左右。这是底孔周围钢筋混凝土所不能承受的。

1963年8月水电部在北京召开了三门峡水利枢纽问题第二次技术讨论会，张含英副部长在总结中指出：

“三门峡枢纽的增建工程必须确保大坝安全和一级水工建筑物标准。”

“底孔方案系利用表面溢流段3个导流底孔，孔底高程280米，曾于1960～1961年用混凝土回填堵塞，现在要求恢复。在开挖混凝土后，需要进行钢板衬砌。衬砌后断面宽2.6米，高7.6米。总工期约四年，总投资约1430万元。”

“原设计导流底孔是临时性泄水孔，没有研究底孔承受内水压力的应力情况。这次增建工程设计，对底孔受内水压力的情况，进行了结构模型试验和理论计算。不同的计算试验成果是接近的，在自重和水压力（当库水位340～345米）作用下，底孔顶部及底部拉应力达20～24公斤每平方厘米，不但超过混凝土允许拉应力6.5公斤每平方厘米，而且也超过了底孔混凝土的极限拉应力17.5公斤每平方厘米，如果把实际存在的温度应力包括进去，则拉应力还要增加。这样大的拉应力肯定使孔顶和孔底发生裂缝，影响大坝安全，即使增加钢板衬砌，或降低底孔运用水位，对改善应力条件的作用是有限的。增加钢筋则实际上是不可能的。”

“因此在恢复底孔并承受内水压力情况下，孔顶、孔底应力是不能满足要求的，除去应力问题以外，由于施工条件的困难，施工质量也很难保证，所以底孔方案在技术上是不安全的，不可靠的。”

1964年决定第一次改建按两洞四管施工，底孔方案暂时搁置。1966年部分改建工程竣工投入运行后，根据过流参数估算两洞四管的泄流规模不能满足要求，需要进一步增加泄流工程，于是改建底孔方案的研究工作被重新提上日程。

西安工业大学于1966年为三门峡工程底孔改建进行了配筋孔口模型光弹性试验。先进行配筋模型可靠性试验，将试验成果与理论计算对比，表明配筋模型采用光弹性试验方法是可行的。然后做了底孔配筋孔口模型试验，测得三门峡大坝底孔的孔顶及底部都是拉应力。

1969 年黄委会水科所为了进一步论证三门峡深孔坝段(双层孔)在打开原被封堵的导流底孔以后，坝体孔口应力分布是否安全，做了坝底孔口光弹性试验。当坝上游水位为 340 米高程，下游尾水位不计，相当于孔内水头 56 米的条件下，得到了在自重、外水、内水共同作用下，孔顶及孔底拉应力为 27～29 公斤每平方厘米。这是配筋条件所不能承受的。1970 年在上述试验的基础上，又做了溢流坝段底孔不同衬砌形式——圆顶及平顶贴角方案的光弹性试验，计算各断面应力分析得到：圆顶孔与贴角孔衬砌形式相比，圆顶孔应力分布较均匀，对应力集中现象有较大的改善，但过水断面缩小较多；从新老混凝土结合面剪切应力看，圆顶孔比贴角孔几乎小一倍。

至此，对底孔方案的研究工作不得不另辟蹊径。1970 年 6 月水电部第十一工程局、黄委会水科所及清华大学等单位协作在三门峡大坝已打开的 3# 底孔进行原型应力释放试验。采用光弹片，应变传感器，钢弦应变计及电阻应变计等量测原件，在 3# 底孔顶板及边墙布设观测点，对观测结果初步分析表明：在当时自重条件下，底孔边墙中点应力基本接近于零，顶板中点为数值不大(7～20 公斤每平方厘米)的压应力，产生压应力的原因是由于混凝土的均匀温升使灌浆缝膨胀产生侧向力的结果。1971 年 2 月又在 3# 底孔，6 月在 1# 底孔边墙进行应力释放试验，在大坝自重作用及综合因素影响下观测成果是：底孔顶板中心垂直水流方向主应力夏季为压应力，冬季为拉应力。这是由于洞内与坝体内温差产生的温度应力所影响。根据 3 次测验资料看出规律如下：底孔顶板应力随温度变化而变化，温度上升，应力向压力方向增加，夏季一直受压；温度降低(冬季)应力向拉力方向发展。温度的变化对底孔应力具有重要影响，且在数值上远远超过自重、内水和外水压力引起的应力，即使在最高防洪水位 340 米时，底孔边缘应力还是压应力。因此建议取消原改建设计中为防止拉应力采用的钢筋混凝土板或环氧贴钢板等加固措施，以便简化施工，节省投资。

根据上述观测研究结果，要确定底孔的实际应力状态，必须研究底孔的温度应力，以便为底孔改建设计提供科学依据。1973 年清华大学采用有限元法计算了大坝底孔运行期的温度应力。结果表明混凝土大坝底孔在运用期间，受孔内水温或气温变化的影响而产生的温度应力很大，分析底孔应力时必须考虑，否则和真实情况相差很远。水电部第十一工程局于 1974 年采用有限元法计算了三门峡溢流坝底孔的早期温度应力及湿度应力，计算结果表明:底孔边墙两边,顶板中部有一定的压应力,底板为拉应力(20 公斤每平方厘米),此应力与其他荷载产生的应力相比是不能忽视的。同年在其他底孔打开过程中,水电部十一工程局利用原回填底孔的混凝土钻芯做成试件(∅27×65 厘米),进行了轴向拉伸、弯曲极限拉伸、混凝土线膨胀系数以及湿膨胀变形等性能试验,获得的基本数据,为设计计算提供依据。

1969 年决定大坝第二次改建,打开 1#～8#底孔,其中 4#～8#与上层 1～5#深孔垂向重叠形成双层泄水排沙洞。1980 年发现底孔平板工作门的不锈钢主导轨多处被泥沙磨损及气蚀剥蚀成沟槽或坑孔,严重影响闸门启闭,危及泄水孔的安全。三门峡工程局拟将底孔出口顶板向下压缩 2 米,并设置弧形闸门以改善泄水孔的运用条件,如此则闸门关闭后,坝前闸水位 340 米时底孔将承受 56 米水头静水压力。坝体孔口应力能否过关,需要论证,提出进行坝体孔口三向光弹试验,了解泄水孔尾部断面的孔口应力状态,作为拟定改建方案的依据。黄委会水科所于 1983 年做了双层孔坝段三向光弹试验。试验中没有考虑横缝灌浆效果、施工初始应力、混凝土自身体积变化产生的应力及温度应力等,试验结果表明:在自重、外水、内水共同作用下,底孔所有 5 个断面孔口的顶板中心线上拉应力为 10.4～14.68 公斤每平方厘米,底板中心线上拉应力为 14.28～22.43 公斤每平方厘米,均超过混凝土允许拉应力值(6.5 公斤每平方厘米)。同时水电部天津勘测设计院在相同的边界和各种荷载组合下进行了溢流坝双层孔三维有限元应力计算与光弹试验成果进行比较基本吻合。1984 年黄委会水科所进行了溢流坝深孔坝段底孔三向光弹试验。结果表明:在自重加外水加内水荷载条件下,各断面孔顶,孔底中心点拉应力除四、五断面应力值分别为 9.68 公斤每平方厘米、8.25 公斤每平方厘米外,其他各断面各点的拉应力均超过 10 公斤每平方厘米。即大于现有混凝土允许的拉应力。需要加固处理或降低水位控制运用。

钢管方案是三门峡大坝增建泄流工程之一,即利用四条原发电钢管(进口底高程 300 米),在厂房蜗壳进口处接一段水平渐缩钢管穿过厂房下游侧墙,安装闸门控制,下接挑流鼻坎入尾水渠,围绕这个方案,水电部第十一工程局提出要求确定三门峡电站坝体钢管下卧开挖后,坝体自重作用下的几个典型断面应力状态。黄委会水科所采用光弹模型试验方法先后进行了坝体钢管下卧开挖后自重应力、施工应力以及钢管下卧回填衬砌后工作闸门槽等几个典型断面应力状态。分析结果:孔顶中心为拉应力,最大拉应力发生在闸门槽后,其边缘拉应力为 5.2 公斤每平方厘米;孔底中心最大拉应力

8.7 公斤每平方厘米；坝体上游面孔口部分，应力分布较均匀；孔底压应力最大 21.8 公斤每平方厘米，最危险部分是中间断面的拉力区，边缘最大拉应力为 7.75 公斤每平方厘米，这样均不超过现有设施的允许应力（拉应力 10.2 公斤每平方厘米）。考虑混凝土受力破裂后的应力重分布，可按结构力学的计算方法，以最小含筋率配筋。

1988 年 9 月～1989 年 12 月，由三门峡枢纽管理局与水电部天津勘测设计院合作，对 3 号和 8 号泄流底孔的观测资料进行整理分析，提出《三门峡泄流排沙底孔实测应力分析研究报告》、《三门峡大坝观测资料分析与安全评价研究总报告》、《三门峡大坝原型观测资料整理与分析报告》、《三门峡泄流排沙底孔的原型观测和现场试验技术》等四项研究成果，得到结论：底孔运用是安全的，惟须注意底孔在凌汛蓄水期的运用水位要控制在 330 米高程以下。1991 年 8 月由水利部，能源部北京水利水电规划总院组织有关方面专家 13 人，在天津勘测设计院召开了三门峡大坝观测资料分析与安全评价研究会议，对上述科技成果进行了鉴定，评价结果为："本成果达到了国际先进水平，其中孔口应力观测分析研究，属国际领先水平。"

（二）刘家峡大坝

为了解刘家峡坝内钢管在内水压力和坝体应力作用下弹性阶段管壁和混凝土内应力分布情况，清华大学于 1965 年做了平面结构模型试验。采用电测法，用低弹模环氧树脂板模拟混凝土，铝环模拟钢管。把有限平板（带环）的实测成果和有限平板（无环）的理论计算值比较，有环应力分布趋向均匀，即圆周点应力降低，边缘点趋于平板未开孔时应力状况。

1978 年华东水利学院对刘家峡主坝第Ⅴ坝段做了半整体光弹模型试验，其目的是提供该坝段存在引水管道时的坝面应力分布及管道孔边的应力情况，试验荷载为水压力及淤泥压力。模型材料采用环氧塑料模拟混凝土，引水管道芯模用硫酸铝制成。试验结果：在坝上游面均为拉应力，下游面均为压应力。光弹试验成果普遍比计算值大。

1979 年刘家峡电厂根据原型观测资料分析了刘家峡混凝土重力坝及坝内泄水道孔周边应力的形成及其变化规律。分析成果说明：坝体应力变化主要取决于坝体温度状态及其演变；温度应力大小主要取决于施工期混凝土块的约束条件、最高温升与稳定温度之差、升降温的速率以及材料性能—徐变、自生体积变化等；混凝土坝的温度应力在坝体应力组成中占有较大的比重，在重力坝中尤为显著，按照设计荷载（指内水压力及库水压力）所形成的应力在实际观测资料中没有明显的体现。具体到该工程泄水道孔周钢筋计的实测应力，进一步证实应力变化主要取决于混凝土温度应力及其变化，没有体现出设计所采用的荷载应力。施工期的温度应力将固结在混凝土中成为原始应力，运行期的各种荷载(静水压力、泥沙压力、冰水压力以及坝内的温度变化等)所形成的应力将基于这一原始应力之上而变化，所以控制施工期的温度应力状态，使它处于压应力区，将大大改善坝体后期应力状态。因此，在大体积混凝土施工期降温措施是非常必要的。

刘家峡主坝设计资料指出：坝体的整体性是通过横缝上设置键槽并进行横缝灌浆来实现的，由于横缝(尤其是键槽部分)灌浆效果很差，这种措施不可能传递拉力，所以按空间重力坝的计算结果不能反映整体重力坝的实际情况。为找到一个较合理的计算方案，华东水利学院于1980～1981年间采用有限元法对刘家峡大坝主坝进行了空间重力坝的静力分析及考虑横缝键槽作用的应力分析，提出了一个比较合理和有效的整体重力坝分析模型。这个模型所反映的整体重力坝的工作状态，介于二维坝段和空间重力坝(指横缝紧贴能够传递拉力、压力和剪力时)之间，所以能够更接近整体重力坝的实际状态。

(三)故县大坝

洛河故县混凝土重力坝，从基坑底算起，坝高125米，坝顶宽10米，坝顶长315米，共分21个坝段。导流底孔位于12、13、14坝段，由宽6米、高10米的三个孔口组成，并拟在施工后期全断面封堵。为了解封堵导流底孔以前的应力情况，以便合理经济地配置钢筋，确保大坝安全运用，黄委会水科所于1980年进行了导流底孔坝段的三向光弹实验。试验结果是：在自重作用下，孔顶和孔底中心点最大拉应力出现在坝上游洞口附近，其值分别是17.3公斤每平方厘米和20.5公斤每平方厘米；在自重和外水联合作用下，孔顶和孔底中心点最大拉应力亦在相同位置，其值为16公斤每平方厘米和19公斤每平方厘米，拉力集中区深度为孔口宽的0.5～1.0倍。1979年黄委会水科所采用有限元法研究了故县水库混凝土重力坝施工过程中混凝土温控问题，编制了“大体积混凝土施工过程应力分析——不稳定温度场、温度应力和徐变应力二维通用程序”，可以计算随混凝土浇筑过程及运行期任意时刻的温度场及应力场。

故县混凝土重力坝第10#坝段内设有两个永久性泄水底孔，为有压进口短管型无压洞。最大水头近80米，在弧形工作门处孔口尺寸为宽3.5米

×高 4.5 米。在坝段内除这两个底孔外，还开设了闸门井，启闭机廊道等与底孔交错或相邻形成一个复杂的三向结构。设计部门提出试验任务，要求在两种设计荷载(自重及自重＋外水压力＋内水压力)作用下，双孔关闭时的受力情况。黄委会水科所于 1984 年进行了该坝段三向光弹模型试验。结果表明：在设计荷载(自重＋外水＋内水)组合作用下，最大拉应力出现在距孔口 4.4 米(断面Ⅰ)孔顶及孔底中心线上分别为 8.7 公斤每平方厘米及 14.6 公斤每平方厘米。距孔口 19 米(断面Ⅱ)孔顶及孔底中心线上的拉应力分别为 14.2 公斤每平方厘米及 13.5 公斤每平方厘米，孔顶、孔底中拉力区深度为 0.7～1.47 孔宽。

泄洪中层孔位于 17# 坝段内，坝段宽 15 米，设有 6 米×9 米(宽×高)泄洪孔口一个，进口高程 494 米，采用平板检修闸门，由于孔口及闸室布置在有限的坝段内，相对坝体挖空较大，结构尺寸比较单薄，在 2×2024 吨的闸门推力作用下，坝体受力状态将恶化。为求得确切的应力分布以便正确配置钢筋，设计部门委托黄委会水科所于 1987 年做了泄洪中孔闸门支座力三向光弹试验。通过试验得到闸室边界有 2.8～4.9 公斤每平方厘米的拉应力，支座方向断面上法向应力除支座表面为压应力外，其他部分皆为拉应力，最大为 20 公斤每平方厘米，距支座表面深度为 1.3 米左右；同时靠近支座表面有一较大(43 公斤每平方厘米)的剪应力，配筋时应特别重视。

(四)龙羊峡大坝

龙羊峡电站坝高 178 米，坝后式厂房。厂房引水钢管直径∅670 厘米，斜穿厂房上游墙。在总长 23 米的坝段上，钢管斜穿时总削弱体长为 8.43 米，挖空率达 36.6%。钢管开洞附近还有 1.2 米×2 米进人门洞，厂房底部靠近上游墙根处有 3 米×3 米廊道贯穿，应力计算很复杂，配筋设计缺乏依据。为了弄清钢管孔洞及廊道部位应力分布状态，西北勘测设计院科研所于 1983 年做了厂房上游立墙引水钢管周围结构光弹试验。通过试验分析，得到斜穿立墙的引水管最大孔洞下游墙面拱顶有较大的拉应力为 11.16 公斤每平方厘米，拱底拉应力次之(10 公斤每平方厘米)，需注意配筋；孔洞两侧边缘压应力不完全对称，受右侧下部人门洞的局部影响，右侧压应力大于左侧；门洞虽小，因靠近引水钢管大孔洞，其左上角拉应力较大，在角缘附近形成剪切区需要配置受剪钢筋；廊道右上角拉应力较大，左下角及立墙下游根部和廊道顶部楼板的拉应力均较小，影响范围不大。

1984 年西北勘测设计院委托水科院重点研究龙羊峡坝内埋设引水管

上弯段管周坝体应力状态，特别是在混凝土厚度最薄的Ⅲ断面的应力状态。水科院采用光弹模型试验和有限元计算进行了分析研究，综合试验与计算成果：在内水压力及上游等代荷载（地震情况加温降条件）下，钢筋混凝土可分担内水压力的70%左右，在这种情况下，钢管的应力值约在342.5～395公斤每平方厘米之间；以往对坝内埋管的研究多为单孔模型，这次是4孔模型，从而产生各孔间荷载的互相影响问题。据分析在内压作用下，各种荷载对应力分布的影响相当于几个单孔应力的叠加，这样孔周的拉应力为12.4公斤每平方厘米（计算值），和11.8公斤每平方厘米（试验值）。委托单位最关心的管道下游侧断面在内水压力作用下的应力状况，计算值拉应力在10.1～11.2公斤每平方厘米，试验值在9.0～11.7公斤每平方厘米。为设计提供了必要的依据。

同年，又通过振动模型试验及三维有限元计算研究了龙羊峡拱坝坝体在空库及满库条件下的自振特性、动水压力、地震惯性力、地震应力等动应力变化情况。分析结果指出：在试验中对空库及满库各阶振型的正交性与计算所得的坝自振特性均较接近；坝体地震惯性力、动水压力和地震动应力均以顺河流向地震作用为主；坝体分缝后结构的自振特性及动应力无显著变化，为决定最终方案提供了数据。

（五）小浪底大坝

1960年西安交通大学与黄委会水科所合作，对小浪底坝型选择阶段设计中的混凝土重力坝方案进行了宽缝重力坝变弹性模量光弹性试验分析。论证了软弱基础对坝体应力影响较大，与均质体成果比较，最大的主拉应力值约增高47%，而且应力分布很不均匀，为设计选坝提供了科学依据。

1972年小浪底工程初步设计中，设计混凝土溢流坝长100米，分5个坝段，每坝段设2个底孔，1个深孔。为了合理确定溢流坝泄水孔尺寸，黄委会水科所对溢流坝段初步设计断面作了孔口应力光弹性试验。分析结果是：孔口应力状况由于底孔高宽比较大（25∶10、35∶10、42.5∶10），边墙厚仅3米，比较薄弱，因此在各种荷载组合下，均出现较大的拉应力，特别是在自重、外水、内水共同作用下，当一孔关闭，一孔开启时应力条件最为不利，底孔顶、底板距中点1米左右的地方出现最大拉应力达62.15公斤每平方厘米，中点最大拉应力为53.88公斤每平方厘米，边墙在不考虑横缝灌浆作用时，拉应力竟达59.1公斤每平方厘米。对于混凝土是难以承受的。建议在设计中适当加厚孔口边墙或改变孔口布置型式。

经坝型选择论证，小浪底枢纽工程选用斜墙堆石坝。由于地形、地质条件的限制，全部泄洪发电建筑物布置在左岸，而阻尼孔板是小浪底泄洪洞多级孔板消能方案的关键结构。为了研究在水荷载作用下阻尼孔板结构应力的分布情况，黄委会水科所于1985年进行了结构模型的平面光弹试验和平面轴对称有限元计算。探讨了阻尼孔板的内力分布，应力集中情况，上下角缘不同处理方式，以及混凝土、围岩弹性模量对结构应力分布的影响。分析结果是：不同的孔板结构形式对孔板应力分布有较大影响；上游贴角对应力状况有较大改善，下游贴角对应力也稍有改善；衬砌混凝土及围岩弹性模量的变化对孔板应力分布影响不大。

二、坝体稳定分析

(一)刘家峡大坝

刘家峡大坝位于甘肃省永靖县境内，根据地震部门中期地震预报，该地区可能发生破坏性地震，因此研究大坝的抗震性能非常必要。1978年华东水利学院采用有限元法对大坝强度和稳定性进行了分析，认为在正常高水位(1735.0米)，非常高水位(1738.0米)加9级地震时，主坝第五坝段沿上游面方向基本受拉，拉应力一般不超过5公斤每平方厘米，惟坝踵单元A和1625米高程的踵部单元B较高。1979年又在刘家峡大坝上游采用了水中爆炸，激震器及脉动等几种超振方法，测得了水平顺河向的自振频率与理论计算值比较，结果是：一阶为6.0赫兹(实测值)和6.17赫兹(理论值)，二阶为10.1赫兹(实测值)和8.93赫兹(理论值)。几种起振方法所得成果基本是一致的，脉动法略偏高，这与一般经验相符。1980年在室内进行了整体模型试验，研究空库、满库时坝体的自振特性及在9级地震下的动应力反应。模型材料采用自制加重乳胶，模型比尺为1∶250，试验结果：坝体自振频率特性与原型试验成果是吻合的，坝体满库频率比空库低约3%～10%，阻尼比增大7%～10%，地震荷载分别增大18.5%(水平)、14.3%(垂直)，总地震动水压力占总地震惯性力的70%。刘家峡右岸坝肩为黄土副坝，以黄土裹头段与右岸混凝土副坝相连接，由刚度相差悬殊的混凝土墙与黄土心墙和砂砾石料坝壳等几个部分组成，从强度观点看是一个比较薄弱的部位，特别在地震作用下，有可能造成混凝土墙断裂的危险。为此于1982年又采用有限单元法对黄土裹头断面进行动力计算分析，主要成果表明：在施工期和蓄水期裹头断面的强度可以得到满足，在8度地震裂度作用下混凝土墙的强度尚能满足,而在下游黄土心墙内部,存在稳定系数低于1的区域,在强震下可能由于黄土滑移而造成坝体不均匀沉陷,但不致产生上、下游边坡的大规模滑移。

(二)龙羊峡拱坝

1980年西北勘测设计院为了解龙羊峡拱坝坝体受力后整体变形与应力分布情况(未考虑坝体内各部位孔洞对坝体刚度削弱的影响及造成的局部应力变化),采用三维有限元法进行了坝体应力的计算分析。探明在正常情况及特殊情况等荷载条件下的工作状态,比较各单向荷载所起的作用及内在的关系,提出坝肩稳定分析所需之力以及在设计荷载下坝的上、下游主应力分布图,为改善坝体的结构形式与布置提供依据。

1983年华东水利学院与西北勘测设计院合作采用石膏模型材料做了龙羊峡拱坝结构模型试验,着重分析了有复杂地质构造的坝基与坝、副厂房,以及厂坝、厂岸连结的互相影响。其中坝后无厂房情况的成果与多拱梁分载法的电算成果作了对比分析,两者的变化规律相同,但试验值比电算值大25%～37%。

龙羊峡坝址区地震的基本烈度为8度,按9度地震设计。强震对拱坝坝肩的稳定性有很大影响,因此清华大学于1983年对龙羊峡坝肩进行了动力特性的原型观测与分析。采用脉动振动测试方法,利用河道水流脉动或其他微振动引起的山体振动为振源,量测坝肩不同地点的影响,经过频谱分析,得到了拱坝坝肩山头对地面震动有明显地放大作用。山顶和山腰之间呈互相关函数,山顶振动较山腰振动具有一定的时间滞后,其值约相当于剪切波在两点间的传播时间。这表明振动波是由下往上传播的,从而验证了本分析的基本依据—由底部输入振动位移进行坝肩的影响分析是正确的。

第五节　闸、蜗壳

一、闸

(一)闸墩

黄河天桥电站泄洪闸共7孔,孔跨12米,双层结构,下层为泄洪冲沙溢流堰,设弧形闸门挡水,上层为排冰排污溢流面板,采用下沉式平板闸门。边墩厚 2.5 米，中墩厚 3 米，弧形闸门支座处牛腿系锥型铰型式，为了解侧压力作用下墩体应力分布及弧形闸门挡水时锥形铰附近的应力分布。黄委会水科所于 1970～1972 年间做了三种结构模型试验：(1)用有机玻璃模型研究了边墩和中墩锥型铰处受力情况，认为虽然受力有所不同，但闸门支座牛腿处应力分布很接近，因此配筋量可相同，离锥型铰 4 米以外可以不进行加固。(2)用石膏模型材料做了二跨一联的闸结构模型试验。测得侧向水压力作用下闸墩的应力分布及弧形闸门挡水时锥形铰附近的应力状态，为配筋提供依据。(3)采用光弹模型探讨了闸墩底部转角处应力集中情况及其改善措施。

(二)闸门振动观测

人民跃进渠渠首闸位于河南兰考县东坝头，为大型引黄灌溉工程，共 6 孔，总宽 84.6 米，设有 12 米×8 米钢制弧形闸门。1958 年建成，首次试放水即发现闸门振动严重。正式放水时，上、下游水位差 3.37 米，闸门开启在 0.1～0.5 米范围内，测得闸门振动加速度为 150 厘米每二次方秒，支臂为 100 厘米每二次方秒。第二次观测上、下游水位差 2.1～3.1 米，当闸门开启在 0.1～0.2 米时，测得频率每分钟 4000 次以上，中横梁在其中心处轴变位有 2 厘米左右。分析其原因是闸门结构刚度不够及闸门后发生水跃回击，应采取加固闸门刚度、改变闸门下缘水流情况，并在下缘加导流板等措施。

1972 年黄委会水科所和水电部第十一工程局鉴于三门峡建筑物闸门在局部开启时都有不同程度的振动，对 7 号钢管出口工作门(2.6 米×3.4 米)、1 号深孔工作闸门(3 米×10 米)及 1 号隧洞工作闸门(8 米×8 米)等进行了现场观测，实测结果：各闸门振动强度不大，且无共振现象，不需要采取措施。

刘家峡泄水道孔口设置在主坝第八坝段，该坝段系大坝左岸边块，受力情况复杂，结合结构要求，选用两孔平板闸门，其孔口尺寸 3 米×8 米，设计水头 70 米，采用定轮闸门方案，启闭力为 580 吨，轮子材料为铬锰硅合金铸钢($ZG_{35}CrMnSi$)，滚轮直径∅900 毫米，其最大轮压 219 吨。这两个高压闸门具有负荷大，过闸流速高，启闭频繁等特点，在运行中出现了振动问题。1970 年 7 月，水电部第四工程局曾对泄水道工作闸门进行振动原型观测，于 1972 年 8 月对闸门进行了全面检查。从现场试验和观测资料分析得知：

(1)闸门振动的频率随开度而变化，大开度时发出金属撞击声，配重箱及拉杆沿水流方向激烈晃动或作大幅度弹性振动，此时，闸门振动频率较低，随着开度减小，振动逐渐减弱，撞击声为翁翁声，闸门振动频率则较高；

(2)闸门入水时受到突加水压荷载，顶止水出现喷射漏水，闸门发生剧烈振动，此时，压力变化曲线出现最大峰值压力，约为所在位势压力的2倍；

(3)影响闸门振动的关键因素主要是结构部件(闸门与胸墙间隙，止水的效果等)相互密合情况，在制作工艺上应引起重视；

(4)采取设置多道横止水及角铁措施后，运用情况好转，在下闸门时原有的冲击弯曲应力2300公斤每平方厘米和冲击切应力1485公斤每平方厘米，都因闸门设置阻抗而消除了，说明这种办法对减缓冲击性振动是有效的，但也带来了较长时间的持续振动。

(三)闸门启闭力及应力观测

陆浑水库输水洞进口事故闸门原设计利用水柱动水下门，静水启门，后由于增建电站，要求该闸门能动水启闭。又原设计滑道主轨面应镀铬，实际施工时未镀，轨面锈蚀严重，也影响闸门启闭。为了取得在新的使用条件下闸门的受力参数，需进行启闭力测验，反求滑道摩擦系数，以便确定闸门的改建方案。黄委会水科所于1965年4月进行了原型观测，经过反复观测试验，从资料反算滑道的静摩擦系数f＝0.2。由于试验水位较低(未超过285米高程)，启闭力较小，未能精确反映滑道摩擦系数工作情况，将此成果提供施工部门参考。该闸门于6月改建完毕，7月伊河发生洪水，闸水位曾上升到297.19米。在水位292.0米时闸门未加重块下门很顺利，在水位294.0米时，加重5吨下门也很顺利。反算摩擦系数f＝0.161及0.182，与前低水位时测验计算值相近。

三门峡水利枢纽底孔门前泥沙淤积对进口事故检修门启闭力影响如何？缺少数据。为此水电部第十一工程局于1974年进行了观测研究，根据23组实测资料分析，在库水位相同的条件下，由于泥沙淤积使启门力增大16％～33％。

三门峡溢流坝段改建为深孔和底孔双层过水形式，拟将原施工导流底孔进口斜门改为两孔公用检修事故门，但原设计的斜门启闭设备系统为临时性的，不能满足改建后的运用需要，因此水电部第十一工程局提出利用现有坝顶(350吨)门机作斜向启闭门方案。为论证其可能性，于1974年在1号门机上进行了静力和动力试验，以观测门机在斜向受力条件下的结构应力和变形以及起重机构各个主要部件运行状况。综合分析试验研究成果认为：原设计直吊运用的三门峡坝顶1#(350吨)门机做斜向启闭溢流坝底孔事故检修斜门运用，从结构静力学和动力学分析，在最大荷载不超过 350 吨时，其可能性是存在的。

1973 年黄委会水科所为了解黄河下游豆腐窝分洪闸实腹梁平板钢闸门（全跨 21.2 米）在各级水位时闸门各主要部位受力情况及挠度以便验证设计成果，采用光弹双向应力计及电测法，在该闸充水试验时进行了原型观测。在设计及超高水位条件下实测闸门各主要部位应力均小于设计计算值，挠度小于闸门设计控制限度跨比 1∶750。闸门整体刚度很大，不存在问题。

黄河下游麻弯分洪闸是南展工程主要分凌分洪水工建筑物，为桩基开敞式闸型，共 6 孔，每孔净宽 30 米。为验证设计成果，黄委会水科所于 1975 年在该闸充水试验时进行了光测法应力观测，实测资料表明闸门主要部件应力和挠度均小于理论计算值。

三门峡大坝第二次改建，将原 4# ～8# 底孔与 1# ～5# 深孔垂向重叠组成双层过水，为了尽量利用原有的设备，减少投资并拟将原来深孔的工作门改作底孔的工作门，这样在同一库水位条件下，底孔工作门的作用水头较原深孔工作门作用水头大 20 米；同时考虑到工作门槽内导轨运用十几年以来发生比较严重的泥沙磨损，胶木滑块对不锈钢导轨的摩擦系数必然增加，为了确切地得到各底孔工作门在不同库水位下的摩擦系数和启闭力具体数值，黄委会水科所于 1987 年进行了现场观测，原门机设计起重 350 吨。测定成果如表 5—20—3。

表 5—20—3　　**三门峡大坝底孔工作门摩擦系数和启闭力现场观测值**

底孔号	4#	5#	6#	7#	8#
库水位（米）	313.9	312.4	323	320	314
提升力（吨）	260	270	325	325	300
静摩擦系数	0.27	0.27	0.25	0.27	0.29

（四）闸门主梁应力观测试验

三义寨引黄闸启闭机桥由 2 根 12 米×1.2 米×0.6 米钢筋混凝土梁组成。1970 年开始运用，陆续发现大梁发生裂缝，据 1974 年调查，裂缝达 200 余条，当时认为可能因泥沙淤积闸门启闭常处于超负荷状态所引起。为了解机架桥的承载能力，黄委会水科所于 1974 年采用电阻片对典型断面进行观测，测得大梁底部挠度 0.04 毫米，应力 0.65～1.94 公斤每平方厘米，悬臂自由端挠度 0.06 毫米，应力很小，未超出允许范围，认为正常启闭门所产生的挠度和应力均较小，不足以引起贯穿性裂缝，产生裂缝的原因比较复杂，有待进一步探索。

渠村闸是黄河下游金堤河滞洪区的分洪闸，设计采用预应力钢筋混凝土闸门，由 4 根预应力鱼腹式 T 形梁组成。由于对预应力混凝土设计和施工经验不多，设计组委托黄委会水科所于 1978 年对闸门主梁在施加预应力荷载时进行原型应力观测，以了解主梁在张拉时各设计控制断面的应力状态及预应力施工工艺的合理性，从而对设计计算进行验证。观测结果表明：在张拉时各设计主要断面最大拉应力为 25 公斤每平方厘米。实测挠度和应力值均小于设计值。施工时一端张拉效果不如两端同时张拉为好，据观测一端张拉时仅能达到预应力的 70%～90%，各断面应力分布亦不对称。为了进一步验证设计，于 1979 年渠村分洪闸竣工后充水试验时又进行了原型观测。随着闸前水位的升高，测得预应力梁的挠度和应力，大部分小于计算值。但值得注意的是闸门安装质量欠佳，滚轮和轨道不能同时接触，说明闸门有扭斜现象，应注意纠正。

陆浑水库溢洪道工作桥于 1965 年建成，原是为水库工程管理服务的，由于交通事业的发展，逐渐成为由嵩县通往伊河对岸的交通主要桥梁，长期超负荷运行。截至 1988 年桥上 9 条 T 型主梁(净跨 13.7 米)产生的裂缝发展到 431 条，而且裂缝的宽度从 0.2～0.3 毫米发展到 0.8～1.0 毫米。为确保工作桥的安全，使溢洪道闸门能起到防洪调度运行作用，陆浑水库工程管理处委托黄委会水科所进行工作桥主梁裂缝检测。检测结果表明高 85 厘米的主梁裂缝高已超过 73 厘米，即已裂到翼缘中，使原设计断面的中和轴上移 12.8 厘米，设计安全系数大为降低。根据交通部 1972 年编写的《公路桥涵设计规范(暂行)》及《公路钢筋混凝土及预应力混凝土桥涵设计规范》，该桥已处于不安全运行状态，考虑防洪的需要，建议停止机动车辆通行。

二、水轮机蜗壳应力分析

水轮机蜗壳材料可分为钢及钢筋混凝土两类，前者适用于高水头大容量的水轮发电机，进口断面多为圆形(见图 5—20—10)；后者常见于低水头电站，断面通常为多边形。蜗壳所承受的荷载有多种形式，但以内水压力为主要荷载。属于空间结构，形状复杂，其应力状态仅用理论计算，相当困难，常采取模型试验辅助分析。

黄河任家堆水电站的蜗壳设计采用框架和板壳弹性理论相结合的方法，并按辐射形切割，考虑了环向影响。为了验证计算结果，1959 年委托水利水电科学研究院进行了平面光弹性模型试验，比尺为 1∶200；1960 年又以轻石浆为模型材料做了比尺为 1∶30 的均质整体结构模型试验。两次试验对比分析可以看出：座环的支承情况对蜗壳应力有较大影响，光弹试验较整体试验应力偏大。

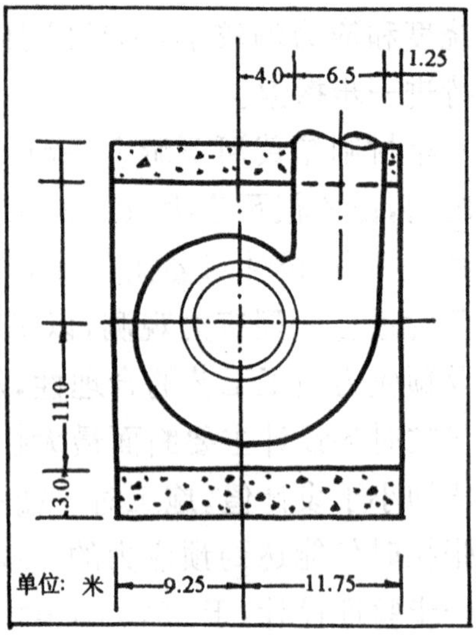

图 5—20—10　蜗壳示意图

为了研究三门峡水电站蜗壳岔管结构连接区域的应力、变位规律，水电部第十一工程局于 1976 年先后进行了有限元法计算，结构模型试验及原型观测。综合分析表明：在三门峡机组蜗壳上开孔增设岔管的结构型式是可行的。实测最大应力发生在蜗壳顶部，计算值为 637 公斤每平方厘米，实测为 452 公斤每平方厘米。原设计的结构应力偏于安全，材料的强度没有充分发挥，可以取消加劲环；又实测温度应力为每差摄氏一度可引起 30～40 公斤每平方厘米的变化，所以温度应力不可忽视。

西北勘测设计院，为了验证刘家峡水电站蜗壳外围混凝土结构设计成果，1968 年在 1# 机施工时在蜗壳外围混凝土结构内埋设钢筋计 3 支，三向应变计 6 组，测缝计 4 支。通过 1969～1970 年观测发现，在设计荷载作用下钢筋应力普遍比较小，0℃时截面顶板下层主筋的拉应力不超过 970 公斤每平方厘米，90℃时截面顶板下层主筋拉应力在 540 公斤每平方厘米左右，说明没有充分发挥作用，安全度尚有多余的储备。据此修改了 2# 机组蜗壳外围混凝土结构的配筋，比 1# 机减少了 10.6 吨，并在 2# 机蜗壳外围混凝土中又埋设了钢筋计 12 支和其他设备。经观测分析，发现在设计荷载作用下，钢筋应力仍有一定的潜力。综合考虑后对 3# 机配筋再度减少，比 3# 机组原设计节约钢筋 2.5 吨，比 1# 机组减少了钢筋 5.8 吨。通过对理论计算及原型观测成果进行综合分析，认为蜗壳顶板实际的钢筋应力是比较小的，经与施工单位水电部第四工程局研究决定，在 5# 机组配筋计算中顶板配筋比理论计算值减少 16.4%，钢筋用量比 1 号机组减少了 4.2 吨。

蜗壳及外围混凝土结构示意图如图 5—20—11。

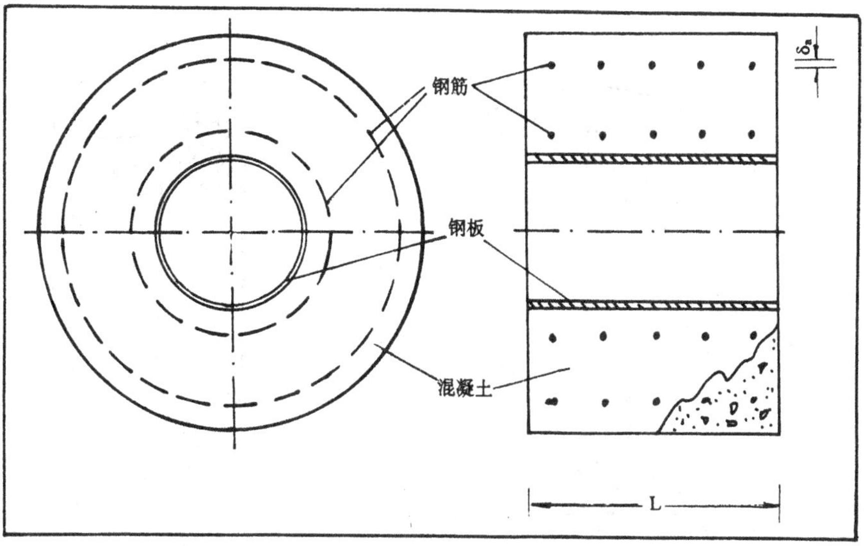

图 5—20—11 蜗壳及外围混凝土结构示意图

第六节 接触应力试验研究

接触应力指两个接触的弹性体在接触区产生的局部应力，是材料力学问题中比较古老又没有解决的难题之一。轴承、齿轮、滚轮以及刚性压头等在使用时都会产生接触应力。水工建筑物经常遇到的是闸门轮子与轨道接触问题，如示意图 5—20—12。

滚轮是平面闸门重要部件之一，它承受闸门的全部水压荷载，并通过轨道传至闸墩和建筑物上，当闸门启闭时，滚轮装置可使运行阻力大为减少，从而有效地降低闸门启闭的容量。一般来说，对于滚轮荷载的增长，可以适当加大滚轮尺寸和数量的方法解决；随着闸门设备的高水头、大容量化，通过闸门传到门槽的荷载越来越大，这就要求滚轮沿单位长度的轨道上具有更大的承载能力；反之当滚轮荷载一定时，则要求滚轮具有更大的尺寸，须根据工程的具体条件和材料性能进行专题试验研究。

滚轮与轨道接触表面积虽然较小，但接触力确很大，如黄河小浪底水利枢纽定轮闸门设计，每个滚轮荷重 400～500 吨，这样大的接触力，还要求小变形，按现有材料条件是难以承受的。为此黄委会水科所开展接触应力试验研究，相继采用三向光弹试验法、材料相变法、印痕法、压阻传感器等法进行试验。

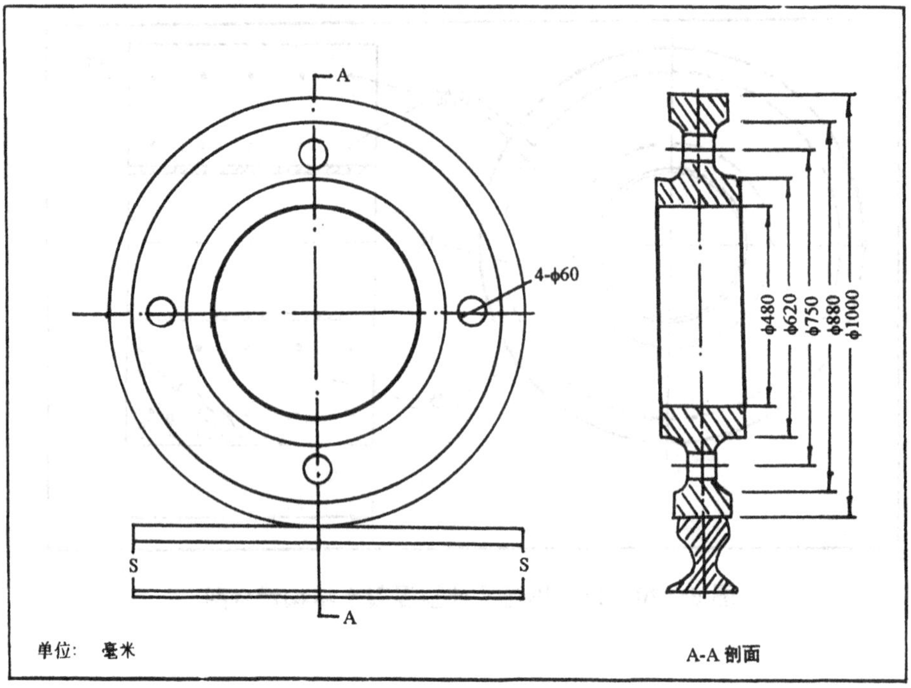

图 5—20—12　工作闸门轮子支承示意图

1972 年葛洲坝工程二江泄水闸闸门三结合设计组，为了节省钢材，减少制作加工量，加快施工速度，将一般的大直径重型铸钢滚轮改为小直径(1000 毫米)轮子，踏面宽 140 毫米，轮子材料为 45# 铸钢和 QU—120 轨道接触。委托黄委会水科所作三向光弹试验。要求轮压为 200 吨时，轮子和轨道接触面的接触应力分布和数值、最大剪应力数值及其发生的位置。试验采用环氧塑料三向光弹模型，结果表明：在设计荷载 200 吨时原型各项成果与赫兹理论计算值(括号内数值)分别为：接触圆半径均为 18.9 厘米，最大接触应力 26800(26700)公斤每平方厘米，最大剪应力深度 0.9(0.88)厘米，最大剪应力 9680(8370)公斤每平方厘米。可知试验值与赫兹理论计算值很接近，同时也说明采用三向光弹“冻结法”研究接触问题是可行的。根据试验资料分析，还了解到泊桑比在试验中产生的误差(±15%)大于其他因素之和，试验材料的泊桑比影响是不能忽视的。

随着水利建设的发展，水头逐渐提高，高压闸门滚轮接触轨道在闸门反复启闭作用下，接触材料已是在弹塑性阶段条件下工作，而赫兹理论和光弹试验用于分析研究接触应力是在弹性阶段，同生产实践有一定差距，需要另辟新途径进行研究。如何在改变构件的材料性质、结构、受力状态的情况下进行实测，以便取得接近实际的可靠数据，这是一个重要而又困难的任务。

中国科学院物理研究所与黄委会水科所协作于1978年对此作了探索，利用高压测量技术的定点压力标定法，将已知压力相变的材料制作成测压原件，置放于接触点进行校压，据以量测接触点的最大接触应力。这次试验采用铋作原件，用叶蜡石作传压介质，在同样条件下反复观测，表明资料重复性差。分析其原因，可能是：(1)原始叶蜡石质量不同；(2)加工直径和厚度控制不严格；(3)样品中心孔不正；(4)在压砧上位置不重复等。有待进一步试验研究。

1981年黄委会水科所研究了水工平板闸门双曲率滚轮与弧形轨道接触在静载下的接触应力压缩变形。滚轮用45号钢铸成，直径为440毫米，踏面宽100毫米，弹性模量1.75×10^6公斤每平方厘米，布氏硬度为140；轨道采用QU—120轨，轨顶表面曲率220毫米，布氏硬度为220，试验在200吨压力机上进行，用印痕法观测试验。根据试验轮的材质等条件设计荷载为9.1吨。当荷载为10吨时，实测最大接触应力为理论计算值的50%左右，压缩变形为80%左右，最大剪应力为56%左右。从实测成果看，提高滚轮承载能力是可能的。1982年又以增加材料硬度来提高滚轮的承载能力进行了试验。滚轮直径为400毫米，轮缘宽为100毫米。四个滚轮其中两个淬火处理布氏硬度为461，两个未淬火布氏硬度为217；轨道仍是QU—120、轨顶为平面接触，即圆柱形滚轮与平面轨的接触；采用印痕法和锰铜压阻传感器测接触应力，在60吨荷载情况下，试验结果列入下表(表5—20—4)。

表5—20—4　**印痕法实测接触应力应变表**

布氏硬度	最大接触应力(公斤每平方厘米)	压缩变形(微米)	残余变形(微米)
217	8692	184	25
461	10170	172	19

赫兹理论计算没有考虑材料硬度。在上述条件下规范允许荷载为40吨，最大接触应力为9028公斤每平方厘米。当荷载为60吨时理论计算最大接触应力为11053公斤每平方厘米。从上表看在压缩变形及残余变形接近的情况下，由于硬度的提高相应接触应力亦有所提高，但潜力不大。1983年为了研究滚轮与轨道的不同接触形式以提高承载能力，又对凸、凹形轨道与双曲率凸形滚轮进行比较试验。采用双曲率滚轮($R_1=200$毫米，$R_2=400$毫米ZG45$^{\#}$铸钢)对不同形状(曲面直径凸$_R=400$，凹$_R=600$，凹$_R=500$，凹$_R$

＝420)的轨道(QU—120 型)进行接触应力试验，实测值均小于理论计算值，成果见表 5—20—5。

表 5—20—5　　**接触应力实测与计算对比表**

轨道形状		凸$_R$＝400毫米	凹$_R$＝600毫米	凹$_R$＝500毫米	凹$_R$＝420毫米
荷载(吨)		5	20	30	75
应力(公斤每平方厘米)	计算	15082	14275	14330	14283
	实测	12300	10400	9083	9143
实测/计算		82%	73%	63%	64%

当凸、凹形轨道试验接触应力接近时，压缩变形情况如表 5—20—6。

表 5—20—6　　**接触应力与压缩变形表**

类别	应力(公斤每平方厘米)	压缩变形(微米)	荷载(吨)
轮$_R$＝400　对凸$_R$＝400 形轨	11157	54	4
轮$_R$＝400　对凹$_R$＝500 形轨	10883	143	45
凹$_R$＝500 轨/凸$_R$＝400 轨	0.9	2.0	11

当凸、凹形轨道试验接触应力接近时，凹形轨较凸形轨道压缩量增加近 2 倍，而荷载提高约 10 倍，说明改变接触形式，是可以提高滚轮的承载力的。实际应用时需考虑允许变形、反复运行、安全系数等因素。

第 六 篇

岩基试验研究

第六卷

岩石力学的概念起源于奥地利。1929年维也纳大学创办的《地质与工程建筑》杂志，是最早从理论和实践上说明地质与力学的关系，用力学和数学概念发展岩石试验。

中国岩石试验，始于40年代，当时作为石质材料研究，隶属于建筑材料范畴。50年代中期，引进苏联岩石力学理论和测试技术，对治黄岩石试验的组建起到了指导作用。

30多年来，国内有关科研单位配合黄河干支流水利水电工程的勘测设计与施工，做了大量的岩石力学试验与研究工作，其中：已建工程有三门峡、青铜峡、八盘峡、盐锅峡、刘家峡、龙羊峡、天桥、陆浑、故县、冯家山、石头河和麻家砭；在建工程有李家峡、大峡、小浪底和万家寨；可行性研究和选坝工程有拉西瓦、公伯峡、黑山峡、碛口、军渡、龙门、河口村、东庄、黑河以及泾、北洛、渭等支流水库。累计完成常规试验工作量：室内岩石物理力学性质试验3920组，现场岩体剪切试验350组，现场岩体静力变形试验600组。

在黄河水利水电建设中，岩石力学与测试技术是密切配合工程建设而发展的。50年代后期，是全面学习苏联岩石试验测试技术，配合干支流工作勘测以室内试验为主的初期发展阶段。进入60年代，本着"洋为中用"的方针，吸收国外先进技术，总结实践经验，按水利水电工程要求逐步完善室内岩石试验方法，发展岩体应力测试和断裂破碎岩体的渗流试验；并为水利水电工程岩石试验规程的修订与补充提供了新的试验内容和技术论证。

80年代是黄河水利水电建设中岩石力学深入发展的新时期。上游断裂岩体组成复合滑面的高坝地基和滑坡，中游软弱岩层地区的地下洞室群布局与设计，提出了一系列的岩石力学课题，其中部分列入国家"七五"重大科技攻关项目。在这一阶段内，发展了岩体软弱夹层的剪切试验方法；研制具有孔隙水压力装置的电液伺服应变控制现场直剪仪；研究剪切和受载状态下具有软弱夹层岩体的流变模型及其本构方程；用数值计算和地质力学模型分析高坝岩基稳定和地下洞室的合理布局；发展坝基、边坡和地下洞室的原位监测，并研究滑坡的预测预报方法。现将本篇共分4章11节叙述。

第二十一章　地下洞室围岩与库岸边坡稳定分析

第一节　地下洞室围岩稳定分析

一、洞群围岩稳定分析

在小浪底水利枢纽工程地下洞群中，有泄洪排沙和引水发电隧洞共15条，其中孔板泄洪洞3条，明流泄洪洞3条(其中一条兼排漂洞)，排沙洞3条，发电引水洞6条。根据小浪底坝址的地形地质条件，15条隧洞全部集中布置在左岸三迭系岩体内，最大洞径14.5米。15条洞子的进口组成9个进水塔。在左岸还布置了正常溢洪道和非常溢洪道各一座。彼此靠近，有的还在空间交叉，再加上山体较薄，岩性较软弱，因此，对洞群的合理布局和洞围岩稳定等问题，引起设计科研工作者极大关注。

1981年，西北农学院张海东在《小浪底工程引水隧洞围岩应力的有限元法分析》中，按均质体对围岩进行应力和变形分析，分析中考虑施工开挖阶段的各种现象和合理支护方案。计算结果说明支护对减少应力集中和围岩变形及增强岩体稳定性的效果。

1981年，清华大学陈敏中等在《小浪底水电站隧洞合理性间距研究》报告中，对初期设计方案的210米高程洞群，用有限元的“连续计算后开洞法”进行合理间距的研究。计算采用层状地质模型和非线性程序，对圆形断面和方形断面做了比较。计算指出：在洞中心距采用3倍洞宽时，围岩应力和位移均不大，虽部分进入塑性区，只要加强支护是可以稳定的；洞群上覆岩层不厚，岩性较差，可能引起较大范围的地面沉陷。

1982年，华东水利学院在《小浪底水电站180米高程地下泄洪洞群合理间距的有限元研究》报告中，采用平面形变问题的非线性有限元法分析方法，考虑围岩具有软弱夹层，按先开洞法进行不同间距的比较。分析认为：在3倍洞宽洞距下，拉应力及塑性区主要分布在洞室的两侧，洞顶和底部仅出现部分塑性区，而且洞顶未出现拉应力。但在2.5倍洞宽洞距下，洞室间岩壁有贯穿的拉应力区存在。据此，提出泄洪洞群的洞距不得小于3倍洞宽。

1982年，中国科学研究院地质研究所周瑞光在《洞室排列方向对岩体破坏机制和强度影响的实验研究》报告中，用砂浆块研究在双轴应力下洞群排列方向对工程岩体稳定的影响。试验是在砂浆块内钻一排两种直径的圆孔5个，圆孔的排列方向与垂直加载方向的夹角β，分别为90°、70°、60°、45°、30°、20°、0°。使砂浆试样处于平面应力状态。试验表明，β角小于20°和大于70°时为张破裂，与无洞时的岩体破坏方式相同；而在30°～60°之间为剪破坏。因此洞室布置时应避免β角在45°～60°之间，最优的排列方向是与垂直加载方向正交。

试验洞围岩应力应变观测分析。黄委会设计院为了使小浪底工程枢纽布置建立在落实可靠的基础上，并为设计、施工提供科学依据，1982年开始，在小浪底工程现场进行大跨度(15米)隧洞(宽15米，高6.35米，长56米)开挖试验。实验洞平面位置图见图6—21—1。其目的是落实大跨度洞室穿越断层区的可能性，观测隧洞周围岩体，达到稳定性的空间和时间效应。研究岩体变形特性等。选择在左岸岩层为T_1^3砂页岩、洞轴线方向北东46°

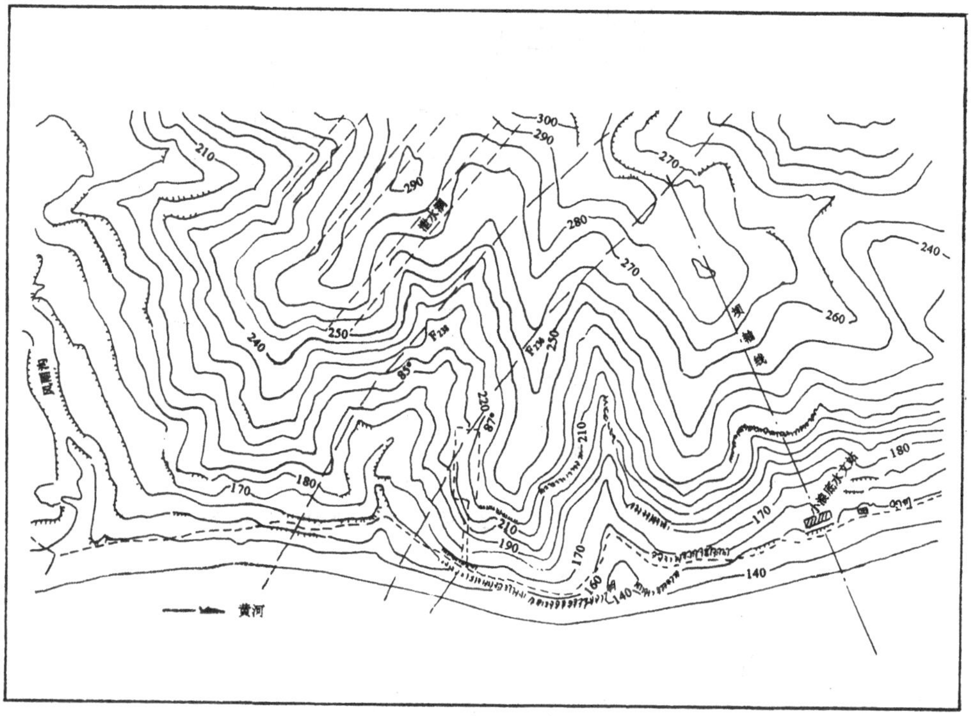

图6—21—1　小浪底水库大型试验洞平面位置图

与岩倾向基本一致，与 F_{236}断层斜交、夹角约 30°～40°，与实际导流洞和断层的夹角相似。

试验洞共设各类测点 249 个，其中位移测点 67 个，精密水准测点 17 个，油压轨 9 个等。自 1982 年 12 月～1983 年 10 月底进行安装观测，见试验洞地质测试剖面图（图 6—21—2 和图 6—21—3）。通过监测资料分析，该试验洞围岩的变形特征及规律是：

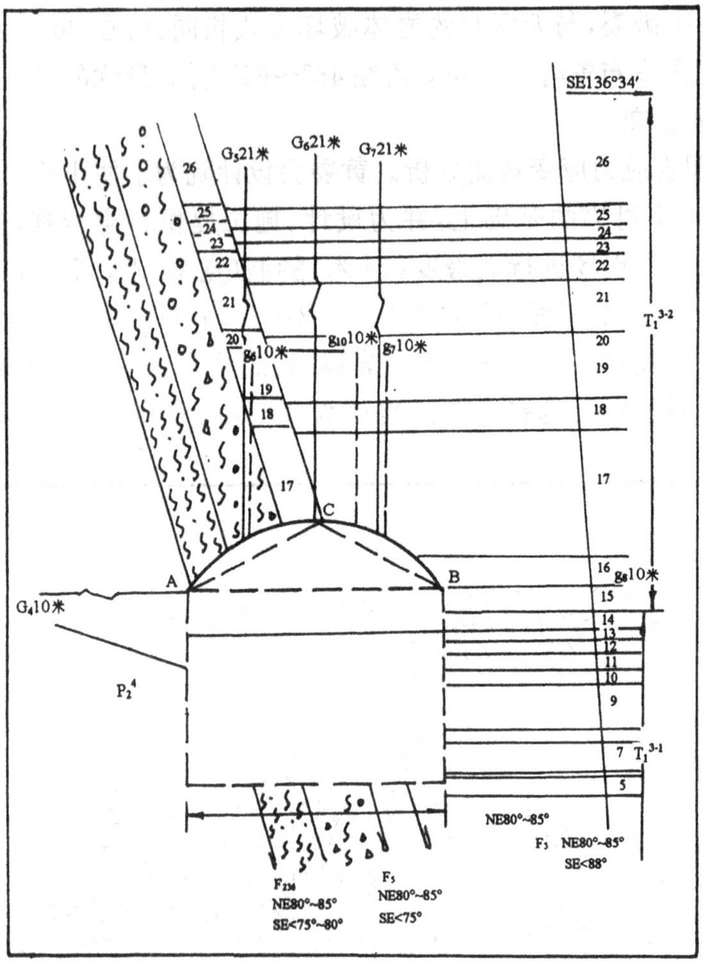

图 6—21—2　小浪底水库大型试验洞 0+84 地质测试剖面

（1）围岩松弛圈深度 1 倍洞径左右。

（2）监测断面距掌子面 1 倍洞径左右，围岩变形趋于稳定。

（3）围岩开始变形至稳定的间隔时间一般为 2～3 个月；由于开挖方式不同，围岩的应力重分布和变形情况也比较复杂。

（4）洞底板隆起值达 8.83 毫米。

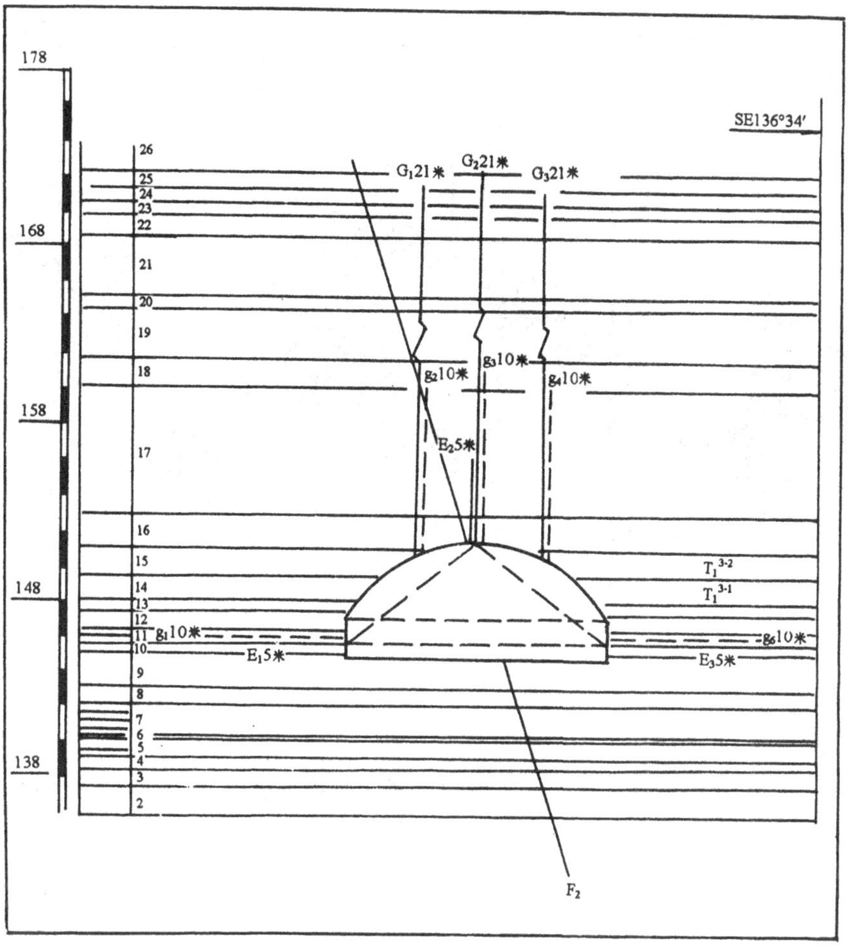

图 6—21—3 小浪底水库大型试验洞 0+64 地质测试剖面

(5)根据两个监测断面围岩的变形是较小的,最大位移变形只有 8.3 毫米,应变值也较小,说明试验洞的喷锚支护是安全可靠的。

1988 年,黄委会设计院写的《黄河小浪底地下洞群的合理间距及围岩稳定的试验研究》一文指出:根据 210 米及 180 米泄洪洞洞群的有限单元法计算分析表明:(1)洞周位移基本规律是洞顶位移向下,两侧位移向内,底边向上,最大位移 7 毫米,其位移数值受洞周岩层的影响;(2)在不同洞距 2.5D(洞径)和 3.0D 情况下,洞周围岩体塑性区主要分布在洞室两侧,在洞室顶部出现小部分塑性区,洞室底部出现部分塑性区,当洞距为 2.5D 时,3 洞室均有拉力区存在,而且连成一片,中间洞室顶部 T_1^{5-1}层已基本全部进入塑性状态,再加之 F_{240}断层影响,使得该区极易塌落、难以成拱,当洞距为 3.0D 时,洞两侧虽也进入塑性状态,但连成一片的程度明显降低,洞顶未出现拉应力,基本上可以成拱,故建议洞群洞距不得小于 3.0D。

洞周围岩塑性区分布见图 6—21—4 及图 6—21—5。

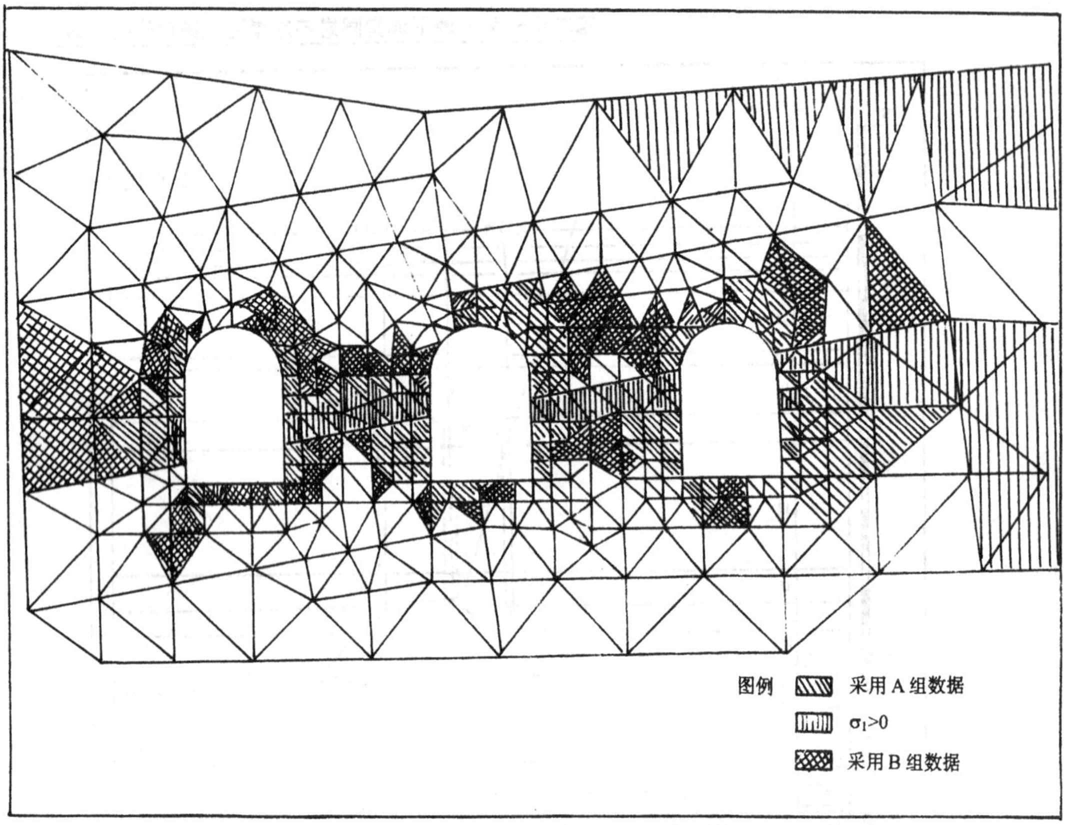

图 6—21—4　第一组弹性解洞室周围塑性区分布图(2.5D 洞距)

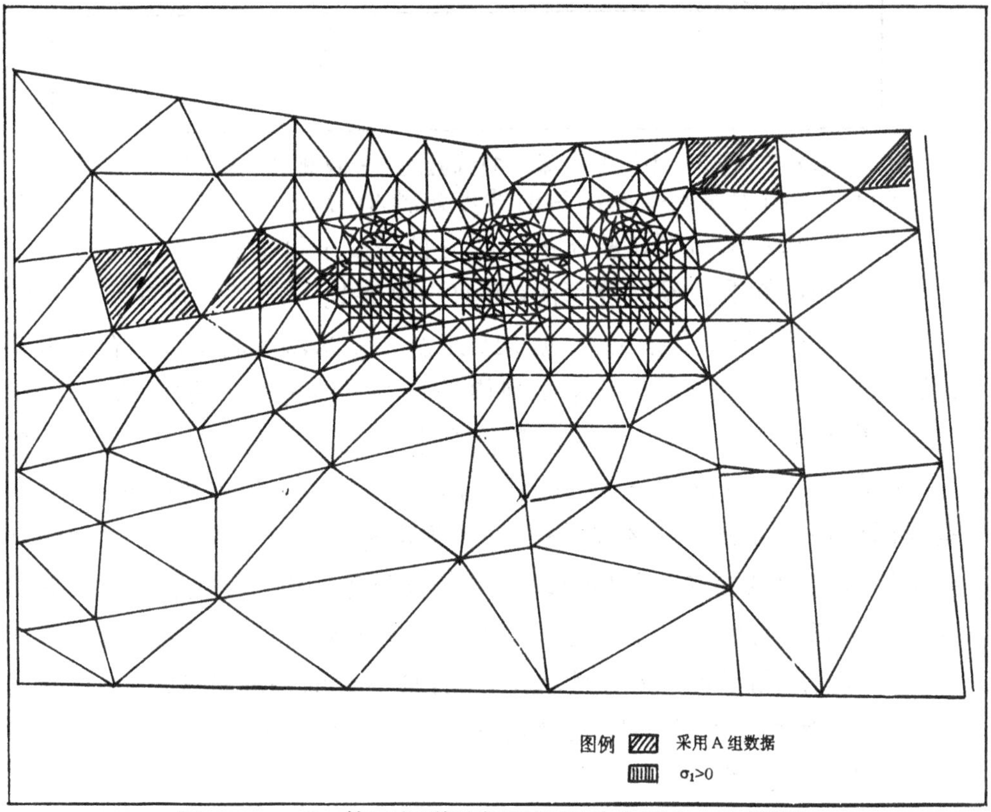

图 6—21—5　第二组弹性解塑性区分布图(3.0D 洞距)

二、地下厂房围岩稳定分析

水电站厂房布置型式基本上可分为坝内式厂房、地下式厂房和坝后式厂房。厂房发电机层及其以下部分是由机墩、蜗壳、尾水管及廊道等组成。因此,在模型试验中,往往作为具有各种形式孔洞的大体积结构来加以研究。地下电站厂房结构的应力状态是十分复杂的,它不仅取决于结构形状及荷载条件,而且受到岩体构造的影响。所以地下结构应力状态的研究日益受到重视。模型试验应力分析是研究地下结构应力分布的常用手段。

(一)小浪底水电站厂房

黄河小浪底水库地下电站工程位于黄河干流坝址北岸,地质条件较复杂,黄委会设计院对电站地下厂房方案进行了初步设计,主厂房洞高 60 米左右,跨度 26 米,拱顶以上的岩石覆盖层厚约 80 米;变压器房洞室高 18 米、跨度 18 米,主厂房洞室与变压器房洞室间的壁岩柱宽 18 米,为了评价主厂房洞室和主厂房与变压器房洞室之间洞壁岩柱的稳定问题。需要通过模型试验提供初设阶段论证的依据。中国人民解放军 89002 部队与黄委会水科所合作于 1981 年做了模型试验。考虑试验设备所允许的条件,模型比尺选定为 1∶400,模型材料选用石膏和砂的混合物,模拟了 5 个岩层。测试厂房在开挖前后洞壁周边应力分布及破坏荷载下的应力状态。试验资料分析结果是:在试验条件下主厂房洞室及变压器洞室之间的壁岩柱基本上是稳定的。模型的极限应力为 20 公斤每平方厘米,破坏应力是 32 公斤每平方厘米,比例极限荷载是开洞荷载的 2～2.5 倍,破坏荷载是开洞荷载的 3～4 倍,这说明洞室具有较大的承载力储备。已为现场试验洞开挖成功所证实。

1981 年,清华大学谷兆祺等在《小浪底电站地下厂房围岩稳定问题的研究》和《小浪底水电站地下厂房围岩稳定的模型试验》两个报告中,分别用有限元计算和模型试验研究地下厂房的围岩稳定问题。有限元计算,考虑岩体各向异性层状地质模型,采用非线性程序。模型试验采用石膏和砂与石膏混合物两种材料,按平面应力状态进行试验。研究表明:主厂房顶拱有较大沉降,可能破坏的原因是顶拱拉裂;开挖变压器洞后,稳定情况趋于恶化;顶拱及底座边角处,有相当数量的剪切位移,但未达到产生破坏的程度。

3.1981 年,武汉水利电力学院韦敏才在《缓倾角层状岩体中大型地下洞室围岩应力和稳定性的计算分析》论文中,用有限元非线性全量理论的常刚度初应力法，将地下厂房简化为平面问题，在不考虑渗透应力场的条件下，研究了洞型、间距、岩石产状和岩石性质对地下厂房稳定的影响。分析指出：在缓倾角岩体中，采用椭圆形洞型较为有利，而且矢跨比大于1∶10为宜；在双洞并列的情况，两洞之间的间距应大于大洞的洞宽；岩层的最优倾角为15°，设计洞室时尽可能利用这一特点；平行与垂直的弹性模量之比大于1.5时，不可忽视正交方向变形的差异。见地下厂房布置和地质状况图（图6—21—6）。

（二）龙羊峡水电站厂房

西北勘测设计院龙羊峡设计组向大连工学院提出龙羊峡水电站厂房结构动力试验任务。要求在8度地震作用下，地震方向为水平向（向上游或向下游），垂直于厂房纵轴线（顺河向）时，龙羊峡厂房结构各代表断面的内力。于1982年大连工学院采用有机玻璃为模型材料，比尺为1∶100，模型动力试验采用激振器测振型方法进行了试验，同时做了有限元计算与试验资料比较，结果是：主厂房上游边墙最大单宽剪力为8吨米，（2454米高程），下游边墙为22吨米（2467米高程），副厂房下游边墙最大单宽剪力为16.7吨米（2467米高程）。测得前5阶频率见下表（表6—21—1）。

表6—21—1　**龙羊峡水电站厂房5阶频率模型测试值与电算值**

频率阶段		Ⅰ	Ⅱ	Ⅲ	Ⅳ	Ⅴ
频率值（赫兹）	电算	1.900	6.178	8.200	8.891	10.008
	模型	1.982	6.468	8.260	8.965	12.672

西北勘测设计院于1988年提出《龙羊峡水电站地下安装间围岩稳定分析及其锚固处理》一文，文中指出：安装间全长47米，其中地下部分长度为39.18米，顶拱开挖跨度37.45～38.19米，最大开挖高度37.95米。安装间围岩大部为微风化及新鲜岩体。顶拱上围岩最大覆盖厚度在120米以上。断裂构造发育，尤其在洞口附近，岩石破碎，裂隙已普遍卸荷张开，最大张开处达3～5厘米，局部坍塌和掉块时有发生。对于大断面地下洞室的围岩用非线性结构程序NFAP、对主要控制断面进行了平面有限元分析计算。计算分析了顶拱的最大洞壁回弹值为16～20毫米，边墙的最大回弹值为9～10毫米。与根据原型观测资料整理的淤积公式计算成果十分接近，且其值远小于

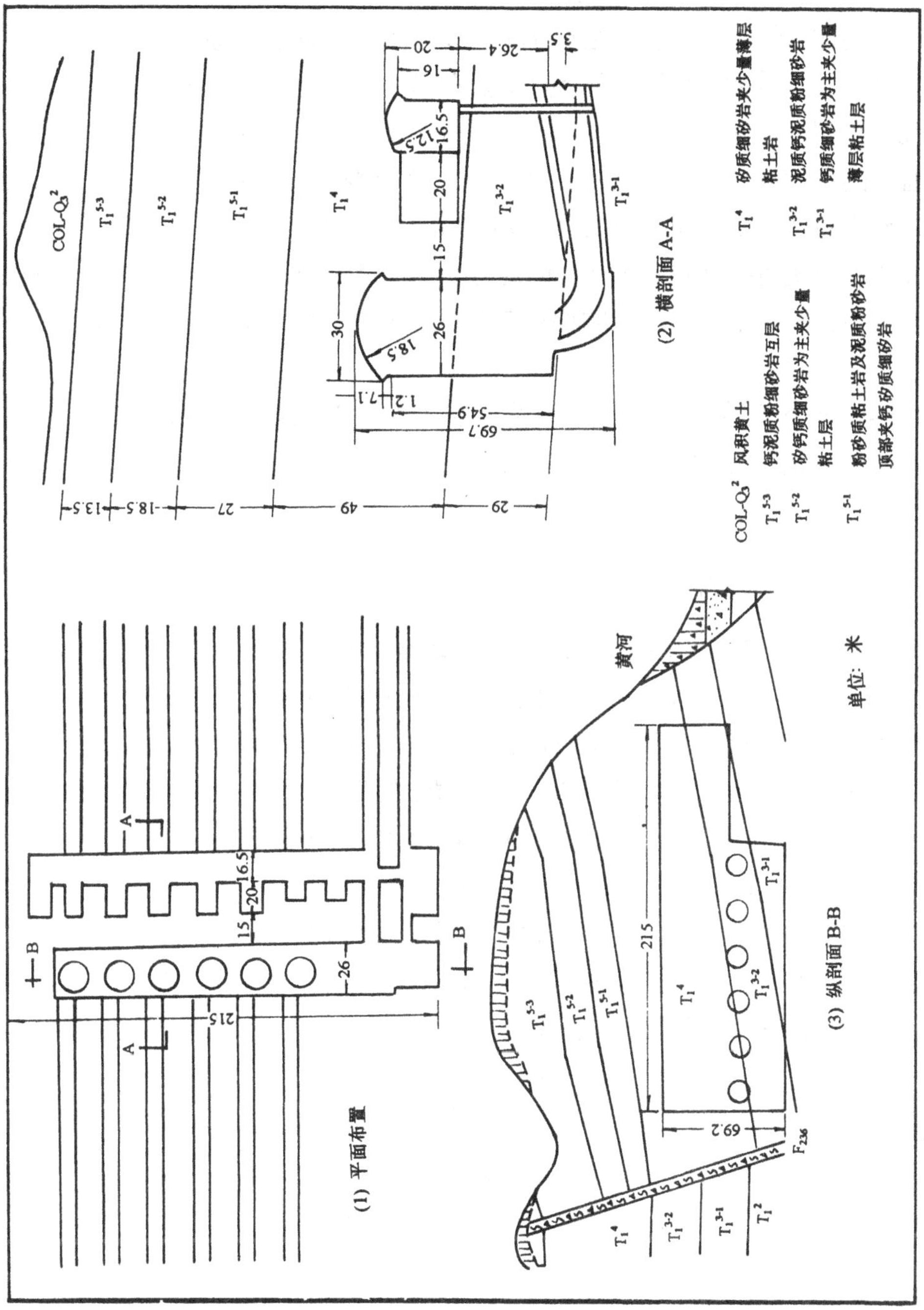

图 6—21—6 小浪底水电站地下厂房布置和地质状况

岩石允许变位值(按日本、法国的规定此值为50～60毫米)。因此,由围岩应力重分布引起的洞壁回弹,对地下安装间(厂房)围岩稳定影响表现为在卸荷作用下,闭合的裂缝张开了,裂隙的贯通率加大了,原来并未形成的可能失稳切割块体,现在形成了。在局部稳定分析中,应密切注意这一动向。山岩压力是地下洞室衬砌结构承受的重要荷载,在分析了围岩的整体稳定条件,特别是分析了洞壁回弹值之后,可以得出的看法:衬砌承受的山岩压力是和围岩的稳定条件直接关联的。对于大型地下洞室,采用普氏方法计算山岩压力显得过于粗糙,常常与实际作用的山岩压力相差数倍乃至数十倍。合理的方法应该是根据整体和局部稳定分析的成果,采用线性和非线性有限元的方法,计算围岩和衬砌接触面的挤压力,这才符合较为合理的山岩压力的概念。

龙羊峡地下安装间采用平面线性及非线性计算结果、洞壁回弹、应力重分布及破坏区的大小见图6—21—7、图6—21—8、图6—21—9、图6—21—10。

(三)刘家峡水电站厂房

1.1984年大连工学院对刘家峡水电站地下厂房顶拱衬砌应力解除试验和工作状态分析。根据观测值和拱座应力长期资料综合分析结果是:衬砌下部洞室开挖过程和其后一段时间内(1965～1969年)围岩变形荷载是对衬砌内力增长的重要因素,但后期流变甚微,温度场的变化是引起衬砌内力变化主要因素;混凝土徐变和收缩对衬砌内力的影响很小。

2.1988年水电部天津勘测设计院提出《刘家峡水电站厂房设计》一文,指出厂房全长170.3米,分地下和坝后两部分:地下厂房长86.1米,宽24.5米,最大高度58.75米;坝后厂房长84.2米,宽38.5米,高58.25米,位于河床,座落在新鲜基岩上,有充裕的承载力。地下厂房位于河谷右岸山体中,开挖跨度29～31米,高度约60米,长86米,顶拱上岩层厚55米,为厂房开挖宽度的两倍,岩层上还有约15米厚的黄土覆盖层。采用了全断面整体式钢筋混凝土衬砌,拱顶及边墙厚1.5米,底板为0.8米,衬砌结构设计考虑了地震惯性力的作用。为了制止来自水库的渗漏,加深了进水口坝段下的基础帷幕灌浆和排水孔,同时在引水隧洞周围加强压力灌浆。为了使室内的温度、湿度及空气质量符合使用要求,并为运行人员提供良好的工作条件,采取了全机械通风式送、排系统。经过几十年来的运用,认为厂房型式选择和布置是合理的。采用混合式厂房加快了施工进度,节约了工程投资;大

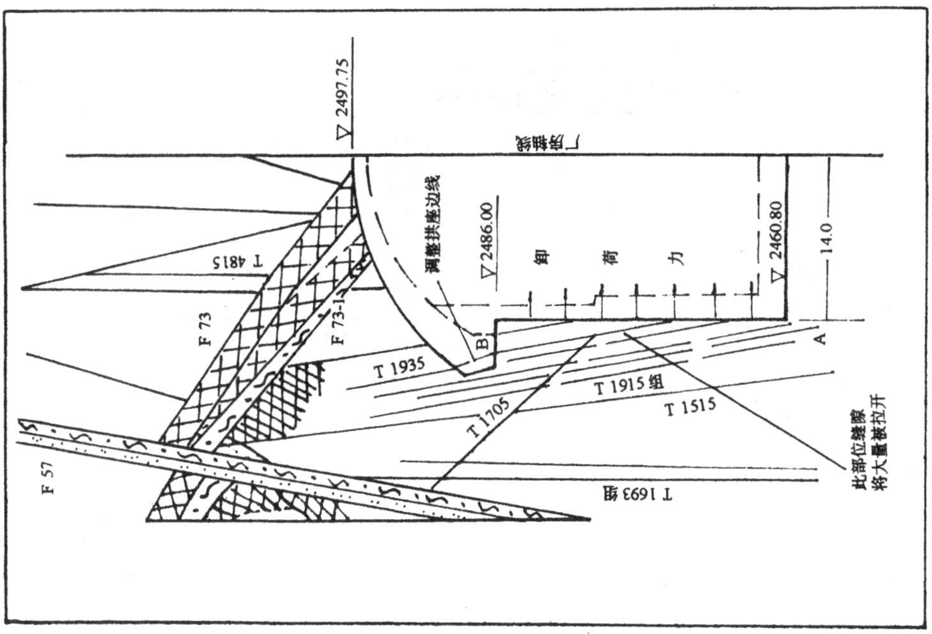

图 6—21—7 龙羊峡电站地下安装间标准横剖面图

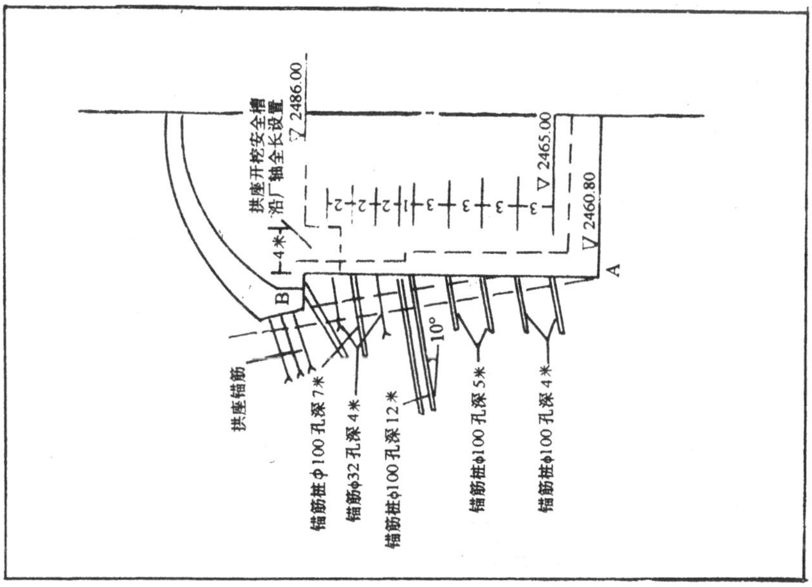

图 6—21—8 龙羊峡电站上游边墙锚固—锚桩方案图

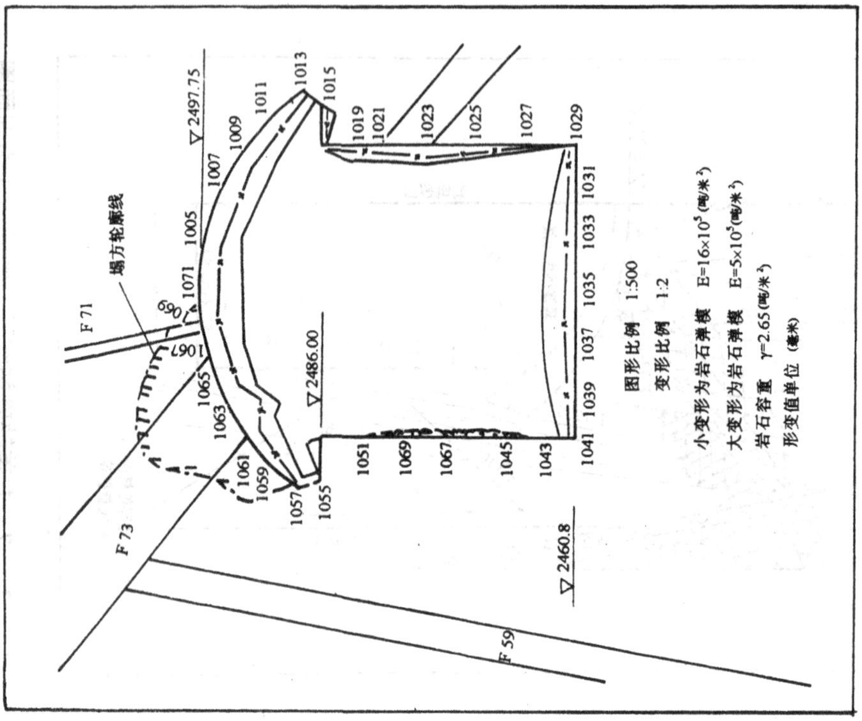

图 6—21—9 龙羊峡电站地下安装间开挖后的变形图

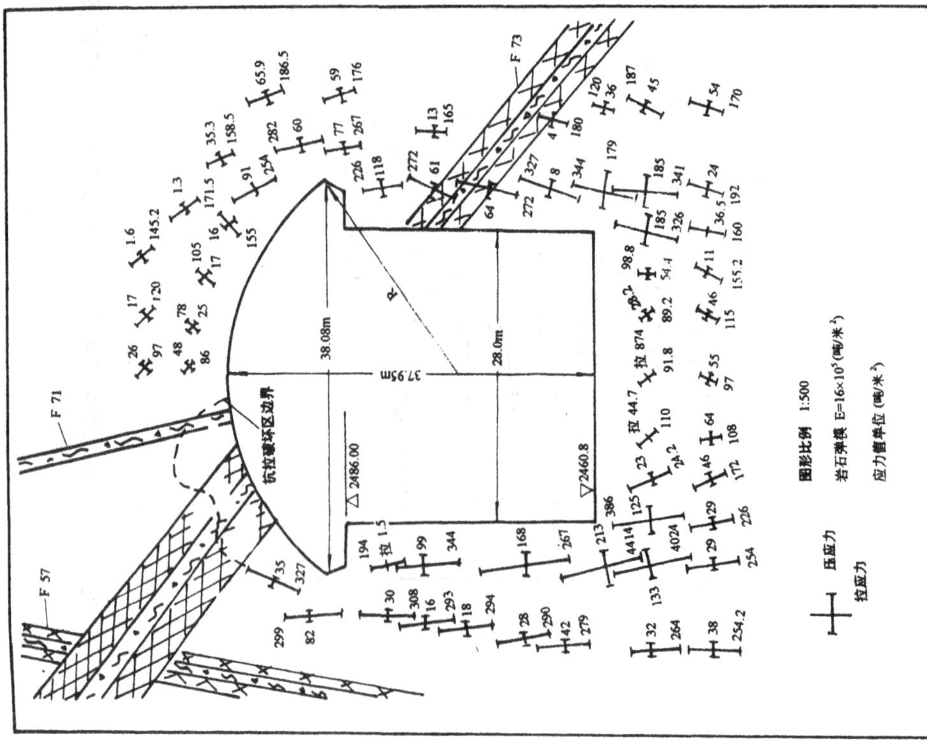

图 6—21—10 龙羊峡电站地下安装间开挖后的主应力分布图

跨度，高边墙的地下厂房结构设计及施工方法是合理的；原型观测表明，围岩稳定，衬砌等支护安全可靠，至今未发现异常现象；为了建筑物和设备的运行安全，以及为工作人员创造一个良好的工作环境，采用的一系列防护、排水、防潮、通风措施，都是行之有效的。

见刘家峡地下厂房横剖面(图 6—21—11)。

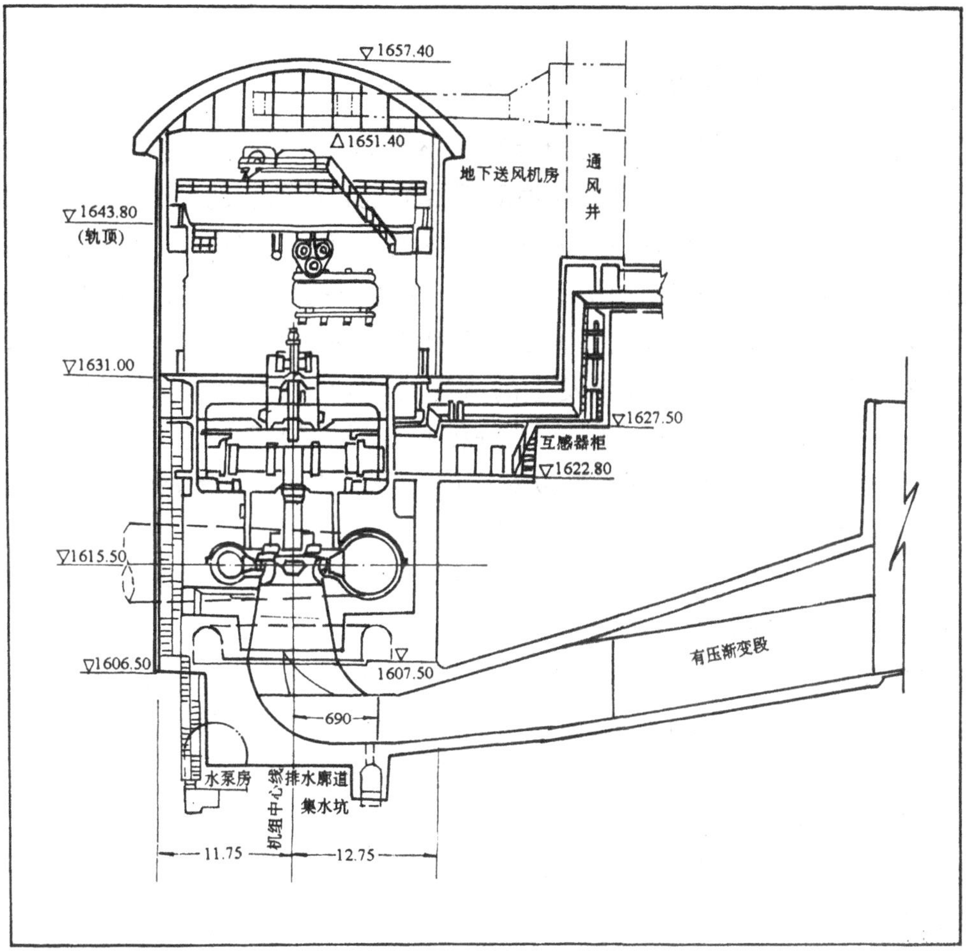

图 6—21—11　刘家峡地下厂房横剖面图

(四)拉西瓦水电站厂房

1987 年，河海大学在《拉西瓦水电站地下厂房围岩稳定计算》报告中，通过边界元计算，了解地下厂房顶部夹层弹性模量和泊桑比变化对围岩应力和变位的影响，确定破碎区的大致范围，探讨围岩稳定。分析结果表明：夹层弹性模量变化对中洞拱顶的垂直位移影响较大；应力集中程度随夹层弹性模量降低而增大；夹层弹性模量变化对拉应力影响不大，而夹层抗剪强度参数较小时，中洞拱顶有可能产生剪切破坏。

第二节　库岸边坡稳定分析

一、龙羊峡库岸边坡稳定分析

黄河龙羊峡水库近坝库岸分布着一系列100万～1亿立方米级的滑坡群。因此，必须研究为评价滑坡涌浪对工程的危害所面临的两个地质问题，即滑坡变形的过程和滑动机制。近坝库岸滑坡群位于黄河南岸，自坝前起向上游全长15.8公里，库岸由第四系中——下更新统湖相地层组成，相对坡高达300～500米，中、下部主要为粘土夹砂土。坡前滑坡密布，约占库岸长度的80%以上。由于1943年发生的查纳滑坡，距坝6公里，具有规模大(1.6亿立方米)，滑速高(大于15米每秒)，滑程远的特点见图6—21—12查纳滑坡剖面，黄河为之阻断，所以对库岸在施工和运行期的滑坡涌浪问题研究，成为龙羊峡工程重大的科研问题之一。

1985年《水力发电》第7期发表了庆祖荫写的《龙羊峡水电站近坝库岸滑坡涌浪问题研究》一文，指出：

(1)位于库水位淹没范围内的岸坡主要为粘性土，矿物成份以伊利石为主，土中含有大量的可溶盐类，成份以C_aCO_3为主。土层遇水易湿化，崩解速度很快，一般均小于2小时，水下稳定坡度小于10°。

(2)高速度滑坡是在蠕变——拉裂——剪断复合机制下形成的。在重力和残余构造地应力的作用下，岸坡自坡脚区前缘土体的强度破坏而开始的缓慢累进性破坏过程，是斜坡失稳的主要原因。

(3)高速滑坡失稳的瞬间，滑床或土体抗剪强度的下降幅度，控制了滑体位能转换为动能的量值，决定了滑速的大小，即取决于岩(土)体和滑床面上抗剪强度峰值和残余值的差值，差值越大，滑速越高。

(4)通过物理模型试验和数学模型计算，反复分析研究，在龙羊峡近坝库岸有可能发生高速滑动的不稳定部位主要有3个，即影响最大的农场边坡，其次是龙西、查纳边坡。

(5)不稳定块体涌浪预测成果见表6—21—2。

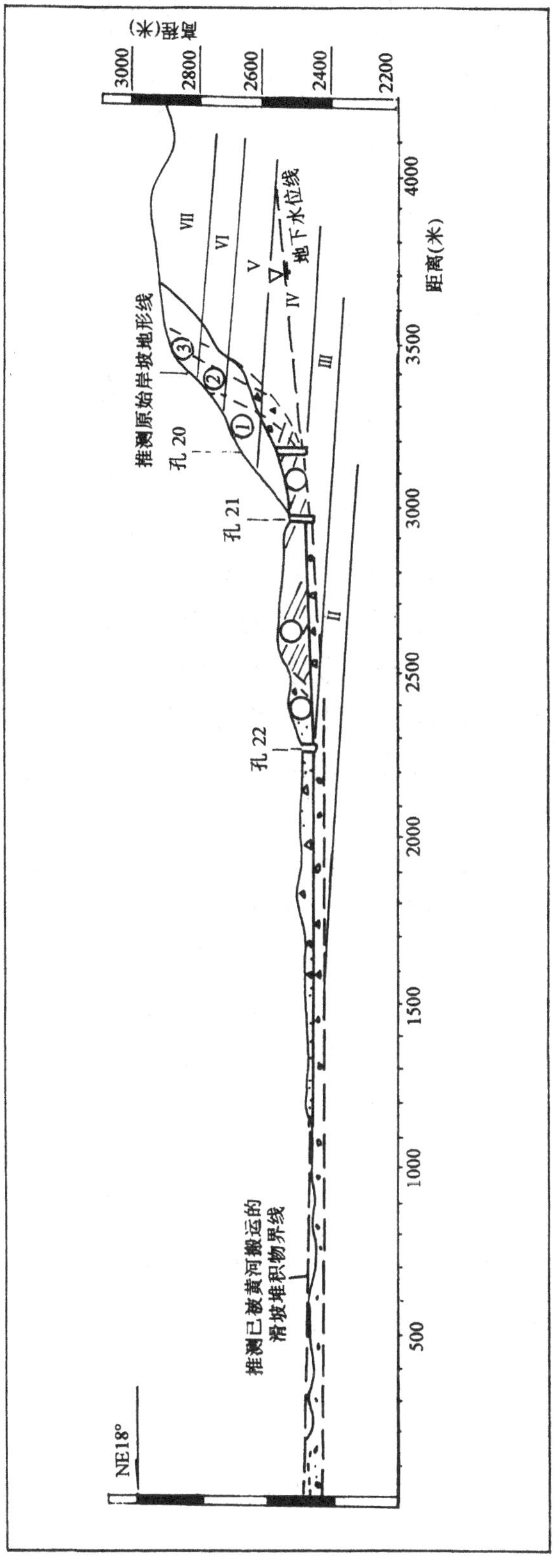

图 6—20—12　查纳滑坡剖面图

表 6—21—2　龙羊峡库岸边坡不稳定块体涌浪预测成果

边坡名称	距离大坝（公里）	下滑方量（万立方米）	入水滑速（米每秒）	失稳库水位（低于坝顶米）	坝前涌浪高（米）
农场	2.8	1076	16.0	30 10	16.2 12.8
		2142	22.0	30 10	26.0 22.0
龙西	3.8	1497	25.0	30 10	16.0 12.3
查纳	5.2	3511	35.0	30 10	16.5 15.0
		6927	38.0	30 10	25.0 22.0

1989 年，西北勘测设计院郭俊停在《龙羊峡电站近坝库岸边坡的非线性有限元分析》中，从分析查纳滑坡入手，进而对查纳现地形和农场作了平面非线性有限元的应力与稳定分析。数值分析表明：选用材料的参数与计算方法能合理地解释查纳滑坡的力学机理、验证了近坝岸坡在施工期正常条件下不致于滑坡，并得出高边坡在适用期随着库水位升高，局部破坏区逐渐增大，整体稳定性将逐渐降低的结论。

1990 年，西北勘测设计院在《黄河龙羊峡水电站近坝库岸破坏标准及安全预报方法》报告中，采用有限元的滑面抗剪强度增量法对查纳和农场两个剖面进行了计算，计算以 2530 米库水位（死水位）和滑面后缘无开裂时的沿滑动面总抗剪强度值为基数，然后分别求出不同库水位和后缘不同开裂度时的沿滑面总抗剪强度下降百分率，来评价今后滑动的可能性。分析表明：在库水位达到正常高水位时，仅地下水位上升，而坡顶未出现拉裂缝之前，安全系数大于 1，库岸是相对稳定的。但叠加地下水位拉裂到坡高一半时的结果，安全系数小于 1，在此情况下仍存在下滑可能。

二、李家峡库岸边坡稳定分析

李家峡坝址上游右岸 90 米和左岸 180 米处，分别有Ⅰ号和Ⅱ号两个大型深层岩质滑坡，其方量分别为 700 万立方米和 1850 万立方米。

1986 年，西北勘测设计院何启标等在《李家峡坝前岩质滑坡的特征与稳定性的研究》一文中，对滑坡体的地质背景、滑坡的形态特性和结构特征作了详细描述。采用传递系数法进行了稳定分析。根据初期监测资料说明两个滑坡沿着老河床向河床方向缓慢滑动，分析结论指出，Ⅰ号和Ⅱ号滑坡的形成，分别由拉张——压裂——滑移和顺层滑移——弯曲变形，进而累进性破坏而成滑坡。两滑坡发生时均不具备高速滑动的条件。

1987年，河海大学徐志英在《李家峡岩坡的应力计算和稳定分析》中，用平面应变非线性有限元法进行计算李家峡Ⅰ号滑坡，在计算中综合考虑岩体非线性不连续性的特点，无拉应力和超余剪应力的修正。分析结果表明，Ⅰ号滑坡体在枯水期和正常高设计水位下均是稳定的。由于分析没有考虑边坡透性及地下水的影响，分析结果可能不是最危险的情况。

1990年，西北勘测设计院黄家然在《黄河李家峡水库滑坡监测成果分析》中，叙述滑坡监测内容有：用简易桩量测裂隙的开合度以及裂隙两侧相对沉陷；布置大地测量变形点，量测各标点的水平和垂直位移；用钻孔测斜仪测量滑坡体的滑面位置，滑带厚度以及深部的滑体位移；用孔隙水压力计和测距线分别监测地下水和滑坡动态。通过监测资料分析，认为Ⅰ号滑坡体部分测点的加速变形，主要原因是工程施工触发滑坡体的敏感部位所致，因此滑坡体在蠕变过程中由于自身结构形态形成“拱效应”和上下游拱座应列入开挖“禁区”。Ⅱ号滑坡体目前仍处于稳定状态。

第二十二章　室内岩石试验

第一节　室内岩石试验测试技术

1975年，水电部规划设计院为加强技术管理和统一试验方法，组织黄委会、长办、西北勘测设计院和昆明勘测设计院的岩石试验研究单位主编岩石试验规程，分别负责室内岩石试验，岩体变形试验，岩体强度试验和岩体应力试验的编写，汇总成《水利水电工程岩石试验规程》于1981年颁发，在编写上述规程的基础上，黄委会、长办和昆明设计院的有关人员继续参加岩石试验方法国家标准的制定。

在规程编写过程中，为提高测试水平，发展新的测试技术，完善水工建筑需要的试验内容，在规程编委袁澄文的组织和指导下，黄河水利委员会勘测规划设计院科学试验研究所(以下简称黄委会设计院科研所)对室内岩石试验测试技术的发展作了下述工作。

一、新的岩石试样加工技术

为提高规程试样制备的精度标准，对试样加工技术进行了革新。1979年与北京人工晶体研究所协作，研制成用于钻取岩心试样的薄壁金钢石钻头。1980年与长春试验机厂协作，研制成磨平试样端面的磨石夹具。在此基础上采用金属加工的立式钻床，平面磨床和金钢石锯片切割机制备试样，显著地提高试样制备精度。用上述设备制圆柱体岩石试样，直径误差不超过0.1毫米，端面不平行度不超过0.02毫米，轴向偏差不超过10分，达到国际规程或建议方法规定的最高精度标准。中国水利学会岩土专业委员会于1984年在郑州召开全国性的岩石试样加工经验交流会议，推广上述试样加工技术。有关国家岩石试验圆柱体试样制备精度规定见表6—22—1。

表 6—22—1　　岩石试验圆柱体试样制备精度规定

资料来源		试样精度标准		
		直径误差（毫米）	端面不平行度（毫米）	轴向偏差
中国水利水电岩石试验规程		<0.3	<0.05	<0.25 度
国际岩石力学学会岩石试验建议方法		<0.3	<0.02	0.001 弧度
国际岩石力学局岩石试验方法标准		<0.05	<0.03	<0.05 毫米
美国材料试验学会岩土工程试验标准		<0.5	0.025	<0.05 度
加拿大采矿岩石试验规程		<0.025	<0.025	<0.025
法国地下工程协会地下挖掘量测试验		<0.1	<0.02	垂直
日本矿业规程		<0.1	<0.05	
德国土方和地基工程协会标准	较小变形岩石	±0.3	±0.02	±10 分
	中等变形岩石	±0.4	±0.05	±20 分
	较大变形岩石	±0.5	±0.1	±30 分

二、研究用高分子树脂胶测岩石密度的新方法

鉴于蜡封法在高温下封闭试样，引起试样含水量和体积变化的缺点，1983 年对高分子材料进行了研究，提出了用高分子树脂胶代替蜡封材料的新方法。推荐的高分子树脂胶，用工业用的聚氯乙烯树脂与环已酮按 2：8 重量比配合，涂抹在试样表面，采用水中称量法的试验程序测定岩石密度。由于高分子树脂胶在常温下封闭试样，能确保试样在试验过程中含水量和体积不变，测试精度优于传统的蜡封法。高分子树脂胶的试验方法，已列入水利水电工程岩石试验补充规程。岩石试验方法国家标准规定，在具备条件时可用高分子树脂胶涂抹法代替蜡封法。

三、研制电感式岩石弹性常数测定仪器

1983 年研制的岩石弹性常数测定仪，可测试样受载时的纵向和横向变形，并自动记录。研制的仪器测试简易，没有贴电阻片的烦琐工序，特别是对于粘土质岩石的测试，不受含水状态和试样受载隆起的影响，能测得试样破坏前的应力应变全过程曲线。试验方法已列入水利水电工程岩石试验补充

规程。

四、研制岩石膨胀性试验仪器

1984年研制的岩石膨胀性试验仪器，包括岩石膨胀率测定仪，岩石膨胀压力测定仪和岩石耐崩解试验仪，用于测定粘土质岩石的自由膨胀率、侧向约束膨胀率、膨胀压力和耐崩解性指数。试验方法已列入水利水电工程岩石试验补充规程和岩石试验方法国家标准。

五、研制岩石高压渗透仪

1985年与水科院仪器工厂协作，研制岩石高压渗透仪，用于测定裂隙和层片理岩石的渗透特性。高压渗透仪，可进行岩石纵向和径向渗透试验，其中径向辐合和径向辐射两种试验，能分别测定试样处于受压和受拉状态下的渗透系数。

第二节　室内岩石试验专题研究

在黄河干支流水利水电工程勘测中，室内岩石物理力学性质的大量常规试验，主要用于工程地质和天然建筑材料评价，并作为施工机械选择的依据。为解决岩石工程的某些特殊问题，探讨岩石强度变形机制及破坏准则，进行了一些专门研究。

一、编制坝址区岩层标准剖面图

1960年，黄河水利委员会勘测规划设计院实验室（以下简称黄委会设计院实验室）在《黄河干流小浪底水利枢纽地层岩性研究报告》中，叙述了地质勘测工作编制坝址区岩石标准剖面图，作为划分地层和统一岩石定名的标准。标准剖面试样，取自二迭三迭系地层的典型露头，通过岩矿鉴定，按岩石物质成分和组构特性划分岩石类型予以定名。标准剖面的每一岩层具有薄片、鉴定表和手标本，可供地质工作者现场使用。

1990年，黄委会设计院地勘总队在《黄河龙门水利枢纽舌头岭坝址区岩石薄片鉴定取样地层柱状图》报告中，说明对坝址区选定的二迭三迭系标准露头逐层取样，按小浪底标准岩层剖面图的编制方法，由黄委会设计院科研所提供的岩矿鉴定资料编制成图。

二、石膏夹层溶滤特性研究

60 年代初，水科院和北京设计院在龙门甘泽坡坝址勘测期间，对奥陶系灰岩中石膏夹层的溶滤特性进行研究，包括：石膏的水溶性试验，石膏夹层的溶滤试验，石膏在双向压力作用下的溶滤试验，以及石膏溶滤对岩体剪切强度和受载变形的影响。1982 年，水科院陈风翔和黄仁福在《坝基岩体中石膏夹层的工程特性研究》一文中发表了上述成果。指出：石膏在蒸馏水中的溶解度显著的大于黄河水中的溶解，而且在常温下石膏的溶解随温度升高而增加；在夹层的溶滤试验中，石膏与围岩的胶结状态对溶滤速度影响很大，说明只有在水流渗透时才产生石膏溶滤，而围岩压力的影响不显著；通过溶滤前后剪切和变形试验结果比较，石膏溶滤后的抗剪强度和变形模量均有不同程度的降低。

三、单轴和三轴压缩下岩石强度和变形特性的研究

1986 年，中国科学院地球物理所谷耀君在《黄河小浪底细砂岩单轴压缩蠕变性质的研究》中，提出了细砂岩的单轴压缩蠕变试验研究成果。试验用多功能三轴流变仪，采用梯级加载方式试验，按陈宗基的叠加原理和本构方程进行数据处理和常数拟合。研究指出：轴向应力达到单轴压缩强度的 60%时，轴应变、侧应变和体积应变偏离线性方向开始扩容，而且这种扩容随压力而增加，直到岩石破坏。试样开始扩容时的强度称为屈服强变。文中将陈宗基的岩石蠕变本构方程概化为单轴压缩下的关系式：

$$\sum_{ij(t)}=\sum_{oij+\sigma\varphi^{*}(t)+[g(\sigma_1)]t}$$

式中：$\sum_{oij}$为瞬时应变，$\varphi^{*}(t)$为随时间减速增加的函数，$g(t)$为轴间应力 σ_1 的函数。

1987 年，水科院叶金汉在《关于加载途径对岩石三轴强度的影响》一文中，提供了刘家峡石英云母片岩的三轴试验成果。在刚性试验机上进行三轴压缩试验，可以测定应力应变全过程线，获得峰值强度和残余强度，据此计

算岩石的剪切和弹性参数。报告提供的初步资料表明,加载方式对岩石强度有一定影响,以刘家峡石英云母片岩为例,用试验规程建议的常围压加载强度为 100%,则主应力按比例加载为 124%,卸围压方式为 86.7%,主应力和为常量加载是 68%,梯级加载是 90%。报告中列举其他岩石试验结果,总的趋势与石英云母片岩相似,即主应力按比例加载强度大于常围压强度,循环加载强度接近于常围压强度,其他加载方式均小于常围压强度。由此说明主应力按比例加载的大坝地基应力状态和反复(循环)加载的库岸边坡应力状态,采用常围压方式试验是偏于安全的,但处于卸围压状态的地下洞室开挖,用常围压试验则可能得到偏大的结果。

1988 年,武汉水利电力学院水利水电研究所在《黄河龙门水库岩石蠕变试验总报告》中,提出单轴压缩、三轴压缩和三点加载弯曲梁试验的研究成果。报告指出:粉砂质粘土岩在单轴和三轴压缩下具有显著的蠕变,蠕变量达到总压缩量的 30%左右,此时的单轴蠕变强度为瞬时加载强度的 70%~80%。

四、断层泥剪切强度特性研究

在块状岩石地区,断裂是控制岩体稳定的主要不连续面,断层泥是断裂岩中强度最低的组成物质,在某些特定组合下,断层泥可能成为断裂岩体强度最低的滑动面。

龙羊峡坝肩岩体的高倾角和缓倾角断裂分布较广,具有一定宽度而且普遍夹泥,构成不同规模、不同形式的坝肩潜在不稳定岩体。在勘测设计过程中,北京设计院、西北设计院、兰州大学和成都地质学院等对断裂夹泥作了大量试验研究。"七五"期间,以《龙羊峡水电站坝址断裂带的破坏准则和安全预报》为题,列入国家科技攻关《岩体力学测试及高坝坝基原位监测技术》项内。成都地质学院在 1989 年提交的《龙羊峡水电站水库蓄水后坝址断层带强度变化趋势及坝肩岩体稳定性预测》的专题研究报告中,综合以往试验资料分析,提出状态稠度指标与抗剪强度参数之间的关系。状态稠度指标是夹泥在非膨胀条件下饱和含水量(ωs)与塑性含水量(ωp)的比值,抗剪强度参数采用原状试样在直剪仪中测定的快剪强度。研究结果表明两者之间具有如下的关系式:

$$\mathrm{tg}\varphi = 0.27 - 1.5034\lg\left(\frac{\omega s}{\omega p}\right)$$

$r=0.91$

$C=0.685-4.65\lg\left(\frac{ws}{wp}\right)$

$r=-0.875$

报告论述水库蓄水后的部分断层带检测成果，证实其物理状态继续稳定在天然围压时的原始物理状态，夹泥强度也稳定在对应的物理状态下，说明地应力所产生的围压效应是控制夹泥物理力学性质的根本因素，只有正确取样试验才能反映夹泥的真实性质。

李家峡坝基岩体的顺层挤压、纵向及斜切河流的断裂发育，普遍夹泥，与不同临空面组成滑动块体，对拱坝坝肩产生影响。从1978年开展勘测工作起到1984年完成初步设计止，西北设计院对断裂夹泥的研究做了大量工作。"七五"期间，以《李家峡电站断层带的力学特性》为题，列入国家科技攻关《高坝坝基岩体稳定性评价及可利用岩体质量标准的研究》项内。课题在西北设计院主持下，成都地质学院和兰州大学参加协作，在1990年编写的《黄河李家峡水电站坝基岩体力学特性及参数取值研究》的专题报告中，列举了断层夹泥的抗剪强度研究成果，提出不同断裂组的稠度状态指标与抗剪强度参数之间的关系式：

对于顺层断层组：

$$tg\varphi=0.805-0.675\left(\frac{ws}{wp}\right)$$

对于纵向及斜切河流断层组：

$$tg\varphi=0.924-0.571\left(\frac{ws}{wp}\right)$$

五、软弱夹层试块的剪切特性研究

1990年，水科院在"七五"国家科技攻关的《土质防渗体高土石坝研究》课题中，提出陈愈炯的《夹层土力学性质研究》和陈风翔的《软弱夹层有效抗剪强度的试验研究》报告，采取小浪底坝址三迭系砂页岩地层的泥化夹层，研究夹层在三轴和直剪条件下的剪切特性。

陈愈炯的报告采用原状试样和重塑土试样进行三轴压缩试验。原状试样用黄委会设计院地质勘探总队专门研制的三层套管取样器取样，使试样中夹层层面与加载轴线的夹角保持30°～35°，接近估计的剪破面夹角$45°-\frac{\phi}{2}$。重塑夹泥土试样，用土工试验方法制备，控制密度接近夹层的天然密度。

在饱和状态下，试验获得全泥型泥化夹层的摩擦系数是：

原状试样排水剪　　　f＝0.29

重塑土试样排水剪　　f＝0.33

重塑土试样不排水剪　f＝0.34

陈风翔的报告，采用边长为20厘米立方体原状试样，在中型直剪仪上进行剪切试验，用刚性试验机的伺服系统控制0.002厘米每分的剪切速度。由于实测孔隙水压力很小，认为达到排水剪的要求。试验结果按破坏型式整理：

沿夹泥层破坏　　f＝0.26　　c＝0.04兆帕

沿接触面破坏　　f＝0.24　　c＝0.02兆帕

1991年，长春地质学院肖树芳在《泥化夹层的组构及强度蠕变特性》一书中，对小浪底坝址二迭三迭系泥化夹层的分布规律，组构特征，剪切强度及蠕变特性进行了较全面的研究。根据泥化夹层试块室内直剪试验结果，提出在某一夹层厚度内，抗剪强度随夹层厚度而增长的观点。指出泥化夹层的长期强度与瞬时强度之比，多数在0.7～0.8的范围内，这种时间效应主要表现在夹泥凝聚力的降低。根据蠕变试验加速蠕变阶段 η 随时间不断减小的特点，提出了用变 η 的牛顿粘筒与凯尔文—宾哈姆串联组合的蠕变全过程模型方程式：

$$\gamma_{12}=\frac{\tau}{Go}+\frac{\tau}{G\infty}\left((1-e-\frac{G\infty}{\eta_1}t\right)+\frac{\tau}{\eta_2}t(o,t_2)$$

$$\gamma_3=\gamma_{12}+\frac{\tau}{do}In\left(\frac{t_f-t_2}{t_f-t}\right)\quad(t_2,t_f)$$

式中：Go、G∞、η_1、η_2、do 为与泥化夹层结构连结有关的蠕变参数，可根据试验曲线求得。书中还列举了各阶段蠕变参数的计算方法和计算程序可供使用。

六、粘土质岩石水解性质的研究

1990年，黄委会设计院科研所阎政翔在《二迭三迭系地层粘土岩膨胀及崩解性能的研究》中，综合1986～1990年对小浪底和龙门舌头岭坝址粘土质岩石进行的膨胀试验成果，认为粘土质岩石的膨胀和耐崩解性，与粘土矿物类型、含量以及天然含水状态有关。三迭系的粘土页岩和泥岩，主要粘土矿物为伊利石蒙脱土混合层，遇水后膨胀率和膨胀压力较高，而耐崩解性较差。三迭系的粉砂岩和粉砂质泥岩的粘土矿物为高岭石和伊利石，具有较高的耐崩解性能，而膨胀率和膨胀压力较低。报告还列举岩块室内风化试验成果，指出将粘土质岩石置于露天或干湿交替状态下风化，一般3～6小时出现裂隙，2～3天左右裂隙发展迅速甚至贯通成碎块，但将天然含水量试样置于水下，历时4月之久，其抗压强度仍能保持在10～20兆帕的范围内。

1990年，黄委会设计院地质队在《黄河龙门水利枢纽舌头岭坝址粘土岩风化观测报告》中，指出大块试样观测结果：定期浇水试样，在20天内全部崩解；未浇水的自然风化试样，在40天内全部崩解；坑壁自然风化岩石，可维持70天左右。由此说明粘土质岩石在干缩湿胀状态下易于破坏，而坑壁试样与空气接触面积小，风化速度较慢。在施工中，基坑开挖和坝肩削坡最易使粘土质岩石遭受风化，应尽可能减少暴露时间，特别防止岩石含水状态干湿交替。

七、用声发射测地应力的研究

利用声发射的“凯基效应”测定地应力，国际上是70年代末发展起来的。“七五”期间，国家科技攻关《岩体力学测试及高坝坝基原位监测技术研究》项内，列入声发射技术在岩体和岩石测试中的应用课题，黄委会设计院科研所尹菲承担用声发射测地应力的研究。

1987年，石油勘测开发科学研究院张景和在《利用声发射 Kaiser 效应测地应力的新方法》一文中，叙述了用拉西瓦电站花岗岩试样进行的声发射试验。试样采用现场应力解除法（压磁法元件）钻取的岩心。声发射试验结果与现场应力解除法比较，两者的主应力大小及方向基本一致。

1989年，黄委会设计院科研所在《利用岩石声发射凯基效应测定岩体地应力研究报告》中，说明在小浪底坝址取三迭系砂岩试样进行的声发射试验，与现场的钻孔应力解除法试验结果比较，两者均反映以自重应力为主辅之以南北方向的构造残余应力，而且与构造应力场分析方向基本一致，声发射试验的地应力值大于现场应力解除法结果，认为现场测试的是实际存在的地应力值，而声发射试验获得的是该岩体所记忆的历史上最大的地应力值，如果考虑到黄河未形成前测点所处位置的覆盖厚度，用自重应力来估算垂直应力，则与声发射试验的垂直应力大体相符。

1990年，黄委会设计院科研所在《黄河龙门水库岩体地应力声发射测试报告》中，用坝址区砂质粘土岩的声发射试验结果与区域构造分析比较，地应力的最大主应力为北东—南西方向，倾角接近垂直，可反映地质历史上的最大自重应力；北西—南东方向的应力，倾角较缓，与北西西—南东东的构造应力方向基本一致。

八、不均质岩层抗剪强度参数计算方法的研究

在层状岩石地区的坝基，边坡和地下洞室稳定分析中，常遇到由完整岩石、裂隙和软弱夹层以及其它结构组成的复合滑动面，分析中的抗剪强度参数普遍采用面积加权平均法，但是按抗剪破坏机制分析，不同岩性的抗剪能力不可能同时充分发挥到最大限度，因而引起人们的质疑。近期在国内外的研究中，还提出了应力加权法和变形相容法等，但也未能为人们普遍接受，“七五”期间，国家科技攻关《岩体力学测试及高坝坝基原位监测技术研究》项内，列入不均质岩层抗剪强度值的选择课题。黄委会设计院科研所张晋云，承担具有粘土充填层面的综合抗剪强度研究。

1989年黄委会设计院科研所提出的《不均质岩层抗剪强度值的选择》专题研究报告中，说明用直剪试验和三维非线性有限单元法所做的研究工作，直剪试验用岩石和石膏夹泥试样，研究在不同充填面积、部位、岩层倾向情况下的剪切特性。有限单元法分析不连续夹层在剪切过程中的应力分布及剪切破坏机制。据此提出应力面积加权平均的综合抗剪强度参数计算方法。报告列举用两种不同抗剪强度和弹性参数的岩石和夹泥材料，按不同的分布部位和分布面积，在水平滑动条件下计算应力面积加权平均综合抗剪强度参数，并与传统的面积加权平均值进行比较（见图6—22—1），说明在上述条件下夹泥充填面积比值小于55%时，计算的综合强度参数小于传统的加权平均值，当比值大于55%时，则计算的综合强度参数大于传统加权平均值。计算采用的材料参数列于表6—22—2。

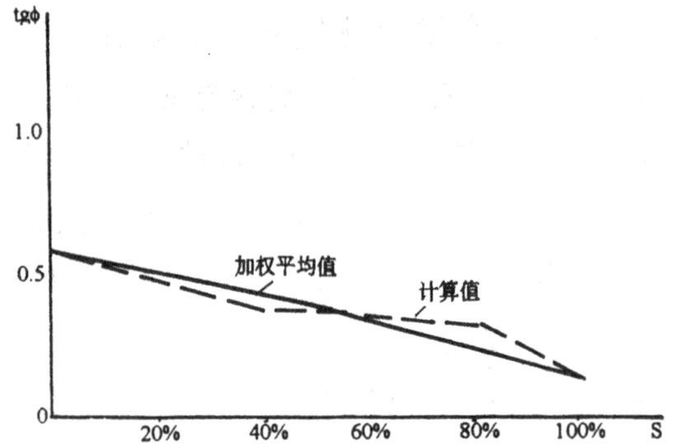

图6—22—1　计算值与加权平均值比较图

表6—22—2 计算采用材料参数表

材料名称	E kpa	μ	C	φ
岩　石	2.87×10^{7}	0.155	0	0.586
夹　泥	2.00×10^{7}	0.20	0	0.170

第二十三章　现场岩体试验

第一节　剪切试验

一、混凝土与岩石胶结面的剪切试验

在混凝土闸坝建筑物沿建基面的抗滑稳定分析中，混凝土与岩石胶结面的剪切强度是必须的计算参数。重力坝设计规范并列抗剪(纯摩)公式和抗剪断(剪摩)公式，可任择其一进行计算。因此在混凝土与岩石胶结面的剪切试验中，首先进行剪断试验，然后用同一试件重复剪切做摩擦试验。

混凝土与岩石胶结面的剪切试验，一般是在岩石面上浇筑边长40～60厘米的正方形混凝土块体，用直剪试验方法沿胶结面进行剪切。1956年，水力发电总局科研所在三门峡坝基做的混凝土与闪长玢岩胶结面剪切试验，是黄河水利水电工程建设中最早的现场岩体试验。50年代末，北京设计院在刘家峡、龙门甘泽坡和龙羊峡坝址分别做片岩、灰岩和花岗闪长岩的胶结面剪切试验。70年代，西北设计院在青铜峡和盐锅峡坝址做砂页岩和灰页岩的胶结面剪切试验。70年代，黄委会水科所在故县、军渡和天桥坝址做石英斑岩、砂岩和灰岩的胶结面剪切试验；陕西省水电设计院在石头河和黑河坝址做绿泥石云母片岩的胶结面剪切试验。80年代，西北设计院在李家峡和拉西瓦坝址做片岩、混合岩和花岗岩的胶结面剪切试验，并补充龙羊峡强风化花岗闪长岩的胶结面剪切试验；天津设计院在万家寨坝址做灰岩的胶结面剪切试验。上述试验是在岩石试验发展过程中，由不同单位组织试验的。测试技术中的岩面起伏差，混凝土块强度以及剪切方式等不尽相同，对试验成果的可比性可能产生某些影响。有关单位试验成果见表6—23—1。

表6—23—1　　**混凝土与岩石胶结面剪切试验**

工程名称	岩石		混凝土标号(兆帕)	抗剪断强度		抗剪强度		建议值	
	名　称	风化程度		f′	c′(千帕)	f	c(千帕)	f	c(千帕)
三门峡水　库	闪长玢岩	微风化		2.25	620				
		微风化		1.24	1270				
		弱风化		0.38	1630				
刘家峡电站	云母石英片岩	微风化		1.05	1130	1.03	110	0.75—0.8	0
	角闪片岩	微风化		1.40	1350	0.88	1000		
	构造块状岩			1.78	350	1.30	40		
龙羊峡电站	花岗闪长岩	微风化	17	1.05	800	0.88	340	0.70	520
		弱风化	17	1.28	600	0.80	400		
		强风化	17	1.60	610	1.0	70		
李家峡电站	片　岩	微风化		1.15	2120	0.88	600		
	混合岩	微风化		0.90	2000	0.88	500		
拉西瓦电站	花岗岩	弱风化	20	1.2	1000	0.95	0		
故县水库	石英斑岩	弱风化	17	1.57	1370	1.06	590	0.70	0
		微风化	15	1.09	1080				
		中等风化	20	1.39	1520	0.99	575		
青铜峡电站	砂　岩	弱风化		1.50	780	0.96	140		
	灰　岩	弱风化		1.25	900	0.88	200		
	断层岩			1.20	700	0.71	70		
盐锅峡电站	砂　岩			1.76	1600	0.70	20		
天桥电站	白云质灰岩		14	1.23	2740			0.5	0
	灰　岩	坚硬	17	1.52	1010				
	泥灰岩		17	0.75	310				
万家寨电站	灰　岩			1.35	951			0.7	0
军渡电站	砂　岩		14	1.59	1180	0.96	0	0.67	0
	粘土岩		9	1.08	270	0.91	150	0.55	0
龙门水库	白云岩		20	1.33	146	1.05	140		

以往的设计工作中，闸坝的抗滑稳定分析多数是采用抗剪公式计算，而用抗剪断公式校核选定的断面。但计算采用的抗剪参数或抗剪断参数，仍处于使用经验数据阶段，远小于混凝土与岩石胶结面剪切的试验成果。

二、岩体断裂结构面的剪切试验

岩体断裂结构是指岩体在构造作用下产生的破裂，包括断层带和影响带。断裂结构面的剪切强度，取决于断裂的产状、破裂程度、岩性以及充填物的类型。由于影响因素较多，正确测定断裂结构岩体的剪切强度仍是一个复杂课题。

(一)陆浑溢洪道闸基断层带剪切强度研究

1964年，黄委会设计院实验室在《伊河流域陆浑水库溢洪道闸基岩石试验报告》中，叙述在闸基断裂带的剪切试验，采用直剪法、崩落法、挤凸法和压碎法，试图通过不同试验方法探讨断裂岩体剪切强度指标。试验表明：在岩体强烈破裂到接近散体结构时，崩落法和挤凸法的试验结果与直剪试验接近，其中挤凸法在测试技术方面具有更多的优点。

(二)东庄坝址区断裂带剪切强度研究

1965年，黄委会设计院实验室在《泾河东庄拦泥水库现场岩石抗剪试验成果报告》中，叙述用直剪试验方法测定坝址区灰岩断裂结构面的剪切强度。试验在常规试验之后，改变垂直荷载进行单点摩擦试验，以探讨单点摩擦试验的适用范围。试验结果反映出只有当断裂面平整并具有一定厚度夹泥时，单点试验才显示出剪压力与正压力之间的线性关系，粗糙不平的剪切面，往往出现摩擦强度随摩擦次数而减小。

(三)龙羊峡坝肩断裂结构面剪切强度研究

1979年，西北设计院在坝肩花岗闪长岩地层，采用楔形体直剪试验测定夹泥的平缓断裂和直立断裂结构面的剪切强度，每个试件在常规剪切试验之后，进行不同荷载下的单点摩擦试验。据1986年编写的《黄河龙羊峡水电站技术设计》报告，指出单点摩擦试验的摩擦系数仅为常规直剪试验结果的75%～80%。

(四)小浪底左坝肩断层影响带剪切强度研究

1986年，黄委会设计院科研所在《小浪底水库 F_{236}、F_{238}断层影响带岩体现场三轴试验报告》中，用侧向等压三轴试验方法，研究坝肩断裂岩体在三向应力下的强度和变形性质。

三、岩体泥化夹层的剪切试验

岩体泥化夹层是指两个坚硬的或较硬的岩层中夹薄层粘土质岩石，在构造作用下产生剪切破坏，经地下水长期作用，形成结构疏松，粒间连结薄弱并保持原岩粘土矿物类型的层间夹泥，在黄河中游二迭三迭系砂页岩地层和寒武奥陶系灰岩地层中，这种泥化夹层分布较广。按其颗粒成份，大体上分为全泥、泥夹碎屑、碎屑夹泥、粉砂夹泥和泥膜五种类型，其中全泥型是剪切强度最低的泥化夹层。在层状岩石地区，泥化夹层是控制岩体稳定的最低强度面，剪切强度参数的选择，对水工建筑物的安全与造价影响很大，因此黄委会设计院科研所对泥化夹层剪切强度的研究给予充分的重视。

1980年小浪底坝址区试验时，针对以往泥化夹层剪切试验成果作了分析；主要问题与国内其他工程试验类似，即试验的剪切强度偏低，试样的承载能力较小，剪应力位移曲线上选取特征点困难。研究认为试样制备经过多次扰动、松动和浸水膨胀，改变了原来的结构状态，而且试样切割后缺乏侧向约束，承载能力削弱，据此提出限制夹泥膨胀的试样制备方法和防止夹泥受载挤出的措施。在1983年提出的《小浪底水库初设阶段现场抗剪试验报告》中指出，测试技术的改进，试样的法向承载能力由原来的0.3兆帕提高到0.8兆帕，接近于水工建筑物的设计应力水平；剪应力位移曲线反映出明显的特征点，克服了人为选点的偶然性；全泥型泥化夹层的摩擦系数由常规直剪试验的0.19提高到0.21。上述限制试样夹泥膨胀及防止试样受载挤出的措施，已作为软弱夹层剪切试验方法列入水利水电工程岩石试验补充规程。

“七五”期间，为进一步研究夹泥中孔隙水压力对剪切强度的影响，国家科技攻关《岩体力学测试及高坝坝基原位监测技术研究》项内，列入了岩体软弱夹层慢剪试验设备研制课题，由黄委会设计院科研所董遵德和袁澄文承担研制工作。在1988年编写的《岩体软弱夹层慢剪试验设备研制报告》中，说明研究的慢剪试验直剪仪采用电液伺服控制，具有孔隙水压力测试和数据自动采集处理装置，最大法向荷载1500千牛，最大剪切荷载600千牛，剪切速度可在0.025～25毫米每时内任意选择，能在潮湿环境内正常工作。

1988年编写的《黄河小浪底水库岩体软弱夹层现场慢剪试验研究报告》中，列举用研制的慢剪试验设备在坝址区进行试样尺寸为100厘米×100厘米的慢剪试验，是国内首次获得的泥化夹层有效应力剪切强度资料，使全泥型泥化夹层的摩擦系数由常规直剪试验的0.19提高到0.25。黄委会设计院设计一处在《提高泥化夹层的f值对小浪底水库左岸单薄山峰处理工程量的影响》报告中，指出用提高的摩擦系数分析，压坡高程由原来的262米，降到235米，减少压坡石碴方量约49%，获得了可观的经济效益。

1991年，袁澄文和董遵德在《岩体软弱夹层剪切试验若干准则的评述》一文中，全面总结了黄委会设计院科研所对泥化夹层剪切试验方法改进的经验。论文的要点如下：

(1)泥化夹层可以取样到室内或在现场进行原位剪切试验。室内试验必须采取不扰动夹层结构面的原状试样。

(2)泥化夹层宜采用直剪试验，使之沿预定的夹层面剪切，剪切破坏方向与原来夹层面保持一致。

(3)为增强试样侧向约束，防止试验过程中夹泥受载挤出，要在固结过程中采取封闭剪切缝的措施。

(4)为消除试验过程中孔隙水压力的影响，对于泥化夹层的法向固结稳定标准采用0.05毫米每时，用0.075毫米每时的初始剪切速度进行剪切，可获得有效应力剪切强度指标。

四、碎裂岩体的剪切试验

碎裂岩体是指外观完整，结构均一，隐裂隙短小且连续性差的岩体。这种岩体锤击塌裂，裂开面有铁锈，少数夹泥质薄膜。故县的石英斑岩和李家峡的混合岩与片岩岩体具有这种特点。

(一)故县坝基岩体剪切试验

1974年，黄委会水科所在《洛河故县水库坝基岩体试验报告》中，叙述在坝址区对石英斑岩所做的现场剪切试验，除沿倾向上下游缓倾角裂隙面剪切外，还做了碎裂岩体的直剪试验。岩体试验按地质工作提出概化的深层滑动面作为预定的剪切面，此面与水平面成20°倾角，制成50厘米×50厘米×30厘米的上部试样，使之沿垂直于坝轴线方向剪切。报告指出：这种试验强调模拟岩体受力条件，忽视了直剪试验的基本原理，强制切层试验，往往使岩体剪切破坏深入上部试样内，受钢筋混凝土保护壳约束，试验成果不反映岩体剪切特性。报告还列举未加钢筋混凝土保护壳边长为1米试样的比较试验成果，说明岩体在没有约束条件下受剪时，首先是找最薄弱的节理裂隙产生剪切变形，逐步剪损达到裂隙贯穿时破坏，其强度要比有保护壳的小的多。

（二）李家峡坝基岩体剪切试验

1983～1984年，西北设计院在坝址区做混合岩与片岩的直剪试验，试样面积为1600～2500平方厘米，推力方向模拟大坝拱端合力方向。试验表明：剪切试验并不在预定的剪切面剪断，其破坏面追踪裂隙与片理面组合面破坏，破坏面多数高出预定剪切面9厘米，最大的达25厘米，在1990年编写的《黄河李家峡水电站坝基岩体力学特性及参数取值研究》报告对此所做的评述认为：现场大型试验点的位置是严格地选择在建筑物的地基上，推力方向模拟大坝推力方向，得出的抗剪断强度值，基本能代表坝基下岩体的强度指标。

第二节　变形试验

一、承压板法变形试验

用承压板法测岩体变形，是通过刚性或柔性承压板，施加荷载于半无限空间岩体表面，测量岩体受载变形，按布西涅斯克表面受局部荷载公式求解。目前，用承压板法进行变形试验，已成为水工建筑中的常规试验方法。

60年代以前，北京设计院在龙门甘泽坡和万家寨，西北设计院在青铜峡，黄委会设计院实验室在小浪底、故县、陆浑、东庄、冯家山和碛口等工程做了大量变形试验。70年代中期以后，黄河上游的龙羊峡、大峡、李家峡、公伯峡和拉西瓦等水电站的变形试验，是西北设计院组织试验的。黄河中游以下的碛口、军渡、龙门舌头岭、小浪底和故县等水库的变形试验，先后由黄委会水科所和黄委会设计院实验室承担试验任务。此外，陕西省水电设计院在冯家山，石头河和黑河等支流水库也做了一定的工作。

用承压板变形试验方法做的变形试验：

（1）1983年，黄委会设计院实验室在《黄河北干流军渡水电站现场岩体抗剪强度及变形特性试验报告》中，叙述在坝址区砂页岩地层上，连续浇筑三块长100厘米、宽50厘米、厚30厘米的混凝土块，用分块加载和整体加载方式，分别测出岩体表面变形曲线，使之与理论计算曲线比较，论证层状岩体利用叠加原理的可能性。试验结果表明：实测曲线的影响范围远小于理论计算曲线。

(2)1989年，西北设计院在《李家峡顺河断层带岩体力学特性研究》中，叙述在坝址区断层岩的变形试验中，为防止试样开挖对原始应力状态的扰动，避免卸载回弹，以及夹泥的进一步泥化和受载挤出，采取预留岩层顶盖措施。试验时模拟围岩的应力水平循环加载以及抵销卸荷回弹的位移，求出天然和工程环境中的应力变形关系。报告指出，用上述改进和变形试验方法测得的结果与常规试验对比，断层岩的变形模量明显提高。

二、非常用的变形试验

(一)双筒法试验

50年代末，水科院在三门峡水库和刘家峡电站用双筒法变形试验，分别测定闪长玢岩和石英片岩的弹性抗力系数。按1959年编写的《黄河刘家峡水电站野外岩石弹性抗力系数试验报告》说明，双筒法变形试验，是在分块混凝土衬砌的竖井内进行。衬砌后的竖井直径为1米，深度为直径的1.5～2.0倍。竖井与钢筒之间安装环形橡皮囊，两筒之间的环形段井壁安装测表。用水泵向橡皮囊内施加压力，测岩体径向变形。用弹性理论中的文克尔假定求弹性抗力系数。

(二)狭槽法试验

1976年，水电部第四工程局设计院在《黄河黑山峡坝址用静力法与声波法测定静动弹性模量的初步分析》报告中，叙述用狭槽法变形试验测定石英砂岩的变形性质。狭槽法变形试验，是通过埋没在岩体狭槽中的液压钢枕，对狭槽两侧岩体施加压力，在狭槽两侧中心线的表面测岩体受载变形。按均质、连续、各向同性的无限弹性板内有限长狭槽的平面问题，求解弹性参数。

(三)径向千斤顶法试验

1991年，黄委会设计院科研所在《黄河小浪底水库围岩径向变形试验研究报告》中，叙述用径向千斤顶法变形试验测定坝址压砂页岩地层的弹性性质。径向千斤顶变形试验，是在岩体内开挖一个直径约2.3米的圆形试洞，两端的开挖长度约为试验段的2～2.5倍。试验段用混凝土衬砌成直径为1.93米的内接正12边形，长度不小于2米。用24个尺寸为40厘米×85厘米的钢枕，分两排插入钢支架与混凝土衬砌之间。用水泵向钢枕内施加压力，在不同断面用电测元件测岩体受载的半径向变形。试验结果，按文克尔假定计算弹性抗力系数，用拉梅公式计算变形模量和弹性模量。径向千斤顶试验能反映试洞受载变形的各向异性特征，为小浪底地下洞室最终设计提供了资料。

三、岩体压缩蠕变特性的研究

岩体压缩蠕变，是指岩体在受载状态下变形随时间而发展的规律，据此用蠕变模型拟合蠕变参数，为水工建筑物设计提供岩体在长期荷载下的变形资料。

（一）用承压板试验研究岩体蠕变特性

1.1989年，黄委会设计院科研所在《黄河龙门水库现场岩体蠕变试验报告》中，叙述在舌头岭坝址二迭系钙泥质粉砂岩地层，采用最大荷载下长期蠕变观测和逐级循环长期加载观测两种方法的蠕变试验。前者在刚性承压板常规变形试验之后，再将压力加到最大级进行长期观测，持续时间达到变形相对稳定；后者用逐级循环长期加载，每级荷载下的蠕变观测分别为N加1天（N为加载级数），每级荷载到规定观测时间后退荷至零，稳定24小时。用上述试验结果，绘制不同荷载下的蠕变变形与时间的关系曲线，按格立奇(Griggs)的经验式拟合常数。试验结果表明：考虑时间效应的蠕变变形，钙泥质粉砂岩地层的瞬时变形模量约降低30％左右。

2.1990年，黄委会设计院科研所在《黄河小浪底水库岩体蠕变试验研究报告》中，叙述在坝址区三迭系粉砂质粘土岩和钙泥质粉细砂岩地层，采用刚性承压板的逐级循环长期加载法进行蠕变试验。加载过程与上述龙门水库采用的第二种方法相同。根据实测资料绘制出各级压力下承压板压入量与时间的关系曲线。这些曲线与半无限空间局部受载时的纳卡穆拉(Nakamura)模型的理论曲线极为吻合，因此采用朗格尔(M.Langer)推导的半无限空间受载条件下纳卡穆拉模型的本构方程拟合蠕变参数。试验结果表明：粉砂质粘土岩和钙泥质粉细砂岩地层，蠕变变形占总变形的25％～35％之间，平均约为30％。

（二）用径向千斤顶试验研究岩体蠕变特性

1991年，黄委会设计院科研所在《黄河小浪底水库围岩径向变形试验研究报告中》,叙述在坝址区三迭系的钙硅质粉细砂岩和钙泥质粉细砂岩地层进行径向千斤顶变形试验时,也进行了蠕变观测。首先用变形试验取得计算弹性抗力系数,变形模量和弹性模量的瞬时变形资料,然后用中间数级荷载进行长期蠕变观测,每级荷载持续时间7天。实测资料同样符合纳卡穆拉模型在径向受载情况下的理论曲线,按郎格尔推导的钻孔受压条件下纳卡穆拉模型的本构方程拟合蠕变参数。试验结果表明:硅钙质粉细砂岩的蠕变变形为总变形量的25%～30%,而钙泥质粉细砂岩只有20%～25%。较坚硬的硅钙质岩石的蠕变小于钙泥质岩石,主要是高角度裂隙引起的。

四、岩体变形参数的动静关系研究

变形参数的动静关系,是指动力试验的弹性波速和静力试验的应力变形,通过计算和相关分析,建立两者之间的关系式。目前水工设计中采用静力试验成果,测点有限,成果一般较分散,期望通过与高效、迅速而且代价低的动力法建立关系,克服参数取值的偶然性。因此,尽管这种分析在理论上和实践上均存在一些问题,但仍为人们所采用,并不断探索新的分析途径。

(一)建立动静弹性模量的相关关系

1.1978年,第四工程局设计院在《岩体弹性模量静、动对比统计方法的初步探讨》一文中,叙述在黑山峡坝段石英砂岩地层进行的动静弹性模量关系研究。静力法采用狭槽法,据此测定应力和变形关系;动力法采用声波测定仪,在静力试验埋设测表的轴线上,安装换能器测定岩体受载状态下的纵波和横波速度。用上述试验成果计算动、静弹性模量和泊桑比,并用几何级数法,待定系数法和牛顿向前插值法进行相关分析,最后推荐牛顿向前插值法建立的经验式如下

$$E_s=0.35+0.49E_d-0.0094E_d^2+0.00053E_d^3$$

式中 E_s 和 E_d 分别为静力和动力弹性模量。

2.1980年,西北设计院在《龙羊峡高坝岩基变形特性试验研究初步总结》报告中,对龙羊峡坝基花岗闪长岩,用动、静法测定岩体变形参数进行了对比分析。静力法采用刚性承压板,动力法用岩体波速仪。测试结果,绘制纵波速度与动力弹性模量,静力弹性模量与动力弹性模量的关系曲线,用牛顿向前插值法建立花岗闪长岩动静关系的经验式如下:

$$E_s=0.124E_d+0.122E_d^2+0.041E_d^3+0.007E_d^4$$

式中 E_s 和 E_d 分别为静力和动力弹性模量。

(二)地质综合系数法

1983年,东北设计院科研所和黄委会设计院实验室用严克强提出的"地质综合系数法"对小浪底坝址区砂页岩地层进行了变形参数动静关系的研究。在《层状坝基岩体变形模量的选择》报告中,对三迭系粉细砂岩地层提出如下的关系式:

平行层面时　　$Rm=1.159\times10^{-6}e^{\frac{17.5079}{K}}$

$r=0.9319$

垂直层面时　　$Rm=1.847\times10^{-5}e^{\frac{12.5029}{K}}$

$r=0.9578$

式中 Rm 为地质综合系数,根据承压板变形试验受载范围内岩体波速和应力分布求得;K 为模量比,是岩体静力变形模量与岩心弹性模量平均值的比值。报告指出:小浪底二迭三迭系地层接近水平层状,应力分布类似均质岩体,且承压板变形试验的应力变形曲线约50%为直线,非线性曲线以割线代替误差不大,因此用地质综合系数法建立的关系式,具有良好的相关性。

第三节　地应力测试

在黄河水利水电建设中,地应力测试是在80年代发展的,主要测试手段是钻孔应力解除法和水压致裂法。近年来,声发射法和岩组法作为地应力测试的补充手段也在发展中。

一、龙羊峡坝址区

1985年,西北设计院用钢环式元件的钻孔应力解除法,在坝址区做三孔交会的地应力测试。按《黄河龙羊峡水电站技术设计》工程地质报告提供的成果:实测垂直主应力与上覆岩层计算自重应力之比为1.38～3.88。绝大多数测点的比值大于2;水平主应力平均值与垂直主应力之比为0.58～1.86,平均值约为1;说明地质构造的影响是不可忽视的因素。

1989年,天津大学马启超等在《龙羊峡水电站坝区断裂带特征分析》中,用钻孔应力解除法资料，通过三维地应力场回归分析，对龙羊峡电站坝区断裂带最大主应力方向、倾角、应力大小、残余构造应力以及剪应力等因素与断裂产状进行了论述，说明地应力特征与区域构造应力有密切关系。文中用水平主应力和垂直应力的比值同最大水平主应力倾角建立相关图，据此可划出中陡倾角压扭性断裂和陡倾角张扭性断裂的地应力特征，并得出相应的判别准则。

1990年，国家地震局地壳应力研究所丁健民等在《龙羊峡水电站水压致裂应力测量》中，叙述在左坝肩4个100米深的钻孔中，用单孔水压致裂法进行的地应力测量。测量结果表明：在所测范围内的最大主应力为近南北向的水平主应力，最小主应力为垂直主应力，两个水平主应力和最大剪应力具有随深度而增大的趋势，通过对坝基所做的稳定性分析，认为在不考虑孔隙水压力作用时，坝址区附近较完整的岩体基本处于稳定状态，而 F_7断层则有活动的趋势，如该断层继续活动，则浅部为逆走滑型，深部为右旋走滑型。

二、拉西瓦坝址区

在坝北区的地质勘测过程中，勘探钻孔发现饼状岩心，老勘探平洞产生新裂隙及剥落现象，新平洞开挖有爆裂声，而且两岸岩体卸荷裂隙发育，这些现象均属于高地应力的反映。对坝址区地应力研究包括：1983～1985年西北设计院和地壳应力研究所分别用钢环式和压磁式元件做的三孔交会钻孔应力解除试验；1985年天津大学水利系用有限元和边界元进行的平面地应力场回归分析；1988～1989年地壳应力研究所做的单孔水压致裂试验。

三、李家峡地下厂房区

1985年，地壳应力研究所用空心包体式应力计元件，进行单孔应力解除法的全应力测量。测量地点在计划地下厂房区，河谷宽度为120米，两测点分别距边坡73米和107米，因此其中之一处于卸荷带内，另一测点也可能受卸荷影响。丁旭初等在《黄河上游李家峡水电站地应力测量及地下厂房设计中有关问题的研究》中，详细叙述了空心包体元件测地应力的方法。将地应力测试结果按平面应力状态分析，得到最大应力为北东60°和北东73°的水平主应力，垂直主应力为中间主应力，其值与用上覆岩层计算应力较接近。据此，认为在上述地应力特征下，地下厂房的长轴与最小水平应力方向平行，布局不够理想，但应力状态对于层理和顺层断层的稳定性是有利的。

四、小浪底地下洞室区

1981～1982年，水科院，中国科学院武汉岩土所和黄委会设计院实验室分别用压磁式和钢环式元件，在计划导流洞附近做了三孔交会的钻孔应力解除法地应力测试。1989年，黄委会设计院科研所在《黄河小浪底工程地应力测量总结报告》中，综合了上述测试成果。指出用不同测试方法实测三个主应力值较为接近，但应力方向有一定差异。地应力的主要特征是实测垂直主应力与上覆岩层计算应力较接近，两个水平主应力不等，其中反映构造残余应力的南北向水平主应力，与构造应力场分析方向基本一致。

1991年，地壳应力研究所在《河南小浪底水利枢纽工程地下厂房水压致裂应力测量报告》中，叙述在计划地下厂房附近用水压致裂法进行单孔地应力测试。测试报告的主要结论是：最大水平主应力为北58°～74°东，平均方向为北68°东，受区域构造应力场控制；水平主应力随深度变化不明显，不存在随深度而增大的普遍关系；垂直主应力用上覆岩层厚度计算，在孔深100米以内，垂直应力小于最大水平主应力，深部则介于两个水平主应力之间。

第四节　渗流试验

岩体渗流试验，主要研究断裂破碎和水稳性较差岩体的渗透性，在此不涉及地质勘探中常规的抽水和压水试验。

一、陆浑左坝肩岩体渗流试验

左岸坝肩的冰碛粘土质砂砾岩覆盖在第三系红色粘土层之上，并与安山玢岩中的断层带垂直接触，这些地层构成对坝肩的渗透稳定问题，设计中曾采用包山方案的防渗措施。

1960年，黄委会水科所在《陆浑水库左岸砂砾石岭渗流问题的研究》报告中，采用扰动的砂砾岩进行室内管涌试验，并在现场开挖竖井进行原位渗透试验。室内管涌试验测得的平均渗透系数为1.8～12.8米每昼夜，临界坡降在0.44～1.15之间。在竖井试验中，由于上下游水位差有限，只能观测到渗透坡降在3～4.2之间的洞壁渗流状态。

1963年，陕西工业大学在《陆浑水库断层破碎带渗透稳定试验研究》阶段报告中，说明采用扰动的断层破碎岩石，按非粘性土管涌试验方法，测得的破坏坡降在2～5之间。

1964年，黄委会设计院实验室在《陆浑水库坝肩冰碛砂砾石层及断层破碎带的渗流稳定问题的研究》报告中，叙述在现场用垂直渗透，水平渗透和接触冲刷三种方法的原位试验，研究断层破碎带、冲碛砂砾岩层、断层与砂砾岩接触以及砂砾岩与下卧第三系红色粘土层接触四类地层的渗透性。原位试验的试件尺寸为60厘米×60厘米×60厘米，两端具有过水坑道，周围用膨胀性的钢筋混凝土密封。试验结果表明：对于四周封闭好的试样，试验坡降到30尚未出现渗透破坏现象，即使外壳破裂无法继续进行试验的试样，试验坡降也在5以上。1965年袁澄文和杨静熙在《现场研究断层破碎带和粘土质砂砾岩渗透变形的初步经验》一文中，全面总结了现场渗透试验的经验。认为断层破碎带和粘土质胶结的砂砾岩地层，具有明显的结构特征，在研究这类岩石的渗透特性时，最基本的原则是不应破坏它的结构，否则会歪曲其真实特性。用不破坏结构的原位试验表明，断层破碎带和粘土质砂砾岩具有较高的抗渗能力，完全可以简化坝肩的防渗措施。在测试技术方面，采用单向渗流试验计算结果准确，然而试验的成败关键在于制件技术的好坏，如处理恰当，至少可承受30～40坡降的水头压力。

1964年，黄委会设计院编制的《陆浑水库技术施工设计》报告，采用上述原位试验结果，修改原设计方案获得了显著的经济效益。

二、故县左坝肩断层带渗透试验

1984年，黄委会设计院实验室在《洛河故县水库 F_5断层渗透变形试验》报告中，对左坝肩断层破碎带的渗透特性进行了研究。试验包括断层填充物的化学管涌和破碎带的渗透变形特性。渗透变形试验分为取原状试样和原位试验。原状试样尺寸为30厘米×30厘米×30厘米，分垂直断层和平行断层取样，在渗透试验槽内用垂直渗透试验方法进行试验；原位试验的试样尺寸为110厘米×110厘米×50厘米，分垂直断层和平行断层两种情况制备试样，用水平渗透试验方法进行试验。试验结果表明：试验的最大坡降达到80，裂隙出现混水的最小坡降一般在15左右，即使是贯穿整个试样的裂隙，出现混水的坡降也超过7。

三、李家峡坝肩断层带渗透试验

1989年，西北设计院在《李家峡顺河断层带岩体力学特性研究》中，用室内高压渗透试验和现场管涌试验对断层带岩石的渗流特性进行了研究。

室内高压渗透试验是在高压渗透仪和改装的三轴剪力仪上，用断层泥和断层角砾岩原状样做试验对比，试验结果说明围压对断层泥和角砾岩的渗透性起控制作用。

现场管涌试验，在两岸出露的断层带内开挖平洞。为防止断层带的松驰卸载，断层带以上预留约10米厚的岩层。试验采用单孔压水和孔槽观测方法。钻孔垂直断层走向，观测孔与压水孔间距均为2米，观测槽与压水孔的间距(即渗径)为2.92～6.20米之间。试验结果表明：断层带的渗透破坏坡降在11.55～20.27之间，相应的临界坡降为4.62～6.94；渗透破坏形式表现为断层影响带中泥膜的带去及其断层岩接触面冲刷，而断层泥及泥质角砾充填部分多不透水，甚至仍保持试验前的状态。

四、小浪底左坝肩岩体渗透性研究

1990年，黄委会设计院，中国地质大学和黄委会水科所在《黄河小浪底水利枢纽工程左岸单薄分水岭裂隙岩体渗流及工程水文地质研究》报告中，详细论述了单薄分水岭的水文地质条件，研究了岩体的层状、带状和壳状三种渗透结构特征及其空间分布规律，提出了确定渗透张量的隙宽类比法。据此，用三维稳定流有限单元法对水库蓄水后单薄分水岭中的地下水渗流状态进行了预测，对各向异性渗透介质中“以沟代井”和“上层滞水”现象提出了计算模拟方法，对渗控工程的设计方案作出了评估。

第二十四章　原位监测

第一节　混凝土坝基监测

早期坝基监测，主要是测定坝基渗透情况，了解防渗帷幕和排水的效果，并校核设计采用的扬压力计算图形。随着岩石力学测试技术的发展，坝基监测深入岩体内部，研究库水位作用下包括坝肩在内的岩体性态，为工程安全运转提供可靠信息。

一、青铜峡坝基监测

坝基岩体为砂页岩、灰岩和薄层灰页岩，以及断层带。岩石破碎，透水性大，地质条件复杂。据西北设计院编的《青铜峡水利枢纽工程水工建筑物观测设备布置设计》报告，在坝基内除设置帷幕灌浆外，并在帷幕后面铺设排水设备，目的是降低坝底扬压力，减少坝基和坝肩渗漏水量损失，防止岩溶继续加剧引起岩石破坏和断层带的集中渗流。1959年，施工单位根据设计要求，在典型坝段内布置测压设备，监测坝基扬压力变化及分布情况。测压的布置原则是：在防水帷幕与排水设备间以及排水下游，观测防水帷幕和排水设备的效果；沿整个坝基底部轮廓布置测管，了解排水设备后的扬压力分布情况。

二、盐锅峡坝基监测

坝基主要为白垩系砂岩，其中分布多层软弱夹层，岩体透水性不均一，并有局部裂隙承压水呈脉状或舌状分布。按西北设计院1961年编制的《黄河盐锅峡水电站技施设计书》，坝基防渗处理采取“堵排结合”的原则。溢流坝在上游坝踵灌浆廊道设水泥灌浆帷幕，而在灌浆廊道下面设倾向下游的排水孔幕，左岸的挡水坝设有宽缝和贯通宽缝的基础排水廊道。工程于1961年初步建成，1964年汛后淤积厚度达18米，形成良好的天然铺盖。

1982年，武汉水利电力学院王柏源在《盐锅峡大坝坝底扬压力原型观测成果分析》中指出：

(1)用垂直排水形式降低坝底扬压力，运用初期效果极为良好，但排水效率有逐年降低的趋势。因受峡谷地形影响，两岸坝段的排水不够充分，渗压系数明显地呈现由河床向两岸坝段增大的趋势。在采用垂直排水过程中，曾造成排水孔前沿地基的渗透比降增大，一度出现坝基内软弱夹层的渗透变形现象。

(2)坝基灌浆之后，单位吸水量从0.01升每分降到0.005升每分。灌浆帷幕，在排水效率高的河床段降低坝底扬压力作用不太明显，而在两岸坝段则比较突出。

(3)泥沙淤积形成的坝前淤积层，使坝基渗漏量从天然河床的80～100立方米每昼夜降到淤积后的2.2立方米每昼夜，防渗效果显著。在灌浆帷幕前的测压孔实测渗压系数从0.46～0.90，说明淤积层的降压作用尚有待进一步研究。

据此所做的结论是：坝基排水是控制坝底扬压力的根本措施，在透水性弱的裂隙岩体中，排水对降低压力依然获得良好效果。灌浆帷幕对降低渗压力具有一定作用，但“只堵不排”或缺乏合理排水措施，则整个坝底扬压力分布不好。上游淤积层的隔水作用，对减小坝基渗漏量效果极为显著。淤积层与混凝土坝的接触面是传递渗压力的通道，若能改进两者之间的结合，可取代一部分帷幕的降压作用。

三、刘家峡坝基监测

坝基主要为前震旦系云母石英片岩，层面裂隙和顺层构造挤压破碎带发育，岩石中有裂隙潜水和脉状承压水。1968年，北京设计院等在《黄河刘家峡水电站混凝土原型观测资料初步分析》报告中，说明在大坝基础处理时，采用“闭路式抽水减压排水系统”。具体的布置是：靠近坝踵处设置深孔水泥灌浆帷幕，大部分基岩进行固结灌浆，在灌浆帷幕下设置三条纵向排水孔幕和两条横向排水孔幕，所有河床地基渗水均汇集到最低高程的集水井内，用水泵排至下游。为监测减压措施效果，埋设测压管和渗压计观测扬压力。

1987年，天津设计院赵志仁在《刘家峡混凝土重力坝扬压力的观测研究》中作如下分析：

(1)帷幕前的扬压力,按1972～1976年实测资料,渗压系数在0.73～0.88之间,平均为0.83。设计时采用0.7,过高地估计淤积层的防渗效果。

(2)在库区淤积厚度达50米的天然铺盖防渗作用下,实测坝基总渗漏量很小,每昼夜仅13立方米。帷幕前的渗压力并没有明显的减少,主要原因是库水沿渗透阻力较小的淤积层与混凝土坝接触面渗入坝基。

(3)实测坝基扬压力分布面积图与设计采用面积图之比为0.55左右,说明坝基的减压措施非常有效。渗压系数部分出现负值,可能是抽水削减了部分浮托力所致。

分析结论指出:"闭路式抽水减压排水系统"对刘家峡坝基是非常有效的。运行期实测扬压力为设计值的55%,偏于安全。坝前淤积层可减少渗漏量,但不一定能降低坝基扬压力。将观测孔与排水孔分开是合理的。

四、三门峡坝基监测

坝基为侵入石炭二迭系和石炭系岩层之间的中生代闪长玢岩,岩性坚硬完整。设计考虑坝前淤积防渗作用,基本没有作深层帷幕灌浆。坝基监测是50年代布置的,但在改建和扩建中监测设备绝大部分损毁。1990年,黄委会防汛自动化测报计算中心编制《三门峡水利枢纽大坝安全监测系统更新改造初步设计》。对于坝基监测,除将原有测压装置改为自动观测外,在坝基下增设多点位移计观测坝基岩体变形。左岸排沙洞出口处埋设测斜管,观测冲刷坑附近岩坡稳定。

五、故县坝基监测

坝基岩体为下震旦系石英斑岩,覆盖在辉绿岩之上。两层之间的接触部位有强烈风化带,并有两条较大断层分别横切河谷和顺左岸坝肩通过。根据1990年黄委会设计院编制的《洛河故县水库工程大坝原型观测设计简要说明》,坝基监测包括:埋设在基岩与混凝土坝接触面的渗压计,进行坝基扬压力观测;在上下游灌浆廊道的排水内设置量水堰,测定下渗到基岩的渗漏量;在两岸山体内布置钻孔进行绕坝渗流观测;用测缝计和多点位移计观测基岩变形。

六、龙羊峡坝基监测

坝基主要为印支期花岗闪长岩，岩体经多次构造运动，断裂发育，致使两岸坝肩的深层抗滑稳定性较差，拱端附近断层交汇带有可能产生较大的剪切和压缩变形，坝区北东向张扭性断裂易于形成渗水通道。据此，为做好坝基动态预报，确保大坝安全，从1979年坝基开挖起，由西北设计院组织原位监测。“七五”期间，考虑到坝基地质条件复杂，并为发展复杂地基原位监测取得经验，国家科技攻关《岩体力学测试及高坝坝基原位监测技术研究》项内，列入高坝坝基原位观测网布置课题，由西北设计院承担。在1990年提出的《龙羊峡坝基原位观测网布置》报告，说明坝基监测内容：

(1)以正倒垂线为主骨架的变形观测系统，宏观控制坝基、坝体和坝肩岩体的工作状况，并用多点位移计等仪器微观测试岩体主要断裂的变形及其发展趋势。

(2)用大地测量法将地表与地下变形监测系统联成整体，组成三维空间变形控制网络。

(3)根据岩体脉状渗透特点，用棋盘式布置绕坝渗透观测系统；按排水幕设计，分层布置渗透观测点，其中主要断层带埋设深部渗压计，观测岩体不同高程的渗压力。

(4)用强震台测地震动力反映，用微震台测水库诱发地震。

(5)在水科院协助下，研制龙羊峡大坝安全监测微机数据处理系统。

报告指出：龙羊峡的坝基监测，目前已建立起比较完整的观测系统，对了解蓄水过程中的岩体性状和大坝工作状态将提供可靠的资料。

第二节　地下洞室监测

按地下洞室监测目的，可分为三个时期：

一、监测山岩压力

测定山岩压力，为地下洞室设计或检验设计参数而进行的试验。

(一)故县导流洞山岩压力监测

1959年,黄委会水科所在《故县水库山岩压力试验报告》中,采用土压力盒监测导流洞的山岩压力。压力盒安装在木支撑上,岩体压力由支撑传给土压力盒,从而求得断面的山岩压力分布。

(二)陆浑导流洞和泄洪洞山岩压力监测

1.1960年,黄委会水科所在《陆浑水库隧洞山岩压力试验报告》中,采用土压力盒监测导流洞的山岩压力。

2.1962年,陆浑水库地下建筑物施工研究组在《伊河陆浑水库泄洪洞施工期间山岩压力试验报告》中,除采用土压力盒外,并在钢支撑上贴电阻片,反算断面的山岩压力分布。

(三)刘家峡地下厂房山岩压力监测

1960~1962年间,地下厂房顶拱开挖时,由水科院、北京设计院和刘家峡工程局组织监制,后因混凝土质量事故停测。1965年重新浇筑顶拱混凝土时,改由水科院、西北设计院和刘家峡工程局进一步组织监测。

1.1982年,成都设计院李光宗等在《地下厂房顶拱的实际工作状态分析》中,通过对1965~1979年观测资料的分析,提出地下厂房顶拱的实际工作状态与岩石流变特性、衬砌和岩体介质温度变化,以及外荷载作用方向等因素有关。对围岩具有流变特性的主要论据是:顶拱衬砌的切向应力和拱座反力出现逐年增长的压应力,是岩体流变使顶拱承受荷载随时间而增大的结果,而且压应力随时间变化的规律符合岩体流变曲线。拱座应力与测点温度的比值逐年增大,是岩体流变使衬砌边界的岩体弹性抗力随时间而增大。在具有流变特性的岩体内开挖洞室,持久的重力场作用引起围岩变形随时间的内缩现象,则不断改变衬砌结构的边界条件。

2.1984年,大连工学院黄承逵在《刘家峡水电站地下厂房顶拱衬砌应力解除试验和工作状态分析》报告中,通过混凝土表面和衬砌表层钢筋的应力解除试验所得结论:用应力解除法测得衬砌混凝土的压应力为3~9兆帕,与拱座应力计测的2.7~5.8兆帕较接近,说明混凝土的工作应力没有超过极限强度的25%。钢筋应力解除试验结果和埋设钢筋计观测值基本吻合,说明钢筋计观测结果是可靠的。

3.1989年,西北设计院于城在《刘家峡水电站地下厂房设计及原体观测资料分析》中，针对顶拱钢筋计观测值变化的成因问题提出不同的见解，认为：顶拱混凝土处于低应力受压状态，钢筋不可能发挥应有的作用，钢筋计测值偏高不能说明是岩体流变的后果。所有钢筋计测值都随测点温度升高而增大，同时年应力变幅与年温度变幅成比例而且同步。地下洞室岩体温度比室温低，围岩通过壁面吸收热量使岩体温度逐年升高。钢筋和混凝土都有徐变特性，其差异在钢筋混凝土中引起徐变附加应力。据此得出引起钢筋计应力随时间而增大的原因，主要是温度升高而产生的温度应力，混凝土徐变所造成的“应力转移”也是钢筋计压应力偏大的一个因素。

二、监测喷锚支护可靠性

在水工地下建筑采用新奥法施工的初期，为论证喷锚支护作为永久支护的可靠性，由冯家山工程指挥部、陕西省水电设计院、西北矿业学院、西北农学院和陕西省水科所组成试验组，对冯家山水库溢洪洞进行现场喷锚支护试验。据1976年编写的《冯家山水库溢洪洞喷锚支护整体加载试验报告》，试验洞净跨8.6米，总高3.8米，按设计进行顶拱喷锚。加载试验是在2米宽的试验带内设置两排垂直锚杆，每排10根，间距78厘米，排距1米，锚杆埋深2.3米。将两排锚杆的相邻4根用钢梁联结成加力架，架上安装液压千斤顶，下部打锚杆作反力架，使加力锚杆受拉。总荷载量为1000吨。加载试验证明：喷锚支护在550吨荷载下，顶拱最大变位仅0.29毫米，喷射混凝土表面最大压应力为1兆帕。围岩内部最大压应力仅0.03兆帕，两者均处于低应力状态下工作，据此说明喷锚支护组合体具有相当高的承载能力，作为永久支护是安全可靠的。

三、监测围岩与支护结构性态

在新奥法广泛用于水工地下建筑施工阶段，用现场监测了解围岩及支护结构变形和应力变化情况，以确定地下洞室的设计和施工的安全与经济要求，并用反分析估算岩体力学参数。

1982～1983年间，黄委会设计院对小浪底大跨度试验洞开挖，引进了围岩稳定及支护监测。试验洞全长105米，试验段断面为15米×6.35米。监测内容包括：顶拱下沉、底板隆起、围岩内部相对位移、洞室壁面收敛、围岩径向应变、锚杆应变以及物探测井等。在《黄河小浪底大跨度试验洞围岩稳定及支护监测》报告中所做的结论是:通过几种位移量测,初步揭示了洞室开挖后围岩稳定变化过程的空间和时间效应,并对支护的可靠性作出评价。

第三节 库岸边坡监测

库岸边坡包括水库两岸的自然边坡和坝肩的人工削坡,其中自然边坡中的滑坡是研究的主要对象。

一、刘家峡苏州崖滑坡监测

苏州崖距坝轴线250米,1957年9月26日曾发生一次大规模塌滑,滑方量达85万立方米。据水电部规划设计总院高尧基等1986年写的《刘家峡水库苏州崖坍塌体稳定性评价与决策》中叙述,当时对滑坡体的稳定问题曾多次组织讨论,总的评价是不稳定的,但限于客观条件采取风险性决策,要求监测滑体变化动态来确定今后处理方案。滑坡监测从滑体形成开始,观测工作直到库水淹没滑体为止。观测证明:滑体从水库蓄水到淹没一直是稳定的。目前滑体2/3高度已被泥沙淤积,既增加了坡脚的压重,也限制了滑动的空间。在总结经验教训时指出,苏州崖塌滑体最初稳定性评价的错误在于:

(1)注意了塌滑体地质条件的勘察研究,而相对地忽视其力学条件的分析评价。

(2)注意了塌滑体发展历史的调查,而相对地忽视了对其现状的研究。

(3)稳定分析时采用的抗剪强度指标偏低,导致得出不稳定的结论。

二、龙羊峡近坝库岸半岩质滑坡监测

龙羊峡半岩质滑坡,是第四系湖相沉积地层。在距大坝1.5~15.8公里地段内,历史上曾发生一系列的滑坡。这种滑坡具有规模大、滑速高、滑距远的特点。西北设计院从1977年开始对库区滑坡问题组织研究,1977年以后,水科院、中国科学院成都山地灾害与环境研究所、成都地质学院和水电部第四工程局先后参加了此项研究。“七五”期间,以“黄河龙羊峡水电站近坝库岸破坏标准及安全预报方法”为题,列入国家科技攻关的“岩体力学测试及高坝坝基原位监测技术研究”项目内。

1989年，成都地质学院在《龙羊峡水电站近坝库岸稳定性预测预报研究》报告中，为龙羊峡滑坡监测建立的一套岸坡稳定性超前信息预测预报系统(LFSBNI)。这套系统包括：岸坡外形再造预测，岸坡地下水回水范围预测，岸坡饱水带岩土强度变比预测，蓄水前后岸坡变形破坏机制预测，岸坡稳定性动态趋势预测，以及进入加速蠕变变形阶段岸坡失稳时间的预报等。报告对龙羊峡库岸的预测，蓄水位在2570米高程以前，库岸以坡面附近小规模的破坏方式为主，无大型滑坡的危险；水位抬升超过2570米高程后，岸坡变形破坏方式将从以滑移——压致拉裂为主，变为塑流——拉裂并存或复合的方式，并逐步过渡到塑流——拉裂为主的变形方式；塑流——拉裂向深部发展，可能在岩坡顶面出现拉裂缝等多形迹象，拉裂缝的出现和加宽延伸将成为坡体失稳的前兆。

1990年，西北设计院和成都山地灾害与环境研究所在《WT—1型原位监测无线遥测系统研制报告》中，为龙羊峡滑坡监测提出以无线遥测和计算机监测进行滑坡预报的测试装置。遥测系统包括发射中心端和终端。发射中心端建在库南岸的监测地段，以太阳能作为能源，按终端指令自动采集各观测点的数据。观测点的各种传感器信号通过短距离导线送到中心的数据采集仪。终端在北岸监测单位所在地，接收中心端采集的数据，用微机进行数据处理、存储，并可自动报警。报告说明：遥测装置于1989年11月安装，经过现场调试和检验，表明遥测系统数据传输可靠。

1990年，西北设计院提出的《黄河龙羊峡水电站近坝库岸破坏标准及安全预报方法》报告，全面叙述龙羊峡高速滑坡形成机制，蓄水前库岸稳定性预报及变形监测，蓄水后库岸的转异特征，以及今后库岸滑坡涌浪问题的预测等。主要的结论是：近坝库南岸原有滑坡堆积物，蓄水复活具有明显的分解趋势，但规模小，滑速低，对大坝无涌浪危害；随着库水位升高到正常高水位，一方面库水直接对岸坡的破坏作用，另一方面地下水位持续上升，库岸的整体稳定条件将逐渐恶化，岸坡变形破坏方式将转变为以中大型滑坡破坏为主；根据蓄水后库岸地形和地下水变化规律，认为农场、查西、查纳3个滑坡体仍有可能产生较大规模整体高速滑动，而峡口、龙西、查东3个滑坡体的失稳方式可能会转向岸坡上部；峡口等滑坡的失稳时间可能先于农场等滑坡；对坝前涌浪影响较大的是农场和查纳陡岸坡，可能造成的涌浪高度约16米。

第七篇

农田灌溉试验研究

黄河流域是中华民族的发祥地，农田灌溉具有悠久的历史。因远古时代的农业生产，在很大程度上受天气状况的制约，遇到干旱，有人用水浇灌禾苗，正如《齐民要术种谷第三》所说“负水浇稼”。浇灌后观察其生长情况以及最终对收获量的影响，这就是灌溉科学研究的起源。

由于灌溉的显著效益，春秋战国时期开始有大型水利工程的出现，魏文侯二十五年(公元前421年)西门豹发民凿引漳12渠；秦始皇元年(公元前246年)兴建了郑国渠。这些灌区的兴建，因渠以溉，为当地农业发展起了推动作用。到了汉代，不仅在关中地区兴建漕渠，临晋(今大荔县东)的龙首渠，泾河下游的六辅渠，渭河中游的成国、灵轵、沛水和蒙茏等渠，还在甘肃中部至内蒙古自治区五原县的沿黄一带，以及晋陕之间黄河两岸修建农田灌溉工程，灌溉技术也得到相应发展。汉代以后，随着封建王朝的兴衰，灌溉事业有进有退，截至1949年，黄河流域灌溉面积1200万亩，主要集中在宁蒙和汾渭盆地。新中国成立后，由于国家及地方各级领导的重视，灌溉事业得以迅速恢复和发展，到1980年，流域(包括内流区)用于农牧业灌溉的水量314亿立方米(其中河川径流256亿立方米，地下水58亿立方米)，有效灌溉面积6566万亩。此外，在流域外(黄河下游大堤两岸)，还有2000余万亩。这些灌区的建设与灌溉科学的发展是分不开的，本篇分灌溉水资源研究、灌溉方法与制度、灌区泥沙研究、渠道防渗与抗冻、土壤盐碱化防治五章记述。

第二十五章　灌溉水资源研究

黄河是中国西北、华北地区的重要水源之一，但长期以来，由于社会经济发展缓慢，用水量不多，对黄河水资源很少注意。建国后，从“根治黄河水害，开发黄河水利”的综合利用原则出发，对黄河水资源作了研究规划，灌溉事业迅速得到恢复和发展，特别20世纪70年代以后，工农业发展对水资源的需求与日俱增，水资源合理利用成为重要课题，经多年研究，有关成果已为国家统筹决策供水提供了科学依据。

第一节　50年代初期的规划

1954年4月国务院决定，由国家计委领导，水利部、燃料工业部参加组成黄河规划委员会，负责《技经报告》的编制工作，同年10月完成报告。报告将综合开发利用黄河水资源，发展灌溉事业摆到发展黄河流域经济的重要地位，报告指出：已经查明黄河流域及华北平原可以发展灌溉的土地为17800万亩。以黄河的全部水量，尚不能满足此广大灌溉区的用水要求。根据黄河水量平衡计算，按黄河流域远景计划，当干、支流水量被调节时，多年平均水量513亿立方米，每年灌溉利用的水量最多为470亿立方米，黄河水资源可灌溉面积为11600万亩，其余由于黄河水量不足而未包括在此数内的土地，将来应考虑利用当地水源、地下水以及由其他河流引水等措施来予以满足。与规划中第一期工程三门峡和刘家峡水利枢纽的实施相应，第一期至1967年灌溉面积由1953年4月统计的1650万亩，发展到4675万亩，新增灌溉面积3025万亩。其分布：为配合刘家峡水利枢纽，在甘青高原发展31万亩；结合刘家峡水库对水量的调节，河套平原开发荒地586万亩；黄土高原346万亩；结合三门峡水利枢纽和伊、洛、沁河治理，华北平原发展2062万亩。为配合第一期灌区的发展，还需在黄河干流的青铜峡、渡口堂（或三盛公），桃花峪等地各建灌溉引水坝一座。此外，黄河已有灌区（主要是宁夏灌区、内蒙古河套灌区、汾渭盆地灌区及沁河灌区）的改善工作亦需按第一期发展灌区计划配合进行。

《技经报告》对全流域及沿黄地区的灌溉事业进行了有史以来第一次统筹规划，为该地区的农牧业发展起了指导和推动作用。实践证明，规划的第一期灌溉发展计划基本上是正确的，重点建设宁夏、内蒙古河套平原、汾渭盆地及下游黄淮海平原引黄灌区的战略布局也是恰当的。但规划的远景考虑，黄河供给灌溉用水470亿立方米，显然是不可能的。拟定的下游引黄灌溉面积也过大。按照规划第一期计划兴建的青铜峡、三盛公两座灌溉枢纽工程分别于60年代初建成投入运用，桃花峪枢纽则由于问题较多未能修建。截至1967年，黄河上中游（花园口以上）由黄河供水的灌溉面积2710万亩，与原规划桃花峪以上第一期灌溉面积2620万亩基本相符。而同期黄河下游引黄灌溉面积发展则不足1000万亩，仅为原规划2050万亩的一半左右，下游引黄灌区的范围也与原规划有较大的变化。

第二节　水资源评价与利用研究

70年代，随着国民经济与治黄事业的发展，工农业和生活用水的需求愈来愈多，水的供求矛盾越来越大，而黄河流域的水资源量有限，人均、亩均水量均比全国水平低得很多，且时空分布不均，急需作出正确评价，为水资源合理开发利用，为国民经济发展的宏观决策和区域规划提供依据。为此，1979年国家农委和国家科委布置了《全国农业自然资源调查和农业区划研究》，按全国七大江河分片进行，全国水资源综合评价由水科院负责，全国水资源利用由水电部规划设计院负责，黄河流域片由黄委会与流域各省（区）负责完成。

一、黄河流域水资源综合评价

根据水利部统一部署，在流域各省提供水资源评价成果基础上，黄委会责成水文局水资源保护科学研究所负责黄河流域片（包括鄂尔多斯高原内流区）各省（区）水资源调查评价的协调、审查、拼接、汇总，并参加全国汇总。水资源评价主要是系统分析流域水资源总量，包括流域多年平均地表水资源（即河川径流量）和地下水资源量；流域主要水文要素的时空变化规律；水汽、地表、地下三水转化关系，进行水量平衡分析。从1980年开始，先后提出专题报告《黄河流域水面蒸发换算系数初步分析》、《黄河流域降水系列代表性分析》、《黄河流域总资源量估算及水量平衡分析》、《兰州至河口镇水量平衡分析》、《黄河流域径流量系列代表性分析》等10多篇。在此基础上，于1981年12月提出《黄河流域片水资源调查和评价初步成果报告》并开始按水电部颁发的《全国水资源调查和评价工作要点》，以及《地表水、地下水资源调查和统计分析技术细则》的具体要求进行水资源评价工作，1985年7月和9月分别完成《黄河流域片地表水资源》和《黄河流域片地下水资源评价》两报告讨论稿，1986年由吴燮中、支俊峰、邱宝冲、任建华编辑的《黄河流域片水资源评价》一书指出：黄河流域是典型的季风气候区，水资源主要由降雨形成，降水季节性强，每年约60％～80％的降水集中在7～10月，而多以暴雨形式出现。盛夏暴雨水汽源地主要有三个：(1)来自印度洋孟加拉湾。当青藏高原热低压强烈发展，以高原为尺度的低空急流围绕高原气旋性旋转，西南气流把印度洋、孟加拉湾的水汽输送到黄河流域，甚至可达到河西走廊。(2)来自南海北部湾。当西太平洋副高压中心稳定在中国华中、华南一带，脊线呈南北方向时，西缘的低空南风急流将南海北部湾海面的水汽向北输送，由四川盆地经嘉陵江河谷北上，进入流域内部，这是前两个源地的水汽主要经由的输送带，它主要影响黄河上中游地区。(3)来自东海。当西太平洋副高压加强伸入中国大陆时，受副高压南缘偏东气流影响，沿武汉至西安方向有一条自东南向西北的输送带，把华中、华北一带低层的水汽输送到黄河流域，输入层厚度随环流形势变化较大，它主要影响黄河中下游地区。

由于水汽源地的不同，黄河流域的降水量受纬度(距海洋远近)及地形变化的影响，年降水量由东南向西北递减，东南多雨，西北干旱，山区降雨大于平原。按降水量特征和所产径流大致可分为四个地区和四个地带：

1.湿润区。年降水量800～1600毫米，气候湿润。主要分布在秦岭石山林带及六盘山、太子山、泰山等地，面积约1.3万平方公里，占流域面积1.8％，全部都是山区。按所产径流划分，称为多水带，由于下垫面因素影响，其面积大于湿润区面积，径流量120亿立方米，占流域径流量的18.2％，年径流深在300—1000毫米之间。

2.半湿润区。年降水量400～800毫米，气候半湿润、半干旱。分布在兰州以上和河口镇以下黄河流域的大部分地区，控制面积有48.9万平方公里，占流域面积的65％。是黄河流域的主要农产区。按径流划分称为过渡带，年径流深50～300毫米之间。渭河以上除六盘山、黄龙山、子午岭局部地区以外，产流条件差，土壤含蓄能力强，陆地蒸发大，径流偏小，与半湿润区不相对应。本区面积34.3万平方公里，占流域面积的45.6%，径流量为455亿立方米，占流域径流量的69.1%。

3.半干旱区。年降水量200～400毫米之间，气候干燥，分布在黄河源区，唐乃亥至循化干流附近及兰州至河口镇区间，面积20.9万平方公里，占流域面积的27.8%，是流域内的主要牧区。按年径流深10～50毫米之间划分，称为少水带。控制面积比按降水量划分的半干旱区只大不到4万平方公里，但由于下垫面影响，位置却向东南移动40～400公里左右，可见径流分布不均远远大于降雨。

4.干旱区。年降水量小于200毫米，面积4.1万平方公里，分布在青海南山和鄂拉山之间共和一带，祁连山和贺兰山之间甘肃、宁夏的景泰、卫宁一带，贺兰山和狼山之间内蒙古的乌海、巴颜高勒一带及宁蒙河套灌区，狼山部分山区。除灌区外，牧草生长稀疏。河套灌区是内蒙古、宁夏的农业基地，主要依靠黄河过境水发展生产。按年径流深10毫米以下划分，称为干涸带，与降水量划分的干旱、半干旱区相对应，面积12.7万平方公里，占流域面积的16.9%，径流量为4亿立方米。

由于降水是黄河径流的主要补给来源，黄河径流的多年变化与降雨一致，见各分区年降雨量、径流量统计表(表7—25—1)及分区图(图7—25—1)。

黄河流域片矿化度小于2克每升的淡水面积77.54万平方公里，地下水资源405.76亿立方米，其中内流区为6.51亿立方米，黄河流域地下水资源为399亿立方米。地下水与河川径流间重复计算量为323亿立方米，地下水与河川径流不重复计算量为76亿立方米，见多年平均浅层地下水资源计算成果汇总表(表7—25—2)。

黄河流域多年平均总资源量735亿立方米，其中地表水资源量为659亿立方米，地下水资源量399亿立方米。地下水与地表水之间重复计算量323亿立方米，流域内引用河川径流的多年平均工农业耗水量202亿立方米，引用地下水开采净消耗量48亿立方米(其中地表水体补给地下水资源量22亿立方米)。如考虑重复利用量，流域内多年平均工农业耗水量为228亿立方米，占流域总资源的31%。

《流域水资源评价》还指出：黄河流域多年平均降水量3581亿立方米，相当于降水深475.9毫米，约有82%消耗于地表水体、植被和土壤的蒸发以及潜水蒸发，只有18%形成河川径流，即659亿立方米，占全国河川径流量2.43%。人均年径流量812立方米，不到全国人均年径流量2630立方米的

表 7—25—1

黄河流域片各分区年降水量、径流量统计表

流域分区	面积（平方公里）	平均				不同保证率年径流量(亿立方米)			
		年降水量（毫米）	年径流深（毫米）	年降水量（亿立方米）	年径流量（亿立方）	20%	50%	75%	95%
兰州以上	222551	493.4	156.4	1098	348	404	341	299	247
洮河	25527	624.6	208.0	159	53.1	66.9	49.9	39.3	29.2
湟水	32863	492.9	152.8	162	50.2	58.2	49.7	43.2	35.1
干流区间	164161	473.1	148.6	777	244	293	237	200	159
兰州～河口镇	163415	276.7	9.1	452	14.9	19.2	13.2	9.51	5.68
河口镇～龙门	111595	462.2	53.5	516	59.7	72.2	58.5	47.8	36.4
龙门～三门峡	190860	567.5	74.4	1083	142	176	138	111	79.5
汾河	39471	543.9	67.4	215	26.6	23.0	25.8	20.7	14.9
泾河	45421	530.2	45.6	241	20.7	26.5	19.9	15.5	10.6
北洛河	26905	542.4	36.9	146	9.93	12.3	9.63	7.75	5.56
渭河	62440	613.3	117.1	383	73.1	92.1	68.0	54.1	41.7
干流区间	16623	587.3	72.8	97.6	12.1	15.6	10.5	8.23	6.53
三门峡～花园口	41615	675.6	156.9	281	65.3	85.5	58.1	43.8	32.7
洛河	18881	702.5	183.8	133	34.7	45.8	29.8	22.2	16.7
沁河	13532	647.8	136.0	87.7	18.4	23.7	16.9	12.9	9.20
干流区间	9202	662.0	132.6	60.0	12.2	16.6	9.64	6.71	5.37
花园口～河口	22407	675.2	130.3	151	29.2	41.2	26.3	17.2	8.76
黄河流域	752443	475.9	87.6	3581	659	764	639	560	474
黄河内流区	42269	284.7	7.9	120	3.32	3.85	3.29	2.86	2.32
黄河流域片	794712	465.7	83.4	3701	662	768	642	563	477

注：本表据《黄河流域片水资源评价》列出。

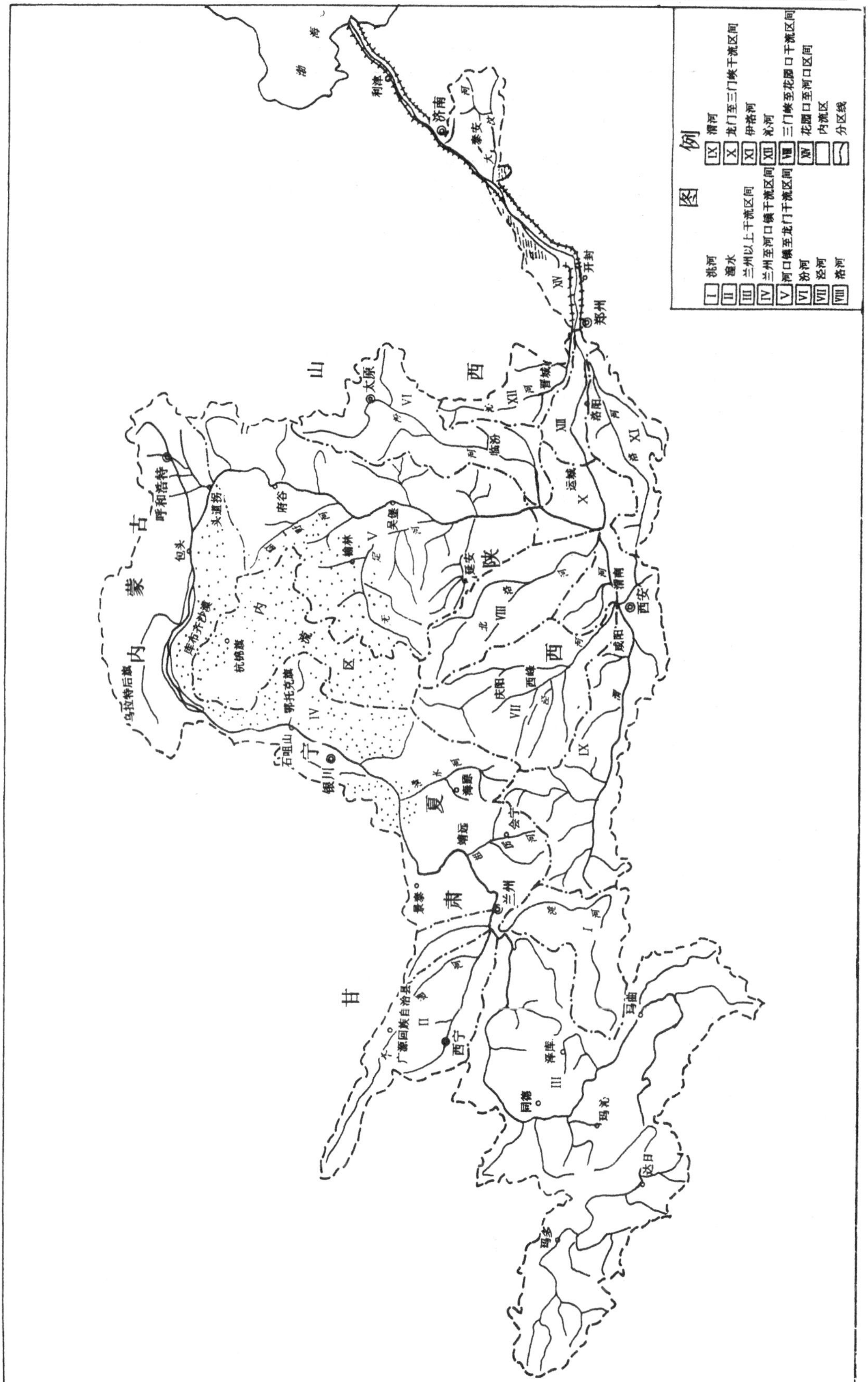

图7—25—1 黄河水资源分区图

7—25—2　　　　**黄河流域(片)各流域分区多年平均浅层地下**

二级流域名称	省、自治区名称	山丘									
		一般山丘区(岩溶山区黄土高原丘陵沟壑区)				山间盆地平原区(山间河谷平原区、黄土高原台塬阶地区)					
		评价面积	计算面积	地下水资源量	地下水与河川径流量间重复计算量	评价面积	计算面积	地下水资源量	与一般山丘区地下水间重复计算量	地下水与河川径流量间重复计算量	可开采量
		(亿立方米每年)		(亿立方米每年)		(平方公里)		(亿立方米每年)			
洮河	青海	1590	1590	1.46	1.46						
	甘肃	23937	23937	19.54	19.54						
	小计	25527	25527	21.00	21.00						
湟水	青海	29036	29036	21.09	21.09						
	甘肃	3827	3827	1.58	1.58						
	小计	32863	32863	22.67	22.67						
兰州以上干流区间	青海	122079	120919	70.24	70.24						
	四川	16980	16980	21.48	21.48						
	甘肃	25102	25102	16.80	16.80						
	小计	164161	163001	108.52	108.52						
兰州～河口镇干流区间	甘肃	30535	30535	0.84	0.84						
	宁夏	21849	21849	1.28	0.93	10772	10772	0.06		0.06	
	内蒙古	35525	35525	11.72	3.54						
	小计	87909	87909	13.84	5.31	10772	10772	0.06		0.06	
河口镇～龙门干流区间	内蒙古	14539	14539	3.19	2.86						
	山西	33303	33303	9.05	6.48						
	陕西	44795	44795	11.53	11.53						
	小计	92637	92637	23.77	20.87						
汾河	山西	30576	30576	19.23	15.75	8895	8895	11.59	5.64	3.23	10.00
泾河	甘肃	30392	30392	4.45	4.45	828	828	0.26		0.13	0.14
	宁夏	4955	4955	1.76	1.76						
	陕西	8096	8096	2.19	2.19						
	小计	43443	43443	8.40	8.40	828	828	0.26		0.13	0.14
北洛河	甘肃	2330	2330	0.31	0.31						
	陕西	22801	22801	4.48	4.46						
	小计	25131	25131	4.79	4.77						
渭河	甘肃	25600	25600	7.87	7.87						
	宁夏	3280	3280	0.69	0.69						
	陕西	19582	19582	17.33	17.04						
	小计	48462	48462	25.89	25.60						
龙门～三门峡干流区间	山西	3125	3125	1.85	5846	5846	3.82	0.63	0.77	3.10	
	陕西	1850	1850	0.78							
	河南	3565	3552	2.82	589	399	0.29	0.01	0.10	0.23	
	小计	8540	8527	4.59	6435	6245	4.11	0.64	0.87	3.33	
洛河	陕西	3110	3110	3.51	3.51						
	河南	14218	14206	9.44	9.44	1553	1553	2.73	0.37	0.99	2.60
	小计	17328	17316	12.95	12.95	1553	1553	2.73	0.37	0.99	2.60
沁河	山西	12304	12304	11.71	984						
	河南	513	513	0.58	0.55						
	小计	12817	12817	12.29	10.39						
三门峡～花园口干流区间	山西	3396	3396	2.37	2.30						
	河南	4021	3862	2.36	2.16						
	小计	7417	7258	4.73	4.46						
花园口以下	河南										
	山东	11243	11243	8.39	8.22						
	小计	11243	11243	8.39	8.22						
黄河流域合计		608054	606710	291.92	273.50	28483	28293	18.75	6.65	5.28	16.07
附：内流区	宁夏										
	内蒙古										
	陕西	1647	1647	0.22	0.22						
	小计	1647	1647	0.22	0.22						
黄河流域合计		60970	608357	292.14	28483	28293	18.75	6.65	5.28	16.07	

水资源计算成果汇总表（矿化度＜2g/L 淡水）

区					平原区						评价区合计				
山丘区合计															
评价面积	计算面积	地下水资源量	地下水与河川径流量间重复计算量	可开采量	评价面积	计算面积	地下水资源量	与山丘区地下水间的重复计算量	地下水与河川径流量间的重复计算量	可开采量	评价面积	计算面积	地下水资源量	地下水与河川径流量间重复计算量	可开采量
（平方公里）		（亿立方米每年）			（平方公里）		（亿立方米每年）				（平方公里）		（亿立方米每年）		
1590	1590	1.46	1.46								1590	1590	1.46	1.46	
23937	23937	19.54	19.54								23937	23937	19.54	19.54	
25527	25527	21.00	21.00								25527	25527	21.00	21.00	
29036	29036	21.09	21.09								29036	29036	21.09	21.09	
3827	3827	1.58	1.58								3827	3827	1.58	1.58	
32863	32863	22.67	22.67								32863	32863	22.67	22.67	
122079	120919	70.24	70.24								122079	120919	70.24	70.24	
16980	16980	21.48	21.48								16980	16980	21.48	21.48	
25102	25102	16.80	16.80								25102	25102	16.80	16.80	
164161	163001	108.52	108.52								164161	163001	108.52	108.52	
30535	30535	0.84	0.84								30535	30535	0.84	0.84	
32621	32621	1.34	0.99		8775	7742	21.57	9.18	0.22	13.01	41396	40362	13.73	12.41	13.01
35525	35525	11.72	3.54		55959	46332	37.29	14.87	17.37	28.92	91484	81857	34.14	13.49	28.92
98681	98681	13.90	5.37		64734	54074	58.86	24.05	37.59	41.93	163415	152755	48.71	26.74	41.93
14539	14539	3.19	2.86		9088	9088	6.58		3.19	3.99	23627	23627	9.77	6.05	3.99
33303	33303	9.05	6.48								33303	33303	9.05	6.48	
44795	44795	11.53	11.53		9870	9870	10.49	0.52	6.08	6.38	54665	54665	21.50	17.09	6.38
92637	92637	23.77	20.87		18958	18958	17.07	0.52	9.27	10.37	111595	111595	40.32	29.62	10.37
39471	39471	25.18	17.10	10.00							39471	39471	25.18	17.10	10.00
31220	31220	4.71	4.58	0.14							31220	31220	4.71	4.58	0.14
4955	4955	1.76	1.76								4955	4955	1.76	1.76	
8096	8096	2.19	2.19		1150	1142	1.55	0.26	0.61	1.21	9246	9238	3.48	2.54	1.22
44271	44271	8.66	8.53	0.14	1150	1142	1.55	0.26	0.61	1.21	45421	45413	9.95	8.88	1.35
2330	2330	0.31	0.31								2330	2330	0.31	0.31	
22801	22801	4.48	4.46		1774	1134	1.63	0.37	0.67	1.15	24575	23935	5.74	4.78	1.15
25131	25131	4.79	4.77		1774	1134	1.63	0.37	0.67	1.15	26905	26265	6.05	5.09	1.15
25600	25600	7.87	7.87							25600	25600	7.87	7.87		
3280	3280	0.69	0.69							3280	3280	0.69	0.69		
19582	19582	17.33	17.04	13978	13978	25.48	5.29	13.03	21.82	33560	31374	37.52	25.07	21.82	
48462	48462	25.89	25.60	13978	13978	25.48	5.29	13.03	21.82	62440	60524	46.08	33.63	21.82	
8971	8971	5.04	1.65	3.10							8971	8971	5.04	1.65	3.10
1850	1850	0.78	0.77		1648	1423	1.58	0.26	0.87	1.10	3498	3273	2.10	1.39	1.10
4154	3951	3.10	2.91	0.23							4154	3951	3.10	2.91	0.23
14975	14772	8.92	5.33	3.33	1648	1423	1.58	0.26	0.87	1.10	16623	16195	10.24	5.95	4.43
3110	3110	3.51	3.51								3110	3110	3.51	3.5	
15771	15759	11.80	10.06	2.60							15771	15759	11.80	10.06	2.60
18881	18869	15.31	13.57	2.60							18881	18869	15.31	13.57	2.60
12304	12304	11.71	9.84								12304	12304	11.71	9,84	
513	513	0.58	0.55		715	715	0.97	0.12	0.17	0.89	1228	1228	1.43	0.63	0.89
12817	12817	12.29	10.39		715	715	0.97	0.12	0.17	0.89	13532	13532	13.14	10.47	0.89
3396	3396	2.37	2.30								3396	3396	2.37	2.30	
4021	3862	2.36	2.16		1785	1568	2.96	0.94	1.38	2.56	5806	5430	4.38	2.80	2.56
7417	7258	4.73	4.46		1785	1568	2.96	0.94	1.38	2.56	9202	8826	6.75	5.10	2.56
					9072	8617	17.52	3.83	8.83	13.88	9072	8617	13.69	5.00	13.88
11243	11243	8.39	8.22		2092	1126	4.59	1.34	3.08	3.54	13335	12369	11.64	9.96	3.54
11243	11243	8.39	8.22		11164	9743	22.11	5.17	11.91	17.42	22407	20986	25.33	14.96	17.42
636537	635003	304.02	276.40	16.07	115906	100549	132.21	36.98	75.50	98.45	752443	735552	399.25	323.30	114.52
					1457	0					1457	0			
					36165	36165	5.05			3.27	36165	36165	5.05		3.27
1647	1647	0.22	0.22		3000	2000	1.27	0.03	0.09	0.78	4647	3647	1.46	0.28	0.78
1647	1647	0.22	0.22		40622	38165	6.32	0.03	0.09	4.05	42269	39812	6.51	0.28	4.05
638184	636650	304.24	276.62	16.07	156528	138714	138.53	37.01	75.59	102.50	794712	775364	405.76	323.58	118.57

1/3。亩均年径流量342立方米(指农耕地),不到全国亩均年径流量1801立方米的1/5。水资源总量735亿立方米,占全国水资源总量的2.62%。人均水资源905立方米,不到全国人均水资源2719立方米的1/3,亩均水资源381立方米,是全国亩均水资源的1/5,说明黄河水资源是贫乏的。

黄河流域由于地形、气候、产流条件等影响,水土资源分布极不平衡,加重了一些地区水资源贫乏的严重性,如兰州以上控制面积占流域的29.6%,水资源量占流域的47.27%,耕地面积仅占流域的7.4%,平均每亩耕地占有水资源2392立方米,为流域亩均水量的6.3倍。区内人口689万,占全流域的8.5%,人均占有水资源量5041立方米,为流域的5.6倍。兰州至河口镇区间集水面积占流域的21.7%,水资源量仅占流域的5.02%,而黄河河套平原实灌面积就达1303万亩左右,加上其它耕地,共计3627万亩,平均每亩耕地占有水资源102立方米,是兰州以上亩均水量的1/23,该区人口1052万,占全流域的13%,人均水资源量351立方米,是兰州以上人均水量的1/14,不到流域平均水平的1/2。说明分区之间水土资源差别很大,一些地区严重缺乏水资源,直接影响了农业生产的发展。由于黄河流域水资源主要由降水形成,而流域又属典型的季风气候区,降水季节性强,每年约60%~80%的降水集中在7~10月,且多以暴雨的形式出现,致使水资源在年内分配也很不均匀,遇上连年丰水或连年枯水,频繁的水旱灾害特别是旱灾将给农牧业生产造成严重威胁。

黄河以多泥沙著称于世。泥沙属固体悬浮物,本身就是一种污染物质,加之泥沙本身含有砷,使黄河水体中的砷含量与沙量呈正相关。除泥沙砷外,流域内大的污染源近70%分布于兰州、包头河段及汾河太原段,渭河的宝鸡、西安段,洛河的洛阳段,湟水的西宁段。此外,流域内还有一些矿化度以及硫酸盐、氯化物含量很高的苦水区,如祖厉河、清水河、苦水河、泾河支流环江、涑水河等水系。泥沙有较强的吸附作用,可以吸附水体中的其他污染物质,经沉淀等分离过程达到净化目的。

二、黄河流域水资源利用

(一)水资源分区

根据水利部统一部署,黄委会与流域各省(区)共同承担黄河流域水资源利用研究,黄委会责成黄委会勘测规划设计院负责协同各省(区)协调、审查、拼接、汇总黄河流域片水资源利用研究成果。各省(区)都相继开展了本地区有关黄河水资源研究，写出了《甘肃省水资源》、《宁夏水资源供需平衡与开发利用对策》、《内蒙古自治区水资源保护和利用的探讨》等，青、陕、晋、豫、鲁都提出了一批很有价值的成果。在此基础上，经多次技术协调与成果交流，历时3年，于1986年由白炤西、兰光远、杨宝臻等编写《黄河水资源利用》一书。书中根据全国水资源利用分区（黄河流域属全国一级区的第Ⅳ区）和各地自然地理条件，水资源开发利用条件，水利化特点等，力求保持支流水系的完整，并照顾到干支流已建工程的原则，将流域片划分为8区（见图2—25—2）。

图中各区水资源特点与开发现状：

$Ⅳ_1$区：河源至龙羊峡

本区位于青藏高原东北部，南界巴颜喀拉山，西界昆仑山；北邻柴达木盆地，积石山横亘其中。一般海拔高程3000米以上。气候高寒，年平均气温－0.9～3.2℃。年降水量300～700毫米，由北向南递增，6～9月份降水量占全年的70％左右。年水面蒸发量800～1200毫米，多数地区无绝对无霜期。全年日照2300～3000小时。大部分地区为草原，占全区总面积的71％，农业集中在玛曲至龙羊峡区间的河谷台地上。天然河川径流量213亿立方米，人均水量6.1万立方米，亩均水量2.7万立方米。区内无大中型水库，只有小水库7座，塘堰坝29处，年可供水量1068万立方米。引水工程72处，提水工程35处，其它工程81处，年可供水量17520万立方米（包括地下水）。现有有效灌溉面积24万亩，耕地灌溉率31％，河川径流利用率0.8％，地下水开采量0.21亿立方米，农牧业人均水地0.85亩。粮食以春小麦、青稞、豆类为主。

$Ⅳ_2$区：龙羊峡至兰州

本区位于黄土高原最西部，大部分地区属半农半牧。地势较高，海拔高程多在2000米以上，境内多山脉，黄河蜿蜒曲折，峡谷与川地相间。峡谷多已列为梯级开发工程所在地。川地有贵德川、沙柳湾川、水地川、甘循川、丹阳川、永靖川等都是农业集中的地区。本区气候较寒冷，年平均气温0.6～8.7℃。大部分地区干旱少雨，年平均降水量在300～800毫米之间，降水时空分配不均，南部与北部降水较丰，干流区间降水稀少，6～9月降水量占年降水量的60％～70％以上，年平均蒸发量700～1200毫米。无霜期30～210天。全年日照时间为2300～2600小时。多年平均天然河川径流量116亿立方米，大通河、洮河水资源丰富，湟水、庄浪河等支流较贫乏。汛期径流量占全年的60％左右，含沙量较小，兰州站实测多年平均输沙量1.1亿吨。现有大型水库3座，中型水库1座，小型水库110座，塘堰坝522处，1980年蓄水工程供水量

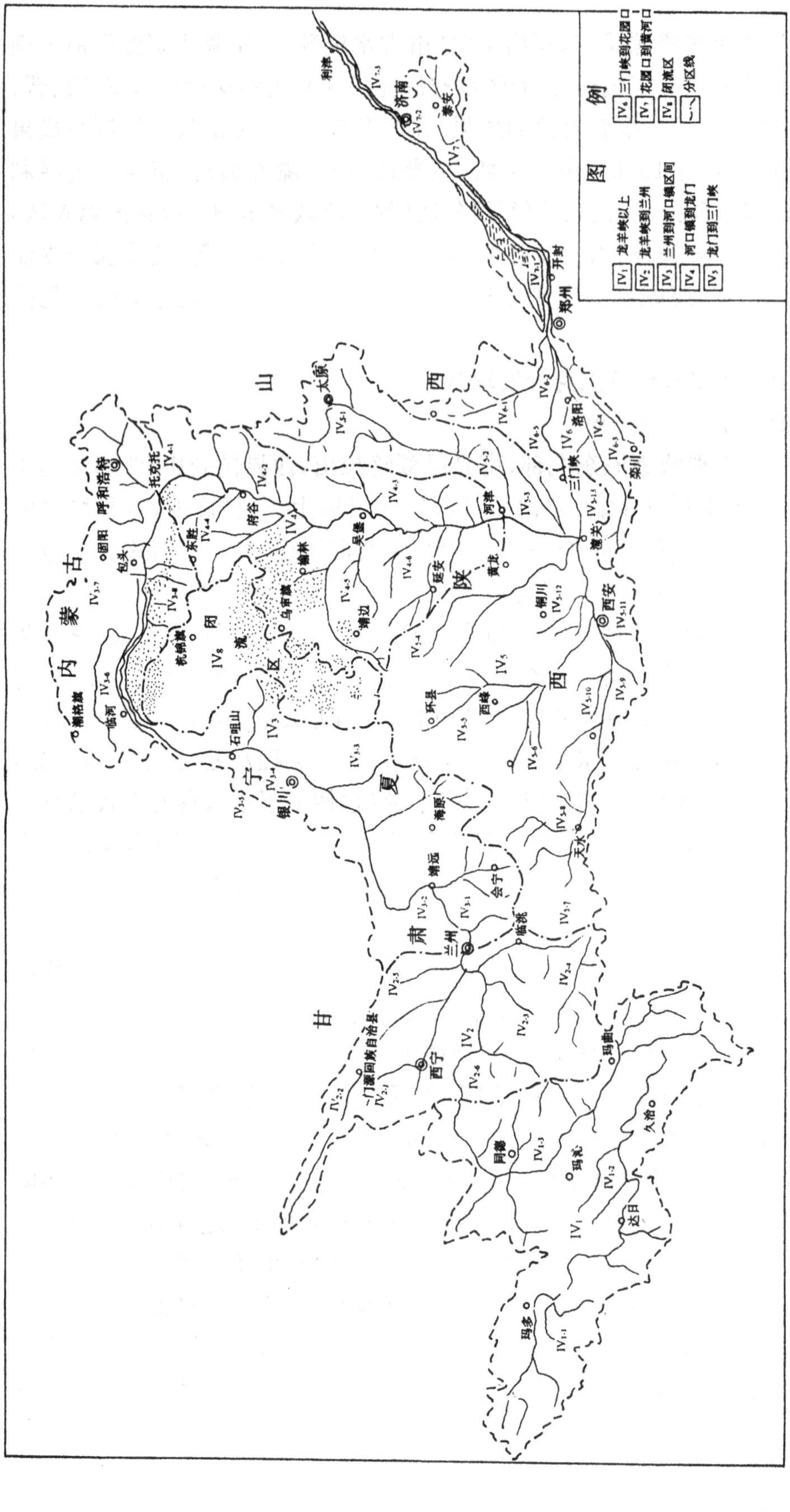

图7—25—2　黄河水资源利用分区图

2.2亿立方米。引水工程2333处，提水工程2013处，其他工程834处，提引水工程供水22亿立方米，共计供水24.2亿立方米(包括开采地下水2.1亿立方米)，有效灌溉面积324万亩，河川径流利用率19.1%，耕地灌溉率24%，人均水地0.63亩，亩均水量843立方米。粮食以春小麦、杂粮为主，经济作物有白兰瓜、中药材等。

IV_3区：兰州至河口镇

本区位于长城以北，腾格里沙漠，阴山和毛乌素沙漠之间，属于以农为主，农牧并重的地区。全区地形地貌复杂，有山区、山间盆地、山前洪积扇、河谷川地、黄土丘陵沟壑区、固定沙丘和半固定沙丘。全区海拔高程约在900～2500米之间。黄河自兰州至青铜峡，河道弯曲迂回，多峡谷，已列为梯级开发对象，山间盆地和高原地有新城川、皋兰川、什川、条城川、靖远川、五佛川、秦王川、景泰川、刘家川、兴堡子川等，自下河沿站以下进入宁蒙平原，千里沃野，地势平坦，是历史上著名的宁蒙灌区。本区春冬严寒少雨雪，多风沙，夏季高温干旱，降雨少，蒸发大，日照充足，无霜期短，多年平均气温一般在4～9℃。年降水量150～450毫米，6～9月降雨量占全年雨量的70%～80%左右。年蒸发量1200～2000毫米。无霜期100～180天。日照时间2437～3203小时。全区共产流9亿立方米，水资源极其贫乏，工农业用水全靠黄河过境水提供。区内有大型水库2座，中型水库21座，小型水库159座，塘堰坝409处，蓄水工程供水4.8亿立方米。另外，刘家峡水库供水52亿立方米，共计56.8亿立方米。引水工程228处，提水工程4102处，其他工程330处，共引提水91.4亿立方米(包括开采地下水8.6亿立方米)。有效灌溉面积1700万亩，其中80%的灌溉面积分布于宁蒙沿黄平原。耕地灌溉率47%，人均有效灌溉面积2.4亩，河套平原人均高达5～6亩。粮食以春小麦、杂粮为主，经济作物有甜菜、葵花子、中药材(枸杞)等，此外，滩羊皮驰名中外。

IV_4：河口镇至龙门

本区位于晋陕之间黄土丘陵沟壑区，丘陵沟壑占全区面积的57.2%，平原只占2.3%，地形支离破碎，梁峁林立。海拔800～2000米，相对高差达100～200米。水土流失严重，年输沙量为9亿吨。黄河奔腾于黄土高原峡谷之中，坡陡流急，水力资源丰富，已列为梯级开发对象。本区冬春干旱，雨雪稀少，风沙严重，夏秋炎热，雨量较多，且多暴雨，平均气温4～13.3℃。年降雨量400～600毫米，由北向南递增，6～9月降水量占全年降水量的70%～80%，旱灾频繁。年蒸发量1000～1400毫米。无霜期100～230天。日照时间为2500～3158小时。天然河川径流量61.6亿立方米，人均河川径流量1023立方米，亩均243立方米。但因河川洪枯流量相差悬殊，泥沙特别集中，汛期洪水含沙量一般都高达800公斤每立方米左右，甚至超过1000公斤每立方米，对水资源利用增加了困难。全区有大型水库2座、中型水库40座、小型水库664座、塘堰坝2148处，蓄水工程供水1.17亿立方米。引水工程3555处，提水工程1082处，其他工程607处，提引水工程供水5.64亿立方米(包括开采地下水1.8亿立方米及提引黄河水0.06亿立方米)。有效灌溉面积209万亩，绝大部分分布于河谷川地。河川径流利用率8%，人均水地0.38亩，是全流域人均水地最少的区段。全区以粮食为主，由于旱灾频繁，水土流失严重，加之耕作粗放，广种薄收，粮食生产低而不稳，到1980年，亩产仅150公斤左右。

IV_5区：龙门到三门峡

本区位于高土高原东南部，区内有黄土高原地区最大的高原和盆地，塬面保存比较完整，面积较大的有董志塬、屯子塬、早胜塬、平泉塬、高平塬、洛川塬、交道塬等，河谷盆地主要有太原、晋南(包括临汾和运城盆地)、关中三大盆地。土质肥沃，气候温和，雨水较多，水热条件较好。年平均气温8～15℃，年降水量400～900毫米，由北向南递增，6～9月降雨量占全年雨量的60%～70%，且多以暴雨形式出现。年蒸发量800～1200毫米。无霜期135～240天。日照时间1900～2400小时。全区天然河川径流量116.6亿立方米，人均水量319立方米，亩均水量136立方米，河川水资源利用率51%。河川径流分布不均(秦岭北坡29.4万立方米，太原盆地5.9万立方米，泾河上游2.6万立方米)，含沙量大，给水资源利用带来一定困难。区内有大型水库6座、中型水库42座、小型水库991座、塘堰坝5077处、蓄水工程供水13.5亿立方米。引水工程5708处、提水工程13423处、其他工程2093处，引提水工程供水87.3亿立方米(包括地下水41.3亿立方米)。另有提引黄河水4.5亿立方米。有效灌溉面积2854万亩，耕地灌溉率33%，人均水地0.94亩。由于水资源分布不相适应，河川径流调蓄能力差，每年5～6月泾、北洛、渭、汾河的下游经常出现断流现象。农作物以冬小麦、杂粮为主，经济作物主要是棉花。

IV_6区：三门峡到花园口

本区位于黄土高原最东南部，主要由山区、丘陵、河谷川台盆地组成。冬季寒冷，雨量稀少，春季干旱多风，夏季雨水充沛，且多暴雨。年平均气温12～15℃。年平均降雨量600～900毫米，6～9月降雨量占全年雨量的60%～70%，夏秋季节常有洪水灾害，又有伏旱威胁。年平均蒸发量900～1200毫米。无霜期150～245天。天然河川径流量45亿立方米，河川径流利用率45.5%。区内有大型水库1座，中型水库19座，小型水库486座，塘堰坝2873

处，蓄水工程供水量4.79亿立方米。引水工程1897处，提水工程4282处，其他工程370处，共提引水27.7亿立方米(包括开采地下水10.9亿立方米)，有效灌溉面积518万亩，耕地灌溉率35%。人均水地0.56亩。农作物以冬小麦、杂粮为主，经济作物为棉花。

IV_7区：花园口至黄河口

本区位于华北平原中部，由黄河下游冲积平原和鲁中山地、丘陵组成。属暖温带季风气候，春旱多风，夏热多雨，秋旱少雨，冬寒少雪。平均气温12～14℃。年降雨量600～700毫米，6～9月降雨量约占全年降雨量的70%。年蒸发量1200毫米以上。无霜期186～210天。日照时间2500～3158小时。主要支流有天然文岩渠、金堤河和大汶河，天然河川径流量21.05亿立方米，人均水量197立方米，亩均水量130立方米，河川径流利用率为47.8%。有大型水库3座，中型水库18座，小型水库790座，塘堰坝3636处。1980年蓄水工程供水6.9亿立方米。引水工程56处，提水工程319处。供水36.4亿立方米(包括地下水18.9亿立方米和引黄河水14.3亿立方米)。有效灌溉面积914万亩，耕地灌溉率56%，人均水地0.92亩。农作物冬小麦、杂粮为主，经济作物棉花为主。

IV_8区：内流区

本区位于鄂尔多斯高原，地跨宁、内蒙古、陕三省(区)，属以牧为主的地区。北部有小部分属库布齐沙漠，地面多为流沙和固定半固定沙丘。区内地势平坦，风蚀强烈，地面多堆有风蚀沙丘。南部为毛乌素沙漠，梁地与滩地相间，沙丘与甸子相连。区内河流很少，湖泊较多，西部和北部多为盐碱湖，东部和东南部有少量淡水湖。气候干燥少雨，寒冷多风，年平均气温6～9℃。年平均降雨量200～400毫米，6～9月降雨量占全年雨量的70%～80%，多暴雨。年平均蒸发量为1400～1800毫米。无霜期130～160天。日照时间2868～3203小时。干旱、风沙和冰雹是本区主要自然灾害，尤以风沙为最，常有8级以上大风，形成沙暴。区内产水量3.12亿立方米，人均水量812立方米，亩均水量176立方米。河川径流利用率8.4%。区内仅有小型水库15座、塘堰坝8处，1980年供水0.12亿立方米。提水工程126处、其他工程24处，供水0.76亿立方米(包括开采地下水0.62亿立方米)。有效灌溉面积22万亩，耕地灌溉率12.5%，人均水地0.62亩。由于水资源缺乏，水质差，部分地区人、畜吃水都很困难。粮食以春小麦、杂粮为主。

此外，黄河下游两岸华北平原广大地区，需依赖黄河水资源补给。由于黄河泥沙淤积，河床高悬于两岸地面，毋须建大的工程即可引水灌溉，目前已有灌溉面积2000余万亩，30万亩以上的大型灌区14处，见表7—25—3。

表7—25—3　**黄河下游30万亩以上引黄灌区情况表**

省别	地(市)	灌区名称	设计引水流量(立方米每秒)	设计灌溉面积(万亩)	有效灌溉面积(万亩)	1988年实灌面积(万亩)	国家累计投资(万元)
河南省	郑州	三刘寨	45	30	7.9	10.97	
	新乡	大功	23	30.9	16.23	24	600
		韩董庄	30	33.71	20.65	25	1004
		祥符朱	25	35.6	13.01	12.7	395
	省直属	人民胜利渠	55	88.6	55.03	65	3921
		武嘉	25	36	10.65	14.71	1069
	开封	三义寨	300	133.2	19	18	
		赵口	157	228	2.8	1.1	
	濮阳	渠村	42	74.59	19.77	18.5	
		南小堤	39.5	45.21	39.6	42	
山东省	菏泽	阎潭	50	45.5	13.5	13.5	830
		谢寨	30	30	14.65	14.65	708
		苏泗庄	45	60	23	23	843
		苏阁	50	46.54	19.45	19.45	645
		陈垓	30	56.3			1297
	聊城	位山	240	432	282.7	282.7	3990
		郭口	25	37.2	26.3	26.3	210
	济南	田山	24	31.7	13	8.5	1662
	德州	潘庄	100	500	370	117.54	4450
		李家岸	100	134	108.75	59.05	1238
		邢家渡	50	89.9	41.82	41.32	843
	惠民	簸箕李	75	110	68.52	68.52	1777
		韩家墩	60	75	20.01	20.01	930
		刘春家	37.5	32.7	20.57	20.57	2927
		马扎子	27.8	32.7	14.88	14.88	785
		小开河	25	30	22	22	663
		张桥	15	38	24.11	24.11	564
	东营	王庄	30	31	19.06	16.97	500
		打渔张	120	153.1	57.46	56.32	6934

注　表中资料来源于1989年《中国水利统计年鉴》。

(二)水资源开发利用中存在的问题

1. 缺乏全面规划,用水浪费严重

过去对水资源综合开发利用的重要性认识不足,只从局部地区需要和单一的用途出发,没有考虑水资源条件,各部门、各地区之间互争水源,条条与块块各行其事,上游大量引水,下游断流,一方面大水漫灌,使土地盐碱化,另一方面水源不足。从1980年农业灌溉的耗水与粮食产量看,河套灌区

每立方米水产粮 0.095 公斤，黄河下游引黄灌区每立方米水产粮 0.25 公斤，而管理较好的渭河宝鸡峡灌区，每立方米水产粮 1.25～1.5 公斤。

2. 水量调节程度低，供需矛盾突出

黄河流域现有大、中、小型水库的调节库容约 106 亿立方米，主要分布在上游的干流河段，各支流都缺乏调节库容。同时，中游多数地区，由于泥沙关系，汛期不能蓄水，非汛期可调节水量有限，枯水季节用水没有保证。地下水过量开采，造成采补失调，出现新的问题，如陕西省西安市郊、富平和蒲城等地过量开采，地下水位大幅度下降，出现漏斗，引起市区地面下沉。山西省太原地区、运城盆地亦有这种情况，供需矛盾突出。

3. 发展追求速度，不参考水资源条件，工程不配套

兴建灌区不考虑水资源条件，设计面积大于水资源的供水能力，如汾河太原盆地，河川径流控制的有效灌溉面积 350 万亩，而实有水源供水能力，按保灌定额的供水量计，保证供水量不到 200 万亩。渭河宝鸡峡以上，有效灌溉面积约 120 万亩，实有水源供水能力的保证供水量约 65 万亩。关中东部有效灌溉面积约 580 万亩，实有水源供水能力的保证供水量约 310 万亩。工程配套方面，像甘肃已建成万亩以上的提灌工程 30 处，设计面积 148 万亩，配套面积仅约 72 万亩。内蒙古巴盟灌区有效灌溉面积 670 万亩，配套齐全的仅 108 万亩。山西汾河灌区有效灌溉面积 150 万亩，配套齐全的仅 12 万亩。斗渠建筑物配套占 53.6%，农渠只配套 31.9%，田间工程几乎没有。黄河下游沿黄控制灌溉面积 2830 多万亩，而三级配套 640 万亩，四级配套的仅 250 万亩，致使灌区效益不能得到充分发挥。

4. 黄河中下游水源不足，部分地区已出现缺水危机

70 年代以来，黄河水量偏枯，黄河一些主要支流如渭河华县 1970 年以来，每年 4～6 月河流最小流量为 1～2 立方米每秒；汾河中、下游经常断流；沁河下游非汛期基本断流；洛河黑石关流量也在 10 立方米每秒以下。黄河干流 1972～1981 年利津河段共断流 118 天，年平均入海水量 298 亿立方米，其中 4～6 月仅 21.46 亿立方米，严重影响农业生产。建议开源节流，合理用水，节约用水，同时考虑兴建一定数量的水库和跨流域、跨区域调水工程，予以解决。

5. 河流水质的污染问题应引起重视

(三)各水平年需水量及灌溉面积

为协调沿黄地区的用水需求，保证国民经济持续、稳定的发展，《黄河水

资源利用》还根据上、中、下游统筹兼顾，地下水利用基本维持现状，优先满足人民生活和工矿企业用水，保证黄河下游河道排沙入海水量以及灌溉用水、航运、渔业用水的原则。全面考虑合理用水，节约用水，兴建跨流域调水工程的情况下，对 1990 年及 2000 年各地灌溉及工农业用水量作了水量平衡计算。全流域现状需水量 430 亿立方米，有效灌溉面积 6566 万亩，到 1990 年，需水量 369 亿立方米，供水保证率 50%灌溉面积 6636 万亩，基本与现状有效灌溉面积相同，略有提高。供水保证率 75%的灌溉面积 5740 万亩，到 2000 年，需水量发展到 440 亿立方米，供水保证率 50%的灌溉面积为 8030 万亩，供水保证率 75%的灌溉面积 6956 万亩。见黄河流域各水平年灌溉面积表(表 7—25—4)及工农业总需水量表(表 7—25—5)。

表 7—25—4　**黄河流域各水平年灌溉面积表**　单位:万亩

水平年	项目		IV_1	IV_2	IV_3	IV_4	IV_5	IV_6	IV_7	IV_8	全流域
现状水平	有效	河川水	23.36	312.44	1569.02	165.09	1978.23	320.89	330.22	5.22	4704.47
		地下水	0.67	11.27	131.16	44.13	876.00	197.00	583.90	16.96	1861.09
		小　计	24.03	323.71	1700.18	209.22	2854.23	517.89	914.12	22.18	6565.56
一九九〇年水平	有效	河川水	35.00	443.70	1643.50	197.00	1518.00	475.00	417.00	17.00	4746.20
		地下水	0.67	11.27	160.11	44.13	876.00	197.00	583.90	16.96	1890.04
		小　计	35.67	454.97	1803.61	241.13	2394.00	672.00	1000.90	33.96	6636.24
	保灌	河川水	35.00	311.00	1494.00	150.00	1148.00	344.00	355.00	13.00	3850.00
		地下水	0.67	11.27	160.11	44.13	876.00	197.00	583.90	16.96	1890.04
		小　计	35.67	322.27	1654.11	194.13	2024.00	541.00	938.90	29.96	5740.04
二〇〇〇年水平	有效	河川水	61.00	573.00	1952.00	252.00	1995.00	663.00	494.00	42.00	6032.00
		地下水	0.67	11.27	268.11	44.13	876.00	197.00	583.90	16.96	1998.04
		小　计	61.67	584.27	2220.11	296.13	2871.00	860.00	1077.90	58.96	8030.04
	保灌	河川水	61.00	407.00	1749.00	196.00	1533.00	543.00	432.00	37.00	4958.00
		地下水	0.67	11.27	268.11	44.13	876.00	197.00	583.90	16.96	1998.04
		小　计	61.67	418.27	2017.11	240.13	2409.00	740.00	1015.90	53.96	6956.04

注　1. 现状的有效灌溉面积作为现状水平的保灌面积。

2. 1990 年和 2000 年的有效灌溉面积，为供水保证率为 50%的保灌面积；保灌面积，为供水保证率为 75%的保灌面积。

表 7—25—5

黄河流域各水平年工农业总需水量表

项目	水平年	水源		Ⅳ₁ 需水量(亿立方米)	Ⅳ₁ 增长率(%)	Ⅳ₂ 需水量(亿立方米)	Ⅳ₂ 增长率(%)	Ⅳ₃ 需水量(亿立方米)	Ⅳ₃ 增长率(%)	Ⅳ₄ 需水量(亿立方米)	Ⅳ₄ 增长率(%)	Ⅳ₅ 需水量(亿立方米)	Ⅳ₅ 增长率(%)	Ⅳ₆ 需水量(亿立方米)	Ⅳ₆ 增长率(%)	Ⅳ₇ 需水量(亿立方米)	Ⅳ₇ 增长率(%)	Ⅳ₈ 需水量(亿立方米)	Ⅳ₈ 增长率(%)	全流域 需水量(亿立方米)	全流域 增长率(%)
全流域工农业总需水	现状水平	引水	河川水	1.58		24.14		138.04		10.48		127.18		20.63		22.79		0.27		345.11	
			地下水	0.20		2.06		8.56		1.79		41.32		10.94		18.93		0.61		84.41	
			小计	1.78		26.20		146.60		12.27		168.50		31.57		41.72		0.88		423.52	
		耗水	河川水	1.20		18.85		104.30		8.79		105.12		16.88		19.02		0.21		274.37	
			地下水	0.09		1.12		6.12		1.11		29.76		8.20		16.91		0.54		63.85	
			小计	1.29		19.97		110.42		9.90		134.88		25.08		35.93		0.75		338.22	
	一九九〇水平	引水	河川水	2.29		23.68		118.95		10.22		79.52		23.33		24.17		0.76		282.92	
			地下水	0.20		2.06		10.09		1.79		41.32		10.94		18.93		0.61		85.91	
			小计	2.49	3.4	25.74	-0.2	129.04	-1.3	12.01	-0.2	120.84	-3.3	34.27	0.8	43.10	0.3	1.37	1.5	368.86	1.5
		耗水	河川水	1.71		19.80		95.86		7.80		64.07		16.61		19.50		0.60		225.95	
			地下水	0.09		1.12		7.65		1.11		29.76		8.20		16.91		0.54		65.38	
			小计	1.80	3.1	20.92	0.5	103.51	-0.6	8.91	-1.0	93.83	-3.7	24.81	-0.1	36.41	0.1	1.14	1.3	291.33	1.5
	二〇〇〇水平	引水	河川水	3.29		28.61		120.62		27.19		108.36		32.32		28.01		1.81		350.21	
			地下水	0.20		2.06		13.98		4.79		41.32		10.91		18.93		0.61		89.83	
			小计	3.49	3.4	30.67	1.8	134.60	0.4	28.98	9.2	149.68	2.2	43.26	2.4	46.91	0.9	2.42	5.9	440.04	1.8
		耗水	河川水	2.58		22.84		101.93		24.49		72.77		26.07		22.00		0.73		273.11	
			地下水	0.09		1.12		11.54		1.11		29.76		8.20		16.91		0.54		69.27	
			小计	2.67	4.0	23.96	2.4	113.47	0.9	25.60	11.1	102.53	0.9	34.27	3.3	38.91	0.7	1.27	1.1	342.68	-1.6

1987年国务院批准了上述分配方案，以国发[1987]61号文通知下发执行。要求各地区从全局出发，依黄河可供水分配数量(见表7—25—6)为依据，大力推行节约用水措施。

表7—25—6　**黄河各省(区)可供水量分配方案**

地区	青海	四川	甘肃	宁夏	内蒙古	陕西	山西	河南	山东	河北及京津	合计
分配水量(亿立方米)	14.1	0.4	30.4	40.0	58.6	38.0	43.1	55.4	70.0	20.0	370

第二十六章　灌溉方法与制度

黄河流域的农田灌溉活动有悠久历史，在长期的生产实践活动中，人们从以人力负水浇稼开始，到创制各种机械提水工具，并尽量利用河流地形，发展自流灌溉，积累了丰富的经验，也形成了适合当地灌区的灌溉制度。灌溉工具的发展，使农业生产不断达到新阶段，特别是建国后电力灌溉工具在流域内普遍使用，农业生产有很大发展，新的灌溉方法从几千年的地面灌溉方法中脱颖而出，灌溉制度也更加科学合理。

第一节　灌溉方法

一、地面灌溉

灌溉方法与水源条件和取水工具的发展有密切关系。古代灌溉，由于生产力水平较低，一般采用简易、直观的地面灌溉，在河湖坑塘岸边用盆罐汲水，以人力“负水浇稼”。在此基础上，创制出简单的取水工具戽、桔槔。桔槔的最早记载见于《庄子·天地篇》：“凿木为机，后重前轻，挈水若抽，数如泆汤，其名曰槔。”《墨子·备城门篇》，元代王桢的《农书》，宋应星的《天工开物》，徐光启的《农政全书》等均有记述。根据刘仙洲《中国古代农业机械发展史》一书推断，这种提水工具可能始创于商代初的成汤时期（公元前1765～公元前1760年），距今已有3700多年的历史。

辘轳一词见于宋代《物原》，书中有“史佚作辘轳”一句，史佚是周朝吏官，可见在桔槔出现以后不久就创制出辘轳了。北魏贾思勰在《齐民要术》中记述了辘轳的使用，说明在北魏前已普遍使用辘轳了。

翻车也叫龙骨水车，创制于汉代。据《后汉书·张让传》记载：“中平三年（公元186年）毕岚作翻车。”又《三国志》中记载：“时有扶风马钧，巧思绝世……居京都，城内有地可以为园，患无水以溉之，乃作翻车，令童儿转之，而灌水自覆，更入更出，其巧百倍于常。”说明翻车创于汉代，这与汉代灌溉事业的发展是相适应的。以后随着历代王朝的兴衰,灌溉事业时进时退,灌溉工具亦时有创新和改造,如唐代创制的筒车,元代皇庆年间王桢创制的牛转翻车和水转翻车,以及改成的高转筒车和水转筒车,利用畜力和水力灌溉,使劳动强度大大降低,使原来一些无法灌溉的地方得能灌溉。因此,很快在黄河流域推广应用。据《甘肃新通志》记载,皋兰于明代就在黄河岸边安装了一百多架大型轮式翻车,车轮大者达七丈五尺,把黄河水翻至高地灌田。

机械灌水工具的出现未能改变灌溉方法,而在地面灌溉方法中,漫灌法又最为简单,因此,使用的最早也最普遍。《诗经·小雅·白桦》中"滮池北流,浸彼稻田"的诗句,描写西周时期引渭水支流滮水浸灌稻田的方法就是这一灌溉方法的写照。漫灌法在实现对作物供水以获取比不灌更高产量方面很直观,但它有灌水不匀,水肥流失,土壤板结,浪费水量等缺点。因此,在不少地区人们很快就用畦灌和沟灌法代替漫灌法。

畦灌和沟灌法的出现虽也很早,但在封建社会里,无人将这种灌溉方法总结研究推广。民国期间灌溉事业逐渐衰败,灌溉方法更无人重视,因此,到建国初期黄河流域依然保留着漫灌、畦灌和沟灌并存的局面。不过时间不长,畦灌和沟灌技术问题研究,迅速开展起来并于70年代开展了管灌和涌灌的研究。

(一)畦灌和沟灌

人民胜利渠于1952年建成,同年6～9月放水4次,仍采用大水漫灌、沟灌和畦灌同时并进的灌溉方法,通过这次灌溉,人民胜利渠管理局经观察对比发现,畦灌小麦、沟灌玉米比漫灌好,因此,号召群众打畦、冲沟,尽量减少使用大水漫灌方法。同时表扬了获嘉县冯庄村农民研制成扒畦机,提高了扒畦速度。

1953～1954年,忠义试验场作了长50米、80米、90米、100米,宽3米,纵坡1/3000～1/5000之间各种畦田规格的灌水效果和产量对比试验,经多次观察对比发现,灌水定额不但与畦长、畦埂有关,而且和所有灌水因素如畦宽、横坡、纵坡、入畦流量、水层厚度有关,并相互制约。1955年又增加玉米和绿豆混作、间作的灌水方法试验,设置了满天星畦灌、沟灌;隔垅畦灌、沟灌;穿垅畦灌、沟灌;隔耧清畦、隔耧清沟灌等8种施水方法。由于研究方法比较简单,只从产量对比上确定哪种施水方法为佳,未最后确定最优施水方法。1958年,水科院水利所与新乡专区水利局继续做各种主要作物的畦灌和沟灌试验,并结合群众生产在大田中试验推广。

西北水科所武功试验站自50年代初至60年代初，一直把中耕作物的灌溉方法和灌水技术列为试验研究的主要内容，在渭惠渠灌区开展了灌区土壤入渗性能研究；畦灌技术因素间相互关系研究。并在武功、扶风、兴平、咸阳等地建立基点对比田，试验过程中，一有成果便拿到生产实践中去检验，检验科研成果在生产实践中的可行性和正确性。与此同时，武功试验站还根据群众生产实践中使用的各种沟形，研究了直形沟、方形沟、锁链形沟等沟形的宽行中耕作物玉米、棉花的沟灌试验，得出了每种沟形与纵坡、长度、流量、灌水定额等灌水技术要素之间的关系，还指出了各种沟灌形式要求的地形条件，建议各地因地制宜，适当选用。

山东省水科所1958～1959年作了深翻条件下播前灌水和小麦各生育阶段的高畦沟灌法试验，得出了深翻与流速、灌水量关系和在一个畦中开挖1～2条沟的明沟浸润灌溉效果。

60年代，流域的畦灌技术研究，主要是畦田规格和田间渠系布置的结合。畦田规格一般多倾向于短畦，水层倾向于浅薄。沟灌则主张细流沟灌。以后由于国内兴起喷灌、滴灌热潮，地面灌水技术研究曾一度被忽视。至80年代初，在一些专家的呼吁下，作为地面灌溉主要方法的畦灌和沟灌研究才再度受到重视。1982年秋，陕西省交口抽渭灌区灌溉管理局作了畦灌法灌水技术要素的测定，测定了土壤性质、地面坡降、畦田规格、单宽流量、改水成数以及均匀度状况，测定了不同单宽流量在不同地面坡降下的行进流速和不同土壤性质的初始含水率情况下的渗吸速度等，为交口抽渭灌区实现定额均匀灌溉，制定关中灌区灌溉方案提供了经验数据和有关参数。

1985年，陕西渭南地区水利局根据陕西省东方红灌区板桥村预留棉田的畦灌灌水实验数据，分析计算了畦灌各技术要素，为指导灌区的棉花生产和用水管理提供了依据。

1986年，水科院水利所根据人民胜利渠灌区的试验资料，结合室内试验，提出各种土壤条件下的畦灌灌水技术诸要素的具体数据，为人民胜利渠灌区直接参考应用。

（二）管灌

管灌是地下管道输水灌溉的简称，是利用现代提水工具，通过用各种材料制成的管道，把灌溉水输送一定距离之后，再流出地面，通过畦或沟进行地面灌溉的一种低压输水灌溉技术。

1972年，温县水利局在黄河流域首次做地下管道输送肥水进行减少输水损失试验(地下水管长300多米，内径20厘米，壁厚3厘米，用每节1米的素混凝土预制管拼接而成)。试验结果，不仅达到减少输水损失(损失率为2%)的预期目的，还发现管道输水有提高输水效率，减少护渠用工的优点。1973年春再次试验，埋设的管道有两条，其中一条长近1公里；另一条除了主干管道以外，还规划布置了分支管道，控制面积100多亩，主干管道和分支管道共长800多米，形成一小片地下管道网。试验结果发现，管灌不仅省水、省工、高效，而且少占地、利机耕，还提高了浇地质量和作物产量。经过试验，温县水利局写了《机井灌溉地下管道简介》一书，书中详细介绍了管道的规划、设计、施工和测试。1975年，河南省水利厅把《机井灌溉地下管道简介》收入《打井灌溉经验汇篇》出版，1977年又由水电部收入《灌溉排水经验汇篇》出版，促进了管灌在国内的发展，8年之间，温县耕地的85%基本实现地下管道化。随着水资源日趋紧缺，管灌作为一种节水节能、高效高产、低投入、易推广的输水灌溉方法，试验与推广工作受到各地越来越多的重视。

“六五”和“七五”计划期间，山东省把管灌列入科技发展计划，并建成了不同类型的管灌试验示范区10处，取得了一系列技术成果。管灌工程中，管材和管件投资占一半以上，山东省在研究使用当地材料以降低造价方面作了大量工作，先后研制了以水泥、砂石、土、石灰为主要原料的水泥沙土管，水泥石屑管，水泥土管，水泥炉渣管，水泥粉煤灰管，地埋灰土软管，现浇混凝土管以及薄壁塑料硬管，改性聚乙烯软管等10多种管材。还根据各种不同需要，研制了相应的立式滚压制管机，立式挤压制管机，滑模现浇混凝土制管机等制管设备和工艺。山东水利厅还对塑料软管的力学和水力学性能进行了测试，指出不同单机出水量情况下塑料输水软管的配套方式，并根据使用中容易出现的问题，提出了维修方法。

1984年，河南省水科所在开封惠北试验站开展了低压管道输水灌溉技术的研究，历时3年，用了陶瓷管、混凝土管等地埋固定式管道和各种塑料管、硬壳软芯管等地面移动式管道，制出了二者结合的管道系统。

1986～1987年，河南省水利厅农水处与新郑县、长葛县水利局合作，开展地埋塑料软管输水灌溉技术研究，主要包括塑料软管、土洞、自闭球形阀等，其中自闭球形阀可分别应用于放水阀、逆止阀、安全阀和通气式进水装置，是这次试验研究中的创造。

1990年4月全国地埋塑料软管输水技术研讨会在山东聊城召开，山东、河南、山西、陕西、宁夏等省区的水利科研和生产单位的代表参加，会上交流了各地开展地埋塑料软管输水灌溉技术研究和推广应用的经验，充分探讨了地埋塑料软管输水灌溉技术尚需研究解决的问题。

(三)涌灌

涌灌即涌流式灌溉,也称为波涌式灌溉或间歇式灌溉,是沟灌或畦灌的改进和发展,是70年代末期美国犹他州立大学Bishop博士提出的新的地面灌溉方法,1981年被介绍到中国并开始研究这种灌溉方法的适应性和节水效果,水科院与人民胜利渠管理局科研中心共同进行了这次试验,试验课题组设计、研制了一套简易、自动涌灌试验设备,经室内外调试和改进,在1989～1991年小麦播前冲沟涌灌和棉田沟涌灌、小畦涌灌试验中得到应用。试验结果表明:

(1)在壤土地区,无论沟涌灌或畦涌灌均有节水、省工、灌水均匀和提高灌水效率的良好效果。试验的节水率达21%～23%,提高灌水效率20%～24%,灌水均匀度提高11%～13%。

(2)试验的涌灌自动灌水设备,经野外试验证明,操作方便,易于掌握,加以改进和完善之后就可作为适合国内灌区条件的涌灌自动化设备。

(3)涌灌的总效益显著,节水省工,降低了生产成本,还可扩大灌溉面积或为城镇提供更多的工业用水和生活用水。灌水均匀度的提高不仅有利于作物生产,提高产量,而且减少了深层渗漏,可抑制地下水位上升,防止土壤次生盐碱化。

(4)在自流灌区可首先提倡推广人工改口的等距离涌流式沟、畦灌;在有低压管道输水设施的井灌区,可在改进自动灌水设备的基础上,逐步发展自动控制涌灌系统。

(5)初步认识了涌灌间歇入渗可改变连续入渗的规律,即可减小湿润段土壤的入渗速度,减小相对稳定入渗率和缩短到达该值的时间。

二、喷灌

喷灌是一项新的灌溉技术,它是利用机械提水和水泵将水加压(或利用自然水压),通过喷头将水喷射到空中,散成细小的水滴,均匀地散布在田间,达到灌溉的目的。国内的喷灌试验始于1958年,武汉水利电力学院和关中一些灌区就曾进行喷灌机具的研制和喷灌试验,陕西、甘肃等地在短射程喷头的研究和山地利用自然静水压力喷灌试验方面都取得了不少经验。1965年以前,一些科研单位和水利机构已进一步设计、制造了一批结构简单合理，质量较好的喷灌机具，积累了一些试验资料。但由于当时国内电力能源紧缺，发展喷灌受到很大限制，加之成本较高，被称为“昂贵灌溉”的喷灌，1965年以后，试验和推广应用都基本处于停顿状态。1973年，水利部农田灌溉研究所根据国内外的资料，设计了4D—50—1型喷灌机，由河南省新郑县农机厂和扶沟县崔桥农修厂试制样机并开始喷灌试验。与此同时，能源大省山西省，由水利和农机科研部门在临猗、襄汾等县也开始试点。总结研究喷灌经验与机具设计造型，一开始就呈现出迅猛发展的势头，万荣、昔阳、运城等县市也很快都开展了试验，仅夏县制出的喷头就有20多种，使用的喷灌系统有移动式、固定式和半固定式高中低3种压力状况，其中以移动式较多。运城地区1973年底喷灌面积已达3万亩。到1977年，山西省喷灌发展到90多个县市，喷灌面积达31万亩。但由于喷灌设备质量差，型号不统一，尤其喷头质量不过关，目前仍处试验阶段。就山西喷灌情况看，今后拟以半固定式为主较为适宜，逐步扩大固定式喷灌。喷灌试验应对现有回转打击式单、双嘴喷头进行改进，用优选法确定喷头射程、喷撒强度，均匀度等；在对喷头性能测试的同时，结合对移动式喷灌田间渠道布置形式的研究，进行作物喷灌制度和渠系配水制度的研究。

宁夏水电局水科所于1973～1974年试制成功的喷灌机组共有8种，使用较多的有4种，射程远者达40～50米，一般都在30～35米，并在银川市新城区进行了输水管道水头损失，喷灌强度，均匀度测定和灌水量与湿润层深度关系研究，提出了相应的研究报告。1974年，盐池县四墩子大队经6个月时间完成了300余亩的田间工程，组装了4台移动式电动喷灌机具及柴油喷灌机，当年喷灌试验区的作物获得丰收。1975年又建成城西万亩喷灌试验区，组装了100余台移动式小型喷灌机，投入试验使用。

1973年开始喷灌试验的还有陕西榆林地区水保站，先后在两个大队进行梯田喷灌试验。结果表明：喷灌能增产、省水、省劳力、保肥、占地少，降低了灌溉成本，还缩短了灌溉时间。西北水科所于1974年在西北农学院试验场作了喷灌试验，初步探索了喷灌的优点和喷灌机具的性能。1975年，陕西省在武功召开了全省喷灌会议，交流喷灌经验，确定各县农机厂要试制、生产和推广喷灌机具，研究宝鸡地区13个县市部分小麦、棉花和扶风农场的喷灌成果。延安市1976年在华北水利学院和西北水保所的帮助下，建立了5000亩喷灌试点。陕西省万亩喷灌试点凤翔县郭店基点也开始建设，进行小麦、玉米、棉花和油菜等多种作物的喷灌试验，研究喷灌大田作物增产省水规律及其经济效益，并在试点上进行喷灌设备的生产考核。同时，全省接受华北水利学院培训的喷灌技术人员100多名。

内蒙古自1973年秋天开始研制小型喷灌设备，1975年研制成功后在人工草场、天然草场农业区作了小面积田间试验，当年见效。

青海省自1975年春开始在乐都县进行以春小麦为重点的喷灌试验，采用了半固定式和轻便可移动式自压喷灌设备，自压水头30～60米，中射程喷头。经一年试验得到：喷灌比地面灌溉表现出明显的优越性，即喷灌比地面灌溉省水、增产、土壤结构不受破坏，喷灌的地温较高、植株高、麦穗长、小穗多、籽粒多、千粒重较重、总穗数也多。通过喷灌，原来跑水跑土跑肥的“三跑地”变成了保水保土保肥的“三保地”，也不再出现黄土湿陷的现象。喷灌比地面灌溉更省工，也少占地，总经济效益大。有条件自压喷灌的地方还不消耗能源，投资小，效益更大。

1974年，水利部农田灌溉研究所在新乡进行的喷灌防干热风的试验表明，喷灌可以影响、调节小气候，降低环境气温，提高环境湿度，这对北方地区冬小麦生长后期常会遇到的干热风防治，具有重大意义。1975年该所设计了12匹马力柴油喷灌机组之后，1976～1977年又对摇臂式喷头的多种形式的扇形机构进行了测试。并与华北水利学院、水科院合作，进行了喷灌系统规划设计，同时接受水电部委托与华北水利学院一起举办了北方各省喷灌技术培训班。

80年代，喷灌技术在大量推广应用的基础上，开始向新的高度发展。青海省1980年开始从美国、南斯拉夫、西德三国及广西、鞍山两地引进喷灌机组31台，有5种机型，建设了9个试验基点。各基点发展喷灌面积16000亩，包括粮田、瓜地、草场等。各基点均收到省水、增产、省工、提高土地利用率、工程设备投资回收年限短等良好效益。

1985年，河南省水科所与开封水利局合作，在惠北试验站开始进行群井喷灌自动化研究，自行设计微机控制自动化系统，自动测墒，自动开机，适度喷灌，自动停机，到1986年完成并作了安装调试，1987年进行了13次运行，该系统可自动、可手动、可进行程序更换和事故处理，也可进行联合喷灌各种技术参数的测试。1987年，中科院农田灌溉研究所研究成功了“320点喷灌微机测控系统”。经有关专家鉴定认为：该系统功能较齐全，各项指标都达到了设计要求，在喷灌微机测控方面处于国内领先地位。

三、滴灌

滴灌即滴水灌溉。它是利用一套低压管道系统，在其上面装设许多滴头分散在田间，水由每个滴头一滴一滴地慢慢地浸润于作物根系区域，供给水分和养料，较之沟、畦地面灌溉甚至喷灌都具有省水、增产、投资少、受益快、适应性强的显著特点。1974 年从墨西哥引进 3 套滴灌设备，其中 1 套安装在山西省昔阳县大寨大队，由于滴灌很快就表现出节水增产的优越性，迅速在蒲县、万荣、交城、高坪、黎城、闻喜、太原等地发展起来，建立了 26 个试点。各试点对小麦、棉花、玉米、蔬菜、果树等不同作物，不同灌水方法进行了对比试验，结果表明：滴灌无论用于何种作物，都具有省水增产的实际效果，特别是干旱缺水的地区更为显著。1974 年 11 月水利部召开了北方 15 省（市、区）滴灌技术现场会，号召试验和推广滴灌技术。

1975 年，内蒙古水利科学研究所与水科院合作在上园作室内黄瓜滴灌试验，取得良好效果。

1976 年，陕西省延安市与华北水利学院一起，在建立喷灌试点的同时，规划设计了滴灌试点 1000 亩，举办了滴灌技术学习班，培训技术骨干，这一年同时开展滴灌试验的还有乾县和吴堡县。

1980 年，山西省水科所在阳城县上李村滴灌试点上，研究了移动式滴灌应用于大田作物的可行性以及发展节水高产值滴灌农业的道路，即滴灌技术与立体种植等农业综合措施相结合的道路。经 5 年研究看出滴灌能在任何复杂的地形上不需平整土地就能省水而高质量的灌溉，山地高灌区也可取得较高的灌溉效益。

1980～1981 年连续两年进行黄瓜滴灌试验的青海省水科所，不仅取得了增产效果，还取得了滴灌地块的田间最大持水量；黄瓜的枯萎田间含水量；滴灌土壤水分动态以及滴头流量与湿润深度关系等研究成果。

1976 年由水利部农田灌溉研究所和河南省水利厅共同在偃师县山化乡关瑶村筹建的千亩滴灌试点，是全国最大的粮食生产滴灌试点。该试点地处邙山黄土丘陵区，面积 1264 亩，1979 年 11 月建成。从 1979～1988 年，通过 9 年多连续地大面积试验观测证明：

（1）在干旱缺水的丘陵区，采用提蓄滴三结合的灌溉方式，即以半固定式滴灌系统为中心，提蓄（蓄水池）结合滴灌关键水的灌溉方式，不仅扩大了有限水资源的灌溉面积，而且获得了大面积的均衡增产，是干旱缺水的丘陵地区节水灌溉，经济用水的一条新途径。

(2)滴灌机具原为引进的固定式滴灌系统，经改造，只将主干管道埋入地下，支管和毛管(包括滴头)在地上移动，成为半固定式系统，大大减少了支管、毛管和滴头的数量，减少了投资，降低了成本。

(3)由于有蓄水池的调蓄，提高了水源工程的利用率，充分利用了水资源，扩大了灌溉面积。

(4)由于干旱丘陵区水资源紧缺，采用滴灌关键水的节水灌溉模式。1980～1988 年虽经历了不同的水文年，但滴灌关键水的小麦、玉米、棉花、花生、西瓜等均取得了显著的增产效果，节水率达 50%～67%。

(5)系统的益本比为 2.38。并得到一套较可行的管理运用经验。

第二节　灌溉制度

灌溉制度的形成一般有 3 种方法，(1)根据当地降雨保证率资料和作物的耗水规律进行图解；(2)总结灌区群众的灌水经验，确定灌溉制度；(3)根据各种作物的耗水规律，结合群众灌水经验确定的灌溉制度。黄河流域各灌区灌溉制度的形成基本上是后两种方法。

一、根据群众经验形成的灌水制度

黄河流域灌溉农田的历史很长，在长期的生产实践中，群众中对适时灌水积累了丰富的经验。在此基础上形成了灌溉制度，如运河工程督办潘复 1923 年在《调查河套报告书》中所说："每岁河冻之时，用革闭塞渠口，名曰卷帚。……立夏日掣去所卷之帚，放水入渠，名曰开水。开水之时先将上段各陡口闭塞，逼水到稍，供稍民浇灌，满足甘结，名曰封水。封水之际将各陡口酌留二三分水，名曰俵水。至是乃开上游陡口任其浇灌，既已普及，又逼令至稍封与俵，周而复始，上下段皆获及时浇灌，夏至日止，名曰头轮水。立秋前后，名曰二轮水。至小雪止，名曰三轮冬水。其制度如此，可见古人经划煞费心思以成此万世之利也。"《魏书·刁雍传》中记载河套地区灌溉用水制度，"一旬之间则水一遍，水汛四遍，谷得成实。"关中地区各灌渠灌溉制度大致类同，仅依泾惠渠为例：

给水标准：给水深为 0.1 米，每斗每半月放水 1 次，每次灌溉该斗地亩之半数，全渠地亩每月均可顺序轮灌1次。但因河水涨落无定，流量亦随之时增时减，故各支渠下游地亩受水情形较上游为差，且灌区逐年扩大，水量不敷分配，复以试验之结果，将灌溉期距酌予延长，改为每17日放水一次，俾减少每日开斗数目，藉增下游水量。

给水程序：各斗灌溉面积日有增减，须于每次灌水之先，按其斗口出水量及所辖地亩面积，以每次灌溉全斗地亩之半数计算其每次应行用时数，并依据各斗口出水量之大小，匀配排列其用水之先后次序，临时规定开斗闭斗时日，制定用水通知表，发给水老斗夫依据用水。渠水出斗须俟流至斗渠之最下游，再由下而上，先左后右，依次引灌。

汛期给水：每年6月15日至9月15日为汛期用水，为棉花生长期，视雨量之多寡灌水。该期内泾河不时猛涨，其含沙量常增至15%左右，依过去之经验，含沙量至15%以上时，渠道即发现淤淀，故规定含沙量超过15%时即停止放水，并按灌溉章程规定，汛期各斗因泥沙过大停水未能用足应给时间者，仍按既定时日开闭斗门，概不补给。自民国二十八年起乃改成规，每次停水以后再行放水时，全渠斗门启闭时日均须按停水时间之长短向后顺延，而各斗用水之先后次序间隔时间则固定不变。

春季给水：农谚云："(谷)雨前不种棉"，故4、5月份之交灌地播棉，需水至切，惟渠水有限，全渠棉地如欲在此短暂期间全部灌完势不可能，须俟上游播种完毕，渠水始可发达下游，下游播种因之较迟。后改于3月开渠，水充足，督令下游农民利用时机，先期浇灌。

冬季给水：12月至翌年1月为灌溉麦苗时间，时天气渐寒，昼消夜冻，灌水受冰冻作用，可使表土松解，含蓄水分，翌春麦苗生长旺盛。

二、根据作物耗水规律和群众经验确定灌溉制度

1953～1959年，西北水科所在渭惠渠灌区进行冬小麦的灌溉试验研究，经历3种水文年，即1954、1958年降雨较多的湿润年，1955、1956年干旱年，1957、1959年半干旱年。使用田测法、坑测法及盆栽法，还在试验基点上广泛设置对比田，调查总结群众经验等，广泛收集资料，得出冬小麦需水量与外界环境的关系以及合理密植、深耕、施肥情况下，冬小麦的需水规律和耗水量范围，作为灌溉管理和制定灌溉制度的依据。在对主要粮食作物冬小麦进行观测的同时，还对玉米、谷子、棉花的需水规律作了研究，指出玉米产量的高低并非完全决定于给水多少，只要按照玉米各个不同生育阶段对

水分的需要适时适量进行灌溉，即可保证高产。玉米全生育期需水量每亩约296立方米，生产每公斤籽实的耗水量为0.66立方米。在渭惠渠试验的同时，在泾惠渠灌区也开展了作物需水量及休闲地蒸发量试验，考虑了地下水的利用问题，为地下水位高的地区作物需水量及灌溉制度的制订，提供了依据。通过上述大量的研究，提出：在中旱、一般或湿润年份，关中地区的冬小麦都需要进行灌溉，其中以拔节、抽穗期灌溉增产效果最大；冬灌增产的原因，是平抑地温变幅，利于小麦越冬并蓄水预防春旱。灌水次数和灌溉定额，根据小麦适宜土壤湿度下限不低于45%时出现的次数而定。一般年份需灌水2～3次，灌溉定额每亩100～120立方米；湿润年仍需在降雨较少的时期补充灌水1次，定额每亩40～50立方米；干旱年需灌水3次，灌溉定额每亩130～160立方米。

人民胜利渠自1953年开始，在忠义试验场选择当地播种面积较大的冬小麦品种碧蚂4号作研究对象，用田测法，坑测法测定小麦需水特性，嗣后，又增加玉米、谷子、棉花等主要作物的需水试验，各种不同土壤作物生育阶段要求的最低含水率以及绿豆、玉米混作和间作种植的田间耗水量，取得初步成果即拿到大田去作中间试验。1958年，河南省水科所就水稻、棉花等作物不同水文年各生育阶段需水量问题作了试验研究，经两年试验，认为影响水稻耗水量的因素很多，除气象、土壤、水文地质因素外，农业耕作措施、产量水平和灌水技术也在很大程度上影响水稻耗水量。

1959年，新乡地区冬小麦适宜土壤含水率试验分为播种期和生长期两阶段，由忠义试验场、引沁广利试验场和封丘县农科所分别进行，试验区有砂土，砂壤土、轻壤土、中壤土、重壤土、粘土、“火龙岗土”和“立土”等8种土壤。综合数年的试验成果冬小麦和棉花适宜土壤含水率如表7—26—1、表7—26—2。

表7—26—1　**50年代新乡地区棉花适宜土壤含水率表**

生育阶段	适宜土壤含水率%(占干土重的百分比)
苗期	15～17
花铃期	17～20
吐絮期	15～17

表 7—26—2　　**50 年代新乡地区冬小麦适宜土壤含水率表**

生育阶段	适宜土壤含水率%(占干土重百分比)					
	轻沙土		两合土		粘土	
	下限	上限	下限	上限	下限	上限
出苗～返青	15	17	17	19	20	22
返青～拔节	15	17	17	19	20	22
拔节～抽穗	15	17	17	19	20	22
抽穗～乳熟	15	17	17	19	20	22
乳熟～成熟	13	15	14	17	20	25

冬小麦灌溉既要满足作物要求的土壤湿度，也要防止过多的土壤深层渗漏，引起地下水位上升，根系活动层适宜土壤湿度上限应不超过计划层的最大持水率，而下限应保证不发生旱象。小麦拔节阶段，土壤含水率不足是影响稳产的重要原因；由于夏秋季降水不足或不均，影响了土壤储水，往往加重了春旱的危害。

棉田不宜水分过大，群众说："棉花认半垧"。棉田冬灌地温高，出苗整齐，如若春季灌水(播前灌)会降低地温，延迟棉花出苗，并容易引起立枯病。棉花现蕾以后，植株迅速上长，叶面蒸腾约为苗期的 3 倍多，这时灌现蕾水，能增加蕾铃数量和产量。

根据以上试验和群众经验制订出灌溉制度。见表 7—26—3、表 7—26—4、表 7—26—5。

表　7—26—3　　　**棉花不同水文年份的灌溉制度**

水文年份	灌　水　时　期									灌水次数	灌溉定额(立方米每亩)	有效雨量(立方米每亩)
	播　种			现　蕾			开　花					
	时间	计划层(米)	灌水量(立方米每亩)	时间	计划层	灌水量(立方米每亩)	时间	计划层(米)	灌水量(立方米每亩)			
干旱年	3 月下半月	0.8	80	6 月上半月	0.6	40	7 月上半月	0.6	40	3	160	187
中旱年	〃	〃	〃	〃	〃	〃				2	210	120
平均年	〃	〃	〃							1	80	230

表 7—26—4　**小麦不同水文年份的灌溉制度**

水文年份	灌水时期																		灌水次数	灌溉定额（立方米每亩）	有效雨量（立方米每亩）
	播种			返青			拔节			抽穗			灌浆			麦黄					
	时间	计划层（米）	灌水量（立方米每亩）	时间	计划层（米）	灌水量（立方米每亩）	时间	计划层（米）	灌水量（立方米每亩）	时间	计划层（米）	灌水量（立方米每亩）	时间	计划层（米）	灌水量（立方米每亩）	时间	计划层（米）	灌水量（立方米每亩）			
干旱年	9月下半月	0.8	80	2月下半月	0.7	50	3月下半月	0.7	50	4月下半月	0.7	50				5月下半月	0.7	50	5	280	63
中旱年	〃	〃	〃				〃	〃	〃	〃	〃	〃	5月上半月	0.7	50				4	230	89
平均年	〃	〃	〃				〃	〃	〃				〃	〃	〃				3	180	97

表 7—26—5　　**玉米不同水文年份的灌溉制度**

水文年份	灌水时期									灌水次数	灌溉定额（立方米每亩）	有效雨量（立方米每亩）
	播种			现蕾			开花					
	时间	计划层（米）	灌水量（立方米每亩）	时间	计划层（米）	灌水量（立方米每亩）	时间	计划层（米）	灌水量（立方米每亩）			
干旱年	6月上半月	0.8	80	7月上半月	0.6	40	8月上半月	0.6	40	3	160	120
中旱年	〃	〃	〃	〃	〃	〃				2	120	145
平均年	〃	〃	〃							1	80	160

从 1954 年开始，山西省水科所先后在榆次地区使赵乡农场，文水县灌溉试验站以及该所试验场进行小麦、玉米、高粱、棉花 4 种作物的灌溉需水试验，通过多年试验得出：

小麦：总计生育期 275 天，耗水量 280～300 立方米，(地下水位在 2 米以下，对作物无补给)，平均每日每亩耗水量为 1.02 立方米，要求适宜的土壤含水率为 15%～20%，生长期中拔节到成熟共 71 天，此阶段耗水量最大，每亩 207 立方米，占耗水量的 74%。生育期间灌区一般降水量每亩仅 102 立方米，每亩需灌水 178 立方米。

玉米：总计生育期 147 天，每亩需水量 279 立方米，每亩每日平均耗水量 1.9 立方米，而生育期中一般可利用降水量每亩仅 150 余立方米，每亩需水 100 余立方米。生长期中拔节到灌浆耗水量最大，此阶段 74 天，每亩需水量 195.8 立方米，占总耗水量的 70.2%。

棉花：总计生育期 185 天，每亩需水量 380 立方米，每亩日平均耗水量 2.05 立方米。生长期中开花到吐絮阶段耗水量最大，此阶段 65 天，每亩耗水量 227 立方米，占总耗水量的 60%。而生长期一般可利用的降水量每亩仅 230 立方米，需每亩灌水 150 立方米。

根据上述 3 种主要作物的需水试验结果，确定汾河灌区的综合灌溉制度为：3 月上旬春季普浇，小麦、棉花每亩灌水 40 立方米，玉米 50 立方米；5 月上旬小麦晚春浇，亩灌水量 40 立方米；6 月下旬玉米、棉花夏浇，亩灌水量分别为 40 和 30 立方米；7 月下旬，玉米、棉花二次夏灌，亩灌水量 40 立方米；9 月中旬小麦播前秋灌，亩灌水量 50 立方米；11 月玉米棉花等大秋作物秋灌，亩灌水量 50 立方米。实际上只春季普浇，一般年份可进行部分夏灌和秋浇。在此基础上，山西省水科所将各地历年灌溉资料结合群众经验加以整理分析，按 3 种不同频率，分雁北、忻县、晋中、晋南、晋东南 5 个分区，提出冬小麦、春小麦、棉花、复播玉米、直播玉米、高粱、谷子、大豆、马铃薯等作物的灌溉制度，如表 7—26—6。

表 7—26—6　　**山西省 50～70 年代各种作物灌溉制度主要指标**

地区	作物	25%				50%				75%				备注
		总耗水量（立方米每亩）	雨量（毫米）	灌水次数	灌溉定额（立方米每亩）	总耗水量（立方米每亩）	雨量（毫米）	灌水次数	灌溉定额（立方米每亩）	总耗水量（立方米每亩）	雨量（毫米）	灌水次数	灌溉定额（立方米每亩）	
晋南	冬小麦	280	206	4	160	300	160	5	200	320	125	6	245	
	棉花	380	550	1	40	400	420	4	150	420	310	6	225	
	复播玉米	220	300	1	40	230	321	3	120	235	250	4	115	
晋中	冬小麦	280	229	4	170	300	170	5	210	320	133	6	240	
	棉花	330	433	1	40	350	352	4	145	370	292	5	200	
	复播玉米	215	360	2	80	220	280	3	110	235	229	4	160	
	秋玉米	280	380	1	40	300	352	3	120	320	292	3	125	
	高粱	280	420	1	40	290	345	2	65	300	265	3	125	
忻县	冬小麦	280	195	3	135	300	148	5	205	320	116	6	245	
	棉花	330	498	3	95	350	372	4	125	370	260	5	200	
	复播玉米	210	350	2	80	215	270	3	100	220	220	4	150	
	秋玉米	280	498	1	45	300	372	2	75	320	260	4	160	
	高粱	280	480	0	0	290	352	2	50	300	250	3	120	
	谷子	280	448	0	0	300	328	2	80	320	242	3	140	
雁北	春小麦	250	245	4	160	270	188	5	190	300	146	5	200	
	大豆	180	286	1	25	200	225	2	75	230	173	3	110	
	玉米	280	432	2	80	290	342	2	90	310	284	4	160	
	马铃薯	250	387	1	30	280	313	3	110	300	240	4	150	
晋东南	谷子	280	556	1	40	300	466	2	80	320	279	3	120	
	其他作物	参考晋中												

宁夏水科所和秦汉渠管理处在崇兴试验基点就春小麦高产栽培条件下的头水、二水和三水适宜灌水时间进行了研究，指出：高肥田头水宜在 4 月下旬至 5 月初，而地势低洼，地下水位高、排水不畅的地方，春小麦头水于 5

月上旬至中旬较好;高肥田的第二水应避开拔节期,宜在分蘖期到抽穗期之前,即一般在5月21～28日以前,约距头水25天灌完。6月中旬以后,进入抽穗期,应相机巧浇第三水。同时,该点还进行了"京引39号"高产水稻的"勤灌、浅灌"和"浅灌与间歇落干晒田"对水稻生长影响的试验,为制订水稻高产的灌溉制度提供了科学根据。

甘肃、内蒙古等省区对春小麦、玉米、糜子等作物灌溉制度的研究,对灌区农业增长都起到了规范作用。

三、盐碱地灌溉制度

盐碱地上灌溉制度的研究,各地都集中在既调节土壤水分状况,也调节土壤盐分状况,通过灌溉,促使土壤脱盐上。首先是探求最有利的灌溉时期,保证作物出苗和保苗,并寻求与良好的耕作措施相结合。灌水定额则以达到预期淋洗盐分,地下水位控制在适宜埋深以下为目的。

内蒙古河套土壤改良试验站在进行大量调查的基础上,结合试验,提出轻、中度盐碱地春小麦的灌溉制度,并对灌水定额的计算问题从理论上作了探讨。巴盟水科所通过试验提出头水要大,以便洗压盐碱,灌水定额需每亩80立方米左右,在分蘖末期灌水为合适。

山东水科所在对德州、六户、茌平、位山等灌溉试验站的资料进行分析后指出:易碱和盐碱地区地下水位埋深很小,矿化度高,地面形成大面积的浅色草甸土或盐化浅色草甸土,这种土壤本身含盐较多,土壤质地多属轻质土,毛管作用强烈,在春旱的情况下,形成春季严重积盐的特点。因此,进行春灌,消除春旱,调节土壤盐分状况,在易碱和盐碱的鲁西、鲁北平原有特殊意义。

关中地区灌区60年代初期也就盐碱地灌溉制度问题进行研究,提出了符合当地特点的灌溉制度。

60年代中期以后,各地在除涝治碱,井灌井排,挖沟浚河方面作了大量工作,盐碱地面积迅速减少,盐碱地灌溉制度的研究除少数地方结合当地具体情况,断断续续开展一些试验外,大量的研究活动转向节水灌溉。

四、节水灌溉制度

早在50～60年代,节水灌溉制度的研究已经开始,如西北水科所王辛未课题组对棉花生长期的适宜土壤湿度研究就采用“叶液法”。认为棉花叶液浓度与土壤湿度有密切关系，棉株为适应缺水状况，叶液浓度加大，从而提高渗透压，以从土壤中吸收水分，故当棉花叶液浓度增到某一数值时，表明必须灌水，以改善棉株体内的水分状况，这就避开了作物需水量与外界环境的复杂关系。试验结果表明：苗期土壤湿度合适可加速现蕾；开花期要求土壤湿度较高，成熟期稍低，有利于吐絮，增加霜前花。苗期的土壤含水率应不低于孔隙率的65%，繁殖期为75%～80%，成熟期为67%～70%。玉米的土壤适宜含水率为幼苗期不低于孔隙率的48%，拔节以后至抽穗开花期应保持在孔隙率的60%以上。但由于当时对水资源的紧缺认识不足，此一成果只作为一种新的研究方法。进入70年代，随着灌溉面积的日益扩大，水资源日益紧缺，各地灌溉制度的研究重点迅速转向节水灌溉方面。特别是喷灌、滴灌等先进节水灌溉方法的出现，节水灌溉制度的研究才日渐活跃。

1973年，山西省在引进喷灌的同时，开始结合机具的研制和增产节水效果试验进行了喷灌灌溉制度的研究。山西省水科所根据试验资料，提出晋南小麦和棉花的喷灌制度，喷灌作物耗水量、灌水量、灌水时间和灌水周期。

1976年开始建设的全国5个万亩喷灌基点之一的陕西省凤翔县郭店基点，根据全国农作物喷灌田间试验协作计划，对关中西部主要农作物冬小麦、玉米、油菜喷灌适宜湿润深度、适宜土壤湿度、田间耗水量和喷灌制度等进行了5年的试验研究，试验成果指标如表7—26—7。

表7—26—7　**陕西郭店基点作物喷灌制度主要指标**

作物	干旱年		一般年		湿润年		与畦灌对比	
	喷灌次数	灌溉定额	喷灌次数	灌溉定额	喷灌次数	灌溉定额	增产	节水
	（次）	（立方米每亩）	（次）	（立方米每亩）	（次）	（立方米每亩）	（%）	（%）
冬小麦	6～7	120～140	5～6	100～120	3～4	60～80	16～37	37.9
春玉米	5～6	120～140	4～5	100～120	3～4	70～100	10.2～15	24.8
油菜	3～4	60～80	2～3	40～60	1～2	20～40	14～27	24.8

1974～1985年，河南省水科所在郑州郊区水磨试验站进行的冬小麦和夏玉米需水量、土壤适宜含水率试验，设置了喷灌、地面灌、喷畦结合等各种处理，经多次重复试验获得：各种处理的需水量，喷灌条件下小麦不同生育阶段适宜土壤水分下限指标，认为小麦在足墒下种的情况下，土壤水分下限

以拔节前不小于40%，拔节后控制在70%～80%之间为宜。“济单2号”玉米的适宜土壤水分下限在全生育期都应保持在田间持水量的60%以上，抽穗期以70%左右为最好。喷畦结合灌溉，小麦耗水量小，产量高，效益大。小麦亩产在400公斤以下时，产量与耗水量呈正相关关系。喷灌玉米需水量小，产量高等结论。

1984年以10个试坑、5种处理、两次重复试验，探求亩产500公斤玉米的需水量和需水规律，得到亩产500公斤玉米的需水量为每亩200～320立方米。

1985年水利部农田灌溉所采用联合国粮农组织灌排丛书推荐的修正彭曼公式和新乡地区气温、相对湿度、风速、日照时数等资料计算了人民胜利渠灌区作物需水量，得到切合当地条件的灌溉数据。

1986年，黄委会水科所方学敏与武汉水利电力学院李恩羊合作，进行以叶温为参数的作物缺水指标研究，以叶温指标预报灌水，节能省水、方法简便、速度快、适应性广，是作物需水量研究的重要途径。

1983年，水利部农田灌溉研究所受水利部委托，组织全国除西藏和台湾外的28省（市、区）的水科所、水管处和有关灌溉试验站近700名科技人员，历时8年，完成《中国主要作物需水量等值线图》，为国土规划、水资源平衡规划、农业分区和灌溉区划提供了必要的资料。如几组等值线图：图7—26—1、图7—26—2、图7—26—3、图7—26—4、图7—26—5。

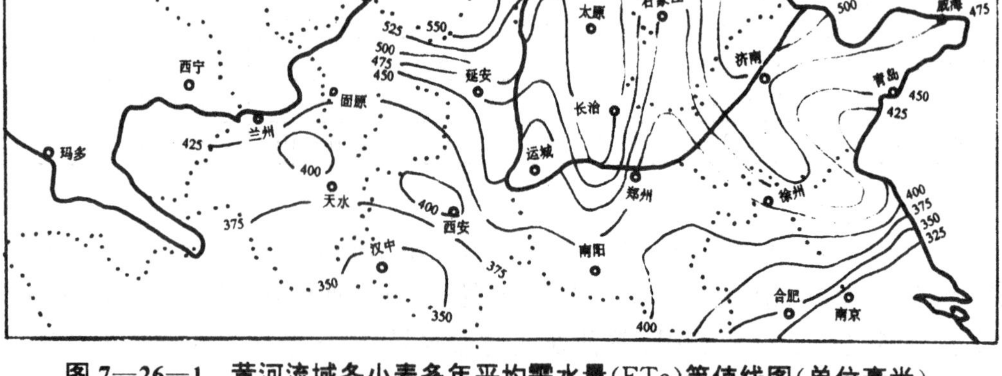

图7—26—1　黄河流域冬小麦多年平均需水量（ETc）等值线图（单位毫米）。

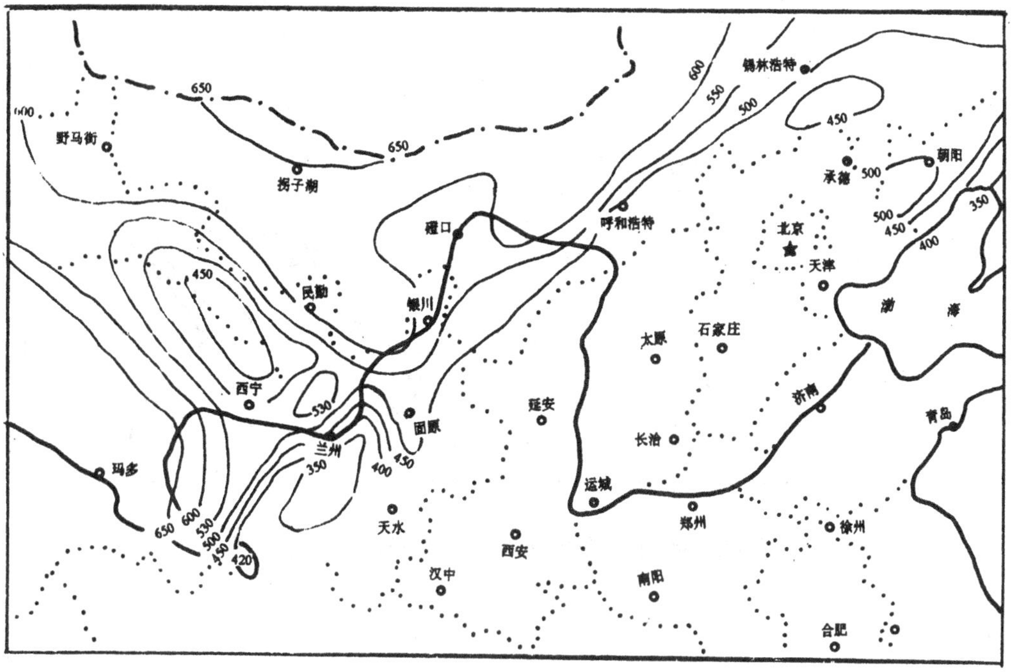

图 7—26—2　黄河流域春小麦多年平均需水量(ETc)等值线图(单位毫米)

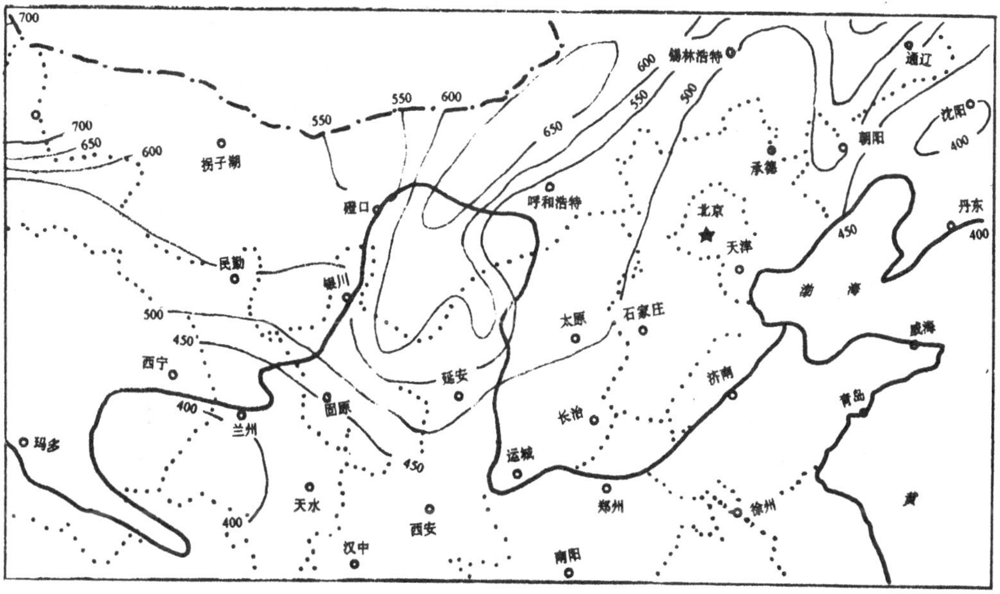

图 7—26—3　黄河流域春玉米多年平均需水量(ETc)等值线图(单位毫米)

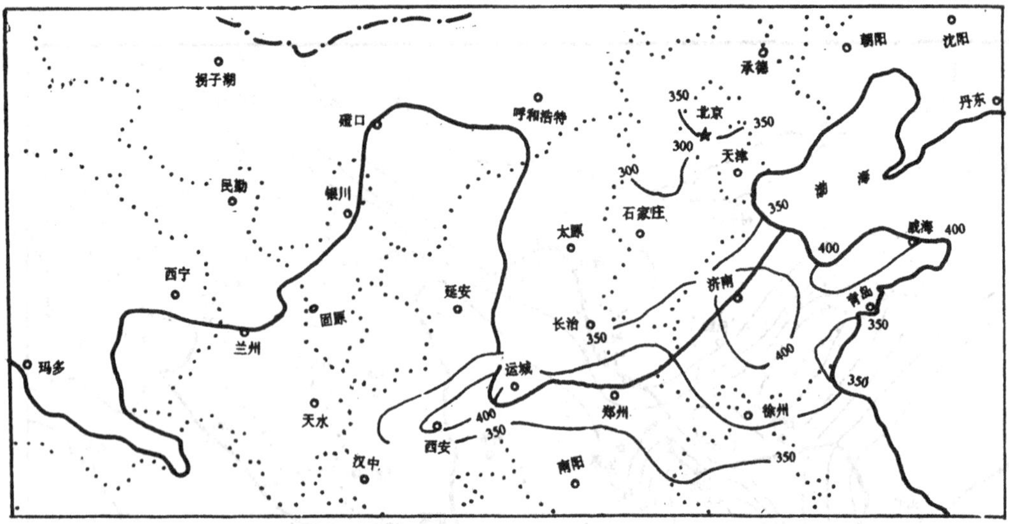

图7—26—4　黄河流域夏玉米多年平均需水量(ETc)等值线图(单位毫米)

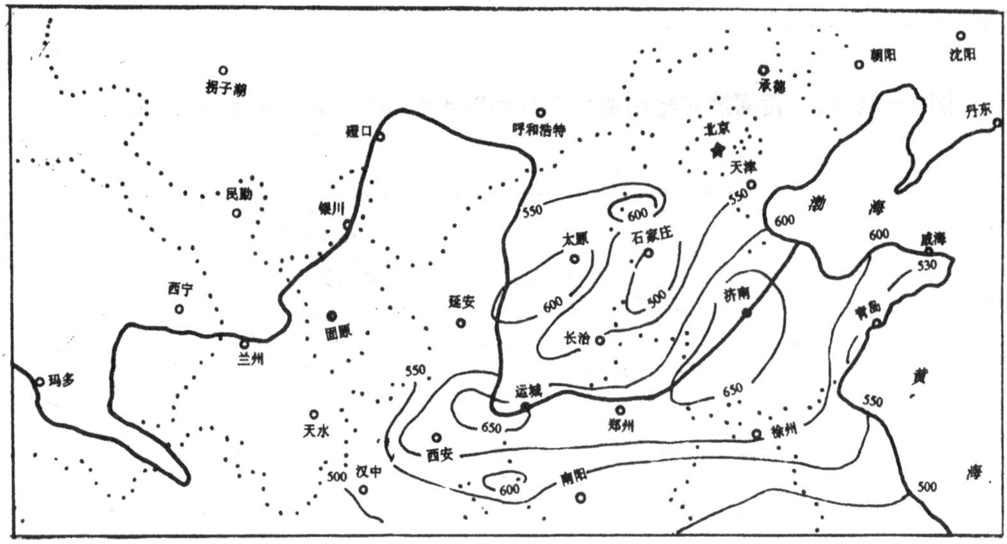

图7—26—5　黄河流域棉花多年平均需水量(ETc)等值线图(单位毫米)

在进行黄河流域主要作物需水量工作的同时，还与河南省水利厅一起在偃师县山化乡关瑶滴灌千亩试验区中作了冬小麦滴灌灌溉制度试验，到1988年取得以下认识：

(1)不管水文年类型如何，在一定范围内，小麦产量随滴灌定额的增加而增加，但增加的速度随滴灌定额的增加而逐渐降低。当滴灌定额达275立方米每亩左右时,产量达到最高。再增加灌水量,产量增加甚微,或有降低的趋势。

(2)平均每亩净增产效益随滴灌定额的增加而增加,但在相同的滴灌定额情况下,干旱年(包括中等干旱年和特大干旱年),净增产效益远远大于湿润年(包括平水年和丰水年),其中以中等干旱年为最大,丰水年最小。单方水净增产效益和整个滴灌系统净增产效益,干旱年以灌溉定额 75 立方米每亩为最大,湿润年以 100 立方米每亩为最大。因此,在与该试点相同条件下(干旱丘陵区),冬小麦滴灌关键水的经济定额为 75 立方米每亩。

(3)滴灌关键水的灌水时期,从影响产量的程度上看,灌浆水居首,其次是抽穗水,再次是拔节水。无论二水或三水,增产幅度最大的是灌浆水和抽穗水。掌握这两水与拔节水的时间组合,是增产的关键。

第二十七章　灌区泥沙研究

黄河以含沙量多而著名于世，引黄河水灌溉，必然带来泥沙。泥沙可以淤地造田，改良土壤，同时有堵塞渠口淤积渠道对灌溉不利的一面。因此，泥沙问题一直成为发展灌溉事业的重要问题。

第一节　渠首防沙

渠首是灌渠引水防沙的首要工程，渠首的位置，布置形式以及渠首本身的设置对引水防沙都具有很大影响。古代劳动人民在河床稳定、河岸坚固的地点，不做拦河工程而直接从河流侧面引水，如沁河广利渠，相传为秦代所创，渠首设在河床比较稳定的沁河出口弯道右岸，采用多口引水，各渠灌溉不同高程，不同范围，以减少节制闸抬高水位，引水渠之后设有退水河，宣泄部分洪水，兼以冲刷引水渠泥沙。见广利渠引水口布置图（图 7—27—1）。

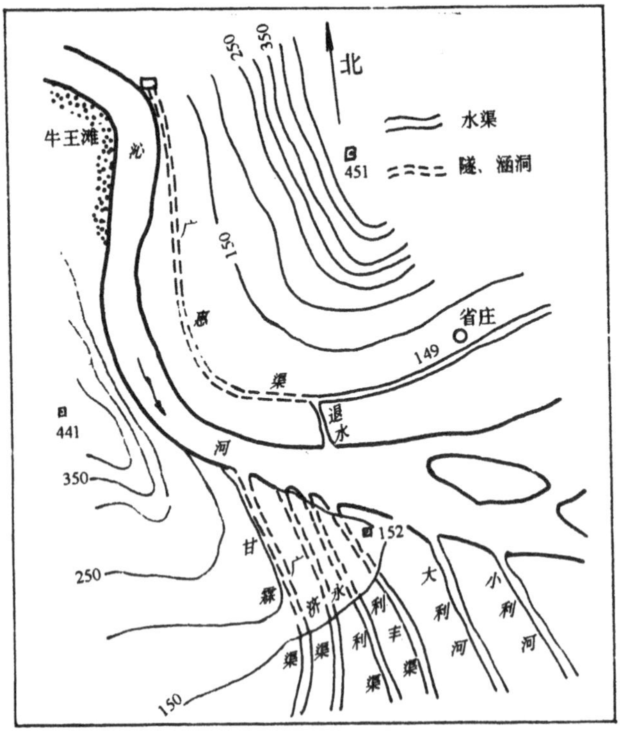

图 7—27—1　广利渠引水口布置图

汉代创建的宁夏灌区，渠首在青铜峡出口，渠口以上修迎水坝直伸峡内，以保证枯水季引水。引水入渠后，在能泄水的地方，布钉木桩为底上用毛石（即大块片石）草束砌成大跳水（即滚水坝），水小则束之入渠，水大则从跳水滚出归入黄河，跳水之下又有退水闸数道，遇渠水有余，开启退水闸，藉其向下冲刷之力，以拉淤塞沙石，经倒流河归入黄河。退水闸之下才是唐徕渠口，唐徕渠布置见图 7—27—2。

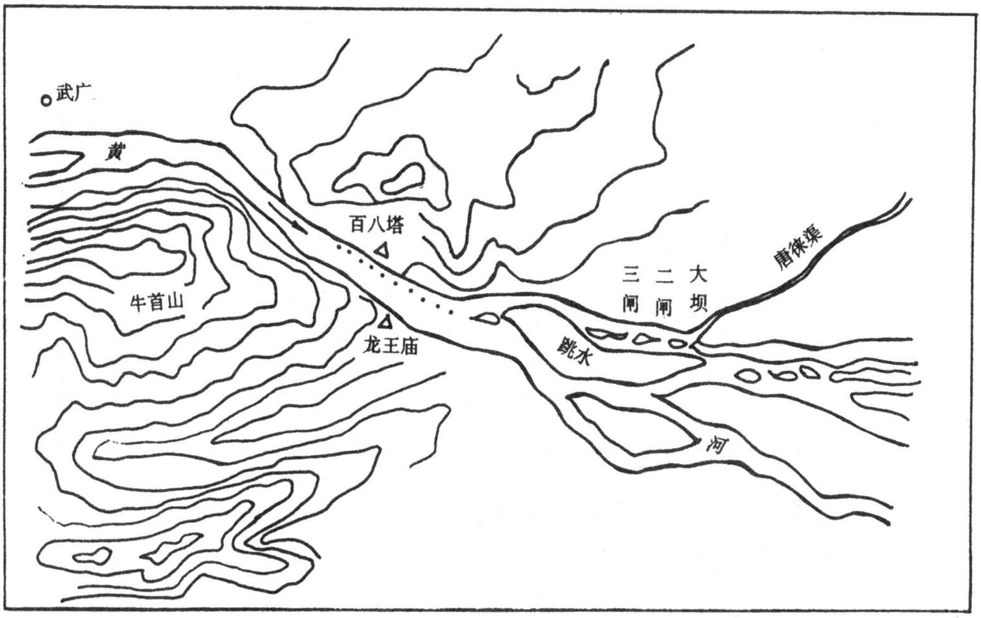

图 7—27—2　唐徕渠渠首布置示意图

内蒙古河套灌区的渠首，多是利用天然河弯形势，多口引水，以保水量充足。其防沙方法：一为引倒漾水，即渠口临近黄河正槽，水流过急，挟沙量大，于是逆流上引，使河水回流减少一定沙量后入渠。二为引套水，即黄河汊流，汊流水缓含沙量较正流为小。

这些无坝引水形式，工程简单，施工容易，但引水受河流水位影响无法控制，尤其口门设在坡陡溜急的沙质河床岸侧，每到洪汛，大水携沙带石使河床急剧下切，以致造成引水口高悬，无法引水。水科院叶遇春在《引泾灌溉技术初探—从郑国渠到泾惠渠》一文中列举的历代引泾渠口逐渐向上游移动的现象，就是因河床下切，渠口高悬无法引水的缘故。为了引水，除将渠口上移外，开始有壅水石堰修作。筑堰的开始时间说法不一，《宋史·河渠志》中记有"泾河中旧有石堰，修广皆百步，捍水雄北，谓之将军翣，废坏已久"。说明宋代以前已有壅水截流设施。石堰的出现，改变了渠道布置形式，据黄委会张汝翼在《沁河广利渠古代水工建筑物初探》中说：元代在沁河上修筑壅水石堰，在南岸坝端建引水石斗门；在北岸坝端开减水河（溢流坝）以泄多余洪水，见图 7—27—3。

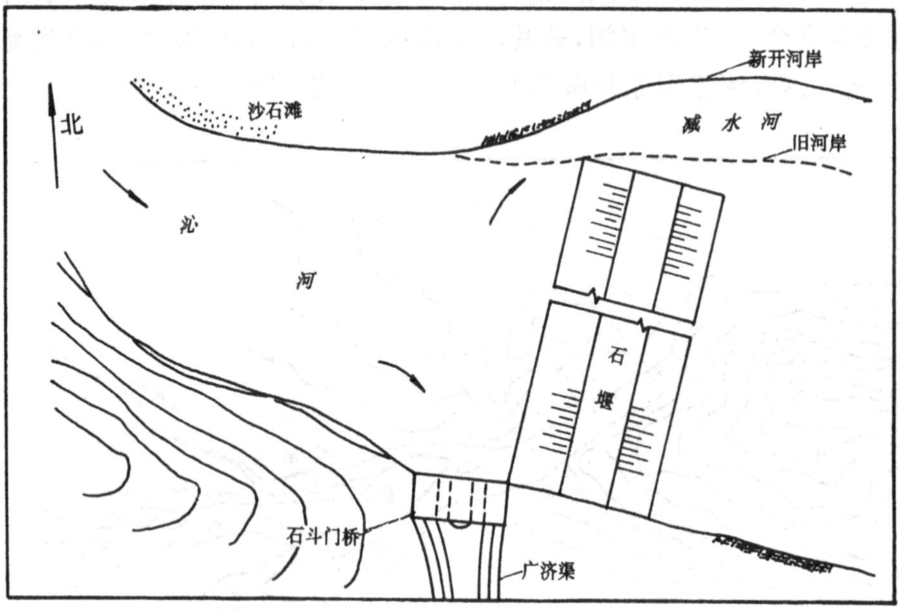

图 7—27—3 元代广济渠渠首有坝取水枢纽布置图

从图可知,元代有坝取水枢纽没有冲沙闸,由于壅水坝的作用,沁河上游水位抬高,水深增大,流速减小,推移质泥沙砾石在坝前淤积,引水口易淤积,且不能调节上游水位,遇特大洪汛,岸北减水河不能吞伏,以致荡没田禾,最后只得堵闭石门。

1928 年,关中大旱,水利专家李仪祉在杨虎城将军的支持下,各处奔走,商得华洋义赈会、檀香山华侨及国内各方面资助,把印度式渠首引入中国,1931 年 4 月开始修建泾惠渠,全部工程历时 5 年完成,渠首在张家山,拦河坝高 8 米,长 20 米,凿左岸山腹为引水洞,至老龙王庙下与明渠相接,进水闸门设在洞的入口处,进水流量为 16 立方米每秒。引水洞出口处建有退水闸 1 座,以备冲刷洞内淤积。为解决坝上淤积,坝之东端留 2 孔,后经修理堵塞 1 孔,以助冲淤之用。这是黄河流域第一座现代钢筋混凝土引水工程。泾惠渠之后,1935 年 8 月在眉县西北之魏家堡兴建渭惠渠,布置形势与泾惠渠基本一样,只是建筑物集中布置。溢流坝筑于北支分汊河上,长 450 米,高于河床 3.2 米,当河水流量 5000 立方米每秒时,坝顶水深 3.4 米,引水闸及冲刷闸筑于坝之北端,坝之南端接筑挡水土坝,1937 年 12 月建成。渭惠渠渠首平面布置见图 7—27—4。

引水建筑物除溢流坝外,冲刷闸两孔,每孔 2 米,进水闸 6 孔,每孔 2 米,进水闸与冲刷闸互成直角,组成一个整体。为加强冲刷闸的作用,在冲刷

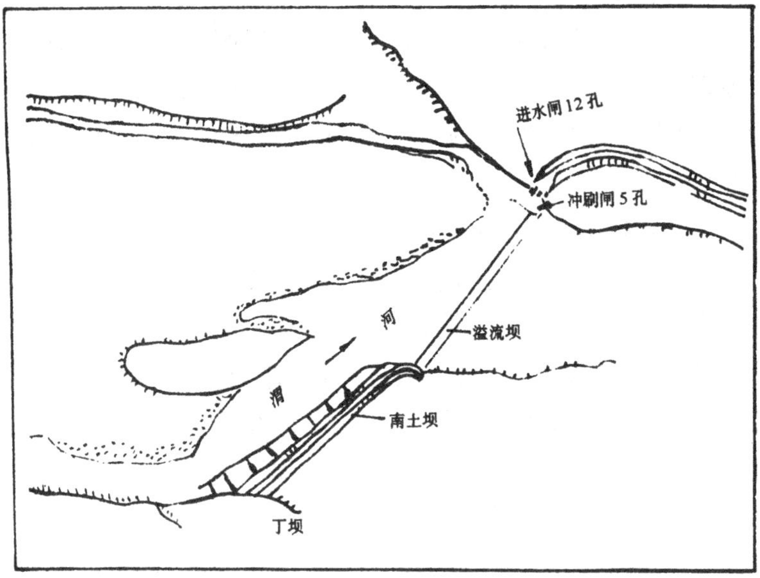

图 7—27—4 渭惠渠渠首平面布置图

闸与溢流坝联接的一侧，辅一隔水墙，隔水墙低于坝顶 1.5 米，将冲刷闸和溢流坝隔开，与进水闸共同组成一个冲刷槽，冲刷槽低于进水闸槛 0.7 米，渭惠渠渠首工程布置见图 7—27—5。

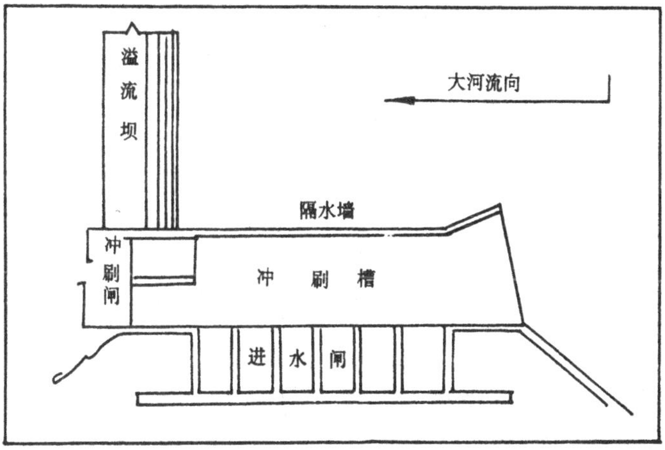

图 7—27—5 渭惠渠渠首工程布置图

这种由溢流坝、冲刷闸及进水闸共同组成的渠首，并辅以隔水墙与进水闸共同组成冲刷槽，以溢流坝抬高河流水位，进水闸位于坝端河岸上，引水角与河流方向呈90度，用隔水墙对闸前水流限制，引水时底沙淤在冲沙槽内。冲刷闸位于坝端与水流方向垂直，开启冲刷闸槽内淤沙可迅速清除。这种结构形式称谓印度式，它结构简单，可以减少冲刷闸的长度，降低建筑物造价，但由于坝前淤积过多，溢流坝往往失去对河道的控制，进渠泥沙多，渠道淤积不能正常输水。

1936年，何之泰发表《防沙入渠方法商榷》，文中说："治沙之法，有俟淤填渠中之后，随时挖浚者；有于渠内设置沙阱以截之，皆治表之法……有将进水闸之底槛提升，使高出梁底，籍以刮取浮面较清之水者；有于进水闸之上游，建筑沉沙池，以澄清之者，此二法之目的，堪称治本之计。惜乎前者效用在短期内即易被淤高，殊尚觉未尽完善。因此，建议用弯道汊流，螺线形流动，正面引水，侧面排沙。一汊不足，再汊之，再汊不足，三汊之。"并引用巴尔(H. Bulle)的试验结果："在分流比为大河流量的1/2，侧向排沙角为30度时，排沙量为最大，占全渠总沙量的97.3%。"这一成果，因社会原因未得到应有重视，至建国前，黄河上中游地区仍广为采用印度式渠首。

建国初期，苏联专家拉普图列夫多次介绍渠首防沙经验，指出："在凹岸开引水口是很好的，进入渠道的只是表层水流。""首先要选择引水建筑物与河道流向成的引水角，引水角愈小引水愈方便，费尔干渠首正面引水，侧向排沙，取水防沙效果好。引水口与河道流向成90度角是最不好的，常因横向环流将泥沙带入渠道。""潜水底坎不随水位升高而升高是没有用处的，随时加高底坎又是困难的。""渠首防沙较方便经济的方法，是波达波夫发明的引向板防沙法。"由于政府各级领导对灌溉事业的重视，加之苏联的经验，使黄河流域引水防沙的各种研究迅速开展起来。

一、对已有的印度式渠首改善研究

印度式渠首引沙过多的问题，早已被人们所察觉。

1955年，陕西省水利厅开始筹划渭惠渠渠首扩建工程，设计增建进水闸3孔，冲刷闸3孔，冲沙槽内加三道分水墙（长30米，高1米）延长旧冲刷槽一道为28米，并于上游端加斜角45度，坡度为1：2的导沙坎。见图7—27—6。1956年，西北水科所对渭惠渠渠首作了改善工程试验。由试验得知原设计在河道流量为70立方米每秒时，引水流量为30立方米每秒，入渠泥沙仍在80%以上，未能解决泥沙入渠问题。在此基础上修改设计，将槽内三道分水墙延长为38米，与冲刷槽边沿齐，以减少接近进水

闸槛的底沙。修改后北侧的四分之一泥沙仍经闸槛前冲刷槽排出，泥沙进入渠首的机会较多，为使底沙更远离进水闸前沿，在进水闸西端开挖沟槽，接3号冲刷闸为第二条深槽，其坡度和深度与第一条相同，将导沙坎延长，贯通第一第二深槽，再以导沙坎一条置于第一槽西端，二坎之间形成一导沙槽，底沙均沿此槽由3号冲刷闸排至坝下。二坎之间形成导沙槽的宽度对导沙坎坡面漩流有决定性影响。试验结果，二坎之间底宽以2米较为适宜，导沙坎与水流方向的夹角以30度为优，底沙在坡面移动较快，不易淤积。见图7—27—7。试验还发现，坎上之短分水墙对漩流有破坏作用，所以将该墙取去，而在导沙坎坡面上沿加一低槛，并对槛的尺寸作了4组试验，结果以13米长，0.3米高为优，槽中螺漩流有显著加强。至此，设计部门又提出将进水闸改为12孔的要求，试验按进水闸12孔，冲刷闸前冲刷槽加长为46.4米，导沙坎斜角38度作了有分水墙无低槛、无分水墙无低槛、有分水墙有低槛等方案，结果指出：采用分水墙使河道大部分底沙不能接近进水闸；当渠道引水时，分水墙起了使水流分层作用，表面流进入渠道。当表面流越过分水墙（靠近进水闸前一分水墙）时，由于墙顶的掣动作用产生漩流，使沙粒远离进水闸。见图7—27—8。

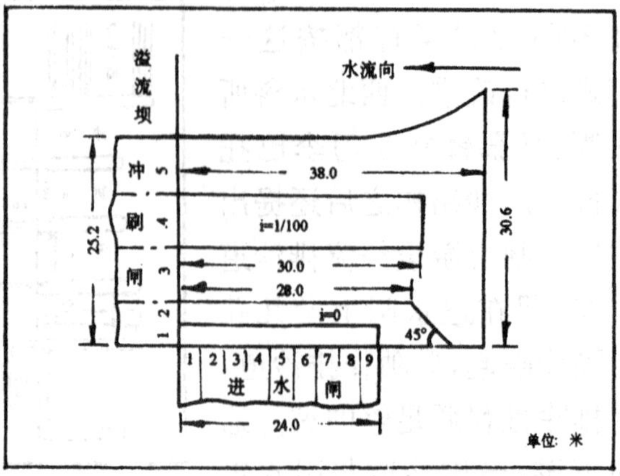

图7—27—6 渭惠渠渠首扩建设计示意图

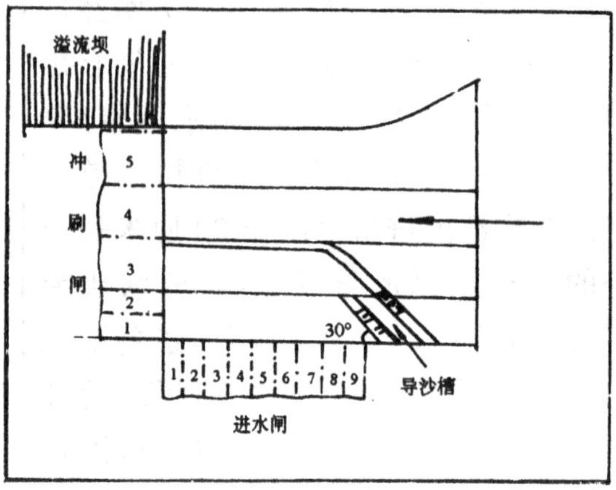

7—27—7 渭惠渠渠首改善工程试验示意图

改建后，经多次观测，当渭河流量为1000立方米每秒，坝顶水深1.12米，含沙量为6.6%，引水流量为5.4立方米每秒时，未发现有大粒推移质入渠。与过去（改建前）渭河流量270立方米每秒，不论含沙量大小，必须停止引水，否则大量推移质入渠相比，引水流量增加20%～30%。嗣后青海省

大通县桥头镇的川北渠等许多印度式渠首都按这一模式进行改进。西北水科所张灏、马慕铎在学习李巴托夫自动防沙结构之后还提出在进水闸上游设绕流排沙道方案，即在进水闸上游几孔用隔墙隔起，单独作排沙道，用排除推移质足够的坡降通向下游，当排沙道与引水渠相交时排沙道修跌水，使泥沙落到引水渠底下的廊道中排向下游，工程布置见图 7—27—9。这一方案经过试验，在排沙廊道前加直角三角形短坝，当分水比(排沙流量/引水流量)等于 0.25 时，几乎全部泥沙自排沙道排走。在排沙闸进口上游作 20 厘米长半径的一道圆弧形导流墩，当分水比为 0.25 时，能排走 95%的泥沙，避免了三角形布置三角形后面的淤积现象。此种形式各部件尺寸和相互位置对排沙效果影响很大，往往给施工带来困难。

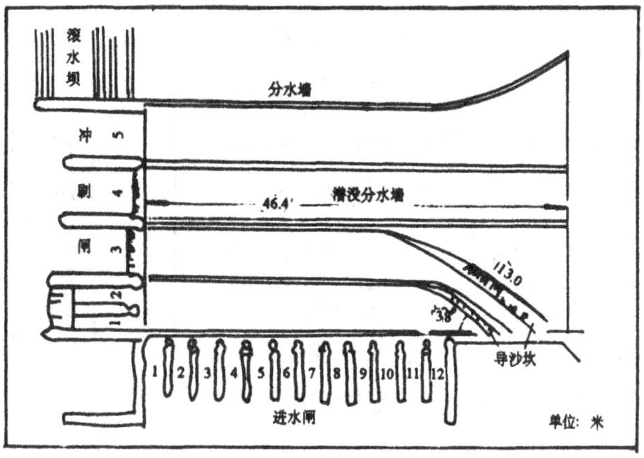

图 7—27—8　渭惠渠渠首改善工程竣工示意图

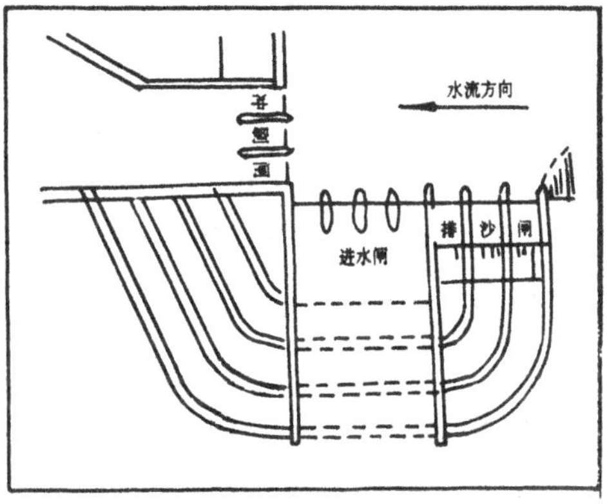

图 7—27—9　自动排沙结构示意图

武汉水电学院王宏硕等提出印度式取水口增设闸前排沙管的建议并作了模型试验，结果指出：当导流墙直线加长到 L＝2b 时，弯道环流发展充分，移向排沙管上游 F 处沙丘消失，在分流比不变的情况下，排沙比达 99%以上，在高水位时，随排沙流量的增加，排沙比有所降低，但都在 90%以上。见图 7—27—10。

武汉水电学院杨松泉则根据苏联学者的理论和经验提出增设弯曲引河、弯曲的 T 形槛和建筑在进水闸前的重力式壅水坝溢流段，以改善印度式引水工程。

西北水科所在《印度式渠首布置及防沙措施设计规范》中指出：防沙措施应以相对引水量(进闸流量 Q/河道流量 Q_0)、含沙量及河道水流泥沙特

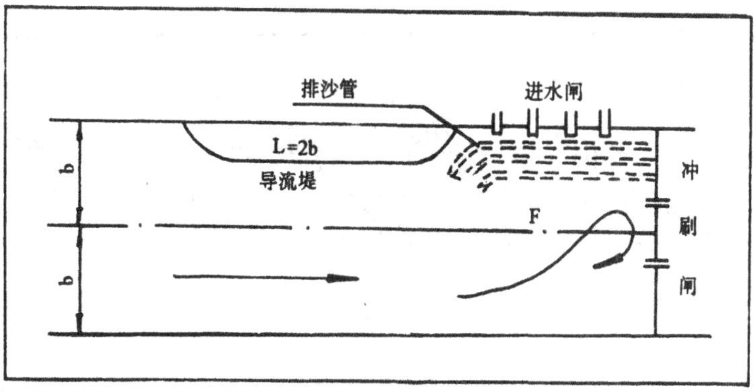

图 7—27—10　进水闸前排沙管示意图

性决定。当河道含沙量，引水比很小时$\left[\frac{Q}{Q_0}\left(\frac{1}{4}\right)\right]$，可不用专门冲沙设备，应用闸槛即可。各种防沙措施都必须设置闸槛，其高程至少应比槛前冲刷槽底高 1 米。在进水闸前的冲刷槽上布置潜没分水墙和导沙坎，是构造简单，经济适用的一种防沙措施。当含沙量较大，冲刷流量不足，枢纽上下游水位差较大时，根据壅水条件，可采用压力式截沙廊道或明流截沙廊道。当含沙量较大，冲刷流量不足，枢纽上下游水位差很小，又不能停水冲沙时，可采用排沙管式防沙措施等。

二、因地制宜研究渠首防沙设置

在进行改善印度式渠首的同时，流域各地对渠首防沙设置都作了因地制宜的研究。

(一)导流系统的研制

导流系统是无坝引水渠首的防沙措施之一。1953 年，根据苏联专家的建议，在内蒙古的解放闸及河南省人民胜利渠先后开始研制导流系统(即上节所说波达波夫引向板防沙法)。开始时在解放闸用木船作导流装置，由于笨重，不易调整，1954 年用当地柳木制成弓形导流浮箱，分别在解放闸和义长两引水口安装，并在小黑河作导流模型试验。1955 年由于导流装置的安全稳定问题，在套口又进行多次试验。1956 年初制成木质仿苏双排铰连式导流浮箱，秋季改为双行钩链式在永济、丰复等渠首安装。导流装置图如图 7—27—11。

渠口设置导流装置，造成人工横向环流，将表层水流引向渠道引水口，

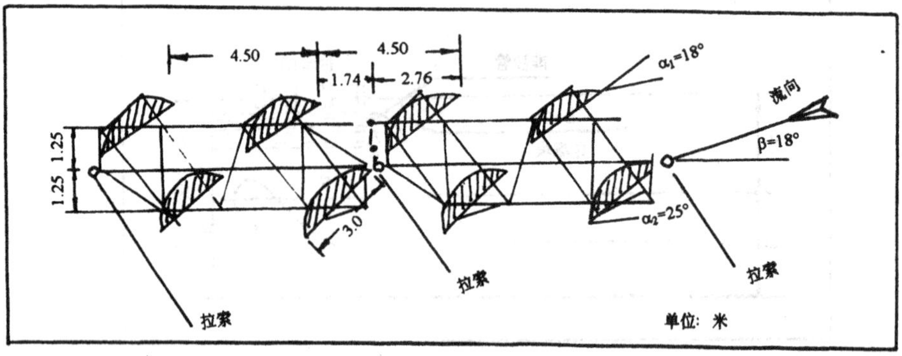

图 7—27—11 导流装置图

而底层水流则流向大河,这就使原有水流结构产生显著变化,减少泥沙入渠,增加引水流量,调整局部河床都具有明显效果。就河套地区的实践看,有如下情况:

1. 安装导流装置后,改变了入渠的水流流向,使渠口断面上的流速分布趋于均匀,见解放闸断面变化(图 7—27—12)。

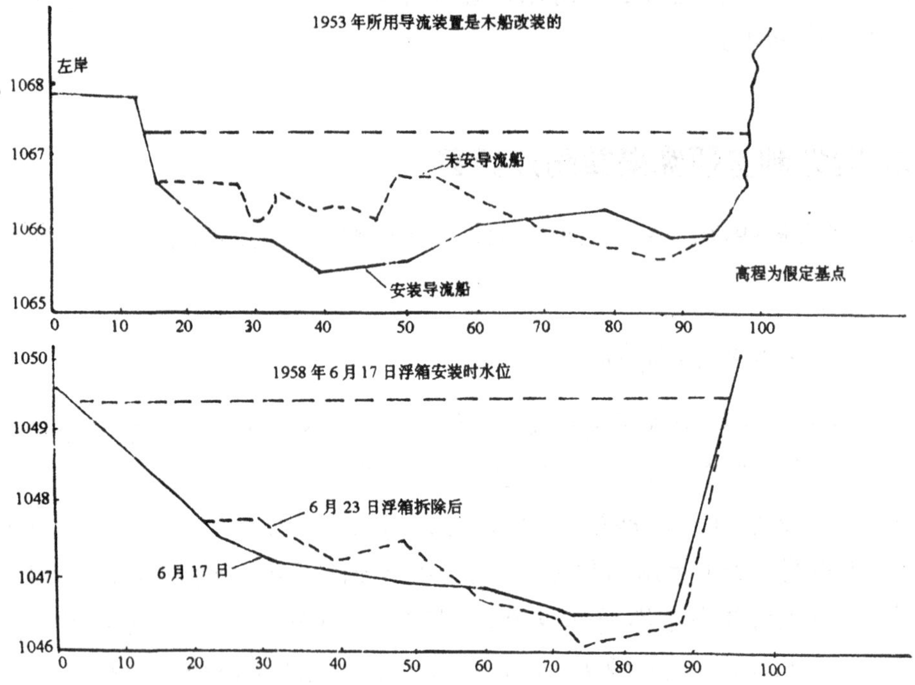

图 7—27—12 解放闸安装导流装置前后断面变化图

2. 安装导流装置后,入渠含沙量减少,减少入渠沙量的多少与河道含沙量的垂线分布有关。当河道含沙量垂线分布均匀时,减少入渠沙量较少,河道含沙量垂线分布越不均匀，即靠近河底含沙量越大，减少入渠沙量越多，笼统地说，安装导流系统可以减少入渠沙量15%～20%。

3. 安装导流装置后，河道水流产生人工分层，流速较高的表层清水流向渠口，使渠口前行近流速水头增加和渠口前河道水位抬高，如表7—27—1。

表7—27—1　　**安装导流装置后水位、流量增加表**

时间	水位抬高平均值（毫米）	流量增加（%）	平均（%）
1953	5	6～22.2	11.7
1954	6.3	4.85～11.6	8
1957	4	4～16.8	8
1958	6.3	8.5～20	13.5

1954年在黑河试验（引水口位于河道凸岸，引水角70度）也得到：当渠口水位比较平稳时，安装导流系统较未安装增加13%，当水位急剧降落时，流量将增加8.4%。

人民胜利渠导流系统于1955年由北京勘测设计院设计，黄委会泥沙研究所模型试验，1956年完成施工安装工作，由于黄河主流移向黄河右岸，直到9月下旬才开始使用一个多月，拦沙效果是明显的。

（二）新的渠首设置

由于各地水资源条件的差异，渠首防沙设置有很大不同，在黄河下游由于河道高悬于两岸地面，毋须筑坝抬高水位，只要选取河床比较稳定的地方就能保证引入所需水量，选择渠首的关键在于泥沙处理。1954年，根据苏联专家拉普图列夫的建议，在黄河下游窝头寺设立泥沙试验站，研究打渔张灌区渠首防沙措施，当时选择了6处河段进行比较，结果以王旺庄最为优越，自道旭以下成S形河弯，引水口在弯道凹岸顶点以下约700米处，流路稳定，能满足所需流量；王旺庄河岸坚固，可利用弯道水流特性，正面引水，侧面排沙，环流作用明显，能达到引水防沙目的；取水口附近黄河大堤外为一低洼碱地，面积约50平方公里，村庄稀少为良好的沉沙地区，经沉沙池处理后可解决灌区泥沙问题。当时认为渠首闸进水角（河流主流线与闸中心线的夹角)应尽量减小,最好在30度以下,有利于正面引水,侧面排沙。因此,设计时定为25度。但在具体条件下,引水角应该多大合适?沉沙池采用什么形式都缺乏经验,为此,请西北水科所对渠首引水角进行模型试验,由王旺庄水文泥沙实验站进行湖泊式及带形条渠式的沉沙效果试验。

西北水科所作了打渔张渠首25度和40度两个不同引水角对比模型试验,还调查了陕西省已建渠首引水角与防沙效果的关系,见表7—27—2。

表7—27—2　**引水角与防沙效果调查表**

渠　名	引　水　角	防　沙　效　果
梅惠渠东渠	0°即正面引水	良好
黑惠渠西渠	90°侧面引水	进沙严重
田惠渠	60°斜面引水	良好
涝惠渠	90°侧面引水	不良
渭惠渠	90°侧面引水	不良
沣惠渠	90°侧面引水	进沙严重
汉惠渠	45°斜面引水	良好
第二定惠渠	30°斜面引水	良好
梅林(上)渠	30°斜面引水	较好
梅林(下)渠	90°侧面引水	进沙严重
织女渠		较好

从已建渠首引水角看:正面引水防沙效果良好。90度侧面引水进沙严重或不良,60度到30度斜面引水防沙效果都是良好的。从试验结果看:"在小流量时,闸前流状相同,当河道流量渐增大时,25度引水角,引水口内产生很大回流,若引水角40度时,引水口内回流较轻,但仍有较大回旋。为解决回旋问题,试验中采用两条导流墙,流状较为理想。"因施工困难,只采用40度引水角,未进行导流。

王旺庄水文泥沙实验站作了各种型式沉沙池的沉沙效果对比试验,结果是:湖泊式沉沙池由于浑水进入洼地,突然扩散,泥沙沉积在进水口附近。条带式沉沙池,在流量,含沙量与湖泊式相似条件下,条带式落淤均匀,几乎能达到条渠末端,沉沙池库容利用率可达70%～80%,且出口为浑水,将粒径小于0.04毫米的泥沙全部带入下游渠道或田间，对农作物生长有利，被认为是黄河下游较理想的沉沙池形式。

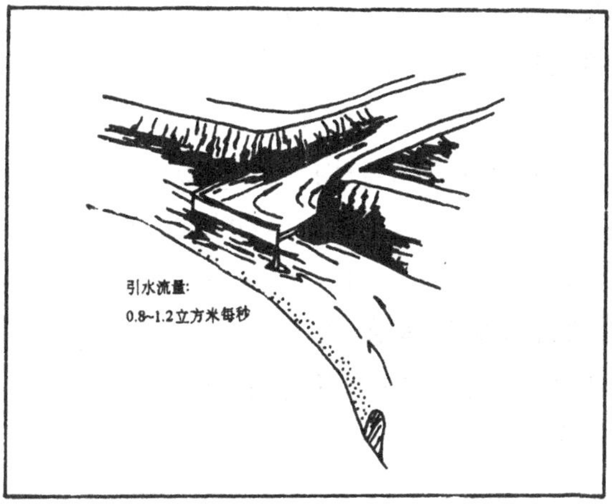

图7—27—13 隔沙水门示意图

在黄河中游的支流沿岸，群众因地制宜的创造了许多引水防沙好型式，如榆林地区牛家梁群众崔凤鸣创造的隔沙水门。在引水口上游对岸筑坝挑水，保证稳定引水并造成人工环流，同时利用含沙量沿水深的梯度分布，使隔沙板较河底高0.5米，上层含沙量小的水流进入渠道，下层含沙量大的水流及推移质经隔沙板下排向引水口下游。见榆林地区水利局《隔沙水门经验介绍》及隔沙水门示意图(图7—27—13)。

三盛公水利枢纽是黄河干流上的一座以农牧业灌溉为主的大型水利工程。1958年由黄委会勘测设计院设计，原方案采用拦河闸泄洪，整体布置采用印度式或双层引水排沙廊道式。经黄委水科所试验："印度式优于双层引水排沙廊道式，双层引水排沙廊道易于被水流所挟带之树木草皮等杂物所堵塞，且结构复杂，施工不易，出了问题不易发现和修理。"同年12月，黄委设计院按印度式枢纽布置作扩大初步设计，"拦河闸20孔，闸底板高程为1049.50米，大体与河床齐平，每孔净宽16米。灌溉闸10孔，每孔净宽10米，闸底板高程较拦河闸底高1米。土坝长2100米，高6至8米。"报水电部及内蒙古自治区审批，因设计存在若干较大缺点，审查认为须修改设计，并决定由黄委会设计院派出设计人员与内蒙古水利厅共同组织设计小组，1959年1月提出修改方案，将坝轴线在原包兰路三盛公黄河铁桥下游约800米处左移至滩地，并将坝轴线下移1.8公里，在拦河闸上游布置导水堤，缩窄河宽造成环流，有利于排沙。试验结果：拦河闸改为18孔，每孔16米，连闸墩在内总长334.5米。进水闸改为9孔，每孔10米，闸底板高程抬高至1051.5米，较拦河闸底板高2米。拦河闸与进水闸中心线交角65度，以缩小进水闸上游左岸的静水区，减少入渠泥沙，导水堤布置成弯道，形成环流，使左岸泥沙转向右岸，以减少灌渠泥沙。根据试验，三盛公弯道长2.6公里，其上游端宽度为500米，至进水闸处为420米，凸岸导流堤半径为2220米，凹岸导流半径为2750米，并在进水闸前设导沙坝，使底沙能顺利地排至拦河闸下游。

三盛公枢纽于1961年建成，1972年黄委会勘测设计院根据1961～1971年实测资料分析：由于闸前壅水区沉沙、人工环流及导沙坎三者的综合作用，建闸后的灌溉引水量为建闸前的1.3倍，而入渠泥沙总量却减少了57％，入渠水流平均含沙量减少了67％，其中闸前壅水区沉沙效果约为34％。形成环流时，底沙由左向右集中，使断面左部平均含沙量减少14.2％～24.8％，粒径大于0.03毫米的含少量减少29.4％。导沙坎的作用，以1963年进水闸前后的含沙量比较，闸后比闸前减少11.8％～33.3％，说明导沙坎的作用是显著的。水科院杜国翰、张振秋等在《平原多沙河流修建引水枢纽中的一些泥沙问题》一文中亦指出：三盛公枢纽壅水水位一般均小于1054米，当入库流量在1000立方米每秒以下时，枢纽抬高水位为2.5～2.7米，入渠含沙量较河道含沙量减少60％～90％。当入库流量在1000～1500立方米每秒时，枢纽壅水后入渠含沙量仍可减少50％～60％，当入库流量为1500～2000立方米每秒时，枢纽壅水后的入渠含沙量仍可减少20％～50％。当流量大于2500立方米每秒后，虽拦河闸前维持原水位，但因流量过大，水流速度提高，壅水作用减弱，弯道环流强度有所增大，此时的入渠含沙量同入库站相比无显著降低，说明枢纽壅水沉沙对减少入渠泥沙的作用比弯道环流效应为大。枢纽壅水运用，在壅水区淤积的泥沙，只要在停灌期间充分降低水位冲刷一定时间，就可保持主槽不淤，三盛公所以能在年输沙量1.79亿吨的河段上，在8000万立方米的原始总库容中保持3000万立方米的槽库容长期使用，除工程布置比较合理之外，与枢纽运用中的冲刷措施是分不开的。

1972年内蒙古黄河工程局分析了三盛公枢纽库区冲淤特性指出：1961年5月至1971年，库区共淤积0.439亿立方米，占设计总库容的55％，其中滩地淤0.459亿立方米，主槽冲走0.02亿立方米。在当前管理运用方式下，常年回水深水区(距拦河闸15公里内)因壅水时水位高，淤积严重，但泄水时亦能将沉积的泥沙冲走，从而可起到减少泥沙入渠的定期冲洗沉沙池作用。为达到上述目的，1962年9月、1963年7月曾进行过两次泄水冲刷试验，冲走泥沙976.73万立方米，其中主槽冲了896.4万立方米，占总量的91.8％，证明在一定来水来沙条件下，通过合理的控制运用，一年内进行几次泄水泄洪冲刷，保持常年回水深水区的基本冲淤平衡状态是可能的。一般最优冲刷流量为3000～4000立方米每秒，冲刷长度可达20～26公里，为不影响农业灌溉，冲刷历时以7～10天为宜，应作为减少库区淤积，延长库区沉沙效果的有效措施，予以重视。

黄河上中游地区的灌区渠首，60年代已广泛采用费尔干式渠首防沙形式，即按横向环流原理，选择稳定河宽，将引水口布置在河弯的凹岸，将冲刷闸布置在河弯凸岸，正面引水，侧面排沙。在地形条件不许可的地方，根据这一原理，创造了引水沉沙槽、冲洗式沉沙池等形式，像陕西省宝鸡峡林家村渠首，位于宝鸡市以西11公里的宝鸡峡峡谷内，拦河坝为重力式溢流坝，坝高27米，宽10.5米，实用断面堰，坝长120米。引水隧洞位于河道左岸，进口在坝轴线上游37.5米，进口高程606米，河床高程604.5米，洞长138米，出口高程605.9米，断面为底方顶圆的门洞形，宽5米，高5.2米，设计引水流量为70立方米每秒，坝面不溢流时的最大泄量为155立方米每秒，出口有钢板闸门控制，下接沉沙槽，长216米，深9.5米，底宽13.5米，边坡10∶1，底坡1∶550，末端高程605.5米，比渠道进水坎低2.4米，比干渠底低4.53米，槽容积为1.2万立方米。进水闸设计流量为50立方米每秒，闸坎比渠底低2.13米，以1∶2反坡与渠道相接，设有宽11米，高6.3米钢结构弧形闸门一扇。冲刷闸与进水闸成79°09′的分水角，闸底高程为605.5米，低于进水闸底2.4米，分3孔，每孔高4.2米，宽5米，安有弧形闸门。使用结果：枯水期坝前低水位，采用引水闸高开度，低水头方式，每引万立方米水带入坝前的河床质为2.91立方米；壅高坝前水位，平均引万立方米水要带入坝前河床质0.24立方米。丰水期，洪水愈大，引水洞引进单位水量所挟带的粗沙量愈多。河南省孟津县王庄利用黄河由峡谷进入平原的衔接地带有较大坡降的条件，在距渠首闸后3500米处，修建了长850米，宽30米，深3～4米，渠底坡降1∶800的两厢冲洗式沉沙池，进出口用节制闸和排沙闸控制，下接35公里总干渠，坡降1∶5000。两厢条池轮换交替使用，一般汛期24小时冲洗1次，非汛期7天冲洗1次，有效地解决了泥沙淤积渠道的问题。1974年，山西省芮城县大禹渡提灌站利用1级提水形成的高差，修建了与孟津县类似的两厢冲洗式沉沙池，每厢首部设2孔进水闸，孔宽2米，高3.5米，厢长220米，底宽4.5～6米，池底纵坡1∶50，池首水深4.2米，尾段水深8.6米，侧墙边坡在6.4米以下为1∶1.25，以上为1∶1，设计平均淤深3.25米，沉沙容积6000立方米。溢流堰设于池厢后半部的侧墙及端墙的顶端，溢流堰下游设集水槽。池尾端底部设排沙廊道、排泥管、排沙洞、排沙沟，排泥管直径25厘米，共两个置于廊道内，廊道末端设闸门以控制冲沙水流，泥沙经排沙洞、排沙沟排入黄河。

在黄河下游，为避免渠首引泥沙量过大，总结了“涨水关，落水开，避开水沙主峰"的引水经验，为避免关闸引起引水渠的淤积，黄委会水科所将防沙网帘引入黄河下游，在引水口段放网帘，泥沙在网前形成自然淤积坝体，阻止河道与引渠的水流串通，保护大部分引渠不淤，再开闸放水时，提起网帘，挖开淤积坝体，减少了入渠泥沙和清淤所需劳力。

第二节 渠道输沙

黄河流域降雨量偏少，自古以来就是极易发生旱灾的地区。即使正常年份，要发展农业生产，也需要引水灌溉。但流域每年降雨量多集中在七八月份，暴雨强度大，造成水土流失，河水含沙量很高，淤积河道、渠道，影响水资源利用。在这种需水又多泥沙的矛盾情况下，人们采取渠首防沙设置拦截大部底沙外，渠道输沙成为灌区重要研究课题。

古代筑渠，沿地面天然地势开挖，坡陡渠道易冲决，遇陡坡地段一般把渠道弯曲，以通水为准，叫"龙不走直道"。在多弯坡缓的渠道里，淤积造成灌区群众负担，正如民国 25 年(1936 年)宁夏建设厅在《宁夏水利专刊》中说："河水入渠，挟沙过重，澄淀极速，民苦岁修，矧一岁所浚，不敌一岁所淤，而利害相随，遂为治理之要政焉。"因此，历代各渠都不乏"浚渠条款"、"岁修章程"之类的规定，以疏通渠道。

现代渠道工程，防沙效果较古代有很大进步，但还不能将推移质泥沙全部排除，悬移泥沙更不必说，也没有必要排除。因此，修建渠道不仅要考虑土质许可的最大临界流速，还需考虑能使所有泥沙挟运而不致淤积渠道的最小临界流速，在这两个临界流速之间所形成的，既无冲刷，又无淤积的平衡渠道，称之谓"安定渠槽"。

一、安定渠槽临界流速之研究

安定渠槽临界流速之研究，国外开始较早，成果也很多，其中对黄河流域渠道设计影响较大的有肯尼第(R. G. Kennedy)，他将印度巴瑞多运河系内 20 多条河槽输水量最大时之水深以及流速进行统计，得出临界流速与水深之关系，其中的系数与指数视河沙之性质而变。1930 年拉赛(G. Lacey)在肯尼第研究基础上发现，凡安定渠槽之水力半径的 1/2 次方与水深之 0.64 次方之比约等于一常数，并进而得出断面形状与挟沙粗细有关，沙质粗者断面宽而浅，沙质细者断面窄而深，公式中直接加入了沙质系数。1931 年，修建泾惠渠时，用上述公式设计各干渠之流速，最大不得超过 1.2 米每秒，最小不得低于 0.5 米每秒，用此两极限流速推得比降为 1/1500～1/2500。渠道建成后仍发生几次大的淤积，1934 年，刘钟瑞在《泾惠渠各干渠降度与含沙量之关系》一文中指出："泾河沙之本身有粗细不同，当麦黄汛时(5 月下半月)含沙量高至每升百分之三十，水作红色，为极细风化之粘土，沉淀甚难，取其泥水，置诸静处，虽经三小时之久，尚不能澄清。此种泥水虽入渠道，略加流速，即可挟入小支渠，不致危害渠身。若在夏季，沙粒多为灰色，经十五分钟之停滞，即可沉淀，此种泥水，切忌引用，即含沙在百分之十五以下时方可制止淤填。"泾惠渠灌溉章程中明文规定："含沙量达百分之十五，且浓度呈上升趋势，即关闸停水；含沙量为下降趋势达百分之十八时，可开闸引水。"用此规定弥补设计之不足。此后相继建成的渭惠渠，洛惠渠等工程都沿用这一规定。

1935 年，沙玉清在研究国内外成果的基础上，得到安定渠槽湿周长度和沙粒本身之性质关系与所引流量的 1/2 次方有关，并以拉赛得出的糙率与沙质系数的关系，以黄土渠道糙率在 0.0225～0.027 之间求得沙质系数，在设计引水流量确定之后，用安定渠槽湿周与流量关系确定湿周，用流量和沙质系数关系确定水力半径，用拉赛公式确定临界流速，将流速、水力半径代入曼宁(Manning)公式确定比降，最后根据土质情况定出边坡，这一方法在建国前为黄河流域许多地区灌渠所沿用。然而，黄河沙多而细，只注意沙粒本身之性质，而沿用黄土渠道糙率求得水质系数，与实际是有偏离的。正如 1947 年刘钟瑞在《陕西省灌溉工程对于泥沙之处理》一文中说："一经实际放水，黄土细粉之灌浆，糙率可降低至 0.017 以下，不仅糙率如此，拉赛公式与黄河流域渠道的实际条件也有差距，用清水糙率确定沙质系数，用拉赛公式确定临界流速，绝大多数渠道都发生淤积。"

建国后，在苏联专家的帮助下，明确了安定渠槽的设计，对于黄河流域大多数灌区来说，主要是渠道水流挟沙能力的问题，解决这一问题必须以野外渠系测验为主，室内试验为辅，在大量收集资料的基础上，以模型律的观点，寻求各种因素间的综合关系，最后找出渠道水流挟沙能力关系。从 1953 年开始，黄委会泥沙所在人民胜利渠、山东省水科所在打渔张灌渠、西北水科所在渭惠渠、宁夏水利厅在唐徕渠、内蒙古水利厅在后套灌渠进行，上、中、下游渠系泥沙观测研究工作全部展开。

1956 年，黄委会水科所在收集大量资料的基础上，集中主要技术力量，从二元水流垂线分布、含沙量分布及经验关系对人民胜利渠渠系挟沙能力进行多方面探讨。由于理论水平不足，以二元水流理论研究工作，只验证了马卡维也夫抛物线分布公式、卡拉乌舍夫的椭圆分布公式、列维的指数分布公式和维里卡诺夫的扩散理论公式，没有大的进展。以经验关系的探讨取得不少成果，其中以钱意颖用图解合轴相关法得到的挟沙能力公式和屈孟浩得出的不淤流速公式较为合理。1956年10月，中、苏、越三国灌溉技术科学交流会在北京召开，黄委会水科所将图解合轴相关法得到的结果，以《人民胜利渠(引黄灌溉济卫工程)渠系挟沙能力的测验研究》在会上作了交流。与此同时，西北农学院沙玉清在对国内外河流、渠系及室内水槽资料研究的基础上，用相关分析法求得并发表《挟沙量的基本规律》一文。西北水科所在研究渭惠渠冲淤资料过程中，发现渭惠渠横断面淤积减小而过流增大的原因，干渠淤积主要是底沙造成的，悬沙多淤在斗渠。

1957年，西北水科所提出利用沙玉清明渠挟沙能力公式改善淤积渠道斗渠糙率过大、流速偏小的建议。水科院范家骅在分析黄委会水科所合轴相关法得出的挟沙能力公式之后认为：“合轴相关挟沙能力公式在含沙量小时偏差较大。”因此，仍用人民胜利渠资料，用经验方法处理后得到另一形式的挟沙能力公式。为寻求一个适应黄河流域的渠系挟沙能力公式，黄委会水科所一方面收集唐徕渠、渭惠渠、后套灌渠、打渔张灌渠资料，扩大其代表性，一方面派员与武汉水利电力学院协作，在谢鉴衡指导下用能量平衡原理探讨，于当年提出《渠系水流挟沙力研究》的报告。与此同时，水科院严镜海、戴定忠等也提出了《挟水沙能力公式研究》。至此，持扩散理论观点的认为：泥沙在紊流作用下的横向转移，应与含沙量的横向梯度成正比，当挟沙水流处于平衡时，受紊流作用的上升沙量应与重力作用下的下降沙量相等。持重力理论观点的认为：水流为支持泥沙悬浮必须作功，所作的功将影响水流的紊动和有效势能。这两种学术观点之争随着研究工作的深入而展开，如武汉水利电力学院张瑞瑾用南京中央水工实验处和国外范诺尼的资料分析后提出：“水流悬浮泥沙的存在，削弱了水流的紊动程度，因之就减小了水流的势能损失。”谢鉴衡在完成渠系水流挟沙力研究的同时指出：“在清水水流中加入泥沙也可能增加水流的能量，也可能消耗水流的能量，以挟沙水流与同一边界条件下的清水水流相比，挟沙水流的有效势能损失有时大于同一边界条件下清水水流的有效势能损失，有时则相反。”西北水科所张灏、曹如轩等用中央水工实验处钢板石粉，水科院的黄土试验，苏联克诺罗兹的梯形槽，扎马林收集的中亚细亚，黄委会水科所整理的引黄渠系及水槽试验等资料，分析得出挟沙能力公式并认为："水流呈稳定状态时，其本身各种能量间会自动调整，达到互相平衡，即挟沙水流的位能损失等于挟沙水流阻力功及挟沙水流悬浮功之和。"上述认识只是整个渠系水流挟沙能力争论的一部分，但已反映这方面研究所具有的水平。进入80年代，黄河下游许多沉沙池已被淤高，需要采取分级负担的办法。为此，1982年，黄委会水科所与新乡地区水科所协作，研究了分组粒径挟沙能力。1983年，段学琪发表了《水温对挟沙能力的影响》一文，虽仍属经验性公式，但毕竟向前跨越了一步。

二、渠道设计方法与衬砌研究

1958年4月，水利部在郑州召开了全国泥沙测验研究工作会议。会上对渠系挟沙能力及冲刷能力的测验研究作了技术交流。会议最后指出：渠系挟沙能力测验研究有了一定基础，今后须继续充实提高外，重点应移向冲刷能力的测验研究上，移向稳定渠道设计上，以配合已经到来的全国水利化高潮。会后，西北水科所作了泾洛渭等西北地区黄土稳性渠道调查和黄土地区明渠水流挟沙能力与不淤流速的初步分析研究，提出了黄土地区稳性渠道的断面设计方法，并于1959年编辑出版在《渠系泥沙与渠道设计》一书中。同一时期，沙玉清教授根据自己多年的研究，发表《冲淤平衡稳定渠道设计方法》，这一设计方法的特点是：作者用西北各灌渠的资料得出稳定渠道糙率与流量成反比；稳定渠系既要使渠道湿周和流量保持一定关系，又要满足渠道水流的不淤速度，才能满足横向和纵向的稳定条件。1959年黄委会水科所用其以前研究成果，提出了适合黄河下游的渠道设计方法，它的特点是渠道糙率与含沙量成反比，而不是与流量成反比；所用挟沙能力公式为引黄渠系挟沙能力公式，计算方法三家都基本一致。

1964年，长江流域规划办公室主任林一山提出大放淤治河方案，但黄河下游地势平缓，比降小，远距离输沙渠道淤积难以解决，为寻求解决方法，1965年选择了菏泽地区梁山县陈垓灌渠进行实验。陈垓灌渠建于1959年，总干输沙渠道长7.2公里，淤积十分严重，实验采用不同衬砌材料分段衬砌，与不衬砌比较，经多年实验，1976年山东水科所和陈垓引黄管理处对实测资料分析发现，在同一流量下土渠糙率系数n等于0.0155，而衬砌渠道糙率系数n只有0.011。衬砌渠道的水力半径较土渠亦大，从而衬砌渠道的挟沙能力较土渠有所提高。

70～80年代，各地都总结了许多经验，如人民胜利渠泥沙专题研究组总结的调整原来规划设计中不尽合理的渠系，归并、改建不适当的引水口门，争取较高引水水位与较好渠道坡降，是减少渠道淤积的物质基础。渠道硬化衬砌是减少渠道水量损失和泥沙淤积的重要措施，有条件时，对斗农等下级渠道也要硬化衬砌。其次是因地制宜地发展灌溉，不要强求一律自流，造成渠道过多地修建节制壅水工程，人为加大渠道淤积。最后是集中用水，合理调配，是减少渠道淤积，增加泥沙到田数量的重要环节。

第三节　泥沙利用

黄河含沙量高且颗粒较细，水沙一体，引水必然引沙，且较细泥沙中含有大量的有机质，对农作物生长有利。因此，黄河流域很早就有引淤肥田之说。《汉书·沟洫志》中“泾水一石，其泥数斗，且溉且粪，长我禾黍”的歌谣，正是引淤肥田这一事实的写照。汉代以后，引淤溉田之事历久不衰，至宋神宗年间，不仅继续发展灌溉之利，且利用黄河及其支流水沙发展淤灌改土，掀起了前所未有的放淤高潮，使京东、京西、河北、河东等地的一些碱卤之地，“尽成膏腴”。宋代以后，面对日益严重的下游河患，引淤溉田在黄河中上游继续进行，下游不再出现。明清时代，治河名家潘季驯、靳辅等人都曾主张“缕遥二堤，皆为防河善法”，“宜将遥堤查阅坚固，却将堤相度地势开缺放水，沙随水入，地随沙高，庶患消而费省。”更有人主张“推广于滨河凡卑洼之区者，讲求坚固遥堤之法，决缕堤以放水淤田，较之穿渠灌溉事半功倍，所谓田畴荒瘠，藉以肥美。”但因河防事关大局，到建国前终未实现。建国后，由于党和政府的重视，于1950年开始，在兴修灌溉工程的同时，对低洼碱卤地进行放淤可能性调查，并逐步开展放淤工作。特别是1964年周总理指示“要使黄河的水沙资源在上中下游都有利于生产。”此后，流域内的泥沙利用有了很大发展，以至中下游放淤成为治黄的重要方策之一。

一、泥沙利用形式

黄河流域的水资源主要由降雨形成，降水季节性强，每年约60%～80%的降水集中在7～10月，特别是陇东、宁夏南部及陕北一些干旱、半干旱地区，许多支沟常年干涸，只在汛期暴雨挟沙成洪，不利用洪水淤灌就难以发展生产。就是降水量较多的陕西关中地区和黄河下游，汛期水量也占全年水量的60%以上，如只利用黄河非汛期含沙量较低清水，远远不能满足农业生产需要。同时，由于汛期洪水泥沙中含有大量有机质，有利于改良土壤结构，提高土壤肥力。因此，利用黄河汛期含沙量较高浑水淤灌农田，改良土壤，已成为解决黄河流域干旱缺水，适应农业发展的必需，劳动人民在长期利用浑水淤积农田的过程中，因地制宜地创造了用水用沙的好形式。钱宁、麦乔威在《黄河中上游地区用洪用沙经验交流会部分技术成果综述》一文中指出用沙形式有：

(一)引洪漫地

因地理条件、洪水来源不同，有引河洪、沟洪和坡面、村庄、道路的分散洪水淤灌的。陕西富平县赵老峪引洪漫灌区，引顺阳河上游赵老峪洪水，淤灌薛镇、底店、雷左坊一带川原地已有2300年历史，建国前最大实灌耕地面积12000亩，一般年份灌6000～8000亩。建国后，改造了引洪设施，在洪灌区9.5公里的沟道两岸开了24条引洪渠，漫灌面积扩大到34000亩。宁夏南部山区人民也有利用河流、沟道、荒坡以及村庄、道路洪水淤地的习惯，像海原县高崖公社赵家庄子虽受石峡水库灌溉之利，但每至雨季，仍积极抢引荒坡洪水漫地，作物产量比单纯用库水灌溉明显提高。

(二)打坝淤地

沟道打坝拦泥淤地，"汰沙澄源"在我国西北地区也有悠久的历史，只是过去用人工夯碾方法，坝体质量、发展速度均受到一定限制。建国后，晋陕人民创造了泥浆自流式冲填坝，对群众筑坝有一定推动，特别是1973年晋陕水坠坝试验研究小组对筑坝技术的研究和推广，群众打坝拦泥蓬勃发展，仅陕北榆林、延安两地区，截止1975年已打坝4万多座，淤地53万亩，淤成的坝地块大、地平、墒情好，成为当地稳产高产农田(详见土工试验研究篇)。

(三)渠道高含沙引水淤灌

关中地区土地平坦，土质较好，是陕西省重要的棉粮生产基地。过去雨水不足，靠泾、洛、渭河补给，但害怕渠道淤积，在河水含沙量超过15%(以重量比计，相当于166公斤每立方米)以后即关闸停止引水，每年平均有10至20天不能引水，使灌区供需水矛盾突出。1974年，人民引洛高含沙浑水淤灌小组在群众性实践的基础上，系统地进行了渠道高含沙引水观测试验，突破了引水含沙量不超过15%的陈规。在人民引洛高含沙浑水淤灌小组的推动下,关中、陕北等一些灌区已不受引水含沙量的限制(见泥沙研究高含沙水流研究)。

(四)抽洪淤灌和结合水库排沙用洪用沙

60年代以来,随着黄河中上游中小水库、水轮泵站的发展,各地充分利用水沙资源,创造了抽洪淤灌,水力吸泥淤灌,高浓度异重流排沙淤灌等用洪用沙经验,尤其陕西泾阳县黑松林水库等创造的蓄清排浑,引洪淤灌,不仅充分利用了洪水泥沙,扩大了灌区面积,使农业获得增产,同时也为三门峡水库提供了"蓄清排浑"运用经验。

(五)自流淤灌

黄河下游河床高悬于两岸地面,大河渗流使两岸多成碱卤洼地,加之历史上黄河决口原因,口门处形成大小不等的塘坑,是渗流、管涌最严重的地方。建国后,利用引水口自流淤灌,不仅淤平了塘坑,淤高了大堤以外地面,也使两岸原来的碱卤之地变成了良田。

二、淤灌技术

据钱宁、麦乔威分析:引洪漫地的做法比较简单,引河流和沟道洪水,一般都做引洪口,通过渠道输入农田。进水口多设在田块的高处,也有将进水口设在田块低处的,自下而上漫淤,洪水流动较慢,落淤均匀,淤地较平。引坡洪、村洪和路洪,则主要靠田间淤地埂和进退水口等工程措施,淤地埂沿等高线修筑,埂比上游埂地面高20～40厘米,在埂的一端坚实地上留退水口,洪水达到设计高程时,即由退水口退到下级地内,最后一级退水口应设在易排水部位,排出多余洪水,保证埂体安全,并在落淤过程中及时排出清水,加快洪漫进度。

淤灌地块的大小视放淤目的而定,对于引洪漫地的情况,由于洪峰历时很短,为了不失时机地多引洪水,一般采用多口引,大口吞的办法,地块不能过大,陕西赵老峪灌区规定地块面积一般不超过30亩。内蒙古八大孔兑灌区采用10～30亩。对于引洪放淤改造沙漠及沙滩地的情况,为节省劳力,地块可大些,陕北党岔公社引洪淤方有大到100～200亩的。对于清洪两用的灌区,不存在抢洪多引的问题,应采用小畦块,避免大水漫灌。黄委会工务处与黄委会水科所在对黄河下游放淤工作调查报告中指出:放淤技术的优劣对放淤效果至关重要。黄河下游使用的格田小漫灌放淤，条渠放淤，方格放淤，田间放淤和大漫灌放淤形式，以格田小漫灌放淤最好，水深在0.3～0.5米为宜。条渠能使泥沙送至下游淤区，水深以1米为宜。田间放淤宜用小面积畦灌形式。

控制淤积厚度常因引洪目的、灌区土壤、气候条件以及作物种类和生长季节不同而有差别。黄河下游各灌区在7、8月抓住洪峰头尾含沙量最高的机会引洪放淤，浅淤广淤，普遍落淤0.2～0.5米，以不误当年种麦为原则是适宜的，新淤厚度过大，新淤土上干下稀，地温低，反而不利于小麦生长。稻改区一般淤厚几至十几厘米，沙地则要求落一层胶泥，厚0.2米，以便掺混为两合土。

张家口、雁北等地区，气温较低，农作物每年一茬，7、8月份引洪季节作物已相当高大，引洪量大不怕积水烘晒，淤厚可大一些。

关中地区气温高，土质较粘，不易渗透，夏种指数高，引洪季节作物矮小，淤灌量稍大就容易积水。因此，要求棉花现蕾开花前期漫淤，生长后期，除非过于干旱，一般不宜淤灌，漫水也不宜过深，淤泥厚度不超过0.05米，以0.03米左右为宜。高杆作物可淤得厚些。

甘肃平凉地区在洪量小，植株低的山地，漫淤0.1米左右，台地漫淤0.2米。在洪量大、植株高的川地漫淤厚度0.3～0.4米。

结合灌区土壤情况，调配淤土颗粒以发挥淤灌后的改土作用是需要注意的淤灌技术之一。人民引洛灌区约有20%的粘土地，结构密实，易旱易涝，耕作困难，引入颗粒较粗的浑水，使土壤性质有明显改善，群众称为“沙盖垆，密合油。”黄河下游的沙土地，淤一层20厘米厚的胶泥，可以形成粘粉粒含量多于沙粒的两合土，有利于作物生长。因此，必须把粗颗粒泥沙在潭坑或沉沙池沉掉。内蒙古红领巾水库灌区采用因地分类，调配用洪的办法，将汛期几场含泥量大、养分多的洪水用于土层薄、肥力差的地方淤灌，而将汛末几场沙多，养分少的洪水用于粘性高、盐碱化的地方，以利淤沙改土、洗盐压碱。此外，排除明水，适时播种也是淤灌需要注意的技术问题。

三、用沙效益

黄河流域用洪用沙解决了中游干旱缺水、下游伏旱缺水的矛盾，拦泥造地，增加了耕地面积，在下游不仅改良土壤，而且淤高两岸地面高程，在一定程度上减轻了洪水威胁。由于暴雨冲刷大量表土而形成高含沙洪水，往往挟带枯枝烂叶,牲畜粪便等有机质,养分丰富,有利改良土壤,增加农业产量。就各地引洪的情况看,甘肃平凉地区引用一次洪水,土壤肥力增加如表7—27—3。

表7—27—3　　**甘肃地区引洪一次土壤肥力增加表**

	速效氮(公斤每亩)	速效磷(公斤每亩)	速效钾(公斤每亩)
沟　洪	2.10		24.0
村洪、路洪	3.00	0.60	25.5
河　洪	2.55	0.45	27.9
坡　洪	2.70		2.55

高粱、玉米增产60%以上(每亩增产160～280公斤),小麦增产43%～57%。引洪淤地造田,土壤肥力高于人工移土造田,见表7—27—4。

表7—27—4　　**引漫淤地与人工移土造田土壤肥力对照表**

	速效氮(公斤每亩)	速效磷(公斤每亩)	速效钾(公斤每亩)
人工移土造田	1.40	0.50	24.6
引洪淤地造田	1.55	1.00	24.9
增加(%)	10.7	100	1.2

内蒙古黄甫川打坝淤地,坝地上段为粗沙,下段为细沙,颗粒粗细泥沙的肥力不同,见表7—27—5。

表7—27—5　　**粗、细泥沙肥力对照表**

	有机质(%)	速效氮(%)	速效磷(%)	速效钾(%)
坝地上段	0.1288	0.0168	0.0005	0.0063
坝地下段	0.4024	0.0208	0.0006	0.0060

为了达到农业增产目的,群众在粗沙坝地先种草木栖或苜蓿,在细沙坝地掺粗沙,改善了土质,增加了土壤肥力。

内蒙古黄甫川榆树塔大队引饭铺沟洪水澄地,粗沙比例虽很大(大于

0.1毫米的占66%～78%)，但土壤肥力仍有改变，见表7—27—6。

表7—27—6　　洪澄地与山坡地土壤肥力对照表

项目	有机质(%)	速效氮(%)	速效磷(%)	速效钾(%)
未澄山坡地	0.483	0.0159	0.0007	0.0065
洪澄地	0.521	0.0211	0.0016	0.0070
增加%	7.9	32.7	128.6	7.7

土壤肥力的增加，山坡地变成了好地，玉米亩产达300公斤，小麦、糜子平均亩产150公斤，1971年该大队向国家交售粮18万公斤。

陕西富平县赵老峪引洪漫地的土壤肥力变化情况见表7—27—7。

表7—27—7　　引洪漫地土壤肥力变化表

	有机质%	全氮%	有效磷%	有效钾%
未漫地	1.24	0.065	0.001	0.004
洪漫地	1.80	0.083	0.002	0.0075
增加%	45.1	27.7	100	87.5

如按一般洪水的含沙量及养分，每亩漫洪180立方米推算，每亩的全氮为4.4公斤，有效磷0.9公斤，有效钾4.4公斤，相当于施用湿牛粪2500～3000公斤，过磷酸钙3公斤，草木灰25公斤。经过引洪漫地，小麦一般可增产3～4倍，最高亩产可达500公斤，玉米可增产1倍，亩产可达300公斤，谷子可增产2.8倍，亩产255公斤。

关中灌区引洪淤灌土壤肥力变化如表7—27—8。

表7—27—8　　引洪淤灌土壤肥力变化表

项　　目	含氮	含磷	含钾
人民引泾(公斤每吨)	0.22	0.21	0.37
人民引洛(公斤每吨)	0.055		0.51
宝鸡峡人民引渭(公斤每吨)	0.45	0.01	

引洛灌区用高含沙量浑水淤灌，以沙盖垆，沙垆掺合，对改良垆土收到良好效果，粮食平均亩产 312.5 公斤，棉花平均亩产 36.75 公斤。人民引渭上塬稻田不施肥亩产平均 250 公斤。

黄河下游各类淤土含养分情况如表 7—27—9。

表 7—27—9　　**黄河下游各类淤土含养分分析情况**

取样位置	土壤种类	取样深（米）	平均粒径（毫米）	含盐量（%）	有机质（%）	氮（%）	磷（%）	钾（%）	备注
新乡何营淤区	沙　土	0～0.3	0.0664	0.11	0.1704	0.015	0.0865	0.8506	土壤分类平均粒径大于0.04毫米为沙土，0.02～0.04毫米为两合土，小于0.02毫米为淤泥
	两合土	0～0.3	0.0327	0.124	0.1999	0.031	0.1881		
	淤　泥	0～0.3	0.0198	0.142	0.580	0.074	1.1962	1.1962	
开封黑岗口淤区	沙　土	0～0.3	0.0604	0.057	0.1752	0.017	0.1957	2.2283	
	两合土	0～0.3	0.0434	0.076	0.2195	0.032	0.1881	1.2155	
	淤　泥	0～0.3	0.0191	0.127	0.6832	0.067	0.2476	1.5403	
王旺庄条渠淤区	沙　土	0～0.3	0.030	0.08	0.2146	0.029	0.1692	1.6838	
	两合土	0～0.3	0.0238	0.093	0.3285	0.047	0.1559		
	淤　泥	0～0.3	0.0142	0.108	0.4564	0.0933	0.1828	1.8318	

从上表可知：粒径小于 0.02 毫米的淤泥所含养分最高，0.02～0.04 毫米的两合土次之，粒径大于 0.04 毫米的沙土最低，但纯淤泥土地容易板结不利于作物生长。黄委会水科所对黄河下游淤灌中防沙引淤问题分析中指出：防沙引淤界限应为 0.04 毫米，大于 0.04 毫米的颗粒应尽量在低洼潭坑或沉沙池中沉淀，小于 0.04 毫米的颗粒应设法送入田间。

第二十八章　渠道防渗与抗冻

黄河流域地形地貌复杂，进行灌溉的山间河谷、盆地、山前冲洪积扇，以及下游部分平原地面多属季节性冻土层，加之黄土具有结构疏松、大孔隙、透水性和湿陷性大等特点，渠道冻融破坏及渗漏，成为流域灌溉必须解决的重要问题之一。长期以来，沿河群众采取夯实，草泥抹面等措施积累了丰富经验，但有组织地开展渠道抗冻防渗研究还是建国后才开始的，特别是70年代后，随着水泥和石油化学工业的发展，沥青、塑料等抗渗材料的出现，渠道抗冻防渗研究才有了长足的进步。

第一节　渠道防渗

一、原土夯实防渗

古代渠道多采取原土夯实办法防止渗漏，据陕西省水科所试验，仅进行渠底原土夯实(影响深度0.3～0.4米)，每公里渗漏损失可由原来的2.24%减低为1.6%，渗漏量减少24%～35%，若将渠底翻松0.3～0.5米后再进行夯实，幺重达1.6吨每立方米，可减少渗漏量70%以上，全断面夯实(渠底0.3米，边坡0.5米，幺重1.6吨每立方米)，可减少渗漏量95%以上。内蒙古水科所在杨家河灌渠观测了渠道夯实后自然落淤的防渗效果：自然落淤的粘土层随时间推移，不断密实，一二年内干容重达到1.35～1.45克每立方厘米，含水量随干容重的增加而减少至31%～34%，其密实起到防渗作用，是解决河套灌区各级渠道渗漏的天然方法。

二、土料护面防渗

土料护面具有就地取材，简单易行，造价低等优点，各地根据当地材料创造了不同的护面形式：

粘土夯实护面，在渠道坡度平缓，水流速度不大，有丰富粘土材料的地区多为采用。50年代，青海、甘肃、山东等省水利科研单位曾进行粘土夯实防渗技术的试验研究，据山东省水利设计院研究，粘土夯实防渗效果明显，可减少渗漏量60%～80%，具有就地取材，造价低，施工技术简单等优点，但其抗冲，抗冻性能差，一般允许渠道流速为0.5～0.7米每秒，为防粘土层干裂，掺加20%～40%的砂或卵石进行夯实效果更佳。若在较寒冷地区使用，应加保护层。

草泥抹面：在黄河中下游灌区，每年春季浚渠之后，用草掺和泥土，沿渠抹5厘米厚的草泥，一般可减少渗漏量80%～90%。

灰土护面：这种防护方法在沿黄各灌渠也早已采用，据西北水科所试验，灰土夯实后渠道渗漏量比土质渠床减少99%以上，其渗漏损失每公里由原来土渠的3.36%减少到0.0092%，洛惠渠在砂砾土和砂土地区的渠道上，采用灰土衬砌及灰土干砌石防渗措施，总干渠渗漏损失由放水初期的40%减少到8%。山东打渔张灌区在渠道上铺设0.5米厚的灰土防渗层，测定其渗透系数为0.00182～0.0098米每日。

三合土(白灰、砂、黄土)护面：50～60年代沿黄各灌区广为采用。据西北水科所测定，灰砂土比例采用1∶1∶6，其防渗效果较为理想。1956年，山东省冶源老龙湾引泉灌区在10公里干渠上作了三合土防渗试验，取得很好效果，干渠水利用系数由0.38提高到0.99，减少渗漏量98%，其抗冲能力也较强。在严寒地区应用需加保护层，其厚度一般为20厘米左右，土料要拌合均匀、夯实、干幺重达到1.6吨每立方米以上。

水泥土防渗：70年代随着国内水泥工业的发展，利用水泥土衬砌渠道研究在沿黄地区普遍开展，1975年山东省水科所针对鲁西北引黄地区轻壤土和粉质壤土的特点，经改善土料级配，选择最优含水量，加大压实功能等试验，取得抗压、抗拉、抗冻、抗渗盐碱浸蚀的水泥土配制资料，造价为同一标号水泥用料的一半，强度约为水泥7天龄期的二倍，10年后强度还有继续增长的趋势。1977年，青海省水科所对水泥土的物理力学性质进行试验，得到水泥土的防渗效果与土料级配、水泥掺量、容重等因素有关。在乐都大峡渠道进行护面试验，由于气候较冷，水泥土干缩变形大，干缩率比混凝土大，护面产生横向裂缝。1981年，山东水科所又在刘庄灌区阳谷县试验压制水泥土制品，得出水泥土制品质量优于砖，渗透系数为1×10^{-7}厘米每秒，防渗效果较好，可减少渗漏量90%～95%，比混凝土衬砌节约投资65%，比砌石节约61%，与红砖相比，更显示其造价低，抗冻融，抗碱蚀性能的优越性。水泥土掺0.2%～0.3%的糖蜜外加剂，经25次冻融循环强度损失不超过25%，冻后强度都在50公斤每平方厘米以上。

膨润土防渗：1984年内蒙古水科所在杨家河渠道采用碳酸钠对膨润土进行活化处理，改善其自由膨胀率，由80%增大至360%，在静水条件下观测渗漏情况，可减少渠道渗漏量的75%，降低造价70%左右。

三、石料衬砌防渗

利用石料衬砌防渗，在50年代首先为石料开采方便的山区所采用，用作衬砌的石料有卵石、块石、片石，衬砌方法有干砌、浆砌和干砌灌浆等类型。建国初期，原西北水利部在甘肃省武威黄羊河灌区进行卵石衬砌试验，获得成功，测得流量在1立方米每秒以上，平均渗漏率为2.6%。为提高干砌卵石的防渗能力，在渠道运行中采用人工挂淤，或在卵石下铺设粘土等垫层效果更好。1964年，豫北试验站与人民胜利渠管理局合作，在东一干一支渠和老五斗进行浆砌卵石防渗试验，测得浆砌卵石可减少渗漏量95%以上，1965年将浆砌卵石渠段延长到155米，测得衬前地下水位上升0.4～0.7米，衬后基本稳定，减少渗漏量98%。并提出卵石衬砌渠道的形式，最好采用弧形渠底，边坡为直线的修正梯形断面，这样的渠底可起反拱作用，使砌石更加紧密，湿周长度较小，接近于水力最佳断面，衬砌工程量小，防渗效果好。

块石、片石用于渠道防渗衬砌比较坚固耐用，据中科院农田灌溉研究所1973年所著《渠道防渗情况简介》一文中说：浆砌石渠道每公里渗漏损失仅为0.15%～0.12%，干砌石灌浆渗漏损失为0.15%～0.25%，而干砌石为0.5%～2.0%，泾惠渠干渠采用浆砌片石防渗，每公里渗漏损失0.3%，运行20多年仍基本完好。

四、混凝土衬砌防渗

混凝土是一种高性能的渠道防渗材料，1953年宁夏回族自治区水科所在室内混凝土试验的基础上，在唐徕渠、秦渠、汉延渠、惠农渠、金银滩、高糜子等干渠相继进行混凝土衬砌，测得减少渗漏量70%，降低了地下水位。1964年，豫北试验站和人民胜利渠管理局，在东一干一支和老五斗作渠道防渗衬砌试验，采用预制和现浇混凝土，浆砌片石，观测其减少渗漏效果都在95%以上。1965年又在该区作了浆砌片石189米，浆砌卵石155米，现场浇筑混凝土槽143米，青砖砌380米，观测减渗效果均在98%以上，地下水位在10～50米测定距离内，衬前上升0.4～0.7米，衬砌后基本稳定。宝鸡峡灌区管理局测得塬边干渠混凝土衬砌渠道渗漏量减少97%，每公里灌水渗漏损失率可减少到0.02%～0.1%，宝鸡峡北干渠只有0.0016%。甘肃省水科所对一些衬砌质量较好的混凝土渠道测得渗漏率为0.05%～0.1%，只要施工保证质量，使用年限可达40～50年。陕西省洛惠渠干渠1966年衬砌，使用已20多年仍很完好。在混凝土中掺入一定比例的粉煤灰等掺和料或加气剂后，可降低造价，提高防渗抗冻性能。

60年代，混凝土衬砌渠道多在边坡稳定的梯形断面上进行，施工方法有预制板安装和现场浇筑，一般采用等厚的混凝土或钢筋混凝土或使用预制板(厚5～12厘米)。为防止板面发生温度裂缝，一般在边坡与渠底设置缝宽1～3厘米的横向伸缩缝及纵向伸缩缝，纵缝一般在边坡与渠底交界处。当渠底宽度大于6～8米时，在渠底另加几道纵缝。缝的形式常采用矩形，梯形“亚”字形和“T”形。伸缩缝渗漏成为混凝土衬砌的关键，一般多采用水泥砂浆、水泥沥青砂浆或水泥沥青石棉砂浆来处理，宝鸡峡总干渠使用聚氯乙烯油膏止水效果良好。近年来西北水利科学研究所研制的煤焦油塑料胶泥比聚氯乙烯油膏的塑性，粘性更好，造价低50%以上，有广泛的推广应用价值。为防止油膏或胶泥老化，其上部可用水泥沥青砂浆护面。同时，西北水科所还在《浅谈我省的渠道防渗技术》一文中指出：预制混凝土衬砌渠道的工作缝长度比现浇的多81%。加上与基础结合较差等因素，运用中出现问题较多。因此，大中型渠道除未稳定的填方段及因工期紧迫现场浇筑确有困难外，一般均宜采用现场浇筑方法施工。

70年代后期，沿黄各地相继开展小型渠道混凝土“U”形渠槽的试验研究，共同的结果是：“U”形渠道比梯形渠道湿周短，挖填方工程量和混凝土用量较少，一般可节省工程量1/3左右，降低工程造价1/3～1/4，渠道占地面积仅为同级梯形渠道占地的1/2～1/4，易于机械化施工，提高衬砌体刚度和整体性能，防渗效果比梯形渠道减少渗漏量3.7%，渠道水利用系数可达到97%～98%，因此，被广泛应用。1983年，西北水科所研制成D_{80}、D_{60}、D_{40}混凝土U型渠道衬砌机，结构简单合理，造价低，实用性好，生产效率高，适合中国国情，有力地推动了灌区混凝土U型渠道的迅速发展，到1990年，陕西省就建成上万公里的U型渠道。为表彰这一研究成果，国家科委、国家农委给陕西省混凝土U型渠道防渗技术课题组颁发了科技成果推广奖。与此同时，宁夏海原县水电局研制成功 QL—30 衬砌混凝土浇筑机。山东省水科所研制成水泥裹沙喷射混凝土技术，将掺有速凝剂骨料的水泥裹沙砂浆通过干式喷射机和砂浆泵压送至混凝土管，经喷嘴喷出，曾在打渔张 5 干、引黄济青等渠道使用，该砂浆具有不离析，泌水少等特点，较预制板衬砌提高工效 30%左右，该成果荣获 1985 年国家科技进步三等奖。

1990 年，山东水科所在韩家墩灌区进行膨胀混凝土试验，在配制混凝土时加入适量膨胀剂，使混凝土产生化学预应力，部分或全部抵销由于混凝土干缩和温度变化等所产生的拉应力，达到工程结构整体受力的目的。试验结果：在外掺普通减水剂与加气剂复合高效减水剂时，无约束抗压强度可达 31.2～386 公斤每平方厘米，约束抗压强度达 372～409 公斤每平方厘米，约束膨胀率为(1.6～2.1)$\times10^{-4}$，防渗抗裂性能有明显提高。

五、沥青衬砌防渗

沥青具有良好的不透水性和柔性，早在建国初期，甘肃省已使用沥青混凝土在勒河干渠上完成了 20.5 公里的沥青混凝土预制板防渗工程。70 年代，随着中国石油化学工业的发展，利用沥青作渠道防渗材料的研究，在黄河流域已很普遍，目前采用的沥青防渗材料及制品主要有沥青混凝土、沥青布、沥青席、沥青砂浆以及沥青与其他材料相结合使用的制品。

1972 年西北水科所为改善酸性骨料的粘结能力，对沥青混凝土掺入适量外加剂或用外加剂处理骨料表面，提高了粘结性能和被水破坏的能力，测得渗透系数小于 1×10^{-7}厘米每秒。后在冯家山干渠实地试验，干渠衬砌后经夏季 37.5℃，衬砌板面 70～71℃和冬季－11℃的考验，板面完好无损。1974 年，青海省水科所在室内试验的基础上，将沥青混凝土用于湟海渠衬砌，经 6 年的运用测试发现，在冬季温度－22～－24℃，历时长达 5 个月，沥青混凝土板裂缝仅为水泥混凝土板的 1/17，因此认为：在青海高寒地区采用国产沥青和酸性石料拌制混凝土进行渠道衬砌，防渗抗冻性能好，造价低，易施工，是一种很有前途的防渗材料。该项成果荣获青海省科技成果三等奖。

1982 年西北水科所，青海、甘肃等省水科所都对沥青玻璃纤维布油毡(简称沥青布)进行了室内试验，并在青海张铁水库南干渠、甘肃景泰、靖会等地区推广应用，因其柔性好，不会因冻胀而破坏。沥青布与薄垫层结合使用，可削减冻胀更大，比沥青席油毡及塑料薄膜等防渗材料强度高，不易腐烂老化，在青海湟海渠道衬砌，渠道输水利用率提高到 0.7～0.9。在莫合、毛玉、东湾等水库及蓄水池使用，其中黄河滩水库防渗面积 71 万平方米，防渗前实测渗漏量为 76 升每平方米·昼夜，防渗后减少到 3～17 升每平方米·昼夜。获水电部三等奖。

六、塑料薄膜防渗

黄河流域渠道防渗常用的塑料薄膜材料有聚氯乙烯、聚乙烯、聚酰胺乙烯等，厚度一般为 0.12～0.2 毫米，铺衬方式有表面铺衬和埋藏铺衬两种，采用较多为埋藏式铺衬。

1964 年豫北试验站与人民胜利渠管理局在室内及野外典型渠段试验的基础上，在东一灌区用塑料薄膜衬砌渠道 400 米，进行观测试验，测得减少渗漏量 99%以上。同年山东水科所在打渔张灌区，用 0.2 毫米聚氯乙烯薄膜外加粘土保护层，铺衬 500 平方米渠道，获得成功。1965 年铺衬面积扩大到 23700 平方米，测试结果认为：可视为不透水，具有其他材料所不易达到的防渗效果。

1965 年，山西省水科所在对聚氯乙烯薄膜力学性能测试后，用于汾河二坝干渠，铺衬 67 公里渠道，测得防渗效果由 0.84 提高到 0.96，渠道水的有效利用系数提高到 0.96。灌区地下水位比以前同期下降 1 米左右，运用 8 年，薄膜完好，由黑色变为兰色，柔性降低，机械力学性能指标提高。据试验资料分析，只要保证施工质量，注意床基灭草处理，塑料薄膜使用年限可达 20 年以上。

1984 年山东省水利设计院进行渠道埋设塑料薄膜边坡稳定性试验，渠道边坡 1∶2.5～1∶2.0，试验水深 2.2～3.2 米，在渠水位骤降试验中，临水边坡是稳定的。同年，西北水科所在甘肃省夹山子水库，考虑当地气候、地基和施工条件，作了壤土、无砂混凝土、砾石三种不同基础的塑料薄膜及油毡单层、双层不同浸泡时间的冻融、抗裂、抗伸缩性能试验，认为塑料薄膜防渗效果好，可减少渗漏损失 83%～97%，塑料薄膜具有柔性，适应变形性能强，有一定抗冻融能力，在气温－26℃以下，土基冻胀量 100 毫米时不产生裂缝，埋藏塑料薄膜还可减少土基冻胀量 11.3%～20%。塑料薄膜老化不严重，使用年限一般可在 30 年以上，造价低，仅为混凝土防渗衬砌工程的 1/11。且原材料轻、运输方便、施工简易，是很有发展前途的防渗材料。甘肃省水利厅鉴定认为：对塑料薄膜性能试验，防渗系统稳定性及膜料的应力分析等方面，在国内属于首次，有一定创新，具有较高的水平。

七、其他防渗材料

随着国民经济的发展和科学技术的进步，80年代末期不断出现了新的防渗材料，如憎水珍珠岩保温板、防水保温矿棉板、PU复合弹性防水嵌缝材料、BX_3防渗涂料、XD—103防水复合柔毡、土工布粘结剂等，衬砌形式也朝着复合型方向发展。如河南省水科所近年来开展的SN_{16}化学固土材料研究，其胶体具有一定的强度，透水性小，渗透系数在$5.4\times10^{-7}\sim5.5\times10^{-8}$厘米每秒之间，结构稳定，土壤各种成分对凝胶反映不敏感，固结的土体不受土壤中微生物的破坏，是一种较理想的固土防渗材料，其抗冻性能有待进一步试验研究。

第二节　渠道抗冻研究

一、冻害机理研究

宁夏水科所在1982年所作的《渠道衬砌冻害调查报告》中提出：渠道基土的冻胀量沿渠道断面分布是不均匀的，其特征为渠底冻胀量大，坡面各部位的冻胀量由坡脚至坡顶逐渐减小，呈三角形分布。其原因主要是由各不同部位基土的含水量差异所致，土粒本身并不冻胀，冻胀是因土壤中液态水变为固态水时体积增大所致。冻胀量与土质及渠坡朝向等因素有关。基土冻胀与渠道衬砌体的阻碍冻胀是产生法向冻胀力的条件，所以基土冻胀特性和衬砌体的变形特性决定了法向冻胀力的大小和分布。影响法向冻胀力的因素非常复杂，除土质、水分、温度和冻结速度外，还与衬砌体的材料性质，结构形式和截面尺寸等因素有关。通过试验找到了法向冻胀力与上述影响冻胀因素之间的关系以及在一定条件下大U形渠道法向冻胀力的设计使用值。

1987年，西北水科所在《渠道衬砌抗冻研究简述》一文中指出：渠道冻害取决于低温、冻胀性土壤和水分三个要素。人为地排除其中任何一个因素，就可免除冻害的威胁。寒冷地区渠道衬砌工程的冻害发生规律为：气温愈低，冻害愈大，东西走向的渠道，南坡的冻害大于北坡；南北走向的渠道冻害就轻些，以东坡尤轻；渠道地基土壤含水率愈高，冻害愈大，小于起始冻胀含水量者则无冻害发生；地基土壤粉粒含量多则冻害大，含沙粒多则冻害轻。

1990 年，西北水科所与宁夏水科所一起进行了渠道基土冻结、冻胀预报的试验研究，指出衬砌渠道的冻胀破坏，主要是由基土冻胀的不均匀性而产生，用不均匀系数 K 表示（相邻两点冻胀变位的差值与两点间距离之比的百分数），砌体冻胀部位的 K 值虽然很大，但冻胀最大的部位并不一定是 K 值最大的地方，最大的 K 值均出现于近坡脚处，最大冻胀变位值与 K 值都是渠道衬砌防冻害的控制指标。所以在设计时，要设法缩减基土冻胀，并采取优化断面形式和合理的衬砌结构来均衡渠道的不均匀性冻胀，减小砌体与基土的冻胀力。

二、冻胀破坏的形式

1982 年，宁夏水科所在《渠道衬砌冻害调查报告》中指出：当地下水位线高于渠底而渠道基土的渗透性又小时，在地下水位沿边出露的界面上，亦即地下水位溢出线附近，往往出现一条纵向破坏带，是由于在地下水出露界面处所形成的强冻胀现象造成的。

1984 年，甘肃省水科所在《甘肃省渠道防渗技术》中说：衬砌体在某些部位的较大冻胀变形下，被托起而受到自重弯矩作用、或由于衬砌体与土壤之间冻胀力作用受到约束而产生裂缝，鼓胀和裂缝大多在阴坡下部的 1/2～1/3 处。渠道衬砌冻胀破坏的形式大致有：(1)衬砌面开裂，但面尚平整，裂缝两侧砌体面无错位，缝宽一般 1 厘米以下，冻土消融后裂缝大都闭合；(2)衬砌面鼓胀，裂缝较宽，衬砌面有折角，严重者在裂缝两侧有错位现象，冻土消融后，变形不能完全恢复；(3)严重变位和滑塌，衬砌面在较大范围内折裂，折角很大，其中一二排几乎成直立，上一排支平成座椅状，上部衬砌体失去支持，冻土消融时往往发生大片滑塌。

1987 年，西北水科所在《渠道衬砌抗冻技术研究简述》中指出：在渠底和坡脚相连接处由于相互约束，其冻胀破坏性小于渠底中心和坡脚的偏上部位，冻胀使渠底和边坡由原来的直线变为鼓起曲线。

三、防冻措施

1982年，宁夏水科所在《渠道衬砌冻害调查报告》中指出：全断面衬砌比只护坡不护底的渠道稳定性好；浆砌石衬砌相对破坏程度轻，维修工程量小，但建筑工程量大，造价高；坡脚基础为浆砌片石，护坡为浆砌混凝土板，每隔13米至15米设浆砌片石或混凝土加筋墙一道，出现问题较少，如唐徕渠的太子渠段，1977年衬砌，至今仍完好，坡脚基础及衔接的护坡部分采用浆砌片石，上部护坡为现浇混凝土，在略低于地下水位线处的浆砌片石护坡部位设排水孔，抗冻性能好，现浇混凝土筋板下设梅花形钉。1975年在秦渠的中华桥上游衬砌500米，至今基本完好；换填基土可取得较好的抗冻胀效果，1975年在唐徕渠跃进闸上游现场浇筑300米混凝土衬砌板时，采用板下换填1米厚的砂壤土垫层，衬砌板至今完好。

1984年，《甘肃省渠道防渗技术》指出：渠道选线对防止冻害关系很大，有条件者应尽可能使渠道行经基土以粗粒为主，地下水位较深的地区。如果渠道必须经过地基透水性不良，地下水位较高的地区，也应尽可能将渠道做成填方，抬高渠底。在灌区内部渠系布置方面，应注意防止田间灌溉渗漏水补给下一条平行等高渠线渠道的基土，从而引起冻胀。为此，应尽可能在地块与下一条渠道之间设置道路和林带，以延长渗漏途径。衬砌时填换基土可取得较好的抗冻胀破坏效果，在地下水位较深，土质较轻，土层薄而下伏有砂砾层时，其换基土加衬砌层总厚度一般为最大冻深的一半。在地下水位虽不高，但基土层内有粘土或重壤土时，垫层加衬砌层的厚度应达到冻深的80%以上，地下水位高时，垫层的厚度要达到冻深才能避免冻害。垫层材料应视材料来源而定。在砂砾石丰富区，采用粒径1～4厘米的卵石作垫层，而细土平原区，采用中细砂作垫层，中值粒径在0.24～0.3毫米，大于0.1毫米颗粒少于10%，个别达到18.5%，从砂砾石到细砂均可，应因地而异选择，但应注意控制其中的含泥量(即小于0.05毫米的颗粒)，一般砂砾石垫层掌握到5%以下，砂垫层可控制在10%以下。衬砌防冻的形式，以U形渠道抗冻害性最强，受冻胀后各部位胀度变形比较均匀，以整体上抬形式为主。梁板式结构在景泰试验渠试验，在最大冻胀时，砌板表面冻胀量比板下土层冻胀量约减少15～18毫米，削减总冻胀量的22%～40%，说明此种结构形式对冻胀有一定作用。

1987年，西北水科所根据在西北地区多年试验的结果提出，采用合理的结构形式，降低渠道基土水分，提高基础温度和增强砌体刚度等几方面综合处理，才能很好解决渠道冻胀问题。基土压实可使土的干容重增加，孔隙率降低，透水性减弱。较高密实度的压实土冻结时具有阻碍水分迁移、聚集的作用，从而减轻甚至消除基土冻胀的可能发生，适于粘土、粘壤土基础的处理。压实时，土的含水量应按接近于最优含水量，才能达到较高的密实程度。压实处理层的厚度可参考换填层厚度来确定。在提高基础温度方面，70年代，泾惠渠北干2支渠、冯家山北干渠采用空心板和“门”形板衬砌，效果很好，在衬砌板下加泡沫塑料板、炉渣、沥青席等保温防冻效果更好，但造价偏高。在石料或混凝土保护层下铺设黑色膜料（塑料或沥青玻璃布油毡等）可削减冻胀量35％～50％，在膜料下再铺厚30厘米砂砾填层，可削减冻胀量60％～70％。在提高砌体刚度方面，应尽量采用U形断面衬砌，或弧形底渠道，现浇混凝土衬砌比预制混凝土衬砌的相同规模工程裂缝长度少81％，而且现场浇筑混凝土U形渠道，适于机械化施工，容易保证砌体的均匀性和整体性。1985年，在为山东打渔张灌区五干渠衬砌设计中，采用了坡脚为弧形的梯形断面，改善了水流流态和坡脚受力条件，冻胀力使砌体均匀上抬，不发生错位，且冻融后能恢复原位。梯形渠道断面，阴坡宜推广肋形板和中部加厚板，也可采用空心板和“门”形板；阳坡宜推广楔形板，肋的高度可采用板厚的2倍以上。合理设置变形缝，并采用柔性止水材料，凡是冻胀变化方向改变的部位，均应设置变形缝。横向缝间距3～4米，纵向缝间距根据冻胀不均匀性和结构特性确定，一般1～4米，缝宽2～3厘米，止水材料为聚氯乙烯油膏、焦油塑胶泥等。

1988年，山东水科所在韩家墩引黄灌区对憎水珍珠岩板垫层上现浇膨胀混凝土防渗防冻效果进行试验，得出聚苯乙烯板1厘米厚保温能力为1.73摄氏度每厘米，膨胀珍珠岩板保温能力为0.9摄氏度每厘米，但膨胀珍珠岩板成本低，耐老化，防渗效果明显。并提出了渠道在不同走向下保温垫层经济厚度的计算方法及防冻害的衬砌结构形式，已在引黄济青输水渠道上应用。

第二十九章　土壤盐碱化防治

黄河流域大部分地区干旱缺水，蒸发强烈，灌溉成为发展农业的重要措施。长期引用地面水大水漫灌，使地下水位抬高，加之土壤含盐分大，水分经土壤蒸发后，大量盐分集于表土，形成盐碱化，这在宁蒙灌区、晋陕河谷盆地灌区，甘肃、青海以及黄河下游两岸平原都有所见，成为影响农业生产的突出问题。

建国后，土壤盐碱化防治工作经历了曲折的过程。50年代初，随着灌溉工程的恢复和发展，以排水除涝为主的农田水利工程建设，使盐碱地较多的老灌区得到控制。50年代末，受"大跃进"影响，盲目大干快上，打乱原有的排水系统，大引大灌大蓄，使地下水位上升并导致盐碱化急剧发展。60年代后，各地积极开展排水和土地改良的研究，使流域内土壤盐碱化再度减轻，保证了农业的发展。

第一节　土壤盐碱化发展规律研究

50年代水科院在调查土壤盐碱化后指出：沿黄地区一些封闭的洼地，地理位置处于交接洼地等处均有盐碱地分布，如河套灌区、滨海地区、下游沿黄背河洼地均属这种类型。华北黄泛平原和滨海地区，地势平坦，地下水位较高，蒸发强烈又旱涝交替，土壤含盐分多，地下水流滞缓，且有一定矿化度，河道淤浅排水不畅等是土壤发生盐碱化的自然原因。盐碱化现象在引黄灌区内历史上曾经普遍发生过，对社会生产影响极广，应为近期研究的重点。水利部农田灌溉研究所粟宗嵩在对宁蒙灌区和黄河下游灌区调查后指出：灌溉不排水是技术性失误，引黄灌溉工作，在方法上应以排定灌，在排水系统中插入灌溉系统。

1962年，水科院除涝治碱课题组在《冀鲁豫平原灌区土壤盐碱化原因及防治措施》一文中提出：该地区灌区土壤盐碱化发生发展的根本原因是由于地下水位升高和含盐地下水通过毛细管上升引起表土盐分积累的结果。

从灌区盐碱化的发生部位和发展情况看:灌区土壤盐碱化最先出现在大型地上输水渠道两侧,由点发展成带,二三年后可扩大到两侧 400～700 米,最远可达 1 公里。在平原水库,洼淀周围一般为 200～300 米,其次发生在天然河道两侧和夹河地带或河道下游三角地带低洼易涝地区。灌溉地段上出现的盐碱地,一般是从盐斑到小片分布,然后连成大片,而且大致集中在渠道两侧和局部地形较高处。从土壤质地来看,轻质土地区盐碱发展较快,粘土地区发展较慢。在早春,当全剖面为轻质土,深位夹粘土和中位夹粘土者,其地下水位埋深在分别浅于 2.0 米、1.6 米和 1 米后,就开始出现次生盐碱化现象。这三个深度称为相应土层剖面土壤的防治盐碱化临界深度,以 H_k 表示。在低矿化地下水区,其值等于耕作层深度(约 0.2 米),在高矿化地下水区还应大些。在早春季节,地下水埋深控制在 H_k 以下,实际应用时还要加一个安全超高,对防止土壤盐碱化是极为重要的。在汛前为充分利用降雨使盐碱土自然脱盐,就必须将地下水位降到较大深度。汛前地下水位埋深愈大,土层脱盐深度愈大,脱盐率愈高。若为了预防土壤盐碱化发生,应以最易发生盐碱化的轻质土为主,并控制早春地下水位在 H_k 值以下,若为了改良已发生盐碱地,则应以最难改良的深位夹粘土层为主,并着重控制汛前地下水位。若考虑防次生盐碱和防涝的需要,又便于生产掌握,非汛期地下水位埋深实际控制标准应大于 2 米。同年,娄溥礼《黄河下游引黄灌区次生盐碱化预报和预防的几个问题》中也指出:地下水和底土中均含有一定数量的盐分,如地下水位距离地表较浅,在半干旱气候的影响下,经过一定时间的蒸发,地下水和底土中的盐分便会逐渐向耕作层聚集,形成土壤盐碱化。在地下水位上升的影响下,土壤盐分在不断变化,其变化过程可分为 3 个阶段:

(1)表层集盐阶段。在地下水位上升到一定高度时,由于春季的强烈蒸发,表土盐分逐渐增多,以致产生盐斑,危及作物出苗和正常发育,这时的地下水埋深称为临界深度,在目前一般栽培技术条件下,不同土壤质地和不同地下水矿化度的地下水临界深度值如表 7—29—1。临界深度是土壤盐碱化的指标。

(2)土层集盐阶段。在地下水中盐分向表土集聚的同时,也引起整个土层盐分的集聚。当地下水位升高到更浅的深度时,致使每年从地下水中向上补给的盐分超过每年淋洗下去的盐分,整个土层的盐分逐渐集累,到每年春季,表土层集盐量相应更大,因而盐碱化开始发生。

(3)地下水质浓缩阶段。地下水的运动不仅改变着土壤盐分的运动,同样也影响着它本身含盐量的变化,土壤盐分不断转化到地下水中,地下水质

表7—29—1　　土壤质地与地下水矿化度和临界深度关系

土壤质地	地下水矿化度(克每升)	地下水临界深度(米)
轻壤	<2	1.9～2.1
砂壤	2～5 5～10	2.1～2.3 2.3～2.5
中壤	<2 2～5 5～10	1.5～1.7 1.7～1.9 1.9～2.1
重壤　粘土	<2 2～5	0.9～1.1 1.1～1.3
夹粘土层	5～10	1.3～1.5

变浓是土壤盐碱化发展和加强的征兆。

1962～1963年，水科院薛松、王建民等对豫北平原各县进行了深入调查，在薛松撰写的《豫北黄河冲积平原盐碱地形成和地下水的控制和利用》一文中指出：豫北黄河冲积平原的盐碱化问题，早在引黄灌溉之前就存在着，大致分4种类型：

(1)黄河背河洼地型：紧临黄河大堤，宽度大约为200～2000米不等，呈条带分布。

(2)季节性积水洼地边缘型：由于长期积涝，呈块状分布。

(3)近河洼坡带状分布型：硝河东西两岸，马夹河以西，柳青河、文岩渠等原先都是坡洼地区，虽经人工开挖形成季节性排水河道，由于排水出路不良，地下水位长期处于高水位状态，盐碱地分布是断断续续的条带状形态。

(4)交接洼地型：分布在卫河右岸与黄、沁河古河道之间，地下水位埋藏很浅，强烈蒸发与土壤盐份积累所造成。

1980年，陕西省地质局第二水文地质队与黄委会绥德水保试验站对陕北坝地、填沟地盐碱化的防治进行了调查，在《坝地盐碱化的防治》一文中指出：在进行大规模治山治沟的农田基本建设中，由于缺乏合理利用水土资源的全面规划，导致上下游之间或干支沟之间的工程布置与地质条件不相协调，使地表水和地下水径流不畅，坝地、填沟地的地下水抬高，盐碱化迅速发展。坝地土壤盐分动态，除受气象因素变化影响外，土壤盐分的积累状况与坝地地下水位的升高息息相关，当地下水埋深小于1.8米时，土壤表层盐分积累迅速增加，耕层含盐量可达0.38%左右，当地下水位埋深降到临界深度(2.2 米)以下时,土壤剖面盐分就逐渐向下运移,同时改变了土壤盐分受气象因素影响的动态规律。控制坝地末端排水干沟的深度是改善坝地地下径流条件,防止积盐或脱盐的关键,据调查在常流水沟道里的坝地,排水干沟深度在坝地末端达到 2.5～3.0 米,坝地中、后部无盐碱发生,反之在坝地中后部均有不同程度的盐碱地分布。

1982 年,人民胜利渠管理局在《人民胜利渠三十年》中说:灌溉产生土壤次生盐碱化有两个基本条件:(1)是地下水埋深小于临界深度。(2)是干旱度大,以蒸发与降雨的比值表示,K=E/P,在地下水埋深条件相同情况下,当 K 值小于 2 时,耕层表土表现为脱盐;当 K 大于 2 时,耕层土壤表现为集盐,K 值越大,集盐越多。以上两条件必须同时满足才会对耕层土壤集盐发生影响。

1984 年,内蒙古水利设计院在《论内蒙河套灌区盐碱地的治理》中指出,河套灌区的土壤盐分正处在积累的形势,经初步计算,每年由黄河引进水量按 40 亿立方米计,引进有害盐量为 100 万吨,地下水蒸发补给耕作层有害盐量为 250 万吨,而每年排出灌区的有害盐量只有 70 万吨,故每年约有 280 万吨的有害盐量储存灌区土壤中,使整个灌区处于稳定的积盐状态。

第二节　盐碱地改良

一、冲洗改良盐碱地

1959 年水科院在《十年来水利科学研究的成就》一文中指出,防治盐碱土地的基本措施是设法把土壤中过量的盐碱除掉及防止地下水位升高,由于这些盐类是可溶于水的,所以灌溉洗盐便成为改良盐碱土地的主要手段。现在北方 13 个省(区)已建立了 20 个盐碱地改良试验站(组),而国营农场和乡、社结合生产进行试验的更多。冲洗方式有:无排水冲洗和有排水冲洗两种。

(一)无排水冲洗

根据盐随水来,盐随水去的道理,利用较低矿化度的水来浸泡,使其盐分被溶解后压向下部土体和地下水,使上部的盐碱土被冲洗而逐步得到改造和利用。从人民胜利渠灌区 3 年冲洗试验得出,无排水冲洗只能使土壤表层脱盐69.3%,而土壤底层盐分增高50%(50~100厘米土层)。内蒙古河套灌区1959~1962年连续进行无排水冲洗试验结果表明:无排水冲洗压盐,在重盐碱土地区有一定的局限性,在冲洗过程中受地下水顶托影响,脱盐不彻底,若大面积进行冲洗会破坏现有水盐均衡状态,将给土地带来不良后果。因此,在地下水位过高,盐碱化特别重的地区应少采用,在地下水位较低、土壤盐碱化不很重的地区可以适当采用。

(二)有排水冲洗

水科院与河南省水科所、新乡地区水利局等单位,1956~1959年在人民胜利渠西灌区的重盐碱地上进行冲洗试验,通过试验发现冲洗地块的平整程度是影响冲洗效果的重要因素;冲洗前进行土地耕翻有利于土壤脱盐,尤其对粘质土的脱盐效果更为明显;在冲洗之前先刮一次盐结皮,可显著提高脱盐效果,间歇冲洗比连续性冲洗脱盐效果好,在盐分等级相同(0.5%~0.75%),冲洗定额也相同(每亩300立方米)时,连续冲洗脱盐率为36.8%,间歇24小时冲洗为38.4%,间歇48小时冲洗为50.7%,间歇72小时冲洗为41.0%,如间歇时间过长,容易返盐,反而不利。秋季冲洗比春季冲洗脱盐率高。

1959~1961年,内蒙古自治区巴盟水科所在河套灌区进行盐碱地上冲洗排水试验,得出浅沟排除冲洗盐水的作用不大,仅占灌水量的5%~8%,对地下水的控制不明显;排水沟坍坡严重,需要进行护坡;冲洗排水后,应加强巩固措施,以保证排水洗盐效果。

1963年,农科院土壤肥料研究所与水利部灌溉所一起在新乡县洪门乡进行盐碱地改良试验,从排水入手,采取灌溉洗盐、平整土地、增加肥料等综合措施,经10年努力,取得了排、灌、平、肥改良盐碱地经验,1980年获农业部一等奖。与此同时,山东省水科所在打渔张灌区,山西省水科所在雁北地区,甘肃省在西湖、清泉、八一三农场等地,都相继开展了冲洗改良盐碱地的试验,得出了在排水条件下各地的冲洗定额、冲洗时间及冲洗后应注意的技术措施等。

二、种稻改良盐碱地

种稻改良盐碱地是改良与利用土地相结合的很好方法,宁夏灌区群众早已从生产中总结出成功的经验,并形成“碱地生效,开沟种稻”的谚语。

1956～1961 年,人民胜利渠管理局在小河农场进行种稻改良盐碱地试验,结果表明:水稻泡田土壤脱盐效果明显。根据土壤质地和盐碱化类型的不同,采用不同的泡田方法:透水性较好的砂碱地脱盐较快,含氯(Cl^-)、硫($SO_4^{=}$)为主盐碱地脱盐较容易,泡田时间可以短些,泡田的次数和水量可以少些,宜采用只灌不排,使盐分充分溶解,自然渗压的方法。在透水性差,地下水位高且出流不畅的盐碱化土地,泡田宜采取排明水方法(即拉荒洗盐),在稻田灌水初期尤为重要。泡田定额一般采用 100～140 立方米每亩,分 2～3 次灌入,每次灌后停留 2 天左右。经 3 年试验,土壤盐分已降到 0.1%以下,以 HCO_3^- 降低较多,$CO_3^{=}$ 一般没有了。Cl^- 和 $SO_4^{=}$ 因含量不高,变化不大明显。但当含量较大时,会很容易脱盐,因其代换性基发生了很大变化,使有害的代换性钠显著降低,土壤的 PH 值也得到降低。因此,种稻结合排水和农业等综合措施改良盐碱地成效是显著的。但应注意,种稻对周围旱地地下水位影响很大,一般在 400 米距离以内地下水位上升,如不加防治措施,极易引起临近地区土地的沼泽化和次生盐碱化。因此,对盐碱地进行稻改应有统一规划,稻田应集中连片,严防旱稻作物插花种植,保证排水,在与旱作物交界处应设截渗沟等。山东、内蒙古等省(区)水科所种稻改良盐碱地的共同经验是:(1)要开挖浅而密的排水沟,保证及时灌水,换水和排水;(2)要有正确的灌溉制度和灌水方法,还要有科学的水稻栽培技术相配合。

三、放淤改良盐碱地

黄河流域利用黄河挟带的泥沙改良盐碱沙荒地有悠久的历史,宁夏水利局吴尚贤在《宁夏水利述要》一文中说:宁夏所有的古老渠道和灌区,由于多年淤积,都相对高出不灌水或少灌水的地面,1952 年发现,古老的汉延渠是一条底宽 1 米左右的小渠,比现时的汉延渠底低 4 米左右,可见现在过水 78 立方米每秒的渠道是随灌水淤高而逐年扩大的。灌区地面逐年升高,淤高的土地,土层厚,地下水位相对低,所以高田就是好田。据近 25 年的实测资料统计,每年淤存在本灌区的泥沙平均为 2530 万吨,至到今天,“澈清澄浑”的灌稻方式,仍为群众所乐用,既充分有效地利用了泥沙肥田,也冲洗了耕作层中积累的盐分,更消灭了杂草。从这个意义上讲,把宁夏引黄灌区说成是黄河泥沙的产物亦不为过。

民国 19 年(1930 年),山东省建设厅工程师曹瑞芝倡导在黄河沿岸兴修虹吸工程，据当时建设厅报告，仅放淤10日，其附近淤成之地已达千余亩，淤厚平均约7厘米。此段田地，昔为卑湿碱卤不毛之区，今淤成后可变沃壤。由此可见，沿黄两岸全部虹吸淤灌工程之利益，确为救济农村之大计矣。

建国后，山东、河南两省河务局积极开展引黄放淤试验。1950年春，山东黄河河务局在利津綦家嘴引黄放淤，当年淤填了背河潭坑，改造了部分盐碱地。人民胜利渠管理局在原阳县圈里村放淤试验，淤区17.5平方公里，淤前为沙碱土，地下水位距地面1米，产量极低。经几个月放淤，普遍落淤厚0.3米，沙碱地变为良田，创造了薄、大、快不误当年种麦的放淤经验。在取得一定经验的基础上，1958年在西干二支上游古黄河背河洼地5000多亩盐碱化土地上进行试验，淤前粮食亩产100～150公斤，放淤后一般淤厚0.8～1.0米，亩产达300公斤以上。60年代，农田灌溉研究所提出：淤积厚度较大时，土壤不易再返盐，不同厚度的粘质土和沙质土，其抑制土壤返盐的能力差异甚大。据试验，中壤、重壤和粘土的淤积厚度以0.5～1.0米为宜，最薄不宜小于0.3米。沙土的淤积厚度以2～3米为宜，最薄不宜小于1.0米。当淤积厚度达到上述最低标准时，一般可维持3～5年不返盐。70年代，山东河务局通过大小阎潭、十八户及南展放淤得出：返盐与不返盐的关键在于土质和放淤后排水及农业技术措施是否得当，因此得出：(1)要有统一规划，正确处理上游和下游，引水和排水，改碱与防碱，淤地与生产等关系，坚持以排定灌，以引定淤，淤排结合和先上游后下游等原则。(2)工程配套要齐全，做到引水能控制，退水有出路，一般一个流量淤改400～600亩，排水沟深度要达到排渗排碱要求。(3)要加强管理，淤改后要巩固放淤成果。(4)在技术措施上强调低引、高泄、多口、条淤、异流、助沉、盖淤、先耕，掌握好引淤时机。

西北水科所在《人民引洛渠高含沙量浑水淤灌》一文中说：据1974年在婆合公社北平原大队测定，淤灌后土壤脱盐率达8.9%～34.9%，其中严重危害作物生长的氯离子脱离率达25.7%～67.3%，盐分分布由伞状改为柱状或塔状。1米土层的孔隙率为44.3%，淤层49厘米的南段，有机质含量增加0.441%，淤层10厘米的北段，有机质反有降低现象。北平原大队在同一地块，1972年在无排水条件下放淤，厚度0.48～0.8米，淤后返盐严重，表层有1厘米厚的盐结皮，1974年健全了排水系统，放淤后地下水位有所下降，土壤盐分明显减少。因此，放淤改良盐碱地，必须具备排水条件。

1984年，河南省水科所在《豫东、豫北平原盐碱地改良利用问题》一文中也说：引黄放淤要注意掌握适宜的放淤时间，采用恰当的放淤方法，合理选定淤区面积和完善田间工程,确定放淤厚度及水量,放淤退水应与下游排水条件相适应。此外,还要采取有效措施,巩固放淤成果。

四、其他改良措施

1990年,甘肃省水利厅在《甘肃省灌区盐碱地的状况和防治改良设想》一文中说:甘肃省碱土主要含碳酸钠,在土壤溶液中产生苛性钠,呈强碱性。通过施用石膏将其钠离子代换出来,产生芒硝 Na_2SO_4,加之及时灌溉,可收到冲洗盐分的效果。石膏每3年使用一次,磨成粉末施用效果更好。青白土含有镁盐基,特别是碳酸镁的存在,施用石膏,可使碳酸镁消失。通过试验观测,当镁钙比值为2～3时,玉米、高粱受抑制。每亩施用1000公斤的石膏,经三个月可将镁钙离子的比例调整到最低值。如果同时施用厩肥或追肥,效果更佳。在含石膏的土壤中,以硫酸盐类为主时,只要危害作物生长的镁(Mg)氯(Cl)含量均低于0.04%,其总盐量的危害临界值可提高到0.6%～0.7%。石膏少的地区,可以采用硫酸铵或过磷酸钙代替,同样可以达到改良的目的。

第三节 排水措施研究

60年代初,中科院土壤研究所与农科院农田灌溉研究所,河南省水科所等单位合作,在封丘、长垣、商丘、开封、太康黄河故道洼地,河间洼地,黄河背河洼地3种地貌类型,5个旱涝碱综合治理试点,采用明沟排涝,井灌井排(以灌代排),经4年观测,各点均经受了5年一遇的降雨和干旱考验,涝灾基本免除,地下水埋深分别由治理前的2米和2米以上降低到2～3米和3～5米,局部甚至降到5～6米。在26万亩的试区内,盐碱地面积由治理前的10.8万亩减少到6.7万亩,剩余的盐碱地,其程度也有所减轻。

1962年,娄溥礼在《豫北引黄灌区土壤次生盐碱化预报和预防研究》中提出:以水量来控制水位,把控制盐碱地发生的结果变为控制发生的原因,排除相应于平衡深度超过临界深度的那一部分水量,是维持这一地区地下水量的必要条件,也是为防止盐碱化提出的排水沟设计标准。根据人民胜利渠多年试验的经验,地下水应从汛后(9月)开始控制,到翌年2月左右控制到临界深度,这一段为地下水的主要控制时间,在主要控制期,单位面积上防盐排水流量即地下水排水模数由下式决定：

$$q_0=\frac{(H_k-H_0)}{T\times 86\times 4}\cdot\delta\times 10^6$$

式中 q_0 为排水模数(立方米每秒每平方公里)；H_k 为临界深度(米)；H_0 为平衡深度(米)；δ 为地下水下降过程中的给水率(0.06～0.1)；T 为平衡期(昼夜)。

1963 年，薛松在《豫北黄河冲积平原盐碱地的形成和地下水的控制与利用》一文中指出：治理涝碱灾害的关键是水资源调节，主要是控制和利用地下水，大力发展机井灌溉，以调节降雨和径流；其次是发展林业，减少土壤蒸发；其三是完善地表排水系统，以防大雨积涝。

1964 年以来，人民胜利渠开展的井渠结合灌溉，调控地下水、防止土壤次生盐碱化研究，经历了多次井渠结合灌溉观测及计算分析，得出了井渠灌水比值与地下水变化关系，如图 7—29—1。

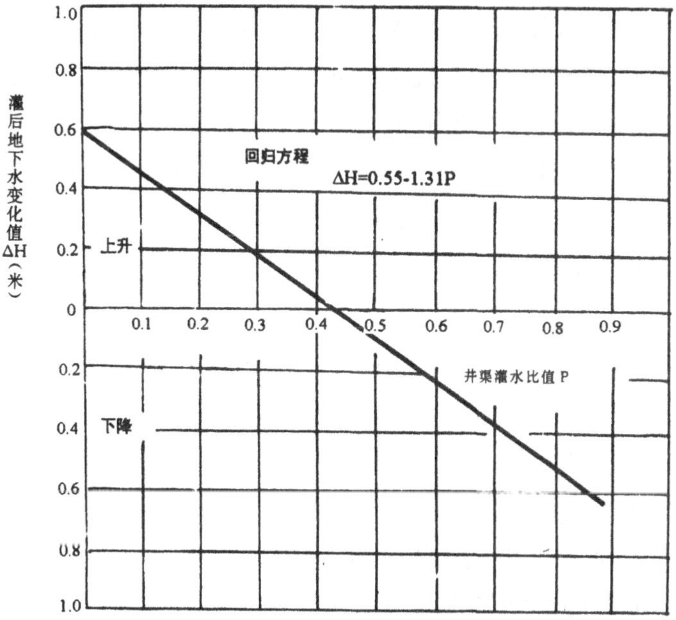

图 7—29—1　井渠灌水比值与地下水变化值关系图

从图中看出，当井灌的抽水量达到总灌水量的 42%时，灌水后基本不抬高地下水位，从稳定地下水位出发，考虑到地下水回降的可能，允许一次灌水后上升 0.2 米的话，采用总灌水量中 27%左右的井水灌溉，就能达到稳定地下水位的目的。利用观测资料建立的数学模型,计算结果:当井灌面积占总灌水面积的48%时,灌后对地下水位影响不明显,与按水量公式计算的结果基本相近。

1974～1984年,内蒙古水科所在三道桥、长胜和新民村进行以竖井排灌为重点的综合改良盐碱地试验,取得以下结果:第一是秋浇井灌代排,大量压减了引黄水量,有利于控制秋季和封冻前的地下水位。1977年井水秋浇880亩,井灌代排控制面积2100亩,抽取地下水量25万立方米;1978年井水秋浇1681亩,井灌代排控制面积4566亩,抽取地下水量27万立方米。基本上控制了预定控制范围内的地下水位,消除了秋季引用黄河水进行秋浇所引起的地下水过高现象,迫使封冻前地下水位埋深降至1.5～2.5米,达到了防止翌年春季土壤返盐的预定深度。未进行井灌代排的地区,一般地下水埋深为0.5～1.5米。第二是井排地下水位下降快,一般秋浇前,地下水位平均为0.5米左右,抽40～45天就可将地下水位降到2.0米以下,一般下降速度为每天5～7厘米。第三是有效地调节了土壤水分,秋浇后竖井排水,可调节冻期土壤水分,有利翌年春播。据实测,井排后冻期1米土层土壤含水率一般保持在28%～30%左右,而非井排区则为32%～35%。第四是改良盐碱地效果显著,1982年井灌代排面积1779亩,有效地控制了封冻前地下水位,限制了秋季盐分的积累,秋浇前土壤0～20厘米含盐量为0.365%,0～60厘米含盐量为0.308%,0～100厘米含盐量为0.242%,秋浇后土壤含盐量分别降为0.16%、0.197%和0.175%。其诸层的脱盐率分别为56.2%、36%和27.8%。翌年春天返盐极少,据1983年5月取土分析,土层0～20厘米含盐量为0.24%,0～60厘米含盐量为0.18%,0～100厘米含盐量0.184%,与1982年春比较,各土层脱盐率分别为49.6%、41.6%和45.6%,脱盐效果明显。此间(1979～1981年)水科院魏永纯、邢东治,与内蒙古巴蒙水科所范定邦等还进行了《内蒙古后套灌区排水沟塌坡原因及其防治措施》试验研究,文中指出:古老的内蒙古引黄灌区,分布有大面积的盐碱地,虽自70年代中期排水配套工程已初步形成,至今灌区已建成总排干沟一条,全长220多公里,排水干沟9条,总长近400公里,连同分干沟及部分支沟、斗沟约有1800余公里,近1300万亩排水面积得到初步控制,对调节水盐平衡起到一定作用。但由于土壤质地多沙,地下水位较高(一般埋深在1～1.5米之间,9～11月地下水位高峰季节埋深在0.4～0.5米之间),土壤冻融对排水沟的破坏以及管理不善等原因,有的排水沟段进行1年就有坍塌现象,运行3年左右,沟道就被坍塌堵塞,轻者排水不畅,重者沟道淤平，完全失去排水排盐作用。针对上述原因，对骨干排水沟与田间排水沟进行了防塌试验。试验结果：骨干排水沟以混凝土滤水板的效果最好，但造价高。塑料薄膜造价低，防塌效果稍差。粘土护坡造价低廉，防塌效果较差。暗管排水不仅造价高，防塌效果与其他3项措施相比也不够理想。为确保排水沟的边坡稳定和排水畅通，对边坡坍塌严重的沟段，以采用混凝土滤水板为好。对中度坍塌沟段，宜采用塑料薄膜截渗防塌措施，也可考虑排水沟边坡下部溢出带用混凝土滤水板，溢出带以上用粘土护坡，可以降低单位造价。在严重塌坡段，采用变坡与换粘土相结合形式，边坡水面以下部分宜采用1∶3或1∶4，水面以上部分采用1∶25粘土护坡，可取得良好的防塌效果。田间排水沟防塌也以混凝土滤水板的效果最好，造价亦最高。粘土护坡效果明显，造价也较低。复式断面护坡防塌效果不如上述两项，占地面积也多，在轻粉质砂土分布的塌坡沟段，采用1∶3的边坡时，边坡不够稳定，在塌坡较轻的壤土、砂壤土沟段是有效的。因此，田间排水沟以采用粘土护坡比较经济合理，但粘土层厚度不应小于40厘米。

山东打渔张灌区管理局自1978年开始，在3000亩试区内采用管径20厘米，埋深2.3米，间距100米，进行暗管排水防治土壤盐碱化的试验。结果显示，试区内春灌后地下水位接近地表，经3～5天后降到1米，15天后降到2米。若每亩灌水90立方米，可自流排水24天，平均每亩排水量38立方米，排盐量313公斤。0～1米土层脱盐率为10%。盐碱地经过2～3次排灌过程即可改为良田，粮食产量提高1倍以上。而无暗管排水区，灌后7～8天才降到1米，25天后才降到2米。暗管排水比明沟排水还节省大量土地。

1980年，陕西省地质队第二水文地质队与黄委会绥德水保站对陕北坝地、填沟地盐碱的防治调查研究中提出：打坝淤地及填沟造地后沟道中原有的泉水被压并出现新的泉水，这些泉水就成了地下水的补给来源之一，也是坝地盐碱化发生发展的重要因素，挖泉修井，保泉筑池，抽水灌溉后，可降低地下水位，防治盐碱。米脂冯渠大队在坝地上挖泉修井，一处可灌坝地25亩，旱时灌溉，平时排水，有效地控制了泉水对坝地的影响。吴家峁大队挖井一口，井深8米，井径7.2米，可灌坝地15亩，使10多亩盐碱地得到了治理。

1982年，宁夏水利局吴尚贤在《宁夏水利述要》一文中说：宁夏引黄灌区的盐碱危害，古已有之，河东河西都有“七十二连湖”之说，其实湖泊的数目远大于72个。前人也曾认识到排水的重要，但受工程技术和材料的限制，旧有的排水沟如中卫的油梁沟(即现在的第一排水沟)，中宁的南、北河子，河东的清水沟，河西的林皋、王洪、黄阳、北大、西大沟等都是过水断面狭小，弯曲淤塞，出水不畅，未能真正起到排除集水的作用。自1950年起，在整治旧渠道的同时，对排水沟作了扩建和新建，到1980年全灌区排水干支沟已长达772.7公里，排水能力560.7立方米每秒，在已干涸的湖沼地上建立了巴浪湖、关马湖、连湖、西湖、潮湖、明湖等农场，老灌区面积有所扩大，单产有了提高。但盐碱危害未能根除，因排水沟的深挖与维护受流沙的限制，塌坡冒底，使当前已灌面积中尚有盐碱较重的低产田120万亩，插花分布的盐碱湖荒地130万亩以上，以地坡平缓排水不畅的银北最多。群众从多年生产实践中得出治理盐碱的成功经验十二字诀，即排、稻、灌、洗、淤、平（平整土地）、肥、翻（伏翻伏泡打干田）、轮（旱稻轮作，两年旱作，一年水稻的三段轮作最好）、松（松土减蒸发）、种（抗盐品种）、换（换土铺沙，垫高地面），主要是排。要根治盐碱危害，变低产为高产，开发利用盐碱荒地，必须压减过多引水量，畅利排水出路，既要排出明水，更要降低过高的地下水位。降低和控制地下水位是本区防治盐碱的根本所在。同年，宁夏水利局在《宁夏引黄灌区盐渍地水利改良途径》中说：70年代中期，竖井垂直排水更有效地降低了地下水位，加速了土壤盐分的淋洗。由于沟、井、站（抽排站）三者排水相结合，据1962和1979年两次灌区调查资料对比，永宁、贺兰、平罗、银川市郊和石嘴山市郊的盐碱地面积分别下降了73.6%、34.5%、33.6%、0.05%和0.08%。银北灌区观测结果：实行竖井排水地区，地下水位较试验前同期下降0.3～1.1米。1980年与1978年同期1米土层脱盐率，上营子为13.2%，幸福为17.7%。银北排水治碱工程指挥部认为：井灌井排，联片成井，连续抽水，井渠结合是银北治碱改土的重要途径。一般连续抽水1个月，单井影响半径达400～500米，一年内土壤脱盐率一般可达40%～60%。井渠结合，井渠沟三者，井起调节平衡作用，短沟、小站（抽排站）是银北电排的有效措施。

1984年，内蒙古水利厅根据多年排水治碱试验成果提出：地下水控制深度，一般在作物生育期按1.2～1.5米控制，秋浇后封冻前地下水埋深控制最小要达到1.5米。排水模数指标按每万亩0.06立方米每秒控制。同年，内蒙古水利设计院在《论内蒙古河套灌区盐碱化的治理》中说：为了灌区少集盐，减少土壤根系层的盐分，必须设置人工排水，才能改变河套灌区目前土壤含盐量过多的状况。盐碱地改良必须分两步走，第一步采用挖明沟，排出土壤根系层中的盐分。第二步采用竖井排灌措施，控制地下水位，以防土壤次生盐碱化重演。河南省水科所针对豫东豫北盐碱地改良情况，提出明沟排涝、井灌井排、以灌代排合理控制地下水位的建议，并于1985年与农田灌溉所、黄委会引黄灌溉局等单位合作进行人民胜利渠灌区井灌、渠灌结合，防止土壤次生盐碱化的研究，得出了井渠灌水比值与地下水、渠灌与地下水、降雨与地下水以及蒸发、开采与地下水的关系，建立了数学模型。当地下水位埋深小于潜水蒸发极限值时，地下水质变化与地下水埋深关系不大，而与地下水位升降关系密切。当地下水位起始埋深为1米时，采用正常的井渠结合灌溉方式，最多只需7个月就可将地下水位降低到3米以下，如采用专门的井灌井排措施，其速度会更快。此项研究获水电部科技成果三等奖。

1988年，各地对井渠结合灌溉排水措施作了总结，提出了适合各地情况的概括性经验，如山东省提出的“引黄补源，以井保丰，以井助排”控制灌区地下水位，防止土壤盐碱化经验。山西省提出的“河井双灌，井排浅退”经验等，在实践中都发挥了一定作用。但各地地理条件不同，排水防止盐碱化仍是今后很重要的任务。

第八篇

科研机构与科技情报交流

第八章

水利科学研究机构是利用现代科学理论与技术直接为水利工程服务的组织。黄河治河的历史悠久，但长期以来，只有治河机关，却没有科学研究机构，治河以个人体察所得，缺乏科学理论和系统的试验（实验）方法，以致历代有治河，历代有河患，黄河成了“中国之忧患”。

黄河流域的科学研究机构最早始建于清宣统二年（1910 年）山东巡抚孙宝琦在济南成立的河工研究所。该所主要讲习西方传入中国的水利科学技术。民国期间，经李仪祉等水利先驱的努力，于 1935 年前后建成中国第一水工试验所和中央水工试验所，以期开展科学研究。不幸，因日寇侵华战争爆发，第一水工试验所被炸，中央水工试验所被迫西迁，西迁后与有关水利大学及地方机关合办磐溪、石门、武功等 5 所水工试验室，其中武功水工试验室成为黄河流域较早的科学研究机构。在社会动荡不安、设备十分简陋的条件下，进行了黄土、浑水基本特性研究和水力学试验。建国后，根据治黄的需要，1950 年将武功水工试验室扩建成西北水工试验所，并创建黄委会泥沙研究所。1956 年又改为水利部直接领导的西北水利科学研究所和黄委会领导的水利科学研究所，从事黄河治理开发过程中的试验研究工作。

黄河流域的治理开发是关系整个国民经济建设的大事，为全国人民所关注。治黄科学研究，除流域科研单位积极进行外，中央有关部委研究所，中国科学院所属研究所，大专院校，国内有关科研单位及关心黄河治理的人士都积极参与，以委托或与治黄单位共同组成协作组及个人研究等形式，提出治黄开发方案，解决各种复杂的技术问题，对黄河治理起了积极作用。1958 年后，随着流域各省科研机构的陆续建立，学术活动日趋活跃，科技情报站也相应建立。为推动治黄科学技术的发展，水利部批准成立黄河流域科技情报中心，负责流域技术情报与研究成果交流工作，几十年来，作了大量工作，科技情报由流域内相互沟通，发展到国际联机检索终端。各国学者互访，国际学术讨论等活动也日益频繁。本篇分科研机构及其主要成果、学术活动和科技情报 3 章记述。

第三十章 科研机构及其主要成果

黄河的治理与开发研究，受世人所重视。国内外不少单位与学者参与了这一工作，也做出了许多贡献。这里不考虑参与多少和贡献大小，将参与单位分流域内外两节叙述。对于流域内的水利科研单位按建立时间先后排列，主要成果，以水利部科技教育司编著的《中国水利科学研究机构》为准，其中省、部级以下的获奖成果及研究其它河流的成果不列。对于流域外的单位及流域内非水利科研单位用表的形式列出。

第一节 流域内机构及主要成果

一、水利部西北水利科学研究所(简称西北水科所)

西北水科所前身为中央水工实验所武功水工试验室，由中央水工实验所与西北农学院合作，于1940年创办。1950年扩建成西北水工试验所。1956年改由水利部直接领导并继续扩建，以适应黄河中上游水电开发与农田水利建设为中心，具有地区特色的试验研究机构。1958年实行水电部与陕西省双重领导，西北水工试验所相应改名为西北水利科学研究所和陕西省水利科学研究所，一套机构两块牌子。1969年由陕西省单独领导，1979年又实行以部为主水利部与陕西省双重领导。截至1988年10月，全所有职工362人，其中高级工程师38人，工程师92人，已发展成立足陕西省面向西北地区，承担黄河中上游梯级开发枢纽工程和西北五省(区)水利水电建设，具有地区特色重大科研课题的研究中心。所内设有水资源与环境、农田水利、河渠泥沙、水工、土工、材料结构、新技术应用、科技情报等专业研究室及建筑设计室、西北水利科技干部培训中心和模型工厂。总占地面积190亩，为创建时期的10倍，建筑面积4.8万平方米，其中试验厅室面积1.8万平方米，厂房0.17万平方米，图书室、培训中心等辅助用房0.6万平方米。主要设备有:闭路电视系统，多用户计算机、电液伺服加荷住复扭转三轴仪、多功能三轴仪、万能数字测试仪、光弹离心试验机、减压箱装置、频普分析仪、水工模型数据采集及自动控制系统、中剪仪、激光多普勒测速仪、偏光显微镜、万能材料试验机、多功能钻机、活动水槽、电子拉力试验机、钢板水库、直流增幅器、差热分析仪、中子水分测试仪、土壤固结自动数据系统等。

部分获奖成果：

1. 三门峡水利枢纽改建及泥沙处理
   1978年获全国及陕西省科学大会奖
2. 中小型水库泥沙处理与浑水淤灌经验
   1978年获全国及陕西省科学大会奖
3. 渠道引水防沙　　1978年获全国及陕西省科学大会奖
4. 水工隧洞及大跨度地下洞室的先爆喷锚支护衬砌技术
   1978年获陕西省科学大会奖
5. 中小型溢洪道(侧槽式)的水力设计
   1978年获陕西省科学大会奖
6. 浑水水库排沙的研究
   1979年获陕西省科技成果一等奖
7. D_{80}U型渠道混凝土浇筑和梯形渠道边坡震捣机
   1979年获陕西省科技成果二等奖
8. 高含沙水流输沙能力的分析研究
   1979年获陕西省科技成果二等奖
9. 冲填土一维非线性固结计算
   1979年获陕西省科技成果二等奖
10. 高含沙水流泥沙沉降规律和阻力特性
    1980年获陕西省科技成果二等奖
11. 水库高含沙水流冲淤计算问题
    1980年获陕西省科技成果二等奖
12. 高含沙浑水利用问题研究
    1980年获陕西省科技成果二等奖
13. 压力式流变仪设计原理及应用
    1980年获陕西省科技成果三等奖
14. 自压喷灌技术　　1982年获陕西省科技成果一等奖
15. U型渠道衬砌技术　　1982年获陕西省科技成果一等奖
16. 高含沙引水技术　　1982年获陕西省科技成果一等奖

17. 高浓度管道输沙及其基本特性的研究

1982年获水利部科技成果三等奖

18. 水坠坝研究与推广　　1982年获国家科委推广奖　1985年获国家科技进步二等奖

19. 黄土地区辐射井及成井技术的推广

1982年获国家科委推广奖

20. 高含沙引水淤灌　　1982年获国家科委推广奖

21. U型渠道衬砌及衬砌机械的推广

1982年获国家科委推广奖

22. 沥青混凝土渠道防渗衬砌

1982年获青海省人民政府科技成果二等奖

23. 小道口水库复活的试验研究

1982年获陕西省科技成果二等奖

24. 关中西部主要农作物喷灌制度的研究

1982年获陕西省科技成果三等奖

25. 沥青混凝土和沥青玻璃纤维油毡衬砌

1983年获水电部科技成果三等奖

26. 确定特大粒径砂卵漂石最大密度的模型系列延伸法及其应用

1983年获水电部科技成果三等奖

27. 水库清淤新方法——高渠池水拉沙

1984年获水电部科技成果四等奖

28. 新型消能功在安康电站的应用

1986年获水电部科技成果二等奖

29. 冯家山溢洪洞原型观测

1986年获水电部科技成果二等奖

30. 低坝式渠首引水防沙的试验研究及推广应用

1986年获水电部科技成果四等奖

二、黄河水利委员会天水水土保持科学试验站(简称黄委会天水水保试验站)

黄委会天水水保试验站建于1941年1月1日，设在天水的赤峪沟，以互窑沟等4条小流域为示范区，后因经费不足，于1946年撤销，部份人员并入1942年8月农林部设在天水的水保试验区，以研究水土流失规律，寻求水土保持治理技术，探索山区农、林、牧综合发展途径，为培养人才加快治理速度，充分发挥水土资源的生产潜力和根治黄河提供依据。具体负责黄土丘陵沟壑区第三副区宝鸡以西部分。截至1988年已有职工159人，其中高级工程师6人，工程师16人。站内设农牧、林园、土地利用、径流泥沙4个研究室。总占地面积470.8亩，各类房屋建筑面积14045.2平方米，其中试验办公用房8925平方米。主要设备有：电子分光光度计、长城0520计算机、火焰分光光度计、原子吸收分光光度计等。

部分获奖成果：

1. 水土保持（培地埂、刺槐、草木樨）试验

　　1957年获国务院水土保持委员会特等奖

　　1982年获国家科委、国家农委农业技术推广奖

2. 黄河流域小流域综合治理和大面积水土保持措施的研究和推广

　　1985年获国家科技进步二等奖

3. 黄土梯田深松耕法利用研究

　　1983年获甘肃省科技成果三等奖

4. 早熟沙打旺品种选育应用

　　1986年获农牧渔业部科技进步三等奖

三、黄河水利委员会水利科学研究所（简称黄委会水科所）

黄委会水科所创建于1950年10月，原名黄河水利委员会泥沙研究所，1956年经水利部批准，改为黄委会水利科学研究所，以研究黄河泥沙问题为中心的黄河干支流水利工程中关键性科学技术问题。截至1988年10月，全所职工409人，其中高级工程师56人，工程师106人。所内设泥沙研究、水工、土工、材料结构、水土保持、抗磨防腐涂料、新技术应用等专业研究室。总占地面积74.4亩，各类房屋建筑面积4.1万平方米，其中试验厅室为1.8万平方米，技术辅助用房0.1万平方米。

主要设备有：60—3型光弹仪、Z1000型热室、SDE—100型动力三轴仪、TS—10型电子计算机、CY—100——5宽行打印机、SD—520A携带式应变仪、FT—1型低含沙量计、GZ—1型共振柱三轴仪、静态高压三轴仪、M30K摄像机、IBM—PC/AT型微型计算机、7T18S型频谱分析仪、100吨大型振动三轴仪、2131型数字式频率分析仪、PS—85型数据分析系统、喷

涂设置、DR—2A 快速冻融试验机、MC—2 便携式温度密度测量仪、高纯度锗探头、25 米及 40 米活动水槽等。

部分获奖成果：

1. 三门峡水利枢纽改建及泥沙处理
   1978 年获全国科学大会奖
2. 水坠法筑坝及水力冲填技术
   1978 年获全国科学大会奖
3. 多沙河流水库下游河道演变研究及估算方法
   1978 年获全国科学大会奖
4. 定向爆破筑坝技术研究　1978 年获全国科学大会奖
5. 高含沙淤灌　1978 年获全国科学大会奖
6. 同位素含沙量计(FT—1 型低含沙量计和 FH—422 型含沙量计)
   1978 年获全国科学大会奖
7. 非金属涂料延长水轮机、水泵寿命
   1978 年获全国科学大会奖
8. 水力机械抗泥沙磨损的环氧金刚砂涂层配方与施工工艺
   1979 年获国家三等发明奖
9. 高含沙引洪淤灌　1982 年获国家科委、国家农委技术推广奖
10. 水坠坝的研究与推广　1982 年获国家科委、国家农委技术推广奖
    1985 年获国家科技进步二等奖
11. 黄河中游粗沙来源区及其对黄河下游淤积的影响
    1982 年获国家自然科学二等奖
12. 能源用钢及耐蚀材料
    1985 年获国家"六五"科技攻关表彰奖
13. 引黄灌区泥沙处理技术的研究
    1987 年获国家科技进步三等奖
14. 巴家嘴水库淤土加高试验
    1978 年获河南省科学大会奖
15. 黄河下游冲淤规律分析研究
    1978 年获河南省科学大会奖
16. 巴家嘴水库在淤土上加高土坝固结计算的有限元分析
    1979 年获江苏省科技奖
17. 比奥法固结理论计算程序(Biot)

1979年获江苏省科技成果奖
1980年获河南省科技奖
18. 有限元法在土坝三向稳定渗流的应用
1980年获水利部三等奖
19. 高含沙水流的基本特性　　1980年获河南省二等奖
20. 黄河动床模型相似原理及设计方法
1980年获河南省三等奖
21. 闪烁式同位素低含沙量计研究
1980年获水利部三等奖、河南省二等奖
22. TQ—16电子计算机并行操作输出通道及系统软件修改补充
1980年获水利部三等奖
23. 加压式毛细管粘度计　　1981年获河南省三等奖
24. 用γ—γ法测量饱和砂卵石地基天然容重
1981年获水利部三等奖、河南省三等奖
25. 河工模型流量及尾门自动控制系统
1982年获河南省三等奖
26. 小浪底水库土坝工程的抗震研究
1982年获河南省三等奖
27. 葛洲坝水轮机中环用G817不锈钢及其焊接材料
1984年获冶金部科研成果一等奖
28. 豫北国土资源调查遥感技术应用研究
1985年获河南省科技进步三等奖
29. 三维渗流中的区域法
1985年获河南省科技进步三等奖
30. 全国科学研究与技术开发机构普查
1986年获水电部一等奖
31. 平原中低产地区综合开发试验区引黄灌溉泥沙处理技术的研究
1986年获水电部科技进步二等奖
32. 土石坝二向渗流计算程序
1986年获国务院电子振兴领导小组二等奖
33. 三向渗流模拟试验测量仪
1988年获水电部四等奖
34. 籽棉物料动输送最佳技术参数的确定及应用放射性示踪法测定动

输送中物料速度的实验研究

1989 年获商业部科学技术进步三等奖

四、黄河水利委员会西峰水土保持科学试验站(简称黄委会西峰水保站)

黄委会西峰水保站建于 1951 年 10 月,以研究陇东黄土高原水土流失规律及其水土保持应用技术,为促进当地农业发展,治理黄河,减少入黄泥沙服务。截至 1988 年站内职工 210 人,其中高级工程师 5 人,工程师 21 人。设有土地利用生态和综合治理两研究室,南小河沟综合治理和东湖园艺两试验场。另外还有环县水保分站,承担陇东黄土高原丘陵沟壑区的部分试验任务。主要设备有:75 型原子吸收光度计、NEL——202 凯氏定氮仪、野外轻便式人工降雨装置、微型计算机、彩色摄像机、彩色放大机等。

部分获奖成果:

1. 水土保持试验成果推广

   1982 年获国家科委、国家农委科技推广奖

2. 何家畔乡万亩水平条田栽植黄花的研究

   1986 年获甘肃省科技进步三等奖

3. 以林草为主综合治理沟壑的试验

   1986 年获甘肃省科技进步三等奖

4. 黄河流域小流域综合治理大面积水土保持措施的试验和推广

   1985 年获国家科技进步二等奖

5. 镇原县武沟乡快速营造沙棘林

   1987 年获甘肃省科技进步二等奖

五、黄河水利委员会绥德水土保持科学试验站(简称黄委会绥德水保站)

黄委会绥德水保站建于 1952 年 9 月,负责黄土高原丘陵沟壑区第一副区,兼顾第二副区的水土保持试验研究工作。具体研究水土流失规律和水土保持减水减沙效益、水土保持工程措施、小流域(包括辛店试验场)综合治理开发利用、水土保持农牧措施等。站内截至 1988 年有职工 180 人,其中高级工程师 5 人,工程师 9 人,设有工程径流、土地利用、生物、技术开发研究室,

还有农、林、牧试验基地。总占地面积2250亩,试验场地2200亩,房屋建筑面积16934平方米,其中试验场3489平方米,土壤分析室180平方米,技术辅助用房260平方米。主要设备有基尔特克1030自动分析器(定氮仪)、NSY—1泥沙粒度分析仪、R21型小气候观测仪、503DR型中子水分仪、长城0520LH计算机等。

部分获奖成果有:

1. 水土保持试验成果推广

1982年获国家科委、国家农委农业科技推广奖

2. 黄河流域小流域综合治理和大面积水土保持措施的研究

1985年获国家科技进步二等奖

六、山西省水土保持科学研究所

山西省水土保持科学研究所,建于1955年3月。以研究水土流失自然规律、水土保持措施、水土保持区划与规划、新技术应用为研究方向,并承担《山西水土保持科技》的编辑出版任务。下设科研管理(土工、化验、情报)、土壤侵蚀、措施研究、调查研究及试验场。截至1988年,全所有职工95人,其中科技人员55人(具有高级职称的10人,中级职称的17人)。总占地面积469亩(包括试验场424亩),各类房屋总建筑面积9500平方米,其中试验厅(室)3000平方米。主要仪器设备有:人工模拟降雨装置及大型人工降雨试验径流场(CPZ型),原子吸收火焰分光光度计(GA—2型,日本产)等。

部分获奖成果:

1. 晋西黄土丘陵沟壑区水土流失规律及治理效益试验研究

1987年获山西省科技成果二等奖

2. 抗旱丰产沟耕作法

1981年获山西省科技成果二等奖

3. 小流域综合治理研究

1981年获国家农委、科委重大农业科技推广奖

4. 水坠法筑坝施工技术研究

1979年获山西省科技成果二等奖,1985年获国家科技进步二等奖

5. 小流域土地资源信息库

1985年获国家科技进步二等奖

6. 飞播造林种草试验

1983 年获山西省科技成果二等奖

7. 晋西山地麦田夏闲期复种绿肥保土,肥田增产试验研究

1986 年获山西省科技进步三等奖

8. 逐步回归分析在土壤侵蚀量预报中的应用

获林业部科技成果三等奖

七、西北水土保持科学研究所(简称西北水保所)

西北水保所建于 1956 年 2 月,1958 年改为西北生物土壤研究所,1979 年改为西北水土保持科学研究所,实行以中国科学院为主,中国科学院及水利部双重领导,面向黄土高原,以水土保持为中心,开展水土流失规律预测预报和防治途径、土壤及土地资源的评价和合理利用、植被恢复的理论与技术、旱作农业增产体系和依据诸方面的研究,为黄土高原农林牧综合发展和根治黄河服务。全所截至 1988 年有职工 368 人,其中高级工程师 55 人,工程师 100 人。所内设有土壤侵蚀、土地利用、土壤地理、土壤肥力、林草生态、作物生态、同位素应用、环境评价、科技开发和情报等研究室,还有安塞水土保持综合试验站和固原黄土丘陵区生态试验站。总占地面积 110 亩,各类房屋面积 31576 平方米,其中科研用房 19350 平方米,实验大楼 4944 平方米,计算机房 60 平方米,工厂及图书等辅助用房 2166 平方米。主要设备有:ICPQ—1000 等离子发射光谱分析装置、NTA—1024 多道分析仪、ZHT—1301 质谱仪、FH—1906 低本底 γ 谱仪、71—IR 红外分光光度计、UV—VIS 紫外分光光度计、WFD—Y2 型原子吸收分光光度计、FP—500 萤光分光光度计、4.1 示差精密热天平、微图像处理系统、PDP—124 计算机等。

部分获奖成果:

1. 延安地区飞机播种造林种草试验

1979 年获中科院科技成果二等奖

1979 年获陕西省科技成果一等奖

2. 小麦新品种——西育 7 号的选育推广

1979 年获陕西省科技成果二等奖

3. 钴 60 辐射羊毛消毒(防护设计和辐射源排列)

1979 年获陕西省科技成果二等奖

1983 年获中科院科技成果二等奖

4. 冲土水枪推广应用
　　1979年获陕西省科技成果二等奖
5. 托木尔峰综合科学考察
　　1979年获中科院科技成果二等奖
6. 宁夏固原县农业自然资源和农业区划
　　1982年获宁夏自治区科技成果二等奖
7. 应用同位素示踪法研究氮肥增效剂的肥效和残留
　　1982年获农业部技术改进二等奖
8. 固原黄土丘陵区最佳农林牧结构模式探讨
　　1984年获宁夏自治区科技成果二等奖
9. 黄土高原飞机播种造林种草试验
　　1985年获国家科技进步二等奖
10. 综合应用现代科学技术,加速黄土丘陵区农业发展研究
　　1986年获中科院科技进步二等奖
11. 固原县农林牧生产结构与经济效益研究
　　1986年获宁夏自治区科技进步一等奖
12. 我国低硒带的发现与克山病、大骨节病病因
　　1986年获中科院科技进步一等奖
13. 榆林流动沙地飞机播种造林试验及示范区建设
　　1987年获陕西省科技进步二等奖
14. 榆林流动沙地飞机播种造林试验
　　1988年获国家科技进步二等奖
15. 综合利用现代化技术加速固原县农业发展
　　1988年获国家科技进步三等奖

八、黄河水利委员会勘测规划设计院科学试验研究所(简称黄委会设计院水科所)

黄委会设计院水科所原名黄河水利委员会勘测规划设计院实验室,建于1956年11月。“文化大革命”期间机构撤消,1979年恢复建制,1985年机构改革更名为黄委会勘测规划设计院科学研究所,以高土石坝和地下洞室的岩土试验为主,辅以混凝土、水泥等建筑材料以及岩石化学分析、化学灌浆、粘土矿物分析、岩矿鉴定等试验研究。截至1988年,已有职工122人,其

中高级工程师7人，工程师36人。所内设土工室、岩基室、材化室、仪器维修组等。总占地面积6亩，各类房屋建筑面积3800平方米，其中试验室3000平方米，辅助用房155平方米。主要设备有：压力机、差热天平、X衍射仪、岩石膨胀压力变形测定仪、高压渗透仪、弹性常数测定仪、岩石高压三轴试验机、岩体大型抗剪强度、地应力测定的岩体三轴试验仪、声发射仪等。

主要获奖成果：

套钻定向取蕊技术　　1988年获水电部科技进步三等奖

九、西北勘测设计院科学研究所(简称西勘院科学所)

西勘院科学所建于1957年，“文化大革命”期间被撤销，1980年恢复，主要任务是为西北勘测设计院承担的勘测设计工程提供试验研究成果，解决工程设计与工程实践中的关键性技术问题，结合西北建设工程的特点，研究深窄峡谷中高坝大机组水电站枢纽布置和消能方式，以及深孔高压闸门止水的水力特性和结构，运用二元、三元模拟方法开展滑坡涌浪试验研究；土石坝粗粒料的强度及其变形特性；仿真材料模型；化学灌浆材料技术等试验研究。所内设有水力学试验室、结构试验室、材料试验室、岩土工程研究室、化学试验室、仪器研究室等。截至1988年已有职工198人，其中高级工程师11人，工程师34人。总占地面积37.5亩，各类房屋建筑面积13128平方米，其中试验厅室建筑面积10688平方米，计算机室70平方米，模型加工厂143平方米。主要设备有：UCOM万能数据测试仪，SD375多功能频谱分析仪，岩石高压三轴仪，402A型原子吸收分光光度计等。

部分获奖成果：

1. 53A聚氨酯抗磨损涂料研制及现场试验旋转圆盘气蚀发生装置研究
　　1978年获甘肃、青海科学大会奖
2. 龙羊峡滑坡监测小口径摄影仪
　　1979年获青海科学大会二等奖
3. 汉江安康河段水力条件对水文特性影响的研究
　　1985年获水电部科技成果三等奖

十、河南省水利科学研究所(简称河南省水科所)

河南省水科所建于1957年7月。以应用研究为主，开展岩土力学、结构力学、材料力学、水力学、电子计算机技术、农田水利工程、水利科技情报等方面的科学研究工作。截至1988年,所内有职工152人,其中高级工程师31人,工程师43人。总占地面积18.3亩,各类房屋建筑面积11345平方米,其中试验厅室2393平方米,技术辅助用房480平方米。

部分获奖成果:

1. 水龙Ⅱ型喷头　　获河南省科技成果三等奖
2. 混凝土裂缝环氧低温灌浆
　　获河南省科技成果三等奖
3. SD16中型应变电动剪力仪
　　获河南省科技成果三等奖
4. 浮体闸自动控制装置
　　获河南省科技成果四等奖
5. 渗灌技术　　获河南省科技成果二等奖
6. 高产夏玉米需水量和适宜土壤水分下限
　　获河南省科技成果奖
7. 惠北地区旱涝碱治理　　获河南省科技成果三等奖
8. 有限元法计算和井渠结合灌溉防次最优配水方案
　　获河南省科技成果三等奖
9. 渗灌技术研究　　获河南省科技成果二等奖

十一、山东省水利科学研究所(简称山东省水科所)

山东省水科所建于1957年10月,以山东省的水资源评价、开发利用与保护;堤坝隐患探测;堤坝劈裂灌浆和高压喷射灌浆防渗加固;土坝抗震加固;地基与基础加固处理;高产节水灌溉;引黄泥沙处理利用;旱涝碱综合治理等为主要内容的水工、土工、建筑材料、结构试验研究。全所截至1988年已有职工276人,其中高级职称30人,中级职称76人。所内设有水利工程、农田水利、水资源、土工、材料结构、电算等研究室,还设有水利建筑公司、灌浆科研生产、振冲加固、水泥裹砂喷射混凝土等联合体,承包有关技术设计、咨询、施工。总占地面积12.32亩,各类房屋总建筑面积16800平方米,其中试验厅室244.9平方米,技术辅助用房722平方米。主要设备有:震动三轴仪、应用控制三轴剪切仪、三轴拉伸仪、200吨试验机、万能测试机、快冻试验机、静态电阻应变仪、动态电阻应变仪、岩石参数测定仪、光弹测力仪、

IBM 微型机、ES——1225 型勘探地震仪、12 道信号增强式地震仪等。

部分获奖成果：

1. 打渔张灌区暗管排水技术研究

1980 年获山东省科技成果三等奖

2. 喷灌用薄壁铝管的研究

1980 年获山东省科技成果二等奖

3. 桁架拱渡槽计算理论及试验研究

1981 年获山东省科技成果三等奖

4. 悬辊制管技术总结　　1981 年获山东省科技成果三等奖

5. ED—80 型土坝探伤仪

1981 年获山东省优秀科技成果三等奖

6. 土坝灌浆技术　　　　1982 年获国家农委农业推广奖

7. 找水技术　　1982 年获国家农委农业推广奖

8. DTF—1 型伽玛射线找水仪及其找水技术研究

1982 年获山东省科技成果三等奖

9. 水闸水力计算　　1983 年获山东省科技成果二等奖

10. 溢洪道陡坡控制水深确定方法的研究

1983 年获山东省科技成果二等奖

11. IG—300 立式挤压水泥土制管机

1984 年获水电部优秀成果三等奖

12. 气传感土壤水分负压计

1984 年获山东省科技成果三等奖

13. 风对 $py_1$30 型喷头喷灌均匀性的影响试验研究

1984 年获山东省科技成果三等奖

14. 水泥裹砂喷射混凝土技术

1985 年获国家科技进步三等奖

15. 暗管排水技术研究

1985 年获山东省科技进步三等奖

16. 引黄提灌井渠结合治理旱涝碱试验研究

1986 年获水电部科技进步三等奖

17. 探测堤坝隐患技术研究

1986 年获水电部科技进步二等奖

18. 土坝坝体劈裂灌浆加固技术

1985 年获国家科技进步二等奖

19. 高压喷射灌浆防渗加固技术研究

1987 年获国家科技进步二等奖

20. 多孔砾石滤水管井

1988 年获山东省科技进步三等奖

十二、山西省水利科学研究所(简称山西省水科所)

山西省水科所建于 1958 年 10 月，以节水型灌溉新技术、水库、河渠泥沙处理、水力机械抗泥沙磨损、抗气蚀、腐蚀涂层、盐碱地改良等试验研究为主，并承担山西省水工、土工、水工建筑材料，水土化验等任务。截至 1988 年全所职工 158 人，其中高级工程师 39 人，工程师 38 人，所内设有水工、农田水利等研究室。总占地面积 35 亩，各类房屋建筑面积 12365 平方米，其中试验厅室面积 2295 平方米，技术辅助用房 240 平方米，另有综合试验基地 100 亩。主要设备有：三轴剪力仪、原子吸收火焰分光光度计等。

部分获奖成果：

1. 中小型水库泥沙处理与浑水淤灌经验

1978 年获全国科学大会奖

2. 水坠坝筑坝施工技术研究

1978 年获全国科学大会奖

1979 年获山西省科技成果二等奖

1982 年获国家农委、国家科委农业推广奖。

1985 年获国家科技进步二等奖。

3. 水库软基挑流工程的研究

1978 年获全国科学大会奖

4. 中小型水库(土坝、溢洪道)安全检查技术及加固措施

1978 年获全国科学大会奖

5. 河井双灌、井排浅退、综合治理旱涝碱

1979 年获山西省科技成果三等奖

6. 土壤含盐量及酸碱度的快速测定——泥浆导电位法

1979 年获山西省科技成果四等奖

7. MS—75 型防水材料(煤焦油塑料混凝土)

1979 年获山西省科技成果三等奖

8. 渗灌技术　　1979 年获山西省科技成果一等奖
9. 喷灌用薄壁铝管的研究
　　1980 年获山西省科技成果二等奖
10. 泥浆管路输送添加剂减阻试验
　　1981 年获山西省科技成果三等奖
11. 泥浆管路输送的试验研究
　　1981 年获山西省科技成果二等奖
12. 移动式薄壁铝管喷灌系统完善化研究
　　1981 年获水电部优秀科技成果二等奖
13. 水轮机抗磨蚀用聚氨酯橡胶与金属高效 SE821 粘合剂和施工工艺
　　1983 年获山西省科技成果二等奖
14. 等滴量果树滴灌系统
　　1984 年获山西省科技成果二等奖

十三、内蒙古自治区水利科学研究所(简称内蒙古水科所)

内蒙古水科所建于 1958 年,以河套地区盐碱地改良、干旱地区非充分灌溉条件下的灌溉制度、以及全自治区主栽作物需水量、水工抗冻、渠道防渗、灌区水盐监测及均衡、内蒙古地区水土保持综合治理等试验研究为主要任务。1962 年撤消,1978 年恢复,截至 1988 年有职工 223 人,其中高级工程师 17 人,工程师 30 人。所内设有农田水利、水工、遥感应用、水土保持、水利经济及水资源等研究。总占地面积 50240 平方米,房屋建筑面积 1740 平方米,其中试验厅室为 1330 平方米,技术辅助用房面积 410 平方米。主要设备有:恒温恒湿仪、中子仪、盐分传感仪等。

部分获奖成果:

1. 内蒙古河套灌区长胜井灌代排试验
　　获内蒙古自治区科技进步二等奖
2. 河套灌区春光暗管排水试验
　　获内蒙古自治区科技进步三等奖
3. 河套灌区潜水蒸发试验结果
　　获内蒙古自治区科技进步二等奖
4. 准格尔旗黄甫川流域水土流失综合治理农林牧全面发展试验
　　获内蒙古自治区科技进步一等奖

5. 河套灌区冻土水盐运动规律试验

获内蒙古自治区科技进步二等奖

十四、宁夏回族自治区水利科学研究所(简称宁夏水科所)

宁夏水科所建于1959年,以宁夏水利建设中的水利土壤改良、水土保持和农田水利工程开发应用为研究方向,以盐碱地改造与利用、地下水调控、土壤水盐运移规律、主要农作物需水量与灌溉制度、宁南山区水土流失综合治理、省水节能灌溉制度、农田水利工程新结构、新材料等研究为主要任务。全所截至1988年已有职工107人,其中高级工程师4人,工程师18人。所内设灌溉,水土保持,综合技术科室和试验场,总占地面积21亩,各类房屋1789平方米,其中试验厅室880平方米,技术辅助用房500平方米。主要设备有:火焰光度计(西德产)、紫外分光光度计(国产)、离子分析仪(日本产)、水质分析仪(日本产)、数字式酸度计(国产)、水分测定仪、中子仪(国产)、土壤盐分传感器(美国产)、农田小气候测试仪(国产)、万能材料试验机(国产)等。

部分获奖成果:

1. 苦水利用试验研究

1978年获宁夏回族自治区科技成果奖

2. 银北竖井排灌实践及效益分析

1982年获宁夏回族自治区科研成果四等奖

3. 移动式镀锌薄壁管喷灌机造型试验研究

1982年获宁夏回族自治区科研成果四等奖

4. 黄河黑山峡开发方案探讨与论证

1984年获宁夏回族自治区科技进步一等奖

5. 喷灌预防苹果霜冻的试验研究

1984年获宁夏回族自治区科技进步三等奖

6. 青稞酿造啤酒技术

1984年获宁夏回族自治区科技进步三等奖

7. 变厚薄壳渡槽内力分析模型试验

1984年获宁夏自治区科技进步四等奖

8. 南果农场竖井排水条件下土壤水盐动态分析

1988年获宁夏回族自治区第三届科技进步四等奖

十五、中国农业科学院农田灌溉研究所

农田灌溉研究所建于1959年4月，以中国农业科学院为主，水利部、农业部科学研究院共管，面向全国，以灌溉排水为研究对象，从应用研究和应用基础理论两方面，着重解决农业生产中的重大排灌技术和灌排战略科学发展的理论、方法问题，逐步建成全国灌排水专业研究中心。组织全国重点科技项目的协作，开展国内外学术交流，人员培训等。截至1988年所内有职工209人，其中高级工程师31人，工程师52人。设有作物灌溉研究室、灌水技术研究室、水利土壤改良研究室、《灌溉排水》编辑室、灌溉排水科技咨询服务中心。总占地面积172.52亩，各类房屋建筑面积25905平方米，其中试验厅(室)面积3105平方米，计算机房100平方米，图书资料库200平方米。主要设备有：喷灌雨量集测装置、滴灌测试系统、喷灌测试系统、R—C网络混合计算机、电阻网络模拟机、气象色谱仪、FGJ—2101型双道液体闪烁计数器、土壤水分压力薄膜仪、自动张力仪、高速离心机、粒度分布自动测定仪、中子深层温度计、土壤盐分传感器等。

部分获奖成果：

1. 引黄淤灌种稻改良洼涝盐碱地研究
   1978年获河南省科学大会奖
2. 河南省民权县人和公社用综合措施改良盐碱地试验研究
   1978年获河南省科学大会奖
3. 高产冬小麦灌水技术
   1979年获中国农科院科技成果三等奖
4. 小型喷灌机具的研制　　1978年获河南省科学大会奖
5. 肥水开发利用技术
   获河南省科学大会改进一等奖
6. 排灌平肥综合措施改良盐碱地的研究
   1980年获农业部技术改进一等奖
7. 千亩滴灌试点经济效益的研究
   1982年获国家科委、国家农委科技成果推广奖
8. 中原12C_6型喷灌机的研制
   1983年获农牧渔业部科技成果技术改进二等奖
9. 商丘县李庄试验区旱涝碱综合治理研究

1984年获农牧渔业部技术改进一等奖

10. 黄淮海平原商丘实验区综合治理技术体系(已在商丘推广74万亩,效果显著)　获农牧渔业部科技进步一等奖

11.《农田灌溉水质标准》

获农业部技术改进一等奖

12. 人民胜利渠灌区井渠结合防止土壤次生盐碱化的研究

获水电部科技成果三等奖

13. 中原12Y型喷头的研制

获水电部科技进步四等奖

14. 刘庄灌区引黄灌溉防治土壤盐碱化技术

获水电部科技进步四等奖

15. 温县浅层地下水人工回灌试验和地下水合理开发利用的研究

获水电部科技进步三等奖

16. 麦茬旱种水稻节水灌溉技术

获水电部科技进步四等奖

17. 喷滴灌微机测试系统

获水电部科技进步四等奖

18. 雾化喷头的研制及应用研究,

获国家科技进步三等奖,国家经委、国家技术开发优秀成果奖

十六、黄河水利委员会引黄灌溉试验站(简称黄委会引黄试验站)

黄委会引黄试验站前身为水电部豫北水利土壤改良试验站,于1964年元月1日建立,以原阳、新乡、获嘉为试验基地,与中科院(土壤所、地质所)、中国农科院配合协作,面向黄淮海平原,实行点、片、面结合,进行旱、涝、盐碱综合治理,以改善黄淮海平原农业生产条件,扭转南粮北调局面为主要任务。1968年下放河南省并随即撤消,1980年恢复水利部豫北水利土壤改良试验站,1982年改由黄河水利委员会领导,更名为黄河水利委员会引黄灌溉试验站,站内设土壤盐渍化防治、农田灌溉技术、灌区泥沙、水资源监测利用等5个专业室。截至1988年,站内有职工75人,其中高级工程师4人,工程师14人。主要设备有,水化学分析仪、光电颗分仪、微型计算机等。

部分获奖成果:

1. 引黄灌区泥沙处理技术研究

获水利部科技进步二等奖、国家科技进步三等奖

2. 引黄人民胜利渠灌区井渠结合防止土壤次生盐碱化的观测研究

获水电部科技进步三等奖

十七、青海省水利科学研究所(简称青海省水科所)

青海省水科所建于1964年,以青海地区渠库防渗、盐碱地改良、灌溉技术、水工冻害防治、黄土性能、坝工技术以及水工建筑新材料和施工工艺为主要任务。截至1988年全所职工67人,其中高级工程师7人,工程师19人。所内设农田灌溉、水利工程、水工等研究室,还设有水利科技咨询服务部。总占地面积3亩,建筑面积4000平方米,其中试验用房900平方米,技术辅助用房200平方米。主要设备有:低温冷冻设备、固结仪KJQ检测装置、同位素地基密度仪、万能材料试验机、电子拉力机、静三轴剪力仪、光测弹性力学试验仪等。

部分获奖成果:

1. 桥头电厂粉煤灰利用研究

1978年获青海省科学大会奖

2. 柴达木格尔木灌区土壤盐渍化调查

1979年获青海省科技进步四等奖

3. 湟海渠沥青玻璃纤维布油毡防渗衬砌

1982年获青海省科技进步三等奖

4. 湟海渠沥青混凝土防渗衬砌

1982年获青海省科技进步三等奖

5. 沥青玻璃纤维布油毡水库防渗

1986年获青海省科技进步四等奖

6. 库区(涝池)自重湿陷性黄土地基预浸水处理

1988年获青海省科技进步四等奖

7. 再生胶油毡水库坝面防渗

1988年获青海省科技进步四等奖

8. 乐都川水地春小麦灌溉制度试验研究

1988年获青海省科技进步四等奖

十八　黄河水利委员会黄河水资源保护科学研究所(简称黄河环保所)

黄河环保所于1979年建立,研究黄河水文、水资源保护领域中重大科学技术问题,为治理黄河和国民经济建设服务。所内设有水资源研究室、水环境研究室、环境评价室、生物室、新技术应用室、中心试验室、情报室、科技咨询服务部、监测技术管理室、仪器检修站等。截至1988年全所有职工141人,其中高级工程师8人,工程师45人。总占地面积35亩,各类房屋总建筑面积6134.13平方米,其中试验室2791.72平方米,技术辅助用房376.67平方米,主要设备有:1090高压液象色谱仪(美国产)、离子色谱仪、5841紫外线可见光光度计、180—80原子吸收分光光度计(日本产)、GC—PA气象色谱仪、PF—540荧光分光光度计、WFX—10原子吸收分光光度计等。

部分获奖成果:

1. 中国水资源初步评价

    1982年获水电部自然资源调整和利用二等奖

    1985年获国家科学进步奖

2. 黄河干流水质污染对水生生物毒性影响及生物学评价的研究(与长江水产研究所协作完成)

    1984年获水电部科技成果二等奖

3. 黄河下游输沙量及冲淤量的误差分析(与黄委会水科所协作完成)

    1984年获国家二等奖

4. 全国水资源评价　　1985年获全国农业区划委员会水资源评价及水利化区划科技成果一等奖

5. 小浪底大型水利工程对环境生态影响的研究

    1986年获环境保护部三等奖

6. 伊洛河水质评价和最后规划研究

    1986年获水电部科技进步三等奖

    环境保护部三等奖

7. HS　1型浑水测深仪

    1986年获河南省二等奖

十九、甘肃省水利科学研究所(简称甘肃省水科所)

甘肃省水科所1979年6月经省委批准建立,1983年正式配备所领导班子,以省内生产性试验研究为主,开展农田水利及多泥沙水库防淤排淤、水泵抗气蚀磨损等研究。截至1988年全所有职工44人,其中高级职称5人,中级职称13人。设灌溉排水及示范推广为主的第一研究室和以渠道防渗抗冻、水泵气蚀磨损、水库排沙、水库水力吸泥清淤及异重流观测为任务的第二研究室。主要设备有:3221深度水分计(美国产)、3411B表面水分密度计(美国产)、16线动态应变仪、中子仪、微型计算机等。

部分获奖成果:

1. 液控蝶阀　　1980年获甘肃省科技进步三等奖
2. 甘肃省水利简明区划报告
   1984年获甘肃省农业区划委员会一等奖
3. 水库蓄清排浑试验研究
   1985年获甘肃省科技二等奖
4. 水库水力吸泥试验研究
   1985年获甘肃省科技进步三等奖
5. 渠道防渗抗冻研究
   1987年获甘肃省科技进步二等奖
6. 景泰电灌区水盐动态预报及暗管排水
   1988年获甘肃省科技进步三等奖

第二节　协作单位

时　间	协　作　单　位	协　作　内　容
1950年3～7月	西北军政委员会水利部、宁绥两省水利局	对宁、绥沿河灌区排水系统进行查勘,提出改造意见
1950年6月	清华大学、北京地质学院	对龙门至孟津河段水库坝址自然情况及社会经济进行调查

续表

时　间	协　作　单　位	协　作　内　容
1951年3～10月	陕西省水利厅、西北军政委员会水利部、清华大学	对泾、北洛、渭、无定、清涧等河流域的自然经济、沟壑治理、拟建水库坝址等作调查研究
1952年8月	燃料工业部水力发电总局	对青海贵德至宁夏青铜峡河段可修坝址调查研究
1952年10月	中国地质工作计划指导委员会、晋陕两省水利局	对托克托至龙门河段可修水库坝址作调查研究
1953年4月	水利部会同农业部、林业部、中科院、西北行政委员会领导和专家36人组成西北水土保持考察团	对榆林、绥德、延安、庆阳、平凉、兰州、天水等重点水土流失区的水土流失、沙漠南移、治理经验进行考察
1953年5～12月	中科院、农业部、林业部所属科学研究所	对泾河、无定河等20多条支流进行水土保持调查研究
1954年	燃料工业部、中科院、农业部、林业部等所属科学院所	参加黄河流域综合治理与开发规划
1955年4月	中科院(地质、地理、土壤、植物、地球物理、农业、经济)各所,林业部林科所、北京大学、南京大学、河北农学院、东北地质学院、中央气象局	组成黄河中游水土保持综合考察团对黄河中游进行全面考察
1955年5月	天津大学、黄委会泥沙所	按郑兆珍模型律验证渠道冲淤
1955年12月至1956年1月	水利部水文局、武汉水利电力学院、水科院筹备处、清华大学	成立泥沙研究工作组,讨论制订泥沙研究方向及协作方式
1956年8月	水科院筹备处、华东水利学院、武汉水利电力学院、长江流域规划办公室	查勘黄河下游京广铁桥至海口,选择典型观测河段,为三门峡水库拦洪后,下游河床演变及河道整治提供资料
1956年9月	北京地质学院、清华大学、国家建设委员会、甘肃省人委	参加国家建设委员会领导的刘家峡水电站坝址选择委员会,对红柳沟、马六沟、苏州崖和洮河口四处坝址查勘,选定刘家峡水电站坝址
1956年	西北水科所、山东黄河河务局	山东打鱼张引黄灌溉工程渠首引水防沙模型试验
1957年	水科院、北京勘测设计院、武汉水利电力学院、黄委会水科所	洮河口附近局部动床模型试验和自然模型法试验研究

续表

时　间	协　作　单　位	协　作　内　容
1957年11月	黄委会所属水保站、黄委会西北工程局、黄河中游各省水保局及水保站、中科院黄河中游综合考察队	讨论黄河中游水土保持科学研究的任务
1958年2月	水科院、武汉水利电力学院、清华大学、黄委会水科所	根据中苏合作协议,成立中国工作组,负责与苏方联系审定送苏资料,指导黄河科研工作
1958年3月	中科院、四川省水利厅	中国西部地区南水北调查勘
1958年3月	水科院、黄委会水科所	组成黄河下游研究组,进行三门峡水库淤积模型试验,对三门峡水库建成后下游河床演变与整治问题进行研究
1958年4月	水科院、铁道部科学研究院、铁道兵团、北京勘测设计院、黄委会水科所	洛河故县水库定向爆破筑坝试验
1958年5月	水科院、黄委会水科所、西北水科所、西安交通大学、陕西工业大学	在陕西武功进行三门峡水库淤积发展及渭河回水可能影响范围的模型试验
1958年6月～7月	水电部、交通部,河南、河北、山东、江苏4省水利厅	查勘黄河下游河道、滞洪蓄洪区、引黄闸坝、引汉穿黄位置
1958年7月	西北水科所、西北勘测设计院	盐锅峡整体试验,青铜峡溢流坝模型试验
1958年	中科院海洋研究所、天津港务局、华东师范学院、北京大学、北京师范大学	渤海湾海洋岸线、水文、气象、泥沙运动调查
1958年	水科院、清华大学	刘家峡红柳沟坝址黄土地基修筑大坝可能性试验研究
1959年	水科院、北京勘测设计院、黄委会水科所	黄河流域水利水保措施对干支流洪水泥沙径流影响的研究
1959年	水科院、位山工程局	位山枢纽引水防沙模型试验
1959年	水科院、武汉水利电力学院、河套地区水利局	河套灌区渠首导流浮厢运用总结
1959年11月	黄委会水文处、水科院水文所、晋、陕、甘、宁、蒙各省区水利厅(局)	研究三门峡以上地区的水利水保工程对黄河洪水、泥沙、年径流的影响进行计算分析
1960年	中科院原子能所、黄委会水科所	研制成功 γ—γ 淤泥密度计

续表

时间	协作单位	协作内容
1960年	水科院、黄委会水科所	桃花峪水利枢纽工程白马泉段顺河大堤渗流试验
1960年～1964年	位山试验站、山东省水科所、位山枢纽工程局、黄委会水科所	位山枢纽资料分析及破坝研究
1961年11月	黄委会水文局、水电部水文局、北京勘测设计院、西北勘测设计院、水科院水文研究所、山西甘肃两省水利厅	黄河干支流各主要断面水沙数量统一分析
1961年12月	水科院河渠所、黄委会水科所	1958年11月～1961年8月三门峡水库淤积资料分析
1961年～1964年	中科院、内蒙古宁夏两自治区水利厅	对宁蒙两自治区水土流失、土地沙化等进行综合考察
1961年3月	水科院河渠所、黄委会水科所、河南省水利厅	灌区泥沙淤积及处理措施调查
1962年3月	水科院河渠所、黄委会水科所、黄委会水文处	三门峡水库1961年异重流资料分析
1962年7月	水科院河渠所、黄委会水科所、三门峡水库管理局	三门峡水库1958年11月～1962年6月淤积和冲刷主要特征及其发展趋势
1962年8月	水科院、北京勘测设计院	三门峡水库12个深孔泄流时淤积发展趋势及增建泄流排沙设施效果分析
1962年8月	西安机器制造学校、黄委会水科所	设计制造603大型光弹仪
1962年7月	中科院地理所、清华大学	组成渭河地貌研究组，研究渭河下游地貌平面变形及其发展趋势
1962年7月	黄委会工务处和黄委会水科所、山东黄河河务局、水科院河渠所	位山以下河段河道整治经验总结
1963年	水科院河渠所、黄委会水科所	三门峡水库低水头运用后黄河下游河床演变预报，三门峡水库低水头运用后黄河下游河床变形计算，闹德海水库修建前后柳河下游河床演变初步分析，多沙河流修建大型蓄水水库后，下游游荡性河道演变趋势及治理
1963年	清华大学、北京勘测设计院	三门峡水利枢纽溢流坝泄流排沙底孔方案的设计研究

续表

时 间	协 作 单 位	协 作 内 容
1963年12月	西北水科所、黄委会	组成水保科研小组，对西北地区水土保持开展研究
1963～1978年	农业科学研究院灌溉所、河南农学院、河南水文地质大队	在花园口附近进行淤灌稻改试验
1964年4月	水科院、南京水科所、华东师范大学、海洋研究所和黄委会（水文处、水科所、前左实验站）	从富国沿海岸至小清河口羊角沟查勘
1964年6月	水科院河渠所、黄委会水科所、水文处	三门峡水库人造洪峰发电试验期间水库上下游冲淤情况分析
1964年11月	水科院河渠所、黄委会水科所	三门峡水库建成后水库上下游河床演变特点及水库增建泄流排沙设施后情况的预估
1964年11月	中科院地理所、河南师范大学	新乡地区农业地貌调查
1965年	水科院、北京勘测设计院、武汉水利电力学院、长江流域规划办公室、华东水利学院、南京大学地理系	研究：粗泥沙来源；碛口巴家嘴拦泥库；黄河河口流路和黄河三角洲古岸线；黄河下游大放淤等问题。
1965年	农业科学研究院所属灌溉所、土肥所、植保所和南京土壤所、水科院水利所、引黄灌溉试验站、新乡地区水利局	共同组成黄淮海平原综合治理领导小组，研究黄淮海地区旱、涝、碱综合处理措施
1965年	水科院河渠所、黄委会水科所、工务处	东坝头以下河道治理经验初步总结
1967年	中国人民解放军济南军区、北京水科院河渠所、山东省水科所和设计院、黄委会水科所、山东黄河河务局	对河口地区查勘，研究黄河流路规划
1968年11月	水电部水电建设总局、中科院地理所、黄委会	黄河上、中游1922～1932年连续枯水段调查分析
1970年	清华大学、山东省水科所、山东省垦利县水利局	十八户闸引黄放淤
1970年8月	清华大学、水电部第十一工程局、陕西省水科所、渭南地区三门峡库区管理局、黄委会水科所、黄委会规划大队第一第二分队、三门峡库区水文实验站、山东河南两省黄河河务局	三门峡水库泥沙问题基本经验总结

续表

时间	协作单位	协作内容
1970年8月	黄委会水科所、水电部第十一工程局、清华大学教学改革队	三门峡大坝混凝土现场应力释放试验
1972年	水电部第十一工程局,黄委会水科所	三门峡水利枢纽闸门振动现场观测
1972年	内蒙古三盛公枢纽管理局、黄委会水科所	三盛公枢纽库区泥沙模型试验
1973年	南京水利科学研究所、上海计算所、黄委会水科所	有限元法在心墙土坝稳定渗流计算中的应用研究
1973年	华东水利学院、上海计算所、黄委会水科所	用有限元法计算单桩垂直承载能力
1973年	黄委会水科所、山东黄河河务局	豆腐窝、麻湾大型桩基试验
1974年	北京综合仪器厂、黄委会水科所和水文局、上海原子核所	研制成功放射性同位素FH—422型河水大、中含沙量计
1973～1979年	黄委会水科所、陕西省水保局、山西省水利局、山西省水科所、黄委会规划勘测设计院、黄委会勘探三队、绥德水保站、延安、榆林、咸阳、渭南地区水电局、清涧、绥德、彬县、韩城、子洲、米脂、延安县水电局、山西省水利勘测设计院、山西省水土保持研究所、忻县、吕凉、临汾地区水利局、河曲、大宁、离石、隰县、兴县、岢岚县水利局、兴县水土保持试验站,清华大学、西北农学院水利系、中科院西北水保所、和工程力学研究所、华东水利学院农水系、北京大学汉中分校、郑州大学、河南陕县水电局	水坠坝施工技术,坝体稳定分析等试验研究
1974～1980年	黄河流域八省(区)的水利工程建设、管理、科学研究、水土保持、水文测验等单位,以及清华大学、水科院	组成黄河泥沙协调小组,协调研究黄河泥沙及水土保持工作

续表

时　间	协　作　单　位	协　作　内　容
1974～1985年	水电部第十一工程局、人民引洛管理局、黄委会水科所、西北农学院、陕西省农林科学院土肥所、陕西省农业勘测设计院、陕西省水电设计院、西北水科所、陕西省引泾、引渭管理局、陕西省水科所、清华大学、天津大学、武汉水利电力学院、华东水利学院	在洛惠渠进行高含沙水流观测研究，1976年增加协作单位，扩大试验范围，进行高含沙水流特性以及利用高含沙水流治河研究
1974年	清华大学、黄委会水科所、水电部第十一工程局勘测设计院	黄河中游粗泥沙来源对下游河道冲淤影响的研究
1975年	清华大学、山东省水科所、垦利县水利局	十八户放淤观测研究总结
1975年	盐锅峡水电厂、甘肃水电设计院、水电部第四工程局、盐锅峡水库测验站	盐锅峡水库在刘家峡水库蓄水后的泥沙水草问题及对电站安全运行的影响
1975年	陕西省水科所、渭南地区三门峡库区管理局	三门峡水库渭河下游淤积末端的初步分析
1976年	黄委会水科所、水文局和河南黄河河务局、水利部第十一工程局科学研究院、清华大学	黄河下游花园口至孙口段变动河床水位预报方法初步研究
1976年	内蒙古勘测设计院、清华大学、内蒙古水利局水保处	大黑河综合治理调查
1976年	刘家峡发电厂、水电部第四工程局勘测设计研究院、黄河上、中游水量调度委员会	刘家峡水库洮河异重流观测及排沙效果分析
1976年	南京水利科学研究所、上海计算所、黄委会水科所	用有限元法求解坝的三向稳定渗流问题研究
1976～1979年	水电部第十一工程局、黄委会水科所、青铜峡水电厂	环氧金刚砂浆抗泥沙磨损涂层配方及施工工艺
1976年	清华大学、黄委会水科所	小浪底、桃花峪水库对黄河下游减淤效果分析
1976年	中科院工程力学所、黄委会水科所、郑州大学	小浪底水库三坝线下游冲刷段河床细沙层液化和上覆盖土坡地震稳定分析
1977～1978年	中科院工程力学所、黄委会水科所、郑州大学	用有限元法研究抗震计算程序

续表

时 间	协 作 单 位	协 作 内 容
1977年10月	水电部第十一工程局勘测设计院、黄委会三门峡库区实验站	三门峡枢纽改建后泥沙问题初步小结
1977年10月	水电部规划设计院、黄委会、清华大学、长江水利规划办公室、淮河水利委员会、水电部(第四、第五、第十一、第十三)工程局、山西省水利厅、河南山东两省黄河河务局、武汉水利电力学院	查勘三门峡至河口河道、研究桃花峪或小浪底工程、山东河道分洪、南水北调及北金堤滞洪等问题
1978年2月	黄委会规划办公室、黄委会水科所、清华大学	黄河干支流中、下游粗细泥沙的延程调整和多来多排的机理问题
1978年2月	华东水利学院、黄委会水科所	比奥平面固结有限元法计算程序
1978年	中科院工程力学所、黄委会水科所	小浪底水库土坝抗震研究
1978年	中科院物理所、黄委会水科所	高强金属定点标定法的试验研究
1978年	青海省政府、民族学院、测绘局、国家测绘总局、总参测绘局、中科院地理所、中国社会科学院历史所、新华通讯社	对黄河源进行综合调查
1979年4月	黄委会水文局、华东水利学院、西安工业学院、长办水文局等	研制GDY—1型光电泥沙颗粒分析仪成功,以后又改进成NSY—1型光电泥沙粒度分析仪
1979年4月	水科院抗震所、中科院工程力学所、黄委会水科所、甘肃省天水红山仪表厂	研制成功大型电仪伺服动静三轴仪
1980年7月	陕西省地质局第二水文地质队、黄委会绥德水保站	坝地盐碱化的防治
1980年7月	清华大学、黄委会水科所	评价黄河中、上游地区用洪用沙经验交流技术成果
1981—1985年	中科院工程力学所、黄委会水科所	小浪底水库土坝抗震试验研究
1981年	黄委会水科所、黄委会水文局、三门峡库区水文实验站	三门峡水库调水调沙及冲淤特点
1981年	南京水利科学研究院、黄委会水科所	黄河小浪底水库土坝,二向稳定渗流(及坝坡稳定分析)有限元计算

续表

时　间	协　作　单　位	协　作　内　容
1981年	黄委会水科所、营口电子仪器厂、黄河郑州水文总站	研制成功FT—1型闪烁式低含沙量计
1983年	山西省水科所、水保所和黄委会水科所	比奥理论平面应变固结计算程序《biot—C38》的编制
1985年	中科院702所、黄委会水科所	大型空化水洞中消能孔板的空化特性试验
1985～1990年	中科院地理所、山西省水保所、加拿大多伦多大学地理系	黄土高原水土流失规律，王家沟流域土地管理信息系统研究
1986年列入国家计划，1988年开始工作	中科院地理所、西北水土保持研究所、中科院山地灾害研究所、海洋研究所、水科院泥沙所、黄委会水科所、黄委会勘测规划设计院、黄委会水文局、黄河环保所、黄委会宣传出版中心、清华大学水电系泥沙室、北京师范大学地理系、北京大学城市与环境系、陕西师范大学地理系、华北水利水电学院、社会科学院历史所、陕西河南两省气象研究所	黄河流域环境演变与水沙运行规律研究
1986年7～8月	中国国土经济研究会、中国水利发电工程学会、中国水利经济研究会，组织国内90余名专家、学者及新闻工作者	以黄河上游龙羊峡至青铜峡河段的15个梯级电站和景泰灌区、固海灌区、兰州、阿拉善左旗、定边等地进行水电经济开发综合考察
1987年	中科院工程力学所、黄委会水科所	土坝静、动应力永久变形，孔隙水压力有限元计算程序研制成功
1987年	中科院自然资源考察委员会遥感应用所、全国高校联合遥感技术应用研究中心组织40多个单位	在陕北安塞县成立遥感试验区，进行黄土高原遥感调查试验研究
1987年	中科院地质所、中国科技大学	探讨黄土高原沟谷发育与气候变化关系
1987～1990年	武汉水利电力学院、黄委会水科所	黄河下游洪水泥沙数学模型研究
1988年7月	中科院西北水保所、西北大学地理系等单位	对吴堡县坡地修梯田的经验和效益全面系统的调查

续表

时　间	协　作　单　位	协　作　内　容
1988年8月	水利部规划院、中国农科院、水科院、黄委会、北京农学院及青、甘、宁、蒙、陕等省(区)水利厅	考察黄河干流龙羊峡至青铜峡段水电开发及该地区经济发展
1989年	中科院应用数学所、黄委会水科所	饱和—非饱和渗流的数值分析
1989年	华北水利水电学院,黄委会水科所	三门峡水库优化调度应用的研究
1989年7～8月	国家计委、水利部、地矿部、中科院、国家地震局	对南水北调西线地区进行实地考察,重点查勘了雅砻江坝址
1990年6月	中科院地理所、山西省水保所、加拿大多伦多大学地理系	实地考察晋西北地区,中加协商合作研究晋西北河曲、保德、偏关地区水土流失与生产力持续发展问题
1990年9月	黄委会、长江水利委员会、淮河水利委员会、陕西河南两省水利厅和大专院校	总结三门峡水利枢纽应用三十年的宝贵经验,剖析存在的问题,提出必须开展的各项科研工作
1990 年 10月	黄河系统内外的专家、工程技术人员	交流龙羊峡、刘家峡水库运用影响及调度方式研究成果

第三十一章　学术活动

学术活动，主要包括学术研究和交流推广两项，学术研究多以个人研究，单位集体研究或几个单位协作研究的形式进行。其中协作研究已在前章中记述，此外，还有国际技术合作，互派专家、学者进行访问、考察或讲学。这些既是学术研究，又是学术交流推广。这些学术交流活动，对治理黄河，开发黄河，开展黄河各项水利科学研究都已起到了很大作用，本章主要列述建国后的一些国内外学术活动内容。

第一节　国内学术会议

时间	地点	会议内容	参加单位
1953年4月	开封	研究泥沙工作方针、任务	黄委会属各单位
1954年11月	郑州	研究讨论水土保持有效方法和实施措施	中科院、西北黄河工程局、陕甘晋3省14专区及7个水保站
1955年6月	郑州	讨论堤防抢险、险工抢护、巡堤查水、探摸险工等技术	河南山东两河务局及所属处段
1955年10月	北京	研究黄河水土流失区的划分，提出主要治理措施	农业部、水利部、林业部、中科院、黄委、淮委、长办及23省的代表
1955年12月	北京	泥沙研究工作座谈会：讨论研究泥沙工作的方向和任务，组成水利部领导下的泥沙研究工作组	水利部、中科院、武汉水利电力学院、清华大学、水科院筹备处、黄河规划委员会、黄委会
1956年12月	郑州	黄河流域水土保持会议：会议确定全面规划、综合开发、沟坡兼治、集中治理、积极开发、稳步前进的方针	水利部、黄委会、中科院、黄河流域7省水利水保厅及绥德、天水、西峰3水保站

续表

时间	地点	会议内容	参加单位
1957年8月	北京	研究加强黄河中游水土保持工作	国务院水土保持委员会、农业部、林业部、水利部、黄河流域七省黄委会及所属绥德、天水、西峰3水保站
1957年11月	北京	交流经验，讨论水土保持科学研究的方法和步骤	国务院水土保持委员会、中科院综合考察队、林业所、西北农业所、黄河中游水土保持局、黄委会及所属水土保持站
1958年4月	郑州	引黄渠系泥沙观测研究技术经验交流	黄委会水科所、西北水科所、青铜峡灌区管理局。河套灌区管理局、武汉水利电力学院、水科院
1958年7～8月	郑州	讨论黄河下游河床演变及整治，研究苏联专家来华工作意见，与会单位签订协作议定书	水科院、武汉水利电力学院、华东水利学院、黄委会属各单位、北京勘测设计研究院
1958年9月	济南	黄河河口开发利用问题座谈会，研究了河口特性、三角洲淤积、下游河道整治后发展通航、渔业的可能性	山东省下属水科所、交通厅、水利厅、地质厅、水产局、气象局、农业厅、水文地质大队、山东黄河河务局、前左水文实验站、黄海水产所和南京水科所
1959年2月	天水	黄河流域水土保持科研会，研究水土保持科学研究大协作方案	国务院水土保持委员会、黄河流域各省水土保持实验站及安徽、湖南等13省代表
1959年3月	郑州	分析黄河水资源及豫鲁冀3省灌溉用水情况，确定按秦厂流量2:2:1比例三省用水	水利部、农业部、豫鲁冀3省水利厅、漳卫南运河工程管理局
1959年5月	太原	讨论交流水利水保观测研究成果	水利部水文局、水科院、黄委会水文处、中游各省水利厅及有关院校
1959年9月	济南	黄河河口开发利用问题座谈会，听取了各方面对黄河河口开发利用的意见	山东省下属交通厅、农业厅、水利厅、气象局、地质局、水产局，河务局黄海水产研究所，黄委会水科所，前左水文实验站
1960年2月	郑州	三门峡建成后黄河下游河道整治问题学术讨论会	水科院、武汉水利电力学院、黄委会所属水科所、工务处、水文处、设计院及山东河南两河务局

续表

时间	地点	会议内容	参加单位
1960年2月	西峰	黄河流域水土保持现场会，研究提出水土保持科研方针，确定1960年水保科研任务及措施，拟定水保试验研究和经济观测协作计划	黄委会、西北生物土壤所、黄河中游各省水利厅、大专院校
1960年5月	兰州	飞机播种、造林、种草会议，研究长远规划，提出当年计划任务	国家计委、科委、民航局、林业部、水电部、流域七省林业厅及水保局
1960年7月	郑州	讨论黄河下游河床游荡摆动的整治措施	水科院、黄委会属各单位、武汉水利电力学院
1960年9月	武功	讨论三门峡水库淤积及回水对西安地下水位影响问题	水电部、陕西省三门峡库区管理局、中科院地理所、清华大学、西北水科所、西安交通大学、黄委会
1961年1月	郑州	对豫、鲁、冀春灌引黄放水分析协商制定规约	农业部、黄委会、豫鲁冀三省水利厅、三门峡工程局、漳卫南运河工程管理局
1961年11月	郑州	针对下游河床摆动展宽，险工出险而进行的下游河道整治学术讨论	武汉水利电力学院、北京大学地理系、水科院、水电部、山东河南两河务局、黄委会直属各处所
1961年12月	北京	黄河流域水保会议，确定以群众集体力量为主，国家支援为辅；以治理坡耕地为主，坡耕地治理与荒坡、风沙、沟壑相结合；荒坡、沟壑、风沙治理以造林、种草和封山育林为主的方针	国务院水土保持委员会、黄委会、流域各省（区）水土保持单位、中科院西北水土保持所
1962年4月	济南	黄河老工人座谈会，对黄河防汛及位山枢纽破坝后可能引起的河道险工变化作了讨论	位山工程局、山东各修防处段
1962年8月	北京	交换对三门峡枢纽的运用意见，讨论是否要增建泄流排沙设施及增建在技术上的可能性	国家计委、经委、晋陕豫鲁4省、三门峡工程局、水电部、北京勘测设计院、水科院、清华大学、武汉水利电力学院、黄委会所属有关机构

续表

时间	地点	会议内容	参加单位
1962年11月	郑州	讨论三门峡水库拦洪排沙条件下下游河道近、远期整治及位山枢纽密城湾等具体问题	水电部、水科院、河南山东两省黄河河务局、黄委会所属各处所
1963年7月	北京	研究三门峡水利枢纽上下游泥沙冲淤变化，枢纽增建泄流排沙设施的可能性及其它有关技术问题	水电部、北京勘测设计院、陕西工业大学水利系、水科院河渠所和水工所、清华大学、水电部水文局、黄委会、陕西省水利局等
1963年12月	郑州	讨论落实1963～1972年水保科学发展规划，组织了西北黄土地区水保科学研究协作小组	黄委会、黄河中游各省水土保持科研站所和业务主管部门
1964年10月	济南	近期黄河治理意见座谈会	黄委会、黄委会水科所、黄委会设计院、山东工学院、山东省所属水利厅、设计院、基建局、河务局
1964年12月	北京	治黄会议，以三门峡工程改建为中心各种治黄思想的大交流，是当代治黄史上的一次大会议	中央有关部委、黄河流域各省(区)、清华大学、北京勘测设计院、水科院、长江流域规划办公室、武汉水利电力学院、华北水利电力学院、黄委会等
1963年9月	郑州、济南	堤防加固工程座谈会，交流堤防加固经验	黄委会工务处、下游沿河各修防处段
1966年12月	济南	山东省引黄灌溉经验交流会，交流经验，参观引黄灌区配套工程	山东黄河河务局、山东省农办、山东沿黄专县水利部门
1968年12月	临潼	研究黄河中上游7省(区)水保科研问题	黄委会、沿黄7省(区)水保主管部门及各水保科研站、所和有关大专院校
1971年11月	宁夏中宁县	河道治理经验交流会，交流参观典型经验，总结治理方法	宁夏自治区水电局
1972年4月	济南	山东引黄淤灌经验交流会	黄委会、山东省水科所及沿黄各修防处段
1972年10月	郑州	交流讨论黄河下游近远期整治规划意见	清华大学，河南、山东河务局及各修防处段

续表

时间	地点	会议内容	参加单位
1972年12月	三门峡	交流水库泥沙观测研究成果	水电部第四工程局、刘家峡电厂、清华大学、西北水科所、山东水文总站、山东河务局、辽宁省红山水库实验站、辽宁省水科所、闹德海水库管理所、河北张家口地区水利局、泾阳县冶峪河管理局、长江水电科学院、水电部第十一工程局、黄委会水科所、黄委会规划大队、三门峡水库实验站
1973年11月	郑州	总结治黄工作的主要成就和经验教训，针对下游出现的新情况和问题，提出了下游治理措施	黄委会、河南山东两省沿黄13个地、市及水电部所属有关部门
1975年　月	郑州	交流泥沙研究的成果和经验	水电部第十一工程局、第四工程局；清华大学；长江、海河、辽河流域机构；黄河流域8省水利、水保部门；黄委会所属科研、水保、水文等单位
1975年11月	太原	水库泥沙观测研究、处理、利用经验交流会	黄河流域8省(区)和有关地区水利(水电)部门和水库观测管理、科研、水土保持部门及高等院校等
1975年11月	天水	交流在执行“以土为主，土、水、林综合治理，为发展农业生产服务”水土保持方针的成绩和经验	黄河流域7省(区)主管水保工作的单位、部分地区水利电力水保局、站、所及有关大专院校、部分先进社队
1975年12月	郑州	黄河下游防洪座谈会，研究讨论黄委会提出的防御黄河特大洪水方案和1967年紧急渡汛措施	水电部、铁道部、石油化工部、黄委会、山东河南两省负责人
1976年3月	离石	黄河中游地区机械修梯田试验研究协作会议，交流机械修梯田经验	山西省水保所，天水、西峰、兰州、榆林地区，内蒙古和山西的大泉山、右玉等14个水保实验站
1976年12月	西安	黄河中游地区用洪用沙经验交流会，交流了用洪用沙经验和科研成果	黄河流域8省(区)水利、水电、水保科研单位，长江、海河流域代表

续表

时间	地点	会议内容	参加单位
1976年12月～1977年1月	武汉	泥沙模型及测验技术经验交流会，交流了各有关单位科研成果	南京水科所、武汉水利电力学院、三三零工程局、长江水电科学院、钱塘江工程管理局、清华大学、华东水利学院、成都勘测设计院、广西水电局科研所、中科院地理所、黄委会水科所、成都工学院、天津水运工程科学研究所等。
1977年5月	太原	全国水利机械抗磨防腐会议，交流抗磨防腐新工艺及经验	水电部科技司、第十一工程局、黄委会水科所、山西省水科所、甘肃省电管局
1977年5月	太原	黄河流域中小型水库水力吸泥清淤试点现场会总结交流各地开展水库水力吸泥清淤试点经验	黄河流域7省(区)水利、水电、水保科研单位及有关大专院校
1977年5月	延安	黄河中游水土保持会议，总结交流延安水保会议以来的成绩和经验	水电部、农林部、陕、青、甘、宁、内蒙、晋等省(区)水保主管部门及科研单位
1977年10月	兰州	黄河干流大型水库泥沙观测研究成果交流会，交流了水库泥沙观测研究成果与经验	黄委会、黄河流域8省(区)水利、水电、水库管理及河务局等有关单位
1978年4月	郑州	黄河高含沙实验研究协作会议，交流研究成果，制定1978～1985年计划	清华大学、黄委会水科所、水电部第十一工程局科研所、华东水利学院、武汉水利电力学院等
1978年10月	郑州	黄河泥沙研究成果学术讨论会，交流了黄河泥沙来源及人类活动对减少泥沙效益、水库泥沙、河口、下游河道、渠系泥沙以及高含沙水流、浑水动床模型试验等	黄河流域各省(区)水利、水电、水保部门及全国有关省区工程科研和院校等单位
1978年11月	西安	黄河流域中小型水库水力吸泥清淤座谈会，交流近年来进展情况，讨论了扩大试点工作	黄河中游各省水利、水电部门及有关大专院校

续表

时间	地点	会议内容	参加单位
1979年2月	西安	黄河中游黄土高原水土保持、农林牧发展、科研工作讨论会，对黄土高原水保进展缓慢的原因与综合治理、合理开发规律进行讨论	国家科委、农林部、水电部、国家林业总局、黄河流域6省（区）的水保、科研单位
1979年5月	离石	全国水坠坝技术经验交流现场会，交流了水坠坝设计、施工技术及科研成果	晋、青、甘、宁、内蒙、陕、豫、粤、桂、新、冀、滇、黔、皖、赣、闽、吉、辽18省的水利水保部门及水科院、长科院、黄委会水科所、中科院工程力学所、中国科协、华东水利学院、广西大学、太原工学院、西安农学院
1979年9月	西峰	黄河中游水保科研座谈会，交流科研成果，研究科研任务	黄河流域甘、青、宁、内蒙、晋、陕6省（区）水保、科研、教学单位及流域外8省水保科研单位
1979年9月	南京	水工泥沙测试仪器设备现代化会议，交流仪器设备情况与经验	水利部、华东水利学院、南京水科所、清华大学、水科院、杭州大学、大连工学院、长科院、黄委会水科所、西南水运科学所
1979年10月	郑州	黄河中下游治理规划学术讨论会：讨论黄河治理方针、规划原则及治理途径、办法	来自全国水利界知名人士，有关学科专家、教授和从事黄河工作的领导干部和工程技术人员
1979年10月	大连	全国第二届流体力学学术讨论会，交流研究成果和经验	大连工学院、上海交通大学、中国科技大学、水科院、南京水科所、黄委会水科所
1980年3月	西安	黄土高原水土流失综合治理科学讨论会，讨论黄土高原综合治理方案	国务院有关部委、科研单位和高等院校、黄河中游7省（区）和10个试点县

续表

时间	地点	会议内容	参加单位
1980年4月		海岸河口会议，交流海洋、海岸、河口研究新成果	海洋一、三所及国家地震局、地质部、海洋局、中科院地理所、山东海洋学院、上海师范大学、同济大学、福建师范大学、厦门大学、中山大学、南京大学、天津大学、广州地理所、江苏福建两省水质队、黄委会水科所、浙江河口海岸所、水科院、海洋局环境所
1980年6月	银川	黄河流域干旱山区用洪用沙座谈会，交流山区用洪用沙典型经验与措施，讨论促进山区用洪用沙的意见和办法	宁、青、甘、内蒙、晋、陕6省（区）和科研、高校等单位
1980年9月	济南	黄河河口观测研究规划座谈会，讨论修改1981～1990年黄河口观测研究	山东河务局、前左水文实验总站、海洋研究所、黄委会水科所
1980年10月	汉口	水工、河工、港工仪器研究会，交流经验，互通技术情报	中科院、铁道科学院、交通部、六机部、福州大学、杭州大学、水科院、南京水科所、武汉水利电力学院、清华大学、大连工学院、长科院、黄委会水科所、华东水利学院以及协作厂家
1980年11月	呼和浩特	黄河流域水坠坝科研成果交流会，交流水坠坝试验成果	水利部、中科院和青、甘、宁、内蒙、晋、陕、豫等省（区）水保部门、黄委会
1980年11月	济南	黄河下游机淤固堤技术经验交流会，交流吸泥船冲吸两合土试验抽淤盖顶技术，远距离输沙试验等	黄河下游各修防处段
1980年12月	兰州	西北地区农业现代化学术讨论会，对黄土高原建设方针、水土作用以及加强水保的措施进行了讨论	中央有关部委、大专院校、科研单位、黄河流域青、甘、宁、蒙、晋、陕6省（区）和川、新、藏3省（区）代表
1981年8月	吉县、淳化	黄土高原地区造林现场经验交流会	林业部和青、甘、宁、蒙、晋、陕及冀、辽等省（区）水土流失县的林业、水保部门

续表

时间	地点	会议内容	参加单位
1980年11月	宜昌	河床演变与河流地貌学术探讨会	中科院地理所、武汉水利电力学院、清华大学、黄委会水科所
1982年2月	郑州	黄河流域水坠坝会议交流1981年科研成果，审查水坠坝技术规范，协商1982年任务	水利部、黄委会、中科院工程力学所、华东水利学院、西北农学院、内蒙古农牧学院、陕西机械学院及新、青、甘、宁、内蒙、陕、晋、豫、粤、桂10省(区)
1982年5月	郑州	全国第二次三工(水工、河工、港工)仪器会，交流三工仪器研究经验，互通技术情报，有效地利用技术力量加快研究速度，提高研究质量	水科院、南京水科所、武汉水利电力学院、清华大学、华东水利学院、长科院、黄委会水科所、中科院、铁道科学院、交通部、六机部、福州大学、杭州大学、南京水文自动化研究所、重庆水文仪器厂、北京自动化技术研究所、北京新技术所、华东师范大学河口所、云南大学、陕西机械学院
1982年6月	济南	黄淮海平原农业发展学术讨论会，对黄河防洪，引黄灌溉、水资源短缺及对策进行了讨论	水电部、林业部、农牧渔业部、国家科委、农委、中国科协、农学会、水利学会及冀、鲁、豫、苏、皖、京、津等有关科研单位
1982年8月	天水	全国草木樨学术讨论会	中国农学会及青、甘、内蒙、晋、陕、豫、新、辽等省(区)水保、农业、畜牧、科研单位
1982年12月	济南	山东黄河治理学术讨论会，讨论河口治理、分流散沙、束水攻沙、三堤两河展宽堤距、挖沙降河等方案	山东河务局、山东省科委、农委、华东水利学院、黄委会、水科院、清华大学
1982年12月	郑州	讨论方宗岱提出的小浪底水库利用高含沙水流解决黄河下游淤积问题	中国水利学会泥沙专业委员会
1983年2月	北京	小浪底枢纽工程论证会，根据5项论证内容进行分组讨论	国家计委、经委、农村发展研究中心、水电部、晋、陕、豫、鲁4省
1983年3月	郑州	讨论黄河下游险工加高改建问题	水利学会黄委会分会

续表

时间	地点	会议内容	参加单位
1983年5月	陆川	交流、总结水坠坝研究经验	水电部、水科院、黄河流域水坠坝科研组、广西大学等
1983年8月		全国水土保持耕作学术讨论会，交流水保区耕作措施	中国农学会土壤肥料研究会、陕西水利水保厅、中央有关科研教学单位
1983年9月	忻州	黄河流域水土保持责任制经验交流会，参观治理典型、交流治理经验	黄委会及流域各省(区)水保单位
1983年10月	郑州	黄河流域水利史学术讨论会，对历代治黄方略，河道变迁等进行讨论	水利学会水利史研究会及全国水利、历史界知名人士
1984年9月	绥德	陕北地区淤地坝坝系布设利用经验交流会，交流黄土丘陵沟壑区淤地坝规划布设，防洪保收，用洪用沙经验	晋、陕、内蒙等省(区)部分地、县水利、水保科研单位
1984年12月	东营	山东黄河河道整治与河口治理学术讨论会，探讨河道减淤措施，河口淤积、延伸改道规律	水科院、黄委会水科所、山东河务局、海洋所
1985年12月	郑州	黄河下游及多沙河流河道整治学术讨论会从不同角度发表了对黄河及多沙河流河道整治的意见	中国水利学会泥沙专业委员会、黄委会、全国水利界知名专家学者
1986年6月		黄河中游近期水沙变化情况学术讨论会，交流近期黄河中游水沙明显减少的原因分析	中国水利学会泥沙专业委员会、水科院、武汉水利电力学院、清华大学、黄委会所属各单位
1986年12月	新乡	黄河下游引黄灌区管理工作学术讨论会，研究修改黄河下游引黄灌溉工作纲要	水电部农水司、中国水利学会农田水利专业委员会、流域各省水利部门
1987年4月	郑州	黄河下游河道发展前景及战略对策座谈会，对现行河道寿命，河道整治目标等作了讨论	中科院、水利部及各有关大专院校

续表

时间	地点	会议内容	参加单位
1987年9月	河曲	黄土高原地区治理开发问题讨论会	农牧渔业部、水电部、林业部、全国水土保持学会、农业环境保护协会
1988年3月	西安	讨论沙棘资源开发利用形势，研究兴办沙棘国际学术讨论会	中国水保学会沙棘专业委员会
1988年5月	郑州	治黄规划座谈会，讨论修订黄河规划	全国政协副主席钱正英、水利部、河南、山东、黄委会领导及来自全国的专家
1988年6月	东营	黄河三角洲经济开发与河口治理考察研讨会	中国国土经济学研究会、中国水利经济研究会、黄委会邀请全国知名经济学家李光远等60位专家参加
1989年12月	积石峡	积石峡坝址技术讨论会	
1990年5月	郑州	沿黄地区综合开发学术研讨会，交流了沿黄地区综合开发和区域发展研究成果，围绕开发黄河问题进行学术讨论	国家科委、计委组织全国著名专家、学者参加

第二节　国际学术交流

时间	考察或交流内容	考察或交流人员
1950年7月	查勘黄河孟津至潼关，选择水库坝址	苏联专家 H·H 布可夫
1953年	再次考察黄河孟津至潼关河段	苏联专家格里哥洛维奇·瓦果林奇
1953年4月	参加黄委会主持召开的泥沙研究座谈会	H·H 布可夫、H·B 拉普图列夫
1954年1月	应中国政府邀请帮助进行黄河流域综合规划	A·A·柯洛略夫、Б·Ж·谢里万诺夫
1954年2月	专家组随黄河查勘团从刘家峡至黄河入海口查勘	B·A·巴赫恰洛夫、Ж·C·阿卡拉可夫、Г·Б·阿卡林、K·Ж·考尔涅夫、B·Ю·卡麦列夫
1954年6月	具体指导黄河泥沙研究工作	H·B·拉普图列夫

续表

时间	考察或交流内容	考察或交流人员
1954年11月	作关于《黄河综合利用规划技术经济报告情况》的报告	A·A·柯洛略夫
1955年8月	三门峡大坝和水电站委托给苏联电站部水电设计院列宁格勒分院设计	
1956年4月	考察黄河中游水土保持	苏联专家M·H·扎斯拉夫斯基
1956年7月	考察和讲学	苏联专家И·И列维
1956年10月	交流灌溉经验	中、苏、越3国派员在北京开会
1957年	西北水土保持综合考察	M·H·扎斯拉夫斯基、阿尔曼德、A·C凯司、A·罗扎洛夫
1957年8月	参加黄河中游水保座谈会	M·H·扎斯拉夫斯基等
1957年11月	参加黄河中游水保科学试验研究会	M·H·扎斯拉夫斯基
1957年12月	参加全国第二次水保会议	K·C·考尔涅夫、M·H·扎斯拉夫斯基、A·C·巴宁等
1958年	来黄河查勘并指导渗流研究工作	E·A·鲁布契可夫
1958年7月	黄河大水后查勘黄河大堤，东平湖围堤渗流情况并作学术报告	E·A·鲁布契可夫、N·C·龙仁
1958年8月	参加水土保持试验研究培训班授课	A·A·索柯洛夫、Л·C·巴宁、Д·Л·阿尔曼德
1958年12月	根据中苏技术合作协议，查勘黄河中游地区及下游河道，对三门峡库区及下游河道大比尺野外大模型提出指导意见，并作学术报告	K·И·罗辛斯基、A·赫尔杜林、奥斯特洛乌莫夫、罗卡契夫
1959年2月	参加水电部和中科院召开的西部地区南水北调考察规划会议	苏联专家考尔涅夫
1959年3月	参加水电部召开的位山枢纽规划现场会	考尔涅夫、卡通姆基、希列索夫斯基
1959年3月	越南实习生来黄河参观学习	阮曾勋等2人
1959年9月	研究东平湖围堤渗流，提出对围堤观测研究、处理措施的意见。	E·A 鲁布契可夫
1959年12月	苏联乌兹别克科学院2位专家来黄河访问	阿里莫夫、穆哈密多夫

续表

时间	考察或交流内容	考察或交流人员
1960年2月	听取泺口枢纽工程初步设计，研究建设方案	巴普洛夫、莫哈米笃夫
1960年3月	根据中苏技术合作协议，苏联专家就下游河道整治问题来黄河访问并作学术报告	A·Д·哈尔杜林、Д·Л·拉特科维奇
1960年9月	根据中越技术文化协定，越南工程技术人员来黄河实习	范延忠、阮忠、范玉阁
1963年	巴基斯坦水利工程师代表到济南参观黄河大堤、险工	阿巴斯等5人
1963年11月	波兰水利总局水利科研专家到济南考察黄河护岸工程	
1964年5月	黄委会派人赴越南考察水土保持	刘万铨、焦清太
1966年12月	罗马尼亚国家建设和城市规划委员会主任到济南考察黄河堤防工程	苏培尔特
1972年1月	黄委会派人赴古巴考察水土保持	刘万铨
1972年4月	丹麦奥尔胡斯大学教授赴山东考察东平湖滞洪区，黄河堤防工程，引黄淤背及灌溉工程	约翰斯·胡姆隆及夫人
1973年—1975年	西北勘测设计院派人赴喀麦隆和秘鲁考察	石瑞芳、孙瑜、董学清、洪玉辉
1974年1月	黄委会派工程地质人员赴阿尔巴尼亚支援菲尔泽水电站建设	马国彦、杨保东
1975年8月	阿尔巴尼亚科技工作者赴黄委会考察同位素含沙量计研制与室内外实验	马里奥·齐肯、特里乌夫·丘齐
1977年6月	越南河堤海堤考察组来黄河考察	越南水利部堤防局陈益针等5人
1977年8月	黄委会派人赴朝鲜考察自然资源，评价及治理	刘万铨
1978年10月	日中友好治水利水事业访华代表团来黄河参观访问	三野田照男为团长一行16人
1978年10月	法兰西共和国电力代表团考察黄河小浪底水库工程坝址	让·比得为组长的一行7人

续表

时间	考察或交流内容	考察或交流人员
1979年4月	参加水利部组织的赴日本考察团，对农田水利、江河治理、工程管理、科学研究及技术培训进行考察	杨庆安
1979年6月	应意大利政府邀请，参加联合国水资源规划讨论会	程学敏
1980年3月	第一次河流泥沙国际学术讨论会在北京召开，到1989年共召开4次	11个国家的代表34人
1980年4月	出席河流泥沙第一次国际学术讨论会的代表来黄河参观	
1980年5月	中国邀请英国专家来华担任水文顾问，并就黄河三门峡至花园口区间自动测报系统等外援项目同有关人员进行了讨论	英国赫尔西、世界气象组织代表涅迈兹、计算机专家帕施克
1980年7月	应邀参加英国伦敦锡尔索召开的“国际水土保持学术讨论会”	陕西省水土保持局蒋德麒等4人
1980年8月	联合国亚太经社台风委员会防洪考察团来黄河考察	E·F·舒尔兹一行12人
1980年10月	国际防洪座谈会由联合国技术合作发展部和中国水利部共同主持在郑州召开	联合国技术合作发展部水资源处负责人阿拉加潘、中国水利部及长江、黄河、淮河、珠江、海河、钱塘江等流域机构及16个国家代表
1980年10月	美国农田水利访华代表团来黄河考察	
1980年11月	黄委会派员赴澳大利亚考察水土保持	吴以教等10人
1981年2月	应邀参加在新西兰召开的“亚太地区陡坡地侵蚀和泥沙输移国际学术讨论会”	黄委会孟庆枚
1981年3月	联合国粮农组织为中国举办“黄土高原土地资源利用培训班”在西安开学	由联合国粮农组织的4位专家授课
1981年6月	应邀参加意大利佛罗伦萨“国际侵蚀及泥沙输送测验学术讨论会”	黄委会龙毓骞、牟金泽等3人

续表

时间	考察或交流内容	考察或交流人员
1981年6月	黄委会派员赴美考察流域治理	黄委会陈席珍
1981年10月	中美两国签订“中美地表水水文科学技术合作协议书及6个科技合作项目”	
1981年11月	日本学者到西北水科所就灌溉，排水、土壤改良，水资源利用等问题进行考察和讲学	
1982年1月	应邀参加印度新德里召开的十二届国际土壤科学学术会	黄委会华绍祖
1982年2月	黄委会派员赴美考察经济管理	牛增奇等4人
1982年4月	美国防洪及流域规划，专家来黄河考察并在西北水科所讲学	
1982年10月	西北水科所派员考察巴基斯坦印度河的水资源规划和大型灌溉工程	张灏
1982年11月	应邀参加菲律宾马尼拉召开的“东南亚地区河流来沙及输沙问题讨论会”	黄委会李保如
1983年4月	日本农田水利及水文地质专家来黄河考察并在西北水科所讲学	
1983年6月	奥地利岩石力学专家来华解决龙羊峡高坝技术问题	缪勒
1983年9月	中美双方在华盛顿签订科技合作协议(附件四：泥沙输移)双方在水文、泥沙水资源方面资料及信息交换、合作研究与专家互访	
1983年10月	第二次河流泥沙国际学术讨论会在南京召开	来自亚、非、拉、欧、美5大洲30多个国家的代表200多人
1983年12月	根据中埃双边水电站考察协议埃及水电站考察组来黄河考察	墨·阿里·托森等4人
1984年1月	美国柏克德公司专家考察黄河小浪底、龙门工程坝址，参观了三门峡水利枢纽	安德逊等6人
1984年4月	根据中美地表水水文科技协议附件三，美国地质调查局水文代表团来黄河考察	M·E·MOSS 等3人

续表

时间	考察或交流内容	考察或交流人员
1984年4月	应邀参加葡萄牙召开的国际大坝安全会议	西北勘测设计院王复来
1984年4月	根据中美地表水水文科技合作协议附件四泥沙项目派员访美	龙毓骞、林斌文、费祥俊
1984年7月	西北水科院派员赴美考察灌溉管理技术及农田水利	李崇智
1984年7月	经国家计委批准,水电部与美国柏克德公司达成协议,11月黄委会派出28人,分三批赴美进行小浪底联合设计	龚时旸等
1984年8月	美国欧克拉荷马大学教授应邀来华参观讲学参观了泺口段黄河大堤,作了抗震加固问题的学术报告	美籍华人王汝梁及夫人田介纯
1984年9月	应邀参加西德埃斯林召开的"水工模型缩尺影响"专题讨论会	刘一心
1984年10月	根据中美科技合作附件四,美国地质调查局泥沙专家来黄河考察	
1984年10月	根据国家技术进口公司和意大利ELC电力咨询公司的协议,意大利ELC技术代表团考察黄河上游李家峡坝址现场	亚力山大诺、加力科、阿尔付森、汉西、吉赛普、斯特瓦内拉
1984年10月	匈牙利学者到西北水科所讲学,介绍欧洲经济技术管理	
1984年10月	日本农田水利专家到西北水科所考察	
1985年1月	国际泥沙研究培训中心顾问、日本京都大学教授应邀来黄河讲学	芦田和南
1985年4月	参加联合国开发计划署援建的黄河三花间遥测洪水项目终期三方评审会的项目总顾问,美国国家天气局,水文局长查勘黄河下游	罗伯特、克拉克
1985年9月	美国学者3人到西北水科所讲学,介绍美国加洲水资源利用,作物需水量及加洲的水管理	
1985年9月	应邀参加在日本筑坡召开的"土壤侵蚀、泥石流和灾防国际学术讨论会"	黄委会孟庆枚

续表

时间	考察或交流内容	考察或交流人员
1985年10月	美国学者到西北水科所讲学，介绍“水文与水资源”	
1985年10月	苏联专家6人考察西北水科所水利科学研究情况	
1985年10月	黄委会派出考察团赴美国密西西比河考察防洪工程	庄景林、杨庆安等
1985年10月	西北水科所派员考察水工混凝土新技术	吴培安、赵友兰
1985年11月	西北水科所派员赴哥伦比亚考察土石坝建筑技术	郝君任
1986年3月	美国柏克德公司到黄委会设计院进行小浪底工程水工设计咨询	
1986年3月	加拿大两位专家到黄委会设计院进行小浪底左岸山体稳定问题技术咨询	
1986年3月	根据中美地表水水文科技合作协议附件四泥沙项目派员考察美国格兰地河和科罗拉多河及一些多沙支流泥沙测验研究工作，参加第三次国际泥沙会议	龙毓骞、林斌文等4人
1986年5月至7月	美国拉玛大学教授以访问学者身份到黄委水科所泥沙室从事黄河泥沙输移资料的收集和分析研究工作	彼得·曼茨 P·Mantz
1986年9月	西北水科所派员赴日本考察渠道防渗技术	韩立、建功等
1986年10月	日本学者10人在西北水科所考察并作“水的利用”讲演 瑞典学者在西北水科所作“河流预报”讲演	
1987年5月	参加国际大坝会议第55界执委会的24个国家和地区的156名专家学者分3批对正在建设中的龙羊峡水电站工地实地考察	
1987年6月	日本两位专家考察西北地区黄河流域农业试验	

续表

时间	考察或交流内容	考察或交流人员
1987年6月	国际泥沙数学模型培训班在北京国际泥沙研究培训中心举办	J. A. Cunge；D · E · Vnies；S. Y. wang；K. P. Holz
1987年	应邀赴摩洛哥及法国参加国际排灌委员会第十三届大会，第三十八届执行理事会及学术讨论会	黄委会周振民
1987年10月	中美黄河下游防洪措施学术讨论会在郑州召开，进行了学术交流和实地考察	中美专家100多人参加，其中有美国霍普金斯大学伏尔曼教授一行11人。
1987年12月	黄委会水科所派员赴日合作完成声消法测量输沙量的试验研究	冯金亭
1988年4月	参加中美推移质取样器的对比试验和美国泥沙专业委员会工作会议	龙毓骞、方铎
1988年5月	苏联专家4人考察西北地区渠道防渗和管道输水设计施工技术	
1988年6月	美国专家来华考察西北水科所科研工作	
1988年7月	世界银行专家和住华办事处主任考察黄河小浪底	古纳、戈林
1988年9月	美国地质调查局专家到黄河考察水文泥沙测验情况	D. Childere，J. P. Bevenage
1988年10月	瑞典专家到西北水科所访问并作科技合作交流	
1988年12月	应邀赴巴西参加国际沙账研讨会	林斌文
1989年	世界粮食计划署登记的3225工程援助项目—延安地区杏子河流域综合治理正式实施	
1989年1月	中法地矿局科技合作协议，选择绥德裴家峁沟三条小流域作试验示范区，用新技术于黄河水土资源的治理研究	
1989年2月	黄委会与水电部第十一工程局联合在尼泊尔巴格曼迪灌溉工程招标中标	
1989年3月	黄河水资源研讨会在北京召开，世界银行以古纳为团长的9人参加，会后古纳一行5人到黄河查勘	古纳等9人

续表

时间	考察或交流内容	考察或交流人员
1989年10月	西北水科所派员赴美合作研究同位素在水利工程中的应用	夏俊山
1989年10月	日本学者到西北水科所讲学:“流体流动显示、流动图象处理及固体颗粒空气输送”	
1989年10月	波兰学者到西北水科所讲学:“管道输送技术”	
1989年11月	黄委会中原黄河工程技术开发公司派员对孟家拉国布拉马普特拉河两岸进行调查访问	刘于礼等5人
1990年6月	西北水科所派员赴苏联考察水利工程泥沙防治	刘孝思
1990年6月	黄委会中原黄河工程技术开发公司再次派员赴孟加拉完成河道整治规划	刘于礼
1990年7月	黄河水电开发总公司与加拿大国际工程管理集团正式签订小浪底工程咨询服务合同	
1990年8月	黄河冰工程考察团访问芬兰,考察了芬兰冰情研究现状及设备,参加了国际冰情问题研讨会	黄自强等4人
1990年9月	苏联专家对西北水工及灌溉技术进行考察	
1990年11月	西北水科所派员赴日本考察河流泥沙灾害	于志忠、陈景梁
1990年11月	苏联专家4人对灌溉工程泥沙防治进行考察	

第三十二章　科技情报交流

第一节　黄河流域科技情报系统

科技情报工作是科学技术的一个重要组成部分，担负搜集、汇总、加工、整理、分析、研究、报导、交流最新科技信息的任务。1956年党中央提出向科学进军，在制定第一个十二年科学发展远景规划中将科技情报列为该规划第五十四项重点任务。1956年10月成立中国科学院科技情报研究所，1958年下半年，国家各部、委及各省、市相继成立情报机构。1959年3月20日黄委会根据水利电力部[1959]水电技冯字第23号文“关于建立全国水利电力技术情报网问题”的文件（1959年2月19日）及“关于开展水利电力技术情报工作”的意见，决定成立“黄委会技术情报站”，设在黄委会水科所，作为黄委会科技情报工作的中心。

根据水电部文件精神，情报部门的主要工作任务是：

(1)组织国内、外技术情报网，协调所属单位的情报工作计划；

(2)掌握国内、外水利、电力生产、建设和科学研究动态；

(3)专门科学技术问题的综述研究，以掌握其发展趋势；

(4)科技图书资料的搜集、管理和交流；

(5)编制文稿、论文索引，出版简报、快报和技术报导等情报刊物。

水电部为了更好地为生产建设和科学研究服务，强调各省、市的水利电力情报中心和水电部各专业情报中心，都应注意技术情报和技术资料的搜集、整理、报导和供应工作。

1963年召开全国第三次科技情报工作会议之后，水电部要求部属各单位特别是情报中心站，要加强领导，充实力量，积极开展情报工作，确定水科院为全国水利水电技术情报资料中心和检索中心，加强情报刊物和科技资料的统一领导和管理。

1963年初，黄委会技术情报站归黄委会总工程师室领导，以后人员逐年增加，设备不断添置，到1966年初已有工作人员11人，其中英、俄语专业翻译

4人，水利水电专业技术人员7人。另外，在会直各处、室均配备了专职或兼职的情报员，这样，形成了初期的治黄科技情报体系。在设备方面，配备了英、俄文打字机、照像机、缩微阅读等设备；不定期出版油印刊物、《阅览响导》及《技情小报》，结合治黄任务，开展了各项情报服务工作。1966年黄委会图书馆订购水利、水电专业外文(英、俄、日、法、德)期刊约100种，馆藏中、外文专业图书约5万余册。

1966年6月，"文化大革命"开始，情报工作被迫中止，随后人员下放，机构撤消。

1970年以后，主管黄河流域规划、设计、科研的一些主要单位，如黄委会、水电部西北水科所、水电部西北勘测设计院等，分别在1973、1974年相继恢复科技情报工作机构(情报站、情报室等)，与此同时，沿黄各省如山西(1971年)、山东(1976年)、陕西(1974年)、青海(1975年)、甘肃(1976年)、宁夏(1981年)、河南(1979年)、内蒙古(1982年)等省(区)也先后成立水利水电科技情报中心站，编辑出版各省(区)的水利情报刊物，恢复和扩大情报交流单位，开展各项情报服务工作，从此进入"加强情报系统网络化、加速情报工作现代化"的新阶段。

1973年3月黄委会技术情报站恢复，1978年底达到12人，其中专业技术人员7人，德、俄、日、英翻译4人。1980年3月水电部召开全国水利科技情报会议，强调加强科技情报组织建设，完善水利科技情报体系。根据会议精神，1980年后黄河流域各水利科技情报单位在人员和设备各方面均有进一步充实和加强，包括英、俄、日、德、法语，世界上主要语种和外文翻译人员也逐渐配齐。同时，水电部科技司先后拨款为黄委会、黄委会水科所和西北水科所修建图书资料新楼，在郑州和杨陵分别建立各有特色的文献资料中心，至此，一个全流域的，包括沿黄各省(区)水利水电系统，规划、设计、科研、水文、水土保持、水资源保护等各部门，遍及上、中、下游，互相联系的科技情报网已经形成，承担着黄河流域水利科技情报工作，并向情报系统网络化、情报工作现代化的目标迈进。

1987年3月黄委会在河南建起国际联机检索终端并开通使用，以先进的检索手段为黄河流域和河南省提供情报服务。1989年4月20日黄委会科技情报站与黄委会档案馆合并，成立黄河档案情报中心。负责管理档案、资料、图书，提供科技情报服务，并受黄委会委托对全河档案、情报工作进行行业管理。

1990年科技情报机构已遍及大河上下，形成了黄河流域科技情报网络。

简意图如图8—32—1。

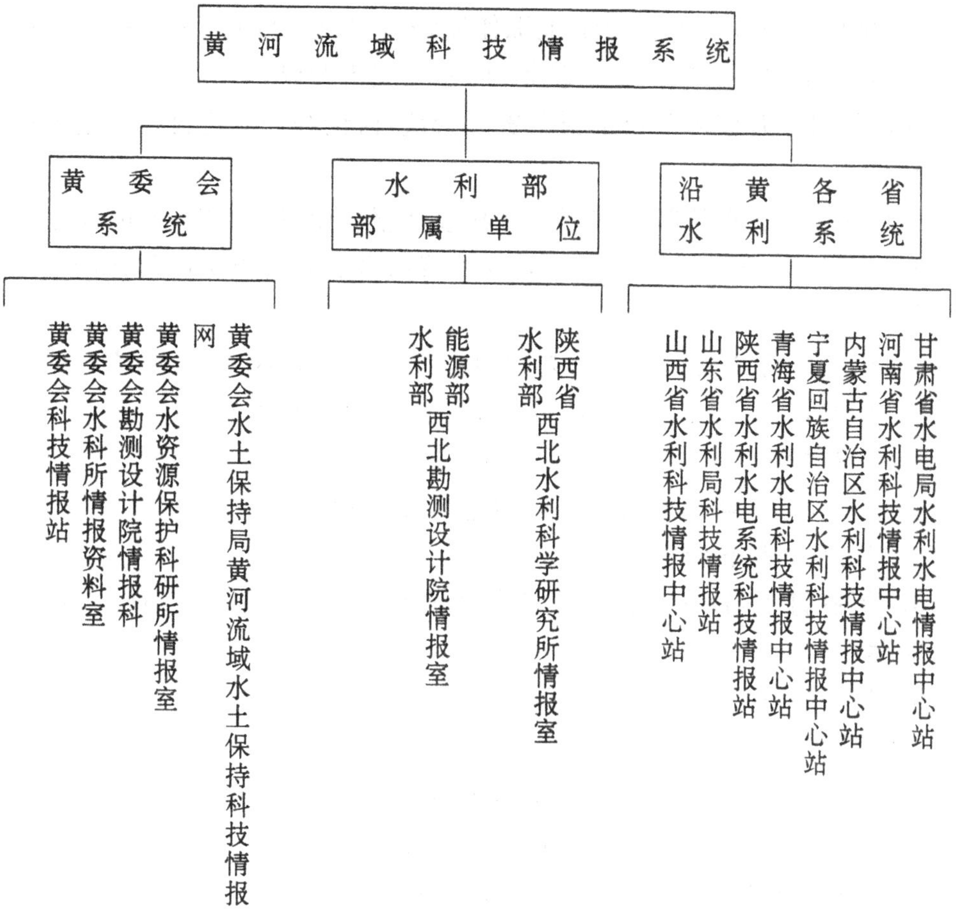

图8—32—1　黄河流域科技情报网络图

第二节　科技情报管理

科技情报管理是一项重要的情报工作。黄委会科技情报站是面向全河的情报业务管理机构，负责情报工作的行业管理和组织协调工作。在行业管理方面主要有以下几方面工作：

(1)定期召开情报工作会议，传达上级精神、讨论计划、交流经验。

1976年召开黄委会驻郑单位主要技术负责人会议，讨论加强科技情报工作。

1977年召开黄委会驻郑单位科技情报工作会议，交流经验，由水电部情报所介绍了国外水利水电建设动态、水平。

1980年12月召开全河科技情报工作座谈会，贯彻全国第五次科技情报工作会议和全国水利科技工作会议精神，总结交流经验。

1987年1月召开驻郑单位情报负责人会议，讨论开创治黄科技情报工作的新局面。

(2)与黄委会属单位联合召开专业科技情报会议，推动情报网的建立。

1983年10月与黄委会水土保持处在西峰联合召开水土保持科技情报工作会议；

1984年10月与黄委会水文局共同组织在兰州召开水文、水资源保护科技情报工作会议，学习水电部《关于加强科技情报工作的通知》研究水文局关于开展科技情报工作的规划设想，听取关于国内外水文技术发展概况和赴美、意、瑞士、巴基斯坦考察水文自动化测报技术。

(3)制订全河科技情报工作计划。

1974年制订了《1976～1985年治黄水利科技情报工作长远规划设想》(要点草案)

1988年初制订了1988年科技情报工作要点

(4)科技情报成果的评审与申报。

1986年、1989年进行了两次评审与推荐，经水电部评审《世界大坝导流洞兼用实例汇编》获1986年水电部科技情报成果一等奖；《国外防洪》获二等奖。1989年有4项科技情报成果获水电部二等奖。

第三节　科技情报服务工作

一、科技情报基础工作

(一)建立情报文献中心

黄河情报系统的文献工作是在原先馆藏的图书、资料的基础上发展起来的。为了建立治黄情报文献中心，水利电力部从1981年到1984年，先后拨款40万元，兴建黄委会图书馆和档案资料库房，建筑面积为3500平方米；拨款90万元兴建黄委会水科所图书资料楼，建筑面积3680平方米；1984年拨款100万元，兴建水电部西北水科所图书资料楼，建筑面积3500平方米。这样，为建立大河上下科技情报文献中心奠定了物质基础。

(二)沟通国内情报渠道

1. 中国图书进出口公司

中国图书进出口公司负责国外书刊引进工作,包括进口原版书刊及择优影印两种方法提供的各种外文图书和期刊。

通过上述渠道,黄委会图书馆,黄委会水科所,西北水科所等单位每年选订的外文期刊达100～150种,选购外文图书约1000～1500种。

2. 新华书店及邮局发行渠道

新华书店每半月一期"科技新书目","标准新书目"及"社科新书目",编入国内各出版社出版新书。

邮局收订全国各单位出版的中文科技期刊。

3. 单位情报资料交流网

流域科技情报系统中各主要单位,包括黄委会情报站,黄委会水科所情报室,西北水科所情报室,西北勘测设计院情报科及黄河流域各省(区)水利厅(局)情报中心站均与有关单位建立了情报资料交流关系,交流单位一般有300～500个,包括国内各主要水利水电,有关大专院校,勘测设计,科研试验,工程施工,各省(市)水利局(厅)、电力局、水文站网、水土保持局、试验站网等。每年收到和交流的各种情报资料,平均达1000多份(各年度500～2000份不等)。

4. 专业情报网(专业学术会议)文献

1976年以后各专业情报网相继成立,各种学会活动相继恢复,学术交流活动相当活跃,成为科技情报交流工作中一条重要交流渠道。情报网和学会年年都有几次学术会议。黄委会水科所,黄委会属各业务局院,西北水科所等治黄单位均参加了这些会议,开展情报交流。目前全国水利水电情报网已有30个,有关学会10多个,是黄河流域情报交流的一条重要渠道。

(三)疏通国外情报交流渠道

1. 结合出国考察,进行国际交流

1979年后,黄委会、黄委会水科所,西北水科所等单位均结合工作出国考察。一种形式是参加水电部组织的出国考察团,另一种形式是根据两国科技合作协定出国考察。通过这些活动在日本、美国、埃及、巴基斯坦等国收集了不少科技文献资料。

2.参加国际学术会议进行情报交流

国际学术会议一般均汇编、刊印会议论文集，与会人员可及时收集会议刊印的许多有价值的论文。同时，通过会议上同行的交往，接受国外学者赠送的著作，资料，这是收集情报资料的一条捷径。

3.利用民间交往进行国际交流

由黄河水利委员会编辑出版的《人民黄河》和《中国水土保持》杂志，于1984年起已向国外公开发行。

除国外订户外，这两份杂志还与国外有关的对口单位(水土保持或水利部门)互赠刊物进行交流。《中国水土保持》杂志的国外交流户有：肯尼亚、沙特阿拉伯、摩洛哥、澳大利亚、美国、委内瑞拉、尼日利亚、朝鲜、马来西亚、泰国、新西兰、印度、斯里兰卡、日本、意大利、加纳等16国。

4.利用国际学会关系，开展情报交流

国际学术组织是一个重要情报源。这些组织复盖面广，人才集中，定期召开年会，经常召开专题学术讨论会，公开出版学会成员的研究论文和学术论文集，而且研讨的课题一般都结合当前各国所急需解决的问题及世界发展水平和正在攻关研究的难题开展情报交流。通过国际学术组织，可以了解国际水利水电学术界的动态，搜集有关专业的情报资料。黄河水利委员会李保如、林斌文是国际水力学研究协会团体会员，刘一心是个人会员；华绍祖是国际土壤学会会员等。

5.通过国际联机检索系统收集专题资料

检索结果得到的文献线索，如果国内没有收藏，可通过联机或脱机打印方式提供用户使用。

二、出版科技文献索引、文摘，开展二次文献情报工作

情报文献，重在利用。二次文献是利用情报文献的有效手段，其主要形式：一是对新到科技文献分别进行登记、分类，定期编写、刊印“科技新书目录”，“科技期刊题录”等二次文献进行交流。黄委会图书馆定期编写“中文科技新书目”，“外文科技新书目”、“科技期刊题录”，黄委会水科所情报资料室定期编写“中外文图书新目录”、“新到科技资料目录”等。二是根据各阶段治黄工作需要，编写各种专题文献索引，主要有：《国内外堆石坝专题文献索引》《国外泥沙索引》《喷锚支护资料索引》《赴日考察资料索引》等

西北水科所情报资料室针对本所科研重点，近几年把灌溉新技术、有限

元法、电算、断裂力学和全息摄影在水利上的应用，作为收集资料重点，并编印了有700多个文献题录的“电算专题索引”，均具有较好的服务效果。

三、出版情报刊物，加强情报交流

（一）出版情报刊物

流域内各大单位各自编辑、出版情报刊物，印数500～6000份不等，不仅在流域范围内与各有关单位进行交流，也与全国各有关单位交流，这些情报刊物主要有：

——《国外水利科技》双月刊，（黄委会科技情报站）1989年改为《治黄科技信息》印1300份。

——《泥沙情报》季刊，印500份（黄委会水科所情报室）

——《水沙信息》月刊，1500份（黄委会水文局科研所情报室）

——《水土保持科技信息》月刊，1500份（黄委会水土保持处情报组）

——《西北水利科技》《陕西水利科技》季刊（水电部西北水利科学研究所情报室）

——《西北水电技术》季刊，（水电部西北勘测设计院情报科）

——《青海水利水电》（青海省水利水电情报中心站）

——《甘肃水利水电技术》双月刊，（甘肃省水电局水利水电情报中心站）

——《宁夏水利科技》（宁夏水利科技情报中心站）

——《内蒙古水利科技》季刊，（黄蒙古水利科技情报中心站）

——《山西水利科技》季刊，（山西省水利科技情报中心站）

——《山东水利科技》（山东水利局科技情报站）

——《河南水利科技》季刊，（河南省水利科技情报中心站）

（二）情报交流

情报交流是情报工作的宗旨。60年代初黄委会情报站即与水利水电系统内外数百个单位建立了技术资料交流关系。“文化大革命”中断数年，1973年恢复黄委会情报站后，又重建交流关系。据统计与黄委会情报站建立关系的单位，1966年为700个；1980年近700个；1990年500多个。通过交流网络共收到赠阅资料11000份；1973—1979年对外交流资料165种，82000份，1980年以来，对外交流以刊物为主，单篇资料减少，共52种，26000份。通过交流互通信息，亦丰富了各单位的馆藏。

四、翻译专业书刊，引进科技信息

“洋为中用，古为今用”是情报工作的一项基本原则，翻译出版有关外文专业书刊，及时引进国外技术和信息，也是黄河情报系统的一项主要工作内容。1978年后，随着对外开放政策的进展，中外人员互访及参加国际学术会议活动增多，翻译出版书刊也增多，先后由出版社出版的翻译著作如表8—32—1。

表8—32—1　**出版翻译著作情况表**

书名	作者	文种	翻译单位	年份
固体物料的浆体管道输送	[美]E.J.瓦斯普等	英	黄委会水科所	1980
泥沙工程	[美]V.A.K诺尼等	英	黄委会水科所	1981
水力发电站	[苏]Φ.Φ古宾	俄	黄委会	1983
土壤保持的问题与展望	R.杜达尔等	英	西北水土保持研究所	1984
侵蚀过程	[苏]Н.И.马卡韦耶夫等	俄	黄委会	1985
土石坝	Н.Н.罗扎诺夫等	俄	黄委会	1985
苏联的水力发电与水资源综合利用	И.С.涅波罗日尼等	俄	黄委会	1985
水土保持译文集	E.普莱特纳等	英	黄委会	1985
高速水流译文选集		英	水电部西北勘测设计院	1984
水力学译文集	M.A.吉尔等		西北水科所	
灌溉译文集			西北水科所	
计算力学译文集			西北水科所	
土石坝、堆石坝译文集			西北水科所	
岩石力学译文集			水电部西北勘测设计院	
水力机械抗磨耐蚀译文集	D.H.卡拉斯等		黄委会水科所十一局设计院	1977
河口学译文集	B.H.米哈依洛夫等			

五、开展专题情报调研，为科研服务

情报调研是科技情报工作的一项有效服务手段，结合治黄工作重点，早在60年代初，黄委会情报站为泾河东庄水库的选坝和推动黄河中游水土保持工作的开展，提供了《世界高坝简介》《国内外41座150米以上拱坝和堆石坝》《堆石坝资料汇编》及《国外水土保持发展概况》等多项专题情报调研成果。70年代中期，围绕黄河干支流工程及下游防洪等重点项目，完成的主要成果有：《关于地基液化问题》《国外水库地震》《国内外测井技术概况》《大跨度地下结构实例》等。80年代围绕小浪底工程，南水北调及黄河防洪等重大项目提出的成果有：《国外高土石坝资料汇编》《土石坝发展水平和我国的差距》《世界大坝导流洞兼用实例汇编》《国外几个龙抬头泄洪洞运用实例简介》《国内外部份混凝土重力坝（较差岩体坝基）工程实例》《土石坝工程发展综述》《跨流域调水工程》《长隧洞工程》《高寒地区的水工建筑物》《国外防洪》《防洪与保险》《国外堤防》《苏联水利水电》《英国、荷兰、巴西、巴基斯坦、孟加拉、泰国的洪水灾害及防治》等专题情报调研成果，为各级领导和广大科技人员提供了有效的情报服务。

第四节　专业情报网

科技情报专业情报网是同行专业人员自愿组成的，开展横向情报交流的有效组织形式，它不受地区、行政系统的局限，通过组织协作，人际交往，情报沟通，使信息交流范围大大扩大，及时掌握该学科的国内外水平的动态，还由于针对性较强，可产生较好的实际效果。

一、治黄单位参加专业情报网活动的两个层次

（一）全国性水利水电专业情报网

——泥沙情报协作网（黄委会水科所情报室任网长）；

——土石坝工程情报网（黄委会科技情报站任网长1984～1988年两届）；

——水文科技情报网(黄委会水文局任副网长);

——高速水流情报网(西北水科所、西北设计院任副网长单位);

——水利水电拱坝技术情报网(西北设计院任副网长)。

全国性水利水电专业情报网目前共有30个(1985年底统计),分别属水电建设总局和水电部情报所归口管理,网员单位主要有部属各设计院、各科学研究所(院)、各水利水电设计院、水科所、水利水电大专院校及部分工程局、水利局等,一般均有30~60个单位参加,其中水文科技情报网网员单位最多,达119个。

(二)黄河流域内专业情报网

——黄河流域水土保持情报网(黄委会水土保持处任网长);

——黄河流域水文系统情报网(黄委会水文局科研所情报室任网长);

——黄河流域测绘系统情报网(黄委会设计院测绘队任网长);

——黄河流域地质勘探系统情报网(黄委会设计院地勘总队任网长)。

网员单位主要是黄河水利委员会系统及沿黄各有关基层单位,数量较多,遍及流域内各省各地。

黄河流域的规划、设计、科研、水文、地质勘探、测量、水土保持及水利工程管理等单位结合各自的专业特点分别参加有关情报网并开展各种情报交流活动。

二、流域专业情报网的基本活动

(一)出版网刊和专题调研资料

——《水沙信息》,黄河水文系统情报网网刊,每期发行交流1500份;

——《水土保持科技信息》,黄河水土保持系统情报网网刊,每期发行1500份;

——《黄河地质与勘探》,黄委地勘系统情报网。

(二)收集国外科技情报资料,开展专题服务,进行情报交流

流域专业情报网网刊由于交流范围扩大到基层,很多水文站、水土保持试验站及水土保持队等地处深山老林的基层单位也能通过网刊及时了解本行业的情报信息,达到充分交流情报信息的目的。

第五节 科技情报工作现代化

随着现代科学技术的飞速发展,每年公开发表的科技文献数量剧增,加之种类繁多,内容交叉,更新频繁,单一的分类标引及手工检索方式已明显不能满足科技发展的需要。实现科技情报工作现代化已是情报工作面临的现实任务,需建立科技情报计算机检索系统,采用缩微、声像、复印等新技术。为了采用电子计算机以及相应的应用软件,建立新的文献信息检索系统(如汉字信息处理系统),并使其产生的文献信息软盘能在国内和国际通用,达到资源共享,提高其利用率,除了要求电子计算机具有最大限度的兼容性和实现联网机检索外,对文献本身的处理也需采用新的标引,著录标准格式(如采用叙词法等)。因此,情报资料工作现代化需由国家统一规划领导。1974年,国家科委提出了“研制汉字信息处理系统”的任务,编号748工程。文献前处理的主题标引工作是文献资料微机检索的一个重要步骤,为此,水利电力部科技情报研究所于1975年10月～1976年11月在国家科委统一领导下,水电部情报所牵头由黄委会、长办、南科院、水电部第三工程局、水电部第十三工程局等单位在北京编写“水利水电工程”及“电力工程”两专业的主题词典,1987年《水利水电科学技术主题词典》正式出版,从而为各单位建立水利电力文献数据库,实现水利电力中文文献联机检索提供了先决条件。

建立水利电力科技情报计算机检索系统,是水电部重点科研攻关项目,由部情报所牵头,有关单位参加,共同设计实施。1980年后,首先由水电部情报所为中心,并在各大流域、大电网局建立国际联机终端,与此同时,在水电部系统各单位建立水利电力科技文献计算机检索系统。

一、建立国际联机检索终端

国际联机检索是当今世界上最先进的情报检索手段。1983年,水电部情报所与欧洲航天局数据库ESA和美国Diolog数据库,ORBIT情报检索系统的国际联机情报检索终端开通,此后,长江水利委员会、黄委会等六大流域机构和六大电网局也先后与部情报所联网,建立国际联机终端。黄委会国际联机情报检索终端,从1987年3月正式投入运用以来,至1990年底,共为用户检索了100余个课题,其内容涉及水利工程、防洪、地质、农业、医学、化工、机械制造、商业信息和专利等，为申报专利，项目鉴定，专题研究等起了重要作用，为各类用户提供了有效的服务，收到良好的社会效益和经济效益。如《角翼接骨板》申请了国家专利；《小麦品种综合抗病性和病源致病性系列研究与利用》已通过省级鉴定；《黄河流域地图集》获部级一等奖；《定向爆破填海造地》获部级一等奖，获国家科技二等奖。

二、建立水利电力科技文献计算机检索系统

1985年6月25～29日水利电力部科技司在武汉召开了关于建立水利电力科技情报计算机检索系统座谈会，提出了《水利电力部科学技术情报计算机检索系统项目规划书》(讨论稿)，为了加快实现情报文献管理自动化的进度，1986年10月成立了“水利电力情报图书管理现代化情报网”。此后，在水电部情报研究所统一指导下，沿黄各有关单位均相继购置显微机，自编或引进文献数据库的应用软件，建立馆藏文献数据库，各单位建库情况如表8—32—2。

表8—32—2　**各单位建立馆藏文献数据库情况表**

单位	计算机型号	人员配备	软件开发	建库类型	馆藏量
黄委会情报站	IBM—PC/XT	1	自编	黄河防洪文摘库	因经费不足停建
黄委会水科院	1. DEC—5500 2. SEG386	3	引进河南局软件，引进江西水科所软件	三门峡工程文献题录库 自产文献库	40000
河南河务局	IBM—PC/XT	3	自编	技术档案专题库	10000
西北水科所	长城0520	12	自编	综合型文献库	168122
山东水利勘设院	IBM—PC/AT	5	引进部情报所软件	土工织物专题题录库	30000
河南水利勘设院	长城0520		自编	综合型题录库	100000
西北勘设院	IBM—PC/XT	29	自编	综合型文献库	260165

责任编辑　张素秋
责任校对　刘　迎
封面设计　孙宪勇
版式设计　胡颖珺

黄 河 志

（共十一卷）

河南人民出版社

ISBN 978-7-215-10558-4

本卷定价：340.00元